AF874533

Pandekten.

Grundriß eines Lehrbuches

des

gemeinen auf das römische Recht gegründeten

Civilrechts.

Mit Quellen- und Litteratur-Angaben nebst Chrestomathie.

Von

Eduard Böcking.

Fünfte umgearbeitete Auflage.

Bonn 1861.
Henry & Cohen.

Seiner Excellenz

Herrn D. Friedrich Karl von Savigny

zu seinem

sechszigjährigen Doctor-Jubiläum

gewidmet von

Eduard Böcking.

Wenn aufrichtige Ergebenheit und innige Dankbarkeit berechtigen, sich der glänzenden Schar der heute mit Glückwünschen Ihnen, verehrungswürdiger Jubilar, sich Nahenden zuzugesellen, so darf auch ich von Ihrer milden Güte eines huldvoll segnenden Blickes gewärtig sein. Vor etwa vierzig Jahren nahmen Sie, selbst ein Vierziger damals, aber schon alter Verdienste und gereiftes Ruhmes, unter der Menge der in breiten und langen Reihen Ihre begeisternden Vorträge Hörenden mich huldvoll auf: ich hatte die Mitte meines fünfjährigen Studentenlebens schon überschritten, schon viele auch juristische Vorlesungen gehört; aber erst auf meinem Sitze vor Ihrem Katheder begann sich mir das Heiligthum der Rechtswißenschaft zu erschließen. Als ich dann einige Jahre später meine akademische Lehrlaufbahn unter Ihren Augen betrat, leiteten und förderten Sie den Jüngling mit solcher Freundlichkeit und Güte, daß ich auch jetzt nur die plautinischen Worte, welche ich als junger Professor in der Widmung des Brachylogus vor mehr als einunddreißig Jahren zu den meinigen machte, wiederholen kann:

Si ego item memorem quæ med erga multa fecisti bene,
Nox diem adimat.

Nehmen Sie, gefeierter Mann, mein theurer Lehrer, dieses Buch, das ich ohne Sie nicht hätte machen können, obgleich es unvergleichlich beßer sein würde, wenn Sie selbst ein solches Ihren Verehrern, das heißt allen Verehrern wahrer Rechtswißenschaft, hätten geben wollen, als ein Zeichen meiner nie erlöschenden Dankbarkeit und als Boten meiner innigsten Wünsche für Ihr ungestörtes Wohlergehen mit der huldvollen Güte auf, womit Sie mir den grösten Theil meines Lebens ausgeschmückt haben.

Gottes Segen ruhe auf Ihnen!

Bonn, den 30. October 1860.

E. Böcking.

Vorrede.

Ein Grundriß bedarf eigentlich keiner Vorrede, wie denn auch die voraufgehenden Ausgaben des vorliegenden eine solche nicht haben: daß ich die nachfolgende schreibe, geschieht nur, um mich über die Abweichungen des meinem 'Lehrbuch der Pandekten des römischen Privatrechts aus dem Standpuncte unseres heutigen Rechtssystems' zum Grunde liegenden Systems, welches in meinem 'Abriß der Institutionen des römischen Privatrechts' compendiarisch ausgeführt ist, von dem des vorliegenden Grundrißes, und, was damit zusammenhängt, über die Aufgabe unserer heutigen s.g. Pandektenvorlesungen, wie ich sie begreife, etwas näher zu erklären. Zwar dürfte ich meine Leser damit verschonen, indem ich auf die Titel jenes Lehrbuchs und dieses Grundrißes und die der zweiten Auflage des ersteren vorausgeschickten Vorreden beider Auflagen nebst § 29. desselben verwiese; aber es geschieht, sei es nun der Verfaßer oder der Leser Schuld (in unserer gar zu bücherreichen Zeit und Nation ist sie wol meistens auf beiden Seiten), gar selten, daß diese nicht mehr und weniger und anderes aus einem Buche herauslesen, als jene hineingeschrieben haben oder doch schreiben wollten; somit, und da ich hier nicht einmal ein eigentliches Buch, sondern nur einen Grundriß zu bieten habe, vergönne man diese bevorwortenden Zeilen. In dem Lehrbuche beabsichtige ich eine systematische Darstellung des römischen, nicht unseres gemeinen aus und neben dem recipierten römischen gebildeten Privatrechts als Grund und Ausgangspunct dieses letzteren, während in dem Abriße der Institutionen ein System der römischen Privatrechtsdogmen vom reingeschichtlichen Standpuncte aus, das s.g. reine römische Privatrecht um seiner selbst willen beabsichtigt ist: in beiden, dem Lehrbuche und dem Abriße waren daher in der Lehre vom Eigenthum und den dinglichen Rechten, wie das dort auch im Erbrechte geschehen muß, die civilen und die prätorischen und naturalen Begriffsgestaltungen je für sich und in ihrem Ineinanderwirken und Ineinanderübergehen zu betrachten, in der Lehre von den Forderungsrechten und Leistungsverpflichtungen die obligationes von den actiones zu sondern und das s.g. Actionenrecht als letztes, den Uebergang aus dem Privat- in das öffentliche Recht, den

Civilprocess, vermittelndes Glied der ineinanderwirkenden oder zusammengesetzten Privatrechte, im Familienrecht auch die aus unserem Rechtsleben verschwundenen bloßen Analoga von Familienverhältnissen, Patronat und Colonat, und im Familiengüterrecht auch der Einfluß dieser Verhältnisse auf das Vermögensrecht darzustellen. Das alles gestaltet sich in diesem Grundriß, welcher ein System, nicht „eine gruppenweise Zusammenstellung von Rechtsmaterien" unseres gemeinen auf das römische Recht gegründeten, diesem aber, je beßer dasselbe begriffen wird, desto freier entwachsenden Civilrechts sein soll, wesentlich anders, wie sich aus der Vergleichung der angedeuteten Puncte mit der auf diese Vorrede folgenden allgemeinen Inhaltsübersicht von selbst ergiebt, und sich hoffentlich aus dem ersten Paragraphen dieser Vorlesungen, welchen ich deshalb schon hier näher ausführe, rechtfertigen wird.

Das in den Ländern des ehemaligen deutschen Reiches geltende Privatrecht hat sich aus dem Rechte der römischen und dem der deutschen Nation entwickelt, auf welche beiden Nationalrechte gegründet auch das kanonische Recht durch die kirchliche als hierarchische Gesetzgebungsgewalt entstanden ist. Diese Rechte, römisches, germanisches und kanonistisches, gelten in einem Theile jener Länder unmittelbar, in anderen nur materiell, sofern sie ihrem Inhalte nach in die Privatrechtsgesetzgebungen dieser Staaten aufgenommen oder dadurch nicht verdrängt worden sind: diese Gesetzgebungen aber sind im Verhältniss zu Gesamtdeutschland, welches, obgleich nicht ein Staat, doch (Gott sei Dank!) nicht ein bloß geographischer, sondern ein nationaler Begriff ist, Particularrechte, so daß nur in den übrigen Staaten Deutschlands unmittelbar gemeines Privatrecht gilt; aber auch hier nicht so, daß jene drei Rechte wie drei Theile eines Gesetzbuches nebeneinander, oder wie drei successive Gesetzgebungen, so daß je die neueste Bestimmung in Kraft wäre, gölten: wir haben wol wißenschaftlich gesonderte Darstellungen des römischen, germanischen, kanonischen Rechts, nicht aber für sich geltende selbständige Gesetzbücher des römischen, germanischen, kanonischen Rechts: vielmehr bilden jene drei Rechte nur Elemente des gemeinen in Deutschland geltenden Privatrechts, welches aus jenen unter dem Einfluße des neueren einheimischen ungeschriebenen und geschriebenen Rechts (das ebenfalls als einem einzelnen Staat oder einzelnen als solchen angehörig particulares ist) als das jetzt geltende Recht sich gebildet hat[1]. Soweit dieses nun auf das römische Recht gegründet ist, nennen wir es 'Civilrecht' oder 'römisches Civilrecht' oder aus litterarhistorischem Grunde 'Pandektenrecht'[2]; soweit es auf germanisches Recht gegründet ist, 'deutsches Privatrecht'[3]: ein besonderes kanonistisches Privatrecht aufzustellen, ist kein Grund, indem das kanonische Recht auch in den ihm eigenen Privatrechtsbestimmungen nur Modification römischer oder germanischer ist. Durch die herkömmliche Bezeichnung des römischen und kanonischen Rechts als 'fremde recipierte Rechte' und unrichtige Auffaßung der Bedeutung des deutschen Privatrechts ist die noch vielgehegte Meinung, mit welcher jedoch die praktische Behandlung selbst in berechtigtem Widerspruche steht, entstanden, als sei (abgesehen von dem neuer entstandenen) das (nichtrömische und nichtkanonistische) deutsche Privatrecht als einheimisches das 'Haupt'-Recht, das römische und das kanonische im Verhältnisse zu ihm das subsidiare oder Hilfs-Recht. Wirklich aber ist das deutsche in gleicher Art, wie das römische und kanonistische, subsidiäres, und als einheimisches Hauptrecht in diesem Sinne gilt nur das in den Reichslanden, sei es durch die Reichs- sei es durch die Landes-Gesetzgebungs- oder ungeschriebenes Recht erzeugende Macht hervorgebrachte; und diese Hervorbringungen selbst sind eben Zweige des aus jenen drei Rechten zusammenwachsenden Stammes: denn auch das Recht hat, wie die Sprache, seinen vegetierenden Organismus, nach Gesetzen, welche in dem jeder Gegenwart verschloßenen Buche 'Geist der Geschichte' stehen. Gewissermaßen jene Begriffsverschiefung, welche sich in den Benennungen 'einheimisches deutsches' und 'fremdes Hilfsrecht' bekundet, auf die andere Seite schiebend ist der leider von großen Autoritäten geschützte Name 'heutiges römisches Recht', welcher sich selbst widerspricht, oder, sofern er das nicht thut, ganz etwas anderes bezeichnet als er bezeichnen soll und will. Aus jener schiefen Ansicht gieng auch die einseitige Bestimmung der Subsidiarität, die man daher nur den s.g. fremden Rechten beilegte, hervor, daß letztere nur gölten, sofern nicht neueres und einheimisches entgegenstehe, wie das Reichsrecht nur gilt, sofern nicht particulares entgegensteht[4]. Ueber dieser Seite der Subsidiarität, die wir 'die äußere' nennen wollen, übersah man die auch dem deutschen Privatrechte gleich den s.g. fremden Rechten zukommende 'innere', allen positiven Rechten eignende, die, daß sie als gemeines Recht nur gelten, soweit ihre Voraussetzungen auch in der jetzigen deutschen (d.h. hier in den nicht mit derogierenden einheimischen Privatrechtsgesetzbüchern versehenen) Staaten erfüllt sind, oder, mit anderen Worten, sofern ihre Bestimmungen Lebensverhältnisse und Rechtseinrichtungen betreffen, deren Wesen mit den unsrigen übereinstimmt[5]. Wo und wie dieses der Fall ist, lehrt nur das Studium der Geschichte und des Systems des Rechts, und nichts führt hier häufiger und schlimmer zu Irrthümern, als bloße Wortähnlichkeiten und vermeintliche Uebersetzungen, namentlich technischer Worte[6]. Auch der in Beziehung auf die recipierten Rechte aufgestellte, nur jene äußere Subsidiarität berücksichtigende Satz, daß, wer sich zur Begründung seiner Rechtsbehauptung auf eine dieser entsprechende Bestimmung der recipierten Rechte, also auf eine des Corpus iuris civilis oder canonici berufe, fundatam in iure intentionem, d.h. die Vermutung für sich habe, daß diese Bestimmung geltenden Rechts sei, bis sein Gegner das Gegentheil darthue[7], gilt an sich auch von den Bestimmungen des deutschen Privatrechts, nur daß es nicht ein von einer Gesetzgebungsgewalt publiciertes Corpus iuris germanici giebt, wie wir ein recipiertes Corpus iuris civilis und Corpus iuris canonici haben: auch in Bezug auf jenen Satz gilt das von der inneren Subsidiarität Bemerkte, welche, sowie auch, ob eine Bestimmung als antiquierte oder durch neueres Gesetz aufgehobene nicht anwendbar sei, der Richter vermöge der ihm obliegenden Amtspflicht, das geltende Recht zu kennen, wißen muß, nicht von der Partei zu beweisen ist[8]. Der Rechtsgrund der Geltung der fremden Rechte überhaupt, und so auch des römisch-justinianischen Rechts als gemeinrechtlichen ist dessen Reception[9], deren geschichtliche Gründe in den mittelalterlichen Cultur- und Verfaßungs-Verhältnissen Deutschlands und Italiens liegen[10], was beides zu verkennen der schon getadelte Name 'heutiges römisches Recht' verleitet. Auf einer besonderen bundesstaatsrechtlichen Bestimmung[11] beruht die Geltung des römischen Rechts für die Bundesausträge.

Indem wir hier das auf die römisch-justinianischen Rechtswerke sich gründende gemeine deutsche Privatrecht darstellen, schließen wir also aus alles öffentliche Recht, so wie auch das nicht auf dem recipierten römischen beruhende und das nur particulare Privatrecht[12]. Die wißenschaftliche Darstellung der Dogmen dieses römisch-deutschen Privatrechts ist wesentlich ein System, in welchem das Geschichtliche und das Philosophische als Elemente, nicht als Theile, enthalten sind[13].

Daß dieser Grundriß, an welchem seit dem Frühjahre gedruckt worden ist, bald wieder auch solcher Berichtigungen und Zusätze, wie ich sie zu geben im Stande bin, bedürfen wird, liegt in der Art derjenigen Litteratur, wozu er gehört, und werde ich daher von Zeit zu Zeit Nachträge dazu erscheinen laßen, zumal ich schwerlich hoffen darf, eine neue Ausgabe desselben zu erleben. Daß er correct gedruckt sei, darf ich glauben, nicht aber, daß nicht dennoch, namentlich in den Zahlen manche Fehler sich finden werden: ein Kenner weiß dergleichen zu entschuldigen, und was Nichtkenner davon und diesem ganzen Grundriße halten wollen, ist — nicht meine Sache.

Bonn, den 18. Oct. 1860.

Böcking.

Uebersicht.

Drittes Buch. Die zusammengesetzten Privatrechte.

Erstes Kapitel. Das Familiengüterrecht.

Zweites Kapitel. Das Erbrecht.

Erſter Abſchnitt. Directe Succeſſion.

Zweiter Abſchnitt. Indirecte Succeſſion.

Verzeichniss der gebrauchten, nicht allgemein üblichen Abkürzungen.

Abr. = Abriß der Institutionen des röm. Privatrechts. Von Ed. Böcking. Bonn 1860. (1856.) 8°.

Ar. = Ludw. *Arndts* Lehrbuch der Pandecten. München 1850. ff. 8°. 3. Aufl. München 1859. 8°.

Arch. f. c. Pr. = Archiv für die civilistische Praxis. Heidelb. 1820...60. XLIII. Bde. 8°.

B. = *Bucher* Das Recht der Forderungen. 2. Aufl. Leipz. 1830. 8°. [s. unten S. 121. Z. 28. f.]

Bg = Eduard *Böcking* Pandekten des römischen Privatrechts oder Institutionen des gemeinen deutschen Civilrechts. Bonn. (1843.) ed. 2. 1853. Bd. II. 1. Abth. Leipz. 1855. 8°.

Br. = Alois *Brinz* Lehrbuch der Pandekten. Bd. 1. Erlangen 1857. 8°. (§§ 1...149.) Bd. 2. Erste Hälfte. Erlangen 1860. 8°. (§§ 150...225.)

Bülow u. *Hagem.* = Friedr. *v. Bülows* u. Theod. *Hagemanns* practische Erörterungen etc. Hannov. 1806...37. X. 4°. Bde. 5...7. von Hagemann allein, Bd. 8. von Ernst *Spangenberg* herausgegeben; Bde. 9. 10. auch unt. d. Tit. Ernst *Spangenbergs* Pract. Erörtt. Bd. 1. 2.

Bu. u. *Bu.* = *Buchka* u. *Budde* Entscheidungen des O.A.G. zu Rostock. 1855...59. III. 8°.

Gesterd. = F. C. *Gesterding* Ausbeute von Nachforschungen über verschiedene Rechtsmaterien. Greifsw. 1826...38. VI. 8°.

— Irrth. = Desselben Alte und neue Irrthümer der Rechtsgelehrten. Greifsw. 1818. 8°.

Gl. oder *Glück* = Christian Friedr. *Glück* Ausführliche Erläuterung der Pandecten nach Hellfeld. Erl. 1797. 8°. ff. Bd. 35...43. fortges. v. Christian Friedr. *Mühlenbruch* (citiert *Mü.-Gl.*), Bd. 44. 45., von Ed. *Fein*. Geht bis Dig. XXIX. 7. Mit 3 Bänden Register.

Gö. = Joh. Friedr. Ludw. *Göschen* Vorlesungen über das gemeine Civilrecht, herausg. v. Albr. Erxleben. Gött. 1838. ff. V. 8°. 1843. V. 8°.

He. = Arnold *Heise* Grundriss eines Systems des gem. Civilrechts. (1807. 1816.) 3. Ausg. Hdlb. 1819. u. 1839. 8°. Ausgeführt nach Heise's Hstm in J. N. v. Wening-Ingenheim Lehrb. d. gemeinen Civilr. Münch. 1822. ff. III. 8°. 5. Aufl. v. Joh. Adam Fritz. Münch. 1837. f. III. 8°.

K. = C. F. *Koch* Das Recht d. Forderungen nach gem. u. preuß. R. Bresl. 1836. ff. III. 8°. ed. II. 1859.

Keller Grdr. = Grundriss zu Vorlesungen über Institutionen und Antiquitäten des R. R. Mit einzelnen Ausführungen. Von F. L. v. *Keller*. Berlin 1854...58. (Ist mir erst vor dem Drucke der 3 letzten Bogen dieses Grundrißes bekannt geworden; daher die vielen Verweisungen darauf in den Nachträgen.)

Ki. = J. F. *Kierulff* Theorie d. Gemeinen Civilrechts. [leider nur] Erster Band. Altona 1839. 8°.

Kraut Grdr. = Grundriß zu Vorlesungen über das deutsche Privatrecht. 4. Ausg. Gött. 1856. 8°.

Lpz. Jahrb. = Jahrbuch des gem. deutschen R. herausg. v. Bekker u. Muther. Lpz. 1857. ff. IV. 8°.

Mü. = Christian Friedr. *Mühlenbruch*: [vgl. oben *Gl.*]
Lehrbuch d. Pandecten-Rechts. Halle 1835. ff. III. 8°. 4. Aufl. v. O. C. v. Madai. Halle 1844. III. 8°. (Erst lateinisch: Doctrina Pandectarum. Hal. 1823. III. 8°. ed. 3. 1830. sq.)

— Cess. = Die Lehre von der Cession der Forderungsrechte. Greifsw. 1817. 1826. 3. Aufl. 1836. 8°.

Pfeiffer Prakt.Ausf. = B.W.*Pfeiffer* Practische Ausführungen aus allen Theilen der Rechtsw Mit Entscheidd. des O.A.G. zu Cassel. Hannov.1825...48.VIII.4°. Registerband 1849.4°.
Pu. = Georg Friedrich *Puchta*:
Pandekten. Leipz.1834.1844.1845. 8°. herausg.von Rudorff. das. 8.Aufl. 1856.8°.
— Vorll. =Vorlesungen ü.d.heut.röm.Recht.herausg.v.Rudorff.Lpz.1847.u.ed.IV.1854.f.II.8°.
— Inst. = Cursus der Institutionen. Lpz. 1841. III. 8°. herausg. von Rudorff. 1850. f. ed. 2. 1851. ed. 5. 1857. III. 8°.
— Kl. Schr. = Kleine civilistische Schriften. Gesammelt u. herausg. v. Rudorff. Lpz. 1851. 8°.
— G.R. = Gewohnheitsrecht. s. S.5. Z.23.f.
*Pu.*sen. = Wilh.Heinr.*Puchta* (Vater des vorigen) Ueber d. gerichtlichen Klagen. Gieß.1833.8°.
Rtslex. s. *Weiske.*
Rh.Mus.f.Jpdz. = Rheinisches Museum für Jurisprudenz. Bonn 1827...35. VII. 8°.
Ro.=C.F.*Rosshirt* Gemeines deutsch.Civilrecht.Hdlb.1840.f.III.8°.[Anderes s.S.271.Z.27.ff.]
Rud. = Ad. Aug. Friedr. *Rudorff* Grundriss zu Vorlcss.üb.das gem.Civilrecht.Berl.1843.8°.
— Vorm. = Das Recht der Vormundschaft. Berl.1832...34. III. 8°.
— *R.R.G.* = Römische Rechtsgeschichte. II.8°. Berlin 1857.1859.
Sav. = Friedrich Carl *von Savigny*:
— Syst. = System des heutigen römischen Rechts. Berl.1840...49. VIII. 8°. Nebst Sachen- und Quellen-Register von O. L. Heuser. 1851.
— Bes. = Das Recht des Besitzes. 6.Aufl. Giess.1837. 8°. (erste 1803.)
— O.=Das Obligationenr.als Theil d.heut.Röm.R.1r.Bd.Berl.1851.8°.[s.unt.S.121.Z.26.f.]
Schm. = Andr. Christian Joh. *Schmid* Handbuch des gegenw. gelt. gem. deutsch. bürgerl.Rechts. Besonderer Thl. 2 Bde. Lpz.1847.f. [enth. Eigenthum u. die dingl. Rechte nebst Lehnr.]
Se. = Joh.Adam *Seuffert* Lehrb.d.prakt.Pandectenr.Würzb.1825.III.8°.ed.3.1852.ed.4.1860.
Si. = Carl Friedr. Ferd.*Sintenis* Das practische gemeine Civilrecht. Lpz.1844...51. III. 8°. [ed.II.1860.ff. konnte hier nicht berücksichtigt werden.]
Thib. = Ant.Friedr.Just.*Thibaut* System d.Pandecten-R. 8.Ausg. Jena 1834.II.8°.(1ste 1803.)
U. = K.A.D.*Unterholzner* Lehre des röm.R.von den Schuldverhältn.*c. (s.unten S.121.Z.26.f.)
Unterh. = Dess. Verjährungslehre *c. Neue Ausg. v.Schirmer. Lpz.1858. II. 8°. (citiert *SchU.*)
Va.= Karl Adolph *v. Vangerow* Leitfaden für Pandekten-Vorlesungen. Marb.u.Leipz.1838...47. III. 8°. ed.6. 1851.ff. III.8.
Weiske = Jul. *Weiske* Rechtslexicon f.Jurist. aller teutschen Staaten.1844...60. XV. 8°.
Ztsch.f.C.u.Pr. = Zeitschrift für Civilrecht und Proceß. Gieß.1828...44. XX.8°.
— N.F. = Derselben Neue Folge. ibid.1845...60. XXII. 8°.
Ztsch.f.g.R.W. = Zeitschrift für geschichtliche Rechtswissenschaft. Berl.1815...50. XV. 8°.

Andere Abkürzungen sind am gehörigen Orte besonders erklärt. Vgl. auch I. § 12.

Einleitung.

§. 1. Aufgabe dieser Vorträge.

Gemeines deutsches Privatrecht: wie sind dessen Bestandtheile das römische, das germanische und das kanonische Recht? Particulares Recht [1]. Civil- (Pandekten-) Recht und deutsches Privatrecht. Wahre Bedeutung der Subsidiarität der recipierten Rechte, aber auch des deutschen Privatrechts; äußere u. innere Seite dieser Subsidiarität [2…8]. Rechtsgrund der Geltung der fremden Rechte ist deren Reception [9.10]. Bundesrechtliche Geltung [11]. Begränzung dieser Disciplin [12] und Seiten der wißenschaftlichen Darstellung [13].

§. 2. Geschichtliche Uebersicht der Würdigung des recipierten römischen Rechts.

Dessen Bedeutung als positives Recht und als geistiges Bildungsmittel. Oppositionen: der Kirchengewalt [1]; politische und populare [2]; rationalistische, aus Gründen der Zweckmäßigkeit und Nützlichkeit [3]; patriotisch-historische [4]. Wahre Seiten dieser Bekämpfungen und Anerkennung des römischen Rechts als Elementes des Rechtes und der Civilisation unserer Nation.

---

§. Quellen der Darstellung und Verhältniss derselben zu einander.*
(*Bg §§ 10…25. Abr. §§ 4…10.*)

I. Geschriebene (*Abr. §§ 6…9.*)

A. Eigentliche Rechtsquellen (cf. *Bg § 10.*)

A. Die einzelnen Bestandtheile an sich:

1. römische, die justinianischen Rechtswerke. (*A.* u. *Bg § 21.*)

---

§. 1. *He.1.* (d.h. *§ 1.*) *Se.1. Mü.27. Gö.1.2. Pu.1…9.* (u. dazu dessen Vorll.) *Ki.1. Ro.1.2. Sav.1…3. Si.1. Ar.1…5.16…20. Br.1.* S. die Quellen in *Bg § 24. noll. 76. v. Wächter* Gem. R. Deutschlds. 1840. 8°. *Beseler* Volksr. u. Juristenr. Lpz. 1843. 8°. dagegen auch *Thöl* unt. dems. Tit. Rostock. 1846. 8°. [1]) *Bg §§ 4.6.* u. das. Vorr. S. v. ff. [2]) *Bg § 24 m* ff. [3]) *Beseler* Syst. d. deutsch. Priv. R. I. §§ 8. ff. *Gerber* deutsch. Priv. R. §§ 1…10. [4]) *Bg § 94 h.* [5]) *Bg § 24. not. 75.* [6]) Solche einander nicht entsprechende nomina sind ius gentium Völkerrecht, æquitas Billigkeit, homo Mensch, familia Familie, status Zustand, infamia Infamie, iustæ nuptiæ rechtmäßige Ehe, patria potestas väterliche Gewalt, servus Knecht, obligatio Obligation, hereditas Erbschaft und Erbrecht, actio Klage, quantitas eine Quantität u. s. w. [7]) *Höpfner* Commentar üb. die Institt. § 17. [8]) *Bg § 118.* s. unten § 117. [9]) *Bg* I. S. IV. ff. *Pu. §§ 2.3.7.* [10]) *Bg § 24 l* ff. [11]) Wiener Schluß-Acte 1820. Art. 23. Bundes-Beschl. v. 3. Aug. 1820. Art. 4, v. 16. Juni 1817. III. Art. 7. (*Emmingh.* Corp. jur. germ. ed. II. Jena 1844. 8°. S. 655. 667. 673. not. 5). [12]) cf. *Bg §§ 6.24 w* ff. [13]) *Bg § 9. Abr. § 3.*

§. 2. [1]) *Bg § 24. not. 63. F.G. Eichhorn* Gesch. der Literatur Bd. 2. S. 452. Gött. 1805. *Pu.* Vorll. I. S. 11. [2]) *Bg § 24 t* ff. vgl. z. B. *Hutteni* Prædones §§ 76…106. [3]) *Bg §§ 1.3. 7.9. Pu.7. Eichhorn* deutsch. Privatr. §§ 442…44. Die Schriften über den Beruf u. die Aufgabe der Zeit zu einem neuen deutschen Civilgesetzbuche bis herab auf die von Thibaut u. Savigny. 1814. Auch heute noch wird mitunter das r. R. sowie schon im vor. Jahrh. so oft getadelt, z. B. „das Corp. jur. ist ein jämmerliches Machwerk“, der „Code Nap. zehnmal beßer“: *Kniep* Einfl. der bedingten Novation. Wism. 1860. § 12. [4]) s. *Bluntschli* Die neueren Rechtsschulen der deutschen Juristen. 1840. 8°. S. 30. ff. Streitschriften von *Reyscher*, *Puchta*, *Beseler*, *Thöl* u. A. so wie die Einleitungen zu den jurist. Zeitschriften. S. auch *Grimm* Deutsche Rechtsalterth. S. XVI.

*) *He.2…7. Mü.2…21. Gö.3…8. Pu.1…9. Rud.1…8. Va.2…4. Sav.* Syst. I. Kap. 3. *Ro.16.3…5. Ar.2…4. Bluhme* Encyclopädie Abth. I. Uebersicht der in Deutschl. geltenden Rechtsquellen. Bonn. 1847. 1854. besonders §§ 23. ff.

2. kanonische, das +corpus iuris canonici (*B.*)

A. Justinians Rechtsbücher (*Bg § 21*). Zum richtigen Verständniss ihrer Entstehung und Bedeutung ist die Kenntniss der voraufgehenden Gesetzgebung und juristischen Litteratur, welcher Bestandtheil der röm. Rechtsgeschichte selbst eine Seite der allgemeinen politischen, Cultur- u. Litteratur-Geschichte der Römer ausmacht, unentbehrlich. Dieses Verständniss wahrt sowol gegen Ueberschätzung der justinianischen Rechtswerke, wie wir solche zum Theil bei *Sav.* Gesch. des röm. R. i. M. A. I. S. 34. ff. finden, als auch gegen die viel verbreitetere unbillige Geringschätzung derselben. Die Entstehungsgeschichte der 4 unser s. g. Corpus iuris civilis (s. *Bg* Anhang v. S. *12) bildenden Werke u. Samlungen *Bg § 21.* Die XIII Edicta Iustiniani u. andere (in unseren Ausgg. des corp. iur. civ. als Anhänge stehende) Constitutionen gehören nicht zu dem in Deutschland recipierten justinian. Rechte. *Bg § 21 t, u.* Die Geschichte dieser Reception, welche in engem Zusammenhange mit der Geschichte der mittelalterlichen Studia oder Universitäten und der Leistungen der s. g. Glossatoren steht (*Bg § 24.*), erklärt, weshalb nicht alle legislativen Werke Justinians und selbst nicht alle einzelnen Stücke der recipierten Werke als geltende Rechtsbestimmungen aufgenommen worden sind. Die nicht glossierten und nicht recipierten Stücke sind in *Bg* I. Anh. III. angeführt; unsre Ausgaben des corp. iur. civ. pflegen sie nicht besonders zu bezeichnen. Ueber Anordnung des Stoffs u. die Eintheilungen der Digesten, des Codex und der Institutionen s. *Bg* Anhänge I. II. u. § 28., über die Novellen Justinians das. Anh. IV. Ueber Handschriften u. Ausgaben (von welchen unter den neueren die stereotypierte (Lips. 1843. 4°.) weit empfehlenswerther als die beckschen (Lips. in 4°. u. in 8°.) ist, s. *Bg* Anh. V. vgl. auch *E. Spangenberg* in Ersch u. Gruber Encyclop. d. W. Art. Corp. iur. civ.

B. Die kirchlichen Quellen des gemeinen Civilrechts. (vergl. *Bg § 24. not. 47. Eichhorn* Kirchenr. I. S. 321. ff. *Walter* Kirchenr. Buch II. Kap. 2. *Richter* Kirchenr. Buch II. Kap. 1.) Das kanonische (nicht identisch mit dem Kirchen-) Recht ist in Beziehung auf das Privatrecht nicht eine selbständige Entwickelung, sondern nur Modification des römischen Rechts, besonders in Betreff der mit kirchlichen Dogmen, Handlungen und Rechten in näherer Verbindung stehenden Rechts-Einrichtungen u. Bestimmungen, z. B. Ehe und Eid, Ersitzung u. Verjährung, Zinsen u. s. w.; dem Inhalte nach theils Anwendung kirchlicher Ansichten u. Vorschriften, theils germanischer oder particulärer sonstiger Rechtsbestimmungen und Gewohnheiten. Die Bestandtheile des in gleicher Zeit und Art, wie das corpus iur. civ., in Deutschland recipierten Corpus iuris canonici (Empfehlenswertheste Ausgabe: Corp. iur. can. ed. *A. L. Richter.* Lips. 1836. 1839. 4°. vorher: Corp. iur. can. ed. *I. H. Boehmer.* Hal. 1747. 4°.) sind

1) *Decretum Gratiani* (Concordia discordantium canonum) von 1151., eine fast durchaus älteren Samlungen entlehnte Privatarbeit, die aber bald durch den Gebrauch gesetzliches Ansehen erlangte; Zusammenstellung von Stellen und Stücken aus der h. Schrift, Kirchenvätern, Concilienschlüßen, Decretalen, röm. Recht u. fränkischen Kapitularien; eingetheilt in 3 partes (wie die justinianischen Digesten bei den Glossatoren breitheilig waren, s. *Bg* I. Anh. I.). Die Pars I. wurde später in 101 Distinctiones getheilt. Citierart: (c. can. = canon) 1. D. (Dist. = Distinctio) 101. Die Pars II. besteht aus 36 Rechtsfällen, Causæ, diese aus Quæstiones, welche in Canones aufgelöst sind. Citierart: c. 9. qu. 2. Caus. 36. Nur die qu. 3. Caus. 33., welche eine Abhandlung de pœnitentia enthält, ist in 7 Distinctiones, und diese wieder in canones getheilt. Citierart: c. 7. Dist. 7. de pœnit. (d. h. Caus. 33. qu. 3. dist. 7. c. 7.) Die canones der Pars III. sind auch nach Gratian in 5 Distinctiones abgetheilt worden, deren erste de consecratione handelt, was als Bezeichnung des ganzen Theils üblich geworden ist; man citiert daher z. B. c. 40. Dist. 5. de consecr.

2) Die sehr gestiegene päpstliche Gesetzgebungsgewalt führte nunmehr eine Reihe von

kirchenrechtlichen Compilationen herbei; aus den von 1191. bis 1220. entstandenen, vorzugsweise die Quinque compilationes genannten, Samlungen der im gratianischen Decret nicht enthaltenen (d.i. der extravagantes) Decretales, deren erste, von Bernhard, Propst zu Pavia, in fünf Büchern, nach Art der Constitutionen-Codices eingetheilt, das Vorbild aller späteren Decretalensamlungen geworden ist, und unter Hinzufügung seiner eigenen Decretalen, ließ Gregor IX. eine neue Samlung ausarbeiten, Gregorii papæ IX. Compilatio, jetzt *Decretales Gregorii IX.* genannt, 1234. publiciert. Die Anordnung des Stoffs nach den 5 Büchern soll dieser Denkvers bezeichnen: Iudex, Iudicium, Clerus, Sponsalia (oder Connubia), Crimen. Man citiert: c. od. cap.11.X.de reg. iur.V.41. das X bedeutet extra (nämlich Decretum). Die partes decisæ, d.h. die in den Decretalen nicht aufgenommenen Worte oder Sätze der Originalstellen, die in den meisten Ausgaben durch „et infra" oder p.c. (=pars capituli) bezeichnet werden, in der böhmerschen u. richterschen aber, in jener zwischen [], in dieser zwischen ** cursiv gedruckt sind, haben nicht gesetzliches Ansehen. Dieser Samlung folgt die im Verhältniss zu ihr als

3) *Liber sextus* Decretalium Bonifacii papæ VIII. bezeichnete, 1298. publicierte, hauptsächlich aus Decretalen Gregors IX. bis Bonifacius VIII. und den Schlüßen der ersten beiden Lyoner Concilien bestehend. Sie ist, wie die gregorische, in 5 Bücher u.s.w. eingetheilt. Man citiert z.B. c 88. in VI°. (d.h. in Sexto) de R.I. (=reg.iur.) V.12. oder c.88. de reg.iur.in VI.

4) *Clementis V. constitutiones* in concilio Viennensi (a.1311.) editæ, oder *Clementinæ;* 1313. im Cardinalscollegium publiciert und von Johann XXII. i.J.1317. den Universitäten Paris und Bologna überschickt; eingerichtet wie die beiden vorigen Samlungen. Citierart: Clem. (=Clementina) 2. de verb.sign.V.11. oder c.2. de V.S. in Clementinis V.11.

5) Nicht zu dem s.g. Corpus iuris canonici clausum gehören folgende beiden Privatsamlungen päpstlicher Decretalen, die im Verhältniss zu den vorigen 'Extravagantes' heißen, nie zu so allgemeinem Ansehen gelangt, und auch für das gemeine Civilrecht ganz unwichtig sind:

a) Extravagantes sive Constitutiones XX (v.1320...24.) a Iohanne XXII. editæ. in 14 Titel eingetheilt. Citierart: c.5. Extr. Ioa. XXII. de V.S. (=verb.sign.) 14.

b) Extravagantes communes, v. Urban IV. (†1264.) bis auf Sixtus IV. (†1484.) zu Ende des 15. Jahrh. von dem Pariser Buchhändler Chappuis nach Art der Decretalensamlungen zusammengestellt, jedoch so, daß das vierte Buch leer geblieben ist. Citierart: c.4. Extr. comm. de sent. excomm. V.10.

Die übrigen in den Ausgg. des C.I.can. befindlichen Stücke haben kein gesetzliches Ansehen.

Wichtig dagegen auch für das gemeine Civilrecht sind die Schlüße des von 1545...63. versammelten *Concilii Tridentini*, nach den 25 Sessiones abgetheilt. Die dogmatischen Kapitel pflegen als canones, die Reformationsdecrete als capita citiert zu werden. Hierher gehört hauptsächlich die Sess. XXIV. de sacramento matrimonii u. de reformatione matrimonii. Erste Ausg. Rom. 1564. fol.; am brauchbarsten die von Gallemart (Colon. 1619. 1700. u. 1722. 4°. Aug. Vind. 1788. 8°.) u. die von *Richter* als Anh. des corp.iur.can. (Lips. 1839. 4°.) besorgte. Vgl. *Eichhorn* K.R. S.290. ff. *Walter* K.R. §124. *Richter* K.R. § 84.

C. Die deutschen Reichsgesetze und die Bundesgesetze. Die auf den Reichstagen von Kaiser u. Ständen, geistlichen u. weltlichen, so wie von den Abgeordneten der Reichsstädte beschloßenen Bestimmungen, Reichs-Abschiede u. Ordnungen, geben schon im 14. Jahrh. zu erkennen, daß sie sich neben den 'kaiserlichen oder gemeinen beschriebenen Rechten', d.h. dem justinianischen Rechte, dessen gemeinrechtliche Geltung deutlich vorausgesetzt wird

B. Verhältniss derselben zum gemeinen Recht und zu einander *):

§. 3. 1. der drei Rechte zum gemeinen Rechte.

§. 4. 2. der drei Rechte zu einander.

§. 5. 3. der einzelnen Bestandtheile derselben zu einander:

a. des römischen Rechts: Instit., Dig., Cod. u. Novell. (*Bg § 21.w.* ff.)

b. des kanonischen Rechts: Decret u. Decretalensamlungen.

c. der Reichs- (u. Bundes-) Gesetze.

(*Bg § 24. not. 76.*), geltend und als Fortsetzung desselben betrachten (*Bg § 24.u.*). Seit dem 15. Jahrh. modificieren diese Reichsgesetze häufig das röm. R., bis seit dem westfäl. Frieden (1648.) die Reichsgesetzgebung gegen die nun immer selbständiger sich entfaltende Landeshoheit u. Gesetzgebungsgewalt der Territorialherren mehr u. mehr zurücktritt. Der letzte für das Privatrecht u. bes. den Process sehr wichtige R.A. (= Reichsabschied), 'der jüngste' genannt (R.I.N. = recessus imperii novissimus), ist der regensburgsche von 1654. Die nun permanenten Reichsversamlungen beschäftigten sich fast ausschließlich mit Religions- u. Reichspolicei-Angelegenheiten. Zwar hat die Rheinbundsacte v. 12. Juli 1806. Art. 2. mit zwei öffentlichrechtlichen Ausnahmen die Giltigkeit aller Reichsgesetze aufgehoben u. die deutsche Bundesacte dieselbe nicht wieder hergestellt; dennoch ist die Giltigkeit der Reichsgesetze, soweit dieselben nicht den Bestand des Reiches voraussetzen oder sich nur auf antiquierte Einrichtungen beziehen, von den Bundesmitgliedern theils ausdrücklich, theils stillschweigend und ebenso auch in den neuesten Zeiten anerkannt worden, und auch theoretisch unbestritten. S. *Klüber* Staatsr. § 50a. vgl. *Eichhorn* deutsche St. u. R.G. §§ 262. 435. ff. 528. ff. 607. Samlungen d. Reichsgesetze: (*I.D. Olenschlager*) Neue Samml. der Reichsabschiede. Frankf. 1747. 4 Thl. fol. *C.F. Gerstlacher* Hdb. der deutsch. Reichg. in system. Ordn. 1786...93. 11 Thle. 8°., deren 10r das Privatrecht befaßt. Brauchbar *Schmauss* Corp. iur. acad. 1. Bd. 8°. *C. Emminghaus* Corp. iur. Germ. acad. 1824. ed. II. Jena 1844. 8°.

Die deutsche B.A. (= Bundesacte), v. 8. Juni 1815. (vgl. *Eichhorn* St. u. R.G. § 611. f.) u. die Beschlüße der B.V. (= Bundesversamlung) haben nur, in den einzelnen deutschen Ländern publiciert, als Territorialrecht Geltung. *I.L. Klüber* Schlußacte des Wien. Congr. u. B.A. Erlang. 1816. 8°. u. viele andere Abdrücke. Protokolle der deutsch. B.V. Ffurt 1816. ff. 4°. (Die vollständigere Folioausg. ist nicht im Buchhandel.) *G.v. Meyer* Repertorium zu den Verhandll. der d.B.V. Ffurt 1820. 8°. Aufgehoben war der d.B. durch den Bundestagsbeschl. v. 12. Juli 1848. Wesentliche Umgestaltungen scheinen bevorzustehen.

*) *Sav. 21. He. 8...10. Se. 2. Mü. 66. 69...71. Gö. 4...8. Pu. 4...6. Va. 5...7. Ro. 7...9. Si. 4. Ar. §§ 10...14. Br. 2.*

§. 3. 1. Verhältniss des rein Römischen, Kanonistischen und Germanischen zu unsrem gemeinen Civilrecht. — Willkür (= Autonomie der Privaten, gewillkürtes Recht) bricht Stadtrecht, Stadtrecht bricht Landrecht, Landrecht bricht gemein (od. Kaiser-) Recht. s. *Eisenhart* Grunds. der deutschen R. in Sprüchwörtern, 3. Ausg. Lpz. 1823. 8°. S. 1...6. *Eichhorn* deutsch. Priv. R. § 30. vgl. *Bg § 117g.*

§. 4. 2. Verhältniss der recipierten Rechtsquellen zu einander. *Seuffert* Erörtt. I. n°. 7. *Sav.* Syst. I. S. 266. ff. cf. *Bg § 24t.* ff. u. ibid. „Quicquid non agnoscit glossa, nec agnoscit curia". *Mod. L. 4. D. de const. princ. 1, 4.* *Αἱ μεταγενέστεραι διατάξεις ἰσχυρότεραι τῶν πρὸ αὐτῶν εἰσίν.*

§. 5. 3. Verhältniss der einzelnen Bestandtheile der recipierten Rechtsquellen zu einander:

a) [1]) s. *Bg § 21w.* ff. [2]) Glosse s. *Bg § 24h.* ff. [3]) Ueber die Authentiken s. *Bg* S. *16. u. *§ 24n.* ff. Von den als Reichsgesetze geltenden fridericianischen Authentiken (*Bg* S. *16. Z. 25. ff.) haben nur wenige privatrechtliche Bedeutung: Sacramenta puberum,

§§. 6. B. Rechtsgeschichtliche Quellen. (*Bg §§ 18...20.22...26. Abr. § 10.*)

A. Erkenntnißmittel des römischen Rechts überh. (*Bg § 25.*)

B. Vor- u. nachjustinianische Quellen des röm. R. (*Bg §§ 18...20.21...24.*)

C. Die Quellen des kanonischen und germanischen Rechts außer den corpora iuris civilis u. canonici. (*Bg § 24.*)

II. Ungeschriebenes (s.g. Gewohnheits-) Recht. (*Bg §§ 10.11. Abr. §§ 4.5.*) *

§§. 7. A. Begriff und Namen.

Natürliches (nationales) und sittliches Element des Begriffes Staat und Recht; Bekundigungsweisen des letztren [1...7], und insbesondere als nationalen Rechts durch den Gesamtorganismus des Volks oder einzelner Gliederungen desselben [8...10]. Verhältniß des G.R. und des ius scriptum zu einander [11...17]. Gründe des Schwankens des Sprachgebrauchs und anderer Verwirrungen [18.19].

Cod.2,28. Omnes peregrini, *Cod.6,59.* Agricultores, *Cod.8,17.* [4]) *Bg § 21 s. § 24 m.* Ausg. v. *Heimbach* s. *Bg § 21. not. 16**. [5]) *Osenbrüggen* über die pract. Auctorität des griech. Textes und der versio vulgata der Novellen Just., in Zeitschr. für Civilr. und Proc. XVII.11. Richtig: *Pu.* Vorll. S.9.f. *Bg § 21 s.* [6]) *Bg § 21 q.* u. I. S.*15.

b) im Corp. iur. canonici: Clementinen, liber sextus, Gregors Decretalen, Decret.

c) Reichsgesetze und Landes- (nur als solche auch Bundes-) Gesetze.

§. 6. *He. 4.5. Mü. 3...9.13...21. Gö. 11. Va. 2.6.12. Rud. 2.4.* ff. *Schilling* Instit. Bd. II. Lpz. 1834. 8°. §§ 25...37. *Pu.* Inst. Buch II. Eine gründliche Darstellung der röm. Rechts- und rechtsgeschichtlichen Quellen findet sich in *Rudorff* Röm. Rechtsgesch. Lpz. 1857..59. II. 8°.

*) Quellen, die römischen s. *Bg* zu § 11.; kanon.: De consuetudine: *X. 1, 4.* in *VI°. 1, 4. Domell.* Comm. lib. I. c. 10. *Seuffert* Erörtt. I. v. vi. *Gesterding* V.2. n°. iv. v. *Puchta* das Gewohnheitsrecht. II. 8°. Erlang. 1828. 1838. *Sav. 12.25.28...30. Beseler* u. *Thöl* zu § 1. citt. *Busch* zur Lehre v. d. G.R. im Arch. f. civ. Pr. XXVII.8. vgl. *Sartorius* n°.3. das. *Heimbach* Art.. Observanz in Weiskes Rtslexic. *Guyet* Particul. G.R. i. Arch. f. civ. Pr. XXXV.2. *Langenbeck* Erforsch. v. G.R. ebend. XL.14. *Brinckmann* Gew. R. Hdlb. 1847. 8°. — *He.* Buch I. 9...113. *Se. 9...12. Mü. 37...41. Gö. 23...27. Ki.* S. 6...16. *Ro. 13. Pu. 10...13.16. Va. 14...18. Ro. 13. Si. 3.5. Hänsel* Hdb. der Instit. Bd. 1. Lpz. 1842. S. 287...99. 336...62.

§. 7. [1]) *Bg § 49 a. § 42. not. 1. § 58 a. § 60 a.* [2]) *Bg § 7 b.* [3]) Hierauf gehen auch die Definitionen der lex in *LL. 1. 2. D. h. t. 1, 3.* [4]) *Bg § 3.* [5]) rebus ipsis et factis populus voluntatem suam declarat. *Bg § 11. not. 3.* - mores maiorum, moribus s. a maioribus introductum s. probatum est. - ius quod usus adprobavit - mores consensu utentium conprobati - mos fidelissimæ vetustatis. *Bg § 11. nott. γ' δ'.* cf. *Bg § 7 b. c.* [6]) cf. *Bg § 11. not. 2.* [7]) ius constat aut ex scripto aut sine scripto, ut *τῶν νόμων οἱ μὲν ἔγγραφοι, οἱ δὲ ἄγραφοι. Bg § 11. not. 1.* Der historische Gang ist, ius non scriptum, dann scriptum ius. *Bg § 7.* [8]) ea quæ sine ullo scripto populus probavit; quod sine scripto venit. cit. *not. 1.* [9]) *Bg § 7 e.* cf. *Bg § 59.* [10]) unten § 10. u. *Bg § 11. not. α.* [11]) *Bg § 7 a. § 11. not. 7.* [12]) *Bg § 11. not. 2.* [13]) *Bg § 118. not. 1. Pu.* G.R. II. 151. ff. *Paul. L. 36. D. h. t.* 'Immo magnæ auctoritatis hoc ius habetur, quod in tantum probatum est, ut non fuerit necesse scripto id conprehendere'. [14]) *L. 3. § 6. D. de testib. 22, 5. L. 1. C. h. t. c. 44. X. de appell. 2, 28.* [15]) *Iul. L. 32. D. h. t.* „De quibus causis scriptis legibus non utimur,“ id custodiri oportet quod moribus et consuetudine inductum est“. *Bg § 11. not. δ', ibid. not. 5.* Diuturni mores consensu utentium conprobati legem imitantur. Ius moribus constitutum. Consuetudo pro lege est, legis vicem optinet. *etc.* [16]) *Bg § 11. not. ϖ.* [17]) *Bg § 12 c.* [18]) „ratio quæ consuetudinem suasit, custodienda est“. *Bg § 11.*

B. Die einzelnen Formen:

§. 8. A. die unmittelbare: G.R. im eng. S., die eigentliche longa consuetudo. Welche Handlungen gelten als Ausdruck einer nationalen Ueberzeugung von der verbindenden Kraft eines Rechtssatzes? [1] 1) Nationalität [2...16], 2) Rationalität [17...22].

B. die durch besondere Organe vermittelten Formen des G.R.

§. 9. 1. Ständerecht i.w.S. (Autonomie? Observanzen?) Begriff des Standes im Gegensatze der Corporation und gewillkürter Vereine [1...3]. Consuetudo canonice s. legitime praescripta [4...7].

---

nott.3.e.d. und folg. §8. [19]) populus voluntatem suam declarat; tacitus consensus omnium; tacita civium conventio. Ueber L.40.D.h.t.s.Bg §11.not.γ'. §92*.not.10.

§. 8. [1]) Bg §11.not.3. rebus ipsis et factis populus voluntatem suam declarat. [2]) Bg §11.not.1. consensus populi, omnium; populus probavit etc. [3]) das. not.d. [4]) Alex.L.1.C.h.t. (= quae sit longa cons.8,35.) „..quae.. frequenter in eodem controversiarum genere servata sunt, causa cognita statuet..". [5]) L.32.§1. LL.33.35.38. D.h.t.1,3. L.1.C.h.t. „..longam consuetudinem..". L.2.eod. in not.14. L.3.eod. „Leges quoque ipsas antiquitus probata et servata tenaciter consuetudo imitatur..". [6]) Pu. G.R.II.S.79.ff. [7]) cit.L.38.D. LL.1.3.C.h.t. [8]) perpetuo similiter iudicata res, inveterata, iugiter oder antiquitus probata consuetudo, servata tenaciter u.dgl. Bg §11.not.δ'. [9]) vgl. L.12.§13.D. de instr.leg.33,7. L.18.D. de testib.22,5. +Exceptio firmat regulam. [10]) Pu.R.G.II.S.39. [11]) Ulp.L.34.D.h.t. „..de consuetudine.. primum quidem illud explorandum arbitror, an etiam contradicto aliquando iudicio consuetudo firmata sit". Nov.106. Bg §11.nott.4u.7. [12]) Bg §11.not.9'. Pu.G.R. II.S.120.ff. [13]) Bg §11.not.2. [14]) Pap.L.1.pr.D.de usur.22,1. „..ex more regionis ... constituitur [modus usurarum], ita tamen ut legi non offendat". Die so oft (auch wieder von Sav.Syst.I.Beil.11.) unrichtig gedeutete L.2.C.h.t. (daraus c.11.X.h.t.1,4.) sagt, das Vorhandensein einer consuetudo, einer faktischen Gewohnheit, sei noch nicht Beweis der Geltung eines gewohnheits r e c h t lichen Satzes. „Consuetudinis ususque longaevi non vilis auctoritas est, verum non usque adeo sui valitura momento, ut aut rationem vincat aut legem". [Bg §11.not.ς'. Pu.G.R.I.117.ff.II.203.ff. Vorless.I.S.31.u.S.412. ff.] Umgekehrt heißt es II.F.1. „Legum Romanarum non est vilis auctoritas, sed non adeo vim suam extendunt, ut usum vincant aut mores..". d.h. die leges R. gelten subsidiarisch; nicht aber wo ein gehöriges Gewohnheitsrecht in Widerspruch mit ihnen getreten ist. [15]) c.26.i.f.X.de testib.2,20. c.10.X.de testam.3,26. cf.L.32.D.h.t. [16]) Bonif.VIII. c.1.VI°. de constitut.1,2. „Licet Romanus pontifex.. constitutionem condendo posteriorem priorem, quamvis de ipsa mentionem non faciat, revocare noscatur, quia tamen locorum specialium et personarum singularum consuetudines et statuta, cum sint facti et in facto consistant, potest probabiliter ignorare, ipsis, dum tamen sint rationabilia, per constitutionem a se noviter editam, nisi expresse caveatur in ipsa, non intelligitur in aliquo derogare". vgl. Bg §94.a...f. [17]) Bg §11.not.γ'. §128.c. [18]) c.3.10.11.X.h.t.1,4. vgl. die bei Pu.G.R.II.S.51.citt. Reichsgesetze. Pu.G.R.II.S.49...61. [19]) Glossa ad c.11.X.h.t. [20]) Cels.L.39.D.h.t. in §10.not.4. Deutsch. Sprichw. „Was 100 Jahre Unrecht war, war keine Stunde Recht". Pu.G.R.II.S.62...79. [21]) Cf.LL.20.21. 23.D.h.t.1,3. vgl. §9.not.3. [22]) Pu.G.R.II.S.33.ff.

§. 9. [1]) z.B. Bluhme l.c. §14.A. [2]) Wilda 'Autonomie' in Weiske Rtslex.I. Gerber Autonomie i. Arch. f. civ. Pr. XXXVII. 2. u. dess. deutsch. Privatr. §29. [3]) Bg §63e. Pu. G.R.II.S.105.ff. [4]) c.50.X.de electione 1,6. c.3.X. de causa poss. 2,12. c.8.X.h.t.1,4. c.1.3. VI.h.t.1,1. c.9.VI. de off. ordinarii 1,16. Pu.G.R.II.S.279.ff. [5]) Eichhorn Kirchenr.II.S.40. [6]) Sav.Syst.I.S.155. [7]) Bg §96 e.ff.u.das. nott.10...13.

§. 10. 2. Juristenrecht: Doctrin und Praxis.

Das Gemeinsame. Allg. Bedeutung des Gerichtsgebrauchs; desselben als rechtsconstituierenden, in Bezug auf das materielle Recht und auf die Formen der Geltendmachung desselben [1...4]. Unterschied der 'Doctrin oder Theorie' von der röm. iuris prudentium auctoritas [5]. Nicht Recht der Wißenschaft als dritte Form neben dem ius non scriptum u. scriptum [6]. Historische Uebersicht der Anerkennung dieser Form des G.R. [7...11].

§. 11. Anhang. Aequitas; Natur der Sache; Analogie.

§. 12. C. Litteratur *).

---

§. 10. *Jordan* über Gerichtsgebr. im Arch. f. civ. Pr. VIII. 9. *Se.* Erörtt. I. n°. VI. *v. d. Nahmer* Entscheidd. d. O.A.G. zu Wiesb. I. S. 1. ff. *Müller* Civ. Abh. n°. 5. *Pu.* G.R. II. S. 107. ff. [1]) *Bg § 11. nott. 8...10.* [2]) *Gord. L. 15. C. de excus. tut. 5, 62.* „.. causa interpositae provocationis ... iudiciorum more examinanda est". *Bg cit. not. 10.* R.A. 1570. § 75. „..auch in allen wolgeordneten Gerichten nicht weniger nach eines jeden löblich herbrachten stylo, als verordnung gemeiner Recht, gangen, vnnd gleichheit in ertheilung der Proceß durchauß zuhalten sich gebührt..". [3]) *L. 13. C. eod.* „.. non exemplis, sed legibus iudicandum..". misverstanden von *Gö.* Vorll. I. S. 98. f. *Bg § 11. not. 7.* [4]) „Quod non ratione introductum, sed errore primum, deinde consuetudine optentum est, in aliis similibus non optinet." *Cels. L. 39. D. h. t.* [5]) *Bg §§ 17. 96. not. 3.* [6]) *Bg § 11. not. 5'.* [7]) *Bg § 24. p.* [8]) cf. *Bg § 24 r.* [9]) *Möser* [†1794.] Patriot. Phantasien I. n°. 22. [10]) *Waldeck* Controv. Entscheidd. d. O.A.G. zu Wolfenb. I. n°. 1. „Dürfen die obersten Gerichtsh. in ihren Urtheilen Schriftsteller allegiren?" [11]) *Sav.* Syst. I. § 26. cf. *Pu.* G.R. I. S. 161. ff. *Beseler* l. c. vgl. oben § 2.

§. 11. *He. I. 22...24. Mü. 42...44. Gö. 15. Pu. 20. 21. Ki.* S. 3. ff. *not.* * *Schi.* Inst. II. S. 37. ff. *Si. § 5.* [1]) *Bg § 96.* bes. *nott. 1. 18. Donell.* Comm I. c. 13. §§ 11...14. *Connani* Comm. I. c. 11. *Conradi* opuscc. I. p. 317. ff. *Albrecht* die Stellung der aequitas. Dresd. und Lpz. 1834. *Gesterding* Ausb. VI. 2. n°. VIII. üb. Rechtsgelehrs. Gerechtigk. u. Billigk. *F. A. Schilling* de aequitatis notione. Lps. 1835. 4°. *Harter* üb. bon. et aequum i. Arch. f. c. P. XXIX. 8. *Voigt* Die Lehre vom ius nat., bonum et aeq. Lpz. 1856. ff. IV. 8°. *Hildenbrand* Gesch. u. Syst. der Rechts-Philos. Leipz. 1860. I. §§ 150. f. [2]) *Bg § 92* a...c.* [3]) *ibid. §§ t. g.* [4]) *Bg § 103 c.* [5]) *Bg § 96. nott. 18. 3.*

§. 12. *) *He.* Einl. 11...23. *Mü. 22...26. Gö. 9...14. Pu. 9a. Va. 8...10. Rud. 9. Schi.* Inst. I. 43...73. *Ar. 16...20.*

I. der Quellen s. *Bg §§ 12...25.* u. oben zu *§ 4.* Wörterbücher zum Verständnis der römischrechtlichen Quellen s. *Bg § 12. nott. 12. 13. Heumann* Handlexicon zum Corp. iur. civ. Jena 1846. ed. III. 1857. 8°. Nachweisungen von Erklärungen und Parallelen: *Schulting* Notae ad Digesta. Lugd. Bat. 1804...35. VII. voll. 8°. Das nur auf Institutionen und Digesten bezügliche Werk von *Hommel* Corp iur. civ. c. nott. Varior. Lips. 1768. 8°. ist überaus dürftig. Für das byzant. R. wichtig: *Haubold* Manuale Basilicorum Lips. 1818. 4°. (u. der immer noch zu erwartende VI. Bd. der heimbachischen Basilikenausgabe.)

II. Allgemeine juristische Litteraturwerke:

1. Geschichte der Litteratur: *König* Lehrb. der allg. jur. Litt. Halle 1785. II. 8°., sehr verworren und unbefriedigend, wie die älteren von *Beyer, Nettelbladt, Westphal* u. A. *Haubold* Institutiones literariae. Lips. 1809. 8°., wovon leider nur der erste Bd. erschienen ist. *Hugo* Jurist. Gelehrten-Gesch. 3. Aufl. Gött. 1830. 8°. *Martin* inn. Jur. Literair-Gesch. im Grdr. Hdlb. 1824. 8°. Für die Glossatoren: *Sav.* Gesch. des röm. R. im Mittelalter Bd. 1...7. 2te Aufl. Hdlb. 1834...51. 8°. cf. *Bg § 24 h...t.* Eine gründliche allgemeine juristische Litteraturgeschichte fehlt leider noch immer.

2. Bibliographische Werke: *Lipenii* Bibliotheca realis iuridica post *Strurii* et *Ienichenii* curas emend. Lips. 1757. fol., alphabetisch, sehr unzuverläßig; beßer sind

die Fortsetzungen von *Schott, Senkenberg, Madihn,* ibid. 1777. sqq. fol. *Ersch* Litt. der Jpdz., fortg. v. *Koppe*. Lpz. 1823. 8°. geht nur zurück bis 1750. *Schletter* Hdb. der jurist. u. staatswissensch. Literatur. Grimma 1843. 4°. Buchhändler-Kataloge von *Engelmann* u. über jur. Dissertt. von *Göthe*, nützlich, aber ohne wißenschaftlichen Werth; ebenso *Günther* Allg. Literatur-Repertorium u.s.w. Lpz. 1842. ff. 8°. u.a.

III. Bearbeitungen des justinianischen Rechts:

1. Geschichte der Methoden: vgl. *Bg §§ 24...26.* Ueber die Controversen der Glossatoren ist besonders wichtig *Haenel* Dissensiones dominorum. Lisp. 1834. 8°.

2. Exegetische und dogmatische Schriften: Zahlreiche Commentarien über die just. Samlungen, einzelne Theile u. Stücke derselben; schon seit dem 16. Jahrh. zum Theil auch in Anordnungen, die mehr oder weniger von denen der Quellen oder der s.g. Legalordnung abweichen, s.g. Systeme, z.B. *Connani* Comment. iur. civ. Paris. 1553. u.ö., *Donelli* Comm. iur. civ., zuletzt Norimb. 1801...34. XVI. voll. 8°., *Domat* Lois civ. dans leur ordre naturel. Paris 1689. ff. V voll. 4°. u. ö. und viele Neueren. S. *He* Einl. 11...20. *Haubold* Doctr. Pand. 1820. 8°. p. 8. 14. *Mü. 24. 25.* *Gö.* I. S. 38. ff. *Va. 8. 9.* *Rud. 9.* *Schi.* Inst. 60. ff. Legalordnung: *Guil. Marani* Opera omnia ed. Trotz. Tr. ad Rh. 1741. fol. *R. J. Pothier* Pandectæ Iustinianeæ, zuletzt Paris 1820. V. 4°. *Glück* Erläut. der Pand. mit *Mühlenbruchs* u. seit Bd. 44. *Feins* Forts. in 45. (u. 3 Register-) Bden. 8°. geht bis Dig. lib. 29, 7.

3. Von den s.g. Praktikern gehören viele auch zu n°. 2. Vgl. *Haubold* l.c. p. 22...26. *Va. 10 b.* Die Zahl der Samlungen von Consilia, Decisiones, Consultationes, Meditationes, Observationes u. Quæstiones forenses, Ius controversum, Rechtsfällen, Rechtsgutachten u. Entscheidungen, praktischen Erörterungen u.s.w. ist überaus groß und zum Theil, wie insbesondere manche neueren Publicationen obergerichtlicher Entscheidungen, wichtig. Vgl. *Hempel* Lexicon iurid. consult. Ff. et Lps. 1751. voll. I...X. litt. A...Ed. *Schröter* Repertor. iur. consultatorium in præcipuas deciss. et responsa. Lips. 1793. II. 8°. *Rössig* Repertorium der seit 1790 erschienenen rechtl. Aufsätze u.s.w. Lpz. 1802. 8°. *Sickel* Repertor. über die 1802 bis 1834 erschienenen Samlungen jurist. Aufsätze u. rechtl. Entscheidungen. II. 8°. Leipz. 1835. 8°. *Kappler* Jurist. Promtuarium. Stuttg. 1835. 8°. und Suppl. dazu, das. 1837. 8°. *Va 10a, b.*

4. Samlungen von Schriften über verschiedene Rechtsmaterien

a. nach den Verfaßern, und zwar:

α. Sämtliche Werke desselben Verfaßers. Die hier wichtigsten sind die in *Bg § 24. not. 68.* citt. Opera Cuiacii u. Donelli. Vgl. *He.* l.c. § 22. *Va.* § 10. *Rud.* S. 18.

β. Ausgewählte Schriften einzelner Verfaßer. Sehr zahlreich. vgl. *Haubold* l.c. p. 12...14. 19...22. *Va.* § 10. *Rud.* S. 19. 20.

b. Samlungen von Abhandlungen versch. Verfaßer: Tractatus univ. iur. od. s.g. Tractatus tractatuum (Venet. 1584. XXIII voll. fol.), Thesauri u. Jpdentiæ von *Otto, Heineccius, Meerman, Fellenberg, Oelrichs, Barth* Samll. auserl. Dissertt. aus d. gem. Civilr. u. Civilpr. Augsb. 1835. ff. 5 Bde. 8°. Zahlreiche neuere Zeitschriften, Archive, Magazine, Jahrbücher u.dgl. *Jul. Weiske* Rechtslexicon. Bearb. v. Verschied. ed. II. Lpz. 1844. ff. Auch viele Artikel der Encycl. d. W. von *Ersch* u. *Gruber* gehören hierher. Vgl. *Mü. 26.* *Gö.* I. S. 46. f. *Va. § 10.* Anm. 3. *Rud.* S. 21. f.

5. Die wichtigeren Monographien werden bei den betreffenden Lehren angeführt.

Erstes Buch. Voraussetzungen der Privatrechte*).

Erstes Kapitel. Die Rechtssubjecte**).

§. 13. Einleitung. Die Persönlichkeit überhaupt. (*Bg §§ 30.31. Abr.§§12.13.*)

Persönlichkeit: Rechtsfähigkeit und Rechtssubjectivität, oder posit. u. negat. Bestandtheil des Begriffs. Handlungsfähigkeit. Natürliche u. juristische Persönlichkeit, nach Verschiedenheit des Trägers. Identität der Begriffe phys. Person und Mensch nach unserem, nicht nach röm. R. Gründe der Verschiedenheit der Rechts- und Handlungsfähigkeit der phys. Personen im allg.

Erster Abschnitt. Die physische Persönlichkeit.

Erster Unterabschnitt. Die physische Existenz des Individuums***).

§. 14. Erfordernisse, Anfang und Ende der physischen Person. (*Bg § 32a...e.*)

Begriff der physischen Person[1]. nasciturus[2.3]. Anfang. monstrum und ostentum[4...7]. Vitalität?[8.9.4]. Ende[10].

§. 15. Priorität der Geburt oder des Todes. (*Bg § 32 f.*)

Priorität der Geburt[1], des Todes[2...6]. Wegfallen der gesetzlichen Präsumptionen[7...9]. Entscheidung durch das Looß?[10]. [Gefangennehmung und postliminium[11].]

---

*) Vgl. *Bg § 29f.* (Ueber die unpaßende Bezeichnung 'Allgemeiner Theil' oder 'Allgemeine Lehren' s. *Bg § 29.not.6.*)

**) Quellen s. *Bg* zu den *§§ 33.43.47...49.58.60.61.* — *He.*B.I.Kap.4. *Mü.176...210. Se.37...56. Ki.*Kap.2. *Gö.32...67. Pu.22...28.33.39...45. Ro.77...93. Va.31...60. Rud.30...46. Sav.*Syst.Bd.II. *Si.13...15. Ar.24...47. Br.15.*ff.

***) *Bg § 32. Glück II. §§114.*f. *He.76.*f. *Mü.177.185.*f. *Gö.33. Ki.*S.83...94. *Rud.30. Ro.77...79.81. Va.32.*f. *Pu.114.*f. *Si.13.*n°.II.III. *Ar.25.*ff. *Sav.61.*f.

§. 13. *Br.18.19.* [1]) *Bg § 3.* [2]) *§§ 34...46.* [3]) *Bg § 36.* [4]) *Bg §§ 34.35.* [5]) *Bg §§ 33...36.* [6]) s. die folgenden *§§ 18...21.* [7]) *§§ 22...33.*

§. 14. [1]) *Bg § 32.nott.1.2.4*.* (In *Ulp.L.12.§1.D.de lib. et post.28,2.* ist non integrum animal nicht der erst theilweise hervorgetretene, sondern der ganz hervorgetretene, aber an sich defecte Körper.) [2]) *Bg* l.c.*not.3. L.28.§ 5.D.de iudic.5,1. LL.3.4.D.si pars her.pet.5,4. L.7.pr.D.de reb.dub.34,5. L.36.D.de solut.46,3.* Cf. *Phlegon Trallian.* de mirabilib. p.105. ed.Franz. *Capitolin.* in Pio c.9. cum Casauboni annot., *Böcking* præf. ad Gaium. vgl.Erbr.§ 9. not.3. § 24. [3]) *CCC.*(=const.crim.Caroli V. oder Karls V.Peinl. Ger.Ordn.) art.131.133. [4]) *L.3.C.de postum.her.6,29.*(in *Bg § 32.not.5.*) *Rostoski* Beweis des Lebens eines Kindes im civilr. Sinn. Wittenb.1851.8°. [5]) *Bg* cit. *not.5.* [6]) z.B. Preuß.Ldr.I.1.§§ 17.f.II.20.§§ 716.ff. Vgl. *Hommel* Rhaps. obs.905. Epit.iur.sacri.Lps.1777. c.13.§ 9. *Hartleben* Meditt. in Pand.XVI.n°.2. [7]) *Paul.L.44.pr.D.de relig.* in *Bg § 32. not.7.* [8]) *Glück §115.*ibiq.citt. und XXVIII.S.131.—*Mittermaier* im Neu.Arch.des Crim. Rechts VII.S.318.ff. dagegen *Sav.* im Lehrb. l.c.not.8. *Va.32.* [9]) *Bg* cit. not. 8. cf.*§ 51. not.14.*das. [10]) *Bg § 30.not.10. § 32e.*

§. 15. [1]) *Bg § 32 t. Ulp.L.10.§1.D.de reb.dub.34,5.* „..si ita libertatem acceperit ancilla SI PRIMUM MAREM PEPERERIT, LIBERA ESTO, et hæc uno utero marem et feminam peperisset, siquidem certum est quid prius edidisset, non debet .. ambigi .. sin autem hoc incertum est, nec potest nec per suptilitatem iudicialem manifestari, *in ambiguis rebus humaniorem sententiam sequi oportet*, ut tam ipsa libertatem consequatur quam filia eius ingenuitatem, quasi per præsumptionem priore masculo edito". vgl. *Bg §117.not.28.* [2]) cit.*§ f.* [3]) *Mü.* im Archiv für civ. Prax. IV. n°.27. *Gædcke* de iure commorientium. Rost.1820.8°. Aeltere: *I.F.Hofmann* de commorientib. Argent. 1683.4°. *I.F.Rivinus* de commortuis.Lps.1752. [4]) z.B. auch *Sav.*II.S.20. *Va.*§33.Anm.2.1.

§. 16. Verschollenheit. (*Bg §32g.*)
Einzige Bestimmung des röm. R. in [1]; nicht hergehörig [2.3]. Gemeinrechtliche Gestaltung des Instituts [4...10]. Particularrechte [11].

Zweiter Unterabschnitt. Verschiedenheit der Rechts- und Handlungs-Fähigkeit der physischen Personen.

§. 17. Einleitung. (*Bg §§31.43.58. Abr.§13.*) Die falsche Lehre Neuerer von den s.g. status. Die römischen Eintheilungen und die entsprechenden Verschiedenheiten der Rechtsfähigkeit als der homines aut liberi aut servi, liberi aut ingenui aut libertini, und auch diese aut cives aut Latini aut dediticiorum numero (*Bg §§33...36*), so wie die der personae (cives), jenachdem sie aut sui iuris (conubium und commercium für sich habende) aut alieno iuri subiectae sunt (*Bg §§42...48*), sind in unserem gemeinen Civilrecht aufgehoben. vgl. unten §22.

---

dagegen richtig *Ki.*I.S.92.f. [5]) *Bg §118l.* [6]) Gegen *Mü.* sind auch *Glück* Int.Erb.ed.II. S.11. *Thibaut* Syst.§122. *Va.*l.c. *Sav.*II.S.22. [7]) *Marcian.L.34.D.ad SC.Treb.* „..si non ostenderit quis novissimus obiisset..". *L.18.pr.D.de reb.dub.* „..non videtur alter alteri supervixisse". „..si non probatur supervixisse" in *not.9.* [8]) *L.17.§7.D.ad SC.Treb.36,1.* cf.*Bg §117.not.32.* [9]) *L.9.§2.D.de reb.dub.34,5.* [10]) *Mü.§177.* zu *not.9.* nach dem preuß.Ldr.I.1.§16. [11]) *Bg §128r.* [12]) *Bg §30.not.10.* §*47d.*ff.

§. 16. *Bg §32g.* *Leyser* Meditt.sp.96. und dazu *Müller* obss.240.sq. *Koch* Succ. ab int.ed.VIII.Auctar.2.p.225.sqq. et ibi citt. *Glück* VII.S.495. *Stübel* Declaratio pro mortuo.Lps.1830.4°. *Bruns* in den Lpz.Jahrbb.f.gem.R.I.n°.5. (die beste Darstellung dieser Lehre.) *Pfeiffer* Prakt.Ausf.IV.S.369.ff. *Cropp* in seinen und Heises Jur.Abh.II.n°.4.5. *Rud.* Vormundsch.I.§§19.f. [1]) *Paul.L.10.D.de R.N.23,2.* „Si ita pater absit ut ignoretur ubi sit et an sit, ... si triennium effluxerit post quam apertissime fuerit pater ignotus ubi degit et an superstes sit, non prohibentur liberi eius utriusque sexus matrimonium vel nuptias legitimas contrahere". *Cf.L.1.D.de divort.25,2.* *L.12.§4.* *L.14.§1.D.de capt.49,15.* Ueber die Fristen, nach denen die uxor captivi wieder heiraten durfte, s.*Bruns* l.c.S.99.ff. [2]) *Macer L.68.pr.D.ad L.Falc.35,2.* 1...20 = 30, 20...25 = 28, 25...30 = 25, 30...35 = 22, 35...40 = 20, 40...50 = 1 Jahr weniger als an 60 fehlen, 50...55 = 9, 55...60 = 7, 60 und darüber = 5, nunquam ergo amplius quam triginta annorum computatio initur". *Schmelzer* de probabilitate vitae. Gott.1787. *Gesterding* Ausb.I.S.364.ff. [3]) *Bg §162.not.3.* [4]) Psalm Davids XC. (Vulg.89.) v.10. „Unser Leben währet 70 Jahre, und wenn es hoch kommt, so sind es 80 Jahre". [5]) *Thibaut* Syst. §122.not.z. Schon die Glosse nahm diese Präsumption bis zum 100. Lebensjahre des Abwesenden an. *Bruns* S.123.ff. [6]) *Nov.117.c.11.* cf.*L.2.§4.D.test.q.aper.29,3.* *Bg §118c.* a.E. *Cropp* Abh.4.cit. *Bolley* Jur.Auff.I.n°.3. *Buchka* u. *Budde* Entschdd.d.O.A.G. Rostock.II.1857.n°.17.18. [7]) *Cropp* l.c. *Se.* Erört.I.S.53.ff. *Pfeiffer* l.c.S.371.ff. *Glück* VII.S.496. XXXIII.S.296.ff. *Sav.*II.S.18.ff. *v.d.Nahmer* Entscheidd. des O.A.G. zu Wiesb.I.10. *Schäffer* Erw. ein.Erbsch.f.einen Verschollenen, in Ztschr.f.Civ.R.u.Proc.1848. n°.9. *Si.§160.not.2.* [8]) *Gesterding* Ausb.I.S.338. VI.2.S.207. *Eichhorn* deutsch.P.R. §325. *Va.*§33.Anm.1. wie das Preuß.Ldr.II.18.§835. [9]) *Bg §47e.* [10]) Erbr. §7. [11]) *Code civ.*art.115.sqq. Pr.Ldr.II.18.§§821.ff. Oesterr.Ges.B.§24.

§. 17. *Höpfner* Comm.§§61.ff. *Feuerbach* Civilist.Vers.I.Giess.1803.n°.VI. *v.Löhr* in seinem u.*Grolm.* Magaz.IV.S.1...16. *Sav.*II.Beil.VI. S.*Donell.*II.c.9.sqq. *He.*ad §13.cit. *Mü.182.* *Schi.* Inst.II.26.ff. *Gö.35.*f. *Ki.*S.83.ff. *Pu.116.118.* Institt. Curs.II.210.f. *Va.34.* *Ar.28.* Richtiger *v.Scheurl* Institt.§§59.ff. *Br.§16.*ff. vgl. auch *Becker* Röm. Alterth.II.S.100.ff. 404.ff.

I. Rechtlich wirkende natürliche Eigenschaften oder Zustände der physischen Personen (*Abr.§14.*):

§. 18. A. Geschlecht. (*Bg § 37.*)

§. 19. B. Alter. (*Bg § 38.*)

1) Infantia [1]. Infantia maior [2,3]. Infantiæ und pubertati proximior=doli nondum capax und doli capax [4]. 2) Pubertas [5]. plena pubertas und venia ætatis oder Altersnachlaß [6]. 3) Minor und maior ætas [4...10] ([11...14]). [4) Senectus [15]].

§. 20. C. Gesundheit und Krankheit. (*Bg § 39.*)

Morbus, vitium; Krankheit und Gebrechen (Bresten) [1,2]. Castrati [3...5]. Psychische Störungen und Mängel [6,7]. Rusticitas, inperitia, simplicitas, fragilitas, stultitia, infirmitas, mediocritas u. dgl. [8]. Gerichtlich erklärte Verschwender [9,10].

---

§. 18. *Schellhaffer* de origine ... iuris circa mulieres diversi. Lips.1738. *Röslin* Abh. v. bes. weibl. Rechten. Mannh.1775...79.II.4°. *Dorn Seiffen* ius feminar. ap Rom. ed. II. Tr. ad Rh. 1818.8°. *Rud.* Vormundsch.II.§121. *He.79. Mü.179. Gö.37. Rud.34. Pu.23.*a.A. *Si.* 13.n°.IV.1. *Ar.35. Br.20a.* 1) *Bg § 37a.* 2) *ibid.not.5.§ 43c.*ff. *§ 44 l.*ff. 3) s.unten II. §275. 4) s.unten II.§ 298. 5) *Bg § 37c. Nov.134.c.9.10.* u. *L.6.pr.D.ad L.Iul.pecul.48,13. L.5.§§1.3.C. ad L.Iul.mai.9,8.* 6) *Bg § 37.not.4.* u. *§ 118.not.10.* mit *L.1.pr.D.de senator. 1,9. L.12.§ 2.D.de iudic.5,1. L.8.D.de accusat.48,2.* 7) *Bg § 37d.* Pronuntiatio sermonis in sexu masculino ad utrumque sexum plerumque porrigitur.

§. 19. *Gai.2,80...85. Paul.*S.R.1,9. *Inst.* Quibus alienare licet vel non 2,8. *Dig.* De minoribus XXV annis 4,4. cf. *Cod.2,21*[22...45[46]. s. unten §167. De his qui veniam ætatis impetraverunt: *Th.C.2,17. Iust. Cod. 2,44*[45]. *Appold* iura ac privileg. minorum. Ien.1693. *de Ludewig* differentiæ iuris in ætate puberum et maiorum. Hal. 1725.4°. *Schacht* de eo q. iust. est circa varias hom. ætates. Helmst.s.a. *Ploucquet* vom menschl. Alter. Tüb.1779. *Cramer* de pubertatis termino. Kil.1804. 4°. in dessen 'Kleine Schriften, herausg. v. Ratjen'. Lpz.1837.8°.S.40...52. *Gesterd.* Ausb.II.n°.1. *Unterh.* infans und inf.proximus, in Zeitsch.für gesch.R.W.I.n°.3. u.dazu *Erb* in den Hdlb.Jahrb.d.Litt.1815. S.664...84. *Gensler* Arch.f.c.P.IV.n°.18. *Dirksen* ætas und pubertas plena, in Beitr. zur Kunde des R. R. Lpz.1825. 8°. S.286.ff. *Zimmern* R.G.120.f. *Rud.* Vorm.II.122. *Sav. 106...11. He.I.83.84. Mü.178. Gö.38.39. Ro.80. Rud.35.*f. *Pu.23. Si.13. Ar.36. Br.20b.* 1) *Bg § 38.not.2. Erb* l.c. 2) *L.5.D.de R.I. L.1.§13.D. de O. et A.44,7.* 3) *Bg* l.c.*not.4. L.189.D.de R.I., L.10.D. de iur.et f. ign. 22,6.* 4) *Bg not.5. Dirksen* üb. pupilli infantiæ u. pubert. prox. im Rhein. Mus. f. Jpd.I.S.316.ff. 5) *Bg § 38 d...h.* u. *§122. nott.10.8.* 6) *Bg § 38 i,k.* 7) *Bg § 38 n. Cod.* De his qui veniam ætatis impetraverunt 2,44(45). 8) s.unten §§ 295.f. III.§§ 37.ff. 9) *Bg § 97c.* 10) *Bg § 38.not.22. § 132.not.39.* u.unten § 167. 11) *c.5.VI.de procur.1,19.* 12) *L.1.§3.D.de postul.3,1.* 13) *L.57.D.de re iud.42,1.* (18 J.), *c.41.X.de off. iud. del.1,29.* (20 J.). 14) *L.41.D. de recept.4,8.* (20 J.). 15) z.B. *L.15.§ 2. D. de adoptionib.1,7. L.8.§10.D. de transactionib.2,15. L.8.D.de testib.22,5. L.15.§ 5. D. de fid. lib.40,5. L.2.§1.D. de vacat.50,5. Thibaut* ü. d. senectus i. Arch. f. civ. Pr. VIII. 2.

§. 20. *T. Herrmann* Defectuum corporis contempl. iuridica. Vit.1738.4°. Von Taubstummen: *Mencken* Vitemb.1738., *Guyot* Grœn. 1824. 8°. Von Blinden: *Kersten* De visu privatis. Lps.1773.—*He.I.80...82. Se.42. Mü.180.*f. *Gö.40.*f. *Ro.80. Rud.37.*f. *Pu.24.*f. *Sav.112. Si.13. Ar.37. Br.20c.* 1) *Bg nott.2...4.* 2) wie z.B. *Thibaut* Pand.§143. 3) *Augustin.* in Otto Thes.IV.p.508...11. *Kriele* De spadonibus. Ien.1690. *Menag.* Amœnitt.c.39. *Gruner* Pandectæ medicæ. Ien.1830.8°. *Marezoll* in Grolm. u. Löhrs Magaz.IV.S.382...86. Unrichtig *Mü.180.*a.E. 4) *Bg* l.c. 5) *Ammian.* XIV,6,17. c.interpr., Claudian. in Eutrop. I.v.47.sqq. cf. *Athenæi* Deipnos.XII.p.514. *Deuteronom.*c.23.ỽ.1. 6) *Bg § 39 f,g.* 7) *Bg § 39.not.3.* 8) das. *not.18. Noodt* Probab.I.13,7. *Mü.* i.Arch.f.civ.Pr.II.S.446.ff. [rusticitas,

§. 21. D. Wohnort. An- und Ab-wesenheit. (*Bg § 40.*)
Domicilium [1]. Auswanderungsrecht und Freizügigkeit [2]. Bedingung der Veränderung oder Nichtveränderung des Wohnorts [3]. Collision der Privatrechtsbestimmungen verschiedener Territorien, s. g. internationales Privatrecht [4.5]. An- und Ab-wesenheit [6].

II. Verschiedenheit der physischen Personen je nach ihrer Mitgliedschaft in der Familie, dem Stande, Staate und einer Religionsgemeinschaft. (*Abr. §§ 15...23.*)

A. Voruntersuchungen.

A. Die Mitgliedschaft und Stellung in der Familie (*Bg §§ 41...48. Abr. § 15.*)

§. 22. 1. bedingt nicht mehr die Vollständigkeit der Rechtsfähigkeit der physischen Person an sich (der Gegensatz der sui und der alieni iuris personae ist aufgehoben: s. § 17), und somit fällt die römische Lehre vom status im eigentlichen Sinne (*Bg § 33.*) aus unserem Rechte hinweg.

---

auch inertia, ineptia, segnities]. [9]) *Bg § 39 h.* u. *L. 10. pr. L. 16. § 1. D. de cur. fur. 27, 10. Paul. L. 35. § 1. D. de iureiur. 12, 2.* „..Prodigus si deferat ius iurandum, audiendus non est..“. [10]) *Pomp.* (lib. 34. ad Sabin.) *L. 40. D. de R. I.* „Furiosi vel eius cui bonis interdictum sit, nulla voluntas est“. zu verbinden mit *Pomp.* (lib. 34. ad Sab.) *L. 20. D. de aq. et aq. 39, 3.* „sed hoc ita [d. h. die actio aq. pl. arc. geht nicht gegen mich, si patiente vicino opus faciam, ex quo ei aqua pluvia noceat,] si non per errorem aut imperitiam deceptus fuerit: nulla enim voluntas errantis est“. Das pati muß als Ausdruck eines Willens, die Veräußerung nicht zu hindern, sich erkennen laßen.

§. 21. [1]) Quellen s. *Bg § 40.* — *Donell.* Comm. XVII. c. 12. 13. *Cuiac.* Obss. XXIV. 33. *Lauterbach* de domicilio, in Diss. acad. II. n°. 72. *Glück* VI. §§ 512...15. *Gesterding* im Arch. f. c. P. VII. n°. 22. § 1. *Thomasii* D. de vagabundo. Lps. 1679. 4°. (s. Dissertt. I. n°. 3.) *Se.* Erörtt. I. S. 54. ff. *He. 163...65. Mü. 195. Gö. 61. Ki.* S. 122...28. *Ro. 6. 84. Pu. 45. Sav. 350.* ff. *Ar. 40.* [2]) Bundes-Acte art. 18. „die Befugniß 1) des freien Wegziehens aus einem deutschen Bundesstaate in den andern, der erweislich sie zu Unterthanen annehmen will, ... jedoch nur, insofern keine Verbindlichkeit zu Militärdiensten gegen das bisherige Vaterland im Wege steht“. Preuß. Verfaß. v. 31. Jan. 1850. Art. 11. „Die Freiheit der Auswanderung kann von Staatswegen nur in Bezug auf die Wehrpflicht beschränkt werden. Abzugsgelder dürfen nicht erhoben werden“. [3]) *Bg § 112. not. 15. Wilh. Sell* v. unmögl. Beding. § 48. *Sav.* III. S. 184. [4]) *Bg § 94 e. He. I. 19. 20. Se. 17. Mü. 72.* f. *Gö. 31. Pu. 113. Va. 27. Si. 7. Bluhme* Encyclop. § 16. *Mascardi* communes conclusiones. Venet. 1608. *Paul Voet* de statutis eorumque concursu. Amst. 1661. 12°. *Wächter* über die Collision der Priv. R. Gsze versch. Staaten, im Arch. f. c. P. XXIV. Heft. II. n°. 2. XXV. n°. 1. 4. 12. und dazu *Kori* in dems. Arch. XXVII. n°. 12. *W. Schäffner* international. Privatr. Ff. 1841. 8°. u. die Litteratur das. S. 8...13. *Struve* Collision der Gesetze, in Ztschr. f. deutsch. R. VII. S. 50. ff. *Fœlix* Traité du droit international privé. Paris 1843. ed. II. 1847. 8°. *Sav.* Syst. VIII. §§ 345...82. (Litter. S. 8...10.) *Meier* de conflictu legum diversar. Brem. 1810. 8°. *Tittmann* de competentia legum externar. *et c.* Hal. 1822. *Heink* de reg. iur. *Locus regit actum.* Lps. 1842. 4°. *Heffter* Völkerr. §§ 35. 37. ff. *Oppenheim* Völkerr. Ff. 1845. 8°. S. 346. ff. [Litteratur das. § 16.] *Hælschner* de legum vi et auct. Bonn. 1851. 4°.) *Pütter* i. Arch. f. civ. Pr. XXXVII. n°. 14. XXXVIII. 3. [5]) *Weber* Vrbdlk. z. Beweisführ. II. § 3. [6]) *Bg* § cit. a. E.

§. 22. [1]) s. unten II. § 282. [2]) II. § 272. [3]) (gegen die Behauptung *Va. § 34.* es gelte noch gemeinrechtlich 'die Lehre von den status und capitis deminutiones'): Anm. 1) Die Agnation gilt schon im just. R. nur noch als Cognation; die deutsche Schwertmageschaft aber hat keine Beziehung zu der röm. k. d. [*Bg § 50 b.*] 2) a) Die alieno iuri subiecta persona hatte nach klass. R. keine Vermögensrechte für sich [*Bg § 44.*]; die ihr zustehenden

§. 23. 2. bestimmt sich auch als Voraussetzung gewisser Rechte unter den Familiengliedern (*§§ 26...29*) nicht mehr nach den römischen Begriffen familia (*Bg § 42.*) und gens (*Bg § 57*); sondern nach unseren 'Familie' und 'Verwandtschaft'.

§. 24. B. Des Staatsmitgliedes Privat'rechtsfähigkeit' (*Bg §§ 33.41.*) ist

1. nicht mehr nach der Stellung in der familia (*Bg §§ 42.f.*), dem sui oder alieni iuris Sein, verschieden [*§ 22.*], und mit der römischen Lehre vom status fällt auch die von dessen mutatio, der capitis diminutio (*Bg § 58.*), hinweg (*§ 22. not. 3.*);

2. zwar auch nach heutigem Rechte noch bestimmt nach einer Mitgliedschaft in einem bestimmten ordo, Stande; aber auch die Standesrechte gelten jetzt nicht nach römischem (*Bg § 59.*), sondern nach kanonischem und einheimischem, großentheils particularem und Gewohnheits-Rechte (*§ 31.*);

3. abhängig von der Anerkennung des Einzelnen für sich als vollgiltige Privatperson; aber da diese ihm gemeinrechtlich nur Strafe halber entzogen werden kann, so ist auch die römische Lehre von der bürgerlichen Ehre und deren Schmälerung (*Bg § 60.*) als auf die römische Staatsgestaltung bezügliche für unser Recht nur noch eine geschichtliche (*§ 32.*); die bei uns geltende ist strafrechtlich.

§. 25. C. Auch die römischen Bestimmungen über die durch die Religionsgemeinschaft bedingte Privatrechtsfähigkeit der Person (*Bg § 61.*) fallen schon nach den Reichsgesetzen aus unsrem Recht ganz hinweg. (*§ 33.*)

B. Mitgliedschaften der Person, welche besondere Rechte (nicht Rechtsfähigkeit) derselben wirken:

A. Mitgliedschaft in der Familie: Verwandtschaft und Affinität *):

1. die Bluts- und die s.g. fingierte oder civile Verwandtschaft. (*Bg §§ 49 ...54. Abr. §§ 17.18.*)

§. 26. a. Begriff und Arten. (*Bg §§ 50...53.*)

Expectanzen auf das Familienvermögen aber gehen ihr schon nach just. R. durch in adoptionem datio und durch emancipatio (u. nur diese kap. minutiones kommen hier nach just. R. noch vor) nicht verloren. [*L. 10. pr. C. de adopt. 8, 48.*] b) Daß des durch minima k.d. alieno iuri Subjicierten Schulden nach Civilrecht erloschen, seine Forderungsrechte aber auf den neuen Gewalthaber übergiengen [*Bg § 58 β'. cf. § 46 c.*], daß also die hierauf bezügliche in int. restitutio noch gälte, beseitigt sich eigentlich schon durch die Fiction des prätorischen Rechts, es habe der Eintritt in das ius nicht stattgefunden; unser Recht aber erkennt einen praktischen Unterschied directer und ficticischer Klagen nicht an. — Den Tadel der Berufung auf die der gemeinrechtlichen Geltung der k.d. entgegenstehende Praxis hat *Va.* selbst mit Recht nicht wiederholt. vgl. auch *Br. § 19. a. E. § 14.*

§. 23. [1]) *Bg* vor *§ 49. not.**. [2]) *Sav. 55.* [3]) *Bg* I. S. 22*...25*. [4]) *Bg §§ 49...57.* und unten §§ 26...30.

*) *Bg §§ 49...57.* Quellen *Bg* vor *§ 49.* und De consanguinitate et affinitate: *X. 4, 14. Clem. 4, 1.* De cognatione spirituali: *X. 4, 11.*, *in VI°. 4, 3.* De cognatione legali: *X. 4, 12.* *Glück* XXIII. §§ 1209. ff. *He. 85...87.* *Se. 44...46.* *Mü. 205...10.* *Gö. 52...60.* *Ki.* S. 115...22. *Ro. 102.* *Pu. 40...43.* *Si. 138.* *Ar. 38.* f. *Br. 12.* f.

§. 26. [1]) *Bg § 51.* [2]) *Bg § 52.* [3]) *Bg § 53.* *Koch* succ. ab int. ed. VIII. Auctar. III. sect. 2. *Glück* Int. Erbf. § 19. *Hugo* Civ. Mag. IV. n°. 7. 16. [4]) *Bg § 54.* unten § 28. [5]) *Bg § 50.* [6]) *Bg § 49. noll. 3. 4.* und unten II. §§ 285...88. [7]) *Bg § 51 b.* [8]) unten II. § 285. [9]) *c. un. X. de cognatione legali 4, 12.* *Bg* cit. *not. 1.* [10]) *Bg § 50 d.* und Erbr. § 87. [11]) Erbr. § 91.

§. 27. b. Wirkungen.

§. 28. c. Gradberechnung. (*Bg § 54.*)

§. 29. d. Beweis der Verwandtschaft und der Affinität.

Zu beweisende Thatsachen (cf. *§ 26*). Die Mutterschaft [1]. Findlinge [2...5]. Wirkung des Wegfalls des römischen Rechtssatzes Consensus facit nuptias [6...8]. Beweis der Vaterschaft [9...17]. Matrimonium †putativum [18].

§. 30. 2. Affinität. Analoga der Verwandtschaft. (*Bg §§ 55...57. Abr. § 18.*) Affinitas und Schwägerschaft; römisches und kanonisches Recht [1...4]. Pflegekindschaft. [Gentilität.] Geistliche Verwandtschaft.

---

§. 27. (Vgl. unten II. §§ 275. 282. 289. *Klenze* i. Ztschr. f. g. R. W. VI. n°. 1. *Mü. 209.*) 1) Im Vermögensrecht unter Lebenden: Alimentations-, Dotations- u. Bestattungs-Pflicht (II. §§ 211...15. III. §§ 3. cf. II. 275.); s. g. beneficium competentiæ (II. 162. III. 5.); freieres Schenkungsrecht unter Verwandten und Affinen (*Bg § 106q.*); Verwandten zustehendes Vorkaufsrecht der Güter eines Ueberschuldeten (*Gai. L. 16. D. de reb. auct. iud. poss. 42,5*). 2) Im Familienrecht erscheint die Verwandtschaft als Eheimpediment (II. 272.), als Erforderniss der Legitimation und Grund besonderer Bestimmungen über Adoptionen, II. 275. ff., und als Delationsgrund der gesetzlichen Tutel (II. 302.) 3) Im Familiengüterrecht überall. 4) Im Erbrecht als Delationsgrund der Intestaterbfolge (Erbr. §§ 13. ff.), als Grund besonderer Bestimmungen über letztwillige Verfügungen (Erbr. §§ 39. 59.), im Notherbenrecht (Erbr. §§ 69. ff.), als Befreiungsgrund von Fiscalabgaben bei Beerbung naher Verwandten u. s. w. 5) Im Actionenrecht: Verbot der in ius vocatio (*Gai.* IV. § 183. ibiq. citt. ll.) und mancherlei Beschränkungen der Klagerechte und der Abforderung der Calumnieneides (z. B. II. 289. III. 21.), Stellvertretungsrecht vor Gericht (mandatum †præsumptum s. II. § 275.) und Verbot des domestici testimonii (cf. II. 275. und *LL. 9. 24. cf. 16. D. de testib. 22,5. L. 6. C. eod. 4,20.*); die exhibitorischen Interdicte (II. 216. 275.) u. s. w. [Ueber die Familiengerichtsbarkeit und die eigentliche Trauerpflicht s. *Klenze* l. c.] Von der emendatio propinquorum unten II. § 289. und von dem s. g. Trauerjahr II. § 280.

§. 28. [1]) *Bg § 54 a,b.* [2]) *Bg § 54 c.* can. 2. § 4. Caus. XXXV. qu. 5. „... namque duo gradus legales [römischrechtliche] unum gradum canonicum constituunt: fratres itaque qui secundum sæculares leges dicuntur in secundo gradu, iuxta canones numerantur in primo; filii fratrum qui illic numerantur in quarto, hic computantur in secundo ...“. [3]) *Bg § 53. not. 3.* [4]) *Bg § 55 t.* [5]) can. 3. 4. i. f. Caus. XXXV. qu. 5. vgl. can. 3. eiusd. Caus. qu. 2 et 3. s. auch § 30.

§. 29. Vgl. unten II. § 276. [1]) *L. 5. D. de in ius voc. 2,4.* [2]) *Leyser* Meditt. sp. 613. med. 9. *Bopp* in Weiske IV. 295. ff. v. Findling u. die das. not. 3. Citt. s. *Bg § 51 i.* [3]) unten II. § 274. [4]) *Bg § 96 i.* [5]) *Nov. 117. c. 2.* vgl. unten II. § 285. *Bg § 51. not. 12.* [6]) *Bg § 51 g.* [7]) *L. 3. § 1. D. de agnosc. et al. lib. 25,3.* s. unten II. § 276. [8]) *L. 7. D. eod.* vgl. *Nov. 18. c. 5. Nov. 89. c. 12.* sqq. [9]) *c. 5. X. de eo qui duxit 4,7.* [10]) unten II. § 212. *Glück* XXVIII. S. 193. ff. u. Erbr. §§ 16. 25. [11]) *Bg § 51. not. 14.* II. § 276. [12]) *Gett* zu II. § 212. cit. § 31. *Heerwart* ebendas. cit. [13]) *L. 29. pr. D. de probationib. 22,3.* cf. *L. 1. § 3. D. de quæstionib. 48,18. Nov. 117. c. 2.* [14]) II. § 276. nott. 8. 9. [15]) II. § 281. a. A.

§. 30. *Klenze* l. c. *W. Sell* z. L. v. d. röm. Affinität i. Arch. f. civ. Pr. XXII. n°. 9. [1]) *Bg § 55 a...c.* [2]) *Bg § 55d.* [3]) *c. 10. X. de probationib. 2,19.* [4]) *c. 2. 6. 8...11. X. de eo qui cognovit consanguineam uxoris suæ vel sponsæ 4,13.* [5]) *Innoc. III. c. 8. X. de consanguinitate 4,4.* [6]) *Bg § 56 c.* [7]) *Bg § 56 a,b. citt. tit.* De cogn. spir. X. 4,11. VI. 4,3. *Bg § 56. Iacobson* in Weiske III. S. 548. ff. [8]) unten II. § 272.

§. 31. B. Mitgliedschaft in einem Stande. (*Bg* § 59. *Abr.* § 21.)

§. 32. C. Mitgliedschaft im Staate. (*Bg* § 60. *Abr.* § 22.)

Freiheit, Civität und Gegensätze. Bürgerliche Ehre im Gegensatze zu der s.g. besonderen Ehre; existimatio, dignitatis inlæsæ status. Consumptio existimationis nach röm. u. ältrem d. R., unsrem gemeinen R. fremd. Deminutio existimationis: 1) †infamia facti, 2) infamia †iuris, (†mediata, †immediata?) und deren Gründe. Wirkungen: politische und privatrechtliche. Die neuere Lehre von den Ehrenschmälerungs-Gründen und Wirkungen beruht auf Gewohnheits- u. Particular-Rechten, die sich großentheils unter dem, auch in den Reichsgesetzen hervortretenden, verwirrenden Einfluß der Bestimmungen des nationalen römischen Rechts von den germanischen Rechtsgrundsätzen abweichend gebildet haben.

§. 33. D. Mitgliedschaft in einer Religionsgemeinde. (*Bg* § 61. *Abr.* § 23.)

---

§. 31. *He.* I. § 89. *Gö.* 50. *Mü.* 118. *Ro.* 83. *Kraut* deutsch. Priv.R. §§ 50. ff. [1]) *Bg* § 59 *d,e.* [2]) z.B. Erbr. § 42. [3]) *Bg* § 59 *h,i.* oben § 20. not. 8. [4]) *Bg* § 59 *f...h.* [5]) *Bg* § 59 *i.* [6]) *Bg* § 59. not. 2. bes. *L.* 11. *D. de dolo m.* 4, 3.

§. 32. *Donell.* Comm. XVIII. c. 6...8. *Hagemeister* Untersch. zw. infamia und Ehrlosigkeit, in Hugos civ. Mag. III. n°. 8. [Ueber Rechtlosigkeit, Ehrlosigk. und Echtlosigk. Eine Abh. aus dem deutschen R. von *F. Budde.* Bonn 1842. 8°. *Eichhorn* d. Priv. R. §§ 87. f. *Kraut* ed. 4. §§ 65...70. *Phillips* d. Pr. R. §§ 35. ff.] *Burchardi* de infamia. Kil. 1819. 4°. *Walter* ü. Ehre u.s.w. im N. Arch. d. C. R. IV. n°. 5. 12. *van Geuns* de infamia. Tr. ad Rh. 1823. 8°. *Molitor* de min. existimatione. Lov. 1824. 8°. *Luden* v. Ehrlosigkeit in Weiskes Rtslexic. u. bes. die in *Bg* § 60. not.* citt. *Marezoll* u. *Sav.* *He.* 91...97. *Se.* 48. f. *Mü.* 189...92. *Gö.* 43...48. *Ki.* S. 94...114. *Rud.* 32. *Pu.* 119. f. *Va.* 46...52. *Si.* § 14. not. 1. *Ar.* 29...33. *Br.* 16. *Zimmern* R.G. §§ 127...29. *Schilling* Inst. II. § 37. Vgl. auch *Reyscher* württemb. Privatr. I. §§ 188...192.

§. 33. *Th. C.* XVI. (und dazu *G. Hænel* De constitutionibus quas Iac. Sirmondus. Paris. 1631. edidit. Lips. 1840. 4°.) *Nov. Th.* tit. 3. *Iust. C.* 1, 1...12. *Nov.* 109. 115. [129.] De Iudæis et Saracenis: *X.* 5, 6. *Clem.* 5, 2. De hæreticis: *X.* 5, 7. *in VI°.* 5, 2. *Clem.* 5, 3. De schismaticis: *X.* 5, 8. *in VI°.* 5, 3. De apostatis et reiterantibus baptisma: *X.* 5, 9. R.A. v. 1551. § 92. Religionsfriede oder R.A. v. 1555. §§ 14...27. I.O.P. (=Instrum. pacis Osnabr.) V. §§ 1. 34. sqq. [1]) Bei *Gerstlacher* Hdb. der R.G. X. §§ 30...41. S. 1889. ff. Vgl. unten I. § 62. not. 10. II. § 121. not. 9. [2]) B.A. (Bundesacte) Art. 16. „Die Verschiedenheit der christlichen Religionsparteien [cf. *Klüber* Acten des Wiener Congr. II. S. 439. f.] kann in den Ländern .. des deutschen Bundes keinen Unterschied in dem Genuß der bürgerlichen und politischen Rechte begründen. Die B. V. wird in Berathung ziehen, wie ... die bürgerliche Verbeßerung der Bekenner des jüdischen Glaubens in Deutschland zu bewirken sei ... Jedoch werden den Bekennern dieses Glaubens bis dahin die denselben von den einzelnen Bundesstaaten bereits eingeräumten Rechte erhalten". [Grundr. d. d. Volks § 14. „Jeder Deutsche hat volle Glaubens- und Gewißensfreiheit. Niemand ist verpflichtet, seine religiöse Ueberzeugung zu offenbaren". § 15. „Jeder Deutsche ist unbeschränkt in der gemeinsamen häuslichen und öffentlichen Uebung seiner Religion ...". § 16. „Durch das religiöse Bekenntniß wird der Genuß der bürgerlichen und staatsbürgerlichen Rechte weder bedingt noch beschränkt. Den staatsbürgerlichen Pflichten darf dasselbe keinen Abbruch thun". § 17. „...Keine Religionsgesellschaft genießt vor andern Vorrechte durch den Staat; es besteht fernerhin keine Staatskirche. Neue Religionsgesellschaften dürfen sich bilden; einer Anerkennung ihres Bekenntnisses durch den Staat bedarf es nicht". § 18. „Niemand soll zu einer kirchlichen Handlung oder Feierlichkeit gezwungen werden". § 20. „...Die Religionsverschiedenheit ist kein bürgerliches Ehehinderniß".] Preuß. Verf. v. 31. Jan. 1850. Art. 12. „Die Freiheit des religiösen Bekenntnisses, der Vereinigung zu Religions-Gesellschaften und der gemeinsamen häuslichen

Zweiter Abschnitt. Die juristische Persönlichkeit. (*Bg §§ 60...66.* vgl. *§ 30. Abr. § 24.*)*

I. im allgemeinen. (*Bg §§ 62.63.*)

§. 34. A. Begriff und Grund der Fiction von Persönlichkeiten. (*Bg § 30 f. § 62 a,b. Abr.* l.c. vgl. oben § 13.)

Rechts-Fähigkeit und Subjectivität in einem Träger ohne unmittelbare (natürliche) Willenseinheit. Positiver und negativer Bestandtheil des Begriffs. cf. *§§ 36.38.*

§. 35. B. Entstehung und Ende. (*Bg § 30 g,h. § 63.*)

1) Existenz des Trägers. 2) Anerkennung seiner Willenseinheit vom und im Staate.

§. 36. C. Wirksamkeit. (*Bg § 63 e,f.*)

---

und öffentlichen Religions-Uebung wird gewährleistet. Der Genuß der bürgerlichen und staatsbürgerlichen Rechte ist unabhängig von dem religiösen Bekenntnisse. Den bürgerlichen und staatsbürgerlichen Pflichten darf durch die Ausübung der Religionsfreiheit kein Abbruch geschehen ...". *He.90. Se.47. Mü.188.*a.E. *Gö.51.51*a. *Sav.84. Ar.34. Zimmern* R.G. § 130. *Eichhorn* deutsch.Priv.R.§§79.ff. Staats-u.R.G. §§ 279.305. *Kraut* Grdr. ed.IV. §§71.ff. *Phillips* d.P.R. §§ 44...47. [3]) *Bg § 61.not.17.* [4]) s.II.§ 96. *Eichh.* cit. § 80. nott. *n...r.* [5]) *Iustinian.L.21.C.de hæret.1,5.* [6]) *Michaelis* Mos.R.ed.II.1775...1803. VI.8°. *M. Mendelssohn* Ritualgesetze der Juden. ed.v.Berl.1826.8°. *Stark* De Iudæor. tolerantia *et c.* Tub.1782.4°. vgl. *S.Th.Rüdiger* De statu et conditione paganor. sub impp. Christianis post Constantinum. Vratisl.1825.8°. und *G. G. S. Kœpke* De statu et condit. Christianorum sub impp. Rom. II. p.Chr. seculi. Berol.1828.4°. [7]) R.A.v.1529.§ 6. v. 1551.§§ 87...94.u.a. bei *Gerstlacher* X.S.1876...89. [8]) *Bg § 112,not.17.* Hiemit stimmen auch Pr.Ldr.I.4.§9. *Jäger* Ist die Bedingung, die Religion zu ändern oder nicht .., zuläßig ..? in Zeitschr.f.Civilr.u.Proc.III.n°.16. *Mü.106.*a.E. *W. Sell* Lehre v.d.Bedingungen § 31. *Sav.* III.S.184.f.n°.IV. Die Bedingung, die Religion nicht zu ändern, halten für zuläßig *Höpfner* § 490.not.2.n°.3. (wogegen mit Recht *Weber* daselbst), *Eichh.* cit.§79. not.*h.* und die das.Citt.; als affirmative und als negative erklären sie für zuläßig *Thibaut* Syst. § 954. zu not. *y., Wening-Ingenheim § 88., Va.92.* Wer (mit *Eichh.*l.c.) die Geltung fideicommissarischer Stiftungen für die Bekenner einer bestimmten Religion oder Confession als Beweis der Zuläßigkeit der Bedingung 'seine Religion n i c h t zu ändern' ansieht, übersieht, daß solche Bedingung nicht eine wirkliche, sondern in præteritum conlata (*Bg § 111 c.*) ist; daher auch das aus solchen Stiftungen Bezogene nicht zurückerstattet zu werden braucht, wenn der Stipendiat oder Bedachte sein Bekenntniß ändert, sondern nur in Zukunft nichts mehr erhält.

*) Quellen zu *Bg* § 64. *He.98. Se.50.*ff. *Mü.196. Gö.62. Ro.85...90. Ki.*S.129...32. *Rud.43.. 45. Pu.25.28. Si.15. Ar.41...47. Sav.85...103. Breithaupt* de collegiis. Hdlb. 1669.4°. *Roth, Dirksen, Mommsen* u.A. bei *Bg § 64.not.**citt. *Puchta* in Weiskes Rechtslexic.v.Corporationen. auch in Dess. Civ. Abh. ed. Rudorff. n°.28. *Pfeiffer* bei *Bg § 62.not.**. cit. *Uhrig* ü. d. jur. Pers. Diling.1854.

§. 36. [1]) *Bg § 30.not.7.* u.bes. *§ 62.not.17.* [2]) *Ulp.L.9.§1.D. quod met. c.4,2.* „.. sive singularis sit persona quæ metum intulit, sive populus vel curia vel collegium vel corpus, huic edicto locus erit ..“ *L.15.§1.D.de cap.dim.4,3. L.4.D.de vi 43,16. Bg § 63. not.4.* s.*Mü.*(der die irrige Ansicht billigt) *§ 197.not.15.* ebenso *Gesterding* Ausb. II. S.399.ff. (flach). *Sav.* Syst. § 95. [3]) *Bg § 64. not.6.* [4]) *Bg § 62.not.7.* [5]) *not.3.* und *Ulp.L.1. §7. D. de quæstionib.48,18.* „Servum municipum posse in caput civium torqueri sæpissime rescriptum est, quia non sit illorum servus, sed rei publicæ [der Stadtgemeinde]. Idemque in ceteris servis corporum dicendum est: nec enim plurium [physischer Personen] servus videtur, sed corporis [der Corporation als einer juristischen Person]“.

D. Arten juristischer Personen. (*Bg §§ 62.64.*ff.)*)

§. 37. A. irrig angenommene.

Collegia inlicita [1.2]. Bloße societates [3]. Die s.g. unitas personæ patris et filii, heredis et defuncti, der Correalschuldner [4] u.dgl.m.

§. 38. B. irrig geläugnete.

Prædia [1]. Hereditas iacens [2]. Successive Inhaber eines Amtes [3].

§. 39. C. Die unterscheidenden Merkmale. (*Bg §62a...c, l. Abr.* l.c. u. ob. §§13.34.36).

II. Insbesondere

A. Universitates **). (*Bg § 64.*)

§. 40. A. Mitgliedschaft.

Zur Gründung erforderliche Zahl [1]? Fortbestand des Trägers [2]. Auflösungsrecht [3]. Aufnahme und Ausschließung von Mitgliedern.

§. 41. B. Rechte der Mitglieder, insbesondere bei Auflösung einer Corporation.

Gebrauchsrecht der s.g. bona universitatis in specie, und Schutz desselben [1...3]. Theilung des Vermögens sich auflösender Corporationen [4...6]. Vermögen erlöschender Corporationen [7.8].

---

*) Cf. *He.* l.c. *Mü.-G.* XL. S.1.ff. *Sav.* Syst. II. S.262.ff. Die Schriften über den städelschen Beerbungsfall, bes. die von *Elvers* Theor.prakt. Erörtt. Gött. 1827. *Mü.* 1828. 8°. S.159.ff. *Ro.* im Arch.f.c.Pr. X. n°.13. u. dess. Ztschr. V. S.159.ff. *v. Droste, Seuffert, Wenck* u. A. *Northoff* d. Gültigk. der Erbeseinsetzung einer zu errichtenden milden Stiftung im Test. des ... Blum zu Hildesh. Gött. 1833. 4°. *Roth* üb. Stiftung. i. Jahrb. f. Dogmatik. I. n°.4. *Fritz* Erläut. I. S.148.ff. *Sav.* l.c. vgl. Erbr. §§ 9.30.

§. 37. [1]) *Bg §63. not.c.* [2]) *Gö. 65.* a.E. vgl. unten § 41. [3]) *Bg § 64. not.5.* [4]) s. *Bg § 62. nott.9.10.* u. unten II. § 282. Erbr. §§ 2.96. Vgl. z.B. *Lang* Lehrb. der Inst. ed. II. § 95. *Beseler* zu § 1. cit. [5]) *Bg § 62. not.9.* a.E. *not.10.*

§. 38. [1]) *Bg § 62. nott.3.3**. u. *LL.19.36.D.de I.F.49,14.* Titt. *Sine censu* et c. *Th.C. 11,3. Iust.C.4,47. L.4.§5.D.fin.reg.10,1. Röm. Feldm.* I. p.277. [2]) *Bg § 62. not.5. §123. not.8. Sav. II.102.* Dagegen auch *Arndts* in Weiskes Rtslex. IV. S.2...6. *Jhering* Abh. Lpz. 1844. S.147...262. *Si.159. not.16.* u.A. vgl. *Ki.* S.152.f. *Pu. 27. not.1. LL.193.138.pr.D. de R.I. 50,17. L.54.D. de A. v.O. II.29,2. L.28. §4. D. de stip. serv. 45,3.* Erbr. §§ 2.96.ff. [3]) *Sav.* II. S.237.ff. vgl. S.376.f. und auch wieder *Si.* I. S.104. not.7. [4]) *Bg § 62. nott.8.9.12. § 63. not.3. Ulp. cit. L.25.D.50,1.* sagt ausdrücklich, daß magistratus municipales *unius hominis vicem* sustinent. Von der Verbindlichkeit der Beamten aus der Amtsführung s. *Bg § 62. not.9.* und unten II. § 209.

) *He. I.100...105. Mü.197.*ff. *Gö.63...65. Ro.88...90. Ki.* S.132...46. *Pu.26. Va. 54...57. Sav.* Syst. §§ 86.ff. *Ar.42...45.* Litteratur s. *Bg § 64. not. und etwa *Nic. Lossæi* Pharos universitatum. Colon. 1717. 12°. u.ö. *Heinecc.* Opuscc. syll. n°.9. *Wassenaer* ad Tit. D. de colleg. et corp. in Fellenberg. Ipd. I. n°.7. *Zachariæ* lib. quæstionum. Vit. 1805. 8°. I. n°.10. *Thöl* ad § 1. cit. §§ 4.ff.

§. 40. [1]) *Bg § 64 a.* [2]) *Bg § 63 b. Pu. § 28. not.m.* [3]) *Bg § 62. not.7.* [4]) *Bg § 63. not.2.* vgl. unten § 105. [5]) *Bg § 64 f.*

§. 41. [1]) *Bg § 71.* [2]) *Bg § 64. not.8.* [3]) *L.2. § 2. D. ne quid in loco publ. 43,8. L.1.D. de loc. et itin. publ. 43,7.* [4]) Gutachten des Gött. Spruch-Coll. v. 1797. in *Runde* Beytr. zur Erl. rechtl. Gegenst. Gött. 1799. 8°. I. n°.1. *Krüll* Prüf. einz. Thle des bürgerl. Rechts. Landsh. 1803. 8°. II. n°.1. *Gönner* Ueber .. Vertheilung der Gemeindeweiden. Landsh. 1803. 8°. *Glück* Erl. X. S.189.f. u. die das. not.46. citt. *Haubold* (Gaudlitz) De finib. inter ius singulor. et univ. regundis. Lips. 1804. Opuscc. II. p.547.sqq. c. Wenckii præf. p.63.sqq. *Hagemann* Prakt. Erörtt. VI. n°.1.6. *Thibaut* Civ. Abh. n°.18. *Lotz* Civ. Abh. n°.4. *Kori* in s. u. Langenns

S. 42. C. Rechte des Ganzen.

†Iura originaria und adventicia [1]. Autonomie [2]. Besitz- und Eidesableistungs-Fähigkeit [3...5]. Verwerfliche Eintheilung der universitates in †ordinatae und †inordinatae [6]. Vertreter [7].

S. 43. Insbesondre Faßung von Gemeinheitsbeschlüßen.

S. 44. Politische Gemeinden. (*Bg § 64 b,c.*)

Analogie mit dem Staatsganzen [1...3]; daher besondere Rechtsbestimmungen über Erwerb, Verwaltung und Veräußerung städtisches Vermögens [4...6].

S. 45. B. Fiscus. (*Bg § 65.*)

Der Staat als vermögensberechtigte Persönlichkeit aufgefaßt. Die Privilegien des Fiscus; deren Auslegung und Bedeutung.

Erörtt. S. 159. ff. *Brackenhoeft* v. Gemeinheitstheilung in Weisk. IV. S. 537. ff. [5]) *L.3.pr.D. de colleg.47,22. Bg § 63.not.6.* [6]) s. § 43. [7]) s. *Bg §§ 85.* ff. *Brackenh.* l.c. S. 240. *Puchta* Kleine Schriften n°. xxxvi. [8]) s. Erbr. § 11. [9]) *Pap.L.10.D.de div.temp.praescr.44,3.*

S. 42. [1]) *L.10.D.ad municipal.50,1. L.1.C. de vendendis reb.civ.11,31.* [2]) *Bg § 63 e,f.* vgl. oben § 9.med. [3]) *Bg § 62.not.2. § 84e. Sav.* Syst. §§ 90.96. u. III. S. 89. [4]) *Bg § 123e. § 124.not.21.* [5]) *Paul.L.97.D.de cond.et dem.35,1.* „.. per eos .. iurabunt [municipes], per quos municipii res geruntur". cf. Landfriede v. 1521. Tit. VII. § 9. *C.G.O.* v. 1555. II.10.§1. *Hagemann* Prakt. Erörtt. V. n°. 9. *Linde* i. Arch. f. c. Pr. X. n°. 1. *Huss* u. *Linde* in Ztschr. f. Civ. XV. n°. 7.8. u. N. F. IX. n°. 3. *Sav.* Syst. II. S. 297. f. *Röder* i. Arch. f. c. P. XXX. n°. 2. [6]) s. *Bg § 64 f,g.* [7]) *Engel* De syndicatu. Lps. 1737. *Hauschild* De syndicis et instrum. syndicatus. Vit. 1757. u. die Lehrbb. des Civilprocesses. *Bg* Grdr. des Civ. pr. § 71.

S. 43. [1]) oben § 40.not.1. [2]) *Bg § 64.not.9.* [3]) s. unten II. §§ 151. f. 181. [4]) *Ulp. L.1.§15.D.ad SC.Trebell.36,1.* „Si autem collegium vel corpus sit, quod rogatum est restituere, decreto eorum, qui sunt in collegio vel corpore, in singulis, inspecta eorum persona, restitutionem valere; nec enim ipse sibi videtur quis horum restituere". Anders aber der Gesellschaftsbeschluß: *Pap.L.28.D.comm.divid.10,3.* „Sabinus: in re communi [unter sociis im eig. S. (cf. II. § 183.), so wie unter Personen, die in einer communio †incidens stehen (II. § 185.), nicht aber unter Mitgliedern einer universitas] neminem dominorum iure facere quicquam invito altero posse; unde manifestum est prohibendi ius esse: in re enim pari potiorem esse causam prohibentis constat ...". *Bg § 139d.* [5]) s. oben § 41.

S. 44. [1]) *Bg § 64.not.3.* [2]) *Sav.* Syst. §§ 86. f. [3]) *Bg § 71.not.1.* [4]) besond. *Cod. 11,29...39.* [5]) unten § 98. *Bg § 107a...c.* [6]) unten § 143. u. *Bg § 127.not.34.* Gegen *Marcian. L.4.§7.D.ad L.Iul.pecul.48,13.* („Sed et si de re civitatis aliquid subripitur, .. cavetur peculatus crimen committi..") ist nicht *Pap.L.81.D.de furtis 47,2.* „Ob pecuniam civitati subtractam actione furti, non crimine peculatus tenetur" (nämlich der procurator civitatis: s. *L.80.eod.*i.f.): der procurator ist der civitas nur vertragsmäßig (nicht als Beamter der Stadt) zur redlichen Verwaltung des städtischen Vermögens verpflichtet, die pecunia civitatis ist eius periculo; crimen peculatus aber ist Entwendung öffentliches Vermögens durch eine für dessen Verwahrung nicht haftende Person; furtum ist sie, wenn sie geschieht von einem für die pecunia privatrechtlich, wie der procurator, Haftenden; crimen residui, wenn sie von einem öffentlichrechtlich Verpflichteten, einem Beamten, begangen wird: *L.9.§§2-4. L.6.§1. cf. L.5.D. ad l. Iul. peculat.48,13.*

S. 45. Quellen s. *Bg* l.c. *He.99. Mü.202. Gö.66. Ki.*S.153.f. *Pu.*§ 26.n°.1. *Sav.* Syst. § 88. n°. iv. § 101. *Ar.47.* *Peregrini* De iure et privil. fisci lib. IV. 1619. u. ö. *Leyser* Meditt. specim. 657. sq. *H. de Berger* ad *L.10.D.de I.F.* Lps. 1705. 4°. *Heimbach* v. Fiscus, in Weiske IV. [1]) *Bg not.7.* [2]) z. B. Preuß. Landr. II.13.§18. und die Verfaß.-Urkunden

§. 46. C. Kirchen und fromme Stiftungen. (*Bg § 66*).
Begriff und Vertreter [1.2]. Die juristische Persönlichkeit frommer Stiftungen [3], deren Erfordernisse [4...7]. Ihre besondere rechtliche Stellung [8...11].

Zweites Kapitel. Die Rechtsobjecte *).

Erster Abschnitt. Die Sache überhaupt. (*Bg § 67. §133. Abr. § 25.* und *II. §1.*)

§. 47. I. Begriff der Sache [1...4]. Körperlichkeit und Unkörperlichkeit [5...9].
§. 48. II. Die Sache und die Sachengesamtheit.

---

mehrerer deutscher Staaten. [3]) Aus der Natur der Privilegien als besonderer Abweichungen vom ius commune (*Bg § 96.not.21.* u. unten § 73.) ergeben sich der so oft (auch wieder von *Pu.* u. *Ar.*) mißverstandene Satz Modestins (*Bg § 65.not.9. § 96.not.21.*) und die Bestimmungen II. §121.not.6. Unrichtig ist es auch den Vorzug privater vor Fiscalstraf-Forderungen (*Bg § 65.not.10.*) als privilegium +odiosum fisci anzusehen. [4]) *Westenberg* Princ. iur. ad Dig. 49,14. §7. *Mü.202. Heimbach* l.c. S.303.ff. Eine Zusammenstellung von Fiscal-Privilegien s. *Bachofen* Pfdr. S.237.not.19.

§. 46. Quellen *Bg § 66.* und De religiosis domibus: *X.3,36. in VI°.3,17. Clem.3,11. Extr.Ioa.22,7. Extr.comm.3,9.* De immunitate ecclesiarum, cœmeterii et rerum ad eas pertinentium: *X.3,49. in VI°.3,23. Clem.3,17. Extr.comm.3,13.* De rebus ecclesiæ alienandis vel non: *X.3,13. in VI°.3,9. Clem.3,4. Extr.comm.3,4.* s. die vor den §§ 37. u. 39. angeff. Schriften. *Böhmer* Exercitt. ad Pand. V. n°.80. *He.106. Mü.201. Gö.67. Ro.90. Ki.* S.146...52. *Pu.27. Sav.* Syst. III. S.262...72. *Ar.46.* [1]) *Bg not.6.* vgl. Preuß. Ldr. II. 19. § 42. „.. vom Staate ausdrücklich oder stillschweigend genehmigten ..“ [2]) *Nov.131.c.7.* sqq. *L.32.C.de episc.1,3.* [3]) *Bg not.8.* [4]) Auch *Ar.* l.c. und in Weiske Rtslex. III. S. 916. [5]) s. die vor §§ 37. u. 39. citierten Schriften. [6]) Erbr. § 30. [7]) Can.10. ca.18. qu.2. u. die citt. titt. *De religiosis domibus.* [8]) *c.1.2. X.de i.i.r.1,41.* [9]) cit. *Nov.131.c.6.* [10]) *Bg not.5. L.26.C. de episc.* cit. *Nov.131.c.5.* [11]) § 41.a.C.

*) Quellen in *Bg* vor den §§ 67.ff. *Connani* Comm. lib. III. c.1. sq. *Donell.* Comm. lib. IV. c.1. sq. *Westphal* Syst. u. s. w. cit. zu II. §§ 2...57. *Glück* II. §§163.ff. *v. Buchholtz* Versuche n°.1...7. *He.* I. Kap. 5. *Se.* I. Hptst. 3. *Mü.212...28. Fritz* zu Wening I. S.161...81. *Gö.68...82. Ro.198.*ff. *Ki.* S.308...38. *Pu.35...38. Va.61...79. Si.40.*f. *Ar.48...55. Br.50.*f.

§. 47. [1]) *Bg § 67.nott.1.2.* [2]) cf. III. § 28. [3]) *Bg § 36. § 67.not.1.* [4]) *Bg §§ 42.67.not.3. § 68.not.1. § 77.nott.14.15.* [5]) *Bg § 67.nott.4...6. §§ 89.83. L.35. D. de V.O. 45,1.* [6]) *Bg § 67.not.7. § 82.* u. Citt. zu *Gai.2,12...14. Ulp.L.18.i.f.D. de H.P.5,3.* „.. sive iura sive corpora sunt“. *Id.L.13.§1.D. de damno inf.39,2.* „Sive corporis dominus sive is qui ius habet, ut puta servitutem ..“. *Iust.L.3.C. de quadr. præscr.7,37.* med. „.. res ... sive mobiles sive immobiles seu se moventes, vel iura incorporalia ...“. *Bg § 133 c.* [7]) z.B. servitutis vindicatio II. § 80., pignoris vindicatio III. §112., hereditatis vindicatio Erbr. § 97., analog der ipsius corporalis rei vindicatio II. §§ 42.ff. *Vat.Fr. § 92.* „... sicut corpora vindicanti, ita et ius .. “. *Bg § 82 a. § 133 d.* [8]) *Bg § 131. not.19.* [9]) *Bg § 83.*

§. 48. *Bg § 67 e.*ff. u. *§ 123 n. 124 c. Mü.223. Va.71. Pu.* Inst. 222.a.C. *Ar.43. Br. 50. Spangenberg* üb. universitas rerum distantium in Hagemanns pract. Erörtt. IX. n°.13. *Gesterding* Ausb. IV.1. S.69.ff. *Wächter* üb. Sachengesamtheiten, in Erörtt. Tübing. 1845. 8°. H.1. S.1...35. bes. *Girtanner* u. A. zu Buch II. vor § 1. angeff. Schriften. [2]) *Pomp.L.30.pr. D. de usuc.* in *Bg not.8. § 18.I. de leg.2,20.* „Si grex legatus fuerit et postea ad unam ovem pervenerit, quod superfuerit vindicari potest [‘quamvis grex desisset esse’ *L.22.D. de leg.I.30.*] .. est autem gregis unum corpus ex distantibus capitibus, sicut

Zweiter Abschnitt. Die körperliche Sache.

I. Fähigkeit der Sache, Rechtsobject zu sein, (*Bg §§ 68...73. Abr. § 26.*)

S. 49. II. im allgemeinen. Aenderung des Begriffs commercium (*Bg § 68.*) auch in Beziehung auf das Vermögensrechtsobject, und Wegfallen des Unterschieds zwischen res mancipi u. nec mancipi (*Bg § 73 f.* ff.) aus unserem Rechte. (*Bg § 68.*)

A. Beschränkungen oder gänzlicher Mangel der Rechtsobjectivität, d. h. Fähigkeit der Sache, Privat-(Vermögens-)rechtsgegenstand zu sein, gründen sich auf deren

S. 50. A. Bedeutung für die Religionsgemeinschaft. (*Bg § 69.*)

Die res divini iuris sind sacræ und religiosæ, quodammodo etiam sanctæ. Aenderung dieser Begriffe in der christlichen Kaiserzeit, und wiederum durch das kanonische Recht.

B. Bedeutung für den Staat:

S. 51. 1. Absolute Beschränkungen. (*Bg § 71.*)

Res publicæ, des Staats oder einzelner politischer Gemeinden, civitates. [Ager publicus populi Rom. und Agrimensur [1].] Oeffentliche Flüße, nach röm. R. [2], nach gem. deutsch. R. [3].

S. 52. 2. Relative Beschränkungen. (*Bg § 72.*)

S. 53. C. Natürliche Eigenschaften der Sachen. (*Bg § 70.*)

B. Natürliche, im Rechte wirksame Verschiedenheiten der Sachen* (*Abr. § 21.*):

S. 54. A. Beweglichkeit und Unbeweglichkeit. (*Bg § 74.*)

ædium unum corpus est ex cohærentibus lapidibus". *Iav. L. 23. pr. de usurp.* „.. separatis enim corporibus, ex quibus ædes constant, universitas ædium intellegi non poterit..". *Ulp. L. 70. § 3. D. de usufr. 7, 1.* „... gregis vel armenti vel equitii, i. e. universitatis...". [3]) cit. *L. 23. D. de R. V. § 5. i. f.* „.. constat singulas partes retinere suam propriam speciem, ut singuli homines, singulæ oves". cit. *L. 30. D. i. f.* „.. singulæ suam causam [jede einzelne ihr besondres Rechtsverhältniß] habebunt". s. *Bg not. 11.* a. E. [4]) *Bg § 124. not. 8.* [5]) *Pomp. cit. L. 30. § 2. D. de usurp. 41, 3.* [6]) *L. 1. § 3. LL. 3. pr. 56. D. de R. V. 6, 1.* unten II. § 44. [7]) *Bg § 67 h, i.*

S. 49. [1]) s. III. § 28. *Bg § 33.* [2]) *Bg § 73.* [3]) s. II. §§ 3. 4. *Bg §§ 135.* f.

S. 50. [1]) *Bg § 2. not. 1. § 41. not. 1.* [2]) *Bg § 69 a.* [3]) *Bg § 69 b...h.* [4]) *Bg § 69 i, k.* [5]) Analog dem patrimonium populi und dem civitatis (*Bg § 71.*). [6]) *Bg §* cit. Das Vermögen frommer Stiftungen res religiosæ zu nennen (wie z. B. *Richter* Kirchenr. § 290.), ist gegen den Sprachgebrauch der Quellen und der Praxis: es gehört der Anstalt ganz so, wie die eigentlichen bona ecclesiastica der Kirche gehören. s. oben § 46. [7]) *Si. § 40. n°. 1.* vgl. *Eichhorn* deutsch. Priv.-R. § 155. *Phillips* d. Pr. R. § 54.

S. 51. [1]) *Bg § 74 k.* u. Anh. VIII. [2]) *Bg § 71. not. 7.* [3]) vgl. *Gesterd.* i. Arch. f. c. P. III. S. 60. u. Ausb. d. Nachforsch. III. n°. 10. *Biener* Opuscc. acad. II. n°. 102. *Günther* de iure aq. Lps. 1826. sqq. *Funke* i. Arch. f. civ. Pr. XII. n°. 15. *Kori* das. XVIII. n°. 2. *Hofmann* Vers. II. Darmst. 1831. S. 1. ff. *Si. 40.* a. E. Sachsensp. II. 28. §. 4. „Svelk water strames vlût, dat is gemene to varene vnde to vischene ynne". s. andre deutsche Rechtsbestimmungen in *Kraut* Grdr. § 110 [123]. vgl. *Eichhorn* deutsches Pr. R. §§ 267. f. Des s. Staats- u. Rts-Gesch. § 548. *Börner* Zugehör. der fließ. Gewäßer nach r. u. d. R. i. Arch. f. civ. Pr. XXXVIII. n°. 7. 15.

SS. 52. 53. vgl. auch *Kraut* a. a. O. §§ 105. 118. *Eichhorn* a. a. O. §§ 265. ff.

S. 52. [1]) *Bg § 72 b. § 258 c.* [2]) *Bg § 72 c, d.*

) Zu §§ 54...56. vgl. die in voriger not. citt. Schriften.

S. 54. [1]) *Kraut* a. a. O. § 82. *Eichhorn* a. a. O. § 153. *Phillips* §§ 55. f. *Mogen* de vera .. rer. mobilium et imm. indole sec. diversa iur. Rom. et Germ. principia. Giss. 1760. 4°. [2]) vgl. *Besold* Thes. pract. und *Wehner* Obss. pract. v. fahrende Habe. *Glück* II. § 174. *Mü.*

§. 55. B. Theilbarkeit und Untheilbarkeit. (*Bg § 75.*)

§. 56. C. Nutzbarkeit, Fruchtbarkeit und Verzehrbarkeit. (*Bg § 76.*)

III. Verschiedenheit der juristischen Auffaßung der Sachen* (*Abr. § 28.*):

§. 57. A. Fungibilität und Werth. (*Bg § 77.*)

§. 58. Insbesondre Werth zu leistender Geldsummen.

Eigentliche Geldschuld im Gegensatz einer Schuld bestimmter Geldstücke und der einer bestimmten Geldsorte. Zahlung in Scheidemünze [1]. Veränderung des Münzwerthes [2.3].

222.*not.18.* 3) *L.102.pr.D. de leg.III.32.* 4) *Paul. L.15.D. de R.I.* „Is qui actionem habet ad rem recuperandam, ipsam rem habere videtur“. *Ulp.L.143.D.de V.S.* „..habetur enim quod peti potest“. vgl. auch d. Stellen in *Bg § 73.not.28. Br.89.*f. 5) *Cels.L.86. D.deV.S.* „Quid aliud sunt iura prædiorum, quam prædia qualiter se habentia...?“ s. § 38. not.1. 6) *Clem.1.deV.S.5,11.* „..annui reditus inter immobilia censeantur a iure..“. 7) *L.9. § 13. L.35. pr. § 1. D. de her. inst.28,5.* 8) s. *Bg § 78. nott.1.2.7., § 79. nott.2.6., § 81.nott.1.2.5.11...15.17.18., § 74 k.*mit Anh.VIII., *§127.not.36. §152.*

§. 55. [Die Abh. v. *Wächter* üb. Theilung u. Theilbarkeit der Sachen im Arch.f.civ.Pr. XXVII.n°.7. hat diese Lehre wenig gefördert.] 1) *Bg §75 a...c.* 2) *Bg not.6.* 3) *Bg nott.7...9.* 4) unten III.§§ 42.ff. 5) *Bg § cit.not.10.* 6) *Bg nott.11.15. Bg §162 f...k. §160o.* 7) *Bg nott.12.13.* 8) *Bg nott.14.17.* 9) cit.*not.17.* 10) unten II.§ 92.not.1.a.E. 11) *Si.* Pfandr.§ 4. *Mü.224.* zu *not.7.* *Schi.* Institt. § 63. zu den nott. *q,r.* 12) *L.10.D. de pignor.20,1.* s.II.§112.not.6. 13) *L.16.§ 8.D.eod.* cf.*L.7.§12.D.comm.div.10,3. L.29.D. fam.erc.10,2.* 14) *Buchholtz* Vers.n°.4. *Warnkönig* in Roßh.u.s.Zeitschr.III.S.79. *Ar. § 53.not.6.* 15) *L.8.i.f.D.de R.V.* s.*Bg §75.not.7.* 16) s. II.§ 117. 17) *L.2.§1.D.de V.O.45,1. L.72.pr.L.85.pr.§§ 2.4.D.eod.* 18) *Marcell.L.192.pr.D.de R.I.* „Ea quæ in partes dividi non possunt, solida a singulis heredibus debentur“. cit.*L.85. § 2.* und *Ulp.L.1.§36.D.depositi 16,3.* Erbr.§§105.112. 19) *Cod.* Si unus ex plurib.her.8,32. s.Erbr. §§105.109. 20) *L.2.§3.D.deV.O.45,1.* „Si ..*hominem* stipulatus cum uno ex heredibus promissoris egero, pars dum taxat ceterorum obligationi supererit, ut et solvi potest..“.

§. 56. 1) z.B. vinum, oleum, frumentum, vestes etc. s.*Bg nott.1...3.* 2) Gegen die Begriffsvermengung bei *Mü.220.not.9.* s.*Bg § cit.not.5.*

) Die Lehrbücher zu §§57...63. sind oben not vor § 47. citiert.

§. 57. 1) *Bg § 77a...e.* vgl. *Sav.* Syst.VI. S.122.f., der die Bezeichnung res fungibiles bei Zasius ad § 30. I. de act.4,6. nachweist; 'vertretbar' ist durch K.S. Zachariä aufgekommen. *Cod.Nap.*1291. „une certaine quantité de choses fongibles“. *Scholt* Opuscc.iuridica. Lps.1770.8°.n°.6. Irrig ist die Meinung, unserem 'Quantitäten' entspreche das lat. quantitas: dieses ist die Eigenschaft der Sache, tanti vel tanti zu gelten = Werth, und kann also ebensowol eine einzelne nur ihrem Werthe nach bestimmte Sache als auch eine Quantität im heutigen Sinne des Worts bezeichnen. Hiernach ist auch *Dirksen* Manuale v. *Quantitas* § 2. zu berichtigen. 2) *Bg § 77e.* 3) *Bg §77f.* 4) *Bg §77g,h.* 5) Vom Gelde: *Bg §77i...m.* De monetis et re numar. varii tractatus. Col.Agr.1591.4°. *Branchu* Obss.ad ius Rom. decas II.L.B.1723.8°. *Averani* Interpp.III.c.10. *Pfeiffer* Prakt.Ausf.I.7. VII.1.n°.5. *Glück* XII.783. *Unterholzner* Schuldv.113...15. *Koch* R. der Ford.6. *Pu.38. Ro.204. Va.68. Si.85. Ar.205. Hermann* Staatswirthsch. Unterss. S.66.ff. *Sav.O.39.*ff.

§. 58. 1) R.M.O. v.1559. §§ 11.33. R.A. v.1576. § 76. bei *Gerstlacher* X. S.2199.ff. Pr.Ldr.I.16.§§76.ff. Preuß.Münzgesetz v.30.Sept.1821.§ 7. Münz-Conv.v.30.Juli 1838. Cf. *Merlin* Répert.v.Monnaie § I. n°. IX. Monnaie décimale n°. XV. Payement n°.XVII. *Koch* a.a.O.S.50.ff. *Ar.205. not.5.citt.* 2) So sagt *Greg.IX.c.26.X.de censib.3,39.* „Cum canonicis ... quandam summam pecuniæ ... debitam aliquot annis persolveris et iidem

B. Haupt- und Neben-Sachen.

§. 59. A. Begriff. Omnis causa rei. (*Bg* § *78*).

B. Arten körperlicher Nebensachen.

§. 60. 1. Früchte. (*Bg* § *79.*)

Die Frucht als Rechtsobject für sich, sie als pars rei frugiferæ und als accessio [1.2]. Arten und Unterarten [3...10].

2. Bürgerliche Früchte und Zinsen. (*Bg* § *80.*)*)

§. 61. a. Begriff und Arten. (*Bg* § *80a.*)

Natur und Entstehungsgründe der Zinsen und Eintheilungen.

---

summam illam ex integro de meliori moneta exigant sibi solvi, tibi damus .. in mandatis, ut canonicos illos solutione prioris pecuniæ, vel si non sit in usu, *æstimatione pensionis antiquæ* facias manere contentos" und das Pr. Ldr. I. 11. § 786., die Summe sei nach dem Curs des Zahlungsortes, wie er zur Zeit des geschloßenen Contracts gestanden hat, zu berechnen. Wie ist denn aber dieser Curs zu berechnen? Auch der Code civ. art. 1895. f. und Code de comm. art. 338. beantworten die Frage nicht; auch nicht *Merlin* Répertoire v. Monnaie § IV. ³) vgl. *Se.* Erört. I. n°. 10. S. 58. ff. *Koch* R. der Forderungen §§ 7. 8. Siehe auch *Averani* u. *Pfeiffer* ll. citt. u. *Voet, Seger, Schrader* bei Mühlenbruch § 375. not.* citt. *Sav.* Obll. R. §§ 42. ff. *Ar. 205. not. 6.*

S. 59. Die Lehre von den Verwendungen gehört in die von den Rechtsgeschäften (s. § 103., *Bg* §§ *107h.* ff.), nicht zu der von den Nebensachen der körperlichen Sachen, wohin sie die Neueren regelmäßig stellen. s. *Bg* § *107. not. 19.*

S. 60. *de Retes* Tr. de fructib. in Meerman Thes. VII. p. 540. sqq. *Unterh.* Schuldv. §§ 148. f. *Ki.* I. S. 328. ff. *Heimbach* die Lehre v. d. Frucht. Lpz. 1843. 8°. *Luden* v. Früchte in Weiske IV. S. 418...23. *Wächter* Erörtt. I. 3. *Sav.* Syst. §§ 265. ff. ¹) *Bg not. 6.* ²) *Bg not. 7.* ³) *Bg nott. 1. 2.* ⁴) *Bg nott. 3. 4.* ⁵) *Bg nott. 7...11.* ⁶) *Bg not. 12.* ⁷) *Cic. de fin. I. 4,* § *12.* „An partus ancillæ sitne in fructu habendus, disseretur inter principes civitatis ..". ⁸) *Bg not. 5.* u. § *164 n, q.* *Thibaut* Civ. Abh. S. 35. f. u. Syst. § 180. *Meister* ad *L. 68. pr. D. de usufr.* Trai. cis Viadr. 1810. 4°. *Schilling* Prolusio ... cur ICti Rom. reprehendendi ... Lps. 1834. ⁹) *Thibaut* Syst. § cit. not. *g.* *Schi.* Inst. § 66. zu not. *m.* dageg. *Bg* § *79g.*

*) Quellen bei *Bg* zu § *80.* u. De usuris: *X. 5, 19.* *in VI°. 5, 5.* *Clem. 5, 5.* *Molinæi* Tr. commercior. Col. Agr. 1577. 8°. *Donell.* Tr. de usuris in Opp. prior. Ff. 1589. 4°. *Duareni* Opp. p. 996. sqq. *Gothofr. ad Th. C. de usur. 2, 33.* *Salmas.* de usuris L. B. 1638. 8°. De modo usurar. ib. 1637. 8°. De fœnore trapezitico. ib. 1640. 8°. *I. Fr. Gronov.* de usur. L. B. 1761. 4°. *Mart. Schoock* de usura trapezitica, in Exercitatt. variæ. Tr. ad Rh. 1663. 4°. n°. 28. *Noodt* De fœnore et usuris, ib. 1698. 4°. u. in Opp. I. p. 175. sqq. *Berger diss. sel.* n°. IX. *Ostertag* Berechn. d. Zins. b. Gr. u. Röm. Regensb. 1784. 4°. *Weber* Versuche. Schwer. 1801. n°. III. *Glück* XXI. §§ 1229...38. *Se.* Erörtt. I. n°. XVIII. *Bucher* Fordd. § 49. *Koch* Fordd. Bresl. 1836. ff. §§ 9...17. *Unterh.* Schuldverhältn. §§ 150...59. *Sav.* Syst. VI. S. 122. ff. *He. III. 7...13.* *Se. 231...33.* *Mü. 361.* f. *Gö. 402...9.* *Pu. 227...29.* *Ro. 344...47.* *Va. 76...79.* *Rud.* Grdr. S. 214...20. *Si. 87.* *Ar. 55. 207...10.* *Br. 104.*

S. 61. ¹) *Bg* § *80 a.* *LL. 77. 198. D. de V. S. 50, 16.* *L. 29. D. de H. P. 5, 3.* *L. 7.* § *1. D. de usufr. 7, 1.* *L. 5.* § *9. D. reb. eor. 27, 9.* *L. 14.* § *1. D. h. t. 22, 1.* *L. 39.* § *1. D. de leg. I. 30.* ²) *Bg cit.* § *80. a.* A. ³) *Ant. L. 7. C. h. t. 4, 32.* „Creditor instrumentis suis probare debet quæ intendit, et usuras se stipulatum, si potest: nec enim si aliquando *ex consensu* præstitæ sunt, obligationem pariunt. [a. 215.]" ⁴) vgl. *L. 26. pr. D. de cond. ind. 12, 6.* *L. 28. C. de pact. 2, 3.* ⁵) *Thibaut* Syst. § 192. n°. 4. ⁶) *Pap. L. 6. pr. D. h. t. 22, 1.* „Cum de in rem verso cum herede patris vel domini ageretur et usurarum quæstio moveretur, im-

§. 62. b. Gesetzliche Zinsbeschränkungen. (*Bg §§ 80e.ff.*)
Zinsfuß, Verbot der usuræ supra duplum und des Anatocismus.
§. 63. 3. Hilfssachen, Zubehör oder Pertinentien. (*Bg § 81.*)

---

perator Antoninus ideo solvendas usuras iudicavit, quod eas ipse dominus vel pater longo tempore præstitisset"; woraus also auf eine von dem Herrn oder Vater gehörig eingegangene Verpflichtung zu Zinsenzahlungen zu schließen war. *Keller* rtl. Bedeut. langjähr. Zinszahl. in den sellschen Jahrbb. III. n°. 5. 7) *W. Müller* Civ. Abh. n°. 6. *Unterh.* Schuldv. I. § 45. vgl. auch *Kritz* Abhh. n°. 3. inwief. erlischt die Verbindl. zu höheren Zinsen wegen fortgesetzter Zahlung niederer? 8) *Bg § 80 d.* Von den Proceßzinsen s. unten § 154. not. 8. 9) s. unten II. § 136. not. 2.

§. 62. 1) II. Mos. 22. V. 25. V. Mos. 23. V. 19. f. 2) *Cann. 1. 2. 5. 8. Dist. 47. Cann. 1. sqq. caus. 14. qu. 4. Cann. 2. 7. 8. caus. 14. qu. 4. Can. 1. caus. 19. qu. 3. Titt.* de usuris *X.* u. s. f. citt. passim, (*Held* diss. de iur. can. circa usuras interdictis. Herbip. 1839.) vgl. *Capit. a. 806. c. 1.* „Usura est ubi amplius requiretur quam detur..". Glosse zum S. Sp. I. 54. „Nu wete wat woker sy. Woker is dat eyn man meer upboret wan he uth lenet, eft he dat also tovoren bedegedinget, ut XIIII. *qu.* III. c. prim. [= *Causa 14. qu. 3. can. 1.*]. We aver meer upboret wan he rede borget, dat is woker". 3) vgl. *Gerstlacher* X. S. 2110...19. 4) *Eichhorn* deutsch. P. R. § 107. *Phillips* d. P. R. § 80. *Kraut* Grdr. § 160. 5) *Gerstlacher* X. S. 2127...39. 6) *Eichh.* l. c. § 108. 7) *Bg § 80e.* 6) R. P. O. v. 1530. Tit. 26. § 8. v. 1548. Tit. 17. § 8. v. 1577. Tit. 17. § 9. 9) Speier. R. A. v. 1600. § 139. Conc. der C. G. O. III. Tit. 6. bis § 2. 10) R. P. O. v. 1548. Tit. 19. § 6. 11) J. R. A. § 174. 12) *Bg not. 19.* 13) vgl. *Glück* XXI. S. 135. ff. *Eichh.* l. c. § 109. 14) *Bg nott. 21. 22.* 15) *LL. 9. i. f. 20. 44. D. h. t. 22, 1. LL. 18. 26. § 1. C. eod. 4, 32.* 16) *Bg* n°. 3. u. *not. 25. Ambros.* [†a. 397.] *de Tobia c. 12. § 42.* „.. pecunia fenebris a die initæ conventionis crescentibus serpit usuris, quæ parturire non novit, quia dolores magis ipsa in alios transfundit. ibi dolores ut parturientes; unde etiam *τόκους* Græci appellaverunt usuras eo quod dolores partus animæ debitoris excitare videantur [!]. veniunt kalendæ, parit sors centesimam: veniunt menses singuli, generantur usuræ, malorum parentum mala proles: hæc est generatio viperarum: crevit centesima, petitur, nec solvitur, applicatur ad sortem .... usura improbi seminis fetura deterior. itaque non iam centesima incipit esse, sed summa, h. e. non fenoris centesima, sed fenus centesimæ". 17) *Bg § 80 f.* 18) *Glück* l. c. S. 107. ff. und die das. S. 109. not. 39. Citt. 19) *Bg not. 26.*

§. 63. *G. Schweder* de clausula .. „cum pertinentiis" .. Tub. 1686. *Mueg* de pertin. Arg. 1671. *S. Stryk* de probat. pertinentiarum. 1688. in Opp. VI. n°. 3. *I. H. Berger* de iure rer. pertinent. in Diss. sel. Lps. 1707. p. 405. sqq. *Joachim* de pert. Lps. 1727. *Beselin* de pertinentiis. Gott. 1782. und deutsch in Barths Diss. Samml. I. n°. 5. *Püttmann* de rutis cæsis in Sylloge Opuscc. n°. 10. *Hommel* Pertinenz- und Erbsonderungs-Register ed. VI. von *Winkler*, Lpz. 1805. 8°. *Gesterd.* Irrth. X. S. 301...90. *Funke* Lehre von den Pertin. Chemn. 1827. 8°. *Wächter* Hdb. II. S. 242. ff. *de Reden* de accessionib. .. fundi. Gott. 1823. 8°. *Heyne* v. Pertinenz in Weiske VII. *Buddeus* v. Pertinenzen in Ersch u. Grubers Encycl. *Glück* II. S. 472. ff. VIII. § 589. XVI. § 983. *He. I. 120. Mü. 226. Gö. 80. Ki.* S. 330...38. *Pu. 37. Ro. 210. Si.* § 41. n°. IV. 3. *Ar. 54. Br. 51.* 1) *Bg § 81. nott. 1. 2.* 2) *Bg § 67. not. 11. § 81. nott. 6...8.* 3) Preuß. Ldr. I. 2. §§ 42...108. s. aber *Bg § 81 i, k.* 4) *L. 8. i. f. D. de R. V. 6, 1. Bg § 75. not. 7.* 5) *Bg § 81. nott. 3. 4.* Die adiectamenta, Zugaben, in *L. 242. pr. D. de V. S.* sind Rechtsobjecte für sich, also, obgleich faktisch, im Verhältniß zum Zweck der Hauptsache, des Schiffes, doch nicht juristisch eine Nebensache als Pertinenz desselben: Javolenus sagt auch nicht malum und artemo navis est, sondern malum pars navis est und artemo adiectamento est, eine

Dritter Abschnitt. Unkörperliche Rechtsobjecte oder Leistungen *).

§. 64. I. Begriff der Leistung. (*Bg § 82. Abr. § 29.*)

§. 65. II. Arten der Leistung. (*Bg § 83. Abr. § 30.*)

III. Inhalt der Leistung oder Erfordernisse der Willensäußerung **):

A. Subjective (*Abr. § 31.*):

§. 66. A. Willensfähigkeit. (*Bg § 84.*)

Erforderniss der Rechtssubjectivität und der Handlungsfähigkeit. (vgl. oben § 13.)

B. Willensfreiheit. (*Bg § 85.*)

§. 67. 1. Zwang. (*Bg § 86.*)

Vis et metus. Wirkung. Doppeldeutigkeit des iustus und iniustus metus. (Dolus und) metus +causam dans und +incidens?

Zugabe, ohne welche die navis doch eine ganze navis wäre. s. bes. auch *Alf. L. 44. D. de evict. 21,2.* „quasi membra navis esse". *Pap. L. 3. D. ad L. Rhod. 14,2.* „arbor aut aliud navis instrumentum .." *Lab. L. 29. D. de instr. leg. 33,7.* „navem cum instrumento .." *Ulp. L. 3. § 1. D. de R. V. 6,1.* „armamenta navis .." Uebrigens werden Schiffe auch sonstwie Häusern analog behandelt; fände sich also auch eine res quæ navis est, so bewiese das nicht die Fähigkeit der Mobilien, Pertinentien zu haben. Arndts (Pand. § 54.) meint, es könnten „auch bewegliche Sachen zu einer anderen beweglichen [*L. 3. § 11. L. 4. pr. D. 33,9.*] oder unbeweglichen Sache [*L. 17. D. 19,1.*] im Pertinenzverhältniss stehen". Er verwechselt, wie so häufig geschieht, den Begriff der Hilfssache mit dem des Stückes oder Bestandtheiles eines Collectivganzen, und irrt, wenn er meint, Ulpian sage in der cit. *L. 17.* ein Immobile könne Pertinenz eines Mobile (oder wie es im neuesten vornehmen Kauderwälsch heißt 'einer Mobilie') sein: Ulpian redet nur von Pertinentien fundi, ædium, insulæ, ædificii, villæ, vineæ. — Man erfindet vielleicht auch nächstens Mobilien zustehende Servituten. (vgl. *Bg § 172 v.*) [6]) *Bg § 81. not. 15.* [7]) *Bg § 81 i, k.* [8]) *Bg § 81. not. 5. Bachofen* Ausgewählte Lehren n°. VII. [9]) *Eichh.* deutsch. P. R. § 154. *Kraut* § 84.

*) *He. I. 124. Mü. 83. 89. f. Gö. 83. Ro. 331. f. Pu. 49. Unterh.* Schuldv. §§ 1. ff. 98. ff. *Sav.* Syst. §§ 104. 106. Obl. R. §§ 2. ff. *Si. 83. f. Va. 566. ff. Ar. 202. ff. Br. 88. ff. 135. ff.*

§. 64. Vgl. *Bg § 99.* und unten II. §§ 115. ff.

§. 65. Vgl. auch *Bg § 105.* u. zu dem das. *§ 83. not. 10.* cit. *Marezoll.* auch *Unterh.* Schuldv. I. § 98. *Sav.* Syst. V. S. 589. f. 596. ff. *Pu.* Inst. II. § 165. *Br. 135.*

**) *He. I. 125...30. Mü. 90...98. Gö. 84...89. 93. 94. Pu. 50. ff. Ro. 18...21. Va. 81. ff. Si. 17. f. 98. Unterh.* Schuldv. §§ 26. ff. *Koch* Fordd. II. §§ 70. ff. *Sav.* Syst. §§ 106. ff.

§. 67. Vgl. auch II. §§ 235. u. f. zu den bei *Bg* citt. Quellen: *Greg. Cod. 2,1.* und De his quæ vi metusve causa fiunt: *X. 1,40. in VI°. 1,20. Sav.* Syst. § 114. *Glück* §§ 300. 444. ff. und die bei *Koch* l. c. § 75. Citt. vgl. auch unten § 169 b. [1]) *Bg § 86 f.* [2]) *Bg § 86 d.* [3]) *Bg § 105. not. 23.* [4]) Viel unklares und unrichtiges hierüber bei *Glück* IV. § 300. v. S. 479. • Auch *Unterh.* Schuldv. I. § 38. erkennt die Unterscheidung zwischen dolus und metus +incidens und +causam dans wieder an, obgleich er § 28. richtig zeigt, daß Betrug und Zwang den Willen an sich nicht aufheben. *Mü. 336.* a. E. *337.* a. A. verwirft jene Unterscheidung für den metus, nicht aber für den dolus (für den sie auch *Si.* II. S. 295. beibehält); für beide mit Recht *Gö.* I. S. 151...53.; dennoch läßt er für den Gesellschaftsvertrag (wie sich § 89. cf. II. § 182. zeigen wird, unbegründete) Ausnahmen von dem Satze zu, daß der durch dolus bestimmte Wille nicht ipso iure nichtig sei. Irrig ist auch *Göschens* (IV. S. 35.) Annahme, Zwang und Betrug vernichte ipso iure die Ehe, diese sei wegen jener Willensmängel der Strenge nach nicht bindend: deutlich das Gegentheil sagt die bei G. selbst abgedruckte *L. 22. D. de R. N. 23,2.* von Celsus: Si patre cogente ducit uxorem quam non duceret, si sui

§. 68. 2. Irrthum und Unwißenheit. (*Bg § 87.*)

Bedeutung und Arten. Bewustlosigkeit und Scheinwille. Untauglichkeit der Unterscheidung zwischen wesentlichem und unwesentlichem Irrthum. Entschuldbarkeit des Irrthums. Rechnungsfehler und Irrthum im Ansatze des zu Berechnenden.

§. 69. C. Willenswirklichkeit. (*Bg § 88.* vgl. unten § 116.)

Rechtsgiltige Aeußerung des Willens. Richtung auf eine Rechtswirkung; Ernstlichkeit. Simulation und Dissimulation. S. g. symbolische Handlungen.

§. 70. B. Objective Erforderniße der Leistung. (*Bg §§ 89...91. Abr. § 32.*)

Inhalt, Zeit, Ort der Leistung.

---

arbitrii esset, contraxit tamen matrimonium, quod inter invitos non contrahitur, maluisse hoc videtur". (vgl. unten II. § 273.) Auch nach kanonischem Recht wirken Zwang und Betrug nur als impedimentum dirimens privatum, d. h. der Gezwungene oder Betrogene kann auf Annullation der eingegangenen Ehe klagen. *c. 14. sq. 26. 28. X. de sponsalib. 4,1. Eichhorn* Kirchenr. II. S. 351. 355. Man darf auch nicht mit *Mü. 336.* zu *not. 2.* die durch metus bewirkte dotis promissio ipso iure nichtig erklären: s. cit. *not. 23.* Ulpian sagt auch nicht in *L. 1. § 1. D. de auct. tut. 26,8.*, daß erzwungene tutoris auctoritas null sei, sondern, die erzwungene Anwesenheit des Tutors gelte nicht als Auctorisierung, welche ein Willensact ist. („Tutor si invitus retentus sit per vim, non valet quod agitur: neque enim præsentia corporis sufficit ad auctoritatem, ut si somno aut morbo comitiali occupatus tacuisset".) Ebenso ist auch ein vor inviti testes, weil diese gar nicht wirkliche, giltige Testamentszeugen sind, errichtetes Testament ungiltig: *L. 20. § 10. D. qui test. 28,1.*) „Sed si detenti sint inviti ibi testes, putant non valere testamentum"); und *Alex. L. 1. C. si q. aliq. testari 6,34.* sagt nicht, das Testament, zu dessen Errichtung der Erbe gezwungen habe, sei null, sondern nur, es gebe gegen solchen Erben civile und Straf-Rechtsmittel: „Civili disceptationi crimen adiungitur, si testator non sua sponte testamentum fecit, sed compulsus ab eo qui heres est institutus, vel quos libet alios quos noluerit, scripserit heredes". vgl. *Bg § 86. not. 13.*

§. 68. *Sav.* Syst. §§ 114. a. A. 115. u. Beil. VIII. zu Bd. 3. *Glück* XXII. §§ 1186. ff. *Gesterding* Ausb. V. 1. n°. V. u. V. 2. n°. I. II. 'Agnosie im Rechtsgebiet'. *Richelmann* Einfl. d. Irrth. auf Verträge. Hann. 1837. *Koch* l. c. zu 77. Citt. *Herrmann* Beitr. z. L. v. Irrth. in Ztsch. f. Civ. u. Pr. 1846. n°. 36. *Renaud* Einfl. d. Irrth. i. der Sache auf den Kaufvtr. i. Arch. f. civ. Pr. XXVIII. n°. 10. *Windscheid* Voraussetzung. Ddorf 1850. 8°. S. 5. ff. *Sav.* Syst. III. S. 440. ff. nennt den Scheinwillen 'unächten Irrthum': der Irrthum ist nur in dem ihn für Willen haltenden Subjecte.

§. 69. *Sav.* Syst. §§ 130. ff. *Koch* l. c. §§ 71...73. 81...90. u. die dort angeff. Schriftsteller. *Si. 17.* I. S. 147. vgl. unt. §§ 113. ff. [1]) *Bg § 88 a...d. § 116.* [2]) *Bg § 88 e.* [3]) *Bg § f.* [4]) *Bg §§ g, h, k.* [5]) *Gai. 1,119. 2,103. sqq. 4,16. Bg § 88. not. 10.* [6]) *Bg § 88 i.* [7]) *Bg § 88. not. 20.*

§. 70. vgl. II. §§ 117. 144 *Unterh.* Schuldv. §§ 107. ff. *Ro. 355...57. Si. 90...92. Sav. O. 28...50. Ar. 219.* ff. [1]) *Bg § 89.*, oben §§ 64. f. u. II. §§ 143. ff. Ueber die vermögensr. Bedeutung der Leistung s. auch *Paul. L. 182. D. de R. I.* „Quod nullius esse potest, id ut alicuius fieret, nulla obligatio valet efficere". *Gai. 3,97. L. 1. § 9. D. de O. et A. 44,7. § 2. I. de inut. stip. 3, 19*[*20*]. [2]) vgl. *Bg § 128 c.*, unten II. § 157. *Heyer* Vertrag z. Vorth. eines Dritten, in Ztschr. f. Civ. u. Pr. 1846. n°. 1. [3]) *Lab. L. 19. D. de servitutib. 8,1.* „Ei fundo quem quis vendat, servitutem imponi, etsi non utilis sit, posse existimo, veluti si aquam alicui dedere [*hoc* debere *recte om. Hal.*; *Vulg.* debere; *alii: an* deberi? cf. *Schulting* Not. ad Dig. ad h. l.] ducere non expediret, nihilo minus constitui ea servitus possit. quædam enim debere [*h. v. om. Hal. Vulg.*] habere possumus, quamvis ea *nobis* utilia non sunt". *Bg § 162. not. 53.* [4]) *Bg § 105.* und unten §§ 82. f. II. §§ 135. ff. [5]) oben § 61. [6]) II. § 144. [7]) unten § 156. ff. [8]) *Bg § 91. not. 7.* [9]) s. unten § 150. [10]) § 83.

Drittes Kapitel. Die Rechte überhaupt.

Erster Abschnitt. Das s.g. objective Recht. (cf. *Bg § 12.*) *)

I. Die Geltung der Rechtsbestimmung. (*Abr. § 33.*)

S. 71. A. Wie bindet sie den Privatwillen? (*Bg § 93.*)

Hypothetische und absolute Rechtsvorschriften oder ius privatum und publicum in d. S., oder ius +dispositivum und +absolutum (*Bg §§ a...c*). Lex perfecta, inperfecta, plus und minus quam perfecta. (*Bg § d.*). Wirkungen der rechtswidrigen Willensäußerung (*Bg §§ e, f.* und unten §§ 87. ff.) Enuntiative Sätze (*Bg § 93. not. 10.*)

B. Verhältniss der einzelnen Rechtsbestimmung zu dem Ganzen, welchem sie angehört. (*Bg § 94.*)

S. 72. A. Eintheilungen aus diesem Gesichtspuncte.

Von dem römischen Gegensatze des ius civile Rom. und ius gentium s. *Bg § 92**.

1) Ius commune und ius singulare oder proprium, privilegium (*Bg §§ 94 a...f*). 2) Ius generale und speciale (*Bg § g*). 3) Gemeines und particulares Recht (oben § 1. u. *Bg § 94 h*).

B. Privilegien insbesondere **):

S. 73. 1. Begriff, Arten, Eintheilungen.

Dispensation. Ius singulare oder proprium (+exorbitans) = privilegium; Sprachgebrauch Neuerer [1...3]. Privilegia +odiosa [4], mixta? [5]; +conventionalia (?) und +gratiosa [6. 7].

---

*) *Bg §§ 92...97.* Vgl. *He.* I. Kap. 1. *Se.* I. §§ 4...8. 13...17. *Mü.* I. Kapp. 2...4. *Gö.* Buch I. Kap. 1. *Pu.* Buch I. und III. *Ro. §§ 36.* ff. *Va.* Buch I. Kap. 1. *Si. §§ 6...10. Ar. §§ 21...23.*

S. 71. [1]) *Sav.* Syst. § 16. nennt die dispositiven Rechtsbestimmungen 'vermittelnde Rechtsregeln', das ius publicum i. d. S. oder ius commune i. d. S., die forma iuris, 'absolute oder gebietende'. *Pap. L. 38. D. de pactis 2,14.* „Ius publicum privatorum pactis mutari non potest". *L. 42. D. eod. LL. 27. 45. § 1. D. de R. I.* z. B. *L. 7. § 14. L. 27. § 4. D. de pact. L. 2. C. de inut. stipul. 8,39(38).* und *Bg § 93. not. 4.* s. auch *Thibaut* Versuche II. n°. 13. *Pu. 110. Si. 10.* [2]) *Bg § 110. not. 2. c. 64. in VI°. de R. I.* „Quæ contra ius fiunt, debent utique [!] pro infectis haberi". [3]) *Bg § 119. not. 3.* [4]) *Bg § 93 f. § 97 a.* [5]) *Bg § 93. not. 10. Mü. 45.*

S. 72. [1]) *Sav.* l. c. S. 61. ff. 'regelmäßiges und anomalisches Recht'; gewöhnlich ist „allgemeine Rechtsvorschrift und Ausnahmebestimmung", „Regel und Ausnahme". vgl. *Pu. 21.* und dess. Institt. § 31. [2]) cf. *Bg § 15 b.* ff. *§§ 94.* ff. und zu den daselbst vor *§ 15.* a. A. u. *nott. 10...13. 15.* citt. Quellen auch die kanonistischen: *De constitutionibus: X. 1,2. in VI°. 1,2.* De rescriptis: *X. 1,3. in VI°. 1,3. Clem. 1,2.* [3]) *Bg § 94. not. 10.*

**) De constitutionibus principum: Dig. 1,4. De privilegiis *etc.: X. 5,33. in VI°. 5,7.* Clem. 5,7. *I. H. Bœhmer* Exerc. ad Pand. I. n°. 14. *G. C. Gebauer* Exercitt. acadd. ed. Weissmantel. Erf. 1776. II. n°. 11. *F. G. F. Wasmuth* Tract. de privilegiorum natura. Gott. 1787. 4°. *G. Hufeland* Civil. Abh. I. n°. III. S. 209...95. *Schlayer* i. Ztschr. f. Civ. u. Pr. N. F. XII. n°. II. *He. I. 31.* ff. *Se. 3. 20. Mü. 80.* ff. *Gö. I. 16. 123.* ff. *Pu. 30.* ff. *Ro. 37.* f. *Si. 9. Ar. 23.*

S. 73. [1]) *Bg § 94. not. 4. Sav.* Syst. I. S. 65. [2]) *Bg § 94 c...f. § 98 h.* [3]) *Bg § 94 c.* cf. *Bg § 98 g.* [4]) *Bg § 98. not. 16.* und oben § 45. not. 3. [5]) Gegen *Mü. 80. not. 6.* s. *Bg § 98. not. 17.* [6]) *Bg § 98 l.* [7]) *Bonif. VIII. c. 5. VI. de rescript. 1,3.* „Si gratiose tibi a Rom. pontifice concedatur, ut beneficia quæ ... obtinebas, posses *usque ad suæ voluntatis beneplacitum* retinere, huiusmodi gratia per eius obitum, per quem ipsius beneplacitum omnino extinguitur, eo ipso exspirat. secus autem si *usque ad apostolicæ sedis beneplacitum* gratia concedatur ...: tunc enim, quia sedes ipsa non moritur, durabit perpetuo, nisi a successore fuerit revocata ..".

§. 74. 2. Wirkungen der Privilegien.

Auslegung, privilegium +ad instar [alterius] [1,2]. Klagerechte wegen Verletzung [3...5].

§. 75. 3. Entstehung und Ende der Privilegien.

Verhältniſs des ius singulare und commune bei Aenderung des einen oder des andren [1]. Können Privilegien nur aus gesetzlich bestimmten Gründen entzogen werden? [2...5]. Entsagung [6]. Nichtgebrauch [7.5.8].

§. 76. II. Entstehung, Aenderung und Aufhebung der Rechtsbestimmung. (*Bg § 95. cf. §§ 11...17. Abr. § 34.*)

Voraussetzungen und Formen. Verfaßungsmäßige Bekanntmachung [1]. Vacationes [2] und transitorische Gesetze [3]. Rückwirkende Kraft? [4].

III. Anwendung der Rechtsbestimmung. (*Abr. § 35.*)

§. 77. A. Ermittelung ihres Inhalts, Interpretation. (*Bg § 96.*)

---

§. 74. [1]) *Bg § 96 m.* [2]) z.B. *L.7.C.de adv.div.iudicior.2,7. c.2.inVI.h.t.5,7. Rinder* de privilegiis ad instar. Altd. 1714. 4°. cit. v. *Mü.* § 82. not. 1. [3]) s. unten II. §§ 49. ff. 80. [4]) *Bg § 96 m.* u. oben § 45. not. 3. [5]) *c.10.X.de elect.1,6. Bg § 96.not.22. § 119.not.2.*

§. 75. [1]) *Bg § 95 b.m.* [2]) *Thibaut* Syst. § 42. *Mü.81. Gö.*I.S.355.n°.3. [3]) So z.B. widerspricht *Mü.81.* dem unter III. aufgestellten Satze, „wogegen Priv. i. e. S. nur aus besond. Gründen entzogen werden können", durch den sofort unter c) hinzugefügten, „weil sie mit dem Gemeinwohl unverträglich sind", selbst. Ob dieses der Fall sei oder nicht, entscheidet eben die Gesetzgebungsgewalt, u. lex posterior derogat priori. ob. § 4. [4]) *can.7.dist.74. c.5.inVI°. ad § 73.* cit. vgl. *L.3.C.de aquæd.11,42.* „Eos qui aquæ copiam .. per nostra indulta meruerunt, usum aut ex castellis aut ex ipsis formis iubemus elicere, neque earum fistularum, quas matrices vocant, cursum ac soliditatem attentare, vel ab ipso aquæ ductu trahere. quodsi quis aliter fecerit, non solum id quod prius iure beneficii fuerat consecutus, amittet, verum pro condicione quoque personæ severissima pœna plectetur". *c.11.24.pr.X.de privil.5,33.* [5]) *L.4.D.locati 19,2. L.8.§1.D.de precario 43,26.* vgl. *Ki.*I.S.58.ff. [6]) *Bg § 108. c.6.15.X.de privil.5,33.* und über diese Stellen *Steppes* in Ztschr. f. Civ. u. Pr. XIV. n°. 5. [7]) *L.1.D.de nundin.50,11.* [8]) Schriftsteller bei *Mü.81.not.11.*

§. 76. *Mü.52. Pu.17...19.* [1]) *Bg § 95.not.4.* Die Verbindlichkeit verfaßungswidrig zu Stande gebrachter Publikationen vertheidigt (schlecht genug) *Linde* im Arch. f. civ. Prax. XVI. n°. 13. Dagegen *K.S.Zachariä* das. n°. 6. *Jordan* das. VIII. S. 214. f. *Pfeiffer* Prakt. Ausf. III. S. 279. ff. Die Entscheidung dieser Frage hängt davon ab, ob wirklich eine Verfaßungswidrigkeit vorliege: soweit solche reicht, ist die Publication nicht positives Recht. vgl. *Pu. 15.not.o.* [2]) *Bg not.5. Sueton.* Oct. 34. *Mü.50.not.3.* Verschieden von den hier gemeinten vacationes sind die bei *Ulp.14.* u. *L.7. Th.C.de navicul.13,5.* bezeichneten privilegiarischen Befreiungen von einzelnen allgemeinen gesetzlichen Lasten, wie der princeps von allen Beschränkungen der leges I. und P. P. frei war: *Bg § 97 f,g.* [3]) *Bg § 95.not.15.* [4]) *Bg § 95c.* ff. und zu *not.6.* auch *c.2.13.X.de constitution.1,2.* u. *L.un.i.f.C.de Lat.lib.toll.7,6. Nov. 7.c.1.i.f. Nov.119.c.8.* – Litteratur: *Weber* Ueb. die Rückanw. pos. Ges. Hannov. 1811. 8°. *v.Herrestorff* über die zurückw. Kraft der Ges. Düsseld. 1812. 8°. über die Eigenh. der Ges. in Ans. der Zeit. Ffurt. 1815. 8°. *Borst* über die Anw. neuer Ges. Bamb. 1814. 8°. *Wiesen* Syst. Entwickl. üb. die rückw. Kr. d. Ges. Ffurt. 1814. 8°. *Bergmann* das Verbot der rückw. K. d. G. Hannov. 1818. 8°. *Georgii* i. Arch. f. civ. Pr. III. (1822.) n°. 12. *Se.* Erörtt. I. S. 3. ff. *v.Struve* ü. d. pos. Rechtsges. Gött. 1821. 8°. *Bremer* die auth. Interpr. in Lpz. Jahrb. des gem. d. R. II. n°. 7. §§ 8. f. *Mü.51. Gö. 29. Ro.12.* bes. *Ki.* S. 63. ff. *Pu.111.*

§. 77. Vgl. *Donell.* comm. lib. I. c. 13...16. *Forster* Interpres in Otto's Thesaur. II. p. 945. sqq. *Rapolla* de ICto. Neap. 1726. Deutsch von Griesinger. Stuttg. 1792. 8°. *Eckhard*

§. 78. B. Welche Subjecte sind der Rechtsbestimmung unterworfen? (*Bg § 97.*)
1) Iuris error et ignorantia. 2) Conflict der Rechte verschiedener Staaten. 3) Princeps legibus solutus est.

Zweiter Abschnitt. Das s. g. subjective Recht *).

Erster Unterabschnitt. im allgemeinen.

I. Begriff und Arten (*Abr. § 36.*)

§. 79. A. nach dem Subjecte. (*Bg § 98.*)
Befugniß der Verwirklichung des subj. Willens für sich. Affirmative, negative; absolute, relative; selbständige, unselbständige; gegenwärtige, zukünftige Rechte. Delation, Acquisition des Rechts. Der Eintheilung des objectiven Rechts in commune und singulare entspricht auch die der subjectiven Rechte: gemeine und qualificierte od. privilegierte Rechte.

§. 80. B. nach dem Inhalte. (*Bg § 99. cf. Bg § 29. § 28.*)

§. 81. II. Entstehung und Ende der subjectiven Rechte im allgemeinen. (*Bg §§ 100. 101. Abr. § 37.*)
Die Erwerbs- und Verlust-Gründe [1]. Die falsche Theorie vom iustus titulus und modus adquirendi [2, 3]. Civilis und naturalis adquisitio [4].

Hermeneutica iuris. Lips. 1750. ed. nova 1802. 8°. *Sammet* Hermeneutik des R. Lpz. 1801. *Zachariä* Vers. einer allg. Hermeneut. Meiss. 1805. 8°. *Schöman* Hdb. I. S. 65. ff. *Hufeland* Civ. Abh. I. n°. II. S. 1. ff. *Se.* Erörtt. I. n°. III. IV. *Mailher de Chassat* de l'interpr. des lois. Paris 1822. *Lange* Begründungslehre des R. §§ 37. ff. *Thibaut* Herm. u. Kritik des röm. R. (1799. 1806.) herausg. v. *Guyet*. Berl. 1842. 8°. *I. Bremer* l. c. *He. I. 4...8. 14. ff.* *Mü. 53. ff.* *Gö. 22.* *Pu. 15.* *Va. 23...25.* *Sav.* Syst. *32...51.* *Ar. 6. 7.* [1]) *Bg § 96.* [2]) *Sav. 49.* cf. *Mü. 54. not. 2.* [3]) in *Bg § 96. not. 1.* a. E.

§. 78. 1) *Se.* Erörtt. I. u. XI. *Sav.* Syst. III. u. Beil. VIII. § 37. f. *Weil* Iur. et facti ign. in Ztschr. f. Civ. u. Pr. N. F. XII. n°. 13. *He. I. 128.* *Mü. 50.* *Gö. 89.* *Pu. 57.* a. E. *Va. 83.* *Si. 8.* *Ar. 62.* a. E. [1]) *Bg nott. 1...4.* [2]) *Bg not. 5.* [3]) *Pap. L. 7. D. de iuris et facti ign. 22, 6.* „Iuris ignorantia non prodest adquirere volentibus, suum vero petentibus non nocet". [4]) *LL. 6. 7. 10. C. eod. 1, 18. Paul. L. 9. § 5. D. eod.* „Si quis ius ignorans lege Falcidia usus non sit, nocere ei ...". *Diocl. et Max. L. 2. C. si adv. solut. 2, 33.* „Indebito legato licet per errorem iuris a minore soluto repetitionem ei decerni, si necdum tempus, quo restitutionis tribuitur auxilium, excesserit, rationis est". [5]) vgl. unten II. § 192. [6]) *Bg § 22.* [7]) oben § 21. not. 4. [8]) *Klüber* öff. R. des t. Bund. 1840. 8°. § 363. u. not. c. das. [9]) vgl. *Bg § 97 f, g.* *Mü. 47.* *Gö. 28.* *Pu. 112.* a. E. *Si.* § 7. n°. II. s. auch oben § 45.

*) *He.* B. I. Kap. 2. *Se. 19...23. 67...118.* *Mü.* Allg. Thl. Buch 2. *Gö.* I. Kapp. 4. 5. 7. 8. *Ro. 34.* ff. *Pu.* B. I. Kapp. 2. 3. B. IV. K. 2. *Va.* I. Kapp. 5. 4. 7. 8. *Si.* Bd. I. Buch II. Kap. 1. 3. Buch III. Kap. 2. *Ar.* B. I. Kap. 4. u. §§ 136...43. *Br.* Buch III.

§. 79. Vgl. *He. 25. 30.* *Mü. 74. 76.* *Pu. 29.* *Si. 12.* *Ar. 21.* *Böhmer* de jure fut. in Exercitt. ad Pand. 1, 5.

§. 80. *He. I. 35. f.* *Mü. 77...79.* *Gö. 125...27.* *Pu. 32...34. 39. 44...46.* *Va. 113.* *Si. 11.* *Ar. 22.*

§. 81. *He. I. 28. f.* *Mü. 116...18.* *Gö. 219. f.* *Pu. 47...49.* *Ro. 39...41.* *Sav.* Syst. 104. *Si. 16.* *Ar. 56. f.* [1]) Im allg. 1) Willensäußerung des Subjects, 2) davon unabhängige Thatsache; 3) beides zugleich: a) per univ. adquisitiones außer der durch den suus heres, b) Ersitzung und Verjährung, c) Translation α) eines schon formell bestehenden, oder β) eines erst durch die Uebertragung formell existent werdenden Rechts, γ) adiudicatio, welche translative oder constitutive oder beiderlei Wirkung zugleich haben kann. *Bg § 100 a...h.* [2]) *Höpfner* Institt. § 293. dagegen auch *Se.* Erörtt. II. n°. III. [3]) *Hugo* bei *Bg § 100. not. 12.* vgl. *Bg § 123 t. § 124 t.* [4]) *Bg § 100 l. § 150,* Vorwort, und unten II. § 11.

Zweiter Unterabschnitt. Die Gründe der Rechte.

Erster Titel. Thatsachen.

I. Ohne Willen des Subjects hervorgebrachte: Zufall, casus. (*Bg §102. Abr. § 38.*)

§. 82. A. Begriff. Periculum et commodum. Damnum et lucrum.

Beziehung des Zufalls auf Rechte[1]; Gefahr und Vortheil, Beziehung auf den Willen des Subjects[2...5]; Schaden und Gewinn, als vermögensrechtliches Ergebniss[6.7].

§. 83. B. Einfluß auf die Rechte des Subjects: Interesse. (*Bg §102 k...n.*)

Begriff und Arten des Interesse. Der s.g. Affectionswerth ist nicht mit dem s.g. singulären Interesse zu verwechseln. Ortsinteresse.

§. 84. C. Beweis: Würderungseid, ius iurandum in litem und †Zenonianum. (*Bg §102. not. 25.*)

Erfordernisse und Anwendungsfälle des Schätzungseides[1...3]; das s.g. iuramentum Zenonianum[4], und Justinians Beschränkung der Interesseforderungen[5].

---

§. 82. *Hasse* Culpa §§77.f. *Wächter* Wer hat bei Obll. die Gefahr zu tragen? i. Arch. f.c.Pr.XV.n°.6.9. *Bucher* Fordd.§ 47. *Koch* §§ 19...21. *Lauwers* des risques et périls. Brux.1843. *Fuchs* Periculum bei Obll. im Arch. f. c. Pr. XXXIV. n°. 5.10.17. *Fr. Mommsen* Erörtt. aus dem Obl. R. (Commodum eius esse debet, cuius periculum est.) Braunschw. 1858.8°. *He.I.124. III.14.ff.29.32. Se.101. Mü.83. Gö.394. Ro.348.*ff. *Pu.272.302. Si. 17.86. Ar.206.* [1]) *Bg § 102a...c.* [2]) *Bg § f.* [3]) *L.14.§3.D.de furt.47,2.* [4]) *Bg not.13.* [5]) *L.13.§17.D.de A.E.et V.19,1.* vgl. unten II.§§167.170. [6]) *Bg §§g...i.* [7]) z.B. *Paul. L.106. D. de R.I.* „Libertas inæstimabilis res est", „liberum corpus nullam recipit æstimationem". II. § 223. not. 7.

§. 83. *Donell.* XXVI.c.13...24. *Gast* in Meerm. Thes. VI.p.762.sqq. *Magni* Ration. etc. ibid. III.p.294.sqq. *Schöman* Lehre vom Schadenserf. Giess.1805.f.II.8°. *Wehrn* doctrina ... damni *et c.* Lips.1795. *Se.* Erörtt.I.n°.20. *Hänel* Lehre v. Schaden. Lpz.1823.8°. *Gesterding* Ausb. n°.I. *Bucher* Fordd.§ 46. *Koch* Fordd.§§ 28.f. *Unterh.* Schuldverh.I.§§ 125.ff. *Fr. Mommsen* Die Lehre v.d. Interesse. (Beitr. z. Obl. R. Bd. II.) Braunschw.1855.8°. *He.III.14. Mü.366.*ff. *Gö.386.*ff. *Pu.224.*f. *Si.86. Ar.106.* [1]) *cit. L.13.pr. L.21.§3.D. eod.19,1.* [2]) *L.7.C.arbitr.tut.5,51. L.8.D.de evict.21,2.* vgl. unten II.§168. III.§ 46. [3]) z.B. *Gö.395.* a.E. [4]) *Pap.L.54.pr.D. mandati 17,1.* „... placuit enim prudentioribus *Affectus rationem in bonæ fidei iudiciis habendam* ...". *Ulp.L.6.§2.D.de op.serv.7,7.* s.*Mü.468.not.2. 369.*n°.*7. Va.171.* Anm.3. [5]) *L.35.D.de minor.4,4.* [6]) *L.6.pr. L.7.D.de serv.export. 18,7. L.36.D.de bon.lib.38,2.* [7]) *Bg § 91.not.7.* vgl. unten II.§146.not.9.

§. 84. Quellen: *Bg §102.not.25.* Litt.: *Donell.* XXVI.c.6...12.17.18. *Turin* de iur. in lit. Erf.1775. *A.D.Weber* Beweisf.§ 46. *Drummer* Würderungseid. Bamb.1806.8°. *Wirschinger* Versuch &c. Landshut 1806.8°. *Müller* Schätzungseid. Jena 1806.8°. *Hagemann* Pr. Erörtt. V.4. iur. in lit. u. quantitatis. *Gensler* Arch.f.c.Pr.IV.n°.22. *Gesterding* Ausb.I.n°.2. *G.Hasse* im Rh. Mus. f. Jpdz.IV.S.27.ff. 179.ff. *v. Schröter* in Ztschr. f. Civ. u. Pr. VII.n°.9. VIII.S.159.f. u. viele Andre bei *Koch* Fordd. § 30.citt. *Bucher* Fordd. § 38.i.f.100. *Bayer* Vorträge üb. d. ord. Civilpr. ed. VII. S.542.ff. *Jacobson* in Weiskes Rtslexic. III. S.655.f. *Mommsen* Beiträge II.§ 23. *Unterholzner* Schuldv.*128.*ff. *He.III.17. Se.236. Mü.152.*a.E. *369.*f. *Gö.172.397. Ro.351.*f. *Pu.226. Va.171. Si.*cit.*86. Ar.115.*n°.*3.* [1]) *L.2.§1. L.4. §1.sqq.D.h.t.12,3. L.2.C.eod.5,53. L.7.pr.D.de adm.tut.26,7.* [2]) *LL.2.5.§§1.4. LL.6.9. D.h.t. L.5.pr.D.depos.16,3. L.60.§1.D.ad L.Falc.35,2. L.4.C.de A.E.et V.4,49.* [3]) S. die bei *Mü.369.not.7.* Citt. u. *Unterh.*§129. *Rudorff* R.R.G.II.S.259. [4]) *Zeno L.9.C.unde vi 8,4.* „Siquando vis in iudicio fuerit patefacta, deinde super rebus abreptis vel invasis vel damno dato tempore impetus quæstio proponatur, *si non potuerit qui vim*

II. Rechtsgeschäfte, vom Willen des Subjects hervorgebrachte Thatsachen. *)

§. 85. A. Begriff und Eintheilungen. (*Bg* § *106*. *Abr.* § *39*. cf. oben §§ 66. ff.)
Erlaubte, unerlaubte (*Bg* n°. I.). Bestandtheile (*Bg* n°. II. u. § *118d*.). Eintheilungen (*Bg* n°. III.).

§. 86. B. Subjecte. (*Bg* § *104*. § *128e*.)
Röm. Lehre und Abweichungen unsres Rechts bes. in Bez. auf Mittelspersonen u. Stellvertreter.

C. Arten der Rechtsgeschäfte nach dem Inhalt:

A. Unerlaubte Rechtsgeschäfte, Widerrechtlichkeiten (*Bg* § *105*. *Abr.* § *40*. unten II. §§ 223. ff.) **):

§. 87. 1. Privatdelicte und Privatstrafen.
Begriff und Wirkungen. Heutige Anwendbarkeit der Privatstrafen.

---

sustinuit, quæ perdidit singula comprobare, taxatione a iudice facta pro personarum atque negotii qualitate, *sacramento æstimationem rerum quas perdidit, manifestet;* nec liceat ei ultra taxationem a iudice factam iurare, et quod huiusmodi iure iurando dato fuerit declaratum, iudicem condemnare oportet". (a.477.) *Call.L.12.D. de in lit.iur.13,3.* „In instrumentis quæ quis non exhibet, actori permittitur in litem iurare quanti sua interest ea proferri, ut tanti condemnetur reus..". *Gregor.IX.c.7. X.de his quæ vi 1,40. Sav.* Besitz ed.VI.S.539.not.1. *Schröter* a.a.O.S.407.ff. *Unterholzner* Schuldv.I.S.361. *Va.171.not.4. Pu.226.*a.E. *Bayer* l.c.S.547. [5]) *Iustinian.L.un.C.de sent.quæ pro eo 7,47.* „..Sancimus .. in omnibus casibus qui certam habent quantitatem vel naturam, veluti in .. omnibus contractibus, hoc quod interest dupli quantitatem minime excedere; in aliis autem casibus qui incerti videntur, iudices ... requirere, ut hoc quod re vera inducitur damnum, hoc reddatur .... Et hoc non solum in damno, sed etiam in lucro nostra complectitur constitutio ..." (a.530.) *Se.*Erörtt.I.S. 157.ff. *Unterh.*Schuldv.I.S.264.not.*k*. *W.Sell* i.dess.Jhrb.I.1.n°.5. *Mommsen* Beitr.II.§ 21.

*) *He.I.131.*ff. *Se.73.*ff. *Mü.101.*ff. *Gö.90.*ff. *Pu.49.54.58.*ff. *Ro.20.*ff. *Va.89.*ff. *Si.19* ff. *Ar.63.*ff.*76.*f. *Heimbach* 'Rechtsgeschäft' in Weiske IX.

§. 86. [1]) *Bg* § *104 n,o.* oben §§ 22.17.24. Vgl. üb. die Subj. der Rtsg. u. die gerichtl. Mitwirkung *Puchta* sen. Hdb. des ger. Verf. i. S. der freiwill. Gerichtsbark. I. S.162...98.83...102. 282.ff. [2]) unten II. §§ 139.f. [3]) *Bg* § *104 i...m.* [4]) unten II. §§ 202.ff. [5]) *Bg* § *85 b.* § *104.not.10.*

**) *He.I.160...62.III.94...99. Se.95.*ff. *Mü.349...54.63.*ff. *Gö.441.386.*ff. *Ro.375.*f. *409.*ff. *Pu.261.230.*f. *Si.100. Ar.84. Br.117.*f. *Bucher* Forbd.48...55. *Koch* Forbd.22.ff. *143.*f. *Unterh.* Schuldv.*133.46.663...65.*

§. 87. [1]) *Sav.* Syst.§ *210.* [2]) f.unten II.§§ 223.234.238...53. [3]) cit.II.§ 223. [4]) CCC.art.157.f. *Wächter* Strafr.I.S.197.ff. [5]) f.III.§ 47. [6]) *Gl.* ad *can.17.caus.4. qu.1.* sagt irrig, daß durch diesen canon die röm. Privatstrafen aufgehoben seien. [7]) *Thomasius* de usu actionum pœnal. Hal.1693.4°. f.*Weber* Verss.S.67.ff. *Glück* III.S.608.ff. *Hake* de usu actionum pœn. iur.Rom.in foro Germ.Hal.1740.4°. *Gruner* de pœnis Rom. privatis earumq.usu hod.Lps.1805. *Ki.*I.S.173.f.S.224.ff. *Si.*I.S.262.f. *Br.118.* [8]) *L.1.* § *15.D.si quadrup.9,1.* Der Noxalbeklagte, der das Eigenthum an dem Thiere, welches pauperiem fecit, in iure interrogatus abläugnet, kann sich nicht durch noxæ datio von der Entschädigungsleistung frei machen. (II.§ 257.n°.1.) [9]) z.B. die Strafe der ficti possessores (*Bg* § *124.*a.E.), des den Besitz (f.unten II.§ 46.not.6.) oder das Eigenthum dem Vindicanten fälschlich abläugnenden Besitzers (*Nov.18.c.10.*), des den Societätsvertrag abläugnenden socius (*L.67.* § *3. D.pro soc.17,2. L.22.* § *1.D.de re iud.42,1.*), des seine Verbürgung abläugnenden Mitbürgen (*L.10.* § *1. D. de fideiuss.46,1.*), des den Empfang einer Nichtschuld (f.II. § 192.not.21.) oder seine Namensunterschrift im Schuldbocument (*L.25.pr.D.de probat.22,3. Nov.18.c.8.*) [oder die Aechtheit desselben: *rest.L.16.C.de fide instrum.4,21.*] fälschlich Ab-

§. 88. 2. Grund der Widerrechtlichkeit. (*Bg §105 h...r.*)

Willensfehler und deren verschiedene Richtungen: dolus, d.m., Arglist, Gefährde, und culpa, Schuld i.e.S. Voraussetzungen und Wirkungen der Widerrechtlichkeit des Willens.

3. Arten derselben:

§. 89. a. Dolus, dolus malus, Arglist, Gefährde. (*Bg §105 i...m.*)

+Verus et præsumptus?[1...4]; +ex proposito und ex re?[5]; +causam dans und incidens?[6.7]; gegenseitiger[8.9]. Vereinbarung de non præstando dolo[10].

---

läugnenden, [derer die wegen fälschliches Läugnens auf das Doppelte des Streitgegenstandes zu verurtheilen waren (*Gai.4,9.* 171.ibiq.citt.ll.),] dessen der Landbauern durch zu hohe Zinsen oder Beschlagnahme von Ländereien drückt (*Novv.32...34.*), die Strafe der Nichteinlaßung auf eines Gegners Servitutenklage („.. is qui rem non defenderet, punietur, ut iure suo probare necesse haberet". *L.15.D. de O.N.N.39,1.*), die Strafe der cessio in potentiorem (*Cod.Ne liceat potentiorib.II.14.*s.II.§121.), des seine Obll. mit dem Mündel verheimlichenden Vormunds (*Nov.72.c.1.5.*), dessen der sich fälschlich für einen Miterben ausgiebt (*L.11.§1.sqq.D.de interr.i.i.11,1.*), des dolosen Erben (*Nov.1.c.2.pr.*), der Selbsthilfe (*Bg §129.* unten §148.), dessen der gerichtsverfaßungswidrig handelt (*L.5.§1.C.de iurisd. omn.iud.3,13.*) u.s.w. vgl.unten II.§161.

§. 88. Hauptwerk: *Hasse* Die Culpa des R.R.1813.neu.Abdr.1838.8°. *Donell.* lib. XVI.c.6.*sq.* Ueberdieſs die Schriften v. *Löhr* (Gieſs.1806.1808.8°.u.in sein.Magaz.IV.25.), *Schöman* (Civilr.I.5.II.10.), *Gönner* Bgff u.Einth.des Dolus.Landsh.1810. *Elvers* (de culpa lineamenta.Gott.1822.), *Reinhardt* Verm.Auff. n°.30. *Kritz* (über die culpa.Lpz.1823.8°.) *Hepp* Zurechn.auf d.Gebiet d.Civilr. Tüb.1838.8°.u.a.citt. bei *Bucher* l.c. *Zirkler* v.Culpa in Weiskes Rtslexic.III.S.83...133. Ders.v.Dolus das. S.466.ff. *Mommsen* Beitr. z. Obl.R.III. S.347.ff. *Schaaff* Abhh.a.d.Pandektenr.Hdlb.1857.I.1. *Bucher* Fordd.48...55. *Koch* Fordd. 22...27. *Unterh.* Schuldv.*134.*ff. *He.III.94...99.* *Se.*l.c. *Mü.351...54.* *Gö.387...93.* *Pu.* *264...67.* *Ro.405.*f.*409...13.* *Va.105...107.* *Si.*l.c.u.*§101.*n°.*11.* *Ar.85.*ff.*250.* *Br.137.*

§. 89. [1]) *Ulp.L.18.§1.D.de probationib.22,3.* „Qui dolo dicit factum aliquid, licet in exceptione, docere dolum admissum debet". Gegen den dolus præsumptus s. auch *Hasse* Culpa § 23. *Mü. Gl.*XXXVI.S.77.not.68. [2]) *Bg §105.not.20.* *L.1.§2.D.quod quisq. 2,2.* „.. cum effectu accipiemus ..". *L.53.i.f.D.de V.S.* „.. nec consilium habuisse noceat, nisi et factum secutum sit". [3]) *Diocl.et Max.L.6.C.de d.m.2,20.* „Dolum ex *indiciis perspicuis* probari convenit". R.A.v.1594. § 69. „... daß .. nicht allweg dolus dermaßen erfordert, daß er eben im Buchstaben erzehlet werde, sondern genugsam sei, wann das factum an ihm selbst strafwürdig ... und also der dolus aus allerhand erzählten Umbständen abzunehmen oder sich ex ipsa facti evidentia unzweifenlich sehen laße, ... sintemal solcher dolus in mente delinquentis beruhet, und derwegen schwerlich directe zu probieren, wenn derselbe aus den Umbständen der Thathandlung, ex perspicuis indiciis et evidentia ipsius facti, könne und möge erwiesen werden". [4]) *L.36.i.f.D.de pecul.15,1.* *L.8.§9.* *L.44.D.mand.17,1.* *L.7.pr.D. de adm. et per.tut.26,7.* *L.41.D. ad L.Falc.35,2.* *L.12.D. de d.m.exc.44,4.* *L.5.C. de iniur.9,35.* *L.1.C. ad L.Corn.de sic.9,16.* [5]) *L.7.§11.D. de pact. 2,14.* *L.1.i.f.D.depos.16,3.* *L.2.§§2...5.D.de d.m. exc.44,1.* *L.36.i.f.D.deV.O.45,1.* [6]) *Bg §105.not.23.* [7]) *Paul.L.3.§3.D. pro soc.17,2.* „Societas si dolo malo aut fraudandi causa coita sit, ipso iure nullius momenti est, quia fides bona contraria est fraudi et dolo". [8]) *Ulp.L.16.§1. D. de minor.4,4.* „.. si minor circumscriptus ... societatem coierit ..., nullam esse nec inter maiores quidem, et ideo cessare partes prætoris [cf.*Bg §132.not.17.*]: .. satis enim ipso iure munitus est". cf.*Bg §132.not.38.* *Burchardi* Wiedereinf.S.323.ff. *Bg* § cit.n°.11. [9]) *Ulp.L.4.§13.D.de d.m.exc.44,4.* „.. adversus doli

§. 90. b. Culpa (Unfleiß, Vernachläßigung, Versäumniß). (*Bg* §105*n...z.*)
Maßstäbe zu ihrer Bemeßung und Grade derselben. Custodia.

§. 91. 4. Beweis der Verschuldung.

Jede Verschuldung ist eine Thatsache; aber auch das, daß eine Person unzurechnungsfähig sei. Folgerungen hieraus für 1) die s.g. aquilische und 2) die s.g. obligatorische Culpa.

B. Erlaubte oder Rechtsgeschäfte im engern Sinne:

1. Hauptinhalt. (*Abr.* §*41.*)

a. Rechtsgeschäfte unter Lebenden.

α. Gegenseitige. (*Bg* §*106.*)

§. 92. Vorbemerkung. (*Bg* §*106 a.*)

Systematische Bedeutung der hergehörigen Rechtsgeschäfte als Entstehungs-, Aenderungs- oder Aufhebungs-Gründe nicht bloß obligatorischer Rechtsverhältnisse.

§. 93. a. Vertrag, conventio, pactio; Uebereinkunft, Vereinbarung, Verkommniß. (*Bg* §*106.* n°.*1.*)

Umfang des Begriffs [1]. Perfection und Form [2...4]. Vorbereitungen des Vertrags (tractatus, Offerte, Proposition) [5] und präparatorischer Vertrag [6...8]. Punctation, +minuta; scheda conscripta [9.10]. Stipulationen zur Sicherung von Realcontracten [11]. Pactum de contrahendo [12].

---

exceptionem non dari replicationem doli ..". *Id. L.154. D. de R.I.* „.. cum de dolo excipitur petitoris: neque enim datur talis replicatio petitori *Aut si rei quoque in ea re dolo actum sit ..*". *L.14. §9. D. de æd. ed. 21,1.* [10]) *L.36. D. de d.m. 4,3.* „Si duo dolo malo fecerint, invicem de dolo non agent". *L.3. §3. D. de eo per quem fact. 2,10.* [11]) *Bg* §*105. not. 24.* *L.1. §7. D. depos. 16,3.* *Osterloh* De pacto ne dolus præstetur. Lps. 1842. 4°.

§. 90. [1]) *Bg* §*105 o...s.* [2]) *L.13. §1. D. de pign. act. 13,7.* *L.19. C. de pign. 8,14.* [3]) *L.5. §2. D. commod. 13,6.* (s. *Bg not. 33.* *L.47. §5. D. de leg. 1°. 33.* In *L.23. D. de R.I.* ist mit *Hasse* Culpa § 65. „*in his* [näml. negotiis gestis] *quidem et diligentia*" [näml. die abstracte Diligentia, wie sie der ganz Sorgfältige übt], als Parenthese zu faßen. *Huschke* (Rhein. Mus. f. Jpdz. VII. S. 74. ff.) will (was nicht zu billigen ist) so versetzen „.. locatum, negotia gesta: in his [d.h. allen vorgenannten Contracten] quidem et diligentia (*præstatur*); item dotis datio, tutela, societas ... recipit". [4]) *Hasse* Kapp. X. XII. n°. 11. *Brackenhoeft* Culpa im Vertr. in Ztsch. f. Civ. u. Pr. N. F. XV. n°. 12. [5]) §*3. I. de empt. 3,23.* „.. animadvertendum erit, an custodiam ... susceperit ..". [6]) *Bg* §*105 t.* ff. S. auch *Se.* Erörtt. I. n°. xv.

§. 91. [1]) s. vorherg. § 89. not. 1. vgl. *Bg* §*118 l.* [2]) § 89. nott. 1. 3. 4. [3]) *L.11. D. de probation. 22,3.* mit *L.1. §13. D. de magistr. conv. 27,8.* *L.11. D. de per. et comm. r. v. 18,6.* *L.9. §4. D. locati 19,2.* *L.5. C. de pign. act. 4,24.* cf. II. § 135. [4]) *Hasse* Culpa Kap. V. bes. § 57. [5]) *L.5. §3. D. commod. 13,6.* *L.13. §1. D. de adm. et per. tut. 36,7.* [6]) *LL.25.26. D. pro soc.* „Non ob eam rem minus ad periculum socii pertinet, quod neglegentia perisset, quod in plerisque aliis industria eius societas aucta fuisset... Et ideo si socius quædam neglegenter in societate egisset, in plerisque autem societatem auxisset, non compensatur compendium cum neglegentia, ut Marcellus lib. vi. Dig. scripsit".

§. 92. Vgl. *Sav.* Syst. §§ 140. ff. *Pu. 49. 54.* *Ar. 80.* Anm. 5.

§. 93. *He. III. 69. 74. 269.* *Se. 255.* f. *Mü. 331.* *Gö. 438.* *Pu. 250.* f. *Ro. 387. 401. 460.* *Sav.* Syst. *140.* f. *Si. II.* S. 244. f *Bucher* Forbb. *34.* *Unterholzner* Schuldv. *26.* f. *Koch* Forbb. *70.* f. *Puchta* sen. Hdb. des Vf. i. S. d. freiw. Ger. I. *77...82.* *Heimb. s.* 'Vertrag' im Rtslex. XII. [1]) *Bg* § cit. n°. 1. *Ulp. L.1. §§2.3. D. de pactis:* „Et est *pactio* duorum pluriumve in idem placitum consensus. *Conventionis* verbum generale est ad omnia pertinens, de quibus negotii contrahendi transigendique causa consentiunt qui inter se agunt..". [2]) *Bg* §*106 h.* [3]) Verkannt z. B. v. *He. III. 164. not. 14.* a. A. [4]) *Bg* §*88. not. 11.* §*116 g.*

§. 94. b. Schenkung. (Bg n°.II.)

Stellung im System [1]. Erfordernisse [2...4]. Beschränkungen in Betreff der Subjecte [5.6]. Insinuation großer Schenkungen [7.8]. Gegenstände und Wirkungen [9]. Widerruf [10.11].

§. 95. c. Precarium. (Bg § 106.n°.III.)

Begriff und Ursprung dieses Rechtsgeschäfts [1...3]; seine Anwendbarkeit, Entstehung, Wirkung und Ende; Unterscheidung von Schenkung und Commodat [4...11]. Das Interdict daraus [12.13]. Precarium +qualificatum und +simplex? [14].

§. 96. d. Vergleich, transactio, transactus. (Bg §106.n°.IV.)

Begriff, systematische Bedeutung und Wirkung [1]. Form [2]. Beschränkungen [3...12]. Beschworener Vergleich [13].

Puchta sen. l.c. §129. [5]) *Bg §106 i. Hagemann* üb. Waaren-Offerten in dessen prakt. Erörtt. VI. n°.8. [6]) *Bg §106 k.* [7]) *Puchta* sen. l.c. I. S. 225. [8]) unt. §§107.111. [9]) *Bg §116. not.18.* [10]) *L.17.C.de fide instr.4,21.* („.. instrumentis iam vel in scheda vel in mundo conscriptis ..") s. not.4. [11]) z.B. *L.67.§1. L.68.D.de V.O.45,1.* [12]) unten II. §133.

§. 94. Quellen: *Bg §106.n°.II.* und Tit. X. de donationibus 3,24. Litteratur: *de Retes* de donatt. in Meerman Thes. V. p.533.sqq. *Klinkhamer* de donationib. Amst. 1826. *Juret* de donat. Lovan. 1827. *v. Meyerfeld* d. L. v. d. Schenkungen nach r. R. Marb. 1835. 1837. 8°. und die Schriften üb. d. lex Cincia. *Unterholzner* Schuldv. 586. ff. *Koch* R. d. Fordd. *231.* ff. *Sav.* Syst. *142...75. Schi.* Inst. *348...64. He. III. 207.* ff. *Se. 362.* ff. *Mü. 438.* ff. *Gö. 536.* ff. *Pu. 68.* ff. (Inst. 205. f.) *Ro. 462.* ff. *Va. 121.* ff. *Si. 23. Ar. 80.* ff. *Br. 102. 119.* a. E. [1]) *Bg §106 s.* unten II. §187. [2]) *Bg not. 27.* a. E. [3]) *Bg not. 12. L.16.C.de iure delib.6,30.* „.. nec donatum adsequi .. quisquam .. conpellitur". [4]) *Bg §106 m,n.* [5]) s. unten III. § 33. [6]) III. § 22. ff. [7]) *Bg §106 q. Marezoll* in Ztschr. f. Civ. u. Proc. I. n°. 1. *Buchholtz* Insinuation der Sch. an piae causae. in Ztschr. f. Civ. u. Pr. N. F. XI. n°. IV. *Briegleb* Ins. der Schenkung jährl. Renten? im Arch. f. civ. Pr. XXXVIII. n°. 6. [8]) Die Praxis berechnet den solidus zu 1 Ducaten od. 2 Speciesthlr. Reichsgeld. *Höpfner* Inst. § 413. u. die not. 11. das. Citt. Es giengen 72 solidi auf das ℔ Gold; 500 solidi also = 6 11/18 ℔ Gold, das ℔ zu 6165 Pariser Gran. *Bg* Anh. IX. (zu §77.) §§ p.q. [9]) *Bg §106 o,p.* cf. *L.72.pr.D.de I.D.23,3.* [10]) *Bg §106.not.32.* [11]) s. unt. I. §153. u. *LL.1.7.10.C.de revocandis donationibus 8,56.*

§. 95. De precario: *Dig.43,26(25). Cod.8,9. Paul.S.R.5,6.§§10...12. Sav., Meyerf., Krits, Schmidt* (rec. v. *Schmidt* v. Ilm. in Krit. Jahrbb. 1843. S. 769. ff.) citt. bei *Bg §106.n°.III.* not.*. *Krause* de prec. ad cert. temp. dato. Viteb. 1750. *Stockmann* de prec. Lps. 1744. *Vogel* de pr. Gött. 1786. 4°. deutsch i. Barths Diss. Saml. n°. 34. *Langsdorf* i. Hugos Civ. Mag. I. et II. S. 171. ff. *Bickell* de prec. Marb. 1820. *Degener* üb. d. Pr. Lpz. 1831. *Bülling* das Pr. Lpz. 1845. 8°. *Bucher* R. d. Fordd. *110. Unterholzner* Schuldv. *600...11. Koch 270. Se. 315. Mü. 384. Gö. 608. Pu. 136. Va. 691. Si. 111.* n°. II. S. unten II. § 229. vom interdictum de precario. (*Schi.* Inst. § 328. stellt das precarium zu den Innominatcontracten! *Ar.* u. A. reden davon gelegentlich bei seinen einzelnen Wirkungen und zum Vergleich mit dem Commodat. s. unten II. §198. not. a. E.) [1]) *L.1.§1.D.h.t.* [2]) *Bg §106.not.34.* [3]) *Bg §106 v.* [4]) *Bg not.38.* [5]) *Bg not.41.* [6]) *L.1.§2.D.h.t.* [7]) unt. II. §198. [8]) *L.4.§§1.4. L.5. L.15. §§4.5. LL.16.19.pr.22.D.h.t.* [9]) *L.12.§1.D.eod.* [10]) *L.15.§3. L.14.D.eod.* [11]) *L.4. §4.D.eod.* [12]) *L.8.§7. L.2.§2.D.eod.* vgl. unten II. § 228. [13]) *L.8.i.f. L.2.pr. L.4.§2. L.22.pr.D.eod. L.2.C.eod.8,9.* [14]) *Bg §106.not.41.*

§. 96. De transactionibus: *Dig.2,15. Cod.2,4. Greg.C.1,11(2). Th.C.2,9. X.1,36. Donell.* ad tit. Cod. de transactt. in Opp. VII. p. 255. sqq. *Noodt* Opp. p. 483. sqq. *Vinnius* de transact. in Partitt. Rot. 1674. *Gundling* in Exercc. acadd. n°. VIII. *Wächtler* Opuscc. ed. Trotz. p. 710. sqq. *Alef* dies acadd. n°. IX. *Rentke* L. v. d. Transacten. Rost. 1789. 8°. *Glück* Erl. V. *Colins* de transactionib. Gand. 1822. *Redlich* de transactionib. Lps. 1824. *Reysinger* de

S. 97. ε. Eid, ius iurandum, iuramentum. (*Bg § 106.n°.γ.*)

Assertorischer[1.2] und promissorischer; des letzteren gemeinrechtliche Bedeutung[3...11].

β'. Einseitige Rechtsgeschäfte unter Lebenden.

a. Rechte begründende. (*Bg § 107.*)

1. Verheißungen. (*Abr. II. § 33.* cf. ibid. *III. § 43.* med.) *)

S. 98. 1) Pollicitatio. (*Bg § 107 a...c.*)

Einseitige Versprechung; Wirkungen[1]. Nicht ausschließlich Entstehungsgrund einer obligatio[2]. Erfordernisse[3].

---

transactionib. Lovan. 1824. *Risch* d. Vergleich. Erl. 1855. *Hasse* Culpa § 96. n°. I. *Bucher* Fordd. *174. Unterh.* Schuldv. *304. Koch* Fordd. 382. ff. *Heimbachs.* 'Vergleich' in Weiske XII. *He. III. 195...98. Se. 371.* ff. *Mü. 477. Gö. 553...57. Pu. 294.* f. *Ro. 457. Rud.* S. 261. ff. *Va. 668. Si. 107 B. Ar. 269. Br. 42.* [1]) *Bg § 206 w. cap. 11. X. h. t.* „exceptis nimirum casibus qui compositionis ... remedium non admittunt ...". [2]) *Bg § 106 x.* u. unten II. § 148. [3]) s. oben § 89. a. E. [4]) *Bg § 60. not. 9.* n°. 5. [5]) *Bg § 106. not. 46.* [6]) *Bg not. 49.* [7]) *L. 32. C. h. t. L. 23. § 1. D. de cond. ind. 12, 6.* [8]) *LL. 7. pr. 11. D. h. t. Rud.* Ztschr. f. g. R. W. XIV. S. 334. f. [9]) *Bg § 106. nott. 46.* a. E. *52.* [10]) *L. 19. C. h. t. Bg § 106 y.* [11]) *L. 14. D. h. t.* vgl. *Sav.* Gesch. d. r. R. i. M. A. III. S. 454. ed. II. [12]) *Bg § 106. not. 53.* [13]) *Bg § 106 z.* s. folgg. *nott. 6. 7.* [14]) unten II. § 149. [15]) *Paul. L. 2. D. de iureiur.* „Ius iurandum speciem transactionis continet, maioremque habet auctoritatem quam res iudicata". s. *Bg § 106. not. 59.*

S. 97. *Paul. S. R. 2, 1.* De iure iurando *etc.*: *Dig. 12, 2.* (cf. *Cod. 4, 1. 2, 59.*) *Decreti pars 2. ca. 22. X. 2, 24. in VI°. 2, 11. Clem. 2, 9. Malblanc* doctrina de iure iur. Norimb. 1781. ed. II. Tub. 1820. 8°. *Zirkler* i. Grolm. Magaz. I. S. 429. ff. *Zick* utrum iusiur. pro specie transactionis hab. sit. Alt. 1804. *Reinhardt* Verm. Auff. n°. 10. *Gæcke* de iurei. delato. Berol. 1826. *Glück* XII. §§ 789. ff. *Gesterding* Ausb. VI. 1. n°. III. *Jacobson* v. Eid in Weiske III. *Bucher* Fordd. *34. n°. 1. Unterh.* Schuldv. *303. Koch* Fordd. *385. Sav.* Syst. *309...14. Rudorff* R. R. G. II. § 67. *He. I. 153...58. Se. 91...93. Mü. 149...52. Gö. 112...17. Pu. 253. 295. Ro. 75.* f. *Va. 170. Si. 99. n°. 1. Ar. 269.* a. E. *Br. 43.* [1]) *Bg § 106 β'...δ'. Ulp. L. 5. § 4. D. h. t.* „Si neque iuratum est neque remissum iusiur., pro eo debet haberi atque si res in iusiur. admissa non esset ...". [2]) *Bg § 118. not. 12.* [3]) *Bg § 106. not. 62.* [4]) *Bg nott. 63. 64.* [5]) *Bg § 106 z.* [6]) *Alex. L. 1. C. si adv. vend. 2, 28.* „Si minor annis XXV emptori prædii cavisti *nullam de cetero te esse controversiam facturum*, idque etiam iure iurando corporaliter præstito servare confirmasti, neque perfidiæ neque periurii me auctorem tibi futurum sperare debuisti". [7]) *Authent. Frid. I.* post *L. 1. C. cit.* „Sacramenta puberum sponte facta super contractibus rerum suarum non retractandis inviolabiliter custodiantur; per vim autem vel per iustum metum extorta etiam a maioribus, maxime ne querimoniam maleficiorum commissorum faciant, nullius esse momenti iubemus" (a. 1155.?) cf. II. Feud. 53. § 3. *Sav.* Gesch. d. r. R. i. M. IV. S. 162. ff. ed. II. S. 183. ff. *Bül.* u. *Hagem.* Pract. Erörtt. IV. n°. 31. „Eidl. Entsagung der dem Minderj. zustehenden W. i. d. v. St." [8]) *c. 28. X. h. t. c. 2. in VI. eod.* s. III. § 10. [9]) *c. 2. in VI. de pactis 1, 18.* [10]) *capp. 6. 8. 15. 29. X. h. t.* u. a. *Hinschius* Eidesdelation bes. n. kan. R. Berl. 1860. 8°. [11]) Cf. *Glück* IV. 533. ff. XXXVIII. S. 191. ff. *Gö. 113 A. Jacobson* l. c. S. 643. ff. Dagegen will *Weber* nat. Verb. §§ 120. ff. nur die im kan. R. ausdrücklich aufgestellten Fälle gelten laßen; *Malblanc* §§ 117. ff. auch nicht einmal diese. *Unterh.* l. c. I. S. 66. zweifelt aus dem hier ganz unerheblichen Grunde, daß die Entscheidung über die Kraft des Eides und die Entbindung von einem solchen jetzt nicht mehr vor die geistl. Gerichte gehöre. S. auch unt. I. § 156. a. E. II. § 126. not. 13. § 133. a. E. § 145.

*) *Bucher* Fordd. *14. Unterh.* Schuldv. *44. 575. Koch* Fordd. *142. He. 66. 92. Se. 256. Mü. 347. Gö. 651. 636. 442. Pu. 251. Ro. 399. Si. 96.* a. E. *Ar. 241.*

S. 98. *Dig.* De pollicitationibus *50, 12. Cod.* De dotis prom. et nuda pollicitatione

§. 99. 2) Votum. (*Bg* §*107d*. *Abr*. l.c.)

Das alte sacralrechtliche[1]. Klass. Recht[2]. Kanon. Recht und votum reale (und personale)[3].

§. 100. 3) Dotis dictio? (*Bg* §*107e*. *Abr*. *III*. § *3*.)

Acceptierte Ansage der Größe der Dos durch eine zu der Bestellung naturaliter oblig. Person.

§. 101. 4) Auslobungen? (*Bg* §*107f*.)

Nicht Innominatcontract, noch obligierendes einseitiges Versprechen, sondern Vertrags-Vorbereitung; Perfection. Verwendungen zur Ausmittelung des Eigners gefundener Sachen.

§. 102. II. Quasicontracte. (*Bg* §*107g*. *Abr*. *II*. § *31*.)

Begriff und Anwendungsfälle[1]; nicht die Exhibitionsverpflichtung[2,3].

5,11. Diss. de pollic. von *Stækken* Argentor. 1677. ff. *Mascov* Gryph. 1703. *Rosencamp* Duisb. 1729. *Barth* u. *Nettelbladt* Hal. 1779. *Bynkershoek* Obss. VI. c. 13. *Wichers* Groning. 1805. *Behr* Lps. 1841. *Kritz* Rechtsf. II. n°. 9. *Meyerfeld* I. S. 182. ff. *He*. *21*. *Mü*. *347*. *Gö*. *651*. *Pu*. *259*. *Si*. § *96*. n°. II. 1. *Ro*. *399*. *Ar*. *241*. *Br*. *102*. [1]) *Ulp*. *L*. *3*. *pr*. *D*. *h*. *t*. „Pactum est duorum consensus atque conventio, *Pollicitatio* vero offerentis solius promissum ...“. cf. *Bg* § *103*. *not*. *12*. [2]) *Bg* l.c. [3]) *Marez*. in Ztsch. f. Civ. u. Pr. I. n°. 19.

§. 99. [1]) *Brisson*. de formulis I. n°. 159. sqq. *Marquardt* Hdb. der röm. Alterth. IV. S. 219. ff. *Danz* Der sacrale Schutz im r. R. Jena 1857. S. 142. ff. [2]) *Ulp*. *L*. *2*. *D*. *de pollicitt*. *50*,*12*. bei *Bg* §*107*. *not*. *13*. [3]) *Titt*. De voto: *X*. *3*,*34*. *in VI°*. *3*,*15*. *Extr*. *Ioa*. *22*. *tit*. *6*. cf. *L*. *233*. § *1*. *D*. *de V*. *S*. *50*,*16*. *L*. *15*. *D*. *de off*. *præs*. *1*,*18*. *c*. *18*. *X*. *de censib*. *3*,*39*. *Textor* de obl. ex voto. Alt. 1673. *Gö*. l.c. *Br*. *101*. a. E. Kirchenr. v. *Eichh*. II. S. 520. ff., *Walt*. § *352*., *Richt*. § *276*.

§. 100. *C*. *G*. *de Winckler* Opuscc. minora. vol. I. Dresd. et Lips. 1792. 8°. p. 371...378. Terent. Andr. V. 4,48. „*Chr*. Dos, Pamphile, est x talenta. *Pa*. Accipio“. *Mü*. *522*. *nott*. *1*. *10*. Citt. *Gö*. *686*. a. E. *Pu*. *415*. *not*. *b*. *Ar*. *397*. u. bes. *Huschke* in Ztschr. f. Civ. u. Proc. II. S. 155. ff. unt. III. § 4. *Ulp*. *4*. §*2*. „Dotem dicere potest mulier quæ nuptura est, et debitor mulieris, si iussu eius dicat; item parens mulieris .. velut pater, avus paternus“. Cf. ll. in ed. m. ad Ulp. citt. *Theod*. *et Val*. *L*. *6*. *C*. *de dotis prom*. *5*,*11*. (etwas verändert aus *L*. *4*. *Th*. *C*. *de dotib*. *3*,*13*.) „Ad exactionem dotis quam semel præstari placuit, qualiacumque sufficere verba censemus, sive scripta fuerint, sive non, etiamsi stipulatio in pollicitatione rerum dotalium minime fuerit subsecuta“. (a. 428.) cf. *L*. *13*. *C*. *de I*. *D*. *5*,*12*. „... neque pollicitatio, neque stipulatio intercessit“. (a. 287.)

§. 101. *v*. *Bülow* Verbindl. aus der Auslob. einer Prämie, in Abhh. I. n°. 11. *Koch* Fordd. *362*. *Unterh*. Schuldv. I. S. 53. *Sav*. *O*. *61*. *Mü*. *347*. *Pu*. *259*. *Si*. *96*. *not*. *58*. *Ar*. *241*. [1]) loben (mhd.) = versprechen, geloben; lob = Preis. *L*. *15*. *D*. *de præscr*. *verb*. *19*,*5*. vgl. auch *Ulp*. *L*. *4*. § *4*. *D*. *de cond*. *ob turp*. *c*. *12*,*5*. „Si tibi indicium [Anzeigebelohnung] dedero, ut fugitivum meum indices aut furem rerum mearum, non poterit repeti quod datum est: nec enim turpiter accepisti ..“. [2]) *Ulp*. *L*. *43*. §§ *8*. *9*. *D*. *de furt*. *47*,*2*. „Solent plerique etiam hoc facere, ut libellum proponant continentem *Invenisse et redditurum ei qui desideraverit*. hi ergo ostendunt non furandi animo se fecisse [i.e. alienum quid iacens sustulisse]. § 9. Quid ergo si εὕρετρα [inventionis præmia] quæ dicunt petat? nec hic videtur furtum facere, etsi non probe petat aliquid“. [3]) *LL*. *2*. *45*. *pr*. *D*. *de N*. *G*. *3*,*5*. cf. *L*. *24*. *C*. *eod*. *2*,*19*. cf. unten II. § 13. not. *6*.

§. 102. Quellen: *Abr*. l.c. *Donell*. Comm. XV. c. 14...23. *Hübner* de nat. obll. q. q. ex contr. Lps. 1802. *Weber* nat. Verbr. §§ *9*. *f*. *27*. *He*. *III*. *70*. *Se*. *283*. *Mü*. *322*. med. *Gö*. *636*. ff. *Pu*. *260*. *249*. *Ar*. *242*. *Br*. *107*. *Bucher* Fordd. *144*. *Unterh*. Schuldv. *44*. [1]) *Bg* §*107g*. u. bes. *Abr*. l.c. [2]) s. unten II. §§ 215. f. [3]) z. B. *Ulp*. *L*. *5*. § *5*. *D*. *ad exhib*. *10*,*4*. „si de ruina aliquid in tuam aream vel in tuas ædes deciderit, teneberis ad exhibendum, licet non possideas“. vgl. unten II. §§ 115. f. 215.

§. 103. III. Verwendungen. (*Bg §107k...m.*)

Die Verwendung ist ein Rechtsgeschäft; das Verwendete (die Verwendung im objectiven Sinne) kann eine körperliche Sache sein (s. oben §59.).

§. 104. IV. In rem versio u. unhaltb. Bereicherungen. (*Bg§107n...p.*)

Eine Thatsache, wodurch in rechtlich unhaltbarer Weise das Vermögen eines Subjects aus dem des andern vergrößert wird. Gründe des Rechtsverhältnisses. Ausgleichungsmittel.

§. 105. b. Rechte beendigende einseitige Rechtsgeschäfte unter Lebenden, Entsagungen, Verzicht. (*Bg §108.*)

Erfordernisse [1...3]. Anwendungen [4.5]. Aeußerungsformen [6].

§. 106. b. Rechtsgeschäfte auf Todesfall. (*Bg §109.*)

Begriff, Arten und wesentliche Voraussetzungen.

2. Nebenbestimmungen. (*Abr. §42.*) *)

§. 107. a. Begriff. (*Bg §110.*)

Unterschied der Nebenbestimmung von den Nebenverträgen [1], der Verstellung auf ein künftiges arbitrium [2], der causa oder dem Beweggrund [3] und der Voraussetzung [4], so wie von den clausulæ [5] und der demonstratio [5]. Allgemeine Nebenbestimmungen sind außer con-

---

§. 103. Cf. *Ulp.6,14...17.* *Dig.* De impensis in res dotales factis 25,1. *Cod.* De fructibus et litium expensis *7,51.* *LL.37...39.D.de H.P.5,3.* *F.a Saavedra* de exp. et meliorationib. Marb. 1601. 4°. *Gesterd.* Ausb. IV. 2. S. 210. ff. *v. Jagemann* v. Kosten, in Weiskes Rtslex. VI. *Leist* Civil. Studien. Heft 2. Jena 1855. n°. II. *He.I.122.*f. *Se.66.* *Mü.228.*n°.2. *Gö.82.* *Pu.171.*a.E. *Si.41.not.11.*52.n°.5. *Ro.211.* *Ar.168.*

§. 104. cf. II. §§ 141. 221. f. 245. *W. Sell* Vers. I. n°. 1. S. 1...140. *Koch* Fordd. *§ 317.* *Leist* l.c. n°. III. *He.III.64.*f. *Mü.453.* *Ar.247.* [1]) s. II. §141. *Bg §107o,p.* [2]) s. II. § 222. [3]) s. die Stellen in *Bg §105.not.16.* bes. *Pomp.L.6.i.f.D.de I.D.23,3.* „..quia bono et æquo non conveniat aut lucrari aliquem cum damno alterius, aut damnum sentire per alterius lucrum". *cap.48.VI.de R.I.* „Locupletari non debet aliquis cum alterius iniuria vel iactura". [4]) vgl. *Bg §105 h.* *Ulp.L.6.§11.D. quæ in fraud.42,8.* „... nec videtur iniuria affici is qui ignoravit [daß er in fraudem creditorum beschenkt werde], cum lucrum extorqueatur, non damnum infligatur. In hos tamen qui ignorantes ab eo qui solvendo non sit, liberalitatem acceperunt, hactenus actio erit danda, quatenus locupletiores facti sunt, ultra non". s. II. §§ 215. 219. 221. f. 245. u. *L.3.§1.D.de eo per q.f.2,10.* zu II. § 252. a. E. [5]) s. § 102. und unten II. § 115.

§. 105. [De renuntiatione: *X.1,9.* *VI.1,7.* *Clem.1,4.*, nur auf geistliche Stellen od. Pfründen bezüglich.] *Ziegler* de renuntiationib. Viteb. 1667. 4°. *Giphan.* de renunt. Argent. 1701. 4°. *Hommel* Rhapss. obs. 273. *Pfotenhauer* utrum legibus ... renuntiari possit. Viteb. 1792. 4°. *Glück* XIII. S. 108. ff. *Heimb.* s. 'Verzicht' im Rtslexic. XII. *Fritz* i. Arch. f. c. Pr. VIII. n°. 5. *Sav.* Syst. IV. S. 544. ff. *He.151.*f. *Se.90.* *Mü.119.* *Gö.111.* *Pu.48.not.h.* *Si.* 25B. *Bg* Civilproc. § 88. vgl. auch unten II. § 153. [1]) *Bg §117c.* *§128a.* [2]) *Bg §108b.* [3]) vgl. unten II. § 75α. § 153. [4]) *Bg §108d.* [5]) Erbr. §§ 90. 143. vgl. oben § 94. [6]) Erbr. § 87. [7]) *Bg §108a.* *§157b...d.* u. oben § 75. unten II. § 75 a, b. [8]) *L.13.C.de n.n.pec.4,30.* *cap.10.X.de probatt.2,19.* [9]) *Bg §108 e,f.* unten II. § 126.

§. 106. Vgl. bes. Erbr. §§ 154. f.

*) *H.135...43.* *Se.76...81.* *Mü.105...11.* *Gö.95...105.* *Pu.59...63.* *Ro.26...31.* *Va.93...98.* *Si.20.21.* *Ar.66...74.* *Bucher* Fordd. *40...44.* *Koch* Fordd. *92...100.* *Unterh.* Schuldv. 42. u. z. d. folgg. §§ 108...10. citt. §§. *Mü.-Gl.* XLI. *Sav.* Syst. *116...29.* Vgl. auch Erbr. §§ 54...57.

§. 107. [1]) Diese stellt z. B. *Unterh.42.*, [2]) diese *Gö.106.* u. *Va.99.*, [3]) diesen u. die demonstratio *Koch 101.*f., [4]) diese *Windscheid* Lehre v. der Voraussetzung. Basel 1850. 8°., [5]) diese *Mü.112.* zu den Nebenbestimmungen.

dicio und dies unmöglich. Die eigenthümliche Bedeutung des modus wird oft verkannt, indem man ihn als Zweckbestimmung auch bei Rechtsgeschäften, denen ein gesetzliches Maß nicht vorgeschrieben ist, zuläßt, und die vulgären Bedeutungen des Worts modus mit der technischen dieser Nebenbestimmung verwechselt.

b. Arten:

α'. Bedingung, condicio *).

S. 108. a. Begriff. (*Bg § 111.*)

Wahre[1]; tacita s. iuris[2], necessaria[3], in præs. s. præterit. conlata[4], præpostera[5] condicio.

S. 109. b. Arten und Wirkung. (*Bg §§ 111 d...h. 113.*)

Einfluß auf den Bestand des Rechtsgeschäfts: Existentwerden oder Existentbleiben (*§ d*). Die bedingende Thatsache: affirmative (positive) oder negative (*§ e*). Möglichkeit und rechtliche Statthaftigkeit (*§§ f, g*). Die bedingende Thatsache verwirklichende Ursache ((*§ h*). — Combinationen dieser Eintheilungen.

S. 110. c. Erfüllung. (*Bg § 112.*)

Behandlung der turpes condiciones; der iuris iurandi condicio. Erfüllungszeit und für erfüllt geltende thatsächlich deficierende Bedingung.

---

*) [Die Schreibung condi c io behalte ich aus der Florentina bei, obgleich ich die mit *t* für richtig halte; nicht daß ich conditio von condere (condi*tum, tio*) ableitete, wie wieder *Fitting* thut, sondern von condicere, condicitio, conditio.] Zu den (bei *Bg* zu *§ 111*. citt.) Quellen auch: *Tit. X.:* De condicionibus appositis in desponsatione vel in aliis contractibus *4,5*. Vgl. Erbrecht § 54. Litteratur: *Balduinus* de condic. in Heineccii Ipd. Att. et Rom. I. p. 323. sqq. *Donell.* lib. VIII. c. 30. sqq. *Brusselii* (Lovan. 1560.) et *Durani* Tr. de conditionib. Ff. et Lps. 1700. 4°. *Ziegler* de conditionib. Lps. 1721. *Bæcler* de cond. Argent. 1749. *Ravensberg* de cond. Ien. 1752. *Leibnitz* Doctrina conditt. in Opp. IV. *Se.* Erörtt. I. n°. XIV. *Unterh.* Schuldv. *47...51*. Ueber Resolutivbed. s. *Thibaut* Civ. Abhh. n°. XVII. 1. *Zimmern* Arch. f. civ. Pr. V. n°. 9. *Riesser* Ztschr. f. Civ. u. Pr. II. n°. 1. 8. Dagegen *Thibaut* Arch. f. civ. Pr. XVI. n°. 14. *Müller* Civ. Abh. I. S. 253. ff. *W. Sell* die Lehre von den unmögl. Bed. Giess. 1834. *Arndts* Beitr. I. n°. 4. *Gesterding* Ausb. V. 2. S. 227. ff. *Götting* Suspensivbeding. in Ztschr. f. Civ. u. Pr. 1845. n°. 6. *Heimbach* v. Bedingung in Weiskes Rtslex. I. S. 761. ff. u. a. bei *W. Sell* l. c. S. 4. ff. Citt. *Fitting* Bff. der Bdgg. in Arch. f. civ. Pr. XXXIX. n°. 13. (Dieser legt mit Recht Gewicht darauf, daß die Bedingung 'den durch einen Willen gemachten Zustand' bezeichne, macht aber doch gerade die Natur der Nebenbestimmung als eines dem (erlaubten) Rechtsgeschäfte durch P r i v a t willen verliehenen zufälligen Bestandtheiles (accidentale negoti) nicht hinlänglich geltend. Daß auch das lateinische wie das deutsche Wort eine umfaßendere und unbestimmtere vulgäre Bedeutung hat, als die technische, wird auch in der Lehre von den Bedingungen nicht genug berücksichtigt.)

S. 108. [1]) *Bg § 111 a.* [2]) s. Erbr. § 54. not. 4. [3]) *Bg § 111 b.* [4]) *ibid. not. 9.* [5]) *ibid. not. 10. § 113 e.* [6]) *Bg § 111. not. 10.* a. E.

S. 110. *Crell* an cond. quæ per casum impleri nequit, pro impleta habeatur. Viteb. 1735. *Richter* de cond. potest. et mixta casu deficiente pro adimpleta habenda. Lps. 1750. *Endemann* de implendæ cond. tempore. Marb. 1821. [1]) *Bg § 112 c.* [2]) *L. 19. § 6. D. de donatt. 39,5. Bg nott. 11. 18.* *Huschke* über die cond. iuris iur. in Ztschr. f. Civ. u. Pr. XIV. n°. 12., eine Abh., welche *Sav.* Syst. III. § 123. n°. v. noch nicht benutzen konnte. [3]) *LL. 20. 26. pr. D. de cond. et dem. 35,1. L. 8. D. de cond. inst. 28,5. L. 29. § 2. D. de test. mil. 29,1. L. 14. § 1. D. de leg. III. 32.* [4]) *L. 62. pr. D. de A. v. O. H. 29,2.* [5]) *L. 97. D. de cond. et dem. 35,1.* Eine andre Ausnahme nach *L. 12. D. de mmiss. 40,1.* hat bei uns keine Anwendbarkeit mehr. s. *Bg not. 18.* [6]) *Bg § 112 k.*

§. 111. β'. Betagung, Termin, dies. (*Bg § 114.*)

Eigentlicher dies, certus und incertus; condicio in Form des dies; der dies, dessen Eintrittszeit nur insofern unsicher ist, als die auf ihn verstellte Thatsache ausbleiben kann. Dies cedit s. cessit (nondum venit) und vēnit; pendet, wenn das frühere oder spätere Eintreten noch unsicher ist; aber der wahre dies numquam deficit. Unerreichbare Anfangs- und End-Termine. — Ortsbestimmung als Nebenbestimmung?

§. 112. γ'. Modus, Auflage (nicht 'Zweckbestimmung'). (*Bg § 115.*)

Vulgäre Bedeutungen von modus, im Gegensatz der eigentlichen Nebenbestimmung bei Schenkungen und Vermächtnissen. Wirkung und Vollziehung.

D. Form der Rechtsgeschäfte *). (*Abr. § 43.*)

§. 113. A. Juristische Bedeutung derselben überhaupt. (*Bg § 116 a...h.*)

Verschiedene Motive, Gründe und Wirkungen des Erfordernisses bestimmter Formen. Abschluß von Rechtsgeschäften unter Abwesenden.

B. Insbesondere

§. 114. 1. Clauseln. Protestation und Reservation. (*Bg § 116 i...m.*)

Clauseln sind nicht Nebenbestimmungen [1]. Einige Hauptfälle [2.3]. Die s.g. clausula rebus sic stantibus [4...7]. Doli clausula [8.9].

---

§. 111. *Heimbach* v. Dies in Weiskes Rtslex. III. S. 429...36. *Lenz* Zur Lehre vom dies. Tüb. 1858. 8°. vgl. Erbr. § 55. [1]) *Bg § 114. nott. 5...7.* [2]) *Bg nott. 8...12.* [3]) *Bg nott. 11. 13.* [4]) *Bg not. 14.* [5]) *Bg nott. 2. 3.* [6]) *Bg not. 4.*

§. 112. Quellen s. *Bg* l.c. Vgl. Erbr. §§ 56. 54. *Chiflet* de iure fideic. II. 11. in *Otto* Thes. V. p. 802. sqq. *Hackemann* de ... dist. conditionem inter et modum. Ff. 1751. *Meister* Opuscc. II. p. 142. sqq. *Cordes* de modo conventionibus adiecto. Gott. 1782. *Schnauss* de effectu et natura modi. Ien. 1804. *Glück* IV. S. 460...72. *Wächter* de condictione c. data. Tubing. 1822. *Pfeiffer* modus u. conditio in Prakt. Ausführr. I. n°. 4. *Lehmann* De modo negotiis adiecto. Lps. 1833. 4°. *Meyerfeld* L. v. d. Schenkk. I. S. 140. ff. *Ro.* L. v. d. Vermächtn. I. S. 406...12. *Heimbach* v. Modus in Weisk. VII. S. 223. ff. *Sav.* Syst. III. §§ 128. f. Ungenügend Si. I. S. 158. „es ist unter modus zu verstehen die Modification eines seinem Wesen und seiner Natur nach sonst rein unentgeltlichen Geschäfts, wodurch dieses eine gewisse Natur annimmt".

*) Schriften über freiwillige Gerichtsbarkeit, z.B. von *Claproth* Theor. pract. R. wißensch. ed. III. Gött. 1789. *v. Trützschler* Anweis. zur Abfaßung rechtlicher Aufsätze ed. IV. 2 Bde. Lpz. 1801. *Puchta* sen. ad § 93. cit. I. §§ 110. ff. u. Bd. II.

§. 113. Vgl. oben § 93. *Hel. 133. Se. 75. Mü. 98. Gö. 93.* f. *Pu. 64. Ro. 22.* ff. *Si. 18. Ar. 64. Koch* 82. ff. *Sav.* Syst. *130.* ff. „Ueber den Zeitp. der Giltigkeit eines unter Abwesenden geschloß. Vertrags" s. *Wening* i. Arch. f. c. Pr. II. n°. 25. dagegen *Hasse* im Rh. Mus. für Jpdz. II. S. 371. ff. (Vgl. *LL. 15. 26. § 1. D. mandati 17,1. L. 1. § 1. D. de V.O. L. 4. pr. D. de mmiss. vind. 40,2.*) s. auch *Bg § 106. not. 9**, die Citt. zu § 93. u. bes. *Koch 71...73. v. Scheurl* Beiträge n°. XII. u. Jahrb. f. Dogmat. v. Gerber u. Jhering. II. 5. *Bekker* in Lpz. Jahrb. d. gem. R. II. 11. III. 4, 1. S. 116.

§. 114. Vgl. Erbr. § 57. *Puchta* sen. Hdb. d. Verf. i. S. d. freiw. Ger. I. §§ 99. ff. [1]) *Mü. 112. Pu.* 58. a. E. *Si. 21.* a. E. u. A. [2]) *Bg § 116. not. 20**. [3]) *Bg nott. 21...26. Bynkershoek* Opp. II. p. 351. sqq. *Waldeck* Entsch. d. O.A.G. zu Wolfenb. I. n°. 9. *Sav.* Syst. III. S. 246. *He. I. 149. Se. 88.* (der Protestation und Reservation, auch die Ratihabition, unter den „Arten der Rechtsgeschäfte" aufführt.) *Mü. 125. Gö. 130. Ar. 75.* a. E. [4]) *Afric. L. 38. pr. D. de solutt. 46,3.* „Cum quis sibi aut Titio dari stipulatus sit, magis esse ait, ut ita demum recte Titio solvi dicendum sit, *si in eodem statu maneat, quo fuit cum stipulatio interponeretur:* ceterum sive in adoptionem .. ierit vel aqua et igni ei interdictum vel servus factus sit, non recte ei solvi dicendum: tacite enim inesse hæc conventio stipulationi videtur, *si in eadem causa maneat*". vgl. *Bg § 58. not. 62.* [5]) V. der claus.

S. 115. 2. Ratihabitio, Genehmigung. (*Bg § 116 n...t.*)

Die eigentliche stäts retroactive Ratihabition[1] im Gegensatz zur uneigentlichen und der Widerruflichkeit eines Geschäfts[2]. Grundsatz, worauf die eigentliche Ratihabition beruht[3...5]. Zuläßigkeit[6]. Stillschweigende und theilweise[7].

C. Wirkung der Rechtsgeschäfte. (*Abr. § 43. cit.*)

A. deren Feststellung im allgemeinen.

S. 116. 1. Auslegung der Rechtsgeschäfte. (*Bg § 117.* vgl. ob. § 77. Erbr. § 51.)

Authentische?[1] Wahre Bedeutung jeder Auslegung von Willenserklärungen[2.3]. Besonders begünstigte Rechtsverhältnisse[4].

2. Beweis. (*Bg § 118.*) *)

S. 117. a. Allgemeine Regel. (*Bg § 118 a...e.*)

Relevanz der Thatsachen. Beweis als Bewirkung eines Fürwahrgeltens nach Rechtsvorschrift.

---

reb. sic st.: *Cocceji* in Exerc. curios. II. 15., *Kopp* d. cl. r. s. st. Marb. 1750. *Weber* nat. Verb. § 90. *Se. 279. Mü. 112.* n°. IV. *Wening* I. § 45. [6]) *L. 3. C. de loc. cond. 4, 65.* s. II. § 176. [7]) *c. 25. X. de iureiur. 2, 24.* [8]) *Bg* cit. *not. 20**. med. [9]) I. § 155. II. § 237. u. I. § 169. *Bg § 132 k...o.*

S. 115. *Ziegler* de ratih. Vit. 1760. *Busse* de ratih. Lps. 1834. *Agricola* de ratih. Bonn. 1848. 8°. *Fitting* Rückziehung. Erl. 1856. 8°. *Beckhaus* Ratihab. Bonn 1859. 8°. *Hufeland* Hdb. I. n°. 4. S. 297. ff. *He. 150. Se. 89. Fritz* Erläutt. I. S. 203...5. *Mü. 100. Gö. 110. Pu. 51. not. c. Ro. 24. Va. 88. Si. 18.* a. E. *Ar. 78. Sav.* Syst. IV. S. 552. ff. [1]) *Bg § 116 o. c. 10. in VI. de R. I.* „Ratihabitionem retro trahi et mandato non est dubium comparari". *Donell. XII. c. 27. §§ 5. sqq.* [2]) *Bg § 116 p.* [3]) z. B. *Gö.* l. c. S. 318. „Wenn ein Geschäft von der Art ist, daß es der fehlenden Zustimmung halber an und für sich mehr oder weniger ungiltig ist, so hat die nachfolgende Genehmigung, der Regel nach, allerdings rückwirkende Kraft". Wann das Geschäft wegen der fehlenden Zustimmung mehr oder weniger [!] ungiltig sei, wann dagegen diese jenem „nur eine neue, anderweitige Beziehung" gebe, ist unbeantwortet gelaßen. *Si.* l. c. S. 153. „leuchtete nicht ein", daß Testamentserrichtung Verfügung über die familia, über die eigene vermögensrechtliche Persönlichkeit, ein Darlehnscontract aber Verfügung über ein einzelnes Vermögensrechtsobject sei, jene die Rechtsfähigkeit, dieser ein Recht betreffe. [4]) *Sav.* Syst. IV. S. 554. [5]) *Bg § 93. not. 4.* [6]) *Bg § 116. not. 31. § 119. not. 17.* u. unten § 122. [7]) *Bg § 116 t.*

S. 116. *Donell. XV. c. 1...4. Averani* Interpretationum iuris libri quinque. L. B. 1753. III. 8°. *Böschen* de pactor. ambig. interpr. Lps. 1775. *Hofacker* Principia iur. Rom. Germ. I. § 223. sqq. *Zachariæ* lib. quæstion. I. 5. *Thüssing* Jur. Abhh. Arnsb. 1819. n°. 1. *Wächter* über Ausleg. der unter Abwesend. geschloßenen Verträge i. Arch. f. civ. Pr. XIX. n°. 5. *He. I. 148. Se. 86. Mü. 115. Gö. 109. Ki.* I. S. 284. ff. *Pu. 66. Ro. 402. Va. 102. Si. 98.* n°. III. *Ar. 75. Bucher* Forbb. *37. Koch* Forbb. *91.* [1]) z. B. Erbr. § 50. a. E. [2]) *Bg § 117 a...d.* [3]) *Bg § 117 e...o.* [4]) *Bg § 117 p.* Erbr. § 51. not. 1.

*) Zu den Quellen in *Bg* l. c.: De confessis: *X. 2, 18. in VI°. 2, 9.* De probationibus: *X. 2, 19. Clem. 2, 17.* De testibus: *X. 2, 20. in VI°. 2, 10. Clem. 2. 8.* De testibus cogendis vel non: *X. 2, 21.* De fide instrumentorum: *X. 2, 22.* De iure iurando zu § 97. citt. titt. (s. bes. auch *Quintilian. inst. or. 5, 8...12.*) Litteratur: *Schneider* Lehre vom rechtlichen Bew. Gieß. 1803. 8°. neu 1842. 8°. *Weber* Verbindlt. zur Beweisf. 1805. 8°. Halle 1832. 1845. 8°. *Borst* Beweislast. Bamb. 1816. 8°. *Gensler* im Arch. f. civ. Pr. I. n°. 3. 21. 24. *Gesterd.* Ausb. IV. 2. n°. II. *Bethm.-Hollw.* Versuche n°. 4 5. *Jordan* v. Beweis, in Weisk. Rtslex. II. S. 108. ff. *Pu.* Inst. *174.* ff. u. die Civilproceßschriftsteller, bes. *Bayer* Vortr. üb. d. ord. Civilpr. 1842. 8°. S. 398. ff. *Schmidt* Hdb. d. Civilpr. §§ 115. ff. *He. I. 69...72. Se. 87. Mü. 145.* ff. *Gö. 166...68. Ki.* S. 284. ff. *Pu. 97.* f. *Ro. 73. Va. 161.* ff. *Ar. 114.* f.

S. 117. *Bayer* Vortr. üb. d. ord. Civilpr. ed. VII. 1842. 8°. S. 398. ff. 423. ff. 438. Von dem

b. Insbesondere:

§. 118. *α'.* Notorietät. (*Bg § 118 f,g.*)

Bedeutung des Notorischen od. s.g. Gemeinkundigen. Das s.g. Acten- u. das s.g. Menschen-Kundige

§. 119. *β'.* Geständniss und interrogationes in iure factæ. (*Bg § 118 h...k.*)

Certi und incerti confessio in iure facta; confessoria actio. Confessus pro iudicato erat; heutige Bedeutung d. Geständnisses[1...3]. Interrogatio in iure facta u. interrogatoria actio[4...6].

§. 120. *γ'.* Præsumptio, Vermutung. (*Bg § 118 l.*)

Præsumptio, +simplex, +hominis s. +facti. Die wahre præsumptio (+iuris). Irrige Aufstellung s.g. +præsumptiones iuris et de iure.

§. 121. *δ'.* Fiction. (*Bg § 118 m...q.*)

Die Fiction setzt ein dem wirklichen oder dafür angesehenen factischen Verhältnisse Widersprechendes als wirklich oder wirksam.

Beweis verneinender Sätze (*Bg not.2.*): *Hollweg* a.a.O. *Linde* Ztschr. f. Civ. I. n°. 5. Zu *Bg not.1.*: *Innoc. III. c.44. X. de appellat. 2,28.* „... cum frequenter iuris quæstio moveatur, cuius apud nos probationes necessariæ non existant, et interdum etiam facti quæstio de levi posset partibus præsentibus comprobari".

§. 118. *Cann. 15. 16. Caus. 2. qu. 1. c. 3. X. de testib. cog. 2,21.* „.. si factum est notorium [*al.* manifestum], non eget testium depositionibus declarari, cum talia probationem vel ordinem iudiciarium non requirant. verum si non est notorium, et is qui convenitur, factum negaverit, testes .. monendi sunt .. ad ferendum testimonium veritati ..". vgl. *c. 6. sqq. X. de cohab. clericor. 3,2.* Diese Bestimmungen über Notorietät gehören ursprünglich dem kanonistischen Untersuchungsverfahren in Strafsachen an: vgl. *Biener* Geschichte des Inq. Proc. Lpz. 1827. 8°. S. 19. f. *Bayer* l.c. S. 418. ff. *Gesterding* Irrthümer Bd. 2. n°. 9. Desselben Ausb. II. n°. 9.

§. 119. *Weber* a.a.O. n°. IV. *Gesterding* Irrthümer Bd. 2. n°. III. Ausb. II. n°. 3. 4. *Bayer* Vortr. S. 402. ff. *Hollweg* a.a.O. n°. 4. *Unterh.* Schuldv. 298. ff. *Brakenhoeft* im Arch. f. civ. Pr. XX. S. 377. ff. *Jagemann* v. Geständniß, n°. III. in Weiske IV. S. 802. ff. *Sav.* Syst. *303...8. Pu.* Inst. *173.* *Rudorff* R. R. G. II. § 66. [1]) Das Gegentheil behauptet *Bayer* S. 405. S. 306. a. E. [2]) *L. 5. D. de confessis 42,2. L. 74. pr. D. de iudiciis 5,1.* [3]) Gegen *Hollw.* l.c. S. 310. ff. s. *Pu. 97. not. b.* [4]) *Bg § 118 c.* [5]) *Ulp. L. 11. § 9. D. de int. i. i. 11,1.* „Qui interrogatus responderit sic tenetur quasi ex contractu obligatus ...". *Rud.* l. c. § 83. [6]) *Ulp. L. 1. § 1. D. eod.* „Interrogatoriis .. actionibus hodie non utimur ..". *Mü. 143. not. 12.*

§. 120. *Weber* a.a.O. n°. V. *Weindler* üb. Vermut. Landsh. 1802. 8°. *Luden* v. Fiction u. Präsumption in Weiske IV. *Bolgiano* i. Ztschr. f. Civ. u. Pr. N. F. X. n°. X. [1]) Solche indicia, argumenta, vestigia sind an sich keine Beweise: *Bg § 118. not. 17.* u. *LL. 13. 24. et passim D. h. t. 22,3. LL. 10. 17. 20. C. h. t. 4,19.* [2]) *Bg not. 19.* u. oben § 15. [3]) *Bg § 118. not. 22.* [4]) *Bayer* l.c. S. 417. „præs. iuris et de iure, welche sogar den Gegenbeweis ausschließen und daher beßer fictiones genannt würden". Dieses ist ein Aufgeben beider Begriffe, des der Vermutung und des der Fiction, wie denn auch das. S. 317. processualische Ungehorsamsstrafen (wozu aber *L. 34. § 9. D. de iure iur. 12,2.* nicht gehört), welche weder Vermutungen noch Fictionen sind, als pr. iur. et de iure aufgeführt sind. Auch *Luden* l.c. S. 278. hat diese s.g. præsumptiones nicht richtig dargestellt. s. *Bg § 118. not. 20.* In *c. 30. X. de sponsalib. 2,1.* ist die præsumptio, contra quam non est probatio admittenda, gar nicht Vermutung, sondern constatierte Thatsache einer rechtlich schon bestehenden, also das postmodum subsecutum matrimonium rechtlich unmöglich machenden Ehe.

§. 121. *Quintilian.* V. 10. §§ 95. sqq. *Alteserra* (de Hauteserre) de fictionib. Ed. nova. Hal. 1769. 8°. *Demelius* Die Rechtsfiction. Weim. 1858. 8°. *Weber* a.a.O. § 24. *Glück* I. 272. IV. 100. ff. *Luden* l.c. *Sav.* Syst. *133.* dagegen *Bg* l.c. Anm.

B. Wirkungen unvollkommener Rechtsgeschäfte und Heilung der Mängel *). (*Bg §119.*)

§. 122. 1. Arten der Unvollkommenheit. (*Bg §119 a...l.*)

Nullität[1, 2], Rescissibilität[3]; gänzlich oder theilweise eintretende[4...6]. Infirmation[7].

§. 123. 2. Heilung der Mängel. (*Bg §119 m...q.*)

Convalescenz[1...4]; Conversion[5].

Zweiter Titel. Einfluß der Zeit auf die Existenz subjectiver Rechte: die juristische Lehre von der Zeit **). (*Abr. §44.*)

§. 124. I. Allgemeiner Einfluß. Die unvordenkliche Zeit. (*Bg §120.*)

Allg. præscriptio?[1] Anwendungen der unvordenklichen Zeit im röm. Recht[2], im kanonischen und Reichsrecht[3]. Ob sie nur als Surrogat der Ersitzung bei publicistischen Rechten gelte[4...8]. Erfordernisse. Eidesthema[8]. Alter der Zeugen[10]. Omnium opinio[9]. Beweismittel[11].

§. 125. II. Zeiteintheilung. (*Bg §121.*)

Tage, Schalttag. Stunden. Monate. Jahre.

---

*) *Averani* interpp. IV. c. 21...26. *Crell* obss. de fructu...negotii inutilis *etc.* Vit. 1750. *Pütter* De nullitate. Gott. 1758. *Brandis* üb. absol. u. relative Richtigk. in Ztsch. f. Civ. u. Pr. VII. n°. 4. 5. (gegen welchen auch *Pu.* l. c. not. *d.* vgl. *Bg not. 10.*) *He. I. 144...48. Se. 82...85. Mü. 113. 114. Gö. 107. 108. Pu. 767. Ro. 21. Va. 101. 102. Sav.* Syst. 202. f. *Si. 24. Ar. 79.*

§. 122. [1]) *Bg §119 a...c.* [2]) *Bg §119 d, e.* [3]) *Bg §119 f.* [4]) *Pap. L. 9. pr. D. de usur. 22, 1. Ulp. L. 1. §5. D. de V. O. 45, 1.* [5]) *Iul. L. 5. D. de resc. vend. 18, 5. Ulp. L. 8. pr. L. 19. pr. D. de acceptil. 46, 4.* [6]) *Bg §119 l.* [7]) *Bg §119 h. i.* cf. oben §115.

§. 123. [1]) Ueber die Vereinigung von *Paul. L. 41. D. de pign. act. 13, 7. Modestin. L. 22. D. de pign. 20, 1.* und *Diocl. et Max. L. 5. C. si aliena res 8, 16.* s. *Bg §119. not. 25.* [2]) z. B. III. §10. und Erbr. §136. *Römer* Conversion, i. Arch. f. civ. Pr. XXXVI. n°. IV.

**) *He. I. 182...88. Se. 114...18. Mü. 84...87. 265. Gö. 196...201. 119. Pu. 73...77. Sav.* Syst. *177...201. Rud. 69...74. Ro. 46. Va. 194...97. 130. Si. 26. 51.* D. *Ar. 87...91.*

§. 124. *Ockel* de præscr. temporis immemorialis. Alt. 1683. 4°. *Wernher* Obss. I. 4. obs. 5. *Böhmer* I. E. P. II. 26. §§35...45. *Kress* Helmst. 1734. u. 1749. 4°. *Rave* Lips. 1771. 4°. *Thibaut* Verjähr. §§74...86. *Dabelow* Verj. §§110...25. *Kori* Verj. §§82...85. *Se.* Erörtt. I. n°. 16. *Kritz* Exeg. prakt. Abh. Lpz. 1824. n°. 6. *Hagemann* Prakt. Erörtt. VI. n°. 42. *Pfeiffer* Prakt. Ausf. II. n°. 1. u. VII. 1. n°. 8. *Weichsel* die erwerb. Verj. Magdeb. 1825. 8°. §§59...65. nebst Zusätzen. Magd. 1827. 8°. *Unterh.* Ausf. Verj. I. §§140...50. *Weiske* Quæst. iur. civ. Zwicc. 1831. 8°. n°. 4. *Schelling* Lehre von der unvord. Zeit. Münch. 1835. 8°. *Arndts* Beitr. n°. 3. *Dollmann* in Seufferts Blätter für Rechtsanwend. VII. S. 339. ff. *Buchka* in *Bg not. 4.* cit. *Sav.* Syst. *195...201.* (dem ganz folgt *Friedländer* von der unvord. Zeit. Marb. 1843. 2 Thle. 8°.) *Schmidt* von Ilmenau Civ. Abh. I. n°. 4. *Pfeiffer* in Ztschr. f. deutsch. R. VIII. n°. 1. *Huschke* ü. L. 28. D. de probationib. in Ztsch. f. Civ. u. Pr. N. F. IV. S. 301. ff. *Reinhard* i. Arch. f. civ. Pr. XXXVIII. n°. 8. *Heimb.* in Weiske XII. v. Verjähr. S. 546...618. *Buchka* u. *Budde* Entscheidd. Rostock. II. n°. 35. *He. I. 186...88. Se. 118. Mü. 265. Gö. 119. Pu. 77. Ru. 73. 74. Ro. 49. Va. 130. Si. 51.* D. *Ar. 87. 91.* [1]) *Bg §120 a.* [2]) *Bg §120 c...e.* [3]) *Bg §120. nott. 2. 3.* [4]) *Bg §120. not. 20.* [5]) *Bg not. 9.* [6]) cit. c. 1. *in VI°. de præscr. 2, 13.* [7]) *Sav.* l. c. S. 506. [8]) *Bg §120 f, b.* [9]) *Bg §120 g.* [10]) *Sav.* l. c. S. 521. f. [11]) das. S. 523. ff. *Mencken* de pr. imm. Vit. 1773. *Pufendorf* Obss. I. n°. 151. II. n°. 54. sq. *Kind* Qu. for. ed. II. tom. 3. qu. 62.

§. 125. Diese Lehre hat seit *Ideler* besonders durch *Theod. Mommsen* (Röm. Chronologie. Berl. 1858. ed. II. Berl. 1859. 8°.) sehr gewonnen. Vgl. auch *Keller* röm. Proc. §3. *Hartmann* Ordo Judiciorum. Gött. 1859. 8°. — Vom Schalttag: Eryc. *Puteolanus* de bissexto, in Grævii Thesaur. antiqq. Romm. VIII. p. 423. *Breuning* Diss. ad Cels. L. 98. D. de V. S. Lips.

III. Zeitberechnung. (*Bg §122.*)

§. 126. A. Fristmeßung und Fristzumeßung.

Absolute und relative Bestimmung der in einer Frist enthaltenen Anzahl von Tagen.

§. 127. B. Fristmeßung: Civile und naturale Computation. (*Bg §122a...h.*)

Nach erstrer ist der Tag der kleinste Zeitraum, nach letztrer ist er eine Summe kleinerer Zeiträume. Erstere wird bald auf Anfang und Ende [1], bald nur auf den Anfang einer Frist [2] angewandt.

§. 128. C. Fristzumeßung: Continuatio und utilitas temporis. (*Bg §122i...o.*)

Nichtberücksichtigung oder Berücksichtigung der Brauchbarkeit einzelner Tage einer Frist zu der gerichtlichen Thätigkeit, zu welcher sie dem Subjecte gesetzt ist.

Dritter Titel. Einfluß des Besitzes auf die Entstehung, Aenderung und Beendigung subjectiver Rechte *). (*Abr. § 45.*)

I. Der eigentliche Besitz, corporis possessio **). (*Bg §§123...125.*)

§. 129. A. Begriff des Besitzes. (*Bg §123 a...d.*)

Corpus und animus des Besitzers. Animus possidendi, nicht domini.

1757. *Majansii* Comm. ad XXX ICtor. fragm. Genev.1764.4°.I.p.101.sqq. *Glück* Erläutt. III.§269.c. *Felzer* Versuche.Heilbr.1802.8°.S.5.ff. *Unterh.* Verjähr.Lpz.1828.I.§86. Besonders *Ideler* im Lehrb.not.2.a.E. *Sav.* Syst.*192...94*. *Grœning* de die intercal.Gott.1843.4°. *Mommsen* röm. Chronologie S.22.ff.279.ff. und (gegen *Ar.* in Lpz. Jahrb.II.n°.10.) in dens. Jahrb.n°.14. [1]) Preuß.Ldr.I.9.§548. II.8.§859. Iurisprudence zu C.civ.art.2260. vgl.*Sav.* IV.S.479.f. [2]) *Schrader* Monatsrechn.des R.R.in Civ.Abh.II.n°.3. wollte den Monat genau als $^1/_{12}$ von 365 Tagen berechnen. s. dagegen *Bg §121g*. *Va.194*. *Unterh.* l.c. *Reinfelder* (zu §127.cit..) S.116.ff. [3]) Concordata bei *Gærtner* corp.iur.eccl.cathol.nov.p.125.

§. 126. Vgl. *Pu.* Vorll. *§§ 75.76.*

§. 127. *Rücker* de civ.et nat.temporis computatione.L.B.1749.8°. *Koch* Belehr.üb. Mündigk.zum Test.Giess.1796.und Bestätig.1798. *Gmelin* üb.die Zeit und Zeitberechn.im Crit. Archiv I.4.Tüb.1801. *Glück* Erläut.*§ 259 b*. *Hagemeister* über die Münd. zum Test. in Hugos Civ.Mag.III.S.1...25. *Erb* ebend.V.n°.8. *Schweppe* Magaz.IX. *Löhr* im Arch.f.civ.Pr.XI.n°. 16. *Unterh.* Verjähr.*§90*. *Reinfelder* der annus civilis d.R.R.Stuttg.1829.8°.(*Böcking* i.Hall. Lit.Zeit.1830.n°.164.) Gegen *Mü.87.*, *Gö.*I.S.586.ff. und *Sav.* Syst.*182...88*. s. *Bg §122a*.ff. *Va.196*. *Pu.* Inst.II.§199, wovon wieder abweichend *Bachofen* in Ztsch.f.Civ.u.Pr.XVIII.n°.2.

§. 128. *Haubold* de tempor. continui et util. comput. Lps.1791. und in Opuscc.I. p.397.sqq. *Gmelin* i.Crit.Arch.Tübing.1802.II.S.193.ff. *Glück § 269 a*. *Unterh.* Verj.I.§87. *Arndts* in Ztsch.f.Civ.u.Pr.XIV.n°.1. *Sav.* Syst.*181...91*. *Pu.* Inst.*200*. Pand.*76*.

*) *Sav.* Das R.des Besitzes. ed.I.Giess.1803. ed.VI.ibid.1837.8°. und die Litteraturgesch. der Lehre das.S.xv...lxxii.vgl.§10. *Pu.* v. Besitz in Weiske II.S.41...73.u. in Dess.Civ.Abhh. ed.Rudorff.n°.26. s.das.n°.14.15. *Bruns* das R.des Bes.Tüb.1848.8°. *v.Zielonacki* Der Besitz nach d.R.R.Berl.1854.8°. *Beaurois* de la possession en droit rom. princip. en matière immobilière, des interdits uti poss. et unde vi. De la poss. en droit franç. Paris.1858.8°. *Kori* ü.den nat.Besitz, im Arch.f.c.Pr.XXIX.n°.13. *He.1.166...81*. *Se.104...13*. *Mü.230...40*. *Gö.202...16*. *Pu.122...39*. *Ki.*I.S.341.ff. *Ro.213...29*. *Rud.114...22*. *Va.198...210*. *Si.42 ...45*. *Ar.135...43.187*. *Br.26...29*.

**) De A.v.A.P. (de adquirenda vel amittenda possessione:) *Dig.41,2*. De A.et R. (retinenda) P. *Cod.7,32*. De causa possessionis et proprietatis: *X.2,12*. *Clem.2,8*. De restitutione spoliatorum: *X.2,13*. *in VI°.2,5*.

§. 129. *Sav.* Bes. § 9. *Schmidt* Wille u.Gränzen der Thätigkeit des Besitzers, in Ztsch. f.Civ.u.Pr.XX.n°.4. *Ordolff* vom animus possidendi.Münch.1838. *Bruns* S.3.f.468.ff.u.§3.

§. 130. B. Subjecte des Besitzes. (*Bg §123e...m. §124g...k.*)
Unfähige wegen des 1) corpus[1,2], 2) animus[3,4]. 3) Plures in solidum? Schiefer Begriff und Name der s.g. †compossessio[5]. Das alieno nomine possidere[6,7].

§. 131. C. Objecte des Besitzes. (*Bg §123n. §124a...f.*)
Eigentlicher Besitz, rei corporalis oder corporis possessio: Detentation[1]), jurist. Besitz[2,3] und zur Usucapion erforderlicher[4]. Nur das Sachindividuum ist Besitzobject, nicht ein bloßes Collectivganzes als solches[5], noch auch ein Bestandtheil eines Ganzen[6...12]. Quasibesitz § 139.

---

1) detentatio, detentio, corpus, corporalis p-io, naturalis p-io, in p-ione [oder auch richtig und häufig in p-ionem] esse, sed non possidere, nicht juristisch besitzen, sine animo possidere. 2) Diese eigentliche p-io, pflegt jetzt als juristischer oder Interdicts-Besitz (s. § 132.) bezeichnet zu werden. 3) *Sav.* Besitz § 5. vgl. *Bg §123.not.27.*

§. 130. *Sav.* Bes. §§ *9.11.12.21.* vgl. unten §§134.137.n°.2. 1) §129.not.1. *Bg §124.not.25.* 2) §129.not.2. *Bg §123.not.8.* 3) *Bg §124.noll.19.20.40.* *Pu.* Civ. Abhh. ed. Rudorff n°.19. „Besitzerwerb eines Kindes". *Denzinger* Besitzerwerb der Kinder, i. Arch. f. civ. Pr. XXXI. n°.7.13. 4) *Bg §123.noll.22.23.* 5) *Bg §123g. §124e.* *Gesterding* Ausb. VI.1.n°.1. Mitbesitz. bes. *Sav.* Bes. S.180.f. vgl. auch unten § 134. *Pomp. L.32. § 2. D. de usurp. 41,3.* „Incertam partem possidere nemo potest: ideo si plures sint in fundo, qui ignorent quotam quisque partem possideat, neminem eorum mera suptilitate possidere Labeo scribit". wird von *Sav.* Bes. S.300., *Gesterding* l.c. S.13, *Pu.* Vorll. I. S.253., dem verdeutschten Corp. iur., *Hulot* franz. Uebers. der Pand. u. A. falsch übersetzt. s. *Bg § 124.not.11**. vgl. *Pomp. L.26. D. de A. v. A. P. 41,2.* „.. incerta autem pars nec tradi nec capi potest .." u. *L.6. §1. D. de pro emptore 41,4.* „Si ex x servis quos emerim, aliquos putem alienos, et qui sint sciam, reliquos usu capiam; quodsi ignorem qui sint alieni, neminem usu capere possum". 6) *Bg §123h.* 7) vgl. *Brinz* Pand. I. S.64.

§. 131. *Reinhardt* Gegenstände des Besitzes in Verm. Auff. n°.26. *Sav.* Besitz S.133.f. 1) *Bg §123.not.25.* 2) *Bg §124.noll.1...4.* 3) das. *noll.6.7.* cf. folg. § 132. 4) *Bg § 124.not.5.* cf. folg. § 133. u. unten II. §§ 84...37. 5) *Bg §124c.* u. oben § 48. 6) Besitz von Theilen *Bg §124c...f.* *Si.* Bes. u. Ers. verbundener Sachen, i. Arch. f. civ. Pr. XX. S.75...115. u. dazu *Sav.* Bes. S. LXVIII...LXXII. und § 22. *Va.204.* Anm.2. *Pu.* v. Besitz in Weiske §§ 8.9. *Windscheid* über den Bes. an Theilen in Sells Jahrb. I. n°.12. *Binding* Bes. u. Verjähr. verbundener Sachen, im Arch. f. civ. Pr. XXVII. n°.9.15. *Stephan* zur L.30. § 1. D. de usurp., im Arch. f. civ. Pr. XXXI. S.373., auch gegen *Madai* das. XXV. S.315.f. *Pape* Besitz zs.gsztcr Sachen i. Ztschr. f. Civ. u. Pr. N. F. IV. n°. VI. 7) *Iav. L.23. pr. D. de usuc. 41,3.* „Eum qui ædes mercatus est, non puto aliud quam ipsas ædes possidere: nam si singulas res possidere intellegetur, ipsas ædes (als Ganzes) non possidebit: separatis enim corporibus ex quibus ædes constant, universitas ædium intellegi non poterit. accedit eo, quod si quis singulas res possideri dixerit, necesse erit dicat possessione *superficiei* temporibus de mobilibus statutis locum esse, *solum* se capturum esse ampliori: quod absurdum et minime iuri civili conveniens est, ut una res [s. *Bg § 74.not.14.*] diversis temporibus capiatur, ut puta cum ædes ex duabus rebus constent, ex solo et superficie, et universitas earum possessionem temporis immobilium rerum omnium mutet". 8) *Gai. L.7. § 11. D. de A. R. D. 41,1.* „Illud recte quæritur, an, si ædificium vendiderit is qui ædificaverit, et ab emptore longo tempore captum postea dirutum sit, adhuc dominus materiæ vindicationem eius habeat. Causa dubitationis est, an eo ipso quod universitas ædificii longo tempore capta est, singulæ quoque res ex quibus constabat, captæ essent: quod non placuit". Gegen *Pu.* s. *Bg § 124.not.16.* 9) *Bg § 124.noll.13.14.cit.* 10) not.7. u. *L.25. D. de usurp.* u. *Bg §123.not.41.* 11) s. unten II. §18. *Bg § 140e.n°.5. § 145.not.2.* 12) *Bg §124.not.15.* s. unten II. § 215. vgl. *Si. § 43.n°.11.*

D. Der Besitz als Voraussetzung oder Wirkung von Rechtsverhältnissen.*)

§. 132. A. s.g. Interdicts-Besitz. (*Bg §123o...q.* cf. unten II. §§228. f.)

Der Besitz ist nicht Grund oder Gegenstand, sondern nur die notwendige factische Voraussetzung der Besitz-Interdicte.

§. 133. B. s.g. Usucapions-Besitz. (*Bg §123r...t. §148c.* cf. unten II. §§34...37.)

Der Besitz als Grund der Usucapion bedarf selbst einer besonderen Begründung durch iusta causa und bona fides. Die Usucapion ist nicht Folge des Besitzes, sondern gründet sich ebenfalls auf die Anerkennung des rechtlichen Willens. Mit richtiger Bestimmung des animus possidendi fällt von selbst hinweg die von *Savigny* zuerst aufgestellte

§. 134. Unterscheidung des s. g. abgeleiteten und des s. g. ursprünglichen Besitzes (*Bg §123 u...α.*)

als unnütz, wenn man den animus possessoris nicht unrichtig als animus domini bestimmt.

§. 135. C. Detentation. (*Bg §123 b. β.*)

Sie kann bei allen Rechten zur Frage kommen, deren Gegenstand ein Körperliches ist.

§. 136. D. Fingierter Besitz (*Bg §123γ.*)

dessen qui 1) liti se optulit, 2) dolo fecit quo minus possideat, 3) dolo desiit possidere.

§. 137. E. Erwerbung des Besitzes. (*Bg §124 l...t.*)

Coexistenz des corpus et animus. Bewirkungsformen des faktischen Verhältnisses. Erwerb durch Andere. Causa possessionis?

---

*) Irrig lautete früher diese Ueberschrift: „Arten des Besitzes“: juristisch verschiedene Arten des Besitzes giebt es nicht: er ist stäts dasselbe Factum (auf die Verschiedenheit der Positur des Besitzers und des Besitzobjects kommt es im Rechte nicht an): wol aber kann der Besitz sowol Voraussetzung als auch Wirkung unterschiedlicher Rechte sein, der Besitzer kann es aus unterschiedlichen (recht- oder unrecht-mäßigen) Gründen und zu unterschiedlichen (recht- oder unrecht-mäßigen) Zwecken sein. Vgl. *Sav.* Bes. 2.7.8.10.23.ff. *Pu.* in Civ. Abhh. ed. *Rud.* n°. 25. *Bruns §42.*

§. 132. [1]) *Ulp. L.1. §4. D. uti poss. 43,17.* „Est igitur hoc interdictum quod vulgo VTI POSSIDETIS appellatur, retinendæ p-ionis: nam huius rei causa redditur, *ne vis fiat ei qui possidet.* et consequenter proponitur post interdictum VNDE VI [s. unt. II. §229.]: illud enim [dieses, das *unde vi*] restituit vi amissam p-ionem, hoc [das uti poss.] tuetur, ne amittatur p-io. denique prætor possidenti vim fieri vetat: et illud quidem interdictum oppugnat possessorem: hoc tuetur. Et, ut Pedius ait, omnis de possessione controversia aut eo pertinet, ut quod non possidemus, nobis restituatur; aut ad hoc, ut retinere nobis liceat quod possidemus. ... §5. Perpetuo autem hoc interdicto insunt hæc, QVOD NEC VI NEC CLAM NEC PRECARIO AB ILLO POSSIDES. [2]) *Bg §129f.* [3]) *Bg §123. nott. 27. 2...4.*

§. 134. *Sav.* Bes. § 9. S. 125. ff. §§ 20. 23. ff. *Schröter* Abgeleit. Bes. i. Ztsch. f. Civ. u. Pr. II. n°. 7. *Warnkönig* i. Arch. f. c. P. XIII. n°. 9. S. 169...80. *Bartels* Zweifel geg. d. Theorie v. abgel. Bes. i. Ztsch. f. Civ. u. Pr. VI. n°. 4.

§. 135. [1]) *Ulp. L.1. D. de vi et vi arm.* „Prætor ait VNDE TV ILLVM VI DEIECISTI ... ad recuperandam p-ionem interdictum hoc proponitur ... non ad omnem vim pertinet, verum ad eos qui de p-ione deiciuntur ... Deicitur is qui possidet, sive civiliter sive naturaliter possideat: nam et naturalis p-io ad hoc interdictum pertinet ...“. vgl. unten II. § 229. [2]) s. II. §§45. f. [3]) *Bg §129e...g.* [4]) *Bg §164g.* [5]) s. §130. a. E.

§. 136. [1]) z. B. *Ar. 167.* s. unten II. § 46. not. 1. [2]) *Bg §105m.*

§. 137. *Sav.* Bes. *13. ff.* *Ar. 139...141.* [1]) „adipiscimur p-ionem et corpore et animo, neque per se animo aut per se corpore“. *Bg §124. not. 21.* [2]) *Bg §124 m,n.* [3]) *ibid. o.* [4]) *Bg §124o...s.* Durch omnium bonorum societas werden zwar omnes res

§. 138. C. Verlust des Besitzes. (*Bg* §125.)

Nichtcoexistenz d. corpus et animus. Solo animo possidere? Besitzverlust durch Stellvertreter.

§. 139. II. Iuris, quasi- od. iuris quasi possessio. (*Bg §126. Abr. III. § 50.* cf. II. § 230.)

Nur die Ausübung eines Servitutrechts als eines solchen ist iuris quasi possessio. Analogie des usus iuris, der Ausübung einer Servitut, mit der vera (corporis) possessio. Erwerb und Verlust des Quasibesitzes.

Dritter Abschnitt. Beziehung des subjectiven Rechts unter das objective, oder Ausübung und Schutz der Rechte.

I. Erhaltungs- und Sicherungs-Mittel. (*Bg §127. Abr. §46.*)

§. 140. Allgemeine Bedeutung. (*Bg §127a.*)

Ausübung und Ausübbarkeit eines Rechts und Sicherung oder Schutz beider.

§. 141. A. Inventarisierung. (*Bg §127.* n°. I.)

§. 142. B. Retentionsrecht. (*Bg §127.* n°. II.)

---

quae coeuntium sunt, sofort communes, ohne Besitzergreifung der einzelnen; aber ohne diese sind sie nicht im Besitze des durch den Vertrag mitberechtigt gewordenen. *Bg §124. not. 46.* a. E. *Bremer* in Ztsch. f. Civ. u. Pr. R. F. XI. n°. VII. *Schirmer* Besitzerwerb durch procurator omnium bonorum das. XIV. n°. 3. [5]) *Bg §124 t.*

§. 138. *Sav.* Bes. *29...33. Pu.* v. Bes. in Weiske l. c. §§ 14. f. *Va. 207. 209. Ar. 142.* f. *Schirmer* Verlust des Besitzes deponierter od. vom Depositar veruntr. Sachen, in Ztsch. f. Civ. u. Proc. R. F. XI. n°. XII. „..P-ionem amitti vel animo vel corpore" und „nulla [p-io] amittitur, nisi in qua utrumque in contrarium actum est". *Bg §125. not. 2.*

§. 139. *He. I. 181. Se. 113. Mü. 233. not. 11. 275. n°. 7. 293. Gö. 215.* f. *Pu. 137...39. Ki.* I. S. 359. ff. *Si.* I. S. 454. ff. *Ar. 187. Br. 30. 33. Sav.* Bes. *44...47. Pu.* v. Besitz l. c. *16...19. Bruns 8...10. Albert* über Besitz unkörp. Sachen. Lpz. 1826. 8°. *Heerwart* quasi p. u. damit verb. Rechtsmittel, in Ztsch. f. Civ. u. Pr. XII. n°. 6. 9. s. auch *Duroi* Arch. f. civ. Pr. VI. S. 281. ff. *Duncker* Quasibesitz, in Ztsch. f. deutsch. R. II. 2. Heft. S. 26...114. *Elvers* Servitutenlehre § 62. s. auch unten II. §72. [1]) *Bg §126. not. 7.* vgl. unten II. §§ 87. 228. auch *Bruns* S. 9. f. [2]) s. unt. II. § 82. not. 1. u. §§ 88. 98. [3]) unten II. § 230. [4]) II. § 73. [5]) s. II. § 75. [6]) *Bg §126 f.* z. B. *c. 4. 6. 7. 15. 17. 18. X. de praescript. 2, 26. c. 29. sqq. X. de decimis 3, 30. c. 2. VI. de rest. spol. 2, 5.* „Ad decimas quas canonici .. se asserunt .. possedisse ...". R. A. v. 1548. § 59. „.. gesteuert und also das Reich in quasi possessione [des Steuererhebungsrechts] wäre". *I. P. O. V. § 46.* „.. reditus, census, decimae, pensiones, quae ... debentur, quorumque in possessione vel quasi ... fuerunt ..". vgl. *Eichhorn* deutsch. Priv. R. § 164. [7]) *Bg § 126 g...n.* [8]) *Bg § 126 p.* [9]) *Bg § 126 o.*

§. 140. *Mü. 124.* [1]) folg. § 146. [2]) z. B. *Dig. de ripa mun. 43, 15.* „Ripas fluminum publicorum reficere, munire utilissimum est ... illa enim sola refectio toleranda est quae navigationi non est impedimento". *Scaev. L. 24. D. quae in fr. cred. 42, 8.* „.. vigilavi, meliorem meam condicionem feci: *ius civile vigilantibus scriptum est ..*". *Paul. L. 151. D. de R. I.* „Nemo damnum facit nisi qui id fecit quod facere ius non habet". *Bg § 105. not. 3. § 128 b.* [3]) folg. § 148. [4]) oben §§ 85. ff. [5]) §§ 141...145.

§. 141. *Donell.* comm. lib. VII. c. 3. §§ 11. sqq. lib. XV. c. 19. § 5. *Lenz* de onere inventarii. Alt. 1757. 4°. *Röslin* von Inventuren. Mannh. 1780. 8°. *Glück §§ 729. 1330. 1468. Puchta* sen. Hdb. d. Verf. i. S. d. freiw. Ger. *§§ 227...31. Buddeus* v. Inventarium, in Weiskes Rtslex. V. *Mü. 128.* [1]) II. § 307. und die zu II. § 293. abgedr. R. P. O. § 8. [2]) s. Erbr. § 108. [3]) *Bg § 127. not. 6.* [4]) *Bg § 127. nott. 8. 9.*

§. 142. Vgl. auch § 103. u. unten II. § 101. *He. I. 169. Se. 104.* a. E. *Mü. 136. Gö. 131. Pu. 94. Ro. 71. Si. 91* D. *Ar. 102.* Anm. 3. *Schmid* Hdb. I. S. 330. ff. *Lauterbach* Diss. acadd. III.

§. 143. C. Cautiones. (*Bg §127.*n°.III. *§74 l. Abr. §56.*)

§. 144. D. Pfändung und Arrest. (*Bg §127.*n°.IV.)

§. 145. E. Sequestration. (*Bg §127.*n°.V.)

II. Ausübung, Concurs und Collision der Rechte. (*Bg §128. Abr. §47.*)

§. 146. A. Allgemeine Regeln. (*Bg §128 a...e.*) Deren Begründung im Begriffe des Rechts in dessen ob- und subjectiver Bedeutung.

§. 147. B. Concurs und Collision subjectiver Rechte. (*Bg §128 f...s.* cf. folg. §155.) Hebung wahrer Collision oder Conflictes durch Prävention (oder durch singuläre Verstärkung des einen Rechts durch eine dazu berechtigte Macht), nicht durch das Looß.

---

n°.123. *G.L.Böhmer* Electt.iur.civ.II.n°.13. *Faselius* Retentionsr.Halle 1793.8°. *Bülow* Abhh.II.n°.24. *Hänel* üb.Wesen u. heut.Gebrauch der actio und exc.doli, im Arch.f.c.PrXII. n°.20. *Francke* Retent.R.geg.dingl.Klagen, in Beiträge u.s.w.n°.2. *Schenck* Retentionsr.Jena 1837.8°. (rec.v.*Sintenis* in Richters Krit.Jahrb.I.S.765.ff.) *Luden* Retentionsr. Lpz.1839.8°. *Dernburg* Compens.S.13.ff. *Lenz* in Weiske IX.S.377...400. *Groskopff* Zur Lehre v. d. Retentionsr.,Oldenb.1858.8°. *Cramer* i. Arch. f. civ. Pr.XXXVII. n°.XII.XV. [1]) s. oben § 137. [2]) vgl.ob. § 104. u. II.§§142.221.f. [3]) oben § 103. *Bg § 128. not.6.* [4]) *Bg § 127. not.13.*ff. [5]) *Bg § 127. not.17.* und unten II. § 101.

§. 143. *Glück 242...260.*u.a.bei *Bg* Grdr.des Civilproc.§ 62.Citt. *Puchta* sen.Gerichtl. Klagen *160. He.I.57.*f. *Se.35. Mü.126.*f. *Gö.132. Pu.79. Si.35. Ar.93. Br.47. Schlayer* Cautionen, in Ztsch.f.Civ.u.Pr.N.F.IX.n°.1.7.10. *Schirmer* prätor.Judicialstipulatt.Gfsw.1853. *Rudorff* R.R.G.II.§§73.f. s. auch 'Caution' in Weisk.II. [In *Bg § 127. not.40.* ist in Zeile 29. 'vertragsmäßig oder' zu tilgen.]

§. 144. *He.I.66. Se.430.not.3. Mü.135.not.6. Pu.79. Ro.72.*n°.*11. Ar.93.*n°.*2.b.* Zu *L.un.C.4,4.* vgl. *Donell.* comm.lib.XXIV.c.4. *Schrader* ad Inst.III.19. [1]) z.B.R.A.v. 1442.§3. R.D.A.1600.§32.u.a.bei *Kraut* Grdr.§128.ed.IV.angeff.u.bei *Gerstlacher* Hdb.X.S. 2370.ff. mitgetheilten R.G. Besonders *Wilda* Pfändungsrecht, i.Ztsch.f.deutsch.R.I.S.167... 320. [2]) s.d.Schriftst.üb.Civilproc.z.B. *Martin 229.*ff. *Bayer, Linde 348.*ff. *Heffter 405.*ff. u.die von diesen angeff.älteren Schriften über Arrest v.*Brunquell, Gaill, Mevius, Struv, Holland* u.*Bg* Grdr.des Civilproc.§114. *Bülow* u.*Hagemann* Pract.Erörtt.IV.n°.37. „Von Arresten". [3]) *Bg § 127h.* [4]) s. unten II. § 100. not.5. [5]) *Bg § 127i.*

§. 145. *He.I.65. Se.35.318. Mü.387. Gö.486. Pu.79.322. Si.112.*S.558. *Ar.287. Br.105.*n°.*3. B.99. K.277.* Zu den (bei *Bg not.49.* citt.) Quellen auch De sequestratione possessionum et fructuum: *X.2,17. Clem.2,6.* u. außer den bei *Bg* l.c. citt. Stellen *L.5.§5. LL.6.7.pr.17.D.depositi 16,3. Donell.* l.c. Dissertatt. de sequestratione von *Ziegler.* Vit. 1660. *Link* Ien.1669.u.*Trendelenburg* Bützov.1765. *Gönner* Hdb.d.Proc.IV.n°.80. *Heimbach* v.Sequestration in Weiske X., bes.*Muther* Sequestr.u.Arrest i.r.R.Lpz.1856. [1]) II.§199. [2]) *Bg not.50.* [3]) Von einer solchen stillschweigends bekundeten Absicht redet die von *Sav.* nach *Duaren* und nach jenem auch wieder von *Bruns* B.s.S.7.f.u.*Brinz* S.65. missverstandene sprachwidrig auf eine sequestrierte possessio gedeutete *L.17.§1.D.depos.16,3.* s.*Bg §123.not.18.*

§. 146. *He.I.26.*f. *Mü.129. Pu.78. Si.27. Ar.92.* [1]) Die Regeln *c.67.VI.de R.I.* „Quod alicui suo non licet nomine, nec alieno licebit". *c.68.eod.* „Potest quis per alium, quod potest facere per se ipsum". *c.72.eod.* „Qui facit per alium, est perinde ac si faciat per se ipsum" sind, wie andere dieses Titels, nicht ohne zahlreiche Ausnahmen [s. dagegen oben § 86.]; z.B. *c.21.eod.* „Quod semel placuit, amplius displicere non potest" [s. dagegen II.§ 130.3.] *c.47.eod.* „Præsumitur ignorantia, ubi scientia non probatur" [s.dageg.ob.§ 91.] *c.64.eod.* „Quæ contra ius fiunt, debent utique [s.dageg.§§ 71. 122.] pro infectis haberi". [2]) *Bg nott.3.4.* [3]) *ibid.not.5.* [4]) *Bg §128c.* [5]) *Bg §128d.*

§. 147. *H.I.37.*f. *Mü.167...69. Gö.129. Ar.92.*Anm.*3. Wientzek* C. de vero sensu

III. Schutzmittel verletzter Rechte.

A. Einleitung.

§. 148. A. Nothwehr und Selbsthilfe. Edictum divi Marci. Remedium spolii. (*Bg § 129. Abr. § 48.*)

Nothwehr als Abwehr drohender Negation des Rechts; Selbsthilfe als eigenmächtige, also rechtswidrige Geltendmachung des Rechtsanspruchs[1...3]. Ursprüngliche Bedeutung und spätere Ausdehnung des ed. d. Marci[4...8]. Actio und exceptio spolii des kan. Rechts[9...12].

§. 149. B. Gerichtliche Thätigkeit und deren Arten. (*Bg § 129 p, q. § 130 a. Abr. §§ 49.50.*)

Materielles und formelles Recht. Ordinaria und e. o. auxilia; ordinaria und e. o. iudicia.

L.11.et 12.de minorib.Vratisl.1778.4°. *Thibaut* Vers.II.n°.14. *Hufeland* Hdb.II.n°.7. *Neundorf* Verm.Abhh.Ulm 1805.8°.n°.2. *Stahl* über die Collision u.s.w.Würzb.1826. *Ki.*I.S.230.ff.

§. 148. *He.I.73.*ff. *Se.36.* *Mü.134.*f. *Gö.133.* *Pu.80.* *Ro.72.*n°.1. *Va.133.* *Si.28.* *Ar.94.* *Donell.*XVII.c.2. *Linde* ü. d. Selbsth., i. Ztschr.f.Civ.u.Pr.I.n°.21.u.die dort citt.ält. Schriften de vindicta privata u.dgl. *Reiche* Beitr.n°.1. *Benfey* im Rh.Mus.f.Jpdz.VII.n°.1. *v.Wendt* Abhh.Münch.1836.n°.1. *Burchardi* i.Arch.f.civ.Pr.XVIII.16. *Sartorius* in Ztsch.f.Civ.u.Pr.XX.1. *Schwarze* v.Selbsthilfe in Weiske X. *Bucher 133.* *Koch 401.* [1]) *Bg §129. nott.4.5.* [2]) *ibid.not.6.* [3]) *Bg §129e...g.* [4]) *ibid.not.19.* [5]) *ibid.nott.20...24.* [6]) *c.18. VI. de præbendis 3,4.* vgl. *c.42.X. de appell.2,28.* und cann.1.2. caus.16. qu.6. In *c.1.X. de dolo 2,14.* ist nicht die Selbsthilfe zugelaßen, sondern nur ein Benehmen eines Schuldners, propter quod iustitia non periclitatur, für straflos erklärt. [7]) C. G. O. v.1521. Tit. XXXII. §2. „Und ob sich je zu Zeiten begebe, daß einer ... den andern entsetzt, und des mit Recht überwunden wäre, .. soll der Entsetzer dadurch directum dominium, das Eigenthum oder Hauptgerechtigkeit der Güter, um die der Streit gewesen, verloren haben. Wo aber dieselbige Güter oder Gerechtigkeit gedachtem Entsetzer mit ihrem Eigenthum nicht zugehören, soll er derselben Werth dem Entsetzer nach Ordnung gemeiner Recht zu geben schuldig sein". Bestätigt im R.A.v.1532.Tit.III.§15. vgl. *Gerstlacher* Hdb.X.S.2324.ff. [8]) Vgl. *Claproth* de nonusu decreti d. Marci. Gott.1757.u.a. bei *Linde* l.c. u. in dessen Proceß § 4. angeff.Schrr. *Schwarze* l.c. S.134. *Ar.* l.c. Anm.2.a.E. [9]) *Grolman* Crim.R.ed.IV.§ 345. [10]) Tit. *de rest. spoliat.* zu § 129.oben; vgl. *Sav.* Bes. *50.* *Bruns* Besitz *14.*ff. [11]) *c.18.11.X. tit.cit.2,13.* [12]) *c.1. VI. tit. cit.2,5.* vgl. zu dem pseudoisid. *can.3. Caus.3. qu.1.* („Redintegranda sunt omnia exspoliatis vel eiectis episcopis præsentialiter ordinatione pontificum, et in eo loco, unde abscesserant, funditus revocanda quacunque conditione temporis aut captivitate aut dolo aut violentia malorum aut per quascunque iniustas causas res ecclesiæ vel proprias ... perdidisse noscuntur, ante accusationem aut regularem ad synodum vocationem eorum et r.") *Sav.* l.c. vgl. auch *Pontanus* de spolio.Guelferb.1616. *Bötticher* de act.spolii.1677. *Schorch* de remed.spol. Erf.1772. *Fleck* de interd. Unde vi et rem. spol.Lps.1797. *Böhmer* I.E.P.II.13. *Ziegler* in Woltär Obss.II.obs.35. *Geiger* v.Interd. unde vi u. dem remedium spolii, in Ztschr.f.Civ.u. Pr.XIII.n°.10.§§12.ff. *Duncker* zu § 139.cit.§17. *Bruns* Besitz *15.*ff. *Koch* Fordd. *270.* *Unterh.* Schuldv. *609...11.* bes. *Maassen* zur Dogmensch. der Spolienklage, in Lpz.Jahrb.des gem.R.III. n°.8.(1859.) *He.III.250.*f. *Gö.614.* *Pu.135.not.c.*385.a.E. *Si.*II.S.753.u.d.Citt.zu II.§§ 228.f.

§. 149. *Pu.* Inst.II.§§ 150.ff. *Sav.* Syst.V.S.63...66. s. auch ü. die e. o. cognitiones *Schneider* die allg.subsid.Klagen des R.R.Rostock 1834.S.52.ff. *Pu.* in Ztschr. für gesch. R.W. X.S.202.f. *Mü.137.* *Gö.134.*f. *Pu.85.* *Si.28.*n°.11. *Ar.95.* bes. *Keller* Röm.Civilpr.§§ 74. 81.u. *Rudorff* R.R.G.II.§§ 59.ff. [1]) §§150...162. [2]) §§ 143.163...173. [3]) *Bg §130 l.*ff. *Abr. §§ 49.50.*

B. Ordentliche gerichtliche Schutzmittel *). (*Abr.§§ 51...55.*)

A. Klagen und Interdicte. (*Bg §131.* n°. I. II. *§130. Abr.§§ 51.54.*)

§. 150. 1. Begriff, Arten und Eintheilungen. (*Bg § 131 a...μ'. Abr. § 51.*)

I. Klage als das zum Zweck seiner Verwirklichung sich bethätigende Recht und Klageanstellung als Mittel dazu [1]. Eintheilungen [2]. II. Interdicte. (*Abr.I.§ 54.* u. *III.§§ 56...55.*)

---

*) *Donelli* Comm. ad tit. Inst. de actionib. Antv. 1584. 8°. u. ö., auch in Opp. *Bachovii ab Echt* Tr. de actionib. Ff. 1623. u. ö. 4°. *I.H. Böhmer* doctr. de act. Hal. 1710. 8°. ed. nov. 1787. *J.L. Schmidt* (s. g. Klagen-Schmidt) pract. Lehrb. von gerichtl. Klagen und Einr. Jena 1774. ed. VIII. v. Chph. Martin. Jena 1823. 8°., veraltet samt den Commentarien von 1) dessen Sohn *E.G. Schmidt* Lpz. 1792. ff. ed. II. ibid. 1810. ff. V. 8°. 2) *Weidner* Lpz. 1803. ff. IV. 8°. Ferner *J.G. Mössler* Syst. v. Klag. u. Einr. Erf. 1798. ff. V. 8°. *Diet. Weber* Beiträge ed. nov. Lpz. 1820...23. 8°. *Se.* Erörtt. I. n°. 17. *Puchta* (der ält.) über die gerichtl. Klagen. Giess. 1833. 8°. *Bonjean* Traité des actions. ed. II. Paris 1841...45. II. 8°. *Ki. 9...11. Sav.* Syst. Bd. V. *Heimbach* vv. Actio u. Interdicte, in Weiske. *Schmidt* v. Ilmenau Abh. n°. 2. „Interdicta omnia licet in rem videantur concepta, vi tamen ipsa personalia sunt". *K.A. Schmidt* Das Interdiktenverfahren der Römer. Lpz. 1853. 8°. *Windscheid* Die Actio des röm. Civilr. Düsseld. 1856. 8°. Dagegen *Muther* (Erl. 1857. 8°.), gegen diesen wieder *Windscheid* etc. Eine gute histor. Uebersicht geben *Pu.* Inst. II. Buch 3. u. *Scheurl* Institt. §§ 37...58. bes. aber *Keller* Röm. Civilprocess u. die Actionen. Lpz. 1852. *Rudorff* R. R. G. II. §§ 19...55. — *He. I. 39.* ff. *Se. 24.* ff. *Mü. 37.* ff. *Gö. 136.* ff. *Pu. 81.* ff. *Ro. 55.* ff. *Va. 135.* ff. *Rud. 75.* ff. *Si. 29...35. Ar. 95.* ff. *Br. 24.* ff.

§. 150. Quellen s. *Bg* zu *§ 131.* Des Io. Bassianus Arbor actionum iterum ed. A. Brinz. Erl. 1854. 8°. Darin sind die einzelnen (128) prætoriæ und (48) civiles actiones nach ihren durch Punkte bezeichneten genera in Kreißen aufgeführt. *He. 39. Se. 24. 25. Mü. 138.* f. *Gö. 136...146. Pu. 81...85. Va. 135...43. Si. 29. Ar. 95...112. Br. 24. 25.* u. bes. *Keller* u. *Rudorff* ll. citt. *Scheurl* Institt. *37...46.*

1) **Begriff** der actio u. der Klage. (*Bg § 131 a...c. G. Hasse* Wesen der actio etc. i. Rhein. Mus. für Jpdz VI. n°. 1. 6. *Sav.* Syst. *204.* f. *R.* [= *Rudorff* Röm. Rechts-G.] *§ 20.*) — (*Pu. 81. Ar. 96.* die Klage sei „ein annexum des Rechts, ein Zusatz zu seinem Inhalt". Sie ist freilich nicht „ein Recht für sich", aber sie ist das Recht als thätiges, sich durchführendes. *Windscheid* vermeint, diese Bestimmung des Begriffs zu berichtigen, indem er sagt: „actio ist die Befugniss, seinen Willen durch gerichtliche Verfolgung durchzusetzen"; „die Actio ist anstatt des Rechtes".)

2) **Eintheilungen** (*Bg §131 c...z. Keller* [*K.*] *§§ 87...93. Rudorff* [*R.*] *§§ 35...52.*)

a) nach den **Systemen** des röm. Rechts: (*Bg d...f. Sav.* Syst. *213. 215. Pu.* Inst. *165.*)

α') civilis, honoraria *s.* prætoria, ædilicia a. (*Bg d, e. K. 89. R. 49.*)

β') directa, vulgaris u. utilis, ad exemplum, analoge (*Bg f. K. 89. R. 51.* cf. *Mü.* Cess. *15.*)

b) nach dem **Inhalt** (*Bg § 131 g...n.*):

α') in rem, in personam, mixtæ, Real-Personal-, gemischte K. (Vindicatio u. Condictio, petitio, persecutio; præiudicia [*K. 38. R. 34.*] (*Bg e, g. K. 87. 88. R. 35.* ff. *Thibaut* Versuche II. 2. *Duroi* i. Arch. f. civ. Pr. VI. 14. 18. *Hasse* l. c. *Sav. 206...9. Pu.* Inst. *165. Löhr* actio mixta i. Magaz. f. R. W. IV. 2.

β') de universitate proposita, generalis, specialis. (*Bg h. R. 45.* cf. *Abr. III. 42. 39.*)

γ') reipersecutorische, pönale, gemischte; quæ ad ultionem pertinent (+vindictam spirantes a. (*Bg i...m.* u. folg. § 153. not. 7. *K. 91. R. 44. Sav. 210...12.*) u. quibus lis infitiando crescit in duplum (*Bg k. K. 58.*), famosa a. (*Bg m. K. 58. n. 4.*)

δ') certi, incerti od. certa, incerta a. (*Bg n, v. K. 88. R. 41. Sav.* l. c. S. 74. ff. *Pu.* Inst. *165.*

c) nach den **Subjecten** (*Bg § 131 o...u.*)

α') privata und popularis (publica) a. (*Bg o. K. 92. R. 46. Schneider* l. c. S. 151. ff.)

§. 151. 2. Wirkung der Klage, Proceßanfang; Litiscontestation. (*Bg §130 a...e. Abr.§ 52.* cf. unten § 154.)

β') simplex und duplex actio *sive* iudicium. (*Bg p. K.90. R.47. Sav.225.*)
γ') ad vel in heredes transeuntes (activ- od. passiv-vererbliche) a. (*Bg q.* s. unt. §153.)
δ') in rem scripta a. (*Bg r. R.35. Schmidt* v. Ilm. Civ. Abh. n°. 1. *Sav.* Syst. V. S. 24. ff.)
ε') directa und contraria (personalis) actio. (*Bg s. K.89.* a. E. *R.43. Mü.* Cess. l. c.)
ς') principalis, subsidiaria actio. (*Bg t. Schneider* l. c. s. folg. § 155 *e.*)
ζ') directa, noxalis, +adiecticiæ qualititatis actio. (*Bg t,u. K.91. R.48.*)
d) nach der Form (*Bg §131 v...y.*):
α') vulgaris und ficticia, utilis, in factum, præscriptis verbis actio. (*Bg v,w. K.89.* n°. II. *R.50.* cf. 2, b, δ'.)
β') in ius und in factum concepta formula *sive* actio. (*Bg x. K.39.44.* n°. I. *R. 50. Sav.216.f. Pu.* Inst. *165. Va.138.*)
γ') arbitraria u. bonæ fidei od. stricti iuris a. (*Bg y. K.88. R.42.* — *Andreæ* de usu practico act. b. f. Hal. 1724. [auch in *Gundling* Exercc. acadd. n°. 15.], dagegen *Balthasar* Gryph. 1737. *Sav.* Syst. *§§ 218...23.* u. Bd. V. Beilagen 13. f. *Pu.* Inst. *§§165.f.* vgl. *Gans* Obll. R. n°. 1. 2. *Stever* de summario Rom. iudicio. Lps. 1822. *Benfey* arbitr. a. i. Rhein. Mus. f. Jpdz. IV. 10. *Liebe* Stipulation S. 93. *Schröter* i. Ztschr. f. Civ. u. Pr. VII. S. 371. dageg. *Sav.* V. S. 141. *Rosshirt* Abhh. Hdlb. 1833. I. S. 71. ff. III, (1839.) S. 1. ff.
e) nach der Dauer: perpetuæ u. temporales. (*Bg z. K.93. R.52.* s. unten §§ 156. ff.)
II) Interdicte. (*Bg § 131 β'...μ'. Abr. § 54. III. §§ 46...55. Schneider* S. 114. ff. *Heimbach* l. c. *Schmidt* v. Ilm. l. c. *Pu.* Inst. *169. K.74.* ff. *R.53.* ff.)

§. 151. De litis contestatione: *X.2,5. inVI°.2,3.* De litigiosis: *Gai.4,117. Fgm. de iure fisci § 8. Th.C.4,5. Dig.44,6. Cod.8,37. Nov.112.* Ut lite pendente nihil innovetur: *X.2,16. inVI°.2,8. Clem.2,5.* Litteratur: *Winckler* de lit. cont. in Opuscc. I. 1792. p. 293. sqq. *Goldschmidt* über L. C. Ff. 1812. *Ribbentrop* de necessaria ... novatione. Gött. 1822. *Keller* über L. C. und Urtheil, Zürich 1827. (rec. v. *Hollweg* in der Tüb. Krit. Ztschr. V. 65. ff.), *Mayer* üb. L. C. Tüb. 1830. (rec. von *Rudorff* in Ztsch. f. gesch. R. W. VII. 8.), *Danz* de l. c. Jen. 1831. *Francke* ü. Litispendenz i. Arch. f. civ. Pr. XVI. 16. *Wächter* Erörtt. Heft 3. *Buchka* Einfluß des Proc. auf das materielle Rechtsverh. Rostock 1846. f. *Si.* Erläutt. z. Civilproc. I. S. 90. ff. *Rosshirt* Wirk. des Proc. auf das mater. R. in dessen Ztschr. VI. Heft 3. *Heimbach* v. Litiscont. in Weisk. VI. und bes. *Sav.* Syst. VI. §§ 256...79. *Pu.* Inst. *172.f. Scheurl* Inst. 48. *Unterh.* Schuldv. *292.ff. Keller* Röm. Civilpr. §§ 59...62. *Rudorff* R. R. G. II. §§ 71. f. 78. ff. *He.I.76.f. Mü.144. Gö.135.B. Pu.96. Ki.* S. 270...84. *Ro.57. Va.159.f. Si.33. Ar.113.*

[1]) *L.9.§3.D.de iure iur.12,2. L.24.pr.D.de liber.causa 40,12.* [2]) *L.un.C.h.t.* (de lit. cont.) *3,9. L.14.C.de iudic.3,1.* (*Bg not.29.*) vgl. *Sav.§ 259. Bg §130 e.* [3]) *Nov.53.c.3.82.c.10. Auth.* Offeratur *Cod.h.t.3,19.*, wonach die L. C. erst 20 Tage nach Insinuation des Klaglibells an den Beklagten geschieht; frühere Einlaßung hat nicht die Wirkung der L. C. *Nov.96. c.1. Auth.* Libellum *Cod.h.t.*: der Bekl. muß cavieren, die L. C. nicht über 2 Monate aufzuhalten. [4]) J. R. A. §§ 36...40., wonach der Bekl. im 1. Termin, zu welchem ihm mindestens 60 Tage frei zu laßen sind, sich über die Klage erklären und bei Strafe der Präclusion alle seine Exceptionen vorbringen muß. *Sav.§ 259.* [5]) Wie im alten ordo iudiciorum mit dem Schlußact in iure, und seit Marc Aurel mit dem Erscheinen der Parteien nach vorgängiger Vorforderung des Gegners vor den iudex, der litis denuntiatio. *Bg §130 d.* vgl. *Keller § 59. Rudorff § 71.* [6]) *Sav.§§ 278.f.* [7]) *Bg §123.not.45.* cf. *Bg §117.not.20*.* med. oben § 136. [8]) *Mü.* Entw. des Civilproc. 1840. § 232. unterscheidet drei Zeiten: 1) *motæ controversiæ s. editæ actionis*, wirkend Bestimmung der Parteirollen, Ausschließ-

lichkeit der gewählten Klage, Uebergang der quer. inoff. auf die Erben, Unterbrechung der Verjähr. geg. Abwesende (*L.2.C.7,40.*); II) *rite denuntiatæ litis*, des insinuierten ersten richterl. Decrets, der Litispendenz, wirkend ausschl. Competenz des Gerichts, Verlust der Vortheile der bona fides, Unterbrech. der Verjähr. u. Anfang der s.g. Processverjähr., Litigiosität der Sache; III) *litis contestationis*, womit die übrigen unter I. II. nicht genannten, in den Quellen der L.C. zugeschr. Wirkungen eintreten. vgl. *Sav.* Syst. VI. S.243. not. *d.* [9]) s. §159. not. 1. [10]) §154. not. 4. II. §38. not. 6. *Bg §148 e.* [11]) s. not. 1. u. §153. *Paul. L.8. i. f. D. de fideiuss. tut. 27,7.* „.. nam litis contestatione et pœnales actiones transmittuntur ab utraque parte et temporales perpetuantur“. *LL.3.7. pr. C. de præscr. XXX. 7,39. L.1. C. de quadr. præscr. 7,37. L.3. C. de ann. exc. 7,40. L.33. C. de donation. 8,54.* vgl. *L.33. D. de O. et A. 44,7.* Die inofficiosi querela geht schon früher über: s. §153. Erbr. §77. — *Gai. L.139. pr. D. de R. I.* „Omnes actiones quæ morte aut tempore pereunt, semel inclusæ iudicio [cf. *Bg §130 e.*] salvæ permanent“. vgl. *L.2. C. ubi in rem a. 3,19. L.26. C. de R. V. 3,32. L.10. i. f. C. de adq... poss. 7,32. L.10. C. de præscr. l. t. 7,33. LL.2.3. C. de ann. exc. 7,40. Sav. §262.* u. S.248. ff. [12]) *Bg §130 e, h.* In legitimis iudiciis trat diese processualische Consumption, welche die Neueren wegen *L.29. D. de novat. 46,2.* (vgl. *L.11. §1. eod.* u. *Vat. Fr. §263.*) †novatio necessaria nennen [s. dagegen unten II. §148.], ipso iure, in den iudicia quæ imperio continebantur, trat sie ope exceptionis (nämlich rei in iudicium deductæ) ein: *Gai. 4,106...8. 3,180. sq. Keller §60. Sav. §258.* (vgl. *Rudorff §71.*) will sie auf eine Stipulation gründen, die vielleicht mit der L.C. verschmolzen gewesen, vielleicht aber auch gleichzeitig mit dieser besonders abgeschloßen worden sei. s. dagegen *Pu.* l. c. *Keller §62.* vgl. auch *Ki.* S.252.256. [13]) *Ribbentrop* l. c. vgl. *L.28. C. de fideiuss. 8,41. LL.3.9. C. de præscr. XXX. 7,39. L.1. §1. C. de annali exc. 7,40. L.14. §13. D. q. met. c. 4,2. Sav. §258.* u. S.246. f. [14]) *L.3. §11. D. de pecul. 15,1. L.22. D. de tut. et rat. distr. 27,3.* [15]) §154. not. 4. *Sav. §§264...73.* bes. S.86. ff. und S.251...54. Die neuere Bezeichnung der L.C. als ‘cumulative Novation’ ist daher unpaßend. [II. §148. cit.] Der Beklagte wird nicht durch die L.C. positiv *malæ* fidei possessor, aber, condemniert, genießt er von der L.C. an, und bei der hereditatis petitio von der controversia mota an, nicht mehr die Vortheile des *bonæ* fidei possessor: *Bg §147 q.* unten II. §§37.38.48. *Sav.* S.55. ff. 81. ff. *§264.*; er haftet nicht, wie ein positiver *malæ* fidei possessor, für zufälligen Untergang der Sache, und auch für die s.g. fructus †percipiendos nicht weiter als er sie selbst hätte ziehen können: *L.40. pr. §1. D. de H. P.* [16]) s. §154. not. 3. II. §44. *Sav. §262.* u. S.250. [17]) *L.13. D. fam. erc. 10,2. L.1. §1. D. h. t. 44,6. L.1. i. f. C. comm. div. 3,37. Bg §145. not. 37.* s. unten II. §§43.121. *Dig. et Codd. hh. tt. citt.* Die *Nov.112. c.1.* setzt für vindicierte Sachen den Anfang der Litigiosität auf die dem Beklagten insinuierte Klage. Ausgenommen sind nothwendige Veräußerungen (cit. *L.13. D. fam. erc.*) und die zur Bestellung einer Dos oder ante nuptias donatio, wegen eines Vergleichs, einer Erbtheilung, oder zur Erfüllung eines Vermächtnisses vorgenommenen: *Iustinian. L.4. §1. C. h. t. 8,37.* vgl. *Schmid* zu II. §43. *cit. Friedenthal* de rer. litigiosar. alien. ex iure Rom. Berol. 1849. 8°. *Zimmermann* i. Arch. f. civ. Pr. XXXV. XXXVI. [18]) *L.9. §1. D. de trib. act. 14,4. L.4. §2. L.7. D. de lege commiss. 18,3. L.20. D. de opt. leg. 33,5. L.1. §17. L.5. D. de separation. 42,6. LL.1.20. C. de furt. 6,2. L.8. C. de codic. 6,36.* In Bezieh. auf des Klägers Wahlrecht, gegen welchen unter mehreren in solidum haftenden Beklagten er auftreten wolle, gilt im neueren Rechte durchaus der Satz, „ut magis eos [die Beklagten] perceptio quam intentio liberet“; dadurch daß der Kläger von Einem befriedigt worden ist, nicht dadurch, daß er gegen Einen geklagt hat, werden die anderen frei: *L.1. i. f.* bis *L.4. D. de his qui eff. 9,3. L.32. pr. D. de peculio 15,1. L.28. C. de fideiuss. 8,40.* [19]) *L.33. D. de leg. I. 30. L.20. D. de opt. leg. 33,5. L.112. pr. D. de V. O. 45,1.* [20]) *L.19. pr. D. de iurisd. 2,1. LL.7.30.34. D. de iudic. 5,1. L.4. C. de in ius voc. 2,2. Nov.112. c.3.* [21]) *L.1. D. de penu leg. 33,9. L.9. D. de V. O. 44,1.*

§. 152. 3. Entstehung der Klage, Klagegrund. (*Abr.§ 52.*)

s.g. fundamentum (+causa) agendi 1) proximum [1], (und +causa actionis iustificatoria [2],) 2) remotum (+causa remota) [3...5] und +intermedium (+causa intermedia) [6].

L.57.§1.D.de solutionib.46,3. [22]) *Macer L.4.§5.D.de apell.49,1. L.11.pr.D. de d.m.exc. 44,4. LL.22.sq.C.de procurator.2,13.* vgl. *Hollweg* Vers. S.153.ff.163. *Mü.* Cession S.48.ff. *Keller § 61.* [23]) *L.3.D.de exc.44,1. LL.4.8.12.sq.C.eod.8,36. L.2.C.sententiam rescindi 7,50.* [24]) J.R.A.(v.1654.) §§ 37.f.78. *Sav.* l.c. S.45. *Bg* Grdr. des Civilproc. § 26.

§. 152. *He.I.41. Se.26. Gö.145.f. Pu.81. Vulte* de iudic.1654.II.4.n°.64.sq. *Schmidt* v. Klagen § 14. *Martin* Civilpr. § 85. *Bayer* ed.VII. S.232.ff. *Linde* Civilpr. §§ 152.189.f. *Heffter* Civilpr.§ 343. *W.H.Puchta* üb. die gerichtl. Klagen. Giess. 1833.8°. §§13.f. *Pu.* Rh. Mus. f. Jpdz. II. S.253. not.6. *Heffter* ebend. III. S.222.ff. *Brackenhoeft* Klagegr. in Ztschr. f. Civ. u. Pr. XI. n°.6. [1]) In *L.27.D. de exc.rei iud.44,2.* ist causa proxima actionis die rechtliche Beschaffenheit der Klage ihrem Inhalte nach (vgl. *Pu.* Rh. Mus. für Jpdz. II. S.252.f.), wofür auch die Ausdrücke ius actionis, causa petendi u.s.w. vorkommen. [2]) oben § 117. [3]) *c.3. X.de libelli obl.2,3.* „.. quare sibi .. pecunia deberetur ... super hoc minime respondere (*actores*) tenebantur". Nach J.R.A.§ 96. sollen sich die Klaglibellen und Responsionen „blößlich in Erzehlung des facti und der Geschichte aufhalten, die disputationes und allegationes iuris aber, ... auch in facto selbsten dasjenige nicht zur Sachen dienlich, nicht einmischen ..". [4]) *Bg § 131. not.13.* [5]) s. z. B. *Schmidt §§ 847...52. 271...76. Meister* de falsa prob. proc. provoc. ex iure Rom. Gotting. 1742. *Schweitzer* ü. d. Provoc. proc. Lpz. 1806. 8°. *Bayer* summar. Proc. §§ 51.ff. *Martin* in s. Magaz. f. Proc. Heft 3. S.260.ff. *Mittermaier* der gem. d. bürg. Proc. 4r Beitr. Bonn 1840. 8°. n°. VIII. *Linde §§ 335...38. Schmid* Hdb. des gem. d. Civilpr. III. §§ 178...88. *Va.144. Bg* Grdr. des Civilpr. § 123. *α'*) *Paul. L. „Si contendat" 28. D. de fideiuss.46,1.* „Si contendat fideiussor ceteros solvendo esse, etiam exceptionem ei dandam '*Si non et illi solvendo sint*'". Diese Stelle geht nur auf das s.g. beneficium divisionis des Mitbürgen [II.§123.not.6.]; man hat aber daraus das Recht desselben abgeleitet, den Gläubiger jetzt zur Anstellung seiner Klage (hypothetisch) zu nöthigen, damit nicht durch eintretende Insolvenz eines Mitbürgen (oder des Hauptgläubigers) die ganze Bürgschaftslast auf dem oder den anderen bleibe, so daß dem vergebens provocierten Gläubiger der insolvendo gewordene Bürge zu Gunsten der Mitbürgen als noch zahlungsfähig angerechnet wird. Die *L. 62. D. eod.* bezieht man daher (gegen die wahre Bedeutung der Stelle) auf außergerichtliche Aufforderung, der Gläubiger solle gegen den Hauptschuldner jetzt klagen. *β'*) *Diocl. et Max. L. 'Diffamari' 5.C.de ingenuis manum.7,14.* „Diffamari statum ingenuorum seu errore seu malignitate quorundam periniquum est, præsertim cum affirmes diu præsidem unum atque alterum interpellatum a te vocitasse diversam partem, ut contradictionem faceret, si defensionibus suis confideret. unde constat merito rectorem provinciæ commotum allegationibus tuis sententiam dedisse, ne de cetero inquietudinem sustineres. si igitur adhuc diversa pars perseverat in eadem obstinatione, aditus præses provinciæ ab iniuria temperari præcipiet". [Aus argem Misverstand der *L.18.§1.D.quod vi aut cl.43,24.* meinte *Gesterd.* Ausb. IV.2. n°. V. S. 158., in dieser Stelle eine provocatio ad agendum entdeckt zu haben.] J.R.A.§ 83. „Cammerrichter ... sollen auch fleißige Aufsicht haben, daß das Remedium legis Diffamari nicht misbraucht, sondern hierin die Disposition sowohl der gemeinen Rechten, als der Reichssatzungen in gute Obacht genommen ...". vgl. R.A. v.1530. § 93. C.G.O. v.1531. § 35. R.A. v.1532. Art.3. § 2. Landfr. v.1548. Art.14. § 8. C.G.O. v.1555. II.25. Diese Diffamationsklage wendet die Praxis gegen jede Ausstreuung nachtheiliger Gerüchte an. *Bülow* u. *Hagem.* Pract. Erörtt. IV. n°.6. „Eingeschränkter Gebrauch der s.g. Provoc. ex L. Diff.") *Muther* de orig. proc. prov. ex L. Diff. Erl. 8°. u. Diffamationsklage, i. Lpz. Jahrb. d. gem. R. II. n°.2. (1858.) S.53...196. Diese

4. Untergang der Klagen. (*Abr.§ 53.*)

§. 153. a) Untergang des begründenden Rechts [1]. b) Tod einer Partei [2...13].

Provocationen (welche schon die Glossatoren in den citt. *L.28. D.* u. *L.5.C.*, sowie in noch anderen Stellen, zu finden meinten) sind also ein hypothetischer Zwang zur Klage, und machen insofern auch (gleich Präclusionsandrohungen, Verjährung u.dgl.) eine Ausnahme von dem Satze, daß Niemand zur Verfolgung seines Rechts gezwungen werden könne: [*Bg § 129. not.4. § 128. not.9.* vgl. auch *L.5.§ 6. D. de d.m.exc.44,4. L.1.§ 3. D. de usur.22,1. L.4.C.de usur.pupill.5,56. L.20.C.de pign.8,14.* Keine Ausnahmen von diesem Satze bilden aber die Fälle, in denen ein Creditor zur Wahrung seines eignen Rechts seinen Debitor zur Klage gegen einen Dritten nöthigen kann, z.B. *L.5.§12.D. commod.13,6. L.2.pr.§7.D.ad L.Rhod. 14,2. L.13.§30.D.de A.E.et V.19,1. L.60.§6.D.locati 19,2. L.16.D. de adm. et per.tut.26,7. LL.18.24. C. eod.5,37. L.22. C. de donatt.8,54.* [6]) *Cod.* inter alios acta vel iudicata aliis non nocere *7,60.* cf. *Dig.42,1. 44,2.passim. Bg* Grundr. des Civilproc. § 53.

§. 153. *Bg §131.nott.55.39.57.* [1]) §152.154.160. *Bg §131.not.56.* unten II. §§ 40. 116.154.ff. *Se.27.*a.A. *Mü.118.not.2. §121. Pu.86. Ar.103.*f. [2]) *Bg §131.nott.57.39.* dazu *Herm. Cod.* Ex delictis defunctorum quem ad m. conveniantur successores. vgl. *Francke* Vom Uebergang der persönl. Klagen auf die Erben des Schuldners, in dessen Beitr. zur Erläut. einz. Rechtsmat. Gött. 1828. 8°. n°.1. *Koch* Ueberg. der Fordd. § 2. *Sav.* Syst. *73.230.211. He.I. 43. Mü.611. Gö.147. Pu.88. Ki.*I.S.215...30. *Ro.70. Va.145. Rud.87. Si.30. Ar.104. Unterh.* Schuldv.252.n°.11. [3]) *L.6.D.de op.lib.38,1.* Die Klagen auf Lebensunterhalt naturalem præstationem habere intelleguntur (*L.8. D. de cap. min.4,5.*) vgl. *Sav.* Syst. II. § 72. [4]) *LL.58.26.33.D.de O.et A.44,7. L.12.pr.D.de V.S. LL.87.139.pr.*(zu §151.not.11.) *164.D.de R.I. L.9.§3.D.de iure iur.12,2. L.8.i.f.D. de fide iuss.tut.*(zu § 151.not.11.) *L.un. C. ex delictis defunctorum in quantum heredes conveniantur 4,17.* vgl. *Sav.* Syst. VI. S. 248...50. u. § 262. a.A. [5]) *L.7.D.de pop.act.47,23. L.5.§§5.13.D.de his qui eff.9,3.* [6]) *LL. 52.55.D.de R.V.6,1. L.1.§17.D.si quadr.9.1. L.42.§2.D.de nox.act.9,4.* [7]) (vgl. *Marezoll* im Mag. f. R.W. IV. 19,2. *Sav.* Syst. *§73.*) Zu den Klagen, welche vindictam continent, ad ultionem pertinent, magis vindictæ quam pecuniæ habent persecutionem (+vindictam spirantes), gehören α') die Injurienklage: *§1.I.h.t.4,12. L.1.§1.D.de priv.delict.47,1. LL. 13.pr.15.§46. L.28.D. de iniur.47,10.* („in bonis nostris non computatur, antequam litem contestemur".) *L.32.pr.D. ad L.Falc.35,2. L.2.§4.D. de collat.38,6.* (*Cic. pro Cæc. c.12.i.f.*); nach *Sav.* Syst. II. S. 127. auch das interdictum quod vi aut clam, was *Keller not.1128.* läugnet: vgl. *L.13.§5.D.quod vi 43,24. L.1.§6.D.de iniur.* (Die Klage wegen unbefugter in ius vocatio nec heredi nec in heredem ... datur: *L.24.D.de in ius voc.2,4.*), β') die in factum actio wegen calumnia: *L.4.D.de calumn.3,6.* γ') die ädilicische Klage wegen Beschädigung eines freien Menschen durch gefährliche Thiere: *§1.I. si quadrup.4,9.* cf. *L.42. D. de æd. ed.21,1.* Die „actio quæ competit de effusis et deiectis, perpetua est, et heredi competit, in heredem vero non datur". *L.4.§5. D. de his q. effud.9,3.* δ') die Klagen wegen persönlicher Kränkungen durch Benehmen a) gegen uns selbst, so die Revocation einer Schenkung wegen Undanks: *LL.1.7.10.C.de revoc.don.8,56.* [und die vorjustinianischen Rechtsmittel wegen Eheverletzungen: *L.15.§1.D. sol.matr.24,3. L.un.§5.C. de R.U.A.5,12. L.11.i.f.C.de repudiis et iudicio de moribus sublato 5,17.*]. Die inofficiosi querela bedarf zum Uebergang auf die Erben bloß der Präparation, und Descendenten des Testators steht sie stäts zu: *L.6.§2. L.7.D.de inoff. test.5,2. LL.5.34.36.§2.C. eod.3,28.*; b) in Beziehung auf Verstorbene, so die sepulchri violati (*L.3.§§12.8. LL.6.10. D. de sep.viol.47,12.*) und die in factum actio wegen verhinderter Beerdigung (*L.9.D. de relig.11,7. L.6.C.de sep.viol.9,19.*). [Gegen *Mü.* Cess. S.300. u. *Va.§145.* s. *Pu.§88.not.c. Ki.*S.228. *Sav.*S.200.f.] So weit bei diesen beiden Klagen das Interesse pecuniär ist,

§. 154. c) Urtheil. (cf. *Bg § 130 e.ff.*

Rechtskraft[1]. Wirkung[2]. Zurückbeziehung auf die Litiscontestation in Betreff 1) der rechtlichen Begründetheit der Klage[3...7]; 2) des vom Beklagten zu Leistenden[8...11]. — Fernere Zuläßigkeit der Geltendmachung eines aberkannten Rechts[12...16].

---

gehen sie auf die Erben über: *L.9.D.cit.* und *L.3.§8.D.de sep.viol.* 8) *Ulp.L.1.pr.D.de priv.del.47,1.* „Civilis constitutio est *pœnalibus actionibus heredes non teneri, nec ceteros quidem successores.* id circo nec furti conveniri possunt ... ad exhibendum actione teneri eos oportet, si possideant aut dolo fecerint quo minus possideant; sed enim et vindicatione tenebuntur re exhibita; item condictio adversus eos competit". *LL.48.111.§1. L.127.D.de R.I. L.un.C.ex del.def.4,17. Herm.Cod.tit.cit.*u.ö. 9) *L.2.§27.D.vi bon.rapt.47,8.* 10) *L.7.pr.D.de relig.11,7.* unten II. § 236. 11) *LL.9.7.§2.D.de furt.47,2.* und *L.1.pr.* in not.8. s. unt.II.§196. 12) *Paul.L.6.§4.D.rer.amot.25,2.* dagegen *Diocl.et Max.L.3.C.eod.5,21.* s.unt.II.§196. III.§ 21. 13) *c.14.X.de sepulturis 3,28. c.5.X.de raptorib.5,17. c.9.X.de usur.5,19. c.28.X.de sent.excommun.5,39.* vgl. *Bœhmer* I.E.P.IV.17.§§128...37. *Pufendorf* Obss.IV.95. *Kleinschrod* de repar.damni delicto dati. Wirceb.1798.§§12.sqq. *Francke* a.a.O.§6. *Sav.*Syst.V.S.46..60.u.geg.not.*g*.das.s.VI.S.20.

§. 154. Quellen: *Bg nott.17.20.* und *Th.C.de re iud.4,16.* De sententia et re iudicata: *X.2,27. in VI°.2,14. Clem.2,11.* — Litteratur über die *Lit.Cont.* s.zu §151. u.das Urtheil: s.die unten not.12.Citt. *Pfeiffer* zur L.v.d.Wirk.rechtskräft.Urth.im Arch.f.civ.Pr.XXXVII.n°.IV.x. *Unterh.*Schuldv.233. *Sav.*Syst.280...301. *Scheurl* Inst.49.f. *He.I.59...67. Se.296. Mü.153. Gö.169...74.* Ki.I.S.42.ff.249.ff.303...8. *Pu.99.293.* Inst.*175. Va.173. Rud.98...100. Si.34. Ar.116.* vgl. *Bg* Grdr.des Civilpr.§101. 1) *Bg §130.not.17.* a) *Modest.L.1.D.de re iud.* „Res iudicata dicitur quæ finem controversiarum pronuntiatione iudicis accipit, quod vel condemnatione vel absolutione contingit". b) *Ulp.L.207.D.de R.I.* „Res iudicata pro veritate accipitur". *L.25.D.de st.hom.1,5. Hadriani Sententt. ap.Dositheum § 9.* (ex ed.mea p.11.): „.. ἐὰν γὰρ ἀρξώμεθα πράγματα ἢ καλῶς ἢ κακῶς κεκριμένα μετακαλεῖν, οὐδὲν τετελεσμένον ἔσται". „.. ex sententia fit ius" *c.13.X.tit.cit.* vgl.*Ki.*S.42...45. 2) *Gordian.L.2.C.quibus res iud.non nocet 7,56.* „.. Res inter alios iudicatæ neque emolumentum afferre his qui iudicio non interfuerunt, neque præiudicium solent irrogare ..". *Tit.C. Inter alios acta vel iudicata aliis non nocere 7,60. Macer L.63.pr.D.de re iud.* „Sæpe constitutum est *Res inter alios iudicatas aliis non præiudicare* ...". *Mod.L.10.D.de except.44,1.* „.. res inter alios iudicata aliis non obest...". *Ulp.L.1.D.de exc.rei iud.* „... res inter alios iudicatæ nullum aliis præiudicium faciant ..". *Paul.et Ulp.LL.12...14.pr.§2.D.eod.* „Cum quæritur, hæc exceptio noceat necne, inspiciendum est an idem corpus sit", „quantitas eadem, idem ius", „et an eadem causa petendi, et eadem condicio personarum [cf.§114.not.4.]; quæ nisi omnia concurrunt, alia res est". „Actiones in personam ab actionibus in rem hoc differunt, quod, cum eadem res ab eodem mihi debeatur, singulas obligationes singulæ causæ sequuntur, nec ulla earum alterius petitione vitiatur. at cum in rem ago non expressa causa, ex qua rem meam esse dico, omnes causæ una petitione adprehenduntur; neque enim amplius, quam semel, res mea esse potest, sæpius autem deberi potest". [cf.II.§45.not.3.] *Ulp.L.11.§5.eod.* „... adquisitum quidem postea dominium aliam causam facit, ut puta opinabatur ex causa hereditaria se dominium habere; mutavit opinionem et cœpit putare ex causa donationis: hæc res non parit petitionem novam; nam qualecumque et undecumque dominium adquisitum habuit, vindicatione prima in iudicium deduxit". vgl. *Gö.171.*ff. *Ki.*S.303...8. *Va.*l.c. *Pu.*Inst.*175.* s.unt. II.§45. 3) *LL.23.35.D.de iudic.5,1. LL.18.20.sq.D.de R.V.6,1. L.8.§§4.5.D.si serv.vind.8,5. L.10.D.de usufr.adcr.7,2. L.4.§1. L.11.§3. L.16.D.de aqua 39,3. Va.160.*Anm.IV.3.

nimmt wegen L.3.§2.D.commod.13,6. L.17.D.mand.17,1. an, bei den in personam actiones, welche bonæ fidei waren, sei es auf das Moment des Urtheils (nicht der Lit. Cont.) angekommen: diese Stellen sagen aber nur, daß bei jenen Klagen, wie bei den arbitrariæ und in factum actiones, sofern nicht Verzug oder Termine ein anderes bewirken, die Werthveranschlagung des Gegenstandes nach der Zeit des Urtheils gemacht werde (vgl. auch Gai. 4,47.51.), während dieses bei den str. iur. actiones nach der Zeit der L. C. geschah. s. L.22. D.de R.C.12,1. L.37.D.mandati. L.11.D.de re iud.42,1. L.59.D.de V.O.45,1. L.28.D.de novat.46,2. Sav.VI. S.64.ff.250. u. unten II.§ 45. 4) Fr.Vat.§ 12. „... usus capio frustra conplebitur anticipata lite..“. citt.LL.18.20.sq.D.de R.V. L.8.§§1.5.D.si serv.vind.8,5. L.10.D.de usuf.adcr. L.2.§21.D.pro empt.41,4. L.2.D.pro her.41,5. LL.35.246.§1.D.de V.S. s.oben §151.not.15. Bg §147q. 5) LL.27.42.D.de R.V.6,1. L.18.§1. L.41.pr.D.de H.P.5,3. L.7.§§4...6. LL.8.11.§2.D.ad exh.10,4. L.30.pr.D.de pecul.15,1. L.1.§21. D.depos.16,3. Sav.VI.S.74.ff. 6) oben §151.not.7. Sav.Syst.VI.S.27. 7) §2.I.de perp.et temp.a.4,12. L.5.pr.D.de publicanis 39,4. Die Proculejaner hatten den Satz der Sabinianer omnia iudicia esse absolutoria nur für in rem und b. f. actiones gelten laßen wollen: Gai. 4,114. vgl. L.85.D.de V.O.55,1. vgl. Pu.Inst.§172. Sav.VI. S.50.61.f. Rud.R.R.G.II.§80. 8) Bg §78d,e. Sav.Syst.VI.§§ 264...73.u.S.251...54.(§§ 268...71. von Proceszinsen in Rechtsstreitigkeiten wegen Geldforderungen, die nie zugleich mit Verzugszinsen begründet sind.) Titt. de R.V., de H.P. und de usuris passim. vgl. not.3.a.E. und oben zu § 151.not.15. Auch um was der Beklagte bereichert sei, bestimmt sich nach der Zeit der L.C.: L.37.pr.D.de N.G.3,5. L.47.pr.§1. D.de solut.46,3. L.20.D.q.met.c.4,2. Ebenso entscheidet dieser Zeitpunct, ob ein zur Tragung der Bürgschaftslast herangezogener Mitbürge solvendo sei: Gai. 3,121. §4.I.de fideiuss.3,20[21]. L.51.§§1.4.D.eod.46,1. 9) Bei α') der Vindication (L.27. §1.D.de R.V.6,1. L.30.pr.D.de pecul.15,1.), β') der ad exhibendum actio (L.7.§4. L.8. D.ad exh.10,4. cit.L.30.pr.), γ') der hereditatis petitio (L.18.§1. LL.4.16.pr.36.§4. L.41. pr.D.de H.P.5,3.); bei den actiones δ') de peculio (L.30.pr. L.43.D.de pecul.15,1. L.5. §2.D.de lib.leg.34,3.u.L.7.§15.D.ex q.caus.in poss.42,4. L.35.D.de fideiuss.46,1.), ε') directa depositi (L.1.§21.D.depositi 16,3. cf. Gai.4,47.), pigneraticia (L.9.§§5.3.D.de pign.act.13,7.), und ς') bei der condemnatio in id quod facere potest debitor (LL.15. pr.D.sol.matr.24,3. L.63.§6.D.pro soc.17,2.). vgl. Sav.Syst.§ 263. 10) L.1.§§13.16.D.si quadrup.9,1. L.26.§4. L.37.D.de nox.act.9,4. 11) s.oben not.1. und L.36.D.fam.erc.10,2. L.29.§5.D.mand.17,1. L.2.§7.D.de H.v.A.V.18,4. L.37.§6.D.de op.lib.38,1. und L.12.§3. D.de bon.lib.38,2. L.1.§2.D.de lib.exh.43,30. 12) Paul. L.60.D.de cond.ind.12,6. „Iulianus verum debitorem post litem contestatam manente adhuc iudicio negabat solventem repetere posse, quia *nec absolutus nec condemnatus repetere posset:* licet enim absolutus sit, *natura* tamen *debitor permanet*..“. L.28.eod. L.50.§2.D.de pecul. 15,1. L.8.§1.D.rat.rem 46,8. [s.hiezu Fein l.c.S.177.] §5.I.de except.4,13. Für die Fortdauer der Naturalobligation sind Cuiac. Opp. ed. Fabrot. II. p.997.sq. Faber Ration. ad L.60. cit. Mü.330.zu not.21. Pu.293. Ro. in dessen Ztschr.I.S.143.ff. Si.Psdr.S.48.ff. Sav. Syst.V.S. 370.f. Fein in Arch.f.civ.Pr.XXVI.n°.7.13. Buchka Einfl.des Processes I.S.315.ff.; zu unbestimmt Ar.§277.u.A.; dagegen: Donell. lib.XIV.c.12. Weber nat. Verbdl.§94. Glück Erläut.XIII. S.101.ff. Francke Civ. Abh. S.77. Meyerfeld Schenk.I.S.353. Thibaut Syst. § 973. Büchel Civilr.Erört.II.S.105.ff. Se. l.c. Va.§173.u.A.; grundlose Untersch. macht Pfordten i.Arch.f.c.Pr.XXIV.n°.4.S.147.ff. s. auch Jourezius Perperam absolutus num iure R. natura debitor intelligatur.Hal.1856.4°. 13) L.13.D.quib.mod.pign.20,6. 14) vgl.Bg §131.not.100. mit §160. unten. Nach der L.C. vor dem Urtheil ist Compensation durchaus zuläßig: L.8.D.de compens.16,2. L.50.§2.D.de pecul.15,1. 15) s.not.12. In L.56.D.de re iud.42,1. heißt „Post rem iudicatam ... nihil quæritur“ nur „ein neuer Process darüber

§. 155. d) Collision. (*Bg §131.not.59.*) e) Subsidiarität (*Bg §128.not.28**). A. Collision der Klagen im Unterschied vom bloßen concursus actionum [1]. B. Subsidiarität [2].

---

wird nicht zugelaßen". vgl. auch unten §160. [16]) *Ki.*I.S.43.f. *Buchka* l.c.II.S.200.ff. vgl. auch *Flach* in Ztschr.f.Civ.u.Pr.XIX.n°.12. und unten II. §116.not.3.

§. 155. Vgl.ob.§147. u. *Bg §128.* *Donelli* comm.lib.XXI.c.3. *Averani* Interpp.III. c.14.15. *a Vianen* de concursu act. in Oelrichs Thes.nov.diss.I.p.259.sqq. *Schmidt* von Klagen §§ 59...63. *Thibaut* Civ. Abh. n°.9. *Zimmern* Noxalkl. S.238.ff. *Keller* Lit. Cont. §§ 49.ff. *Schneider* die subs.Klagen S.168.ff. *Puchta* sen. gerichtl.Klagen §§ 29.36.ff. *Heimbach* in Weisk.II.S.863.ff. *Brackenhoeft* Ident. der Rechtsverh. §§ 12.ff. *He.I.51.ff. Mü.140. Gö.* I.S.447...63. *Ki.*I.S.241.ff. *Pu.261.a.E.87. Ro.50. Va.153. Rud.88. Si.30. Ar.105. Sav.* Syst.V.§§ 231...36. *Martin* Civilpr.§ 91. *Linde* Civilpr.§157. *Heffter* Civilpr.ed.II.§§124.ff. [1]) *Ulp.L.43.§1.D.de R.I.* „Quotiens concurrunt plures actiones eiusdem rei nomine, una quis experiri debet". *Gai. L.57.eod.* „Bona fides non patitur, ut bis idem exigatur". *Ulp.L.130.eod.* (*L.60.D.de O.et A.44,7. §1.I.si quadr.4,9.*) „Numquam actiones, præsertim pœnales, de eadem re concurrentes alia aliam consumit" d.i. eine Handlung, welche mehrere verschiedene Privat-Strafgesetze verletzt, wenngleich sie dieselbe Sache betrifft, erzeugt mehrere Klagen, die einander nicht ausschließen, z.B. die Schädenklagen aus dem ädil. Edict und die de pauperie: *§1. I.cit. L.32.D. de O.et A.* (und viele andere Stellen, über deren Widerspruch mit *Mod.L.53.pr.D.eod.* [„Plura delicta in una re plures admittunt actiones, sed non posse omnibus uti probatum est: nam si ex una obligatione plures actiones nascantur, una tantum modo, non omnibus utendum est".] s. *Sav.*Syst.§234.); dagegen stehen sonstige, aus derselben Willensäußerung entspringende Klagen electiv nebeneinander (*LL.43.* und *57.* citt.), und successiv, wenn die zuerst gebrauchte ein Minderes als die noch übrige ergiebt (*L.41.§1.eod. Paul. lib. XXII. ad Ed.* „Si ex eodem facto duæ competant actiones, postea iudicis potius partes esse, ut quo plus sit in reliqua actione, id actor ferat; si tantundem aut minus, id consequatur". Das letztere id muß nil oder id non c. (oder id non sequatur) heißen: die Basil. 52,1. c.40. [*Meerman.* Thes.V. p.101.] haben Ὅτε ἐξ ἑνὸς τρόπου δύο ἁρμόζουσιν ἀγωγαί, τῆς μιᾶς κινηθείσης ἡ ἑτέρα περὶ τῷ περιττῷ σώζεται. vgl. *Schulting* nott. ad Dig. ad h. l. *Huschke* in Ztschr. f. Civ. u. Pr. N.F.II.S.180. *Sav.*Syst.V.S.224.; cf. *L.28.D.de A.E.et V.19,1. §34.I.de act.4,6.*); cumulativ die aus verschiedenen Handlungen (*Ulp.L.2. D. de priv.del.47,1.* „Numquam plura delicta concurrentia faciunt ut ullius inpunitas detur: neque enim delictum ob aliud delictum minuit pœnam ..". *LL.27.pr.32.§1. L.48. D. ad l. Aq.9,2.*). Die Fälle, in denen der Kläger die Wahl hat, welches von mehreren Rechten er klagend verfolgen wolle, s.*Sav.*Syst.V.§ 235. [2]) *L.1.§1.D.de d.m.4,3.* „..SI DE HIS REBVS ALIA ACTIO [vel interdictum vel exceptio vel stipulatio: *§4.eod.*] NON SIT ET IVSTA CAVSA ESSE VIDEBITVR..". *Bg §128.not.29**.u.das.cit.*Schneider.* Zwischen i. i. rest. (I.§169.) und der q. met. c.(II. § 235.) und dieser und der doli actio (II.§ 237.) hat der Berechtigte, vorausgesetzt, daß der Fall die Erforderniße eines jeden dieser Rechtsmittel erfüllt, die Wahl: *L.9.§§ 3.sq. L.14.§13.D.q.met.c.4,2.*; jene aber schließt die doli actio und die Inofficiositätsquerelen (Erbr.§§ 76.ff.) aus: *L.7.§1.D. de i.i.r.4,1. L.38.pr. cf.L.1.§6. L.7.§1.D.de d.m.4,3. L.4.C.de inoff.don.3,29.* unten §169.a.E. Minderjährigen wird die i.i.r. auch electiv mit der Personalklage gegen Tutor oder Curator gewährt. *L.3.C.si tut.interv.2,25.* „Etiam in his quæ minorum tutores vel curatores male gessisse probari possunt, licet personali actione a tutore vel curatore ius suum consequi possint, in integrum tamen restitutionis auxilium eisdem minoribus dari iam pridem placuit. (a.286.)" Von der nach der Praxis auch subsidiären Provocation wegen Diffamation s. §152. not.5.β'. Die fune-

f) Klagenverjährung. (*Bg §131 z.* *Abr. §* 53.a.E. cf. *Bg §149.*)*)

§. 156. α′. Bedeutung und Geschichte.

Die longi und longissimi temporis præscriptio[1.2]. Verordnungen von Theodosius II. (424.) bis auf Justinus (525.)[3...6]. Klagenverjährung des justinianischen Rechts[7...13]. Gründe der Klagenverjährung[14...17].

β′. Erfordernisse:

§. 157. a. Zeitablauf**).

Wann ist actio nata? Ist bona fides erforderlich?

---

raria actio ist nicht subsidiär II. § 207. [a]) *Bg § 130 i.* u. daselbst *not. 22.* (welche *Rudorff* R. R.G. II. § 60,10. nicht richtig verstanden hat.)

*) Quellen s. *Bg §131. not. 54.* u. *Novv. 9.111.131.c.6.* De præscriptionibus: *X.2,26. in VI°.2,13.* Litteratur: *Giphanii* Explan. Cod. ad L.3.de præscr.30.II.p.245...58. *Gilkenii* Tr. de usucapionib. Ff.1602.4°. *Ravii* Principia doctr. de præscr.1766.ed.III. Hal.1790.8°. §§ 126...52.165. *Thibaut* über Besitz und Verjähr. Jena 1802.8°. §§ 38...56. *Kori* Theorie der Verj. nach gem. u. sächs. R. Lpz.1811. *Unterholzner* Ausführl. Verjährungslehre. Lpz.1828.II. §§ 10.252...83. 2. Aufl. (sehr verbeßert) v. Th. Schirmer. II Bde. Lpz.1858.8°. [Litterat. das. I. S.19.ff.] Dess. Schuldv. §§ 245...50. *Reinhardt* Usucap. und præscr. des R.R. Stuttg.1832. S.232.ff. *Koch* Fordd. *176...82.* *Demelius* Gesch. d. Klagenverj. i. Unterss. aus d. röm. Civilr. Weim.1856.8°. *Wilh. Müller* ü. das gßhzgl. Hess. Gsz v.19. März 1853. bez. der persönl. Klagen mit Rücks. auf gem. R. Marb.1854.8°. *Demelius* Das Dogma v. der actio nata, in den citt. Unterss. *Heimbach* sen. Art. Verjährung, in Weiskes Rtslex. XII. *He. I. 44...50.* *Se. 27...31.* *Mü. 123.481.* *Gö. 148...55.* *Ki.* I. S.189...215. *Pu. 89...92.* *Ro. 43.* ff. *Va. 146...51.* *Rud. 89.* ff. *Si. 31.* *Ar. 106...11.* *Br. 47.48.* *Sav.* Syst. V. *237...55.* *Pu.* Inst. *108.*

§. 156. *Pohl* de orig. et fatis præscr. longiss. temp. Lips.1779.1780. *Gros* Gesch. der Verjähr. nach r. R. Gött.1795. *Bg* l.c. [1]) *Bg §144 d.* *cf. § 40 i.* *LL.3.5.9.12.D.h.t.44,3.* u. ö. [2]) *Bg § 149 a.* [3]) *L.un.Th.C.de act.certo temp.finiendis 4,14.* v. J.424.; anders und kürzer und mit falscher Inscription *L.3.C. de præscr. XXX.7,39.* [4]) *Nov. Valent.* tit.8.(26. ed. Hænel.) und 12.(33. ed. Hænel.) §13. v. J.449.452. [5]) *Anastas. LL.4...6.C.tit.cit.7,39.* v. J. 491.f. [6]) *Iustini L.7.C.eod.* v. J.525. [7]) *Bg §149.* unten II. § 39. [8]) *Bg §149.not.14.* s. folg. § die Fälle unter I. C. [9]) *Bg §149. not.23.* [10]) *L.19. § 1. D. ad L. Corn. de fals.48,10.* [11]) *Bg §145.not.2.* [12]) *Bg §145.not.42.* s. unt. III. §§ 11.7. [13]) *Iustiniani L.1.§1.C.de ann. exc.7,40.* v. J.530. s. zu § 157. unter I. C. [14]) ut sit aliqua inter desides et vigilantes differentia — minuendarum litium causa — ut aliquis litium finis esset — finis sollicitudinis ac periculi litium — s. *Bg §144.not.28.* *Sav.* Syst. § 237. löst die beiden Gründe (Rechtssicherheit und Züchtigung der Invigilanz) in diese 5 auf: 1) Begränzung der Ungewißheit der Rechtsverfolgung, 2) Präsumption [?] des Nichtmehrbestehens des Rechts, 3) Strafe der Nachläßigkeit, 4) Verhütung, daß dem Beklagten der Beweis seines Rechts erschwert werde, 5) Verminderung der Processe. [15]) *Bg § 99.not.4. §108. not.5.* und gegen *Unterh.* I. § 28. auch *Sav.* Syst. V. S.411.ff. *Si.* I. S.304.f. [16]) s. oben § 97. [17]) s. § 159.not.6.

§. 157. [1]) *Bg §131.not.2. §149.not.23.* [2]) *LL.3.7. §§ 1.4.6. C. de præscr. XXX.7,39. L.1.§1.C.de annali exc.7,40. L.30.C.de I.D.5,12. L.1.§22.D.depos.16,3. L.18.D.de fideiuss. 46,1. L.48.D.de V.O.45,1.* *Unterh.* II. § 60. *Thon* über die Verj. einer auf Kündigung stehenden Forderung, in Ztschr. f. Civ. u. Pr. VIII.1. *Va.* Beginn der Verj. der Darlehnsklage [auch: im Augenbl. des abgeschl. Vertrags] i. Arch. f. civ. Pr. XXXIII. n°.12. Dagegen auch *Ki.* I. S.194.ff. *Sav.* Syst. V. S.291.ff., der auch das Nichtentgegenstehen der *L.94. § 1. D. de solution.46,3.* nachweist. *Br. § 48.* „Mehr als Anstellbarkeit ist nirgends gefordert. Hiernach ist es gewiß „richtig, daß beim unverzinslichen u. unbetagten Darlehen, Commodatum, Depositum die Verj. „sofort mit dem Contracte beginnt". Das möchte eher gewiß unrichtig und durch das Wor

'Anstellbarkeit' (actionem movere posse) veranlaßtes argumentum tautologicum sein: der Contract macht nur, daß der creditor die Leistung darf haben wollen (ruhendes Recht), nicht daß er sie sofort wirklich haben will: die actio ist das wirkende, actuale, præsenti tempore sich durchführen wollende Recht, ein sese movens als mota actio. Die Mahnung des Schuldners kann, muß aber nicht auch selbst in Form der Klaganstellung geschehen. Erst die Zeit, da der Berechtigte die Leistung will, ist die ex quo actio ab initio competit et semel nata est. *L.1.§1.C.de ann.exc.* [3]) II.§153. s.gegen *Thibaut §1020.*u.*Unterh.*II. § 260.die Ausführr.v.*Ki.*I.S.193.197. *Va.§147. Sav.*Syst.V.S.289.ff. [4]) s. II. § 130.*ε'*. *Unterh.§265.*meint, vom Augenblicke des geschloßenen Kaufs an, *Thon* l.c.S.3., *Va.*von der Uebergabe des Kaufobjects an. Unsere Ansicht vertheidigt auch *Sav.*V.S.304. [5]) *L.8. §4.C.tit.cit.7,39.* „..ex illo tempore initium capere sancimus, ex quo debitor usuras minime persolvit". *Bu.*u.*Bu.*Entscheidd.d.O.A.G. Rostock II.n°.21. [6]) *Thon* l.c.S.39.ff. *Mü.481.not.12. Sav.*l.c.S.305.ff. [7]) *Ki.*I.S.195.u.A. behaupten, es verjähre nur „das Klagerecht auf Leistungen der einzelnen contractlichen Zinsprästanden". s.*Sav.*l.c.S.307. [8]) *L.7.§6.C.h.t.7,39.* [9]) *Unterh.260. Sav.*S.312.n°.3. [10]) *L.9.§3. cf.§5.D.de pign.act. 13,7. L.13.§1.D.de pign.20,1.* vgl.*Sav.*l.c.S.299.ff.ibiq.citt. [11]) *Bg § 80.not.12. Cuiac.* paratitl.ad Cod.*7,39. Sav.*l.c.S.311.f. [12]) *L.9.D.de R.V.6,1.* [13]) *LL.2.7.§6.C.h.t.7,39. Ki.*I.S.198. *Sav.*V.S.283.ff. *Pu.90.not.h.*u. Inst.II.§232. [14]) *Stephen* Einfluß eines abändernden Gesetzes auf laufende Verjähr. i. Arch. f.civ.Pr.XXXII. n°.6. u. dagegen *Bg § 148. not.8.* [15]) *Paul.L.18.§1.D.de d.m.4,3.* kann von der über ein Jahrh. neueren Klagenverjährung nicht reden; er redet von der alten Processverjährung, wovon unten § 161.; und überdieß sagt die Stelle nur, die doli actio finde gegen den statt, welcher dolo bewirkt habe, daß das Urtheil nicht binnen der gesetzlichen Frist erfolgt sei. [16]) *Innoc.III.c.20. X.de præscr.2,26.* „Quoniam omne quod non est ex fide, peccatum est, .. diffinimus, ut nulla valeat absque bona fide præscriptio tam canonica quam civilis ... Unde oportet, ut qui præscribit, in nulla temporis parte rei habeat conscientiam alienæ". cf.*cap.5.eod.* vgl. *Iustinian. L.8.§1.C.h.t.7,39.*u. *Can.15.Ca.16.qu.3.*; unten II. § 37.not.10. *Möllenthiel* über die Natur des guten Glaubens bei der Verjähr. Erlang.1820. §§19.ff. *Hildenbrand* de b.f.ad præscr.non necess.Monach.1843. Ders. Gesch. d.canon.R.üb.bona fides bei Ersitzung u.Klagenverjähr.i.Arch.f.civ.Pr.XXXVI.n°.11. *Heimbach* s. im Rechtslexic.XII.S. 427.ff. *Sav.244...46. Ar.109.*a.E. [17]) *Bg §147p.§149b. Pu.* Vorll.I. § 90.g.E. „Ein Besitzer fremder Sachen, der sich auf die Verjährung beruft, muß durchaus in bona fide und er muß darin die ganze Verjährungszeit hindurch gewesen sein".

**) Zeitablauf bei der Klagenverjährung.

Die Zeitberechnung ist hier die civile, wobei der erste Tag der ist, an welchem zuerst die Voraussetzungen der Klagen erfüllt waren, actio nata war, der letzte ganz abgelaufen sein muß. s. oben § 127. *L.6.D.de O.et A.44,7. L.3.C.de præscriptione XXX.ann.7,39.*

Die Regel der 30jähr. Dauer der Klagen erleidet folgende Ausnahmen (*Sav.§247.*):

I. Manchen Klagen setzt das Recht überhaupt eine andere Frist:

A. eine kürzere:

1. Beschränkt sind die Civilklagen

a) der Stadtgemeinden auf Anfechtung anerkannter Rechnungen städtischer Beamten auf 20, gegen deren Erben auf 10 Jahre. (*L.13.§1.D.de diversis temporalibus præscriptionibus 44,3. cf.Mü.133.not.3.*)

b) des Fiscus auf Vermögensstrafen wegen Vergehungen auf 20 (*L.13.cit.pr. LL.2..9.D.de requirendis reis 48,17. L.1.§3.D.de I.F.49,14.*), wegen Zolldefraudationen, commissum, auf 5 Jahre. (*L.2.C.de vectigalibus et commissis 4,61.*)

c) die inofficiosi testamenti querela auf 5 Jahre (*L.34.C.de inoff.test.3,28.*)

und ebenso analog die inofficiosæ donationis und dotis. (cf. *L.9. C. de inofficiosis donatt. 3,29. L.un.C. de inofficiosis dotibus 3,30.* vgl. Erbr. §§ 76. 78.)

d) wegen des status defunctorum auf 5 Jahre (tit. *Ne de statu defunctorum post quinquennium quæratur: Dig. 40,15. Cod. 7,21.*) [Dauer der Censur].

Auf 4 Jahre ist die Dauer folgender beider Klagen (e und f) beschränkt:

e) des Fiscus auf die vacantia bona (*L.10.§1.D. de div. temp. præscript. 44,3. L.1.§2.D. de I.F. 49,14. L.1.C. de quadr. præscr. 7,37.* s. Erbr. § 10.)

f) die Entschädigungsklage gegen Fiscus oder Landesherrn wegen Veräußerung oder Verpfändung einer fremden Sache. (s. II. § 42.)

g) Die de peculio actio ist nach aufgehobener potestas noch intra utilem annum gegen den früheren Gewalthaber statthaft. (*L.1.pr.D. quando de peculio actio annalis est 15,2.* s. II. § 140. n°. 2.)

Anm. Die *L.16.§1.C. de usufr. 3,33.*, welche Verlust des Nießbrauchs durch 10- oder 20jährigen Nichtgebrauch verfügt, verstehen Viele von einer 10- oder 20jährigen Dauer der personalis actio auf Bestellung des Nießbrauchs (II. § 75 β'. not. 1.)

2. Die prätorischen Klagen, honorariæ actiones (*Sav. § 247. n°. 2.*), und zwar

a) welche reipersecutorisch sind, haben regelmäßig gleich den civiles 30jährige Dauer (*L.35.pr.D. de O. et A. 44,7.*) (s. unten § 172.), und die Ausnahmen bilden die durch Justinian auf ein quadriennium continuum beschränkten Gesuche um int. restitutio, die nach Constantin intra biennium continuum anzustellende doli actio (*Bg § 122 l.* und unten II. § 237.), die in factum actio iudicii mutandi causa intra utilem annum (*L.6. D. de al. iud. mut. c. 4,7.* s. II. § 244.), die auf 1, ½ und ⅙ annus utilis beschränkten ädilicischen Klagen (*LL. 28. 38. D. de æd. ed. 21,1.* vgl. *Bg § 122. not. 24.* u. unt. II. § 169.) und das 5 Jahre dauernde Separationsgesuch der Erbschaftsgläubiger. (*L.1.§13.D. de separationib. 42,6.* vgl. Erbr. § 107.)

b) die pœnales sind regelmäßig auf 1 utilis annus beschränkt (*L.35.D. cit.*); als pönale können sie, gleich den Popularklagen (*L.8.D. de popularib. action. 47,23.*), post utilem annum nicht mehr angestellt werden, die mixtæ (quibus pœnam et rem ipsam persequimur) actiones aber noch auf Ersatz; nur die manifesti furti a. war perpetua (*pr. I. de perp. act. 4,12.*). Ausnahmsweise konnten folgende mixtæ actiones auch auf die Strafe noch post utilem annum angestellt werden: α') die wegen des s.g. depositum miserabile (*L.18.D. depositi 16,3.* s. II. § 246.), β') die servi corrupti a. (*L.13.pr.D. de serv. corr. 11,3.* s. II. § 239.), γ') die dupli actio wegen damnum in navi *etc.* (*L.7.§6.D. nautæ caupones 4,9.* s. II. § 256a.), δ') die in factum a. de effuso aut deiecto war, si libero homini nocitum sit, für diesen selbst perpetua, ebenso wegen sonstiger Beschädigung; annua war sie, wenn wegen Tödtung eines Freien oder wenn von einem Dritten wegen Beschädigung eines Freien angestellt. (*L.5.§5.D. de his qui effuderint 9,3.* s. unten II. § 269.)

3. Auch viele Interdicte sind, wie die paulianische Klage (*L.1.pr. L.10.§24.D. quæ in fraud. cred. 42,8.* s. II. § 245.), annua, wenn sie in solidum gehen, nicht bloß auf das im Vermögen des Beklagten aus der Verletzung, wegen deren geklagt wird, noch Vorhandene (*L.1.§4. L.4.D. de interd. 43,1.*), so die Interdicte Unde vi (II. § 229.), Quod vi aut clam (II. § 259.), Uti possidetis und Utrubi (II. § 228.).

B. Ueber 30 Jahre dauern: 1) die Klage auf Zurückforderung des aus einem verbotenen Spiele Geleisteten 50 Jahre. (restitutæ *LL. [1.] 3. C. de aleatoribus 3,43.* s. II. § 129. *Bg § 149. not. 22.*) 2) Eine gerichtlich angebrachte, dann liegen gebliebene Klage dauert von der letzten gerichtlichen Handlung an noch 40 Jahre. s. den folg. § 161. 3) 40 Jahre dauert auch die hypothecaria actio gegen den die Pfandsache besitzenden Schuldner; besaß während der Klagenverjährungsfrist theils der Schuldner, theils ein anderer Pfandgläubiger, gegen

b. Hindernisse der Klagenverjährung.

§. 158. I. aufschiebende. (*Bg §149 d.* und *not.29.*)

s.g. praescriptio dormiens zu Gunsten gewisser 1) Subjecte (subjective Hindernisse): der Pupillen, Minderjährigen und der Kirche; 2) Rechte (objective Hindernisse), wegen Moratorien, Deliberations-, Inventarisierungs- und Trauerfrist der Erben und wegen Behinderungen der Klaganstellung durch verfaßungswidrige Zustände. (Unrichtig hierher gerechnete Fälle in vorstehendem §156.not.9...12.)

§. 159. II. aufhebende. (cf. *Bg §149.not.28.*)

1) Belangung des Beklagten[1...5]; Wirkung unbestimmt angestellter Klage. 2) Anerkennung des Klaganspruchs[6...8]. Behandlung der Correalobligationen[8]. 3) Besitzesverlust[9.10].

---

den die Klage nur die gewöhnlichen 30 Jahre dauert, so hat der nach des Schuldners Tod belangte Pfandbesitzer die Wahl, ob er 30jährige Frist, in welche dann die Zeit, während welcher der Schuldner besessen hat, nicht eingerechnet wird, oder 40jährige gelten laßen wolle. (*L.7.§2.C.de praescript.XXX.annorum 7,39.* s. II. §112.)

C. Ganz unverjährbar waren nach just. R. die Klagen a) des Fiscus wegen öffentl. Steuern (*L.6.i.f.C.de praescr.XXX.*), b) die Vindication von Grundhörigen, so wie c) die von Curialen und d) die in libertatem. s. *Bg §149.not.14.* Ihrer Natur gemäß sind die Theilungsklagen, auch die fin. regund. a. selbst unverjährbar, indem sie nicht natae sind, so lange man sie nicht anstellen will. Justinian (§156. not.13.) beschränkt nur die Geltendmachung der Personalansprüche aus einer bestandenen communio auf 30 Jahre, und anders ist *L.6.C.fin.reg.3,39.* nicht zu verstehen. *Rud.* Ztschr.f.gesch.R.W.X.S.406.ff. s. *Bg §149.not.23.*

II. Ohne Rücksicht auf die Art der Klagen finden Ausnahmen zu Gunsten folgender Personen als Kläger statt (*Bg §149 d...f.*):

1) Klagen der Kirchen u. milder Stiftungen verjähren in 40, die der röm. K. in 100 Jahren. s. *Bg §149.nott.20.13. Unterh.* I. §§40...44. *Sav.247.n°.3.* Diese längeren Fristen treten nur an die Stelle der 10- 20- u. 30jährigen, nicht auch der kürzeren Verjährungsfristen. *Nov.131.c.6.*

Den Stadtgemeinden (*Sav.247.n°.4.*) kommt das Vorrecht der Kirchen nicht zu, indem es ihnen gegen *L.23.C.de ss.eccl.1,2.* (von 528.) in der *Nov.111.c.1.* v.541. abgesprochen und später nicht wieder hergestellt worden ist. (*Schott* de praescr. adv. civitates. Lps. 1774. *Graening* ad praescript. contra civitt. Giess. 1755. *Bülow u. Hagem.* Pract. Erörtt. IV. n°.5. *Biener* Ztschr. für gesch. R. W. V. S.343.f.) Auch der Fiscus, der Landesherr und dessen Gemahlin stehen jetzt aus demselben Grunde, wie die Städte, unter dem ius commune, indem die *L.14.C.de fundis patrimonialibus 11,61.* bei uns wegen mangelnden Objects wegfällt. s. *Bg §149. not.14.*

2) Die Zeit der Unmündigkeit des zur Klage Berechtigten sollte nach *LL.3.7. pr.§1.C.de praescr.XXX.* gar nicht gerechnet werden; die der durch die int. rest. hinlänglich geschützten Minderjährigkeit bloß nicht bei der l. t. praescr. und der 5jährigen Verjährung der inoff. querela. (*L.3.C.quib.non obic.7,35. L.2.C.in quib.caus.i.i.r.2,40*[41]). Dagegen bestimmt Justinian (*L.5.C.eod.* v.531.), in den Fällen, in welchen nach älterem R. minores wegen des Zeitablaufs in int. restituiert worden seien, laufe nun die Verjährung gar nicht; hinsichtlich der 30- oder 40jährigen Verjährung aber bleibe es beim älteren Rechte: diese läuft also ungehindert. s. *Bg §145.not.31. Pfeiffer* Pract. Ausff. I. n°.3. VII.1. n°.3. „Ueber Dauer und Berechnungsweise der Verjähr. gegen Unmündige und Minderj.")

3) Gegen Hauskinder läuft wegen der s.g. Adventicien die 30jährige Verjährung nicht. *Bg §145.not.38.*

§. 158. Die hierhergehörigen Bestimmungen s. *Bg §149.* l. c. vgl. *Sav.* Syst. *§252. Unterh.88.* und oben §128. II. §163. Erbr. §108.

§. 159. *Sav.242.f.* [1]) *L.9.§3.D.de iure iur.12,2. L.8.i.f.D.de fideiuss.et nom.27,7.*

§. 160. γ'. Wirkungen der Klagenverjährung.

Bei 1) Realklagen [1.2]; 2) Personalklagen [3...8]. Ist die Klagenverjährungs-Einrede von Richteramtswegen geltend zu machen? [9...11]. Vertrag und Verzicht [12].

L.10.C.de præscr.l.t.7,33. L.26.C.de R.V.3,32. Unterh. Verj.I.§124. *Pu.* Inst.*§ 208. Sav.* Syst.*§ 261.* u.S.247.f. Die Klage aus der Hauptschuld hebt die Verj. auch der hypothekar. Klage u. die Anstellung dieser auch die Verj. jener auf. *L.3.C.de ann.exc.7,40.* 2) *Bg § 130.not.10.* 3) cit. *L.3.C.de ann.exc.* cf. *LL.3.7.pr.§ 5. C. de præscr.XXX.7,39. Sav.*VI. S.55. V.S.316.ff. *Bu.u.Bu.* Entscheidd.II.n°.20. 4) *LL.2.3.C.de ann.exc. Schultz* an et quando interpellatio extraiud. præscr. interrumpere possit. Gott.1804. *Martin* Rechtsgutachten.Hdlb.I.4.§§ 8.ff. *Unterh.§ 129.* 5) *L.5.§ 1.C.de recept.arbitr.2,56.* 6) *L.7.§ 5. L.8.§ 4.C.de præscr.XXX.7,39.* 7) *Unterh.262. Sav.*V.S.316. *Si.*I.S.300.f. 8) *L.5. C.de duobus reis 8,40.* 9) *L.7.§§ 1.5. L.8.§ 1.C.h.t.7,39. L.14.C.de fundis patrimonialibus 11,61.* vgl. unten II. § 27. 10) *Bg § 148 h.*

§. 160. 1) *L.8.§§ 1...3.C.de præscr.XXX. L.27.pr.D.de nox.act.* s.not.2. 2) II.§109. not.11. vgl. zu § 157. vom Zeitabl. bei der Klagenverj. n°.I.B.3. 3) Für die Fortdauer der naturalis obligatio sind *Donell.* comm.lib.XXII.c.2.a.E. *Averani* Interpp.II.12.§§ 19.sq. *Hommel* Rhaps. obs.481. *Glück* XIII. S.100.380. XX.S.162. *Weber* nat. Verb. § 92. und Beitr. zur Lehre v. Klagen. S.54.ff. *Thibaut* Verjähr.*§ 39.*S.118.f. *Dabelow* Verjähr.II.S. 203.ff. *Francke* Civ.Abh.n°.2. *Guyet* Arch.f.c.Pr.XI.n°.5. *Unterh.* Verjähr.*§ 258.* Schuldv. 233.293. *Pu.*(d.ä.) ger.Klag.S.96.ff. *Ro.*in s.Ztschr.I.S.156.ff. II.Heft3. *Koch* Fordd.*§ 184. Mü.481.*a.E.u.Forts.Glücks XXXV.S.462. *Pu.92.* Inst.208.a.E. *Gö.154.*u.bes.*Sav.248...51.* (am bestimmtesten S.373. not.*n.* und S.379.); dagegen *Voet* Comm.ad Dig.XLIV.3.§ 10. *Rave* de præscr.§§126.128. *Kori* Verjähr.*§§ 52.95. Sommer* R.wiss.Abh.I.Giess.1818.n°.1. *Löhr* i.Arch.f.c.Pr.X.n°.2. *Heimbach* in Ztsch.f.Civ.u.Pr.I.n°.22. *Vermehren* das.n°.9.f. *Wening-Ingenh.§ 43.* bes.*Büchel* Civilr.Erört.n°.1. *Thibaut* Pand.ed.VIII.§1019. *Ki.*S.210.ff. *Va.150. Si.31.*n°.III.*not.57.* vgl. auch *de Pfordten* De obl. civ. in naturalem transitu. Lips. 1843. 4) *Gai.1,158.* „..civilis ratio civilia quidem iura corrumpere potest, naturalia vero non potest“. Auch *Sav.*V.S.378.ff. geht richtig davon aus, daß die naturalis, die im ius gentium wurzelnde obligatio nicht durch eine lediglich auf röm. ius civile gegründete exceptio (wie die SCti Maced., rei iud., litis legitimis temporibus transactis finitæ [s. § 161.] u.s.w.), wol aber durch eine schon im ius gentium gegründete (wie die pacti, doli, iuris iur.) aufgehoben werde; und er zeigt, weshalb ausnahmsweise die bloß civilrechtliche exc. SCti Vellæiani doch die naturalis obl. zerstöre. 5) *L.7.§ 1.C.de præscr. XXX.7,39.* vgl. zu § 157. vom Zeitablauf bei der Klagenv. I.B.3. — obgleich außerdem durch Verj. der Klage aus der Hauptforderung selbst die aus neueren accessor. Forderungen mitverjährt, s. oben § 157.not.11. unten II.§110.nott.1.2. *Ro.* üb.d.obl.nat. mit bes.Rücks. auf die Wirks.des Pfdrts., in dessen Ztschr.I.S.123.ff. 6) II. §123.not.3.; freilich kann nicht von der erst im 5.Jahrh. entstandenen Klagenverj. verstanden werden die gewiß auch nicht interpolierte Stelle *Paul. L.37. D. de fide iuss.44,1.* „Si quis *postquam tempore transacto liberatus est*, fide iussorem dederit, fide iussor non tenetur; quoniam erroris fide iussio nulla est“. *Francke* Civ.Abh.S.75. bezieht diese Stelle und Ulpians *L.18.§ 1.D.de pec.const.13,5.* (diese auch *Pu.*) darauf, daß „sponsor et fide promissor per legem Furiam biennio liberantur“ (*Gai.3,121.*); *Unterh.*II.S.313. (od.*Schirmer* S.297.) und *Pu.* Vorll.I.Beil.VI. auf einen auf bestimmte Zeit beschränkten Vertrag, eine obligatio ad tempus; *Sav.*V.S.398.f. (gegen diesen *Pu.*) erklärt sie entweder von der Klagenverjährung, einem per exceptionem Freiwerden des Bürgen, weil dieser die Exceptionen des Hauptschuldners (hier temporis præscriptio) mitgenießt, oder von der Processverjährung. s. den folg.§161. 7) α') *L.6.D. de compens.16,2. L.26.§ 1. LL.24.15.pr.D.de condict.ind.12,6.* β') *L.40.pr. L.19.D.eod.*

§. 161. 5. (Proceſsverjährung des alten Rechts[1.2] und) Verjährung der Litispendenz[3...5].

§. 162. B. Exceptiones u. fernere Parteivorbringungen. (*Bg§131v'...o'. Abr.§55.*) Verschiedene Bedeutung der vom Beklagten der Klage entgegengesetzten, sie nicht ipso iure als unbegründet hinstellenden thatsächlichen Behauptungen: præscriptiones und exceptiones und deren Arten. Parteivorbringungen nach der exceptio.

L.9.§§4.5. L.10.D.adSC.Mac.14,6. γ') *L.14.D.de compens.* „Quæcumque per exceptionem perimi possunt, in compensationem non veniunt". *Bg§131.not.100.* u. cit. *L.26. §3. D. de cond.ind.* „Indebitum solutum accipimus ... et si per aliquam exc. perpetuam peti non poterat, quare hoc quoque repeti poterit, nisi sciens se tutum exceptione solvit". näher bestimmt durch not. β'. Zu allgemein behauptet umgekehrt *Pu.*Inst.*§208.*a.E. die Compensabilität verjährter Forderungen. [8]) s. §154.nott.12.ff. [9]) *Anastas.L.4.C. de præscr.XXX.7,39.* „.. cunctas .. temporales exceptiones, quæ ex vetere iure vel ex principalibus decretis descendunt, tamquam si per hanc legem specialiter ac nominatim fuissent enumeratæ, cum suo robore durare et suum cunctis, quibus competunt vel in posterum competere valuerint, pro suo videlicet tenore præsidium in perpetuum deferre decernimus ..". (a.491.) cf. *L.1.pr.C.de ann.exc.7,40.* [10]) *Iustinian.cit.L.1.C.7,40.§1.* „.. Nemo .. audeat neque .. cuiuscumque personalis actionis vitam longiorem esse XXX annis interpretari ..". *Id.L.2.pr.C.de const.pec.4,18.* „.. in tali vitæ mensura, in qua omnes personales actiones positæ sunt, i.e. annorum metis XXX ..". [11]) *Bülow* u. *Hagemann* Prakt.Erörtt.I.n°.74. VII.n°.4. „Die Einr. der Verj. kann der Richter nicht ex officio suppliren". *Sommer* rechtswißensch. Abh. I. S.8. *Linde* Proc. ed. VI. §156. dagegen *Pfeiffer* Pract.Ausf.I.n°.2.VII.n°.2.ibiq.citt. [12]) s. §156. nott.15...17.

§. 161. *Unterh.*Verj.*125.* *Linde* Verjähr.des Processes und der Litispendenz, in Ztsch. f.Civ.u.Pr.II.n°.5. *Francke* Begriff der Litispendenz, Arch.f.civ.Pr.XVI.n°.16. *Sav.*Syst.V. S.322.ff. *Buchka* Einfl.des Proc.II.S.42.ff. *Gö.155. Va.152.* [1]) *Gai.4,104.sqq. Bg§131. not.16. Pu.*Inst.*§§159.268. not.f.* *Keller* Civilpr.§45 n°.1. §70. *Rud.* R.R.G.II.§75.n°.2. Im just. R. sind noch folgende Spuren davon übrig: *L.32. D. de iud.5,1. L.18.§4.D.de d. m.4,3. L.2.D.de div.temp.pr.44,3. L.3.§1.D. quæ in fraud.cred.42,8. L.30.§1.D.ad L.Aq. 9,2. L.2.D.iudic.solvi 46,7. L.8.§1.D.rat.rem 46,8.* s. *Francke* Civ.Abh. S.74.ff. *Keller* Lit.Cont.S.131.ff. *Linde* l.c.S.154.ff. *Pu.*Inst.*159.*a.E. [2]) *L.13.C.de iudic.3,1.* vgl. *L. 5.§4. C. de temp. appell.7,63.* (annale tempus); *L.8.C. de d. m.2,21. L.5.C.de naufr.11,5. Nov.93.* (2 Jahre); *L.7.C.de i.i.r.2,53.* (4 anni continui) u. *c.20.X.de iudic.2,1.* cf. *Pu.*Inst. *§185.*nach *not.k.* [3]) *L.un.§2.Th.C.de act.certo temp.finiendis 4,1.* [4]) *L.9.C.de præscr. XXX.7,39. L.1.§1.i.f.C.de ann.exc.7,40.* [5]) s. oben §151.a.A. *Va.*l.c.Anm.2.n°.2. will die Verjähr. der Litispendenz bei Temporalklagen erst nach der Litis Contestation für zulässig halten.

§. 162. Quellen s. *Bg§131.*n°.III. *cf.*Quarum rerum actio non datur *Dig.44,5. Cod.* De ordine iudiciorum *3,8.* und De ordine cognitionum *7,19.* De exceptionibus: *X.2,25. inVI°.2,12. Clem.2,10.* und J.R.A. oben zu §151.not.4.cit. Litteratur: *Io.Zanger* de exceptionib.ed.I.1592.ed.Senckenberg.Ff.1734. *Rivini* spec.exceptionum forensium, ed.VII. Hal. et Lips.1730. *Wehrn* Theor. prakt.Grdr.d.L.v.gerichtl.Einwendungen. Lpz.1790. *Schmidt* v.ger.Kl.und Einreden. *Gesterd.* Ausbeute II.n°.5. III.n°4. IV.n°.4.2. *Si.*Beitr.z.d.L. v.d.Einreden, in Zu Rheins Jahrb.des gem.d.Proc.Bd.1. u. in Ztschr.f.Civ.VI.n°.13. *Knappe* Entw.des Begr.der Except. München 1835. *Albrecht* die Except.des gem.d.Civilpr., geschichtl. entw. München 1835. *Ro.* üb. exc. im allgem. und die non adimpl.contr., non num.pec. und legis Anastasianæ insbes., in dessen Ztschr. II. S.336.ff. *Bg* Grdr. des Civilpr. §§56.78.ff. *Heimbach* v.Einrede in Weiske III.S.673...809. *Reinhold* Einr.u.Beweislast i.Ztschr.f.Civ.u. Pr.N.F XIII.n°.1.6. *He.I.53...56. Se.32...34. Gö.160...63. Mü.141. Pu.93...95.*Inst.*170* ff.

C. Außerordentliche gerichtliche Schutzmittel. (*Bg §132.*)

§. A. Cautiones s. oben § 143.

§. 163. B. Missiones in bona, Besitzeseinweisungen. (*Bg §132 a...e. Abr. § 57.*)

C. In integrum (od. integri) restitutio [i.i.r.].* (*Bg §132 f...t. Abr. §58.*)

§. 164. 1. Allgemeine Bedeutung der Wiedereinsetzung in den vorigen Stand. (*Bg § 132 f...p.*)

A. o., auf æquitas beruhendes Rechtsmittel[1]; im Gegensatz zu den ordentlichen Rechtsmitteln[2,3]. Das unrichtig s.g. iudicium rescindens und das iudicium rescissorium[4].

---

*Ro.60. Va.154...57. Ki.*I.S.175...88. *Si.32. Ar.100.103. Br.40*a.ff. *Sav.* Syst.V.§§ 226...29.253...55. *Scheurl* Inst.*47. Keller* Civilpr.§§ 34.ff. *Rud.* R.R.G.§§ 31.ff. vgl. auch die Lehrbb. des Civilprocesses und *Linde* über die gesetzl. Folgen der nicht nach Vorschr. der Gess. geschehenen Kriegsbefestigung, in dessen Abhh. aus dem Civilproc. Bonn 1823. n°.1. *Werner* Qui excipit, non fatetur, i. Arch. f. civ. Pr. XI. n°.4. vgl. *Si.* in Ztschr. l.c.

§. 163. Quellen s. *Bg* l.c. n°.1. u. unt. II. §§ 94.164.208.220.226. Erbr. §§ 83...86.146. Ut in poss. legator. servandor. c.: *Dig.36,4. Cod.6,53*[*54*].; De ventre in poss. mittendo: *Dig.37,9.*, De Carboniano edicto: *Dig.37,10. Cod.6,17.*, De damno infecto: *Dig.39,2.*, De edicto divi Hadr. tollendo: *Cod.6,33.*, De prætorio pignore: *Cod.8,22.*, De rebus (bonis) auctoritate iudicis possidendis: *Dig.42,5. Cod.7,72.* (s. insb. *Cicero* pro Quinctio u. dazu *Keller* in *Bg not.* cit.* De eo qui mittitur in poss. causa rei servandæ: *X.2,15. in VI°.2,7.* Litteratur: *Donell.* Comm. XXIII. c.11.12. *Schröder* de nat. et eff. pignor. prræt. Marb. 1751. §§ 1...87. *Böhmer* I.E.P. lib. II. tit. 15. *Stieber* de bonor. empt. ap. Romm. I. c.2. §§10. sqq. *Zimmern* R.G. III. §§ 76. f. 84. ff. *Hollweg* Hdb. des Civilproc. I. S.340. ff. *Koch* Forbb. *§ 189.* u. bes. *Bachofen* Pfandr. I. n°. XIII. *Dernburg* Pfdr. § 51. f. *Keller* Civilpr. § 78. *Rudorff* R.R.G. II. § 57. *He.I.62...64. Mü.156.*f. *Gö.194.*f. *Ro.62. Si.35.*n°.II. *Ar.93.*n°.2. *Br.204.* vgl. *Löhr* Die b.p. ex ed. Carbon. ist eine missio in poss. in Grolmans Mag. II. n°.9. das. III. S.195. f. und Dens. üb. das Pfandr. der Legatare im Arch. f. civ. Pr. V. n°.7.

*) Quellen (am vollst. angeg. bei *Burchardi* S.23...27.) s. *Bg* l.c. u. De in int. rest.: *X. 1,41.* De restit. in int.: *in VI°.1,21. Clem.1,11.* Litteratur: (vgl. *Burchardi* S.29...37.) Varior. ICtor. tractatus de r.i.i. Ff. 1586. IV. fol. *Cuiac.* Comm. ad titt. de i.i.r. *et c. Donell.* XXI. c.4...14. *Dompierre de Jonquières* Spec. de r.i.i. L.B. 1767. *C.G.Biener* hist. iur. civ. de rest. i.i. Lips. 1794. *Glück* V. S.392. ff. VI. S.1. ff., *Sav.* Syst.*315...43. Zimmern* R.G. III. §§ 101...7., die Werke von *Burchardi* [hier u. im ff. *Burch.*], *Schröter* i. Ztsch. f. Civ. u. Pr. VI. n°.3. *Schneider* Die allg. subsid. Klagen S.216...307. *Schmidt* v. Ilm. Civ. Abhh. S.4...8. *Koch* Forbb. *185...88. Rukstrat* v. der i.i.r. in Ztschr. f. Civ. u. Proc. N.F. IV. n°. VIII. *Bonjean* Traité des actions II. §§ 353...59. *Heimbachs.* 'Restitution' im Rtslexic. IX. *Keller* Civilpr. §§ 79.80. *Rudorff* R.R.G. II. § 58. *Pu.* Inst.*177.209. Scheurl* Inst.*58. He.VI.1...30. Se.665...74. Mü. 158...66.603.*f. *Gö.177...93. Pu.100...107. Ro.63...69. Rud.101...5. Va.175...88. Si.36. Ar.117...25. Br.36...39.*

§. 164. [1]) Vgl. oben §§ 72.121.149.155. *Sav.* Syst.*§§ 315...17. Schneider* S.217. ff. *Paul.R.S.1,7.§1.* „Integri restitutio est redintegrandæ rei vel causæ actio". s. *Bg not.17. Ulp.L.16.pr.D.de min.4,4.* „In causæ cognitione etiam hoc versabitur, num forte alia actio possit competere citra in integrum restitutionem, nam si communi auxilio et mero iure munitus sit, non debet ei tribui extraordinarium auxilium". (vgl. ob. §155. not.2. und *L.7.i.f.D.h.t.4,1.*) *Paul.L.26.D. ad munic.50,1.* „...magis imperii sunt, quam iuris dictionis ... in integrum restituere, aut bona ... iubere possīdēre". [2]) *Bg not.33. Burch. §§19.20. Schröter* S.113. ff. 130. f. *Schneider* S.256. ff. Verwechselung des e.o. auxilium der i.i.r. mit ordentlichen Rechtsmitteln aus gleichen Gründen z.B. *Mü.160.163.*ff.

2. Erforderniſſe der in integrum restitutio in Beziehung auf die

S. 165. a. Perſonen.

I. Parteien[1], 1) Implorant (Impetrant)[2.3], 2) Implorat (Impetrat)[4...10]. II. Richter[11].

b. Sache.

S. 166. α. Auszugleichender Schade. (*Bg § 132 q.*)

Grund, Art und Bedeutung des Schadens[1...6]. Fälle der beſchränkten[7] oder ausgeſchloßenen in integrum restitutio[8].

---

1) *Bg §132 h...k.* 1) *Bg §132 l,m.* u. unten § 171. *Burch.24...26.* beſ. S.493.ff. *Huschke* in der Tübinger krit. Ztſchr. II. S.162...69. *Sav.* Syſt. § 337.

S. 165. 1) Qui et adversus quos i. i. restitui non possunt: *Cod.2,12[11].* 2) *L.6. D.h.t.4,1.* „..omnium qui ipsi potuerunt restitui i.i., successores i.i. restitui possunt". 3) *Paul. S.R.1,9.§6. L.3.§4. L.13.pr.D.de minor.4,4. L.51.D.de procur.3,3. L.7.§1.D.de except.44,1. L.95.§3.D.de solut.46,3. Cod.de fideiussor.minor.2,23[24].* vgl. *Glück* V. S. 561.ff. *Burch.* S.569.ff. *Gö.185. Va.183.* Anm.1. *Sav.* Syſt. § 335. 4) *L.9.§§4.8.D.q.met.c.4,2. L.15.D.de min.4,4. L.39.pr. D.de evict.22,2. § 2. I.de act.4,6.* 5) *L.2.C.h.t.2,42. LL.5.§1....7.D.de obseq.par.37,15.* ſ.II.§289.not.15. Die *Nov.155.*, nach deren *c.1.* der Sohn reſtituiert werden kann gegen ſeine wiederheiratende Mutter, die ſeine Vormünderin war, iſt ungloſſiert. 6) *L.2.C.si adv.donat.2,29[30]. L.9.§1.C.de bon.q.lib.6,61.* 7) *L.3.§6. D.de minor.4,4.* cf. *L.6.§1.D.de B.P.37,1. L.9.pr.Th.C.de bon.damn.9,42.* 8) *L.2.C.si adv.rem iud.2,26[27]. L.5. C.ne de statu defunctorum post quinquennium queratur 7,21.* vgl. überhaupt *Sav.* Syſt.336. 9) *Bg not.37.* unten § 171. *Sav.* Syſt. § 334.

S. 166. *Tit. Cod.lib.2,40.* [oder *41.* und ſo im ff.]: In quib. causis i.i.r. necessaria non est. *Cod.2,[27].* 26) Si adversus rem iudicatam i.i.rest. postuletur. 27) Si adversus venditionem. 28) Si adversus venditionem pignorum. 29) Si adv. donationem. 30) Si adv. libertatem. 31) Si adv. transactionem vel divisionem i.i. minor restitui velit. 32) Si adv. solutionem a tutore vel a se factam. 33) Si adv. dotem. 34) Si adv. delictum. 35) Si adv. usucapionem. 36) Si adv. fiscum. 37) Si adv. creditorem. 38) Si minor ab hereditate se abstineat (*Greg.Cod.2,(4.)17.*), 39) Si ut omissam hereditatem ... adquirat. (Cf. etiam *Greg.Cod.2,(3.)*? [Berol.2,1. Schult.2,2.]: Si adv. donationes sponsis factas i.i. quis restitui velit.) 1) *Bg not.18.* 2) *Ulp.L.11.§5.D.de min.4,4.* „..non restituetur qui sobrie rem suam administrans occasione damni non inconsulte accidentis, sed fato, velit restitui: nec enim eventus damni restitutionem indulget, sed inconsulta facilitas ... Si minor sibi servum necessarium comparaverit, mox decesserit [näml. servus], non debere eum [näml. minorem] restitui; neque enim captus est rem sibi emendo pernecessariam, licet mortalem". 3) *Bg not.19. Paul.L.27.D.ex quib.caus.mai.4,6.* „Et sive quid amiserit, vel lucratus non sit, restitutio facienda est, etiamsi non ex bonis quid amissum sit". *L.7.§6.D.de min.4,4. L.17.§3.D.de usur.22,1.* u.ö. 4) *LL.16.pr. 24.§4. L.39.§1.D.de minor.* vgl. *L.4.C. in q.caus.i.i.r.nec.non est 2,40.* vgl. §155.a.E. §169.a.E. 5) *Call.L.4.D.h.t.4,1.* „Scio illud a quibusdam observatum, ne propter satis minimam rem vel summam, si maiori rei vel summæ præiudicetur, audiatur is qui i.i. restitui postulat". *L.24.§2.D.de min.4,4. LL.18.22. §7.D.ex q.c.mai.4,6.* u.ö. 6) *L.37.D.de minor.4,4. L.18.D.ex q.caus.mai.4,6. L.7.§1. D.de iniur.47,10.* 7) *Macer L.8.D.de i.i.rest.4,1.* „Inter minores XXV annis et eos qui rei publicæ causa absunt hoc interest, quod minores annis, etiam qui per tutores curatoresve defensi sunt, nihilo minus in integrum contra *rem publicam* (auch die Baſiliken *10,1.c.8.* haben κατὰ πόλεως [nicht κατὰ πόλιν]; ſchon *Govea* berichtigte rem iudicatam: ſtatt R. I. las der Schreiber R. P.) restituuntur, cognita scilicet causa; ei vero qui reip. causa absit, ceteris quoque qui in eadem causa habentur, si per procu-

β′. Restitutionsgründe*). (*Bg § 132 r,s.*)

S. 167. a. Minderjährigkeit und analoge Gründe. (*Bg not.39.*)

Wiedereinsetzung des minor[1] im allgemeinen[2...5], und in rem[6]. Wirkung der venia ætatis+. Wegfall der in integrum restitutio minoris aus allgemeinen Gründen[7] oder zufolge besonderer Bestimmungen[8]. Analoge Restitutionen anderer Personen[9...13].

---

ratores suos defensi sunt, hactenus i.i.restitutione subveniri solent, ut appellare his permittatur". vgl. *Bg not.25. Cod.h.t.2,40*[*41*]. *L.3.§1.D.de eo per q.fact.2,10. LL.2.i.f.3. D.siq.caut.2,11. c.20.21.X.de sent.et re iud.2,27. Hagemann* Pract.Erörtt.VI.n°.IX.X. *Linde* Lehre v. d. Rechtsmitteln §§ 276.ff. *F.Hänel* i.i.r. geg. rechtskr.Entscheidd. in Tauchnitz Ztschr.f. Rechtspfl.IX.4.H.(Leipz.1850.) Von Strafurtheilen gilt nicht dasselbe; gegen sie wird nicht restituiert (*L.1.§10.D.de postul.3,1. L.37.L.9.§4.D.de min.4,4. L.45.§1. D. de re iud.42.1. L.27.pr.D.de pœn.48,19.*); Begnadigung kann dagegen eintreten, die in *L. un. §2. D.ad L. Iul.amb.48,14.* gemeint ist. [8]) Ausgeschloßen ist die i.i.r. gegen α′) Ehe: *c.9.X.de desp. impub.4,2.* cf. *Brachylog.* § 7. *de præscr.2,11.* p.45.sq. ed.Böcking. *Burch.* S.141.ff., auch *Pu.§107.n°.2.* u. *Sav.§321.* haben diese Stellen übersehen, und erstrer bestreitet daher den Satz selbst als nur von den Praktikern herrührend. vgl. *Böhmer* Exercitt.ad Pand.II.n°.34. Von Rest. Minderjähriger gegen Verlöbnisse: *Gesterding* Ausb.VI.2.S.221.f. β′) deferierten Eid; gegen Ableistung gerichtlich aufgelegter Eide kann wegen neu aufgefundener Urkunden i.i.rest. werden. *L.32.D.de iureiur.12,2.* vgl. § 97.not.6.7. γ′) gehörig abgehaltene fiscalische Verkäufe: *LL.5. cf.1.2.C.de fide et iure hastæ10,3. LL.2.3.C.si adv.fisc.2,36*[*37*]. cf.II.§42. δ′) Ablauf der 5 Jahre dauernden Klagen de statu defunctorum (*Cod.ne de st.def.7,21.*) u. ε′) der Restitutionsfrist selbst (*L.20.pr.§1. LL.21.39.§1.D.de min.4,4.*), ϛ′) zulässig ist i.i.r.nur aus dringenden Gründen gegen Verjähr.der inoff.querela (*L.8.i.f.D.de inoff. test.5,2.*) ausgeschloßen gegen ζ′) die wenigstens 30jähr.Klagenverjähr. *Bg§149.not.30.* u. η′) die Freiheit: *Cod.si adv.libertatem2,30*[*31*]. Daß gegen venia ætatis die i.i.r. unzuläßig sei, behauptet irrig *Gesterding* VI.S.214.ff. Daß gegen das Zuviel- oder Zuwenig-Einklagen regelmäßig nicht rest. wird (*Gai.4,53.57. Consult.5,3.*), fällt nach just. R. hinweg. *§33.I.de act.4,6.* [Strafprocessrechtlich ist, daß nicht rest. wird gegen Verjährung und Verzicht auf Accusationen: *L.37.D de min.4,4. L.18.D. ex q. caus.mai.4,6.*] Versäumniss dilatorischer Einreden rechnet *Burch.* S. 139. auch zu den Ausnahmen, was sich aber nicht rechtfertigt aus *L.12.C.de exc.8,36.* cf. *Gai.4,125.*; unsre Praxis läßt sie bis zum Urtheil zu, falls sie der Excipient bei der Einlaßung nicht gekannt hatte.

*) *Ulp. et Paul. LL.1.2.D.de i.i.r.4,1.* „Utilitas huius edicti non eget commendatione, ipse [*titulus*] enim se ostendit [*se declarat*]: nam sub hoc titulo plurifariam [cf. §170g.] prætor hominibus vel lapsis vel circumscriptis subvenit, sive [§169b,c.] metu sive calliditate sive [§167a.] ætate sive [§170f.] absentia inciderunt in captionem", „sive [§168b,c.] per status mutationem aut iustum errorem".

S. 167. a) *Dig.4,4. Paul.S.R.1,9.*: De minoribus XXV ann. *Cod.2,21.*[22.u.s.w.] De i.i.r.minorum XXV annis. bis *tit.45*[*46*]. *Burch.13...16. Sav.* Syst.322...24. [1]) *Bg § 122.not.12.* vgl. über die Einrechnung der Zeit der minor ætas in Verjährungsfristen *L.2. C.de filio fam.minore2,22*[23]. und ob. zu § 157.geg.E.n°.II.2. [2]) *Ulp.L.1.D.h.t.4,4.* „..nam cum inter omnes constet fragilem esse et infirmum huius modi ætatium [junger Menschen] consilium et multis captionibus suppositum, multorum insidiis expositum, auxilium eis prætor hoc edicto pollicitus est et adversus captiones opitulationem. §1. Prætor edicit QVOD CVM MINORE QVAM XXV ANNIS NATV GESTVM ESSE DICETVR, VTI QVÆQVE RES ERIT ANIMADVERTAM". cf. *L.11.§5. L.18.pr.D.eod.* [3]) *L.38.pr. LL. 22.24.pr.D.eod. L.1.C. de filio fam.minore2,22*[23]. *Greg. Cod. si minor ab hereditate se abstineat2,4*[17.ed.Hæn.] *L.2.C.si adv.vend.pign.2,29.* [4]) *L.23.D.h.t.* [5]) §§ 166.not.4.

§. 168. b. Capitis minutio. c. Irrthum.

b) Schon im just. R. ohne Bedeutung. c) Irrthum [1.2], auch als entschuldbarer iuris error [3...5].

---

[6]) *LL.13.sqq.D.de minorib. Paul.S.R.I.7,4.* s.unten §173.a.E. *Sav.§§ 336.343.* +) *Cod. De his qui veniam 2,44[45]. Bg § 38 n.* [7]) α′) si minor se maiorem dixerit (*Cod.2, 42[43].*), *Th.C.2,17.*, *Cod. si in communi eademque causa i.i.r.postuletur 2,25[26].* [„Errantibus, non etiam fallentibus minoribus publica iura subveniunt". „Malitia supplet ætatem".], β′) si maior factus ratum habuerit [*vel renuntiaverit restitutioni*] (*Cod.2, 45[46].* cf. *Greg. Cod. si maior fuerit probatus 2,5.* [*21.* ed. Hæn.] *LL.20.i.f.21.30.D.de minor.* γ′) gegen Nachtheile aus Delicten (*Cod.si adv.delictum 2,35[36]. L.9.§2.D.de minor.* vgl.auch *L.12.§11.D.mandati 17,1.*) δ′) wenn er mündig das Geschäft eidlich bekräftigt hat (s.§ 97.), ε′) gegen freiwillig eingegangene Ehe (§166.not.8 α′.), ς′) wegen Collision mit einem andern gleichartigen und gleichstarken ius singulare (*Bg §128.not.26.*), ζ′) wenn die Rest. im Erfolg nur einem Andern zu Gute käme, z.B. ein filius f. minor iussu patris obligatus est (*L.3.§ 4. D.de min. L.2.C.de filiof.min.*), η′) wenn es an ausreichender Läsion fehlt (*L.2.C.si adv.vend.pign.2,28[29]. L.1.C.si adv.don.2,29[30]. L.1.§ 1. C.de plus pet.3, 10.*u.s.w.) [8]) Nicht rest. wird der Minor gegen α′) Zahlungen an den Vormund unter obrigk. Decret (*L.7.§2.D.de min. L.1.C.si adv.solut.2,33.* u. das neuere R. in *L.25.C.de adm. tut.5,37. § 2. I. quib.alien.2,8.* cf.*L.2.C.de fide iussorib.minor.2,23[24]. Cod.si tutor vel curator intervenerit 2,24[25].*), β′) die Restitution durch den Vater für ihn während seiner Kindheit gemachter Erbschafts-Annahme oder Ausschlagung (*L.8.§6.C.de bon.q.lib.6,61.*), γ′) Vergleiche naher Verwandter über Vermächtnisse an Ueberlebende (*L.11.C.de transact. 2,4.*), δ′) Borg zur Loskaufung seines Erblaßers aus der Gefangenschaft (*Nov.115.c.3.§13.*), ε′) gehörige Schenkungen ante nuptias (*L.1.C.si adv.donat.* vgl. *L.un.Greg.Cod.Si adv. donatt. sponsis factas quis i.i.r–i velit* 2.ed.Hæn.2,3.?), ς′) Nachtheile, welche ein Minor durch Ausübung eines Berufs oder Gewerbes, wozu er öff. auctorisiert war, erlitten hat, nach gemeiner Praxis (vgl. *Glück* V.S.546.ff.). Veraltet ist, daß der Minor nicht rest. wird gegen Processverjährung (*L.13.§11.C.de iudic.3,1.*), und unbegründet, daß nicht gegen Verzicht auf die Inofficiositätsquerel: die *L.1. C. de i. i. r. min.2,21[22]* schlägt einer Frau als solcher, nicht einem minor, die Rest. ab. vgl.*Burch.*S.252.f. [9]) *L.4.C.ex quib. c. mai. 2,53[54]. L.3.C.de iure reip.11,29. L.1.C.de off.eius qui vic.1,50. Burch. § 16.* Dagegen behauptet *Sav.* Syst.VII. S.161.185. die Corporationen seien vielmehr nach Analogie der Abwesenden zu behandeln. [10]) *c.1...10.X.de i.i.r.1,41. c.11.X.de reb.eccl.3,13.* [11]) *Glück* VI.S.24.not.100. s.aber *Burch.*S.261.ff. u.*Sav.*Syst.VII.S.160.f. [12]) s. *Burch.*S.259.ff. *Sav.*l.cit. [13]) *c.1.2.VI.h.t.1,21. Clem.un.eod.1,11.* „..et causa restitutionis huiusmodi finiri debet infra [binnen] quadriennium continuum a tempore læsionis..". s.not.4.zu §172.

§. 168. b) *Ulp.L.2.§1.D.de cap.min.4,5.* „Ait prætor QVI QVÆVE POSTEA QVAM QVID CVM HIS ACTVM CONTRACTVMVE SIT, CAPITE DEMINVTI DEMINVTÆVE ESSE DICENTVR, IN EOS EASVE PERINDE QVASI ID FACTVM NON SIT, IVDICIVM DABO". s.*Bg §132.not.42. L.2.D.de i.i.r.4,1.* und gegen die Behauptung (*Va.§187.*), daß diese Restitution bei uns noch anwendbar sei, s.oben §§ 22.24. und *Burch.§17. Pu.102.not.6. Sav.333. Rud.* R.R.G.§ 58.g.E.

c) Quellen: De iur.et f.ign.: *Dig.22,6. Cod.1,18.* Quod falso tutore auctore gestum esse dicetur: *Dig.27,6.* [sollte im 4. Buch der *Dig.* stehen.] *L.2.D.de i.i.r.4,1. Burch.§ 21.* u.das.Citt.S.383.not.1. *Francke* Beitr.n°.3. *Sav.*Syst.*§ 331.* [1]) s. oben not.*. cf.*Bg § 86. not.10. Gai.4,53.57. § 33.I.de act.4,6.* und not.3. [2]) *Ulp.L.1.§6.D.quod falso 27,6.* „Ait prætor SI ID [i.e. falsum tutorem auctoritatem suam adcommodasse] ACTOR IGNORAVIT, DABO IN INTEGRVM RESTITVTIONEM. Scienti non subvenit..". *Paul.L.4.eod.* „Minori XXV ann. succurretur, etiamsi scierit". *Bg §132.not.43.*, oben §151. unten III.§ 53. *Rud.*Vorm. II.§124. [3]) Die i.i.r. gegen plus petitio fällt jetzt von selbst weg. s.zu §166.a.E.; eben

S. 169. d. Vis et metus und e. Dolus. (vgl. *Bg §132. nott. 27. 41.*) d) Bedeutung und Anwendungsfälle [1...4]. e) Concurrenz auch dieses Restitutionsgrundes mit anderen [5]; auch mit Contractsklagen? [6...8]. Verhältniss zur actio doli [9]. Anwendungsfälle [10].

---

so sind in unsrem Civilprocess unanwendbar die aus *L.2.D.de exc.rei iud.44,2.* vgl. *Gai. 4,123.*, und aus *L.11.§§8...10.D.de interr.in iure 11,1.* Es bleiben also als noch praktische Beispiele nur *L.8.§2.D.qui satisd.2,8.*, *L.13.pr.D.de inst.act.14,3.* *L.11.pr.D.de exc.rei iud.*, *L.21.§1.D.ad SC.Silan.29,5.* und *L.17.D.de his quæ ut ind.34,9.*, *L.1.§17.D.de separat.42,6.* [4]) *Ulp.L.1.§5.D.de edendo 2,13.* „Iis qui ob .. rusticitatem vel ob sexum lapsi non ediderunt vel ex alia iusta causa, subvenietur". cf. *L.2.D.de confess.42,2. Bg §97.not. 4b...d.* vgl. *Burch.* S.253...57. [5]) s. z. B. Dubium camerale v. 19. Mai 1786. (bei Emmingh. Corp.jur.germ.1844.S.586.), dagegen Präjudiz des O.A.G. Jena v. 22. Oct. 1818. (ibid. S.662.)

S. 169. d) Quellen s. *Bg §§ 86.132.not.41.*, wo auch das Edict. vgl. *Bg § 86.not.5.* De his quæ vi metusve causa fiunt: *X.1,40. in VI°.1,20. Klien* i. Arch. f. civ. Pr. I. n°. 16. *Burch. §19. Sav.* Syst. *§ 330.* [1]) §164.not.2. [2]) *L.1.D.q.met.c.4,2.* [3]) *L.1.D.de i.i.r. 4,1.* [4]) *Bg §132.not.27.* α′) *Ulp. L.9. §§ 3.4. D.h.t.4,2.* „.. scio .. metu cuidam illato ... rescriptum esse, posse eum a prætore i.i.r. postulare .." und „Volenti .. datur .. actio .. rescissa [durch *i.i.r.*] acceptilatione ..". cf. *L.3.C.de his q.vi 2,19[20].*: „.. dari actionem secundum formam perpetui edicti ..". β′) *Paul.L.21.§5.D.h.t.4,2.* „Si metu coactus adii hereditatem, .. *per prætorem* [s. *Bg §132.not.17.*; bei der q.met.c. *actio* würde per *iudicem* restituiert] restituendus sum, ut abstinendi mihi potestas tribuatur". *Pap.L.85.D.de adq.her.29,2.* Nicht entgegen ist *Ulp.L.6.§7.eod.* „Celsus .. scripsit eum qui metu verborum [*verberum?*] vel aliquo timore coactus *fallens* [simulierter Weise, ja nicht mit Brencman „pallens"] adierit hereditatem, sive liber sit, heredem non fieri placet, sive servus sit, dominum heredem non facere". s. *Bg § 86. not.12.* γ′) *Alex. L.1.C.de rescind.vend.4,44.* „Si pater tuus per vim coactus domum vendidit, ratum non habebitur quod non bona fide gestum est: malæ fidei enim emptio inrita est. aditus itaque nomine tuo præses prov. *auctoritatem suam interponet*, maxime cum paratum te proponas id quod pretii nomine inlatum est, emptori refundere". δ′) *Gai. L.25.pr.D.de min.4,4.* „Illud nullam habet dubitationem, quin minor si non debitum solverit ex ea causa ex qua iure civili repetitio non est danda, sit ei utilis actio ad repetendum, cum et maioribus xxv annis iustis ex causis dari solet repetitio".

e) Quellen: *Bg* zu *§105.* cf. De dolo et contumacia: *X.2,14. in VI°.2,6. Clem.2,1. Extr.comm.2,3. Burch.§18. Sav.* Syst. *§ 332.* [5]) oben §155.not.2. [6]) *Bg §132.not.27.* [7]) wie *Burch.* S.361.ff. *Schröter* S.128.f. *Va. §177.* Anm.1.n°4. *§185.* Anm.III.5. annehmen, gegen *Schneider* S.245.ff. s. *Bg §132.not.32.* [8]) *Consult.c.2.9. L.3.C.quib.ex c.mai.2,53[54].* „officio iudicis", *L.3.C.comm.utr.iud.3,38.* „solet subveniri", *L.10.C.de resc. vend.4,44.* „i. i. r. competit", *L.5.eod.* „præses pr. rescindi iubebit", *L.8.C.eod.* „ne habeatur rata venditio", *L.10.C.de distr.pign.8,28.* „revocari". vielleicht gehört selbst die Stelle der not.4γ′ hierher. cf. *Ulp.L.8.§4.D.si serv.vind.8,5.* „plane si non utendo amisit [*servitutem*] dolo malo domini ædium post litem contestatam, restitui ei oportet, quemadmodum placet in domino ædium". vgl. §151.not.10. §154.not.4. [9]) vgl. *Burch.* S.8.ff. [10]) Von der doli actio s. II. §237. Anwendungsfälle der i. i. r. wegen dolus: α′) litis restitutio dessen qui absens rem amiserat, si fraus ab adversario intervenerit. *Marcell. L.7.D.de i.i.r.4,1.* β′) des auf Aussage bestochener Zeugen Verurtheilten. *Callistr.L.33.D.de re iud.42,1.* cf. *Paul.L.25.D.de d.m.4,3.* γ′) Rescission des auf falsche in iure responsio ergangenen iudicii. *Iul.L.18.D.de interr.in iur.11,1.* δ′) Rescission der in fraudem creditorum geschehenen Tradition: *§6.I.de act.4,6.* in II. § 245.not.1. s. *Schröter* S.131. *Schneider* S.271. *Va. § 178.* Anm.3. *§ 185.* Anm.III.

§. 170. f. Abwesenheit und g. Generalis clausula.

f) Bedeutung dieser in integrum restitutio maiorum im ursprünglichen Sinn [1...6]. g) Aeltere und neuere Bedeutung [7.8].

3. Das Verfahren bei der in integrum restitutio. (*Bg §132 f.*)

§. 171. a. Art.

Decret des magistratus und dessen Nachsuchung [1...3]. Verhandlung der Sache [4.5].

§. 172. b. Zeit.

Bedeutung des quadriennii [1.2]. Beginn seines Laufs [3.4].

---

§. 170. Ex quibus causis maiores XXV ann. i.i.r.: *Dig.4,6. Cod.2,53[54].* und *Cod.* De rest.militum et eor.qui reip.c.absunt *2,50[51].* De uxorib.militum et eor.q.reip.c.abs. *2,51[52]. Francke* Beitr.n°.3. *Burch.§12. Sav.*Syst.*§§ 325...29.* [1]) *Terent.* Phorm.[aufgeführt a.u.c.593.] II.4.✝.10...12. „.. quod te absente hic filius Egit, restitui in integrum æquom est et bonum Et id inpetrabis". [2]) *§§3...5.I.de act.4,6. c.Theophil.*ad hh.§§. *L.57.D.mandati 17,1. L.35.pr.D.de O.et A.44,7.* vgl.II.§53. [3]) *L.26.§7.D.h.t.4,6. L.11. D.quæ in fraud.42,8.* [4]) *Ulp.L.1.§1.D.h.t.4,6.* „Verba edicti tali sunt [f] SI CVIVS QVID DE BONIS [u.s.w., auch in *Bg §132.not.40.*]. [g] ITEM SI QVA ALIA MIHI IVSTA CAVSA ESSE VIDEBITVR, IN INTEGRVM RESTITVAM QVOD EIVS PER LEGES PLEBI SCITA SENATVS CONSVLTA EDICTA DECRETA PRINCIPVM LICEBIT". vgl.*Sav.§325.* [5]) *Bg §40.not.11.* [6]) Beispiele führt aus *Burch.*S.177...79.160...64. [7]) s.not.4.a.E. *Ulp.L.26.§9.D.h.t.* „ITEM inquit prætor SI QVA ALIA MIHI IVSTA CAVSA ESSE VIDEBITVR, IN INTEGRVM RESTITVAM. Hæc clausula edicto inserta est necessario: multi enim casus evenire potuerunt qui deferrent [? *desiderarent*] restitutionis auxilium, nec singulatim enumerari potuerunt, ut quotiens æquitas restitutionem suggerit, ad hanc clausulam erit descendendum..". [8]) *Dig.h.t.4,6.* passim, und Versäumnisse wegen Hinderung durch Naturereigniß (*L.1.§9.D. de itin.43,19. L.34.§1. L.35.D.de S.P.R.8,3. L.14.pr.D.quemadm.serv.am.8,6.*) und Tod (*L.86.pr.D.de A.v.O.H.29,2. L.3.§§30.sqq.D.ad SC.Silan.29,5. L.12.D.de Carb.ed.37,10.*), durch unbewuste Unterlaßung (*L.7.pr.D.de i.i.r.4,1.*), durch dolus eines Andern (*L.7.§1. eod.*u.o.zu §169.not.10γ'.) §168.not.5.u.s.w. *Burch.*S.180...85. vgl.auch *Franck* in Barth I.12.

§. 171. *Cod.* Ubi et apud quem cognitio i.i.r.agitanda sit *2,46[47]. Cod.* Etiam per procuratorem causam i.i.r-is agi posse *2,48[49].* s.*Bg §132 h.*ff. *Burch.§§23...26.* 28. *Sav.*Syst.*§331.* vgl. *Pu.*Inst.*§177.* [1]) *Cod.tilt.citt. c.9.X.h.t.1,41.* cum Böhmeri comm. *L.25.§1. L.26.D.de min.4,4.* [2]) *Gord.L.2.C.si adv.cred.2,37[38].* „.. i.i.restitutionis auxilium potes sollenniter postulare". [3]) s.*Bg §116.not.20. Burch.*S.421.ff. [4]) *Ulp.L.13.pr.D.de minor.4,4.* „.. causa .. cognita et præsentibus adversariis, vel si per contumaciam desint (cf.*Nov.119.c.6.*), i.i.restitutiones perpendendæ sunt". *LL.3.29. §2.D.de minor.4,4.* vgl.die Proceßschriftsteller. [5]) s.§164. [6]) J.R.A.§121. *Burch.§31.*

§. 172. *Cod.* De temporibus i.i.r-is *et c.2,52[53]. Burch.§27. F.D.Reichard* üb.d. Verjähr.der W.i.d.v.St.in Barths Diss.Saml.II.n°.18. *Pfeiffer* Pract.Ausf.III.n°.3.VII.n°.9. „Die W.i.d.v.St.ist, auch als Einrede, an die Frist von 4 Jahren gebunden". [1]) *Iustinian.L.7.pr.C.tit.cit.* „Supervacuam differentiam utilis anni i.i.restitutionis a nostra re publica separantes sancimus ... quadriennium continuum tantum modo numerari ex die, ex quo annus utilis currebat... [als *utilis* lief der frühere annus von selbst nur vom Augenblick der Läsion an: s.oben §128.] Quod non solum in minorum restitutionibus, quibus utilis annus incipit currere, ex quo vicesimi sexti anni dies illuxerit [s.*Bg §122.not.22.*], sed etiam in maiorum hoc idem adhiberi sancimus, ut et hic pro utili anno memorata continuatio temporis observetur ad interponendam contestationem finiendamque litem". s.auch *Clem.1.* zu §167.not.13. [2]) Daher jetzt *L.39.pr.D. de min.4,4.*, wonach dem Imploranten die chikanöse Verhinderung der Entscheidung nicht

§. 173. 4. Wirkungen der in integrum restitutio.

Allgemeine Wirkungen[1...3]; insbesondere in Betreff 1) des Imploranten[4...7]; 2) des Imploraten[8...10]; 3) dritter Personen[11...16].

---

schaden soll, ganz überflüßig ist. [3]) *Gord.L.5.C.h.t.2,52[53]*. „Neque rei p.causa absentibus neque aliis maioribus ad titulum in int. restitutionis pertinentibus præscriptionem quadriennii post factam a fisco venditionem obesse manifestum est". [4]) s.§167. not.13. *Keil* Von welchem Moment an läuft das quadr. der r.i.i.? i.Arch.f.civ.Pr.XXXVIII. n°.16. und dagegen *Vermehren* ibid. XXXIX. n°.9.

§. 173. 1) *Cod.* Si sæpius i.i.r.postuletur 2,43[44]. 2) *Cod.* De reputationibus quæ fiunt in iudicio i.i.r-is 2,47[48]. I. i. r-e postulata ne quid novi fiat 2,49[50]. Ut lite pendente nihil innovetur: *X.2,16. inVI°.2,8. Clem.2,5.* 3) *Cod.* Si in communi eademque causa i.i.r.postuletur 2,25[26]. *Burch.* §§ 29.ff. cf.§§ 22. [1]) s. oben § 130. *Bg § 107.* n°.III. [2]) *Clem.2.tit.cit.2,5.* [3]) *c.6.7.X.de i.i.r.1,41.* C.G.O. v.1555. Th.III. Tit.52. [4]) *c.10.X.tit.cit.1,41.* [5]) *Cod. si sæpius 2,43[44]. L.1.C.h.t.* „Si post sententiam proconsulis contra vos latam desiderastis i.i.restitui, nec obtinuistis, frustra rursus ut ea quæstio i.i. restitutionis agitetur, desideratis: appellare enim debuistis, si vobis sententia displicebat. sed si adhuc in ea ætate estis, cui subveniri solet, appellandi ius vobis restituimus". *L.3.ibid.* „In una eademque causa iteratum i.i. restitutionis auxilium non iure, nisi novæ defensiones prætendantur, posci sæpe rescriptum est". [6]) *L.7.§9.D.de min.4,4.* s. aber zu §167.not.8 β'. [7]) *L.41.D.de minor. 4,4. L.2.§10.D.ad SC.Trebell.38,17.* [8]) *LL.20.i.f.21.30.D.de minor.* [9]) *L.7.§5. LL. 22.24.§4. L.27.§1. L.31.D.de min.4,4. L.32.§4.D.de adm.tut.27,8. Cod.si adv.creditorem* 2,37[38]. vgl. oben zu § 165. not.4. [10]) *L.24.§4. L.47.§1. L.50.D.de min.4,4. L.2.C. si adv.transact.2,31[32]. L.un.§1.C. de rep.q.f.2,47[48].* „Sed et si intercessor minor xxv annis intervenerit, in veterem debitorem debet restitui actio". *L.2.C.si ut omiss.her.* 2,39[40]. u.ö. [11]) Gegen einen arglistig zu einer Intercession verleitenden Gläubiger soll dieselbe auch nach der Restitution zum Nachtheil des Dolosen so als ob sie fortbestünde, behandelt werden (*L.48.§1.D.de fideiuss.46,1.*), und wer amtswidrig das rescindierte Geschäft bewirkt hat, erhält nichts. (*L.11.C.de his quæ vi 2,19[20].*) *Burch.*S.556. [12]) Wird gegen Antretung einer überschuldeten Erbschaft i.i.r. ertheilt, so verbleibt den schon befriedigten Erbschaftsgläubigern was sie erhalten haben [vgl.*Bg §128.not.29.*], die noch nicht befriedigten werden nicht so gestellt, wie sie vor Antritt der Erbschaft gestanden hatten, nämlich mit den schon befriedigten gleich; und die Miterben werden nicht durch Accrescenz des nun vacant gewordenen Erbantheils beschwert (*L.31.D.de min.4,4. LL.55.61.D.de A.v.O. H.29,2.*). *Burch.*S.556. *Sav.*342.a.E. [13]) z.B. *L.3.§4. LL.22.29.§2. L.47.§1. L.48.pr. D.de min.4,4.* u.ö. s. *Burch.*S.566...69. [14]) § 165. not.4. [15]) *Gai.L.27.§2.D. de minor.* „Si minor annis xxv sine causa debitori acceptum tulerit, non solum in ipsum, sed et in fideiussores et in pignora actio restitui debet; et si ex duobus reis alteri acceptum tulerit, in utrumque restituenda est actio". u.ö. § 165. not.5. [16]) vgl.§166., *Burch.* § 30. n°.2. *Sav.* §§ 342.f.

Zweites Buch. Die einfachen Privatrechte.

Erstes Kapitel. Dingliche (d.i. unmittelbare Vermögens- oder s.g. Sachen-) Rechte.

S. 1. Dinglichkeit und dingliche Rechte. Eigenthum, Eigenthumsrecht, und aliquod ius in re. (*Bg § 133. cf. § 29. Abr. II. § 1.*)

Erster Abschnitt. Eigenthumsrecht *).

Erster Unterabschnitt. Begriff und Geschichte.

S. 2. I. Natur des Eigenthumsrechts. (*Bg § 134. Abr. II. § 2.* und unten III. § 1*.)

Das Eigenthums- (nicht ein Natur-, sondern ein Rechts-) Verhältniss [1] ist das ganz abstracte, daß dem Subjecte (*Bg §§ a...c.*) das Object, die körperliche Sache (*Bg § d.*), eigen ist [2]. Das Eigenthumsrecht ist nicht eine bestimmte Art oder eine Mehrheit einzelner Befugnisse (*Bg §§ e...g,n.*), sondern das an sich unbestimmte Herschaftsrecht (das abstracteste aller Rechte überhaupt), welches eben deshalb der mannichfaltigsten Bestimmungen fähig

---

*) Quellen: *Bg* vor *§ 134*. Litteratur: *Förster* de dominio. Viteb. 1618. ff. *Westphal* Syst. d. R. R. über die Arten der Sachen, Besitz, Eigenthum und Verjähr. Leipz. 1788. *Reinhard* Vers. einer syst. Einl. in die Lehre vom Eigenthumsr. Ff. u. Lpz. 1800. *Gesterding* Lehre vom Eigenth. u. s. w. (der Emphyt. und Superf.) Greifsw. 1817. *Pütter* die Lehre vom Eigenth. Berl. 1831. *Schm.* (*Schmid* Hdb. des gem. d. bürg. R. Lpz. 1847. f. II.) *Pagenstecher* v. Eigenth. Hdlb. 1857. Unter den neueren Schriften sind bes. hervorzuheben *Girtanner* Die Rtsstellung der Sache u. der Eigenthumsbegriff, Sachengesamtheiten u. Miteigenthum, in Gerber u. Ihering Jahrbb. III. S. 58...298. *Leist* Ueb. die Nat. des Eigthms. Jena 1859. 8°. (= Civilist. Studien III.) *He. II. 10...65. Se. 120...158. Mü. 241...273. Gö. 222...86. Pu. 144...73. Ro. 230...69. Rud. 109. 123...49. Va. 295...337. Si. 47...54. Ar. 130...34. 144...74. Br. 49...87. Bg §§ 134... 158. Abr. II. §§ 2...8.*

S. 1. Absolute u. relative Rechte: *Bg § 98 b.* — Die Römer nennen nicht die absoluten Vermögensrechte (cf. *Bg § 99.*) oder die unmittelbaren Sachenrechte 'iura in re', sondern so heißen ihnen ausschließlich die servitutes; ein ius in re ist aber auch das des superficiarius u. emphyteuta, sowie das des Gläubigers, dem eine körp. Sache verpfändet ist. (*Bg § 133 b,c.* cf. *Bg § 160. not. 1.*) Jedes einzelne ius in re ist in re *aliena*; der neuere Kunstausdruck iura in re aliena beruht auf Unkenntniss des Eigenthumsbegriffs. — 'Ius rerum' oder 'iura rerum' ist eine barbarische Uebers. des neuen 'Sachenrecht', dem eben so sauberen 'ius obligationum' = Obligationen-Recht gegenüber. Muß man doch auch 'ius familiæ' oder selbst 'familiarum' für 'Familien-Recht' hören! (vgl. II. § 271.) Das 'ius quod ad res pertinet' bezeichnet die Civilrechtsbestimmungen über die Rechtsobjecte: *Bg § 28 c.* u. Anh. VI. n°. 11. — Das Eigenthums- ist nicht 'ein dingliches Recht', es ist das Recht des unmittelbaren Willens über das unmittelbar Willenlose: corporalium rerum dominium habemus (*Bg § 133 c. § 134. not. 1.*). Die dinglichen Nutzungsrechte, sowol die des alten Civilrechts, die servitutes, zufolge deren nur das Eigenthumsobject einem Nichteigenthümer dienstbar ist, als auch die des neueren Civilrechts, Superficies und Emphyteuse, zufolge deren auch ein besonderes Verhältniss der Willen des Eigenthümers und des an dessen Sache Berechtigten entsteht, sind selbständige Rechte; das dingliche Veräußerungsrecht der fremden Sache, das Pfandrecht, unselbständig. cf. *Bg § 133 e.* ff.

S. 2. [1]) Wenn *Leist* (III. S. 55. seiner gehaltreichen Studien) das Eigenthum als „ein (das bestimmbarste Recht) ist, fortbestehend, auch wenn es durch Nichteigenthümern unmittelbar an der Sache zustehende (dingliche) Rechte beschränkt ist (*Bg §§ h...l.*), und seine Unbestimmtheit wieder hat, sobald und sofern jene dinglichen Beschränkungsrechte Anderer wieder wegfallen (*Bg § m.*).

II. Römische Formen und Stufen der Anerkennung. (*Abr. II. § 3.*)

§. 3. A. Mancipium oder ex iure Quiritium dominium (s. g. quiritisches oder quiritarisches Eigenthum) und rem in bonis habere (s. g. bonitarisches oder Eigenthum nach ius gentium). (*Bg § 135.*)

Civilrechtliche Formen und Namen (*Bg §§ a...c.*), naturale (*Bg §§ d...m.*); Aufhebung jener durch diese, justinianisches Recht (*Bg §§ n,o.*).

---

schon ohne das Recht Bestehendes, ein durch die wollende Einzelperson Hergestelltes", „als ein rein factisches, ohne Rechtssatzung bestehendes Verhältniss" zu begreifen sucht, so muß er an dem Widerspruche, die „Einzelperson" lediglich als die mit Willkür begabte, nicht als die vernünftig wollende, deren Wille als der des Subjects also wesentlich zugleich allgemeiner Wille ist, zu erfaßen, scheitern. Der Wille der Person (nicht 'des Menschen') setzt wesentlich Anerkennung (oder Negation) Anderer: die wollende und ihren Willen bethätigende Person ist wesentlich Glied des Staates, welcher als wesentlich ein Staatsindividuum wesentlich sein (also ein positives) Recht hat. Das Eigenthums- ist kein Natur-, sondern ein Rechtsverhältniss, und ein solches giebt es nur im Staate: die *φύσις ἀνθρώπου* ist nicht die eines bloßen, *ἀλόγου*, sondern die eines *πολιτικοῦ ζῴου*. Das „Reinfactische", d. h. nicht auf dem Willen, dessen Aeußerung und Anerkennung beruhende des 'Eigenthumsverhältnisses' omnibus animalibus, das Eigenthumsverhältniss unter Wollenden — hoc solis hominibus *inter se* commune est. — [2]) Das Ichindividuum hat das (lebendige oder leblose) Nichtichindividuum als das seinige; die (körperliche) Sache gehört der (nicht 'zu der') Person. Ist die Person 'mein' (z. B. mein Kind, meine Frau), so bin ich auch 'ihr', es gilt nur eine besondere Beziehung der Willen unterschiedlicher totaler Ich zu einander, nicht bloß die der Person zur Person überhaupt: das Object des Familienrechts ist selbst Subject, es gehört sich selbst, nicht, wie die Sache, nur der Person. Ist die Person 'mein Gläubiger oder Schuldner', so gehört sie als solche weder mir noch ich ihr, sondern es besteht zwischen uns nur ein besonderes vermögensrechtliches (also einzelnes, nicht die Totalität des Willens der rei ergreifendes) Verhältniss. cf. *Bg § 99.* [3]) *Bg § m. Bg § 101. not. 6.* Nicht eigentlich die Servitut u. s. w. redit, revertitur, convertitur, recurrit ad proprietatem, sondern sie extinguitur, finitur, recedit, und folglich dominus incipit plenam in re habere potestatem: das für sich schrankenlose Recht hatte an der Servitut u. s. w. eine Schranke; ist diese wieder weg, so ist jene Schrankenlosigkeit wieder da. [4]) *Bg §§ b...d. § 141 a...d.*

§. 3. Quellen: *Bg § cit.* Litteratur (nun veraltet): *Ballhorn-Rosen* in *Bg § 73. not. 15.* *Zimmern* üb. das s. g. bonitar. Eigenth., im Rhein. Mus. f. Jpdz. III. n°. 19. *Unterh.* vom s. g. bonitar. Eigenth. s. ebend. V. n°. 1. *Mayer* über duplex dominium in Ztschr. f. gesch. R. W. VIII. n°. 1. *Bluntschli* in Sells Jahrb. I. 7. — *He. II. 15.* f. *Gö. 222. Pu. 146.* Inst. *II. §§ 235.* f. *Ro. 248. Va. 295. Si. 47.* a. E. [1]) *Paul. S. R. 3, 6. § 58.* „Domo legata urbana familia, item artifices et vestiarii et zetarii et aquarii [*servi*] eidem domui servientes legato cedunt". [2]) z. B. 'heredes pro dominis appellabant', 'hereditatis dominus', *Bg § 135. not. 19. § 62. not. 5.* [3]) z. B. dominium rei, appellatione domini fructuarius quoque continetur: *Bg § 135. not. 20.* und die das. cit. *Bg § 161. not. 2.* [4]) *Bg § 135. not. 31. § 134. not. 27.* [5]) *Bg § 92*. § 68. not. 1.* [6]) *Bg § 135 d...m.* [7]) *L. un. C. de nudo i. Q.* [*iure Quiritium*] *tollendo 7, 25. Bg § 135. not. 73.*

§. 4. B. Eigenthum und possessio, römisches Eigenthum und analoges Recht der Peregrinen an Grundstücken. (*Bg § 136.*)

Grund und Hinwegalterung der Unterscheidung der prædia in Italico und der in provinciali solo. Justinian hebt sie wie die der mancipi und nec mancipi res überhaupt auf.

§. 5. C. Wirkliches Eigenthum und die auf die bona fide possessio gegründete Eigenthumsfiction. (*Bg § 137.*)

Begriff [1] und Anwendungen [2-4]. Unrichtige Terminologie [4].

III. Beschränkungen des Eigenthumsrechts. (*Abr. II. § 4.*)

§. 6. A. Bedeutung und Gründe derselben. (*Bg § 138.*)

Der allgemeine Wille bestimmt nicht das Eigenthumsverhältniß als einzelnes, sondern den Eigenthumsrechts-Begriff, er definiert das Privateigenthumsrechtsverhältniß als positives überhaupt; der Privatwille dagegen, als die Bethätigung des Eigenthümerwillens (oder deren Fiction: *Bg not. 11.*), setzt dem einzelnen Privateigenthumsrechtsverhältnisse Schranken, durch welche die Eigenthumsherschaft positiv oder negativ bestimmt wird. Auf ihm beruhen Miteigenthum und dingliche Rechte. — Nicht hierher gehören die Bestimmungen der Voraussetzungen der Privatrechte, der Vermögens- und insbesondere auch der dinglichen Rechte überhaupt, so wenig als die rechtlichen und die thatsächlichen Verhältnisse der Ausübung des Eigenthumsrechts.

B. Auf Privatwillen beruhende Beschränkungen. (*Bg § 139.*)

§. 7. A. Miteigenthum, +condominium. (*Bg § 139 b...f.*)

§. 8. B. Bestellung dinglicher Rechte. (*Bg § 139 h...l.*)

§. 9. C. Nichtprivate dingliche und nichtdingliche private Beschränkungen. (*Bg § 139 g,m...r.*)

Steuerpflichtigkeit, Frohnde- und Bann-Rechte [1.2]; +dominium eminens [3]. s.g. servitutes iuris Germ. und Reallasten [4]; das s.g. getheilte, Ober- und Unter-Eigenthum [5...9].

---

§. 4. [1]) *Bg §142.* [2]) *Gai.2,27. Bg §136 b,c.* [3]) *Bg §74 h. §135.not.24.* [4]) *L.un. C. de usucapione transformanda et c. 7,31.* v.J.531. *Bg § 136.not.7.* und *§ f.*

§. 5. Quellen *Bg § cit.* Litt. *Tigerström* die b.f.possessio *et c.* Berl.1836.8°.(schlecht) vgl. unten § 54. und *Bg §147.* [1]) *Bg §147a.* [2]) *Bg §135 k,m.* [3]) *Bg §137d.* [4]) *Bg § e.*

§. 7. s.oben I.§55. Mit- oder Gesamt-Eigenthum, +condominium, im Gegensatz des dominium +solitarium: *Bg § 75.not.10.* vgl. *§ 124 d. Gesterding § 9. Schilling* Inst.*148. Ro.235. Si.47.*a.A. *Schm.2. Ar.133. Br.52.* Von den unterschiedlichen deutschen Rechtsverhältnissen, welche Neuere als condominium iur.Germ., deutsches Gesamteigenthum, zusammenfaßen, vgl. *Kraut* § 94.ibiq.citt. u. *Walter* deutsch.Pr.R.§121. bes. *Duncker* das Gesammteigenthum. Marb.1843.8°. *Girtanner* vor § 1.cit. [Das Wort condominium würde kein Römer, wie wir, als Rechtsverhältniß plurium qui eiusdem rei pro indivisis partibus domini sunt, verstehen (vgl. oben §130.); und dominium *solitarium* hieße im Lateinischen ein vereinsamtes.] [1]) *Bg §139 b.* [2]) *Bg not.3.* u.*§ d.* Von der Berechtigung eines +condominus (socius), nothwendige Reparaturen eines gemeinsamen Hauses allein vorzunehmen s. §26. *Bg § 154 i,k.* [3]) *Bg § 139 e,f.*

§. 9. [1]) *Bg § 62.not.3*.* und *Pap.LL.19.36.D.de I.F.49,14. Tit. Cod.4,47. Th.C.11,3. Sine censu vel reliquis fundum conparari non posse. Bg §139.nott.28.29.* [2]) *Budde* Natur der Bannrechte, in Entschdd.d.O.A.G.Rostock.II.n°.26. [3]) *Bg § 74.not.25. §139 g.* [4]) *Bg §139 m,n. Kraut §§130...40.* cf. §§152.ff. *Duncker* Lehre v.d.Reallasten.Marb.1837. *Gebhardt* Untersch.zw.Servitut.u.Zwangs- u.Bann-Gerecht.Lpz.1807. *Glück* X.§659. *Pfeiffer* Verm.Aufsätze S.223.ff. [5]) *Bg §139 o.ff. Kraut § 93. Cuiac.*Obss.XI.35. *Donell.*comm. lib.IX.c.14.i.f. *Faber* Coniecturr.XX.c.11. *Lang* de dom.utilis natura *et c.* Gott.1793.4°.

S. 10. C. Gesetzliche Bestimmungen des Umfangs des Privateigenthumsrechts an Grundstücken. (*Bg § 140.*)

Das öffentliche Interesse unmittelbar (*Bg §§ c...e.*) oder mittelbar (*Bg §§ f...h.*) fördernde Begränzungen des Eigenthumsrechtsbegriffes; positive Beschränkungen des Grundeigenthumsrechts durch ein dem Eigenthümer von Gesetzes wegen obliegendes pati oder non facere.

Zweiter Unterabschnitt. Erwerb des Eigenthums.

S. 11. I. Eigenthumserwerbsarten im allgemeinen. (*Bg § 141. Abr. II. § 5.*)

Falsche Theorie v. dem iustus titulus u. modus adquirendi [1]. Die per universitatem adquisitiones sind Vermögens-, nicht Eigenthums-Erwerbsarten [2]. Eintheilungen dieser [3.4].

II. Die einzelnen Erwerbsarten.

A. Erwerb des Eigenthümerlosen.

S. 12. A. Zuerkennung durch den Staat. (*Bg § 142. Abr. II. § 6 A.*)

Gemeinrechtlich ist weder die römische Ableitung des Eigenthumsrechts überhaupt, noch auch die des Privateigenthumsrechts aus dem öffentlichen. Folgerungen.

S. 13. B. Occupation. (*Bg § 150 a...g. Abr. II. § 7 A.*)

Nicht die Bestimmungen des röm. Rechts über die Berechtigungen zur Eigenthumsaneignung, wol aber die, wie durch Occupation Eigenthumsrecht entstehe, gelten in unserem Rechte.

---

u. A. bei *Thibaut* über dom. directum und utile, in Versuche II. n°. 3. und Civ. Abhh. S. 266. ff. *Se.* Erört. II. S. 1...8. *Duroi* im Arch. f. civ. Pr. VI. S. 386, ff. u. bes. *Duncker* üb. dominium directum und utile, in Ztschr. f. deutsch. R. II. S. 177. ff. [6]) *Bg § 139. not. 43.* vgl. das. *not. 45.* [7]) *Bg § 139 o.* [8]) s. bes. *Bg § 139. not. 46.* [9]) *Bg § 139 r.*

S. 10. Litter. *Bg* not.*. *Mü. 244. Gö. 226.* f. *Pu. 145.* Inst. II. S. 551...56. *Schilling* Inst. *149. Ro. 237. Va. 297. Rud. 168. Si.* I. S. 475. ff. *Schm.* I. S. 17. ff. *Ar. 133. Br. 52.*

S. 11. [1]) I. § 81. *Bg § 100 k. § 141. not. 7 Si. § 48. Ar. 127.* [2]) *Bg § 100 d. § 141 d.* [3]) *Bg § 100 l. § 141 f, g.* [wo statt Verkäufers zu setzen ist Käufers]. [4]) Auch die bei *Bg § 141. not. 15.* a. E. aufgestellte, in den vorigen Ausgaben dieses Grundrißes befolgte Classification ist ungenügend.

S. 12. Vgl. die vorhergehenden §§ 2...4. 6.

S. 13. *He. II. 34.* ff. *Se. 126.* ff. *Mü. 247. Gö. 245. Pu. 154. Ro. 252. Va. 308. Si. 50.* n°. 1. *Schm. 7. Ar. 164. Br. 53. Heimbach* v. Occupation in Weiske VII. *Leist* Nat. des Eigth. §§ 16. ff. [1]) *Bg § a.* Id quod nullius est, occupantis fit. Wenn Leist ganz richtig sagt, „Berechtigt wird der individuelle Wille erst durch Hinzutreten eines zweiten Willens, nämlich die Satzung des Gemeinwillens, denn es giebt kein anderes Recht, als das auf positiver Satzung beruhende“, so beruht doch auch das Eigenthumsrecht auf positiver Satzung. Die letztre könnte etwa auch unvernünftig sein; aber die in der Willensbethätigung des Menschen (Rechtssubjects) den Grund des Eigenthumsrechts anerkennende erkennt auch Leist als wahre naturalis ratio — und diese ist eben hier die Vernünftigkeit, der Wille des Subjects in seinem Verhältnisse zum Sachindividuum — an, und so ist also kein Grund, den Willen nicht für ‘berechtigt’ zu erklären, der sich ohne alle Negation eines berechtigten Willens als den die Sache zur seinigen machenden bethätigt. [2]) I. § 53. *Bg § 68 d. § 70.* Von Regalien s. *Eichhorn* deutsch. Pr. R. §§ 265. ff. *Kraut §§ 104.* ff. [3]) *Bülow* u. *Hagem.* Pract. Erörtt. III. S. 33. *Pu.* Inst. *§ 241.* [4]) s. unten § 42. [5]) Erbr. §§ 10. f. [6]) *Bg § 68. not. 7. § 155. not. 15. Scæv. L. 67. D. de R. V. 6, 1.* „..si non thesauri fuerunt, sed pecunia forte perdita vel per errorem ab eo ad quem pertinebat non ablata, nihilominus eam eius esse cuius fuerat“. *L. 58. D. de A. R. D. 41, 1. L. 44. pr. D. de A. v. A. P. 41, 2. Delbrück* Finden verlorener Sachen, in Gerber u. Jhering Jahrbb. III. u. Litteratur das. S. 1. [7]) *Bg § 150 d, e. § 47 d, e.* [8]) *Bg § 155. not. 15.*

S. 14. C. Findung eines Schatzes. (*Bg §150 k...l.*)
Occupation und Zuwachs. In Mobilien gefundene Werthsgegenstände.

B. Zuwachs. (*Abr.II.§7.*) *)

S. 15. A. Fruchterwerb. (*Bg §151.*)
Zum Fruchterwerb berechtigte Besitzer der res frugifera erwerben die Früchte mit deren Separation, Detentatoren durch Perception. Erstattungspflicht; das fructus *interim* suos facere.

B. Verbindungen von Eigenthumsgegenständen. (*Bg §152.*) *)

S. 16. Bestimmung der ein neues Eigenthumsrecht bewirkenden Verbindungen. Begründung eines Pertinenz- verschieden von der eines Cohäsions-Verhältnisses.

S. 17. 1. Veränderungen des Grundeigenthums durch Flußgewalt.
Alluvion und Avulsion[1...3]; Recht des sein Grundeigenthum Verlierenden[4.5], Aenderung des Bettes des öffentl. Flußes und in ihm entstandene Insel[6]. Anders die in *mari* nata insula[7].

S. 14. Quellen: De thesauris: *Th.C.10,18.* *Iust.C.10,15.* u. *Bg §150.cit.* vgl. Constitutio Friderici I.a.1158. bei *Pertz* Mon.Germ.IV.p.111. — *de Man* de thes. in Oelrichs Thes. diss.Belg.I.2. *Beck* de thes.Ien.1729. *Köchy* Civ.Erört.I.n°.7. *Kind* Qu.for.II.p.415.sqq. ed.II. *Ortloff* de thes.Erl.1818. *W.Sell* i.beff.Verf.I.n°.3.4. *Se.* Arch.IV.n°.9...11. *Br.53.*n°.1.

*) *Wächter* v. Accession im Rtslex.I. *Girtanner* vor §1.oben cit. *Leist* ibid.cit.§§ 26.ff.

S. 15. *d'Arnaud* Coniectt.I.c.12. *Sav.*Syst.VI.§ 256. *Wächter* l.c.S.13. u.ad I.§ 60. Citt. *He.II.54.32.* *Se.142.* *Mü.249.*f. *Gö.269.* *Pu.166.* *Va.326.* *Si.50.* n°.III.1. *Schm.9.* *Ar.149.156.* *Br.54.* [1]) *Bg §79 c. §151 a,c.*ff. [2]) cit. *§151 i...l,f.* [3]) cit. *§151 b...d.* u.bes. *not.15.* das. [4]) *Sav.*Besitz *§22 a.* *Windscheid* in Ztsch.f.Civ.u.Pr. N.F.IV.n°.4.; dagegen: *Unterh.* Arch.f.civ.Pr.VIII.n°.13. *Backe* b.f.p-or quemadm.fructus suos faciat.Ber. 1825. und die das.S.1...6.Citierten, *Zimmern* i. Rh.Mus. für Jpdz.III.S.351...58. *Huschke* in Tüb.Krit.Ztsch.II.S.208. *Fritz* Erl.zu Wening S.301...5. *Marezoll* B.f.p-or quat.fructus perc.usucapere possit.Lps.1843.4°. (verfehlt.) *He.II.59.* *Mü.240.* *Gö.282.* *Schilling* Inst. *161.*n°.2. *Va.326.* *Pu.150.166.* Inst.242.g.E. *Si.* I. S.484.f. *Ar.156.* u. in Ztsch. f.Civ.u. Pr.1847.S.388.ff. *Schm.* I. S.105.ff. *Marezoll* v. d. Fruchterwerb des b. f.p-or, in Ztschr.f. Civ.u.Pr.XVIII.n°.7. *Scheurl* Beitr.I.S.281.ff. *Dernburg* in der Hdlb.krit.Ztschr.I.S.145.ff. u.die zu I.§ 60.Citt. [Vielfach mit sich selbst im Widerspruch ist *Tigerström* Die b.f.p-io §§ 9.ff.] [5]) *Bg § 151 f,g.* [6]) *Bg § 151 h.*

*) *He.II.55...58.* *Se.143...46.* *Mü.251...53.255.* *Gö.270...75.* *Pu.162...65.* *Ro.254...56.* *Va.327...31.* *Rud.138...40.* *Si.50.*n°.III.IV. *Ar.150...53.* *Br.51.*

S. 16. *Bg § 152 a,b.* und oben I. § 63.

S. 17. vgl. *Bg § 78.not.1.* *Donell.*comm.IV.c.27.63. *Cancrin* Abhh.v.d.Waßerrechte. Halle 1789.4°.3.Abh. (u.die von diesem S.24.ff. angeführten *Gambs, Lynck, Dankelmann, Aym, Reyher, Cocceji, Lynker, Feltmann, Engelbrecht, Haymann, Friesen, v.Cramer, Albini, Pagenstecher, Reinold, Scuback*). *Köchy* Erwerb.des Eigenth.der Alluvionen, Avulsionen, Inseln rc.in Civ.Erörtt.Lpz.1791. *Kind* Qu.for.ed.II.tom.II.qu.67. *Gesterd.*Ausb.III. n°.10. *Wächter* l.c.S.14...19.21.f. [1]) *Bg § 152 e,f.* u.Anh.zu *§ 74.* *Flor.L.16.D.de A.R.D.* „In agris limitatis ius alluvionis locum non habere constat..“. *Frontin.* in Lachmanns Gromatici vett.p.5.sq. [2]) *Bg nott.24.*f. [3]) *Bg not.28.* [4]) cit. *not.26.* Eine Ersatzpflicht des Eigenthümers des durch Alluvion od. Avulsion vergrößerten Grundstücks nehmen an *Thibaut § 744.* *W.Sell* Verss.I.S.94.ff. Dagegen mit fast allen Neueren *Wächter* l.c. S.22. *Ar.152.*a.E. [5]) *Bg § g.* unten II.§ 264.n°.3. *K.S.Zachariä* Bemerkk.ü.d.durch Ueberschwemm. ab- u.fortgerißenen Sachen. Wittenb.1799. [6]) *Bg § i.* u. Anhang VIII. zu *§ 74.not. 46.* *Gai.2,72.* „..si in medio flumine insula nata sit, hæc eorum omnium communis est qui ab utraque parte prope ripam prædia possident; si vero non sit in medio

S. 18. 2. Einigungen beweglicher Sachen mit Grundstücken, Pflanzen, Säen, Bauen (*Bg §152 k...m.*), u. besondere Bestimm. de tigno iuncto. (*Bg §140e,n.5.*)

S. 19. 3. Einigungen beweglicher Sachen. (*Bg §152 n...ꝛc.*)

S. 20. Anhang. Unrichtig hierh. gestellte Verbindungen. (*Bg §152α...ια.* u. *n.42.*)

C. Eigenthumsübergang.

S. 21. Uebersicht, und im justinianischen Recht antiquierte Erwerbungen. (cf. *Bg §143 a...h. Abr. II. §6 B.* u. *1.2.*)

A. Von selbst eintretender Eigenthumsübergang, zufolge

S. 22. 1. des Erwerbsrechtsgeschäfts oder eines anderen Rechtes: Wiederanfall und Anfall.

Die hierhergehörigen familiengüter- und erbrechtlichen Fälle [1...5]. Nicht hergehörige. *α...ι.*

---

flumine, ad eos pertinet qui ab ea parte quæ proxuma est, iuxta ripam prædia habent". *L.7.D.§§3.4. LL.29.30.§2. LL.56.pr.65.§§1.sqq.D.de A.R.D.* [wo nicht in §4. Non vor Si id einzuschieben, noch von einer schwimmenden Insel die Rede ist. vgl. *cit.L.1.§6. D.43,12.*] *Frontin.* ed. Lachm. p. 20. 50. sqq. 55. (vgl. Preuß. Ldr. I. §§224. ff.) *d'Orrille* ad *L.65. D.de A.R.D.* in Oelrichs Thes. diss. Belg. I. tom. 3. n°. 26. *Westphal §§412...24.* ibiq. citt. *Gesterd.* S. 201. ff. *Schnaubert* de alv. der. Ien. 1812. *He.55. Mü.251. Va.328. Pu.* Inst. II. S. 665. *Schm. §10.* S. 124...37. *Ar.153.* [7] „Insula quæ in mari nata est, quod raro accidit, occupantis fit: nullius enim esse creditur..". *§22.I.h.t.2,1.* = *L.7.§3.D.de A.R.D.*

S. 18. Vgl. *Bg §78.not.1. Mü.252. Gö.271.f. Va.329. Pu.164.* a. E. Inst. II. S. 602. ff. *Schm.* cit. §10. S. 137...56. *Ar.152.* n°. 2. *Br.* l. c. *Wolffson* de rer. compositar. dominio. Gott. 1838. *Wächter* l. c. S. 22...29. [1] Stellen in *Bg §152.not.33. L.1.Greg.Cod.de R.V.3,2.* [2] s. die Stellen in *Bg §152.nott.34.35.* cf. *Bg §140.not.31.* [3] *Bg §152.not.37.* auch *L.33. D. de condict. indeb.12,6. L.2. Greg. C. de R.V.3,2.* [4] *Scæv. L.60.D.de A.R.D.* „Titius horreum frumentarium novum ex tabulis ligneis factum mobile in Seii prædio posuit. quæritur uter horrei dominus sit: respondit, secundum quæ proponerentur, non esse Seii factum". [5] *Bg §140.not.23.* Die *L.6. D. ad exh.* schließt nur die Exhibitionsklage auf Trennung, nicht die auf Ersatz aus. [6] cit. *not.23.* [7] *§29.i.f.I. de R.D.2,1.* cit. *L.2.D.de tigno i.* (in cit. *not.23.*). *L.59.D.de A.R.D.41,1. L.2.C.eod.3,32.* cf. *Bg §145. not.2.*

SS. 19. 20. *Buchholtz* Verss. n°. 10. *Wächter* l. c. S. 30...32. *He.57.f. Mü.254.255. Gö.273...75. Pu.154. Schm.* cit. §10. S. 157. ff. §§12. 13. *Ar.150...52. Br.* l. c. vgl. auch unt. §25.

S. 21. Eigenthumsübergang ist entweder 1) von selbst eintretender zufolge a) eines andren Rechts (§22.), b) Aenderung der Sache (§§23...27.), oder 2) Bethätigung der auf Eigenthumsübergang gerichteten Willen, Tradition (§§28...32.), oder 3) Einfluß von Besitz und Zeit auf den Willen, Ersitzung (§§33...39).

S. 22. Auch in *Bg §142.* sind die wirklichen Eigenthumsübergangsgründe von den einen Anspruch auf Eigenthumsübertragung oder Gestattung der Aneignung bewirkenden Gründen nicht gehörig unterschieden. — [1] *Bg §156 b.* [2] *Bg §142.not.23.* med. u. unten III. §§25. 33. [3] *Bg §142. not.29.* s. unten a) III. §17. b) III. §§26. 31. 35. f. c) II. §280. [4] *Bg §142. not.30.* vgl. unten §95. n°. 3. — *Mü.256.not.2. Gö.234.n°.3. Pu.149. Va.§332.* Anm. 3. n°. 2. *Schm.* I. S. 271. ff. *Ar.§145.not.3.* Die Regel: *LL.1.8.C.siq.alteri 4,50. L.6. C.de R.V.3,32. L.4.C.comm.utr.iud.3,38.* Ausnahmen: a) *L.2.D.qu.ex facto tut.26,9. L. 2.C.eod.5,39. L.3.C.arbitr.tut.5,51. Glück* VIII. S. 159. ff. *Rud.* Vorm. II. S. 325. f. *Sprengel* de iure pupilli in res quas tutor pec. pup. comp. Rost. 1832. Anders *Löhr* Mag. IV. S. 140. ff. b) *L.8.C.de R.V.3,32.* Daß die Anschaffung mit des Soldaten castrensischem Vermögen gemacht worden sei (wie *Glück* VIII. S. 164. u. A. annehmen), fordert das Rescript

2. Aenderung der Eigenthumsobjectivität der Sache,

a. juristische.

§. 23. α'. Miteigenthumsumwandlung (cf. § 7.). Adiudicatio. (*Bg § 143 i,k.*)

§. 24. β'. Ununterscheidbarmachung fremder Geldstücke. (*Bg § 155 f.*)

b. natürliche.

§. 25. α'. Umarbeitung der Sache, +specificatio. (*Bg §154 a...g.*)

Der Umarbeitende occupiert nicht ein schon vorhandenes Sachindividuum, sondern eignet es sich durch sein Schaffen desselben als eines occupierbaren an. Bona oder mala fides des Specificanten? Ausdreschen des Getreides? Das bewegliche Gemälde im Gegensatz des Färbens, Tünchens. Das Schreiben.

---

nicht: „Si pars adversa *pecunia tua* quædam nomine suo conparavit, præses provinciæ utilem vindicationem obtentu militiæ ... non negabit ..“. c) *L.55.D.de don.i.v.et ux.24,1. Gesterd.* S.301.f. bezieht die Bestimmung auch auf das von einer Frau mit dem Geschenke des Mannes Angeschaffte: die Ausnahme gilt aber, wie insb. auch die Bezugnahme auf die dotis actio, die ja der Ehemann nicht haben kann, zeigt, nur zu Gunsten der Frau. Ungehörig ist, hierher *L.54.D.de I.D.23,3.* und *L.12.C.eod.5,12.* zu beziehen: erstre Stelle sagt, das mit Dotalgeld Angeschaffte wird dotal; letztre sagt, der Mann, nicht die Frau, erwerbe das Angeschaffte: beides ist dasselbe; denn während der Ehe ist der Mann Eigenthümer der Dos, welche aber die Frau nach aufgelöster Ehe oder im Fall der Insolvenz des Mannes direct vindicieren kann (*L.30.C.eod.*) s. III. §§ 7. 17. 11. u. unten II. § 95. not.4.). Bei *Glück* VIII. S.185. f. ist die richtige Erklärung des Donellus misverstanden; auch *Gesterd.* S.302. ff. *Pu.§ 49.not.p.* u. A. faßen jene Stellen unrichtig auf. vgl. auch *Grolm.* und *Löhr* Mag. IV. S.76. f. — Auch § 26. gehört zu den Fällen mit Personalklagen electiv concurrierender vindicatio des bisher fremden Eigenthums. — [5]) *Bg §142 h,i.* — a) unten §104. b) unten II. § 226. *Bg § 132 e.* a. E. *§ 46.not.39.* c) *Bg § 135.not.57. § 146.not.40.* d) *Bg § 142.not.27.* Erbr. § 11. e) *Bg §138.not.9.* a. E. *Bg §124.not.46.* f) *Bg §142.not.23.* a. E. vgl. unten II. § 279. g) *Bg §142.not.21.* vgl. unten II. § 243. h) *Bg §142.not.28.* vgl. oben I. §148. i) *Bg § 142 k.*

§. 23. [1]) oben I. § 55. *Bg §75.not.7.* [2]) *Bg cit. § 143 i,k. He.II.33. Mü.421.* n°.2. *Gö.279. Pu.151. Ro.259. Si.49.* n°.III. *Schm.* I. S.47. *Ar.146. Br.56. Heimbach* v. Adjudication in Weiske I. [3]) *Bg §100 h.* [4]) *Bg §143.not.38.* [5]) cit. *not.38.* u. *Bg §131.not.8.*

§. 25. *He.II.39. Se.131. Mü.248. Gö.247. Pu.154.* n°.4. *Ro.253. Va.310. Si.50.* n°.II. *Schm.§10.* S.157. *§11. Ar.155. Br.53. Ro.* in s. Ztschr. III. S.259...64., *Koch* de iure eius qui speciem ex al. mat. fecit. Marb.1829. *Meykow* d. L. des r. R. v. d. Specification, in *Osenbrüggen* Dorpater jur. Studien. Dorp.1849. n°.4. *Scheurl* Beitr. S.289. ff. *Leist* Eigthm. §§ 28. ff. [1]) *§ 25.i.f.I.de R.D.2,1.* scheint dem aus theils Eigenem, theils Fremdem eine neue species Verfertigenden absolut das Eigenthum zuzusprechen; dagegen die Stellen in *Bg § 154.nott.12.13.* nur dann, wenn die alte Form nicht wieder herstellbar ist. [In *L.24.D.de A.R.D.* ist non vor reverti mit Hal. u. Vulg. wegzulaßen.] Für die Entscheidung der Institt. sind *Bachov* u. A. ad § 25. I. cit. *Gesterd.* S.262. f. *Se.* Erörtt. II. n°.4. *Hænel* de A.R.D. § 22. i. f. *Mü.not.3. Gö.* S.81. *Thibaut* Syst. *743. Schilling* Inst. *149.* Anm. *g. Pu.* Inst. § 242. zu *not.k.*; für die Ergänzung der Inst. durch die Digestenstelle *Va.* l. c. und die unbedeutende Schrift *Lihme* de acq. dom. eius qui speciem fecit partim ex sua, part. ex al. mat. Gott. 1842. In der That aber setzt *§ 25. I. cit. i. f.* auch nur wirkliche Specificationsfälle, in denen die alte species nicht wieder herzustellen ist. vgl. auch *Pu.§163.not.b. Ar.§ cit. not.3.* [2]) *Bg §154.not.11.* Wie noch *Iul.L.61.D.de R.V.6,1.* das Eigenthum des Schiffs dem zuspricht, dem β'. Besondere Bestimmungen.

§. 26. a. Ausbeßerung eines gemeinsam. Gebäudes. (*Bg § 154 h...k.*)

§. 27. b. Cultivierung und Versteuerung eines desertus [nicht derelictus] ager. (*Bg § 154 h,l...o.*)

B. Bethätigung der auf Eigenthumsübergang gerichteten Willen: traditio. (*Bg § 153.*) *)

§. 28. 1. Traditionis causa. (*Bg § cit. a...g.*)

Rechtsgrund und Factum. Voraussetzungen der traditionis causa. Nichtübereinstimmung der Parteien über die Person, auf welche das Eigenthum übergehen soll.

2. Veranlaßung der beiderseits auf Eigenthumsübergang gerichteten Absicht.

§. 29. a. Erlaubtheit oder Unerlaubtheit derselben an sich. (*Bg § cit. h.*)

§. 30. b. Nichtübereinstimmung des beiderseits Eigenthumsübergang beabsichtigenden Willens des Gebers und Nehmers in Betreff jener Veranlaßung. (*Bg cit. § i,k,n.*)

§. 31. c. Eigenthumsübergang zufolge traditio d. Verkäufers. (*Bg § cit. l.*)

Das tradere als eigentliches dare und als bloßes facere. (*Bg § 83 h,k.*)

§. 32. 3. Wirkung. (*Bg § cit. m.*)

---

der Kiel gehört, die Anfertigung also nicht als das Entscheidende ansieht. 3) *Bg not. 10.* 4) vgl. *Leist* u. *Scheurl* citt. 5) *Bg §§ d,e.* 6) *Bg § f.* 7) *Bg § g.* 8) *Bg § 152. not. 57.*

§. 26. *Bg § cit.* u. *§ 150 g. § 158. not. 21. He. II. 61. Se. 147. Mü. 256. not. 5 b. Gö. 280. Pu. 152.* a. E. *Ar. 147.* (welche beiden diese Bestimmung, nicht aber die des § 27., zu den Verwirkungen stellen; sie sind aber als besonders bestimmte Umarbeitungen zu faßen. vgl. *Bg § 154. not. 28.*) *Si. § 49.* n°. IV. 2. *Schm.* S. 50. n°. 6. *Unterh.* Schuldv. *§ 154. not. q. § 159. not. m.*

§. 27. *He. II. 38. Mü. 247. not. 19. Gö. 246. Pu. 154.* a. E. *Ro. 252.* n°. 3. *Va. 313. Si. 56. not. 8. Schm.* I. S. 62. ff. *Ar. 154.* Anm. 3. *Br. 53.* 1) *L. 8. C. de omni agro deserto et c. 11,58[59].* („Qui agros domino cessante desertos vel longe positos vel in finitimis ad privatum pariter publicumque compendium excolere festinat, voluntati suæ nostrum noverit adesse responsum, ita tamen, ut si vacanti ac destituto solo novus cultor insederit, ac vetus dominus intra biennium eadem ad suum ius voluerit revocare, restitutis primitus quæ expensa constiterit, facultatem loci proprii consequatur: nam si biennii fuerit tempus emensum, omnis possessionis et dominii carebit iure qui siluit".) = *L. 12. Th. C. 5,15.* u. Pseudo-Eustath. in *Bg not. 40.* 2) *L. 11. C. unde vi 8,4.* s. unt. II. § 229. *Sav.* Besitz S. 569...72. *Struben* Rechtl. Bed. II. n°. 73. *Ballhorn* Obs. ad L. 8. C. de omni agro des. Gott. 1803. u. *Schröter* Ztschr. für Civilr. II. S. 239. *Wening § 128.* a. E. verstehen diese Constitution nicht vom Eigenthümer, sondern vom Emphyteuta; dagegen s. g. *Eustath.* l. c. *Guyet* über *L. 8. C. cit.* im Arch. f. civ. Pr. XVII. S. 52...64. *Mü.* l. c. *Pu.* Inst. II. S. 651. f.

*) *He. II. 28...31. Se. 132. Mü. 246. Gö. 277.* f. *Pu. 148.* f. *Ro. 251. Va. 311. Si. 49.* n°. 1. *Schm. 8. Ar. 145. Br. 55. Meyerfeld* Schenkungen *§ 10. Heimbach* v. Uebergabe, in Weiske XI.

§. 28. 1) *Bg § 83 h.* 2) *Bg § 153 a...c.* s. oben I. § 139. 3) *Bg § 153 d.* auch *Cod.* Si quis alteri vel sibi sub alterius nomine ... emerit *4,50.* (*Cf. Gregor. Cod. 3,3.* Si sub alterius nomine res empta fuerit.) 4) *Bg § g.* 5) *Bg § 124. not. 45. § 153 e. cf. not. 19. f. ibid.*

§. 29. 1) Wie die in *Bg § 153. not. 28.* 2) *Bg § 153. not. 26.* 3) *Bg § 153. not. 31.*

§. 30. 1) *Bg § 153. nott. 20. 34.* 2) Die in *Bg § 153 n.* aufgestellte Lösung der vermeinten Antinomie zwischen *L. 18. D. de R. C.* und *L. 36. D. de A. R. D.* ist in folgenden mir misrathen scheinenden neueren Versuchen unberücksichtigt geblieben: *Dernburg* im Arch. f. civ. Pr. XL. n°. 1. *Schütze* i. Lpz. Jahrb. III. n°. 20. 3. 3) *Bg § 153 k.*

§. 31. 1) *Bg § 147 l,m.* s. unten § 37. 2) *Bg § 153. not. 36.* vgl. unten § 130.

C. Einfluß von Besitz und Zeit auf den Eigenthumswillen: Eigenthums-Ersitzung.*) (*Abr.II.§ 6 c.*)

§. 33. 1. Begriff und Geschichte. (*Bg § 144.*)

Usucapio, longi temporis præscriptio, Klagenverjährung. Ordentliche und außerordentl. Ersitzung. Gründe der Er- und Ver-sitzung. Objecte. +Vitia realia und personalia.

2. Ordentliche Ersitzung.

a. Gegenstände**) (*Bg § 145 a.*), welche der o. Ersitz. entzogen sind

§. 34. α. absolut. (*Bg § 145 b...g.*)

Res furtivæ und vi possessæ [von possīdĕre]. Antiquierte Bestimmungen. Purgatio vitii.

---

*) Quellen s. *Bg* * vor *§ 144.* u. Decret. Grat. caus. 16. qu. 3. 4. *Tit.* De præscriptionibus: *X. 2, 26. in VI°. 2, 13. Sch.U.* (= Schirmers Ausg. der Verjährungslehre Unterholzners) *I. § 4.* Litteratur s. *Sch.U. I. § 5.* woraus hauptsächlich hierher gehören *§§ 6...8. 10. 17...19. 29...139. 173...86.* vgl. auch citt. ad I. §§ 156...166. *He. II. 40...53. Se. 133...40. Mü. 257...64. Gö. 248. ...67. Pu. 155...61. Ro. 260...61. Va. 314...25. Rud.* S. 122...31. *Si. 51. Schm. 14. Ar. 157... 164. Br. 57...63. Schilling* Inst. *163...68.*

§. 33. *Raevardi* Tribonianus, auch in Conradi Triga libell. Lips. 1728. *Galvanus* de usufr. c. 9. *Gros* Gesch. der Verj. Gött. 1795. *Pu.* Civ. Abh. Lpz. 1823. n°. 1. auch in Dess. Civ. Abhh. ed. Rudorff n°. 2. *Engelbach* Usuc. z. Zeit d. 12 T. Marb. 1828. *Pu.* Inst. *§§ 239.* f. *Madai* Beiträge. Riga u. Lpz. 1839. n°. 1. *Ar.* Beiträge I. S. 94...101. *Lauenstein* de l. t. præscr. Lips. 1842. *May* Charakter d. ord. Eigenthumsersitzung nach der c. un. C. de usuc. transf. Bamb. 1847. *Stephan* i. Arch. f. c. Pr. XXXIV. n°. 8. 16. *Sch.U. §§ 6...8. 10. 17...19. 83.* f. [1]) s. § 3. oben. [2]) *Sch.U. § 180.* [3]) I. §§ 156. ff. [4]) Nicht in die specielle Lehre von der Ersitzung gehört daher die Darstellung, welche Sachen nicht ersessen werden können, weil sie nicht besessen werden können oder nicht Privateigenthumsobjecte sind. § 35. not. 2. vgl. *Sch.U. §§ 48...58.* [5]) *Bg § 145. not. 3. Mod. L. 3. D. h. t. 41, 3.* „Usu capio est adiectio [*Ulp. 19, 8.* adeptio] dominii per continuationem possessionis temporis lege definiti“. *Ulp. 19, 8.* „Usu capione dominium adipiscimur tam mancipi rerum quam nec mancipi. usu capio est autem dominii adeptio per continuationem possessionis anni vel biennii, rerum mobilium anni, immobilium biennii“. *Cic.* Top. 4. „..VSVS AVCTORITAS FVNDI BIENNIVM EST... at in lege *ædes* non appellantur..“. cf. *Id. pro Cæc. 19. Gai. 2, 42.* „*Usu capio* .. mobilium quidem rerum anno completur, fundi vero et ædium biennio, et ita lege XII t. cautum est“. *Id. 2, 54.* „..lex enim XII t. *soli* quidem *res* biennio usu capi iussit, *ceteras* vero anno ..“. *Gai. 2, 46.* „..provincialia prædia usucapionem non recipiunt“.

**) *He. 41.* f. *Se. 134. Mü. 257 a. 261. Gö. 254.* f. *Pu. 158. Ro. 262...64. Va. 317. Rud.* S. 124...28. *Si. § c.* S. 500. ff. *Ar. 162. Br. 60. Sch.U. 32.* ff. *72.* ff.

§. 34. [1]) *Bg § 145 b. c. Gai. 2, 45.* „rem furtivam .. lex XII t. usu capi prohibet, vi possessam lex Iulia et Plautia“. *Gell. 17, 7.* „..legis veteris Atiniæ verba sunt QVOD SVBRVPTVM ERIT, EIVS REI ÆTERNA AVCTORITAS ESTO‘. *Paul. L. 215. D. de V. S.* „.. In lege Atinia in potestatem domini rem furtivam venisse videri et si eius vindicandæ potestatem habuerit Sabinus et Cassius aiunt“. vgl. not. 6. *Pulcæus* ad L. Atin. in Otto Thes. IV. p. 326. sqq. *de Retes* ad L. Atin. in Meerman Thes. VI. p. 378. sqq. *Majans.* Disputt. iur. II. n°. 65. sq. *C. A. Brehm* de usuc. rei furt. Lps. 1817. *Ditmar* ad L. At. Hdlb. 1818. *Sch.U. §§ 59.* ff. [2]) s. oben § 15. *Bg § d.* Nicht zum Diebstahl (zum Theil aber zur Unterschlagung) gehören nach gem. R. die Fälle des röm. furtum suæ rei oder possessionis und das furtum usus (*Gai. 3. §§ 200. 203. 196. sq.*) *Bg § 145. not. 5.* [3]) *Bg § e. Sch.U. § 75.* [4]) *Bg § f. Sch.U. § 76.* [5]) *Bg § g.* [6]) *Pomp. L. 24. D. de usurp.* „veluti si vitium quod obstabat non ex persona, sed ex re, purgatum fuerit, ut puta si fisci res esse desierit, aut furtiva aut vi possessa“. vgl. not. 1. *§ 8. I. h. t. 2, 6. L. 4. §§ 7...12. D. h. t. L. 7. § 7. D. pro*

§. 35. b. relativ. (*Bg § 145 h...k.*)

Sachen des Fiscus, unbewegliche der Kirchen und Stiftungen, alle Minderjähriger und alle, deren Veräußerung gesetzlich verboten ist. Purgatio vitii.

b. Eigenschaften des Besitzes. *)

§. 36. a. Iusta causa s. iustus titulus. (*Bg § 146.*)

Titulus +verus und +putativus[1...7]. Bona fides als Wirkung der iusta causa; opinio und animus domini[8...10]. Usucapionstitel = Eigenthumserwerbs g r u n d (nicht - f o r m oder - a r t)[11.12]. Die einzelnen[13.14]. Die pro herede usucapio und die Usucapionen ohne Titel des klassischen Rechts[15...17].

---

empt.41,4.; L.4.§§13.14. L.32.pr.D.h.t. LL.2.i.f. L.3.D.pro empt.41,4. L.84.D.de furt. 47,2.; L.4.§20.D.h.t. L.12.§3.D.ad exh.10,4. s. auch § 25.

§. 35. ¹) *§9.I.h.t.2,6.* „Res fisci nostri usu capi non potest. sed Papinianus scripsit, bonis vacantibus fisco nondum nuntiatis b.f. emptorem traditam sibi rem ex his bonis usu capere posse ..". u.a.St. in *Bg noll.27.*f. cf. *Sch.U.§§ 46.*f. ²) *Gai.L.9.D.h.t. 41,3.* „Usu capionem recipiunt maxime res corporales, exceptis rebus sacris, sanctis, publicis p.R.et civitatium .." u.a.St. in *Bg not.29. Sch.U.§§ 45.81. Pu.* Inst.§ 239.a.E. u. Citt. in *Sch.U.§ 45.not.160.* Die zu den eigentlichen res publicæ gehörigen Gemeindesachen, im Gegensatze der bloßen pecunia civitatium (*Bg § 71.*), sind wie die res publicæ des Staats extra commercium, obgleich noch immer Manche, wie *Ar., Sch.U.*, sie mit anderen Nichtprivateigenthumsobjecten, so als wären sie der Ersitzung besonders entzogen, hier aufführen. s.§ 33.not.4. ³) Stellen in *Bg not.30.* u. *can.16.§1. Caus.16.qu.3.* In *c.4.8.X.h.t.2,26.* wird tricennalis, nicht triennalis præscriptio contra ecclesiam ausgeschloßen. Mobilien der Kirche sind der ord. Ers. nicht entzogen. s. *Thibaut* Bes. S.98...100. *Pu.158.not.e. Ar.162.* Anm.1. ⁴) Ueber diese sehr bestrittene Bestimmung s. *Bg § h.*n°.3. ibiq. citt. u. bes. *L.5.C. 2,40(41).* ibi exposita. *Sch.U.§§ 35.*ff. ⁵) *Bg § i.* ⁶) *Bg § k.* ⁷) *Bg not.26.* in § 34.not.6.

*) *He.43...46. Se.135.*f. *Mü.258.*f.*262. Gö.257...61. Pu.157. Ro.244...45. Va.318. ...21. Si.* l.c. S.496.ff. *Ar.138...60. Br.58.59. Sch.U. 91...121.183.185. Stintzing* Bona fides u. tit. in der röm. Usuc. Hdlb.1852. mit v. *Scheurl* Beiträge n°.xv. *Bg § 146.not.*. Schirmer* i.Ztsch.f.Civ.u.Pr.N.F.XV.n°.7.9. XVI.n°.1.

§. 36. *Branchu* Obss.capp.18.sqq. *Meister* de errore circa titulum Gott.1744. und in Syll.Opuscc.I.p.130.sqq. *Majans* Disputt.iur.n.51.sqq. *Sch.U.§§ 100...116. Se.* Erörtt. II.n°.7. (*LL.46...49.D.de usurp.41,3.* bilden bei Hal. und in den Vulgat-Ausgg. einen eignen Titel Pro soluto; in unseren Citaten ist er nach der Florentina nicht für sich gezählt.) ¹) Stellen zu § 33. ²) s.§§ 3.5. *Bg §146 d.* ³) *Bg §123 o,p.* ⁴) *Bg §§ s,t.* [wo es in *not.33.* heißen muß (Eigenthums-) Besitz - genera, statt (Usuc. -) Besitz - genera]. *Bg § 146. not.3. Ulp.* „Titulus est usu capionis, .. ut qui rem accipiat, usu capere possit". ⁵) *Bg not.10.* ⁶) „probabilis error .. quia in alieni facti ignorantia tolerabilis error est". *Bg not.19.* u. oben I.§ 68. ⁷) *Bg § e.* ⁸) *Bg §123 z. §146 f,g.* ⁹) „.. non usu capimus, quia pro alieno possidemus". *Bg not.15.* ¹⁰) *Bg § 146 h...l.* ¹¹) *Bg §§ m...o.*, wo *not.26.* die Bezeichnungen der einzelnen Usucapionstitel aufgeführt und erklärt sind. ¹²) *Bg noll.26...28.31.* Für solchen Titel sind *Donell.*comm.V.c.14.§13. *Arndts* Muß ein rechtskräftiges Urtheil als genüg. Grund zur Ersitzung gelten? im Arch.f.civ.Pr.XIII.n°.15. *Va. § 320. Schm.§14.not.100.*; dagegen: *Unterh.§116. Danz* Giebt res iud. im Eigenthumsproc. einen neuen Rechtsgrund zur Ersitz.? in Ztschr.f.Civilr.V.n°.19. *Stephan* i.Arch.f.civ.Pr.XXXI.n°.10. *Pfeiffer* ibid. XXXVII. S.121. *v. Scheurl* l.c. S.82.f. ¹³) *Bg § p.* ¹⁴) *Bg §§ q...s.* ¹⁵) *Bg §§ s...z.* u. zu der in *not.55.* das. cit. Litteratur andere in *Sch.U.I.*S.357.not.366.citt. auch *Sav.* Besitz § 7. litt.c. *Leist* B.P. §§ 4.f. ¹⁶) *Bg §§ r,v.* u. *§124.not.48.* ¹⁷) *Bg §§ α'.*ff.

§. 37. b. Bona fides. (Bg § 147.)

Begriff [1]. B.f. bei Erwerb durch Vertreter [2...4]. Mala fides auctoris [4.5]. B.f. des pro emptore Usucapierenden [7.8], des Erwerbers von Erzeugnissen od. Theilen [9]. Mala fides superveniens [10].

§. 38. c. Ersitzungs-Zeit. Bg § 148.) *)

3, 10 oder 20 civiliter zu berechnende Jahre [1.2]. Usurpatio [3...7]. Accessio possessionis [8...10].

S. 37. Litteratur in *Bg § 147.not.** und *Meister* Opuscc.n°.1. *Barckhausen* de indole b.f.in præscr.Hal.1764.4°. *Ulich* de b.f.Wittenb.1781.4°. *Heimbach* v.Bona fides in Weiske II.S.265.ff. *Harnier* De probat.b.f.in præscr.Cass.1851. [1]) *Bg § 147 a...c.* vgl. *Bg § 87. LL.4.7.D. de iur. et f. ign.22,6. L.31.pr.* (u. dazu *Huschke* in Ztsch.f.Civ.u.Pr.N.F.S.165.) *L.21.pr.D.h.t.41,3. L.7.§2.D.pro empt.41,4. L.5.§1.D.pro suo 41,10.* cf. *L.4.D.pro her. 41,5. L.2.§§15.16.D.pro empt.41,4. L.8.eod.* (in *Bg not.18.*) mit *LL.1.2.D.de cur.fur.27,10. L.5.§1.D.pro suo 41,10.*u.o. Dagegen Beispiele von iuris error: *L.2.§15. L.7.§5.D.pro empt. L.31.pr.D.h.t.41,3. L.26.D.de contr.empt.18,1. L.32.§1.D.h.t. L.9.§2.D.de iur.et f.ign. L.3.C.de usuc.pro don.*in *Bg not.8.* cf. *L.17.C.de R.V.3,32. Möllenth.* S.32...43. *Unterh.§117.* u.dagegen *Bg not.14. L.9.§4.D.de iur.et f.ign. L.2.§2. L.8.D.pro empt.41,4.* vgl. *L.109.D.de V.S.* [2]) *Bg § d.* „...p-io per procuratorem ignoranti quæritur, usu capio vero scienti conpetit". *Pap.* [3]) *Bg § e.* [4]) *Bg § g.* [5]) *Bg § h.* [6]) *Bg §§ i,k.* [7]) *Bg §§ f,l,m.* oben § 31. [8]) z.B. ich kann bona fide und wißend die Sache des T von dir kaufen und sie mir tradieren laßen, nicht aber ohne iuris error meinen, du müßtest als Verkäufer durch die Tradition mich zum Eigenthümer gemacht haben; soll ich dieses faktisch irrend meinen können, so müßte ich dich für den Eigenthümer oder zum dare Berechtigten halten und deine traditio für eine datio. [9]) *Bg §§ n,o.* [10]) *Bg §§ p,q.* s.ob. I.§157. *Sch.U.§ 92. Hildenbrand* Gesch.des can.R.ü.b.f.bei Ersitz.i.Arch.f.civ.Pr.XXXVI.n°.2.

*) *He.47...49. Se.137.138. Mü.262* a. *Gö.265. Pu.156. Ro.266. Va.322. Si.*S.506. 498.f. *Ar.161.*f. *Br.57.61. Sch.U.§§184.186.122...35.*

S. 38. [1]) *Pr.I.h.t.2,6.* „...res quidem mobiles per triennium usu capiantur, immobiles vero per longi temporis possessionem, id est inter præsentes decennio, inter absentes viginti annis..". (*Bg § 40.a.E.*) *Iustinian.L.un.C.de usuc.transf.7,31. L.12. C.de præscr.l.t.7,33.* [2]) *Paul. L.31.§1.D.de usuc.41,3.* „In usu capionibus mobilium [ebenso aber auch *inmobilium*] continuum tempus numeratur". *Bg § 122.not.13. Bg §§ a,b.* Wechsel von præsentia und absentia: *Nov.119.c.8.*in *Bg § 148.not.5. Meister* Vindiciæ etc. Gott.1749. u. in Opuscc.syll.I.p.417.sqq. *Majans* Disputt.iur.II.n°.63. vgl. *Hugo* Noch ein Vorschlag, Just.s Verordn. ü. die aus Nähe und Ferne gemischte Zeit zu rechtfertigen, in Civ. Mag.V.n°.17. *Sch.U.§ 84.* [3]) *Bg § 123 u...a'.* [4]) *Bg § 148.nott.11...14.* [5]) *Bg § 148 c,d.* Ueber *L.5.D.h.t.41,3.* (in *Bg § 148.not.22.*) s. *Bg § 148 d.* u. *Huschke* ibid.not.18.cit. [6]) oben I. § 151.not.9.10. § 154.not.4. *Bg § 148 e. Majans* l.c.n°.60. *Schmid* de interpell.extraiud. Ien.1788. *Winckler* de interrupt.usuc.Lps.1793. *Hoffmann* de modis interr.usuc.Vit.1797. *Kind* Qu.for.ed.II.tom.3.qu.32. *Schmidel* D.de interr.præscr.Lps.1808. *Unterh.131. He.52. Se.139. Mü.260. Gö.266. Pu.160. Ro.266. Va.323. Si.*I.S.496.f. *Ar.163.* [7]) § 35. *Bg § 148 f.* [8]) *Bg § 148 g.* [9]) *Bg § h. Dig.* De(div.temp.præscr.et de) accessionibus possessionum *44,3. Bg § 124.not.29.* u. *§ 148.not.33. Unterh.132...33. Majans* l.c.n°.61. *Danziger* Die acc.p-onis n. röm.u.kan.R.Würzb.1842. *Sav.* Syst.V.S.362. *Scæv.L.14.pr.§§1.2.D.h.t.44,3.* „De accessionibus possessionum nihil in perpetuum neque generaliter definire possumus: consistunt enim in sola æquitate. Plane tribuuntur his qui in locum aliorum succedunt, sive ex contractu sive voluntate; heredibus enim et his qui successorum loco habentur, datur accessio testatoris". [possessio defuncti quasi iuncta descendit ad heredem: *L.30.pr.D.ex quib.caus.mai.4,6.*] „Itaque si mihi vendideris servum, utar accessione tua". Einzelne Anwendungen s. *Bg § 148.not.34.* (wo Zeile 37. statt

§. 39. 3. Außerordentliche Ersitzung. (*Bg § 149.*)
In Eigenthumserwerbsart umgewandelte Klagenverjährung. (cf. I. §§ 156...160).

Dritter Unterabschnitt. Beendigung des Eigenthums.*) (*Abr. II. § 8.*)

§. 40. I. Beendigung wegen des Objects oder des Subjects. (*Bg § 155.*)

§. 41. II. Wiederaufhebung des Erwerbs. (*Bg § 156.*)
+Revocatio dominii ex tunc und ex nunc. (*Bg §§ a...c,h,i.*) Gründe. (*Bg §§ d...f.*) Wirkung (*Bg § g*).

III. Aufgeben des Eigenthumsrechts.

§. 42. A. Veräußerung überhaupt und Vorrecht des Fiscus. (*Bg § 157.*)
Alienatio im weiteren und im engeren Sinne, in jenem auch die derelictio befaßend [1...5]. Vorzugsweise s.g. privilegium fisci [6.7].

Sequester zu setzen ist 'Sequestrierende', und in *not.38.: L.13.§12.D.de A.v.A.P.* [statt *de usurp.*]. [10]) *Bg § i. Sch.U. § 99.*

§. 39. I.§§156...60. *He.50.f. Se.140. Mü.263. Gö.267. Pu.159. Ro.267. Va.325. Si.51*c. *Schm.*cit.§14.S.264.ff. *Ar.164. Br.62. Möllenthiel §16. Unterh.§§176...79.*, gegen diesen *Fritz* Sind die Erford. der s.g.a.o.Eigenth.-Ersitzung nach den Regeln zu bestimmen, die von der ord.Ers.gelten oder nach denen von der Klagenverjähr.? in Ztschr.f.Civ.III.n°.23. *Schilling* Inst. *§168. Pu.* Inst.*II.§240.*a.E.. *Sch.U.*I.S.95.not.*. *Bg not.1. Iustinian. L. 8.§1.C. de præscr.XXX.ann.7,39.* s. *Bg not.3.*

*) *He.II.63...65. Se.48. Mü.266.*f. *Gö.384. Ro.121. Schm.18.*f. *Si.54. Ar.174.*

§. 40. Das Eigenthumsrecht dieses Eigenthümers an dieser Sache hört auf wegen des I. Objects, wenn dieses

1. seine Individualität ändert, durch

a. s.g. Vernichtung, Verzehrung u.s.w. (*§ b. Bg § 157.not.3.*),

b. Specification und Miteigenthumsentstehung, sei's zufolge Veränderung der Sache, sei's durch den die mehreren Eigenthumsgegenstände zu einem machenden Willen des bisherigen solitarischen Eigenthümers (*Bg § c.*),

c. Entstehung eines eigentlichen Accessions- oder Pertinenz-Verhältnisses (*Bg § d.*);

2. (auch ohne Aenderung seiner Individualität) Object des Willens des Eigenthümers zu sein aufhört,

a. in commercio zu sein aufhört (*Bg § e.*),

b. Geldstücke durch Vermischung consumiert (ununterscheidbar) werden (*Bg § f.*),

c. die Sache zu einer durch den Willen des Eigenthümers unbeherrschbaren geworden ist (*Bg §§ g...k*).

II. Subjects (so also, daß das Eigenthumsrecht an dieser Sache in ein andres Subject übergeht); jetzt, nach antiquierten kapitis minutiones [I.§24.n°.1.], nur noch zufolge Universalsuccession, Verwirkung, Veräußerung. (*Bg §§ l,m. § 157.not.2.*)

§. 41. Vgl. auch *Bg §§ 110...115.* und unten §§ 130.134. *Girtanner* vor § 1. cit. § 111.

§. 42. *He.II.64. Se.§*cit. *Mü.266.247.not.13. Gö.284. Pu.§*cit. *Ro.269a. Si.*u.*Ar. §§ citt. Schm.4.7.*S.60.ff. *Br.52.* [1]) *Bg § 101 i...n. § 157.not.2.* [2]) *Bg § b.* Aufgeben des Eigenthumswillen und Aeußerung desselben mittels Aufgeben des Besitzes. *Bg not.7. §150 f.* — Von Dereliction der dinglichen Rechte (z.B. usumfr. derelinquere, *L.64.D.de usufr.7,1.*) und dem derelinquere hereditatem (z.B.*L.57.pr.D.de A.v.O.H.29,2.* s. Erbr.§ 90.), oder eines andren angetragenen Rechtes gilt ganz anderes als von der Eigenthumsrecht endigenden Dereliction. s.z.B.*Bg § 165.not.22.* u. bes.unten § 74. [3]) s.oben § 13. Daher auch die sabinianische Auffaßung der Dereliction als Eigenthumsbeendigungsgrund, wenn auch eine Occupation der Sache durch einen Andren noch nicht erfolgt sei. *Bg § d.* und

§. 43. B. Veräußerungsbeschränkungen. (*Bg* § *158.*)
Gründe, Wirkungen und Zweck.

Vierter Unterabschnitt. Schutzmittel des Eigenthumsrechts. (*Abr. III.* § *39.*)

I. Rei vindicatio. *)

§. 44. A. Begriff und Gegenstände.
Bedeutung nach altem und nach justinianischem Recht[1]. Objecte[2...5].

---

*not.13.*das. vgl.oben I.§105. *Bg* §*108.* u. §*125.nott.2.3.* [4]) *Bg* § *c.* — „totius rei dominus efficere non potest, ut partem retineat, partem pro derelicto habeat". [5]) *Bg* § *e.* „pro derelicto habetur quod *dominus ea mente* abiecerit, *ut id rerum suarum esse nollet,* ideoque statim dominus esse desiit". [6]) *Bg* §§ *f...h. He.II.9. Gö.268. Pu.143. not.d. Ar.127.*a.E. und in Ztschr.f.Civ.u.Pr.XIX.n°.1. *Se.*Erörtt.n°.5. *Unterh.*Verjährungsl. ed.*Schirmer* §*15.* — *Cod.*De quadriennii præscriptione *7,37.* §*14.I.de usuc.2,6.* bei *Bg* l.c.u. außer den dort citt. Stellen auch *Antonin.L.2.C.de comm.rer.al.4,52. Gord.L.5.C.de rest.mil.2,50(51). Ulp.L.5.*§*1.D.de I.F.49,14.* vgl.zu I.§157.I.A.1.f. [7]) De rebus ecclesiæ alienandis vel non: *X.3,13(...27.) in VI°.3,9(...11.) Clem.3,4(...6.) Extr.comm.3,4*(und *5.*)

§. 43. Quellen s.*Bg* vor §*158.* u.I.§151.not.17. Litteratur: *Sande* de proh.rer.alienatione.Leov.1657. *Glück* Erl.XVI. *Gesterd.*Eigthm.S.27.ff. *Lauk* in *Bg not.*cit.* *Brandis* über Nichtigk.§§*10.11.* in Ztschr.f.Civ.u.Pr.VII.S.180...97. *Spangenberg* Veräuß.i.Proc. bef.S. i.Arch.f.civ.Pr.IX.n°.24. *Schmid* De litig. rer.al.Ien.1840. *Hartter* Veräuß.i.Streit bef.Sachen, i.Ztsch.f.Civ.u.Pr.N.F.XII.n°.14. *Mü.*Cession ed.III.S.353.ff. Eine umfaßende Bearbeitung der Veräuß.Verbote: *Bachofen* Ausgew.Lehren.Bonn 1848. — *He.II.13.*f. *Fritz* Erläutt. S.277.ff. *Se.124. Mü.266. Gö.229. Pu.145. Ro.234. Va.299. Si.38.*S.400.ff. *Schm.4. Ar.132.* [1]) *Bg* §*158 a,b.* [2]) *Bg nott.6.7.* [3]) s.oben §35.n°.4. *Bg* §*145 i.* §*158 d.* [4]) *Bg* §*158 e,f.* [5]) *Bg* §§ *g...i.* u.Erbr.§§54.131. [6]) *Bg* §§ *k...m.* [7]) Erklärung der *L.7.* § *2. D. de distract. pign.* s. *Bg* §§ *α...ν.*

*) *Gai.4,16.17.91.sqq.* De R.V.(= rei vindicatione): *Dig.6,1. Cod.3,32. Greg.Cod.3,2. Th.C.2,23.* cf. De causa possessionis et proprietatis: *X.2,12. Clem.2,3.* — *Gundling* Exercitt.n°.17. *Rumpff* de R.V.Gott.1764. *Kritz* über die Vindication und die Public.Klage, in Darstell. prakt.Mater.I. Dresd.1831. (misrathen). *Wetzell* der röm. Vindicationspr. Lpz. 1845. *Delbrück* Dingl.Klage des deutsch.R.Lpz.1857. *Heimbach* v.Vindication in Weiske XIII. *He.II.18...25. Se.149...55. Mü.269...72. Gö.232...40. Pu.168...71. Ro.238...46. Si.52.*n°.1. *Va.332...34. Schm.15. Ar.165...68. Br.67.*n°.2.

§. 44. [1]) *Gai.4,16.92.91.93.sqq.* *Paul.L.23.pr.D.h.t.6,1.* „In rem actio competit ei qui aut iure gentium aut iure civili dominium adquisivit". *Keller* Röm. Civilpr.§§ 87.28. *Rudorff* Rtsgesch.II.§§ 36.ff. [2]) *LL.1...3.6.56.D.h.t.* *Girtanner* vor §1.cit. §§ IV.ff. [3]) citt.*L.1.*§*3.* bis *L.3.pr. L.56.* u. oben I. §48. [4]) *L.6. D. ad exh.10,4.* „..vindicari non potest, sed ut excludatur ad exhibendum agi potest". *L.23.*§§*5.6. L.59.D.h.t.* vgl.II. §§19.u.215. [5]) *Ulp.L.3.*§*2. L.73.pr. Gai.L.76.D.h.t.* „Incertæ partis vindicatio datur, si iusta causa interveniat..". *Ulp.L.1.i.f.D.si pars her.5,4.* „..Non audenter .. dicitur, ubicumque merito quis incertus est quam partem vindicet, debere incertæ partis vindicationem concedi". cf. *Paul. L.8.*§*1.D.comm.div.10,3.* „Si incertum sit, an lex Falcidia locum habeat, inter legatarium et heredem communi dividundo agi potest, aut incertæ partis vindicatio datur. similiter fit et si peculium legatum sit, quia in quantum res peculiares deminuit quod domino debetur, incertum est". vgl. I. § 130.not.5. Von der utilis vindicatio des mit dem Unsrigen Angeschafften s. oben § 22. und von omnis causa und Nebensachen I. §§ 59...63. *Bg* §§ *78...81.*

B. Parteien und Beweis.

§. 45. A. Kläger (Vindicant).

Rechtsbehauptung. Ohne oder mit Angabe des Erwerbsgrundes und Verhandlung über diesen, und danach verschiedene Wirkung des Urtheils.

---

§. 45. [1]) *LL.23.pr.* (in voriger not.1.) *41.pr.66.D.h.t.* „Non ideo minus recte quid NOSTRVM ESSE vindicabimus, quod abire a nobis dominium speratur..". *L.25.pr.D. deV.S. L.29.D.de mort.c.don.39,6.* Warum nur Besitzes- oder Detentations-Entziehung oder Vorenthaltung totale Negation des Eigenthumsrechts ist s. §46.not.1. Der unus casus, in welchem nach *§2.I.de act.4,6.* der Besitzer selbst actoris partes obtinet, ist nicht ausgemacht: Viele beziehen ihn auf die unmittelbar vorher bezeichnete Negatorienklage (s. unten §51.), Andere auf die mit einer Haupt-Klage so einzufordernden Nebenleistungen, als ob nicht bloß diese noch geschuldet würden (cf.I.§103. *Bg§107m*). s.die Comm.ad *cit.§2. I.*u. ad *Theophil.*ibid. *Mü.138.not.4.*u.*Va.232.*Anm.III.3. *Fritz* (Ztsch.f.Civ.u.Pr.1844.n°.2.) mit der Glossa ad cit. §2.Inst., mit *Io. Robert* und *Hoppe,* „wenn der durch einen Andern besitzende juristische Besitzer gegen diesen Andern die rei vindicatio anstellt". *Pu.168.not.i.* bezieht den unus casus auf die dem precario rogatus, der nach *Pomp.L.15.§4. D. de precar.43,26.* noch Besitzer ist, zustehende R.V. Nach *Ulp. L.3.pr.D.uti poss.43,17.* können Zwei zugleich den jur. Besitz derselben Sache haben, ich z.B. rechtmäßig, indem Du vi oder clam den Besitz der Sache einem Dritten abgenommen hättest. Der Fall paßte also wol zu den Institutionen; aber da ich nach dem just.R.(I.§130.) in dem Augenblicke aufhören muß Besitzer zu sein, in welchem Du es zu sein beginnst, so fällt nun diese Digestenstelle samt dem unus casus der Institt.hinweg: ich kann nun das interdictum Uti possidetis gegen Dich nicht gebrauchen, sondern muß vindicieren, bin aber auch nicht Besitzer. *Zimmermann* (Ztsch.f.Civ.u.Pr.N.F.XI.n°.VIII.) suchte die Erklärung in dem Satze, daß qui dolo desierit possidere, pro possidente damnatur. *L.131.D.de R.I.* cf.*Bg§123γ'. Bekker* (in Lpz.Jahrb.des gem.R.III.S.130.f.) sieht in dem unus casus den Satz „daß bei der in libertatem proclamatio qui actoris partes sustinet, possidet libertatem, obwol er Kläger ist, doch den Besitz hat". s.unten §52.not.7. [2]) SI PARET HOMINEM (d.i. das vindicierte Object) „EX IVRE QVIRITIVM" (fällt aus der neueren Vindication weg) AVLI AGERII (d.i. des Vindicanten) ESSE. *Gai.4,3.11.* vgl. *Puchta* i. Rh.Mus.II. S.251.ff. III. S.469.ff. *Buchka* Einfl.des Proc.I.S.145.f. [3]) s.*L.14.§2. L.11.§5.D. de exc.r.iud.* in I.§154.not.2. [4]) Wie bes. aus *L.11.§§1.2.4.5. L.14.§2. L.27.D.de exc.rei iud.44,2.* z.B. *Keller* L.C.S.287.f. *Mü.§272.* zu *not.7. Heffter* i.Rh.Mus.III.S.222.ff. lehren; wogegen *Pu.§99.not.m.*, Inst.*§175.a.E.*, Vorless.I.Beil.VIII. u.Rh.Mus.II.citt., jetzt auch in Dess.Civ.Abhh.ed.Rudorff n°.9. *Va.§173.*Anm.4. vgl. *Keller* r.Civilpr.§75. [5]) I.R.A.§§34.37.41. Im wesentl.übereinstimmend *Buchka* l.c. II. §24. vgl. auch *Schm.*I.S.318.ff. [6]) *Paul.L.23.D.de iudic.5,1.* „Non potest videri in iudicium venisse id quod post iudicium acceptum accidisset; ideoque alia interpellatione opus est". Cf.*Ulp.L.7.§7.D.ad exh.10,4.* „..non male Pomponius iungit, eius qui ad exhibendum agit, utroque tempore interfuisse oportere rem ei restitui, h.e. et quo lis contestatur, et quo fit condemnatio. et ita Labeoni placet". *L.35.D.de iudic.5,1.* vgl. *Sav.* Syst.VI.S.64.ff. u.oben I.§154. [7]) *Innoc.III.c.3. in VI°. de sentent.2,14.* „...Ex iis enim quæ post inchoatum iudicium eveniunt, quando causa fuit exposita specialis, nec debet nec potest iudicis animus ad proferendam sententiam informari, quia, cum certæ causæ facta est mentio, utpote donationis vel venditionis aut alterius specialis, oportet incepti iudicii tempus attendi, ut liquido cognoscatur an tunc interfuerit actoris ... Sed cum est in genere absque alicuius causæ declaratione petitum, non sic oportet accepti iudicii tempus inspici..". vgl.*Glück* VIII.S.147.ff. *Sav.*Syst.VI.S.70.ff. [8]) *Mü.269.not.4.* [sich selbst nicht conse-

§. 46. B. Beklagter (possessor).

Besitzer oder Detentator, wirklicher, fingierter; +auctoris laudatio [1...5]. Falsches Läugnen des Beklagten [6...11].

---

quent; vgl. oben not.4.] u. *Si.* 52. *not.8.* u.A. behaupten, die vorstehende Stelle des kan. R. gelte in der deutschen Praxis nicht, und *Schm.*I.S.270. setzt den J.R.A.l.c. entgegen. s.dagegen auch *Glück* u. *Sav.* ll.cc.

§. 46. 1) *Ulp.L.9.i.f.D.h.t.6,1.* „Puto autem ab omnibus qui tenent et habent restituendi facultatem, peti posse". und Citt. in *Bg §123.not.45.* vgl. auch *L.1.§8.i.f.D.uti poss.43,17.* Daß der Vindicationsbeklagte Besitzer oder Detentator des Objects sein muß, daß man der Eigenthumsklage nur durch dieses faktische Negieren des Eigenthumsrechts (nicht durch bloß wörtliches, wie das des Debitor gegen den Creditor) ausgesetzt wird, liegt im Begriffe dieses Rechts selbst, welches jeden Andren nur zu einem Nichtbeherschen des fremden Eigenthumsobjects, nicht positiv, verpflichtet. 2) *Paul.L.7.D.h.t.* „Si is qui optulit se fundi vindicationi, damnatus est, nihilo minus a possessore recte petitur". *L.95.§9. D.de solutionib.46,3.* cf.*L.13.§14.D.de H.P.5,3.* *Va.332.*Anm.III.1. *Sav.*Syst.VI.S.75. *Schm.* I.S.283.ff. 3) *Pomp.L.27.§1.D.h.t.* „.. quod si litis contestationis tempore possedit, cum autem res iudicatur, sine dolo malo amisit possessionem, absolvendus est possessor. Item si lit.cont. tempore non possedit, quo autem iudicatur possidet, probanda est Proculi sententia, ut omni modo condemnetur". *LL.42.51.55.D.eod.* *L.23.D.de R.C. 12,1.* *L.1.C.de reb.alien.4,51.* s.I.§154. *Sav.*Syst.VI.S.75. 4) *Constantin.L.2.C.ubi in rem 3,19.* „Si quis alterius nomine quo libet modo possidens immobilem rem litem ab aliquo per in rem actionem sustineat, debet statim in iudicio dominum nominare, ut ... actoris intentiones excipiat. si vero post huius modi indultum tempus minime hoc quod dispositum est, facere maluerit, tamquam lite ... ex eo die, quo possessor ad iudicium vocatus est, contestata, iudex, ut pote domino possessionis nec post huius modi humanitatem sui præsentiam faciente, edictis legitimis proponendis eum citare curabit, et tunc, in eadem voluntate eo permanente, negotium summatim discutiens in possessionem rerum actorem mitti non differet, omni allegatione absenti de principali quæstione servata". *L.9.D.h.t.* Ueb. auctoris nom. *Lauterbach* Diss.ac.IV.106. *Treiber* Erf.1720. *Knoch* Giss.1747. *Langenn* u. *Kori* Erörtt.I.13. *Mitterm.*u.*Gensler* i.Arch.f.c.Pr.III.n°.24.25.IV.n°.15. *Hollweg* Verss.S.59. *Schm.*I.S.279. *Wirsing* nom.auctoris n.gem.R.Würzb.1848. *Linde* Abhh.I.n°.4. *Brakenhoeft* Erörtt.I.S. 342.ff. *Bg* Grdr.des Civilpr.§ 64 c. 5) cit. *L.9.h.t.*u.*Va.§ 332.*Anm.3. gegen *Glück, Gesterding, Fritz* u.A. 6) *Fur.Anth.L.80.* „In rem actionem pati non conpellimur, quia licet alicui dicere *se non possidere*, ita ut si possit adversarius convincere rem ab adversario possideri, transferat ad se possessionem per iudicem, licet suam esse non probaverit". cf.*L.24.D.h.t.* und *§6.Inst.Ulp.* *Fr.Vat.§ 92.* und dazu *Rud.* in Ztsch.f.g.R.W.IX.n°.2. *Hollweg* Proc.I.S.284.nott.26.27. 7) *Nor.18.c.10.* 8) *Pu.§168.not.c.* erklärt unter Berufung auf *Hollweg* Civilproc.*§ 23.* diese Bestimmung als „wesentlich mit der Einrichtung des damaligen Verfahrens zusammenhängend und mit dieser jetzt hinwegfallend"; u. *Si. § 52. not.22.* nennt sie „processualisch antiquiert". vgl. *Schm.* I. S.322.f. 9) J.R.A.§§ 37.f.78. *Sav.*Syst. VI.S.45. *Bg* Grdr.des Civilpr.§ 26. 10) *L.9.C.de præscr.l.t.7,33.* *L.9.* cf.*LL.4.8.C.de exceptionib.8,36.* 11) citt.*LL.4.8.C.*, *L.2. C.sententiam resc.7,50.* *L.6.§1.C.de appell. 7,62.* *L.4.C.de tempor.appell.7,63.* „Die Fälle, in denen der Eigenthümer seine, in eine dritte Hand gekommene Sache entweder gar nicht oder nicht unentgeltlich absordern kann" (*Westphal* in Barths Diss.Saml.II.n°.24.), ergeben sich aus den Bestimmungen über Erwerb, Wirkung und Verlust dinglicher Rechte, der negotiorum gestio, der Ersatzverpflichtung, der Wiedereinsetzung in den vorigen Stand u.s.w. von selbst. vgl. auch zu § 50. not.3.

§. 47. C. Beweis.

Originäre oder derivative Erwerbung des Eigenthumsrechts, und etwa auch Detentation des. zu Verklagenden [1]. +exceptio recentioris dominii [2]. Beweis gegen den Miteigenthum behauptenden Beklagten [3].

C. Wirkungen der rei vindicatio.

§. 48. A. Restitutionsverbindlichkeit überhaupt.

Restitutio rei cum sua causa [1]. Restitutionsunthunlichkeit [2...4]. Obligatio des Beklagten [5...7]. Werthserstattung [8].

§. 49. B. Ort und Zeit der Restitution. Exceptio rei venditæ et traditæ.

Ort [1]. Zeit [2]. Exceptio rei venditæ et traditæ nach klassischem und nach just. Recht [3...5].

§. 50. C. Gegenstände.

Sache, Früchte. Gegenansprüche.

---

§. 47. 1) *Bg §100.not.11., §153.not.16.* vgl. *Gesterd.* Eigthm. S.360.ff. Ausbeute II. S.435.ff. *Se.* Erörtt. II. n°. 8. §1. *Unterh.* i. Arch. f. civ. Pr. VII. n°. 13. *v. Falkenstein* das. X. n°. 11. *Heimbach* de dominii probatione. Lips. 1827. *Hollweg* Vers. S.360.ff. *Mü. 272. not. 4. Fritz* Erl. S.298.ff. *Gö.* II. S.52. *Pu. 168. not. c. Ro. 239...41. Va. 332. Si. 52. not. 12. Schm.* I. S. 322.ff. *Ar. 166.* Anm. 3., auch *Thibaut* Syst. ed. VIII. § 707. not. y. Dagegen legen dem Beklagten den Beweis, daß ein auctor des Vindicanten nicht Eigenthümer gewesen sei, auf *Schöman* Hdb. II. S.49.ff. *Thibaut* i. Arch. f. c. Pr. VI. n°. 15. *Henschel* das. IX. n°. 16. *Kritz* über Vindication, *v. Tigerström* R. des Bes. *§ 4.* 2) Die Neueren nennen diese s.g. exceptio dominii 'contravindicatio', wenn der Beklagte selbst Eigenthümer des Vindicierten zu sein behauptet, z.B. *Gesterd.* Eigth. *§ 49. Heimbach* l.c. p. 32. sqq. 3) *Va.* l.c. *Arndts* Beweis des Miteigenthums, in Rh. Mus. f. Jpdz. III. n°. 12. vgl. *Girtanner* (vor §1. cit.) S.249.ff.

§. 48. 1) §45. nott. 3. 4. *Ulp. L.9.D.h.t. 6,1.* „.. ubi enim probavi rem meam esse, necesse habebit possessor restituere, qui non obiecit aliquam exceptionem". *Gai. L.22.D. de V.S.* „... restituere est etiam possessorem facere fructusque reddere; pleraque præterea restitutionis verbo continentur". *Paul. L.75. eod.* „Restituere is videtur, qui id restituit quod habiturus esset actor, si controversia ei facta non esset". (cf. I. §151. not. 10. und §154. nott. 4. ff.) *Id. L.81. eod.* „.. nam verbo restitutionis omnis utilitas actoris continetur". *Bg § 83. not. 21. Ulp. L.23. eod.* „Rei appellatione et causæ et iura continentur". *Bg §§ 78.* ff. 2) *Bg §102. nott. 25. 26.* oben I. §84. *LL.68.71.D.h.t. 6,1.* 3) *L.15.§§1.3. LL.17.45.D.h.t. L.20.§21. L.25.§7.* (*Bg §147. not. 57.*) *L.31.§3. L. 40.pr.D.de H.P.5,3. L.14.§11.D.q.met.c.4,2.* 4) *LL.9.pr.14.12.§3.D.ad exh.10,4. L.52. §16.D.de furt.47,2. LL.1.2.7.C.de usuc.pro empt.7,26.* vgl. unten §§ 215.221.231.234. 5) cit. *Bg §147. §151f,g.* 6) s. citt. in not. 3. und *L.7.§2. L.8.pr.§1.D.de condict.furtiva 13,1.* 7) *Bg §147q.* 8) *Bg §153.not.11.*

§. 49. 1) *Bg § 91. not. 6.* 2) *Bg § 90. § 2.I.de off.iud.4,17. L.3.§1.C.de us.rei iud. 7,51.* vgl. überh. oben §§ 151.154. 3) *Dig.* De exceptione rei venditæ et traditæ *21,3. Se.* Erörtt. II. n°. 8. §8. *Michelsen* de exc. r. v. et tr. Berol. 1824. deutsch in Baths Saml. III. n°. 40. *Albers* de exc. r. v. et tr. ibid. 1824. *Mayer* in Ztschr. f. g. R. W. VIII. S.35.ff. *Buchholtz* Vers. n°. 13. *Wiebeking* üb. d. Exc. r. v. et trad. Münch. 1847. *Pu. 171. Ro. 242. Va. 334.* Anm. 3. *Si. 52.* n°. 1. 6, *Schm.* I. S.343.ff. *Ar. 168.* a. E. *Br. 67.* l.c. 4) *L.1.§5.D.h.t. L.7.§6.D.pro empt. 41,4. L.32.§2.D.ad SC.Vell.16,1.* 5) *Bg §131q.* oben I. §153.

§. 50. 1) s. oben §15. *Bg §107. not. 21.* 2) s. *Bg § 97. not. 11.* und bes. *Bg §151f,g,* namentlich *not. 28.* daselbst. (Anders *Schm.* I. S.303.ff. u. weitschweifig *W. Sell* in s. Jahrb. III. n°. 8. 9.) 3) *LL.19.57.58.D.h.t.6,1. Bg §107i.* 4) *LL.3.23.C.h.t. L.2.C.de furt.6,2. L.6.§8.D.de N.G.3,5. L.6.D.de captiv.49,15. LL.14.16.C.de præd.min.5,71.* u. vgl. *Westphal* zu *§ 46. not. 11.* cit. 5) *L.48.D. L.5.C.h.t.* 6) *LL.13.8.D.de cond.furt.13,1.* 7) *L.38.D. LL.2.5.*

II. Negatoria oder negativa actio.*)

§. 51. A. Begriff, Formen, Parteien und Wirkung.

Ein dingliches Recht an der Sache wird negiert oder das Prohibitionsrecht desselben behauptet[1.2]. Parteien[3...5]. Inhalt der Condemnation[6].

§. 52. B. Beweis.

Inhalt der Behauptung des Klägers, des Beklagten[1]. Einfluß der Quasipossession?[2...7].

C.h.t. *L.9.D.de impens.25,1. Bg §107 h...m.* [8]) s.I.§§142.103. *Bg* l.c. [9]) *Bg §153. not.11.* [10]) *LL.38.48.65.D. L.5.C.h.t. LL.63.69.D.h.t.* u. cit.not.11. [11]) s.unten §120.

*) *Dig.* Si usus fructus (petetur vel) ad alium pertinere negetur *7,6.* Si servitus (vindicetur vel) ad alium pertineré negetur *8,5.* *Donell.*XI. c.15.sqq. *Kind* Qu. for. ed.II. tom.3. qu.44.sq. *Hufeland* Beiträge IV. n°.10. *Weber* v. ger. Kl. u. Einr.St.2.3.n°.16. *Glück §685.f.* *Veltheim* actio conf.et negatoria.ed.II.Kil.1820. *Puchta* über die Negatorienklage, im Rh.Mus. für Jpdz.I.S.165.ff. u.in Civ.Abhh. ed.Rudorff n°.7. *Paxe* Beweisl. bei confess.u.negat.a.i.Arch.f.civ.Pr.XVI. *Schmidt* i.Ztsch. für gesch,R.W.XV. die zum folg.§ citt. Abhh. *Sav.*Syst.VI.S.349.ff. *He.II.26. Se.183. Mü.292.*n°.2. *Gö.241.*f. *Pu.172. Ro. 287.*n°.II. *Va.353. Si.62.*n°.II. *Schm.17. Ar.169. Br.67.*

§. 51. [1]) *Ulp.L.2.pr.D. si serv.vind.8,5.* „De servitutibus in rem actiones competunt nobis ... confessoria ei qui servitutes sibi competere contendit, negatoria domino qui negat". *L.4.§§6.8.eod. Gai.4,3. Ulp.L.5.pr.D. si ususf. pet.7,6.* „.. cum invito se negat ius esse utendi fructuario, vel sibi ius esse prohibendi ..". [2]) Eine von der neg. a. unterschiedene prohibitoria actio oder formula weist *Zachariä* (Ztsch.f.g. R.W.XII.8.) bei dem byzant. Digestenbearbeiter Julian nach (vgl. *LL.11.14.pr.D.si serv. vind.8,5.* [*cf.L.3.§1.D.de O.N.N.*] cit.*L.5.pr.D.7,6.*); der Unterschied bestand aber nur in der Abfaßung der formula, die bei der neg. a. dahin gieng „wenn dem Bekl. das klägerischer Seits bestrittene Recht nicht zustehe", bei der proh. a. „wenn der Kläger das Recht habe, dem Beklagten das fragl.dingl.Recht zu prohibieren". (z.B. SI PARET AOAO IVS ESSE PROHIBENDI NmNm FVNDO Q.D.A. VTI FRVI *etc.*) s.*Stephan* in der Ztsch.XIV.8. *Schmidt* v. Ilmenau das.XV.6. So beseitigt sich auch die unrichtige Behauptung von *Veltheim* l.c. und *Fritz* Erläut.S.364. vgl.S.359., auch die Vindication einer negativen Servitut sei, wegen der negativen Faßung der intentio [*§2.I.de act.4,6.* und *Theoph.*ibid.], eine negativa actio. Aber jede servitutis vindicatio ist confessoria actio; die dingliche Klage gegen partiale Verletzung des Eigenthums, daß eine dingliche Beschränkung des an sich freien Eigenthums nicht begründet sei, ist negativa in rem actio. vgl.auch *Bg §171s.*ff. *Rff* R.R.G.II.§ 38.a.E. [3]) *L.16.D.de servitt.8,1. LL.9.3.§3.D.de O.N.N.39,1. L.1.§9.D.de superficieb.43,18.* cf. *L. 5.§6.D.si ususf.7,6. L.6.§1.D.si serv.vind.8,5.* und üb.den unus casus in *§2.I.de act.* s.oben zu § 45.not.1. [4]) s.unt.§ 78. [5]) z.B. *L.4.§8. L.8.§1. LL.13.17.§1.D.si serv.vindic.8,5.* [6]) *L.5.§6.D.si ususf.pet. L.4.§2. LL.7.12.D.si serv.vind.* vgl. *L.15.D.de O.N.N.* (*Bg§171y. not.82.* *Rud.*in Ztsch.f.g.R.W.IX.S.34.f.) *L.7.D.de aq.cot.43,20.* (*Rud.*das.XI.S.357.f.not.).

§. 52. [1]) §51.not.3. *L.5.pr.§6.D.si ususf.pet. L.6.§1.D.si serv.vind. §2.I.de act. 4,6.* cf.*L.10.C.de pign.act.4,24.* s. auch *L.L.10.pr.D.si serv.vind. L.60.§1.D.de usufr.7,1.* und zu §51. citt. *L.15.D.39,4. L.7.D.43,20.* [2]) s.die zahl- aber nicht gehalt-reiche Litteratur bei *Hufeland* Beiträge St.4.n°.10., *Mü.§ 292.noll.17...22.* auch *Va.353. Gö.242.* vgl. *Pu.§172.not.d.* Inst.*233.not.b.* 253.a.E. [3]) *Luden* Lehre von den Servituten *§§98.*f. will *L.15.D.de O.N.N.* durch ein argumentum a contrario für die entgegengesetzte Entscheidung benutzen, merkt aber nicht, daß dann der Beklagte niemals zu beweisen brauchte. *Bg* cit. *§171y.* [4]) So z.B. *Se.§183.* u. *not.5.* ibid.citt.ll. *Fritz* Erläutt.S.369.ff. [5]) *Glück* X. S.254.f. s.*Bg §171y.* [6]) *Ulp.L.8.§3.D.si serv.vind.* „Sed si quæritur quis possessoris, quis petitoris partes sustineat, sciendum est possessoris partes sustinere, si qui-

III. Publiciana in rem actio.*)

§. 53. A. Begriff, Parteien, Beweis.

Kläger und Klagefundament[1...8]. Wenn beide Parteien Usucapionsbesitz haben?[9...12].

---

dem tigna inmissa sint, eum qui servitutem sibi deberi ait, si vero non sunt inmissa, eum qui negat". 7) Daß nach *LL.8.14. D. de probatt.22,3. L.7.§5.D.de lib. c.40,12.* der nicht in possessione libertatis oder ingenuitatis Befindliche, wenn er se liberum oder ingenuum esse klagt, den Beweis der Freiheit oder Freigeborenheit zu führen hat, ist nur Anwendung des Satzes, daß ein Kläger das Fundament seiner Klage zu beweisen hat; das der Negatorienklage aber ist, daß Kläger Eigenthümer (Emphyteuta, Superficiar oder Pfandgläubiger) der Sache, an welcher Beklagter ein dingliches Beschränkungsrecht in Anspruch nimmt, sei. s. auch *H. Witte* de onere prob. in neg. act. Hal. 1855. *Wirth* Beweislast bei d. Neg.kl. Erlang. 1856. *Buchka* u. *Budde* Entscheidd. Rostock. II. n°. 22. *Duroi* u. *Heise* i. Arch. f. civ. Pr. XL. n°. 2.3. *Reuter* i. Ztsch. f. Civ. u. Pr. N. F. XII. n°. 15. *Witte* das. XIII. n°. 12. XIV. n°. 2.

*) *Dig.* De Publiciana in rem actione *6,2. Gai.4,36.* u. *§§ 3.4. I. de act. 4,6. Cuiac.* Opp. VII. p. 347...76. ed. Par. *Reinoldi* Opuscc. p. 358. sqq. *Massow* de P. i. r. a. L.B. 1818. *Eckenberg* de Publ. in r. act. Lps. 1821. *Guyet* de P. Hdlb. 1823. deutsch in Barths Diss. Saml. III. n°. 29. *Obrock* de P. Gott. 1843. *Kritz* zu §§ 42. ff. cit. *He. II. 23.* f. *Se. 156...58. Mü. 273. Gö. 285.* f. *Pu. 173.* Inst. 233. *Ro. 247. Va. 335. Si. 53. Schm. 16. Ar. 170. Br. 67.* i. f.

§. 53. 1) *Bg §137a. LL.16.17.D.h.t.6,2.* 2) *Ulp.L.1.pr.D.h.t.6,2* „Ait prætor SI QVIS ID QVOD TRADITVR EX IVSTA CAVSA NON A DOMINO ET NONDVM VSV CAPTVM PETET, IVDICIVM DABO". cf. *L.3.§1.eod.* „EX IVSTA CAVSA PETET" *Gai.4,36.* „..intendit hoc modo IVDEX ESTO. SI QVEM HOMINEM A^{s}.A^{s}. EMIT ET IS EI TRADITVS EST, ANNO POSSEDISSET, TVM SI EVM HOMINEM D.Q.A. EIVS EX I.Q. ESSE OPORTERET *et r.*" vgl. *Zimmern* im Rh. Mus. f. Jpdz. III. S. 336. 339. ff. *Unterh.* das. V. S. 15. ff. *Mayer* in Ztsch. f. g. R.W. VIII. S. 21. ff. *§§ 3.4. I. de actionib. 4,6.* „..plerumque ita permittit [prætor] in rem agere, ut vel actor diceret se quasi usu cepisse quod usu non ceperit... *§4.* namque si cui ex iusta causa res aliqua tradita fuerit, veluti ex causa emptionis aut donationis aut dotis aut legatorum, necdum eius rei dominus effectus est, si eius rei casu possessionem amiserit, nullam habet directam in rem actionem ad eam rem persequendam, quippe ita proditæ sunt iure civili actiones, ut quis dominium suum vindicet. sed quia sane durum erat eo casu deficere actionem, inventa est a prætore actio, in qua dicit is qui possessionem amisit, eam rem se usu cepisse, et ita vindicat suam esse. quæ actio Publiciana appellatur, quoniam primum a Publicio prætore in edicto proposita est". 3) *L.7.§§8.6.D.h.t.* 3*) *Bg §147n.* 4) s. §51. *Pu.* im Rh. Mus. I. S. 165. ff. *Schm. §17.* zu *nott. 8.* ff. et ibi citt. 5) *L.12.§§2.3.* cf. *§4.* u. *L.9. §5.D.h.t.* 6) *L.7.§9.eod.* 7) *L.1.§2. L.3.§1. L.7.§16. L.12.§4. L.13.pr.D.h.t.6,2.* 8) *L.1.i.f.* bis *L.3.pr. L.11.§1. L.12.§1. L.15.D.eod.* u. oben I. § 137. not. 4. *Bg §142 k,l. §151a,c.ff. §154d.* 9) *Ulp. L.9.§4.D.h.t.* „Si quis duobus separatim vendiderit b. f. ementibus, videamus quis magis Publiciana uti possit, utrum is cui priori res tradita est, an is qui tantum emit. et Iulianus .. scripsit, ut, siquidem ab eodem non domino emerint, potior sit cui priori res tradita est..". 10) *Bg §128. not. 29.* vgl. *Bg §153d.ff. Paul. L.128.pr.D.de R.I.* „In pari causa possessor potior haberi debet". *Ulp. L.5.§1.D.de calumniator.3,6.* „.. melior causa erit possidentis ..". 11) Schluß der Stelle in not. 9.: „quod si a diversis non dominis, melior sit causa possidentis quam petentis. Quæ sententia vera est". 12) *Nerat. L.31.§2.D.de A.E.etV.19,1.* „Uterque nostrum eandem rem emit a non domino, cum emptio venditioque sine dolo malo fieret, traditaque est: sive ab eodem emimus, sive ab alio atque alio, is ex nobis

B. Insbesondere.

§. 54. A. Publiciana des bona fide emptor.

Bona fides vom Kauf an bis zur Tradition[1.2]. Warum Zahlung oder Creditierung des Kaufgeldes nicht erforderlich ist[3].

§. 55. B. Mala fides superveniens hindert die Publiciana nicht.

In welchem Falle wird der Eigenthümer ausgeschloßen?

§. 56. C. Iustus titulus ist wie zur Usucapion erforderlich.

Grund des Satzes[1]. Vermeintliche Antinomie[2.3].

---

tuendus est qui prior ius eius adprehendit, hoc est cui primum tradita est. si alter ex nobis a domino emisset, is omni modo tuendus est". [15]) *Glück* VIII. S.358.ff. *Guyet* l.c. bei Barth III. S.432.ff. *Ro.* Ztschr.I.S.238.ff. *Kritz* l.c. S.99.ff. *Pu.§173.not.h.* *Va.*335.a.E. *Schm.* Hdb.S.364.f.

§. 54. [1]) *Ulp.L.7.§§16.17.D.h.t.* „Ut igitur Publiciana competat, hæc debent concurrere, ut et bona fide quis emerit et ei res empta eo nomine sit tradita... Nec quisquam putet hoc nos existimare, sufficere initio traditionis ignorasse rem alienam, uti quis possit Publiciana experiri, sed oportere *et tunc* bona fide emptorem esse [auch damals, als tradiert wurde (und als der Kauf geschloßen wurde)]". *Id.L.10.pr.D.de usurp.41,3.* „Si aliena res bona fide empta sit, quæritur, ut usu capio currat [also auch daß die Publiciana statt habe], utrum emptionis initium, ut bonam fidem habeat, exigimus, an traditionis. et optinuit Sabini et Cassii sententia, traditionis initium spectantium [d.h. welche forderten, daß man bis zum Augenblick der geschehenen Tradition, auch beim Kaufe, in b.f. gewesen sei]". *Bg§147.not.42.* [2]) *L.44.§1.D.de usuc.* *Bg§116.not.29.* *§147.not.44.* [3]) *Gai.L.8.D.h.t.6,2.* „De pretio vero soluto nihil exprimitur. unde potest coniectura capi quasi nec sententia prætoris ea sit, ut requiratur an solutum sit pretium". erklärt: *Bg§147.not.45.* *Sch.U.* Verjährgsl.*§110.* *L.7.§1.* s.auch *L.14.D.h.t.* und *L.2.§§3...5.D.pro empt.41,4.* bes. *L.11.§2.D.de A.E.V.19,1.*

§. 55. *Brinkmann* De scientia rei alienæ superv. in Publiciana. Kil.1847. *Sch.U.§97.* [1]) *Pap.16.D.h.t.* „Paulus notat: Exceptio iusti dominii Publicianæ obicienda est". *Ner.L.17.eod.* „Publiciana actio non ideo conparata est, ut res domino auferatur, (eiusque rei argumentum est primo æquitas, deinde exceptio SI EA RES POSSESSORIS NON SIT,) sed ut is qui bona fide emit, possessionemque eius ex ea causa nanctus est, potius rem habeat". [2]) *L.14.D.h.t.6,2.* *LL.63.72.D.de R.V.6,1.* *L.2.D.de exc.rei vend.21,3.* *L.24.D.de exc.rei iud.44,2.* *L.4.§32.D.de doli mali except.44,4.* *L.28.D.de nox.act.9,4.* *L.22.pr.D.rer.amotar.25,2.* *L.18.§15.D.de damno infecto 39,2.* Ueber *Pap.L.57.D.mandati* s. unten § 204.

§. 56. [1]) *L.1.pr.§1.* *L.3.§1.* bis *L.7.§5.* *Gai.L.13.D.h.t.* „Quæcunque sunt iustæ causæ adquirendarum rerum, si ex his causis nancti res amiserimus, dabitur nobis earum rerum persequendarum gratia hæc actio". *Bg§146.not.26.* cf. *§147.not.45.* [2]) *Ulp.L.7.§2.D.h.t.* „Marcellus ... scribit eum qui a furioso ignorans eum furere emit [nämlich eine Sache des furiosus], posse usucapere; ergo et Publicianam habebit". [3]) *Paul.L.2.§16.D.pro emptore 41,4.* „Si a furioso quem putem sanæ mentis, emero [eine dem furioso nicht eigen gehörige Sache], constitit usucapere utilitatis causa me posse, quamvis nulla esset emptio; et *ideo neque de evictione actio nascitur mihi*, *nec* Publiciana *competit*, nec *accessio possessionis*". [also kann ich den Verkäufer nicht wegen Entwährung belangen; meiner Publiciana kann er entgegensetzen, daß er gar nicht giltig auctor geworden sei; ich kann mir als Usucapient den Vorbesitz des Verkäufers, des Furiosus, nicht anrechnen]. cf. *Lyclama* a Nyeholdt Membranar. lib.I. eclog.20. vgl. *Pu.* Inst. *§233.not.g.* [wo aber unrichtig steht „gegen die er die exceptio dominii hat";

Zweiter Abschnitt. Die dinglichen Rechte i. e. S. (**Iura in re +aliena.** +)

Erster Unterabschnitt. Die dinglichen Nutzungsrechte. *)

S. 57. Allgemeine Bedeutung. (*Bg § 159. Abr. II. § 9.*)

Wie sind die Servituten qualitativ von Superficies und Emphyteusis verschieden? Unvererblichkeit und Unveräußerlichkeit; nicht Besitz, noch utilis rei vindicatio, noch auch Verbindung mit Leistungspflicht.

Erster Titel. Servituten.

I. im allgemeinen. (*Abr. II. § 10.*)

S. 58. A. Begriff und Inhalt. (*Bg § 160.*)

In non faciendo oder in patiendo, nie in faciendo consistit servitus. Recht gegen Dritte?[1...4]. Die Servitut ist Eigenthumsrechtsbeschränkung und Beherschung nicht eigener Sache[5.6]. Inhaltsbestimmung der einzelnen Servituten[7].

S. 59. B. Arten und Eintheilungen. (*Bg § 161.*)

1) Civile u. prätorische[1]. 2) Einth. nach dem berechtigten Subject[2...4], 3) nach dem Inhalt[5...7].

---

er hat vielmehr nur die Einrede der Nichtigkeit des Verkaufs: der Verkäufer ist ja selbst hier der Nichteigenthümer.] Ueber andere Vereinigungsversuche s. *Schulting* Notæ ad Dig. II. p. 184. not. 2. VI. p. 436. sq. *Westphal* Eigth. *§ 679*. *Glück* VIII. S. 350. ff. not. 28. ff. *Guyet* l. c. § 18. Für eine entschiedene [!] Antinomie erklärte sich früher *Va. § 335.*, jetzt aber (ed. 1851.) dafür, daß Paulus „nur sagen will, daß der Käufer die Publiciana nicht mit Wirksamkeit gegen seinen Auctor aufstellen könne..". Aber Paulus sagt eben so richtig als allgemein nec Publiciana competit. +) aliena] s. oben § 1.

*) *Inst. 2,2. i. f.* bis *6*. *Dig. 7.8*. *Cod. 3,33.34*. Litteratur s. *Bg § 160. not.** und *Gesterd.* z. L. v. d. Servitt. in Ausb. VI. 1. n°. III. *Wächter* Dingl. R. u. persönl. R. Erörtt. H. 1. n°. 4.5. *Zielonacki* Krit. Erörtt. ü. die Servitutenl. nach r. R. Bresl. 1849. *Heimbach* v. Servituten in Weiske Rtslexic. X. *He. 66...105. Se. 160...83. Mü. 274...93. Gö. 287...319. Pu. 178...91.* (Inst. 252. ...57.) *Ro. 270...93. Va. 338...57. Rud. 150...67. Si. 57...66. Ar. 175...94. Br. 69...76.* vgl. *Pu.* Inst. *II. § 243.252*. Dens. über das Verhältn. des Eigenth. zu den Servitt. im Rh. Mus. für Jpdz. I. S. 286. ff. (gegen *Duroi* über act. in rem im Arch. f. civ. Pr. VI. S. 278. ff.) *Goldschmidt* in Grolm. u. Löhr Magaz. III. n°. 15.16. *Ordolff* de servitutum indole. Erlang. 1844.

S. 58. [1]) *Bg § a...c. Pomp. L. 15. § 1. D. de serv. 8,1.* „Servitutium non ea natura est, ut aliquid faciat quis, ... sed ut aliquid patiatur aut non faciat". *Johannknecht* an s. in fac. consistat. Gott. 1807. *Thibaut* Vers. I. n°. 2. *Se.* Erörtt. II. n°. 9. [2]) *Bg §§ d,e. § 139 k. not.**. [3]) s. die Stellen *Bg not. 15.* u. vgl. das. *§§ f,g.* Aeltere Versuche: *Schrader* Civ. Abhh. II. S. 333. ff. *Goldschmidt* über Servitus in faciendo consistere nequit, im Arch. f. c. Pr. I. n°. 25. *Abegg* de serv. in fac. Regiom. 1827. *Va.* l. c. [4]) *Bg § 139 n,o.* [5]) ius suum deminuere, alterius augere. *Bg § 160. not. 19.* [7]) *Bg § 134. not. 21. § 160. not. 19.* [8]) *Bg §§ k.* ff. u. *§ 161 h.* Das 'excipere, deducere oder detrahere, sibi retinere servitutem' heißt nicht 'aus vom Eigenthumsrecht herausgenommenen Bestandtheilen ein Servitutrecht machen'. z. B. *Gai. 2,33. L. 36. § 1. LL. 46.54. D. de usufr. 7,1. L. 7. pr. D. commun. præd. 8,4. L. 22. § 1. D. de condict. indeb. 12,6.* u. o.

S. 59. [1]) *Bg §§ a...c.* — Servitutes quoque *prætorio iure* constituentur, et ipsæ ad exemplum earum quæ *ipso iure* constitutæ sunt, utilibus actionibus petentur. — utrum *iure* constitutus sit usus fructus, an vero *tuitione prætoris.* — [2]) *Bg §§ d,e α'...ι'.* Servitutes aut personarum sunt, ut usus et usus fructus, aut rerum, ut rusticorum prædiorum et urbanorum — non ius hominis, sed prædii est. — Servitutem iure constitutam non videri, neque in personam, neque in rem. — [3]) z. B. *Westphal* de servitt. § 523 *b.* *Mü. § 274.* a. E. *§ 275. not. p.* und Arch. f. civ. Pr. XV. n°. 1. dagegen

§. 60. C. Die einzelnen Bestandtheile des Begriffs. (*Bg § 162.*)

Die Servitut ist dingliches Nutzungsrecht eines bestimmten Subjects[1...5] an einem Object des Privateigenthumsrechts[6...9], dieses (nicht den Rechtsinhaber) durch entsprechende Berechtigung des Nichteigenthümers beschränkend; utilitas und perpetua causa[10.11].

II. Die einzelnen Servituten.

A. Persönliche Servituten.*) (*Abr. II. § 11.*)

§. 61. A. Deren Inhalt im allgemeinen. (*Bg § 163.*)

Uti und frui[1.2]. Das uti der prædia[3.4], welche als des Eigenthumsrechts unfähig nicht frui können[5].

B. Die einzelnen Formen.

§. 62. 1. Usus (et) fructus (*Bg §§ 163...165.*) und

1) Warum wird hier gerade herausgehoben, daß die Servitut nur salva rei substantia gilt? (*Bg § 163.*) 2) Rechte (*Bg § 164.*), 3) Verbindlichkeiten des Fructuars (*Bg § 165*).

Bg § f...h. vgl. *v. Löhr* in s. Mag. III. S. 495...97. *Hasse* im Rhein. Mus. f. Jpdz. I. S. 73. ff. not. 3. *Pu.* Inst. *§ 252. not. g.* *Va. § 339.* Anm. *Hoffmann § 59.* *Si.* S. 550. *Zachariä* ü. die s. g. irregul. Personal-Serv. im Arch. f. c. Pr. XXVII. n°. 1. Ueber die viel misdeutete *L. 14. § 3. D. de alim. leg. 34, 1.* s. *Bg § 161.* Anhang II. [4]) s. bes. *Bg* l. c. *nott. 23.* ff. 5) *Bg § i.* Die neuere Benennung affirm. u. negative Servituten ist vom Standpuncte des S. Berechtigten aus was von dem des in seinem Eigenthumsrechte beschränkten Servitutpflichtigen die servitus in patiendo und in non faciendo consistens ist. § 58. not. 1. [6]) *Bg § k.* [7]) *Bg § l.*

§. 60. *Uhland* de servitt. natura dividua et ind. Tub. 1810. *Stever* de S.P. Rost. 1817. und 1820. *Zachariä* in Hugos civil. Mag. II. n°. 15. *Schrader* civ. Abh. II. n°. 5. *v. Löhr* Mag. III. n°. 15. 16. *Se.* Erört. II. n°. 10. *Gædcke* an ... servitus non utilis fundo imponi possit. Rost. 1827. *Büchel* civ. Erört. I. n°. 3. S. 12. ff. *v. Scheurl* Ztsch. f. g. R. W. XV. S. 48. ff. *Luden* l. c. §§ 4...11. *Hoffmann* l. c. §§ 5...10. *Br. § 76.* [1]) *Bg § 162 a.* [2]) *Bg §§ c, d.* — Locare servitutem nemo potest. — neque venire neque locari potest. — prædio quæsita servitus prædium sequitur. — [3]) *Bg § e.* Die persönlichen S. gehen durch Tod des Berechtigten unter; das Subject der prädialen, das prædium selbst, stirbt nicht. s. unten §§ 74. 75. [4]) *Bg §§ f...k.* — servitutes individuæ sunt; dividi non possunt; divisionem non recipiunt; individuum ius est. u. s. w. [5]) *Bg § f.* — frui quidem pro parte possumus, uti pro parte non possumus. *not. 19.* das. [6]) *Bg § l.* cf. *Bg § 138. not. 2.* [7]) Was nicht in commercio ist, servitutem non recipit. *Bg § l.* *L. 2. D. comm. præd. 8, 4.* erklärt in *not. 30.* das. [8]) nulli res sua servit. — nullum prædium ipsum sibi servire potest. *Bg § m.* [9]) servitus 'est ius in corpore'. — servitus servitutis esse non potest. *Bg § n.* *L. 33. § 1. D. de S.P.R. 8, 3.* erklärt *not. 42.* das. [10]) *Bg §§ o, p.* s. auch *L. 81. § 1. D. de contr. empt. 18, 1.* [11]) *Bg §§ q.* ff. Ueber *L. 28. D. de S.P.U. 8, 2.* s. das. *not. 54.* — *Heineccii* Diss. de causa servitut. perpetua. Hal. 1738. u. Opp. 2, 2.

*) Außer den zu den einzelnen ff. §§. angeff. Quellen s. auch *Dig.* de usu et usu fructu et reditu et habitatione et operis per legatum ... datis (gewöhnl. de usu leg.) 33, 2. *Cod.* de usu fructu et habitatione et ministerio servorum 3, 33.

§. 61. [1]) *Bg §§ d, e.* u. *not. 20.* das. [2]) *Bg § f.* [3]) *Bg § e.* cf. *Bg § 162. §§ s.* ff. [4]) *Bg §§ 67. 68.* [5]) *Bg § e.* u. das. *not. 3.*; auch not. 10. des vorherg. § 60.

§. 62. Quellen s. *Bg* vor *§ 163.* Litteratur das. *not.**. *He. II. 72...76. 90. 91.* *Se. 167...69.* *Mü. 280...85.* *Gö. 293...96.* *Pu. 181. 179.* Inst. *II. 255.* (282. ed. II.) *Ro. 277...79.* *Va. 343...47.* *Si. 59.* *Ar. 178...80.* *Br. 72.* *Luden 31...40.* *Hoffmann 38...51.* *Elvers 50...58.* [1]) *Bg § 163.* Usus fructus est ius alienis rebus utendi fruendi salva rerum substantia. — fructus sine usu esse non potest. — Et aut rei soli aut rei mobilis usus fru-

§. 63. Quasi ususfructus. (*Bg § 166.*)

Vermögen, salva sua substantia nicht nutzbare oder nicht als Sachindividuen geltende Sachen und Forderungsrechte sind nicht Gegenstände eigentlicher Servitut.

§. 64. 2. Usus (sine fructu). (*Bg § 167.*)

Inhalt und Subject des usus. Die Fruchtnutzung des Usuars ist uti, nicht frui. Untheilbarkeit. Rechte und Pflichten des Usuars.

§. 65. 3. Habitatio und operæ servorum animaliumve. (*Bg § 168.*)

Eigenthümlichkeiten dieser Formen des uti oder frui.

---

ctus legatur. — Etiam partis bonorum ususf. legari potest.. — [2]) *Bg § 164.* Quicquid in fundo nascitur vel quicquid inde percipitur, ad fructuarium pertinet; pensiones quoque iam antea locatorum agrorum, si ipsæ quoque specialiter conprehensæ sint: sed ad exemplum venditionis, nisi fuerint specialiter exceptæ, poterit usufructuarius conductorem repellere. s. *Bg § 128.nott.22.27.* u. unten § 176. *Madai* ü. Veränd. der res fruct. durch den Fructuar, in Beitr. z. Dogmeng. n°. II. S. 92...138. Zu *Bg § s.* s. auch *Veillodter* Quatenus usufr... extincto fructus in.. heredes transmittantur. Alt. 1802. *Scæv. L.58.pr.D.h.t.* [in *Bg § 164.not.88.*] „Defuncta fructuaria mense Decembri, iam omnibus fructibus, qui in his agris nascuntur, mense Octobri colono sublatis, quæsitum est utrum pensio heredi fructuariæ solvi deberet, quamvis fructuaria ante kal. Martias, quibus pensiones inferri debeant, decesserit, an dividi debeat inter heredem fructuariæ et remp., cui proprietas legata est. respondi remp. quidem cum colono nullam actionem habere, fructuariæ vero heredem sua die secundum ea quæ proponerentur, integram pensionem percepturum". [3]) *Bg § 165.* — æquissimum prætori visum est de utroque legatarium [usufructuarium] cavere ET VSVRVM SE BONI VIRI ARBITRATV ET CVM VSVSFRVCTVS AD EVM PERTINERE DESINET, RESTITVTVRVM QVOD INDE EXSTABIT. — Culpa abest si omnia facta sunt quæ diligentissimus quisque observaturus fuisset. cf. *Hasse* Culpa *§ 39.* — fructuarius custodiam præstare debet. — modica refectio ad eum pertinet, quoniam et alia onera adgnoscit, ut puta stipendium vel tributum... *Leyser* Meditt. sp. 106. med. 3. *Neuber* de usufructuario ad tributa belli modica tantum obligato. Ien. 1799.

§. 63. *Dig. 7,5.* *§ 2.I.de usufr. 2,4.* *Majans* Disp. I. n°. 17. *Glück* IX. §§ 643...45. und die dort nott. 63. 75. Citierten. *Schott* de usufr. vestimentor. Lps. 1766. auch in Opuscc. p. 164. sqq. *Hæberlin* de usufr. pecuniæ. Erl. 1783. *v. Madai* Nießb. an vertretb. Sachen, in den citt. Beitr. n°. III. S. 139...87. *Held* v. usufr. ear. rer. q. usu cons. v. min. Würzb. 1848. *He. II. 77.* *Se. 170.* *Mü. 285.* *Gö. 296.* *Pu. 182.* *Ro. 279.* *Si.* I. S. 558. ff. *Ar. 181.* *Bg § 76.* u. ob. I. § 56. *L. 1. D. 33,2.* in *Bg § 162.not.42.* Ueber *Cic. Top. 3,17.* s. *Bg not. 6.* Daß zu Ciceros Zeit der Qu. Ususfr. noch nicht bestand, geht auch aus *LL. 1. 2. § 1. D.h.t. 7,5.* hervor. *Spangenberg* ü. ususfr. nominum in Hagemann Prakt. Erörtt. X. n°. 10. *Thomas* de usufr. nom. Ien. 1837. *Steinberger* i. Ztsch. f. Civ. u. Pr. R. F. XI. n°. 5. Zu *L. 15. § 4. D. de usufr. 7,1.* „Si vestimentorum ususfr. legatus sit" *etc.* s. *A. F. Schott* Opuscc. iuridica. Lps. 1770. n°. v.

§. 64. *Inst. 2,5.* *Dig. 7,8.* cf. *33,2.* *He. II. 78. 79.* *Se. 171.* f. *Mü. 286.* f. *Gö. 287.* f. *Pu. 180. 179.* a. E. *Ro. 280.* *Va. 348.* f. *Si. 60.* *Ar. 182.* *Br. 72.* *Elvers 59.* *Lennep* De usu silvæ cæduæ in Exercitt. c. 5. *Thibaut* Vers. I. 3. vgl. *Bg § 164* i. *Scheurl* in Ztsch. f. g. R. W. XV. 2. *Pu.* Inst. *II. §§ 252. 255.* Auch bei dem fructus sine usu (*Bg § 163.not. 6.*) ist so viel usus gestattet, als zur Fruchtnutzung erforderlich ist. *LL. 10. i. f. 12. D.h.t.* *Paul. S. R. 3,6. § 24. sq.* vgl. *L. 5. § 2. D. usufr. q. cav. 7,9.* *L. 13. § 3. D. de accept. 46,4.* *Löhr* Mag. III. S. 488. *Lœbell* cit. diss. § 4. *Pu.* Civ. Abh. S. 121. ff. *Keller* in Ztschr. f. g. R. W. XV. n°. 5.

§. 65. *Majans* Disp. n°. 18. *Glück § 652.* *Thibaut* Civ. Abh. n°. 2. *Sav.* Syst. II. S. 110. ff. *Pu.* Inst. *§ 225.* a. E. Ders. in Ztschr. f. g. R. W. IV. S. 47. ff. *Buchholtz* Vers. n°. 15. *Elvers §§*

B. Prädial-Servituten. (*Abr. II. § 12.*)

§. 66. A. Das Gemeinsame. (*Bg § 169.*)

Subjecte. Inhalt. Grund der Eintheilung in ländliche und städtische, welche nicht separate Fächer für die beispielsweise aufgeführten einzelnen Prädial-Servituten bildet [1.2]. Verhältniß des Pflichtigen zum Berechtigten [3], u. das Mehrerer an demselben prædium Servitutberechtigter [4].

B. Servitutes prædiorum

§. 67. 1. rusticorum. (*Bg § 170.*)

Servitutes itinerum et aquarum und deren Unterschiedenheiten. Die übrigen.

60.61. He. II. § 79. not. meint, in Beziehung auf Thiere 'könne' das ius operarum (*L.5. § 3. D. usufr. q. cav. 7,9.*) auch noch jetzt Anwendung finden. Wirklich praktisch aber würde es bei uns nur usus oder usus fructus animalis sein. *Bg § 168. not. 2.* Die 'Dienstbarkeit der Wohnung' im österr. Gszb. §§ 521. f. und 'le droit d'habitation' im Cod. civ. 632. ff. sind von der habitatio verschieden. *Bg cit. not. 2.* Die von *Pu. § 179. not. e.* angegebenen Abweichungen dieser beiden Servituten [Abarten] vom Usus und Ususfructus sind weder ganz richtig, noch vollständig. *Bg § 168. cit.*

§. 66. Quellen s. *Bg* vor *§ 169.* Litteratur: *Glück* X.1. *Cæpolla, Waizenegger, Landinus* bei *Bg § 160. not.* citt. Westphal* Interpp. iur. civ. Lps. 1773. *Hufeland* Abhh. II. n°. 9. *Münter* v. d. Servitt. Hannov. 1806. *Stever* de S.P. Rost. 1817. 1820. *Zachariä* und *Schrader* zu § 61. citt. *Se.* Erörtt. II. n°. 12. 13. *Zachariä* iun. Untersch. zw. serv. rust. u. urb. Hdlb. 1844. *He. II. 81...87. Se. 163...65. Mü. 277...79. Gö. 300...305. Pu. 184.* f. Inst. *253...4. Ro. 282. ...86. Va. 340...42. Rud.* S. 147...55. *Si. 62.* f. *Ar. 183...86. Br. 69...71. Luden §§ 18...29. Hoffm. 15...35. Elvers 37.* ff. 1) *Bg § 62. not. 3. Löhr* Mag. III. S. 492. 2) *Bg § 74 g.* u. *§ 161 e.* 3) *Bg § 169 k...n.* vgl. *Glück* X. S. 180. ibiq. citt. *Rivinus* de æquali iure dom. et serv. prædii, si pascua non sufficiant. Lps. 1738. *Wernher* Obss. IX. n°. 67. *Hommel* Rhaps. obs. 188. *Kind* Qu. for. II. qu. 33. ed. 2. *Biener* opuscc. II. n°. 26. *Haubold* sächs. Privatr. ed. 2. § 193. zu not. *b. Se.* Erörtt. II. n°. 11. *Pu. § 178.* a. E. *Va. § 340.* n°. 4. *Scheurl* Ztsch. f. g. R. W. S. 242. f. *Arndts* in Ztsch. f. Civ. u. Pr. N. F. III. S. 250. f. 4) *Bg § 169 f...i.*

§. 67. *Bg § 170.* A. Wegegerechtigkeiten, *Iter* (*ius eundi*), *actus* (*ius agendi*), *via*, nicht identisch mit unseren Fußweg-, Viehtrift- und Fahrweg-Gerechtigkeiten. *Bg § 170 c...i. Sommer* Arch. f. civ. Pr. III. n°. 20. *Cuiacius, Ritter, Biener* u. *Puchta* bei *Bg not.**. S. 278. citt. und *A.F. Schott* Opuscc. iuridica. Lps. 1770. n°. 7. *Gensler* Arch. f. c. Pr. IV. 20. *Se.* Erörtt. II. S. 56. f. *Kritz* iter, actus und via in Abh. aus dem Civilr. Lpz. 1824. n°. 1. 2. *Va. § 342. Rud.* S. 148...50. — B. Waßer-Leitung und Benutzung: *Bg §§ k...r.* 1) *S. aquæ ductus, aquæ ducendæ, iter aquæ, aquagium.* Auch einer besonderen Gerechtigkeit, ut aquam sulco aperto educere in fundum inferiorem recte liceat, gedenkt *L. 29. D. h. t.* 2) *S. aquæ haustus s. hauriendæ. Si.* Arch. f. c. Pr. XVIII. S. 307...14. *C.F. Walch* Opusc. I. p. 77...107. 3) *S. pecoris ad aquam adpulsus s. adpellendi.* — s. überh. *F.L. v. Cancrin* Waßerrecht. II. Halle 1789. f. bes. Abh. 7. *Gesterd.* Beitr. z. Waßerr. i. Arch. f. c. Pr. III. n°. 5. — C. Sonstige Nutzungsrechte: *Bg §§ s...y.* 1) *S. pascendi, pascui, pecoris pascendi*, Hut- und Weide-Gerechtigkeit, bei den Römern wegen der Gemeindeweiden, conpascuus ager, compascua, communia oder communalia, selten. *Rud.* in Ztsch. f. g. R. W. X. S. 67. f. *Kind* Qu. for. ed. II. tom. II. qu. 33...38. 40...42. *Biener* Opuscc. tom. II. n°. 15...21. 2) *Ius silvæ cæduæ.* 3) *Ius lapidis eximendi, cretæ eximendæ, arenæ fodiendæ, calcis coquendæ* u. ähnl. 4) Das Recht, unsre Früchte, Geräthschaften, Steine u. dgl. auf des Nachbars Grundstück liegen zu laßen oder hinzulegen, oder Schutzvorrichtungen, ein prætorium, tugurium u. dgl. dort zu haben, oder das, etwas dahin abzuleiten, hinzuwerfen u. dgl. 5) Auch was gewöhnlich den Inhalt von Gebäudeservituten ausmacht, kommt mitunter als Feldservitut vor.

S. 68. 2. urbanorum. (*Bg § 171.*)
Raumbeschränkungen, Ableitungs-, Luft-, Licht- und Aussichts-Rechte. Im Eigenthumsrecht enthaltene Rechte als servitutes aufgeführt.

S. 69. C. Quasiservitutische Rechte an Nichtprivateigenthumsgegenständen und Beschränkungen des Privateigenthums durch öffentliche Rechte.
1) Rechte des Privaten an Staats- oder Gemeinde-Immobilien [1...5]. 2) Oeffentliche Rechte an Privateigenthum [6,7].

S. 68. A. Affirmative Gebäudedienstbarkeiten, 1) zufolge deren das berechtigte Gebäude einen Theil seiner selbst im Raum des pflichtigen haben darf: a) *oneris ferendi.* b) *tigni immittendi s. immissi*, *ius immittendi*, 'Balken- oder Tram-Rechte'. c) *protegendi* und *proiciendi*, das Recht, ein Wetterdach und das, einen Ausbau, Erker u. dgl. über des Nachbars Grund ragen zu laßen. *C.G. de Winckler* De iure protectorum in Opuscc. minor. vol. II. p. 303...24. 2) Ableitungs-Servituten: a) *stillicidii*, der Berechtigte darf die Traufe auf das nachbarliche Grundstück inmittere, avertere; der Servitutpflichtige muß den Tropfenfall recipere, suscipere, excipere, non avertere. *Thomasii* Diss. acadd. I. n°. 15. *Weiske* vom Traufrecht, in Skept. prakt. Beh. einiger civ. Gegenst. Lpz. 1829. n°. 4. Dasselbe findet statt bei der b) *S. fluminis*, dem Recht der Ableitung des Regenwaßers durch Dachrinnen, fistulæ; c) *S. fumi immittendi s. recipiendi*, *aquæ immittendæ*, *cuniculi balneurii* [Dunströhren aus einem Badehause]; d) *S. cloacæ, cl. immittendæ*, Goßen- oder Rinnen-Recht; e) *S. sterculini*, eines Dungplatzes oder einer Dunggrube. B. Negative und zum Theil zugleich affirmative, Luft-, Licht- und Aussichts-Servituten. 1) *altius non tollendi s. non extollendi*, ne altius quis tollat ædes suas, (*Selchow* de s. alt. toll. Gott. 1755. und in Electis p. 1...118. *Busse* D. de s. alt. toll. Lps. 1834.) und die verwandten 2) Lichtservituten, a) affirmativ, *s. luminum*, *luminis inmittendi* oder *ut vicinus lumina nostra excipiat*, Lichtöffnungen haben zu dürfen; b) negativ, *ne luminibus officiatur*, *ne lumina nostra* [des herschenden Gebäudes] obscuriora fiant; auch c) eine besondere Lichtentziehungsberechtigung, *ius officiendi luminibus vicini.* 3) Aussichtsservituten, *s. prospiciendi*, *prospectus*, *de prospectu*, *ne prospectus* oder *ne prospectui officiatur*, *offendatur* u. dgl. vgl. *Va. § 342.* u. die das. Angeff. *Reinhardt* Verm. Auff. n°. 27. *Eichstædt* ad Cic. pe or. I. 39. Ien. 1820. u. *Pfeiffer* Prakt. Ausff. IV. 1. VII. 10. 4) Raumbenutzung beschränkende Servituten. C. Von den im freien Eigenthumsrecht an sich enthaltenen, in den Quellen aber als servitutes gefaßten Berechtigungen, ut stillicidium vel flumen *non* recipiat quis, altius tollendi, luminibus oder prospectui vicini officiendi s. *Bg §§ s...s.*

S. 69. Vgl. oben § 9. u. unten §§ 227. 265. *Frontinus* de aquæ ductibus urbis Romæ. (rec. A. Dederich. Vesal. 1841. ed. Bücheler. Lps. 1859.) *C.G. de Winckler* de iure impetratæ aquæ in Opuscc. minor. vol. II. Lips. 1796. p. 1...60. *Jordans* de publicis R. et C. aquæ duct. Bonn. 1844. *Beckhaus* de iure in re publ. quod nomine quasiservitutis designari potest. Bonn. 1851. *Gö.* II. S. 268. f. *Sav.* Syst. IV. §§ 196. ff. [1]) *Bg § 162 l.* [2]) Eine solche aqua wird sogar geradezu als servitus bezeichnet, z. B. *L. 6. C. de aqu. ductu 11, 42.*; vgl. *L. 23. § 2. D. de S. P. R. 8, 3.* u. heißt häufig, gleich der Waßerleitungsservitut, 'aqua, ductus aquæ'. *Ulp. L. 2. D. comm. præd. 8, 4.*, erklärt *Bg § 162. not. 36.* [3]) *Bg § 170. not. 66.* [4]) *Bg § 120 e.* u. oben I. § 124. *Ulp. L. 1. § 38. D. de aq. cott. 43, 20 (19).* „Quo ex castello illi aquam ducere ab eo cuius eius rei ius fuit, permissum est..". *§ 41. eod.* „idque a principe conceditur; alii nulli competit ius aquæ dandæ". cf. *Frontin.* n°. 95. 99. 103. 105. 111. s. oben I. § 75. not. 4. [5]) s. I. § 75. *Frontin.* n°. 107. „Ius inpetratæ aquæ neque heredem neque emptorem neque ullum novum dominum prædiorum sequitur... Nunc (um a. p. Chr. 100.) omnis aquæ cum possessore instauratur beneficium". cf. dagegen *Ulp. L. 1. §§ 43. 44. D. de*

III. Entstehung und Ende der Servituten.

A. Entstehung. (*Abr. II. § 13.*)

A. Bestellung.

§. 70. 1. überhaupt und durch Richterspruch.

Unübertragbarkeit des Servitutrechts auf Andre[1…4]. Jede Begründung der Servitut beruht eigentlich auf dem Willen des Eigenthümers[5], wirklichem (§ 72.) oder fingiertem (§ 71.), activem, wozu auch die verschiedenen Fälle des auf die Entstehung der Servitut einwirkenden Richterspruchs[6…9] gehören, oder passivem (§ 73).

§. 71. 2. durch Gesetz: ipso iure entsteht keine Servitut außer Nießbrauch. (*Bg § 138. not. 11.*)

Familiengüterrechtliche Fälle, mit der Antiquierung der alten familia zusammenhängend.

§. 72. 3. durch Privatwillen.

Letzter Wille[1]. Vertrag: wie begründet dieser das Servitutrecht? und ist hinzukommende Quasipossession erforderlich?[2…12].

---

aq. cott. „... quod prædiis datur, extincta persona non extinguitur" *etc.* [6]) *Bg I.* Anhang VIII. *§§ o, t.* n°. 6. [7]) *Bg § 139 g. § 140 c...e.*

§. 70. [1]) *Bg § 162 b...e.* [2]) *Bg § 164 b...e.* [3]) *Bg § 167 b, c.* [4]) *Marcian. L. 11. i. f. Paul. L. 12. D. de pignor. 20, 1.* „Iura prædiorum urbanorum pignori dari non possunt: igitur nec convenire possunt, ut hypothecæ sint". „Sed an viæ, itineris, actus, aquæ ductus pignoris conventio locum habeat, videndum esse Pomponius ait, ut talis pactio fiat, ut quam diu pecunia soluta non sit, eis servitutibus creditor utatur, scilicet si vicinum fundum habeat; et si intra diem certum pecunia soluta non sit, vendere eas vicino liceat. Quæ sententia propter utilitatem contrahentium admittenda est". Ein Schuldner kann hiernach [1] die Quasipossession einer (also noch nicht als Servitut existent werdenden, sondern nur erst als obligatorisches Recht geltenden) via u. s. w. dem Gläubiger, welcher vicinum fundum habet, [cf. *L. 15. pr. D. de servitt. 8, 1.*] überlaßen, oder auch [2) et si ... liceat] ihm unter der Bedingung [cf. *L. 4. D. eod.*] der zu rechter Zeit nicht erfolgenden Zahlung die Servitut verkaufsweise bestellen. Von Verkauf einer bestehenden Servitut durch deren Inhaber an einen Dritten ist keine Rede. s. *Keller* in Lpz. Jahrb. d. gem. R. II. S. 212. ff. Anders *Glück* XIX. S. 206. ff. *Lang* Verpf. der Servituten i. Arch. f. civ. Pr. XXIX. n°. 10. u. die dort nott. 1, 2. Citt. *Gesterd.* Ausb. IV. *Dernb.* Pfandr. *§§ 62. 63.* [5]) s. oben § 8. [6]) *Bg § 140 f.* n°. 7. u. *Iav. L. 14. § 1. D. si serv. vind. 8, 6.* „Si via publica vel fluminis inpetu vel ruina amissa est, vicinus proximus viam præstare debet". vgl. unten § 218. [7]) *L. 6. § 3. D. comm. præd. 8, 4.* [8]) *L. 8. § 4. D. si serv. vind. 8, 5. L. 16. eod. L. 20. § 2. D. de S. P. U. 8, 2. L. 18. D. comm. div. 10, 3.* [9]) *Bg § 143 i, k. § 100 h. Elvers § 67.*

§. 71. cf. *Bg § 138. not. 11. § 158 d. He. II. 97. Se. 176. not. 2. Mü. 288. not. 1. Gö. 306.* g. E. *Pu. 186. Si. 64* c. *Ar. 190.* [1]) der Vater an den †adventicia ordinaria des Kindes: s. III. § 31. not. 6. 2. [2]) derselbe an einem Kindestheil der ihre Mutter beerbenden emancipierten Kinder: *L. 4. C. de bon. mat. 6, 60.* s. III. § 31. Erbr. § 13. [3]) die dürftige Wittwe neben den ihren Vater beerbenden Kindern: *Nov. 117. c. 5.* s. Erbr. §§ 18. 25. [4]) die Kinder des wiederheiratenden parens an dessen nuptialia lucra: s. III. § 35. *Bg § 142. not. 29.* n°. 2. *§ 156. not. 14.* [5]) der Ehegatte an der den Kindern als Eigenthum zufallenden Dos: s. III. § 13. not. 3. und II. § 96. n°. 3.

§. 72. *Schmidtlein* de servitt. per pactum constituendis. Gott. 1823. (nach *Sav.*) und im Arch. f. c. Pr. IX. n°. 9. *Zimmern* das. VII. n°. 17. *Michelsen* das. VIII. n°. 14. *Warnkönig* das. XII. n°. 4. und in Thémis ou Biblioth. du JCte X. p. 57. sqq. *Hasse* im Rh. Mus. f. Jpdz. I. n°. 3. (und dazu *Schrader* in Krit. Ztschr. I. S. 66. ff. *Zimmern* in Erlang. Jahrb. VI. S. 19. ff.) *Hærtel* de serv. per pacta ... const. Lps. 1828. *Sav.* Syst. II. S. 289. f. *Huss* Erford. der quasi traditio

§. 73. B. Ersitzung.

Usu capio[1...3]. Longa quasi possessio[4...10].

---

z. Erwerb der Servitt. i. Ztsch. f. Civ. u. Pr. N. F. X. n°. 11. *Ad. Schmidt* Bestellung der iura in re al. durch Vertrag u. durch Tradition, in Lpz. Jahrb. d. gem. R. III. n°. 9. (1859.) *He. I. 92.* f. *Se. 174. Mü. 288. Gö. 307.* f. *Pu. 187.* Inst. *§ 256.* n°. 2. (s. auch Erlang. Jahrb. V. S. 288. ff.) *Si. 64* A. *Ar. 188. Schilling* Inst. *198. Hoffmann 78...89.* u. A. *Elvers 62.* ff. Die Quasitradition erfordern noch *Se. § 174. Francke* Civ. Abh. n°. 3. *Ro. § 290. Va. 350.* Anm. 1. *Luden 55. Br. 73.* n°. 1. [1]) *§ 1. I. de usufructu 2,4. L. 3. pr. D. eod. 7,1. Dig.:* De usu et usu fructu et reditu et habitatione et operis per legatum sive fidei commissum relictis *33,2.* De servitute legata *33,3. L. 16. D. comm. præd. 8,4.* „Poterit etiam in testamento heredem suum quis damnare, ne altius ædes suas tollat *et c.*". *Elvers § 66.* [2]) *LL. 11. 17. D. de servitt. L. 19. D. de S. P. R. L. 6. § 1. D. comm. præd. L. 25. § 9. D. fam. erc. 10,2.* — Gar nicht zu der Frage, ob eine S. durch bloßen Vertrag entstehen könne, gehört die den Inhalt der obligatio bezeichnende *Paul. L. 3. D. de O. et A. 44,7.* „Obligationum substantia non in eo consistit, ut aliquod corpus nostrum aut servitutem nostram faciat, sed ut aliquem nobis obstringat ad dandum aliquid, vel faciendum, vel præstandum". Von dominia, nicht von *iura* rerum sprechen *Diocl. et Max. L. 20. C. de pactis 2,3.* „Traditionibus et usu capionibus dominia rerum, non nudis pactis transferuntur". vgl. *Schmidt* l. c. S. 270. [3]) *L. 2. § 5. sq. L. 38. §§ 6. 10. sq. L. 75. § 7. L. 85. § 3. L. 111. D. de V. O. 45,1.* [4]) *§ 1. I. de usufr. 2,4.* (*Gai. L. 3. pr. D. eod. 7,1.*) „..sine testamento si quis velit usum fructum alii [ebenso in *§ 4. I. de servitt. 2,3.* „vicino aliquod ius"] constituere, pactionibus et stipulationibus id efficere debet". *Ulp. L. 25. § 7. D. eod. 7,1.* „Quod autem diximus, ex re fructuarii vel ex operis posse adquirere, utrum tunc locum habeat, quotiens iure legati usus fructus sit constitutus, an et si per traditionem vel stipulationem vel alium quemcumque modum, videndum. et vera est Pegasi sententia ... omnia fructuario adquiri". cf. *L. 12. §§ 1. 3. 4. C. de æd. priv. 8,10. Iav. L. 20. D. de serv. 8,1.* „Quotiens via aut aliquod ius fundi emeretur, cavendum putat esse Labeo, per te non fieri quo minus eo iure uti possit, quia nulla eiusmodi iuris vacua traditio esset. ego puto usum eius iuris pro traditione possessionis accipiendum esse; ideoque et interdicta velut possessoria constituta sunt". *Afr. L. 23. pr. D. eod. Id. L. 1. § 2. D. de S. P. R. 8,3.* „Traditio plane et patientia servitutium inducet officium prætoris". *Iulian. L. 16. D. si serv. vind. 8,5.* „Si a te emero ut mihi liceat ex ædibus meis in ædes tuas stillicidium immittere, et postea te sciente ex causa emptionis immissum habeam, quæro an ex hac causa actione quadam vel exceptione tuendus sim. respondi utroque auxilio me usurum". cf. *L. 19. pr. D. quemadm. serv. am. 8,6.* [5]) *LL. 32. 36. § 1. L. 54. D. de usufr. 7,1. LL. 34. sq. D. de S. P. U. 8,2. LL. 3. 5. sqq. 10. D. comm. præd.* u. ö. [6]) *Bg § 161 a.* [7]) *Bg § 170. not. 5.* [8]) *Gai. 2,28...31. ibiq. citt.* [9]) *Bg § 161 b.* [10]) *Bg § 161 c.* [11]) *Bg § 102. not. 1.* a. E. *§ 131 x.* [12]) s. unten § 79. *Ulp. L. 11. § 1. D. de Public. 6,2.* „Si de usu fructu agatur tradito, Publiciana datur. itemque servitutibus urbanorum prædiorum per traditionem constitutis vel per patientiam, forte si per domum quis suam passus est aquam transduci; item rusticorum: nam et hic traditionem et patientiam tuendam constat". vgl. not. 4.

§. 73. *Galvani* De usufr. c. 12. *Otto* de usuc. servitt. in Coll. diss. Tr. ad Rh. 1728. *Majans* disp. 68. *v. Seckendorf* zur L. v. d. erwerb. Verj. der Grunddienstb. im Arch. f. c. Pr. IV. n°. 11. und die das. S. 83. not. *. Citt. *Buss* de servitutum ... acquis. præscr. Friburg. 1829. *Se.* Erört. II. n°. 14. *Sch. U.* Verjährungsl. *§§ 11. 187...216. Sav.* Syst. IV. S. 493. ff. *Busch* Ersitz. der Servitt. i. Arch. f. civ. Pr. XXXI. n°. 6. 12. *Muther* Ersitz. d. Servitt. Erl. 1852. *Elvers § 68. Luden 60...63. Hoffmann 90...105. He. II. 94...96. Se. 175. Mü. 289. Gö. 309.* f. *Pu. 188. Ro. 291. Va. 351. Si. 64* B. *Ar. 189. Br. 73.* n°. 2. [1]) *Paul. L. 4. § 29. D. de usuc. 41,3.* „.. eam usu

B. Beendigung *) (*Abr. II. § 14.*), zufolge der Natur des
A. Privatrechts überhaupt. (*cf. Bg § 101.*)

§. 74. 1. Wegfall des berechtigten Subjects.

Untergang des berechtigten Subjects [1...3]. Consolidation bei legierter Proprietät [4]. Vom Hauskind erworbener Nießbrauch [5]. Eintretender dies [6]. Ende der Personal-Servitut der juristischen Person [7]. Wegfall der utilitas servitutis [8].

---

capionem sustulit lex Scribonia, quæ servitutem constituebat, non etiam eam quæ libertatem præstat sublata servitute". Von der lex Scribon. s. *Löhr* im Mag. III. 3. u. 16. § 8. *Pu.* Inst. *§ 256.* *Rudorff* R.G. I. S. 72. u. von Aelteren *Cuiac.* ad L. 4. cit. *Galvan.* l.c. c.12. *Raevard* ad L. Scribon. Antv. 1561. und in Opp. Ff. 1601. p. 794...809. *Io. van de Water* Obss. II. c. 18. [2]) *Ulp. L.10. § 1. D. eod.* „Hoc iure utimur, ut servitutes per se nusquam *longo tempore* [urspr. wol *usu*] capi possint, cum ædificiis possint". [3]) *Paul. L.14. pr. D. de serv. 8,1.* [4]) *Ulp. L.10. pr. D. si serv. 8,5.* „Si quis diuturno usu et longa quasi possessione ius aquæ ducendæ nanctus sit, non est ei necesse docere de iure quo aqua constituta est, veluti ex legato vel alio modo; sed utilem habet actionem, ut ostendat per annos forte tot usum se non vi non clam non precario possedisse". *Bg § 126.* [5]) *Ulp. L.1. § 23. D. de aq. et aq. pluv. 39,3. L.5. § 3. D. de itin. 43,19. Paul. L.28. D. de S.P.U. 8,2. L.25. D. q. serv. am. 8,6. Anton. LL.1.2. C. de serv. 3,34.* [6]) cit. *L. 2. C.* und *Iustinian. L.12. i.f. C. de præscr. l.t. 7,33.* „...eodem observando [näml. wie bei der ord. Ersitzung] et si res soli non sint, sed incorporales quæ in iure consistunt, veluti usus fructus et ceteræ servitutes". vgl. *Paul.* S.R. V. 5 A. § 8. *Zimmerns* (Röm. rechtl. Unters. n° 5.) Meinung, eine gesetzlich bestimmte Zeit gebe es hier nicht, das richterl. Ermeßen bestimme dieselbe im einzelnen Falle, verwerfen mit Recht *Thibaut* über die Verj. der Dienstb. i. Arch. f. c. Pr. V. S. 323...30. *Duroi* das. VI. S. 286...90. und die oben Citt. [7]) citt. *L.10. pr. L.1. § 23. D.* und *L.1. C.* Iustus titulus ist nicht erforderlich: *Hoffmann* Auf welche Weise muß bei Serv., damit dieselben ersetzen werden können, der Besitz erworben und ausgeübt werden? in dessen und Fuhrs Civ. Versl. 1835. n° 1. gegen *Bessel* Erw. der Serv. durch Verj. i. Arch. f. c. Pr. XIII. n° 19. Das vitium possessionis muß der die Ersitzung der Servitut Läugnende beweisen: *Unterh.* S. 189. ff. *Hasse* im Rh. Mus. f. Jurisp. III. S. 400. ff. gegen *Seckendorf* l.c. S. 89. ff. Irrthümlich wollte *Zimmern* die Ersitzung bloß bei Prädial-, *Bessel* dieselbe nur bei affirmativen Serv. zulaßen. [8]) *L.8. C. de præscr. XXX. 7,39.* schließt weder die Servitutenersitzung an den der ord. Eigenthumsersitzung entzogenen Gegenständen aus, noch stellt sie eine a.o. Servitutenersitzung auf. Unrichtig *Fritz* Erläut. S. 382. f. *Bessel* l.c. § 33. *Va. § 351.* a.E. *Hoffmann § 105.* Von der Statthaftigkeit der Immemorialverj. zum Erwerb auch von Servituten, welche *Sav.* und aus einem andren Grunde *Unterh. § 205.* läugnete, s. oben I. § 124. ibiq. citt. u. *Hoffmann § 105* B. [9]) oben I. § 57. not. 14. [10]) s. oben § 38.

*) *Dig.* Quibus modis usus fructus v. usus amittitur *7,4.* Quem ad modum servitutes amittuntur *8,6.* *Buchholtz* Versl. n° 17. *Elvers §§ 70...75. He. II. 98...105. Se. 177...80. Mü. 290.* f. *Gö. 311...19. Pu. 189.* f. *Ro. 292.* f. *Va. 357. Si. 66. Ar. 193.* f. *Br. 74.*

§. 74. Vgl. überh. *Bg § 101. Luden §§ 66. 79...81. 84. Hoffmann 108...11. Elvers 75.* [1]) *L.3. § 3. LL.14.21. D. q. mod. ususfr. 7,4. L.5. D. de usu leg. 33,2. Paul. L.20. § 2. D. de S.P.U.* „Si sublatum sit ædificium ex quo stillicidium cadit, ut eadem specie et qualitate reponatur, utilitas exigit ut idem intellegatur: nam alioquin si quid strictius interpretetur, aliud est quod sequenti loco ponitur, et ideo sublato ædificio usus fructus interit, quamvis area pars est ædificii". *Bg § 101 e.* s. auch *L. un. C. si secundo nupserit 5,10.* und *Nov. 22. c. 32.* [2]) *LL.1.2. § 1. L.3.* et pass. *Dig. quib. mod. ususfruct. Bg § 58 γ'. § 101 e. Iustinian. L.16. § 2. C. de usufr. 3,33. § 1. I. de adq. per adrog. 3,10* [*11*]. bestimmt, daß der Nießbrauch durch minima k.d. nicht mehr erlösche. *Sav.* Syst. II. S. 79. ff. [3]) *Bg § 162 e.*

§. 75. 2. Verfügung des Berechtigten, a) positive, b) non usus.

a) Bedeutung der derelictio usus fructus und des Verzichts auf eine Servitut überhaupt[1...5]; Arten des stillschweigenden[6...8]. Entsagung eines Mitberechtigten[9.10]. In iure cessio usus fructus[11]. b) Non usus[1...4], bei alternierendem Nießbrauch[5.6]. Ausgeschloßene Fälle[7.8]. Art und Wirkung[9...13].

---

[4]) *Iustinian.* L.14.C.tit.cit.3,33. *Glück* IX. S.316.ff. [5]) *Id.*L.17.C.eod. [6]) *Id.*L.12.C. eod. *Pegert* Erkl.der L.12.C.3,33.Pasew.1859. [7]) *Bg* §161,3. §162b. [8]) *Bg* §162r...u.

§. 75. [a.] [1]) s.oben I.§105. *Bg* §161.not.12. §108b. [2]) LL.64.65.48.D.de usufr. 7,1. *Bg* §165d. *v.der Becke* De iurib.usufr.usumfr.derel.Lps.1825. deutsch in Barths Diss. Saml.II.n°.28. (Manches unrichtige hierüber findet sich bei *Elvers* §§10.39.72.) [3]) cf.L. 86.i.f.D.de legat.1.30. [4]) L.14.§1.D.de servitt.8,1. [5]) L.5.D.de S.P.U.8,2. [6]) L.8.pr. D.q.serv.am.8,6. [7]) *Bg* §171w. [8]) L.4.§12.D.de d.m.exc.44,4. [9]) *Dig.* De usu fructu adcrescendo 7,2., wovon im Erbr.§145. [10]) *Bg* §162c.§164e,f. [11]) *Bg* §164.not.10.u.§d.

[b.] *Pufendorf* Obss.n°.188. *Ramdohr* de toto iure per part.usum servato.Gott.1753. *Mallinkrott* de præscr.servitt.extinct.ad L.13.C.in not.1.cit.Ien.1788. auch deutsch in Barths Diss.Saml.IV.n°.48. *Thibaut* Bes.u.Verj.§§8.57.ff. *Dabelow* Verj.§§172.ff. *Kori* Verj.§§88. ff. *Dreves* de non usu servitt.Hal.1853. *Wirth* Die libert.usuc.Erlang.1854. *Elvers* §73. *Sch.U.* Verjährungsl.§§217.ff. [1]) *Iustinian.*L.13.C.de servitt.3,34. „Sicut usum fructum, qui non utendo per biennium in soli rebus, per annale autem tempus in mobilibus vel se moventibus diminuebatur, non passi sumus huiusmodi sustinere compendiosum interitum, sed ei decennii vel xx annorum dedimus spatium [L.16.§1.C.de usufr. 3,33.kal.Oct.a.530. s. not.3], ita et in ceteris servitutibus obtinendum esse censuimus, ut omnes servitutes non utendo amittantur, non biennio, quia tantum modo soli rebus annexæ sunt, sed decennio contra præsentes vel xx spatio annorum contra absentes, ut sit in omnibus huiusmodi rebus causa similis, explosis differentiis". (15.kal.Nov.a.531.) [2]) *Gai.* L.6. D. de S.P.U.8,2. „Hæc autem iura similiter, ut rusticorum quoque prædiorum, certo tempore non utendo pereunt; nisi quod hæc dissimilitudo est, quod non omni modo pereunt non utendo, sed ita si vicinus simul libertatem usu capiat; veluti si ædes tuæ ædibus meis serviant ne altius tollantur, ne luminibus mearum ædium officiatur, et ego per statutum tempus fenestras meas præfixas [*Flor.* perfixas] habuero vel obstruxero, ita demum ius meum amitto, si tu per hoc tempus ædes tuas altius sublatas habueris; alio quin si nihil novi feceris, retineo servitutem. Item si tigni immissi ædes tuæ servitutem debent, et ego exemero tignum, ita demum amitto ius meum, si tu foramen, unde exemptum est tignum, obturaveris et per constitutum tempus ita habueris; alio quin si nihil novi feceris, integrum ius suum [*Hal.Vulg.* meum] permanet". L.7. *Iul.*L.32. §1.D.eod. „Libertas servitutis usu capitur, si ædes possideantur; quare si is qui altius ædificatum habebat, ante statutum tempus ædes possidere desiit, interpellata usu capio est; is autem qui postea easdem ædes possidere cœperit, integro statuto tempore libertatem usu capiet: natura enim servitutium ea est, ut possideri non possint, sed intellegatur possessionem earum habere qui ædes possidet". cf.L.17. D.comm.pr.8,4. L.6.pr.D.si serv.8,5. L.18.§2.D.q.serv.am.8,6. L.4.§29.D.de usuc.41,3. und L.10.D. de vi 43,16. [3]) Wie z.B. *Mü.*§290.not.10. u.A. es auch für den Nießbrauch erfordern wegen *Iustinian.*L.16.§1.C.de usufr.3,33. „.... sancimus, non solum actionem quæ de usu fructu nascitur, sed nec ipsum usum fructum non utendo cadere, nisi tantummodo morte usufructuarii et ipsius rei interitu". (*kal. Oct.* a.530.), welche just. Verordnung aber durch die neuere desselben Kaisers in not.1. abgeändert ist. *Va.*§357. Anm.1. Dagegen meinte *Zachariä* ü.d.Untersch.zw.S.P.R.u.U.§§14...18., bei allen Servituten

§. 76. 3. Wegfall des Grundes seiner Existenz. (*cf. Bg §§ 110...114.156.*)
Wirkung der Nebenbestimmungen bei Servituten.

§. 77. B. dinglichen Rechts, durch Schicksal der dienenden Sache. (*Bg § 155.not.*.*)
Aufhören oder Aenderung der servitutischen Substanz der dienenden Sache.

§. 78. C. Rechts an fremdem Eigenthum: Vereinigung des beschränkenden und des beschränkten Rechts. (*cf. Bg § 134 m. § 162 h...k.*)
Servitus per partes und per alios retinetur[1...3]. Confusio, consolidatio[4.5].
Anhang: Vermeintliche Erlöschungsgründe.

---

außer usus f. u. usus, den Wege- u. der Waßer-Leitungs- oder Schöpf-Gerechtigkeit müße zu dem nonusus die libertatis usucapio zur Beendigung jener hinzukommen. 4) *L.7.D. quemadm.serv.am.8,6. L.14.pr.C.de servitt.3,34.* 5) *L.13.D.de usu leg.33,2. L.28.D. q.mod.ususfr.7,1.* 6) vgl. auch *Mallinkrott* l.c. *Glück* IX. § 641. und die die das. not.18. gegen die not.17.Citt., und X. § 689.f. *Unterh. §§ 222.ff. Se.* Erörtt.II.n°.15. *Pu.* Vorll.*§ 190.* Inst. *§ 257. Va.*l.c. 7) *L.10.pr.D.q.serv.am.8,6. LL.5.6.D.de fundo dot.23,5. L.3.§ 5. D.de reb.eor.27,9. Unterh. § 229. Paul.L.28.pr.D.de V.S.* „... Eum quoque alienare dicitur qui non utendo amisit servitutes ..". s.*Bg § 145 h...k.* u.oben § 42. 8) *Bg § 168 f. § 162.not.35.* 9) *L.25.D.q.mod.ususf.7,4.* 10) *L.12.§ 2. LL.38...40.D.de usufr.7,1. LL.5. 6.pr.§ 1. L.8.§ 1. LL.9.12.20...25.D.q.serv.am.* et passim. 11) *L.10.§ 1. LL.17.18.D.eod.* vgl.*L.20.D.q.mod.ususf.am.7,4. L.9.§ 1.D.si serv.8,5. L.2.D.q.serv.am.* 12) *L.18.§ 1.D. eod.* 13) *L.14.pr.D.eod. LL.34.i.f.35.D.de S.P.R.8,3.* s.I. § 170.

§. 76. 1) *L.54.D.de usufr.7,1. L.16.D.q.m.ususf.am.7,4. L.16.§ 2.D.fam.erc.10,2. L.6.D.de usu leg.33,2. LL.5.12.14.C.de usufr.3,33.* 2) *Pap.L.4.pr.D.de servitt.8,1.* in *Bg § 156.not.25.* cf. *Bg § 111,8. § 114,3. Iul.L.56.§ 4.D.de V.O.45,1.* „... nam et heres eius cui servitus prædii ita concessa est, ut quoad viveret, ius eundi haberet, pacti conventi exceptione summovebitur". vgl. *Sav.* Syst. III. S. 225. 3) *Bg § 161.* n°.1. 4) *Marcell.L.11.§ 1.D.q.serv.am.8,6.* „Heres, cum legatus esset fundus sub condicione, inposuit ei servitutes: extinguentur, si legati condicio existat. videamus an adquisitæ sequantur legatarium: et magis dicendum est ut sequantur". cf.*L.1.pr.D.q. m.ususf.am.7,4. L.1.§ 6.D. de superficiebus 43,18. Bg § 156 h.*

§. 77. *Elvers § 70.* 1) *Bg § 155.not.*.* 2) *L.2.D.de usufr. L.5.§§ 2.3. LL.10. sqq.31.D.q.mod.ususf.7,4. L.14.pr.D.q.s.am.8,6. Gesterd.* Ausb.VI.2.S.241.ff. 'Aufhören einer dingl.Gerecht.durch Unterg.des Grundstücks'. 3) *Bg § 164 k.* 4) *L.13.pr.D.de S.P. R.8,3.* 5) *LL.8...10.pr.D.q.m.us.7,4.* 6) *LL.5.i.f.* bis *7.D. de usufr.7,1. L.9.pr.D. si serv.vind.8,5.* 7) *L.5.§ 2. LL.8...10.§ 4.D.eod. L.34.§ 2.D.de usufr.7,1.* 8) *LL.36.pr. 71.D.eod. L.5.§ 3.* cf.*LL.23.24.pr.D.q.mod.ususfr.7,4.*

§. 78. 1) *Bg § 162.not.39. Gai.L.1.D.h.t.8,6.* „Servitutes prædiorum confunduntur, si idem utriusque prædii dominus esse cœperit". *LL.17.27.D.q.m.ususf.amitt.7,4. L.4.D.usufr.q.cav.7,9.* vgl. aber auch *L.18.D. de servitt.8,1.* u. *Bg § 134 m.* 2) *Bg § 162. not.27.* 3) *L.10.pr.D.h.t.8,6.* „Si communem fundum ego et pupillus haberemus, licet uterque non uteretur, tamen propter pupillum et ego viam retineo". 4) *Vat. Fr.§ 83. § 3.I.de usufr.2,4. L.3.§ 2. L.6.D.de usufr.adcr.7,2. L.78.§ 2.D.de I.D.23,3.* 5) *L.4.D.de usufr.adcr.7,2. L.30.pr.D.de S.P.U.8,2. Bg § 101.not.6. § 134 m.* vgl.auch *v.Bülow* Abhh.II. n°.12. *Heimbach* v. Confusio in *Weiske* III. *Elvers § 71.*

Anhang. 1) *LL.9.i.f.10.D.de damno inf.39,2.* s.*Fleischmann not.3.cit.* 2) *L.27.pr. D.de nox.act.9,4.* 3) *Bg § 165 a,h. L.1.§§ 5.6.D.usufr.q.cav.7,9. L.11.pr.D.q.serv.am. 8,6.* s.*Glück* IX. § 658. *Fleischmann* de abusu rei fruct. modo tollendi usumfr. spurio. Alt.1778. deutsch in Barths Diss.Saml.I.n°.17. 4) *Bg § 164 b,c.*

§. 79. IV. Schutzmittel der Servitut: confessoria actio. (*Abr. III. § 40.*)

Kläger[1...8]. Beklagter[9]. Zweck[10]. Beweis. Anwendungen bei getheiltem Nießbrauch, auf Miteigenthum bei der oneris ferendi servitus[11.12] und auf nichtrömische Grundgerechtigkeiten[13]. Publiciana confessoria[14.15].

---

§. 79. *Dig.*. Si usus fructus petetur *et c.7,6.* Si servitus vindicetur *et c.8,5.* oben zu §§ 48...52. und de Publiciana oben §§ 53...56. *Klötzer* Versuch v. d. Beweislast bei a. conf. u. negat. Jen. 1818. *Pu.* über die Negatorienklage im Rhein. Mus. für Jpdz. I. S. 165. ff. *Schmidt* v. Ilmenau z. L. v. d. confess. u. negat. a. in Ztsch. f. g. R. W. XV. n°. 6. *Glück* X. § 685. *Elvers* §§ 76. f. *He. II. 88.* *Se. 182. 181.* *Mü. 292.* *Gö. 290.* f. *Pu. 191.* f. *Ro. 287.* *Va. 353.* f. *Rud. 166.* ff. *Si. 65.* n°. I. II. *Ar. 191.* *Br. 75.* [1]) *Ulp. L. 2. pr. D. si serv.* „De servitutibus in rem actiones competunt nobis ... *confessoria* [iuris in re petitio, servitutis vindicatio] ei qui servitutes sibi competere contendit, *negatoria* domino qui negat". *L. 4. § 1. D. eod.* „..actione de servitute utetur". Auch die negatoria ist de servitute actio. *Alf. L. 17. § 2. D. eod.* [2]) *L. 5. pr. D. si ususfr.* cit. *L. 2. pr. L. 4. §§ 7. 8. LL. 5. 6.* et aliis multis *D. si serv. vind.* [3]) *L. 1. § 3. L. 6. § 4. eod. L. 1. § 5. D. de arb. cæd. 43, 27.* „..servitutium vindicationem singuli habeant". vgl. *Sav.* Syst. VI. S. 479...81. [4]) *L. 5. § 6. D. si ususf. L. 6. § 1. L. 8. § 3. D. si serv.* [5]) *Iul. L. 16. D. de servitt. 8, 1.* „..utilem petitionem servitutis dari, sicuti ipsius fundi utilis petitio dabitur..". [6]) *L. 3. § 3. D. de O. N. N. 39, 1.* [7]) cit. *L. 16. D. de servitt. L. 9. D. de O. N. N.* cf. *Ulp. L. un. i. f. D. de remiss. 43, 25.* „... qui aut dominium aut servitutem habet. *§ 4.* Item Iuliano [der überhaupt geneigt war, den Fructuar als jur. Besitzer zu behandeln, s. auch § 258. not. 6.] placet fructuario vindicandarum servitutium ius esse; secundum quod opus novum nuntiare poterit vicino, et remissio utilis erit: ipsi autem domino prædii si nuntiaverit, remissio inutilis erit: neque sicut adversus vicinum, ita adversus dominum agere potest *Ius ei non esse invito se altius ædificare*, sed si hoc facto usus fructus deterior fiat, petere usum fructum debebit. Idem Iulianus dicit de ceteris, quibus aliqua servitus a vicino debetur. *§ 5.* Ei quoque qui pignori fundum acceperit, scribit Iulianus, non esse iniquum detentionem servitutis dari". [8]) *Paul. L. 1. pr. D. si ususf. pet. 7, 6.* „Si fundo fructuario servitus debeatur, ... servitutem eum quidem vindicare non posse, verum usum fructum vindicaturum, ac per hoc vicinum, si non patiatur ire et agere, teneri ei quasi non patiatur uti frui". *L. 5. § 1. D. eod.* cf. cit. *L. un. de remiss. § 4.* Irrig *Pu. § cit.* zu *not. d.* u. Vorll. *eod.* vgl. auch *Bachofen* Pfdr. I. S. 104. ff. [9]) citt. *LL. 1. pr. 5. §§ 5. 6. D. si ususf. L. 4. § 5. L. 10. § 1. D. si serv. L. 60. § 1. D. de ususfr. 7, 1. L. un. § 4. D. de remission.* [10]) *L. 5. §§ 3...6. D. si ususf. L. 4. §§ 2. 3. L. 6. § 6. L. 7. D. si serv. L. 5. C. de servitt. 3, 34. Paul. L. 7. D. de aq. cott. 43, 20.* „Si de via, itinere, actu, aquæ ductu agatur, huiusmodi cautio præstanda est quam diu quis de iure suo doceat, NON SE IMPEDITVRVM AGENTEM, et AQVAM DVCENTEM, et ITER FACIENTEM. quodsi neget ius esse adversario agendi, aquæ ducendæ, cavere sine præiudicio amittendæ servitutis debebit, donec quæstio finietur, NON SE VSVRVM". J. R. A. § 162. „In Fällen .., welche, weilen die Urthel allein ad omittendum vel non faciendum gerichtet, keiner andern Execution unterworfen, als daß der verlustigte Theil a certo aliquo facto abstinire, soll demselben auf den Fall einiger Contravention, .. eine gewisse Pön bestimmet, und da er dem ergangenen Urthel zuwiderhandelte, nicht allein mit der declaratione pœnæ gegen ihn verfahren, sondern auch ein kurzer Termin ad præstandam cautionem de non amplius turbando, impediendo, excedendo, attentando, offendendo angesetzt, zugleich auch die Execution wegen des verwirkten Pön-Falls ... wirklich verfüget ... werden". [11]) cit. *L. 5. D. si ususf. L. 8. § 4. D. si serv.* [12]) cit. *L. 6. §§ 4...7. D. si serv.* [13]) *Glück* X. § 686. [14]) *Bg § 126.* *L. 11. § 1. D. de Public. 6, 2.* oben § 72. not. 12. cf. *L. 1. § 2. D. de S. P. R.* (ibid. not. 4.) *L. 1. pr. D. q. m. ususf. am. 7, 4.* *Se.* Erörtt. II. 67...69. *Va. I. § 354.* [15]) vgl. oben § 53.

Zweiter Titel. Die dinglichen Nutzungsrechte des neueren römischen Rechts.

§. 80. Gemeinsames. (cf. oben §§ 1.57. *Abr. II. § 9. Bg § 133 f,g. § 162.not.1.*) Aenderung des altcivilen dominii (wie der alten familia) in der Kaiserzeit, und Verlaßen der Maxime möglichster Freierhaltung jenes Rechts; Dinglichwerden obligatorischer Verhältnisse. Superficies und Emphyteusis im gemeinen Recht.

I. Emphyteusis *). (*Abr. II. § 16.*)

§. 81. A. Begriff und Geschichte.

Entstehungsgeschichte des Instituts und seiner Dinglichkeit. Gegenstände.

---

§. 80. [1]) *Pu. u. Si.* stellen diese dinglich gewordenen Pacht- und Mieth-Rechte nach der Lehre vom Eigenthum vor die Servituten: dem Inhalte nach nähern sie sich zwar dem Eigenthum; aber sie sind die neueren, von den Grundsätzen des röm. Civilrechts sich entfernenden, über die Servituten hinausgehenden Rechtseinrichtungen. (s. oben § 57.) Die übliche Voranstellung der neueren Emphyteusis vor die ältere Superficies rechtfertigt sich durch die größere Ausgebildetheit jener Rechtseinrichtung, welche zudem auf älteren Grundlagen beruht. [2]) vgl. *Kraut* Grdr. §§ 308.ff.

*) *Gai. 3,145. Dig.* Si ager vectigalis i.e. emphyteuticarius petatur *6,3. Th.C. 5,13.14. Cod.* De iure emphyteutico *4,66.* und De fundis patrimonialibus et saltuensibus et emphyteuticis et eorum conductoribus *11,61*[*62*]. bis *11,64*[*65*]. *Nov. 7.55.120.* Zwei ravennat. Urkunden ü. Emph. aus der Mitte des 7. Jahrh. s. Haub. Spangenb. n°. 61.62. — *F. de Caldas Pereiro y Castro* de univ. iure emphyt. Ff. 1650. fol. u. ö. *Donelli* comm. IX. c. 13. sqq. *Leonini* Prælectt. in tit. C. de iure emph. Ff. 1606. u. in Ottos Thes. V. p. 655. sqq. *Reutter* de emph. Vit. 1625. *Hoffmann* D. doctr. de emphyt. Lps. 1720. *I. I. Beck* de iure emph. Nürnb. 1739. *Buteux* de emph. L.B. 1752. *Buri* v. d. Bauergütern. Gieß. (1769.) 1783. S. 151. ff. *Madihn* de vera indole agror. vectigal. Ff. ad V. 1773. *Ian. a Costa* Prælectt. L.B. 1773. p. 346. sqq. *Glück* VIII. §§ 600...19. *Gesterd.* Eigth. S. 405. ff. *Groskurd* de iure emph. Gott. 1803. *Hufeland* Abhh. II. n°. 8. *Thibaut* Civ. Abhh. n°. 11. *v. Buchholtz* Untersch. zw. Emph. u. Superf. i. Jur. Abh. n°. 25. *Büchel* über iura in re und deren Verpfänd. S. 22...55. i. Civilr. Erört. n°. III. u. dagegen *Arndts* v. Emphyt. in *Weiske* III. S. 849. u. Ztsch. f. Civ. u. Pr. N. F. 1846. III. n°. 7. *Vuy* de orig. et nat. iur. emph. Hdlb. 1838. *He. II. 106...24. Se. 184...92. Mü. 294...97. Gö. 320...26. Pu. 174...77.* Inst. *235. Ro. 294...96. Va. 358...62. Schilling* Inst. *177...80. Schm. II. 20...24. Rud. 169...73. Si. 55.56. Ar. 195...200. Br. 77.*

§. 81. *Sav.* Besitz ed. VI. S. 120. ff. *Unterh.* Verjähr. *§ 277. Nothomb* iur. emph. hist. Leod. 1826. *Tigerström* das früh. Verh. des R. am ag. vect. Greifsw. 1828. *Mühler* de iure emph. transferendo. Berol. 1835. *Schm. § 20.* [1]) *§ 3. I. de loc. cond. 3,23*[*24.*] „... de prædiis quæ perpetuo quibusdam fruenda traduntur, i.e. ut quamdiu pensio sive reditus pro his domino præstetur, neque ipsi conductori neque heredi eius, cuive conductor heresve eius id prædium vendiderit aut donaverit aut dotis nomine dederit aliove quocumque modo alienaverit, auferre liceat. Sed talis contractus, quia inter veteres dubitabatur, et a quibusdam locatio, a quibusdam venditio existimabatur, lex Zenoniana [*L. 1. C. h. t. 4,66.* in § 83. not. 1.] lata est, quæ emphyteuseos contractui propriam statuit naturam, neque ad locationem neque ad venditionem inclinantem, sed suis pactionibus fulciendam, et si quidem aliquid pactum fuerit, hoc ita obtinere, ac si natura talis [*al.* naturalis] esset contractus; sin autem nihil de periculo rei fuerit pactum, tunc si quidem totius rei interitus accesserit, ad dominum super hoc redundare periculum, sin particularis, ad emphyteuticarium huiusmodi damnum venire. quo iure utimur". [2]) oben § 4. *Bg § 74 h. § 136.* [3]) *Scrr. rei agr.* ap. Goes. p. 205. sq. ed. Lachmann. p. 116. sq. *Plin.* ep. VII. 18. *Sav.* l.c. [4]) *Paul. L. 1. D. h. t.* „Agri civitatium

B. Rechtsverhältnisse.

§. 82. A. Rechte des Emphyteuta. (s. oben § 5. *Bg § 123.not.15.*)

Juristischer Besitz[1]. Fruchtgenuß[2...4], Gebrauchs- und Verfügungs-Recht[5]. Meliorationen, ἐμπονήματα[6]. Uebertragung des Rechts oder dessen Ausübung, + subemphyteusis[7]. Dingliche Belastungen[8]. Recht des Emphyteuta zu den possessorischen Interdicten[9...11]; nicht auf die Accessionen des Fundus[12].

---

alii vectigales vocantur, alii non: vectigales vocantur qui in perpetuum locantur, i.e. hac lege, ut tamdiu pro his vectigal pendatur, quamdiu neque ipsis qui conduxerint, neque his qui in locum eorum successerunt, auferri eos liceat [cf. *Gai.* 3,*145.*]; non vectigales sunt qui ita colendi tantur, ut privatim agros nostros colendos dare solemus". [4]) *§ 1.eod.* „Qui in perpetuum fundum fruendum conduxerunt a municipibus, quamvis non efficiantur domini, tamen placuit competere iis in rem actionem adversus quemvis possessorem [cf. *Id.L.71.§§5.6.D.de leg.1.30.*]; sed et adversus municipes"; *Ulp.L.2.D.h.t.* „ita tamen si vectigal solvant". *Paul.L.3.eod.* „Idem est et si ad tempus habuerint conductum, nec tempus conductionis finitum sit". s. folg. § not.11. [5]) Rubr. *Dig.h.t.* und *Macer L.15.§1.D.qui satisd.cog.2,8.* „.. sed et qui vectigalem, i.e. emphyteuticum agrum possidet, possessor intellegitur". [7]) cf. *Cod.11,64.sqq. Th.C.5,13.sqq. 11,16.sqq.passim.* [8]) *L.15.§26.D.de damno inf.39,2. Nov. 7.c.3.§2. Nov.120.c.1.§ 2.* [9]) *Ulp.L.7.pr.D.comm.div.10,3.* „Communi dividundo iudicium locum habet et in vectigali agro. Vectigalis ager an regionibus dividi possit, videndum. magis autem debet iudex abstinere huiusmodi divisione: alioquin præstatio vectigalis confundetur". cf. *L.1.§2.D.de loco publ.fruendo 43,9.* [10]) *L.1.pr. D.h.t.* in not.4. *L.10.D.fam.erc.10,2. Novv.7.* u. *120.ll.citt.* [11]) *Bg § 134 m.*

§. 82. *Schm.§ 22.* [1]) *Bg §123.not.15. §126.not.6.*, oben I. §134. *Arndt* (Weisk. l. c. S. 858. ff. Ztschr. l. c. S. 368. u. in s. Lehrb. §195. Anm. 3.) will dem Emph. nur iuris quasi possessio zugestehen trotz *L.15.§1.D.qui sat.* in § 81. not.6., trotz dem, daß der Emphyteuta utilis *rei* [emphyteuticariæ ipsius] vindicatio hat, die Früchte separatione erwirbt, von einer Ersitzung des Rechts durch lange Ausübung desselben bei ihm nicht, wie bei dem, welcher eine Servitut (das einzige eigentliche ius in re des röm. Civilrechts) ausübt, die Rede ist, sein mit einer Leistungspflicht verbundenes Recht nicht an seine Person gebunden ist, sondern vererblich und veräußerlich, so wie auch das Object hier nicht, wie bei der Servitut, als ein im Wesen unabänderliches aufgefaßt ist, und von dem Emphyteuta wie von dem bona fide possessor das Grundstück selbst verpfändet werden kann. Auch daß „der Besitz der Emphyteuse [d.h. doch wohl des fundi e.?] in gleicher Weise wie der Eigenthumsbesitz durch Interdicte geschützt ist", ist gegen den quasi-Besitz der Emphyteuta, obgleich die possessorischen Interdicte auch auf den nur detinierenden Fructuar und Usuar ausgedehnt worden sind. (II. § 230.) Jene Meinung beruht auf der, daß der animus possidendi animus *domini* sei. Das Object der iuris oder quasi possessio ist nach r. R. ausschließlich die Servitut. *Bg §126 b.* [2]) *Bg § 151 c,d.* [3]) *Bg* l. c. *nott.13.12.14.* [4]) *Bg § 164 r,s.* [5]) *Nov.7.c.3.§ 2.* [6]) *L.2.C.h.t.4,66.* [7]) *§ 3.I.cit.* (zu § 81.) *L.3.C.h.t.* (zu § 83.) *L.71. §§ 5.6.D.de leg.1.30. L.3.§2.D.de reb.eor.27,9.* vgl. *L.1.C.de fund.patr.11,61. Nov.7.c.3.pr. Nov.120.c.6.§1. c.4.X.de loc.et cond.3,18.* (in § 85.not.5.) u. *L.6.pr.D.comm.div.10,3. Ulp. L.15.§ 26.D.de damn.inf.39,2.* „Si de vectigalibus ædibus non caveatur, mittendum in p-ionem dicemus nec iubendum possidere: nec enim dominium capere possidendo potest: sed decernendum, ut eodem iure esset, quo foret is qui non caverat; post quod decretum vectigali actione uti poterit". [8]) *L.16.§ 2.D.de pign.act.13,7. L.31. D.de pignor.20,1. L.1.§1.D.q.mod.ususf.7,4.* s. oben § 76. [9]) *Bg §123.not.30.* [10]) *Sav.*

§. 83. B. Verbindlichkeiten des Emphyteuta.
1) Bewirthschaftung. 2) Canon. 3) +Laudemium.

§. 84. C. Entstehung.
Vertrag, Veräußerung, Vererbung. Der contractus emphyteuticarius[1]. Quasitradition nicht zur Entstehung des Rechts[2], aber zur publicianischen Realklage[3] erforderlich.

§. 85. D. Beendigung.
Die den alten iura in re mit der Emphyteusis gemeinsamen Gründe modificieren sich durch das Nichtgebundensein dieses Rechts an das je berechtigte Subject und durch Unanwendbarkeit der Bestimmungen über Nichtgebrauch. Der Emphyteuse eigenthümliche, Privations-Gründe[4...5]. Dereliction[6.7]. Wie ist Ersitzung zuläßig?[8].

Bes.S.222., dem auch Andre, z.B. *Schi. § 178. not.a.* folgen. [11]) § 81. not.5., u. *L.66. pr. D.de evict.21,2.* cit. *L.15.§26.D.39,2.* [12]) *Bg § 139 o.ff.*

§. 83. s. die Citt. zum vor. §. [1]) § 81. not.1.a.E. *L.2.C.h.t.4,66. Nov.7.c.3.§2. Nov. 120.c.8.* [2]) *§ 3.I.* in not.1. zu § 81. *Zeno L.1.C.h.t.* „Ius emphyteuticarium neque conductionis neque alienationis esse titulis adiciendum, sed hoc ius tertium esse constituimus, ab utriusque memoratorum contractuum societate seu similitudine separatum, conceptionem item definitionemque habere propriam, et iustum validumque esse contractum, in quo cuncta quæ inter utrasque contrahentium partes super omnibus vel etiam fortuitis casibus, pactionibus scriptura interveniente habitis placuerint, firma inlibataque perpetua stabilitate modis omnibus debeant custodiri, ita ut si interdum ea quæ fortuitis casibus eveniunt, pactorum non fuerint conventione concepta, siquidem tanta emerserit clades, quæ prorsus etiam ipsius rei quæ per emphyteusin data est faciat interitum, hoc non emphyteuticario, cui nihil reliquum permansit, sed rei domino, qui quod fatalitate ingruebat, etiam nullo intercedente contractu habiturus fuerat, imputetur; sine vero particulare vel aliud leve contigerit damnum, ex quo non ipsa rei penitus lædatur substantia, hoc emphyteuticarius suis partibus non dubitet adscribendum“. [3]) *Ulp.L.15.§4.D.locati 19,2.* „Papinianus... ait, si uno anno remissionem quis colono dederit ob sterilitatem, deinde sequentibus annis contigit ubertas, nihil obesse domino remissionem, sed integram pensionem etiam eius anni, quo remisit, exigendam. hoc idem et in vectigalis [*Hal. add.*agri] damno respondit...“. [*Basilic.*XX.1. c.15. „τοῦτο γὰρ καὶ ἐπὶ ἐμφυτευτικοῦ ἐστίν“.] Auch *Mü. § 296.* zu *not.5.* schreibt nicht mehr dem *emphyteuta* das Recht, Remission wegen Unfruchtbarkeit zu fordern, zu, wie es *Gesterd.* S.428.f. u. auch wieder *Pu. § 176.* i.f. thun, sondern nur dem „Inhaber eines ager vectigalis“. vgl. auch *Va. § 359. Arndts* in Weisk.III.S.862.ff. *Schm.* S.30...39. [4]) *L.3.C.h.t.* [5]) Laudemium, laudimium u.dgl. (laus, laudes, laudum, laudium, laodium u.dgl.), bezeichnet eigentlich die Aeußerung der Zufriedenheit mit etwas, die Einwilligung, besonders des Lehnsherrn in die Veräußerung des Lehnsguts (Lehnware), dann auch das dafür Entrichtete. s. *Du Cange* Glossar.vocc.citt. Ursprünglich bedeutet das lat. laudare billigen (roman. lauzar, geloben, genehmigen, Zustimmung zu erkennen geben). [6]) cit. *L.3.C.* u. cit. *c.4.X.de loc.* in not.5. zu § 85.

§. 84. *Unterh.* Verjährgsl. *§ 239. Ar.* l.c.S.868.ff. *Schm. § 21.* [1]) s.I.§124. [2]) *LL. 1.3.C.h.t.4,66. Nov.7.pr.§1. Nov.120.c.5.pr.c.6.§1. Bastineller* de contr.emph.Hal.1711. *Marezoll* äußere Form des emph.Contr. in Ztsch.f.Civ.u.Pr.II.n°.11. [3]) *L.1.§ 1.D.h.t.* in § 81.not.5. s. *L.1.pr.§§1.3.D.de superf.43,18.* [4]) § 86.

§. 85. *Schm. § 24.* [1]) *Novv.* citt. *Thibaut* Verss.II.15. n°.2. *Sav.* Syst.V.S.310.f. [2]) *L.3.C.h.t.* [3]) *Iustinian. L.2.C.h.t.* „In emphyteuticariis contractibus sancimus, si quidem aliquæ pactiones in emphyteuticis instrumentis fuerint conscriptæ, easdem

§. 86. E. Schutzmittel.

Persönliche Klagen aus dem Contract. Dingliche Klagen des dominus und des emphyteuta [1...6]. Interdicte [7...9].

§. 87. II. Superficies s. ius superficiarium, s.g. Platzrecht. (*Bg § 123. not.19. § 126. not.7. Abr. II. § 15.*)

Begriff und Objecte [1...4]. Entstehung [3.4.7]. Klagerechte [8...10]. Solarium [11]. Endigung [12].

---

et in omnibus aliis capitulis servari, et de reiectione eius qui emphyteusin suscepit, si solitam pensionem vel publicarum functionum apochas non præstiterit. sin autem nihil super hoc capitulo fuerit pactum, sed per totum triennium *neque pecunias solverit, neque apochas domino tributorum reddiderit* [weder den Canon, noch die Abgaben entrichtet: irrig also *Mü. § 297.* zu *not.19. Ar. § 199.* zu *nott.c,d.*] volenti ei licere eum a prædiis emphyteuticariis repellere, nulla ei in posterum allegatione nomine meliorationis vel eorum quæ emponemata dicuntur vel pœna opponenda; sed omni modo eo, si dominus voluerit, repellendo, neque prætendente quod non est super hac causa inquietatus, cum neminem oporteat conventionem vel admonitionem exspectare, sed ultro sese offerre et debitum spontanea voluntate persolvere, secundum quod et anteriore lege nostri numinis [*L.12.C.de contr.et comm.stip. 8,38.*] generaliter cautum est...". [4]) *Can.2.§7. Caus.10.qu.2.* „Qui rem .. in emphyteusim acceptam fecerit deteriorem, aut emphyteuticum canonem per biennium non solverit, hac lege repelli potest, ut tamen solvat totius temporis pensionem, et id in quo rem læsit, resarciat, non repetiturus si quid impendit nomine meliorationis". [5]) *Gregor.IX.cap.4.X.de loc.et cond.3,18.* „Potuit emphyteuta ecclesia primitus requisita eique nuntiato quantum sibi ab aliis offertur, si nolle se emere dixerit, vel a denuntiationis tempore duorum mensium spatium sit elapsum, meliorationes et ius sibi competens aliis vendere, qui ab emptione huiusmodi minime prohibentur. Emphyteuta quoque secus præsumendo vel cessante in solutione canonis per biennium, nisi celeri satisfactione postmodum sibi consulere studuisset, iuste potuisset repelli, non obstante quod ei, ut canonem solveret, non extitit nuntiatum: cum in hoc casu dies statuta pro domino interpellet". (a.1235.) [s.unten § 136.] [6]) Irrig ist, daß die jetzt des Objects wegen unanwendbare *L.3.C.de fund.patr.11,61.* (v.365.) einseitiges Aufgeben (s.oben § 75 *a.*) der Emph. untersage, wie *Pu. § 176.* meint; die Stelle tritt der Verweigerung des Kanon wegen Desertheit des Grundstücks (s.oben § 27.) entgegen. [7]) cit. § 75 *a.* *Sav.* Syst. IV. S.548. [8]) cf. I. § 124. II. § 84. *Glück § 609. Unterh. §§ 238...41.*

§. 86. s.die citt. Quellen. *Duroi* i.Arch.f.civ.Pr.VI.n°.18. *Sav.* Syst.V.S.486. [1]) s.§ 79.not.5. *L.1.§1. L.3.D.h.t.6,3.* [2]) *Paul. L.12.§2.D.de Public.6,2.* „In vectigalibus et in aliis prædiis quæ usucapi non possunt, Publiciana competit, si forte bona fide mihi tradita sunt". *§3.* „Idem est et si superficiariam insulam a non domino bona fide emero". [3]) § 81. not.9. [4]) § 81. nott.4.5. [5]) § 79. [6]) §§ 51.52. [7]) §§ 228.f. [8]) § 82. not.1. [9]) II. § 262 b.

§. 87. *Dig.* De superficiebus 43,18. *Donell.* IX.c.16.sq. *Hertii* D.de iure superf.in Opp.I.3.p.221.sqq. *Leyser* Meditt.sp.509. *Westphal* Interpp. iur. civ. c.35. *Dittmar* de superf. notione. Lips. 1810. *Gesterd.* Eigth. S.444.ff. *Büchel* und *Buchholtz* vor § 81.citt. *Rud.* Beitr. zur Gesch.der Superf.in Ztschr.f.g.R.W.XI.7. wiederholt eine im J.1777. in Rom ausgegrabene Inschrift v.193.n.Chr. [auch bei *Orelli* Inscrr.n°.39. *Zell* delect.inscrr.Romm. n°.1724.] und erklärt sie. *Niegolewsky* de iure superf.Bonn.1845. *He.II.121...24. Se.190...92. Mü.298. Gö.327.f. Pu.177.* Inst.244. *Ro.297. Si.56. Schm.25...28. Schi.* Inst.*181...83. Ar.200. Br.77.* [1]) *Senec.* [† a.65.p.Chr.] *epist.88.§23.* „non est autem ars sui iuris, cui precarium fundamentum est: philosophia nil ab alio petit, totum opus a solo excitat; mathematica, ut ita dicam, superficiaria est, in alieno ædificat, accipit prima, quorum beneficio ad ulteriora perveniat..". *Dirksen* (v.Plut.u.Suid.bericht. Rechtsf.Berlin 1853.) sucht die Superf.als einen Erfolg der Speculationen des Crassus nach den sullan. Proscriptionen [81.a.Chr.] darzustellen. [2]) *Bg §171.not.1.* [3]) *Ulp.L.1.D.h.t.* „Ait prætor VTI EX LEGE LOCATIONIS SIVE CONDVCTIONIS SVPERFICIE QVA DE AGITVR NEC VI NEC CLAM NEC PRECARIO ALTER AB ALTERO FRVEMINI, QVO MINVS FRVAMINI VIM FIERI VETO. SI QVA ALIA ACTIO DE SVPERFICIE POSTVLABITVR, CAVSA COGNITA DABO. *§1.* Qui superficiem in alieno solo habet, civili actione subnixus est: nam si conduxit superficiem, ex conducto, si emit, ex empto agere cum domino soli potest: et enim si ipse eum prohibeat, quod interest agendo consequetur; sin autem ab alio prohibeatur, præstare ei actiones suas debet dominus et cedere; sed longe utilius visum est... hoc interdictum proponere et quasi in rem actionem polliceri..". [s.*Bg* l.c.] *§2.* in folg.not.5. *§3.* „...si ad tempus quis superficiem conduxerit, negetur ei in rem actio. et sane causa cognita ei qui non ad modicum tempus conduxit superficiem, in rem actio competet". *§4.* „Is autem in cuius solo superficies est, utique non indiget utili actione, sed habet in rem, qualem habet de solo. plane si adversus superficiarium velit vindicare, dicendum est exceptione utendum in factum data... *§5.* Si soli possessori superficies evincatur, æquissimum erit subvenire ei vel ex stipulatu de evictione vel certe ex empto actione. *§6.* Quia autem etiam in rem actio de superficie dabitur, petitori quoque in superficiem dari et quasi usumfructum sive usum quemdam eius esse et constitui posse per utiles actiones credendum est. *§7.* sed et tradi posse intellegendum est, ut et legari et donari possit. *§8.* Et si duobus sit communis, etiam utile comm.div.iudicium dabimus. *§9.* Servitutes quoque prætorio iure constituentur et... utilibus actionibus petentur. sed et interdictum de his utile competet". [4]) *Gai.L.2.eod.* „Superficiarias ædes appellamus quæ in conducto solo positæ sint, quarum proprietas... eius est cuius et solum". [5]) *Ulp.L.3.§7.D.uti poss.43,17.* „Sed si supra ædes quas possideo, cenaculum sit, in quo alius quasi dominus moretur, interdicto VTI POSSIDETIS me uti posse Labeo ait, non eum qui in cenaculo moraretur: semper enim superficiem solo cedere. plane si cenaculum ex publico aditum habeat, ait Labeo videri non ab eo ædes possideri qui *κρύπτας* possideret, sed ab eo cuius ædes supra *κρύπτας* essent... Ceterum superficiarii proprio interdicto [*de superficiebus*] et actionibus a prætore utentur; dominus autem soli tam adversus alium quam adversus superficiarium potior erit interdicto VTI POSSIDETIS; sed prætor superficiarium tuebitur secundum legem locationis...". *L.1.§2.D.h.t.43,18.* „Proponitur autem interdictum duplex, exemplo interdicti VTI POSSIDETIS: tuetur itaque prætor eum qui superficiem petit veluti VTI POSSIDETIS interdicto, neque exigit ab eo *quam causam possidendi habeat*, unum tantum requirit *num forte vi clam precario ab adversario possideat*". [6]) wie z.B. *Thibaut, Mü., Schi., Si.* meinen. [7]) § 84. [8]) *Ulp.L.19.pr.D. damno inf.* „...sive domini sint, sive aliquod in ea re ius habeant, qualis est creditor [*pigneraticius*] et fructuarius et superficiarius". *Id.L.49.D.deV.S.* „In bonis autem nostris computari sciendum est non solum quæ dominii nostri sunt, sed et si bona fide a nobis possideantur vel superficiaria sint". [9]) *Paul.L.12.§3.D.de Public.* ad § 86.not.2. *Id.L.16.§2.D.de pign.act.13,7.* „Etiam vectigale prædium pignori dari potest, sed et superficiarium, quia hodie utiles actiones superficiariis dantur". [10]) unten § 228.1. u. *Bg §126. not.7.* [11]) *Marcian.L.17.D.eod.* „Sane divi Ant. et Sever. rescripserunt, ut sine deminutione mercedis soli obligaretur", „ita tamen, ut prior causa

Zweiter Unterabschnitt. Unselbständiges Recht an fremden Vermögensobjecten oder dingliches Veräußerungs- d. i. Pfand-Recht *).

I. Natur dieses Rechts im allgemeinen.

§. 88. A. Begriff des Pfandrechts; Verpfändungsarten. (*Abr. II. § 17.*) Haftung der Sache. Fiducia, pignus, hypotheca; durch letztere herbeigeführte Aenderungen des älteren Pfandrechts.

---

sit domini soli, si non solvatur ei solarium", sagt *Paul. L.15. D. qui pot.20,4.* u. *Ulp. L.2.§ 17.D.ne q.in loco publ.43,8.* „..vectigal enim hoc sic appellatur *solarium* ex eo quod pro solo pendatur". [11]) *Ar.§ 200.*i.f. unter Anziehung der auf die Mieths-obligatio bezüglichen *L.54.§1. L.56.D.locati 19,2.*

*) *Gai.2,59...61.64. 3,201. 4,62.147. Paul.S.R.2,5.13. Herm.Cod.tit.15. Th.C.2,30. 3,2. Dig.20.* (*Anti Papiniani* lib.I. s. *Bg* I. Anhang S.2*. *Cuiac.* Obss.VII.33. *Hugo* Civ.Mag. VI.S.370.ff.) und *13,7. Cod.8,14[13]...35[34]. 4,24. X.3,21. F.Hotomanni* C.de pign.et hyp. Bas.1576. Corpus selector.tr.de pign.et hyp. Ff.1586.fol. u.ö. worin auch *Donell.* (auch in Comm.ed.Bucher XV.p.429.sqq.) und *Bachov.* Abhh. *Merlin* de pign.et hyp. Genev.1605. 1661.u.ö.fol. *Ant.Negusantii* Tr.de p.et hyp. öft., auch Col.Agr.1700.u.1736. *Balduin.* de p.et h. in Heineccii Ipdentia I. p.253.sqq. *Alteserræ* Recitt. ad lib.XX.Dig.I.p.355.s.507. *Westphal* syst.Erl.v.Pfdr.Lpz.1770.ed.III.1800. *Erxleben* de iure pign.Gott.1779. *Gesterd.* Pfdr.Grfsw.1816.ed.II.1831. *Glück* XVIII.XIX. *Thierbach* hist.iur.civ.de pign.Lps.1814. *Gesterd.* Abhh. aus dem Pfdr. in Ausbeute III.n°.7. IV.I.n°.1. IV.II.n°.1. VI.I.n°.5. *Sintenis* Pfdr.Streitfragen I.Zerbst 1835. und Hdb.d.gem.Pfdr.Halle 1838. [Im folgenden *Sint.* bezeichnet, zur Unterscheidung von *Si.*, d.h.desselben Civilrecht *§§ 67...81.*] *Rud.* Pfdklagen, i.Ztsch.f. g.R.W.XIII. n°.4.S.181...247. *J.J.Bachofen* Das röm.Pfandr.I. Basel 1847. [Im folgenden *Ba.* bezeichnet], recens.v.*Buchholtz* i.Hall.Allg.Litt.Zeit.1847.S.1033...48. *Heimbach* v.Pfandrecht in Weiske VIII. S.1...77. *Dernburg* Das Pfdr. 1r Bd.Lpz.1860. *Thibaut* Syst.*781...818. He.II.125...75. Se.193..226. Mü.299...321. Gö.329...70. Pu.193...217.* Inst.*246...51. Ro.298...330. Schi.*Inst.*204...24. Va.363...92. Rud.*S.170...94. *Si.*citt. *Ar.364...392.* (cf.*Bg §133.not.6.*) *Br.80...87. Unterh.*Schuldverh.*767...73. Koch* R.der Fordd.*278...83.*

S. 88. *Büchel* üb.die Natur des Pfdr.Marb.1833. od.Erört.n°.2. *Sint. §§ 1...6. Rud.* Ztsch.S.191...94.245. *Ba.*n°.I.XIX. *Dernb. §§ 1...14.* [1]) *Ulp.L.19. pr.D. de damno inf.* ad § 87.not.8. *Gai.L.30.i.f.D.de nox.act.9,4.* „...sive aliquod ius in re habeant, qualis est creditor et fructuarius". *Ulp. L.17.D.h.t.20,1.* „Pignoris persecutio in rem parit actionem creditori". *Pap. L.44.§ 5. D. de usurp.41,3.* „Non mutat usucapio superveniens pro emptore vel pro herede, quo minus pignoris persecutio salva sit: ut enim usus fructus usu capi non potest, ita persecutio pignoris, quæ nulla societate dominii coniungitur, sed sola conventione constituitur, usucapione rei non perimitur". Gegen die von *Büchel* aufgestellte (v.*Mü., Sint., Va.*u.A.angenommene) Ansicht, daß das Pfandrecht rei obligatio als „dingliches Forderungsrecht" sei, so daß die Pfandsache als das verpflichtete Subject erscheine, s.auch *Schi.§ 204.not.m. Pu.§193.not.d.*u.Vorll.ad h.§. *Ar.§ 364.*Anm.3.[welcher das Pfdr. am Schluß der Obll. als Sicherung derselben darstellt.] *Dernb.I.§§12.13.* [2]) s.§ 89. [3]) s.§§ 98.ff. *§2.I.quib.mod.re contr.obl.3,14(15.)* „...pignus utriusque gratia datur, et debitoris, quo magis ei pecunia crederetur, et creditoris, quo magis ei in tuto sit creditum ...". [4]) s.*Dirksen* Manuale hh.vv. *Schi.§ cit.nott.i...l.* [5]) *Bg Abr.*l.c. *Pu.*Inst. *§§ 247...49. Ba.*n°.I.II. *Dernb.§§2.3.9.* [6]) *Bg Abr.§17.*n°.2. *Dernb.§ 4.* [7]) *Bg ibid.*n°.3. *Dernb.§§* 5.ff. [8]) § 90. Richtig bemerkt *Pu.§195.not.h.*, es gebe nicht ein generelles und ein specielles Pfandrecht, sondern nur eine generelle und specielle Verpfändung. [Auch die generelle Verpfändung wirkt ein Pfandrecht an einzelnen Objecten.] [9]) *Bg § 138.*

B. Vorausſetzungen des Pfandrechts. (*Abr.II.§18*A.)

§. 89. A. Zu ſicherndes Forderungsrecht.

Exiſtenz irgend eines Forderungsrechts, für deſſen Betrag das Pfand dem Gläubiger hafte.

§. 90. B. Verpfändbarer Gegenſtand.

Verpfändung iſt Alienation als Beſtellung eventuelles Verkaufsrechtes[1.2]; hieraus beſtimmt ſich die Verpfändbarkeit der Objecte[3...9]; verpfändbare Rechte[10...13].

---

not.11. unten §§ 95.f. [10]) *Marcian. L.5.§1.D.h.t.20,1.* „Inter pignus autem et hypothecam tantum nominis sonus differt". *Ulp.L.9.§2.D.de pign.act.13,7.* „Proprie *pignus* dicimus quod ad creditorem transit, *hypothecam*, cum non transit, nec possessio ad creditorem". *Böhmer* Exercitt. ad Pand.III.n°.58.

§. 89. *Cod.* Si pignoris conventionem numeratio pecuniæ secuta non fuerit 8,33(32). *Weber* nat.Verbindl. *§§103...11.* *Thibaut* Civ.Abhh.n°.14. *Se.* Erörtt.II.n°.17.18. *Francke* de pign.pro nat.debito obl.Gott.1824. *Büchel* Verpfänd.für nicht vollgültige Obll. Marb.1836. oder Erörtt.II.n°.1. *Sint.§§8..11.* *Dernb.§§66.ff.* [1]) *Marcian. L.5.pr.D. h.t.* „Res hypothecæ dari posse sciendum est pro quacumque obligatione, sive mutua pecunia datur, sive dos, sive emptio vel venditio contrahatur, vel etiam locatio et conductio, vel mandatum; et sive pura est obligatio, vel in diem, vel sub condicione; et sive in præsenti contractu, sive etiam præcedat; sed et futuræ obligationis nomine dari possunt; sed et non [solum *ins.Hal.*] solvendæ omnis pecuniæ causa, verum etiam de parte eius; et vel pro civili obligatione vel honoraria vel tantum naturali [cf. *L.14.§1.eod.*]; sed et in condicionali obligatione non alias obligantur, nisi condicio extiterit". cf.*L.2.D.quæ res pign.20,3.* [2]) *Tryph.L.23.h.t.* „Is qui promisit tibi aut Titio, solutum quidem Titio repetere non potest, sed pignus ei datum et ante solutionem recipit". Ueber ſolchen solutionis causa adiectus ſ. *Bg§104.not.7.* [3]) not.1.a.E. *LL.1.4.9.11.D.qui pot.20,4.* *Dernb.citt.§§68...71.* [4]) *L.11.§3.D.de P.A.13,7.* *L.5.§1.D.in q.c.pign.20,2.* cf.§ 92. [5]) cit.*L.5.§2.D.h.t.* „Dare .. quis hypothecam potest sive pro sua obligatione sive pro aliena". *Gai.L.4.D.h.t.* „Contrahitur hypotheca per pactum conventum cum quis paciscatur *Ut res eius propter aliquam obligationem sint hypothecæ nomine obligatæ*...". *Dernb.§§24.ff.*

§. 90. Quæ res pignori vel hyp.datæ obligari non possunt, oder *obligari possunt vel non et qualiter pignus contrahatur: Dig.20,3.* *Cod.8.17[16].* Si pignus pignori datum sit: *Cod.8.24[23].* und *Cod.4,51.* ad §§38...41.cit. *Cod.* Si aliena res pignori data sit *8,16[15].* (*Sint.§16.*) Si communis res pignori data sit *8,21[20].* (*Sint.§18.*) *Huschke* Verpf.v.Sachen, deren Eigthr. man nicht iſt, i.Ztſch.f.Civ.u.Pr.XX.n°.6. *Gesterd.* Schuldverbindl.als Obj.des Pfdr. Grfsw.1812. oder Pfdr. ed.II. S.76.ff. *Bohn* de nominis pignore. Gott.1818. *Gaupp* de nom. pign. Berol.1820. *Huschke* de nom.pign.Gott.1820. deutſch in Barths Diſſ.Saml.II.n°.29. *Gesterd.*Ausb.IV.S.199.ff.v.verpf.Pfande. *Hanlo* de nom.obl. Amst.1825. *Buchka* de pign.nom.Rost.1843. *Büchel* iura in re und deren Verpf. Marb. 1834. und in Erört.I.n°.3. und *Hepp* Arch.f.c.Pr.XIII.n°.18.XV.n°.4. *Trotsche* Verpfändungsrecht des Pfdgläubigers.Güſtr.1834. *Sintenis* Streitfr.n°.1. *Mü.* Ceſſ.*§52.* *Sint.§§12...23.* *Dernb.§§24.ff.54.ff.* [1]) *L.7.C.de reb.al.4,51.* ſ. *Bg§101.nott.16.11.* [2]) *Gai.L.9.§1.D. de pign.20,1.* „Quod emptionem venditionemque recipit, etiam pignerationem recipere potest". [3]) *Mod.L.24.eod.* „In quorum finibus emere quis prohibetur, pignus accipere non prohibetur". *Paul.L.34.§1.D.de R.C.12,1.* „... Præses provinciæ mutuam pecuniam fænebrem sumere non prohibetur". *Marcian. L.1.§2.D.quæ res pign.20,3.* „Eam rem quam quis emere non potest, quia commercium eius non est, iure pignoris accipere non potest, ut divus Pius ... rescripsit. Quid ergo si prædium quis

C. Umfang des Pfandrechts in Beziehung auf

§. 91. A. die Pfandgegenstände.

Der das Pfandrecht begründende Wille entscheidet. Umfang des Pfandrechts an einem ganzen Vermögen; an Gesamtheiten; an Umgestaltetem; an Accessionen; an Früchten; nicht an Erwerb aus dem Ertrag oder mit der Pfandsache.

---

litigiosum pignori acceperit, an exceptione summovendus sit? et Octavenus putabat etiam in pignoribus locum habere exceptionem; quod ait Scævola ... procedere, ut [et *add. Hal.*] in rebus mobilibus exceptio locum habeat". cf. *L.4.C. de litig.8,37. Glück* XIX.S.204.ff. [4]) s.die nott.zu I.§123. *L.1.pr.D.de pign.20,1. LL.11.i.f.12.16.pr. 18.i.f.19.D. de pign. act.13,7 Ba.* S.541.ff. *L.16.§1.D. de pign. 20,1. Dernb.§§ 28.31.* [5]) *L.15.pr.D.de pign. Hepp* Anfang des Pfdr. an zukünftigen Gütern, in Roßhirts Ztschr.I. S.336.ff. *Dernb.§ 29.* [6]) *L.45.pr.D.de R.I.50,17.* „Neque pignus ... rei suæ consistere potest". *Sint.§17.* [7]) cit.tit.*Cod.8,21. Gai.L.7.§4.D.q.m.pignus 20,6.* „.. si quis communis rei partem pro indiviso dederit hypothecæ, divisione facta cum socio non utique eam partem creditori obligatam esse quæ ei obtingit qui pignori dedit, sed utriusque pars pro indiviso pro parte dimidia manebit obligata". *L.6.§8.D.comm. div.10,3. L.2.C.eod.3,37. Dernb.§ 55.* [8]) § 92. u. *LL.18.21.§1.D.de pign.20,1. Ba.*n°.11. *§16. Dernb.§ 26.* [9]) *Ulp.L.3.§ 1.D. de reb.eor.27,9.* „Pignori tamen capi iussu magistratus ... et distrahi fundus pupillaris potest; sed et in p-ionem mitti rerum pupillarium a prætore quis potest, et ius pignoris contrahitur ... hæ enim obligationes sive alienationes locum habent, quia non ex tutoris vel curatoris voluntate id fit, sed ex magistratuum auctoritate". in not.1. *L.7.C.* u. in not.3. cit. *L.1.§2.D. quæ res.* [10]) § 70.not.4. [11]) *Paul.L.16.§2.D.de pign.act.* zu § 87. not.9. *L.13.§3.D. de pign.20,1. Dernb.§ 26.* [12]) *L.18.pr.D.de pign.act.* in § 99. not.3. *L.13.§2.D. de pign.20,1.* in § 99. not.4. *L.20.D.eod. L.4.C.h.t.8,47. L.7.C. de her. vend.4,39. Pfeiffer* Prakt. Ausf.I.n°.1. VII.n°.1. *Dernb.§ 60.* [13]) cit.tit. *Cod. Si pignus pignori 8,21. L.40.§2.D.de pign.act. 13,7.* cit.*L.13.§2.D.de pignorib.20,1. Dernb.§ 61.*

§. 91. *Cod.* De partu pignoris et omni causa 8,25[24]. De servo pignori dato manu misso *7,8. Si.§76. Sint.§§ 50...52. Ba.*n°.v. *Hert.*de diff.pign.gen.et spec. in Opp.II. 2.p.118.sqq. *Wordenhoff* de concursu hyp. gen.et spec. Trai.1762. in Oelrichs thes.I.2. n°.11. *Koch* D. eiusd. arg. Giess.1782. *Becker* de pign. universitatis. Ien.1791. *Glück* XVIII.§§1078.f. *Merz* de div.hypothecar.in gener.et spec.Tub.1818. *Carrard* de auctoritate hyp.gen.Tub.1820. *Caplick* Vindiciæ et c.Gott.1820. *Se.*Erört.II.n°.19. *Hoffmann* Einfluß allg.Pfdr. auf die einz.Sachen des Schuldners. Darmst.1830. *Hepp* ad § 90. not.5.cit. *Rosshirt* General- u. Special-Pfdr. in dess. Ztsch.I.n°.1. *Thibaut* im Arch. f. c. Pr.XVII.n°.1. *Warnkönig* das.XXI.n°.6. *Trotsche* in Ztsch.f.Civ.u.Pr.XVIII.n°.3. *Schmidt* das.N.F.VIII. (1851.) n°.13. *Simon* Pfdr. in Bez. auf nachsteh. an dems. Obj. in Arch. f. civ. Pr. XLI. n°.2. [1]) *Bg§135.*a.E. u. unten § 109. not.12. *L.16.§2.D. de pign.20,1.* „Si res hypothecæ data postea mutata fuerit, æque hypothecaria actio competit, veluti *etc.*" *L.29.§2. L.35. D.eod.* [2]) *L.9.C.quæ res p.8,17. L.1.pr.L.34.§2.D.de pign.20,1.* cf.*L.8.D.de distr.pign. 20,5. L.2.D.qui pot.20,4.* Daher ändert auch Gränzenänderung des verpfändeten Grundstücks nichts an diesem als Pfandgegenstand. *L.21.D.quæ in fraud.cred.42,8.* [3]) *L.18. §2.D. de pign.act.13,7. L.1.* mit *LL.7.8.D.tit.cit. LL.6...9.pr.D.de pign.* [4]) *L.11.C.de remiss.pign.8,26*[25]. [5]) *L.34.pr.D.de pign.* vgl. *L.13.pr.eod. Glück* XVIII.§1079. *Mü. §302.not.11. Huschke* zu § 90.cit.S.198.ff. *Dernb.§ 59.* [6]) *L.16.pr.D.eod. L.18.§1.D. de pign.act.* [7]) *L.1.§2.L.16.§4.* (*Ba.*S.154.) und *L.13.pr. L.26.i.f. L.29.§1.D.de pign. Alex.L.3.C.in q.caus.pign.* „Quamvis fructus pignori datorum prædiorum, etsi id aperte

§. 92. B. die gesicherte Forderung.

Jedes Pfand haftet ganz für die ganze Forderung samt deren Accessionen, zu deren Sicherung es bestellt ist; in wiefern für Conventionalzinsen?

---

non sit expressum, et ipsi pignori credantur tacita pactione inesse, prædia tamen quæ emuntur ex fructuum pretio, ad eamdem causam venire nulli prudentium placuit". *Alex.L.1.C.de partu pign.* „Partus pigneratæ ancillæ in pari causa esse qua mater est, olim placuit". Auf die in *cit.L.29.§1.* nicht berührte Rücksicht, ob die Früchte schon beim Verpfänder entstanden sind, weist hin *L.1.pr.D.de Salv.int.43,33.* vgl.*L.18,§2. D.de pign.act. Paul.S.R.2,5.§2.* („Fetus vel partus eius rei quæ pignori data est, pignoris iure *non tenetur*, nisi hoc inter contrahentes convenerit") läugnet, daß sich die Mitverpfändung des partus ancillæ, gleich des animalium, von selbst verstehe, sie müße besonders vereinbart worden sein. *Cuiacius* wollte die Stelle von Jungen verstehen, die vor der Verpfändung, oder bei einem dritten b.f. p-or geboren sind; *Huchke* Stud.p. 371. schlägt *retinetur* statt *tenetur* vor, Andere faßen das *nisi convenerit* statt *convenerit, ne* teneantur. *Ba.*S.141.ff. zeigt, daß Paulus von Verpfändung der Sclavin ohne Besitzübertragung, Alexander L.1.C.cit. von einer solchen mit Besitzübertragung redet, beide also mit dem Satze übereinstimmen, daß bei dem pignus, Besitzespfand, sowie bei der hypotheca nach angestellter hypoth. Klage, der Pfandbesitzer als b.f. possessor behandelt, sein Fruchterwerb nach den für die b.f.p-io geltenden Regeln [oben § 15.] beurtheilt wird. Nach *Dernb.*I.S.441. will Paulus hier einen Gegensatz der fiducia und des pignus angeben: bei letztrem entstehe Pfdr. an Früchten nur zufolge der Parteiconvention; diese aber könne auch stillschweigend in der Verpfändung der Hauptsache enthalten sein. (Schwerlich hätte letztres Paulus mit nisi ... convenerit ausgedrückt.) vgl. auch überh. *Huschke* Stud.p.367...72. *Warnkönig* i.Arch.f.c.Pr.XX.n°.15. u. *Pu.§ 203.not.f. Pölchau* de fructib. rei pigneratæ.Berol.1844. *Schumann* de iure quod creditori in rei pign. fructib. competit.Hal. 1858. [8]) *LL.1...3.C.de pign.act.4,24.* Selbst der von einem malæ fid.p-or, prædo, bona fide das Pfand Nehmende muß die Früchte, obgleich sie der Verpfänder selbst nicht suos fecisset, diesem herausgeben: *L.22.§2.D.de P.A..13,7.* [9]) *Paul.L.8.D.in q.c.pign. 20,2.* „Cum debitor gratuita pecunia utatur, potest creditor de fructibus rei sibi pigneratæ ad modum legitimum usuras retinere". cf.*L.7.D.de P.A.13,7. Sint.*S.234. [10]) *L.7. i.f.D.qui pot.20,4.* „...res ex nummis pigneratis empta non sit pignorata ob hoc solum quod pecunia pignorata erat".

§. 92. *Cod.* Si unus ex pluribus heredibus creditoris vel debitoris partem suam debiti solverit vel acceperit 8,32[31.] Erbr.*§105. Weber* Versuche S.151...220. *Se.*Erört. II.n°.23. *Si.75. Sint.48.49. Dernb.19.* [1]) *Gord.L.6.C.de distr.pign.8,28.* „Quam diu non est integra pecunia creditori numerata, etiamsi pro parte maiore eam consecutus sit, distrahendi rem obligatam non amittit facultatem". Cit.tit.*C.8,32. L.2. C.deb.vend.pign.8,29[28]. Ulp. L.19.D.de pign.20,1.* „Qui pignori plures res accepit, non cogitur unam liberare, nisi accepto universo quantum debetur". *Pap.L.65.D. de evict.21,2.* „... indivisam pignoris causam ..". s.oben I.§ 55. [2]) *Pomp.L.8.§5.D.de pign.act.13,7.* „Cum pignus ex pactione venire potest, non solum ob sortem non solutam venire poterit, sed ob cetera quoque, veluti usuras et quæ in id impensa sunt". *L.13.§6.D.de pign. L.18.D.qui pot.20,4. L.6.C.de pign.8,14[13]. Paul.L.20.§1.D. de pign.act.* „Si pluribus res simul pignori detur, æqualis omnium causa est". s. *Bg §75.not.13.* [3]) s. § 89.nott.4.1. [4]) *L.8.§5.D.de P.A.13,7. L.6.C.de pign.8,14.* [5]) *L.11. §3.D.de P.A. L.13.§6.D.de pign.20,1.* [6]) *L.18.D.qui pot.20,4. LL.4.22.C.de usur.4,32.* und hiezu *Sint.*S.438.ibiq. citt. und bes.*Ba.*S.595.ff.

II. Entstehung des Pfandrechts. (*Abr. II. § 18.*)

A. Begründung *).

§. 93. A. Freiwillige, insbesondere Conventional-Pfandrechte.

Formfreie Privat-Willenserklärung [1...3]. Stellvertreter des Gläubigers oder Verpfänders [4...6]. Vorzug der publica oder quasi publica pignora vor privaten [7]. Anfang des Conventionalpfandrechts [8...12].

§. 94. B. Pfandrechte zufolge obrigkeitlicher Verfügung.

1) Prætorium pignus [1...3]. 2) In causa iudicati captum (+ iudiciale) pignus [4...7]. 3) Adiudicatio [8...10]?

---

*) *He. II. 130...46. S. 197...202. Mü. 203...12. Gö. 332...41. Pu. 196...201. 210. Ro. 307.* ff. *Va. 371...78. Rud. 177...83. Si. 71...74. Ar. 370...74. Br. 84. Sint.* Abschn. 4...7. *Heimbach* l. c. S. 27...33. *Dernb. §§ 21...53.*

§. 93. *Dig.* De pign. et hyp. et qualiter ea contrahantur et de pactis eorum *20,1*. *Cod.* Quæ res ... obligari possunt vel non et qualiter pignus contrahatur *8,17[16]*. *Paul. S. R. 2,5. § 4. I. q. mod. re 2,14[15]*. De pigneraticia actione *vel contra: Dig. 13,7. Cod. 4,24. Sint. §§ 26. 27. 29. 30. Büchel* Natur des Pfdrts in Civilr. Erört. I. n°. 2. § v. *Si. § 72. not. 1. Sint. § 36. Unterh.* Verj. *§§ 247.* f. *Dernb. § 21.* [1]) *L. 26. pr. D. de pign. act. 13,7. L. 1. C. comm. de leg. 4,43. L. 9. D. de ann. leg. 33,1. L. 12. D. de alim. leg. 34,1. Dernb. §§ 33.* f. vgl. gegen *Sint. § 29. Va. § 373.* [2]) *Ulp. L. 1. pr. D. de pign. act.* „Pignus contrahitur non sola traditione, sed etiam nuda conventione, etsi non traditum est". [3]) *Gai. L. 4. D. de pign.* „Contrahitur hypotheca per pactum conventum ... nec ad rem pertinet, quibus fit verbis" *etc. Mod. L. 23. § 1. eod.* „Pignoris obligatio etiam inter absentes recte ex contractu obligatur". vgl. *L. 9. C. quæ res 8,17. Dernb. § 22.* [4]) *L. 21. pr. D. de pign. 20,1. L. 5. C. per q. pers. 4,27. Dernb. § 27.* [5]) *LL. 11. i. f. 12. D. de pign. act. L. 29. § 3. D. de pign.* [6]) *L. 16. pr. D. de pign. act. LL. 3. 7. C. si al. res 8,16.* [7]) *Leo L. 11. C. qui potiores 8,18[17].* „Scripturas ... quæ ἰδιόχειρα Græce appellantur, sive tota series earum manu contrahentium vel notarii vel alterius cuiuslibet scripta fuerit, ipsorum tamen habeant subscriptiones, sive testibus adhibitis sive non, .. quasi publice conscriptas, si personalis actio exerceatur, suum robur habere decernimus. Sin autem ius pignoris vel hypothecæ ex huiusmodi instrumentis vindicare quis sibi contenderit, eum qui instrumentis publice confectis nititur, præponi decernimus, etiamsi posterior is contineatur: nisi forte probatæ atque integræ opinionis trium vel amplius virorum subscriptiones eisdem idiochiris contineantur: tunc enim quasi publice confecta accipiuntur". (n. 469.) [8]) *L. 8. D. de O. et A. 44,7. LL. 17. 108. i. f. D. de V. O. 45,1.* u. ö. [9]) *L. 1. pr. L. 7. § 1. L. 13. § 5. L. 14. pr. D. de pign. 20,1. L. 4. D. quæ res p. 20,3. LL. 1. 9. pr... § 2. L. 11. pr... § 2. L. 12. § 2. L. 18. D. qui pot. 20,4.* f. *Sint. § 42. Dernb. 23.* [10]) *Bg § 116. not. 30.* vgl. oben I. § 108. [11]) *L. 30. D. de R. C. 12,1. L. 4. D. quæ res p.* [12]) *L. 4.* cit. *L. 68. D. de V. O. 45,1. Pu. 210. Sint.* S. 359. f. vgl. S. 56. ff. *Huschke* vom bedingten u. mit dies behafteten Pfandr. in Ztschr. für Civ. u. Pr. XX. n°. 5.

§. 94. *Cod.* De prætorio pignore *et c. 8,22[21]*. Si in causa iudicati pignus captum sit *8,23[22]*. *Th. C.* De capiendis et distr. pignorib. tributor. c. *10,21*. *Küstner* pign. in c. iud. capt. Lps. 1744. *Schræder* de nat. pign. præt. atq. iud. Marb. 1751. *Glück* XVIII. § 1080. *Sint. §§ 37. 38.* vgl. *§ 39. Ba.* n°. XIII. XIV. *Dernb. §§ 51...53.* [1]) *Bg § 132. nott. 10.* f. *Ulp. L. 26. § 1. D. de pign. act. 13,7.* „Sciendum est, ubi iussu magistratus pignus constituitur, non alias constitui, nisi ventum fuerit in possessionem". *Iul. L. 2. pr. D. pro herede 41,5. L. 12. D. pro empt. 41,4. L. 3. C. ut in poss. 6,54.* [2]) *L. 5. §§ 2. 3. D. ut in poss. 36,4. L. 15. § 15. D. de damno i. 39,2.* [3]) vgl. I. § 163. II. § 220. Erbr. §§ 83. ff. 146. *Dernb. § 52.* a. E. [4]) cit. tit. *C. 8,23. LL. 15. 31. 58. D. de re iud. 42,1. LL. 1...3. 5. 9. C. de execut. rei*

C. Pfandrecht zufolge gesetzlicher Bestimmung *).

§. 95. 1. Besondere, an bestimmten einzelnen Objecten: Gesetzliche Specialhypotheken.

1) Des Locators [1]; 2) des Geld zum Wiederaufbau eines Gebäudes Darleihenden [2]; 3) der Pupillen (und Minderjährigen) an dem mit ihrer pecunia Angeschafften [3]; 4) der Vermächtnissnehmer [5].

§. 96. 2. Allgemeine, am ganzen Vermögen des Schuldners: Gesetzliche Universalhypotheken.

1) Des Fiscus [1…4]; 2) Bevormundeter [5]; 3) der Kinder [6…9]; 4) des Ehemannes wegen

---

iud.7,53. Hollweg Hdb. des Civilpr. S. 333. ff. Manche erklären das pignus in c. iud. captum für jetzt unanwendbar, z. B. *Si. § 73.* zu *not. 43.* [5]) *L. 10. D. qui pot. 20,4.* [6]) *LL. 7. 8. C. quæ res p. 8,17.* u. *Auth.* Agricult. das. [7]) s. zu § 90. not. 3. [8]) *Gö.* II. S. 340. *Pu. § 198.* n°. 1. u. A. meinen, Pfandrechte könnten nach Analogie der Servituten auch durch Adjudication begründet werden. Den wahren Grund, weshalb durch Adjudication Pfandrecht nicht entsteht, führt auch *Dernb. § 21.* nicht an. [9]) *Bg §§ 129 q. 130 a.* ff. [10]) *Bg § 127 d.*

*) In quibus causis pignus hyp. tacite contrahitur: *Dig. 20,2. Cod. 8,15 [14].* s. die ältere Litter. bei *Glück* XVIII. S. 395. *Meissner* vom stillschw. Pfdr. II. Lpz. 1803. f. *Glück §§ 1086…89.* XVIII. S. 393. bis XIX. S. 198. *Tulleken* de pign. tac. L. B. 1821. *He. 133…45. Se. 199…201. Mü. 309…11. Gö. 337…40. Schi.* Inst. *212.* f. *Pu. 199…201.* Inst. *250.* n°. 2. *Ro. 310.* f. *329.* f. *Si. 72.* S. 622. ff. *Va. 374…76. Rud.* S. 178…83. *Ar. 373. Br. 84. Sint. 32…35. 43…45. Ba.* n°. x. xi. *Dernb. §§ 35…50.*

§. 95. [1]) *LL. 3. 4. 6. 7. 9. D. h. t. 20,2. LL. 3. 5. 7. C. eod. 8,15. L. 4. D. de pact. 2,14. L. 24. § 1. L. 53. D. loc. 19,2. L. 5. C. eod. 4,65.* [*Se.* Erörtt. II. n°. 22.] *L. 11. § 5. D. de pign. act. 13,7. L. 32. D. de pign. 20,1. Huss* in Ztsch. f. Civ. u. Pr. XVII. n°. 12. (der unrichtig dieses Pfdr. läugnet). s. auch *Mü.* Cess. S. 321. *Dernb. §§ 37. 36.* [2]) *Pap. L. 1. D. h. t.* „SCto quod sub Marco imp. factum est, [*L. 24. § 1. D. de reb. auct. iud. poss. 42,5.*] pignus insulæ [eines Hauses] creditori datum, qui pecuniam ob restitutionem ædificii exstruendi mutuam dedit, ad eum quoque pertinebit, qui redemptori domino mandante nummos ministravit". vgl. *L. 1. D. de cess. bon. 42,3. L. 25. D. de R. C. 12,1. Mommsen* Stadtr. v. Salp. S. 480. ff. *de Back* in Oelrichs thes. I. 3. p. 100. sqq. *Walch* Opuscc. III. p. 391. ff. *Bülow* Abhh. I. n°. 4. *Madai* in Ztsch. f. Civ. u. Pr. XIX. n°. 4. *Dernb. § 38.* [3]) *L. 3. pr. D. de reb. eor. 27,9. L. 7. pr. D. qui pot. 20,4. L. 6. C. de servo m. misso 7,8.* vgl. oben § 22. *Glück* XIX. S. 47…57. *Sint.* S. 303. f. *Rud.* Vorm. II. S. 325. *Dernb. § 39.* [4]) So auch noch *Sint.* S. 305. vgl. oben § 22. [5]) *LL. 1. 2. C. comm. de leg. 6,43. Nov. 108. c. 2. § 2. i. f. de leg. 2,20. Löhr* Pfandrecht der Legatare, im Arch. f. c. Pr. V. n°. 7. *Hepp* das. X. S. 276…80. *Glück* XIX. S. 166. ff. *Sint.* S. 305. ff. *Dernb. § 40.*

§. 96. *Se.* Erörtt. II. 24. *Klenze* Ges. Vorzüge fiscal. Fordd. i. Ztsch. f. g. R. W. VIII. 13. *Sint. 34. Dernb. 41…50.* [1]) *LL. 1. 2. C. h. t. 8,15. L. 1. C. si propter publ. pens. 4,46. LL. 2. 3. C. de priv. fisci 7,73. L. 3. § 7. LL. 6. 28. 47. pr. D. de I. F. 49,14.* vgl. *Fgm. de iure fisci § 5.* ed. Böcking. Bonn. 1845. p. 134. sq. (Ulpian. 1855. p. 161. sq.) „Bona eorum qui cum fisco contrahunt, *lege uicesimaria* [xx mania] uelut *pignoris* iure fisco *obligantur;* non solum ea quæ habent, sed ea *quoque* quæ postea habituri sunt". [vgl. *Dio Cass. 55,25. 76,28. 77,9. 78,12. Capitolin.* in Anton. 11. *Collat. 16,9. Orell.* inscrr. n°. 1065. *L. 3. C. de ed. d. Hadr. 6,33.*] *Bu.* S. 235. ff. vgl. auch *Pfeiffer* Prakt. Ausf. VIII. 1. *Bu.* u. *Bu.* Entsch. Rost. II. 28. [2]) *L. 4. C. h. t. L. 3. C. de primipilo 12,63.* Dissertt. v. *Hellfeld* Opuscc. n°. 10. *Schott* de vera c. prærogativæ hyp. fisci. Lps. 1772. u. Unparth. Critik St. 52. S. 166. ff. *Hennemann* Schw. u. Wism. 1800. *Unterh.* Jur. Abhh. n°. 2. *Sint.* S. 311. f. *Glück* XIX. S. 78. not. 94. [3]) *Herm. L. 46. § 3. D. de I. F. Schröter* in Ztsch. f. Civ. u. Pr. I. S. 336…38. [4]) *L. 10. pr. D. de pact. 2,14.* „.. fiscum in his casibus, in quibus hypothecam non habet et ceteros privilegiarios versprochener Dos[10]; 5) des zur Rückforderung der Dos [und propter nuptias donatio] gesetzlich Berechtigten[10...13]; 6) des auf Restitution des sub condicione viduitatis Hinterlaßenen Berechtigten[14]; 7) der Kirche am Vermögen des deteriorierenden Emphyteuta[15].

---

exemplum creditorum sequi debere". *LL.17.37.D.de I.F.* *L.un.C.de pœnis fiscal.10,7.* [5]) *L.1.Th.C.de adm.tut.3,30[19].* *L.20.C.de adm.tut.5,37.* *L.7.§§5.6.C.de cur.fur.5,70.* *Nov.22.c.40.* *Nov.118.c.5.i.f.* *Spangenberg* in Hagemanns Prakt.Erörtt.IX.n°.16. Wegen *L.37.pr. D. de adm.26,7.* will Rudorff dieses Pfdr. erst mit dem Act, wodurch die einzelne Vormundschaftsschuld entsteht, beginnen laßen. *Gensler* i. Arch.f.c.Pr.I.n°.27. *Rud.* Vorm.II. S.194. III.S.90. *Hepp* i. Arch. f.c.Pr.X. S.267.ff. *Glück* XIX. S.139.ff. *Sint.* S.336...38. s.auch n°.3*d.* und unten III.§ 52. *Huschke* ad § 93.cit.S.158. Am Vermögen eines curator bonorum hat dieses Pfdr. nicht statt: *Ulp.L.22.§1.* *L.24.D.de reb.auct.iud.42,5.* „..si bonis curator datus sit, vel absentis..., non oportebit privilegium dari", „..privilegium cessabit". s.II.§ 297. [6]) *L.8.§5.C.de sec.nupt.5,9.* *L.6.§§1.sqq.D.de bon.q.lib.6,61.* *Nov.2.c.2.* *Hellfeld* Opusec.n°.7. Gegen *Löhrs* Läugnen dieses Pfdrts (Arch.f.c.Pr.IX.n°.4. X.n°.17.) s. *Mayer* in Krit.Ztschr.II.S.110. *Pu.*Erl.Jahrb.V.S.280. *Sint.*S.329. *Va.§ 375.n°.8.* vgl.auch v.*d.Nahmer* Entscheidd.des O.A.G.zu Wiesb.II.n°.26. [7]) *L.6.§2.* *L.8.§§1-5.C.de sec.nupt. 5,9.* *Nov.22.c.24.* *Sint.*S.333.ff. vgl.III.§35. [8]) *Nov.98.c.1.i.f.* *Marezoll* gesetzl.Hyp.der Kinder et c. in Ztsch.f.Civ.u.Pr.III.n°.v.§1. *Sint.*S.335. *Heimbach* i.Ztsch.f.Civ.u.Pr.XVI.S. 57.ff. [9]) *L.6.C.h.t.8,15.* *L.2.C.quando mulier 5,35.* *Nov.22.c.40.* *Nov.94.c.2.* *Emmerich* in Ztsch.f.Civ.III.S.225...32. *Rud.*Vorm.I.S.262.f. *Sint.*S.335.f. s.unt.III.§ 36. [10]) *L.un. §1.C.de R.U.A.5,13.* s.*Glück* XIX.S.93.ff. *Sint.*S.313.ff. 378.ff. Streitig ist, ob auch jüdische und Putativ-Ehefrauen dieses Pfandrecht haben. [11]) cit.*L.un.C.* und *§13.eod.* *L.30. C.de I.D.5,12.* *L.12.C.qui pot.8,18.* *Nov.109.c.1.2.* *§ 29.I.de act.4,6.* s. auch unten §§ 105...7. nott.15.ff. u.vgl.III.§17.not.6. *Scharlach* Obss.de dotis privil. Hann.1798. *Kamptz* Versuch einer Revision et c. Berl.1811. *Glück* XIX. l.c. *Sint.* S.316.ff. 380.ff. [12]) cit. *Nov.109.* *Glück* S.126...29. *Sint.* S.325...28 [13]) *Nov.cit.c.1.* *L.11.C.de pact.conv.5,14.* *Glück* S.123...26. *Sint.*S.324.f. s.unten III.§ 20. [14]) *Nov.22.c.14.§2.* „..*Εἰ μέντοι διαδραμεῖν συμβαίη τὸν ἐνιαυσιαῖον χρόνον, δίδομεν μὲν τῷ προσώπῳ τούτῳ λαβεῖν τὸ καταλελειμμένον ... ἀλλ' εἰ μὲν ἀκίνητον εἴη τὸ πρᾶγμα, μὴ ἄλλως τοῦτο λαμβάνειν πλὴν εἰ μὴ διωμοσίαν ἐκθοιτο καὶ ὑποθήκην ὑπόθοιτό τὰ ἑαυτοῦ πράγματα (τοῦτο ὅπερ καὶ σιωπηρῶς ἐκ τοῦδε τοῦ νόμου δίδομεν), ὡς εἰ πρὸς δεύτερον ἔλθοι γάμον, ἀποδίδωσι τὸ δεδομένον τοιοῦτον ὁποῖον παρείληφεν, ἀποδιδοὺς καὶ οὓς ἔλαβεν ἐν μέσῳ καρπούς*". Cf. *§§ 3.5.9. ibid.* *LL.2.3.C.de ind.vid.6,40.* *Glück* XIX. S.163.ff. *Vermehren* im Arch.f.c.Pr.XIII.n°.2.§3. *Marezoll* (in Grolm.und Löhr Mag.IV. n°.xi.9. u. Ztsch. f. Civ. u. Pr. VI.8.) will die Parenthese erst mit *ὅπερ* beginnen und also den Kaiser sagen laßen, der Honorierte brauche die zweite Ehe nicht zu verschwören und dürfe dennoch das ihm Zugedachte, nur gegen das Versprechen dereinstiger Zurückgabe, ausbezahlt verlangen. s. gegen dieses Läugnen des fragl. Pfdrts *Mayer* in Krit.Ztsch.II.S. 115.ff. *Kämmerer* Ztsch.f.Civ.u.Pr.VI.n°.7. *Fritz* Erl.II.S.442. *Mü.§ 310.not.16.* *Pu.200. n°.6.* *Schi.*Inst.*213.n°.6.* *Gö.*S.349. *Va.§ 375.n°.6..* *Rud.*S.182. *Sint.*S.338.ff. *Heimbach* i.Ztsch.l.c.S.33.ff. *Dernb.§ 50.* [15]) *Nov.7.c.3.§2.* *Glück* XIX.S.196. *Sint.*S.339. Dieser S.383. läßt gegen *Hepp* i. Arch. f. c. Pr.X. S.272.ff. mit vielen A., zu denen Hepp selbst in seiner früheren Diss. gehört hatte, das Pfdr. erst mit der Deterioration beginnen; dagegen mit *Mayer* Krit. Ztsch.II. S.77. *Hepp* l.c. und *Va. § 375. n°.7.* von der übernommenen Emphyteuse an, was der cit. *Nov.* („*ἀλλ' εἴπερ χεῖρον πεποίηκε τὸ χωρίον, ... ἀναγκάζεσθαι αὐτὸν κ.τ.λ. ... καὶ ὑποκεῖσθαι τούτῳ αὐτόν τε ... καὶ τὰ αὐτοῦ πράγματα*") und dem Satze, daß das gesetzliche Pfandrecht die allgemeine Pflicht des Emphyteuta, nicht zu deteriorieren, sichern soll, allein entspricht. *Meissner § 198.* läugnet dieses Pfandrecht gänzlich.

S. 96*. Irrig angenommene gesetzliche Hypotheken.
1) Generelle[1...3]; 2) specielle[4...8].

S. 97. B. Uebertragung des Pfandrechts, pignoris translatio, hypothekarische Succession.

Fälle ihres Eintretens[1...6]. Exceptionsweise geltend zu machendes Pfandrecht an einer zu Eigenthum erworbenen Sache[7]. s.g. unmittelbare und mittelbare hypothekarische Succession.

S. 96*. *Harpprecht* Trutina pignorum xx tacitor. spurior. Tub.1705. u. in Diss.I. n°.28. *Mü.311. Gö.340. Sint.35.* 1) s.dagegen *Glück* XIX.§1089. 2) *L.10.D.ad munic. 50,1. L.2.C.de iure reip.11,29. L.4.C.qui pot.8,18. Glück* XIX.S.83.ff. Irrig *Pu.§200.* n°.1. u. nicht zu rechtfertigen aus *Constantin. L.2.C. de debit.civitt.11,32.*, wonach das von Darlehnsschuldnern der Gemeinden Veräußerte subsidiarisch haftet. 3) wie *Carpzov* Prax. rer.crim.qu.80.n°.119. s. *Overbeck* Meditatt.IV.S.297. 4) s. oben § 95. n°.2. *Glück* XIX. S.311.ff. 5) s.§ 95.n°.3. 6) s.*L.15.D.qui pot.20,4. L.1.§ 2. L.17.D.de pign.act.13,7.* und *L.2.§1.D.de alim.leg.34,1. L.1.C.comm.de leg.6,43.* s.aber *Glück* XIX.S.58.ff. *Sint.342.* 7) Wegen *Ulp. L.5.pr. D. ad exh.10,4.* „..quo modo autem possidet qui vehendas conduxit? an quia pignus tenet?..“. Hier ist nur von Retention die Rede: pignus bezeichnet auch im vulgären Sinne etwas Gewährleistendes überhaupt, s.z.B. *Dirksen* Manuale h.v. § 3. und *Forcellini* h.v.§. „Translate pignus dicitur“. *L.6.D.qui potiores 20,4.* bezieht sich auf ein Conventionalpfand. vgl.auch *Glück* XIX.S.58. XI.S.217.f. *Sint.*S.340. 8) *L.27. C.de pignorib.8,14. Nov.53.c.5. Nov.98.c.4. Nov.136.c.2.* Unrichtig *Mü.§ 309.*n°.6. s.*Gö.*II. S.358.n°.6. — Ueber andere vermeintliche Legalpfandrechte s. *Meissner §§ 200...3.*

S. 97. *Dig.* Qui potiores ... et De his qui in priorum creditorum locum succedunt *20,4.* und *Cod.8,18*]*17*].*19*[*18*]. *Glück* XIX. § 1097. und über die ält. Litt. das.S.351. not.55. *Linde* Beitr. z. L. v.d.hypoth.Succ. in Ztsch.f.Civ.u.Pr.V.n°.20. u.VI.n°.5. *Dernburg* hyp. Succ. i. Arch. f. civ. Pr.XLI. n°.1. *Mü.321. Pu.213. Gö.341. Ro.326. Ar.374. Br.86. Sint.46.*f. *Ba.* S.526.ff. 1) *L.6.D. de her.vel act.vend.18,4. L.19.D.h.t.20,4. L.2.C.de fide iuss.8,41. Mü.*Cession *§ 44.*n°.10. *Dernb.§ 78.* 2) *L.12.§ 8.D. L.1.C.h.t. L.3.D.quæ res pign.20,3. Glück* XIX. S.368.ff. 3) *L.17.D. L.3.C.h.t. L.3. D. de distr.pign.20,5.* 4) *L.12.§ 9.D.h.t.* 5) *Paul. L.16.D.h.t.* „Claudius Felix eundem fundum tribus obligaverat, Eutychianæ primum, deinde Turboni, tertio loco alii creditori. cum Eutychiana de iure suo doceret, superata apud iudicem a tertio creditore non provocaverat; Turbo apud alium iudicem victus appellaverat. quærebatur utrum tertius creditor etiam Turbonem superare deberet, qui primam creditricem, an ea remota Turbo tertium excluderet. plane cum tertius creditor primum de sua pecunia dimisit, in locum eius substituitur in ea quantitate, quam superiori exsolvit: fuerunt igitur qui dicerent hic quoque tertium creditorem potiorem esse debere; mihi nequaquam hoc iustum esse videbatur: pone primam creditricem iudicio convenisse tertium creditorem, et exceptione aliove quo modo a tertio superatam: numquid adversus Turbonem, qui secundo loco crediderat, tertius creditor, qui primam vicit, exceptione rei iudicatæ uti potest? aut contra, si post primum iudicium, in quo prima creditrix superata est a tertio creditore, secundus creditor tertium optinuerit, poterit uti exceptione rei iudicatæ adversus primam creditricem? nullo modo, ut opinor: igitur nec tertius creditor successit in eius locum quem exclusit, nec inter alias res iudicata alii prodesse aut nocere solet; sed sine præiudicio prioris sententiæ totum ius alii creditori integrum relinquitur“. vgl. *L.19. D.de exc.rei iud.44,2. Glück* XIX.S.377. *Va.§ 377.*Anm.2. dagegen mit Recht *Sint.§ 47.* u. *Pu.§ 213.*a.E. *Ba.*S.518.ff. 6) *LL.3.pr.12.§ 5.D.h.t.20,4. L.11.§ 1.D.de P.A.13,7.*

III. Rechtsverhältnisse aus dem Pfandrechte *). (Abr. II. § 19.)

A. Wesentliche Rechte des Pfandgläubigers, bei dem Pfand an

§. 98. A. einer körperlichen Sache.

Bedeutung, Voraussetzung und Ausübung der pignoris distractio [1...5]. Verpflichtung des Veräußerers und Zeit der Veräußerung [6...10]. Wirkung [11...13]. Verhältniß des Distrahenten zum Erwerber [14.15]. Superfluum od. hyperocha [16]. Nichtbefriedigung des Pfandgläubigers [17].

---

7) L.3. C. de his q. in prior. creditor. 8,18. L.1. C. si anterior 8,19. L.17. D. h. t. 20,4. L.6. cf. LL.2.3. § 1. L.5. § 1. D. de distract. pignorum 20,5. Sint. § 17.

*) He. II. 147...63. Se. 203...19. Mü. 314...21. Gö. 342...56. Pu. 203...13. Ro. 314. ff. Va. 379...88. 377. Rud. 184...91. Si. 77. f. 80. Ar. 375. ff. Sint. Abschn. 9. 11. Ba. bes. n°. VI. f. XVI. ff.

§. 98. Gai. 2,64. § 1. Inst. Quibus alienare licet vel non 2,8. De distractione pignorum: Dig. 20,5. Cod. 8,28[27]. und Cod. Debitorem venditionem pignoris impedire non posse 8,29[28]. Si vendito pignore agatur 30[29]. Creditorem evictionem pignoris non debere 46[45]. Si antiquior creditor pignus vendiderit 20[19]. vgl. De capiendis et distrahendis pignoribus tributorum causa: Th. C. 11,9. Cod. 10,21. Berger de iure distr. pign. in Diss. sel. Lps. 1777. n°. 1. Glück XIX. §§ 1098. ff. Gesterd. Pfdr. §§ 25. ff. Sint. §§ 54. f. Ba. n°. VI. XVII. Wening Gültigk. der Pfandveräuß., in Ztsch. f. Civ. u. Pr. I. n°. 18. Müller Pfandveräußerung, in Civil. Abh. I. n°. 3. Mü. 315. Gö. 342...46. Fritz Erl. S. 455. ff. Ro. 314. Va. 379. Si. 77. Ar. 375. Br. 87. 1) L.6. D. pr. de P. A. 13,7. „... invitum enim creditorem cogi vendere satis inhumanum est". s. § 100. 2) Ulp. L.4. cod. „Si convenit de distrahendo pignore sive ab initio sive postea [Gai. 2,64.], non tantum venditio valet, verum incipit emptor dominium rei habere. sed etsi non convenerit de distrahendo pignere, hoc tamen iure utimur, ut liceat distrahere, si modo non convenit ne liceat: ubi vero convenit, ne distraheretur, creditor, si distraxerit, furti obligatur, nisi ei ter fuerit denuntiatum ut solvat, et cessaverit". 3) L.4. D. h. t. 20,5. L.5. § 1. D. q. m. pign. 20,6. LL.7.8.5.6.14.16. C. h. t. 8,28. L.8. § 3. D. de pign. act. 4) Mora debitoris erfordern mit Glück XIX. S. 383. u. d. Aelt. Wening, Fritz, Sint. citt. Pu. § 245. vgl. Bopp Arch. f. c. Pr. XIV. n°. 12.; dagegen Müller, Va. citt. 5) cit. L.8. vgl. L.5. C. h. t. L.2. C. deb. vend. 8,29. und unten § 143. Auch daß zur Ausübung des Verkaufsrechts des Pfandgläubigers Liquidität der Schuld erforderlich sei, läugnet mit Recht (s. auch L.1. C. de litig. 8,37.) Va. § 379. Anm. 2. 6) LL.15.31. D. de re iud. 42,1. LL.1.9. C. de exec. r. i. 7,53. 7) LL.4.9.16. C. h. t. L.22. § 4. L.34. D. de pign. act. 13,7. L.3. C. si vend. pign. ag. 8,30. Ba. S. 167. ff. 8) Iust. L.3. § 1. C. de iure dom. 8,28. „.. si quidem in pactione cautum est quemadmodum debet pignus distrahi sive in tempore sive in aliis conventionibus, ea observari de quibus inter creditorem et debitorem conventum est". § 1. I. cit. LL.4.5. D. de pign. act. Glück § 1099. a. E. dagegen Sint. S. 511. s. Ba. S. 170. ff. 181. ff. 9) L.31. D. de re iud. 42,1. Sint. S. 512. f. 10) L.15. §§ 2-8. D. de re iud. 42,1. cf. L.5. § 9. D. de reb. eor. 27,9. LL.1.7.8. C. quæ res pign. 8,17. 11) LL.4. sqq. C. h. t. und Cod. 8,30. cit. L.13. pr. D. de pign. act. 12) LL.2.5...7. D. h. t. L.13. pr. D. de pign. act. L.3. § 3. C. de iure dom. imp. 8,34[33]. 13) LL.1.2. C. si ant. cred. 8,20. L.6. C. qui pot. 8,18[17]. L.3. C. de his qui in pr. 8,19[18]. vgl. auch L.6. C. de remiss. pign. 8,26[25]. über den Untergang der Rechte bei öff. Pfandverkauf jene nicht Wahrnehmender. 14) L.10. D. h. t. 20,5. L.11. § 16. D. de A. E. et V. 19,1. Cod. 8,46. cit. LL.38.68. pr. 74. § 1. u. ö. D. de evict. 21,2. L.59. § 4. D. de mandati 17,1. Glück S. 398. f. Sint. S. 524. ff. 15) LL.1.5. D. h. t. 20,5. L.34. § 2. L.35. D. de evict. 21,2. L.8. C. qui pot. 8,18. L.15. § 5. D. de re iud. 42,1. s. bes. Ba. S. 485. ff. gegen Löhr i. Arch. f. civ. Pr. XIV. S. 170. ff. 16) L.24. § 2. LL.42.6. § 1. LL.7.35. pr. D. de pign. act. 13,7. L.12. § 5. D. qui pot. 20,1. L.20. C. h. t. 8,28. L.31. i. f. D. de re iud. Glück XIX. S. 395. Sint. S. 241. f. Ba. S. 490. ff.

§. 99. B. an einem Rechte.

Voraussetzungen und Wirkungen dieser Veräußerung bestimmen sich durch die Natur des verpfändeten Rechtes.

B. Außerwesentliche Rechte des Pfandgläubigers

A. gegen den Verpfänder:

§. 100. 1. Beschränkung des Veräußerungsrechts.

Verminderung des Rechts des Verpfänders an der Pfandsache[1]. Rechtliche Bedeutung des Veräußerers[2]. Veräußerung durch den Verpfänder[3]. Veränderung der Veräußerungsförmlichkeiten[4]; pactum de ingrediendo[5].

§. 101. 2. Rechte aus dem Pfandvertrage.

Rechte des Besitzers od. Quasibesitzers[1...3]. Klagen aus dem Pfandvertrage[4]. Retentionsrecht[5].

---

[17]) *L.9.pr.D.h.t.20,6. L.3.C.eod.8,28. L.10.C.de O.et A.4,10. L.28.D. de R.C.12,1. L.8.C. si certum petatur 4,1. Sint.* S.520.f.

§. 99. cf. § 114. *Se.207. Mü.319. Gö.368...70. Pu.216. Ro.316. Va.367.*f. *Si.70. Ar.282. Br.83. Sint.20...23. Dernb.§ 60. Büchel, Hepp, Trotsche* u. A. zu § 90. citt. [1]) § 90. not.11. [2]) § 70. not.4. [3]) *Paul.L.18.pr.D.de P.A.13,7.* „Si convenerit, ut nomen debitoris mei pignori tibi sit, tuenda est a prætore hæc conventio, ut et te in exigenda pecunia, et debitorem adversus me, si cum eo experiar, tueatur: ergo si id nomen pecuniarium fuerit, exactam pecuniam tecum pensabis; si vero corporis alicuius, id quod acceperis erit tibi pignoris loco". § 90. not.12. und § 114. [4]) *Marcian.L.13.§2.D.de pignor.20,1.* „Cum pignori rem pigneratam accipi posse placuerit, qua tenus utraque pecunia debetur, pignus secundo creditori tenetur, et tam exceptio quam actio utilis ei danda est. quodsi dominus solverit pecuniam, pignus quoque perimitur. Sed potest dubitari, numquid creditori nummorum solutorum nomine utilis actio danda sit, an non: quid enim si res soluta fuerit? et verum est quod Pomponius libro septimo ad edictum scribit, si quidem pecuniam debet is cuius nomen pignori datum est, exacta ea creditorem secum pensaturum; si vero corpus is debuerit et solverit, pignoris loco futurum apud secundum creditorem". *Huschke* in Ztsch. für Civ. u. Pr. XX. S.227.ff. vgl. *Mü.* Cess. S.336.ff. *Pu.§ 208.not.g. Va.§* 368. Anm.2. vgl. die übrigen Stellen in § 90. not.13.

§. 100. [1]) *L.6.D.de P.A.* (§ 98. not.1.) *L.1.C.de litig.8,37*[36]. *L.7.§ 2. D.de distr. pign.* erklärt in *Bg § 158 α...ν*. [2]) *L.42. D.de pign.act.13,7. Gai.2,62.64.* (*L.29.D.fam. erc.10,2.*) u. *Bg § 133.not.c.* s. *Ba.* S.191.ff. [3]) *L.19.§§ 5.6. L.66.pr.D. de furt.47,2. L.3. § 1.D.stellionatus 47,20.* (zu § 253.) *Bg § 145.nott.5.21.* [4]) not.8. zu § 98. [5]) *Bg § 127. not.46.* cf. *Benfey* im Rh. Mus. für Jpdz. VII. n°.1. R.D.A. 1600. § 32. *Ar.§ 379.*Anm.2.

§. 101. [1]) *Bg § 123.not.16.* [2]) § 91. nott.7.8. [3]) § 70. not.4. [4]) s. unten § 201. *LL.8.9.31.32.* et passim *D.de pign.act.13,7. Cod.eod.4,24. § 1.I.quib.alienare lic.2,8. Sint. § 62. Dernb.§§ 16.*ff. [5]) *Bg § 127.not.17. Gordian.L.un.C.etiam ob chirographariam pecuniam pignus teneri posse 8,27*[26]. „Pignus intercidit, si novatione facta in alium ius obligationis transtulisti, nec ut ea res pignoris nomine teneretur, tibi cautum est. quodsi pactum inter te eumque qui postea dominus fundi constitutus novam obligationem susceperat, intercessit, ut idem fundus tibi pignoris nomine teneretur, quamvis personali actione expertus feceris condemnationem, pignoris tamen habes persecutionem. At si in possessione fueris constitutus, nisi ea quoque pecunia tibi a debitore reddatur vel offeratur quæ sine pignore debetur, eam restituere propter exceptionem doli mali non cogeris: iure enim contendis debitores eam solam pecuniam, cuius nomine ea pignora obligaverunt, offerentes audiri non oportere, nisi pro illa etiam satisfecerint, quam mutuam simpliciter acceperunt.

§. 102. 3. Ἀντίχρησις, †pactum antichreticum.

Nebenvertrag bei hyp. oder pignus über Frucht- od. Ertrags-Genuß als Entgeltung d. Zinsen.

§. 103. 4. Verbot der lex commissoria.

Begriff. Vor Constantin [1] zuläßig [2]. (Nicht auf diesen Nebenvertrag bezieht sich not.3.) Fälle des nicht entgegenstehenden Verbots [4]. Unzuläßigkeit der Beseitigung durch Eid [5].

---

quod in secundo creditore locum non habet: nec enim necessitas ei imponitur chirographarium etiam debitum priori creditori offerre". (a.240.) *Mü. § 321. not.17.*, Cession S.575.n°.2. misversteht diese Constitution, als ob sie sage, daß der zufolge Angebotsrechts besitzende Pfandgläubiger nicht retinieren dürfe, während sie über diesen Punct nur sagt, daß der Offerent dem besitzenden Pfandgläubiger nicht auch dessen nur chirographarische Forderungen an den Schuldner auszubezahlen brauche. *Ba.* S.409. s. auch *Haubold* de iure off. in Opuscc.I.n°.12.c.6. deutsch in Barths Diss.Saml.IV.n°.45. *Pfeiffer* Der Pfandgläubiger kann das ihm weg. anderer Fordd. zusteh. Retentionsr. auch nach ausgebroch. Concurs geltend machen, wenn er dies. hierin nicht angemeldet hat, in Prakt.Ausff.II.n°.3. VII.n°.11. *Fritz* Erl.S.490.ff. *Ro.317. Pu.204. Va.382. Ar.377.* [cf. *Code civ.2082.*]

§. 102. *Mencken* Opuscc.n°.8. *Hancker* de vera ind.antichreseos.Giss.1783. *Wichelhausen* Analecta ex antichresi coll. Gott.1792. *Glück* XIV.S.105.ff. *Gesterd.* S.212. *Se.* Erörtt.II.n°.21. *Ro.318. Pu.320.*a.E. *Va.384.*Anm.2. *Ar.381. Sint.* S.259...62. *Ba.* S.157. Aeltere Diss. von *Zoller* Lips.1715. *Hamman* L.B.1755. *Hort* Helmst.1755. *Berling* L.B.1766. — *L.11.§1. L.1.§3.D.de pign.20,1. LL.33.39.D.de pign.act.13,7. L.8.D.in q.c.pign.20,2.* (in § 91.not.9.) *LL.14.17.26.§1.C.de usur.4,32. L.6.C.quod cum eo 4,26.* Cod. *De partu pign.8,25(24).* [Eigenthümlich *Code civ.* Artt.*2072.2085...91.*]

§. 103. De lege commissoria: *Paul.S.R.2,13. Th.C.3,2. Cod.8,35*[*34*]. s. unten § 130 a. *Riccius* num pact. commissor. etc. Ien.1643. *Schleiermacher* de pact. comm. in pign. Gies.1712. *Weber* Versuche S.349.ff. *Warnkönig* i. Arch. f. civ.Pr.XXIV.XXV. *Se.* Archiv III.n°.12. *Osw.aTeubern* Ad L.ult.C.VIII.35.Lps.1836. *Dernb.§ 9.*a.E. *He.151. Mü. 318.*a.E. *Se.208. Pu.207. Va.383. Ar.376.* [1]) *Constantin. L.3.C.de pactis pign.8,35.* „Quoniam inter alias captiones præcipue commissoriæ pignorum legis crescit asperitas, placet infirmari eam et in posterum omnem eius memoriam aboleri. si quis igitur tali contractu laborat, hac sanctione respiret, quæ cum præteritis præsentia quoque repellit et futura prohibet: creditores enim re amissa iubemus recuperare quod dederunt". (a.326.) (cf.*Bg § 95.not.8.*) *Inn.III.c.7.X.de pign.3,21.* „... cum igitur pactum legis [!] commissoriæ sit in pignoribus improbatum ...". R.P.O.v.1577. xx. § 5. „Und dieweil man in Erfahrung kommt, daß die Juden mit den Christen sondere Geding [Verträge] machen, da die eingesatzte Pfand in benannter Zeit nicht gelöst würden, daß alsdann dieselbige ihnen verfallen sein sollten: wann aber dasselbig den Rechten zuwider, so ordnen wir, daß solche Geding verboten und nichtig seyn; sondern sollen den Juden die genommene Pfand, da dieselbige in gebührender Zeit nicht gelöst würden, durch Erkanntnuß ihrer Obrigkeit, wie sichs zu Recht gebührt, umgeschlagen, verkauft, und das übrig Geld, da dem Juden das Sein entrichtet, dem Schuldner gefolgt und herausgegeben werden". [vgl. *Code civ.* art.*2078.2088.* Preuß.Ldr.I.20.§ 33.] *Glück* XIV.§ 869.n.das.not.58. über die ält.Litt. *Sint.* § *28.*a.A. *Ba.* S.617.ff. [2]) *Scæv.L.81.pr. D. de contr. empt.18,1. L.1.C. de pactis pign.* [3]) *Marcian. L.16. § 9.D.de pign.20,1.* „Potest ita fieri pignoris datio ... ut si intra certum tempus non sit soluta pecunia, iure emptoris possideat rem iusto pretio tunc æstimandam: hoc enim casu videtur quodammodo condicionalis esse venditio". s.üb.diesen Streitp. *Sint.§ cit.*n°.11. u.bes. *Ba.* S.618...22. [4]) *L.20. i.f.D.de pign.act.13,7. L.12.pr.D.de distr.pign.20,5. L.13.C.de pign.8,14*[*13*]. *cit.L.81.pr. D.de contr.empt.* vgl.auch *Se.* Erörtt.n°.20. *Warnkönig* i. Arch.f.c.Pr.XXIV.n°.1.3. XXV.n°.

§. 104. 5. Ius dominii impetrandi.

Zuſchlag einzelner Pfandgegenſtände an Zahlungsſtatt an den Gläubiger [1...3] gleich als einen Käufer [4].

B. Außerweſentliche Rechte des Pfandgläubigers gegen Mitgläubiger *).

1. Priorität: Gründe.

§. 105. a. Privilegium [1...19].

§. 106. b. Beſtellungsform [5...7].

§. 107. c. Alter [1...3.8.9].

2.7.63. [5]) Allerdings (gegen *Ro.§ 314.*) ſtehen der Anwendung des *c.8.X.de iure iur.* 2,24. die öffentlichrechtliche Bedeutung des Verbots und die Worte des cit. *c.7.X.* („..pacto tali vel iuramento nequaquam obstante..") entgegen.

§. 104. [1]) *Cod.* De iure dominii impetrando *8,34[33]*. *Tryph. L.63.§ 4.D.de A.R. D.41,1.* *Glück* XIX. § 1101. *Sint. § 56.* *Müller* Civ.Abh.n°.3. *Reinhardt* Verm.Auſſ.n°.16. *Ba.*S.184.624.ff. *He.150. Se.206. Mü.315. Fritz* Erl.S.479.ff. *Gö.346. Pu.206. Ro.315. Va. 381. Si.77.*n°.III. *Ar.376. Br.87.*a.E. [*Code civ.2078.sq.*] [2]) *L.2.C.tit.cit.8,34.* [3]) *L.15. §3.D.de re iud.42,1. L.3.C.de exc.rei iud.7,53. LL.2.3.C.si in causa iud.8,23[22]. Sint.*S. 532.ff. [4]) *Ulp.L.24.pr.D.de P.A.* „Eleganter apud me quæsitum est, si impetrasset creditor a Cæsare, ut pignus possideret idque evictum esset, an habeat contrariam pigneraticiam. et videtur finita esse pignoris obligatio et a contractu recessum. immo utilis ex empto adcommodata est, quemadmodum si pro soluto ei res data fuerit, ut in quantitatem debiti ei satisfiat vel in quantum eius intersit; et compensationem habere potest creditor, si forte pigneraticia vel ex alia causa cum eo agetur". vgl. unten § 168.

*) Qui potiores in pignore habeantur: *Dig.20,4. Cod.8,18[17]*. *Glück* XIX.§§1093. ...97. *Bülow* Abhh.I. n°.2. *Löhr* Rechte mehrerer Pfandgläubiger i. Arch. f. c. Pr.XIV. n°.7. *Sint.§§ 63...68. Buchholtz* Qui pot. in p.sint.Regiom.1829. *He.II.154...63. Se.213...19. Mü.320. Fritz* Erl. S.496...535. *Gö.319...56. Pu.209...13. Schi.* Inſt. *220...22. Ro.321... 26. Va.385.*ff. *Si.80. Ar.383...386. Br.86.*

§§ 105...107. [1]) ſ. § 92. not.2.a.E. *Regelsberger* Altersvorzug der Pfdrr. Erl.1859. [2]) *Ba.§128.nott.25.28g.29g. L.1.§1.D.de Salv.int.* zu §113. [3]) *Glück* XIX.S.331. *Sint.*S. 622. *Va.387.*Anm. [4]) §93.g.E.§ 89. [5]) zu § 93.not.7.abgedr. *Böhmer* de prærog.hyp.publ. in Exercitt.III.n°.60. *Hofacker* de eod.arg.Tub.1780. *Bolley* Lehre v.den öff.Pfändern.Tüb. 1802. [6]) *Löhr* i.Arch.f.c.Pr.VI.G.XII.9. *Thibaut* Syſt.*§ 805. Wening* Lehrb.*§178.* [7]) zum Thl.weichen ab *Se.*Erörtt.II.S.140.ff. *Francke* Beitr.I.5. *Fritz* Erl.S.318...23. *Sint.*S.266. ff. ſ.*Pu.*Inſt.*§250.*a.E. vgl.*Hagemann* Prakt.Erörtt.VI.99. „Vorrang der öffentl.u.gerichtl.vor den einf.geſetzl.Hypp.". [8]) Daß das von einem früheren Eigenthümer beſtellte Pfand dem von einem ſpäteren beſtellten, ſelbſt wenn dieſes privilegiert wäre, vorgehe, jenes frühere alſo zu ſeparieren ſei aus dem Vermögen des neueren Pfandbeſtellers, hat zu widerlegen geſucht *Thibaut* Civ. Abh.I.13. u. Arch. f. c.Pr.XIV.10. dagegen *Wächter* daſ.XIV.13. *Hepp* in Ztſch.f.Civ.u.Pr.IV.13. *Sint.§ 66.* Thibauts Anſicht vertheidigt auch *Va.§ 385.*, nur daß im Falle der Concurrenz des früheren Pfandrechts mit dem privilegierten wegen Anſchaffung der Sache jenem der Vorzug zukomme. [9]) vgl.*L.1.§1. L.2.D.de reb.eor.27,9. Büchel* Natur des Pfandr. § VII. od. Civ. Erörtt.I.2. S.73.ff. vgl. unten II. § 130 ς'. u. oben § 93. [10]) *Zimmern* Geſchichtl. Ueberſicht der Pfandprivilegien in ſ. u. Neuſtetels röm.r.Unterſſ.Hdlb. 1821.S.282...305. [11]) ſ. § 96. nott.1.2. [12]) *LL.8.31.§1.D.qui pot.20,4. L.22.§1.D.de I.F.49,14.* „Das privilegium fisci weg. contractl. Fordd. beſchränkt ſich auf den Vorzug vor anderen Pfandrr.v.gleichem Datum" in *Bu.u.Bu.*Entſchdd.d.O.A.G.Roſt.II.28. [13]) *Ulp.L. 28.D.de I.F.*, „Si, qui mihi obligaverat quæ habet habiturusque esset, cum fisco con-

S. 108. 2. Ius offerendi, Angebots- und Abfindungs-Recht · Als Recht 1) des nachstehenden Pfandgläubigers, dem vorangehenden gegenüber den Schuldner zu vertreten. 2) des Besitzers des Pfandes zur Abwendung der hypothekarischen Klage.

---

traxerit, sciendum est in re postea adquisita fiscum potiorem esse debere Papinianum respondisse: quod et constitutum est: prævenit enim causam pignoris fiscus". [Das Fiscalpfandr. an der res postea adquisita wird zugleich mit meinem älteren Generalpfdr. existent, u. hat also den Vorzug.] vgl. *Va.§ 386.* u. bes. *Ba.* S. 260. ff. *Riedel* Ztsch. f. Civ. u. Pr. N. F. XIII. 9. [14]) *Antonin. L. 2. C. de priv. fisci 7,73.* „Quamvis ex causa dotis vir quondam tuus tibi sit condemnatus, tamen si priusquam res eius tibi obligarentur, cum fisco contraxit, ius fisci causam tuam prævenit. quod si post bonorum eius obligationem rationibus meis cœpit esse obligatus, in eius bona cessat privilegium fisci". [Das Pfdr. des Fiscus u. das conventionelle der Ehefrau des Schuldners — ein gesetzliches giebt erst Justinian — treffen zusammen; also entscheidet das Alter.] *Ba.* S. 251. ff. ibiq. citt. [15]) *Scæv. L. 21. D. pr. h. t. 20,1.* „Titius Seiæ ob summam, qua ex tutela ei condemnatus erat, obligavit pignori omnia bona sua quæ habebat quæque habiturus esset; postea mutuatus a fisco pecuniam pignori ei res suas omnes obligavit, et intulit Seiæ partem debiti, et reliquam summam novatione facta eidem promisit, in qua obligatione similiter, ut supra, de pignore convenit: quæsitum est, an Seia præferenda sit fisco et in illis rebus quas Titius tempore prioris obligationis habuit; item in his rebus quas post priorem obligationem adquisivit, donec universum debitum suum consequatur. respondit nihil proponi, cur non sit præferenda". [1) Cervidius Scävola lebte unter Marc-Aurel, zu seiner Zeit hatte der Fiscus gegen Contractsschuldner noch kein gesetzliches General-Pfandrecht (s. § 96. n°. 1. b.); nach den Meisten auch nicht der Bevormundete gegen den Vormund, wovon jedoch *Huschke* (Ztsch. f. Civ. u. Pr. XX. S. 158. f.) das Gegentheil behauptet wegen *L. 10. D. in quib. caus. 20,2.*, den Pfand**vertrag** der Seia mit dem Titius daraus erklärend, daß dieser nicht mehr aus der Vormundschaft, sondern nun aus dem Urtheil über dieselbe der Seia schuldete. 2) Zu Scävolas Zeit bezog sich das Pfandrecht an einem ganzen Vermögen nur wenn dieses ausdrücklich (wie nach not. 15. gegen die Seia, nicht aber gegen den Fiscus geschehen ist), vereinbart worden war, auch auf das nach der Verpfändung erworbene Vermögen. 3) Das bei der Novation für die neue Forderung erworbene Pfandrecht hat das Alter des die untergegangene Forderung bisher sichernden. § 97. n°. 4.] *Ba.* S. 247. [16]) s. § 96. not. 11. [17]) *Löhr* i. Arch. f. c. Pr. V. 12. *Scharlach* u. *Kamptz* zu § 96. not. 11. citt. *Buchh.* l. c. p. 16. sqq. *Mü.§ 320. not. 15. Va.§ 386.* Anm. 2. [18]) § 96. not. 11. citt. und *Nov. 97. c. 2...4.* [19]) *§ 29. I. de act. 4,6. Nov. 61. c. 1.* i. f. *Nov. 91. c. 1.* [20]) s. § 96. not. 15. [21]) s. § 95. not. 2.; vgl. *Va.§ 386.* Anm. 3. [22]) *Nov. 97. c. 4.* [23]) *Nov. 136. c. 3.* [24]) vgl. *Sint.* S. 649.

S. 108. s. oben zu § 97. citt. und *Cod.* De his qui in priorum creditorum locum succedunt 8,19[18]. *Haubold* ad § 101. cit. und die Litt. das. § 1. und bei *Glück* XIX. S. 352. not. 59. *Mü.* Cession. *§ 43.* n°. 3. *Gesterd.* Ausb. VI. 1. n°. 5. *Strippelmann* Neue Saml. v. Entscheidd. d. O. A. G. zu Cassel. 1851. n°. ult. u. vorzügl. *Ba.* n°. XVI. S. 485. ff. [1]) *L. 12. pr. §§ 6. 9. D. qui pot. 20,4.* [2]) *L. 1. D. de distr. pign. 20,5. L. 8. C. qui pot. 8,18.* [3]) *L. 15. § 2. D. de pign. 20,1.* [4]) *Paul. L. 16. D. h. t. 20,4.* „.. plane cum tertius creditor primum de sua pecunia dimisit, in locum eius substituitur in ea quantitate quam superiori exsolvit..". *L. 5. pr. L. 6. D. de distr. pign. 20,5. L. 22. C. de pign. 8,14. L. 10. C. qui pot. 8,18. LL. 2. 4. C. h. t. 8,19.* [Gegen *Beckmann* de succ. cred. in alt. et sui ips. locum Gott. 1784. § 17. und *Zimmern* in Ztsch. f. Civ. u. Pr. I. 4., *Linde* das. V. 20. VI. 5. und jetzt wieder *Sint.* S. 414. f. behauptet mit den meisten Aelteren *Müller* „auch dem creditor potior steht das ius offerendi zu" i. Arch. f. c. Pr. XI. 17. § 2. und Civ. Abh. n°. 2., *Fuhr* in Erlang. Jahrb. XIX. S. 118. ff., *Bopp* „Wozu dient dem bevorz. Pfdgl.

IV. Beendigung des Pfandrechts *). (*Abr.II.§ 20.*)

§. 109. A. Aus allgemeinen Gründen.

1) Remissio pignoris [1]; 2) confusio [2...6]; 3) Erſitzung der Pfandfreiheit und Verjährung der hypoth. Klage [7...11]; 4) Untergang des Objects [12]; 5) Endtermin, Reſolutivbedingung [13].

B. Dem Pfandrecht eigene, aus ſeiner acceſſoriſchen Natur hervorgehende Erlöſchungsgründe.

§. 110. A. Tilgung des Forderungsrechts.

Als Acceſſion des Forderungsrechts beſteht und erliſcht mit dieſem ſelbſt das Pfandrecht.

---

das ius off., in Roßh. Ztſch.I. S.375., *Mü.§ 321.* zu *not.18.*, *Fritz* Erl.S.523.ff., *Gö.*II. S. 398.f., *Va.§ 377.*Anm.1. Das Angebotsrecht des prior creditor iſt aber nur das einem jeden Pfandbeſitzer zuſtändige, aus der Pfandklage ſelbſt ſich ergebende. *Ba.*S.505.ff. [5]) *L.3. D.quae res p.20,3. LL.2.3.§1. L.5.§1. L.6.D.de distr.pign.20,5. L.1.C. si antiq.cred.8,20* [*19*]. [6]) *L.13.§4. L.16.§3.D.de pign. L.11.§4.D.qui pot.* ſ.§112. [7]) *Paul.S.R.2,13.§8.* „..sed et prior creditor secundum creditorem, si voluerit, dimittere [oblata pecunia] non prohibetur, quamquam ipse in pignore potior sit". [8]) ſ. not.1. u. vgl. *L.5.C.qui pot.8,18.* u.zu §101.not.4. §91.nott.8.9. [9]) *L.12.§1.D.q.m.pign.20,6. LL.18.19.D.qui pot. 20,4. L.2.D.de distr.p.20,5.* [10]) *L.11.§1.D.qui pot. L.un.i.f.C. etiam ob chir.8,27.* cit. *L.5.C.qui pot.* und ad §101.not.4. [11]) citt. *LL.2.3.§1. L.6.D.de distr.pign. L.18.D.* und *L.1.C.qui pot. Mü.*Ceſſ.S.482.ff. [12]) *L.7.§3.C.de praescr.XXX.7,39.*

*) *Dig.* Quibus modis pignus vel hypotheca solvitur *20,6. Glück* XIX.§§1102...5. *Sint.§§ 69.*f. *He.II.170...75. Se.225.*f. *Mü.313.315. Fritz* Erl.S.543.ff. *Gö.362...67. Pu. 202.* Inſt.251.S.733.ff. *Ro.320. Va.392. Si.81. Schi.*Inſt.223.f. *Ar.389...392.*

§. 109. *Cod.* De remissione pignoris *8,26*[*25*]. Si adversus creditorem praescriptio opponatur *7,36.* [1]) *L.4.§1. L.12.pr. L.9.§1.D.h.t.20,6. Cod.h.t.8,26. Marcian.L. 12.§4. D.qui pot.* „..erit autem facti quaestio agitanda quid inter eos actum sit..". Ueber Pfandremiſſion: *Thomasii* Diss. acadd.III. n°.99. IV.n°.110.111. *Quistorp* Beiträge n°.22. *Glück* XIX.S.429...33. *Vermehren* i.Arch.f.c.Pr.XIII.2. *Ba.*S.572.ff. [2]) ſ. oben §90.not.6. [3]) *L.17.D.qui pot.20,4. L.3.C.de his q.in prior.8,19.* ſ. §108.not.5. *Ba.*S. 527. [4]) *L.30.§1.D.de exc.rei iud.44,2.* [5]) *L.1.C.si antiq.cred.8,20.* vgl.*Pu.§ 202.not.l. Ba.*S.580.ff. [6]) vgl.oben §22.nott.3.4. mit §95.n°.3. §96.n°.3.5. [7]) *Unterh.*Ausf.Verj. *§§ 247.*ff. [8]) *L.1.§2.D.de pign.20,1. L.44.§5.D.de usurp.41,3. L.2.pr.D.pro her.41,5. L.7.C.de pign.8,14. Unterh.§ 249. Ba.*S.57.ff. [9]) *Cod.7,36.cit. L.8.pr.§1.C.de praescr. XXX.7,39. L.5.§1.L.12.D.de div.temp.praescr.44,3.* [10]) *L.7.§§1.2.C.de praescr.XXX. Unterh. § 249.n°.11.* [11]) §112.a.E. u.I.§160.not.2. *Gai.L.27.pr.D.de nox.act.9,1.* „..pignoris persecutionem negaturum. quo casu dici potest ipso iure pignus liberari: nullum enim pignus est cuius persecutio negatur: usus fructus autem, etiamsi persecutio eius denegetur, ipso iure durat eousque donec non utendo constituto tempore pereat". cf.*L.7.C.7,39.* [12]) ſ.oben §91. *L.13.pr. L.16.§2. L.29.§2. L.35.D.de pign.20,1. Marcian. L.8.pr.D.h.t.20,6.* „Sicut re corporali, ita et usu fructu extincto pignus hypothecave perit". *L.21.D.de P.A.13,7.* [13]) ſ.oben §§41.99.90. *L.6.pr.D.h.t.20,6.* in folg.not.1.

§. 110. *Cod.* De luitione pignoris *8,31*[*30*]. Si unus ex plur. *etc.* ad §92.cit. *Sav.* Syſt.V.§250. *Ba.*S.47.72.ff. [1]) *Ulp.L.6.pr.D.quib.mod.pign.20,6.* „Item liberatur pignus, sive solutum est debitum, sive eo nomine satisfactum est. sed et si tempore finitum pignus est, idem dicere debemus, vel si qua ratione obligatio eius finita est". *Id.L.14.§1.D.de pign.20,1.* „Ex quibus casibus [*Vulg.*causis] naturalis obligatio consistit, pignus perseverare constat". *L.43.D.de solutt.46,3. Pomp.L.50.D.de minor. 4,4.* vgl. §89.not.1. [2]) *Gordian. L.2. C. de luit. pign.8,31.* „Intellegere debes vincula pignoris durare personali actione summota". (a.241.) vgl. oben I. §161. Hier iſt alſo

§. 111. B. Verkauf des Pfandes, pignoris distractio

durch den prior creditor[1]; durch den Fiscus[2]. Wirkung[3]; insbesondere des vom Beneficiarerben geschehenen Verkaufs pfandbeschwerter Erbschaftssachen[4].

V. Schutzmittel des Pfandrechts. (*Abr.III.§41.*)

§. 112. A. Hypothecaria actio sive pignoris vindicatio.

Recht und Beweis des Klägers[1...6], des Beklagten[7...11]. Wirkung[12]. Hypothecaria exceptio[13] und andere Einreden des Beklagten[14...19].

---

weder mit Donellus *non* durare zu lesen, noch auch die Stelle mit *Cujas, Mü.* u.A. zu erklären aus folgender *Sev. et Ant. L.1. eod.* „Qui pro parte heres extitit, nisi totum debitum exsolvat, suam portionem ex pignoribus recipere non potest". (a. 207.) [„propter indivisam pignoris causam". *Pap.L.65.D.de evict.21,2.*]. Aber auch nicht (wie *Sav.*Syst.V.S.395. vorzieht) auf Klagenverj. ist Gordians Rescript zu beziehen: zu Gordians Zeit galt, daß eine civile personalis „actio longi temporis præscriptione non submovetur". *Diocl.et Max.L.21.C.de evictionib.8,45.* [3]) s.I.§160. [4]) *Tit.C.si unus ex pluribus 8,32. L.1.C.* u. *L.65.D.* in not.2. [5]) *L.9.§3. L.11.pr...§5.D.de pign.act.13,7. L.13.§1.D.ad SC.Vell.16,1. L.13.§4.D.de pign.20,1. L.5.§§2.3. L.6.pr.§1. L.14.D.qui pot.20,4. L.8.§§9.10.D.quib.mod.p.20,6. L.30.§1.D.de exc.rei iud.44,2. L.3.C.de luit.pign.8,31. L.19.C.de usur.4,32. L.1.C.si pign.conv.8,33. L.5.C.si vend.p.ag.8,30. Ba.*S.72.ff. vgl. *Büchel* Civ.Erört.I.n⁰.1.S.49.ff. [6]) s.§97.n⁰.4. [7]) *L.10.§1.D.q.met.c.4,2. L.50.D.de minoribus 4,4.* s. oben I. §173. a.E.

§. 111. s. *Titt.* ad §§98.100.citt. *Berger* de iure dist.pign.Lps.1682. u. in Diss.sell. I.1. *Leyser* Meditt. sp.236. *Pufendorf* Obss.I.131. *Platner* Verkauf des Pfdobj. i. Arch.f.c.Pr.XXXII.4. u. bes. *Ba.* n⁰.VI. [1]) s. §98. *L.7. C. de distr.pign.8,28. Tot.tit.C.8,20[19].* [2]) *L.8.C. de remiss.pign.8,26.* s. oben §42. [3]) *L.10. C. de remiss.pign.* vgl. §100. not.8. [4]) *Iustinian.L.22.§§5.sqq.C.de iure delib.6,30.* vgl. Erbr. §108.

§. 112. *Glück* XVIII. §§1083...85. *Löhr* Mag.III.n⁰.4. *Büchel* Civ. Erört.I.n⁰.2.S.104.ff. *Sint.§ 59. Rud.*Pfdklagen ad §§88...114.citt.S.226.ff., aber vgl. *Ba.*n⁰.II. — *He.II.164...67. Se.220...22. Mü.316. Fritz* Erört.V.535...38. *Gö.357...60. Schi.*Inst.*218. Pu.214.*s. Inst.*251. Ro.319. Va.389. Si.79. Ar.378...380. Br.85.* [1]) *§§7.31.I.de actionib.4,6.* Die praktische Bedeutung dieser ordinaria actio super pignore (*Diocl. et Max.L.5. C.si aliena res 8,16.*) bezeichnen ihre Namen pignoris und selbst *rei* vindicatio, petitio, persecutio, in rem (also arbitraria in factum) pigneraticia actio, ihre historische Bedeutung die: Serviana oder quasi Serviana, hypothecaria actio. s. *Pu.*Inst.l.c. Ueber die Terminologie vollständig *Ba.*S.28.ff. [2]) s. §91.nott.6.7. [3]) *Marcian.L.12.pr.D. qui pot.20,4. Ba.*S.197.ff. [4]) *L.23.D.de probatt.22,3. L.10.C.de pign.act.4,24. L.1.C. si pign.conv.8,33.* vgl. §§89.90.110. oben. *Ulp. L.3.pr.D. de pign.20,1.* „Si superatus sit debitor qui rem suam vindicabat, quod suam non probat, æque servanda erit creditori actio Serviana probanti res in bonis eo tempore quo pignus contrahebatur, illius fuisse...". *Paul.L.18.D.eod.* „Si ab eo qui Publiciana uti potuit, quia dominium non habuit, pignori accepi, sic tuetur me per Servianam prætor, quemadmodum debitorem [den Verpfänder] per Publicianam". *L.52.D.de A.R.D.41,1. L.49.D. deV.S. Rud.*S.226.ff. *Ba.*S.66.ff. [5]) s.§98.not.14. §111.not.1. [6]) *LL.10.16.§8.D.de pign.20,1.* s.ob.I.§55.nott.12.13. *Bg § 75.not.13.* [7]) *L.16.§3.L.21.§3.D.de pign.20,1.* [8]) ob. §46.not.4. [9]) §46.nott.6.7. [10]) *L.12.§1.D.q.mod.pign.20,6. L.16§3.*cit. und *L.19.D. qui pot.20,4. L.2. C. si unus ex plur.8,32.* [11]) s. not.7. *§ 31. I. de act.4,6. L.12.§1.D.qui pot.20,4. L.8.§19.D.q.mod.pign.20,6.* [12]) *L.65.pr.D.de R.V.6,1. L.28.pr.D.de pign.act. 13,7. L.12.§1.D.qui pot.20,4.* [13]) *Ulp.L.10.D.de pign.20,1.* „Si debitor res suas duobus simul pignori obligaverit, ita ut utrique in solidum obligatæ essent, singuli

§. 113. **B.** Salvianum interdictum. (*Abr. III. § 47. n°.4.*)

Alter[1]; historische Darstellung[2...6]. Es ist prohibitorisch[7]. Implorant, nicht jeder Pfand-

---

in solidum adversus extraneos Serviana utentur: inter ipsos autem si quæstio moveatur, possidentis meliorem esse condicionem: dabitur enim possidenti hæc exceptio, SI NON CONVENIT, VT EADEM RES MIHI QVOQVE PIGNORI ESSET: si autem id actum fuerit, ut pro partibus res obligarentur, utilem actionem competere et inter ipsos et adversus extraneos, per quam dimidiam partis possessionem adprehendant singuli". 14) *Nov.4.c.2.* cf. *LL.14.24.C.de pign.8,14.* u. §114.not.3. Ueber das +benef. excussionis Diss.v.*Conradi* Helmst.1747., *Koch* Giss.1771. *Quistorp* Beiträge n°.12., *Weber* Verss.S.117.ff. *Bülow* Abh.I.n°.1. *Busch* Steht das s.g.benef.excuss.personalis dem 3.Besitzer speciell verpf. Sachen zu? i. Arch.f.c.Pr.XXXI.S.20.ff. 15) *Sint.* S.568.ff. ibiq. citt. *Chop* Schließt der Ausbr. des Conc. die Excuss. aus? i. Arch.f.c.Pr.XV.3. *W.Sell* in Ztsch.f.Civ. u.Pr.III.13. s.§123. 16) *L.15.§1.D.de pign.20,1.* *L.2.D.qui pot.20,4.* *L.2.C.de pign.8,14.* *L.9.C.de distr.pign.8,28.* *Sint.* S.495.ff. *Pu.§ 215.not.k.* *Va.§ 389.*Anm.2. 17) s. §108. not.9. *Sint.*S.571.c. 18) s.oben I.§157.not.9. und zu I.§157.n°.1.B.2. und I. §159. *Sint.*S. 571.ff. 19) *L.29.§2.D.de pign.20,1.* *Ba.*S.48.f. giebt folg. Restitutionsversuch der hyp. Klage: „Iudex esto. Si paret convenisse inter Seium creditorem et Titium debitorem de Sticho servo, cum is in bonis Titii debitoris esset, ut pignoris nomine esset obligatus, eamque pecuniam solutam non esse neque eo nomine satis datum esse neque per Seium creditorem stetisse quo minus solveretur: nisi arbitrio tuo Titius debitor Seio creditori pecuniam solvat aut Stichum servum restituat, quanti ea res est, tanti Titium debitorem Seio creditori condemna. si non paret absolve". *Keller* röm. Civilpr. §33. restituiert so: Octavius iudex esto. si paret eam rem qua de agitur ab eo cuius in bonis tum fuit ob pecuniam promissam (u.dgl.) Aulo Agerio pignori obligatam eamque pecuniam neque solutam neque eo nomine satisfactum esse neque per Aulum Agerium stare quo minus solvatur satisve fiat, nisi arbitratu tuo Numerius Negidius Aulo Agerio restituet, quanti ea res erit, Numerium Negidium Aulo Agerio condemna; si non paret, absolvito. vgl. *Francke* Civ.Abh.S.103. *Ribbentrop* Ad L.16.§5. D. de pign.S.41., *Keller* Lit. Cont. S.217. *Büchel* l.c. S.125.ff. *Huschke* Stud. S.377. u. i. Ztsch.f.g.R.W.XX.S.168. *Rud.* Pfdkl. S.226...37.

§. 113. *Gai.4,147.* *§3.I.de interdictis 4,15.* et *Theophil.* ad h. §. *Dig.* De Salviano interdicto *43,33.* *Cod.* De precario et Salviano interdicto *8,9.* Ueber das salv. Interd. *Püttmann* Opuscc.p.241.sqq. *Thibaut* im Arch.f.c.Pr.XI.7. *Zimmern* das. n°.15. u. in Ztsch. f.Civ.u.Pr.I.S.54...56. *Huschke* Studien n°.4. *Rud.*l.c.S.209. *Ba.*S.12.ff. *Leist* Bon.Poss. I.§58. [der in diesem Interd. ein „Rechtsmittel, das durchaus denselben Grund hat, als das Retentionsrecht des Vermiethers" sieht.] (Unbedeutend *Forch* D. de Salv. int. Bonn.1850.) *Sint.§ 60.* *He.II.168.* *Se.223.* *Mü.316.*n°.11. *Fritz* Erl.S.538...41. *Gö.361.* *Schi.219.* *Pu. 217.* cf.*214.* Inst.*251.* [*Pu.* hielt das Interdict für ein utile int.de precario]. *Ro.319.* *Va. 390.* *Si.79.*a.E. *Ar.379.* *Br.85.* 1) *Rud.*l.c.S.211.217. dagegen *Huschke* (zu §245.cit.) S.126., der es 'sehr später Zeit' zuschreibt, weil es mit dem Namen des Prätors, nicht nach seinen Anfangsworten benannt ist. 2) *Gai.4,147.* = *§3.i.f.I.de interd.4,15.* „..interdictum quoque quod appellatur Salvianum adipiscendæ possessionis causa comparatum est; eoque utitur dominus fundi de rebus coloni quas is pro mercedibus fundi pignori futuras pepigisset". 3) *L.52.§2.D.de A.v.A.P.41,2.* 4) *L.3.C.de pignor. 8,14.* cf.*Paul.S.R.5,26.§4.* 5) s.not.2. u. *L.14.pr.D.de pign.20,1.* *Ba.*S.16. 6) *Theophil.* l.c. „..*Τοιοῦτό ἐστι* [näml.adip.poss.] *τὸ Σαλβιάνειον ἰντέρδικτον, ὅπερ δίδοται τῷ δεσπότῃ τοῦ ἀγροῦ κατά τοῦ κολωνοῦ τοῦ συμφωνήσαντος, ὥστε τὰ εἰσαγόμενα ὑπ' αὐτοῦ ἐν τῷ ἀγρῷ πράγματα ὑποκεῖσθαι ἐν τῷ μισθώματι· ἐὰν γὰρ ἀγνωμονήσῃ,* gläubiger[2.6.8…11]. Erklärung des interdictum utile in not.11. Implorat[12…17]. Zuläßigkeit der Serviana nach dem Interdict[18.16]. Erlöschung des Interdicts[13].

κατὰ παντὸς κατέχοντος τὰ τοῦ κολωνοῦ πράγματα κινηθήσεται τὸ Σαλβιάνειον ἰντέρδικτον". 7) *Rud.* l.c. S.194.ff. *Ba.* S.10.ff. 8) *Basilic.* 25.2,*36*. „*Ὁ μὲν μισθώσας ἔχει ἀγωγὴν τοῦ παραγγέλματος Σαλβιανοῦ κατὰ τῶν ὑποκειμένων αὐτῷ πραγμάτων τοῦ μισθωτοῦ· ὁ δὲ δανείσας τὴν ἐπὶ τοῖς ἐνεχύροις ἀγωγὴν κατὰ τῶν ὑποκειμένων αὐτῷ πραγμάτων τοῦ ἰδίου χρεώστου*". [Bei *Forch* p.18. ist die Stelle durch Weglaßung der W. *τὴν ἐπὶ τ. ἐ. ἀγωγὴν* (hyp. actionem) verfälscht.] *Hagiotheodoret.* ad Basilic. *60.17*,*28*. (ed. Heimb. V. p.593.) parallelisiert die her. petitio u. Serviana, das int. Quor. bonorum [Erbr. §103.] u. das int. Salvianum, und fügt hinzu, wenn ein *ἐξωτικὸς* das Inferierte geraubt habe, können *περὶ νομῆς* das Salvianum, *περὶ δεσποτείας* die Serviana, wegen der *ἁρπαγὴ* aber auch die vi bon. rapt. a. angestellt werden. Nach *Huschke* (l.c. S.398.) lautete das interd. Salv. so: „*Quæ in fundum, de quo agitur, abs te vel eo in cuius locum successisti, inducta, invecta, importata, ibi nata paratave sunt, de quibus inter eum, cuius in bonis essent, et actorem convenit, ut actori pro mercedibus eius fundi pignori essent, quod de his rebus possides dolove fecisti quo minus possideres, nisi eæ mercedes solutæ sunt eove nomine satis factum est aut per actorem stat quo minus solvatur, id illi restituas*". Dagegen restituiert *Rud.* l.c. S.290.f. so: „*Si is homo, quo de agitur, est ex his rebus de quibus inter te et conductorem convenit, ut quæ in eum fundum q.d.a. inducta, illata, ibi nata factave essent, ea pignori tibi pro mercede eius fundi essent, neque ea merces tibi soluta eove nomine satis factum* [? datum ?] *est, aut per te stat quo minus solvatur, ita quo minus eum ducas vim fieri veto*". Mit *Rudorffs* trefflichen Erläutt. sind die von *Ba.* l.c. zu verbinden. [Dieser vertheidigt mit *Pu.* u. A. die Meinung, daß das interd. nur gegen den conductor oder dessen Leute rc.; jener die auch von *Cuiac.*, *Duaren.*, *Donell.* u. A. angenommene, daß es auch gegen dritte Besitzer gehe. *Huschke* will es nur auch gegen die Nachfolger des colonus im Besitze gelten laßen.] 9) Auch nicht *Paul. S.R.5*,*6*.*§16*. 10) *Rud.* S.204.215.f. *Ba.* S.17. 11) *Iul. L.1.D. de Salv. interd.43*,*33*. „Si colonus ancillam in fundo pignoris nomine induxerit et eam vendiderit, quod apud emptorem ex ea natum est, eius adprehendendi gratia utile interdictum reddi oportet". 12) *Rud.* S.220. 13) *Gord. L.1.C.h.t.* „Si te non remittente pignus debitor tuus ea quæ tibi obnoxia sunt, venum dedit, integrum tibi ius est ea persequi, non interdicto Salviano (id enim tantum modo adversus conductorem debitoremve competit), [f. not.8.] sed Serviana actione, vel quæ ad exemplum eius instituitur utilis adversus emptorem exercenda est". [a.239.] 14) cit. *L.1.§1.* „Si colonus res in fundum duorum pignoris nomine intulerit, ita ut utrique in solidum obligata essent, singuli adversus extraneum Salviano interdicto recte experientur; inter ipsos vero si reddatur hoc interdictum, possidentis condicio melior erit. at si id actum fuerit, ut pro partibus res obligaretur, utilis actio et adversus extraneos et inter ipsos dari debebit, per quam dimidias partes possessionis singuli adprehendent". 15) *Ba.* S.16. Verunglückt ist der, der Quellenzeugnisse zu geschweigen, auch gegen alle histor. Analogie verstoßende Einfall Forchs (S.20.f.), wonach das int. ursprünglich in rem gieng, dann aber, seit Gordian [13], nur gegen den Pächter. 16) *Ulp.L.2.D.h.t.* „In Salviano interdicto, si in fundum communem duorum pignora sint ab aliquo invecta, possessor vincet, et erit iis descendendum ad Servianum iudicium". vgl. *Huschke* S.373.ff. 17) cit. *L.1.§2.* „Idem servari conveniet et si colonus rem quam cum alio communem habebat, pignoris nomine induxerit, scilicet ut pro parte dimidia pignoris persecutio detur". 18) *Rud.* S.237.ff. gegen *Huschke* l.c. § 4.

S. 114. C. Utilis actio gegen den Schuldner des Pfandschuldners.

Der Gläubiger, welchem ein Forderungsrecht verpfändet ist, vertritt seinen Schuldner dessen Schuldner gegenüber.

Zweites Kapitel. Schuldverhältnisse und Forderungs- (oder mittelbare Vermögens- oder s.g. Sachen-) Rechte, Obligationes et actiones *).

S. 115. Einleitung. (cf. *Bg § 29.II.B.*)

Römischer und heutiger Sprachgebrauch. Die römische Eintheilung der Forderungsrechte nach ihrem Entstehungsgrunde für die gemeinrechtliche Lehre von den s.g. Obligationen zum Grunde zu legen, ist und führt zu Missverständniss des römischen und des gemeinen Rechts.

S. 114. S. die Citate §§ 90. not. 12. und § 99. *Sint. § 22.* S. 148. f. *Fritz* Erl. S. 541. f. [1]) s. unten § 120. not. 2. [2]) § 112. not. 14. *Diocl. et Max. L. 4. C. quando fiscus vel privatus debitoris sui debitores convenire possit vel debeat 4,15.* „Non prius ad eos, qui debitoribus fisci nostri sunt obligati, actionem fiscalem extendi oportere, nisi patuerit principales reos idoneos non esse, certissimi iuris est“.

*) Quellen: [*Gai. 3,88...4. Paul.* bes. *1,1...5. 2,1...18. 5,3...11. Vat. Fragm. §§ 1...40. 248. ...316. Greg. Cod. 1,1.2[10.11]. 2,1.2. 3,3...8. 4.12.13,3.sqq. Herm. Cod. titt. 1.4.5.6.8.13.16. Th. C. 2. passim. 4,20...23. 10,16.17. et al. Collat. 2.7.10. Consult. 1.4.7.9.*] *Inst. 3,13[14]...4. Dig. 9...19.21.22.39.42. passim. 43.47.49,12.sqq. Cod. 2,1...5. 3,35.sqq. 4.7,49.71.sqq. 8,1...9. 38...46[37...45]. 54...57[53...56]. 9,19.32...35. 10...12. passim,* bes. *10,1...8. 11,29...39(30...40). Novellæ 4.73.88.99.106. [110.121.135.136.]* Litteratur: *Cuiacii* Recitt. ad Dig. de O. et A. (Opp. VIII.) *Donell.* Comm. ed. Bucher voll. VII...X. libb. 12...16. *d'Avezan* Contractuum liber. Aur. 1664. u. in Meerm. Thes. IV. p. 1...118. *Westenberg* Diss. IX. de causis obll. in Opp. I. p. 57...176. *Pothier* Traité des obligations. Paris 1805. II. *Eiusd.* Oeuvres par Siffrein. Paris. 1821. ff. tom. I...VI. *Bucher* Das R. der Forderungen. Lpz. 1815. und ed. II. 1830. *Koch* Das R. der Forderungen nach gem. und nach preuss. R. mit Rücks. auf neuere Gstzgebb. III. Bresl. 1836...43. *Unterholzner* Lehre des röm. R. von den Schuldverhältnissen mit Berücks. der heutigen Anw. Herausg. von Huschke. II. Lpz. 1840. *F. C. v. Savigny* das Obligationenrecht als Theil des heut. r. R. Bd. I. Berlin 1851. (Das Werk von *Bucher* ist im folgenden durch *B.*, das von *Koch* durch *K.*, das von *Unterholzner* durch *U.*, das von *Savigny* durch *Sav. O.* bezeichnet.) *He.* Buch 3. *Se.* Buch 2. *Mü.* B. 3. *Gö.* B. 3. *Pu.* Buch 6. („Rechte an Handlungen“). *Pu.* Institt. Bd. 3. Kap. 8. *Ro.* Kap. 7. *Va.* Bd. III. Buch 5. („Das Recht der Forderungen“). *Rud.* Buch 4. („Forderungen und Schulden“). *Si.* Bd. II. Buch 4. („Das Obligationenrecht“). *Ar.* Buch 3. („Von den Obligationen“). *Br. § 88.* ff. („Die Forderungen“). *Schilling* Institt. Bd. III. (Im folgenden durch *Schi.* bezeichnet). *Heimbach* v. Obligatio in Weiske VII. S. 402...544.

S. 155. S. *Bg § 131. nott. 4.7.* und oben I. § 150. *Rudhardt* Unters. ü. syst. Einth. und Stellung der Verträge. Nürnb. 1811. *Vogel* Unters. üb. Pandektenr. nebst Grdr. ü. das Obll. R. Lpz. 1831. *Gans* üb. röm. Obll. R. Hdlb. 1819. (rec. von *Mü.* in Hdlb. Jahrb. 1821. S. 41. ff.) *Weiss* Stell. der L. v. d. Obll. im heut. röm. R. Giess. 1828. *Liebe* Wesen und Einth. der materiellen Contracte des R. R. in Ztsch. f. Civ. u. Pr. XV. 3. *v. d. Pfordten* Abhh. Erl. 1840. n°. 4. „ü. Aufstellung eines prakt. Syst. der Verträge“. (rec. von Rudorff in Richters Jahrb. XI. S. 27. ff.) *Ro.* in s. Ztsch. IV. S. 1. ff. *B. 1.2. K. 193. U. 11.12. Sav. O. 2...4. Mü. 322. Ar. 201. Br. 89.* ff. — *Gai. 3,88.* „Omnis obligatio vel [1] ex contractu nascitur vel [2] ex delicto“. *Id. L. 1. pr. D. h. t. 44,7.* „Obligationes aut ex contractu nascuntur, aut ex maleficio, aut proprio quodam iure ex variis causarum figuris“. *§ 2. I. h. t. 3,13.* „Sequens divisio [obligationum] in quattuor species deducitur: aut enim [1] ex contractu sunt, aut [a] quasi ex contractu, aut [2] ex maleficio, aut [b] quasi ex maleficio“. [1]) *Ulp. L. 1. § 3. D. de pactis* zu I. § 93. not. 1.

Erster Abschnitt. Natur, Begründung u. Beendigung der Schuldverhältnisse im allgemeinen.

Erster Unterabschnitt. Natur der Schuldverhältnisse.

S. 116. I. Begriff und Arten. (*Bg § 106 e...g.* u. überh. das. n°. 1. u. *§§ 103. 83. 89. 131.* n°. 1. *Abr. II. § 21.*)

Bedeutungen des Worts 'obligatio' [1]. Wegfall der römischen Unterschiede der Obligationen, welche auf dem Gegensatze des ius civile proprium civium Romanorum und des ius gentium beruhen, aus unserem gemeinen Rechte [2...4].

Id. L. 7. eod. „Iuris gentium conventiones quædam actiones pariunt, quædam exceptiones ...". *Id. L. 156. § 1. D. de R. I.* „Cui damus actiones, eidem et exceptionem competere multo magis quis dixerit". cf. *Paul. S. R. 2, 14. § 1.* „... ex nudo enim pacto inter cives Romanos actio non nascitur". *Diocl. et Max. L. 27. C. de locato et cond. 4, 65.* „... ex nudo pacto perspicis actionem iure nostro nasci non posse". (s. *Bg § 106. not. 9.* [3]) *Gai. L. 4. D. de O. et A.* „Ex maleficio nascuntur obligationes veluti ex furto, ex damno, ex rapina, ex iniuria. quæ omnia unius generis sunt: nam hæ re tantum consistunt, i. e. ipso maleficio". *Ulp. L. 12. pr. D. de V. S.* „... et si ex delicto debeatur mihi, videtur posse creditoris loco accipi". *a) L. 5. pr... § 3. D. h. t. 44, 7. Pr. I. de obl. quasi ex contr. 3, 27 [28].* „... quæ non proprie quidem ex contractu nasci videntur, sed tamen, quia non ex maleficio substantiam capiunt, quasi ex contractu nasci videntur". *b) L. 5. cit. §§ 4...6. I. de obl. quæ quasi ex del. nasc. 4, 5.* „... non proprie ex maleficio obligatus videtur, sed quia neque ex contractu obligatus est, et utique peccasse aliquid intellegitur ... ob alterius culpam tenetur ... aliqua tenus culpæ reus est ..., ideo quasi ex maleficio teneri videtur ..". — vgl. *Abr. II. §§ 21. 25. 30...34.*

S. 116. *Gai. 3, 88. sq. Inst.* De obligationibus *3, 13 [14].* De O. et A. (= obligationibus et actionibus): *Dig. 44, 7. Cod. 4, 10.* [1]) Bedeutungen von '*Obligatio*': *a)* das Rechtsgeschäft, der Willensact des sich Obligierens, das contrahere des *b)* iuris vinculum: *Bg § 106 d, e. Pr. I. h. t. 3, 13.* „*Obligatio* est iuris vinculum, quo necessitate adstringimur alicuius rei solvendæ ..". *Paul. L. 3. pr. D. h. t.* „Obligationum substantia ... in eo consistit ... ut alium nobis obstringat ad dandum aliquid vel faciendum vel præstandum". (*Bg § 83.*) *Ulp. L. 9. § 2. D. de statu lib. 40, 7.* „... ea enim in obligatione consistere, quæ pecunia lui præstarique possunt ..". *c) Instrumentum tabulave qua cautum est de obligatione,* e. gr. *L. 7. C. de non num. pec. 4, 30.* vgl. *Riedel* u. *Hugo* in des letztern Civ. Mag. III. 20. V. 3. *Donell.* comm. XII. c. 1. *K. 2. U. 1. 2.* [2]) Stellen zu § 115. Ueber naturalis obligatio s. oben I. § 154. a. E. *Donell.* l. c. c. 2. sqq. *Schulting* Comm. acad. I. n°. 1. *Weber* Syst. Entw. d. Lehre v. d. nat. Verbindlichk. ed. v. 1811. *Francke* Civ. Abh. n°. 2. *Büchel* Civ. Erört. II. 1. S. 567. ff. *Heimbach* Formlos. der Vertr. nach heut. R. i. Ztsch. f. Civ. u. Pr. N. F. XIII. 3. (abgeleitet aus dem deutschen Beweisrecht.) *B. 3. ff. K. 3. U. 3...8. Sav. O. 5...14. He. 2. Se. 227. 229. Mü. 330. Gö. 371. Pu. 236.* f. *Ro. 331.* ff. *Va. 567. Si. 82. Ar. 217.* [4]) *Ulp. L. 1. § 1. D. de novationib. 46, 2.* „... obligatio, utrum naturalis, an civilis, an honoraria ...". *Paul. L. 84. § 1. D. de R. I.* „Is natura debet, quem iure gentium dare oportet, cuius fidem secuti sumus". *Id. L. 1. D. locati 19, 2.* „... cum naturalis sit et omnium gentium [*obligatio*]". *Tryph. L. 64. i. f. D. de cond. ind. 12, 6.* „... debiti vel non debiti ratio naturaliter intellegenda ..". cf. *LL. 54. 13. pr. D. eod. L. 10. D. de O. et A. 44, 7. § 1. I. h. t.* „Omnium autem [secundum nostræ civitatis iura] obligationum summa divisio in duo genera deducitur: namque aut *civiles* sunt aut *prætoriæ*: *civiles* sunt quæ sunt legibus constitutæ aut certe iure civili comprobatæ sunt; *prætoriæ* sunt quas prætor ex sua iurisdictione constituit, quæ etiam *honorariæ* vocantur". vgl. *Bg § 103 f.* ff. *§ 131 d...f. Sav.* Syst. V. § 213. und oben I. § 150.

§. 117. II. Gegenstände und Inhalt. (cf. I. §§ 64. ff.)

Leistungen und deren Arten, auf die Forderungsrechte und Schuldverhältnisse angewandt.

III. Subjecte, rei. (*Abr. II. § 22. cf. Bg § 104.*)

§. 118. A. Einfaches Schuldverhältniss.

Reus kann jedes vermögensrechtsfähige Subject sein[1...3]. Wie wird es solches[4]? auch durch Andere[5] oder zufolge der Rechtsvorschrift kann man reus werden. Sowol die s.g. einfache als die s.g. correale Obligation kann gegen- oder ein-seitig sein.

B. Mehrheit der Subjecte,

§. 119. A. gleichartige: Principales und accessorisches Schuldverhältniss; correale und solidarische Obligation; nicht Succession.

1) Jeder reus ist es principaliter: a) eigentliche Correalobligation[1.2]; b) s.g. solidarische[3...7]; c) obligatio +pro rata[8]. 2) Die mehreren rei sind es nicht selbständig nebeneinander (§§120...26). Gleichzeitigkeit der Mehrheit der rei; anders beim Eintreten des Erben[9.10]. Untheilbarkeit d. Leistungsobjects[11]. Ausdehnung des +beneficii divisionis durch Nov. 99.[12.13].

---

§. 117. *Donell.* Comm. XII. c. 20. sq. *He. 3. 4. Se. 230. Gö. 383.* f. *430.* ff. *Mü. 324...26. 333. Pu. 220...23. Ro. 336.* ff. *Va. 569. Si. 83.* f. *Ar. 202...4. Br. 139. K. 4. 5. ibiq. citt. U. 1. 98...106.* vgl. *86.* ff. *Sav. O. 28.* ff. *Rubo* über die Theilbarkeit und Unth. der Obll. Berl. 1822. (zu *LL. 2...4. D. de V. O. 45, 1.*) *Backer* de obll. div. et ind. L. B. 1822. *Serrurier* de eod. arg. in Annal. acad. Gand. 1822. sq. *de Scheurl* Comm. de eod. arg. Erlang. 1835. *Sav. O. 29...36. Va. 567.* Anm. 2. [1]) oben I. §§ 64...70. *Bg §§ 82...91.* [2]) I. § 65. *Bg § 83.* [3]) I. § 64. *Bg § 82.* [4]) *Sav. O. 38. Va. 569. cit.* [5]) vgl. z. B. *LL. 106. 138. § 1.* mit *LL. 76. 93. D. de V. O. 45, 1.* Hat ein Dritter das Bestimmungsrecht, so besteht die Forderung erst mit der geschehenen Bestimmung. *Bg § 89 l.* [6]) I. §§ 57. 58. *Bg § 77.* [7]) I. § 55. *Bg § 75 f, g.* u. die ob. Citt. [8]) *Bg § 89 i, k.*

§. 118. *Donell.* Comm. XII. c. 22. sq. *He. 39. Se. 228. Mü. 323. 332. Gö. 426...29. Pu. 232. Ro. 424. Ar. 212. K. 61. 67. U. 66...85. Sav. O. 15.* [1]) *Gall. Ael. ap. Fest.* p. 273. ed. *Müller*: „*Reus* est qui cum altero litem contestatam habet, sive is egit sive cum eo actum est". *Ibid.* p. 289. „*Reus* cum pro utroque ponatur..". [2]) oben II. § 9. not. 1. [3]) oben II. § 88. nott. 3. 4. [4]) oben I. §§ 66...69. [5]) s. unten §§ 139...42. [6]) s. §§ 211...22.

§. 119. De duobus reis stipulandi et promittendi: *Inst. 3, 16* [*17*]. *Cod. 8, 40* [*39*]. De duobus reis constituendis: *Dig. 45, 2. Nov. 99.* vgl. Titt. *De fide iussoribus* ad § 125. citt. *Donell.* Comm. XV. 5. 6. XVI. 25. u. eiusd. Tr. de II rei (Opp. IX. p. 1255. sqq.) *Ronchegallus* de II reis Ven. 1558. Lugd. 1559. *Biener* Opuscc. II. 64. *v. Bülow* Abhh. Braunschw. 1817...19. II. 18. 19. *Rubo, Backer, Serrurier, Scheurl* ad § 117. citt. *Ribbentrop* zur Lehre von den Correal-Obll. Gött. 1831. (gründlich). *Appelius* Arch. f. c. Pr. XVI. 12. *Burchardi* das. XIX. 3. *W. Sell* i. Ztsch. f. Civ. u. Pr. III. 21. IV. 2. *Schröter* das. VI. 12. *Rückert* ebend. N. F. XII. 1. *Helmolt* Correal-Obll. Gieß. 1857. *Zimmermann* i. Hdlb. krit. Ztsch. V. S. 146. ff. *Fitting* Natur der Correalobll. Erl. 8°. *B. 117. 39. K. 62...66. U. 86...91. Sav. O. 16...27. Bekker* Processual. Consf. S. 217. ff. *He. 40...45. Se. 228. Mü. 490...93. Gö. 372...76. Pu. 233...35. 280. Ro. 367. Va. 573. Si. 89. Ar. 213.* ff. *Br. 141.* f. [1]) *LL. 2. 3. § 1. LL. 16. 18. D. h. t. 45, 2. L. 28. pr. §§ 1. 2. L. 42. §§ 1. 3. D. de iure iur. 12, 2. L. 31. § 1. D. de novation. 46, 2. LL. 13. i. f. 16. D. de acceptil. 46, 4.* [2]) *Pap. L. 10. D. h. t.* „Si duo rei promittendi socii non sint. non proderit alteri, quod stipulator alteri reo pecuniam debet". *Pomp. L. 19. D. eod.* „Cum duo eandem pecuniam debent, si unus capitis deminutione exemptus est obligatione, alter non liberatur: multum enim interest, utrum res ipsa solvatur, an persona liberetur: cum persona liberatur, manente obligatione alter durat obligatus; et ideo si aqua et igni interdictum est, alicuius fideiussor postea ab eo datus tenetur". *L. 27. pr. D. de pact. 2, 14. L. 3. D. de lib. leg. 34, 3. L. 71. D. de fide iuss. 46, 1.* [3]) s. z. B. III. § 44. II. §§ 209. 234. 256. u. s. w. [4]) *L. 1. § 9. L. 18. § 2. D. de iniur. 47, 10.* [5]) s. Erbr. § 144. not. 3. [6]) *L. 11. § 2. D. ad L. Aq. 9, 2.*

B. Ungleichartige Mehrheit der Subjecte.

1. Cession der Forderungsrechte*).

§. 120. a. Begriff und Arten der Cession. Assignation.

Singularsuccession in das Rechtsverhältniss eines reus ist an sich durch den Begriff der Obligation ausgeschloßen; Mandatsverhältnisse und insbesondere Cession[1...5]; mehrfaches Mandatsverhältniss bei der von der Cession verschiedenen Assignation[6].

---

u.unten zu III.§ 47.a.E. [7]) s. unten § 234. [8]) *Bg §139.not.16.* [9]) *Bg §141d.* [10]) s.I.§ 153. II.§110. Erbr.§105. [11]) *Paul.L.25.§9.D.fam.erc.10,2.* „An ea stipulatio, qua singuli heredes in solidum habent actionem, veniat in hoc iudicium, dubitatur, veluti si is qui viam, iter, actus stipulatus erat, decesserit, quia talis stipulatio per legem duodecim tabularum non dividitur, quia nec potest. sed verius est non venire eam in iudicium, sed omnibus in solidum competere actionem, et si non præstetur via, pro parte hereditaria condemnationem fieri oportet". *L.4.§1. L.72.pr.D.deV.O. 45,1.* [12]) *Ulp.L.3.§1.D.h.t.* „Ubi duo rei facti sunt, potest vel ab uno eorum solidum peti, hoc est enim duorum reorum, ut unusquisque eorum in solidum sit obligatus possitque ab alterutro peti; et partes autem a singulis peti posse nequaquam dubium est, quemadmodum et a reo et fideiussore petere possumus: utique enim cum una sit obligatio, una et summa est, ut sive unus solvat, omnes liberentur, sive solvatur ab altero, liberatio contingat". *Id.L.11.pr.D.eod. Pomp.L.8.§1.D.de leg.1.30.* vgl.I.§152.not.5 *α.* über das Provocationsrecht des Mitbürgen. [13]) *Nov.99.c.1.pr.* „*Εἰ γάρ τις ἀλληλεγγύως ὑπευθύνους λάβοι τινάς* [*Vers.vulg.* Si quis enim alterna fide iussione obligatos sumat aliquos; *Hombergk:* Si quis enim reos promittendi accipiat; wenn sich mehrere Vertrags-Schuldner gegenseitig für einander stark machen], *εἰ μὲν μὴ προσθείη τὸ δεῖν καὶ ἕνα τούτων εἰς ὁλόκληρον ἐνέχεσθαι, πάντας ἐξ ἴσου τὴν ἀγωγὴν ὑφίστασθαι. εἰ δὲ καί τι τοιοῦτο προσεθείη, φυλάττεσθαι μὲν τὸ σύμφωνον, οὐκ εὐθὺς μέν τοι τὴν ἀρχὴν ἕκαστον ὁλόκληρον ἀπαιτεῖσθαι, ἀλλὰ τέως μὲν κατὰ τὴν μοῖραν καθ' ἣν ἕκαστος ἐνέχεται· χωρεῖν δὲ αὐτὸν καὶ κατὰ τῶν ὑπολοίπων, εἴγε καὶ εὔποροι καθεστᾶσι καὶ ἐνδημοῦσι". κ.τ.λ.* cf.*Nov.4.c.1.* vgl. die oben Citt., *Pufendorf* Obss.II.c.77., *Zoller* de benef. div.correis deb. non tributo. Lps.1772. *G.A.A.Grotefend* de exc. divisionis.Gott.1852. *Wieding* Nov.Iustinian.XCIX.Berol.1857. *Dedekind* i.Arch. f.civ.Pr.XL.12.15. *Pu.* Vorll.II.S.35.ff. *Ro.§ 373.n°.II.* *Sav.O.§ 26.*

*) *Gai.2,38.sq.* De hereditate vel actione vendita: *Dig.18,4. Cod.4,39. Donell.* Comm.XV.c.44.§§8.sqq. u. bes. *Mü.* Die Lehre von der Cession der Forderungsrechte. ed.III. Grfsw.1836. (ed.I.1817. ed.II.1826.); in der Vorr. ist von der Litteratur und S.XXVIII...XXXII. von den Quellen Nachweisung gegeben. (Im folg. cit. *Mü.*Cess.) s.auch *Koch* Lehre v. Ueberg. der Ford.R. durch Univ.- u.Singular-Succession.Bresl.1837. *Pu.* i.Weisk.II.S.636...64., nun auch in Dess.Civ.Abhh.ed.Rudorff n°.27. *Delbrück* Die Uebernahme fremder Schulden.Berl.1853. *Musset* in Ztsch.f.Civ.u.Pr.N.F.XII.12. *B.24...31. U.277...83.239. He.46...51. Se.297...303. Mü.495...500. Gö.377...82. Pu.280...85. Ro.377...84. Va.574...76. Si.128. Ar.112.254...59. Br.130.f.*

§. 120. [1]) *Gai.2,38.* et ibi citt.ll. [2]) *L.10.§12.D.mand.17,1. L.21.§2.D.de evict.21,2.* [3]) s.I.§151. *Ulp.L.55.D.de procur.3,3.* „Procuratore in rem suam dato præferendus non est dominus procuratoris in litem movendam vel pecuniam suscipiendam: qui enim suo nomine utiles actiones habet, rite eas intendit". *Gai.4,86.* ibiq. citt.ll. [4]) *LL.6.14.pr.23.pr.D.h.t.18,4. L.3.C.h.t.4,39. L.1.C.de novat.8,42.* [5]) *LL.1.2.C.deO.etA.4,10. L.2.C.per quas pers.4,27. LL.5.8.9.C.h.t.4,39. L.33.C.de donatt.8,54. L.2.§8.D.h.t.u.ö. Mü.*Cess.S.199.f.*§§40.43.44. Buchka* Stellv.S.86. *Zimmermann* fing.u.stillschw.Cession, i.Ztsch.f.Civ.u.Pr.N.F.XV.4. [6]) *L.34.pr.D.mandati 17,1. LL.106.108.D.de*

§. 121. b. Statthaftigkeit der Cession.

1) Objective Hindernisse [1...5]. 2) subjective [6...9].

§. 122. c. Wirkungen der Cession. +Lex Anastasiana.

Stellung des Schuldners dem Cedenten und dem Cessionar gegenüber [1...5]. Haftung des Cedenten dem Cessionar gegenüber [6.7]. Forderungshandel beschränkt [8.9].

---

solutt.46,3. *Coccei* Exercitt.II.33. *Mü.*Cess.S.226.ff. *Cropp* in Heise u.Cr.Jur.Abh.II.13. *Gesterd.*Ausb.I.11. *Günther* v.Anweisung in Weisk.I. *B.31.a.E.* *U.618.n°.III.* *Sav.O.23.* *He.257.* *Se.341.* *Mü.496.* *Gö.535.* *Pu.326.* *Va.574.* *Ro.379.488.* *Si.113.n°.IV.* *Ar.295.* *Br.130.*

§. 121. *Mü.*Cess.*§§23...34.* *Pu.*in Weisk.l.c.S.642.ff. 1] De litigiosis s.zu I.§151. II.§43. [1]) s.zu I.§153.not.7.§151.not.11. *Mü.*Cess.*§26.* [2]) Ders.*§27..* [3]) Daß eine accessorische Forderung als solche cessibel sei, will beweisen *Va.*l.c.S.119. s.*Mü.*Cess.*§28.* [4]) s.I.§151.not.17. *Mü.*Cess.*§§29.31.* [5]) Ders.*§23.* 2] [6]) *Th.C.* De actionibus ad potentes translatis 2,*13*. *Cod.* Ne liceat potentioribus patrocinium litigantibus præstare vel actiones in se transferre 2,*13*[*14*]. Ne fiscus vel res p.procurationem alicui patrocinii causa præstet 2,*17*[*18*]. cf. *Paul.S.R.5,12.§7.* *L.22.§2.D.de I.F.49,14.* u. *L.12.D. de al.iud. mut.4,7.* *c.2.X.de alien.iud.mut.c.1,42.* *Arc. Hon. et Th. L.2.C.h.t.2,13.* „Si cuius cumque modi actiones ad potentiorum fuerint delatæ personas, debiti creditores iactura multentur: aperta enim credentium videtur esse voracitas, qui alios actionum suarum redimunt exactores". (a.407.) *Mü.*Cess.*§30.* *Va.*S.120. *Pfeiffer* Prakt.Ausf.IV.6. „Einschränk.des Verb. der cessio in pot." [7]) *Nov.72.c.5.* *Mü.*Cess.*§32.* *Va.*S.122.f. s.III. §40. [8]) *Mü.*Cess.*§33.*, wo aber irrig von der s.g.Personeneinheit zwischen Hausvater und Kind ausgegangen wird. s.*Bg§45.not.20.* *Va.*S.118. Nach röm.R. konnte solche Cession nur in Bez.auf ein castrense peculium wirken: *L.4.D.de iudic.5,1.* *L.7.D.de O.et A.* [9]) R.A.v. 1551.§§78.ff. R.P.O.v.1577.Tit.20.§4. s.oben I.§33.not.1. *Glück* XVI.S.431.ff. *Va.*S.113. nennt diese Vorschrift der Reichsgesetze eine 'wunderliche'; sie ist aber, wie alle odiosen Ausnahmebestimmungen, die sich auf Religionsbekenntniß als solches stützen, schlimmer als wunderlich, und schlimmer als die auf politischen Gründen beruhende Iniquität, welche die Ausnahmebestimmung 6, von der sie eine Anwendung ist, erzeugt hat.

§. 122. *Mü.*Cess.*§§47.*ff. *Lüders* de iurib.ex cessione.Rost.1780. deutsch in Barths Diss.Saml.n°.1. [1]) *L.3.C. mandati 4,35.* *L.3.C. de novation.8,42.* *L.4.C. quæ res pign. 8,17.* [2]) *L.23.§1.D.h.t.18,4.* *L.24.pr.D.de minor.4,4.* [3]) *L.55.D.de procurat.3,3.*(in§120. not.3.) [4]) *LL.2.6.8.14.pr.23.pr.D.h.t.* *L.5.C.eod.4,39.* *L.42.D.de adm.tut.26,7.* *L.7.C.de priv.fisci 7,73.* [5]) *Gai.L.34.D.de procurator.3,3.* „Si quis in rem suam procuratorio nomine agit, veluti emptor hereditatis, an debeat invicem venditorem defendere? et placet, si bona fide et non in fraudem eorum qui invicem agere vellent, gestum sit negotium, non oportere eum invicem defendere". *Mü.*Cess.*§62.* [6]) *LL.4.5.D.h.t.* *L.74. §3.D.de evict.21,2.* *L.30.D.de pign.20,1.* *Mü.*Cess.*§64.* s.auch *Wordenhoff* de cedente ad cessi nominis bonitatem præstandam non obligato in Oelrichs Nov.Thes.I.1.n°.5. *Hagemann* u. *Günther* Arch. f. prakt.R.G.V.1. *Weber* Beiträge I.5. *Gottschalk* Disceptt.I.c.7. [7]) *L.31.pr. D. de A. E. et V.19,1.* *L.75.§§1.2. D. de leg.1.30.* *L.18.§3. D. de donatt.39,5.* [8]) *Anast.L.22.C.mandati 4,35.* (v.505.od.506.?) [9]) *Iustinian.L.23.C.eod.* *Bach* Opuscc. p.363.sqq. *C.F. Curtius* de finib. exceptiones L.An. caute regundis Lps.1799. *Bülow* u. *Hagem.* Prakt.Erörtt.IV.40. „Bei dem anast.Ges.kommt es nicht auf Verleitung zur Convention u.s.w. an". *Pfeiffer* Prakt.Ausf.I.6. „Unanwendb. des an.Ges. auf *a)* Cession ungewisser Fordd. *b)* die zur Sicherh. für eine Darlehnsschuld geschehene Cession, *c)* den Verkauf von Staatsobll." *v.Bannwarth* Beweis ... bei der anast.Verordn. Würzb.1821. *v.d.Nahmer* Entscheidd.d.O.A.G.zu Wiesb.II.20. *Puchta* sen. Hdb.d.Verf.i.S.d.freiw.Ger.§§151...53. Vom

2. Intercession *).

§. 123. a) Begriff, Formen, Wirkungen.

Weitere und engere Bedeutungen der Intercession und deren Anwendungen [1.2]. Statthaftigkeit bei jeder wirklichen Obligation [3]. Wirkungen [4...7]. Verhältniß des Intercedenten und Hauptschuldners [8]. [Strengere Haftung zufolge schriftlicher Intercession [9].] Uebereinkunft bloß mit dem Schuldner ist nicht Intercession [10].

b. Insbesondere

α'. Arten der Intercession nach ius commune.

§. 124. a. Expromissio und delegatio.

Begriff und Voraussetzungen dieser Novationsarten [1.2]. Wirkungen derselben [3...5].

Forderungskaufe: *Brakenhoeft* Arch.f.c.Pr.XXIII.1. *Hermann* Bemerkk.ü.d.L.Anast. i.Arch. f.c.Pr.XXXIII.3. *Pu.* in Weisk.l.c. S.647.ff. *Va.576. Ar.259. Br.131.*

*) *Gai.3,110...14.215.* und *Paul.S.R.* De fide iussore et sponsore *1,20.* De fide iussoribus: *Inst.3,20[21]. X.3,22.* De fide iussoribus et mandatoribus: *Dig.46,1. Cod.8,41[40].* *Nov.4.c.1. 99.* (cf.§119.) *Cod.* Ne fide iussores vel mandatores dotium dentur *5,30.* De pecunia constituta: *Dig.13,5. Cod.4,18.* Mandati vel contra: *Dig.17,1. Cod.4,35.* u.citt. ad §126. — *Donell.*Comm.XV.c.49. *C.L.F.Koch* de fide iuss.ad temp.Ien.1821. *Sint.*Intercessionen überh.und einige Arten insb., i.Ztsch.f.Civ.u.Pr.X.2. *Kori* z.d.Bürgsch.u.d.Pfdr. i. Arch.f.civ.Pr.XXVIII.8. *Deurer* ü.Intercession. das.n°.15. *Liebe* v.Intercession in Weisk.V. S.507...25. u.bes.*Girtanner* zu §125.cit. *Hasenbalg* Beitr.z.Lehre v.d.Interc.Gött.1856. *B.118...22. K.366.*ff. *U.737...65. He.359...74. Se.380.*ff. *Mü.182...87. Gö.562...68. Pu.402 ...10. Ro.506.*ff. *Va.577...81. Si.129. Ar.358...63. Br.144.*f.

§. 123. [1]) *Gai.3,115...27.215.216.*ibiq.citt.ll. *U.§623. Schi.*Inst.*280. Pu.*Inst.*264.* Wie der ad*stipulator* als Gläubiger neben dem Hauptgläubiger, so tritt der Intercedent des neueren Rechts als Schuldner neben dem eigentlichen (Haupt-)Schuldner auf, und heißt daher auch noch in *L.5.§2.D.deV.O.45,1., L.43.D.de solutt.46,3., L.64.§4.D.sol.matr.24,3.* „ad*promissor*", mit Rücks.auf die Verbalobligation. cf.*Paul.Diac.*ex Festo v.*Adpromissor.* *Cuiac.*ad cit.*L.5.D.deV.O.* [2]) z.B. A leiht dem B durch Vermittelung des C, so daß letzterer dem A Schuldner werde, B aber das Geld erhalte: *Paul.L.29.pr.D.ad SC.Vell.16,1.* Oder A nimmt die gegen den B begründete Klage des C gegen sich selbst auf, dann „procul dubio intercedit: suscipit enim in se alienam obligationem, quippe cum ex hac re subeat condemnationem". *Ulp.L.2.§5.D.eod. L.4...§2.D.de re iud.42,1. L.61.D.de procur. 3,3.* [3]) *§1.I.h.t.3,20.* („In omnibus autem obligationibus adsumi possunt [fide iussores], i.e. sive re sive verbis sive litteris sive consensu contractæ fuerunt. ac nec illud quidem interest, utrum civilis an naturalis sit obligatio, cui adicitur fide iussor.."). *L.6.§2. L.7.8.§§1.sqq. L.16.§3.sq.LL.60.70.§3.D.h.t.46,1.* [4]) *van Oorschot* Diss. de beneficiis fide iussoribus concess. L.B.1752. [5]) *LL.27.28.D.mand.17,1. L.95.§10. L.76.D.de solutt.46,3. LL.17.39.41.D.h.t.46,1. LL.11.14.C.eod.8,41.* [6]) §119.not.13. u. I.§152.not.5α'. *Gai.3,121.sqq. §4.I.h.t.3,20.* und *Dig. et Cod.hh.tt.* passim. [7]) *Nov.4.c.1.* *Gundling* de benef.excuss.in Exercitt.acadd.I.18. und die oben zu §112.not.15.citt. [8]) *Gai. 3,127. §6.I.h.t. L.6.§2.L.10.§§11.sq.L.20.§1.L.29.pr.§1.D.mandati 17,1. LL.4.pr.25.D.h.t. 46,1. L.95.§11.D.de solutt.* [9]) *L.27.* cf.*L.26.C.h.t.8,41.* cf.*L.23.C.ad SC.Vell.4,29. §8.I. h.t.3,20. Cuiac.*Obss.XIX.34. [10]) *Paul. L.56.§1.D.de fide iuss.46,1.* „..nec fide iussor acceptus tenetur, quia non potest pro eodem et eidem esse obligatus".

§. 124. *Gai.2,38.39.3,176. Inst.* Quibus modis tollitur obligatio *3,29[30].* De novationibus et delegationibus: *Dig.46,2. Cod.8,42[41]. Donell.*Comm.XVI.c.20. *Averani* Interpp.II.c.15. *Gruber* de delegationib. Lps.1814. *B.169. U.288...91. Gesterd.* von Delegation, Arch.f.c.Pr.II.19. u.in Ausb.V.2.S.242.ff. *Meyerfeld* Schenkk.*§§15.16. Heim-*

§. 125. b. Bürgschaft.

Aeltere Formen[1]. Wie haftet der Bürge? [2...5]. Erforderniße in Betreff 1) der Subjecte[6...8]; 2) der zu sichernden Obligation[9...11]. Haftung für Nebenverbindlichkeiten, deren Dauer und Art[14...16]. +Beneficia des Bürgen[17.18]. Recht auf Befreiung von der Bürgenverbindlichkeit[19].

---

back v.Delegatio in Weisk. *Hoffmann* Beitr.z.Deleg.in d.sell.Jahrb.III.12. *He.368...70. Se.382. Mü.476.494.* u.Cess.*19. Gö.451. Pu.291.403. Ro.416. Va.577.*g.E.*574.*a.A. *Si.*l.c.S.830.f. *Ar.268.* [1]) *Ulp.L.8.§5.D.h.t.46,2.* „Quod enim ego debeo si alius promittat, liberare me potest, si novationis causa hoc fiat; si autem non novandi animo hoc intervenit, uterque quidem tenetur, sed altero solvente alter liberatur. non tamen si quis stipuletur quod mihi debetur, aufert mihi actionem, nisi ex voluntate mea stipuletur; liberat autem me is qui quod debeo promittit, etiam si nolim". *Id.L.11. eod.* „Delegare est vice sua alium reum dare creditori vel cui iusserit. *§ 1.* Fit autem delegatio vel per stipulationem vel per litis contestationem". (cf.unt.§148.) *Id. L.17.eod.* „Delegare scriptura vel nutu, ubi fari non potest, debitorem suum quis potest". [2]) *§3.I.tit.cit.* (wo die beckſche Ausg. das Beiſpiel veluti *etc.* ganz verkehrt aus 2 verschiedenen Faßungen zusammengestellt hat. vgl.*Gai.3,119.* [3]) *L.50.D.de minor.4,4. L.un.§1.C.de reputationib.2,47*[*48*]. [4]) *L.3.C.h.t. LL.11.sqq.19.33. et passim D.eod. L.41.pr.D.de re iud.42,1. L.4.§§20.sq.D.de d.m.exc.44,4.* [5]) s.§123.not.8.

§. 125. s.ad §§123...25.citt. *Donell.* ad tit. *C.8,41.* in Opp.IX.p.1307.sqq. *Puchta sen.* Hdb.d.Verf.i.S.d.freiw.Ger.§§181...83. *Liebe* l.c.S.512.ff. *Kritz* Pandectenr. Meiss. 1835.I.n°.11. *Girtanner* D.Bürgsch.n.gem.Civilr.Jen.1850.f. (trefflich.) *B.118.*f. *K.367...71. U.741...50. Sav.O.25.* [1]) *Gai.3,115.sqq. Inst.h.t.3,20. Schrœter* de sponsib.*etc.* Ien. 1822. *Pu.*Inst.*§264.* [2]) s.§123.not.7. [3]) *§5.I.h.t.3,20. L.8.§7.* bis *L.9. L.16.§§1.2. L.34.* vgl.*L.70.pr.§§1.5.D.h.t.46,1.* cit.*L.8.§7.* „..si fuerint in duriorem causam adhibiti, placuit eos omnino non obligari..". *L.42.D.h.t. §5.I.eod.* cit.*L.70.§1.* [4]) cf.§132. *L.5. §2. LL.8.18.§§2.3.LL.27.28.D.de pec.const.13,5. L.3.C.eod.4,18. L.15.D.de in rem verso 15,3. Nov.4.c.1.* „Εἴ τις τοίνυν δανείσειεν καὶ ἐγγυητὴν ἢ ἀντιφωνητὴν [*Vulg.vers.*sponsorem, *Hombergk* richtig: constitutæ pecuniæ reum: vgl. die ungloss. *Nov.136.*præf.] προσλάβοι, οὗτος μὴ τὴν πρώτην εὐθὺς κατὰ τοῦ μανδάτωρος ἢ τοῦ ἐγγυησαμένου ἢ ἀντιφωνήσαντος χωρείτω, μηδὲ ἀμελήσας τοῦ δανεισαμένου τὰς παρενθήκας διενοχλείτω· ἀλλὰ χωρείτω πρῶτον ἐπὶ τὸν τὸ χρυσίον εἰληφότα καὶ τὸ δάνεισμα πράξαντα, καὶ εἰ μὲν ἐκεῖθεν ἀπολάβοι, τῶν ἄλλων ἀπεχέσθω κ.τ.λ.". *Koch* D. de const. deb.al.Kilon.1777. *Zimmern* Intercess.durch Mandat und Constitutum, in seinen und Neustetels Abhh.n°.10. [5]) s.not.4.und *§6.I.de mand.3,26*[*27*]. *L.12.§14.LL.18.28.D.eod.17,1. LL.13.71.pr.D.h.t.46,1. LL.4.7.23.28.C.eod.8,41.* s.§123.not.5. *Ar.352.* [6]) *Paul.L.8.§1. D.qui satisd.2,8.* „Qui mulierem adhibet ad satisdandum, non videtur cavere [s.unt. §126.], sed nec miles nec minor XXV annis probandi sunt [nicht: sie sind ungültige Bürgen], nisi hæ personæ in rem suam fideiubeant, ut pro suo procuratore..". *Ayrer* de fide iussore milite, Opuscc.min.I.7. [7]) *L.31.C.de loc.4,65.* [8]) *Nov.123.c.6. c.1.4. X.h.t.3,22. Böhmer* I.E.P.ad h.t. *v. Bülow* Abhh.n°.30. Deſſen u. *Hagemanns* Prakt.Erört. IV.34. *Gottschalk* Disceptt.for.I.c.27. [9]) s.§123.not.3. [10]) Tit.*Cod.5,20.* s.unten III. §4.nott.9.10. [11]) *L.25.D.h.t. L.13.pr.D.de minor.4,4. L.127.D.de V.O.45,1.* [12]) *L.4.pr. L.41.pr.D.h.t.* [13]) *L.8.§12. L.27.§4.D.eod.* [14]) *L.56.§2.LL.58.68.pr.D.h.t. L.32. pr.D.de adm.tut.26,7. L.24.§1.D.de usur.22,1. LL.49.pr.88.91.§4.D.de V.O.45,1. L.54.pr. D.loc.19,2.* [15]) *L.15.pr.49.pr.60.D.h.t. LL.19.7.pr.D.de except.44,1.*u.ö. [16]) Von dem Provocationsrecht des Mitbürgen s.I.§152.not.5a. *Thomasii* Diss.acadd.I.10. *Wernher* Obss.for.III.1.obss.12. *Lauterbach* Diss.acadd.II.84. *Weber* nat.Vbdl.§§115...17. *Gesterd.* Ausb.III. S.420.ff. u. die Lehrbb. des Civilproc. [17]) *LL.5.19.C.h.t. Nov.4.c.1. Gesterd.*

S. 126. β'. Intercession der Frauenzimmer.

Früherer Schutz[1,2]. SC. Vellæanum (Velleianum)[3]; wen es schützt und wie[4,5]; in welchen Fällen nicht[6–13]. Justinians Vorschrift[14,15].

Ausb. III. S. 434. ff. ob dem sich als Selbstschuldner Verbürgenden das benef. excussionis zustehe. *Bu. u. Bu.* (Verzicht auf dies. benef.) Entscheidd. III. 30. Von dem benef. cedendarum actionum s. §123. nott. 4. 5. und von dem divisionis §119. not. 13. [15]) *L. 38. §1. L. 45. §5. D. mandati 17, 1. L. 10. C. eod. 4, 35. c. 5. X. h. t. 3, 22.* s. §123. not. 8.

S. 126. Ad SC. Velleianum (oder De SC. V.): *Paul. S. R. 2, 11. Dig. 16, 1. Cod. 4, 29. Nov. 118. c. 5. 134. c. 8.* und *Auth.* Si qua mulier unten not. 14. *Donell.* Comm. XII. c. 29...32. *Averani* Interpp. II. c. 5. *Thomasii* Diss. acad. III. 78. *Böhmer* Exercc. ad Pand. III. 50. *Hellfeld* Opp. min. I. 14. *Weber* Beitr. z. Klag. I. 3. *Biener* Opuscc. I. 26. *Ferreris* ad SC. V. Ultraj. 1667. *Feltz* de usu SC. V. Argent. 1711. *Schwope* ad SC. V. Lips. 1760. *Röslin* Abhh. von den bes. weibl. Rechten II. Mannh. 1777...79. *Klügel* D. de SC. Vell. Viteb. 1783. *Gerke* C. de limitib. SC. V. Hann. 1795. *Suse* D. de iure sing. fem. interc. Gott. 1803. *Filz* de SC. Vell. L. B. 1830. *Kritz* Pandectenr. I. n°. III. *Windscheid* D. de valida mul. int. Bonn. 1838. *Kattenhorn* Interc. der Fr. Giess. 1840. *Vogel* De interc. mul. Lps. 1842. *Busch* ü. d. Auth. Si qua m. i. Arch. f. civ. Pr. XXXI. S. 25. ff. *Windscheid* Princip des SC. Vell. das. XXXII. 12. 13. *Bu. u. Bu.* Entscheidd. II. 33. vorzügl. *Bachofen* Ausg. Lehren S. 1...58. *B. 120...22. K. 374.* f. *U. 31. II. 1. B. 81. He. 371...74. Se. 381. Mü. 488.* f. *Gö. 570...72. Pu. 367...69. Rud. 263...65. Va. 581. Si.* l. c. S. 841. ff. *Ar. 359...363. Br. 145. Pu.* Inst. *§ 265. Rudorff* Röm. R. G. I. S. 122. [1]) III. §10. [2]) *L. 2. pr. D. h. t.* in der folg. not. [3]) *Paul. L. 1. D. h. t.* „Velleiano SCto plenissime comprehensum est, ne pro ullo feminæ intercederent. *§1.* nam sicut moribus civilia officia adempta sunt feminis, et pleraque ipso iure non valent, ita multo magis iis adimendum fuit id officium, in quo non sola opera nudumque ministerium earum versaretur, sed etiam periculum rei familiaris. *§2.* Aequum autem visum est ita mulieri succurri, ut in veterem debitorem aut in eum qui pro se constituisset mulierem reum, actio daretur: magis enim ille, quam creditor, mulierem decepit". *Ulp. L. 2. eod.* „Et primum quidem temporibus divi Augusti, mox deinde Claudii, edictis eorum erat interdictum, ne feminæ pro viris suis intercederent. *§1.* Postea factum est SCtum, quo plenissime feminis omnibus subventum est, cuius SCti verba hæc sunt: „QVOD M. SILVANVS ET VELLEVS TVTOR COSS. VERBA FECERVNT DE OBLIGATIONIBVS FEMINARVM QVÆ PRO ALIIS REÆ FIERENT, QVID DE EA RE FIERI OPORTERET, DE EA RE ITA CONSVLVERVNT: QVOD AD FIDEIVSSIONES ET MVTVI DATIONES PRO ALIIS, [PRO *ins. Hal. Vulg.*] QVIBVS INTERCESSERINT FEMINÆ, PERTINET, TAMETSI ANTE VIDETVR ITA IVS DICTVM ESSE, NE EO NOMINE AB HIS PETITIO NEVE IN EAS ACTIO DETVR, CVM EAS VIRILIBVS OFFICIIS FVNGI ET EIVS GENERIS OBLIGATIONIBVS OBSTRINGI NON SIT ÆQVVM, ARBITRARI SENATVM RECTE ATQVE ORDINE FACTVROS AD QVOS DE EA RE IN IVRE ADITVM ERIT, SI DEDERINT OPERAM VT IN EA RE SENATVS VOLVNTAS SERVETVR...". *§3.* deceptis, non decipientibus opitulatur [SCtum]. et est Græcum Severi tale rescriptum Ταῖς ἀπατώσαις γυναιξὶν τὸ δόγμα τῆς συγκλήτου βουλῆς οὐ βοηθεῖ. infirmitas enim, non calliditas, auxilium demeruit. *§4.* Omnis omnino obligatio SCto Velleiano comprehenditur, sive verbis sive re sive quocunque alio contractu intercesserint. *§5.* Sed et si mulier defensor alicuius extiterit, procul dubio intercedit: suscipit enim in se alienam obligationem, quippe cum ex hac re subeat condemnationem. proinde neque maritum neque patrem permittitur mulieri defendere". *L. 12. D. de minor.* in not. 6. s. auch unten §195. [4]) *Diocl. et Max. L. 20. C. h. t.* „Heredes quoque mulieris adversus creditores eadem exceptione quæ ex SC. introducta est, uti posse non dubium est". [5]) *L. 1. §2.* in voriger not. 3. *L. 8. §§7. 11. sqq. L. 19. §5. L. 20. D. h. t.* und [6]) *Gai.*

Zweiter Unterabschnitt. Begründung der Schuldverhältnisse.

I. Begründung durch die rei selbst.

A. Vertrag. (*Bg § 106.*, oben I. §§ 92. ff.)

A. Hauptverträge. (*Bg § 106 e.*)

§. 127. 1. Onerose und wohlthätige oder Tausch- und Schenkungs-Verträge. (*Bg § 103 g.* ff.) Wirkung der Verträge. (*Bg § 106 d.* ff. oben § 116.) Begriff, Erfordernisse und Wirkung des Vertrags im allgemeinen[1]. Bedeutung des Satzes Pacta sunt servanda[2·3]. Wirkung des Vertrags für Dritte[4·5].

L.12.D.de min.4,4. „Si apud minorem mulier pro alio intercesserit, non est ei actio in mulierem danda, sed perinde atque ceteri per exceptionem summoveri debet, scilicet quia communi iure in priorem debitorem ei actio restituitur. hæc si solvendo sit prior debitor: alioquin mulier non utetur privilegio". [7]) *LL.12.25.C. h.t.4,29.* [8]) *L.24.C.eod.* [9]) *L.2.§3.L.17.§1.L.30.pr.D.h.t. LL.5.18.C.eod.* [10]) *LL. 4.pr.6.7.11.12.27.28.§1.D.h.t.* [11]) *L.8.§13.L'L.16.pr.21.pr.22.pr.24.D.h.t. L.23.pr.§1.C. eod. L.95.§2.D.de solutt.46,3.* [12]) *L.22.C.eod. Nov.61.c.1.§1.* [13]) s. oben § 97. *Bülow* u. *Hagem.* Prakt. Erört. I. 33. „Entsag. der Auth. S. q. m. an Eidesstatt ist verbindl. wie durch förml. Eid". *Cropp* in seinen und Heises jur. Abhh. I. 10. [14]) *Iustinian.L.23.C.h.t. Novv.134.118. citt. Authentica post L.22.C.h.t. ex Nov.134.cit.c.8.* „Si qua mulier instrumento consentiat proprio viro aut scribat, et propriam substantiam aut se ipsam obligatam faciat [ἢ ὑπογράψει καὶ τὴν οἰκείαν περιουσίαν ἢ καὶ ἑαυτὴν ἔνοχον ποιήσει], iubemus hoc nullatenus valere, sive semel sive multotiens huiusmodi aliquid pro eadem re fiat; sive privatum sive publicum sit debitum; sed ita esse acsi neque factum quidquam, neque scriptum esset, nisi manifeste probetur, quod pecuniæ in propriam ipsius mulieris utilitatem expensæ sint". s. III. § 21. *Langenbeck* Beweisführung. Jena 1860. S. 312. [15]) *L.32.§4.L.25.C.eod. L.3.C.quando mulier 5,35. Novv.94.118. c.5. Rud.* Vormundsch. I. S. 260. ff. [16]) *Girtanner* Bürgsch. S. 351.

§. 127. *Gai.3,89.sqq. Paul.S.R.1,1.2,3.5,9. Greg.Cod.1,1[10]. Herm.Cod.tit.4. Th. C.2,9.* De pactis: *Dig.2,14. Cod.2,3. X.1,35. in VI°.1,13.* De V.O. (= verborum obligationibus): *Inst.3,15[16]. Dig.45,1.* De contrahenda et committenda stipulatione: *Cod. 8,38.* De inutilibus stipulationibus: *Inst.3,19[20]. Cod.8,39.* Inter alios acta ... aliis non nocere: *Cod.7,60.* s. auch die in *Bg* zu *§§ 88.116.* citt. Quellen. Litt. s. zu I. §§ 93. ff. 115. ff. *Cuiac.* ad Dig. et Cod. de pactis in Opp. I. IX. *Donell.* Comm. XII. c. 5. sqq. *d'Avezan* Contractuum liber in Meerman. thes. tom. IV. *Vinnii* Tract. de pactis et transactt. oft ediert. *Noodt* lib. sing. ... de pact. et transact. in Opp. tom. I. *Lauterbach* Diss. I. 58. *Griesinger* Verbindlichk. durch Vertr. Tüb. 1793. *Kaufmann* ü. Contracte u. pacta. Wien 1821. *Ro.* v. Vertragssyst., in s. Ztsch. III. S. 153...258. *Liebe* Die Stipulation. Braunschw. 1840. *Pfordten* Abhh. n°. 3. *Gneist* Die form. Verträge. Berl. 1845. *Schlesinger* z. L. v. d. Formalcontracten. Lpz. 1858. *B.11.* ff. *K.69.* ff. *U.13...43. He.69.* ff. *Se.255.* ff. *278. Mü.331.* ff. *Gö.425.* ff. *Pu.250.* ff. *276. Ro.439.388.* ff. *Va.596.* ff. *Rud.197.* ff. *Si.95.* ff. *Ar.231.* ff. u. *246.not.3. Sav.O.II. 71.* ff. s. auch *Eichhorn* deutsch. Priv. R. §§ 91...94. [1]) s. I. §§ 93. 113...17. [2]) *Leo L.10.C. h.t.8,38.* „Omnes stipulationes, etiamsi non sollennibus vel directis, sed quibuscumque verbis consensu contrahentium compositæ sunt vel legibus cognitæ, suam habeant firmitatem". [a. 469.] [3]) *cap.1.X.de pact.1,35.* „..Aut inita pacta suam obtineant firmitatem, aut conventus si se non cohibuerit, ecclesiasticam sentiat disciplinam. Dixerunt universi Pax servetur et *pacta custodiantur*". (*Ex concil. Carthag. I. a. 346. habito.*) [*Glossa ad h.l.* „Nota quod pacta servari debent ... mortaliter peccatur recedendo a pacto ..., quia inter simplicem loquelam et iuramentum non facit deus [*Matth.* V. 37.]

§. 128. 2. s.g. Innominat-Contracte. (s. unten §§ 178...80. *Bg § 131. not. 49.* ff. *Abr. II. § 25.* g. E.)

Natur der synallagmatischen auf eine von der Leistung verschiedene Gegenleistung gerichteten Vereinbarungen oder der s.g. unbenannten Contracte[1]. Klage auf Gegenleistung oder condictio ob causam dati[2...6]; Wegfallen dieses s.g. ius pænitendi und der Eigenthümlichkeiten der Innominatcontracte überhaupt aus unserem Rechte.

---

differentiam".] vgl. *Eichhorn* l.c. *Pfordten* ü. Klagbark. der Vertr. nach röm. u. heut. R., in Abhh. n°. 3., unten § 133. [4]) §§ 141. ff. [5]) Solche utilis actio hat 1) der Eigenthümer commodati s. depositi gegen den, welchem die Sache geliehen oder hinterlegt worden ist, damit er sie jenem restituiere (*L. 8. C. ad exh. 3, 42. Buchka* Stellvertr. S. 110. ff.), 2) der creditor depositi gegen den, bei welchem das Leistungsobject zahlungshalber (II. § 143.) deponiert ist (*L. 19. C. de usur. 4, 32. L. 26. pr. D. depos. 16, 3.*), 3) der Beschenkte gegen den, welchem der Schenker gegeben hat, damit er jenem gebe, sowie die Frau oder deren Kinder gegen den, welcher ihrem Ascendenten eine Dos promittiert hat (*L. 3. C. de don. sub. m. 8, 55. cf. L. 45. D. sol. matr. 24, 3. L. 7. C. de pact. conv. 5, 14. Sav.* Syst. *§ 175. o.* ff. *Buchka* S. 113. f.), 4) der Erbe oder Vermächtnisnehmer gegen den, gegen welchen der Besitzer einer Nachlaßsache ein Klagerecht aus Sicherungsverträgen, welche sich auf die Erbschaft beziehen (Erbr. §§ 98. 101.), erworben hat (*L. 22. D. de pec. const. 13, 5. L. 21. pr. D. de fide iuss. 46, 1. Buchka § 8.*), 5) der Verpfänder gegen den Erwerber des unter Vorbehalt des Einlösungsrechts veräußerten Pfandes (*L. 13. pr. D. de P. A. 13, 7. L. 7. § 1. D. de distr. pign. 20, 5. Buchka* S. 112. f. cf. oben II. § 98.) s. ferner auch §§ 139. 206.

§. 128. De præscriptis verbis: *Dig. 19, 5. Cod. 4, 64. X. 3, 19., in VI°. 3, 10. Clem. 3, 4.* s. *Bg* l.c. und ad § 127. citt. *Donell.* Comm. XIV. c. 35. *de Retes* in Meerman. Thes. VI. p. 89...117. *Reichhelm* Vers. eines Beweises, daß der Römer nur 2 Arten unbenannter Contr. kannte, do ut des und do ut facias. Halle 1800. *Schoulz ab Ascherraden* C. de contr. innom. Gryph. s.a. 4°. *Reinicke* Singularia ad contr. inn. Ff. ad V. 1810. *Glück* XVIII. §§ 1069...1075. *Gans* ad § 115. cit. *Pöhl* Vers. d. L. v. d. Inn. Contr. Hdlb. 1821. *Wächter* doctr. de condict... in contr. inn. Tub. 1822. *Schneider* Die subsid. Klagen S. 30. ff. *Erxleben* de contr. inn. indole. Gott. 1835. und ad §§ 115. 127. citt. *B. 111. K. 332. U. 21. 22. He. 189.* ff. *Se. 370. Mü. 344. Gö. 488...90. Pu. 250.* n°. 1. a. *218. not. c. 308. not. c.* Inst. *272. Ro. 439. 460. Va. 599. 591. Si. 97.* S. 282. ff. *Ar. 235. Schi.* Inst. *250. 324.* ff. *Sav.* Syst. V. S. 97. u. § 175. a. E. IV. S. 225. 287. *Br. 106. 116.* [1]) *Corp. LL.* sive *Brachylog.* De contractu innominato *3, 8.* „Contractus innominatus est cum pactum quidem obligatorium est, sed tamen nomine speciali caret; huius species sunt IV, aut enim *do ut des*, aut *do ut facias*, aut *facio ut des*, aut *facio ut facias..*". *Gloss.* ad titt. citt. [2]) *Ulp. L. 7. § 2. D. de pactis* „Sed et si in alium contractum res non transit, subsit tamen causa, .. Aristo .. respondit Esse obligationem. ut puta dedi tibi rem ut mihi aliam dares, dedi ut aliquid facias, hoc *συνάλλαγμα* [i.e. contractum] esse et hinc nasci civilem obligationem.... Dedi tibi Stichum ut Pamphilum manu mittas: manumisisti; evictus est Stichus: .. ille [Mauricianus] ait civilem incerti actionem, i.e. præscriptis verbis sufficere: esse enim contractum quod Aristo *συνάλλαγμα* dicit, unde hæc nascitur actio". cf. *Bg § 131. not. 49.* [3]) §§ 130 c. 193. [4]) *Ulp. L. 5. D. de cond. causa d. 12, 4.* öfters. [5]) *Paul. L. 5. § 3. D. h. t.* „Quod si faciam ut des, et postea quam feci, cessas dare, nulla erit civilis actio, et ideo de dolo dabitur". *Brachyl.* l.c. *§ 3.* „..et si quidem est DO UT DES vel DO UT FACIAS vel FACIO UT FACIAS, præscriptis verbis nascitur actio: sin autem est FACIO UT DES, in subsidium de dolo datur..". *Cuiac.* in l. Paulo ad h. l. Opp. II. p. 1075. erklärt das hier gemeinte dare von einem Sclaven, welchen der Schuldner dolo manumittiert hatte: *L. 4. C. de*

§. 129. 3. Gewagte Verträge. (*Bg §103 i.* vgl. § 249.)

Begriff und Anwendungen im r. R.[1]. Spiele um Gewinn[2]; sine causa condictio einer gezahlten Spielschuld[3]. Wetten sind erlaubt und nicht nothwendig gegenseitige Versprechungen[4].

B. Nebenverträge. (cf. *Abr. II. § 34.*)

§. 130. 1. Inhalt oder Bestand des Schuldverhältnisses betreffende.

Der Vertrag neben einem andren ist dessen Nebenvertrag nur als das auf das Hauptgeschäft gegründete obligatorische Verhältniss bestimmender, und kann selbst Bestimmungen des Inhalts jenes Schuldverhältnisses oder auch Nebenbestimmungen (Bedingungen oder Betagungen) desselben enthalten. Nebenvertrag und Nebenbestimmung sind verschieden: die letztere bestimmt nicht den Inhalt, sondern nur die Existenz oder Nichtexistenz und die Zeit der Wirksamkeit des Rechtsverhältnisses, welchem sie hinzugefügt worden ist (I. §§ 107. ff.).

α') Lex commissoria.

Begriff und regelmäßig resolutive Wirkung[1.2]. Rechte und Pflichten der Contrahenten[3...5]. Verbot dieses Nebenvertrages beim Pfand (oben § 103).

---

d.m.2,21. cit.*L.5.§ 1. D. de cond.c.data.* ähnlich *Donell.* l.c. § 10. vgl. die übr. citt. Schriften. [6]) *LL.15.22.D.h.t. § 4.I.de loc.3,24*[25]. *L.6.C.de transact.2,4.* u. unten §§ 179. 180.

§. 129. De aleatoribus *et alearum lusu: Dig.11,5. Cod.3,43. Nov.123.c.10.* cf. *c.12.15. X.* De vita et honestate clericor.*3,1. Ayala* de aleatorib. in Ottos Thes.IV.p. 914.sqq. *de Pauw* de alea veterum Tr. ad Rh.1726. *Cock* quid alea, quid aleator sit. ibid.1817. Eiusd.D.de alea, ibid.1819. *Glück* XI.§ 759. *v.d.Pfordten* Abhh.n°.4.§ 5. *Rud.* i.Ztsch.f.g.R.W.XIII.S.195. u. dagegen *Bachofen* Pfdr.I.S.481.ff. „Das Pignus als Wettpreis". *Heimbach* v.Spiel und Wette, in Weiske X. vgl. auch *Bu.* u. *Bu.* Entscheidd.III.28. *B.90. K.364. U.489...70. He.206. Se.369. Mü.423...25. Gö.544.*f. *Pu.258. Ro.459. Va. 673. Si.97.*n°.III.*123. Ar.236. Schi.*Inst.*263. Br.103.* s.auch *Gans* üb.Spiele u.Wetten, in Beitr.zur Gesetzrevis.I.S.164.ff. *Wilda* Lehre v.Spiel a.d.deutsch.R., in Ztsch.für deutsch.R.II.6. Ders.die Wetten, ebend.VIII.8. *Trummer* Vorll.üb.Hamburg.R.G.III.2. *Eichh.*Priv.R.§110. *Kraut* Grdr.*§161.* [1]) *L.8.D.de contr.empt.18,1.* (*Baudis* Iustitia emptionis aleæ. Alt. 1674.) *LL.7.11.D.de H.v.A.V.18,4. LL.11.i.f.12.D.de A.E.et V.19,1.* vgl. *Bg § 98.not.10.*u. unten § 166. not.15. [2]) *L.2.§ 1. L.3.D. LL.1.3.C.eod. L.2.§ 1.D. quar.rer. actio 44,5.* [3]) ob.S.58.Z.13. unten § 195. Abhh. de cond.lusu perditi v. *Hilliger* Lps.1712., *Langguth* Lps.1762., *Pohl* Lps.1809. [4]) *Ulp.L.17.§ 5.D.de præscr.verb.19,5.* „Si quis sponsionis causa anulos acceperit, nec reddit victori, præscriptis verbis actio in eum competit: nec enim recipienda est Sabini opinio, qui condici et furti agi ex hac causa putat: quemadmodum enim rei nomine, cuius neque possessionem neque dominium victor habuit, aget furti? plane si inhonesta causa sponsionis fuit, sui anuli dumtaxat repetitio erit". *Iustinian.L.3.C.h.t.3,43.*

§. 130. De *contr. empt. et* pactis inter emptorem et venditorem compositis: *Dig. 18,1. Cod.4,54.* De condicionibus appositis in ... contractibus: *X.4,5. Lichtenvoort* de pact.empt.vend.adi.Grdn.1804. *Musset* Obss.de convention.ad condicionem initis.Wetzl. 1813. *Donell.*XVI.c.17.§§ 6.sqq. *B.66. K.92.*ff. *U.47...51. He.III.387...89.270.*ff. *Se.390 ...95. Mü.403...5. Gö.575...82. Pu.263. Si.101.*n°.I.*116.*n°.VI. *Ar.249.*

α') *Dig.* De lege commissoria *18,3.* u.oben § 103. *Donell.*XVI.c.19. *Maestertius* de l.c.L.B.1693. *Felz* de l.c.Arg.1707. *Hildebrand* de l. comm. Alt.1716. *Meier* de l.c.Erf. 1718. *Engelbrecht* de l.c. Helmst.1729. *von Musschenbroek* in Oelrichs Nov.Thes.I.2.p. 636. *Wilkens* D.de l.comm.empt.vend.Gott.1786. *Madihn* Exercc.acad.Halens.n°.5. *Jax* sur les eff.du pacte comm.Cobl.1809. *Albert* commiss.Vertr.Halle 1822. *Glück* XVI.§§1006. ...12. *B.66.*n°.7. *K.380. U.430. He.388. Se.392. Ro.435.* u.die zu §130.init.citt. [1]) *LL.2.3. D.h.t.* [2]) *Ulp.L.1.eod.* „Si fundus sub commissoria lege venierit, magis est ut sub β') In diem addictio.

Begriff und Wirkung dieses ebenfalls regelmäßig resolutiven, ohne Bestimmung einer Frist nicht möglichen Nebenvertrages.

γ') +Pactum displicentiæ und +ius pœnitendi. (vgl. §§128. 134. 193.)

Wirkung des Reuvertrags[1], bei nicht bestimmter Frist[2]. Geltendmachung durch Klage aus dem Hauptgeschäft oder mit in factum actio[3]. [Bei Innominatcontracten s. §128.]

δ') Vorkaufsrecht, ius προτιμήσεως. (vgl. §83. i. f.)

Entstehung nur bei der Emphyteuse durch Gesetz[1]. Wirkung in personam[2], anders als die des Retract- oder Näher-Rechts[3]. Geltendmachung dieses resolutiv wirkenden Nebenvertrages[4].

ε') Pactum de retro emendo und vendendo. (cf. §§133. 41.)

Mit oder ohne Nebenbestimmungen[1, 2], regelmäßig in personam wirkend[3...5].

ϛ') +Pactum reservatæ hypothecæ. (vgl. §93. u. §§105. ff.)

ζ') +Pactum de non alienando. (II. §43. *Bg §158 a, g.* ff.)

η') +Pactum reservati dominii. (II. §31. *Bg §153. not. 36.*)

---

condicione resolvi emptio quam contrahi videatur". s. *Bg §117. nott. 8.* ff. [3]) *LL. 2. 3. 4. §4. D. h. t. L. 7. C. 4, 64.* [4]) *L. 6. §2. L. 7. D. eod.* [5]) *LL. 4...6. D. eod.*

β') *Dig.* De in diem addictione *18, 2.* *Donell.* XVI. c. 18. *Kopf* de add. i. d. Argent. 1740. *Breuning* D. de oblig. empt. cui adiect. pact. add. in d. Lips. 1779. *Quistorp* Rechtl. Bemerkk. I. 10. *Behrens* de per. et c. rei sub lege add. i. d. vend. Kil. 1793. *Glück* XVI. §§1001...5. *B. 66.* n°. 6. *K. 379. U. 429. He. 387. Se. 393. Ro. 434.* u. die übr. ad §130. init. Citt. *Paul. L. 1. D. h. t.* „In diem addictio ita fit: ille fundus C esto tibi emptus, nisi si quis intra kalendas Ianuarias proximas meliorem condicionem fecerit, quo res a domino abeat". *L. 2. C. de pact. int. empt. 4, 54. L. 4. C. de fide et iure hastæ 10, 3.* cf. *L. 115. D. de V. O. 45, 1.*

γ') *Bach* de mulcta pœn. Lps. 1756. u. in Opuscc. n°. 10. *Glück* XVI. §1000. *B. 66.* n°. 1. *K. 381. U. 431. He. 389. Se. 394. Ro. 436. Ar. 249.* Anm. u. zu §130. init. Citt. [1]) *Ulp. L. 31. §22. D. de ædil. ed. 21, 1.* „Si quid ita venierit, ut, *nisi placuerit, intra præfinitum tempus redhibeatur,* ea conventio rata habetur; si autem de tempore nihil convenerit, in factum actio intra sexaginta dies utiles accommodatur emptori ad redhibendum, ultra non; si vero convenerit, *ut in perpetuum redhibitio fiat,* puto hanc conventionem valere. Item si tempus sexaginta dierum præfinitum redhibitioni præteriit, causa cognita iudicium dabitur". [2]) *Ulp. L. 3. D. de contr. empt. 18, 1.* „Si res ita distracta sit, *ut, si displicuisset, inempta esset,* constat non esse sub condicione distractum, sed resolvi emptionem sub condicione". *L. 2. §5. D. pro empt. 41, 4.* [3]) *L. 31. cit.* und *L. 6. D. de resc. vend. 18, 5. L. 4. C. de ædil. ed. 4, 58. Fr. Vat. §14.*

δ') *Walch* de iure protim. Giss. 1728. *Madihn* de iure protim. Hal. 1758. *Glück* XVI. §990. *B. 66.* n°. 5. *K. 242...45. U. 434. He. 270.* f. *Se. 390. Pu. 360.* a. E. *Ro. 437.* n°. 11. u. ad §130. init. Citt. [1]) s. oben §83. *L. 5. C. de loc. præd. 11, 70.* ist bei uns unpraktisch. [2]) *L. 75. D. de contr. empt. 18, 1. L. 21. §5. D. de A. E. et V. 19, 1. L. 12. D. de præscr. v. 19, 5. L. 2. C. h. t. 4, 54.* [3]) *Glück* XVI. §§990. ff. *Eichhorn* deutsch. P. R. *98.* ff. *Kraut* Grdr. *152...57.* [4]) s. not. 2. zu α.

ε') *Donell.* ad L. 2. C. 4, 54. in Opp. VIII. p. 1142. sqq. *Schilter* de pacto retrov. Ien. 1678. *Martini* de p. retrov. Viteb. 1711. *Nettelbladt* de expensar. et pretii rest. in retrovend. Hal. 1776. *Wernsdorff* de pretio rei ex p. retrov. Vit. 1795. *Appelius* de pacto retrovendit. L. B. 1824. *Glück* citt. §§977...99. *B. 66.* n°. 4. *K. 246...50. ibiq. citt. U. 432. He. 272...74. Se. 391.* u. ad §130. init. Citt. [1]) *LL. 2. 7. C. tit. cit.* [2]) *L. 12. D. de præscr. v. 19, 5. L. 122. §3. D. de V. O. 45, 1.* [3]) *cit. L. 2. C. 4, 54.* cf. *LL. 3. 7. eod.* u. §133. [4]) oben §41.

η') *Wahl* de validitate reserv. dom. Gott. 1753. *Glück* XVI. S. 229...37. *B. 66.* n°. 3. *K. 378. Se. 395. Ro. 437.* n°. 1. *Duncker* Pact. reserv. dom. i. Rh. Mus. f. Jpdz. V. 4. *Müller* Civ.

ϑ') +Pactum de non præstanda evictione. (unten § 168.)

ι') +Pactum antichreticum. (oben § 102.)

κ') +Pactum constituti possessorii, daß der bisherige juristische Besitzer der Sache sie nun als Detentator behalte. (*Bg § 124. not.46.*)

λ') Nebenverträge bei Sclavenverkäufen.

2. Die Geltendmachung des Schuldverhältnisses betreffende Nebenverträge.

a. Versprechungen.

§. 131. α'. Conventionalstrafe. (vgl. *Bg § 127. not.26.*)

Stipulationsform bei den Römern[1]. Cumulative oder alternative Verabredung[2.3] und deren Wirkung[4]. Das Recht ist accessorisch[5] und vererblich[6]. Mora ist nicht erforderlich[7].

§. 132. β'. Constituta pecunia. (vgl. § 125.)

Ursprüngliche Edictsbestimmung[1]; deren Ausdehnung[2]. Inhalt der Uebereinkunft[3]. Klage

---

Abh.n°.1. *v.Geyso* in Ztsch.f.Civ.V.11. *Hofmann* i.Arch.f.civ.Pr.XVIII.11. *Va.§ 311.*Anm.2. *Si.*I.S.480.ff.u.bes.*Schm.*I.S.92.not.77. Beim Kaufe wirkt dieser Nebenvertrag, daß Creditierung des Kaufgeldes nicht, wie Zahlung desselben, Eigenthumsübergang der tradierten Kaufsache vom Verkäufer auf den Käufer zur Folge hat. *Bg § 153.* l.c.

λ') *Dig.* De servis exportandis vel si ita mancipium venierit, ut manu mittatur vel contra *18,1.* *Cod.4,55...57.*

§. 131. *§ 7. I. de V.O.3,15.* „Non solum res in stipulatum deduci possunt, sed etiam facta, ut si stipulemur *aliquid fieri vel non fieri.* et in huius modi stipulationibus optimum erit pœnam subicere, ne quantitas stipulationis in incerto sit ac necesse sit actori probare quid eius intersit: itaque si quis *ut fiat aliquid* stipuletur, ita adici pœna debet, *Si ita factum non erit, tu pœnæ nomine decem aureos dare spondes?* sed si *quædam fieri, quædam non fieri,* una eademque conceptione stipuletur, clausula huius modi erit adicienda *Si adversus ea factum erit, sive quid ita factum non erit, tunc pœnæ nomine decem aureos dare spondes?*" *§§ 19.21.I.de inut.stip.3,19.* cf.*Dig.2,11.4,8.45,1.* *Donell.* Comm.XV.c.2.§§ 11.sq. *de Retes* in Meerm. Thes.VII.p.413.sqq. *Lauterbach* de pœna conv.in Diss.acad.III.13. *Richter* de contractu rato manente pœna conv.soluta.Lips.1751. *Kersten* de pœn.conv.Lps.1839. *Jæger* de pœn.conv.Ien.1839. *Liebe* Stipul. *§ 24. B.34.n°.3.18.37.a.C.139.not.14. K.114.*f. *U.122. Heimbach* v.Conventionalstr.in Weiske. *He.89.*f. *Se.281. Mü.340. Gö.437. Pu.231. Ro.408.* n°.11.b. *Va.614. Si.*88.n°.111. *Sav.O.II.80. Ar.211.* [1]) *citt.§§ 19.21.Inst.* *L.38.§§ 2.sqq. LL.17.61.pr.69.123.134.pr.D.de V.O.45,1.* [2]) *L.115.§2.eod.* „...quod sine dubio verum erit, cum id actum probatur, *ut si homo datus non fuerit, et homo et pecunia debeatur.* sed et si ita cautum sit, ut sola pecunia non soluto homine debeatur, idem defendendum erit, quoniam fuisse voluntas probatur, *ut homo solvatur aut pecunia petatur.*" *L.16.D.de transact.2,15.* [3]) *L.44.§6.D.de O.et A.44,7.L.14.C.de pact.2,3* [4]) *LL. 41.sq.D.pro soc.17,2.* *L.28.D.de A.E.et V.19,1.* Die *L.122.§2.D.de V.O.* erklärt sich aus dem favor libertatis. f.*Bg §117.not.28.* [5]) *L.21.§8.D.de rec.q.arb.4,8.* *L.1.C.eod.2,56.* cf.*LL. 15.16.D.de transact.* [6]) *L.4.§§1.2.* *L.5.§3.D.de V.O.* *L.47.D.de A.E.et V.* [7]) f.§136.not.4.

§. 132. *Gai.4,171.* *Paul.S.R.2,2.* *§§ 8.9.I.de act.4,6.* *Dig.* De pecunia constituta *13,5.* *Cod.*De constituta pecunia *4,18.* *Donell.*ad C.h.t.in Opp.VII.p.928.sqq. *Ian.a Costa* ad C.h.t. in Meerm.Thes.I.p.719...21. *Gundling* in Gundlingian.XX.4. und die Diss. v. *Baeschen* Arg.1641. *Mylius* Lps.1682. *Brendel* Vit.1694. *Beckstein* Lps.1746. *Pauli* Vit.1764. *Reinganum* Hdlb.1819. *Mehls* Hal.1854. *Fuchs* i.Arch.f.civ.Pr.XLII.2. *Kritz* ad §125.cit. Abschn.II.III. cf. ad § 125.cit. *Weber* nat.Vbdlt.*§§124...27.* *Glück* XIII.S.361...425. *B.88. K.377.373. U.761...64. He.366.357.*f. *Se.388.*f. *Mü.345.*med. *Gö.558.566.*f. *Pu.255.404.*

daraus und Erfüllungszeit[4]. Anwendbarkeit des Constitutum[5] auch nach neuerem Recht[6]. Unterschied von bloßer Wiederholung eines obligatorischen Vertrages (+pactum iteratum) und dem s.g. pactum geminatum, so wie auch von der Ratihabition (I. §115)[7].

§. 133. γ'. +Pactum de contrahendo und eidliche Verstärkung. +Actio de pacto[1]; römische incerti condictio auf das Interesse[2]. Klagbarmachung durch Eid[3].

§. 134. b. Leistungen: Arra (+confirmatoria); Reugelt (+arra oder multa pœnitentialis).

Begriff der arra[1,2]. Arra +contractu perfecto data mit lex commissoria[3] und arra +contractu imperfecto data[3]. Klagen[4]. Reugelt[5].

---

*Ro.504.507. Va.672.579. Si.99.*n°.III. *Ar.240.*a.E.*351. Br.104.* [1]) *Ulp.L.1.§1. L.16.§2. L.18.pr.§1.D.h.t.* „Ait prætor QVI PECVNIAM DEBITAM CONSTITVIT, SI APPAREAT EVM QVI CONSTITVIT NEQVE SOLVERE NEQVE FECISSE, NEQVE PER ACTOREM STETIT QVO MINVS FIERET QVOD CONSTITVTVM EST, EAMQVE PECVNIAM, CVM CONSTITVERETVR, DEBITAM FVISSE [*iudicium dabo*]". [2]) *§§8.9.I.de act.4,6.* „In personam .. actiones ex sua iuris dictione propositas habet prætor, veluti *de pecunia constituta*, cui similis videbatur *recepticia* [aus Constitutum des Argentarius]. sed ex nostra constitutione [*L.2.C.h.t.4,18.*] cum et si quid plenius habebat, hoc in actionem pecuniæ constitutæ transfusum est. ... De constituta autem pecunia cum omnibus agitur, quicumque vel pro se vel pro alio soluturos se constituerint, nulla scilicet stipulatione interposita: nam alioqui si stipulanti promiserint, iure civili tenentur". [3]) *L.1.§5.LL.4.5.11.sqq.19.*et pass. *D.h.t.* [4]) *L.18.§§3.1. LL.20.28.D.eod.* Ist keine Zahlungsfrist bestimmt (cf.*L.3.i.f.D.h.t.*), dann „modicum tempus statuendum est, non minus x dierum, ut exactio celebretur". *Paul.L.21.§1.D.h.t.* [5]) *Gai.*l.c. [6]) *Glück* S.424.ff. *Kuntze* Die Obl.S.196.f. *Bähr* Die Anerkennung S.171.219. *Schlesinger* Formalcontr.S.141.f. [7]) *L.115.D.deV.O.45,1.* vgl. *Weber* natürl.Verbindlichk.*§125. Glück §850.*a.A.

§. 133. [1]) I.§93. *Ar.231. B.34.init. K.240.*f.*ibiq.citt. Eichhorn* deutsch.Priv.R.ad §127.cit. [2]) *Paul. L.68.D.de V.O.45,1.* „..si ita stipulatus fuero '*Pecuniam te mihi crediturum spondes?*' incerta est stipulatio, quia id venit in stipulationem quod mea interest". [3]) I.§97. et ibi citt.ll.

§. 134. *Gai.3,139.et ibi citt.ll. Varron. et Isidori. Pr.I. de empt.3,23[24]. L.35.pr. D.de contr.empt.18,1. L.17.C.de fide instr.4,21.* (s. *Bg §116.not.17.*) *Cod.* De sponsalibus et arris sponsaliciis *etc.5,1.* cf.2. und *Th.C.3,6. Donell.*Comm.XIII.c.1.§§15.sqq. *Lauterbach* Diss.acad.I.11. *Thomasii* Diss.academ.II.58. *Weidler* D.de multa pœnit.Vit.1734. *Pestel* de arrha.Rint.1735. *Reuter* Exercc.acad.n°.3. *Dreyer* diff.iur.R.et Germ.in arrhis. Kil.1747. *Bach* de multa pœn.in Opuscc.n°.10. *Limmer* de arrhis.Gott.1767. *Gottschalk* Discept.for.II.c.30. *Zumbach* de arrha contractuum.Ien.1828. *Glück* XVI.§982. *B.34.* n°.2. *K.113. U.31.*n°.IV. *He.88. Se.280. Mü.340.*a.E.*341. Gö.436. Pu.251. Ro.408.*n°.II. *a,c. Va.613. Si.99. Sav.O.II.79. Ar.240.219.* [1]) „..quod arræ nomine datur, argumentum est emptionis et venditionis contractæ". *Gai.*l.c. [2]) *LL.6.pr.8.D.de lege commissoria 18,3.* [3]) cit.*L.17.C.* [4]) *Ulp.L.11.§6.D.de A.E.etV.19,1.* „Is qui vina emit, arræ nomine certam summam dedit, postea convenerat, ut emptio irrita fieret: Iulianus ex empto agi posse ait, ut arra restituatur, utilemque esse actionem ex empto etiam ad distrahendam, inquit, emptionem. ego illud quæro, si anulus datus sit arræ nomine, et secuta emptione pretioque numerato et tradita re anulus non reddatur, qua actione agendum est, utrum condicatur quasi ob causam datus sit et causa finita sit, an vero ex empto agendum sit? et Iulianus diceret ex empto agi posse; certe etiam condici poterit, quia iam sine causa apud venditorem est anulus". *L.2.C.quando liceat ab emptione discedere 4,45.* s.unten §193. [5]) §181.γ'.

B. Einseitiger Wille.

Der rechtmäßige muste, als nicht bloß Schuldverhältnisse begründender, oben (I.§§ 98...104. *Bg §107.*), und ebenso der nicht bloß auf Obligationen einwirkende unrechtmäßige Wille, dolus und culpa, (I.§§ 87...91. *Bg §105.*) seine Stelle finden; dagegen gehört hierher die Säumniß in Auflösung des obligator. Verhältnisses, mora, Verzug. *)

§. 135. A. Begriff und Wirkungen.

Mora in dem allein hergehörigen Sinne ist die Verletzung der Obligation in ihrem auf die Zeit bezüglichen Moment[1]; sie lädt die daraus entstehende Gefahr[2,3], Haftung für omnis culpa, Schadensersatz und Interesse, und bei Verpflichtung zur Leistung von Fungibilien auch für Verzugszinsen, auf den Säumigen[4,5]. Gleichzeitige eigentliche mora beider rei ist eine Widersinnigkeit[6].

---

*) *Dig.* De usuris ... et mora *22,1.* *Bart.Salicetus* de mora im Tract.tractt.VI.2.fol.441.sqq. *Donell.* de mora, Opp.X.p.1427.sqq. Comm.XVI.c.2. *Contius* de div.moræ gener.Opp.p.534.sqq. *Ferretus* de mora *et c.*Lugd.1546.u.ö. *Arumæus* de mora 1603.u.ö. u.A.bei *Madai* in der Vorr.Citt. *Coccei* Exercc.cur.I.59. *Meister* Opuscc.I.4. *Ratjen* de mora Kil.1824. deutsch in Barths Diss.Saml.III.52. *Schöman* Schadensers.II.S.10.ff. *Fritz* Gleichzeit.Mora des Gläub.u.des Schuldn.i.Arch.f.c.Pr.X.6. *Gesterd.*Ausb.I.9.V.2. *Esmarch* inter moram solv.et culpam ... diss.Gott.1825. *v.Madai* d.L.v.d.Mora.Halle 1837. *Wolff* z.L.v.d.Mora.Gött.1841. *Heimbach* s.'Verzug' in Weiske XII. *Friedr.Mommsen* Die Lehre von der Mora nebst Beitr.z.L.v.d.Culpa. (Beitr.z.Obl.R.Bd.III.) Braunschw.1855. *Brackenhoeft* in Ztsch.f.Civ.u.Pr.N.F.XV.5.6.12. *B.56. K.31...35. U.52...62. He.101...6. Se.244...49. Mü.355...58. Gö.416...19. Pu.268...70. Ro.358...64. Va.588. Si.93. Ar.251. Br.128.*

§. 135. [1]) s.*Bg §90.* *α')* *Marcian.L.32.pr.D.h.t.* „Mora fieri intellegitur non ex re [vgl.§136.not.2.], sed ex persona, id est si interpellatus oportuno loco non solverit; quod apud iudicem examinabitur: nam, ut et Pomponius ... scripsit, difficilis est huius rei definitio. divus quoque Pius ... rescripsit, An mora facta intellegatur, neque constitutione ulla neque iuris auctorum quæstione decidi posse, cum sit magis facti quam iuris“. *L.137.§4.D.deV.O.45,1.* *Ulp.L.21.* und *β') Paul.L.22.D.h.t.* „Sciendum est non omne quod differendi causa optima ratione fiat, moræ adnumerandum: quid enim si amicos adhibendos debitor requirat vel expediendi debiti vel fide iussoribus rogandis, vel exceptio aliqua allegetur? mora facta non videtur“, „si modo id ipsum non fraudandi causa simuletur“. *γ') Paul.L.40.D.de R.C.12,1.* „... non enim in mora est is a quo pecunia propter exceptionem peti non potest..“. *δ') Afr. L.37.D.mandati 17,1.* „... nisi forte aut per promissorem steterit quo minus sua die solveret, aut per creditorem quo minus acciperet; etenim neutri eorum frustratio sua prodesse debet“. *ε') Iul.L.63.D.de R.I.* „Qui sine dolo malo ad iudicium provocat, non videtur moram facere“. *ς') Pomp.L.23.D.deV.O.* „Si ... hominem certum mihi debeas, non aliter post mortem eius tenearis mihi, quam si per te steterit quo minus vivo eo eum mihi dares. quod ita fit si aut interpellatus non dedisti, aut occidisti eum“. [2]) *Pomp. L.5.D.de R.C.12,1.* „Quod te mihi dare oporteat, si id postea perierit quam per te factum erit quo minus id mihi dares, tuum fore id detrimentum constat. sed cum quæratur, an per te factum sit, animadverti debebit, non solum in potestate tua fuerit id necne, aut dolo malo feceris quo minus esset vel fuerit necne; sed etiam si aliqua iusta causa sit, propter quam intellegere deberes te dare oportere“. *L.173.§2.D.de R.I.* „Uni cuique sua mora nocet..“. *L.25.§2. D.sol.matr.24,3.* *L.39.§1.L.108.§11.D.de leg.1.30.* *L.82.§1.D.deV.O.45,1.* *L.3.C.de usur. legatis 6,47.* *Berger* Diss.iur.select.n°.47. *Gottschalk* Disceptt.I.c.14. [3]) *L.14.§11.i.f.D. q.met.c.4,2.* *L.14.§1.D.depos.16,3.* *Bg §102.not.20.* [4]) *L.21.§3.* *L.3.§3.D.de A.E.V.19,1.*

B. Arten.

§. 136. 1. **Mora solvendi sive debitoris, Verzug des Schuldners.** Allgemeine Bedeutung dieser Art von culpa. Erforderniß der Interpellation[1]. Ausnahmsweise mora ex re fit (+lex interpellat pro homine)[2]. +Dies interpellat pro homine? [3...7]. Beweis der Unrichtigkeit dieser Regel[8...10]. Nicht von Verzugszinsen spricht[11].

L.24.§4.D.loc.19,2. L.3.i.f.D.de cond.trit.13,3. *Gmelin* de casu post moram præst.Tub. 1804. *Reinhardt* Interesse des Käufers wegen verzög.Ueberg.der Sache, in Verm.Auff.n°.19. [5]) I.§ 61. *Bg § 80.not.17. Marcian.cit.L.32.§2.D.h.t.* „In b.f.contractibus ex mora usuræ debentur". *LL.34.38.§§8.sqq.D.eod. L.1.pr.D.de pollic.50,12. Gai.2,280.ibiq.citt.ll.* vgl. *Mommsen* l.c.§ 24. [6]) *Lab.L.51.pr.D.de A.E.etV.* „Si et per emptorem et venditorem mora fuisset, quo minus vinum .. traderetur, perinde esse ait quasi si per emptorem solum stetisset: non enim potest videri mora per venditorem emptori facta esse, ipso moram faciente emptore [Haloand. ipso emptore posteriorem moram faciente]". (Auch die richtige Lesart der Flor. berechtigt nicht, eine wirksame gleichzeitige mora beider rei anzunehmen. Irrig ist auch *Fritz* l.c.S.158., der hier eine wirksame Mora des Käufers, dem der Wein abzuliefern war, annimmt. Labeo sagt nur, eine wirksame Mora des Verkäufers liege nicht vor, es sei so, als wenn dieser die Interpellation des Käufers abwarten dürfe, solche aber noch nicht erfolgt, also nur einfache rechtlich zuläßige dilatio obligationis, nicht widerrechtliche Verzögerung derselben, eig. mora, eingetreten sei: in diesem Falle stünde es auch per emptorem solum, daß die obligatio nicht solviert würde, und doch wäre keinerseits eigentliche Mora.) *L.17.D.de per.et comm.18,6.*

§. 136. Ueber die in ihrer Allgemeinheit falsche Regel Dies interpellat pro homine, die sich schon in dem Digestencommentar des Stephanos findet (Ztsch.f.g.R.W.XIV.S.135.), f.*Madai §§16...24.* (der sie vergeblich in Schutz nimmt), *Neustetel* i.Arch.f.civ.Pr.V.8.; dagegen als Vertheidiger jener Regel *Thibaut* das.VIII.2. u.dagegen *Schröter* Ztsch.VII.3. *Se.* in Blätter für Rechtsanw. Jan.1836.n°.1. (gegen *Se.* ed.1. § 245.) *Ro.360.* Auch *Va. § 588.* Anm.2. vertheidigt weitläufig die neualte Regel D.i.p.h. mit *Mü.355.* zu *not.8.* Die richtige Ansicht, die *Gö.417.*A.a.E. schwankend billigt, vertheidigen *K. U.* ll. citt. *Pu.269.not.q.* (Gew.R.II.S.76.ff.) *Si.*l.c.S.196.ff. [1]) f.zu §135.not.1. [2]) Mora ex re (sine interpellatione) fit: α') wenn der Schuldner latitiert (*L.23.§1.* cf. *L.17.§3. LL.21...23.D.h.t. L.2.D.de naut.fen.22,2.* cf.*L.18.D.de pec.const.13,5.*), β') wenn er widerrechtlich das zu Leistende hat, wie der fur (§196.), oder wer ausgesetzt ist der condictio ob turpem causam (*L.7.C.de c.ob t.c.4,7.*), der quod metus causa actio (*L.14.§11.D.q.met.c.4,2.*), dem interdictum de vi (*L.1.§§31.sq. L.19.D.de vi 43.16.*), der Klage aus rechtskr. Urtheil nach 4 Monaten (*L.2.* vgl.*L.3.C.de usuris rei iud.7,54.*), γ') zu Gunsten der Forderungen a) Minderjähriger, wenn sie einen Vormund haben, dem gezahlt werden kann, *L.3.C.in quib.c.i. i.r.nec.2,40[41].* *L.17.§3.D.h.t. L.9.C.de usur.4,32. L.87.§1.D.de leg.II.31.*, b) des Fiscus (*L.17.§5. L.43.D.h.t.*), c) von Vermächtnissen zu frommen Zwecken (*§§19.26.I.de act.4.6.* [*L.46.§§ 4.sq.C.de ep.et cler.1,3.* ungloss.] *Nov.131.c.10.12.*) (*Marezoll* i.Ztsch.f.Civ.u.Pr.V. n°.6.§§3.ff.), d) des emphyt. Canons (f.§ 85). Dem kirchl. Verfaßungsrecht gehört an die Bestimm. *c.14.VI°.de elect.1,6.* und dem bei uns unprakt.röm.R.die zu Gunsten fideicomm.Freiheit: *L.26.§1.D.de fid.lib.40,5.* f.*Bg § 47γ'*.ff. [3]) Schlußworte des zu § 85. not.5. abgedr. *c.4.X.de loc.* und über den Byzantiner Stephanos *Zachariæ* l.c. [4]) *L.9.pr.D.h.t. L.23. §3.D.de recept.4,8. L.47.D.de A.E.19,1. L.77.D.de V.O.45,1. L.12.C.de contrah.stip.8,38.* [5]) cit. *L.9.D. § 1.* [6]) *L.4. § 4.D.de L.comm.18,3. L.7.C.de pact.i.e.4,54.* [7]) *Diocl. et Max. L.10.C.de A.E.4,49.* „Cum venditorem carnis fide conventionis rupta tempore placito hanc non exhibuisse proponas, ex empto actione eum quanti interfuit tua, si tunc præstita fuisset, .. convenire potes". [8]) f. I. §§ 91.117. [9]) § 135. nott.1.5'.2.

§. 137. 2. **Mora accipiendi sive creditoris, Verzug des Gläubigers.** Grund und Fälle des Eintritts derselben.

§. 138. C. **Moræ emendatio sive purgatio.** Solutio oder sonstige Beendigung der Obligation oder ihrer Klagbarkeit[1.2] und Beginn der Mora des anderen reus[3]. Hemmung des Laufs der Verzugszinsen[4].

II. Begründung von Schuldverhältnissen durch andere Personen *).

§. 139. A. Die Stellvertretung überhaupt (*Bg §104.*n°.3.) und die durch den Vormund insbesondere. (*Bg §104.*n°.2. *§ 84 f.* unten III.§§ 37.ff.) Dritte können uns ohne besonderen Grund nicht zu rei machen[1...4]. Anwendungen der fingierten Cession für Andere eingegangener Obligationen[5.6], insbesondre auf die von Gemeindevorstehern oder Vormündern begründeten Schuldverhältnisse[7...11].

---

[10]) *Paul.L.17.§4.D.h.t.* „Ex locato qui convenitur, nisi convenerit ut tardius pecuniæ illatæ usuras deberet, non nisi ex mora usuras præstare debet". *Ulp.L.41.§1.D.de V.O.* „Quotiens autem in obligationibus dies non ponitur, præsenti die pecunia debetur, nisi locus adiectus spatium temporis inducat, quo illo possit perveniri. verum dies adiectus efficit, ne præsenti die pecunia debeatur: ex quo apparet *Diei adiectionem pro reo esse, non pro stipulatore*". [11]) *Id.L.13.§20.D.de A.E.et V.19,1.* unten § 170.not.4. s.*Sev.et Ant.L.2.C.de usur.4,32.*

§. 137. [1]) *L.8.pr.D.de condict.furt.13,1. L.2.C.eod.4,8. L.18.pr.D.de const.pec.13,5. L.1.§3. LL.5.17.D.de per.et comm.18,6. L.3.§§3.sq.D.de A.E.19,1. LL.21.32.41.§1.D.de usur.22,1. L.9.D.soluto matr.24,3. L.122.pr.D.de V.O.45,1. LL.39.72.pr.§3.D.de solutt. 46,3. C.F.Hommel* si emptor in mora sit, licere venditori rem venditam ulterius vendere.Lips.1764. [2]) s. § 135. not.6.

§. 138. *Stryk* de purg.moræ.Ff.1767. [1]) *L.84.D.de V.O.45,1. Schöman* l.c.S. 66.ff. [2]) *LL.8.pr.14.D.de novationib.46,2.* cf.*L.31.pr.D.eod. L.72.§§1...3.D.de solutt. 46,3. L.17.D.de cond.furt.13,1. L.29.§1.D.de V.O.* [3]) § 135.not.6. und *L.26.D.sol.matr. 24,3. L.73.§2. L.91.§3.D.de V.O.* cit. *L.72.pr.D.de solutt.* [4]) *Ulp.* bei *Marcell.L.28.i.f. D.de adm.tut.26,7.* „..Non sufficit optulisse, nisi et deposuit obsignatam tuto in loco". cf.*LL.9.19.C.de usur.4,32.*

*) *Sav.*Syst.III.§113. *H.Buchka* Die Lehre v.der Stellvertretung bei Eingehung von Verträgen.Hist.u.dogm.dargest.Rost.u.Schwer.1852. *Sav.O.§§ 54...60. Ruhstrat* über *Sav.*s L.v. d.Stellvertr.Oldb.1852. *Brinz* Krit.Bl.n°.2. *Jhering* u.*Scheurl* in Jahrbb.f.Dogm.I.7.II.1.3.

§. 139. *Cod.* Ut actiones et ab heredibus et contra heredes incipiant *4,11.* Ne uxor pro marito vel maritus pro uxore vel mater pro filia conveniatur *4,12.* Ne filius pro patre vel pater pro filio emancipato vel libertus pro patrono vel servus pro domino conveniatur *4,13.* Quando ex facto tutoris minores agere vel conveniri possunt: *Dig.26,9. Cod.5,39. Donell.*Comm.XV.c.53. *Buchka* l.c.§§1.7. *v.Scheurl* Beitr. n°.III. Begründ.d.Obll. für die Erben. *B.16.*ff. *K.145...47.149.295...99. U.92...96.189...95. He.52...54.67.68. Se.257. Mü.130...33.602. Gö.120...22. Pu.273.*ff. *Ro.190.385. Va.608. Si. 102. Ar.245.*ff. *Br.142.* [1]) *Gai.3,163.sqq.ibiq.citt.ll. Inst.3,28*[29]. *Paul. L.11.D. de O. et A.44,7.* „Quæcumque gerimus, cum ex nostro contractu originem trahunt, nisi ex nostra persona obligationis initium sumant, inanem actum nostrum efficiunt; et ideo neque stipulari, neque emere, vendere, contrahere, ut alter suo nomine recte agat, possumus". *Q.Muc.L.73.§4.D.de R.I.* „Nec paciscendo nec legem dicendo nec stipulando quisquam alteri cavere potest". [2]) ff.§§140.141. *Bg §131.not.44.* Von Cession und Intercession §§ 120...26. [3]) § 123.not.1. [4]) *Bg § 90.not.6.* [5]) *LL.17.22.§5.D. de lib.c.40,12.*u.o. [6]) § 120. not.5. § 127. nott.4.ff. § 206.not.18. [7]) *LL.9.pr.43.pr.D.de adm.tut.26.7. LL.5...8.D.h.t.26,9. LL.1...4.C.eod.5,39. Buchka* l.c. [8]) *Pap. L.3.pr.D.*

§. 140. B. Die Stellvertretung durch unserer Familienbotmäßigkeit Unterworfene. (*Abr.III.§9.*n°.1. III.§§ 28.f. *Bg §§104.*a.E.*44...48.131.not.44.*)

Mit dem Grundsatze von der civilrechtlichen Vermögensrechtsunfähigkeit der iuri subiectæ personæ für sich selbst (I.§ 22.) fallen auch die Eigenthümlichkeiten folgender Actionen aus unserem Rechte hinweg:

A. Quod iussu actio.

„quodammodo cum eo contrahitur qui iubet". *Ulp.L.1.pr.D.h.t.*

B. De peculio [f.III.§ 29.] actio.

Verba .. Edicti ..: „QVOD CVM EO QVI IN ALTERIVS POTESTATE ESSET NEGOTIVM GESTVM ERIT, werde ich Klage gegen den Inhaber der Potestas auf den Betrag des Peculium geben". *Ulp.L.1.§ 2.D.h.t.15,1.*

C. Tributoria actio.

„..si servus in peculiari merce sciente domino negotietur et quid cum eo eius rei causa contractum erit, ita prætor ius dicit, ut quidquid in his mercibus erit quodque inde receptum erit, id inter dominum, si quid ei debebitur, et ceteros creditores pro rata portione distribuatur..". *§ 3.I.quod c.eo 4,7.*

§. 141. C. Die Stellvertretung auch ohne Rücksicht auf Familienbotmäßigkeit. (*Bg §131.not.44. Abr.cit.§ 9.*)

A. Exercitoria actio

gegen den (u. von dem) exercitor navis aus Geschäften des magister navis od. præpositus navi.

B. Institoria actio und analoge Fälle

gegen den (u. von dem) dominus welcher tabernæ sive cuilibet alii negotiationi aliquem (institorem) præposuit, aus instructionsmäßigen Geschäften des letztern.

C. De in rem verso actio. (I.§104. *Bg §107.*n°.4.)

„Et regulariter dicimus totiens de in rem verso esse actionem, quibus casibus procurator mandati vel qui negotia gessit negotiorum gestorum haberet actionem, quotiensque aliquid consumpsit servus, ut aut meliorem rem dominus habuerit aut non deteriorem". *Ulp.L.3.§ 2.D.h.t.*

---

h.t. „Dolus tutorum puero neque nocere neque prodesse debet..". *L.4.eod.* 9) cit. *L.3.D.h.t. L.15.pr.D.de D.M.4,3. L.13.§7.D.de A.E.et V.19,1.* 10) *LL.1.3.D.h.t. L.61.D. de adm.tut. L.198.D.de R.I. Rud.* Vorm.II.S.343.ff. *Buchka* l.c. § 7. 11) *L.un.§ 2.D.si quis ius dic.2,3. Paul.L.4.D.de tabb.exh.43,5.* „.. æquum enim est ipsum ex delicto suo teneri, non pupillum". s.überh.citt.*Dig.26,9. Cod.5,39.* unten II.§ 209.III.§§ 37.a.E.45.f.

§. 140. *Gai.3,163...66.4,69...74.80.* Per quas personas *obl.* nobis adquiratur: *Inst. 3,28[29]. Cod.4,27.* De stipulatione servorum: *Inst.3,17[18]. Dig.45,3.* Quod cum eo qui in aliena potestate est negotium gestum esse dicatur: *Greg.Cod.3,7. Inst.4,7. Dig.14,5. Cod.*Quod cum eo ... dicetur vel de peculio sive quod iussu aut de in rem verso *4,26.* Quod iussu: *Th.C.2,31. Dig.15,4.* De peculio: *Th.C.2,32. Dig.16,1. § 36.I.de action. 4,6.* Quando de peculio actio annalis est: *Dig.15,2.* De tributoria actione: *Dig.14,4. Donell.*Comm.XV.c.51. *Glück* XIV.§§894...97.905...13.919. *Buchka* l.c.§§ 2.ff. *B.159. K. 148.151. U.187.*f.*202...5. He.57...63. Se.491. Mü.573. Gö.122.734...37. Pu.277.* Inst.266. *Ro.156.*f. *Va.240...44. Si.102. Ar.247. Thibaut* über die a.quod iussu, i.Arch.f.c.Pr.XII.10. *Müller* In wie fern kann heut zu Tage die a. quod iussu noch Anwendung finden? in Civ. Abhh.n°.4. *Schmid* ü.d.q.i.a.i.Arch.f.c.Pr.XXIX.3. *Chambon* Beitr.z.Obll.R.Jena 1851.I.S. 177...268. *du Roi* i.Arch.f.civ.Pr.XL.4. *Buchka* l.c.

§. 141. *Gai.4,71.73.sq.80. Paul.S.R.* De exercitoribus *2,6.* De institoribus *2,8.* De in rem verso *2,9. Cod.* De institoria et exercitoria actione *4,25. Dig.* De exercitoria actione *14,1.* De institoria actione *14,3.* De in rem verso: *Dig.15,3. Cod.4,26.cit. Inst.*

§. 142. III. Entstehung von Schuldverhältnissen ohne darauf gerichteten Willen. (*Bg §105.not.16. §107.n°.*II.IV.)

+Obligationes ex lege (§§ 211.ff.), Quasicontracte (I.§102.), aus zufälliger Gemeinschaft hervorgehende Obligationen (§§185.f.), und Fälle juristisch unhaltbarer Bereicherung aus fremdem Vermögen oder durch Aufopferung solches. (I.§104.II.§§ 221.f.245.)

Dritter Unterabschnitt. Beendigung der Schuldverhältnisse *).

I. Die (gänzliche oder theilweise) Beendigung bezweckenden Rechtsgeschäfte. (vgl. *Bg §§101.108. Abr.II.§ 35.*)

A. Tilgung der Obligation durch Leistung.

A. Directe Erfüllung **).

§. 143. 1. Formen (eigentliche Solutio [*Bg § 82.not.6.*], obsignatio et depositio u.dgl.).

Engere und weitere Bedeutung der solutio [1]. Wer leistet? wem? [2...4]. Solutio ist beiderseits Veräußerung [5.6]. Stückzahlungen [7.8]. (Ueber Zahlung in Scheidemünze und bei ver-

---

tit.cit.4,7. *Donell.*Comm.XV.c.49.§§13.sqq. *Glück* XIV.876...82.891...93.914...17. *Buchka* l.c. §§4.5. *B.156...59. K.147...50. U.189.196...98.* cf.*93. He.55.56.64...66. Se.339.*cf.*491. Mü.429.437. Gö.530...32.734.738. Pu.278.*f. Inst.*266. Ro.385.157. Si.102. Ar.248. Sav.O.21. Peck* Comm.in tit.D.et C.ad rem naut.pertin.c.n.Vinnii.Amst.1668. *Ramos del Mansano* de inst.act.in Meerm.Thes.VII.p.19.sqq. *Eckolt* de inst.act.Lps.1764. *R.F. Wenck* Meditt.ad inst.act.Lps.1844. *Barth* de mag.navis Lps.1694.u.in Diss.iurid.n°.8. *Frick* de act.exerc.Helmst.1793. *Michaelis* de lege præpos.Lps.1804. *Tittmann* Statth. der institor.Kl.Dresd.1805. *Gesterd.* Irrth.IV.c.2. *Weiske* Grenzen der inst.Kl., in Slept. prakt.Behandl.civilr.Gegenst.Lpz.1829.n°.2. *Kritz* Pandectenr.I.1.S.288...347. *Dedekind* i. Arch.f.civ.Pr.XLI.n°.8. Ueber in rem v. s. oben I.§104. *Bg* l.c. *Kritz* Saml.v.Rechtsf.I.12. Dess. Pandectenr.I.1.S.429.ff. *Dane* de in r.v. Bonn 1841. *Kämmerer* in Ztsch. f. Civ.u.Pr. VIII.3.4.8. *Mü.* Cess.*§§12.*ff.

§. 142. vgl. die I.§104. u.in *Bg* l.c.angeff.Quellen. und unten §§ 211...222. *Paul.L.46. D.de O.et A.44,7.* „Furiosus et pupillus, ubi ex re actio venit, obligantur, etiam sine curatore vel tutoris auctoritate, veluti si communem fundum habeo cum his et aliquid in eum impendero, vel damnum in eo pupillus dederit: nam iudicio communi dividundo obligabuntur". *He.100.108. Se.283. Mü.359. Gö.394.442. Pu.262. Si.100.*a.E. *Ar.244.*

*) *Gai.3,168...81. Inst.* Quibus modis obligatio tollitur *3,29[30]*. cf. locos *De exceptionibus* ad I. § 162.citt. titt. *De pactis* ad § 127.citt. *Donell.* Comm.lib.XVI. *Brissonius* de solutt. et liberatt. in Opp.iur.Nor.1756.II.p.417.sqq. *Lauterbach* de solutt.Tub.1659. *Florentis* Tr.de solutt.in Opp.iur.Nor.1756.II.p.417.sqq. *Klügel* de sol.Vit.1776. *Weidner* v.d.Zahlung.Jen.1790. *B.*Thl.II. *K.*II.Kap.5. *U.*I.Hptst.6. *He.*III.Kap.4. *Se.237...54. 284...96. Mü.463...81. Gö.*Kap.III.*443...73. Pu.286...302. Ro.353.*ff.*414.*ff. *Va.616...22. 582...94. Rud.239...54. Si.103...5.90.91.94. Ar.218...28.261...62. Br.148.*f.

**) De solutionibus (*X.3,23.*) et liberationibus: *Dig.46,3. Cod.8,43. Donell.*Comm. XVI.c.9...14. *B.166.*f. *K.153...59. U.107.113.115.216...24. He.109...11.128. Se.237...43. 284. Mü.464...70. Gö.44.*f. *Pu.286.*ff. *Ro.415.418.*n°.III. *Va.582...90.617. Si.103. Ar. 261.*ff. *Br.148. Rosshirt* von der Solution der Obl.in s.Ztschr.II.S.10...34.

§. 143. [1]) *LL.54.49.52.D.h.t. L.176.D.de V.S.* [2]) *LL.23.40.53.D.h.t.* cf.*Bg §106. not.13. Hertii* Comm.II.3.p.195.sqq. „de solutione pro alio facta". [3]) *L.24.C.de N.G. 2,19.* s.§139.not.1. [4]) z.B. an den solutionis c.adiectus (*Bg §104.not.7.* und *L.106.D.h.t.*), an einen Bevollmächtigten od. Vormund (*LL.12.86.58.pr.14.D.h.t.*), an den Gläubiger des Gläubigers (*L.6.D.de d.m.exc.44,4. L.61.D.h.t. L.12.C.h.t. Müller* i. Arch. f. c.Pr.XV.12.

ändertem Geldwerth s. I. §58.) Welche unter mehreren Forderungen des Gläubigers tilgt die Solution?[9]. Der Solution gleiche Schuldtilgungen durch Deposition, Dereliction u. dgl.[10.11]. Kann der Solvent Quittung verlangen?[12].

§. 144. 2. (Leistungs-Ort und Zeit s. oben I. §70. *Bg §§ 91.90.*) Interusurium, commodum repræsentationis, der Leistungsverfrühung. (vgl. I. §§58.62.)

Ort und Zeit der Solution. Die leibnitzsche Berechnung des Zinsenbetrages, welcher dem die Zahlung verfrühenden Schuldner zu gute komme (3.), ist allein richtig (gegen 1.2.).

Busch das. XXXI. S.12.ff. [5]) *Bg §101.not.16.* [6]) *Bg §§84.*ff. vgl. unten III. §40. [7]) s. I. §58. *Bg § 83.not.8.* und *L.13.§8.D.de A.E.19,1. §1.i.f.I.h.t.3,29.* „..quod debetur, pro parte recte solvitur..“ d.h. unter den rechtlichen Voraussetzungen. s. §§ 151.f. 162.ff. Die *L.21. D.de R.C.12,1.* sagt nur, der Prätor werde bei zum Theil bestrittener Leistungspflicht humanius verfahren, si actorem compulerit, sich Stückzahlung gefallen zu laßen, wie auch bei uns particularrechtlich der Richter den Gläubiger zu Annahme von Stückzahlung nöthigen kann; u. die *L.4.C.de fund.patr.11,61.* enthält eine singuläre Begünstigung der Staatspächter. Die unter Miterben sich ipso iure theilende Schuld (s. §§110.92. Erbr. §105.) steht nicht mit jenem Satze in Widerspruch. s. auch *Gesterd.* Ausb. III. S.410.ff. [8]) s. *LL.citt.* Der J.R.A. §174. enthält eine bloß transitor. Bestimmung. [9]) *LL.1.2.3.pr.4.5.§§2.3.LL.6. ...8.24.48.77.89.94.§3. L.96.§3. LL.97.101.§1.L.102.§1. L.103.D.h.t. L.1.C.eod. L.35.pr. D.de P.A.13,7. Gmelin* de graviori causa, in quam a debitore ex plurib. causis solutio facta esse præsumitur. Tub.1801. *Funke* Beitr. n°.4. *Buchholtz* Jur. Abh. n°.28. *Pu.§ cit. Va.589.* [10]) *L.39.D.h.t. L.9.C.eod. LL.7.18.§1.D. de usur.22,1. LL.6.9.19.C.eod.4,32. L.1.§36.D.depos.16,3. L.7.§2.D.de minor.4,4. L.8.C.de distr.pign.7,28. Nov.91.c.2.* und ad § 137. *K.157.*ff. *U.220.*n°.11. *Puchta* sen. Hdb. d. Verf. i. S. d. freiw. Ger. § 275. *Zimmern* i. Arch. f. c. Pr. III.9. beschränkt es auf Geld; dagegen *Thibaut* V. S.332...36. *Madai* Mora S.466.ff. s. auch *Lauterbach* Diss. ac. II.63. *Knorr* de obsignat. iud. Hal.1722. *Schultz* Tr. de oblatione, obs. et depos. Brem.1775. *Tidemann* de depositione debiti. Gott.1776. *Kind* Qu. for. III. qu.90. ed.2. [11]) *LL.9.i.f.72.pr.D.h.t. L.1.§3.D.de per.et comm.18,6. L.105.D.de V.O.45,1.* [12]) *Gesterd.* Arch. f. civ. Pr. IV.4. Ausbeute III.11. S.427.ff. *Linde* i. Ztsch. f. Civ. u. Pr. I. S.244. *Se.* Arch. I. S.330. *Busch* l.c. S.1.ff.

§. 144. *B.58.a.E. K.18.44.*f. *U.108.*f.*170.*f.*132. Sav.O.49.50. He.25...28. Se.234. Mü.466...68. Gö.414...420. Pu.241. Ro.365. Va.587. Si.87.not.55.91.*f. *Ar.220.*f. *Se.* Erörtt. I.19. *B–g* (nicht *Böcking*) v. Interusur. in Weiske V. *Paul.L.82.pr.D.de leg.II.31. Ulp.L.66. pr.D.ad L.Falc.35,2. L.9.§8.D.de pecul.15,1.* cf.*L.1.§10.D.ad L.Falc. L.24.§1.D.sol.matr. 24,3. L.10.§12.L.17.§2.D.quæ in fr.cred.42,7.* 1) *Ben.Carpzov* Decis. for. P. III. Dec.275.) will die Zinsen der im Moment der Fälligkeit der Forderung zu zahlenden Summe für so viele Zeit, als man früher bezahlt, abziehen. *Afr.L.88.§3.D.ad L.Falc.35,2. Ulp.Fragm. 6,12.* vgl. auch *Oettinger* i. Arch. f. c. Pr. XXIX.2. (welcher nicht wuste, daß nach der L. Falc. der Vermögens- und Vermächtniß-Betrag nach der Todeszeit des Erblaßers sich bestimme.) 2) *G.A.Hoffmann* (Von richtiger Berechn. des Interusurii; auch in *Polack* Mathesis forensis ed. III. p 129.ff.) und mit ihm *Schrader* Civ. Abh. II.2. will, es solle jetzt diejenige Summe gezahlt werden, die unter Hinzurechnung der davon auflaufenden Zinsen im Moment der Fälligkeit der Forderung der dann zu zahlenden Summe gleich kommt. Danach würde also der früher Zahlende die Zinsen, die er von den Zinsen ziehen könnte, wenn er erst zur Zeit der fälligen Obligation zahlte, verlieren. Daher berechnet 3) *G.G.L[eibnitz]* Meditatio iur. math. de interusurio simplici in den Actis Eruditor. v. Oct. 1683. u. in Opp. ed. Lud. Dutens tom. III. p.151...57.) auch die Zinsen von den Zinsen. z.B. A soll dem B die nach n Jahren fällige Forderung von x Thalern jetzt bezahlen. Bezahlte A 1 Jahr zu früh und

§. 145. 3. Beweis der Zahlung. Exceptio cautæ sed non numeratæ pecuniæ. (vgl. unten III. § 18.)

Beweis und Indicien geschehener Zahlung [1...6]. Privatbescheinigungen über eine durch Hingeben begründete Schuld beweisen nach 30 Tagen [7.8]. Cautio, discreta, indiscreta [9]. Beweiskraft einer cautio über Empfang von Fungibilien, und deren Beschränkung durch die binnen 2 Jahren zuläßige Condiction des Scheins oder exceptio non numeratæ pecuniæ [10...17]. Doloses Abläugnen des Empfanges [18].

B verzinsete das Geld zu p pro Cent, so hätten ihm Rth. 100 jetzt denselben Werth, wie Rth. 100 + p nach 1 Jahr. Also $100+p : x = 100 : x$, also $x = x.\frac{100}{100+p}$. Bezahlt nun A die Summe x 2 Jahre zu früh, so ergiebt sich deren Werth jetzt, vor Ablauf der 2 Jahre (x') aus der Proportion $100+p : x\frac{100}{100+p} = 100 : x'$, nämlich $x' = x\left(\frac{100}{100+p}\right)^2$. Mit jedem Jahr also, um welches zu früh bezahlt wird, kommt ein Factor $\frac{100}{100+p}$ zu dem früheren Werthe hinzu; bezahlt A daher n Jahre zu früh, so braucht er nur $x\left(\frac{100}{100+p}\right)n$ zu geben, oder wenn man die $\frac{100+p}{100}$ den Zinsfuß, $=v$ setzt, $x\left(\frac{1}{v}\right)n = x$. v—n Vgl. auch *Becmannorum* Tract. math. iur. de interusurio. Gött. 1784. *Lieben* ü. Leibn. u. Hoffm. versch. calculos interusurii 1788. *Se.* Civ. Erört. I. 19. S. 145. ff. *F. Zachariä* Richtige Berechn. des Interus. Greifsw. 1830. *Kirchhoff* de commodo repræsentationis. Strals. 1834.

§. 145. *Greg. Cod.* Si debito persoluto instrumentum apud creditorem remanserit *4.1.* Si amissis vel debitori redditis instrumentis creditum petatur *4,2.* *Cod.* De non numerata pecunia *4,30.* cf. *Gai. 3,131...34.* *Inst.* De litterarum obligatione *3,21*[22]. [s. auch unten III. § 18.] *Cod.* De apochis publicis *et c. 10,22.* *Bg § 118. nott. 11. 20. § 131. not. 98.* Litt. zu § 143. *He. 244.* f. *Se. 311.* *Mü. 376.* *Gö. 477.* f. *Pu. 287. 305.* *Ro. 473.* *Si. 103. n°. 4. 96.* S. 258. ff. *Ar. 262. 281.* *Br. 100.* *Mencken* Opuscc. n°. 13. *Meurer* Jur. Abhh. Lpz. 1780. I. 2. *Bülow* u. *Hagem.* Prakt. Erört. I. 2. *Reinhardt* Verm. Aufsätze. 1s Heft. Stuttg. 1822. n°. 9. *Gesterd.* i. Arch. f. c. Pr. IV. 3. 4. *Unterh.* über die exc. non num. pec., das. VII. 1. u. unten cit. *Cropp* in s. und Heises Jur. Abh. I. 18. *Waldeck* Entsch. d. O. A. G. zu Wolfenb. I. 11. Begränzung der exc. u. quer. n. n. p. *Pfeiffer* Prakt. Ausf. II. 2. *Endemann* de chirogr. et exc. n. n. Marb. 1832. *Marezoll* in Ztsch. f. Civ. u. Pr. III. 14. insb. *Gneist* Die formellen Verträge. Berl. 1845. dagegen *Schlesinger* Lehre von den Formalcontracten. Lpz. 1858. n°. 11. u. daselbst S. 179. Citt. bes. *Bähr* Anerkennung als Verpflichtungsgrund. Cassel 1855. u. i. Jahrb. f. Dogm. II. S. 333. ff. [1]) *Diocl. et Max. L. 25. C. de solutt. 8,43.* „Solutionem adseveranti probationis onus incumbit, quo facto chirographum condicere potest". [2]) *LL. 14. 15. C. eod.* *L. 2. § 1. D. de pact. 2,14.* [3]) *L. 24. D. de probat. 22,3.* *L. 22. C. tit. cit.* [4]) *L. 3. C. de apoch. publ. 10,22.* *Bülow* Abhh. II. 21. *Gesterd.* Ausb. III. S. 439. ff. [5]) *L. 18. C. de testib. 4,20.*, daselbst *Auth.* Rogati aus *Nov. 90. c. 2.* [6]) *L. 4. C. de apochis.* [7]) *L. 14. § 2. C. h. t. 4,30.* [8]) *Bg § 118. not. 20.* *Gneist* S. 30. ff. [9]) *L. 25. § 4.* *L. 31. D. de probatt.* *L. 26. § 2. D. depositi 16,3.* *c. 14. X. de fide instrum. 2,22.* „Si cautio quam a te indebite proponis expositam, indeterminate loquatur, adversarius tuus tenetur ostendere debitum quod in ea continetur; sed si causam propter quam huius modi scriptura processerit, expresseris in eadem, confessioni tuæ statur, nisi probaveris te id indebite promisisse". s. auch *Pfeiffer* Prakt. Ausf. VIII. S. 71. ff. *Hertel* de instr. indiscr. Lps. 1832. [10]) *Inst. tit. cit.* *LL. 5...9. 14. 15. C. h. t. 4,30.* *L. 1. C. de cond. ex lege 4,9.* *Nov. 100. c. 1.* [11]) cit. *L. 14. § 3. C.* *Unterh.* l. c. *§ 6.* *Kraut* de argentar. p. 103. *Pu.* l. c. u. A. [12]) *L. 8. i. f. C. h. t.* sagt „omni modo debitum solvere compellitur". *Mü. § 376.* und die das. citt. *Glück* XII. § 786. *Cropp* l. c. *§§ 11. 31...33.* *Pfeiffer* l. c. S. 155. *Gneist §§ 9.* f. [13]) *LL. 8. 14. pr. 3. C. h. t. 4,30.* *Inst. tit. cit.* *Cropp.* l. c. S. 379. ff. *v. d. Nahmer* Entscheidd. d. O. A. G. zu Wiesb. II. 18. [14]) *L. 4. C. h. t.* [15]) *L. 16. eod.* vgl. aber üb. d. kan. R. I. § 97. [16]) ungloss. *Nov. 136. c. 5.* [17]) cf. not. 14. und *L. 6. C. h. t.* [18]) *Nov. 18. c. 8.* s. oben I. § 87. not. 9.

B. Indirecte Erfüllung, Leistungs-Ersatz.

§. 146. 1. †In solutum datio und Aestimatio.

Ausnahmeweise Befreiung eines Schuldners durch Leistung eines Aequivalents statt einer geschuldeten Geldsumme[1...3], oder durch dare einer Geldsumme statt geschuldeter anderer Leistung[4]. Wie geschieht die Werthbestimmung?[5...10]. Certi und triticiaria condictio[11.12]. Obligationes faciendi[13].

§. 147. 2. Compensatio. (*Bg §128.not.21.*)

Begriff und Wirkung[1...7.11]. Zuläßigkeit[8...11]. Geltendmachung einer nichtcompensierten Forderung[12...14].

---

§. 146. *Paul.S.R.5,7.§4. Dig.* De condictione triticiaria *13,3. Nov.4.c.3.120.c.6.§2.* J.R.A.§172. *Sav.*Syst.275.f. *B.28.166.*n°.2. *K.160.*ff. *U.175.487. He.20...22. Se.238.240. Mü.465. Gö.410. Pu.240. Ro.354.*n°.III. *Va.583. Si.90. Ar.222. Stryk* de benef. dationis in sol. Erf.1666. und in Diss. Ffurt.I.9. *Marezoll* in Grolm.u.Löhrs Mag.IV.11. *Heimbach* v.Beneficium dat. in sol. in Weiske I.S.884...87. und v.Datio in sol.in Weiske III. *Mommsen* Beitr.II.§§ 7.ff.§ 20. 1) *Paul.L.2.§1.i.f.D.de R.C.12,1.* „..aliud pro alio invito creditori solvi non potest". *pr.I.q.m.obl.toll.3,29. L.17.C.de solut.8,43.* 2) *Nov.4.cit. L.24.pr.D.de P.A.13,7. L.46.D.de solutt.46,3. L.4.C.de evict.8,45.* 3) *Nov.120.cit.* 4) s.§154. *L.71.§3.D.de leg.I.30.* 5) *Dig.h.t.13,3.*und s.I.§§151. *Sav.*Syst.*275.* 6) *L.37.D.mandati 17,1. L.22.D.de O.et A.54,7. L.28.D.de novat.46,2.* 7) *L.8.§1.D.de cond.furt.13,1.* 8) *Paul.L.3.D.de cond.trit.13,3.* „..si mortuum hominem condicat, consecuturum ait pretium hereditatis". 9) oben I.§ 83.not.7. 10) s. unten III.§ 8.not.1. 11) *Dig.tit.cit.13,3. Glück* XIII.§§ 843.f.und die das.S.259.Citt. *Zimmern* Rechtsg.III.S.185. *Sav.*Syst.V.S.626.f. und VI. § 276. 12) *Sav.* l.c. zeigt, daß *Ulp. L.3.D.h.t.* 'condemnationis' als = 'formulæ acceptæ' gebraucht. s.auch unten §188. 13) *L.11.§25.D.de leg.III.32. Donell.* ad *L.72.D.de V.O.* in Opp.XI.p.1212.sqq. *Thomasii* Diss.ac.IV.123. vgl. unten § 188.

§. 147. *Gai.4,61...68. §§30.39.I.de act.4,6. Paul.S.R.2,5.§3.* De compensationibus: *Dig.16,2. Cod.4,31. Donell.*Comm.XVI.c.15. *B.539. K.162...69. U.254...60. He.112...15. Se.286...89. Mü.471.*f. *Gö.464...66. Pu.289. Ro.422.*f. *Va.618. Si.104. Ar.264...66. Br.149. Tyndari* tractatus de compensatt.in Tract.ill.ICtor.VI.2.Venet.1584.fol. *Beloius* in Meerm.Thes.IV.p.729.sqq. *Vulteius* de comp.Marb.1589. *Maestertii* Tract.tres.L.B.1639. *Parre* L.B.1710. *Ririnus* Lps.1728. *Carrach* Hal.1738. *Kanne* Lps.1779. *Anckelmann* de comp.Gott.1791. *Weber* nat.Verb.*§128.* Dess.Beitr.I.S.50.ff. *Martin* Rechtsgutachten I. n°.5. *Roh, Seuffert, Gensler* im Arch.f.c.Pr.II.17.III.13.14. *Fend* Leod.1818. *Valett* Abhh. Gött.1824.I.3. *Allard* Tornac.1825. *Hasse* im Arch.f.c.Pr.VII.9. *Bethm.-Hollweg* im Rh. Mus.für Jpdz.I.S.257...85. *Einert* Progr.de comp.Lps.1830. *Schuster* Wie ist das Comp. R.geltend zu machen? Wien 1830. *Gesterd.* Ausb.III.6. Comp. bei dingl. Klagen. *Krug* die Lehre von der Comp.Lpz.1833. (dazu *Fuhr* in Erl.Jahrb.XXVII.S.209.ff.217.ff.) u.im Arch.f. civ.Pr.XXV.S.211.ff. *Hartter* das röm.deutsche R.der Comp.Münch.1837. u.in Ztsch.f.Civ.u. Pr.XIX.6.und *Si.* ebendas.XVIII.1. *Tellkampf* i.Arch.f.civ.Pr.XXIII.14. *Heimbach* v.Compens.in Weisk.III.S.722.ff. *Brinz* Lehre v.d.Comp.Lpz.1849. *Scheurl* Beitr.n°.7. *Dernburg* Die Comp.nach r.R.Hdlb.1854. 1) *LL.1.2.D.h.t.L.4.D.qui pot.20,4.* s.auch not.12. 2) *§30.I.cit. Paul.*l.c.und *L.21.D.h.t. Ulp.L.10.§2.D.eod. LL.4.8.C.h.t.*u.o. 3) *§30.I.cit. L.14.C.h.t.* vgl. auch *Bayer* Concursproc.1850.S.91.f. 4) *L.3.D.h.t. L.4.C.eod.* vgl. unten §§ 154.ff. 5) cit.*L.4.D.qui pot. L.76.D.de V.S. L.13.D.h.t.* 6) *L.14.§1.C.h.t. L.7.pr.L.16.§1.* cf.*L.15.D.h.t. Gai.4,66. Paul.S.R.2,5.§3.* 7) cit.*L.14.§1.C.*u.*L.46.§4.* (cf.*L.45.§10.*) *D.de I.F.49,14.* 8) *Paul.2,12.§12.* cit.*§30.I. LL.1.3.7.14.C.h.t. L.11.pr.C.depos.4,34. L.46.§§4.5.D.de I.F.49,14. L.31.§1.D.de H.P.5,3.* 9) *LL.16.pr.18.§1. L.23.D.h.t. L.9.C.eod. L.14.C.de solut.8,43.* 10) *L.5.D.h.t. L.10.D.de duob.reis 45,2.* 11) s.I.§154.not.14.

§. 148. 3. Novatio [1...9]. (Vergleich und Eid oben I.§§ 96.f. *Bg* §*106*.n°.IV.v. Expromissio und delegatio s.ob.§124.) Abrechnung?[9].

Form und Wirkung [1.2]. Wer kann novieren?[3] Verwerflichkeit der Eintheilung der novatio in +voluntaria und +necessaria[4...6] und der darauf gegründeten in +privativa und +cumulativa. Novation ohne Begründung einer neuen Obligation[7]; bedingte[8]. Abrechnung ist nicht ein eigener Obligationsgrund[9].

§. 149. 4. Compromissum. (vgl. § 205.)

Begriff des Compromisses und Erfordernisse des Schiedsrichters [1...5]. Aus der Natur des

---

§160.n°.2. [12]) *Paul.L.76.D.deV.S.* „Dedisse intellegendus est etiam is qui compensavit". *LL.11.12.D. L.45.C.h.t. L.7.C.de solut.* und not.1.citt. [13]) *L.30.D.de cond.ind.12,6. L.7.§1.D.h.t. L.8.§2.D.de N.G.3,5.* [14]) *L.10.pr.§1.D.h.t.16,2.*

§. 148. *Gai.3,176...81.128.sqq. Paul.S.R.5,8.* De novationib.ad §124.citt. *B.545. U.288...91. He.116...18. Se.292.*ff. *Mü.474.*f. *Gö.451...57. Pu.291.*f. *Ro.416.457. Va.619. Si.105. Ar.268.*f. *Donell.*XVI.c.20. *Sartorius* de novationib.Erf.1771. *Hasse* D.an nov. volunt.esse possit citra stipul.Kil.1811. *Kopp* ü.d.Nov.Hanau 1811. *Löhr* in s.Mag.IV.3. *Hepp* nov.tacita i.Arch.f.c.Pr.XV.11. *Sintenis* Ztschr.f.Civ.u.Pr.IX.5. *Koch* v.d.Ueberg.d. Ford.R.Bresl.1837.§§ 50...57. *Heimbach* v.Novatio in Weisk.VII. *Fein* Beitr.z.L.v.Nov.u. Delegation.Jena 1850. *Kniep* Einfl.der bedingt.Novation auf die urspr.Oblig.Wismar 1860.

[1]) *Ulp.L.1.pr.D.h.t.* „Novatio est prioris debiti in aliam obligationem, vel civilem vel naturalem, transfusio atque translatio, h.e.cum ex præcedenti causa ita nova constituatur, ut prior perimatur; novatio enim a novo nomen accepit et a nova obligatione". [2]) *Iustinian.L.ult.*(8.)*C.h.t.* „Novationum nocentia corrigentes volumina et veteris iuris ambiguitates resecantes sancimus, si quis vel aliam personam adhibuerit, vel mutaverit, vel pignus acceperit, vel quantitatem augendam vel minuendam esse crediderit, vel condicionem seu tempus addiderit vel detraxerit, vel cautionem minorem acceperit, vel aliquid fecerit, ex quo veteris iuris conditores introducebant novationes, nihil penitus prioris cautelæ innovari, sed anteriora stare et posteriora incrementum illis accedere, nisi ipsi specialiter remiserint quidem priorem obligationem et hoc expresserint, quod secundam magis pro anterioribus elegerint. Et generaliter definimus voluntate solum esse, non lege novandum; et si non verbis exprimatur, ut sine novatione, quod solito vocabulo ἄνευ καινότητος Græci dicunt, causa procedat; hoc enim naturalibus inesse rebus volumus, et non verbis extrinsecus supervenire". [a.530.] *§3.I.quib.mod.obl.3,29. LL.2.8.§5.D.h.t. Grotefend* in Ztschr. f.Civ.u.Pr.N.F.XII.10. [3]) *LL.10.16.23.25.28.§2.L.34.pr.D.eod. L.27.pr.D.de pact.2,14.* [4]) s.I.§151.not.12. und *Bg §128.not.2.* [5]) *Paul.L.29.D.h.t.* „Aliam causam esse novationis voluntariæ, aliam iudicii accepti, multa exempla ostendunt: perit privilegium dotis et tutelæ, si post divortium dos in stipulationem deducatur, vel post pubertatem tutelæ actio novetur, si id specialiter actum est; quod nemo dixit lite contestata: neque enim deteriorem causam nostram facimus actionem exercentes, sed meliorem, ut solet dici de his actionibus quæ tempore vel morte finiri possunt". [6]) *Id.L.18.eod.* „Novatione legitime facta liberantur hypothecæ et pignus, usuræ non currunt". *Id.L.35.D.de usur.22,1.* „Lite contestata usuræ currunt". [7]) cit.*§3.I.u.L.1.§1.D.h.t.* [8]) *L.14.pr.D.h.t. L.36.D.de R.C.12,1.* [9]) *Pfeiffer* Prakt.Ausf.VIII.2. „Abrechnung als selbständiger Schuld- und Klagegrund"? dagegen *Bg §106.not.***. Als Schuldschein Schuld machend faßt die Abrechnung *Brinz* Pand.*§101.*

§. 149. cf.§205. *Dig.* De receptis qui arbitrium receperunt ut sententiam dicant *4,8. Cod.* De receptis arbitris *2,56. Nov.82.* De arbitris: *X.1,43. in VI°.1,22.* R.A. v.1594.§§ 66.95. *Donell.*Comm.XXVIII.c.10...14. *Lauterbach* Diss.ac.n°.10. *Goldschmidt*

Vertragsobjects sich bestimmende Fälle der Unstatthaftigkeit[6]. Eingehung[7...9]. Erlöschungsgründe[10]. Pactum de compromittendo[11].

B. Tilgung der Obligation ohne Erfüllung, zufolge Willensäußerung
A. beider rei: Erlaß- und Nachlaß-Verträge.

§. 150. 1. Gänzlicher Erlaß: Accepti latio, mutuus contrarius consensus, pacta de non petendo.

Auflösungsform der Begründungsform entsprechend[1.2]; daher die civilrechtliche Wichtigkeit der Aquiliana stipulatio[3]. Wirksamkeit des Nachlaß-pactum[4]. Heutiges Recht[5].

Abh. aus dem Civilpr. Ff.1818.S.135.ff. *Iaspis* D.de arbitr. Lps.1821. *Puchta* (d.ält.) das Inst. der Schiedsr. Erl.1823.u.A. *Glück* VI. S.65.ff. *Heimbach* v. Comprom. in Weiske II. bes. *Rudorff* R.R.G. § 68. *K.386...88. U.234.300...2. He.199...203. Se.375. Mü.433. Gö.546...50. Pu.296. Ro.458. Rud.252. Si.107.*D.S.478.ff. *Ar.270. Br.44.* [1]) Unfähigkeit: *LL.5...7.§ 1. LL.8.9.41.D.h.t.* cf. *L.57.D.de re iud.42,1. L.6.C.h.t. c.4.X.eod. c.7.X.eod.* und cit. R.A.§ 95. [2]) *L.17.§3. L.19.D.h.t.* [3]) *L.17.§5.D.h.t.* [4]) *L.51.D.h.t.* [5]) rubr. citt. *L.41.D. L.5.C.h.t.* [6]) *L.32.§§ 6.7.D.h.t. L.3.C.ubi et ap.2,46*[47]. mit *c.9.X.de i.i.r. 1,41.* [7]) *LL.2.11.§3.D. L.1.C.h.t. Nov.cit.c.11.§1.* [8]) *laudum* = sententia arbitri, consensus, adprobatio. *du Cange* h.v. vgl. II. § 83.not.5. [9]) *L.3.§2. L.11.§§2.sqq. L.13.§1.D.h.t.* [10]) Diese ergeben sich aus der Bedeutung dieses b.f. negotii: Uebereinkunft der Parteien; Rücktritt aus einem bona fide anzuerkennenden Grunde oder Entbindung des Arbiter; Tod einer Partei oder des Arbiter, wo nicht das Gegentheil vereinbart ist; Wahnsinn des Arbiter oder einer Partei oder Concurs dieser; Unterbleibung oder ungiltige Fällung des Laudum, oder Ablauf der vereinbarten Entscheidungsfrist, Wegfall des Interesses an der Entscheidung. s. *Dig.et C.h.t.pass. c.42.X.de off.iud.del.1,29.* [11]) s.ob.§133.

§. 150. *Gai.3,169...72. §§1.2.I.q.m.toll.obl.3,29. Dig.* De accepti latione *46,4. Cod.* De accepti lationibus *8,44*[42]. und cf.ad §§143...65.citt. und De rescindenda venditione (*Cod.4,44.*) et Quando liceat ab emptione recedere: *Dig.18,5. Cod.4,45. Donell.* Comm. XVI.c.16.17.21. *Steger* (*Conradi*) de p. de non pet. Lps.1727. *Weber* Nat. Verb. *§ 128. Meyerfeld* Schenk. *§13. v.Völderndorff-Waradein* L.v.Erlaß.Münch.1858. *Scheurl* Erlaßvertr. in Beitr.II.14. *B.173.177.f. K.171.f.134. U.225...29. Sav.* Syst.IV.S.127.f.III.S.125. *He.120...23. Se.291. Mü.473. Gö.446...48.450. Pu.297.f. Ro.415.n°.2.420.f. Va.621.*(irrig). *Si.106.*G.*107.*A. *Ar.267. Br.148.* [1]) *Ulp.L.35.D.de R.I.* „Nihil tam naturale est, quam eo genere quodque dissolvere, quo colligatum est; ideo verborum obligatio verbis tollitur, nudi consensus obligatio contrario consensu dissolvitur". *Gai.L.100. eod.* „Omnia quæ iure contrahuntur, contrario iure pereunt". *Paul.L.153.eod.* „Fere quibuscumque modis obligamur, iisdem in contrarium actis liberamur; cum quibus modis adquirimus, iisdem in contrarium actis amittimus...". *Pomp.L.80.D.de solutt. 46.3.* „Prout quidque contractum est, ita et solvi debet, ut cum re contraxerimus, re solvi debet, veluti cum mutuum dedimus, ut retro pecuniæ tantundem solvi debeat; et cum verbis aliquid contraximus, vel re vel verbis obligatio solvi debeat: verbis, veluti cum acceptum promissori fit; re, veluti cum solvit quod promisit. æque cum emptio vel venditio, vel locatio contracta est, quoniam consensu nudo contrahi potest, etiam dissensu contrario dissolvi potest". *L.1.C.tit.cit.4,45.* [2]) *Mod.L.1.D.h.t.46,4.* „Accepti latio est liberatio per mutuam [*i.e. alteram*] interrogationem, qua utriusque contingit ab eodem nexu absolutio". [3]) cit.*§2.I.u.Florent. L.18.§1.D.h.t.* „Est prodita stipulatio quæ vulgo Aquiliana appellatur, per quam stipulationem contingit, ut omnium rerum obligatio in stipulatum deducatur et ea per accepti lationem tollatur: stipulatio enim Aquiliana novat omnes obligationes et a Gallo Aquilio ita composita est QVIDQVID TE MIHI EX QVACVMQVE CAVSA DARE FACERE

2. Beschränkung des Forderungsrechts,

§. 151. a. quantitative, s.g. erzwungener Nachlaß.

Römischrechtliche und heutige Behandlung des von der Gläubigermehrheit gestatteten definitiven Nachlaßes am Betrage der Forderungen.

§. 152. b. qualitative, Stundungsverträge. (vgl. § 163.)

Gestattung, die Solution zu verschieben, durch die Gläubigermehrheit. Verschiedenheiten von dem Nachlaßvertrag des § 151. Wirkung des Klagens vor Ablauf der gestatteten Frist.

§. 153. B. Einseitige Willensäußerung: Verzicht (I. § 105.), Kündigung und liberatio legata. (vgl. auch § 130.)

Unwirksamkeit bloß einseitiger Willensäußerung eines reus[1]. Jetzige Unstatthaftigkeit des s.g. ius pœnitendi[2]. Auflündigung im allg. nur für die Zukunft des obligatorischen Verhältnisses wirksam[3]. Die s.g. exceptio non (oder non rite) impleti contractus ist bloß Läugnen des Klagegrundes[4]. Gegenstand und Wirkung des Schulderlaßvermächtnisses[5].

OPORTET OPORTEBIT PRÆSENS IN DIEMVE QVARVMQVE RERVM MIHI TECVM ACTIO QVÆQVE ABS TE PETITIO VEL ADVERSVS TE PERSECVTIO EST ERIT, QVODQVE TV MEVM HABES TENES POSSIDES POSSEDISTI DOLOVE MALO FECISTI QVOMINVS POSSIDEAS, QVANTI QVÆQVE EARVM RERVM RES ERIT, TANTAM PECVNIAM DARI stipulatus est Aus Aus, spopondit Nus Nus; item ex diverso Nus Nus interrogavit Am Am QVIDQVID TIBI HODIERNO DIE PER AQVILIANAM STIPVLATIONEM SPOPONDI, ID OMNE HABES ACCEPTVM? Respondit Aus Aus HABEO ACCEPTVMQVE TVLI". *L.3.C.h.t. Hugo* Civ.Mag.II.19. [4]) *L.7.§8. L.17.§§1.2.D. de pact.2,14. L.95.§4.D.de solut.46,3. §3.I.de exc.4,13.* cf.passim *Dig.de pactis. Frohn* de pacto de n.p.Marb.1695. *Steger* de natura p.de n.p.Lps.1727. *Völderndorf* v.Nachlaßvertr.Erl.1788. [5]) *Dietzel* Das SC.Macedonian. § 24. vgl.unten § 190.

§. 151. *L.7.§§17...19. LL.8...10.pr.D.de pact.2,14. L.58.§1.D.mandati 17,1. L.23. quæ in fraud.cred.42,8.* cf. *Gai.2,154.sqq. Lauterbach* Diss. ac.I.60. *Böhmer* Exercc. ad Pand.n°.89. *Bauer* Opuscc.I.39. *Happel* zu § 163.cit.Abschn.2. *Heffter* i.Arch.f.c.Pr.X.15. *Spangenberg* i.Ztsch.f.Civ.u.Pr.VI.6.§§1.2.u.in *Hagemanns* Pract.Erört.X.3. *Pfeiffer* Pract. Ausf.III.1.VI.3.VIII.3. *Günther* in Weiske II. S.789.ff. *v.d.Nahmer* Entscheidd.des O.A.G. zu Wiesb.II.21. „Die Minderzahl eines noch lebend. Schuldners kann zum Beitritt zu dem von der Mehrzahl bewill.Nachlaßvertr.nicht genöth. w.". *Bayer* Concursproc.§ 38. *K.174.ibiq.citt. U.230...31. He.124.*f. *Mü.172.*i.f. *Gö.449. Pu.297. Ro.421. Si.cit.207.*S.477. *Ar.276.not.2.*

§. 152. *§33.I.de act.4,6. §10.I.de except.4,13.* und die restit. *L.1.C. de plus pet.3,30.* (worüber s. *Biener* u. *Heimbach* Beitr.zur Revis.des just.Cod.S.142.f. und *Herrmann* cit. *L.1.* in der kriegel.Ausg.des C.I.) bes. *Iustinian.L.8.C. qui bon.ced.poss.7,71. Pufendorff* Obss.II. 164. *Bülow* u. *Hagemann* Pract.Erört.I.63. *Spangenberg* in Hagemanns Pract.Erört.IX.20. u.in Ztsch.f.Civ.u.Pr.l.c. *Bayer* Concursproc.§ 37. *K.38.*f. *U.177. He.104. Se.252. Mü.*l.c. *Gö.471. Pu.242. Ro.421. Va.583.*Anm.2. *Si.91.*A.n°.2. *Ar.223.*

§. 153. *Dig.* De liberatione legata *34,3.* cf. *Cod.6,14. Donell.*Comm.XVI.c.22.§8. *U.232.237. He.129.V.238.ibiq.citt. Gö.469.583. Pu.48.325.372.532. Ro.418. Va.555. Si. 297.* [1]) *Diocl.et Max.L.5.C.de O.et A.4,10.* „Sicut initio libera potestas uni cuique est habendi vel non habendi contractus, ita renuntiare semel constitutæ obligationi adversario non consentiente nemo potest...". [2]) s.§§128.130c. [3]) s.§§176.184.204. [4]) Bei den gegenseitigen Obligationen muß der auf Erfüllung klagende reus seinerseits erfüllt haben oder den Gegner durch Anbietung gehöriger Leistung in Verzug versetzen, und was Neuere übel *exceptio* non impleti contractus s. implementi non secuti nennen, ist gleich der s.g. *exc. non rite* impleti contractus, gar nicht exceptio, sondern Läugnen des Klagegrundes; daher die Beweislast nicht den der mit Unrecht Excipient genannt wird, sondern bei beiden s.g. Exceptionen den Kläger trifft. *L.22.D. de H. v.A.V.18,4. L.11.§2.*

II. Beendigung oder Beschränkung der Obligation ohne Rücksicht auf den Willen der rei. (*Abr.II.§36.*)

A. Den Gegenstand betreffende Thatsachen.

A. Unmöglichkeit der Leistung. *)

§. 154. 1. Zufälliges Aufhören der Leistungsmöglichkeit. (vgl. *Bg § 101 h.*) Tod eines reus.

1) Unmöglichkeit der Leistung ohne Schuld des Debitor[1.2]. Bloß vorübergehende Unerfüllbarkeit[3]. Alternative Obligationen[4]. 2) Tod eines reus[5...8].

§. 155. 2. Untergang der Neben- durch den der Haupt-Obligation. (vgl. *Bg § 101 g.*)

Erlöschung der accessorischen mit der principalen Schuld[1] durch confusio, ohne daß der Gläubiger von jener Vortheil hat[2]. Verschuldung der Befreiung des Hauptschuldners durch den Nebenschuldner[3]. Erlöschen des bloßen Klagerechts[4]. Wiederaufleben der Nebenschuld[5].

L.13.§8.L.25.D.de A.E.etV.19,1. c.75.inVI°.de R.I. „Frustra sibi fidem quis postulat ab eo servari, cui fidem a se præstitam servare recusat". *Glück* XVII.S.227. *K.118. He.33. Gö.424.*S.164. *Pu.232. Va.607. Wehren* über die Einr. des nichterfüllten Contr. deutsch in Barths Diss.Saml.n°.2. *Heerwart* i.Arch.f.c.Pr.VII.18.XIV.9.XVIII.15. *Schenck* das.XVII. 4.9. *Treitschke* das.XXII.11.16. *Lang* Einrede des nichterf. Contr.1829. *Sintenis* i.Ztsch.f. Civ.u.Pr.XVI.7.XVII.5. *Volkmann* D. de exc.n.adimpl.contr.Lps.1829. *Hollweg* Versuche S.344.ff. *Heffter* im Anh. zu Weber von der Verb. zur Beweisf. Halle 1832.S.287.ff. Die *L.5.§1.D.de probationib.22,3.* gehört nicht hierher: Paulus wendet nur die Rechtsbestimmung an, daß wer von einer vorgenommenen Magistratshandlung (hier Emancipation) behaupte, daß sie nicht rechtsbeständig vorgenommen worden sei, den Beweis hievon zu führen habe: die Vermutung streitet für die rechtsbeständige Vornahme. vgl. *Bg §118.nott.2.19.*
[5]) *citt.titt.Dig.etC. Ulp.L.1.pr.D.h.t.34,3.* „Omnibus debitoribus ea quæ debent, recte legantur, licet domini eorum sint". f.tot.tit.cit. *Ar.576.*n°.2.

*) *Friedr.Mommsen* Die Unmöglichk. der Leistung. (Beitr. z. Obl.R.Bd.II.) Brnschw.1853.

§. 154. *Donell.*Comm.XVI.c.1.6. *K.20.136.139.182. U.241...43.251.*f. *He.133...35. 138. Se.285. Mü.480. Gö.458.*f.*469.*n°.11. *Pu.302. Ro.417.*c. *Si.106.*x.D. *Ar.274.*f.cf.253.
[1]) *Bg § 83.not.2.§ 89.*n°.1. *Reatz* Casuell. Unterg. obligat. R. in Ztsch.f.Civ.u.Pr.N.F.XV.11.
[2]) *LL.33.37.D.de V.O.45,1. §3.I.de empt.3,23.* und passim *De peric.et comm.rei vend.: Dig. 18,6. CodA,48.* vgl. *Bg § 77.* [3]) *L.83.§5.D.deV.O.45,1.* (dazu *de Retes* in Meerm.Thes. VII.p.586.) *L.91.D.eod.* und *Bg § 68.not.8.* [4]) *L.95.D.de solut.* (und dazu *Cuiac.*Opp.IV. p.719. u.§155.not.2.). *L.47.§3.D.de leg.1.30. Zimmern* das Erlöschen alternat.F.R., i.Arch. f.c.Pr.I.3.n°.23.ibiq.citt. [5]) f.I.§153. [6]) *Bg § 90.not.6.* [7]) f.II.§ 205. [8]) vgl.II.§165.

§. 155. *B.172. K.183.*n°.11. *U.262...64. He.137. Mü.479. Gö.470.*n°.11. *Pu.302. Ro. 417.*B. *Si.106.*B.S.473. *Va.620. Ar.276.* [1]) *pr.I.q.m.toll.obl.3,29. L.43.D.de solut.46,3. L.4.C.de fideiuss.8,41.* [2]) *L.34.§8.* und cit.*L.43.D.46,3. LL.21.71.D.46,1.* f.§159.not.3. und zu *LL.93.95.§3.D.de solutionibus* f.§154.not.4. u.*Schulting-Smallenburg* ad hh.ll. *Va. § 620.* [3]) *Paul.L.88.D.deV.O.45,1.* „Mora rei fideiussori quoque nocet. sed si fideiussor servum optulit et reus moram fecit, mortuo Sticho fideiussori succurrendum est. sed si fideiussor hominem occiderit, reus liberatur, fideiussor autem ex stipulatu conveniri potest". *L.32.§5.D.de usur.22,1.* [4]) *LL.21.§.f.22.D.de pactis.2,14. L.7. §1.D.de exceptionibus 44,1.* vgl.§148.u.I.§154.a.E. §160. [5]) *Fur.Anth.L.62.D.de pactis.* „Si reus postquam pactus sit *a se non peti pecuniam*, ideoque cœpit id pactum etiam fideiussori quoque prodesse, pactus sit *ut a se peti liceat*, an utilitas prioris pacti sublata sit fideiussori quæsitum est. sed verius est semel adquisitam fideius-

§. 156. 3. Collision von Forderungen. (vgl. *Bg § 128 p,q.*)

Begriff und Hebung wirklicher Collision im Gegensatz bloßer Concurrenz[1]. Collision der Forderungen vermietheter Dienste[2]. Vermeintliche Collisionen[3-4]. Privilegierte Forderungen[5].

§. 157. B. Nutzlosigkeit der Erfüllung. (s. I. § 146. *Bg § 128 c.*)

s. g. exceptio Tua non interest.

---

sori exceptionem ulterius ei invito extorqueri non posse". *L.10. § 1. D. quod metus causa 4,2. L.27. § 2. D. de minoribus 4,4.* vgl. I. § 173. n°. 3.

§. 156. (*LL.16...39. D. de reb. auct. iud. poss. 42,5.* sind in den Vulg. u. Hal. ein Titel De privilegiis creditorum [42,6. *LL.1...24.*]) Vgl. I. §§ 147. 155. *K.46...60. U.183.* ff. *He.34...38. Se.254. Mü.173. Gö.421...24. 462. Pu.247.* f. Inst. *188. Rud.238. Va.592...94. Si.94. Ar. 226...28. Br.126.* und die Schriften über Concursproceß. *Bg* Grdr. des Civilpr. *§§ 130.* ff. *Günther* v. Concurs in Weiske II. *Dernburg* Pfdr. I. § 11. [1]) s. *Bg* cit. *§ 128. § 65 d.* [2]) s. unten § 174. not. 16. [3]) *Paul. L.39. § 1. D. de V. S.* „Bona intelleguntur cuiusque quæ deducto ære alieno supersunt". *L.17. D. de m. c. don. 39,6.* Erbr. §§ 10. not. 11. 12. not. 6. 105. [4]) *Bg § 128 o.* oben § 140. [5]) Bei Insufficienz des schuldnerischen Vermögens zur Befriedigung aller Gläubiger wird das gewissen Forderungen zustehende privilegium exigendi, seis zur Begünstigung des Gläubigers (personæ) oder des die Forderung begründenden Rechtsverhältnisses (causæ) aufgestellt (*Bg § 98 k.*), von Wichtigkeit. I) Privilegia personæ sind die der Forderungen *a*) der reipersecutorischen des Fiscus [des Landesherrn und seiner Gemahlin]: *L.34. pr. D. h. t. 42,5. L.6. § 1. D. de I. F. 49,14. L.10. pr. D. de pact. 2,14.* cf. *Paul. S. R. 5,12. § 10. Bg § 65 d. b*) der Städte: *L.38. § 1. D. h. t.* cf. *L.10. D. ad munic. 50,1.* und herkömmlich auch der Kirchen; *c*) dotale der Braut und Ehefrau: *LL.19. pr. 17. § 1. D. h. t. L. un. C. de privil. dotis 7,74. L.12. C. qui pot. 8,18. Novv. 61. 91. pr. L.74. D. de I. D. 23,3. L.22. § 13. D. de sol. matr. 24,3.* cf. III. § 17, not. 5. *d*) Bevormundeter aus der Vormundschaft: *LL.19. sqq. D. h. t. L.9. § 1. LL.42. 44. § 1. D. de adm. tut. 26,7. L.25. D. de tut. et rat. 27,3.* s. § 96. n°. 2. III. § 46. not. 5. *Rud.* Vorm. III. S. 90. ff. II) Privilegia causæ sind die der Forderungen *a*) wegen Begräbnisses, und nach der Praxis auch der durch die letzte Krankheit des Schuldners verursachten: *LL.45. 46. § 2. D. de relig. 11,7. L.17. pr. D. h. t. L.22. § 9. C. de iure delib. 6,3. Paul. S. R. 4,5. § 6.* s. unten § 207. *b*) aus Geldbarlehen zum Wiederaufbau eines Gebäudes: *L.24. § 1. D. h. t. L.1. D. de cess. bon. 42,3. L.25. D. de R. C. 12,1.* s. oben § 95. n°. 2. *c*) des Hausmiteigenthümers wegen der Reparaturkosten: s. oben § 26. *d*) aus Darlehn zum Erwerb oder Instandsetzung eines Schiffes: *LL.26. 34. D. h. t. e*) wegen unverzinslich bei einem Argentarius deponierter Gelder, was Manche auf Depositenforderungen überhaupt ausdehnen: *L.24. § 2. D. h. t. L.7. § 2...L.8. D. depos. 16,3. Overbeck* de collocatione depositi etc. 4°. s. l. 1806. *Kraut* de argentariis. Gott. 1825. c. 11. *Neustetel* in s. u. Zimmerns Unterss. n°. 2. *Emmerich* in Ztsch. für Civ. u. Pr. V. 5. *Schmid* i. Arch. f. civ. Pr. XXX. S. 84. n°. 3. *f*) des Lied- (= Glied-) od. Gesinde-Lohns, nach der Praxis: cf. S. Sp. I. 22, 2. Diese Privilegien concurrieren, ohne Rücksicht auf das Alter der Forderung, pro rata; jedoch werden vor den übrigen befriedigt II *a*, I *a*, u. I *c*, und, wenn der Depositar die Gelder, wenngleich nicht als in specie erkennbare, noch besitzt, auch II *e*, sonst steht das Privilegium des Deponenten den übrigen allen nach. Unsre Praxis stellt selbst den Pfandforderungen voran die Proceßkosten, die Staatsabgaben, die Begräbnißkosten und den Liedlohn. Der einen privilegierten Gläubiger Ausbezahlende tritt auf den Betrag der Forderung desselben in dessen Stelle ein (*L.2. D. de cess. bon. 42,3. L.24. § 3. D. h. t. Mü.* Cess. *§ 45. a.* E.); aber ein dem nachstehenden Pfandgläubiger gegen einen vorangesetzten günstiges Urtheil gilt nicht auch gegen die zwischen beide gestellten (s. § 97. not. 5. I. § 154.)

§. 157. *Bg* l. c. *Glück* IV. S. 311. *K.140. U.244. He.136. Gö.460. Pu.302. Si.* S. 471. *Ar.276.* [1]) *Bg § 128 c.* [2]) *Cels. L.97. § 1. D. de V. O. 45,1.* „... quid enim mea interest id a

S. 158. C. +Concursus plurium causarum lucrativarum. (*Bg §101 h.*)
Dieser Erlöschungsgrund beruht mit dem ersten des §154. auf demselben Princip.

B. Die Subjecte betreffende Thatsachen.

S. 159. A. Confusio. (*Bg §101 f.*)
Dieser Erlöschungsgrund[1] tritt nicht nothwendig bei allen Obligationen ein[2...5].

S. 160. B. Wegfallen der vermögensrechtl. Persönlichkeit des Schuldners. (I.§153.)
Capitis diminutio tritt nach heut. Recht nicht mehr ein[1]. Tod eines reus[2]. Güterabtretung[3].

S. 161. C. Bestrafung des Gläubigers. (I.§ 87.not.9. *Bg §101 n.*)

---

te fieri, quod si non feceris, æque salvam pecuniam habiturus sum?" *Iul.L.32.D.locati 19,2.* „negavit posse cogi colonum, ut eum fundum coleret, quia nihil heredis interesset".

S. 158. Quellen s. *Bg* l.c. *Donell.* Comm.XVI.c.5. *de Retes* in Meerm. Thes.VI.p. 378.sqq. *Majans.* Disputt.17. *W.Sell* über die Aufh. der Obll. durch conc.duar.causar.lucr. Zür.1839. *Ro.* in s. Ztsch.II. S.24.ff. *Mommsen* Beitr.I. §22. S.255.ff. *B.176. K.153.* n°.4. *ibiq.citt. U.261. He.119. Se.296.* n°.1. *Mü.480. Gö.470.* n°.1. *Pu.288.*a.E. *Ro.419. Si.107.*F.S495.ff. *Ar.276.* — *§6.I.de leg.2,20.* „Si res aliena legata fuerit, et eius rei .. legatarius dominus factus fuerit ... ex causa lucrativa, vel uti ex donatione vel ex alia simili causa, agere non potest: nam traditum est *duas lucrativas causas in eumdem hominem et eamdem rem concurrere non posse* ..". *Iul.L.17.D.de O.et A.44,7.* „Omnes debitores qui speciem ex causa lucrativa debent, liberantur, cum ea species ex causa lucrativa ad creditores pervenisset" u.a. Stellen zu *Bg §101 h.* citt.

S. 159. *Donell.* Comm.XVI.c.4. *B.172. K.183. U.262. He.139. Se.290. M.479. Gö.461.*f. *Pu.300. Ro.417.*A. *Va.620. Si.106.*S.457.f. *Ar.273.* 1) *Bg* l.c. *Senec.* de benef. V.*7,1.* „Debitor non est sine creditore ..". 2) *Venul.L.13.D.de duob.reis 45,2.* „Si reus promittendi alteri reo heres extiterit, duas obligationes eum sustinere dicendum est: nam ubi quidem altera differentia obligationum esse possit, ut in fide iussore et reo principali, constitit alteram ab altera perimi; cum vero eiusdem duæ potestatis sint, non potest reperiri quam alteram potius quam alteram consummari; ideoque etsi reus stipulandi heres extiterit, duas species obligationis eum sustinere". cit.*L.93.D.46,3.* 3) *L.13.D.de duobus reis 45,2. LL.5.14.21.§23. L.71.pr.D.de fide iuss. 46,1.* (s. dazu *Ar. §273.* Anm.1.) *LL.43.i.f.93.D.de solut.46,3. L.95.§3. L.38.§5.eod.* vgl. § 155.not.2. 4) *LL.24.50.D.de fide iuss.* 5) *L.21.§2.D.de inoff.test.5,2. L.22.C.eod.3,28. L.87.§1.D.de A.E.et V.19,1.*

S. 160. 1) s. oben I. §§22.24. n°.1. *U.253. Mü.480 b. Gö.191.469.* n°.II.a.E. *Si.106. Ar.273.* 2) s. cit.I.§153. und II.§154.a.E. 3) s.§164. u. bei den einzelnen betreffenden Obll.

S. 161. s.*Bg* ll.citt. *U.439.*f. *He.130. Mü.480 a. Gö.467. Pu.301. Si.494* B.S.494.f. *Ar.277.* Außer den I.§87.not.9. aufgeführten Verwirkungen des socius, Mitbürgen, Schuldurkundausstellers, [des Ueberschreiters des bäuerlichen Zinsfußes,] des unerlaubt Cedierenden, des seine obligatio mit dem Mündel verheimlichenden Vormunds, [des auf in iure facta interrogatio fälschlich als Erben sich Ausgebenden,] des eigenmächtig oder gerichtsverfaßungswidrig sein Forderungsrecht Ausübenden, gehört hierher auch Verwirkung der Forderung zufolge der lex Anastasiana s.§122. und der Fall der Revocation einer Schenkung, cf.*Bg §106 r.* Die verwirkte obligatio bestand als naturalis fort. *Pomp.L.19.pr.D.de cond. ind.12,6.* „Si pœnæ causa eius cui debetur, debitor liberatus est, obligatio manet et ideo solutum repeti non potest". s.I.§160. Der, zu dessen Gunsten die Verpflichtung aus einem zweiseitigen Geschäfte, ohne daß er selbst geleistet hat, erloschen ist, kann den Andren nicht zur Gegenleistung zwingen, dagegen dieser auch das von ihm geleistete nicht condicieren. *L.50.D.de A.E.et V.19,1.* „Bona fides non patitur, ut cum emptor alicuius

D. Berücksichtigung des Schuldners.

§. 162. 1. s.g. beneficium competentiæ.

Bedeutung dieser Rechtswohlthat; condemnatio in id quod debitor facere potest, und Rücksicht bei der Execution ne egeat debitor [1]. Personen, denen dieses Beneficium zusteht 1) absolut [2], 2) relativ [3]; durch Vertrag [4]. Wegfall [5-6]. Wirkung [7-8]. Concurrenz [9]. Uebergang auf Erben [10]. Der Bürge als solcher hat es nicht [11].

---

legis beneficio pecuniam rei venditæ debere desisset, antequam res ei tradatur, venditor tradere compelleretur et re sua careret..“.

§. 162. Cf. *Soluto matr.: Dig.24,3. Cod.5,18. De re iudicata* etc.: *Dig.42,1. Quod cum eo* etc.: *Dig.14,5. Cod.4,26.* [*Nov.135.* s.§164.] *Donell.*Comm.XXVII.c.9...11. *Ramos del Manzano* in Meerm.Thes.VII.p.137...45. *Lauterbach* Diss.ac.I.13. *Wernher* Obss.for. II.7.obs.85.in Suppl. *Hellfeld* Opusc.n°.25. deutsch in Barths Diss.Saml.n°.30. *Schöman* Hdb.II.4.S.61.ff. *Thibaut* Civ.Abh.n°.16. *Holtius* Bibl. du JCte et du Publiciste. Liège 1826.sq.I.p.390...505. (rec. v.Schröter in Krit. Ztschr.f.R.W.IV.S.76...80.) *Francke* i.Arch.f. c.Pr.XXIII.14. *Heimbach* v.Benef. comp. in Weiske I.S.877...84. *H.F.Meyer* de cond.in qu.fac.pot.Hal.1846. *K.42.*f.ibiq.I.p.423.citt. *U.181.*f. *He.23.*f. *Se.251. Mü.154. Gö.412.*f. *Pu.244.*f. *Ro.354. Rud.232. Va.174. Si.91.*c. *Ar.225. Br.126. Schi.*Inst.231. [1]) *L.19. §1.D.de re iud. L.173.pr.D.de R.I. §37.I.de act.4,6.* c.*Theoph.*ad h.l. [2]) Absolut haben dieses beneficium *a*) Soldaten: *L.6.pr. L.18. D. de re iud. L.4. C. de exc. rei iud.7,72. b*) Hauskinder wegen ihrer unter väterl. Gew. eingegangenen obll.: *LL.2.sqq.D.quod cum eo 14,5. LL.10.49.D.de re iud. L.37.§2.D.de adm.tut.26,7. L.11.D.de tut.et rat.27,3.* cf. *L.4.§1.D.eod. Rud.* Vorm.*§167.* vgl. §190. *Dietzel* SC.Maced.§3. *c*) Debitor qui bonis cessit: *§§4.10.I.de act.4,6. LL.4.6.7.D.de cess.bon.42,3. L.3.C.de bon.auct.iud.7,72. Nov. 135.* ist unglossiert. *d*) Geistliche und Beamte: *cf.c.3.X.de solut.3,23. Böhmer* I.E.P.III.23. §§20.sq. *Hommel* Rhaps.obs.136. dagegen *Va.§174.*g.E.*not.d.* [3]) Nur gewissen Personen gegenüber haben dieses beneficium *a*) Eltern [und Patrone]: *§38.I.de act. L.54.D.sol.matr. L.1.§1.D.de obseq.par.37,15. LL.16.i.f.17.30.D.de re iud. b*) Ehegatten: (vgl.III.§21.nott. *16.21.*) *§37.I. de act. LL.17.20...22.pr.24.§1.D.de re iud. LL.12.13.15.17.18.21.32.43.D. sol.matr. L.8.C.eod. L.84.D.de I.D. L.un.§7.C.de R.U.A.5,13. L.7.D.de castr.pec.49,17.* Dieses +benef.comp. gilt nicht bloß für alle Klagen der Ehegatten als solcher gegeneinander, sondern auch für die aus der Ehe herrührenden, insb. auch bei der Klage auf Restitution der nichtrecepticischen dos, nicht bloß, wovon die meisten der citt. Stellen reden, zu Gunsten des Mannes selbst, sondern auch seiner Kinder aus der dotierten Ehe (*L.18.pr. D.sol.matr.*, wogegen nicht ist die zu *d* gehörige *L.30.D.de re iud.*), u. seines Vaters (*L.15. §2.L.16.D.sol.matr. L.21.D.de re iud.*), nicht auch anderer Erben des restitutionspflichtigen Mannes (*LL.12.13.15.§1.D. sol. matr.*) Namentlich ist der Ehemann auch der funeraria actio (II.§207.) nur in quantum facere potest, ausgesetzt: *LL.27.i.f.28.D.de relig.11,7. c*) Socii: *L.63.D.pro soc.17,2.*(welche keineswegs, wie schon Schol.ad Basil.XII.1,60.annimmt, Geschwistern das Beneficium zuspricht, sondern societas als ius fraternitatis bezeichnet, weil, gewissermaßen wie Geschwistern, die in derselben potestas stehen, an der res familiaris, sociis gleiche Ansprüche auf das Gesellschaftsvermögen zustehen) *cf.L.16.D.de re iud. §38.I.cit.* Verfehlt ist das richtige auch bei *Gans* i.Arch.f.c.Pr.II.21.33. *Gensler* das.n°.22. Daß auch der unius rei socius das benef. habe, sagt cit.*L.63.*; daß es der omnium bonorum socius *non deducto ære alieno* habe, sagt *L.16.* Bei der unius rei societas „placuit non debere deduci æs alienum quod debetur a socio,.. nisi forte ex ipsa societate debeatur“. cit.*L.63.§3.*; omnium bonorum socii können keine anderen Vertrags-Schulden, als ex ipsa societate zu bezahlende, haben. *L.27.D.pro socio. Marezoll* in Ztschr.f.Civ.u.Pr.XIV.9.u.A. bei *Va.§174.*Anm.*2.*n°.*7. d*) der Ehefrau Vater wegen der

§. 163. 2. Moratorien. (vgl. § 152.)

Indulte, eiserne oder Anstands-, Respirations-Briefe, litteræ induciales, Quinquennellen. Begriff und Wirkung.

§. 164. 3. Bonorum cessio.

Bonam copiam eiurare[1], Immissio in bona[2]. Wirkung der justinianischen bonorum cessio[3...6]. Zweifel, ob sie oder 5jährige Befristung eintreten solle[7].

§. 165. C. Die Wirksamkeit der Obligation betreffende Thatsachen.

A. Eintritt der Resolutivbedingung oder des Endtermins. (I. §§109.111.)

Aelteres[1.2], neueres Recht[3].

B. Untergang der Klagbarkeit der Obligation (I. §§154.160.)

durch Urtheil und Klagenverjährung nach röm. Recht; jetzt Untergang der Obligation selbst[4].

Dos: s. in not. *b.* citt. *L.17.pr.D.sol.matr.* *LL.21.22.pr.D.de re iud.* *L.84.D.de I.D.* *e*) der Schenker nach Vorwegabziehung aller seiner Schulden: *§ 38.I.cit.* *L.33.D.de I.D.* *LL.12.33.D.de donat.39,5.* *L.19.§ 1.* *LL.30.41.§ 2.* *LL.49.50.D.de re iud.* *L.54.D.sol.matr.* [4]) Durch Vertrag: *L.49.D.de pact.2,14.* *L.26.D.de re iud.* *L.125.D.de V.S.* vgl. § 212. [5]) *L.4.§§1.2.* *L.6.D.quod cum eo.* *L.21.§6.D.rer.am.25,2.* *L.22.§1.* *LL.51.52.D.de re iud.* vgl. III. § 21. not. 16. [6]) *L.14.§1.D.sol.matr.* [7]) *L.63.§4.D.pro soc.* *L.8.C.sol.matr.* *L.un.§7.C.de R.U.A.5,13.* [8]) *LL.8.sq.D.de cond.ind.12,6.* [9]) *Ulp.L.3.D.quod cum eo.* „Sed an hic detrahi debeat quod aliis debetur, tractari potest. et si quidem sint creditores, qui cum esset alienæ potestatis cum eo contraxerunt, recte dicetur occupantis meliorem esse condicionem, nisi si quis privilegiarius veniat: huius enim non sine ratione prioris ratio habebitur. quod si qui sint qui posteaquam sui iuris factus est, cum eo contraxerunt, puto horum rationem habendam". vgl. §156. I. §147. [10]) *L.4.§3.D.eod.* *L.63.§2.D.pro soc.* *LL.12.sq.D.sol.matr.* *LL.24.i.f.25.D.de re iud.* s. aber not. 8 *a.* [11]) cit. *L.24.pr.* *L.7.pr.D.de exceptionib.44,1.*

§. 163. *Th.C.* De diversis rescriptis *1,2.* *Cod.* De precibus imperat. off. *et c.1,19.* bes. *L.4.ibid,* *L.8.C.qui bon.ced.7,71.* R.P.O.v.1548.XXII.§ 2. R.P.O.v.1577.XXIII. („Von verdorbenen Kaufleuten") § 4. *Böhmer* Exercc. ad Pand. III. 46. *Mühl* Beitr. z. d. L. v. d. Morat. Mannh. 1798. *Happel* Anleit. Concursproc. abzuwenden. Gieß. 1799. §§ 8. ff. *Bauer* ü. Morat. Landsh. 1820. *Lotz* Abhh. S. 283. ff. *Twiss* de dilatt. ad solv... concessis. Bredæ 1835. *K.39. ibiq.citt.* *U.Se.* und *Mü.* ad §152. citt. *He.141.* f. *Gö.472.* *Pu.242.* *Si.91* A. n°. 1. *Ar.223.* *Neustetel* über die Compensat. während eines Moratoriums in s. und Zimmerns Unterss. n°. 12. *Mittermaier* üb. Moratorien, i. Arch. f. c. Pr. XVI. 17. und die Schriftsteller über den Proceſs, bes. den Concursproceſs, z. B. *Bayer* Concursproc. ed. IV. (München 1850.) §§ 86. ff.

§. 164. *Gai.3,78.* *Th.C.* Qui bonis ex lege Iulia [*Cæsaris* od. *Augusti?*] cedere possunt *4,20.* *Dig.* De cessione bonorum *42,3.* *Cod.* Qui bonis cedere possunt *7,71.* *Nov.4.c.3.* [*Nov.135,* vgl. *Hollweg* Proc. I. S. 345. f. *Heimbach* v. Beneficium eiurationis in Weiske I. S. 899...901.] *K.41.ibiq.citt.* (I. S. 411.) *U.174.* *He.143.* *Se.253.* *Mü.170.* ff. *Gö.473.* *Pu.243.247.* f. *Inst.179.* *Ro.51.* ff. *Si.91.* B. *Ar.224.* *Dabelow* Conc. Halle 1801. c. 5. 9. u. a. über Concursproc. *C.G.Ulbricht* de cess. bon. Lps. 1826. [1]) *Zimmern* R.R.G. III. §78. *Stieber* de bon empt. ap. Rom. *Hollweg* l. c. §§ 28. ff. bes. S. 325. ff. *Bayer* Concursproc. §§ 12. 17. S. 102. f. *Keller* röm. Pr. *§ 83.* *Rud.* im Rh. Mus. für Philol. II. S. 153. ff. *Pu. § 162 q.* *Huschke* Nexum S. 129. ff. [2]) *Bg §132.not.5.* s. oben I. §163. [3]) *Alex.L.11.C.ex q.c.inf.2,12.* „Debitores qui bonis cesserint, licet ex ea causa bona eorum venierint, infames non fiunt". [4]) *LL.1.8.C.h.t.7,71.* [5]) s. §162. not. 4. [6]) *§ 4.i.f.I.de replicationib.4,14.* cf. § 162. not. 18. [7]) cit. *L.8.C.h.t.*

§. 165. *B.42.44.* *K.175.* *U.42.* n°. III. ff. *He.131.* *Mü.479.* a. A. cf. 108...10. *Gö.463.* *Pu.299.* *Ar.272.* [1]) *L.77.D.de R.I.* *Bg § 110 i, k.* [2]) *L.44.§2.D.de O.et A.* [3]) cit. *L.*

Zweiter Abschnitt. Die einzelnen Schuldverhältnisse.

Erster Unterabschnitt. Die aus Rechtsgeschäften, Uebereinkunft oder analogen Rechtsgründen: obligationes et actiones +ex conventione vel quasi ex conventione orientes.

Erste Abtheilung. Gegenseitige Schuldverhältnisse.

Erster Titel. Auf Uebertragung von Rechten oder Gebrauchsüberlaßung gerichtetete.

I. Emptio (et) venditio, Kauf und Verkauf.* (*Abr.II.§ 39.a.*)

§. 166. A. Begriff, Arten.

Begriff[1]. Objecte[2…6]. Arten: Kauf von 1) körperlichen Sachen a) nach Gewicht, Zahl und Maß[7], b) nach und auf Probe[8-9], c) in Bausch und Bogen oder per aversionem[10-11], 2) Rechten: a) Forderungskauf[12], b) Erbschaftskauf[13], c) Renten- und Gülten-Kauf[14]; 3) Glücks-Kauf[15]. Erfordernisse in Betreff des Pretium[16…22]. Form[1], insbesondere Subhastation (Auction, Licitation)[23…30].

44.§1. in *Bg §114.not.3.* vgl. auch §§150.153. [4]) oben I.§154.nott.12.sqq.§160. *K.176…81.184.et ibi citt. U.233.245…50. He.126.132. Mü.478.481.*i.f.*482. Gö.468. Pu.293. Ar.271.*

*) *Gai.3,139…41. Paul.2,17.10. Fgm.Vat.§§1…40. Th.C.3,1.3.5,8.10,17.21.11,3. Inst.3,23[24]. Dig.18.19,1.21. Cod.4,38…60.63.10,3…5.27. X.3,17. Extr.comm.3,5.* und die zu II.§ 42..not.7.citt.titt. De rebus ecclesiæ non alienand. cf.Citt.ad II.§§ 41.f. *Cuiac.*Opp.VII.p.684.sqq. *Donell.*Comm.XIII.c.1…5. *Duaren.*Opp.p.1017.sqq. *d'Avezan* in Meerm.Thes.IV.p.78.sqq. *Pothier* Tr.du c.de vente, zuerst 1768. *Westphal* Lehre des gem.R.vom Kauf-, Pacht-, Mieth- u.Erbzins-Contract u.s.w. Lpz.1789.und 1807. 1r Thl. *Glück* XVI.XVII.1.XX. *Puchta* sen.Hdb.des Verf.i.S.d.freiw.Ger.II.*§§135…48.* *Treitschke* Kaufcontr...Waarenhandel Lpz.1838. *Thöl* Handelsr.I.§§ 63.ff. *Grath* u.*Wilda* v.Kauf in Weiske VI.S.10…57. *B.58…68. K.319…31. U.427…83. He.144…53.375…86. Se.322…24. Mü.389…406. Gö.494…506. Pu.360…64. Ro.425…33. Va.632…36.609…11. Si.116. Schi.*Inst.*388…301. Ar.300…307. Br.112…14.* [Dissertt.ü.Empt.Vend. von *Arumæus* Ien.1630. *Becker* 1716. *de Boden* Hal.1716. *Brenning* Lps.1778…79. *Bruckner* Erf.1704. *Burmania* Fran.1716. *Carpzov* Vit.1619. *Chavonnes* L.B.1749. *Cosel* Vit.1655. *Cremer* Gron.1802. *Curtius* Ien.1615. *Ebeling* L.B.1763. *Eversdijk* L.B.1709. *Falckner* Helmst.1754. *Feltz* Arg.1710. *Forster* Vit.1603. *Harder* Bas.1670. *Hesse* Regiom.1710. *Huber* Reg.1612. *Hutten* Ien.1619. *Imlin* Ien.1628. *Ivo* Bas.1617. *Lederer* Vit.1605. *Leiser* Vit.1677. *Meier* Erf.1691.1726. *Nævius* Vit.1683. *Oosterga* Trai.1688. *Pauli* Regiom.1705. *Reusner* Vit.1628. *Reyger* Helmst.1587. *Riemer* Alt.1615.1619. *Rivinus* Trai.ad Rh.1726.u.wieder Lps.1735. *Romanus* Lps.1672. Rösler Tub.1721. *Schorch* de pretio.Erf.1772. *Schrag* Arg.1690. *Selliers* Brux.1826. *Sinolt* Marb.1727. *Spring* L.B.1713. *Stabenow* Ff.(1605?) *Strecker* Erf.1738.1739. *Streit* Arg.1729.1732.1735. *Struv* Ien.1647. *Sturck* Helmst.1618. *Suevius* Ien.1648.1656. *Ulrich* Marb.1650. *Volkmar* Lps.1656. *Walther* Lps.1662. *Westenschowe* L.B.1718. Die meisten sind angeführt in *Vogel* Lexic.litt.ac.iur.libr.Gœthian.Lps.1836.]

§. 166. De emptione et venditione: *Inst.3,24. X.3,17. Extr.comm.3,5.* De contrahenda emptione *etc. Th.C.3,1. Dig.18,1. Cod.4,38.* vgl. *Mommsen* Beitr.I.§ 28. [1]) *Pr.* bis *§3.I.h.t.*(zu diesem *§3.I.* s. *Gensler* i.Arch.f.c.Pr.I.30.35.) *LL.1.2.D.h.t. L.12.D.*de *evict.21,2. L.9.C.siq.alteri 4,50. Bg §116 g.*, oben I.§113. II.§134. vgl. unten nott.23.ff. [2]) *Bg §§67.68.89.* und oben I. §§ 49.ff. 70. ibiq. citt. *D.h.t.* passim. *L.12.D. de H. v. A.V.18,4. etc.* [3]) s. oben § 43. [4]) *L.65.D.h.t.* [5]) s. von diesen Rechten an ihrer systemat. Stelle. [6]) *Bg §141d.* [7]) *L.35.§7.D.h.t.* [8]) *L.34.§5.eod. LL.1.pr.4.pr.§1.D.de per.et comm.18,6. Gensler* de E.V.ad mens.num.pondusve v.ad gustum.Ien.1814. *Cropp* in s.u.Heises Abhh.I.12. *Hesse* Kauf nach vorgezeigten Proben i.Ztsch.f.Civ.u.Pr.1846.n°.4. *Goldschmidt* in

B. Verpflichtungen

A. des Verkäufers:

S. 167. 1. zur bona fides und zur Tradition.

Haftung für Dolus und Culpa[1]. Ware und Accessionen; periculum. Actiones empti und venditi. Tradition der Ware ut emptori eam sibi habere liceat[2]; Nichtausschluß der Absicht des Eigenthumsüberganges[3-4]. Tradition und Mancipation; duplæ stipulationes des neueren Civilrechts statt der älteren dupli pœna des fälschlich Mancipierenden[5]. Regreßpflicht des Verkäufers (excepto fisco). (§§ 168.f.)

Ztschr. für Handelsr. I. [9]) *Cropp* l.c.n°.13. [10]) *L.35.§§5.6. L.62.§1.D.h.t. L.1.§1. L.4. §§1.2.D.de per.et comm.* [11]) citt. *L.35.§5. L.34.§5.D.h.t. L.40.§2.D.deV.O.45,1.* [12]) s.ob. §§120...22. [13]) *De H.v.A.V. Dig.18,4. Cod.4,39.* s.Erbr.§97. *Schi.*Inst.*301. Glück* XVI. S.309.ff. *Besecke* de alienat.hered.Hal.1774. [14]) *Böhmer* I.E.P.V.19.§§47...69. *Eichhorn* deutsch.Pr.R.*§§105*.ff. [15]) Stellen in §129.not.1. *Heinecc.* de vend.illic.fructuum in herbis in Opp.III.p.275.sqq. [16]) *§1.I.h.t. L.35.§1.D. de contr.e.18,1. cf.L.32.D.de præscr.verb.19,5.* [17]) *Gai.3,141. §2.I.h.t. L.1.pr.§1.D.h.t.* [18]) *L.7.§1.D.h.t. Leist* in Ztsch.f.Civ.u.Pr.XVII.S.361.ff. s. auch *Gesterd.*Ausb.VI.2.S.245.ff. „Pecunia in folle als Kaufpreis“. [19]) *L.9.C. de resc.vend.4,44. L.4.C. de evict.8,45.* [20]) *§1.I.h.t. L.35.§1. L.37.D.h.t. LL.13.15.C.h.t.* cf.*L.7.D.eod.* [21]) s.§172. [22]) *LL.36.38.D. LL.3.9.C.h.t. Bg §88g.* [23]) *L.2.C.si in c.iud.8,23. LL.2.3.C.de execut.rei iud.7,53.* s.oben §94. [24]) De fide et iure hastæ fiscalis et de adiectionibus: *Th.C.10,17. Cod.10,3.* [25]) *L.3.C.de vend.reb.civ.11,31. L.3.C.de loc.præd.civ.11,70. Nov.120.c.6.§2.* [26]) Subhastation, Auction, Licitation s.Citt.ap.*K.331. U.437. Matthæi* de auctionib.Tr.ad Rh.1653.u.Antv.1680. *Struben* Rechtl.Bed.V.28. *Hommel* De solemnib.venditionum.Lps.1737. *Leyser* Meditatt. 344.n°.4. *Puchta* sen. Hdb.d.Verf.i.S.d.freiw. Ger. *§§243...46.* [27]) vgl. auch *Mencke* de resciss. empt.vend.per subhastat.f.ob læsion.ultra dimid. Lps.1686. *Spangenberg* i.Ztsch. f.Civ.u.Pr.V.9. Daß subhastierte Sachen vom Pfandrechte frei werden, sagt *L.6.C.de remiss.pign.8,26.* nicht, wie *Mü.393.* zu *not.8.* behauptet: das Nichtgeltendmachen des Pfandrechts durch die anwesenden Pfandgläubiger wird als remissio pignoris ausgelegt. s.ob.§109.n°.1. [28]) Nur der Fiscalschuldner wurde gegen die vom Fiscus vorgenommene gehörige Subhastation nicht vom gewöhnlichen Gericht restituiert (*LL.1...3. Th.C. L.5.C.de fide et iure hast.* titt.Cod. *Si adv.fiscum 2,36[37]. Si propter publ.pens.4,46. Vat.Fr.§37.*) und es tritt hier überh. dem Restitutionsgesuch leicht das privilegium fisci entgegen, wovon oben §42. *Burchardi* W.i.d.vor.St. S.39.f. [29]) Auf diese s.g. adiudicatio gehen die neueren Dissertt. De adiudicatione, nicht auf die römische adiudicatio, wovon oben §23. [30]) *L.50.D.de I.F.49,14. L.4.C.de fide et iure hastæ 10,3.*

S. 167. *Paul.2,17. Fgm.Vat.§§1...49.* De A.E.(et V.= de actionibus empti et venditi): *Dig.19,1. Cod.4,49.* De periculo et commodo rei venditæ: *Dig.18,6. Cod.4,48.* De evictionibus (*Cod.8,45[44]*.) et duplæ stipulationibus: *Dig.21,2. Nerger* pericul.rei empt.ante tradit.emptoris.Trevir.1671. *Heyer* i.Ztsch.f.Civ.u.Pr.N.F.XV.1. [1]) *Bg §105. not.24.* oben I.§89.not.11. vgl.*L.1.§§2.6. L.37.D.de ædil.ed.21,1.* [2]) *Hasse* Culpa *§§79. 98.* [3]) *L.11.§2.* und passim *D.h.t.19,1.* oben §31. und I.§157.not.16. cf.*L.19.C.de eviction. 8,45.* [4]) *Lab.L.80.§3.D.de contr.empt.18,1.* „Nemo potest videri eam rem vendidisse, de cuius dominio id agitur, ne ad emptorem transeat, sed hoc aut locatio est aut aliud genus contractus“. *Pomp. L.30.§1.D.de A.E.etV.* „Si sciens alienam rem ignoranti mihi vendideris, etiam prius quam evincatur, utiliter me ex empto acturum putavit [Africanus] in id quanti mea intersit meam esse factam. quamvis enim alioquin verum sit *Venditorem hactenus teneri ut rem emptori habere liceat, non etiam ut eius faciat,* quia tamen dolum malum abesse præstare debeat, teneri eum qui,

2. zur Gewähr wegen

S. 168. a. Mangelhaftigkeit des Rechts: Eviction.

Begriff und Grund [1]; bei Verkauf durch den Fiscus wegfallend [2]. Allgemeine Haftung des Verkäufers bei Veräußerung fremder Ware [3]. Pactum de non præstanda evictione [4]. Fälle der Nichthaftung des Verkäufers [5...8]. Litisdenuntiation [9,10]. Verhältniß während der Unsicherheit der Eviction [11]. Theilweise Entwährung [12]. Regreß gegen mehrere Verkäufer [13].

S. 169. b. Fehlerhaftigkeit der verkauften Sache: Aedilicium edictum.

Vertragswidrige Mangelhaftigkeit der Ware ist nicht nur Grund der empti actio, sondern nach dem Edict der curulischen Aedilen auch der redhibitoria und der quanti minoris actio [1,2]. Besondere actio de ornamentis [3]. Befreiung des Fiscus [4] und vertragsmäßige [5].

---

sciens alienam, non suam ignoranti vendidit". *Paul.L.188.D.deV.S.* „Habere ... obtinere sine interpellatione quod quis emerit". [4]) *Paul.L.2.D.de evict.* „Si dupla non promitteretur et eo nomine agetur, dupli condemnandus est reus". *cf.L.37.eod.*

S. 168. De evictionibus ad §167.citt.titt. *Cod.* Creditorem evictionem pignoris non debere *8,46*[*45*]. s.oben §98. *Cod.* Ne fiscus rem quam vendidit evincat *10,5.* cf. §37. *Dig.* De exc.rei vend.et trad. s.oben §47. *Cuiac.* Parat.ad C.h.t. in Opp.II. und Recitt. ad L.59. D. de contr.empt. in Opp.VII.p.717.ff. *Donell.* ad tit.de evictionib.in Opp.prior. Ff.ad M.1589. *Suevius* Ien.1649. *Alteserræ* Recitt.quot.I.p.597.sqq. *I.H.Bœhmer* Exercitt.IV.61.62. *Wæchtler* Opuscc.ed.Trotz.p.1...181. *Callet* in Meerm.Thes.II.p.309.sqq. *Glück* XX.§§1117.ff. *Va.610.* *Bekker* de evictione citra stipulationem præstanda.Berol. 1849. *Müller* die Lehre d.r.R.v.d.Eviction. Halle 1851. [1]) *Ulp.L.1.D.h.t.21,2.* „Sive tota res evincatur sive pars, habet regressum emptor in venditorem...". [2]) s.oben §43. *cf.L.5.D.de I.F.49,14.* u. §169.not.3. [3]) s. §167.not.4. [4]) *Ulp. L.11.§18.D. de A.E.et V.* „..etsi aperte in venditione comprehendatur *Nihil evictionis nomine præstatum iri,* pretium quidem deberi re evicta, utilitatem non deberi...". *L.27.C.h.t.* Verwechselung des Vertrags de non præstanda evictione mit dem ungiltigen de non præst. dolo in *Richter* de pacto evict.non præst.inutili.Lps.1738. s.*Glück* XX.S.296.ff. [5]) z.B.*L.11.pr.* *LL.21.pr.27.D.h.t.* *L.17.C.de A.E.et V.4,49.* [6]) *L.29.§1. L.53.§1. L.66.pr.D.h.t.* [7]) *L.51.pr.D.h.t.* [8]) *L.29.pr.D.h.t.* s.§167.not.4. [9]) *L.53.§1. L.55.§1. L.56.§§5.6. L.62.§1.D.h.t.* *LL.8.9.23.C.eod.* *L.85.§5.D.de V.O.45,1.* [10]) cf.*Glück* XX.S.401.ff. [11]) *LL.8.16.pr.60.67.70.D.h.t.* [12]) *LL.1.13.35.pr.D.eod.* [13]) *L.12.D.eod.*

S. 169. *Dig.* De ædilicio edicto et redhibitione et quanti minoris *21,1.* De ædiliciis actionibus: *Th.C.3,4.* *Cod.4,58.* *Balduin.* in Heinecc. Ipd.Att. et Rom.I.p.871.sqq. *Alteserra* l.c. p.508.sqq. *Donell.* in Opp.X.p.1293.sqq. *Strauch* Opuscc. rar. Hal.1729.p. 648.sqq. *Aschen* de præscriptione redhibitionis.Gott.1785. *Feuerbach* Civ.Vers.I.2. und dageg.*Westhoff* Vindiciæ comm. doctr.de a.redh.Helmst.1804. *Reinhardt* Verm.Aufsätze 1. Heft. Stuttg.1822.n°.13. üb.act.redhibit.das.n°.8. *Glück* XX. §§1106...18. *Unterh.* Verkauf mangelhafter Sachen, i.Arch.f.c.Pr.VI.3. *Neustetel* in s. und Zimmerns r.r.Untersf.n°.9. *Gesterd.* i.Ztsch.f.Civ.u.Pr.VI.1. u.in Ausb.III.S.429.ff.VI.1.n°.IV.u.VI.2.n°.I. *Sav.* Syst.III.S. 358.f. *H.Keller* in den sellschen Jahrb.III.4. *Va.609.* — *Behamb* Roßtauscherr.Augsb.1745. *Ploucquet* ü. die Hauptmängel der Pferde. Tüb.1790. *Münter* Roßtauscherrecht ed.II. Hann. 1796. Ueb.deutsch.R.s.auch *Cropp* in s.u.Heises Jur.Abh.II.11. [1]) *L.11.et passim D.de A.E.V.19,1.* [2]) *Ulp. L.1.pr.§1.L.25.§1.L.38.pr.D.h.t.* „Labeo scribit edictum ædilium curulium de venditionibus rerum esse tam earum quæ soli sint, quam earum quæ mobiles aut se moventes. *§1.* Aiunt ædiles QVI MANCIPIA VENDVNT, CERTIORES FACIANT EMPTORES QVID MORBI VITIIQVE CVIQVE SIT, QVIS FVGITIVVS ERROVE SIT NOXAVE SOLVTVS NON SIT; EADEMQVE OMNIA, CVM EA MANCIPIA VENIBVNT, PALAM RECTE PRONVNTIANTO. QVOD SI MANCIPIVM ADVERSVS EA VENISSET, SIVE ADVERSVS QVOD DICTVM PRO-

§. 170. B. Verpflichtungen des Käufers.

Eigenthumsübertragung des Kaufgeldes [1], bis zu welcher oder geschehener Creditierung der Käufer das Eigenthum der Ware nicht erwirbt [2]. Venditi actio des Verkäufers [3], und Anspruch auf usuras ex æquitate [4]. Periculum rei venditæ und Kostenerstattung [5...7]. Dispositive Natur dieser Bestimmungen [8].

§. 171. C. Besonderer Aufhebungsgrund des Verkaufs: +Læsio enormis oder ultra duplum.

Erfordernisse und Wirkungen der dem Verkäufer widerfahrenen læsio supra duplum.

MISSVMVE FVERIT, CVM VENIRET, FVISSET, QVOD EIVS PRÆSTARI OPORTERE DICETVR, EMPTORI OMNIBVSQVE AD QVOS EA RES PERTINET, IVDICIVM DABIMVS, VT ID MANCIPIVM REDHIBEATVR. SI QVID AVTEM POST VENDITIONEM TRADITIONEMQVE DETERIVS EMPTORIS OPERA FAMILIÆ PROCVRATORISVE EIVS FACTVM ERIT, SIVE QVID EX EO POST VENDITIONEM NATVM ADQVISITVM FVERIT, ET SI QVID ALIVD IN VENDITIONE EI ACCESSERIT, SIVE QVID EX EA RE FRVCTVS PERVENERIT AD EMPTOREM, VT EA OMNIA RESTITVAT. ITEM SI QVAS ACCESSIONES IPSE PRÆSTITERIT, VT RECIPIAT. ITEM SI QVOD MANCIPIVM CAPITALEM FRAVDEM ADMISERIT, MORTIS CONSCISCENDÆ SIBI CAVSA QVID FECERIT, INVE HARENAM DEPVGNANDI CAVSA AD BESTIAS INTROMISSVS FVERIT, EA OMNIA IN VENDITIONE PRONVNTIANTO: EX HIS ENIM CAVSIS IVDICIVM DABIMVS". Præterea in edicto adicitur sic „ET QVANTA PECVNIA PRO EO HOMINE SOLVTA ACCESSIONISVE NOMINE DATA ERIT, NON REDDETVR; CVIVSVE PECVNIÆ QVIS EO NOMINE OBLIGATVS ERIT, NON LIBERABITVR". [3]) *L.38.pr.D.h.t.* „Aediles aiunt „QVI IVMENTA VENDVNT, PALAM RECTE DICVNTO QVID IN QVOQVE EORVM MORBI VITIIQVE SIT, VTIQVE OPTIME ORNATA VENDENDI CAVSA FVERINT, ITA EMPTORIBVS TRADENTVR. SI QVID ITA FACTVM NON ERIT, DE ORNAMENTIS RESTITVENDIS IVMENTISVE ORNAMENTORVM NOMINE REDHIBENDIS IN DIEBVS SEXAGINTA, MORBI AVTEM VITIIVE CAVSA INEMPTIS FACIENDIS IN SEX MENSIBVS, VEL QVO MINORIS CVM VENIRENT, FVERINT, IN ANNO IVDICIVM DABIMVS. SI IVMENTA PARIA SIMVL VENIERINT ET ALTERVM IN EA CAVSA FVERIT VT REDHIBERI DEBEAT, IVDICIVM DABIMVS QVO VTRVMQVE REDHIBEATVR". [4]) *L.1.§3.D.h.t.* „Illud sciendum est, edictum hoc non pertinere ad venditiones fiscales". [5]) *Ulp.L.31.D.de pact.2,14.* „Pacisci contra edictum ædilium omni modo licet, sive in ipso negotio s. venditionis gerendo convenisset, sive postea".

§. 170. [1]) *Ulp.L.11.§2.D.de A.E.et V.* „Et in primis ipsam rem præstare venditorem oportet, id est tradere. quæ res, si quidem dominus fuit venditor, facit et emptorem dominum; si non fuit, tantum evictionis nomine venditorem obligat, si modo pretium est numeratum aut eo nomine satis factum. emptor autem nummos venditoris facere cogitur". cf. *L.50.eod. L.1.D.de præscr.v.* in §178.not. [2]) cit. *L.11.§2.* u. *LL.19.53.D.de contr.empt. §41.I.de R.D.2,1.* [3]) Von dem pactum +reservati dominii s. *Bg §153.not.36.* oben §130.η'. [4]) *Ulp.L.13.§§19.20.D.h.t.19,1.* „Ex vendito actio venditori competit ad ea consequenda quæ ei ab emptore præstari oportet. Veniunt autem in hoc iudicium infra scripta: in primis pretium quanti res venit; item usuræ pretii post diem traditionis: nam cum re emptor fruatur, æquissimum est eum usuras pretii pendere". *L.19.D.de per.et comm.18,6.* s. §136.not.11. u. §153.not.4. [5]) §167. vgl. §§130.134. *Paul.L.8.pr.D.de per.et comm.18,6.* „... perfecta emptione periculum ad emptorem respiciet". *Id.L.14.pr.eod.* „Quod si neque traditi essent [lecti empti] neque emptor in mora fuisset quo minus traderentur, venditoris periculum erit". [6]) *L.13.§22.D.de A.E.et V.* [7]) *LL.1.sqq.D.de per. et comm.18,6. L.2.C.eod.4,48. Hasse* Culpa *§90.* [8]) cf. §§130.ff.

§. 171. De rescindenda venditione (*Cod.4,44.*) et Quando liceat ab emptione discedere (*Cod.4,45.*): *Dig.18,5.* Diss. von *Thomasius* in Diss.ac.III.73. *Tenzel* Erf.1727.

Grund dieser Rescission und Grundlosigkeit der Ausdehnung dieses Rechts des Verkäufers auf andere Contrahenten.

II. Locatio (et) conductio, Miethe, Pacht und Verdingung *).

A. Eigentliche locatio (et) conductio. (*Abr.II.§29.β.*)

§. 172. A. Begriff und Arten: L.C. rerum, operarum und operis; +sublocatio und +subconductio.

Verschiedenheit der Leistungen und danach der Arten dieses Consensualcontracts [1.2]. Benennungen der Contrahenten [3.4]. Pensio [5.6]. Verwandte Formen [7]. After-Miethe oder Pacht [8].

Ickstatt Herbip.1734. *Toullieu* Collectan.n°.12. *Hannesen* Gott.1747. *Wiesand* Vit.1768. *Gehler* Lps.1777. *Gregel* Wirceb.1798. *Bouvier* Tr.ad Rh.1824. *Lammens* Gand.1827. *Dedekind* Gott.1837. *Weisseneck* i.Arch.f.c.Pr.IV.8. *Bats* Abhh.n°.14.15. *Madai* Erörtt.I. 2.n°.5. *Chambon* Beiträge I.S.113...174. (der für die Ausdehnung dieses Rescissionsgrundes streitet). *Br.114.*a.E. will dieser Rescission „die allgemeinere Grundlage der i.i.r." geben, sie daher auch bei anderen „kaufartigen" Geschäften zulaßen; „die rescissorische Klage selbst wollen wir aber um deswillen keineswegs als förmliche i.i.r. bezeichnet oder behandelt wißen". [wir überhaupt nicht.] vgl.I.§169. *B.67. K.318. U.452. Glück 1028.ibiq.citt. Va.611. Diocl. et Max.L.2.C.h.t.* „Rem maioris pretii si tu vel pater tuus minoris distraxerit, humanum est ut vel pretium te restituente emptoribus fundum venundatum recipias auctoritate iudicis [also nicht prätorische i.i.r.] intercedente, vel, si emptor elegerit, quod deest iusto pretio recipias. *minus* autem *pretium esse videtur si nec dimidia pars veri pretii soluta sit*". *Iid.L.8.eod.* „... Hoc enim solum quod paulo minore pretio fundum venditum significas, ad rescindendam venditionem invalidum est... perspiceres neque bonam fidem quæ emptionis atque venditionis conventionem tuetur, pati neque ullam rationem concedere rescindi propter hoc consensu finitum contractum,.. nisi minus dimidia [quantitate] iusti pretii, quod fuerat tempore venditionis, datum esset, electione iam emptori præstita servanda". *cf.L.22.§3.D.locati 19,2.* (*Bg §105. not.21.*) *Brox* de renuntiatione remedii ex l.2.C.de resc.vend.Lps.1837.

*) *Gai.3,142...47. Ulpiani Inst.§2.* De locato et conducto: *Paul.2,18. Cod.4,65. X.3,18. Inst.* De locatione et conductione *3,24*[25]. *Dig.* Locati conducti *19,2. Cod.* De locatione prædior. civil. *et c.11,70. Donell.* Comm.XII.c.6...9. *d'Avezan* in Meerm.Thes. IV.p.96.sqq. *Brummer* Lps.1664.u.in Opuscc.p.375.sqq. *Voet* de loc.cond.L.B.1681. *Pothier* Tr. du c. de louage *etc. Bœhmer* Exercc. ad Pand.III.p.464.sq. *Westphal* l.c. Thl.2. *Krits* Pandectenr.I.2.S.191...384. *Hermann* d. Miethvertr. hauptſ. in Bez. auf Wohnungen. Dresd.1840. *Glück* XVII.Thl.2.u.die das.S.265.Citt. *Puchta* sen. Hdb.d.Verf.i.S.d.freiw. Ger.*§§154...66.* Art. Pacht- u. Miethvertrag in Weiske VII.S.735...837. *Schi.* Inst.*302...11. B.69...74. K.344...57. U.493...522. He.154...63. Se.326...34. Mü.408...15. Gö.507...18. Pu.365...67.369. Ro.440.*ff. *Va.640...46. Si.118. Ar.309...15. Br.115.*

§. 172. [1]) *LL.1.2.13.25.pr.46.53.et pass.D.h.t. LL.8.21.C.eod.4,65. §§1.2.I.h.t.3,24.* Der gewöhnliche Name des Mieth- u.Pachtgeldes ist merces, pensio; auch pretium z.B. *L.28.§2. L.51.§1.D.h.t.*, manu pretium *L.30.§3.eod.* Ueber loc.cond.rer. s. auch *Bijnkershoek* Obss.VIII.c.1...8. [2]) *L.13.§1. L.22.§2. L.25.§7. L.48.pr. L.51.§1. L.60.§§3.8.D.eod. Paul.L.5.§1.D.de V.S.* Fest. p.270.ed.Müll. „*Redemptores* proprie atque antiqua consuetudine dicebantur qui cum quid publice faciendum *aut* præbendum conduxerant effecerantque, tum demum pecunias accipiebant: nam antiquitus *emere* pro *accipere* ponebatur. at hi nunc dicuntur *redemptores* qui quid conduxerunt præbendum utendumque". *Haase* de opere locato comm.gramm.et histor.Lps.1814. u. comm.iur.civ.ibid. eod.a. *Weiske* Theor.pr.Abh.n°.1. [3]) *L.24.§1. L.25.§2.D.h.t.* In *L.1.§1.D.de public.39,4.* sagt Ulp. „qui quid a fisco conducunt, recte appellantur publicani": das quid wird in

§. 173. B. Entstehung, Wiederentstehung, Erfordernisse.

Formfreiheit [1]. Wegfall römischer Beschränkungen [2...7]. Stillschweigende Relocation [8]. Nebenverträge [9]. Gegenstände der locatio conductio [10...15].

C. Wirkungen.

§. 174. 1. Verpflichtungen des Locators.

Haftung beider Contrahenten aus diesem bonæ fidei contractus [1] für Culpa [2]. Leistungen bei der Sachmiethe [3...9], der Dienstmiethe [10...17], der locatio conductio operis [18...20].

L.12.§3. L.13.pr.D.eod. L.16.D.deV.S. bestimmter bezeichnet. [4]) *L.25.§6.D.h.t. LL.8.21. C.eod. Gesterd.*Ausb.IV.3. [5]) *§1.I.h.t. LL.25.pr.46.* cf.*L.22.§3.D.eod. L.10.§2.D.de adq.poss.41,2.* vgl. § 171. u. *L.23.D.h.t.* auch gegen *Glück* XVII. § 1049. [6]) *§2.I.h.t. L.5. §2. L.22.D.de præscr.verb.19,5. L.1.§9.D.depos.16,3. Can.45.Ca.12.qu.2. Pfeiffer* Prakt. Ausf.VII.7. „Für Dienstleist. die regelm. gegen Lohn verrichtet zu werden pflegen, kann auch ohne vorausg. Verspr. eine angemeß. Vergelt. gefordert werden". *Thon* i.Ztsch.f.Civ.u.Pr.X.7. „Unabänderlichk. der dem Mitcontrah. überlaß. Preisbestimmung". [7]) *Gai.3,145...47. ibiq. citt.; §§3.4.I.h.t.* s.§177. [8]) *LL.7.8.11.pr.30.58.pr.D. L.6.C.h.t. L.11.§5.L.23.pr.D.de pign.act.13,7. Hermann* l.c. §85.

§. 173. [1]) *Pr.I.h.t. tit.I.de obl. ex cons.3,23.* [2]) *L.13.i.f.D. L.32.C.h.t.* cf.not.8. [3]) *L.11.§5.D.de publican.39,4.* cf.*L.4.C.de loc.pr.civ.11,70.* [4]) *LL.30.31.35.C.h.t.4,65. Nov.Theod.10.* [5]) *L.un.C.quib.ad cond.prædior.fiscal.acced.non licet 11,72. L.6.Th.D.de loc.fundor.iur.emph.10,3.* [6]) *Nov.123.c.6. Marezoll* in Ztsch.f.Civ.u.Pr.III.19. [7]) *L.un. C.ne tutor ... vectigalia conducat 5,41. L.49.D.h.t. L.1.§§9.sqq.D.ad L.Corn.de fals.48,10. Rud.*Vorm.*§178.* [8]) *L.12.D.h.t. Ulp.L.13.§11.D.h.t.* „..in urbanis autem prædiis alio iure utimur, ut pro ut quisque habitaverit, ita et obligetur, nisi in scriptis certum tempus conductioni comprehensum est". *LL.14.51.pr.D.eod. L.16.C.eod.4,65.* cf.not.1. u.die bei *Mü.413.not.2.*Angeff. *Glück* XVII.S.275.ff. *Hermann* l.c.§ 28. [Die Zeitwörter relocare, reconducere (= l.c.redintegrare) gebrauchen die röm.Juristen, nicht aber daraus gebildete Hauptwörter, relocatio u.s.w.] [9]) s. §§130.134. [10]) *L.20.C.h.t.* „Qui rem propriam conduxit, existimans alienam, dominium non transfert, sed inefficacem conductionis contractum facit". weil er nämlich diese Sache wirklich nicht miethen wollte. s.*L.35.§1.D.h.t. L.37.D.de pign.act.13,7. L.29.pr.D.q.mod.ususf.7,4.* [11]) Die Verpachtung eines Gutes mit seinen Gerechtsamen ist +admodiatio. cf.*L.19.§2.D.h.t.* vgl.§§58.ff. *Struve* de admodiatione.Ien.1683. u.A. bei *Glück* XVII.S.313.citt. [12]) *Mod.L.23.pr.D. de pign.20,1.* „Creditor prædia sibi obligata ex causa pignoris locare recte poterit". [13]) §§101.91.a.E. 102. [14]) cf. §§60.63.ff.82.87. vgl. auch *Buchholtz* Jur. Abh. S.385. [15]) *§5.I.h.t. L.39.D.h.t. Iav.L.65.D.de contr.empt.18,1.* „..totiens enim conductio alicuius rei est, quotiens materia, in quo [*Hal.*qua] aliquid præstatur, in eodem statu eiusdem manet; quotiens vero et immutatur, et alienatur, emptio magis quam locatio intellegi debet".

§. 174. [1]) *§1.I.h.t. §28.I.de act.4,6.* [2]) *L.19.§1.D. LL.1.28.C.h.t. Hasse* Culpa S.492.ff. [3]) *L.25.§1.D.de adq.poss.41,2. L.6.§2.D.de precar.43,26.* [4]) *L.9.pr.§1. L.15. §1.L.25.§2.* cf.*LL.7.8.19.§§1.2.D.h.t. L.6.§4.i.f.D.de A.E.etV.19,1. L.13.§6.D.de damno inf.39,2.* [5]) *L.55.§1.L.61.pr.D.h.t.* Wegen der volupt. impensæ hat der Conductor das regelmäßige ius tollendi. *L.19.§4.D.eod.* [6]) *L.15.§2.sqq.L.25.§6.L.33.i.f.D.h.t. L.8. C.h.t. W.Sell* i.Arch.f.civ.Pr.XX.8. *Mü.412.not.5. Va.641. Jacobi* Remiss.des Pachtz.Weim. 1856. [7]) *L.9.pr.D.h.t. G.L.Bœhmer* de obl.locatoris ob impeditum rei loc.usum.Gott. 1764. u. in Elect.iur.civ.I.10. *Mommsen* Beitr.I. § 29. [8]) *L.un. §3.D.de via publ.43,10.* [9]) vgl. *L.3. §§13.14.D. de mun. et hon.50,4.* u.a. bei *Mü.412. not.18.* s. *Glück* XVII. S.395.ff. *Schweppe* jur.Mag.I.1.S.51.ff. *Va.*l.c.Anm.2. *Pu.366.not.c. Hermann §§74.*ff. Ueber Kriegsschäden s. die Diss.v.*Riedesel* Gott.1760. *Winckler* Lps.1762,u.1796. *Schweppe* l.c.S.65.ff.

§. 175. 2. Verpflichtungen des Conductors.

Verpflichtung zur Leistung der merces, wegen Culpa, zur Custodia und Restitution[1...4]. Ueberschreitung des Gebrauchsrechts des Miethers[5]. Abnutzungen der Sache[6]. Restitution[7].

§. 176. D. Beendigung.

Beendigungs-Gründe im Gegensatz zu denen der Unwirksamkeitserklärung des Contracts[1...6]. Insbesondere Kündigung[7...11].

§. 177. B. s.g. Locatio conductio irregularis +).

Verschiedenheit der so bezeichneten Vertragsverhältnisse: Locatio conductio mit 1) veränderten Bestimmungen über das Periculum[1], 2) eventueller mutui datio[2.3], 3) Kauf, Tausch oder Schenkung verbunden[4.5].

---

[10]) *L.5.§2.D.de præscr.v.19,5. L.9.C.mandati 4,35. L.8.§1.D.eod.17,1.* [11]) *Dig.de e.o. cognitt.50,13. LL.1.i.f.4.C.mand. L.6.pr.D.eod.* s.*Bg §130.not.22.* unt.§202.not.2. [12]) *L.9. §5. LL.13.25.§§7.8. LL.29.40.60.§9.D.h.t.* [13]) *L.13.§§1.5. L.25.§7.citt.* [14]) *L.38.pr. D.h.t.* [15]) *L.31.D.de solutionib.46,3.* cf.*L.26.§12.D.de cond.ind.12,6.* [16]) *L.26.D.h.t.* [17]) *LL.11.12.C.h.t.* s.oben §173.not.6. [18]) *LL.24.pr.37.51.§1. L.60.§3.D.h.t.* [19]) *LL.13. 25.§7.LL.36.37.58.§1. LL.59.62.D.h.t.* [20]) *L.47.D.eod.*—Interdictum de migrando §225.

§. 175. [1]) *L.54.pr.D. L.17.C.h.t. Glück §1057.* [2]) *§§5.6.I.h.t. L.55.§§2.3.D.h.t. L.14.§16.D.de furt.47,2.* cf.§174.nott.2.12. [3]) *L.13.§1. L.25.§7. L.31.D.h.t.* in §177.not.2. vgl.auch §174.nott.18.19. [4]) *L.19.§9.D.h.t.* [5]) *Gai.3,196.ibiq.citt.ll. Bg §145.not.5.* und unten §234. s.auch §§174.176. [6]) *L.11.§2. L.25.§3.D.h.t.* [7]) *LL.34.25.C.h.t. L.10.C. unde vi 8,4. Thon* i.Ztsch.f.Civ.u.Pr.I.24. vgl. I. §148.

§. 176. *Peschkau* de variis modis q.loc.cond.finitur. Lps.1822. *Hermann* l.c. §§79.ff. [1]) *Lab.L.60.§1.D.h.t.* [2]) *L.9.§1.D.h.t.* [3]) *LL.36.37.D.h.t.* [4]) *L.4.D.h.t.* [5]) *§6. I.h.t. L.19.§8.L.32.D.h.t. LL.10.11.C.h.t.h.t.* [6]) *L.25.§1.D.h.t. L.59.§1.D.de usufr.*(oben §63.not.1.) *L.9.C.h.t. Bg §128.not.27.* u.eine große Zahl von Diss.de regula Kauf bricht (od. 'geht vor') Miethe. *Glück* XVIII. S.11.ff. *Biener* Opuscc.II.51. *Gesterd.*Ausb.III.8. *Mü. 413.not.7, Va.643.*Anm.2. *Hermann §83.* [7]) §173.not.8. [8]) *L.54.§1. L.56.D.h.t. Nov. 120.c.7. Cap.3.X.h.t.3,18.* [9]) *L.3.C.h.t.* u. cit. *Nov.120.* cf.*LL.30.pr.35.pr.60.pr.D.h.t. Glück* XVI.S.347.ff. *Buchholtz* Abhh.n°.24. [10]) *G.L.Bæhmer* Elect.II. Concurs des Verpächters hindert den Fortbestand nicht: *L.8.§1.D.de reb.auct.iud.42,5. Mü.171.not.6. Hermann §84.* [11]) *L.13.§7.L.24.§4.L.25.§2.L.27.pr.§1.L.60.D.h.t. LL.28.33.D.de damno inf.39,2. Glück* XVII.S.479. *Mü.413.not.13.* [Bis ins 17.Jahrh. kam hier der metus spectrorum häufig, auch in besonderen Dissertationen, zur Sprache; bei den Neueren ist natürliches Ungeziefer an die Stelle der Gespenster getreten.]

§. 177. +) Die Versuche, die ohnehin unbestimmbar manchfaltigen Verbindungen von Verträgen je unter besondere technische Namen zu bringen, sind, selbst wenn diese beßer glücken und sprachlich richtiger sind, als es den neueren durchgängig nachzurühmen ist, regelmäßig nicht bloß unnütz, sondern als zu falschen Folgerungen verleitend schädlich. — Cf. not.* vor §172. *Bijnkershoek* Obss.VIII.c.1...8. *Glück* XVII.S.423.ff. *W.Sell* i.Arch.f. civ.Pr.XIX.12. *Weiskes* Rtslex.VII. S.828.ff. *Buchholts* i.Ztsch. für Civ.u.Pr.N.F.VIII.1. *Mommsen* Beitr.I.§24. *U.514...22. Mü.415. Va.646.* [1]) *L.13.§5.D.h.t.* [2]) *Alf.L.31. D.h.t.19,2.* „In navem Saufeii cum complures frumentum confuderant, Saufeius uni ex his frumentum reddiderat de communi, et navis perierat, quæsitum est an ceteri pro sua parte frumenti cum nauta agere possunt oneris aversi actione: respondit, rerum locatarum duo genera esse, ut aut idem redderetur, sicuti cum vestimenta fulloni curanda locarentur, aut eiusdem generis redderetur, vel uti cum argentum pusulatum fabro daretur, ut vasa fierent, aut aurum, ut anuli: ex superiore causa rem domini manere, ex posteriore in creditum iri. idem iuris esse in

III. Præscriptis verbis actiones *). (s.oben §128.)

§. 178. A. Tauschvertrag, de rerum permutatione.

Begriff, Gegenstände, Perfection nach römischem und nach heutigem Recht; Wirkungen, Verhältniss der Contrahenten.

---

deposito: nam si quis pecuniam numeratam ita deposuisset, ut neque clusam neque obsignatam traderet, sed adnumeraret, nihil aliud eum debere apud quem deposita esset, nisi [*ut*] tantundem pecuniæ solveret. secundum quæ videri triticum factum Saufeii, et recte datum. quod si separatim tabulis aut heronibus [æro, Gebinde, Flechtwerk] aut in alia cupa clusum unius cuiusque triticum fuisset, ita ut internosci posset quid cuiusque esset, non potuisse nos permutationem facere; sed tum posse eum, cuius fuisset triticum quod nauta solvisset, vindicare; et ideo se improbare actiones oneris aversi, quia sive eius generis essent merces quæ nautæ traderentur, ut continuo eius fierent et mercator in creditum iret, non videretur onus esse aversum, quippe quod nautæ fuisset, sive eadem res quæ tradita esset reddi deberet, furti esse actionem locatori; et ideo supervacuum esse iudicium oneris aversi. sed si ita datum esset, ut in simili re solvi possit, conductorem culpam dumtaxat debere: nam in re quæ utriusque causa contraheretur, culpam deberi, neque omni modo culpam esse, quod uni reddidisset ex frumento, quoniam alicui primum reddere eum necesse fuisset, tam etsi meliorem eius condicionem faceret quam ceterorum". vgl. *Kellinghusen* Ienæ 1819. *Si.*S.680.ff. *Heimbach* Creditum S.426.ff. *Mommsen* l.c.u.A. bei *Va.*l.c.Citt. [3]) s.§172.not.7. *L.2.D.h.t. L.20.*u.bes.*L.65.D.de contr.empt.*(in §173.not.15.) *Gesterd.*Irrth.n°.4. [4]) *L.8.C.de pact.2,3. Kraut* Grdr.*§158.* [5]) *LL.3.54.§2.D.h.t.19,2.*

*) Cf. ad §§128.130.citt.

§. 178. De rerum permutatione (*Dig.19,4. X.3,19. inVI°.3,10. Clem.3,1.*) et præscriptis verbis *Cod.4,64.* Diss.de permut.v.*Mascov* Gryph.1726. *Streit* Erf.1735. *van Jagen* Selecta de pactis et ... de permut. Gron.1808. *Merill.* Obss.II.c.13. *Glück* XVIII.§§ 1070...74. *Puchta* sen. Hdb. des Verf. i.S.d.freiw.Ger.*§§149.*f. *B.112. K.332.*f. *U.186. He.192. Se.325. Mü.407. Gö.491. Pu.359. Ro.438.396. Si.115. Schi.*Inst.*326. Ar. 308. Br.106.*—*Pap.L.1.D.h.t.* „Sicut aliud est vendere, aliud emere, alius emptor, alius venditor, ita pretium aliud, aliud merx; at in permutatione discerni non potest, uter emptor vel uter venditor sit, multumque differunt præstationes: emptor enim nisi nummos accipientis fecerit, tenetur ex vendito, venditori sufficit ob evictionem se obligare, possessionem tradere, et purgari dolo malo: itaque si evicta res non sit, nihil debet; in permutatione vero si utrumque pretium est, utriusque rem fieri oportet, si merx, neutrius; sed cum debeat et res et pretium esse, non potest inveniri quid eorum merx et quid pretium sit; nec ratio patitur, ut una eademque res et veneat et pretium sit emptionis. *§1.* Unde si ea res quam acceperim vel dederim, postea evincatur, in factum dandam actionem respondetur. *§2.* Item emptio ac venditio nuda consentientium voluntate contrahitur, permutatio autem ex re tradita initium obligationi præbet; alio quin si res nondum tradita sit, nudo consensu constitui obligationem dicemus: quod in his dumtaxat receptum est, quæ nomen suum habent, ut in emptione venditione, conductione, mandato. *§3.* Ideoque Pedius ait Alienam rem dantem nullam contrahere permutationem. *§4.* Igitur ex altera parte traditione facta si alter rem nolit tradere, non in hoc agemus, ut interest nostra illam rem accepisse de qua convenit, sed ut res contra nobis reddatur, condictioni locus est, quasi re non secuta". *Id.L.2.* „Aristo ait, quoniam permutatio vicina esset emptioni, sanum quoque, furtis noxisque solutum et non esse fugitivum servum præstandum qui ex causa daretur". cf.tot.tit.*C.4,64. Diocl.*

§. 179. B. s.g. Trödelvertrag, de æstimato; æstimatoria actio. Dedi ut dares sive redderes. Verschiedenheit dieses Vertrags von benannten.

§. 180. C. Vergeltung von Vermittler-Diensten, proxenetica (philanthropium, sordidum, ἑρμηνευτικόν), Honorarien, suffragium.

Vergeltung üblicher Weise zu vergeltender Dienste [1...4]. Wegfall der röm. Bestimmungen [5...8].

Max.L.2. „Permutationem utpote re ipsa bonæ fidei constitutam.. vicem emptionis optinere non est iuris incogniti“. *Ulp.L.19.§5.D.de æd.ed.21,1.* „.. si quis permutaverit, dicendum est utrumque emptoris et venditoris loco haberi, et utrumque posse ex hoc edicto experiri“.

§. 179. *Dig.* De æstimatoria *19,3.* *Bœhmer* Exercc.ad Pand.III.54. Diss. v.*Brückner* Ien.1710. *Flörcke* Hal.1756. *Stuhlmann* Lps.1770. *Müller* Lps.1778. *Glück* XVIII. §§1065...67. *B.113. K.360.ibiq.citt. U.488. He.193. Se.319. Mü.430.med. Gö.492. Pu. 313. Si.117. Ar.290. Br.106.*a.E. *Schi.*Inst.*327. Chambon* Beitr.z.Obll.R.Jena 1851.I.S. 3...10. *Brinz* Krit.Bll.n°.1. — *Dig.h.t. Ulp.L.1.* „Actio de æstimato proponitur tollendæ dubitationis gratia: fuit enim magis dubitatum, cum res æstimata vendenda datur, utrum ex vendito sit actio propter æstimationem, an ex locato, quasi rem vendendam locasse videar, an ex conducto, quasi operas conduxissem, an mandati: melius itaque visum est hanc actionem proponi: quotiens enim de nomine contractus alicuius ambigeretur, conveniret tamen aliquam actionem dari, dandam æstimatoriam præscriptis verbis actionem: est enim negotium civile gestum, et quidem bona fide; quare omnia et hic locum habent quæ in bonæ fidei iudiciis diximus. *§1.* Aestimatio autem periculum facit eius qui suscepit: aut igitur ipsam rem debebit incorruptam reddere, aut æstimationem de qua convenit“. *Paul.L.2.* „Hæc actio utilis est etsi merces intervenit“. *L.5.§3.D.commod.13,6. L.17.§1.D.de præscr.v. L.11.pr.D.de R.C.12,1. Ulp.L.13.pr.D.de pr.v.19,5.* „Si tibi rem vendendam certo pretio dedissem, *ut quo pluris vendidisses, tibi haberes*, placet neque mandati neque pro socio esse actionem, sed in factum, quasi alio negotio gesto: quia mandata gratuita esse debent, et societas non videtur contracta in eo qui te non admisit socium distractionis, sed sibi certum pretium excepit“. cf.*Id.L.44.D.pro soc.17,2.*

§. 180. *Cod.* De suffragiis *4,3.* *Th.C.* Si certum petatur de suffragiis *2,29.* c.Gothofredi comm. cf.*Dig.* De e.o.cognitionibus *et c.50,13.* u. *Dig.* de proxeneticis *50,14. Nov. 8. Ut magistratus absque ullo suffragio fiant. Tabor* de suffr. in Tract.synoptic.III.Arg. 1646. *Reisig* de c.suffrag.Gott.1737. *Silberrad* de sensalib.Alt.1711. *Schorch* de proxenetis Erf.1766. *Lürsen* de prox. Gött.1795. und die Schriftst.ü.Handelsrecht. *Glück* XVIII. §1070.u.A., u.die Citt.§172. *B.114.*f. *K.*III.S.668.*U.514.521.*f. *He.194. Se.334.*n°.5.6. *Mü. 432.*n°.11. *Gö.493. Pu.315. Ro.448. Si.119.*a.E. *Schi.*Inst.*329. Ar.314.*Anm. 1) *Bg§ 106.not.11.* 2) s.§172.not.c. 3) *LL.1.4.D.de e.o.cogn.* 4) *Ulp.LL.1...3.Dig.50,14.cit.* „Proxenetica iure licito petuntur“. „Si proxeneta intervenerit faciendi nominis, ut multi solent, videamus an possit quasi mandator teneri. et non puto teneri, quia hic monstrat magis nomen quam mandat, tametsi laudet nomen. Idem dico et si quid philanthropi nomine acceperit, nec ex locato conducto erit actio: plane si dolo et calliditate creditorem circumvenit, de dolo actione tenebitur“. „De proxenetico, quod et sordidum, solent præsides cognoscere; sic tamen ut et in his modus esse debeat et quantitatis et negotii.... Facilius quod Græci ἑρμηνευτικὸν appellant, peti apud eos poterit.... Est enim proxenetarum modus, qui.. contractibus licitis utiles non adeo inprobabili more se exhibent“. 5) *Tac.*Ann.XI.6. Lex Cincia. s.dagegen *L.1.§10.D.de e.o.cogn. L.38.§1.D.locat.19,2. L.11.C.de condict.ob c.4,6.* 6) *L.6. C.de sponsal.5,1.* unglossiert. 7) *Nov.8.c.1.* [*161.*] 8) Citt. de suffragiis.

Zweiter Titel. Aus Gesellschaft oder Gemeinschaft entspringende Schuldverhältnisse.

I. Societas, Gesellschaftsvertrag *). (*Abr. II. § 29 γ.*)

S. 181. A. Begriff und Arten.

Verschieden von der Corporation [1]. Inhalt [2]. Arten nach dem Umfang des Zwecks und nach den Mitteln [3...9]. Unter Nebenbestimmungen geschloßene [10]. Auflöslichkeit [11] und Nichtübergang auf die Erben [12].

S. 182. B. Entstehung.

An sich formfreier Consensualcontract, durch andere (Haupt- oder Neben-) Verträge modificierbar [1]. Wirkung des dolus [2].

---

*) *Gai. 3, 148...54. Inst.* De societate 3, 25 [26]. Pro socio: *Paul. 2, 16. Dig. 17, 2. Cod. 4, 37. Hect. Felicii* Tr. de communione seu societate. Ed. nov. Gorinch. 1666. *Meinicke* de soc. Erf. 1732. *d'Avezan* in Meerm. Thes. IV. p. 103. sqq. *Pothier* Tr. du contr. de société, in Oeuvres Par. 1821. tom. V. *Donell.* Comm. XIII. c. 15...17. XVI. c. 24. *Glück* XV. S. 371. ff. und das. not. 21. Citt. *Kritz* Pandectenr. I. 2. S. 1...90. *Heimbach* 'Gesellschaftsvertr.' in Weiske IV. u. die Schriftst. üb. Handelsrecht; (denn bei keinem andern Contracte kommen im gem. R. so viele deutschrechtliche Abweichungen vor, als bei dem Gesellschaftsvertrage.) *B. 80...83. K. 301...8.* u. das. S. 519. f. Citt. *U. 523...28. Schi.* Inst. *313...17. He. 174...81. Se. 348...54. Mü. 416...19. Gö. 520...25. Pu. 370...72. Ro. 449...62. Va. 651...66. Si. 121. Ar. 317...19. Br. 111.*

S. 181. *Gesterd.* Irrth. IX. 1. 1) *Bg § 64. not. 9.* 2) *L. 3. § 3. L. 4. pr. LL. 19. 52. 53. 57.* („generaliter enim traditum est *Rerum inhonestarum nullam esse societatem*") *L. 71.* („..ut grammatica docerent..") et passim *D. h. t. L. 3. C. h. t. § 28. I. de act. 4, 6.* 3) *L. 1. § 1. L. 3. § 1. LL. 5. pr. 73. D. h. t. Pr. I. h. t.* 4) cit. *L. 5. pr. D. u. pr. I. h. t.* 5) *LL. 7...13. D. h. t.* 6) *L. 5. § 1. L. 52. § 2. D. L. 1. C. h. t.* 7) *§ 1. I. LL. 29. 30. et passim D. h. t.* 8) *L. 5. § 2. D. h. t.* 9) *L. 29. § 2. D. h. t.* cf. *Phædri* fab. I. 5. („Numquam est fidelis cum potente societas".) *Averan.* interpp. IV. 12. n°. 23. sqq. *Willenberg* de soc. leon. Gedan. 1720. *Estor* de s. l. len. 1738. 10) *L. 1. pr. D. L. 6. C. h. t.* 11) *Paul. L. 70. D. h. t.* „Nulla societatis in æternum coitio est". *L. 5. C. comm. div. 3, 37.* „In communione vel societate nemo compellitur invitus detineri..". s. auch § 185. not. 3. „Aber der Rechtssatz, daß die Theilungsklage bei Gesellschaften weiter, als es das r. R. gestattet, ausgeschloßen werden darf, ist ein feststehender Rechtssatz des deutschen Gewohnheitsrechts. Und danach bestehen bei uns giltig eine Menge von Vereinen oder Vereinigungen, Gesellschaften, Societäten, Genoßenschaften, wie man sie nennen will, mit ausgeschloßener Theilungsklage. Diese ist entw. in Betreff des ganzen Vermögens oder eines Theiles, z. B. nur in Betreff des ursprünglich zusammengeschoßenen Kapitals, nicht auch des mit demselben gemachten Gewinnes, u. entw. für eine bestimmte Zeit oder für immer ausgeschloßen. Daß dabei das Miteigenthum aller Einzelnen nach ideellen Theilen sehr wohl bestehen kann, hat kein Bedenken, da das Eigenthum dadurch, daß dem Eigenthümer die Veräußerungsbefugniß nicht zusteht, nicht aufgehoben, sondern nur beschränkt ist". *Thöl* Volksr. S. 56. 12) s. unten § 184. not. 5.

S. 182. s. citt. ad § 181. 1) *Ulp. L. 69. D. h. t.* („Cum societas ad emendum coiretur, et conveniret, ut unus reliquis nundinas, i. e. epulas, præstaret, eosque a negotio dimitteret, si eas eis non solverit, et pro socio et ex vendito cum eo agendum est"), eine der 7 leges damnatæ, s. *Glück* S. 450. und die von ihm Angeff., *Leist* in Ztsch. f. Civ. u. Pr. XVII. 10. Dieser erklärt das Hingeben der von den reliquis sociis dem uni abgelieferten Eßwaren, um daraus ein Mahl zu bereiten, als Verkauf, die Bereitung des Mahls als den Beitrag des unius zum Societätszweck; dieser könne also pro socio auf Präſtation der epulæ, oder wenn er mit deren Leistung in Verzug gerathen sei, daraus, daß er den reliquis die Eßwaren abgekauft hat, belangt werden. Anders die Basiliken-

S. 183. C. Wirkungen, pro socio actio.

Qualitative Gleichheit der Rechte und Pflichten der socii[1]. Haftung für Culpa und Tragung des Erfolgs[2...10]. Der socius Dritten[11], der Societät[12.13] gegenüber. Zusammentreffen mit anderen Rechtsverhältnissen[14]. +beneficium competentiæ[15].

S. 184. D. Ende, dissociatio.

Einzelne Gründe[1...7], insbesondere Kündigung[8...11]. Wirkung der Beendigung[12...14].

---

scholien XII.1,67.: A verabredet mit B und C, dem T sein Grundstück gemeinschaftlich abzukaufen, und sagt ihnen zu, ihre Auslagen ihnen zu erstatten, den Kauf allein auf sich zu nehmen und ihnen einen Schmauß zu geben. B und C kaufen dem T das Grundstück für 300 ab, die A B C zu gleichen Theilen bezahlen: also haben B und C gegen A die pro socio actio auf Auflösung der societas und alleinige Uebernahme des Kaufs, und die venditi actio auf das pretium des von jedem an A verkauften Drittels des Grundstücks. vgl. *LL.38.i.f. 43.45.47...51.D.h.t. Krits* Pand.I.2.S.135.ff. *Treitschke* Gewrbgsllsch.S.173.ff. 2) s.I.§89.

S. 183. 1) I.§43.not.4. *Bg §139.nott.2.18. §2.I.de pœna tem.lit.4,16.* „Ex quibusdam iudiciis damnati ignominiosi fiunt, veluti... pro socio, quæ ob utraque parte directa est..“. 2) *§9.I.h.t. L.52.§§2.sqq.11.LL.58.pr.72.23.D.h.t. L.5.§2.D.commod.13,6. L.23. D.de R.I.* (*Hasse* Culpa *§69.*) *Ulp.L.26.D.h.t.* „..si socius quædam neglegenter in societate egisset, in plerisque autem societatem auxisset, non compensatur compendium cum neglegentia..“. *Cic.* pro Rosc.Am.40. „...socium fallere turpissimum est“: „maiores eum qui socium fefellisset, in virorum bonorum numero non putarunt haberi oportere“. 3) *L.38.§1.LL.60.pr.67.§§1.2.D.h.t. L.1.§1.D.de usur.22,1.* 4) *L.9. pr.D.de edendo 2,13.* cf. *L.58.pr.§1.L.67.§1.D.h.t.* 5) cf.not.2. u. *L.28.D.comm.div.10,2.* 6) *Gai.3,150. §§1...3.I.h.t. LL.6.29.pr.28.D.h.t. L.3.C.h.t.* Diss.de lucro et damno inter socios v. *Teller* Lps.1764. *Willenberg* Exercitt.II.43. *Mayr* Landish.1825. 7) *LL.74. 21.D.h.t.* 8) *L.1.§1.L.2.D.h.t.* s. I.§137.not.4. 9) *L.3.pr.D.h.t. Donell.* XIII.16.§5. 10) *L.68.pr.* cf.*L.16.§1.D.h.t.* 11) *LL.27.28.63.§§3.9.L.67.§1.LL.74.82.D.h.t. L.44.§1. D.de æd.ed.21,1.* cf.*L.13.C.si cert.pet.4,2. L.11.§1.D.de duob.reis 45,2. Lauterb.* Diss.ac. III.129. *Leyser* Med.185. *Oeltze* quatenus socii ob soc.debitum in solidum teneantur. Helmst.1783. *Kind* Qu.for.IV.17.ed.II. *Biener* Opuscc.II.67. *Glück* XV.S.460.ff. v.*d.Nahmer* Entscheidd.Wiesb.II.17. 12) *LL.12.45.sqq.52.§§10.12. L.67.pr.§2.D.h.t.* 13) *L.52. §17.* bis *L.57.L.59.§1.D.h.t.* 14) *L.84.D.h.t.* §§140.f.177.182.not.1.a.E. 15) §162.not.3 c.

S. 184. 1) *Mod.L.4.§1.D.h.t.* „Dissociamur renuntiatione, morte, capitis minutione et egestate“. cf.*§§4...8.I.h.t.* 2) *§8.I. L.58.pr.D.h.t.* u.not.4. 3) *LL.1.pr.63. §6.D.h.t.* cf.§181.nott.10.11. 4) *Ulp.L.63.§10.D.cod.* „Societas solvitur ex personis, ex rebus, ex voluntate, ex actione: ideoque sive homines sive res sive voluntas sive actio interierit, distrahi videtur societas. Intereunt autem homines quidem maxima aut media capitis deminutione aut morte; res vero, cum aut nullæ relinquantur aut condicionem mutaverint (neque enim eius rei quæ iam nulla sit, quisquam socius est, neque eius quæ consecrata publicatave sit); voluntate distrahitur societas renuntiatione“. *Call.L.64.eod.* „itaque cum separatim socii agere cœperint, et unus quisque eorum sibi negotietur, sine dubio ius societatis dissolvitur“ (*Ulp.L.19. D.h.t.* „..socius mihi esse non potest quem ego socium esse nolui..“); *Paul.L.65. eod.* „Actione distrahitur, cum aut stipulatione aut iudicio mutata sit causa societatis...“. 5) *§5.I. LL.35...37.40.52.§9.LL.59.pr.63.§8.L.65.§§9.11.D.h.t.* Nur bei den Gesellschaften der Publicanen ließ man dem Erben die partem defuncti adscribere: *LL.59. pr.63.§8.D.eod.* 6) *L.58.§2.L.65.§11.D.h.t.* 7) *§§7.8.I. L.65.§§1.12.D.h.t.* 8) *L.17. §1.D.eod.* 9) *§4.I. L.17.§2.L.65.§§3.4.6.D.h.t.* 10) cit.*L.65.§6.LL.14...16.eod. Höpfner* einseit. Rücktr.v.d.Gesellschaftsvertr., i.Arch.f.c.Pr.XVII.10.15. 11) cit. *L.65.pr.§§7.8.*

II. Gemeinschaft *). (s. oben §23. cf. *Abr.II.§31.*)

§. 185. A. Communio (+incidens. §23. *Bg §139 b...f. §131.not.34.*)

Aus diesem Quasicontractsverhältniss[1] entspringende Rechte und Pflichten[2]. Aufhebung und deren Wirkung[3...6]; insbesondere communi dividundo actio sive iudicium[7...10].

---

[12]) *L.17.§§1.2.D.h.t.* [13]) *LL.1.sqq. et passim D.comm.div.10,3. L.38.§1.L.43.D.h.t.* [14]) *L.16.D.comm.div.10,3. L.67.pr.D.h.t.17,2.*

*) Quellen s. *Bg §139.n°.1.* Ueber den ungeschickten Namen c.*incidens* s. *Bg §138.not.9.*— *Donell.*Comm.IX.c.11. *Glück* X.§714. *Puchta* sen. Hdb. 2c. *§§* 265.ff. Dess. Ger. Kl. *§§135...40.* *Sav.* Syst. V. S. 36. *Heimbach* v. 'Communio' in Weiske II. *Zimmermann* i. Arch. f. c. Pr. XXXIV. 9.14.—*§§3.4.I.de obl.q.qu.ex contr.3,27.* „Item si inter aliquos communis sit res sine societate, vel uti quod pariter eis legata donatave esset, et alter eorum alteri ideo teneatur communi dividundo iudicio, quod solus fructus ex ea re perceperit, aut quod socius eius solus in eam rem necessarias impensas fecerit, non intellegitur proprie ex contractu obligatus, quippe nihil inter se contraxerunt; sed quia non ex maleficio tenetur, quasi ex contractu teneri videtur. *§4.* Idem iuris est de eo qui coheredi familiæ erciscundæ iudicio ex his causis obligatus est". *§§4...7.I.de off. iud.4,17.* „*§4.* Si familiæ erciscundæ iudicio actum sit, singulas res singulis heredibus adiudicare debet. ... *§5.* Eadem interveniunt et si communi dividundo de pluribus rebus actum fuerit; quodsi de una re, veluti fundo, si quidem iste fundus commode regionibus divisionem recipiat, partes eius singulis adiudicare debet, et si unius pars prægravare videbitur, is invicem certa pecunia alteri condemnandus est: quodsi commode dividi non possit, veluti homo forte aut mulus erit de quo actum sit, tunc totus uni adiudicandus est, et is invicem alteri certa pecunia condemnandus. *§6.* Si finium regundorum actum fuerit, dispicere debet iudex an necessaria sit adiudicatio: quæ sane uno casu necessaria est, si evidentioribus finibus distingui agros commodius sit quam olim fuissent distincti; nam tunc necesse est ex alterius agro partem aliquam alterius agri domino adiudicari, quo casu conveniens est, ut is alteri certa pecunia debeat condemnari. eo quoque nomine damnandus est quisque hoc iudicio, quod forte circa fines aliquid malitiose commisit, verbi gratia quia lapides finales furatus est vel arbores finales cecidit. Contumaciæ quoque nomine quisque eo iudicio condemnatur, veluti si quis iubente iudice metiri agros passus non fuerit. *§7.* Quod autem istis iudiciis alicui adiudicatum sit, id statim eius fit cui adiudicatum est".

§. 185. Communi dividundo: *Th.C.2,25. Dig.10,3. Cod.3,37. Cuiac.*Recitt. ad D. h.t. in Opp.VII.p.571.sqq. *Donell.*Comm.XV.c.23. und in Opp.VI.p.966.sqq. *Glück* XI.§§ 736...40. *Krits* Pandectenr.II.S.4.ff. *B.150. K.309...12. U.529...31. He.182...86. Se.358. ...60. Mü.421. Gö.641. Pu.373. Ro.453.*f. *Si.121.not.1.122.A. Ar.320. Br.68.108.* [1]) *Ulp. L.31.D.pro socio 17,2.* „... cum non affectione societatis incidimus in communionem [*Paul.L.25.§16.D.familiæ erc.10,2.* „.. cum coherede non contrahimus, sed incidimus in eum".], ut evenit in re duobus legata, item si a duobus simul empta res sit, aut si hereditas vel donatio communiter nobis obvenit, aut si a duobus separatim emimus partes eorum, non socii futuri". *L.2.pr.D.h.t.10,3. L.4.pr. L.7.pr.§§2.6.sqq.D.h.t. L.1.§8.D.de superfic.43,18.* [2]) cf. *§§ Inst.citt.et pass.D.h.t.* [3]) s. §181.not.11. *L.14.§2. D.h.t. L.5.C.eod.* [4]) *L.3.pr.L.21.D.h.t. LL.1.3.C.h.t. Bg §139 d.* [5]) *Tit.C.comm.utr. iud.3,38. L.22.C.fam.erc.3,36.* [6]) §192. [7]) *LL.3.pr.4.§3.L.6.§§2.3. L.8.§2. LL.10. pr.14.pr.§1. LL.20.23.26.28.D.h.t. L.4.C.h.t.* cf. *L.22.§4.D.fam.erc.10,2.* [8]) *L.6.§§1.2. LL.11.14.§1.D.h.t.* cf. *L.1.C.eod.* [9]) *L.2.§1.L.7.§1.L.21.D.h.t. L.10.D.fin.reg.10,1. L.78.*

§. 186. B. Finium regundorum actio s. iudicium. (s. *Bg* Anh.VIII.*γ...β'*.u.*§145 g.*) Begriff und Behandlung dieser arbitraria personalis actio[1...4]. Unverjährbarkeit[5]. Unterschied von der unrichtig s.g. finium regundorum actio qualificata[6].

§. C. Familiæ erciscundæ actio. (s. Erbr. §§110...13.)

Zweite Abtheilung. Einseitige Schuldverhältnisse.

Erster Titel. Wesentlich einseitige.

§. 187. I. Das Schenkungsversprechen. (vgl. I. §94. *Bg §106 m...s.*) Nach justinianischem Recht[1] eine condictio ex lege [+35.C. de donationibus 8,*54*.] erzeugend[2]. Haftung des Schuldners[3.4]. Beschränkungen auch des Schenkungs**versprechens** in remuneratorischer Absicht und des sub modo gemachten[5...8].

---

§4.D.de I.D.23,3. LL.1.3.C.fam.erc.3,36. §28.I.de act.4,6. 10) s.§23. 11) *L.27.D.fam. erc.*(„..condemnationes et absolutiones in omnium persona faciendæ sunt".) *L.17.C.eod.*

§. 186. Finium regundorum: (XII tabb.V.6.) *Paul.1,16. Th.C.2,26. Dig.10,1. Cod. 3,39.* und die Scriptores rei agrariæ. *Cuiac.*Recitt.ad D.h.t.in Opp.VII.p.469.sqq. *Donell.* Comm.IX.c.11.§14. *Glück* X.§§717...23.u.das.S.433.Citt. *B.151. K.313. U.532. He.187. Se.361. Mü.422. Gö.642. Pu.374.* Inst.234. *Ro.455. Va.658. Si.122.B. Ar.321. Br.68. 108.n°.5. Gesterd.*Ausb.I.10. „Finium probatio". *Puchta* sen. Hdb.d.Verf.i.S.d.freiw.Ger. *§§259...63. Weiske* Stept.pr.Beh.n°.3. *Pu.*in Ztsch.für R.u.Gsgg.für Kurhessen Bd.I.und II., nun auch in Civ.Abhh.ed.Rudorff n°.21. *Wiederhold* in Ztsch.f.Civ.u.Pr.XIII.3. (der die Bedeutung dieser actio misskennt.) *Sternberg* das.XVII.13. *Hoffmann* i.Arch.f.c.Pr.XXXI.16. u.Ders.ebendas.XXXV.10. *F.V.Schmidt* de act.fin.reg.Marb.1850. u. bes. *Rud.* i.Ztsch.f.g.R. W.X.7. 1) s.*Bg §136.not.1.*u.Anh.VIII.cit. 2) *LL.1.2.pr.4.§§7.8.10.11. LL.5.sqq.D.h.t. cf.L.60.§3.D.deV.S.* 3) *LL.1.2.§1.L.8.§1.LL.11.12.D.h.t.* Die Bestimmung des *c.3.X.de probatt.2,19.* „si ambarum partium testes sint æque idonei, possessoris testes præferentur" ist nur Anwendung des allgemeinen Satzes, wovon *Bg §128p.* 4) *L.2.§1.L.3.D. h.t. L.56.D.fam.erc.10,2.* 5) I.§156.not.9.u.S.59.Z.17.ff Auch *L.6.C.h.t.*(*cf.L.5.Th.C.h.t.*) sagt nicht, daß eine seit mindestens 30 J. bestehende Gränzverwirrung nicht mehr durch das fin. reg. iudicium reguliert werden könne. 6) *L.7.pr.D.de exc.rei iud.44,2.*

§. 187. s.Citt.ad I.§94. *Donell.* Comm.XIII.c.22.§§7.8. *B.85. K.231.*ff. *U.576. He. 207.*ff. *Se.362...65. Mü.440.*f. *Gö.539. Pu.69.*f. *Ro.461.*ff. *Va.121...26. Si.110. Ar.279. Br.102. Schi.*Inst.348.ff. 1) *§2.h.t.* „Aliæ autem donationes sunt quæ sine ulla mortis cogitatione fiunt, quas inter vivos appellamus: quæ non omnino comparantur legatis. quæ si fuerint perfectæ, temere revocari non possunt: perficiuntur autem cum donator suam voluntatem scriptis aut sine scriptis manifestaverit. et ad exemplum venditionis nostra constitutio [*L.35.§5.C.h.t.8,54.*] eas etiam in se habere necessitatem traditionis voluit, ut etiamsi non tradantur, habeant plenissimum et perfectum robur, et traditionis necessitas incumbat donatori. et cum retro principum dispositiones insinuari eas actis intervenientibus volebant, si maiores fuerant ducentorum solidorum, nostra constitutio [*L.36.§3.C.h.t.*] eam quantitatem usque ad quingentos solidos ampliavit, quam stare etiam sine insinuatione statuit... Sciendum est tamen, quod etsi plenissimæ sint donationes, si tamen ingrati existant homines, in quos beneficium conlatum est, donatoribus per nostram constitutionem [*L.11. C. de revoc. donationib.8,56.*] licentiam præstavimus certis ex causis eas revocare". [*Nov.162.c.1.*] 2) §197. vgl.*Sav.*Syst.IV.S.231.V.S.547. 3) *L.22.D.h.t.39,5. L.18.§3. eod. L.62.D.de æd.ed.21,1. L.2.C.de evict.8,45.* 4) s. §162.not.4 e. 5) Citt. ad I.§94. *Meyerfeld §19. Sav.*Syst.*§153. Hesse* de insinuatione donationum rite confic.Lps.1844. 6) *Sav.*Syst.*§175. Cod.8,56.* 7) vgl.*L.27.*mit *L.34.§1.D.h.t.39,5. Schildener* de different.

II. Condictiones (stricti iuris actiones). (*cf. Abr. II. § 25. med.* *)

S. 188. A. Nach ihrem Gegenstande.

Bedeutung der eigentlichen condictio [1·2]. Gegenstände [3…5]; worauf geht die intentio und die condemnatio? [6…11].

B. Nach den Entstehungsgründen.

A. Zurückforderung des contractlich Zurückzuleistenden, res creditæ und mutui datio.

1. Verbrauchsdarlehn, mutui oder mutuo datio, +mutuum. (*Abr. II. § 26 α.*)

S. 189. a. Begriff und Wirkungen.

Realcontract, nicht pactum+ de mutuo dando; res creditæ [1…5]. Erfordernisse der mutui od. ex mutuo actio [6] und die actio +de bene depensis aus dem +promutuum [8]. Verzinslichkeit? [9]

---

inter donation. simplicem et remunerator. spuriis. Ien. 1798. [8]) *Cod. 8,55. L. 18. pr. § 1. h. t. LL. 3. 8. C. de condict. ob c. dator. 4,6. L. 10. C. de revocandis donationib. 8,56.*

*) *Dig. 12. 13,1…4. Cod. 4,1…9. Sav.* Syst. V. *§§ 218…20.* u. Beilage XIV. cf. XIII. *U. 307. 312.* und die zu § 115. Citt. *Rud.* R. R. G. § 40. *Heimbach* v. Condictio in Weiske II. Ders. Lehre v. d. Creditum. Abh. 3. *Windscheid* Lehre v. d. Voraussetzung. Düsseld. 1850. *Erxleben* Die condictiones sine causa. Gott. 1853. *Götz* meditt. de condictionum doctrina. Lps. 1856. *Girtanner* Stipulation u. ihr Verhältn. z. d. Vertragsobl., insb. zum Creditum. Kiel 1859.

S. 188. *Gai. 4,41. sqq.* u. oben § 146. *Wachendorff* D. de condict. tritic. in Diss. trias. Tr. ad Rh. 1730. n°. 2. *Volcmar* de condictionum indole Hal. 1777. bes. *Sav.* Syst. *§ 219.* und Beil. XIV. §§ 32. ff. u. VI. S. 216. ff. vgl. *Pu.* Inst. II. §§ 165…67. *Zimmern* Rechtsg. III. §§ 66. ff. 61. f. *Bg § 131. not. 18. Bonjean* Traité des actions § 301. *Ro. 474. Si. 109. Ar. 340.* ff. *Br. 96.* [1]) *Gai. 4,5.* [2]) *Bg § 131 y.* [3]) § 189. [4]) §§ 192…195. [5]) §§ 196. ff. [6]) *Gai. 4,41. 43.* „*intentio* est ea pars fomulæ, qua actor desiderium suum concludit. — *condemnatio* est ea.. qua iudici condemnandi absolvendive potestas permittitur…“. [7]) SI PARET NmAo SESTERTIVM X MILIA DARE OPORTERE — IVDEX NmAo X MILIA [*cum tertia parte*] CONDEMNA. SI NON PARET ABSOLVITO. cf. *Gai.* l. c. [8]) SI PARET NmAo HOMINEM (oder TRITICI C MODIOS od. ITER AD FVNDVM CORN.) DARE OPORTERE — QVANTI EA RES ERIT (gegen den fur QVANTI EA RES VMQVAM seit dem furtum FVERIT), TANTAM PECVNIAM (TANTI) CONDEMNA etc. [9]) QVIDQVID NmAo DARE FACERE OPORTEBIT — EIVS NmAo COND. etc. [10]) *Gai. 4,53.* ff. [11]) s. § 146. *Dig. de cond. tritic. 13,3.* bes. *L. 1. § 1.*

S. 189. *Gai. 3,90. Ulp. Inst. § 3. Pr. I. quib. mod. re contr. obl.. 3,14* [*15*]. *Dig.* De rebus creditis si certum petatur et de condictione *12,1.* Si certum petatur: *Greg. Cod. 3,12* [*6*]. *Cod. 4,2.* De rebus creditis et iure iurando: *Paul. S. R. 2,1. Cod. 4,1. Dig.* De condictione triticiaria *13,3.* cf. *Legis Rubriæ c. 21. 22.* — *Cuiac.* Opp. VII. p. 621. sqq. *Donell.* Comm. XIV. c. 1. und Opp. VII. p562. sqq. X. p. 17. sqq. *Duaren.* Opp. p. 876. sqq. *Barclaius* in Otton. Thes. III. p. 806. sqq. *Merill.* ibid. p. 655. sqq. *Idsinga* in Oelrichs Thes. I. 1. *Glück* XI. § 776. ff. XII. *Puchta* sen. Hdb. d. Verf. i. S. d. freiw. Ger. *§§ 167…72. Sav.* cit. § 219. u. cit. Beil. §§ 4. ff. *Luden* v. Darlehn in Weiske III. *Heimbach* Creditum. *B. 92.* f. *K. 252.* f. *U. 308…10. He. 167…69. Se. 309.* f. *Mü. 373…75. Gö. 474.* f. *Pu. 304. Ro. 472. Va. 623. Si. 108. Ar. 280. 283. Br. 95. 99.* [1]) *Pr. I. quib. mod. re contr. obl. 3,14.* „Re contrahitur obligatio vel uti mutui datione. mutui autem datio in iis rebus consistit quæ pondere numero mensurave constant… quas res aut numerando aut metiendo aut adpendendo in hoc damus, ut accipientium fiant, et quandoque [dereinst] nobis non eædem res, sed aliæ eiusdem naturæ et qualitatis reddantur; unde etiam Mutuum appellatum est, quia ita a me tibi datur, ut ex meo tuum fiat. et ex eo contractu nascitur actio, quæ vocatur Condictio“. *Paul. L. 2. D. h. t. 12,1.* „Mutuum damus recepturi non eandem speciem quam dedimus,

§. 190. b. Besondere Hindernisse. — SC. Macedonianum. (vgl.III.§33.)
1) Subjective Hindernisse: a) allgemeine wegen mangelnder Alienationsfähigkeit[1.2]; b) be-

---

alioquin commodatum erit aut depositum, sed idem genus; nam si aliud genus, veluti ut pro tritico vinum recipiamus, non erit mutuum. *§ 1.* Mutui datio consistit in his rebus quæ pondere numero mensura consistunt, quoniam eorum datione possumus in creditum ire, quia in genere suo functionem recipiunt per solutionem quam specie; nam in ceteris rebus ideo in creditum ire non possumus, quia aliud pro alio invito creditori solvi non potest. *§ 2.* Appellata est autem *Mutui datio* ab eo quod *de meo tuum fit* [cf.*Varro de L.L.*]: et ideo si non fiat tuum, non nascitur obligatio". ²) s. oben §133. ³) cit.*L.2.§3.* „Creditum ergo a mutuo differt, qua genus a specie: nam creditum consistit extra eas res quæ pondere numero mensura continentur, sicut si eandem rem recepturi sumus, creditum est. item mutuum non potest esse, nisi proficiscatur pecunia; creditum autem interdum etiamsi nihil proficiscatur, veluti si post nuptias dos promittatur. *§ 4.* In mutui datione oportet dominum esse dantem; nec obest quod filius familias et servus dantes peculiares nummos obligant: id enim tale est quale si voluntate mea tu des pecuniam: nam mihi actio adquiritur, licet mei nummi non fuerint. *§ 5.* Verbis quoque credimus quodam actu ad obligationem conparandam interposito, veluti stipulatione". s.*Heimbach* Credit.Abh.2. ⁴) *Ulp.L.15.D.h.t.* „Singularia quædam recepta sunt circa pecuniam creditam: nam si tibi debitorem meum iussero dare pecuniam, obligaris mihi, quamvis meos nummos non acceperis. quod igitur in duabus personis recipitur, hoc et in eadem persona recipiendum est, ut, cum ex causa mandati pecuniam mihi debeas, et convenerit, ut crediti nomine eam retineas, videatur mihi data pecunia et a me ad te profecta". cf. *L.9.§§ 3.sqq. LL.10.11.eod. L.8.C.si cert.pet.4,2.* ⁵) *Afric.L.34.pr.D.mandati 17,1.* „Qui negotia L.Titii procurabat, is, cum a debitoribus eius pecuniam exegisset, epistulam ad eum emisit, qua significaret certam summam ex administratione apud se esse eamque creditam sibi se debiturum cum usuris semissibus. quæsitum est an ex ea causa credita pecunia peti possit, et an usuræ peti possint. Respondit Non esse creditam; alioquin dicendum ex omni contractu nuda pactione pecuniam creditam fieri posse. nec huic simile esse, quod, si pecuniam apud te depositam convenerit ut creditam habeas, credita fiat, quia tunc nummi qui mei erant, tui fiunt; item quod, si a debitore meo iussero te accipere pecuniam, credita fiat: id enim benigne receptum est. His argumentum esse eum qui, cum mutuam pecuniam dare vellet, argentum vendendum dedisset, nihilo magis pecuniam creditam recte petiturum, et tamen pecuniam ex argento redactam periculo eius fore qui accepisset argentum. Et in proposito igitur dicendum actione mandati obligatum fore procuratorem ut, quamvis ipsius periculo nummi fuerint, tamen usuras de quibus convenerit, præstare debeat". ⁶) §188.not.11. ⁷) *L.2.§§2.4. LL.8.9.sqq.et passim D.h.t.* ⁸) *L.11.§2.L.13.§1.L.14.D.h.t. Heimbach* Creditum S.205.ff. *Br.99.a.E.* ⁹) *LL.3.4.C.de usur.4,32. Bg § 60.*u.oben I.§62. *Heimbach* Creditum Abh.15.

§. 190. De SCto Macedoniano (od.Ad SC.Mac.): *Paul.2,10. Greg.Cod.3,8. Dig.14,6. Cod.4,28. §7.I.quod cum eo 4,7.* (cf.*Tac.*Ann.XI.13. *Suet.*Vesp.11.) *Donell.*Comm.XIII.c. 24...28. *Glück* XIV. §§898...904. *B.94...96. K.257. U.72.*f. *He.171...73. Se.312. Mü. 575. Gö.479.*f. *Pu.306. Ro.161. Va.245. Rud.273. Si.108.*n⁰.6. *Ar.282. Br.100.* und die Diss. üb. das SC.Mac. von *van Alphen* L.B.1703. *van Zwieten* ib.1708. *Mencken* Vit.1715. *Reinold* (in Opuscc.p.412.sqq.) *Hommel* Lps.1727. v.*Wachendorff* Tr.ad Rh.1730. *Scherz* Argent.1732. *Marckart* in Exercitt. acad.n⁰.7. *Alef* (Dies acad.11.) *Dierkens* L.B.1754. *Drechsler* Alt.1756. *Breuning* Lps.1768.u.1775. *Nettelbladt* Hal.1785. *Hübner* Lps.1798.

sondere Beschränkungen α') des Darleihers, öffentlichrechtlicher Art[3], β') des Borgers, theils eben solche[4], theils aus dem SC. Macedonianum[5...10]; Gründe des Wegfallens der exceptio SCi Macedoniani[11...16]. Heutige Giltigkeit des SC.?[17]. 2) Objective: Irrthum der Contrahenten[18.19].

§. c. Vom Beweise s. oben §145.

§. 191. 2. Pecunia traiecticia, nauticum fenus.

Begriff[1] und Abweichung im Zinsfuß vom gewöhnlichen Mutuum[2.3]. Fenus +quasi nauticum[4]. Bodmereicontract und Versicherungsverträge des deutschen Rechts[5].

Lubenstern Marb.1828. u.A. *Büchel* Civ. Erörtt.II.1.S.103.ff. *Christiansen* nat.obl. Kiel 1844.S.106.ff. *Sav.*Syst.V.S.374.ff.VIII.77.f.115.ff. bes.*G.Dietzel* Das SC.Mac.Lpz.1856. s.bes.S.65.ff. [1]) *§2.I.quib.alienare 2,8. L.9.pr.D.de auct.tut.26,8. LL.11.i.f.12.13.16. 41.D.de R.C.12,1.* [2]) *L.59.D.de O.et A.44,7. LL.13.i.f.14.D.de cond.ind.12,6.* s. §§142. 195. [3]) *LL.33.34.D.de R.C. L.3.C.si cert.pet.4,2. Cod.* De his qui ex publicis rationibus mutuam pecuniam acceperunt *10,6.* Die Beschränkung der von Juden gegen Christen aufzunehmenden Schuldurkunden im R.A.v.1551.§79. fällt ebenfalls hinweg. [4]) *Hon.et Th. L.16.C.h.t.4,2.* „Quisquis iudici fenebrem pecuniam mutuaverit, .. exilii pœna una cum ipso iudice plectetur". [5]) *Ulp.L.1.D.ad SC.Maced.* „Verba SCti Macedoniani hæc sunt CVM INTER CETERAS SCELERIS CAVSAS MACEDO QVAS ILLI NATVRA ADMINISTRABAT, ETIAM ÆS ALIENVM ADHIBVISSET, ET SÆPE MATERIAM PECCANDI MALIS MORIBVS [*Vulg.*hominibus] PRÆSTARET QVI PECVNIAM, NE QVID AMPLIVS DICERETVR, INCERTIS NOMINIBVS CREDERET, PLACERE NE CVI QVI FILIO FAMILIAS MVTVAM PECVNIAM DEDISSET, ETIAM POST MORTEM PARENTIS EIVS CVIVS IN POTESTATE FVISSET, ACTIO PETITIOQVE DARETVR, VT SCIRENT QVI PESSIMO EXEMPLO FÆNERARENT, NVLLIVS POSSE FILII FAMILIAS BONVM NOMEN [exequierbare Forderung] EXSPECTATA PATRIS MORTE FIERI". [6]) *L.2.pr.D.quod.c. eo 14,5.* s.oben §162.not.2.b. [7]) *L.3.§3.D.h.t.14,6. L.3.C.h.t.4,28. L.9.§9.L.15.D.de R.C. 12,1. Dietzel §§14.*ff. [8]) *L.7.§10.L.9.§3.D.h.t. L.6.C.eod.* [9]) *LL.9.i.f.10.D.h.t. LL. 19.pr.40.pr.D.de cond.ind.12,6.* s.oben I.§160.not.7.β'. *Dietzel §§18.*f. [10]) *L.26.§9.eod. 12,6. L.14.D.de R.C. L.9.§1.D.h.t. Dietzel §21.* [11]) *LL.1.i.f.2.D.h.t. L.7.§1.C.h.t. Dietzel §§6.12.* [12]) *L.7.§§11.sqq.LL.12.14.16.17.D.h.t. LL.2.4.6.7.C.h.t. L.47.D.de solutt. 46,3. Nov.115.c.3.§13. Dietzel §§9...11.20.23.* In *L.3.§4.D.de minor.4,4.* ist in (d.h.contra) hanc richtig, nicht in hac, wie *Dietzel* p.57. meint. [13]) *LL.7.i.f.*bis*9.pr.D.h.t. L.2.C. h.t. L.2.C.h.t. Dietzel §§21.*f. [14]) *L.3.pr.§1.* (in §309.not.9.)*L.7.§7.L.19.D.h.t. L.1.C. h.t. L.10.D.de re iud.42,1. Dietzel §7.* [15]) *L.11.i.f.D.h.t. L.9.pr.D.de iur.et f.ign.22,6. Bg §128.not.26.* [16]) *Glück* XIV.S.349. *Dietzel §25.* [17]) *Dietzel §26.* [18]) s. oben § 30.not.2. [19]) *Iuvent.Cels.L.32.D.de R.C.* „Si et me et Titium mutuam pecuniam rogaveris, et ego meum debitorem tibi promittere iusserim, tu stipulatus sis, cum putares eum Titii debitorem esse, an mihi obligaris? Subsisto, si quidem nullum negotium mecum contraxisti; sed propius est ut obligari te existimem, non quia pecuniam tibi credidi (hoc enim nisi inter consentientes fieri non potest), sed quia pecunia mea quæ ad te pervenit, eam mihi a te reddi bonum et æquum est". *Conradi* de Iuventiana condictione.Marb.1774. *Heimbach* Credit.S.221.ff.

§. 191. De nautico fenore: *Dig.22,2. Cod.4,33. Nov.106.*[und *110.*] *Glück* XXI.§§ 1139...43. *Hudtwalcker* de fœn.naut.Rom.Hamb.1810.u.A.bei *Glück* S.151.Citt. *de Cock* de f.n.Leod.1829. *Huschke* üb.L.122.§1.D.de V.O. in Ztschr.f.Civ.u.Pr.N.F.n°.1.(1853.) *B.* S.187. *K.§256. U.151. He.170. Se.313. Mü.377. Gö.476. Pu.304.*a.E. *Si.87.III.A.108.* a.E. *Ar.283.* [1]) *Mod. L.1.D.h.t.* „Traiecticia ea pecunia est quæ trans mare vehitur: ceterum si eodem loci consumatur, non erit traiecticia. sed videndum an merces ex ea pecunia comparatæ in ea causa habeantur. et interest utrum etiam

B. Zurückforderung des ohne haltbaren Grund in des Beklagten Vermögen Uebergegangenen, zufolge

1. Irrthums des Gebers.

§. 192. a. Indebiti condictio.

Wahre Bedeutung dieser Condiction[1…3]. Erfordernisse[4…19]. Beweis[20…22]. Stellvertreter[23.24]. Wißentl. Annahme eines indebiti[25]. Leistung alternativer debita als cumulativer[26]. Verzicht[27].

---

ipsæ periculo creditoris navigent: tunc enim traiecticia pecunia fit". vgl. §177. [2]) *Paul. S.R.2,14,3.* [3]) s. Titt. citt. und *L.26.C.de usur.4,32.* [4]) *L.5.D.h.t. Glück* XXI. S.154.ff. [5]) s. *Wilda* v. Bodmerei in Weiske II. u. die Schriftst. ü. deutsches Privat- und Handels-Recht.

§. 192. *Gai.3,91. §2.I.q.m.re contr.obl.3,14*[15]. *§§6.7.I.de obl.qu.ex contr.3,27*[28]. De condictione indebiti: *Dig.12,6. Cod.4,5. Donell.* Comm. XIV.c.11…19. und Opp. VII. p.649.sqq. *Duaren.* Opp.p.902.sqq. *Hertii* Comm.I.3.p.94.sqq. *Marckart* Exercitt. n°.2. *Bülow* Abhh. II.13. *Glück* XIII.§§ 827…35. *Ackermans* de eo quod tanq. indebitum condici nequit. L.B.1810. *Thibaut* Vers. II.5. Civ. Abhh. n°.14. *Rosshirt* de cond.ind.fundam. Erl.1818., deutsch in Barths Diss. Saml. III.37. *Heimbach* Obss. Lps.1834. (vgl. Dess. Creditum S.4.f.) *Hasse* iun. im Rh. Mus. f. Jpdz. VI. S.59…84. *Meyerfeld* Schenk. *§18. Christiansen* v.d.nat.obl.u.cond.ind. Kiel 1844. u. A. bei *Glück, He.* u. *K.* Citt. *Renaud* i. Arch. f. c. Pr. XXIX. 4.14. *Erxleben* Die condictiones s.c. Gött.1850. *B.105.*f. *K.259.*f. *U.318…20. He.237.*f. *Se. 436. Mü.378.*f. *Gö.637.*f. *Pu.309. Ro.475.*f. *Va.625. Si.109.*A. *Ar.341. Br.102.* u. bes. *Sav.* cit. Beil. XIV. §§ 7.8. Bd. III. Beil. VIII. §§ 11.35…38. [1]) *LL.52.65.§2.D.h.t. §1.I.q.m.re contr.obl. 3,14.* „Is quoque qui non debitum accepit ab eo qui per errorem solvit, re obligatur, datùrque agenti contra eum propter repetitionem condicticia actio: nam perinde ab eo condici potest, *si paret eum dare oportere,* ac si mutuum accepisset: unde pupillus si ei sine tutoris auctoritate non debitum per errorem datum est, non tenebitur indebiti condictione magis quam mutui datione. sed hæc species obligationis non videtur ex contractu consistere, cum is qui solvendi animo dat, magis distrahere voluit negotium quam contrahere". cf. *§§ 6.7. I. de obl.q.qu. ex contr.3,27.* [2]) *L.14. Paul. L.15.pr.D.h.t.* „Indebiti soluti condictio naturalis est". cf. *L.64.i.f.eod.* [3]) samt Accessionen, Früchten und Gewinn *LL.15.65.D.h.t.*, aber vom b.f.p-or nur soweit das Geleistete noch sein Vermögen vergrößert *LL.37.65.§§7.8.D.h.t.* s. unt. not.25. [4]) *LL. 9.11.13.19.pr.40.pr.41.51.64.D.h.t.* [5]) s. I.§160.not.7 γ'. II.§190.not.9. [6]) *LL.16…18. pr.48.60.D.h.t.* Betagung: *L.10.eod.* [7]) Ueb. d. Irrthum s. *Sav. §* 35.ff. citt. u. oben I.§ 78. Die allgemeineren *LL.7.8.D.de iur.et f.ign.22,6.* werden näher bestimmt durch d. specielleren *L.9.§5.D.h.t. L.10.C.eod.1,18.* cf. *L.11.C.eod.* Nur wegen der vom Onerierten geleisteten satis datio findet die condictio statt, auch wenn jener aus Rechtsirrthum die Erlaßung jener für unstatthaft gehalten, quia ex ea causa intercessit satis datio, ex qua non debuit". *L.1.pr.D.ut in poss.leg.36,4.* [8]) *Paul.L.53.D.de R.I.* „Cuius per errorem dati repetitio est, eius consulto dati donatio est". *L.9.pr.C.h.t.* [9]) *Bg § 97.not.4.* [10]) *L.29. D.h.t.* [11]) *L.26.pr.§ 2.D.h.t. L.18.C.de usur.4,32.* cf. *L.5.§ 2.D.de solutt.46,3, Weber* Vers. S.268.ff. Nat. Verb. *§§ 35.75. Röder* Civ. Abhh. n°.5. [12]) *L.11.D.h.t.* cf. not.27. [13]) *L.65.§1.D.h.t. L.2.C.h.t.* cf. *L.23.D.eod.* [14]) *L.32.§ 2. LL.51.65.§ 2.D.h.t.* und not.5. [15]) *L.42.D.h.t.* [16]) *L.4.C.h.t. §7.Inst.cit. §§19.23.26.I.de act.4,6.* [17]) *LL.31.47…49. D.h.t. L.2.C.h.t.* [18]) *LL.29.53.66.D.h.t.* [19]) §195.not.3. [20]) *Bg §118.not.2. Gesterd.* Ausb. II. S.404.ff. (der ohne Grund die Vernachläßigung dieser Frage rügt.) *L.25.D.de probatt.22,3.* u. dazu *Müller (Richter)* de probatione indebiti. Lps.1772. [21]) I. § 87. not.9. [22]) s. §145.not.9. [23]) *LL.2.§1.3…6.47.57.pr.61.D.h.t.* [24]) *LL.6.§§1.2.19.§1.57.§1.65.§9. D.h.t. L.14.D.de cond.c.d.12,4.* [25]) *L.18.D.de cond.furt.13,1. L.33.pr.D.de furtis 47,2.* [26]) *L.26.§13.D.h.t. L.10.C.h.t.* [27]) *L.67.§3.D.h.t. Glück §* 832.

§. 193. b. Condictio ob causam datorum od. causa data causa non secuta. Erfordernisse und Gegenstände dieser Condiction[1...4]. Anwendungsfälle[5].

§. 194. 2. Unrechts des Empfängers: Condictio ob turpem vel iniustam causam. Erstere, wenn das turpe, weshalb erworben wird, ein zukünftiges, letztere, wenn es ein vergangenes ist[1...3], ohne daß dem Geber turpitudo zur Last fällt[4].

§. 195. 3. sonstiger rechtlich unhaltbarer Gründe: Condictio sine causa. Allgemeinere und subsidiäre Natur dieser auch gegen Dritte statthaften Condiction.

---

§. 193. *Dig.* De condictione causa data, causa non secuta *12,1*. *Cod.* De condictione ob causam datorum *4,6*. *Donell.* Comm.XIV.c.10.20...24.26...32. und Opp.VII. p.717.sqq. *de Retes* in Meerm.Thes.VI.p.118.sqq. *Lauterbach* Disputt.IV.145. *van Neck* in Oelrichs Thes.II.2.n°.10. *Wächter* Doctr.de cond.c.d.c.n.s.Tub.1822. *Bruce* ad h.t.Dig. L.B.1827. *Huschke* Verh.der Contractsklage oder a. præscr.verb. zur condictio c.d.c.n.s. in Ztsch.f.Civ.u.Pr.N.F.V.1848.S.126.ff. *Erxleben* Die condictt.s.c.Abth.2.Gött.1853. *Glück* XIII. §§ 820...24. *B.107*. *K.261*.f. *U.321*.f. *He.239*.f. *Se.437*. *Mü.380*. *Gö.654*.n°.1.489. *Pu.308*. *Ro.477*. *Va.626*. *Si.109*.A. *Ar.342*. *Br.97*. *Sav.* cit.Beil.XIV.§§ 7.f. vgl. oben §§ 128.130.c. Ueber causa s. *Windscheid* Vorauss.S.48.ff. Ueb.die Form cond.causa (i.e.ex causa) data (statt dati), wie auch *Paul.L.15.§1.D.de cond.ind.* „indebit*a* condictio" und *Pomp. L.15.§3.D. de precar.* „precari*um* (statt de precario) interdictum" sagt, s. auch *Huschke* Studien p.288. u.vgl.die Ausdrücke prætor peregrin*us*, servitutes rustic*æ* u.urban*æ* u.ähnl. [1]) Toti titt. *Dig.12,1*. *Cod.4,6*. *L.35.§3. D. de mort.c.don.39,6*. [2]) *L.7.§1. L.12.D.h.t.* [3]) *L.3.§§2.sqq.L.5.§§1.sqq.D.h.t.* [4]) *L.10.C.h.t.* [5]) §145. III.§§ 6.18.19. Erbr.§§ 56. 146.148.155.u.a. *Dig.et Cod.h.t.passim*. *Erxleben* l.c. S.49.ff.

§. 194. *Dig.* De condictione ob turpem vel iniustam causam *12,5*. *Cod.* De condictione ob turpem causam *4,7*. De condictione ex lege et sine causa vel iniusta causa *4,9*. *Donell.* Comm.XIV.c.25. *Glück* XIII.§§ 825.f.und das.S.52.not.13.Citt. *Seeger* De repetitione ob turpem rem dator.Stuttg.1854. *B.109*. *K.263*. *U.315.317*. *He.241*. *Se.438*. *Mü.381*. *Gö.629*. *Pu.307*.n°.2.*310*.f. *Ro.478*. *Va.627*. *Si.109*.A. *Ar.343.344*. *Br.99*. [1]) *L.2. §1. Paul.L.3.* „Ubi autem et dantis et accipientis turpitudo versatur, non posse repeti dicimus...". not.5. *LL.2.5.C.h.t.* [2]) *LL.1.2.9.D.h.t. LL.3.4.6.7.C.h.t.* [3]) *Ulp.L.2.§2.* „Item si tibi dedero, ut rem mihi reddas depositam apud te..". *L.6.* „id quod ex iniusta causa apud aliquem sit, posse condici..". *Pomp.L.7.* „Ex ea stipulatione quæ per vim extorta esset, si exacta esset pecunia, repetitionem esse constat". *LL.6....9.D.h.t. L.25.§1. D.de furtis 47,2. L.3.C.de cond.ex lege 4,9.* [4]) *LL.3.4.8.D.h.t.* „...si et dantis et accipientis turpis causa sit, possessorem potiorem esse.." s.not.1.*Pap.L.5.pr.D.de cond.s.c.12,7*.„..cum ob turpem causam dantis et accipientis pecunia numeretur, cessare condictionem..".

§. 195. *Dig.* De condictione sine causa *12,7*. *Cod.tit.cit.4,9*. *Elers* D.de cond.s. c.Ien.1718. *Pestel* de c.s.c.Rint.1726. *Thibaut* Civ.Abh.n°.14. *Gensler* im Arch.f.c.Pr.II. 27. *Reichard* daselbst XXIX.7. *Meyerfeld* Schenkung S.354. *Glück* XIII.§ 836. *B.109.i.f.* *K.264*. *U.313.316*.f. *He.242*.f. *Se.439*. *Mü.382*. *Gö.654*.n°.11. *Pu.307*.n°.3. *312*. *Ro.479*. *Va.628*. *Si.109*.A. *Ar.345*. *Br.99*. *Sav.* zu §193.cit. [1]) Condictio *a*) †Iuventiana [§190. not.19.] und die Nichtübereinstimmung des Gebers und Nehmers über die causa dandi und accipiendi [*Bg §162 n.*]; *b*) des ohne die erforderliche Insinuation (I.§ 94.) oder des von Ehegatten geschenkten [III.§ 25.]; *c*) des gegen das SC.Velleianum [II.§126. *L.8.§3.D.ad SC.Vell.16,1. et passim ibid.*]; *d*) des aus einer Spielschuld [II.§ 129.not.3.]; *e*) des zur Tilgung einer Forderung geleisteten, wenn Befreiung des Schuldners nicht bewirkt wird, weil der Empfänger Zahlung anzunehmen unfähig war [II.§143.not.6. *Bg § 84*.], oder weil man eine untheilbare Forderung theilweise, eine alternative durch Leistung eines der vom Gläubiger auszuwählenden Objecte abtragen wollte [*L.2.§1.D.de V.O.45,1.*]; *f*) des sine

C. Zurückforderung ohne daß rechtlich das zu Leiſtende aus des Klägers Vermögen in das des Beklagten übergegangen war.

§. 196. 1. Furtiva condictio (*Bg §154 e.*) (Rerum amotarum actio ſ.III.§ 21.)

Grund, neben den reiperſecutoriſchen Klagen aus dem Furtum[1] dieſe Condiction aufzuſtellen, und daraus ſich ergebende Erforderniſſe und Gegenſtände[2...9]. Wer iſt Beklagter?[4...8] wer Kläger?[10.11].

§. 197. 2. Condictio ex lege.

Bedeutung dieſer meiſtens übergangenen und verkannten Condiction.

---

causa promittirten [*LL.1.3.D.h.t.12,7.*]; *g*) der Bereicherung aus der Umgeſtaltung fremdes Eigenthums [II.§ 25. *Bg §154 d.*] oder aus deſſen Veräußerung durch den dadurch noch bereicherten bona fide possessor [*L.23.D.de R.C.12,1.* vgl.§197.a.E.] 2) Condiction auf *a*) Zurückleiſtung der arra +confirmatoria nach erfülltem Vertrag [II.§134.]; *b*) des Schuldſcheins nach getilgter Forderung [*L.2.C.de cond.ex l.4,9.* oben §145.]; *c*) des einem Andern für etwas ihm zu erſetzendes geleiſteten, wenn er die Sache ſelbſt wieder erlangt hat. [*L.2.D.h.t.12,7. L.17.§5. cf.L.13.pr.D.commodati 13,6.*]; *d*) des Objects eines nun beendigten Quaſiuſusfructus, wenn cautio nicht geleiſtet war [*Bg §166.not.25.*] 3) *LL.1.3.C.h.t.4,19.*

§. 196. *Gai.4,4.2,79. §14.I.de act.4,6.* De condictione furtiva: *Dig.13,1. Cod.4,8.* (Rer.amotar.ſ.unt.III.§ 21.) Abhh.ü.die cond.furtiva von *Strauch* in Opuscc.Lps.1729. p.812.sqq. *Krug* Lps.1831. *Buchholtz* Jur.Abh.n°.27. *Donell.* Comm.XV.c.30.§§9.sqq. 23.sqq. *Glück* XIII.837...41.(XXVII.S.455.bis XXVIII.S.49.) *B.126. K.*III.S.304.f. u.§ 393.n°.III. *U.327...30. He.III.235.*f. *Se.397. Mü.145.*n°.I. *Gö.585. Pu.311.*a.E. *Ro.480.*A. *Va.625.*Anm.III. *Si.109.*n°.IV. *Ar.323. Br.96.*u.beſ.*Sav.*cit.Beil. 1) *Ulp.L.7.§1.D.h.t.* „Furti actio pœnam petit legitimam, condictio rem ipsam. ea res facit, ut neque furti actio per condictionem neque condictio per furti actionem consumatur: is itaque cui furtum factum est, habet actionem furti et condictionem et vindicationem, habet et ad exhibendum actionem“. cf. *L.29.D.de furtis.* 2) *Gai.* l.c. „.. nec res quæ nostra *est*, amplius *nostra fieri* potest. plane odio furum, quo magis pluribus actionibus teneantur, effectum est ut extra pœnam ... fures hac actione [ſo heißt die f.condictio auch *Paul.S.R.2,31.34.* furti actio] etiam teneantur SI PARET EOS DARE OPORTERE, quamvis sit etiam adversus eos hæc actio qua ‘rem nostram esse’ petimus. *Bg §154.not.19. §154.not.11.* 3) *L.36.D.de O.et A.* 4) *L.6.D.h.t.* vgl.*Gai.3,202.ibiq.citt.* 5) *LL.23.24.D.de furtis 47,2. cf.L.50.§2.L.90.§1.eod.* 6) *LL.2.5.7.§2.LL.9.10.§1.D.h.t. L.25.D.de furtis.* oben §192.not.25. 7) *L.1.C.h.t.* 8) *L.8.§1.LL.16.20.D.h.t. L.2.C.h.t.L.46.pr.D.de furtis.* 9) *LL.3.7.8.13.16.20.D.h.t. L.2.C.h.t. L.52.§11.D.de furtis. L.30.§1.D.de iure iur.12,2. L.1.C.de inf.expos.8,52.* vgl.§188.not.8. 10) *LL.1.10.11.14.§2.L.17.D.h.t.* 11) *L.12.§2.D.h.t. LL.15.pr.49.pr.87.D.de furtis. L.22.pr.D.de P.A.13,7.*

§. 197. *Dig.* De condictione ex lege *13,2. Cod.4,9.* zu §194.cit. *Donell.*Opp.X.p.947.sqq. *Strauch* D.de cond.ex l.Ien.1716. *Westenberg* De caus.obll.n°.4. *Glück* XIII.§ 842. *He.33. Se.25a. Mü.138.not.15. Gö.141.*zu not.3. *Pu.307.not.d. Va.482.not.1.*a.E.*487.*g.E. *Ar.340.not.1.*a.E. beſ.*Sav.*cit.Beil.XIV.§§12...14. 1) *Bg §12 b.* 2) *Paul.L.un.D.h.t.* „Si obligatio lege nova introducta sit, nec cautum eadem lege quo genere actionis experiamur, ex lege agendum est“. 3) Per condictionem quæ ex lege descendit, petitur *a*) was man wegen des durch Folterung eines servus entſtandenen Schadens fordern kann: *LL.27.28.D.ad L.Iul.de adult.48,5.* (vgl. auch §250. Erbr.§47.not.6.) *b*) die Pön der plus petitio, wovon *§24.I.de act.4,6.* *c*) wegen vermeintlicher Erbberechtigung für den Nachlaß geleiſtetes: *L.12.§1.C.de P.H.3,31.* *d*) dos quam præstari placuit, etiamsi stipulatio in pollicitatione rerum dotalium minime fuerit subsecuta: ſ.I.§100. *e*) Erfüllung des Schenkungsverſprechens: ob.§187.not.1. cf.*Bg §106.not.27a.* *f*) die Hälfte des gefundenen Schatzes

Zweiter Titel. Einseitige Schuldverhältnisse mit zufälliger Gegenseitigkeit. Directæ et contrariæ (sämtlich bonæ fidei) actiones.

I. Auf Zurückleistung einer species gerichtete. (*Abr.II.§26 β...δ.*)

§. 198. A. Commodatum, Gebrauchsdarlehn.

Realcontract: Gewährung der Detentation einer Sache zu bestimmtem unentgeltlichem Gebrauch gegen Verpflichtung zur Restitution derselben Species. Commodati directa und contraria actio b.f.; arbitraria in factum actio aus dem Commodat nach älterem Recht. Pactum de commodando. Unterschied des Commodats und des Precarium.

---

gegen den Finder: *Bg §150.not.35.* — Dagegen sind die Entschädigungsansprüche wegen des durch Zufall in eines Andren Eigenthum übergegangenen nicht condictiones, stricti iuris actiones, sondern in factum, utiles. vgl. §122.

§. 198. *Gai.4,47.* (cf.*LL.9.13.D.de O.et A.44,7.*) *Paul.*De commodato et deposito, pignore fiduciave 2,4. *§2.I.q.m.re contr.obl.3,14[15].* Commodati vel contra: *Dig.13,6. Cod.4,23.* De commodato: *X.3,15. Donell.*Comm.XIV.c.2.§§1...7.c.3. *Duaren.*Opp.p.951. sqq. *Reinhard* de comm.Erf.1752. *van Alphen van der Broeck* de comm.L.B.1785. *van Reigersberg* de comm.ibid.1825. *Kritz* Pandectenr.I.2.S.385.ff. bes. *Schmidt* d. comm.u. prec.Lpz.1841. *Glück* XIII. §§ 853.ff. *B.97.f. K.267...69. U.601...6. He.164...66. Se.314. Mü.383. Gö.481.f. Pu.319. Ro.481. Si.111.n°.1. Ar.284. Br.105.n°.1.*—*Ulp.L.1.pr.§1.D. h.t.* „Ait prætor QVOD QVIS COMMODASSE DICETVR, DE EO IVDICIVM DABO. *§1.* Huius edicti interpretatio non est difficilis; unum solummodo notandum, quod qui edictum concepit, commodati fecit mentionem, cum Pacuvius utendi fecit mentionem. inter commodatum autem et utendum datum Labeo quidem ait tantum interesse, quantum inter genus et speciem: commodari enim rem mobilem, non etiam soli; utendam dari etiam soli. sed, ut apparet, proprie res commodata dicitur et quæ soli est; idque et Cassius existimat; Vivianus amplius etiam habitationem commodari posse ait". (sed cf.*L.17.pr.D.de præscr.verb.19,5.*) *§2.I.quib.mod.re contr.obl.3,14.* „Item is cui res aliqua utenda datur, id est commodatur, re obligatur et tenetur commodati actione. sed is ab eo qui mutuum accepit, longe distat: namque non ita res datur, ut eius fiat [*LL.9.8.cf.15.16.D.h.t.*], et ob id de ea re ipsa restituenda tenetur [*LL.3.i.f.4.D.h.t.*]; et is quidem qui mutuum accepit, si quolibet fortuito casu amiserit quod accepit, veluti incendio, ruina, naufragio, aut latronum hostiumve incursu, nihilominus obligatus permanet; at is qui utendum accepit sane quidem exactam diligentiam custodiendæ rei præstare iubetur, nec sufficit ei tantam diligentiam adhibuisse quantam in suis rebus adhibere solitus est, si modo alius diligentior poterit eam rem custodire; sed propter maiorem vim maioresve casus non tenetur, si modo non huius ipsius culpa is casus intervenerit: alioqui si id quod tibi commodatum est, peregre tecum ferre malueris, et vel incursu hostium prædonumve vel naufragio amiseris, dubium non est quin de restituenda ea re tenearis. [cf.*LL.3.§1.5.17.§3.18.pr.§3.23.D.h.t. L.23.D.de R.I. Hasse* Culpa *§§46.f.*] Commodata autem res tunc proprie intellegitur, si nulla mercede accepta vel constituta res tibi utenda data est, alioqui mercede interveniente locatus tibi usus rei videtur: gratuitum enim debet esse commodatum". [*L.5.§12.L.17.§3.D.h.t.*] Das von Vielen mit dem Commodatum irrig zusammengestellte, auch noch gemeinrechtlich giltige Precarium [I.§95.] unterscheidet sich in vielen wesentlichen Puncten von jenem: es ist nicht contractus, sondern bloß conventio: eine obligatio et actio (das interdictum de precario od. die præscr.verbis a.) entspringt erst aus Verweigerung der Restitution; es kann auch des Precaristen eigene Sache und auch ein Recht zum Gegenstand haben; es geht auf unbestimmten Gebrauch;

B. Depositum oder commendatum, Hinterlegungsvertrag.

S. 199. A. Einfaches Depositum.

Realcontract. Inhalt: Custodia des Depositars. Mandatum rei custodiendæ. Retention steht dem Depositar nicht zu; dessen übrige Verbindlichkeiten. Mehrere Deponenten oder Depositare. Infamie wegen Veruntreuung.

S. B. Besondere Fälle: a) Sequestration s. ob. I. § 145. *Bg § 127.* a. E. b) Depositum +miserabile s. unten § 246. c) Receptum nautarum, cauponum *etc.* unten § 256.

S. 200. C. Depositum +irregulare.

Verbindung des Depositum mit anderen Vertragsobligationen [1.2]; Depositum in Mutuum übergehend [3...5]. Verschiedenheit der Behandlung beider obligatorischer Verhältnisse [6...9], und des depositi +irregularis von der locatio conductio +irregularis (§ 177).

S. 201. C. Contractus pigneraticius, Pfandvertrag (s. oben §§ 88. 93).

Realcontract: Object [1]; directa und contraria pigneraticia actio [2...7]. Haftung für Culpa [8]. Utilis pigneraticia actio [9].

---

es kann mit jur. Besitz der körp. Sache verbunden sein; der Precarist haftet anders für Culpa als der Commodatar; ihm kann das Object auch vor der festgesetzten Zeit wieder abgefordert werden; das Precarium hat Beendigungsgründe, die beim Commodat nicht gelten (I. § 95. nott. 9. 10.), und verlängert sich von selbst auch nach Ablauf der ihm bestimmt gewesenen Zeit (ibid. not. 11).

S. 199. *Gai.* et *Paul.* ad § 178. citt. *Ulp. Inst. § 4. Collat. 10. § 3. I. tit. cit.* Depositi vel contra: *Dig. 16,3. Cod. 4,34.* De deposito *X. 3,16. Donell.* Comm. XIV. c. 2. §§ 8. 9. c. 3. und Opp. VIII. p. 481. sqq. *Duaren.* Opp. p. 1005. sqq. u. A. bei *Glück* XV. §§ 938. ff. *B. 99.* f. *U. 656 ...62. He. 229...31. Se. 316. Mü. 385. Gö. 483.* f. *Pu. 321. Ro. 482. Si. 112. Ar. 285. Br. 105.* n°. 3. *§ 3. I. quib. mod. re contr. obl. 3,14.* „Præterea et is apud quem res aliqua deponitur, re obligatur et actione depositi, quia et ipse de ea re quam accepit, restituenda tenetur. sed is ex eo solo tenetur, siquid dolo commiserit; culpæ autem nomine, id est desidiæ ac neglegentiæ, non tenetur: itaque securus est qui parum diligenter custoditam rem furto amiserit; quia qui neglegenti amico rem custodiendam tradidit, suæ facilitati id imputare debet". *Hasse* Culpa *§§ 76. 88.*

S. 200. *Cuiac.* Opp. IV. p. 211. Diss. de depos. irreg. von *Mascov.* Gryph. 1684. *Nettelbladt* Hal. 1750. *Dedekind* Guelf. et Lps. 1753. *Sammet* Opuscc. p. 264. sqq. *Hartung* Erf. 1763. *Zoller* Lps. 1775. *Oelrichs* Gott. 1777. *Overbeck* Hdlb. 1806. *Neustetel* in s. u. Zimm. Unterss. n°. 1. *Glück* l. c. § 940. *Schaffrath* Prakt. Abh. S. 97. ff. bes. *Schmid* i. Arch. f. c. Pr. XXX. 3. *B. 99. K 276. U. 656.* n°. III. *He. 233. Se. 317. Mü. 386. Gö. 487. Pu. 321. Ro. 483. Va. 630. Si. 112.* S. 556. ff. *Ar. 286. Br.* l. c. [1]) *L. 76. pr. D. de furt. 47,2.* [2]) *L. 1. § 9. D. h. t. 16,3.* [3]) *L. 31. D. locati 19,2.* in § 177. not. 2. *LL. 24. 25. § 1. D. h. t. 16,3.* [4]) *L. 7. § 2. D. h. t. L. 9. § 9. D. de R. C. 12,1. L. 34. pr. D. mandati 17,1.* in § 189. not. 5. [5]) *L. 10. D. de R. C. L. 1. § 34. D. h. t. 16,3.* [6]) *L. 25. § 1. L. 26. § 1. LL. 28. 29. § 1. D. h. t.* „Si ex permissu [impermissu *Huschke* i. Ztsch. f. Civ. u. Pr. N. F. II. S. 151. dawider *Va.* l. c. Anm. II. 5.] meo deposita pecunia is, penes quem deposita est, utatur, ut in ceteris bonæ fidei iudiciis, usuras eius nomine præstare mihi cogitur". *L. 24. § 2. D. de reb. auct. iud. 42,5. L. 4. C. h. t. 4,35.* u. ö. cf. cit. *L. 24. h. t.* Gegen *Neustetel* S. 11. f. s. *Schmid* S. 86. ff. [7]) s. § 145. [8]) § 156. not. 5. II. *e.* [9]) § 147. not. 8. [10]) s. not. 2.

S. 201. *Paul.* De pignoribus 2,5. *§ 4. I. 3,14.* De pigneraticia actione (*Cod. 4,24.*) vel contra: *Dig. 13,7.* De pignoribus et aliis cautionibus *X. 3,21. Streit* de contractus pign. Erf. 1703. *Dernburg* Pfandr. *§§ 16...20. Glück* XIV. §§ 861...75. *Puchta* sen. Hdb. d. Verf. i. S. d. freiw. Ger. *§§ 173.* ff. *B. 101.* f. *K. 278...80. U. 767...70. He. 353.* ff. *Se. 197.* i. f. *Mü. 388. Gö. 559...61. Pu. 320. Ro. 484. Si. 71.* II. A. *Ar. 288. Br. 105.* n°. 2. s. oben § 101. not. 4. *§ 4. I. quib. mod. re contr. obl. 3,14.* „Creditor quoque qui pignus accepit, re obligatur,

II. Geschäftsbesorgung

A. zufolge Vertrages.

A. Mandatum, Bevollmächtigungsvertrag *).

§. 202. 1. Begriff, Arten und Entstehung.

Consensualcontract: Inhalt; Honorar, nicht Lohn zulässig. Eintheilungen u. Arten des Mandats.

§. 203. 2. Wirkungen.

Directa und contraria mandati actio und Verpflichtungen beider Contrahenten.

---

quia et ipse de ea re quam accepit, restituenda tenetur actione pigneraticia. sed quia pignus utriusque gratia datur, et debitoris, quo magis pecunia ei crederetur, et creditoris, quo magis ei in tuto sit creditum, placuit sufficere quod ad eam rem custodiendam exactam diligentiam adhiberet; quam si præstiterit, et aliquo fortuito casu eam rem amiserit, securum esse nec impediri creditum petere". [1]) *L.9.§1. L.11.§2.D.h.t.* [2]) *L.22.pr.* (dazu *Hasse* Culpa S.353.ff.) *§2.L.40.§2.D.h.t. LL.1...3.C.h.t.* [3]) *L.9.§§3.sq.LL.10.11.D.h.t. LL.1.10...12.C.h.t.* [4]) *L.8.pr.§1.L.22.§4. L.25.D.h.t. L.7. i.f.C.h.t.* [5]) *L.31.D.h.t.* u.not.8. [6]) *LL.9.pr.16.§1.D.h.t.* [7]) *L.9.§2.D.h.t.* cf.§98. [8]) not.5. u. *LL.4...9.C.h.t. L.5.§2.* cf. *L.12.pr.D.commod.13,6. L.23.D.de R.I.* [9]) *L.34.D. de damno inf.39,2. L.27.D.de pignoribus 20,1.*

*) *Gai.3,155...62. Paul.* De mandatis *2,15. Inst.* De mandato *3,26[27]*. Mandati vel contra: *Dig.17,1. Cod.4,35.* De procuratoribus: *Dig.3,3. Cod.3,12(13).* vgl. die bei *Bg* zu *§104.*.citt. Quellen und ob.§§141.142. *Donell.*Comm.XIII.c.10...14.XVI.c.23. *d'Avezan* in Meerm.Thes.IV.p.111.sqq. und die Diss. v. *Bæcler* Arg.1704. *Warry* L.B.1731. *Philbert* Arg.1741. *Buchner* Landsh.1809. *v.d.Straten* L.B.1809. *van Dam* L.B.1824. *Graafland* Trai.ad Rh.1829. *Gesterd.* Irrth.n°.VI.S.185.ff. *Kritz* Pandectenr.I.S.1...114. *Neustetel* Vbdlk. des Rathgebers und das mandatum in gratiam mandatarii, i. Arch. f. c.Pr.II.4. und *Hepp* das.XI.3. *Dietzel* Mandatum post mortem.Lps.1853.u.i.Ztsch.f.Civ.u.Pr.N.F.XIII.13. *Glück* XV.§§ 950...60. *Heimbach* 'Mandat' in Weiske VII. vgl.auch Erbr.§ 48. *B.75...79. K. 284...90. U.619...22. He.253...57. Se.335...38.340. Mü.426...29. Gö.526...30. Pu.323... 25. Ro.485...88. Va.659...62. Si.113.1...III. Ar.291.ff. Br.110.*

§. 202. [1]) §125.not.5. [2]) *§13.I.h.t. L.1.§4.D.h.t.* von Honorar s.§174.not.11. „salararius" *Ulp.L.10.§9.D.h.t.17,1.* [3]) *Paul.L.1.pr.D.h.t.* „Obligatio mandati consensu contrahentium consistit". *Pr.I.h.t.* „Mandatum contrahitur quinque modis, sive sua tantum gratia aliquis tibi mandet, sive sua et tua, sive aliena tantum [*L.28.D.de neg.gest.3,5.*], sive sua et aliena, sive tua et aliena. at si tua tantum gratia mandatum sit, supervacuum est, et ob id nulla obligatio nec mandati inter vos actio nascitur". cf.*L.2.D.h.t.* [4]) *L.6.§§5.6.L.12.§13.LL.16.32.D.h.t. L.47.D.de R.I. LL.7. i.f.8.D.de D.M.4,3.* [5]) §§120.ff. [6]) §123. [7]) §124. [8]) §141. [9]) §§205.241. II.§297. Erbr.§48.

§. 203. [1]) *L.5.§§1.sqq.L.8.§6.L.27.§§1.2.L.16.*cf.*L.36.§3.D.h.t.* [2]) *Paul.L.20.pr. D.h.t.* „Ex mandato apud eum qui mandatum suscepit, nihil remanere oportet, sic uti nec damnum pati debet..". *L.8.i.f.L.10.§§2.3.8.D.eod. L.46.§1.D.de procur.3,3. Böhmer* de usuris ex mand.solv.Ff.1768. *Glück* XV.S.292.ff. [3]) *LL.11.13.21.C.h.t. Hasse* Culpa *§§92.ff. Bekker* Haftpflicht des Mandanten für Aufträge, die dem Mandatar entstellt zugehen, in Lpz.Jahrb.IV.5. [4]) *L.3.§2. LL.4.5.20.§1. LL.41.43.45.pr.46.D.h.t. §8.I.h.t.* cf. *LL.5.pr.8.§1.25.D.de N.G.3,5. LL.14.24.C.eod.2,19. Becmann* de obl. mandantis... fines mandati exced.Hal.1747. *Püttmann* Miscell.c.8. *Müllner* ad *LL.10.24.C.de procur.* Viteb.1805. [5]) *L.8.§3.D.h.t. Thibaut* Vers.I.6. [6]) *L.60.§2.D.h.t.* [7]) *LL.1.6.§§5.6.7. D.de his q.not.3,2. L.21.C.h.t.* [8]) *L.10.§9.L.26.§§2.6.7.L.27.§4.LL.45.46.§4.D.h.t. L.4. C.h.t. L.61.§5.D.de furtis 47,2.* [9]) *L.59.§3.D.h.t.* „Paulus respondit unum ex manda-

§. 204. 3. Ende.

Die einzelnen Gründe[1], insbesondere Tod[2...4]; stillschweigende Renuntiation[5].

§. 205. B. Receptum arbitri. (vgl. §149.)

Erfordernisse eines Schiedsrichters[1.2]. Begriff dieses prätorischen pacti[3...5]. Verweigerung des arbitrii[6]. Verhältniss mehrerer Schiedsrichter[7.8].

---

toribus in solidum eligi posse, etiamsi non sit concessum in mandato; post condemnationem autem in duorum personam collatam necessario ex causa iudicati singulos pro parte dimidia conveniri posse et debere". cf. §125.

§. 204. [1]) *§§ 10...12.I.h.t. L.12.§16.LL.15.22.i.f.sqq.26.pr.§1.L.27.§§ 2.3.LL.57.58. pr.D.h.t. L.15.C.h.t. Gesterd.* Irrth. VI.c.3. [2]) *L.1.C.de O.et A.4,10. L.33.C.de donatt. 8,54.* [3]) *LL.11.i.f.12.27.§1.D.h.t.17,1. Zimmern* ü.den nach des Mandators Tod zu vollzieh. Auftrag, i.Arch.f.c.Pr.IV.19. *Gesterd.* Widerruflichk.des Auftr.i.Ztsch.f.Civ.u.Pr.XV.1. *Dietzel* not.* vor §202.cit.u.Erbr.§48. [4]) *Pap.L.57.D.h.t.* „Mandatum distrahendorum servorum defuncto qui mandatum suscepit, intercidisse constitit. quoniam tamen heredes eius errore lapsi, non animo furandi, sed exequendi quod defunctus suæ curæ fecerat, servos vendiderant, eos ab emptoribus usucaptos videri placuit, sed venaliciarium ex provincia reversum Publiciana actione non utiliter [*Basilic.* haben richtig *καλῶς, non inutiliter*] acturum, cum exceptio iusti dominii [d.h. die *replicatio mandantis, venaliciarii*] causa cognita detur, neque oporteat eum qui certi hominis fidem elegit, ob errorem aut imperitiam heredum affici damno". *Ulp.L.2.§2.D.de exc. 44,1.* „Illud tenendum est *Omnem exceptionem vel replicationem exclusoriam esse*: exceptio actorem excludit, replicatio reum". Anders Andere: s.*Gloss.* ad h.l. et *Gothofred.* in Ottos Thes.III.p.293.sqq., welcher vieles in die Stelle hineinträgt, wovon sie nichts enthält. *Reinold* Opuscc. p.243.sqq. u.A. bei *Püttmann* Probabilium n°.1. Lps.1768. p.2.3. citt. *Burchardi* W.i.d.v.St.S.154.not.4. *Va.*§335.Anm.II.2.a. [5]) *Ulp.L.31.§2.D.de procur. 3,3.* „Iulianus ait eum qui dedit diversis temporibus procuratores duos, posteriorem dando priorem prohibuisse videri". *Id.L.12.§16.D.h.t.* „.. et ait Marcellus cessare mandati actionem, quia extinctum est mandatum finita voluntate; quod si mandaveris exigendam [pecuniam], deinde prohibuisti exactamque recepisti, debitor liberabitur". *L.3.C.h.t. Thomasii* Diss.acad.III.107.

§. 205. Quellen u.Litt.zu §149. *Glück* VI.§§ 475...84.und das.S.65.Citt. *Goldschmidt* Abhh.aus d.Civilpr.n°.12. *Heimb.* v.Arbiter in Weiske I. *He.200. Se.375.*ff. *Mü.433. Gö.546.*ff. *Pu.296. Ro.458. Si.107. Ar.270.* [1]) s.§149.not.1. [2]) *Ulp.L.9.§2.D.h.t.* „Si quis iudex sit, arbitrium recipere eius rei, de qua iudex est, inve se compromitti iubere prohibetur lege Iulia; et si sententiam dixerit, non est danda pœnæ persecutio". s.*c.7.X.h.t.1,43.* R.A.v.1594.§§95. [3]) s.§149.not.8. [4]) *Ulp.L.3.D.h.t.4,8.* „Tametsi neminem prætor cogat arbitrium recipere, quoniam hæc res libera et soluta est et extra necessitatem iurisdictionis posita, attamen ubi semel quis in se receperit arbitrium, ad curam et sollicitudinem suam hanc rem pertinere prætor putat, non tantum quod studeret lites finiri, verum quoniam non deberent decipi qui eum quasi virum bonum disceptatorem inter se elegerunt. *§2.* Ait prætor QVI ARBITRIVM PECVNIA COMPROMISSA RECEPERIT. *§3.* ..et quidem arbitrum cuiuscumque dignitatis coget officio quod susceperit perfungi ...". s.oben §149.not.9. [5]) *Id.L.27.§1.eod.* „Si quis litigatorum defuerit, quia per eum factum est quominus arbitretur, pœna committetur. Proinde sententia quidem dicta non coram litigatoribus non valebit, nisi in compromissis hoc specialiter expressum sit, ut vel uno vel utroque absente sententia promatur; pœnam autem is qui defuit, committit, quia per eum factum est quominus arbitretur". [6]) s.§149.nott.9.10. [7]) *L.17.§2.LL.18.27.§3.D.h.t.* [8]) *L.17.§§5.6.D.eod.*

B. Quasi ex contractu *). (s. oben §§ 185. ff. 192. *Bg § 107g. Abr. II. § 31.*)

A. Negotia gesta.

§. 206. 1. Allgemeine Bedeutung.

Begriff [1...4] und directa et contraria negotiorum gestorum actio [5]. Verhältniß des Gestor [6...16], des Dominus [17], Dritter [18].

---

*) *Inst.* De obligationibus quæ quasi ex contractu nascuntur *3,27*[*28*]. *L.5.D.de O.et A.44,7. Donell.* Comm. XV. c. 14. s. die oben citt. §§.

§. 206. De N.G.(=negotiis gestis): *Paul.1,4. Dig.3,5. Cod.2,19. Cuiac.*Opp.I.p. 1430. IV. p. 207. sqq. *Donell.*lib.cit.c.15...17. *d'Avezan* in Meerm.Thes.IV. *Glück* V. §§ 415 ...26. *B.144.*ff. *K.291...94. U.623...27. He.258...60. Se.342...45. Mü.434.*f. *Gö.644...46. Pu.327.*f. *Ro.489. Rud.293. Va.664. Si.114. Ar.297. Br.107. Krits* Pandectenr.I.1.S. 348...428. Dissertt. von *Curtius* de N.G. Ien.1621. *Reinharth* Erf.1706. *Peny* L.B.1744. *Schmidt* Tub.1787. *Hofacker* ib.eod.a. *Welcker* ad L.9.D.h.t.et L.60.D.de R.I.Giess.1813. *Thibaut* Vereinb. der act.n.g. mit einem dems. von einem Dritten gegeb. Auftrage, in Civ.Abh. n°.20. *Marezoll* ad L.24.C.h.t. i. Arch.f.c.Pr.VIII.S.265.f. *Kämmerer* über die [irrig angenommene] act.n.g. dessen der fremde Geschäfte, in der Meinung es seien eigene, führt, Ztsch.f. Civ.VIII.3.4.8. *van de Haute Nanteuil* Lovan.1828. *Wächter* Beiträge zur Lehre von der N.G., i.Arch.f.c.Pr.XX.11. *Chambon* die N.G. Lpz.1848. *Girtanner* de ratihab.neg.gest.Ien. 1848. *Ruhstrat* das.XXXII.7. XXXIII.2.9. XXXIV.3. Dess. Ueber N.G. Oldenb.1857. *Leist* Das erlaubte ungerufene Eingreifen in fremde Vermögensangell. (ob. Civil. Studien. Heft 2.) Jena 1855. n°.IV. *Aarons* Beitr. z. L. v. d. N. G. 1. Abth. Schwerin 1860. (dogmengeschichtlich). *Heimbach* v. N.G. in Weiske VII. *Hasse* Culpa *§§ 95.73.*g.E. — *Ulp.L.3.pr. L.1.D.h.t.* „Ait prætor SI QVIS NEGOTIA ALTERIVS SIVE QVIS NEGOTIA QVÆ CVIVSQVE CVM IS MORITVR FVERINT, GESSERIT, IVDICIVM EO NOMINE DABO". „Hoc edictum necessarium est, quoniam magna utilitas absentium versatur, ne indefensi rerum possessionem aut venditionem patiantur, vel pignoris distractionem, vel pœnæ committendæ actionem, vel iniuria rem suam amittant". *Pr.§1.I.h.t.3,27.* „... dispiciamus etiam de iis obligationibus quæ non proprie quidem ex contractu nasci intelleguntur, sed tamen quia non ex maleficio substantiam capiunt, quasi ex contractu nasci videntur. *§1.* Igitur cum quis absentis negotia gesserit, ultro citroque inter eos nascuntur actiones, quæ appellantur *negotiorum gestorum:* sed domino quidem rei gestæ adversus eum qui gessit, *directa* conpetit actio, negotiorum autem gestori *contraria*. quas ex nullo contractu proprie nasci manifestum est, quippe ita nascuntur istæ actiones, si sine mandato quisque alienis negotiis gerendis se optulerit: ex qua causa hi quorum negotia gesta fuerint, etiam ignorantes obligantur. idque utilitatis causa receptum est, ne absentium qui subita festinatione coacti nulli demandata negotiorum suorum administratione peregre profecti essent, desererentur negotia; quæ sane nemo curaturus esset si de eo quod quis inpendisset, nullam habiturus esset actionem. sicut autem is qui utiliter gesserit negotia, habet obligatum dominum negotiorum, ita et contra iste quoque tenetur, ut administrationis rationem reddat. quo casu ad exactissimam quisque diligentiam conpellitur reddere rationem; nec sufficit talem diligentiam adhibere, qualem suis rebus adhibere soleret, si modo alius diligentior commodius administraturus esset negotia". [1]) *LL.2.3.§5. LL.5.6.§5. L. 19.§2. LL.32.35.D.h.t. §1.I.cit.* [2]) *L.8.§3.D.h.t. L.24.C.h.t.* [3]) *LL.2.9.10.§1.LL.22. 37.§1.L.43.i.f.D.h.t.* [4]) *LL.5.6.pass.27.§1.44.45.47.D.h.t. LL.2.11.5.C.h.t. L.14.§1.i.f. D.comm.div.10,3.* [5]) *Inst.*l.c. [6]) *Inst.*l.c. *L.21.D.h.t. L.20.C.h.t. Hasse* Culpa *§ 99.* Von den Erben *L.17.C.h.t.* [7]) *Ulp.L.3.§9.D.h.t.* „.. si affectione coactus, ne bona mea distrahantur, negotiis te meis optuleris, æquissimum esse dolum dumtaxat te præ-

2. Besondere Formen.

§. 207. a. Funeraria actio. (cf. § 214.)

Grund der besonderen Gestaltung dieser contraria negotiorum gestorum actio.

§. 208. b. In factum actio aus der missio in bona. (*Bg § 132 a...e.* oben I. § 163.)

Der Immissus geriert nicht *alienum* negotium [1]. Haftung und Rechte des Eingewiesenen [2.3].

---

stare. quæ sententia [Labeonis] habet æquitatem". [8]) *L.11.D.h.t.* cf. I. § 91. a. E. [9]) *Diocl. et Max. L.22.C.h.t.* „Negotium gerentes alienum non interveniente speciali pacto casum fortuitum præstare non conpelluntur". [10]) *L.2.C.eod.* [11]) *L.5.§1.L.6.§8.L.45.§2.D.h.t.* [12]) *L.6.§§3.sqq. L.49.D.h.t.* cf. not.4. [13]) cit. *L.6.§3.* [14]) *L.6.§12.LL.38.31.§3.D.h.t.* [15]) *L.13.§1.D.de usur.22,1.* [16]) *L.6.§§9...11.LL.9.10.i.f.25.31.§4.D.h.t.* [17]) *Inst.* l.c. *L.2. et pass. D.h.t. L.22.C.h.t.* [18]) *LL.24.31.D.h.t.* *Weber* nat. Verb. *§ 80. Mü.* Cession *§§ 14.37.* n°.1. *44.* n°.1. oben § 139. nott. 4. ff. § 127. not. 5.

§. 207. *Paul.* De sepulchris et lugendis *1,21.* *Dig.* De religiosis et sumptibus funerum (*Cod.3,44.*) et ut funus ducere liceat *11,7.* *Slevogt* de act. fun. Ien. 1690. *Seerp. Gratama* Opuscc. acadd. n°. 5. *Schneider* allg. subs. Kl. Kap. 6. *Glück* XI. §§ 771. *Heimbach* in Weiske I. S. 827. f. Nichtsubsidiarität der fun. a.: *Dietzel* de fun. a. Lps. 1853. *B.147. K.206.* n°. II. III. *U.654.* f. *He.261.* *Se.346.* n°. 3. *Mü.436.* *Gö.682.* a. E. *Pu.318.* *Rud.293.* *Ro.469.* *Si.114.not.10.126.*1. *Ar.299.* n°.1. *Br.107.* [1]) § 214. *LL.14.i.f.sqq.D.h.t.11,7.* [2]) *Ulp. L.12.§2.D.h.t.11,7.* „Prætor ait QVOD FVNERIS CAVSA SVMPTVS FACTVS ERIT, EIVS RECVPERANDI NOMINE IN EVM AD QVEM EA RES PERTINET, IVDICIVM DABO". [3]) *§3. ibid.* „Hoc edictum iusta ex causa propositum est, ut qui funeravit persequatur id quod inpendit ['interdum partem sumptus facti'. *§9. ibid.*]; sic enim fieri, ne insepulta corpora iacerent, neve quis de alieno funeretur". *Id. L.14.§§6.sqq.eod.* „Hæc actio quæ funeraria dicitur, ex bono et æquo oritur...". [4]) *L.14.§§6.10.13.16.D.h.t.* [5]) *Ulp. L.14.§12.D.h.t.* „Labeo ait, quotiens quis aliam actionem habet de funeris inpensa consequenda, funeraria eum agere non posse; et ideo si familiæ erciscundæ agere possit, funeraria non acturum: plane si iam familiæ erciscundæ iudicio actum sit, posse agi". *§15. ibid.* cf. *L.17.pr.D.de reb.auct.iud.42,5.* [6]) *Dietzel §11.* vgl. *L.14.§§7.9.11.13.16.D.h.t.* [7]) oben § 156. not. 5. n°. II. *a.*

§. 208. *He.263.* cf. *Mü.157.* *Gö.195.* *Pu.329.* *Si.* I. S. 357. f. *Ar.299.* n°. 2. [1]) *Ulp. L.9.§1.D.de reb.auct.iud.poss.42,5.* [2]) *Ibid.pr.* „Prætor ait SI QVIS CVM IN POSSESSIONE BONORVM ESSET QVOD EO NOMINE FRVCTVS CEPERIT, EI AD QVEM EA RES PERTINET, NON RESTITVAT, SIVE QVOD IMPENSÆ SINE DOLO MALO FECERIT, EI NON PRÆSTABITVR, SIVE DOLO MALO EIVS DETERIOR CAVSA POSSESSIONIS FACTA ESSE DICETVR, DE EA RE IVDICIVM IN FACTVM DABO". cf. *tot. L. et L.14.§1.cod.* [3]) citt. *L.9.§5.L.14.§1.* *Ulp. L.5.§22.D. ut in poss. leg. serv. c. esse lic. 36,4.* „Qui legatorum servandorum causa in possessionem mittitur, et fructus custodire et cetera debebit, et pati quidem heredem colere agros et fructus redigere; sed custodire legatarium fructus oportebit, ne ab herede consumantur. quod si heres fructus nolit cogere, permittendum erit legatario cogere et coactos servare; quin immo si tales sint fructus, quos primo quoque tempore venire expediat, vendere quoque legatario permittendum est et pretium servare. In ceteris quoque rebus hereditariis missi in possessionem hoc erit officium, ut universas res hereditarias colligat et ibi custodiat, ubi domicilium defunctus habuit; et si nulla domus sit, habitationem conducat vel horreum quoddam, in quo res collectæ custodiantur. et puto ita legatarium custodire res hereditarias debere, ut neque heredi auferantur, neque depereant deterioresve fiant". — Von dem Interdict des Immissus s. unten § 226.

S. 209. c. Obligationen aus der Verwaltung (des Vormunds [III.§46.] und) der Gemeindebeamten. (cf. §139.)

Analogie der vormundschaftlichen Verwaltung und der öffentlicher Beamter[1.2]. Haftung für diligentia quam suis[3]. Römischrechtliche, nicht gemeinrechtliche Bestimmungen[4.5]. Rechenschaftspflicht[6.7]; Verantwortlichkeit Mitbeamter[8...10].

S. 210. B. Quasicontractsobligation des letztwillig Onerierten.(Erbr.§§106.146.ff.)

Haftung des Belasteten[1...3], insbesondere bei Vermächtnissen ad pias causas[4].

S. 209. Von dem vermögensr.Verhältnisse der Vormünder und der Gemeindebeamten zu dritten Personen s. oben §139.und III.§45., von dem der erstern zu den Bevormundeten s.III. §§46.ff.51.ff.; über das der Beamten: *Dig.*Quod cuius cumque universitatis nomine vel contra eam agatur *3,4*. De administratione rerum ad civitates pertinentium *50,8*. De decretis ab ordine faciendis *50,9*. cf. *Cod.10,46*. De magistratibus conveniendis: *Dig.27,8*. *Cod.5,75* *Cod.* De iure rei p.*11,29*[*30*]. De administratione rerum publicarum *11,30*[*31*]. De vendendis rebus civitatis *11,31*[*32*]. De debitoribus civitatium *11,32*[*33*]. De periculo nominatorum *11,33*[*34*]. De periculo eorum qui pro magistratibus intervenerunt *11,34*[*35*]. Quo quisque ordine conveniatur *11,35*[*36*]. De his qui ex officio quod administrarunt, conveniuntur *11,38*[*39*]. De solutionibus et liberationibus debitorum civitatis *11,39*[*40*]. *Glück* V.§§405...14. *Buchka* Stellvertretung *§7*. *Burckhard* In wie w.darf ein Beamter in eign.Sache handeln? i.Ztsch.f.Civ.u.Pr.1845. n⁰.4. *Schlayer* Civilr.Haftbarkeit der Behörden i.Ztsch.f.Civ.u.Pr.N.F.XIII.4. *K.358.*n⁰.II. *U.651...53.* *He.103.* *Se.425.* *Mü.199.* *Gö.64.*n⁰.III. *Pu.358.353.* *Ar.296...459.* *Br.107.*n⁰.2.
[1]) *§2.I.tit.cit.3,27.* „Tutores ... quasi ex contractu teneri videntur. et hoc autem casu mutuæ sunt actiones: non tantum enim pupillus cum tutore habet tutelæ actionem, sed ex contrario tutor cum pupillo habet contrariam tutelæ, si vel inpenderit aliquid in rem pupilli vel pro eo fuerit obligatus aut rem suam creditoribus eius obligaverit". [2]) *Schmidt* von Klagen u.Einr.*§1133.* [3]) *Ulp.L.6.D.h.t.50,8.* „Magistratus rei p. non dolum solummodo, sed et latam neglegentiam et hoc amplius etiam diligentiam debent". *Hasse* Culpa *§54.*g.E. *LL.4.6.D.de mag.conv.27,8.* [4]) *L.9.§4.D.h.t.50,8.* „Curatores si neglegenter .. se gesserint, in simplum teneri, si per fraudem, in duplum; nec ad heredes earum pœnam descendere". [5]) *Cod.tit.citt.11,33.sqq.* [6]) s.oben I.§157.S.57.Z.42.ff. [7]) *Bg§87h.* [8]) *LL.11.sqq.D.ad munic.50,1.* *L.1.C.quo quisque 11,35.* „... singuli non pro virili portione, sed in solidum rei p. obligantur: cum autem de indemnitate civitatis eius quæritur, prius eius bona qui administravit, ac mox, si satis fieri non poterit, collegæ conveniuntur..". *L.4.C.eod.* vgl.*Rud.* Vorm.*§189.*n⁰.III. [9]) *L.2.C.eod.* [10]) *L.9.§§8.9.D.h.t.50,8.* cf.*L.23.C.de decurion.10,31.*

S. 210. [1]) *§§3.i.f.* bis *5.I.tit.cit.3,27*[*28*]. „... quasi ex contractu teneri videtur. Idem iuris est de eo qui coheredi suæ familiæ erciscundæ iudicio ex his causis obligatus est. Heres quoque legatorum nomine non proprie ex contractu obligatus intellegitur..". *Gai.L.5.§2.D.de O.et A.44,7.* *Ulp.L.3.i.f.* *Paul.L.4.D.q.ex caus. in poss.42,4.* „... et enim videtur inpubes contrahere, cum adiit hereditatem. sed et is qui miscuit se, contrahere videtur". *Nov.1.c.1.pr.* *Afr.L.108.§12.D.de leg.1.30.* „..sicut in contractibus b.f. servatur, ut si quidem utriusque contrahentis commodum versetur, etiam culpa, sin unius solius, dolus malus tantummodo præstetur". *Holtius* (Thémis ou bibl. du JCte VII. p.524.ff. u. in *Hugo* Civ.Mag.VI.17., daß die actio ex testamento „nicht aus der Antretung der Erbschaft, sondern lediglich aus dem Testament, als ihrem nächsten Entstehungsgrund hergeleitet werden müße"; dagegen *Rosshirt* Vermächtn. I.S.501.ff. – *K.251.* *U.617.* u.Citt.Erbr.§146. [2]) Erbr.§147.not.2. [3]) Erbr.§106.g.E. §108. [4]) Erbr.§147.not.2. [5]) s.§136.not.2.γ'c. vgl.I.§87.not.9. Erbr.§147.nott.4.5.

Zweiter Unterabschnitt. Schuldverhältnisse zufolge allgemeiner Rechtsvorschrift und wegen Rechtswidrigkeiten, obligationes et actiones ex lege et ex delictis vel quasi ex delictis orientes.

Erste Abtheilung. s.g. obligationes ex lege. Gesetzliche, ohne Rechtsgeschäft begründete, Verpflichtungen zur Verhütung oder Ausgleichung von Nachtheilen für Andere.

Erster Titel. Verpflichtung zur Erhaltung, (Ausstattung,) und Beerdigung. (*Abr. III. § 45.*)

I. Alimentationspflicht *).

§. 211. A. Begriff und Umfang.

Alere, alimenta [1]. Erziehungs- und Unterrichts-Kosten? [2]. Bestimmung des Umfangs durch richterliches Ermeßen [3]. Verwerfliche Unterscheidung der alimenta als naturalia und civilia [4]. Klage auf Alimente [5]. Das Alimentenpflichtigkeits-Erkenntniss ist nicht eines de statu [6].

§. 212. B. Gründe.

1) Privatwille: a) Vertrag [1]; b) letztwillige Verfügung [2...5]; c) Rechtswidrigkeit [6...8]; 2) Gesetz, wegen a) Verwandtschaft [9...15]; [b) Patronat [16]]; c) Ehe [17].

---

*) *Dig.* De agnoscendis et alendis liberis vel parentibus vel patronis vel libertis *25,3.* *Cod.* De alendis liberis ac parentibus *5,25.* cf. *Dig.* De alimentis vel cibariis legatis *34,1.* *Th. C.* De alimentis quæ inopes parentes de publico petere debent *11,27.* *Donell.* Comm. XII. c. 4. §§ 8...15. XIII. c. 21. §§ 13. 14. *Glück* XXVIII. S. 50...300. *Thibaut* Vers. I. 12. *Sav.* Syst. *§ 72.* *B. 160.* f. *K. 196...205.* *U. 612...16.* *He. 215...19.* *Se. 428.* cf. *346.* n°. 2. *Mü. 211.* *Gö. 744.* n°. 4. cf. 555. *Pu. 316.* *Ro. 467.* *Va. 260.* *Si. 140.* III. S. 136. ff. *Ar. 348.* Die älteren Werke de alimentis: *Surdus* Ff. 1595. u. ö. Gen. 1645. *Colerus* Lps. 1595. Col. 1710. *Scip. Gentilis* Ff. 1600. u. ö. *Chladenius* Vit. 1759. *Pufendorf* Obss. IV. 166. und *Puggé* i. Rh. Mus. f. Jpdz. III. S. 559...78. *Schüssler* die Paternitäts-, Alimenten- und Satisfactionsklagen. Fulda 1835. *Heimbach* 'Alimenta, Alimentationspflicht' u. s. w. in Weiske I. S. 184...191.

§. 211. [1]) *LL. 43. 44. 234. § 2. D. de V. S.* *LL. 6. 23. D. de al. leg.* *L. 45. D. de usufr. 7, 1.* cf. *L. 5. § 14. D. h. t. 25, 3.* *Walther* Bedeut. d. alimenta nach heut. r. R. i. Ztsch. f. Civ. u. Pr. XX. 8. [2]) *LL. 6. 7. D. de al. leg.* *L. 12. § 3. D. de adm. tut. 26, 7.* *L. 4. D. ubi pup. 27, 2.* *L. 6. § 5. D. de Carb. ed. 37, 10.* cit. *L. 5. D. h. t.* [3]) *L. 7. §§ 7. 10. 19. 25. D. h. t.* *Nov. 89. c. 12. § 6. i. f.* [4]) *Ulp. L. 1. § 19. D. de ventre in poss. m. 37, 9.* rechtfertigt diese Unterscheidung (*Glück* l. c. S. 58. *Mü* l. c.) nicht, indem sie sagt, die Alimentierung der Schwangeren gehe nur soweit, daß der fetus sustineri et ad partum usque produci possit. *Nov. 89. cit.* beweist eben so wenig jene Unterscheidung. [5]) *Bg § 130. not. 22.* *L. 5. pr. §§ 8. 18. D. h. t.* *LL. 3. pr. § 4. 5. D. ubi pupill.* „Ius alimentorum decernendorum pupillis prætori competit, ut ipse moderetur quam summam tutores ... ad alimenta pupillis .. præstare debeant". *L. 34. D. de N. G. 3, 5.* u. ö. [6]) *L. 5. § 9. D. h. t.* *Ulp. L. 10. D. de his q. sui 1, 6.* „..neque enim alimentorum causa veritati facit præiudicium".

§. 212. [1]) oben § 162. not. 4. [2]) cit. *Dig. 34, 1.* *Sav.* Syst. II. S. 106. ff. [3]) *Bg § 117. not. 30.* [4]) *Bg § 38 i.* [5]) *L. 3. pr. D. de his q. pro non scr. 34, 8.* *L. 11. D. h. t. 34, 1.* [6]) *L. 3. D. si quadrup. 9, 1.* *L. 7. D. de his qui eff. 9, 3.* [7]) z. B. auch *Lindner* de obl. alendi lib. ill. Alt. 1796. deutsch in Barths Diss. Saml. III. 35. *Kämmerer* Themis II. S. 225. Dess. Bemerkk. ü. Alim. uneh. Kinder. Rost. 1829. *Duntze* i. Arch. f. c. Pr. XII. 7. *Pu. § 316. not. i.* cf. *Sav.* Syst. VIII. S. 527. ff. *Bu. u. Bu.* n°. 36. „Die Alim. verbindlicht. des unehel. Vaters geht auf dessen Erben über". vgl. auch *Meister* Prakt. Bemerkk. I. 15. 16. *v. Bülow* u. *Hagemann* Prakt. Erört. IV. 68. 70. *Bülow* Abh. II. 15. „Ist der Großv. verbunden, die außereh. Kinder seines Sohnes zu ernähren?" *Schröter* i. Ztsch. f. Civ. u. Pr. V. 21. setzt den Grund in die bloße Thatsache der Zeugung (womit jedoch nichts gesagt ist, wenn man diese Thatsache nicht als Delict oder als Verwandtschaftsverhältniss auffaßt. Die Frage ist eben, warum das Recht dem unehel. Vater die Alimentenverpflichtung auflege.) [8]) *C. 5. X. de eo qui duxit 4, 7.* „..ut uterque [Ehebrecher und

§. 213. C. Ende.

Tod [1], Vermögensverhältnisse [2...4], pflichtwidriges Benehmen des Alimentars [5.6]; Uebergang der Alimentenpflicht aus Delicten auf die Erben [7]; Verzicht? [8] Vergleich [9].

§. II. Dotationspflicht s. III. § 3.

Ehebrecherin] liberis suis secundum quod eis suppetunt facultates, necessaria subministret". *Bauer* de patre ad liberos ... alendos obl. Lps. 1727. deutsch in Barths Diss. Saml. III. 47. *Spangenb.* i. Arch. f. c. Pr. I. 5. *Kaucher* das. III. 26. *Gell* Rtsvrh. aus außerehel. Geschlechtsgemeinsch. Münch. 1836. *Heerwart* Verbindl. zur Ernähr. unehel. Kinder, Arch. f. c. Pr. XIV. 18. XVII. 3. *Busch* das. XXIII. 7. und Darst. der R. geschwächter Fr. und der uneh. Kinder. Ilm. 1828. *Schöman* Ztsch. f. Civ. u. Pr. N. F. 1844. I. 4. [9]) *LL. 5. §§ 1. sqq. 8. D. h. t. Nov. 117. c. 7.* *Reinhard* Alim. Pflicht zw. Eltern u. Kindern i. Ztsch. f. Civ. u. Pr. N. F. XIII. 5. *Bu. u. Bu.* Entscheidd. Rost. I. 28. „Die Mutter ist vor dem väl. Großvater alimentationspflichtig". Ueber Concubinenkinder s. *Nov. 89. c. 12. §§ 4. 6. c. 13. 15.* *Glück* Intestaterbf. *§ 130. not. 20.* [10]) *LL. 5. §§ 4. 5. 7. D. h. t.* Die saubere Ausnahme der justinian. *L. 5. C. ad SC. Orphit. 6, 57.* zu Gunsten der inlustris mater fällt bei uns hinweg. *Quistorp* Beiträge n°. 5. *Stever* an ... patri incumbat onus alendi spurios. Rost. 1816. [11]) d. h. wer zur Zeit der Zeugung des Kindes (*Bg § 32. not. 8.*) dessen Mutter beigewohnt hat. *cf. c. 5. X. de eo qui dux. 4, 7.* u. nott. 7. 8. Citt. *Böhmer* I. E. P. IV. 7. § 9. *Va.* spricht bei erwiesener Constupration dem Kinde das R. auf die Alimente ab; es ist aber vielmehr gegen jeden Constuprator in solidum alimentenberechtigt: jeder gilt, setze man den Grund der Alim. pflicht in Delict oder Verwandtschaft, als Erzeuger, sofern die Beiwohnung in den Zeitraum fällt, binnen dessen das Kind gezeugt sein muß (§ 284.); daß natürlicher Weise nur einer der Constupratoren der Vater ist, steht unsrem Rechtssatze nicht entgegen. Nach *Waldeck* (Entsch. des O. A. G. zu Wolfenb. I. 12.) wäre der für den Vater zu erklären „dessen Beiwohnungszeit mit dem Geburtstage des Kindes am naturgemäßesten zusammentrifft". *Si.* S. 141. zu not. 62. will Vertheilung der Verpflichtung unter die Constupratoren. (dageg. § 119. not. 13.) [12]) *Bopp* v. Beischlaf, in Weiske I. S. 848. ff. [13]) *Nov. cit. c. 15. pr.* „.. οὐδὲ ἀποτραφήσεται παρὰ τῶν γονέων..", d. h. nach Athanasius „nur nicht von den Vätern": *Heimbach* Ἀνεκδ. I. p. xcvii. n°. v. — *Glück* Intestaterbf. *§ 137.* [14]) *c. 3. X. cit.* *Glück* l. c. s. aber auch *U. § 614. b.* [15]) Aus *LL. 12. § 3. 13. § 2. D. de adm. tut. 26, 7. L. 4. D. ubi pup. 27, 2. L. 1. § 2. D. de tut. et rat. 27, 3.* geht hervor, daß nach Umständen der Vormund Geschwistern oder sonstigen Angehörigen des Mündels aus dessen Vermögen Alimente geben könne, ohne seine Befugnisse zu überschreiten, wie er überh. den Anstand für den Mündel auf dessen Kosten wahrzunehmen hat, und wie man auch ungeschuldet geleistete Alimente nicht vindicieren kann. *L. 5. § 14. D. h. t. L. 27. § 1. D. de N. G. 3, 5. LL. 11. 15. C. eod. 2, 19.*; und wenn Geschwister das +benef. competentiæ hätten (§ 162.), so bewiese dieß nicht einen gegenseitigen Alimentationsanspruch derselben: Einem alles nehmen was er hat, und ihm nichts geben, sind verschieden. Für diesen Anspruch sind *Thibaut* Vers. n°. 12. *Mü.* u. A.; mit Recht dagegen *Weber* nat. Vbdlk. *§ 102.* *Henckell* num fratres ... se invicem alere deb. Hal. 1819. *Müller* i. Arch. f. c. Pr. XIII. 13. *Gö., Pu., Va.* u. A. [16]) *LL. 5. §§ 20. sqq. 6. 9. D. h. t.* [17]) *L. 21. pr. D. de don. i. v. et ux. 24, 1. L. 22. § 8. D. sol. matr. 24, 3. L. 29. C. de I. D. 5, 12.* *Bu. u. Bu.* Entscheidd. III. 47.

§. 213. [1]) *LL. 5. § 17. 8. D. h. t. 25, 3.* [2]) *L. 5. § 7. D. h. t.* [3]) § 212. not. 4. [4]) *L. 5. § 19. D. h. t. LL. 2...4. C. h. t. 5, 25.* [5]) *L. 5. §§ 11. 23. D. h. t.* *Puggé* oben cit. [6]) s. § 211. not. 5. [7]) s. I. § 153. u. *Bu. u. Bu.* II. 36. zu § 212. cit. [8]) *Bg § 108.* bes. *not. 5.* [9]) *Bg § 106. not. 19.* *Ulp. L. 8. pr. D. de transact. 2, 15.* „Cum hi quibus alimenta relicta erant, facile transigerent, contenti modico præsenti, divus Marcus oratione ... effecit *Ne aliter alimentorum transactio rata esset quam si auctore prætore facta.* solet igitur prætor intervenire et inter consentientes arbitrari an transactio vel quæ admittit debeat". *L. 6. C. eod. 2, 4.*

§. 214. III. Bestattungspflicht. (cf. § 207.)

Analogie der Erhaltungs- und der Bestattungs-Pflicht[1] und daraus sich ergebende Bestimmung der pflichtigen Subjecte[2...5] und Bemeßung des Aufzuwendenden[6]; Behandlung der Begräbnißkosten[7].

Zweiter Titel. Exhibitions- und Editions-Verpflichtung.

I. Exhibition.

§. 215. A. Ad exhibendum actio. (*Abr.III.§44.n°.1e.*)

Subjecte dieser nur auf res (mobiles) gerichteten arbiträren personalis in rem scripta actio[1...6]. Erfordernisse[7.1]. Ort und Kosten der Exhibition[8]. Die Klage ist nicht nothwendig bloß präparatorisch. Analoge in factum actio[9].

Des Alimentars condicionem meliorem faciens transactio ist auch citra prætoris auctoritatem giltig: cit. *L.8.§6.D.h.t.*

§. 214. Quellen zu § 207. *Glück* XI. § 771. *Heimbach* v v. Begräbniß u. Begräbnißkosten in Weiske I. *B.147.not.1. K.206. U.654.f. He.220. Gö.653. Pu., Ro., Rud., Si.* u. *Ar.* ad § 207.citt. [1]) *Ulp.L.14.§13.D.h.t.11,7.* „..de suo enim expedit mortuos funerari..". *§1.eod.* [2]) *Id.L.12.§4.eod.* „Funus autem eum facere oportet quem testator elegit... sin autem de hac re defunctus non cavit, nec ulli delegatum id munus est, scriptos heredes ea res contingit; si nemo scriptus est, legitimos vel cognatos, quosque suo ordine, quo succedunt". [3]) *LL.16...20.22...27.29.30.D.h.t.* [4]) *LL.20.§1.21.28.37.D.h.t.* [5]) *L.29.§1.D.eod.* [6]) *LL.12.§5.14.§§3...5.D.eod.* u.not.4.citt. [7]) § 156. not.5.II.*a.* § 207. *LL.18.19.24.sqq.D.eod. L.1.§19.D.ad L.Falc.35,2.*

§. 215. Ad exhibendum: *Dig.10,4. Cod.3,42. § 3.I.de off.iud.4,17.* „Si ad exhibendum actum fuerit, non sufficit si exhibeat rem is cum quo actum est, sed opus est ut etiam rei causam debeat exhibere, id est ut eam causam habeat actor quam habiturus esset si cum primum ad exhibendum egisset, exhibita res fuisset. ideoque si inter moras usu capta sit res a possessore, nihilo minus condemnabitur. præterea fructus medii temporis, id est eius qui post acceptum ad exhibendum iudicium ante rem iudicatam intercessit, rationem habere debet iudex. quodsi neget is cum quo ad exhibendum actum est, in præsenti exhibere posse, et tempus exhibendi causa petat, idque sine frustratione postulare videatur, dari ei debet; ut tamen caveat se restituturum. quodsi neque statim iussu iudicis rem exhibeat, neque postea exhibiturum se caveat, condemnandus sit in id quod actoris intererat ab initio rem exhibitam esse".— *Einert* Tr.de a.ad exh.Lps.1816. deutsch in Barths Diss. Saml.n°.32. *Cuiac.*Opp.VII.p.600.sqq. *Donell.*Comm.XX.c.9.XXIII.c.6.sqq. *Glück* X.§§ 741...14. *Puchta* sen.Ger.Kl.*§164.* *Schmidt* v.Ilmenau Abhh.S.35.ff. *B.162. K.224...26. U.377...79. Sav.* Syst.I.S.326.V.S.25.442.VI.S.66. *He.264.*f. *Se.159.433. Mü.456. Gö.655.*f. *Pu.397. Ro.490.*f. *Va.707. Si.127. Ar.346. Br.109.* [1]) *Gai.L.22.D.deV.S.* „..*exhibere* est præsentiam corporis præbere..". *Pomp.L.246.pr.eod. Ulp.L.3.§8.D.de tabulis exh.43,5.* „..*Exhibere* h.e. materiæ ipsius adprehendendæ copiam facere". *Id.L.3.§8.D.de hom.lib.exh.43,29.* „..*exhibere* est in publicum producere et videndi tangendique.. facultatem præbere. proprie autem *exhibere* est extra secretum habere". *Paul.L.2.D.h.t.10,4.* „*Exhibere* est facere in publico potestatem, ut ei qui agat, experiundi sit copia". [2]) *Ulp. L.1.eod.* Hæc actio perquam necessaria est et vis eius in usu cottidiano est et maxime propter vindicationes inducta est". *Id.L.3.§1.eod.* „Qui ad exh.agit, non utique dominum se dicit, nec debet ostendere, cum multæ sint causæ ad exh.agendi". cf. *sqq.§§ eod.* Ein nichtrechtliches Interesse begründet die Exhibitionsklage nicht: *LL.3.§11.19.i.f.D.eod.* Ob ein zureichendes Interesse vorliege „iudex summa-

§. 216. B. Exhibitoria interdicta. (*Abr.III.§ 55. cf.ibid.§ 53.n°.3.*)

Auf Persönliches gerichtete Interdicta 1) de tabulis exhibendis [Gegenstand ist hier die Willenserklärung des defunctus über seine vermögensrechtliche Persönlichkeit, seine familia] [1], 2) de libero homine exhibendo [2], 3) de liberis exhibendis [3-4], 4) de uxore exhibenda [5], [5) de liberto exhibendo [6].]

§. 217. C. De edendo. (*Abr.III.§ 44.n°.1.f.*)

Edere verschieden von exhibere [1...3]. Grund der Editionspflicht [4] und Fälle ihres Eintretens [5...11]. Würderungseid (I.§ 84.) [12]. Editionseid [13]. Art und Kosten der Edition [14...16].

---

tim debebit cognoscere". *L.3.§9.* cf.*§§11.13.* und *§8.eod.* Nur Bewegliches wird exhibiert, was mehr als *L.56.D.de proc.3,3. L.38.D.de iud.5,1. L.4.C.de crim.exp.her.9,32.*, der Begriff und die Bestimmungen, was, wo und wie exhibiert werden müße, beweisen. [3]) *cit. L.3.§15.* „Sciendum est adversus possessorem hac actione agendum; non solum eum qui civiliter, sed et eum qui naturaliter incumbat possessioni; denique creditorem qui pignori rem accepit, ad exhibendum teneri placet". *LL.4...7.§§1.sqq.8.9.eod.* Zur Condemnation genügt, daß der Beklagte zur Zeit der Urtheilsfällung besitze: s.I.§154. not.9β'. cf.oben § 46. *Sav.*Syst.VI.S.76. [4]) *Ulp.L.3.§3.eod.* „Est autem personalis hæc actio..". [5]) *L.12.§6.D.h.t.* s.I.§153.not.6. [6]) *LL.3.§3.5.§§2...5.8.9.11.12.D.h.t. L.4. C.h.t.* oben I. § 84. [7]) *L.3.§3.D.h.t.* „In hac actione actor omnia nosse debet et dicere argumenta rei de qua agitur". cf.*§7.eod.* [8]) *L.11.§1.D.h.t.* [9]) *Ulp.L.3. §11.D.eod.* „Interdum æquitas exhibitionis efficit, ut quamvis ad exhibendum agi non possit, in factum tamen actio detur: ... servus uxoris meæ rationes meas conscripsit; hæ rationes a te possidentur; desidero eas exhiberi: ait Iulianus, si quidem in mea charta scriptæ sint, locum esse huic actioni, quia et vindicare eas possum; nam cum charta mea sit, et [so ist auch] quod scriptum est, meum est [s.*Bg§152. not.57.*]; sed si charta mea non fuit, quia vindicare non possum, nec ad exhibendum experiri; in factum igitur mihi actionem competere". *L.15.D.eod.* (s.unten § 219).

§. 216. 1) De tabulis exhibendis: *Dig.43,5. Cod.8,7.* 2) *Dig.* De homine libero exhibendo *43,29[28].* 3) De liberis exhibendis item ducendis *43,30[29].* *Cod.* De liberis exhibendis seu deducendis et [2] de libero homine exhibendo *8,8.* 4) not.5. 5) not.6. *Gai.4,165. Donell.*Comm.XV.c.37.§§7.14.15. XX.c.9.§11. *Bachofen* Pfdr.S.471.f. *Schmidt* Interdictenverf.d.R.S.47.ff. *U.380.n°.1.424...26. He.260.*f. u.*IV.88. Se.(433.) 448.484.552. not.1. Mü.657.i.f.562.i.f.516.*g.E. *Gö.657.*g.E. *635.*a.A. *739.*a.E. *Pu.398.432. Ro.§cit.* [1]) titt. *De tabb.exh.* citt. *Paul.S.R.4,7.§6. Ulp.L.1.pr.D.h.t.* „Prætor ait QVAS TABVLAS L. TITIVS AD CAVSAM TESTAMENTI SVI PERTINENTES RELIQVISSE DICETVR, SI HÆ PENES TE SVNT AVT DOLO MALO TVO FACTVM EST VT DESINERENT ESSE, ITA EAS ILLI EXHIBEAS. ITEM SI LIBELLVS ALIVDVE QVID RELICTVM ESSE DICETVR, DECRETO COMPREHENDAM". cf. *L.1.pr.D.h.t.43,29.* „Ait prætor QVEM LIBERVM DOLO MALO RETINES, EXHIBEAS". *L.13. L.3.§8.D.h.t. L.un.C.eod.* (*Schmidt* l.c.irrig 'von Sachen'). [2]) *Id.D.ad exh.10,4. Paul.S.R. 5,6.§14.* [3]) *Id.L.1.pr.D.h.t.43,30.* „Ait prætor QVI QVÆVE IN POTESTATE L. TITII EST, SI IS EAVE APVD TE EST DOLOVE MALO TVO FACTVM EST QVO MINVS APVD TE ESSET, ITA EVM EAMVE EXHIBEAS". [4]) s.die an Weiber gerichteten Rescripte *LL.2.3.C.h.t.8,8.* [5]) *Herm. L.2.D.eod.* „..de uxore exhibenda ac ducenda pater etiam qui filiam in potestate habet, recte convenitur". [6]) *Gai.4,162. §1.i.f.D.de interd.4,15. L.2.§1.i.f.D.eod.43,1.*

§. 217. De edendo: *Dig.2,13. Cod.2,1. Donell.*Comm.XXIII.c.(3...)6...8. *K.288. U.380. He.268. Se.434.*f. *Mü.436.not.1. Gö.657. Pu.398.*a.E. *Ro.490.n°.2. Va.708. Si. 127.* — *Hartung* de eo q.i.e.c.instrum.edenda.Ien.1684. *Paulits* de actor.ed.1689. *Wahl* de editione instrum.Giess.1733. *Leyser* Meditt.38. *Sillem* capita nonn.in ed.instr.occurr. Gott.1790. *Kossel* de causis obl.ad ed. instr. ibid.1796. v. *Almendingen* Grolm.Mag.I.7.

Dritter Titel. Verpflichtungen zufolge der gesetzlichen Eigenthumsbeschränkungen.
(II. §§ 9.10.70. *Bg* § *140.*)

§. 218. I. Servitutbestellung. (*Bg* § *140 c.*n°.*1*. § *d.* § *f.*n°.*7.*)
Nicht ipso iure, noch durch Adjudication entstehende Servitut. (s.oben § 70.)

§. 219. II. Prohibitoria interdicta. (*Abr.III.*§ *53.*n°.*5.a...d.*) A) De arboribus cædendis. (*Bg* § *140 g.*n°.*2.* § *h.*n°.*2.*) B) De glande legenda. (*Bg* l.c.n°.*3.*) C) De thesauro (*Bg* §*150 h.*ff.) effodiendo, tollendo, exportando. D) De his quæ vi fluminis importata sunt, u.ähnl.

Goldschmidt Abhh.aus d.Civilpr.n°.7. *Linde* Ztsch.f.Civ.u.Pr.I.8. *Bopp* das.V.8. *v.Blattner* Edition gemeinsch.Urkk.Würzb.1827. *Bu.*u.*Bu.*III.13.Edit.pfl.in Bez.auf gemeinsch.Urkk. *Mittermaier* Vrpfl.z.Edition v.Urkk.Hdlb.1835. *Glück* XXII.§§1171.f.u. die Civilprocessualisten, z.B. *Martin* § *316.* *Bayer* ed.VII. S.582.ff. *Linde* §§ *278.*ff. *Schmidt 146.*f. *Bg* Grdr. des Civilpr.§ *92.* [1]) *Ulp.L.1.*§*1.D.h.t.* „*Edere* est copiam describendi facere vel in libello complecti et dare vel dictare. eum quoque edere Labeo ait, qui producat adversarium suum ad album et demonstret quod dictaturus est vel id dicendo quo uti velit". *Id.L.6.*§*7.eod.* „*Edi* autem est vel dictare vel tradere libellum vel codicem proferre". [2]) *L.1.D.h.t.* *L.3.C.h.t.* vgl. *Bg* § *130.not.4.* *Donell.*l.c.c.3...5. *Glück* III.§§ 270...83. *Pu.*Inst.*160.* *Rudorff* R.R.G.II.§ 69. [3]) Daher kann Edition von Urkunden gefordert werden, zu deren Exhibition man nicht verpflichtet wäre: *L.19.D.ad exh.10,4.* *LL.4...11.D.h.t.* *LL.1.5...8.C.h.t.* [4]) cf.*LL.*[*16.*ungloss.]*19.C.de testib.4,20.* *C.45.X.eod.* *2,20.* [5]) in der ungloss. *L.22.C.de fide instr.4,21.* [6]) *L.2.C.h.t.* „Is apud quem res agitur, acta publica tam civilia quam criminalia exhibere inspicienda ad investigandam veritatis fidem iubebit". [a.195.] [7]) *LL.5.6.8.C.eod.* [8]) *LL.4...10.D.h.t.* *L.7.C.eod.* „Procurator P.R. instrumentorum quæ communia tibi esse cum fisco dicis, describendorum facultatem secundum morem fieri iubebit..". [a.226.] [9]) *LL.1.4.8.C.h.t.* *L.7.C.de test.4,20.* [10]) *L.3.D.h.t.* *L.2.*§§*1.2.D.de I.F.49,14.* [11]) *Clem.un.*§*1.de usur.5,5.* [12]) *Call.L.10.D.de in lit.iur.12,3.* in I.§ 84.not.4. cf.*LL.6.*§*1.10.*§*3.D.h.t.* [13]) *LL.21.*[u. 22.] *C.de fide instr.4,21.* *Glück* XXII.§1172. *Goldschmidt* l.c. *Mitterm.* i.Arch.f.c.Pr.IX.S. S.378.ff.XX.S.378.ff. *Bayer* l.c.S.590.f. [14]) *L.6.i.f.D.h.t.* „nec iterum postulanti edi prætor iubet, nisi ex causa..". *L.7.eod.* [15]) *Ulp.L.1.*§*3.* „Edenda sunt omnia quæ quis apud iudicem editurus est, non tamen ut et instrumenta quibus quis usurus non est, compellatur edere". § *4.* „Edere non videtur qui stipulationem totam non edit". *LL.3.4.i.f.* („ubi de ea re agitur, tuis videlicet sumptibus".) *6.*§*2.8.pr.10.*§*2.D.h.t.* *c.5.X.de fide instr.2,22.* *c.7.inVI°.de privileg.5,7.* [16]) z.B. non iubet prætor edere: *L.2.D.h.t.*, edi prætor iubet: *L.6.i.f.eod.* gewöhnlich edere conpellitur, iubetur; *Ulp. L.13.D.h.t.* „Hæc actio neque post annum, neque in heredem, nisi ex suo facto, dabitur; heredi autem dabitur".

§. 218. s. die a.a.O. citt. Quellen und Litteratur, auch *Hert.* Commentatt.I.3.sect.1. *Crell* Dissert.IX.75. *Koch* Schles.Archiv IX.23. *Boele* Neu.Arch.f.preuß.R.I.S.25.ff. *Elvers* Themis, Gött.1827.I.S.73.ff.543.ff. *Reinhardt* Abhh. Gera 1830. n°.30. und die bei *Glück* IX.S.101.ff.Citt. oben § 70.nott.6.ff. *K.209.* *He.228.* *Mü.288.not.1.* *Gö.227.*n°.6. *Pu.145.not.h.* *Ar.131.* Anm.n°.5.

§. 219. Quellen und Litt. s.*Bg* l.c. — *Donell.* Comm.XV.c.36. *U.422.*ff. *K.216.227.* *He.298.*f. *Mü.459.*f. *Gö.227.665.* *Pu.399.* *Ro.494.* *Ar.357.*n°.4.1.2. [1]) *Bg* § *140h.* n°.2. vgl. unten § 257.n°.5. [2]) *Bg* § *140 g.* n°.2. [3]) *ibid.* n°.3. [4]) *Pomp.L.15.D.ad exh.10,4.* „Thensaurus meus in tuo fundo est, nec eum pateris me effodere, cum eum loco non moveris, furti quidem aut ad exhibendum eo nomine agere recte posse me Labeo ait ... non esse autem inicum iuranti mihi non calumniæ causa id postulare,

§. 220. III. Damni infecti cautio. (*Bg § 140 f.* n°. 1...5.)

Civilrechtliche Schutzlosigkeit des durch nachbarliche Immobilien Beschädigten[1]; Hilfe des Edicts[2]. Damnum, wofür zu cavieren ist[3]. Wer Caution fordern darf[4...8], gegen Wen[9.10], wie zu cavieren ist[2]. Wirkungen verweigerter Caution[11...15].

---

vel interdictum vel iudicium ita dari, ut si per me non stetit quo minus damni infecti tibi operis nomine caveatur, ne vim facias mihi quo minus eum thensaurum effodiam, tollam, exportem..". 5) *L.9.§§1.sqq.D.de damno inf.39,2.* „..ne vis fieret dominis quo minus sua tollerent, auferrent, si modo damni infecti repromitterent". u.ob.§ 215. und *U.371.*n°.3. *Abr.*l.c. 6) *LL.5.§ 1.9.§1.D.adexhib.10,4.* not.4. oben § 215., unten § 234.

§. 220. De damno infecto et de sugrundis et protectionibus *39,2.* cf.L.Rubria de Gallia Cisalp.c.20. [s.*Bg §13.not.10.*] und dazu *Huschke* de actionum formulis quæ in l.Rubr.extant.Vrat.1832. *Donell.*Comm.XV.c.46. *Cuiac.*ad L.44.D.h.t.in Opp.I. *Bijnkershoek* Obss.IV.c.9. *Galvan.* de usufr. c.25.§ 10. *Westphal* Interpp.de servitut.II.c.12. und die Diss.v.*a Ripa* in Opp.tom.II.Lugd.1548. *Marbach* Arg.1702. *Weiske* Quæstt.Lps.1831.1. *Hesse* die Cautio damni inf.Lpz.1838.(rec.in Richters Jahrb.1838.S.874...30.) *Wydenbrugk* de cond.obiectivis damni inf.actionis.Ien.1838. *Groh* Caution weg.zuk.Schad.Münch.1854. *Schneider* die allg.subs.Klagen.S.89...94. *Schmidt* v.Ilmenau Abhh.S.34.f. *Bachofen* Pfdr. I.n°.XIII.§§ 71...90. *B.128. K.210...17. U.684...87. He.221...26. Se.429. Mü.457. Gö.658. ...60. Pu.394. Va.678. Si.127.*III. *Ar.328. Br.35.*cf.*64.* 1) *LL.6.7.§§ 1.2.D.h.t. Bg § 140 f.*A.n°.1. 2) *Ulp.L.7.pr.D.h.t.* „Prætor ait DAMNI INFECTI SVO NOMINE PROMITTI, ALIENO SATISDARI IVBEBO EI QVI IVRAVERIT NON CALVMNIÆ CAVSA ID SE POSTVLARE, EVMVE CVIVS NOMINE AGET POSTVLATVRVM FVISSE IN EAM DIEM QVAM CAVSA COGNITA STATVERO. SI CONTROVERSIA ERIT, DOMINVS SIT NECNE QVI CAVEBIT, SVB EXCEPTIONE SATIS DARI IVBEBO. DE EO OPERE QVOD IN FLVMINE PVBLICO RIPAVE EIVS FIET, IN ANNOS DECEM SATIS DARI IVBEBO. EVM CVI ITA NON CAVEBITVR, IN POSSESSIONEM EIVS REI CVIVS NOMINE VT CAVEATVR POSTVLABITVR, IRE ET CVM IVSTA CAVSA ESSE VIDEBITVR, ETIAM POSSIDERE IVBEBO. IN EVM QVI NEQVE CAVERIT NEQVE IN POSSESSIONE ESSE NEQVE POSSIDERE PASSVS ERIT, IVDICIVM DABO VT TANTVM PRÆSTET QVANTVM PRÆSTARE EVM OPORTERET, SI DE EA RE EX DECRETO MEO EIVSVE CVIVS DE EA RE IVRISDICTIO FVIT QVÆ MEA EST, CAVTVM FVISSET. EIVS REI NOMINE IN CVIVS POSSESSIONEM MISERO, SI AB EO QVI IN POSSESSIONE ERIT, DAMNI INFECTI NOMINE NON SATIS DABITVR, EVM CVI NON SATIS DABITVR, SIMVL IN POSSESSIONE ESSE IVBEBO". 4) *LL.19.§ 1.24.§3.*bis *L.26. LL.28.sqq.D.h.t.* 4) *LL.5.§2.11.13.§8.18.pr.§3.19.pr.21.39.§ 2.D.h.t.* vgl. aber auch not.8. 5) *L.13.§ 9.* cf.*LL.12.13.pr.eod.* 6) *LL.5.§ 2.7.pr.eod.* 8) cit.*LL.7.pr.13.§3.D.eod.* 8) *Gai.L.32.D.h.t.* „.. et est plane nostrorum præceptorum hæc sententia, ut credamus inutilem esse damni infecti stipulationem, quo casu damnum alia actione sarciri possit..". cf.*LL.13.§6.33.34.38.pr.D.h.t. Schneider* l.c. 9) *L.7.pr. L.19.pr.13.pr.§§1.2.eod.* 10) *LL.7.pr.9.§§1.5.10.15.§25.D.h.t.* 11) *LL.7.pr.15.§§20.21.eod. Ulp.L.9.§5.D.eod.* „Celsus certe scribit, si ædium tuarum usus fructus Titiæ est, damni infecti aut dominum repromittere aut Titiam satisdare debere; quod si in p-ionem missus fuerit is cui damni infecti cavendum fuit, Titiam uti frui prohibebit..". 12) *LL.5.pr.15.§§16.23.25.26.18.§15.44.§1.D.h.t. Zimmern* i. Arch. f. c. Pr.VIII.S. 158.ff. 13) *Ulp.L.15.§33.D.eod.* „Posteaquam autem quis possidere iure dominii a prætore iussus est, nequaquam locus erit cautionis oblationi: et ita Labeo: ceterum nullus, inquit, finis rei invenietur. et est hoc verissimum, seposito eo quod quibusdam vel ætate vel qua alia iusta causa succurritur". 14) *LL.7pr.15.i.f.*bis *17. L.18.§14.D.h.t.* 15) *LL.8.9.15.§ 28.44.pr.D.h.t.*

Vierter Titel. Verpflichtung zufolge Unterganges oder Verlustes fremdes Eigenthums.
(vgl. I. § 104.)

§. 221. I. Schuldverhältnisse zufolge Accession (§§16.20. *Bg §152.*) oder Specification. (§25. *Bg § 154.* vgl. §§ 195.197.239.)

Utiles, in factum actiones wegen nicht rechtswidrig bewirkter, aber rechtlich unhaltbarer Bereicherungen aus fremdem Vermögen, ex æquo et bono descendentes [1...3], also nicht condictiones [4]. Tignum iunctum [5].

§. 222. II. Lex Rhodia de iactu mercium und analoge Fälle.

Diese Entschädigungsforderung [1], weder wegen not. [2] zur locatio conductio, noch gar zum receptum der Schiffer gehörig, ist auch begründet, wenn zur Abwendung der Gefahr absichtliche Schiffsbeschädigungen gemacht worden sind [3]. Analoge Anwendungen [4.5].

Zweite Abtheilung. Schuldverhältnisse aus Rechtswidrigkeiten: Delicte und Quasidelicte.*)

Erster Titel. Unmittelbare Verletzung der Privaten.

Erste Klasse. der Persönlichkeit selbst.

§. 223. I. Iniuria. (*Abr.II.§ 30 d.*)

Begriff, Arten, Erfordernisse [1...4]. Klagen [5...7]. Infamie? Erlöschung der ästimatorischen Klage [8]. Oeffentliche Strafen [9]. [Von der Selbsthilfe s. oben I. § 148. *Bg § 129.*)

---

§. 221. s.die Anführungen zu den citt.§§. *Bg §107.*n°.IV. *K.265.* cf.*U.307.i.f.313. He. 346.*f. *Mü.453.* *Si.109.*n°.III.IV. *W.Sell* Vers.I.1. „daß sich niemand mit dem Schaden eines Andern bereichern dürfe". *Sav.*Syst.III.S.451. [1]) s.oben I.§104.not.3. [2]) *Bg §152.not.26.* [3]) *LL.5.§3.23.§5.D.de R.V.6,1.* [4]) §§188.197. So ist im Falle der *L.23.D.de R.C.12,1.*, wo ich das Dir Legierte quasi mihi legatum besaß und verkaufte, nach Untergang der Sache condictio des Kaufgeldes statthaft, nämlich die sine causa (§ 195.), weil hier die Klage strict auf ein dare oportere gerichtet ist. cf. *L.4.§2.eod.* *L.30.pr.D.de A.E.V.19,1.* [5]) oben § 18. et ibi citt.

§. 222. *Paul.*Ad legem Rhodiam 2,7. *Dig.* De lege Rhodia de iactu *14,2.* *Duaren.* Opp.p.971.sqq. *Balduin.* in Heinecc.Ipd.Att.et Rom.I.p.231.sqq. *Gothofred.* de imperio maris in Opp. min. *Peck* ad rem nautic. zu § 141.not.1.cit. *Bijnkershoek* ad L.9.D.h.t. in Opuscc. und die Diss. von *Lyncker* Ien.1679. *Friese* ib.1710. *van der Schelling* L.B.1722. *Barels* ibid.1756. *Plevier* ibid.1784. *Wolff* ibid.1785. *Malblanc* Tub.1801. *Klügmann* Gott.1817. *Tromper* Lovan.1826. *Servestens* ibid.1836. *Spanoghe* Gand.1830. *Glück* XIV. §§ 883...90. *Puchta* sen.Ger.Kl.*§§162.*f. *B.155.* *K.314...17.* *U.510...13.* *He.348...50.* *Se. 432.* *Mü.454.* *Gö.662.*f. *Pu.368.* *Si.118.* *Ar.316.* (Diese 3 stellen die L.Rhod. zur locatio conductio.) *Va.649.* (auch unrichtig zum receptum nautarum.) *Ro.502.*n°.III. [1]) *Paul. L.1.D.h.t.* „Lege Rhodia cavetur, ut, si levandæ navis gratia iactus mercium factus est, omnium contributione sarciatur quod pro omnibus datum est". Das Ausgeworfene ist nicht derelinquiert: *LL.2.§8.8.D.eod.* [2]) *L.2.pr.* cf.*§§2.6.*u.*3.7.D.eod.* [3]) *LL.2.§1. 3.5.§1.6.7.eod.* [4]) *LL.2.§3.4.pr.§2.D.eod.* [5]) *Lauterbach* (Glock) de æquit.et extensione leg.Rhod.Tub.1671. *Platner* s.usu legis Rhod.in bello terrestri Lps.1764. *Kritz* Abhh.n°.4.

*) vgl. *Abr.III.§ 44.*

§. 223. (XII tabb.VIII.1...4.) *Gai.3,220...25.* *Collat.*tit.II. De iniuriis (*Paul.5,4. Inst. 4,4. Cod.9,35.*) et famosis libellis: *Dig.47,10.* De iniuriis et damno dato: *X.5,36.* in *VI°.5,8.* C.G.O.v.1555.Thl.II.Tit.XXVIII.§4. Kais.Commiss.Decr.v.22.Sept.1668. Reichsschl. v.24.Sept.1670. — *Donell.*Comm.XV.c.25. *Nebelkrae* Decsiss.Giess.1617.dec.8. *Weber* üb. Injurien u.Schmähschr.ed.IV.Lpz.1820. *Gensler* äst.Klage, Schmerzengeld ꝛc.i.Arch.f.c.Pr.I.2. *Walter* i.N.Arch.f.Crim.R.IV.5.12. *Gesterd.* Ausb.I.12. Compens. u.Wiedervergelt. der Inj. *Zimmermann* de iniuriis ex i.R.Berol.1835. *Heffter* ü.d.röm.u.deutsche Inj.i.N.Arch.d.Crim.

II. Prohibitorische Interdicte gegen Behinderung der Rechtsausübung (§ 219.)*)

§. 224. A. des Beerdigungsrechts: interdicta A) de mortuo inferendo und B) de sepulchro ædificando. (*Abr.III.§ 53.n°.1.*)

Wegen Behinderung a) der Beerdigung, electiv[1] neben der in factum actio[2], b) der Ausübung des Rechts zur Errichtung eines Grabmals[3].

R.1839.n°.11. *Mittermaier* v. Inj. in Weiske V. *Sav.* Syst.II.S.122.ff. *K.390. U.714...29. He.326.f. Se.406...10. Mü.436. Gö.593...97. Pu.387. Ro.501. Si.124.*n°.IV. *Ar.339. Br. 119. Pr.I.h.t.* „Generaliter *iniuria* dicitur omne quod non iure fit; specialiter alias contumelia, quæ a contemnendo dicta est, quam Græci ὕβριν appellant; alias culpa, quam Græci ἀδίκημα dicunt, sicut in lege Aquilia damnum iniuria accipitur; alias iniquitas et iniustitia, quam Græci ἀδικίαν vocant; cum enim prætor vel iudex non iure contra quem pronuntiat, iniuriam accepisse dicitur". *Ulp.L.1.§§1...3.D.h.t.* „Iniuriam autem fieri Labeo ait aut re aut verbis; re, quotiens manus inferuntur, verbis autem, quotiens non manus inferuntur, (sed) convicium fit. *§2.* omnemque iniuriam aut in corpus inferri, aut ad dignitatem, aut ad infamiam pertinere: in corpus fit, cum quis pulsatur; ad dignitatem, cum comes matronæ abducitur; ad infamiam, cum pudicitia adtemptatur. *§3.* Item aut per semetipsum alicui fit iniuria, aut per alias personas: per semet, cum directo ipsi cui patri familias vel matri familias fit iniuria; per alias, cum per consequentias fit, cum fit liberis meis vel servis meis, vel uxori nuruive; spectat enim ad nos iniuria quæ in his fit qui vel potestati nostræ vel affectui subiecti sint". [cf. *LL.1.§9.17.§§10.sqq.41.D.h.t. L.2.C.h.t.*] *§11.I.*[*L.11.pr.D.h.t.*] *eod.* „Non solum autem is iniuriarum tenetur qui fecit iniuriam, id est qui percussit, verum ille quoque continebitur, qui dolo fecit vel curavit ut cui mala pugno percuteretur". cf. *L.15.§§25.sqq.D.h.t.* [1]) *LL.1.§§4.6.15.§9.D.h.t.* [2]) *L.18.pr.D.h.t. L.5.C.h.t.* [3]) *L.15.§1.D.h.t.* [4]) *L.1.§5.D.h.t. c.27.inVI°.de R.I.* [5]) *Gai.* l.c. *§§7...10.I.h.t. LL.5.sqq.37.§1.D.h.t.* [6]) CCC.art.20. „...seiner schmach, schmertzen, kosten vnd schaden...". *Glück* X.S.358. *Gensler* l.c.S.143. *Puchta* sen. Ger.Kl.S.416. vgl. unten § 231.not.12. [6]) *Gai.L.7.D.de his q.eff.9,3.* „Cum liberi hominis corpus ex eo quod deiectum effusumve quid erit, læsum fuerit, iudex computat mercedes medicis præstitas ceteraque impendia quæ in curatione facta sunt; præterea operarum quibus caruit aut cariturus est ob id quod inutilis factus est: cicatricium autem aut deformitatis nulla fit æstimatio, quia liberum corpus nullam recipit æstimationem". *Id.L.1.§5.eod.* „..in homine libero nulla corporis æstimatio fieri potest..". cf. *LL.7.pr.5.§3.D.ad L.Aq.9,2. Ulp.L.13.pr.D.eod.* „..dominus membrorum suorum nemo videtur". und unten § 257.n°.1. § 269. oben I. § 82.not.7. [8]) s.I.§153. *LL.6.13.pr.28.D.h.t.* [9]) R.A.1670. (*Emmingh.*S.508.f.) Articulsbr.1632.Art.37. (ibid.S.519.) cf. C.G.O.11.28. §4. (ibid.S.265.) *Mittermaier* in Weiske V.S.899.ff.

*) Auch diese prohibitorischen Interdicte werden zwar jetzt regelmäßig durch Policeimaßregeln ersetzt; sind aber deshalb doch nicht für unanwendbar zu erklären: der Verletzte würde auch ohne Weigerung des policeilichen Schutzes richterliche Hilfe anzurufen nach gemeinem Rechte berechtigt sein.

§. 224. s.Titt.ad § 207.citt. und *Dig.* De mortuo inferendo et sepulchro ædificando *11,8. Glück* XI. § 775. *Sav.* Syst.V.S.200.ff. u. über dieses so wie die folgenden Interdicte *Heimb.* h.v. in Weiske V. *U.390.420. He.316. Mü.215. Gö.623. Pu.35.ad not.o. Si.124.*S. 742. [1]) *Ulp.L.1.pr.D.h.t.11,8.* „Prætor ait QVO QVAVE ILLI MORTVVM INFERRE INVITO TE IVS EST, QVO MINVS ILLI EO EAVE MORTVVM INFERRE ET IBI SEPELIRE LICEAT VIM FIERI VETO". (*cf.§§1...4.eod. L.43.D.de relig.11,7.* und dazu *Cuiac.* Obss.III.22.) [2]) *Gai. L.9.D.de religios.11,7.* „Liberum est ei qui prohibetur mortuum ossave mortui inferre,

§. 225. B. des freien Abzugsrechts: interdictum de migrando.
Subjecte, Inhalt und Erfordernisse. Hilfe extra ordinem. (*Abr.III.§* 53.a.E.)

§. 226. C. des Besitzrechts des Eingewiesenen: interdictum ne vis fiat ei qui in possessionem missus est u.a. (vgl. ob. I. §163. II. § 208. *Abr.III.§* 53.n°4.)
Prohibitorisches und restitutorisches Interdict[1] und in factum actio[2…5] des Immissus. Interdict gegen ihn auf Freigebung des Objects[6].

§. D. Interdictum Salvianum (§ 113).

---

aut statim interdicto uti quo prohibetur ei vis fieri, aut alio inferre et postea in factum agere; per quam consequitur actor quanti eius interfuerit prohibitum non esse; in quam computationem cadit loci empti pretium aut conducti merces, item sui loci pretium quem quis nisi coactus est, religiosum facturus non esset. Unde miror quare constare videatur neque heredi neque in heredem dandam hanc actionem: nam, ut apparet, pecuniariæ quantitatis ratio in eam deducitur: certe perpetuo ea inter ipsos competit". *Sav.* Syst. V. S. 200. f. [5]) *Ulp.L.1.cit.§ 5.* „Prætor ait QVO ILLI IVS EST INVITO TE MORTVVM INFERRE, QVO MINVS ILLI IN EO LOCO SEPVLCHRVM SINE DOLO MALO ÆDIFICARE LICEAT VIM FIERI VETO". *cf.§§ 6…10.eod.* „Interdictum hoc propterea propositum est, quia religionis interest monumenta exstrui et exornari … Is qui id agit, ut labatur sepulchrum, hoc interdicto tenetur".

§. 225. *Dig.* De migrando *43,32.* *Donell.* Comm. XV. c. 38. §§ 1. 2. *Rud.* i. Ztsch. f. g. R. W. XIII. S. 205…8. *Bachofen* Pfdr. I. S. 19. ff. *B.70.*a.E. *U.421.* *He.302.* *Mü.413.*a.E. *Gö. 634.* *Pu.399.i.f.* *Ar.347.*n°3. — *Ulp.L.1.D.h.t.* „Prætor ait SI [z.B.] IS HOMO QVO DE AGITVR NON EST EX HIS REBVS DE QVIBVS INTER TE ET ACTOREM CONVENIT, VT QVÆ IN EAM HABITATIONEM QVA DE AGITVR INTRODVCTA IMPORTATA IBI NATA FACTAVE ESSENT, EA PIGNORI TIBI PRO MERCEDE EIVS HABITATIONIS ESSENT, SIVE EX HIS REBVS ESSET („EST ET") EA MERCES TIBI SOLVTA EOVE NOMINE SATISFACTVM EST AVT PER TE STAT QVO MINVS SOLVATVR, ITA QVO MINVS EI QVI EVM PIGNORIS NOMINE INDVXIT, INDE ABDVCERE LICEAT VIM FIERI VETO. Hoc interdictum proponitur inquilino qui soluta pensione vult migrare: nam colono non competit: cui rei etiam extra ordinem subveniri potest; ergo infrequens est hoc interdictum. si tamen gratuitam quis habitationem habeat, hoc interdictum utile ei competit…".

§. 226. *Dig.* Ne vis fiat ei qui in possessionem missus erit *43,4.* s. auch oben § 208. *Cuiac.* Obss. XII. 23. *Faber* Coniectur. IV. 19. *Bachofen* Pfdr. I. S. 469. ff. *U.373.712. 367.* *He.300.* *Mü.ad § 208.cit.* *Gö.625.*n°. IV. *Pu.379.* *Si.124.*S. 742. [1]) Die Formel des Interdicts ist nicht erhalten (cf. not. 2.); es selbst wird bezeichnet als in seinen Voraussetzungen mit der in factum actio des Immissus übereinstimmend, in *LL.1.§ 2…4.D.h.t.43,4.* *Ulp.L.5.§ 27.D.ut in poss.leg.36,4.* „Missus in p-ionem si non admittatur, habet interdictum propositum, aut per officialem præfecti aut per magistratus introducendus est in p-ionem". *L.3.pr.§ 1.D.h.t.43,4.* [2]) *Ulp.L.1.pr.D.h.t.* „Prætor ait SI QVIS DOLO MALO FECERIT QVO MINVS QVIS PERMISSV MEO EIVSVE CVIVS EA IVRISDICTIO FVIT, IN POSSESSIONE BONORVM SIT, IN EVM IN FACTVM IVDICIVM QVANTI EA RES FVIT, OB QVAM IN POSSESSIONEM MISSVS ERIT, DABO". s. oben § 220. [3]) *Ulp.L.1.§ 5.D.h.t.* „Hæc verba QVANTI EA RES ERIT, OB QVAM IN POSSESSIONEM MISSVS ERIT continent utilitatem creditoris, ut quantum eius interest possessionem habere, tantum ei [is] qui prohibuit condemnetur…". *§ 8.et L.2.pr.D.eod.* [4]) *cit.§ 8.* [5]) *LL.1.§§ 6.7.2.D.h.t.* [6]) *Gai.L.71. D.ut leg.c.cav.36,3.* „Si legatarii adversus me in p-ionem legatorum servandorum causa missi sunt, et procurator vel quis alius meo nomine caverit, perinde mihi prætor accommodat interdictum quo iubeantur discedere legatarii possessione, ac si ego cavissem".

S. 227. C. des servitutähnlichen Rechts an öffentlichem Eigenthum. (cf. § 69.), interdictum de aqua ex castello ducenda. (verschieden von §§ 230a.265.) (*Abr.III.§53.n°.2. cf. §50.n°.2.b.*)

Nicht quasipossessorisch, noch zum Schutz des jedem an öffentlichen Waßerleitungen zuständigen Gebrauchsrechts dienend; sondern petitorisch zur Durchführung des oben § 69. bezeichneten ius aquæ. Schutz sonstiger Berechtigungen Privater an öffentlichem Eigenthum.

S. III. Respectswidrige in ius vocatio s. unten § 252.

IV. Rechtswidrigkeiten gegen den Besitzer: Interdicte, welche Schutz eines bestehenden oder bestandenen Besitzes wirken. (I.§132.)

A. der eigentlichen possessio.

S. 228. A. Interdicta retinendæ possessionis. (*Abr.III.§48.*)

1. Uti possidetis und De superficiebus;

Zur Abwendung der Ungebühr gegen den Besitzer eines Immobile[1...5].

S. 227. *Dig.* De aqua cottidiana et æstiva *43,20[19]*. *Ulp.L.1.§38.D.h.t.* „QVO EX CASTELLO [i.e. eo receptaculo quod aquam publicam suscipit, *castellum* accipe: *§39. ibid.*] ILLI AQVAM DVCERE AB EO CVI EIVS REI IVS FVIT, PERMISSVM EST, QVO MINVS ITA VTI PERMISSVM EST, DVCAT VIM FIERI VETO. QVANDOQVE DE OPERE FACIENDO INTERDICTVM ERIT, DAMNI INFECTI CAVERI IVBEBO". cf. *§§39...45.eod.* De aquæ ductu: *Cod.11,43.* *Th.C.15,2.* u. oben § 69. *Westphal* Interpp.iur.civ.sect.2.c.8. *de Winckler* ad § 69.cit.p.1...59. *U.386.*n°.IV. *He.301.* *Gö.635.*n°.VI.

S. 228. *Gai.4,148...52.160.166.sqq.* *§4.I.de interd.4,15.* *Paul.S.R.5,6.§1.* Uti possidetis: *Dig.43,17[16]*. *Cod.8,6.* (*Fest.*v.Possessio: „...ad interdictum venit, ut prætor his verbis utatur VTI NVNC POSSIDETIS EVM FVNDVM Q.D.A. QVOD NEC VI NEC CLAM NEC PRECARIO ALTER AB ALTERO POSSIDETIS, [„QVO MINVS"] ITA POSSIDEATIS, ADVERSVS EA VIM FIERI VETO". *Frontin.*controv.p.44.ed.Lachm. vgl. oben I.§132.) De superficiebus: *Dig.43,18[17]*. (*Bg §126.not.7.*) Utrubi: *Th.C.4,23.* *Dig.43,31[30]*. De causa p-ionis et proprietatis: *X.2,12.* *Clem.2,3.*— *Donell.*Comm.XV.c.33. *de Retes* in Meerm.Thes.VII.p.507.sqq. *Giphan.*Explan.Cod.II.2.p.298.sqq. *Kees* de p-or.ord.Lps.1805. und die Civilprocessualisten. *Bg* Grdr.des Civilpr.*§125.* *Sav.*Besitz *§§38.39.[47.]51.* Syst.V.S.441.444. *Albert* ü.das int.Uti poss.Halle 1824. *Wiederhold* das int.Uti p.Hanau 1831. *Huschke* ü.*Varro* v.d.Liciniern Hdlb.1835.S.65.ff. *Keller* ü.d.deductio quæ moribus fit u.das int.Uti poss., in Ztsch.f.g.R.W.XI.S.u.*Rud.*das.n°.10. *Heimbach* i.Weiske V.S.627...36. *Bruns* Besitz *§§6.12.23.31.f.37.* *Maassen* Das Int.U.P.u.die Decretale Licet causam (c.9.X.de probationib.), in Lpz.Jahrb.d.gem.R.II.13. *Bruns* Der ältere Besitz u.das possessorium ord.ebend.IV.1. *B.131.* *U.364...66.* *He.303.f.* *Se.412.f.* *Mü.239.293.* *Gö.605.f.613.* *Pu.133.139.a.A.* *Ro.227.* *Va.336.355.* *Si.464.* *Ar.172.* *Br.31.*n°.1.

[1]) *Ulp.L.1.D.h.t.43,17.* „Prætor ait VTI EAS ÆDES QVIBVS DE AGITVR NEC VI NEC CLAM NEC PRECARIO POSSIDETIS, QVO MINVS ITA POSSIDEATIS VIM FIERI VETO. (vgl. die ältere Faßung oben aus Fest.) DE CLOACIS HOC INTERDICTVM NON DABO. NEQVE PLVRIS QVAM QVANTI RES ERIT, INTRA ANNVM QVO PRIMVM EXPERIVNDI POTESTAS FVERIT, AGERE PERMITTAM. *§1.* Hoc interdictum de soli possessore scriptum est, quem potiorem prætor in soli p-ione habebat; et est prohibitorium ad retinendam p-ionem... *§4.* Est igitur hoc interdictum, quod vulgo VTI POSSIDETIS appellatur, retinendæ p-ionis: nam huius rei causa redditur, ne vis fiat ei qui possidet. et consequenter proponitur post interdictum VNDE VI: illud enim restituit vi amissam p-ionem, hoc interdictum tuetur ne amittatur p-io". *Id.L.3.pr.§1.D.h.t.* „Si duo possideant in solidum, ..: ego possideo ex iusta causa, tu vi aut clam; si a me possides, superior sum interdicto; si vero non a me, neuter nostrum vincetur, nam et tu possides et ego. Hoc int.duplex est, et hi quibus competit, et actores

2. VTRVBI;

Schutz (oder ursprünglich auch Wiedererlangung) des Besitzes einer beweglichen Sache dem wirkend, der sie den größeren Theil des Jahres vor Anstellung des Interdicts besessen hatte. Verbindung beider duplicia interdicta im justinianischen Rechte[6·7].

3. +Summarium und summariissimum[8...11].

Anwendung des VTI POSSIDETIS und VTRVBI zur Besitzesfeststellung während des Eigenthumsstreites, und nach mittelalterlichem Gerichtsgebrauch zur Manutenenz eines eigenmächtig angegriffenen Besitzes; daher neuere Unterscheidung des +possessorium ordinarium und extraordinarium.

§. 229. B. Interdicta recuperandæ possessionis. (*Abr.III.§ 49.*)

1. VNDE VI oder DE VI.

Gegen Dejection aus einem Immobile durch vis oder metus[1...7]. Ausdehnung Justinians[8].

---

et rei sunt". [2]) *Ulp.L.3.§7.D.h.t.* „Hoc i. locum habet sive quis totum fundum se possidere dicat, sive pro certa parte sive pro indiviso possideat". [3]) Von der Ausdehnung auch dieses Interdicts auf Servitutberechtigte s.*Fr.Vat.§§ 90.sqq. Ulp.L.4.D.h.t.* „In summa puto dicendum et inter fructuarios hoc interdictum reddendum, etsi alter usumfructum, alter possessionem sibi defendat. idem erit probandum, etsi usus fructus quis sibi defendat possessionem: et ita Pomponius scribit. pro inde etsi alter usum, alter fructum sibi tueatur, et his interdictum erit dandum". vgl. § 229.not.12. *Rud.* in Ztsch.f.g.R.W.XI.S.340...53. *U.364.*n°.2. [4]) Das Interdictum de superficiebus s. § 87. not.5. u. *Bg § 126.not.7.* [5]) s. §§ 229.259. cf. *L.3.§10.D.h.t.* [6]) *Ulp.L.un.D.de utrubi.* „Prætor ait VTRVBI HIC HOMO QVO DE AGITVR MAIORE PARTE HVIVSCE ANNI FVIT, QVO MINVS IS EVM DVCAT VIM FIERI VETO". *§1.* „Hoc interdictum de p-ione rerum mobilium locum habet; sed optinuit vim eius exæquatam fuisse VTI POSSIDETIS interdicto, quod de rerum soli competit, ut is et in hoc interdicto vincat qui nec vi nec clam nec precario, dum super hoc ab adversario inquietatur, p-ionem habet". [7]) *§4.I.de interd.4,15.* „...utriusque interdicti potestas quantum ad p-ionem pertinet, exæquata est, ut ille vincat et in re soli et in re mobili qui p-ionem nec vi nec clam nec precario ab adversario litis contestatæ tempore detinet". [8]) *L.3.§1.D.* in not.1.a.E. *§11.ibid.* cf.*§5.ibid.* u.*L.4.D.de interd.43,1.* [9]) *L.un.C.h.t.8,6.* [10]) *§4.I. cit.* „... cum ab utraque parte de proprietate alicuius rei controversia sit, et ante quæritur, uter ex litigatoribus possidere et uter petere debeat...". *L.1.§3.D.h.t. L.3. C.qui leg.pers.3,6.* „Momentaneæ p-ionis actio ...". *Bg § 123.not.30.*a.E. [11]) Camm. Ger.O.1555.II.21.§3. Concept der C.G.O.II.22.§§4.f. *Hommel* de proc. summariis.1748. u.A. *Bruns* Besitz *§§ 28.*ff. *Maassen* l.c.

§. 229. 1) *Cic.*pro Cæc.(mit *Keller* Semestria.vol.II.) *Gai.4,154. Paul.S.R.5,6.§§6. 3...8. §6.I.de interd.4,15.* Unde vi. *Th.C.4,22. Cod.8,4.*(bes.*Justinian.L.11.C.h.t.*) *Dig.* De vi et vi armata *43,16*[15]. *Cod.* Si per vim vel alio modo absentis possessio perturbata sit *8,5.* [2]) *Ulp.L.1.D.h.t.43,16.* „Prætor ait VNDE TV ILLVM VI DEIECISTI AVT FAMILIA TVA DEIECIT, DE EO QVÆQVE ILLE TVNC IBI HABVIT, TANTVMMODO INTRA ANNVM [utilem *§39.ibid.*], POST ANNVM DE EO QVOD AD EVM QVI VI DEIECIT, PERVENERIT, IVDICIVM DABO". *§1.* „Hoc interdictum proponitur ei qui vi deiectus est ... ad recuperandam p-ionem ...". *§3.* „...ad solam autem atrocem [corporalem *§29.ibid.* cf.*§§26. sqq.43. L.11.eod.*] vim pertinet hoc interdictum. et ad eos tantum qui de solo deiciuntur ..". *§30.* „Qui a me vi possidebat si ab alio deiciatur, habet interdictum". *cf.L.17.eod. Paul.L.27.§4.* „.. ne experiar interdicto VNDE VI, quatenus publicam causam contingit, pacisci non possumus ..". *Donell.* Comm.XV.c.32. *Giphan.* Explan.l.c. p.276.sqq. *Sav.* Besitz *§§ 40.43.* Syst.V.S.445. *Bruns* Besitz *§7.* Diss. v. *Fleck* Lps.1797.

Anwendung nicht auf Mobilien[9...11], aber a) auf Ausübung des Nießbrauchs, interdictum SI VTI FRVI PROHIBITVS ESSE DICETVR[12]; b) die auch zur Erlangung des Besitzes dienlichen Interdicta QVEM FVNDVM und QVAM HEREDITATEM[13].

2. De clandestina possessione?[14] und

3. De precario. (*Bg § 106 r.* oben I. § 95.)

Ersteres nach justinianischem Recht hinwegfallend; nicht auch letzteres.

Von den Spolienrechtsmitteln s. oben I. § 148.

§. 230. B. Interdicte, Schutz der quasi possessio (*Bg §126.*) wirkend. (*Abr.III.§ 50.*) Anwendung der possessorischen Interdicte auch auf den detinierenden Fructuar und Usuar[1]; auf den eine affirmative servitus urbana[2] außer der Cloakenservitut[3], nicht auch den eine negative[4] Ausübenden. Zum Schutze der Ausübung gewisser Feldservituten sind besondere quasi-possessorische Interdicte (A...D) aufgestellt; nach unserem Rechte gelten analoge Schutzmittel gegen jede eigenmächtige Störung solcher Quasipossession[5...7]. Schutzmittel der

---

Fritz Frib.1818. *Heimbach* in Weiske V.S.581.ff. *B.132. U.359...61. He.248.f. Se.414.f. Mü.240. Gö.607. Pu.135.139. Ro.228.f. Va.690.* cf.*355. Si.124.* S.748.ff. *Ar.173. Br. 31.n°.2.a.* [2]) *L.1.§§9.22.sqq.D.h.t.* [3]) cit.*L.1.§§12.sqq.45.sqq.* [4]) *LL.1.pr.§§40.sqq.6.15. 19.D.h.t. LL.4.9.C.h.t.* [5]) cit.*L.9.C.h.t.* I.§ 84. [6]) *LL.1.pr.§§31.sqq.39...42.48...3.§1.9. D.h.t. L.2.C.h.t.* [7]) *LL.1.2.C.si per vim 8,5.* [8]) *L.11.C.h.t.8,4.* cf.*L.1.§§21...26.45.46.D.h.t.* [9]) *L.1.§6.D.h.t.* „.. in dubium non venit, i.hoc ad res mobiles non pertinere: nam ex causa furti vel vi bonorum raptorum actio competit; potest et ad exhibendum agi". cf.*§§3.7.8.ibid.* vgl.*Mü.240.not.7.* [10]) I.§148. [11]) § 228.not.6. [12]) *Vat.Fr.§91.* „..qui uti frui prohibitus est, proprie deiectus dici non potest; ideo specialiter hoc interdictum [SI VTI FRVI PROHIBITVS ESSE DICETVR] eo casu desiderari". *Ulp.L.3.§§13...18. D.de vi 43,16. Paul. L.60.D.de usufr.7,1. Pap. L.27.D.de donat.39,5.* cf. *L.4.D.uti poss. 43,17.* et *L.2.i.f.D.si serv.8,5. Rud.* in Ztsch.f.g.R.W.XI.S.232.345.ff. *Va.355.*Anm.2.n°.1. *Heimbach* in Weiske V.S.603. [13]) s.*Ulp.Inst. Bg Abr.III.§ 47.*a.E. *Rud.* int.QVEM FVNDVM, in Ztsch.für gesch.R.W.X.2. *Heimbach* l.c. S.600.ff.

2) [14]) *Ulp.L.7.§5.D.comm.div.10,3.* „.. sed et si clam dicatur possidere ..., de clandestina p-ione competere interdictum inquit [Iulianus]". vgl.bes.*Cic.de L.agrar.3,3.§11.* „.. eo iure teneret quo qui optimo privatum; etiamne si vi deiecit, etiamne si clam, si precario venit in p-ionem? ergo hac lege ius civile, causæ p-ionum, prætorum, interdicta tollentur". s.aber *L.46.D.de A.v.O.P.41,2.* und vgl. *L.4.pr.D.pro suo 41,10. LL. 6.§1.7.D.de A.v.O.P. Cuiac.*Tr.ad African.Opp.VII.p.1446. *Sav.*Bes.*§ 41. U.362. Mü.240. n°.II. Pu.* Vorll.*§134. Br.31.*a.E.

3) [15]) *Ulp. L.2.D.h.t.43,26.* „Ait prætor QVOD PRECARIO AB ILLO HABES AVT DOLO MALO FECISTI VT DESINERES HABERE, QVA DE RE AGITVR, ID ILLI RESTITVAS". *§1.* „Hoc interdictum restitutorium est". *Donell.* Comm.XV.c.38.§§1.2. *U.363. He.III.252. Mü. 240.n°.III. Ar.173.n°.2. Br.31.*n°.2.b. u.die I.§ 95.üb.das Precarium citt.Schriften.

§. 230. *Donell.*Comm.XV.c.34. *Sav.*Bes.*§§ 44 ..46. Bruns* Besitz S.*f.13.15.24.*ff.*38. U.383.413.387.416.f.388.414.f. He.306...10. Se.416...18. Mü.293. Gö.609...12. Pu.139. 400.* Inst.*230. Ro.288. Va.355. Si.65.*n°.III. *Ar.192. Br.32.* [1]) § 228.not.3. § 229.not.12. [2]) *L.8.§5.D.si serv.vind.8,5. L.3.§§5.6.D.uti poss.43,17.* u. *Pu.* Vorll.*§139. Ar.* l.c. Anm.4. gegen *Va.*l.c. [3]) *L.1.pr.D.uti poss.* in § 228.not.1. „DE CLOACIS HOC INT. (uti poss.) NON DABO". s.unten D. [4]) *Ulp.L.5.§10.D.de O.N.N.39,1.* „.. si in suo quid faciat quod nobis noceat, tunc operis novi denuntiatio erit necessaria ..". s.§ 258. vgl.*Rud.*in Ztsch. f.g.R.W.XI.S.348.ff. Unrichtig bezieht *Sav.*Bes.S.605.f. das poss.Int. auch auf negative Gebäude-Servituten. [5]) *Mü.293.not.14.* dagegen *Va.355.*a.E. [6]) *Sav.*Bes.S.631. [7]) *Pu. 139.*a.E. *Ar.192.not.6.* vgl.*Se.418. Heerwart* Ztsch.f.Civ.u.Pr.N.F.XII.6.§§16.f.

A. Wegegerechtigkeiten: 1) interdictum De itinere actuque privato (verſchieden von d.petitoriſchen 2) De itinere actuque privato reficiendo.)

B. Waßerleitungen; Interdictum 1) De aqua *a*) cottidiana et *b*) æstiva ducenda; 2) de rivis.

C. Waßerſchöpfgerechtigkeiten; 1) De fonte (lacu, puteo *etc.*) 2) De fonte reficiendo.

D. Cloaken; De cloacis 1) purgandis, 2) reficiendis.

Zweite Klaſſe. Verletzung von Vermögensrechten.

I. Wirklich erfolgte Verletzung

A. durch die Perſon des deshalb Verpflichteten ſelbſt.

I. Widerrechtliche Beſchädigung oder Verderbung körperlicher Vermögensgegenſtände. Damnum iniuria datum.

§. 231. A. Legis Aquiliæ actio. (*Abr.II.§ 30.γ.*)

Inhalt der 3 Kapitel der den älteren leges derogierenden lex Aquilia[1…3]. Culpa im

---

A) *Dig.*De itinere actuq. privato *43,19*[*18*]. *Albert* zu *§ 228.cit.* *Althof* Int.de it.actuq. priv.Rint.1836. *Pfeiffer* Prakt.Ausf.VII.1.n°.12. *Bu.u.Bu.* Entſcheidd.III.26. 1) *Ulp.L.1.D.h.t.* „Prætor ait QVO ITINERE ACTVQVE PRIVATO, QVO DE AGITVR, VEL VIA HOC ANNO [*non minus quam XXX diebus*] NEC VI NEC CLAM NEC PRECARIO AB ILLO VSVS ES, QVO MINVS ITA VTARIS VIM FIERI VETO“. 2) *Id.L.3.§11.D.eod.* „Ait prætor QVI [QVO *Hal.Vulg.*] ITINERE ACTVQVE HOC ANNO NON VI NON CLAM NON PRECARIO AB ALIO VSVS ES, QVO MINVS ID ITER ACTVMQVE VT TIBI IVS ESSET, REFICIAS, VIM FIERI VETO. QVI HOC INTERDICTO VTI VOLET, IS ADVERSARIO DAMNI INFECTI QVOD PER EIVS VITIVM DATVM SIT CAVEAT“. *§13.eod.* „..Ius autem esse videtur ei cui servitus debetur. itaque qui hoc interdicto utitur, duas res debet docere, et hoc anno se usum, et ei servitutem competere. ceterum si desiit alterutrum, deficit interdictum..“.

B) ſ. die Quellen zu § 227. 1) *a*) *Ulp.L.1.pr.D.h.t.43,20.* „Ait prætor VTI HOC ANNO AQVAM, QVA DE AGITVR, NON VI NON CLAM NON PRECARIO AB ILLO DVXISTI, QVO MINVS ITA DVCAS VIM FIERI VETO“. *b*) *§ 29.eod.* „Deinde ait prætor VTI PRIORE ÆSTATE AQVAM QVA DE AGITVR, NEC VI NEC CLAM NEC PRECARIO AB ILLO DVXISTI, QVO MINVS ITA DVCAS VIM FIERI VETO. INTER HEREDES, EMPTORES ET BONORVM POSSESSORES INTERDICAM“. 2) *Dig.* De rivis *43,21*[*20*]. *Ulp.L.1.pr.D.h.t.* „Prætor ait RIVOS, SPECVS, SEPTA REFICERE, PVRGARE AQVÆ DVCENDÆ CAVSA QVO MINVS LICEAT ILLI, DVM NE ALITER AQVAM DVCAT QVAM VTI PRIORE ÆSTATE NON VI NON CLAM NON PRECARIO A TE DVXIT, VIM FIERI VETO“.

C) *Dig.* De fonte *43,22*[*21*]. 1) *Ulp.L.1.pr.D.h.t.* „Prætor ait VTI DE EO FONTE, QVO DE AGITVR, HOC ANNO AQVA NEC VI NEC CLAM NEC PRECARIO AB ILLO VSVS ES, QVO MINVS ITA VTARIS VIM FIERI VETO. DE LACV, PVTEO, PISCINA ITEM INTERDICAM“. 2) *§6.eod.* „Deinde ait prætor QVO MINVS FONTEM, QVO DE AGITVR, PVRGES, REFICIAS, VT AQVAM COERCERE VTIQVE EA POSSIS, DVM NE ALITER VTARIS, ATQVE VTI HOC ANNO NON VI NON CLAM NON PRECARIO AB ILLO VSVS ES, VIM FIERI VETO“.

D) *Dig.* De cloacis *43,23*[*22*]. 1) *Ulp.L.1.pr.D.h.t.* „Prætor ait QVO MINVS ILLI CLOACAM QVÆ EX ÆDIBVS EIVS IN TVAS PERTINET, QVA DE AGITVR, PVRGARE, REFICERE LICEAT, VIM FIERI VETO. DAMNI INFECTI QVOD OPERIS VITIO FACTVM SIT, CAVERI IVBEBO“. 2) *§15.eod.* „Deinde ait prætor QVOD IN CLOACA PVBLICA FACTVM SIVE EA IMMISSVM HABES, QVO VSVS EIVS DETERIOR SIT, FIAT, RESTITVAS. ITEM NE QVID FIAT IMMITTATVRVE INTERDICAM“.

§. 231. (*Cic.* pro Tullio *9,38.sqq.*) *Gai.3,210...19.* *Collat.* De incendiariis *12.* De lege Aquilia: *Inst.4,3.* *Cod.3,35.* *Dig.*Ad legem Aquiliam *9,2.* *X.5,36.* *in VI°.5,8.* ad § 233.citt.—*Donell.*Comm.XV.c.27. *Balduin.*de l.Aq.in Heinecc.Ipd.Rom.et Att.I.p.239.u.5.

Sinne dieses Plebiscits[4.5]. Directa und utilis legis Aquiliæ actio[6] im Gegensatz der utilis in factum[7]. Die actio ist in duplum[8], mixta[9], perpetua, non famosa[10]. Condemnation auf das Interesse[11]. [Schmerzengeld[12]].

§. 232. B. Arborum furtim cæsarum wegen widerrechtlicher heimlicher Fällung von arbores electiv neben anderen Klagen in duplum als perpetua statthaft.

Suarez de Mendoza in Meerm.Thes.II.p.1.sqq. *Thomasii* Diss.ac.II.60. *Noodt* in Opp.I.p. 135.sqq. *Mylius* in Exc.ad Reitzii Theophil.p.1101.sqq. *Glück* X.§§ 698...705. *Löhr* Theorie d.Culp.*§§ 14*.ff. Dess.Beitr.S.219.ff. *Hasse* Culpa *§§ 4*.ff. *Puchta* sen.Gerichtl.Kl.*146*.f. *Rud*.R.R.G.I.§ 41. II.§ 108. Dissertt.v. *Romer* Tr.ad Rh.1806. *Vollgraff* Marb.1820. *Cannegieter* Gron.1821. *B.139*.f. *K.395*. *U.672...77*. *He.311...13*. *Se.400...2*. *Mü.448*. *Gö.588...92*. *Pu.388*. *Ro.495*. *Va.681*. *Si.125*.n°.1. *Ar.324*. *Br.120*. [1]) *Fest*.v. „RVPITIAS in XII. significat *damnum dederit*". und „SARCITO in XII. Ser. Sulpicius ait significare *damnum solvito, præstato*". (*Dirksen* XII Taf.VIII.5.) *Ulp.L.1.D.h.t.* „Lex Aquilia omnibus legibus quæ ante se de damno iniuria locutæ sunt, derogavit, sive duodecim tabulis, sive alia quæ fuit: quas leges nunc referre non est necesse. *§ 1.* Quæ lex Aquilia plebiscitum est, cum eam Aquilius tribunus plebis a plebe rogaverit". [a.u. 467.?] Daher *Paul.S.R.1,12,2.* „aliam reformare", aber *Pap.L.6.pr.D.ad L.Iul.de ad.48,5.* „legis Aq.actio facile tenebit". cf. *Varro* de r.r.*2,5,4*. *Cic*.Brut.*34*. *Plin*.H.N.*8,45*. [2]) *Gai.3.§§ 210.215.217.* „Damni iniuriæ actio constituitur per legem Aquiliam, cuius primo capite cautum est, ut si quis hominem alienum eamve quadrupedem quæ pecudum numero sit, iniuria occiderit, quanti ea res in eo anno plurimi fuerit, tantum domino dare damnetur. Capite secundo in adstipulatorem, qui pecuniam in fraudem stipulatoris acceptam fecerit, quanti ea res esset, tanti actio constituitur. [cf. *§ 12.I.h.t.*] Capite tertio de omni cetero damno cavetur..". [3]) Nach *Gai.L.2.pr. Ulp.L.27.§ 5.D.h.t.* lautete *Cap.I.* „QVI SERVVM SERVAMVE ALIENVM ALIENAMVE, QVADRVPEDEM VEL PECVDEM INIVRIA OCCIDERIT, QVANTI ID IN EO ANNO PLVRIMI FVIT, TANTVM ÆS DARE DOMINO DAMNAS ESTO". *Cap.III.* „CETERARVM RERVM PRÆTER HOMINEM ET PECVDEM OCCISOS SI QVIS ALTERI DAMNVM FAXIT, QVOD VSSERIT FREGERIT RVPERIT INIVRIA, QVANTI EA RES ERIT IN DIEBVS TRIGINTA PROXIMIS, TANTVM ÆS DOMINO DARE DAMNAS ESTO". cf. *Inst.tit.cit.* [4]) *Ulp.L.44.pr.D.h.t.* „In lege Aq. et levissima culpa venit". *Hasse* Culpa Kapp.1.2. [5]) *§ 6.I. L.8.D.h.t.* [6]) *§ 16.I. LL.11.12.17.30.D.h.t.* [7]) cit.*§ 16.I.h.t.* s.unten § 239. *Mü*.Cession S.159.ff.not.318. [8]) *Gai.2,216. § 19.I.de act.4,6. L.2.§ 1.D.h.t. L.4.C.h.t.* [9]) cit.*§ 19.Inst. § 9.I.h.t.* [10]) s.§ 223.nott.6.7. [11]) *§ 10.I.h.t. L.21.§ 2.* bis *L.23.§ 2.D.h.t.* [12]) § 223.citt.u.*Böhmer* de act.II.11.§ 22. *Schmidt* Klag.u.Einr.*§ 1209*. *Puchta* Ger.Kl.S.417.

§. 232. *Gai.4,11. Dig.*Arborum furtim cæsarum *47,7*. [1]) *Plin*.H.N.*17,1.* „Fuit et arborum cura legibus priscis cautumque est XII tabulis, ut qui iniuria cecidisset alienas, lueret in singulas æris XXV...". [2]) *LL.8.§ 1.7.pr.§ 1.D.h.t.* [3]) *Ulp.L.7.i.f. Paul.L.8.pr.eod.* „Condemnatio autem eius duplum continet", „facienda æstimatione quanti domini intersit non lædi; ipsarumque arborum pretium deduci oportet, et eius quod superest fieri æstimationem". *Paul.S.R.2,31,25.* s.auch not.6. *Donell*.Comm. XV.c.27.§ 9. *Rud*.R.G.II.§ 106.i.f. *B.128*.n°.5. *K.393*.n°.V. *U.688*. *He.329*. *Mü.445.i.f. Gö.598*.n°.1. *Pu.391*. *Hasse* Culpa *§§ 5.9.* [4]) *Pomp.L.6.pr.§ 1.eod.* „Si plures eandem arborem furtim ceciderint, cum singulis in solidum agetur. at si eadem arbor plurium fuerit, universis dumtaxat una et semel pœna præstabitur". [5]) *L.7.§ 6.D.h.t.* [6]) *Paul.1.D.h.t.* „Si furtim arbores cæsæ sint, et ex lege Aquilia et ex XII tabularum dandam actionem Labeo ait; sed Trebatius ita utramque dandam, ut iudex in posteriore deducat id quod ex prima consecutus sit, et reliquo condemnet". *Id.L.5.*

§. 233. C. Viæ reiectæ (oder receptæ) actio wegen Niedertretung eines an einen öffentlichen Weg anschießenden Grundstückes.

II. Widerrechtliche Entziehung.

§. 234. A. Furtum, Diebstahl und verwandte Widerrechtlichkeiten. (*Abr.II.§30.a. Bg§145b.ff.*) (De tigno iuncto s. oben II.§18.)

A) Begriff und Arten des Furtum, nicht 'Diebstahls'. Furti actio, Kläger, Beklagter; Inhalt. B) Abigeatus, Viehdiebstahl. C) Verhehlen flüchtiger servi. D) Crimen extra ordinarium expilatæ hereditatis. E) Entwendung durch den mit der Freiheit bedachten servus.

---

§1.D.eod. „Eius actionis eadem causa est, quæ est legis Aquiliæ". [7]) *ibid.§§2.3.* „Is cuius usus fructus est in fundo, hanc actionem non habet. qui autem fundum vectigalem habet, hanc actionem habet..". *L.11.D.eod. Ulp. L.27.§26.D.ad L.Aq.9,2.* [8]) *LL.5.pr.7.§§2...4.D.h.t.* [9]) cit. *L.7.§5.* s. unten § 254. [10]) *LL.2.8.§§2.3.D.h.t.* [11]) *L.9. D.h.t.* [12]) Ueber die Bedeutung von arbor s. *Gai.4,11.ibiq.citt.* u. bes. *LL.2...4.10.D.h.t.*

§. 233. *Paul.* (lib.I. [tit.14.] Sententiar.) *L.3.pr.D.de via publ. et it.43,11.* „Si in agrum vicini viam publicam quis reiecerit, tantum in eum viæ receptæ [*Hal.Rittersh. Schulting.* reiectæ] actio dabitur, quanti eius intersit, cuius fundo iniuria irrogata est". vgl. *Bg§140f.n°.7. Glück* X.§718. *Puchta* sen. Gerichtl.Kl. *§148. B.128.n°.5. K.393. n°.v. U.678.a.E. He.318. Mü.422.not.1. Gö.622. Pu.389. Ar.325.n°.1. Br.120.a.E.*

§. 234. A) (XII tabb.VIII.12...18.) *Gai.3,183...208. Paul.* De furtis *2,3. Collat.* De furibus et pœna eorum *7. Inst.* De obligationibus quæ ex delicto nascuntur *4,1. Dig.* De furtis *47,2. Cod.* De furtis et servo corrupto *6,2.* B) *Paul.* De abactoribus *5,18. Collat.* De abigeatoribus *11.* De abigeis: *Dig.47,14. Cod.9,37.* C) De servis fugitivis: *Dig. 11,4. Cod.6,1.* D) *Dig.* Expilatæ hereditatis *47,19. Cod.* De crimine expilatæ hereditatis *9,32.* — De furtis *X.5,18. CCC.* Art.157.f. — *Donell.* Comm.XV.c.29.30. *Rud.* R.R.G.II.§ 106. *B.125.ff. K.393. U.666...69. He.328. Se.396.f. Gö.583.f.586. Mü.447. Pu.376. Ro.500. Va.679. Si.124.n°.1. Ar.323. Bg§145b...d. Hasse* Culpa *§§81...83.91. Sav.* Syst.V.S.446. ff. Ueber das furtum Diss.v. *Kuffeler* L.B.1708. *Schott* Lips.1776. *Erhard* ibid.1806. *Klien* Revis. der Grunds. üb. Diebst. 1r Th. Nordh.1806. *Salchow* syst. Entw. d. Verbr. der Entwend. Erf.1806. *Schöman* Fragm. Jena 1814. *Rosshirt* i. Neu.Arch.d.Crim.R.III.4. *Unterh.* Ausf. Verz. *§§62...71. van Imhoff* de furtis.Gron.1824. *Holtius* in Bijdragen tot regtsgel.1824.1. *Abegg* Unterss.S.148.ff. *Marezoll* i.Arch.f.c.Pr.VIII.S.284.f. *Luden* de f.notione Ien.1831. *Dollmann* die Entwendung. Kempt.1834. *Wöniger* Princ. des just. R. v. Furtum. Berl.1838. u. die Lehrbb. üb. Strafrecht. *Bg* Grdr. des Strafr. *§§119.ff.* — De abigeatu Diss.v. *Thomasius* Diss.I.13. *G.L.Böhmer* Elem. iur.c.III.ex.21. *Struben* Rechtl.Bed.III.S.153. — De fugitivis: *Raph.de Villosa* Napol.1674. *Glück* XI.§755. — A) *Paul.L.1.§3.D.h.t.47,2.* (=*§1. I.h.t.*) „Furtum est contrectatio rei fraudulosa lucri faciendi gratia vel ipsius rei vel etiam usus eius possessionisve..". — B) *Macer L.2.D.de abigeis 47,14.* „Abigeatus crimen publici iudicii non est, quia furtum magis est; sed quia plerumque abigei et ferro utuntur, si deprehendentur, ideo graviter et puniri eorum admissum solet". — C) *Ulp.L.1.D.de fugitivis 11,4.* „Is qui fugitivum celavit, fur est". *Cod.cit. 6,1.* — D) *Ulp.L.2.§1.D.expil.hered.47,19.* „Apparet autem expilatæ hereditatis crimen eo casu intendi posse, quo casu furti agi non potest, scilicet ante aditam hereditatem, vel post aditam antequam res ab herede possessæ sunt. nam in hunc casum furti actionem non competere palam est, quamvis ad exhibendum agi posse, si qui vindicaturus exhiberi desideret, palam sit". *Paul. L.6.D.eod.* „Si rem hereditariam ignorans in ea causa esse subripuisti, furtum facere respondit [Neratius]. Paulus: Rei hereditariæ furtum non fit, sicut nec eius quæ sine domina est, et nihil mutat existimatio subripientis". cf. *L.68.D.de furt.* s. Erbr. § 1.not.4. — E) *L.1.§15.D.Si is*

S. 235. B. Quod metus causa actio und exceptio. (s. *Bg § 86.* vgl. *Bg § 132. not. 33. Abr. II. § 30.* a. A. *III. § 44.* a. E.)

Diese sind electiv neben der actio oder exceptio doli zuläßig[1...3], auch gegen den Concutienten[4]. Die Klage ist in rem scripta[5]. Auf was sie gerichtet ist[6...10]. Wegen eigenmächtiger Verwirklichung eines Rechtsanspruchs ist sie nicht statthaft[11].

S. 236. C. In factum actio wegen unbefugtes Beerdigens in ein fremdes Grundstück. (cf. *Bg § 140 c.*)

Reipersecutorisch und nach Umständen auch pönal[1]; auch als utilis zugelaßen[2].

III. Unbestimmte, bald Beschädigung, bald Entziehung, bald beides betreffende Obligationen aus Rechtswidrigkeiten.

A. Dolus. (*Bg § 105.*, oben I. § 89.)

S. 237. A. Doli oder de dolo actio. (*Bg § 105.* vgl. *§ 132. not. 33. Abr. II. § 30.* a. E. *III. § 44.* a. E.)

Infamierende actio[1]: Dauer[2]. Inhalt dieser arbitraria actio[3.4]. Subsidiäre Natur[5.6].

---

qui testamento liber esse iussus erit, post mortem domini ante aditam hereditatem subripuisse aut corrupisse quid dicatur 47,4. et tot. tit. item *Cod. cit. 6,2.*

S. 235. (*Bg* l. c., oben I. §§ 67. 169.) *Dig.* Quod metus causa gestum erit *4,2.* De doli mali et metus exceptione *44,4.* De his quæ vi metusve causa gesta sunt: *Greg. Cod. 2,1. Cod. 2,20.* cf. *Dig. 43,16.24. Cod. 8,4.5. Dig. 48,6.7. Cod. 9,12. Dig.* De concussione *47,13.* De his quæ vi metusve causa fiunt: *X. 1,10. in VI°. 1,20.* — *Donell.* Comm. XV. c. 39. 40. *Faber* Coniect. iur. civ. lib. XVI. c. 19. *Gundling* Exercc. acadd. II. 2. *Böhmer* Exercitt. ad Pand. V. p. 762. sqq. *Glück* IV. §§ 444...51. *Rud.* ü. d. octavianische Formel, in Ztsch. f. g. R. W. XII. 3. Dess. R. R. G. II. § 110. *K. 75. U. 339...41. He. 246.* f. *Se. 423. Mü. 163. 93. 336.* (*Mü.* auch *Va. 692.* cf. *185. 207.* verwirren die ordentl. Rechtsmittel wegen metus und dolus mit der integri rest. aus dens. Gründen; s. oben I. §§ 164. 169.) *Gö. 599...601. Pu. 385. Ro. 497. Si. 124.* S. 753. *Ar. 333. Br. 121.* *de Tiennes* de eo quod met. c. g. erit. Lovan. 1824. *Schneider* Die allg. subs. Klagen S. 377...417. *Schmidt* v. Ilm. Civ. Abh. n°. 1. [1]) *LL. 1. 7. § 1. 8. 9. §§ 3. sqq. 12. § 2. 14. pr. § 2. 16. § 2. D. h. t. 4,2.* [2]) *LL. 9. § 3. 4. § 33. D. de d. m. et met. exc. 44,4.* [3]) *L. 14. § 13. D. h. t.* s. oben I. § 155. not. 2. [4]) *Dig. 47,13. cit.* [5]) *L. 9. i. f. D. h. t. cit. LL. 4. § 33. 9. § 1. 14. §§ 3. 5. 18. 21. § 2. D. h. t. L. 15. § 3. D. de D. M. 4,3.* [6]) *LL. 9. § 7. 14. § 11. eod. L. 18. pr. D. de D. M. 4,3. L. 38. § 6. D. de usur. 22,1.* [7]) *LL. 9. §§ 3. 4. 7. 10. § 1. 12. pr. 14. § 9. D. eod.* cit. *L. 18. pr. D. 4,3.* cf. *L. 7. D. de cond. ob turp. c. 12,5.* Vom Würderungseid s. I. § 84. [8]) s. not. 5. u. *L. 16. § 2.* bis *L. 20. D. h. t.* Nach kan. R. auf den Bereich d. Nachlaßes des metum inicieus. s. I. § 153. not. 13. [9]) *LL. 14. i. f. 15. D. h. t.* [10]) *LL. 14. §§ 1...4. 7. 9. 10. 21. § 1. 19. D. eod. L. 4. C. eod. 2,29. §§ 27. 31. I. de act. 4,6.* Diese in simplum actio ist keine condictio s. §§ 188. ff. *Schneider* cit. S. 415. ff. [11]) I. § 148.

S. 236. s. das Bruchst. einer lex bei *Gori* Inscrr. I. 88. *Blume* Iter Ital. II. S. 87. f. u. *Zell* delect. inscrr. n. 1687. *Haubold-Spangenb.* Monum. p. 299. cf. *Orelli* Inscrr. n. 4393. 4405. sqq. *Ulp. L. 2. § 2. D. de relig. 11,7.* „Prætor ait SIVE HOMO MORTVVS OSSAVE HOMINIS MORTVI IN LOCVM PVRVM ALTERIVS AVT IN ID SEPVLCHRVM IN QVO IVS NON FVERIT, ILLATA ESSE DICENTVR, QVI HOC FECIT, IN FACTVM ACTIONE TENETVR ET PŒNÆ PECVNIARIÆ SVBICIETVR". cf. *§§ 1. 3.* bis *L. 9. eod.* *Noodt* Comm. ad h. t. Dig. *U. 389. He. 316. Mü. 215. Gö. 623.* n°. 1. B. *Pu. 401. Rud.* S. 321. R. R. G. II. § 108. n°. 7. [2]) *L. 7. § 1. D. h. t.*

S. 237. s. die Quellen oben I. § 169. e. (vgl. *Plaut.* Rud. 5,3,25. *Cic.* de N. D. *3,30.* de off. *3,14.*) *Donell.* Comm. XV. c. 40. *Bachov.* Comm. in πρωτ. Dig. IV. tit. 3. c. 3. 4. *Hänel* üb. act. u. exc. doli, i. Arch. f. c. Pr. XII. 20. *Schneider* Die subs. Klagen Thl. 2. Kap. 2. Ueber dolosen Rath: *Lauterbach* Diss. acad. I. 57. *Hunnii* Rosolutt. III. 7. part. 4. qu. 2. *Thibaut* Vers. I. 8. *Schöman* Hdb. II. S. 233. ff. *Gesterd.* Irrth. S. 197. ff. *Neustetel* i. Arch. f. c. Pr. II. 4. *Hepp* das. XI. 3. *Puchta* sen. Gerichtl. Klag. *§ 144.* *Sav.* Syst. III. S. 117. f. V. S. 40. 453. 615. f. *Rud.* R. R. G. II. § 110.

Erfordernisse [7...9]. Nicht infamierende in factum actio wegen doloser Benachtheiligung [10...13]. Compensation des dolus [14]. Größerer Umfang der exceptio doli [15...19]; diese als in factum exceptio [20]. Durch die replicatio doli wird die exceptio doli nicht entkräftet [21].

B. Besondere Obligationen aus dolus und zum Theil schon aus lata culpa.

§. 238. 1. In factum actio de calumnia.

Begriff der calumnia und electiv Concurrenz der [infamierenden] in factum actio [aufs Vierfache] wegen dieser Rechtswidrigkeit mit der condictio ob turpem causam (§ 194). Kläger; Beklagter. Prävarication. [Tergiversation.]

K.402. U.335...37.705. He.321.325. Se.424. Mü.164. (s. die Bemerkk. zu § 235.) *Gö.602...4. Pu.376. Ro.497, Va.185. Si.124.*n°.11. *Ar.334. Br.122.—Ulp.L.1.§1.D.h.t.* „Verba autem edicti tali sunt QVÆ DOLO MALO FACTA ESSE DICENTVR, SI DE HIS REBVS ALIA ACTIO NON ERIT ET IVSTA CAVSA ESSE VIDEBITVR, IVDICIVM DABO". [1]) *Bg § 60. not.9.*n°.5.*d.* s. unten not.12. [2]) s. not.13. *Bg § 122 l. Sav.*Syst. III. S. 414. IV. 444. [3]) *§ 31. I. de act. 4,6. L.18.pr.§§1.2.D.h.t.* u. oben I. § 84. *Sav.*Syst. V. § 210. nennt solche Klagen, die nur für den Beklagten, und nicht nothwendig, Strafnatur haben, ‘einseitige Strafklagen’: der Kläger wird nicht reicher. [4]) *L.17.pr.D.h.t.* [5]) *L.1.§4.* bis *L.9.D.h.t. Bg § 105. not.21.* [6]) s. § 235. not.3. [7]) *L.1.§2.D.h.t.* „..decipiendi causa... ad circumveniendum, fallendum, decipiendum alterum..". cf. *LL.7.i.f.8.9.§2.18.§2.* bis *25.28.31.32.34.35.37...40.D.h.t. L.16.§1.D.de præscr.verb.19,5.* [8]) *L.47.pr.D.de R.I. L.8.D.h.t. L.10.§7.D.mandati 17,1. L.2.D.de proxenet.50,14.* cf. *Dig.*De servo corrupto *11,3.* [9]) *L.9.i.f.* bis *L.11.pr.D.h.t.* [10]) *LL.17.§1.26...28.eod.* [11]) *L.15.eod.* [12]) *L.11.§1.eod. LL.12.13.pr.* „Quibusdam personis non dabitur, ut puta liberis vel libertis adversus parentes patronosve, cum sit famosa; sed nec humili adversus eum qui dignitate excellit... vel luxurioso atque prodigo aut alias vili adversus hominem vitæ emendatioris... In horum persona dicendum est *in factum* verbis temperandam actionem dandam, ut bonæ fidei mentio fiat", „ne ex dolo suo lucrentur". „heredibus tamen harum personarum, item adversus heredes de dolo actio erit danda". Der causam cognoscens magistratus entschied im einzelnen Falle. [13]) *L.28.eod. L.8.C.h.t.* [14]) *L.36.eod.* (zu I. § 89. not.10. abgedr.) *Bg § 128. not.21.* [15]) *Dig.de d.m.et met.exc.44,4.* [16]) *L.8.pr.D.h.t.* [17]) *L.4. §§4.9.eod.* u. o. [18]) *LL.2.§6.4.§12.eod. De pactis* passim und sonst oft. [19]) *L.2.§2.D. h.t.* „Plane ex persona eius qui exceptionem obicit, in rem opponitur exceptio; neque enim quæritur adversus quem commissus sit dolus, sed an in ea re dolo malo factum sit a parte actoris". [20]) *L.4.§10.eod.* [21]) *L.4.§13.* (zu I. § 89. not.9. abgedr.) *§14. eod. Ulp.L.154.D.de R.I.* „Cum par delictum est duorum, semper oneratur petitor et melior habetur possessoris causa, sicut fit cum de dolo excipitur petitoris: neque enim datur talis replicatio petitori AVT SI REI QVOQVE IN EA RE DOLO ACTVM SIT..". *L.28.C.de transact.2,4. L.3.C.de except.8,36.*

§. 238. De calumniatoribus: *Paul. R.S.1,5. Th.C.9,39. Dig.3,6. Cod.9,46. X.5,2.* cf. Ad SC. Turpillianum: *Dig.48,16. Cod.9,45.* und *Dig.* De prævaricatione *47,15. Donell.* Comm. XVIII. c.3. § 12. c.8. § 20. *van Renesse* in Oelrichs Thes. nov. I.2. p.561...632. *Brenkman* in Ottos Thes. III. p.1561...1704. *de Bye* de del. calumn. L.B. 1790. *Glück* V. §§ 428...30. *Sav.*Syst. V. S. 200. *U.728. He.324. Mü.447. Gö.624. Pu.383. Ro.498 b. Ar.336.* — *Marcian. L.1.§1.D.ad SC.Turpill.* „*Calumniari* est falsa crimina intendere [eigennützig und wißentlich; aber auch ebenso das sich belohnen Laßen für Unterlaßung chikanöser accusatio oder actio], *prævaricari* vera crimina abscondere [dolo malo seitens des als accusator Verpflichteten], *tergiversari* in universum ab accusatione desistere [widerrechtlich]". *Ulp.L.1.pr.D.h.t.3,6.* „In eum qui ut calumniæ causa negotium faceret vel non faceret, pecuniam accepisse dicetur, intra annum in quadruplum eius pecu-

S. 239. 2. Servi corrupti actio.

Diese Pönalklage[1] ist als utilis auch wegen Verführung eines Hauskindes zulässig[2]. Bestrafung auch des Conats der Verführung[3].

S. 239*. 3. In factum actio wegen Aufhebung und Zerstörung fremdes Eigenthumsrechts. (s. § 221.)

Princip dieser Klage ist die Verpflichtung des Subjects, für seine eigenen Willensäußerungen einzustehen[1], nicht ein pönales, wie § 231., noch das æquum et bonum, wie § 221. Verwendung des Eigenthums in fremdes Vermögen durch den Eigenthümer selbst[2] giebt nur Retentions- (Exceptions-) Recht[2], nach unserer Praxis aber in factum actiones[3].

S. 239.** 4. In factum actio weg. verhinderter Ausübung des Bestattungsrechts.

S. 240. 5. In factum actio gegen den falsus tutor. (s. III. § 53.)

Entschädigungsklage gegen den durch falsa auctoritas Benachtheiligenden[1], als utilis auch dem Bevormundeten wegen andrer Benachtheiligungen gegen den falsus tutor zuständig[2]. Solidarische Haftung Mehrerer für einfache Entschädigung[3].

S. 241. 6. Si mensor falsum modum dixerit.

Die Klage gegen den Mensor[1...4], analog auch gegen andere Techniker angewandt[5].

---

niæ quam accepisse dicetur, post annum simpli in factum actio competit". *L.1.pr. D.de his qui not.inf.3,2.* „INFAMIA NOTATVR ... QVI IN IVDICIO PVBLICO CALVMNIÆ PRÆVARICATIONISVE CAVSA QVID FECISSE IVDICATVS ERIT".

S. 239. *Dig.* De servo corrupto *11,3.* *Cod.* De furtis et servo corr. *6,2.* *Donell.* Comm.XV.c.26. *Glück* XI. §§ 753.f. *U.678.* *Mü.447.* *Gö.627.* *Pu.382.* *Ar.337.* *Br.113.* *122.*a.E. *Rud.* R.R.G.II. p.360. [1]) *Ulp.L.1.pr.D.h.t.* „Ait prætor (QVI SERVVM SERVAM ALIENVM ALIENAM RECEPISSE PERSVASISSEVE QVID EI DICETVR DOLO MALO, QVO EVM EAM DETERIOREM FACERET, IN EVM QVANTI EA RES ERIT IN DVPLVM IVDICIVM DABO". *L.13.§1.eod.* [2]) *Paul.L.14.§1.eod.* „...sed utilis competit officio iudicis æstimanda, quoniam interest nostra animum liberorum nostrorum non corrumpi". [3]) *Iustinian.L.20.C.h.t.*

S. 239*. cf. §§ 18.f.25.42.221.231. [1]) *Gai.2,78.* *§31.I.de R.D.2,1.* *Paul.L.23.§5.D. de R.V.6,1.* „...in omnibus his casibus, in quibus neque ad exhibendum, neque in rem locum habet, in factum actio necessaria est". *L.9.§2.* *Flor.L.55.i.f.D.de A.R.D. 41,1.* „...sin autem aprum meum ferum in suam naturalem laxitatem dimisisses, eo facto meus esse desisset, et actionem mihi in factum dari oportere, vel uti responsum est, cum quidam poculum alterius ex navi eiecisset". [2]) *Iul.L.33.i.f.D.de cond. ind.12,6.* „...constat si quis cum existimaret se heredem esse, insulam hereditariam fulsisset, nullo alio modo quam per retentionem impensas servare posse". *Paul. L.14.D.de d.m.exc.* „respondit eum qui in alieno solo ædificium extruxerit, non alias sumptus consequi posse, quam [*si*] possideat et ab eo dominus soli rem vindicet, scilicet opposita doli mali exceptione". [3]) *U.353.* *He.346.* *Mü.248.*a.E. *253.*a.E. *Gö.247.*n°.III. *Si.109.*n°.III.*125.*S.771.ff.

S. 239.** oben § 224. cf. § 236.

S. 240. [1]) Quellen u.Litt.III. § 53.nott.9.ff. *U.338.* *He.IV.132.i.f.* *Se.512.i.f.* *Mü.606.* a.E. *Gö.776.*a.E. *Pu.377.* *Ro.191.* *Si.124.*S.741.f. [2]) *L.12.D.h.t.* [3]) *LL.7.§4.8.D.eod.*

S. 241. *Dig.* Si mensor falsum modum dixerit *11,6.* (Die hier in Rede stehenden mensores sind nicht zu verwechseln mit denen, wovon *Th.C.6,34.* *Ius.C.12,28.*, worüber s. meinen Comment. zur Notit.dignn.orient.p.214.not.45., noch mit den annonarischen Mensoren, noch den Quartiermeistern, wovon s. l.c. u. Gothofr. zu *Th.C.6,34.*) *Rud.* im Ztsch. für g. R.W.X.S.422...29. *Donell.* Comm.XVI.c.8.§13. *Glück* XI. §§ 763...65. *Löhr* Theorie d. Culpa § 28. Dess. Beitr. S.77.ff. *Hasse* Culpa *§ 68.* *Schneider* Die subs. Klagen S.17...22. *B.153.* n°.2. *U.706.* *He.322.* *Se.334.*n°.4. *Mü.431.* *Gö.633.* *Pu.378.* *Si.119.*S.687. *Ar.338.* vgl.

§. 242. 7. Si iudex litem suam fecisse dicatur. (+Syndicatsklage.)
1) Gemeinrechtlich unanwendbar Quod quisque[1] etc.; an sich auch 2) die Quasidelictsobligation des iudex litem suam faciens[2] und andere Gerichts-Verfaßungsbestimmungen; jene aber als Syndicatsklage gemeinrechtlich aufgenommen und auch analog angewandt.

§. 243. 8. Klagen gegen die Publicani.
Jetzt unanwendbare pönale Edictsklagen electiv mit anderen Delictsklagen concurrierend.

---

auch De agrimensorib.Romanis.Brem.1771. *Niebuhr* Röm.Gesch.edit.1.Bd.S.532.ff.u.Hist. u.phil.Schrr.II.S.81.ff. 1) *LL.1.pr.4.D.h.t.* 2) *L.3.§5.D.h.t.* 3) *LL.1.§1.3.§§1...4.5.§1.D.h.t. Hasse* l.c. 4) *L.5.pr.D.h.t.* 5) *L.5.§2.* bis *L.7.D.h.t...§1.* „Etsi mensor machinarius fefellerit, hæc actio dabitur. *§2.* nec non illud quoque Pomp. dicit, etiam in eum qui mensor non fuit, fefellit tamen in modo, competere hanc actionem. *§3.* Hoc exemplo etiam adversus architectum actio dari debet, qui fefellit; nam et divus Severus adversus architectum et redemptorem actiones dandas decrevit. *§4.* Ego etiam adversus tabularium puto actiones dandas, qui in computatione fefellit“.

§. 242. 1) *Dig.* Quod quisque iuris in alterum statuerit, ut ipse eodem iure utatur *2,2. Glück* III.§§ 210...16.u.das.Citt. *Puchta* sen.Ger.Kl.*§143.B. B.153.*n°.1. *K.404.*n°.1.2. 2) *Gai.4,52. Ulp.L.15.§1.D.de iudic.5,1.* u. *Gai.L.6.D.de extraord.cognitt. et si iudex litem suam fecisse dicatur 50,13.* (=*pr.I.de obll. quæ quasi ex del.4,5.*) „Si iudex litem suam fecerit, non proprie ex maleficio obligatus videtur; sed quia neque ex contractu obligatus est, et utique peccasse aliquid intellegitur, licet per imprudentiam, ideo videtur quasi ex maleficio teneri in factum actione, et in quantum de ea re æquum religioni iudicantis visum fuerit, pœnam sustinebit“. *Cod.* De pœna iudicis qui male iudicavit vel eius qui iudicem vel adversarium corrumpere curavit *8,49. Nov.124.c.2.* cf.*Iustinian.L.un.C.de contractibus iudicum* [Provincialpräsides] ... *et inhibendis donationibus in eos faciendis et ne administrationis tempore proprias ædes ædificent 1,53. Nov.8.* R.A.v.1532.III.§17. „... Cammer-Richter ... so sie besorgen müßen, daß ... die Richter, so unrechtmäßige Urtheil aussprechen, den Krieg ihr eigen machen, und deßhalb ad syndicatum gestellt werden mögen ...“. cf. C.G.O.v.1555. Th.3. Tit.53. §§ 1.5-6-10. *Concept* der verb.C.G.O.III.63. §§ 13.14.18. J.R.A. §§ 109.157. *Donell.* Comm.XV.c.28.§§ 8.sqq.c.43.§18. *Thomasii* D.de usu pract.actionis adv.iudic.Hal.1714.u.in Diss.acad.III.105. *Struben* Rechtl.Bed.V.123. *G.L.Böhmer* de remed.syndicatus in Elect. iur. civ.II.p.115.sqq. *Weber* Nat.Verb.*§ 12. Löhr* Theorie d. Culpa *§ 28. Weber* i. Ztschr. f. Civ.u.Pr.VII.1. *B.153.*n°.1. *K.404.*n°.1.1. *U.698...700. He.314.f. Se.125. Mü.449.*n°.1. *Gö.626. Pu.390. Ro.496.*n°.1. *Si.125.*S.676.ff. *Ar.338. Br.120.*a.E. (Die älteren Tractatus Variorum stehen im Tract. univ.iur.Venet.1584.fol.tom.VII. und sind auch öfters einzeln gedruckt, z.B. Lugd.1560. Venet.1571.1586.) Ueber die Bedeutung des Syndicats s.*Hüllmann* Geschichte des Städtewesens im Mittelalter III. S.269.ff.

§. 243. *Dig.* De publicanis *et c.39,4. Ulp.L.1.pr.§1.D.h.t.* „Prætor ait QVOD PVBLICANVS EIVS [*Hal.* SEV QVIS; *Vulg.* SEV ALIVS] PVBLICANI NOMINE VI ADEMERIT, QVODVE FAMILIA PVBLICANORVM, SI ID RESTITVTVM NON ERIT, IN DVPLVM, AVT SI POST ANNVM AGETVR, IN SIMPLVM IVDICIVM DABO. ITEM SI DAMNVM INIVRIA FVRTVMVE FACTVM ESSE DICETVR, IVDICIVM DABO, SI ID AD QVOS EA RES PERTINEBIT, NON EXHIBEBITVR. IN DOMINOS SINE NOXÆ DEDITIONE IVDICIVM DABO“. *§ 1.* „...Publicani autem sunt qui publico fruuntur; nam inde nomen habent, sive fisco vectigal pendant, vel tributum consequantur; et omnes qui quid a fisco conducunt, recte appellantur publicani“. f.*§1.* bis *L.6.eod. Otto* de tutela viar.III.c.7. *Sav.* Syst.V.S.131.not.*n. U.693. He.333. Mü.203. Gö.508.*n°.5. *Pu.381. Ar.325.*n°.6. *Rud.* R.R.G.II. § 109.n°.1.

S. 244. 9. In factum actio wegen proceßerschwerender Veräußerung.

Bösliche, dem Gegner den Proceß erschwerende Veräußerung einer noch nicht litigiosen Sache setzt den Veräußerer der Klage, gleich als wäre nicht veräußert, oder der auf das Interesse aus [1], macht den +condominus seiner Theilungsklage verlustig [2]; der Gegner aber braucht sich nicht belangen zu laßen [3].

S. 245. 10. Pauliana actio, Interdictum fraudatorium wegen defraudierenden, und in factum actio wegen unbewußt die Concursgläubiger verkürzenden Erwerbs aus dem Vermögen des nachmaligen Cridars.

Voraussetzungen der Rechtshilfe gegen an sich giltige Veräußerungen. 1) Pauliana actio [1];

S. 244. De alienatione iudicii mutandi causa facta: *Dig.4,7. Cod.2,54*[55]. *X.1,42.* f.ob.§121. *Ranchin.*i.Ottos Thes.V.p.971. *Schœn* de pœna leg.Lic.Lps.1771. *Donell.*Comm. XV.c.28.§4. *Voorda* Interprr.II.c.10. *Steck* de al. iud. mut.c.Ff.ad V.1759. *Glück* VI. §§ 473.f. *Sav.*Syst.*§333. U.342.*f. *He.323. Gö.625. Pu.379. Ro.498*a. *Si.124.*S.743. *Ar.* 335.n°.3. *Rud.* R.R.G.I. § 43.a.E. [1]) *Gai.L.1.pr.D.h.t.* „Omnibus modis proconsul id agit, ne cuius deterior causa fiat ex alieno facto; et cum intellegeret iudiciorum exitum interdum duriorem nobis constitui opposito nobis alio adversario, in eam quoque rem prospexit, ut si quis alienando rem alium nobis adversarium suo loco substituerit, idque data opera in fraudem nostram fecerit, tanti nobis in factum actione teneatur, quanti nostra intersit alium adversarium nos non habuisse". *Paul. L.8.§1.eod.* Ait prætor QVÆVE ALIENATIO IVDICII MVTANDI CAVSA FACTA ERIT, i.e. si futuri iudicii causa, non eius quod iam sit. *§2.* Alienare intellegitur etiam qui alienam rem vendidit". [2]) *LL.4.i.f....7.D.h.t.* „Hæc actio non est pœnalis, sed rei persecutionem arbitrio iudicis continet, quare et heredi dabitur; in heredem autem vel similem, vel post annum non dabitur, quia pertinet quidem ad rei persecutionem, videtur autem ex delicto dari". [3]) *Marcian.L.12.D.h.t.* „Si quis iudicii comm. dividundo evitandi causa rem alienaverit, ex lege Licinia ei interdicitur, ne communi dividundo iudicio experiatur..". cf.*Iul.L.24.§1.D.comm.div.10,3.* cit.*LL.12.i.f.11.eod.*

S. 245. *§6.I.de act.4,6.* cum *Theophil.* ad h.§. *Dig.* Quæ in fraudem creditorum facta sunt, ut restituantur *42,8. Cod.* De revocandis his quæ in fraudem creditorum alienata sunt *7,75.* Abhh.u.Diss.v.*Carpzov* Lps.1672. *Struve* Ien.1677. *Kneusel, Mencken, Berghuys, Raabe, Baurmester, Wehrn, Hänlein, Trip* bei *Huschke* S.22.citt. *Müller* Hdlb.1767. *Frick* Helmst.1777. *Bauer* Lps.1782. *Weber* L.v.ger.Klagen n°.7. *Happel* Beobacht.Giess.1801. *Reinhardt* Verm.Auff.II.29. *Schneider* Die subs.Klag.S.271...78. *Dabelow* Concurs c.13. *Schweppe* Conc.§ 33. *Schröter* i.Ztsch.f.Civ.u.Pr.VI.S.131...42. *Spangenberg* Prakt.Erörtt.I.S.454.ff. *Francke* Arch.f.c.Pr.XVI.5.9. (der die Bezahlung fälliger klagbarer Forderungen für unanfechtbar erklärt; wogegen) *Laspeyres* das.XXI.2. bes.aber die treffliche Abh.von *Huschke* P.Rutilius Rufus od.A.F.P.R. u. das interdictum fraudatorium.i.Ztsch.f.Civ.u.Pr.XIV.1.—*Donell.*Comm.XXIII.c.18. *Weiske* Rechtslexic.I.S.82.II.S. 778.ff.V.S.586.ff. *Sav.*Syst.V.S.26.f.III.S.415.IV.S.24.f.28.f.47.f.199.565. *Leist* Bonor. Poss.I.S.353.ff. *K.190.*f. *U.344...48.375. He.VI.24...27. Se.670.*ff. *Mü.158.not.9.174. Gö. 630...32. Pu.380. Ro.54. Va.697. Si.124. Ar.228. Br.123.* (dieser gut nach *Huschke* l.c.) [1]) *Theophil.*l.c. *Paul.L.38.§4.D.de usuris 22,1.* „In Faviana quoque actione et Pauliana, per quam quæ in fraudem creditorum alienata sunt, revocantur, fructus quoque restituuntur; nam prætor id agit, ut perinde sint omnia, atque si nihil alienatum esset; quod non est iniquum, nam et verbum RESTITVAS quod in hac re prætor dixit, plenam habet significationem, ut fructus quoque restituantur". *Ulp.L.1.pr.D. h.t.* „Ait prætor QVÆ FRAVDATIONIS CAVSA GESTA ERVNT, CVM EO QVI FRAVDEM NON IGNORAVERIT, DE HIS CVRATORI BONORVM VEL EI CVI DE EA RE ACTIONEM DARE OPOR-

Kläger[2]; Zweck[3]; Voraussetzungen[4...13]; Beklagter[14...19]. Uebergang der Klage auf die Erben[20]. Dauer[21]. 2) Restitutorisches Interdictum fraudatorium[22.23] und in factum actio

---

TEBIT, INTRA ANNVM QVO EXPERIVNDI POTESTAS FVERIT ACTIONEM DABO. IDQVE ETIAM ADVERSVS IPSVM QVI FRAVDEM FECIT SERVABO". *L.5.C.h.t.* cf.*Cic.*ad Att.I.1,3.— *§6.I.de act.4,6.* „..si quis in fraudem creditorum rem suam alicui tradiderit, bonis eius a creditoribus possessis ex sententia præsidis, permittitur ipsis creditoribus rescissa traditione eam rem petere, i.e. dicere eam rem traditam non esse et ob id in bonis debitoris mansisse". [d.h. wenn Einer .. tradiert hat, so wird den Gl., sobald die bona von des Tradenten Gläub. in Besitz genommen worden sind, erlaubt ꝛc.] Die Klagformel restituiert *Huschke* l.c.S.66. so: *Quod a Lucio Titio fraudationis causa Numerio Negidio, qui eam fraudem non ignoravit, fundus Cornelianus q.d.a. venditus, mancipio datus et traditus est, si is fundus Numerio Negidio venditus, mancipio datus et traditus non esset, tum si paret eum in bonis Lucii Titii mansisse, iudex, nisi Numerius Negidius Aulo Agerio arbitrio tuo restituat, quanti ea res erit, tantam pecuniam Numerium Negidium Aulo Agerio condemna. si non paret absolvito.* vgl. *Rud.* R.R.G. II.p.106. [2]) CVRATORI BONORVM VEL EI *etc.* in not.1. ipsis creditoribus *Inst.* in not.1. cf.*L.9.D.h.t. L.6.C.h.t.* CVI DE EA RE ACT. DARE OPORTEBIT (den ich als Gläubiger befinden werde, causa cognita). [3]) revocando *L.1.§1.D.h.t.* de revocando actio *L.7.D.h.t.* auch *LL.6.§6.10.§22.17.24.D.h.t. L.38.§4.D.22,1.* in not.1. *Rubrica* u. *LL.1...4.C.h.t. 7,75.*u.ö. rescissa trad. *Inst.* in not.1. restituantur *Rubr.et LL.7.10.§§19.22.14.25.§4.D.h.t.* obligatio od. actio restauranda *LL.10.§23.14.D.h.t.* sehr häufig actione teneri u.dgl. [4]) *L.6.§9.D.h.t. L.145.D.de R.I.* [5]) *LL.6.§6.19.20.D.h.t.* [6]) *L.10.§§6...8.D.h.t.* (cf. *Huschke* S.89.f.) in not.23. cit.*L.67.§2.D.36,1.* Die vom Erblaßer begangene fraus begründet nicht Klage der Concursgläubiger des Erben: die fraudatio muß IN BONIS QVIBVS DE AGITVR facta sein. *L.10.§9.D.h.t.* Hat ein von der Erbfolge durch i.i.r. sich wieder losmachender Successor die Fraudation in Bezug auf den ihm nun wieder abgenommenen, jetzt Concursmasse der Gläubiger des Erblaßers werdenden Nachlaß begangen, so wird die Klage als utilis gegeben. cit.*L.10.§10.* [wo, wie auch *Huschke* S.93. will, „creditum ei abierunt, nomen ... secuti, dicendum.." zu lesen ist.] [7]) *L.3.i.f.D.h.t.* Ueber gesta (Rechtsgeschäfte) und facta (jur. wirksame Thatsachen überh.): *L.58.pr.D.de V.S.* vgl.nott.8...12.u.*Huschke* S.17.81.f. [8]) *L.1.§2.D.h.t.* [9]) *LL.2.10.§22.17.18.21.22.25.D.h.t. LL.2.5.6.C.h.t.* [10]) *L.9.§5.D.de iure iur.12,2.* [11]) *LL.4.5.D.h.t.* [12]) *Ulp. L.6.pr.D.h.t.* „Quod autem cum possit aliquid quærere, non id agit ut adquirat, ad hoc edictum non pertinet: pertinet enim edictum ad deminuentes patrimonium suum, non ad eos qui id agunt, ne locupletentur". *§§1...6.eod.* [13]) *Ulp.* [lib.64.ad ed.] *L.25.D.de reb.auct.iud.42,5.* „Ait prætor QVOD POSTEA CONTRACTVM ERIT, QVAM IS CVIVS BONA VENIERINT, CONSILIVM RECEPERIT FRAVDARE, SCIENTE EO QVI CONTRAXERIT, NE ACTIO EO NOMINE DETVR". [14]) qui sciens eum [debitorem] in fraudem creditorum hoc facere, suscepit quod in fraudem creditorum fiebat. *L.6.§8.D.h.t.* Daß es auch ein Concursgläubiger sein konnte, welcher post bona possessa sich ausbezahlen ließ, sagt *§7.ibid.*, daß aber die Klage auch gegen dritte Erwerber (nicht 'Miterwerber') des Veräußerten gehe, wird in den Quellen mit gutem Grunde nicht gesagt. cf.*LL.9.25.pr.D.h.t. Huschke* S.58. [15]) *§10.* cf.*L.10.§§3...5.eod.* Das Eigene ist nicht, daß dem Erwerber das (nur factisch) Erworbene entzogen wird, sondern daß es ihm die creditores, Dritte, abklagen können. [16]) *L.6.§11.D.h.t. L.5.C.h.t.* Aber „in fraudem fisci non solum per donationem, sed quocumque modo res alienatæ revocantur..". *Paul. L.45.pr.D.de I.F.49,14.* cf.*LL.8.§10.21.D.eod.* [17]) *LL.6.§12.25.§3.12.D.h.t.* cit.*L.96.pr.D.46,3.* [18]) *LL.1.pr.25.§7.* cf. *L.12.D.h.t.* Daß auch das Interdict gegen den Fraudator selbst gehen konnte, bezweifelt auf Rescission der Veräußerungen des nunmehrigen Cridars an b.f. Erwerbende. Voraussetzungen[24-25]; Gegenstände[26...28]. Heutige Bedeutung dieser unterschiedlichen Rechtsmittel.

§. 246. 11. Tumultus, incendii, ruinæ, naufragii causa depositum, +Depos.miserab. Nach den 12 Tafeln und dem Edict Condemnation des dolosen Depositars auf das Doppelte. Perpetua mixta actio.

§. 246*. 12. De incendio, ruina, naufragio, rate, nave expugnata. Wegen absichtlicher Beschädigungen oder Entwendungen in solchen Nothzuständen gab das Edict intra utilem annum actio in quadruplum.

Huschke S.101. [19]) *LL.7.8.D.h.t.* [20]) *LL.10.§§24.25.11.D.h.t. LL.1...4.C.h.t.* [21]) s. die Edicte u. *LL.6.§14.10.§§14.24.D.h.t.* Auch die paulianische Klage verwechseln Manche, wie *Mü.pVa.* u.A., mit dem Anspruch auf i.i.rest. aus gleichem Grunde, welche die gewöhnliche ex capite doli sein, also den Gläubigern des Veräußerers nicht zustehen würde (I.§169.), und wähnen daher, jenen utilis annus (s.nott.1.22.) habe Justinian auch in ein quadriennium continuum umgesetzt. [22]) *Ulp.L.10.pr.D.h.t.* „Ait prætor QVÆ L. TITIVS FRAVDANDI CAVSA SCIENTE TE IN BONIS QVIBVS DE (EA RE) AGITVR, FECIT, EA ILLIS, SI EO NOMINE QVO DE AGITVR, ACTIO EI [ACTIONEM *Hal.Vulg.* EIS *Huschk.*] EX EDICTO MEO COMPETERE ESSEVE OPORTET, EI [EIS?], SI NON PLVS QVAM ANNVS EST CVM DE EA RE QVA DE AGITVR EXPERIVNDI POTESTAS EST, RESTITVAS. INTERDVM CAVSA COGNITA, ETSI SCIENTIA NON SIT, IN FACTVM ACTIONEM PERMITTAM". Die Formel der in f. actio restituiert *Huschke* S.104. so: *Quod L.Titius fraudandi causa sciente* [so *H.*, offenbar statt *nesciente*] *Numerio Negidio in bonis quibus de agitur Numerio Negidio* [vielleicht *causa Numerio Negidio et si Numerii Negidii scientia non esset, in bonis quibus de agitur*] *fundum Cornelianum vendidit, qua de re agitur, iudex, nisi Numerius Negidius Aulo Agerio fundum quo de agitur et fructus qui cum eo tempore alienationis cohæserunt, arbitrio tuo restituat, quanti ea res erit, tantam pecuniam Numerium Negidium Aulo Agerio condemna. si non paret absolvito.* [23]) INTERDVM CAVSA COGNITA *etc.* in not.22. *L.67.§§1.2.D.ad SC.Trebell.36,1. L.96.pr.D.de solutt.46,3. L.1.Th.C.de int. rest.2,16.* Fraudatorium heißt das Interdict, weil „die Creditoren eigentlich nur namens und in Stellvertretung des Fraudator für dessen Vermögen klagen". *Huschke* S.115. [24]) *L.25. §7.D.h.t.* [25]) *L.10.§1.D.h.t.* mit not.21. [26]) *L.10.§§18.24.D.h.t.* [27]) *LL.10.§§19...21. 25.§§1...6.D.h.t. L.38.D.22,1.* in not.1. *Huschke* S.105.ff. [28]) *L.25.§1.* mit *§7.i.f.D.h.t.*

§. 246. s. Quellen zu §199.citt. — *Faber* de error.pragm.dec.76.err.4. *Voorda* nott. ad Ian.a Costa Prælectt.p.213.sq. *Glück* XV.§ 945. *B.99. K.275. U.661.*n°.v. *He.232. Se. 317. Mü.385.*a.E. *Gö.485. Pu.321. Ro.482.*n°.vi. *Va.630. Si.112.*S.556. *Ar.285.*Anm.1. Diss. v. *Müller* Ien.1680.1714. *Schober* Ff.1687. *Kannegiesser* Duisb.1735. *Willenberg* Exercitt.II.33. [1]) *Paul.S.R.2.12.§11.* (*Collat.10,7.§11.*) „Ex causa depositi lege XII tabularum [VIII.20. *Gothofr.*III.1.] in duplum actio datur, edicto prætoris in simplum". [cf.*Exod.22,7.sqq.*] [2]) *Ulp.L.1.§1.D.depositi 16,3.* „Prætor ait QVOD NEQVE TVMVLTVS NEQVE INCENDII NEQVE RVINÆ NEQVE NAVFRAGII CAVSA DEPOSITVM SIT, IN SIMPLVM; EARVM AVTEM RERVM QVÆ SVPRA CONPREHENSÆ SVNT, IN IPSVM IN DVPLVM, IN HEREDEM EIVS, QVOD DOLO MALO EIVS FACTVM ESSE DICETVR QVI MORTVVS SIT, IN SIMPLVM, QVOD IPSIVS, IN DVPLVM IVDICIVM DABO". [3]) *§§17.26.I.de act.4,6. cit. L.1.§4.* „Hæc autem separatio causarum iustam rationem habet, quippe cum quis fidem elegit, nec depositum redditur, contentus esse debet simplo; cum vero extante necessitate deponat, crescit perfidiæ crimen, et publica utilitas coercenda est vindicandæ [*Hal.* coercendo vindicanda est] rei p. causa: est enim incivile [*Flor.* inutile] in causa huiusmodi fidem frangere". [Nicht richtig *Sav.* Syst.V.S.55.not.c.] [4]) *L.18.D.h.t.*

§. 246*. *Paul.S.R.5,3.§2. Dig.* De incendio ruina naufragio nave rate expugnata

S. 247. 13. Damnum in turba datum.

Edictsklage intra utilem annum aufs Doppelte gegen den absichtlichen Beschädiger in einer turba oder den Anstifter letzterer.

S. 248. 14. Si quis ius dicenti non obtemperavit.

Pönale Edictsklage intra utilem annum auf den Werth des Streitobjects wegen Widersetzlichkeit gegen den magistratus I.D.(iuri dicundo).

S. 249. 15. Widerrechtlichkeiten im Spielhause. (vgl. § 129.)

Klaglosigkeit des Spielhalters; Bestrafung des zum Spiel Nöthigenden.

S. 250. 16. Widerrechtliche absichtliche Eröffnung eines Testaments u.dgl.

Populare Strafklage nach dem Edict auf höchstens 100 aurei.

B. Vis. (vgl. *Bg* § 86.)

S. 251. A. Vi bonorum raptorum actio. (*Abr.II.§ 30 β.* cf.*Bg* § 86.)

Mixta in quadruplum veri rei pretii actio, binnen 1 utilis annus electiv neben anderen

---

47,9. vgl.*Paul.* De incendiariis 5,20. *Collat.12.*—*Donell.* Comm.XV.c.27.i.f. *Peck* De re naut.p.298...366. *U.690. He.332. Mü.447*.n°.2. *Gö.598*.n°.4. *Pu.375*.a.E.*381*. *Ar.324*.Anm.3. *Br.122*.a.E. *Rud.*R.R.G.II.§109.n°.3.—*Ulp.L.1.pr.D.h.t.* „Prætor ait IN EVM QVI EX INCENDIO, RVINA, NAVFRAGIO, RATE, NAVE EXPVGNATA QVID RAPVISSE, RECEPISSE DOLO MALO DAMNIVE QVID IN HIS REBVS DEDISSE DICETVR, IN QVADRVPLVM IN ANNO QVO PRIMVM DE EA RE EXPERIVNDI POTESTAS FVERIT, POST ANNVM IN SIMPLVM IVDICIVM DABO. ITEM IN SERVVM ET IN FAMILIAM IVDICIVM DABO“.

S. 247. *Paul.* De his quæ per turbam fiunt 5,3. *L.4.D.* Vi bon.raptorum et de turba *47,8.*—*K.394*.n°.II. *U.680. He.331. Mü.447*.n°.1. *Gö.598*.n°.3. *Pu.381*. *Ar.325*.n°.1. *Br.* u. *Rud.* ll.citt. — *Ulp.cit.L.4.pr.§3.D.h.t.* „Prætor ait CVIVS DOLO MALO IN TVRBA DAMNVM QVID FACTVM ESSE DICETVR, IN EVM IN ANNO QVO PRIMVM DE EA RE EXPERIVNDI POTESTAS FVERIT, IN DVPLVM, POST ANNVM IN SIMPLVM IVDICIVM DABO“. *§3.* Turbam autem ex quo numero admittimus?.. Enim vero si plures fuerunt, X aut XV homines, turba dicetur..“.

S. 248. *Dig.* Si quis ius dicenti non obtemperaverit 2,3.—*Voorda* in Oelrichs Thes. I.2. *Trendelenburg* ad D.h.t.Butzov.1765. *Glück* III.§ 217. *U.724. He.335. Mü.447.not.7. Gö.625*.n°.III.—*Ulp.L.un.§§ 2.3.D.h.t.* „Non solum autem reum qui non obtemperavit, hoc edicto teneri Labeo ait, verum etiam petitorem. hoc iudicium *non ad id quod interest, sed quanti ea res est* [s. *Bg* § *102 l.*], concluditur; et cum meram pœnam contineat, neque post annum, neque in heredem datur“.

S. 249. *Dig.* De aleatoribus *11,5.* cf.*Cod.3,43.* cf.ad § 129.citt. *Glück* XI.§§ 757...62. *Ulp.L.1.pr.D.h.t.* „Prætor ait SI QVIS EVM APVD QVEM ALEA LVSVM ESSE DICETVR, VERBERAVERIT DAMNVMVE EI DEDERIT SIVE QVID EO TEMPORE DOLO EIVS SVBTRACTVM EST, IVDICIVM NON DABO. IN EVM QVI ALEÆ LVDENDÆ CAVSA VIM INTVLERIT, VTI QVÆQVE RES ERIT ANIMADVERTAM“.

S. 250. *LL.3.§§ 18...29.25.§ 2.D.de SCto Silaniano et Claudiano, quorum testamenta ne aperiantur 29,5.* cf.Erbr.§ 47. *U.734*.n°.IV. *Sav.*Syst.III.S.393. *Ulp.cit.§ 18.* „Quod ad causam testamenti pertinens relictum erit ab eo qui occisus esse dicetur, id ne quis sciens dolo malo aperiendum, recitandum, describendumque curet, edicto cavetur, prius quam de ea familia quæstio ex SCto habita suppliciumque de noxiis sumptum fuerit“. *Gai.L.25.cit.* „...palam est autem popularem actionem esse, cuius pœna in 50 aureos ex bonis damnati extenditur, et inde partem dimidiam ei cuius opera convictus erit, præmii nomine se daturum prætor pollicetur, partem in publicum redacturum“. vgl. § 196.not.3.*a.*

S. 251. (*Cic.* pro Tullio und dazu *Sav.* in Ztsch.f.g.R.W.V.3. *Huschke* in Analecta litteraria.Lps.1826.n°.2.) *Gai.3,209.* (u.*Keller* Semestria, tom.III.) *Inst.* De vi bonorum

Delicts- oder reipersecutorischen Klagen, wegen böswilliger Beschädigung in einer Zusammenrottung oder wegen gewaltsamer Entwendung [1,2]. Unser 'Raub' ist nicht = vi bona rapta.

§. 252. B. Insbesondere
bei uns hinwegfallende Gerichtsverfaßungs-Einrichtungen:

1. De in ius vocando.

Pönalklage aus dem Edict oder körperliche Züchtigung.

2. Gewaltsame Zurückhaltung eines vor den Magistrat Geladenen.

Pönale in factum actio intra ut.ann. nach dem Edict auf den gerichtlich beanspruchten Betrag.

3. Gewaltsame Verhinderung, im Termine vor dem Judex zu erscheinen, erzeugt Interesseklage oder restitutorische Klage des Beschädigten.

---

raptorum *4,2*. Vi bonorum raptorum: *Dig.47,8*. *Cod.9,33*. c. paratitl. Cuiacii. *Donell.* Comm.XV.c.31. *B.134*. *K.394*. *U.689*. *He.330*. *Se.399*. *Mü.445*.a.E. *Gö.587.598*.n°.2. *Pu.384*. *Si.124*.S.747.f. *Rud.*R.R.G.II.§109.n°.2. [1]) *Ulp.L.2.pr.D.h.t.* „Prætor ait SI CVI DOLO MALO HOMINIBVS COACTIS DAMNI QVID FACTVM ESSE DICETVR SIVE CVIVS BONA RAPTA ESSE DICENTVR, IN EVM QVI ID FECISSE DICETVR, IVDICIVM DABO. ITEM SI SERVVS FECISSE DICETVR, IN DOMINVM IVDICIVM NOXALE DABO". cf.tot.*L.2*. [2]) cit.*L.2.i.f.* „..puto ideo prætorem non esse pollicitum in heredes in id quod ad eos pervenit, quia putavit sufficere condictionem".

§. 252. *Donell.* Comm.XV.c.28.§§6.7. *Glück* III.§§241.251. *U.726*.cf.*724*.f. *He.337*.f. *Mü.447.not.8*. *Gö.625*.n°.2. *Pu.379.384*. *Si.124*.S.742. *Ar.335*. *Br.118*.—*Dig.*Ne quis eum qui in ius vocabitur, vi eximat.2,7. cf.*Gai.4,46.183.187*. *§3.I.de pœna temere litigantium 4,16*. 1) De in ius vocando: *Dig.2,4*. *Cod.2,2*. *Dig.*Si quis in ius vocatus non ierit sive quis eum vocaverit quem ex edicto non debuerit 2,5. In ius vocati ut eant aut satis vel cautum dent 2,6. *Ulp.L.4.§1.D.de in ius voc.2,4*. „Prætor ait PARENTEM, PATRONVM PATRONAM, LIBEROS PARENTES PATRONI PATRONÆ IN IVS SINE PERMISSV MEO NE QVIS VOCET". *Mod.L.13.D.eod.* „Generaliter eas personas quibus reverentia præstanda est, sine iussu prætoris in ius vocare non possumus". *Ulp.L.24.eod.* „In eum qui adversus ea fecerit, L aureorum iudicium datur (cf.*Sav.*Syst.II.S.127.III.S.394.) [*Mod.L.25.eod.* „..vel a præfecto urbi quasi inofficiosus castigatur, si inopia dignoscitur laborare".]; quod nec heredi, nec in heredem, nec ultra annum datur". *Paul.L.11.D.eod.* „Quamvis non adiciat prætor CAVSA COGNITA se pœnale iudicium daturum, tamen Labeo ait moderandam iuris dictionem ...". 2) *Paul.L.4.§2.D.ne quis eum qui in ius vocabitur, vi eximat* „neve faciat dolo malo, quo magis eximeretur..". *Ulp.L.5.§§1...4.eod.* „In eum autem qui vi exemit, in factum iudicium datur, quo non id continetur quod in veritate est, sed quanti ea res est ab actore æstimata, de qua controversia est; hoc enim additum est, ut appareat, etiam si calumniator quis sit, tamen hanc pœnam eum persequi. *§2.* Docere autem debet quis per hanc exemptionem factum, quominus in ius produceretur; ceterum si nihilo minus productus est, cessat pœna, quoniam verba cum effectu sunt accipienda. *§3.* Hoc iudicium in factum est; et si plures deliquerint, in singulos dabitur: et nihilominus manet qui exemptus est obligatus. *§4.* Heredibus autem ita dabitur, si eorum intersit; neque autem in heredem, neque post annum dabitur". 3) *Dig.*De eo per quem factum erit quominus quis in iudicio sistat 2,10.cf.sq.tit. *Iul.L.3.pr.D.h.t.* „Ex hoc edicto adversus eum qui dolo fecit quominus quis in iudicium vocatus sistat, in factum actio competit quanti actoris interfuit eum sisti. in quo iudicio deducitur si quid amiserit actor ob eam rem, veluti si reus tempore dominium rei interim sibi adquirat aut actione liberatus fuerit. *§1.* Plane si is qui dolo fecit quominus in iudicio sistatur, solvendo non fuerit, æquum erit adversus ipsum

§. 253. O. Stellionatus.

Herleitung des Namens[1] dieses e.o. crimen[2]. Wann infamierend?[3]. Aus den Stellionatsfällen[4] sich ergebender, auch gemeinrechtlich giltiger Begriff.

B. Verletzung von Vermögensrechten durch andere Menschen oder Sachen, für welche man einstehen muß.

§. 254. I. Noxalklagen. (*Bg § 45 k. § 46 e. § 48 g. § 128.not.31.*)

Aus dem Begriffe der potestas über Menschen fließendes und mit diesem gemeinrechtlich

---

reum restitutoriam actionem competere, ne propter dolum alienum reus lucrum faciat et actor damno afficiatur".

§. 253. *Dig.*Stellionatus 47,20. *Cod.*De crimine stellionatus 9,34. cf.*Fest.*v.Stelionem. *Plin.* H.N. 30,10.27. auch 26,31.29,4. *Cuiac.* Paratitl. ad h.t. Obss.X.26. *Donell.* Comm.XVIII.c.8.§§24.25. Dissertt. üb. den Stellionat v. *Struf* Ien.1617. *Tabor* Arg.1649. *Harpprecht* Tub.1708. *v.Eck* Tr.ad Rh.1723. *Leyser* Vit.1733. *Bauer* Arg.1773. *Deutschländer* (*Seger*) Lps.1770. *Leyser* Medit. spec.557. *Kluppel* L.B.1807. *Madai* Hal.1832. *Sternberg* Marb.1838. und die Lehrbb. des Strafr. vgl. *Marezoll* bürg.Ehre S.134.f. 1) *Plin.* l.c. sagt von dem stelio, der lacerta gecko des Linné, „nullum animal fraudulentius invidere homini tradunt: inde Stelionum nomen aiunt in maledictum translatum". 2) *Pap.L.1.D.h.t.* „Actio stellionatus neque publicis iudiciis, neque privatis actionibus continetur" [„cum nec legitimum crimen sit". *L.3.§2.D.h.t.*] *Gord.L.3.C.h.t.* „Stellionatus accusatio inter crimina publica non habetur". *Ulp. L.3.D. de e.o.crim.47,11.* „Stellionatus vel expilatæ hereditatis iudicia accusationem quidem habent, sed non sunt publica". 3) *Id.L.13.§8.D.de his q.not.3,2.* „Crimen stellionatus infamiam irrogat damnato, quamvis publicum non est iudicium". *Id.L.2.D.h.t.* „Stellionatus iudicium famosum quidem non est, sed coercitionem extraordinariam habet". cf.*L.3.pr.D.h.t.* „Stellionatus accusatio ad præsidis cognitionem spectat". 4) *Id. L.3.eod.* „Stellionatum autem obici posse his qui dolo quid fecerunt, sciendum est, scilicet si aliud crimen non sit quod obiciatur: quod enim in privatis iudiciis est de dolo actio, hoc in criminibus stellionatus persecutio: ubicumque igitur titulus criminis deficit, illic stellionatus obiciemus; maxime autem in his locum habet, si quis forte rem alii obligatam dissimulata obligatione per calliditatem alii distraxerit vel permutaverit vel in solutum dederit [cf.C.Nap.2059. „stellionat" auch als doloses Benehmen in Beziehung auf Hypotheken, contrainte par corps nach sich ziehend.]: nam hæ omnes species stellionatum continent. sed et si quis merces supposuerit, vel obligatas averterit, vel si corruperit, æque stellionatus reus erit. item si quis imposturam fecerit vel collusionem in necem [d.h. zum gänzlichen Ruin in vermögensr. Hinsicht, nicht Lebensnachstellung, cf. *Dirksen* Manuale v. *Nex §2.*] alterius, stellionatus poterit postulari. et ut generaliter dixerim, deficiente titulo criminis hoc crimen locum habet, nec est opus species enumerare. *§2.* Pœna autem stellionatus nulla legitima est, cum nec legitimum crimen sit; solent autem ex hoc extra ordinem plecti; dum modo non debeat opus metalli hæc pœna in plebeis egredi; in his autem qui sunt in aliquo honore positi, ad tempus relegatio vel ab ordine motio remittenda est. *§3.* Qui merces suppressit, specialiter hoc crimine postulari potest". *Mod.L.4.eod.* „De periurio, si sua pignora esse quis in instrumento iuravit, crimen stellionatus fit, et ideo ad tempus exulat". cf.*LL.1.§2.16.§1.36.D.de pigneratic.actione 13,7. L.29.§5.D.mandati 17,2.* (cf.*L.43.pr.D.de furt.47,2.*) *L.9.§1.D.de statu lib.40,7. L.47.pr.D.de R.I.50,17.* cf. *L.3.§1.D.h.t. LL.1.2.4.C.h.t.11,34.*

§. 254. (XII tabb.XII.2. *Gothofr.*XII.4.) *Gai.4,75...81.* De noxalibus actionibus:

hinwegfallendes (I. §§ 22...24.) Wahlrecht des Gewalthabers, sein ius über sein Hauskind oder seinen Sclaven zu Gunsten des durch diesen Sohn oder Sclaven Beschädigten mittels Mancipation aufzugeben, oder den Schaden zu vergüten.

§. 255. II. Verbindlichkeit wegen Culpa unserer Untergebenen, gegründet auf das gesetzlich anerkannte officium oder munus der Eltern und Vormünder, das Vertragsverhältniß der Dienstherrschaften. Verantwortlichkeit wegen Delicten Untergebener.

III. Verbindlichkeiten der Schiffer, Wirthe und Stallwirthe.

§. 256. A. Nautæ, caupones, stabularii ut recepta restituant.

Grund der perpetua in factum actio gegen nautæ *etc.* auf Restitution der aufgenommenen Effecten. Klage des Wirths 2c. gegen den Delinquenten und Unzuläßigkeit der de recepto gegen Mitgäste 2c. Voraussetzungen und Natur dieser Klage. Beginn der Verantwortlichkeit, die durch einseitige Protestation nicht, wohl aber durch Uebereinkunft aufgehoben werden kann.

Inst.4,8. Dig.9,4. Cod.3,41. Dig. Si ex noxali causa agatur, quemadmodum caveatur *2,9.* Si familia furtum fecisse dicatur *47,6. Fest.* v. Noxia. *Zimmern* Syst. d. röm. Noxalk. Hdlb. 1818. *Donell.* Comm. XV. c. 51. §§ 2...7. *Glück* XI. §§ 712. f. *Gesterd.* Ausbeute VI. 2. n°. 4. *Hepp* Zurechn. S. 90. ff. *Schmidt* v. Ilm. Abhh. S. 39. ff. *Sav.* Syst. II. S. 427. f. *Rud.* R. R. G. II. § 58. not. 53. u. S. 316. *B. 136.* n°. 1. *138. K. 151. U. 209...13. He. IV. 74. Mü. 452. 573.* a. E. *Gö. 122.* n°. 1. a. E. *144.* n°. 6. *Pu. 393. Va. 689.* — *§ 7. I. h. t.* „..placuit in servos tantummodo noxales actiones esse proponendas, cum apud veteres .. invenimus sæpius dictum, ipsos filios familias pro suis delictis posse conveniri".

§. 255. [1]) *Puchta* sen. Ger. Kl. *§ 149. Gai. L. 25. § 7. D. locati 19,2.* „Qui .. conduxit .. ita id periculum præstat, si qua ipsius eorumque quorum opera uteretur, culpa acciderit..". [2]) *Paul. L. 20. i. f. D. de præscr. verb. 19,5.* „..certe culpam eorum quibus custodiendum perferendumve dederis, præstare te oportere Labeo ait. et puto præscriptis verbis actionem in hoc competere". [3]) z. B. *L. 1. § 13. D. de vi 43,16. L. 11. § 3. D. de iniur. 47,10.*

§. 256. *Donell.* Comm. XV. c. 43. §§ 10...12. *Glück* VI. §§ 485...94. *Kritz* Pandectenr. I. 2. S. 305...27. *B. 163. K. 359. U. 694...96. He. 339...42. Se. 405. Mü. 451. Gö. 661. 650. Pu. 314. 392. Ro. 502.* n°. 1. *Va. 648. Si. 120. Ar. 289. Br. 105.* a. E. — *Dig.* Nautæ, caupones, stabularii ut recepta restituant *4,9.* Dissertt. v. *Peck* de re naut. p. 1...68. *Lauterbach* Diss. acad. III. 105. *Liebhaber* Hann. 1747. *van der Muelen* Tr. ad Rh. 1777. *Hommel* Viteb. 1780. *Ulrich* ibid. 1787. *Wolters* üb. die a. de rec. Hamb. 1804. *Kind* Qu. for. III. qu. 24. ed. 2. *Müller* die de rec. a. und ihre Anw. auf Postanstalten. Lpz. 1835. *Funkhänel* Glauchau 1836. *Hagemann* Prakt. Erörtt. V. 45. „Verb. eines Gastwirths, bei welchem Fremde für eine bestimmte Summe .. einlogiert sind, für deren Effecten zu haften". *Struben* rechtl. Bedenken I. 71. *v. Zangen* Klage wid. einen Fuhrmann 2c. Gieß. 1798. *Mackeldey* a. de rec. contra aurigas .. s. speditores. Helmst. 1806. auch deutsch in *Barth* Diss. Saml. I. *Hagemann* Prakt. Erörtt. V. 46. „Ausdehnung der Verbindl. ex recepto auf Unternehmer der Packhäuser u. Waren-Niederlagen". [1]) *LL. 1. § 1-3. §§ 1. 2. 5. pr. 6. § 3. D. h. t. 4,9.* Ueber die Frage, ob Gastwirthe zur Abweisung der Reisenden berechtigt seien, s. *Ulp.* in *L. 1. § 4. D. 4,9.* u. *L. 1. § 6. D. 47,5.* in § 256*. not. 1. *Kæmmerer* Obss. iur. c. 2. *Zimmern* Noxalk. c. 10. *Huschke* in Krit. Ztsch. III. S. 24. f. *Schröter* i. Erl. Jahrb. XI. S. 3. *Guyet* Arch. f. c. Pr. XVI. S. 41. ff. Hall. Lit. Zeit. 1835. Sp. 588. *Madai* i. Ztsch. f. Civ. u. Pr. XVIII. 12., der wieder eine Antinomie in jenen Stellen Ulpians sieht. („nam *est in* ipsorum *arbitrio* ne quem recipiant [d. h. es steht ihnen frei, gar Niemanden — ne quem heißt nicht „irgendwen nicht" oder „Einen oder den Andren" — aufzunehmen, d. h. sie sind nicht gezwungen, Wirthe oder Schiffer zu sein; ist es Einer aber einmal, dann] nec repellere *potest* iter agentes" d. h. dann darf er auch nicht hindern, daß man bei ihm zum Einkehren 2c. eintrete. Ulp. unterscheidet deutlich zwischen dem Wirthschaftsgesinde,

§. 256*. B. Furti adversus nautas, caupones, stabularios.

Pönalklage in duplum gegen den Wirth ꝛc. (in simplum gegen Erben) wegen von seinen Leuten verübter Entwendungen ꝛc. von Effecten Reisender, die actio furti letzterer ausschließend. Anwendung der Bestimmungen dieses § auf andere Gewerbsleute?

§. 257. IV. Verbindlichkeiten wegen Thierschäden.

1) Pauperies. 2) Analoge Anwendung der de pauperie actio. 3) Beschädigungen durch

---

denen die habitandi causa in caupona sunt (oder den vectores im Schiffe), und den viatores oder iter agentes). Mißlungen ist die von *Pu.314.not.c.*, *Va.§648.*Anm.1. u. *Si.*(S. 693.not.) aus *Huschke* l.c. entlehnte Erklärung des 'potest', das Abweisen sei mit dem Wirthschaftsgewerbe nicht vereinbar, ein Wirth lebe von dem nonrepellere. 2) *Ulp. L.1.pr. D.h.t.* „Ait prætor NAVTÆ CAVPONES STABVLARII QVOD CVIVSQVE SALVVM FORE RECEPERINT, NISI RESTITVENT, IN EOS IVDICIVM DABO". 3) *LL.1.§§2...5.4.§1.5.pr.6.§3.7.pr.§§3...5.D.h.t.* 4) *LL.3.§§1.4.7.§6.eod.* 5) *L.3.§1.eod.* „..hoc edicto omnimodo qui recepit tenetur, etiamsi sine culpa eius res periit vel damnum datum est, nisi si quid damno fatali contingit..". *L.5.§1.eod.* 6) *LL.1.§§6.sqq.3.§2.4.§1.6.§§2.3.eod.* 7) *LL.1.§§2...5.3.§3.6.§1.7.pr.eod.* 8) *L.1.§§6...L.3.L.4.§§1.2.eod.* 9) *L.4.pr.eod. L.un.§1.D.furti adv.n.* 10) *LL.6.§2.* cf.*7.§2.D.h.t.* 11) *L.6.pr.D.eod.* 12) *LL.1.§§3.8.3.pr.eod.* 13) *LL.6.§3.7.pr.eod. L.un.§6.D.furti adv.naut.* 14) *L.3.§4.D.h.t.* 15) *L.7.§5.eod.* 16) *LL.3.§5.6.§4.eod. L.un.§3.D.furti adv.naut.* 17) *L.1.§8.* bis *L.3.pr.D.h.t.* 18) *L.7.pr.D.eod.* „..et consenserint vectores". Hiernach sind die Affichen des Gastwirths, daß er nur für das ihm zur Verwahrung Uebergebene haften wolle, zu beurtheilen.

§. 256*. *§3.I.de obll.quæ quasi ex del.nasc.4,5. Dig.*Furti adversus nautas, caupones, stabularios *47,5.* cf. *Zimmern* Noxalkl. *§§94...96.* und die oben (§256.) citt.Lehrbb. 1) *Ulp.L.un.D.h.t.* „In eos qui naves, cauponas, stabula exercebunt, si quid a quoquo eorum quosve ibi habebunt, furtum factum esse dicetur, iudicium datur, sive furtum ope consilio exercitoris factum sit sive eorum cuius qui in ea navi navigandi causa esset [der Schiffsmannschaft]. *§1.* Navigandi autem causa accipere debemus eos qui adhibentur, ut navis naviget, h.e. nautas. *§2.* Et est in duplum actio. *§3.* Cum enim in caupona vel in navi res perit, ex edicto prætoris obligatur exercitor navis vel caupo, ita ut in potestate sit eius cui res subrepta sit, utrum mallet cum exercitore honorario iure, an cum fure iure civili experiri. *§4.* Quodsi receperit salvum fore caupo vel nauta, furti actionem non dominus rei subreptæ, sed ipse habet qui recipiendo periculum custodiæ subit... *§6.* Caupo præstat factum eorum qui in ea caupona eius cauponæ exercendæ causa ibi sunt, item eorum qui habitandi causa ibi sunt; viatorum autem factum non præstat, namque viatorem sibi eligere caupo vel stabularius non videtur, nec repellere potest iter agentes [s.§256.not.1.], inhabitatores vero perpetuos ipse quodammodo eligit qui non reiecit, quorum factum oportet eum præstare. In navi quoque vectorum factum non præstatur". 2) *L.7.§6.D.naut.caup.* 3) *§4.* in not.1. *L.3.§5.D.naut.caup.* 4) *L.4.pr.D.eod.* 5) vgl. Code civ.1782.ff. C.de comm.98.ff.

§. 257. cf.ad §254.citt. u.*Paul.*Si quadrupes damnum intulerit *1,15.* (*L.Rom.Burgund.14.* De damnis animalium vel si quid per eos casu evenerit.). Si quadrupes pauperiem fecisse dicatur: *Inst.4,9. Dig.9,1. Donell.*Comm.XV.c.45. *Glück* X.§§ 691...97. *Puchta* sen.Ger.Kl.*§151. B.*ad §254.cit. *K.396. U.682.*f. *He.343.*f. *Se.430. Mü.452. Gö.664.628.*n°.1. *Ro.502.*n°.11. *Pu.*, *Va.* zu §254.cit. *Si.127.*S.791.ff. *Ar.327.* Diss.v.*Thomæ* Ff.1690. *von dem Busche* Lps.1729. *von der Marck* Ling.1781. *Didemann* Lps.1804. *Thibaut* Vers.II.8. *Zimmern, Gesterd.*ad §254.citt. *Casse* De damno ab animalib.dato.Havn. 1840. 1) *Ulp.L.1.pr.§§1...7.D.h.t.* „Si quadrupes pauperiem fecisse dicetur, actio ex

Hunde, 4) Actio de pastu pecoris. 5) In factum actio wegen Auffreßens auf nachbarlichen Grund hinübergefallener Baumfrüchte. 6) Bei Beschädigungen durch bestiæ fällt (nach römischem Recht) dem Eigenthümer nur etwa schlechte Hütung zur Last.

II. Schutz gegen gefährdende Vorrichtungen.

§. 258. I. Operis novi nuntiatio (O.N.N.).

Opus novum[1]. Nuntiant[2...10], Nuntiat[11]. Zeit und Art der Nuntiation[12...16]. Wirkung[17...21]. Erlöschungsgründe dieser Wirkung[22.25...33]. Heutige Behandlung[34].

---

lege xii tabularum [VIII.6. *Gothofr.*VII.1.] descendit; quæ lex voluit aut dari id quod nocuit, id est id animal quod noxiam commisit, aut æstimationem noxiæ offerri. (vgl. I.§ 87.not.8.) *§ 1.* *Noxia* autem est ipsum delictum. *§ 2.* Quæ actio ad omnes quadrupedes pertinet. *§ 3.* Ait prætor PAVPERIEM FECISSE. *Pauperies* est damnum sine iniuria facientis datum: nec enim potest animal iniuria fecisse, quod sensu caret. *§ 7.* Et generaliter hæc actio locum habet, quotiens contra naturam fera mota pauperiem dedit... *§ 11.* Cum arietes vel boves commisissent et alter alterum occidit, Q.Mucius distinxit, ut si quidem is perisset qui adgressus erat, cessaret actio, si is qui non provocaverat, competeret actio, quam ob rem eum sibi aut noxam sarcire aut in noxam dedere oportere". cf.*L.52.§2.D.ad L.Aquil.9,2. L.1.§15.eod.* u.oben § 223. not.7. [3]) *Paul.L.4.eod.* „Hæc actio utilis competit, et si non quadrupes, sed aliud animal pauperiem fecit". [3]) *Paul.S.R.*I.c.*§1.i.f.* „..quod etiam lege Pesulania de cane [et bipede *add.L.Rom.Burg.*] cavetur". cf. *Ulp.L.1.§5.D.si quadr.* vgl. *Bg § 74. not.5.* [4]) *L.9.§1.D.ad exh.10,4. L.6.C.ad L.Aq.3,35.* Kein Pfändungsrecht, wie nach german.Rechtsgewohnheit: *L.39.§1.D.ad L.Aquil.9,2.* s.ob.I.§144. [5]) *Ulp.L.14.§3.D.de præscr.verb.19,5.* „Si glans ex arbore tua in meum fundum cadat eamque ego immisso pecore depascam, Aristo scribit non sibi occurrere legitimam actionem qua experiri possim; nam neque ex lege xii tabularum [VIII.7. *Gothofr.*VII.5.] de pastu pecoris, quia non in tuo pascitur, neque de pauperie, neque de damni iniuriæ agi posse: in factum itaque erit agendum". cf.§ 219.A. [6]) *Ulp.L.1.§10.D.h.t.* „In bestiis autem propter naturalem feritatem hæc actio locum non habet, et ideo si ursus fugit et sic nocuit, non potest quondam dominus conveniri, quia desinit dominus esse, ubi fera evasit; et ideo et si eum occidi, meum corpus est". s.unten § 270.

§. 258. *Lex Rubria c.19. Dig.*De O.N.N.39,*1.* De N.O.N.: *Cod.8,11.* [*L.14.C.de ædif. priv.8,10.*] *X.5,32. Dig.*De remissionibus *43,25*[*24*]. *Donell.*Comm.XV.c.46. *Duaren.*Opp. p.583. *M.de Valentia* ill.iur.tractat.II.1. *Masii* sing.opinion.Lovan.1641.lib.4.c.13.lib.5. c.4. *Mylius* D.usum doctrinæ de O.N.N.in Germ.sistens.Lps.1741. *Püttmann* Probabb.lib. I.c.20. *du Roi* de iactu lapilli Helmst.1748. *Westphal* Interpp.iur.civ.II.c.13. *Kammerer* de O.N.N.Hdlb.1807. *Reinhardt* Verm.Aufs.II.21. *G.Hasse* im Rh.Mus.f.Jpdz.III.S. 579...630. *Wiederhold* das int.Uti p.und die N.O.N.Hanau 1831. *Puchta* sen. Ger.Kl.*§155.* *Schmidt* v.Ilm.Abhh.S.26.ff. *Bachofen* Pfdr.I. n°.IV.§§ 2.ff. n°.XIII.§§ 9.f. *Heimbach* v.Op. n.nunc. in Weiske VII. *Schmidt* v.Ilm. Verfahren bei der O.N.N. in Ztsch. f. Civ. u. Pr. N.F. VIII.n°.II. *Rudorff* Nuntiationsverfahren, in Lpz.Jahrb.d.gem.R.IV.3. und *Schmidt* ebendas. IV.7. *Zimmermann* O.N.N.u.Interd.q.vi aut cl.Arch.f.civ.Pr.XXXVII.n°.IX. *K.218..21. U. 391...96. He.276...79. Se.419.f. Mü.461. Gü.616.f. Pu.396. Ro.492. Va.676. Si.124.*S. 760.ff. *Ar.330. Br.66.* [1]) *Ulp.L.1.§§11.12.D.h.t.* „Opus novum facere videtur qui aut ædificando aut detrahendo aliquid pristinam faciem operis mutat. *§.* Hoc autem edictum non omnia opera complectitur, sed ea sola quæ solo coniuncta sunt, quorum ædificatio vel demolitio videtur opus novum continere...". *§ 1.* cf. *L.8.§1.eod.* Ueber die Anordnung der O.N.N., der cautio damni inf. u.der aq.pluv.arc.a. im Edict s.*Rudorff* l.c.S.125.f. [2]) Gründe und Zweck der Nuntiation bezeichnet *Ulp. L.1.§§ 16.sqq.D.eod.* „Nuntiatio fit aut iuris nostri conservandi causa, aut damni depellendi, aut publici iuris tuendi gratia. Nuntiamus autem quia ius aliquod prohibendi habemus...". *Ulp. L.un.§3.D.de remiss.* „Ius habet O.N. nuntiandi qui aut dominium aut servitutem habet". cf.not.4. Gegen Miteigenthümer bedient er sich Interdicts oder der comm.div.actio: *L.3.§§1.2.D.h.t.* [3]) cf.*Paul.L.136.D.de R.I.* „Bona fides tantundem possidenti præstat quantum veritas, quotiens lex impedimento non est". [4]) cit.*L.un.§3.* mit *Ulp.L.15. D.de S.P.U.8,2.* „...quod cumque igitur faciat ad luminis impedimentum, prohibere potest, si servitus debeatur, opusque ei novum nuntiari potest, si modo sic faciat, ut lumini noceat". *Ulp.L.6.§7.D.si serv.vind.8,5.* „Parietem autem meliorem quidem quam in servitute impositum est, facere licet; deteriorem si facit, aut per hanc actionem [*negatoriam*] aut per O.N.N-em prohibetur". *Afr.L.15.D.h.t.* s.II.§ 52.not.3. [5]) *Iul. L.14.D.h.t.* „Qui viam habet si opus novum nuntiaverit adversus eum qui in via ædificat, nihil agit, sed servitutem vindicare non prohibetur". cf.*L.2.D.h.t.* [6]) *LL.1. §§ 3.20.2.D.eod. Ulp.L.un. § 4.D.de remiss.* „...Iuliano placet fructuario vindicandarum servitutium ius esse [cf.*paulo infra, et supra* § 80.not.3.]; secundum quod opus novum nuntiare poterit vicino, et remissio utilis erit; ipsi autem domino prædii si nuntiaverit, remissio inutilis erit: neque sicut adversus vicinum, ita adversus dominum agere potest *ius ei non esse invito se altius ædificare;* sed si hoc facto usus fructus deterior fiat, petere usum fructum debebit. Idem Iulianus dicit de ceteris quibus aliqua servitus a vicino debetur". cf.*LL.1.§3.5.§18.7.i.f.13.pr.D.h.t.* Die nicht zur O.N.N. berechtigten Servitutinhaber vindiciren im Bedrohungsfalle ihre Servitut, klagen confessorisch. [7]) *Ulp.L.3.§ 3. D.h.t.* „Si ego superficiarius sim et opus novum fiat a vicino, an possim nuntiare? Movet quod quasi inquilinus sum. sed prætor mihi utilem in rem actionem dat, et ideo et servitutium causa actio mihi dabitur et O.N.N. debeat mihi concedi". [8]) *Gai.L.9.eod.* „Creditori cui pignoris nomine prædium tenetur, permittendum est de iure, i.e. de servitute, O.N. nuntiare: nam ei vindicatio servitutis datur". [9]) *Ulp.L.1.§ 16.D.h.t.* in not.1. *Id.L.3.§4.eod.* „Si in publico fiat, omnes cives opus novum nuntiare possunt". *Paul.L.4.eod.* „nam rei p. interest quam plurimos ad defendendam suam causam admittere". [10]) *LL.5.§18.13.pr.D.eod.* [11]) *LL.5.§§1. 3.5.10.D.eod.* [12]) *Ulp.L.1.§4.eod.* „Item nuntiatio omnibus diebus fieri potest". [13]) *LL. 5.§§2.5.7.8.10.11.eod.* [14]) *L.5.§15.eod.* [15]) *L.1.§2.eod. Rudorff* l.c.S.127.ff. [16]) *Ulp.L. 5.§10.eod.* „Meminisse autem oportebit, quotiens quis in nostro ædificare vel in nostrum inmittere vel proicere vult, melius esse eum per prætorem vel per manum, i.e. lapilli ictum, prohibere, quam operis novi nuntiatione...". *Püttmann* Probabilium c.20. 'N.O.Nuntiationem omnem verbalem, realem .... σιδηρόξυλον esse'. [17]) *LL.1.pr.8.i.f. 23.eod. L.3.§3.D.de al.iud.mut.c.4,7.* [18]) *L.5.§§11...13.D.h.t.* [19]) *LL.8.§3.20.§§ 5.9. 14.eod. L.un.C.eod. Rudorff* l.c.S.143.ff. [20]) *Ulp.L.20.pr.D.eod.* „Prætor ait QVEM IN LOCVM NVNTIATVM EST NE QVID OPERIS NOVI FIERET, QVA DE RE AGITVR, QVOD IN EO LOCO, ANTE QVAM NVNTIATIO MISSA FIERET AVT IN EA CAVSA ESSET VT REMITTI DEBERET, FACTVM EST, ID RESTITVAS". *LL.22.23.eod. L.3.§ 3.D.de alienat.iud.mut.4,7. Rudorff* l.c.S.131.ff. [21]) *Ulp.L.7.§ 2.D.quod vi aut cl.43,24.* „Ait Iulianus, qui ante remissionem nuntiationis contra quam prohibitus fuerit, opus fecerit, duobus interdictis tenebitur, uno quod ex operis novi nuntiatione competit, altero quod vi aut clam. remissione autem facta intellegendus non erit vi aut clam facere, quamvis prohibeatur: licere enim debet ædificare ei qui satis dederit, cum possessor hoc ipso constituatur...". [22]) *Ulp.L.20.cit.§ 9.* „Deinde ait prætor QVEM IN LOCVM NVNTIATVM EST NE QVID OPERIS NOVI FIERET, QVA DE RE AGITVR, SI DE EA RE SATIS DATVM EST,

§. 259. II. Interdictum QVOD VI AVT CLAM. (*Abr.III.§54.*)
Auf Wiederherstellung und Interesse gegen den, welcher vi aut clam auf einem Immobile ein opus novum gemacht[1...4]. Verbotseinlegung[5.6]. Impetrant[7.8]; Impetrat[9]. Wegfallen des Verbots[10...14]. Unterschied des Interdicts und der O.N.N.[15].

§. 260. III. Aquæ pluviæ arcendæ actio. (*Bg§120 d.*)
Auf Hinderung oder Wiederaufhebung den natürlichen Abfluß des Regenwaßers zum Nach-

---

QVOD EIVS CAVTVM SIT AVT PER TE STAT QVOMINVS SATIS DETVR, QVOMINVS ILLI IN EO LOCO OPVS FACERE LICEAT, VIM FIERI VETO". *§5.eod. LL.5.§17.20.§§13.14.eod. Rudorff* l.c.S.147.f. [23]) *LL.1.pr.§7.20.§§1...4.11.D.eod.* [24]) *L.22.D.h.t.* [25]) *L.un.C.h.t.* cf. *c.ult.X.h.t.5,32.* [26]) *L.8.§6.D.eod.* [27]) *L.1.§10.eod.* [28]) *L.7.§14.D.de pact.2,14.* [29]) *Ulp.L.un.D.de remiss.* „Ait prætor QVOD IVS SIT ILLI PROHIBERE, NE SE INVITO FIAT, IN EO NVNTIATIO TENEAT. CETERVM NVNTIATIONEM MISSAM FACIO [facito. *Hal.*]". *§2.* „..remissio facta hoc tantum remittit, in quo non tenuit nuntiatio. plane si satis datum est, (et) exinde remissio facta est, non est necessaria remissio". s.nun aber not.25. *Rudorff* l.c. S.137.ff. [30]) *Ulp.L.1.§9.D.de O.N.N.* „Et post O.N.N. committunt se litigatores prætoriæ iuris dictioni". [31]) *L.5.§14.eod.* [32]) *LL.1.§6.5.§10.eod.* [33]) *L.19.eod. Rudorff* l.c.S. 148. [34]) *Stryk* Us.mod.h.t.§4. *Leyser* Med.sp.426.medd.1.5...7.9. *Wiederhold* l.c.S.117.ff.

§. 259. (*Cic.*pro Tull.53. c.*Huschkii* Anall.p.174...79.) *Dig.* Quod vi aut clam 43, 24[23]. *Donell.* Comm.XV.c.35. *Westphal* Interpp.iur.civ.II.c.14. *Puchta* sen. Ger.Kl.§ 156. *Sav.*Syst.II.S.125.f. *U.397...99. He.280...82. Se.421. Mü.462. Gö.618.f. Pu.386. Va.677. Si.124.*S.755.ff. *Ar.329. Br.66. G.Hasse* i.Rh.Mus.f.Jpdz.IV.1. *Francke* i.Arch. f.c.Pr.XXII.4. [tumultuarisch ganz verschiedne Rechtsmittel durcheinander werfend.] *Mayer* de int.Q.vi aut cl.Lps.1838. *Schmidt* in Ztsch.f.Civ.u.Pr.1845.n°.7. *Heimbach* in Weisk.V. S.607...15. *Zimmermann* i.Arch.f.civ.Pr.XLI.7. [1]) *Ulp. L.1.pr...§5.D.h.t.* „Prætor ait QVOD VI AVT CLAM FACTVM EST, QVA DE RE AGITVR, ID CVM EXPERIVNDI POTESTAS EST, RESTITVAS. *§1.* Hoc interdictum restitutorium est; et per hoc occursum est calliditati eorum qui vi aut clam [s.not.4.] quædam moliuntur; iubentur enim ea restituere. [2]) *§2.* Et parvi refert utrum ius habuerit faciendi an non; sive enim ius habuit sive non, tamen tenetur interdicto propter quod vi aut clam fecit: tueri enim ius suum debuit, non iniuriam comminisci. *§3.* Denique est quæsitum an hoc interdicto utenti exceptionem possit obicere, quod non iure meo receperim: et magis est, ne possit; nam adversus vim vel quod clam factum est, nulla iusta exceptione se tueri potest. [3]) *§4.* Hoc interdictum ad ea sola opera pertinet, quæcumque in solo vi aut clam fiunt. (*LL.7.§§5.7.sqq.8.11.pr.20.§5.D.h.t.*) [4]) *§5.* Quid sit vi factum vel clam factum videamus. vi factum videri Q.Mucius scripsit, si quis contra quam prohiberetur, fecerit; et mihi videtur plena esse Q.Mucii definitio". *Q.Muc.L.73.§2.D.de R.I.* „*Vi factum* id videtur esse qua de re quis, cum prohibe(re)tur, fecit, *clam* quod quisque, cum controversiam haberet habiturumve se putaret, fecit[4]. cf.*LL.2.3.pr.§1. 20.pr.§1.D.h.t.* Clandestinität: *LL.1.§7.3.§§7.8.4.eod.* [5]) s.§258.nott.21.16. [6]) *LL.1. §§6.7.3.pr.20.§1.D.h.t.* [7]) *L.11.§§14.9.sqq.eod.* [8]) s.§120. [9]) not.1. *LL.7.pr.14.15. pr.16.§2.D.h.t.* [10]) *L.15.§§3...6.eod. L.4.D.de interdictis 43,1.* [11]) *LL.1.§9.3.§§1.2.20.§2. D.h.t.* [12]) *LL.3.§5.7.§§2.4.eod.* [13]) *cit.L.7.§4.* [14]) *LL.7.§3.22.§2.D.h.t.* [15]) §258.not.25.

§. 260. *Dig.*De aqua et aquæ pluviæ arcendæ 39,3. (*Cic.*Top.9. Scrr.rei agrar.sp. Goes.p.43.62.74. ed.Lachm.p.23.sq.36.57.sq.) *Donell.*Comm.XV.c.48. *Cuiac.*Obss.XXIII. 17. *Faber* de err.pragm.dec.93.n°.7. *Westphal* l.c. c.15. *Winckler* de act.aq.pl.arc.Lips. 1780. *Schneider* i.Ztsch.f.Civ.u.Pr.V.22. *Gesterd.* Arch.f.c.Pr.III.5.u.Ausb.V.1. *Schmidt* v. Ilm.Civ.Abhh.I.S.91.ff.37.ff. *Sav.*Syst.III.S.252.364.IV.S.487.ff. *K.222. U.407...9. He.*

theil eines angränzenden rustici prædii ändernden opus manu factum, und auf Schadensersatz gerichtet. Analoge Anwendung bei casuellen Hindernissen. Beklagter. Auch Privatübereinkunft oder Bestellung einer Servitut kann zu einem opus der bezeichneten Art berechtigen.

Zweiter Titel. Mittelbare, d.h. wegen Rechtswidrigkeiten in Beziehung auf Staats- und Religions-Einrichtungen begründete Schuldverhältnisse.

Erste Klasse. Prohibitorische Interdicte zum Schutz der Benutzung und Herstellung nichtprivater Gegenstände *).

Die Interdicte zum Schutze religiöser oder anderer öffentlicher Interessen, theils prohibitorische, theils auch restitutorische, waren popularia; vorzugsweise aber wurde der durch die zu verbietende Handlung Beeinträchtigte oder Gefährdete zur Anstellung zugelaßen. Nach unserem Rechte treten policeiliche und strafrechtliche Mittel an deren Stelle.

§. 261. I. Ne quid in loco sacro fiat. (*Abr.III.§ 51.*)
Prohibitorisch[1] und restitutorisch[2]; gegen Verunstaltung eines sacer locus, analog auch auf res sanctæ angewandt[3].

---

*383...85. Se.422. Mü.458. Gö.620.*f. *Pu.395. Ro.493. Si.*I.S.476. *Ar.331. Br.65.* — XII tabb. [VII.9. *Gothofr.*VIII.9.] SI AQVA PLVVIA NOCET f.*Bg §120.not.7. Ulp.L.1.pr.§1.D.h.t.* „Si cui aqua pluvia damnum dabit, actione aquæ pluviæ arcendæ avertetur aqua. *Aquam pluviam* dicimus quæ de cælo cadit atque imbre excrescit, sive per se hæc aqua cælestis noceat, ut Tubero ait, sive cum alia mixta sit. *§1.* Hæc autem actio locum habet in damno nondum facto, opere tamen iam facto, hoc est de eo ópere, ex quo damnum timetur; totiensque locum habet, quotiens manu facto opere agro aqua nocitura est, id est cum quis manu fecerit, quo aliter flueret quam natura soleret, si forte immittendo eam aut maiorem fecerit aut citatiorem aut vehementiorem, aut si comprimendo redundare effecit. quod si natura aqua noceret, ea actione non continetur“. *Paul.L.2.pr.eod.* „In summa tria sunt, per quæ inferior locus superiori servit, lex, natura loci, vetustas, quæ semper pro lege habetur, minuendarum scilicet litium causa“. *§ 10.eod.* „Illud etiam verum esse puto quod Ofilius scribit, si fundus tuus vicino serviat, cessare aquæ pluviæ arcendæ actionem, sic tamen si non ultra modum noceat. cui consequens est quod Labeo putat, si quis vicino cesserit ius ei esse aquam immittere, aquæ pluviæ arcendæ eum agere non posse“. *Pomp.L.19.D.h.t.* „Labeo ait, si patiente vicino opus faciam, ex quo ei aqua pluvia noceat, non teneri me actione aquæ pluviæ arcendæ“. *cf.L.29.D.de S.P.U.8,2. Ulp. L.8.D.h.t.* „In concedendo iure aquæ ducendæ non tantum eorum, in quorum loco aqua oritur, verum eorum etiam, ad quos eius aquæ usus pertinet, voluntas exquiritur, id est eorum quibus servitus aquæ debebatur: nec immerito: cum enim minuitur ius eorum, consequens fuit exquiri an consentiant. et generaliter sive in corpore sive in iure loci, ubi aqua oritur, vel in ipsa aqua habeat quis ius, voluntatem eius esse spectandam placet“. *LL.2...7.11.18.22.23.D.h.t.*

*) *cf.Bg §§ 69...71. Puchta* sen.Ger.Kl.§§165.ff. *Heimbach* v.Interd.in Weiske V. *U. 364.n°.1.4.382.400...6.412.415.419. He.289...96.* (*Mü.214...18.*) *Gö.635. Pu.35*a. *Ro.203. Rud.353. Va.674. Si.40.*n°.3. *Ar.332. Br.120.*a.E. — *Pomp. L.1.D. de locis et itineribus publicis 43,7.* „Cui libet in publicum petere permittendum est id quod ad usum omnium pertineat..; et ideo quo libet postulante de his interdicitur“.

§. 261. *Dig.*Ne quid in loco sacro fiat *43,6.* f.*Bg §69. Westphal* Interpp.iur.civ. II.c.17. [1]) *Ulp. L.1. D.h.t.* „Ait prætor IN LOCO SACRO FACERE INVE EVM IMMITTERE QVID VETO. *§1.* Hoc int. de sacro loco, non de sacrario competit. *§2.* ..non ad hoc pertinet quod ornamenti causa fit, sed quod deformitatis vel incommodi“. [2]) *Ulp.*

II. Bei res publicæ. (*Abr. III. § 52.*)

§. 262. A. Loca publica:

A. Ne quid in loco publico fiat.

Prohibitorisch gegen Verderbung öffentlicher (Staats- oder Gemeinde-, nicht auch fiscalischer) Plätze. Utiliter auch gegen Privatbenachtheiligung durch unfügliche Behandlung öffentlicher Orte. Auch Entschädigungsklagen, Q.N.N. oder Interd. QVOD VI AVT CLAM Benachtheiligter.

B. De loco publico fruendo.

Prohibitorisch zu Gunsten d. Gebrauchsrechts an erpachteten Staats- od. Gemeinde-Grundstücken.

§. 263. B. Oeffentlichen Wegen:

A. Zum Schutze des Gebrauches.

Prohibitorisch gegen hinderliche Anlagen an oder auf öffentlichen Wegen oder Landstraßen [1] und restitutorisch gegen den Inhaber [2]. Die Wege in der Stadt standen unter den Aedilen [3]. Prohibitorisches Interdict gegen jede Behinderung des Gebrauchs öffentlicher Wege [4].

B. Zum Schutze der Reparatur.

Prohibitorisch auf das Interesse des Impetranten gegen Verhinderung der Instandhaltung, Herstellung der gehörigen Höhe, Breite und Wölbung öffentlicher Wege (aperire et purgare).

L. 2. § 19. D. neq. in loco publ. 43,8. „...in loco enim sacro non solum facere vetamur, sed et factum restituere iubemur: hoc propter religionem". [3]) *Herm. L. 2. eod.* „In muris, itemque portis et aliis sanctis locis aliquid facere, ex quo damnum aut incommodum irrogetur, non permittitur".

§. 262. A) *Dig.* Ne quid in loco publico vel itinere fiat *43,8.* *Otto* de tutela viar. Tr. ad Rh. 1781. p. 3. c. 8. *Westphal* l. c. *Reinhard* i. Arch. f. c. Pr. XXXII. 8. — *Ulp. L. 2. h. t.* „Prætor ait NE QVID IN LOCO PVBLICO FACIAS INVE EVM LOCVM IMMITTAS, QVA EX RE QVID ILLI DAMNI DETVR, PRÆTER QVAM QVO [QVOD *Hal. Vulg.*] LEGE SENATVS CONSVLTO EDICTO DECRETOVE PRINCIPVM TIBI CONCESSVM EST. DE EO QVOD FACTVM ERIT, INTERDICTVM NON DABO". cf. *§§ 1...19.* und *L. 7. eod.* cf. *L. 50. D. de A. R. D. 41,1.*

B) *Dig.* De loco publico fruendo *43,9.* *Ulp. L. 1. pr. D. h. t.* „Prætor ait QVO MINVS LOCO PVBLICO QVEM IS CVI LOCANDI IVS FVERIT, FRVENDVM ALICVI LOCAVIT, EI QVI CONDVXIT SOCIOVE EIVS E LEGE LOCATIONIS FRVI LICEAT, VIM FIERI VETO". s. auch *L. 13. § 7. D. 47,10.* in § 264. not. *f.* cf. Interd. de superficiebus § 228. n°. 1. ibiq. citt. ll.

§. 263. A) *Dig. 43,8.* ad § 262. cit. u. De via publica s. not. 3. [1]) *Ulp. L. 2. § 20. (...34.) D. neq. in loco p. 43,8.* „Ait prætor IN VIA PVBLICA ITINEREVE PVBLICO FACERE IMMITTERE QVID, QVO EA VIA IDVE ITER DETERIVS SIT, FIAT, VETO". [2]) *§ 35. (...44.) eod.* „Prætor ait QVOD IN VIA PVBLICA ITINEREVE PVBLICO FACTVM IMMISSVM HABES, QVO EA VIA IDVE ITER DETERIVS SIT, FIAT, RESTITVAS ...". *§ 37.* „...non is tenetur qui in via publica aliquid fecit, sed is qui factum habet". *§ 39. eod.* „...Ofilius putat eum qui pro derelicto reliquit id opus quod fecit, si viam publicam corrupit et reliquit, non teneri hoc interdicto: non enim habet quod fecit: sed an in eum actio debeat dari videbimus. et puto utile interdictum competere, ut quod in via publica ædificavit, restituat". *Schmidt* v. Ilm. Abhh. S. 30. f. [3]) *cit. § 24.* und *Dig.* De via publica et si quid in ea factum esse dicatur *43,10.* [in manchen Ausgg. auch den f. Titel umfaßend mit dem Zusatze: et de ea ex edicto ædilium curulium a singulis reficienda.] vgl. die L. Iulia municipalis v. 20...72. (*Bg § 13. not. 10.*) *Otto* l. c. [4]) *cit. § 45.* und *L. 2. D. 43,8.* „Prætor ait QVO MINVS ILLI VIA PVBLICA ITINEREVE PVBLICO IRE AGERE LICEAT, VIM FIERI VETO".

B) *Dig.* De via publica et itinere publico reficiendo *43,11.* [*10.* s. not. 3.] cf. *Th. C.* De itinere muniendo *15,3.* *Ulp. L. 1. pr. D. h. t.* „Prætor ait QVO MINVS ILLI VIAM PVBLICAM ITERVE PVBLICVM APERIRE REFICERE LICEAT, DVM NE EA VIA IDVE ITER DETERIVS FIAT,

§. 264. C. Oeffentlichen Gewäßern:

A. zum Schutze der Schiffahrt, Tränke (und Fischerei?).

a) Prohibitorisch und b) restitutorisch gegen Erschwerungen der Schiffahrt auf öffentlichem Fluß durch Anlagen in ihm oder auf seinen Ufern; c) prohibitorisch wegen Meerfahrt und d) utile wegen nichtschiffbarer öffentlicher Flüße; e) prohibitorisch auch wegen Hinderung des Befahrens öffentlicher Gewäßer, Landens rc. und f) wegen Behinderung des Viehtränkens daselbst, und g) utile zu Gunsten des Pächters der Fischerei in öffentlichen Gewäßern. Dagegen h) Injurienklage wegen Behinderung in Ausübung einer jedem zuständigen Befugniß.

B. gegen Aenderung des Laufs öffentlicher Flüße

im Verhältnisse zu dem des vorhergehenden Sommers geht ein populares a) prohibitorisches und b) restitutorisches Interdict.

C. zum Schutze der Uferbeßerung

wird dem a) an einen öffentlichen Fluß oder b) an ein öffentliches stehendes Gewäßer Angränzenden gegen Caution ein prohibitorisches Interdict gegeben.

VIM FIERI VETO". *§ 3.eod.* „Interdictum hoc perpetuo dabitur et omnibus et in omnes, et habet condemnationem in id quod actoris intererit". cf.*Otto* de tut.viar.publ.part.III.c.8.

§. 264. *Dig.*De fluminibus, ne quid in flumine publico ripave eius fiat, quo peius navigetur *43,12*[*11*]. Ne quid in flumine publico fiat, quo aliter aqua fluat, atque uti priore æstate fluxit *43,13*[*12*]. Ut in flumine publ.navig.liceat *43,14*[*13*]. De ripa munienda *43,15*[*14*].

A) a) *Ulp.L.1.pr.D. de fluminib.* „Ait prætor NE QVID IN FLVMINE PVBLICO RIPAVE EIVS FACIAS, NE QVID IN FLVMINE PVBLICO NEVE IN RIPA EIVS IMMITTAS, QVO STATIO ITERVE NAVIGIO DETERIOR SIT, FIAT". b) *§19.eod.* „Deinde ait prætor QVOD IN FLVMINE PVBLICO RIPAVE EIVS FIAT, SIVE QVID IN ID FLVMEN RIPAMVE EIVS IMMISSVM HABES, QVO STATIO ITERVE NAVIGIO DETERIOR SIT, FIAT, RESTITVAS". c) *§17.eod.* „Si in mari aliquid fiat, Labeo ait competere tale interdictum NE QVID IN MARI, INVE LITORE, QVO PORTVS, STATIO, ITERVE NAVIGIO DETERIVS FIAT". *Schmidt* v.Ilm. l.c.S.31. d) *§12.eod.* e) *Ulp.L.1.pr.(...§6.) D.ut in flum.publ.* „Prætor ait QVO MINVS ILLI IN FLVMINE PVBLICO NAVEM RATEM AGERE, QVOVE MINVS PER RIPAM ONERARE EXONERARE LICEAT, VIM FIERI VETO. ITEM VT PER LACVM FOSSAM STAGNVM PVBLICVM NAVIGARE LICEAT, INTERDICAM". f) *§ 8.eod.* „..NE CVI VIS FIAT QVO MINVS PECVS AD FLVMEN PVBLICVM RIPAMVE FLVMINIS PVBLICI ADPELLETVR". *Ulp.L.13.§7.D.de iniur.47,10.* „Si quis me prohibeat in mari piscari vel everriculum, quod Græce *σαγήνη* dicitur, ducere, an iniuriarum iudicio eum possim convenire? Sunt qui putant iniuriarum me posse agere, et ita Pomponius. et plerique, esse huic similem eum qui in publicum lavare vel in cavea publica sedere vel in quo alio loco agere, sedere, conversari non patiatur, aut si quis re mea uti me non permittat: nam et hic iniuriarum conveniri potest..". g) *cit.L.1.§7.* „Publicano plane qui lacum vel stagnum conduxit, si piscari prohibeatur, utile interdictum competere ... ergo et si a municipibus conductum habeat..". s.§ 262 B. *cit.L.13.§7.D.47,10.* h) *Ulp.L.2.§9.D.neq.in loc p.43,8.* „Si quis in mari piscari aut navigare prohibeatur, non habebit interdictum, quem ad modum nec is qui in campo publico ludere vel in publico balineo lavare aut in theatro spectare arceatur: sed in omnibus his casibus iniuriarum actione utendum est". *cit.L.13.§7.* in not.f. *L.14.eod.*

B) *Dig.43,13*[*12*].*cit.* a) *Ulp.L.1.pr.(...§10.)D.h.t.* „Ait prætor IN FLVMINE PVBLICO INVE RIPA EIVS FACERE AVT IN ID FLVMEN RIPAMVE EIVS IMMITTERE, QVO ALITER AQVA FLVAT QVAM PRIORE ÆSTATE FLVXIT, VETO". b) *§11.(...13.)eod.* „Deinde ait prætor QVOD IN FLVMINE PVBLICO RIPAVE EIVS FACTVM SIVE QVID IN FLVMEN RIPAMVE EIVS IMMISSVM HABES, SI OB ID ALITER AQVA FLVIT ATQVE VTI PRIORE ÆSTATE FLVXIT, RESTITVAS". *Schmidt* v.Ilm.l.c.S.31.

C) *Dig.43,15*[*14*].*cit.* a) *Ulp.L.1.pr.(...§5.) D.de ripa mun.* „Prætor ait QVO MINVS

§. 265. D. Oeffentlichen Waßerleitungen. (vgl. § 227.)

Das prohibitorische Interdict de rivis zum Schutz der Ausbeßerung und Reinigung von Waßerleitungs-Röhren und Rinnen (§ 230.B.2.) gieng auch auf öffentliche Waßerleitungen. Zum Schutz des privaten Rechts an öff. Waßerleitung galt das petitorische Interdict. § 227.

§. 266. E. Oeffentlichen Cloaken:

A. Restitutorisch und prohibitorisch zum Schutze des Gebrauchs bestehender öffentlicher Cloaken. B. Prohibitorisch zum Schutze der Reparatur und Errichtung.

Zweite Klasse. Verletzung religiöser und öffentlicher Gegenstände.

§. 267. I. Verletzung von Grabmälern.

Infamierende in factum actio wegen sepulchrum violatum auf eine angemeßene Summe, oder Popularklage auf bestimmte Summen, oder accusatio wegen des e.o. crimen. Jetzt Schadensersatzklagen und nach Beschaffenheit des Delicts öffentliche Strafe.

ILLI IN FLVMINE PVBLICO RIPAVE EIVS OPVS FACERE RIPÆ AGRIVE QVI CIRCA RIPAM EST TVENDI CAVSA LICEAT, DVM NE OB ID NAVIGATIO DETERIOR FIAT, SI TIBI DAMNI INFECTI IN ANNOS DECEM VIRI BONI ARBITRATV VEL CAVTVM VEL SATIS DATVM EST AVT PER ILLVM NON STAT QVO MINVS VIRI BONI ARBITRATV CAVEATVR VEL SATIS DETVR, VIM FIERI VETO". b) *§ 6.eod.* s. oben II. § 17. *Bg § 152 g.*

§. 265. cf. §§ 70.227.230.B.2..ibiq.citt. *Cod.* De aquæ ductu *11,12.* u. bes. *Frontin.* ad § 70.cit., woraus auch die L. Quinctia de pœnis eorum qui rivos, fistulas, castella, lac u aquarum publicarum violaverint vel corruperint, u.a. bei *Haubold-Spangenb.* Monum. p.174...76. *Jordans* de publicis urb. R. et CP. aq. duct. Bonn. 1844. *Zell* delectus inscrr. n°.1697. *Ulp. L.3.§ 4.D.de rivis 43,21*[20]. „Hoc interdictum ad omnes rivos pertinet, sive in publico sive in privato sint constituti".

§. 266. *Dig.* De cloacis *43,23*[22]. *Schmidt* v. Ilm. i. Ztsch. f. g. R. W. XV. 3. A) *Ulp. L.1.§ 15.D.de cloacis* „..ait prætor QVOD IN CLOACA PVBLICA FACTVM SIVE EA IMMISSVM HABES, QVO VSVS EIVS DETERIOR SIT, FIAT, RESTITVAS. ITEM NE QVID FIAT IMMITTATVRVE, INTERDICAM". *Schmidt* v. Ilm. Abhh. S. 32. B) *Venul. L.2.eod.* „Quamquam de reficienda cloaca, non etiam de nova facienda hoc interdicto comprehendatur, tamen æque interdicendum Labeo ait, NE FACIENTI CLOACAM VIS FIAT, quia eadem utilitas sit: prætorem enim sic interdixisse NE VIS FIERET, QVO MINVS CLOACAM IN PVBLICO FACERE LICERET, idque Ofilio et Trebatio placuisse: ipse dicendum ait, ut ne [dieses ne laßen *Hal. Vulg.* u. A. weg] factam cloacam purgare et restituere permittendum sit per interdictum; novam vero facere is demum concedere debeat, cui viarum publicarum cura sit". cf. *Caldera* in Meerm. Thes. III. p. 640.

§. 267. *Paul.* De sepulchris et lugendis *1,21.* *Th.C.* De sepulchris violatis *9,17.* De sepulchro violato: *Dig. 47,12.* *Cod. 9,19.* *van Nispen* 1723. in Oelrichs Thes. Vol. 2. tom. 3. n°.12. p.1. sqq. *d'Arnaud* Coniectur. II. 7. p. 264. *Sav.* Syst. II. S. 124. *U.733.* *He.334.* *Mü. 447.* u. *3.* *Gö.623.* n°.II.2. *Pu.35* a. n°.4. vgl. oben II. §§ 207.214. — *Ulp. L.3.pr.D.h.t.* „Prætor ait CVIVS DOLO MALO SEPVLCHRVM VIOLATVM ESSE DICETVR, IN EVM IN FACTVM IVDICIVM DABO, VT EI AD QVEM PERTINEAT, QVANTI OB EAM REM ÆQVVM VIDEBITVR CONDEMNETVR. SI NEMO ERIT AD QVEM PERTINEAT, SIVE AGERE NOLET, QVICVMQVE AGERE VOLET, EI CENTVM AVREORVM ACTIONEM DABO. SI PLVRES AGERE VOLENT, CVIVS IVSTISSIMA CAVSA ESSE VIDEBITVR, EI AGENDI POTESTATEM FACIAM. SI QVIS IN SEPVLCHRO DOLO MALO HABITAVERIT, ÆDIFICIVMVE ALIVD QVAMQVE [*Hal. Vulg.* QVAM QVOD] SEPVLCHRI CAVSA FACTVM SIT, HABVERIT, IN EVM SI QVIS EO NOMINE AGERE VOLET, DVCENTORVM AVREORVM IVDICIVM DABO". *Ulp. L.20.i.f.D.de A.v.O.H.29,2.* „.. hæc enim actio pœnam et vindictam quam rei persecutionem continet".

§. 268. II. Verletzung legislativer obrigkeitlicher Bekanntmachungen erzeugte Popularklage auf 500 (?50) aurei, wenn iurisdictionis perpetuæ causa gemachte Publicationen, extra ordinariam pœnam, wenn andere absichtlich misshandelt waren.

Dritte Klasse. Gefährdung der öffentlichen Sicherheit.

§. 269. I. Actio A) de effusis aut deiectis, B) de positis aut suspensis. A) Perpetua pœnalis in factum actio in duplum oder auf eine bestimmte Summe, als Popular-Klage nur intra utilem annum wegen gefährlichen Ausgießens oder Auswerfens. Beklagter. Diese Klage als utilis. Jetzige Behandlung. B) Ebensolche Klage auf eine bestimmte Summe oder noxæ datio wegen gefahrdrohenden Ausstellens oder Aushängens.

§. 270. II. Halten gefährlicher Thiere. Aedilicische Pönalklage auf bestimmte Summen od. doppelten Ersatz der Vermögensbeschädigung.

---

§. 268. *Cuiac.* Recitt. ad h.t.in Opp.VII. p.86...90. cf. Obss.X.10. *Donell.*Comm. XV.c.25.§ 17. *Duaren.* Anniversar.I.c.48. *Glück* III. § 209. *U.732. He.336. Gö.635.*a.E. *Heimbach* v.Album in Weiske I.S.183.f. *Sav.*Syst.III.S.392. — *Ulp.L.7.pr.D.de iuris dict. 2,1.* „Si quis id quod iurisdictionis perpetuæ causa, non quod prout res incidit [*Bg §16.not.a*], in albo vel in charta vel in alia materia propositum erit, dolo malo corruperit, datur in eum quingentorum [*Hal.* quinquaginta] aureorum iudicium, quod populare est“. cf. bis *L.9.eod. Paul.S.R.1,13* a. *§ 3.* „..extra ordinem punietur“.

§. 269. *§§1.2.I.de obll.quæ quasi ex del.nasc.4,5. Dig.* De his qui effuderint vel deiecerint *9,3. Donell.*Comm.XV.c.42.§§ 4...9. *Otto* de tutela viar.publ.III.c.5. *Glück*X. §§ 706...11. *Zimmern* Noxalkl.*§§ 92*.f. *Puchta* sen. Ger.Kl. *§ 143. Sav.* Syst.II.S.125. *B. 153.n⁰.3. K.405. U.730.*f.533. *He.345.319. Se.404. Mü.450. Gö.648.*f. *Pu.392. Ro.496.* n⁰.II.*a. Si.125.*S.775. *Ar.326. Br.120.*a.E. *Schmidt* v.Ilm.Abhh.S.32.ff.

A) *Ulp.L.1.pr.*(bis *§5.*und *Gai.L.7.*)*D.h.t.* „Prætor ait de his qui deiecerint vel effuderint VNDE IN EVM LOCVM QVO VOLGO ITER FIET VEL IN QVO CONSISTETVR, DEIECTVM VEL EFFVSVM QVID ERIT, QVANTVM EX EA RE DAMNVM DATVM FACTVMVE ERIT, IN EVM QVI IBI HABITAVERIT, IN DVPLVM IVDICIVM DABO. SI EO ICTV HOMO LIBER PERISSE DICETVR, QVINQVAGINTA AVREORVM IVDICIVM DABO. SI VIVET NOCITVMQVE EI ESSE DICETVR, QVANTVM OB EAM REM ÆQVVM IVDICI VIDEBITVR EVM CVM QVO AGETVR CONDEMNARI, TANTI IVDICIVM DABO. SI SERVVS INSCIENTE DOMINO FECISSE DICETVR, IN IVDICIO ADICIAM AVT NOXAM DEDERE“. „..publice enim utile est sine metu et periculo per itinera commeari“. B) *L.5.§ 6.eod.* „Prætor ait NE QVIS IN SVGGRVENDA PROTECTOVE SVPRA EVM LOCVM QVA VOLGO ITER FIET INVE QVO CONSISTETVR, ID POSITVM HABEAT, CVIVS CASVS NOCERE CVI POSSIT. QVI ADVERSVS EA FECERIT, IN EVM SOLIDORVM DECEM IN FACTVM IVDICIVM DABO. SI SERVVS INSCIENTE DOMINO FECISSE DICETVR, AVT ÆSTIMATIONEM DARI [AVT.ÆST.DARI om.*Flor.Hal.*] AVT NOXÆ DEDI IVBEBO“.

§. 270. *Paul.S.R.1,15.§ 2. § 1.I.si quadr.paup.fec.dic.4,9. L.1.§ 10.D.si quadr.* in § 257.not.6. *Ulp.et Paul.L.40.§1.*bis *L.42.D.de æd.ed.21,1.* — *Otto* de tut.viar.publ.III.c.1...4. *Wintgens* in Oelrichs Thes.Vol.1.part.II.14. *Sav.*l.c. *K.398. U.730. Puchta* sen.Gerichtl. Kl.*§ 150. He.320. Mü.449.*n⁰.II. *Gö.628.*n⁰.II. *Pu.391. Ro.496.*a.E. *Si.125.*n⁰.II.2.4.*127.* n⁰.II.1. *Ar.327.*a.E. — *citt.LL.40...42.* „..aiunt ædiles NE QVIS CANEM, VERREM VEL MINOREM APRVM, LVPVM, VRSVM, PANTHERAM, LEONEM“ „et generaliter ALIVDVE QVOD NOCERET ANIMAL, SIVE SOLVTA SINT SIVE ALLIGATA, VT CONTINERI VINCVLIS QVO MINVS DAMNVM INFERANT, NON POSSINT“, „QVA VOLGO ITER FIET, ITA HABVISSE VELIT, VT CVIQVAM NOCERE DAMNVMVE DARE POSSIT. SI ADVERSVS EA FACTVM ERIT ET HOMO LIBER EX EA RE PERIERIT, SOLIDI DVCENTI, SI NOCITVM HOMINI LIBERO ESSE DICETVR, QVANTI BONVM ÆQVVM IVDICI VIDEBITVR, CONDEMNETVR. CETERARVM RERVM QVANTI DAMNVM DATVM FACTVMVE SIT, DVPLI“.

Drittes Kapitel. Familienrecht (oder Recht der Personen als Familienglieder).

S. 271. Begriff und Arten der Familienrechtsverhältnisse. (*Bg § 29g, C. §§ 40...43.* Anh. VI.n°.I. *Abr. II. § 37.*)

Familie und familia: jene ein wesentlich sittlicher, diese ein nationalröm.juristischer Begriff. Die Bezeichnungen ius familiæ oder familiarum oder familiare, ius potestatis u. dgl. schielen und lahmen: was wir 'Familie' nennen, könnte ein römischer Jurist nur domus, unser 'Familienrecht' nur etwa ius (und nicht einmal 'ius') domesticum nennen. Ganz verschieden ist das römische ius quod ad personas pertinet (*Bg §§ 41...58.*) von unserem Familienrecht: jenes bezeichnet die unterschiedliche Rechtsfähigkeit der Menschen um ihrer Stellung im und zum Staate und in der familia willen, dieses die Berechtigungen und Verpflichtungen aus der Familienmitgliedschaft. Die familienrechtlichen Verhältnisse sind das eheliche, das der Eltern und Kinder und das vormundschaftliche. Das Familien- und das Familien-Güter-Recht müßen, was meist nicht geschieht, im System als zwei coordinierte Glieder des Privatrechts behandelt werden. III. § 1*.

Erster Abschnitt. Ehe*).

I. Begriff und Eingehung der Ehe. (*Abr. II. §§ 38. f.*)

S. 272. A. Begriff und Erfordernisse. (*Abr. II. § 38.*)

Gegenseitige Hingebung und Annehmung der Persönlichkeiten in ihrer Totalität, nicht ein

---

S. 271. *He. IV. § 1. Se. 440. Pu. 39. 46. Si. 130. Sav.* Syst. 53. ff. *Br. 11. 14.* — Sehr lehrreich ist *Trummer* Das altgerm. Personenrecht, i. Vortr. üb. Hamburg. Rtsgsch. Bd. 3. Hamb. 1849.

*) *Gai. 1, 56...64.* cf. bis *96. Ulp. tit. 5. Paul. S. R. 2, 19...21a. Greg. Cod. 5, 1. Th. C. 3, 1...12. 14. 16. 4, 9. 9, 7...9. 24. 25. Nov. Theod. tit. 12* (18). *Nov. Marcian. tit. 4.* (*81*). *Nov. Maiorian. tit. 8.* (*93*). *Nov. Anthem. tit. 1.* (*97*). *Collat. 4, 5. Inst. 1, 10. 3, 12* [*13*]. *Dig. 23, 1. 2. 24, 2. 25, 7. Cod. 5, 1...27. 9, 13. Nov. Iustinian. 12. 22. 117.* [*139.* (*140.*)] *143.* [*150.*] — Die Quellen des gem. deutschen Eherechts sind außer den angeführten nur mit vielen Modificationen geltenden römischen: III. Mos. (*Levitic.*) 18. ꝟ. 6. sqq. 20. ꝟ. 14. 17...21. V. Mos. (*Deuteron.*) 22. i. f. 25. ꝟ. 5...9. 27. ꝟ. 20. 22. 23., das Corpus iur. canonici (Gratiani Decr. part. II. causæ 27. sqq. Decretalium libri quarti) und für das kathol. Eherecht das Concil. Trident. sess. XXIV.; jedoch sind die kanonistischen Quellen nur von beschränkter Geltung für das protestantische Eherecht. Verschiedene Standpuncte der neueren Ehegesetzgebungen, insb. der französischen, der preußischen, der österreichischen. — Litteratur: *Io. de Nevizanis* (†1540.) sylva nuptialis. Lugd. 1526. (diese geschmacklose Schrift ist weder selten noch wichtig). *Covarruvias a Leyva* de spons. et matr. Antv. 1538. fol. *Tiraquellus* de nupt. Antv. 1561. fol. und in Opp. *F. Hotomanni* Obss. de iure conn. *Sarcerii* Corp. iur. matrim. Ff. 1569. fol. *Donell.* Comm. XIII. c. 19...21. *A. Gentilis* Dispp. de nupt. Hanov. 1601. *Sanchez* de s. matr. Norimb. 1706. fol. *Thomasii* D. de usu pract. doctr. Inst. de nupt. Hal. 1713. *Brouwer* de iure conn. ed. II. Delph. 1714. *Hofmann* Hdb. des teutsch. Eher. Jena 1789. *Dabelow* Grundſ. des allg. Eher. Halle 1792. *Loy* das protest. Eher. Nürnb. 1794. *Schott* Einl. in das Eher. Nürnb. 1786. u. 1802. *Gitzler* Hdb. d. Eher. Bresl. 1840. *Uhrig* Syst. d. Eher. Dill. 1854. u. A. bei *Glück* XXII. S. 376. und *v. Hartitzsch* (*Hart.*) Hdb. des .. Eher. Lpz. 1828. S. 6...8. Angeführte; bes. *Cuiac.* in lib. IV. Decretalium i. Opp. post. III. p. 295. sqq. *Gonzalez Tellez* Comm. ad eund. lib. Decret. *Böhmer* I. E. P. (= Ius eccl. Prot.) lib. IV. tom. III. p. 1075..1340. tom. IV. p. 77...512. *Eichhorn* Kirchenr. II. S. 296...519. *Glück* Kirchenr. Augsb. 1839. S. 219. ff. *Jacobson* v. Ehe in Weiske III. S. 525. ff. Auch gehört schon hierher *Hasse* Güterrecht d. Ehegatten. 1r (einz.) Bd. Berl. 1824. *Zimmern* Rtsgesch. I. 2. §§ 132...35. *Pu.* Inst. *287...91. He. IV. 1...30. Se. 441...49. Mü. 501...18. Gö. 666...82. 704...16. Pu. 411...12. Ro. 94...108. Rud. 363. f. 378. f. Si. 131. Ar. 393. Br. 7.*

§. 272. (*Ulp. 13.*) De nuptiis: *Paul. S. R. 2, 19. Inst. 1, 10. Dig.* de R. N. (= ritu nuzu irgend welchen einzelnen Zwecken dienendes Verhältniß [1.2]. Iustæ und non iustæ nuptiæ [3.4.30]. Unterscheidung der civilrechtlichen Erfordernisse der Ehe von denen der nach der lex Iulia auch die Cälibatsnachtheile abwendenden Ehen [5]. Die einzelnen Erfordernisse [1.6...29]. Der consensus matrimonialis [30...33]. Dispensation [34].

---

ptiarum) 23,2. *Cod.* De episcopis ... et de nuptiis clericorum vetitis seu permissis 1,3. De nuptiis 5,4. De incestis et inutilibus nuptiis 5,5. — *Robert* Rechtl. Gedanken ü. d. Begr. der Ehe. Ff. u. Lpz. 1787. *Glück* XXII. § 1208. bis XXIV. § 1218 c. *Glück* Kirchenr. §§ 104. 116. 122. ff. *He.* 2...15. *Se.* 442...44. *Mü.* 502...6. *Gö.* 672...81. n°. 1. *Pu.* 411. *Ro.* 95. ff. 98. 100...3. *Si.* 131. *Hart.* 30...97. [Ueber die Eheverbote der L. Iulia nach *Ulp.* l. c.] *Sav.* Syst. II. S. 517. u. unten § 275. not. 1. 1) *§ 1. I. de patr. pot. 1,9.* „*Nuptiæ* autem s. *matrimonium* est viri et mulieris coniunctio individuam consuetudinem vitæ continens". *Mod. L. 1. D. de R. N. 23,2.* „..consortium omnis vitæ, divini et humani iuris communicatio". *L. 4. C. de crim. expil. her. 9,32.* „..uxor .. socia rei humanæ atque divinæ domus suspicitur ..". cf. *L. 3. § 1. i. f. D. de donatt. int. vir. et ux. 24,1.* *Ulp. L. 1. § 3. D. de I. et I. 1,1.* „[ex iure naturali quod natura omnia animalia docuit,] descendit maris atque feminæ coniunctio, quam nos *matrimonium* appellamus". *Can. 3. § 1. Ca. 27. qu. 2.* „Consensus ergo cohabitandi et individuam vitæ consuetudinem retinendi interveniens eos coniuges fecit: individua vero vitæ consuetudo est talem se in omnibus exhibere viro, qualis ipsa sibi est, et e converso...". *can. 8. Ca. 32. qu. 3.* *cap. 11. X. de præsumpt. 2,23.* vgl. *Glück* XXIII. § 1205. ibiq. citt. *Hart. § 11.* *Hasse* 1...5. 2) *Bg § 46.* u. Anh. VI. not. 9. 3) cit. Anh. VI. n°. I. II. A. a β a. 4) s. § 276. not. 2. *Bg § 33 c. § 51 d.* 5) *Ulp. 13.* und dazu p. 113. ed. IV. vgl. *L. 23. C. de nupt.* *Nov. 117. c. 4. 6.* u. s. § 275. not. 1. 6) *Pr. I. h. t. 1,10.* *L. 24. C. h. t. 5,4.* *Bg § 38. not. 8. § 119. not. 22.* 7) *Bg § 39. not. 12.* 8) *§§ 6. 7. I. h. t.* *L. 2. C. de incest. nupt. 5,5.* 9) *Nov. 5. c. 8. 6. c. 1. 6.* 10) [*L. 45. C. de episc. 1,5.*] *L. 19. eod.* *Nov. 6. c. 1. 123. c. 29. 12.* 11) *Bg § 61. not. 17.* 12) *Nov. 22. c. 17.* cf. *Inst. 3,12* [13]. und *Paul. S. R. 2,21 a.* *Th. C. 9,9.* *Cod. 9,11.* 13) *L. 3. C. de inc. nupt. 5,5.* *Nov. 22. c. 10.* s. *Paul. S. R. 2,19. § 6.* *§ 10. I. de gradib. 3,6.* *L. 14. § 2. D. de R. N.* 14) *L. un. C. de raptu virg. 9,13.* *Nov. 153.* [150.] cf. *Th. C. 9,24. 25.* 15) *Nov. 134. c. 12.* 16) *LL. 36. 59. 60. 62. 64. 66.* [wo statt uterque nach einem neueren Einfalle utique zu lesen, sachlich und sprachlich falsch ist] *67. D. de R. N. 23,2.* *Cod.* De interdicto matrimonio inter pupillam et tutorem seu curatorem filiosque eorum 5,6. 17) *LL. 38. 57. pr. 63. 65. § 1. D. de R. N.* *L. 6. C. de nupt. 5,4.* *Th. C. 3,6.* u. *Cod.* Si quacumque præditus potestate vel ad eum pertinentes ad suppositarum iurisdictioni suæ adspirare temptaverit nuptias 5,7. vgl. *Bg § 15 f.* 18) *§ 10. I. h. t.* *LL. 14. § 2. 54. D. de R. N.* 19) *§ 1. I. h. t.* *LL. 53. 55. pr. § 1. D. de R. N.* *L. 17. C. de nupt. 5,4.* *Bg § 51. not. 4.* 20) *§ 2. I. h. t.* *L. 54. D. de R. N.* u. *cit. L. 17. C.* 21) *Bg § 52 e.* *§§ 3. 5. I. h. t.* *LL. 17. § 2. 39. pr.* cf. *L. 55. § 1. D. de R. N.* *cit. L. 17. C.* u. *L. 9. C. de inc. n. 5,5.* *L. 2. C. si nupt. ex rescr. 5,8.* 22) *§ 4. I. h. t.* *LL. 3. 67. § 1. D. de R. N.* *L. 19. C. de nupt.* 23) *§ 2. I. h. t.* *LL. 47. § 1. 55. § 1. D. de R. N.* 24) *Bg § 56.* 25) *§§ 6. 7. I. h. t.* *L. 14. pr. §§ 1. 4.* *L. 40. D. de R. N.* *cit. L. 17. C.* 26) *LL. 5. 8. 9. C. de inc. nupt.* 27) *L. 15. D. de R. N.* 28) *§ 9. I. h. t.* *L. 12. § 3. D. de R. N.* 29) *cit. § 9. I.* u. *LL. 12. §§ 1. 2. 14. § 4. D. de R. N.* 30) *pr. I. h. t.* *LL. 2. 3. 18. 35. D. de R. N.* *LL. 5. 7. 12. C. de nupt.* *Ulp. L. 30. D. de R. I.* „Nuptias non concubitus, sed consensus facit". *Ulp. 5,2.* „Iustum matrimonium est si inter eos qui nuptias contrahunt, conubium sit, et tam masculus pubes quam femina potens sit, et utrique consentiant, si sui iuris sunt, aut etiam parentes eorum, si in potestate sunt". cf. *LL. 9. § 1. 10. sqq. D. de R. N.* *L. 4. D. de fide instr. 22,4.* § 274. not. 2. 31) *Bg §§ 84...88.* 32) *pr. I. h. t.* *L. 25. C. de nuptiis.* cf. *L. 7. § 1. D. de spons. 23,1.* *L. 28. C. de ep. aud. 1,4.* 33) *LL. 1. 18. 20. C. de nupt.* cf. *L. 25. D. de R. N.* *L. 20. eod.* *L. 8. C. de nupt.* *Hennig* die Rechte der Aeltern bey der Verheyrath. ihrer Kinder. Witt. u. Zerbst 1797. 34) Si nuptiæ ex rescripto petantur: *Th. C. 3,10.* *Cod. 5,8.* [*Nov. 139.*] *L. 10. pr. D. de his q. not. 3,2.* *L. 31. D. de R. N.* *L. 9. C. de inc. nupt.* *L. 7. C. de interd. matr. 5,6.*

§. 273. B. Verlöbniß. (*Abr.II.§39.* vgl.unten III.§4.)
Eintheilungen[1]. Erfordernisse[2...5]. Wirkungen[6...10]. Aufhebung[6.11].

§. 274. C. Eheeingehung. (*Abr.§cit.*)
Formlosigkeit der Eingehung der Ehe, nicht der hierher nicht gehörigen manus[1.2]. Ausnahmen[3...6]. Formen durch Sitte und nachjustinianisches Recht begründet[7.8]. Nicht consummatio matrimonii[9].

---

§. 273. De sponsalibus (*Dig.23,1.*) et arris sponsaliciis et proxeneticis: *Cod.5,1. Th.C.* De sponsalibus et ante nuptias donationibus *3,5.* Si rector provinciæ vel ad eum pertinentes sponsalicia dederint: *Th.C.3,6. Cod.5,2.* cf.De R.N.: *Dig.23,2.* u.die zu §279. citt.titt.*De repudiis.* De sponsalibus *et c.: X.4,1(...5.) in VI°.4,1.*(ii.2.) — *Cuiac.*Recitt.ad D. et C.titt.citt. *Duareni* Opp.p.242. *Hotomanni* Disp.de spons.in Opp.I.1.p.469.sqq. *Ramos del Manzano* in Meerm.Thes.V.p.155.sqq. *Bijnkershoek* Obss.VII. c.15. (*Böhmer* I.E.P. tom.IV.n°.69.c.1. *Eichhorn* K.R.II.S.432...40.) *Glück* XXII.§§1090...XXIII.§1204. Deff. Kirchenr.*§§108...15. Jacobson* l.c.S.533...38. *Hasse §§37...39. Zimmern 146.*f. *He.17...20. Se.446. Mü.507...9. Gö.667...71. Ro.99. Hart.98...154.* mit den S.103.f. u.von *Glück* l.c. Angeführten. [1]) *Flor.L.1.D.h.t.23,1.* „*Sponsalia* sunt mentio et repromissio nuptiarum futurarum“. *LL.2...7.§1.eod.* Ueber sponsalia de præsenti u.de futuro s.Erbr. §15.not.18. u.über publica u. clandestina vgl.III.§19.not.4. [2]) *LL.15.16.eod. L.60.§5. D.de R.N.* [3]) *L.14.D.h.t.* [4]) *L.38.pr.D.de R.N.* [5]) *LL.11...13.7.§1.D.h.t.* (*L.12.§1.* „Tunc autem solum dissentiendi a patre licentia filiæ conceditur, si indignum moribus vel turpem sponsum ei pater eligat“.) [6]) *L.1.C.h.t.* „Alii desponsatæ renuntiare condicioni et nubere alii non prohibentur“. *L.2.C.de repud.5,17.* cf.*Hasse 37.*f. *Paul. L.38.§1.D.de usur.22,1.* „renuntiata adfinitas“. cf. *Bg §155c.* [7]) *Bg §55.not.3.* [8]) *Bg §60.not.9.n°.8.* [9]) *L.71.§1.D.de cond.et dem.35,1. L.134.pr.D.de V.O.45,1. L.5.i.f. C.h.t.* [10]) II.§134. *LL.3.5.C.h.t.* cf. *L.17.C.de fide instr.4,21. pr.I.de empt.3,23.* Von Brautgeschenken s.III.§19. [11]) *Gai.L.2.§§1.2.D.de divort.24,2.* „In repudiis autem, id est renuntiatione, comprobata sunt hæc verba TVAS RES TIBI HABETO; item hæc TVAS RES TIBI AGITO. In sponsalibus quoque discutiendis placuit renuntiationem intervenire oportere; in qua re hæc verba probata sunt CONDICIONE TVA NON VTOR“. vgl. *Abr.II.§40.* zu nott.7.ff. und unten §279.

§. 274. *Donell.*Comm.XIII.c.20. *Ramos del Manz.*in Meerm.l.c.p.252.sqq. *Brisson.* de R.N., auch in Opp.min.p.287.sqq. *Glück* II.citt. *Böhmer* I.E.P.IV.tit.3. *Eichhorn* K.R. II.S.310.ff. *Hasse §§30.*ff. *Zimmern 145. Hart.155...80. He.16. Se.445. Mü.512. Gö. 681.*n°.11. *Ro.104.*f. *Br.7.* [1]) *Bg §46f...p.* [2]) cf.§272. *LL.5...7.D.de R.N. Th.et Val. L.22.C.de nupt.* (*L.3.Th.C.eod.*) „Si donationum ante nuptias vel dotis instrumenta defuerint, pompa etiam aliaque nuptiarum celebritas omittatur, nullus existimet ob id deesse recte alias inito matrimonio firmitatem, vel ex eo natis liberis iura posse legitimorum auferri, inter pares honestate personas nulla lege impediente consortium, quod ipsorum consensu amicorumque fide firmatur“. (a.428.) *LL.9.13.eod. LL. 8.pr.11.pr.C.de repud.5,17. Nov.22.c.3.* „Γάμον μὲν οὖν διάθεσις ἀμοιβαία ποιεῖ, τῆς τῶν προικῴων γε οὐκ ἐπιδεομένη προςθήκης..“. cf.*LL.32.§13.66.D. de don.int.v.et ux. 24,1. Pap. L.31.pr.D.de donatt.39,5.* „..an autem maritalis honor et affectus præcesserit, personis comparatis, vitæ coniunctione considerata perpendendum esse respondi: neque enim tabulas facere matrimonium“. Die nuptiarum festivitas und vota sind nichts als „die wirkliche Abschließung der Ehe“, wie auch *Basilic.*XXVIII.4.c.36.cum schol. zeigen. Quintil.Inst.or.V.11,32. u.§272.not.30. [3]) cf.not.2. III.§4. *Glück* XXII.S. 398.ff. [4]) *Nov.117.c.4.* cf.*74.c.4.5.* [5]) *L.23.§7.C.de nupt.5,4.* [6]) *LL.5.11.C.de nat.lib. 5,27. Nov.89.c.8.* [7]) *Nov.Leon.89.* „περὶ τοῦ τὰ συνοικέσια ἄνευ τῆς ἱερᾶς εὐλογίας μὴ

II. Wirkungen der Ehe im Verhältniſs (*Abr.cit.§ 38.n°.*III. vgl. oben I.§ 29.)

S. 275. A. der Gatten zu einander.

Wegfall der Cälibatsnachtheile[1]. 1) Sittliches Verhältniſs der Gatten[2.3]. Name, Stand, Rang, Gerichtsstand[4] und Domicil[5.6] der Frau. Eheliche Treue[7]. Obligatorische[8...12] und erbrechtliche[13] Wirkungen. Wegfall der Zeugniſspflicht[14]. 2) Wirkungen nach außen[15...17]. 3) Häusliche Dienste (nicht operæ) der Frau[18].

S. 276. B. zu den Kindern.

Legitimität der Kinder[1...4]. Präjudicialklagen und de partu adgnoscendo[5.6]. Gegenbeweis[7...9]. s.g. actiones de paternitate und de patria potestate, affirmativa und negativa, Maternitäts- und Filial-Klagen[10...12].

S. 277. C. zu anderen Personen.

Affinität (I.§ 30). Die persönlichen Beziehungen, und Vermögens- und Erb-Rechte. (§ 275.)

ἐρρῶσθαι". *Glück* XXIV.S.336..47. *Jacobson* l.c.S.556.f. [8]) *Conc.Trid.* XXIV.de ref.matr. *Glück* cit.S.347.ff. [9]) cf.not.2. § 272.not.30. bes. *LL.6.7.D.de R.N.* vgl. *Glück* XXIV.§1222.

S. 275. *Donell.* Comm.XIII.c.21. *Glück* XXIV.§1223...25. Kirchenr.*§134. Jacobson* l.c. S.565.f. *He.25...27. Se.448. Mü.516. Gö.682. Pu.412. Ro.107. Ar.393. Hart.181. ...98.* [1]) *Ulp.13...17.* De infirmandis pœnis cælibatus: *Th.C.8,16. Cod.8,58*[*57*]. De iure liberorum: *Th.C.8,17. Cod.8,59*[*58*]. *Heinecc.* ad L.Iul.et P.P. u. dazu *Gitzler* quæst.ad L.I. et P.P.1835. *Zimmern* R.G.*§§172...75.* s.oben § 272.vor not.1. [2]) §172.not.1. [3]) *Paul. L.3.§2.D.rer. amot.* „reverentiam personarum". *Ulp. L.22.§7.D. sol.matr.24,3.* „.. quid enim tam humanum est, quam ut fortuitis casibus mulieris maritum vel uxorem viri participem esse?..". *Paul.L.1.D.rer.am.* „societas vitæ". [4]) *Fr.Vat.§101.* „..dignitatem mulierum ex honore matrimonii augeri et minui solere". *L.9.C.de incol.10,39. L.13.C.de dignitat.12,1. L.65.D.de iudic.5,1.* [5]) *Bg § 40.not.6.* [6]) *L.24.C.de don.i.v. et ux.5,16. L.1.C.de repud.5,17. Willenberg* de ux.maritum domic.s.mutantem sequente. Gedan.1732. *Kæstner* quat.uxor maritum releg.sequi deb.Lps.1735. [7]) *L.13.§5.D.ad L.Iul.de adult.48,5. Nov.117.c.9.§5.* cf.*c.14.eod. L.8.§2.C.de repud.* [8]) § 212.not.17. § 214. not.5. [9]) §162.not.3.β'. [10]) III.§ 21. [11]) II.§125.not.10. III.§ 4.nott.9.10. [12]) III.§ 22.ff. [13]) Erbr.§§18.25. [14]) *L.4.D.de testib.22,5.* cf.*L.10.pr.D.de gradib.38,10.* [15]) *L.21.C. de procur.2,13.* cf.*L.35.pr.D.eod.3,3.* [16]) *Gai.3,221. Paul.S.R.5,4.§3. §2.I.de iniur.4,4. LL.1.§§3.9.2.11.§7.18.§§2.5.D.eod.47,10. L.2.C.eod.9,35. cit.L.2.* „..defendi uxores a viris, non viros ab uxore æquum est". [17]) § 216. [18]) *Ulp.L.14.§1.D.sol.matr.* „..receptam reverentiam quæ maritis exhibenda est..". *L.un.§7.C.de rei ux.act.5,13.* „..hoc æquissimum est et reverentiæ debitum maritali..". *L.12.§1.C.qui pot.8,18.* „..quis enim earum non misereatur propter obsequia, quæ maritis præstant..". *Pomp.L.31.D.de don.i.v. et ux.24,1.* „.. viri negotium procuraret". *Herm. L.48.pr.D. de op.lib.38,1.* „.. in officio mariti esse debet". *Stryk* de operis [irrig statt officio] uxor.Hal.1706. *Struben* Rechtl.Bed.IV.25. s. *Bg § 43.not.9.*

S. 276. *Dig.* De adgnoscendis .. liberis .. 25,3. *X.* Qui filii sint legitimi *4,17.* cf.oben I.§ 29.und *Glück* XXVIII.§1287. Kirchenr.*§135. He.29. Se.449. Mü.517.*f. *Gö.703. Ro.108. Ar.39. Hart.199...201. Hasse 12.* [1]) *Bg §§ 49.51.* [2]) *Gai.1,55.ibiq.citt.ll.* unt.§§ 284.f. 289. [3]) *L.11.C.de nat.lib.5,27.* (s.unt. § 284.) *Nov.89.c.8.§1.* (vgl. *Bg § 34.not.8.*) Anders im ält.R.: *Ulp.5,10. Paul.L.11.D.de st.hom.1,5.* [4]) *Bg § 32. not.8. § 51.not.14. §121.not. 18.*a.E. *Glück* XXVIII.§1287e. [5]) cf.*Bg §131.not.13. Abr.III.§ 38.*n°.3. [6]) *LL.1.3.et pass.D.de adgn.v.al.lib.25,3. L.4.C.de al.lib.5,25. L.9.C.de patr.pot.8,47*[*46*]. *Gmelin* Präjudicialkl. de part. agn. Erl.1781. [7]) *Ulp.L.6.D.de his qui sui 1,6.* „..si constet maritum aliquam diu cum uxore non concubuisse infirmitate interveniente vel alia causa vel si ea valetudine pater f. fuit, ut generare non posset..". *Bg § 51.not.14.* u.oben I. § 29.

III. Auflösung der Ehe*). (*Abr.II.§ 40.*)

§. 278. A. Nothwendige. (cf. § 272.)

Auch hier ist nicht von der manus (*Bg § 46 q...u*) zu handeln. Tod, Verlust des conubii[1.2]. Annullation der Ehe[3]. Feindliche Gefangenschaft?[4]. Verschollenheit[5].

§. 279. B. Willkürliche, Scheidung.

Privatscheidung[1...3]. Behandlung der Scheidungsgründe nach justinianischem Recht[4...6]. Scheidung nach dem neueren Rechte[7.8].

§. 280. C. Wirkungen der Auflösung der Ehe.

1) Name, Stand u.s.w. der Wittwe[1...3]. 2) Bedingung des Ledigbleibens[4]. 3) Verletzung der Trauerpflicht[5...7]. 4) Maßregeln in Beziehung auf nach der Ehe zu gebärende Kinder[8...10].

Glück XXI. S. 422. ff. [8]) *Pap. L. 11. § 9. D. ad L. Iul. de ad. 48,5.* [9]) *Scæv. L. 29. § 1. D. de probatt. 22,3.* „Mulier gravida repudiata filium enixa absente marito ut spurium in actis professa est; quæsitum est an is in potestate patris sit, .. nec obsit professio a matre irata facta: respondit 'veritati locum super fore'" (d. h. das Bekenntniß allein mache nicht Beweis). oben I. § 29. not. 13. [10]) *L. 1. § 2. D. de R. V. 6,1. L. 3. § 3. D. de lib. exh. 43,30.* [11]) z. B. *Schmidt* v. Kl. u. Einreden *§§ 367...87. 399...409.* [12]) s. I. § 29. u. heutiges Recht bei *Schmidt* l. c.

*) *Th. C.* De repudiis *3,16. Nov. Theod. 18.* (lib. I. tit. 12.) *Dig.* De divortiis et repudiis *24,2. Cod.* De repudiis et iudicio de moribus sublato *5,17. Nov. 22. c. 4...19. 117. c. 8...14. 123. c. 40. 127. c. 4. 134. c. 11. [140.] X.* De divortiis *4,19.* De secundis nuptiis: *4,21. Conc. Trid.* l. c. — *d'Avezan* in Meerm. Thes. IV. p. 350. sqq. *G. A. Struv* de iure divortior. Ien. 1678. 1725. 1744. *Brouwer* de iure connub. II. c. 31. *Hayessen* üb. Ehescheid. (Hdlb. 1816.) in Barths Diss. Saml. I. 15. *Wächter* Ehescheidungen bei den Röm. Stuttg. 1822. *Tafel* de divort. Oering. 1832. *Berner* de divort. Berol. 1842. *v. Löhr* i. Arch. f. c. Pr. XVI. S. 18. ff. *Hasse §§ 40...57. Hart. 298.* ff. u. Litt. das. S. 323. ff. *Zimmern* Rechtsg. *§§ 152...55. Glück* XXVI. § 1259...XXVII. § 1272 b. Kirchenr. *§§ 136.* ff. *Jacobson* in Weiske III. S. 572. ff. *He. 21...24. Se. 447. Mü. 513 ...15. Gö. 704...13. Ro. 106. Si. 136. 137*[a]. *Ar. 416. Br. 7. n°. 2.*

§. 278. [1]) *Bg § 33 c.* [2]) *Bg § 58 k, l, z.* und oben I. §§ 22. 24. *Paul. L. 1. D. h. t. 24,2.* „Dirimitur matrimonium divortio, morte, captivitate vel alia contingente servitute utrius eorum". *L. 56. D. sol. matr. 24,3. L. 1. C. h. t. 5,17. L. 24. C. de don. i. v. et ux. 5,16. Nov. 22. c. 8. 9. 13. 20. Hasse §§ 55. 56.* — *§ 2. I. de nupt. 1,10. c. Theoph. ad h. l. LL. 17. § 1. 67. § 3. D. de R. N. 23,2. L. 28. C. de nupt. 5,4. Cuiac.* Obss. XXV. 3. *Hasse § 57. Lang* i. Arch. f. c. Pr. XXI. S. 303. ff. [3]) Qui matrimonium accusare possunt *et c. X. 4,18. Hart. §§ 401.* ff. *Eichhorn* Kirchenr. II. S. 453. ff. [4]) *L. 6. D. h. t. LL. 8. 12. § 4. D. de captiv. 49,15. Nov. 22. c. 4. 117. c. 11.* und not. 2. citt. [5]) s. I. § 16. not. 1.

§. 279. [1]) *L. 2. §§ 1. sqq.* (s. § 273. not. 11). *Paul. L. 9. D. h. t. 24,2.* „Nullum divortium ratum est nisi VII civibus Rom. adhibitis, præter libertum ..". [2]) *L. 2. pr. eod. LL. 101. § 1. 191. D. de V. S.* [3]) *LL. 4. 5. 12. C. h. t. 5,17. Nov. 22. c. 19. L. 32. § 19. D. de don. i. v. et ux. 24,1. Glück* XXVI. § 1259 b. [4]) *Nov. 22. c. 5...7. Nov. 117. c. 12. 10.* [5]) *eiusd. Nov. c. 8. 9.* [6]) *eiusd. Nov. c. 13. 127. c. 4. 134. c. 11. [140.]* [7]) *c. 7. 8. X. de divort. 4,19. c. 2. 7. 8. 14. X. de conversione coniugator. 3,32. Conc. Trid. XXIV. c. 6. de sacr. matr.* [8]) *Eichhorn* Kirchenr. II. S. 462. ff.

§. 280. [1]) § 275. not. 4. *L. 22. § 1. D. ad municip. 50,1. Nov. 22. c. 36. Kämmerer* Ob eine Wittwe durch ... Stuprum ..... den höheren Rang u. s. w. verwirke, i. Arch. f. c. Pr. XVIII. 5. [2]) III. § 35. [3]) *Cod.* Divortio facto apud quem liberi morari vel educari debeant *5,24. Nov. 117. c. 7.* vgl. unten III. § 35. not. 9. [4]) *Bg § 112. not. 11.* II. § 96. not. 14.; zu *Cod.* De indicta viduitate et lege Iulia Miscella tollenda *6,40.* s. *Heinecc.* ad L. Iul. et P. *2,16. Brunquell* de conditione Si non nupserit. Ien. 1722. *Majans* Dispp. II. 39. *Bach* Opusc. VI. *Zimmern* de Muc. caut. Hdlb. 1818. und R. G. I. § 173. Justinians Bestimmung s. II. § 96. n°. 6. [5]) *Cuiac.* Obss. VI. 32. *Bijnkershoek* Obss. V. 12. sq. *Pothier* ad Dig. 3,2. *Dorn-Seiffen* Ius

§. 281. Anhang. Nichteheliche Geschlechtsverhältnisse. (*Abr. II. § 38.* n°. IV.)

I) Putativ-Ehe; II) Gewißens-Ehe; [III) †Disparagium oder Mißheirat; IV) Ehe zur linken Hand oder morganatische Ehe]; V) Concubinat und VI) andere verbotene Geschlechtsverhältnisse.

---

feminar. ed. II. p. 25. sqq. *Marezoll* bürg. Ehre S. 183. ff. *Zimmern* R. G. *§ 176.* *Klenze* i. Ztsch. f. g. R. W. VI. S. 32...35. [6]) *Ulp. L. 11. §§ 1...3. D. de his q. not. 3,2.* (*§ 2. cit.* „Pomponius eam quæ intra legitimum tempus partum ediderit, putat statim posse nuptiis se collocare. quod verum puto". *Nov. 39. c. 2.* erkennt die Strafen der vorzeitigen Wiederverheiratung auch gegen die im eilften Monat nach des Mannes Tod Gebärende.) *Gr. Val. et Th. L. 2. C. de sec. nupt. 5,9.* „Si qua ex feminis perdito marito intra anni spatium alteri festinaverit nubere (parvum enim tempus post x menses servandum adicimus, tametsi id ipsum exiguum putemus), probrosis inusta notis honestioris nobilisque personæ decore et iure privetur, atque omnia quæ de prioris mariti bonis vel iure sponsalium vel iudicio defuncti coniugis consecuta fuerat, amittat". (381.) *LL. 1. 2. 8. § 4. 9. C. de repud. 5,17.* *L. 4. C. ad SC. Tertull. 6,56.* *Nov. 22. c. 22. 40. 39. c. 2.* (*Ovid.* Fast. I. 33...36. c. interpp. Quintil. Inst. or. V. 13. § 9. „Adulterii [= stupri] rea est quæ cum anno vidua fuisset, enixa est".) s. *Bg § 121. not. 1.* *Beyer* Diss. et Opuscc. n°. 3. *Sarnighausen* Privatstr. d. verl. Trauerz. (Gotting. 1775.) in Barths Diss. Saml. I. 16. *Löhr* Mag. III. S. 520...25. und Arch. f. c. Pr. XVI. S. 31. ff. *Dirksen* Vers. S. 331. *Marezoll* i. Ztsch. f. Civ. u. Pr. V. 23. *Buchholtz* Jur. Abh. 12. *Geiger* i. Ztsch. f. Civ. u. Pr. XIX. S. 219. ff. *Glück* XXIV. S. 189..227. XXXIX. 250. ff. 274. not. 63. *Sav.* Syst. II. S. 525. IV. S. 532. *He. 67.* *Mü. 542.* n°. II. *Gö. 711. 713.* *Ro. 101.* *Pu. 429.* *Va. 227.* Anm. 2. *Ar. 418.* *Rud. 379.* *Si. 137.* B. *Hart. 46.* *Zimmern* R. G. *176.* [7]) *c. 4. 5. X. de sec. nupt. 4,21.* cf. *Paul.* ad Rom. *7,3.* I. Cor. *7,39.* s. *Pufendorf* Obss. IV. 214. *Püttmann* Probabilium c. 17. *Bülow* u. *Hagem.* Pr. Erörtt. II. 60. [8]) *Dig.* De inspiciendo ventre custodiendoque partu 25,4. *Paul. S. R. 2,24. § 5. sqq.* *Cramer* Vespasianus. Ien. 1785. p. 157...75. *Glück* XXVIII. §§ 1287. ff. *He. 28.* f. *Mü. 517.* f. *Gö. 705.* a. *S. 709.* *Pu. 430.* *Zimmern* R. G. *144.* *Hart. 382.* [9]) *Dig.* De adgnosc. ... lib. 25,3. [10]) *L. 1. pr. D. de inspiciendo ventre,* ein Rescript der divi fratres.

§. 281. I) Putativehe: *Hertii* Opuscc. I. 1. n°. 7. *Westphal* de veris causis matr. put. Hal. 1758. *Hommel* Rhaps. obs. 415. *Glück* II. § 116 b. XIX. S. 107. Kirchenr. *§ 121.* *Buchholtz* Jur. Abh. n°. 13. *Jacobson* l. c. S. 567. ff. *Gö. 714.* *Hart. 19.* [1]) *L. 57. § 1. D. de R. N. 23,2.* *L. 38. § 6. D. ad L. Iul. de ad. 48,5.* *L. 4. C. de inc. nupt. 5,5.* [2]) *c. 2. 14. X. qui filii 4,17.* cf. c. 3. *§ 1. X. de cland. desp. 4,3.* II) Gewißensehe: *Willenberg* De matr. conscientiæ. Ien. 1741. in Select. iur. matr. c. 5. *Sahme* de matr. leg. absq. bened. sacerd. Regiom. 1720. und Hal. 1744. *Grimmeisen* de liberis ob defic. in par. bened. sacerd. non legitimis. Alt. 1731. *A. G. Pagenstecker* bened. sacerd. non esse de essentia matr. Teutob. ad Rh. 1752. *Bauer* de m. consc. Lps. 1760. *Gatzert* de principum lib. ex matr. consc. illeg. Giss. 1733. *Schloer* Vindiciæ legitimor. natalium *et c.* Mogunt. 1782. Die Parteischriften in dem bentinckschen Rechtsstreit, bes. *Dieck* Gewißensehe, Legitimation durch nachfolg. Ehe und Mißheirat. Halle 1828. §§ 15...32. *Böhmer* I. E. P. IV. 3. §§ 39. sqq. *Eichh.* K. R. II. S. 329. f. *Glück* II. § 116 a. XXVIII. S. 432. f. *Hart. § 20.* III) [3]) Ueber disparagium s. die Lehrbb. des deutsch. Priv. R., *Willenberg* l. c. cap. 6. und die bei *Hart.* zu *§ 18.* angef. Litt. *Dieck* v. Mißheurath in Weiske VII. IV) [4]) *Willenberg* l. c. c. 7. *Hart. § 17. ibiq. citt.* *Niebelschütz* de matr. ad morganaticam. Hal. 1851. und die Lehrbb. des d. Pr. u. Privatfürsten-R. V) [5]) De concubinis: *Paul. S. R. 2,20.* *Dig. 25,7.* *Cod. 5,26.* *Th. C.* De naturalibus filiis et matribus eorum *4,6.* *Cod.* De naturalibus liberis et matribus eorum et ex quibus causis iusti efficiantur *5,27.* s. § 285. *Conc. Trid.* XXIV. c. 8. *de ref. matr.* — R. P. O. v. 1530. Tit. 33., von 1548. Tit. 25. (Litteratur bei *Glück* XXVIII. §§ 1295. ff.) *Zimmern* R. G. *§ 133.* *Rud.* R. R. G. I. § 27. zu nott. 3...6. *Mü. 501.* n°. 4. *Gö. 715.* *Ramos del Manzano* in Meerm. Thes. V, p. 551. sqq. *Heinecc.* ad L. Iul. et P. P. II. c. 4. *Schmidt* de

Zweiter Abschnitt. Eltern- und Kindes-Verhältniß.

§. 282. Verschiedene Bedeutung nach römischem und unserem Recht. (*Abr.II.§41.*)

Der Begriff der patria *potestas* ist dem deutschen und heutigen Rechte fremd[1...7]. Das Kind ist nach diesem durchaus Subject, gar nicht Object von Privat-Rechten[8-9].

I. Begründung dieses Verhältnisses. (*Abr.II.§42.*)

§. 283. A. Entstehungsgründe im allgemeinen.

Natürliche und juristische Entstehung[1-2]. Entstehung der väterlichen Gewalt[3...5]. Tod des mittelbaren Inhabers derselben[6]. Postliminium[7]. Restitution[8]. Nie usu capio[9].

B. Insbesondere

§. 284. A. Zeugung und Geburt.

Nach älterem Recht wird auf die Zeit der Zeugung[1], nach neuerem auf die der Geburt[2] gesehen. Gründe[3-4] und Wirkungen hievon[5-6].

---

concubinatu Rom.Berol.1835. *du Bois* de conc.ap.Rom.Tr.ad Rh.1839. *Luden* v.Concubinat in Weiske II.S.770.ff. 6) Erbr. §§16.25. VI) 7) Ad L.Iuliam de adulteriis *etc.*: (*Paul.S.R.2,26. Greg.Cod.14,2. Th.C.9,7.*) *Dig.48,5. Cod.9,9.* De incestis nuptiis: *Greg. Cod.5,1. Th.C.3,12. Cod.5,5. Nov.12.—Mü.501*.n°.I...3. *Gö.716.* und die Lehrbücher des Strafrechts. 8) §272.not.18. 9) §212.nott.10.ff. 10) III.§3.

§. 282. cf.I.§25. *Bg §42.* Quellen s.das. — *Mancinellus* de parentum cura in liberos.Paris.1511. *Thomasii* Diss.acad.I.23.III.98. *Kerkraad* de iure patrio.Ultrai.1708. *Hommel* de usu hod.patriæ pot.Rom.in foro Germ.Lps.1732. *Renz* Mixtura iurium Rom. et Germ.in materia patriæ pot. conspicua.Tub.1735. *Gebauer* de patr. pot.Rom.et Germ. Ff.1773.auch in Exercc.acad.I.p.131. *v.Globig* Gründe u.Gränzen der vät.Gew.Dresd.1789. *Brunsich* de unitate pers.int.patr.et lib. Gott.1795. (gegen diese grundverkehrte Auffaßung des Verhältn.zw. pater u.filius familias s. *Bg §45.not.20. §43.not.9.*) *Rothhahn* de mat.pot. in liberos ex Germ.legg.Gott.1772. *Gunderheijden* de iurib.patr.pat.L.B.1811. *Kœnen* de pat.pot.et statu fam.Amst.1831. *Cropp* in seinen und Heises Jur.Abhh.I.16. „Giebt es ... eine potestas der Mutter über ihre Kinder?“ *Ro.*in s.Ztschr.VI.S.95.ff. *Heimbach* sen.‘Vät. Gewalt’ in Weiske XII. *Trummer* zu §271.cit. §§34.ff.82.ff. vgl.*Eichh.*d.Priv.R.*314.*f. *He. 71...74. Se.449.483. Mü.548.*f. *Gö.717.724.*ff. *Pu.432.431. Ro.139.*f.*148.*f. *Si.140. Ar. 419.428.437.* 1) *Bg §43.not.4.* 2) *Bg §45.* 3) *Bg §45.not.20.* 4) z.B. *Walter* röm. R.G. *§476.* s.dagegen *Bg §43. not.9.*a.E. vgl. *Bg §33.not.12.* 6) *Bg §44k.* vgl.unten III. §28. 7) vgl.I.§§22.24. 8) vgl.§272.not.33. 9) §290.

§. 283. vgl.*Mü.550. Gö.718. Si.143.*a.A. 1) §284. *Bg §42.* 2) §§285...88. *Bg §42.not.9.* 3) *L.1.§16.* bis *L.3.D.de adgnosc.lib.25,3.* cf.*L.25.D.de stat.hom.1,5.* (*Ulp.*Ingenuum accipere debemus etiam eum de quo sententia lata est, quamvis fuerit libertinus, quia res iudicata pro veritate accipitur“.) und oben §280.n°.V. vgl.§290.not.4. 4) §292.a.E. 5) *Gai.1,66.sqq.95.* 6) *Bg §45n.* 7) *§5.I.quib.mod.ius pot.solv.1,12. L. 12.§§1.6.D.de capt.49,15. L.1.C.de postlim.8,51. Paul.S.R.4,8.§24.* 8) *§1.i.f.I.tit.cit. Paul.*l.c. *L.13.§1.C.de sent.passis 9,51.* 9) *Bg §46i.* vgl.§290.not.5.

§. 284. *Donell.* Comm.II.c.20.§§6.sqq. *He.89. Se.471. Mü.550.nott.1.8. Gö.718.* n°.II.1. *Pu.439. Si.138.*n°.I. *Ar.420.*cf.39. 1) *Gai.1,55.sqq. Ulp.5.sqq. Pr.§1.I.de patr. pot.1,9.* „In potestate nostra sunt liberi nostri, quos ex iustis nuptiis procreavimus. §. Nuptiæ autem ...“ cf. §272. nott.3.4.30. *§12.I.de nupt.1,10. LL.4.5.D.de his q. sui 1,6.* 2) *Iustinian.* (a.530.) *L.11.C.de nat. lib.5,27.* „..Et generaliter definimus, .. ut semper in huiusmodi quæstionibus, in quibus de statu liberorum est dubitatio, non conceptionis, sed partus tempus inspiciatur. et hoc favore facimus liberorum, ut editionis tempus statuamus esse inspectandum...“ und oben §276.not.8. 3) *Bg §50f.* 4) s.folg. §.not.5. 5) I.§29. *Bg §51.not.14.* 6) §281.n°.II...IV.

B. Juristische Handlungen.

§. 285. 1. Legitimation. (Die alten causae probationes.)

Unmöglichkeit der Legitimation nach klassischem Recht; dessen causae probationes[1.2]. Legitimationen des römischen und kanonischen Rechts[3...12]. Deutsches Recht[13] und +legitimatio Germanica, minus plena oder ad honores[14].

2. Adoption i.w.S. *)

§. 286. a. Gemeinsames.

Begriff der Adoption i.w.S.[1]. Justinians Adoptionsordnung[2] und Abweichung vom älteren

---

§. 285. *§13.I.de nupt.1,10.* (dazu *Va.255.*Anm.3.) *Tit.Codd.*De naturalibus liberis zu §281.not.5.*citt.* *Nov.74.89.* — Qui filii sint legitimi *X.4,17.* — *Gribner* D.de iure legitimandi principum imp.Lps.1705. u. in Opuscc.I. *Thomasii* Diss.ac.III.103. *Iordens* de legitimat.in Fellenberg Ipd.antiq.II.17. *Pfeiffer* Verm.Aufs.S.246...71. *Donell.* Comm. II.c.21. *He.90...94. Se.477...79. Mü.556...58. Gö.719. Pu.440. Ro.142. Va.254...56. Si. 138.*n°.III. *Ar.421. Br.9. Zimmern* R.G.219. 1) *Bg § 51g.* 2) *Gai.1,65...96. 2,142...43. 3,5. Ulp.3,3.7,4. Liv.38,36. Bg § 58 o. § 51.not.3. Bethmann-Hollweg* De causae probat. Berol.1820. *Zimmern* R.G.*§214. Rud.*R.R.G.I.§49. 3) *L.1.C.h.t.5,27.*(a.336.) 4) *L.5. eod.*(a.476.) 5) *Iustiniani LL.10.11.*(a.529.530.) *C.h.t.5,27.* cf.*Anast.L.6.*(a.508.) *Iustini L.7.C.eod.*(a.519.) *Novv.12.c.4.18.c.11.74.c.1.2.89.c.8.* vgl. Erbr.§15.a.E. *Lauterbach* de leg.per subsequens matr.in Diss.acad.III.98. *Püttmann* Miscellan.c.4. *Thibaut* Vers.I.10. *Dieck* Legit.durch nachfolg.Ehe.Halle 1832. 6) §281.not.5. 7) *Böhmer* de leg.ex damn. coitu nator. in Exercc.ad Pand.I.20. I.E.P.IV.17.§§16.sqq. *Glück* II.S.292.ff. *Schrader* Abhdll.I.1. *Schweikart* de matr.vi in liberis adult.legitimandis non defic.Regiom.1823. *Dieck* l.c. *Schneider* Welche uneheliche Kinder können nach r.R.leg.werden? in Ztsch.f.Civ.u. Pr.XII.10.1. cf.*Reitz* ad Theophil.§13.de nupt. *Witte* Preuß.Intestat-Erbr.Lpz.1838.S.16.f. 8) *LL.3.9.C.h.t. Nov.89.c.2...4.11.pr. cit.§ ult.I.de nupt. Theophil.* ad §2.I.de her.q.ab int. und *Reitz* ad Theoph.exc.XV. *Brisson.*Sel.Ant.ed.Trekell.IV.13. *Iordens* l.c.7. *Wunderlich* de leg.per obl.cur.Ien.1759. *Sav.*Gesch.d.R.R.im M.A.ed.II.I.S.46.ff. 9) *Marcian. L.57.§1.D.de R.N.23,2.* 10) *Nov.74.c.1.2.89.c.9.§1.* 11) I.§73. *Bg §100m. Ayrer* de rescr.legitimationis *etc.*Gott.1748. *G.L.Böhmer* Rechtsfälle II.128. 12) *Nov.74.c.2.§1.89. c.10. Püttmann* Miscell.l.c. *Marezoll* leg.per test.i.Ztsch.f.Civ.u.Pr.I.4. *Va.256.* 13) Sachs. Spieg.I.38. dagegen Schwab.Spieg.373. cf. II.Feud.26.§11. *Phillips* d.Pr.R.*§§151.180. Dreyer* Nebenstunden S.257.f. Schriften üb.den Bentinckschen Rechtsstreit von *Dieck, Tabor* u.A. 14) *c.13.X.qui filii sint leg.4,17.* Schwab.Spieg.376. C.G.O.I.Tit.3.§1. R.Hofr. O.Tit.1.§3. Reichsschl.v.1731.§11. *Glück §145. Eichhorn* d.St.u.R.G.*§351.*n°.II.*§449.* Dess. deutsch.Privat-Recht *§89.*

*) *Gai.1,97...107.134. Ulp.8.* De adoptionibus: *Inst.1,11. Dig.1,7. Cod.8,48.*und *Inst.* De adquisitione per adrogationem *3,10[11].* Tit.X.de cognatione legali *4,12.* [Preuß.Ldr. II.2.Abschn.10.§§666...716. *Code civ.* art.343...60.] *Thomasii* D.de usu pract.tit.Inst.de adopt.auch in Diss.ac.III.104. *Reinold* Opuscc.iur.p.230...34. *Schmitt* de ad.minus plena.Ien.1823. Dess. Lehre von der Adopt.Jena 1825. *Buchholtz* Abhh.n°.15. *Heimbach* v. Adoptio in Weiske I.S.155...63. *Scheurl* de modis liberos in ad.dandi.Lps.1850. — *Donell.* Comm.II.c.22.23. *Glück* II.§§148...55. *He.95...102. Se.472...76. Mü.551...55. Gö.720..23. Pu.441..44. Ro.143...47. Va.248..53. Si.139. Ar.422..25.138. Br.9. Zimmern* R.G.220..23.

§. 286. 1) *Mod.L.1.§1.D.h.t.* „..*adoptionis* nomen est .. generale, in duas autem species dividitur, quarum altera *adoptio* similiter dicitur, altera *adrogatio:* adoptantur filii familias, adrogantur qui sui iuris sunt". 2) *§2.I.h.t. Iustinian.L.10.C.h.t.* „sancimus per adoptionem quidem ad extraneam personam factam iura naturalis patris minime dissolvi; sed ita eum permanere, quasi non fuisset in alienam familiam

Recht [3…5]. Grundsatz der Adoption [6], dessen Anwendungen [7…13]. Besondere Beschränkungen [14…19]. Erfordernisse und Wirkungen [20…24].

---

translatus… Omnia .. maneant integra iura, sive ad inofficiosi querelam, sive ad alias omnes successiones sive ab intestato sive ex t-to, quæ liberis deferuntur, ut ipse possit et prodesse patri naturali et ab eo naturalia debita percipere… *§ 1.* …licentiam damus tali adoptivo patri, i.e. extraneo, si voluerit, nihil ei t-to suo relinquere; sed quidquid reliquerit, hoc liberalitatis sit et non legitimo vinculo adstrictum … sed si quidem remaneat in tali adoptione, nulla interveniente emancipatione, in hoc tantummodo prodesse ei volumus adoptionem, ut non successione ab intestato patris extranei adoptivi defraudetur … neque enim ex veteri iure cognationis nexus naturalis patris per adoptionem filio dissolvebatur, sed accedebant iura adoptiva, certis reliquiis ex iure naturali remanentibus, et qui legitimus erat familiæ adoptivæ, is naturali fuerat cognatus… *§ 5.* Ubi autem homo sui iuris constitutus per adrogationem ex Augusta liberalitate sese dederit in adoptionem, tunc omnia iura patris adoptivi habeat intacta … et omnia quæ ad filium adrogatum veteres legum latores introduxerunt, intacta inlibataque in eorum personis reserventur“.(a.530.) [3]) *§ 5. I.* und *LL.6.10.15.§1.37.pr.43.D.h.t.* ‘Adoption’ an Bruders Statt ist ein Widerspruch nicht allein gegen den Begriff der familia, sondern auch gegen den der Familie. (*Diocl.et Max.L.7.C.de her.inst.* „Nec apud peregrinos fratrem sibi quisquam per adoptionem facere poterat..“. vgl.Erbr.§ 49.not.2.) und wenn (unter Berufung auf *Leyser* Spec.20.m.5. u. *Crell* de adopt.in loc.fratris non monstrosa Vit.1755.§9.) *Thibaut* Syst. *§ 381.* sagt „Eine s.g. Adoption an Bruders und Vaters Statt enthält nur im Ausdruck etwas Sonderbares. Denn es läßt sich sehr gut denken, daß jemand durch ein Rescript des Regenten oder Erbverträge in Verhältnisse eines Bruders oder Vaters gebracht „werden kann“, so könnte man mit demselben Rechte die morganatische Ehe oder die Entscheidung, daß einer Geschwängerten die Rechte einer Ehefrau des Schwängerers zustehen, eine „Adoption an Ehefrauen Statt“ nennen. In *L.42.pr.D.de bon.lib.38,2.* arrogiert ein Bruder den andern, nimmt ihn in seine väterliche Gewalt, nicht an Bruders Statt an; in *L.17.pr.D.de R.N.23,2.* ist per adoptionem quæsita fraternitas, weil pater meus ein fremdes Kind adoptiert hat, und in *L.58.§1.D.de her.inst.28,5.* ist gar nicht von irgend einer Adoption die Rede (so wenig als beim Smollistrinken), wie auch *Va.248.* gegen *Buchholtz* l.c.S.210.f. und *Mü.551.not.2.* bemerkt; auch *Ausonius* Mos.✝.430., wenn er zum Rhein sagt, „fratrem adopta“, denkt nicht, wie sein Ausleger *Freher*, an eigentliche Adoption, sondern gebraucht, wie es im klassischen Latein oft geschieht, adoptare statt sibi adiungere, socium adsumere, amice excipere u.dgl. [4]) *Bg § 58.nott.26.33.* [5]) s.I.§§17.22…24.26. [6]) *§ 4. I.h.t.* „adoptio enim naturam imitatur ..“. *Iav.L.16.D.h.t.* „Adoptio enim in his personis locum habet, in quibus etiam natura potest habere“. *L.23.pr.D.de lib.et postum.28,2.* Das Durchgreifende dieses Grundsatzes verkennt auch wieder *Pu.442.n°.2.* [7]) *Gai.1,103. § 9.I.* und *LL.2.§1.40.§2.D.h.t.* *Theoph.§ 9.h.t.* und dazu *Marezoll* in Löhrs Mag.IV. S.382…86. [8]) *L.30.D.eod.* [9]) *§4.I.* und *L.15.i.f.* *L.40.§1.D.h.t.* *L.5.D.de his qui sui 1,6.* cf.*Gai.1,106.* *Bg § 38k.* [10]) *L.34.D.eod.* *L.77.D.de R.I.* [11]) *LL.24.25.§1.D.h.t.* [12]) *L.7.C.de nat.lib.5,27.* *Nov.74.c.3.89.c.7.11.§2.* [13]) *Gai.1,101.* *Ulp.8,8a.* *§10.I.h.t.* *Ulp.L.29.§3.D.de inoff.test.5,2.* *Diocl.et Max.L.5.C.h.t.* [14]) *L.17.§4.D.h.t.* [15]) *LL.15.§§2.3.17.§3.D.h.t.* cf.*L.23.i.f.eod.* *§2.I.de nupt.1,10.* *§2.I.de agn.succ.3,2.* *Reinold* Varior.c.42. [16]) *LL.17.pr.§1.32.§1.D.h.t.* *L.67.§3.D.de R.N.23,2.* *Buchholtz* l.c.S.216. *Lang* i.Arch.f.c.Pr.XXI.S.304.ff. [17]) *L.37.§1.D.h.t.* [18]) cf.*Gai.1,101.sq.* *Ulp.8,5.* *Dig.h.t.passim.* [19]) *Bg § 47.not.68.* [20]) nott.11.u.folgg. §§287.f. [21]) *LL.26.23.D.h.t.* [22]) *Paul.L.35.D.h.t.*

§. 287. b. Adrogatio.
Form[1...4]. Erfordernisse[5], insbesondere der eines Inpubes[7...10]. Arrogation durch Frauen[11]. Wirkungen[12.13]. +Adrogatio per testamentum?[14].

§. 288. c. Adoptio i.e.S., +plena oder Iustineanea und +minus plena. Erfordernisse[1], Formen und Wirkungen[2...7]. [Einkindschaft[8]].

§. 289. II. Wirkungen des Eltern- und Kindes-Verhältnisses. (cf.*Abr.II.§ 41.*) Unterscheidung der Elternrechte von denen der patria potestas[1...8] u.Darstellung der ersteren[9...21].

„Per adoptionem dignitas non minuitur, sed augetur. unde senator et si a plebeio adoptatus est, manet senator; similiter manet et senatoris filius". [23]) Erb.§17. [24]) s.ob.§212.

§. 287. [1]) *Gell.*N.A.5,19. *Gai.1,98,sqq. Ulp.8,2...4.* [2]) *Cic.*adv.Rull.2,12. *Tac.*Hist. 1,15. vgl.*Marquardt* Hdb.der röm.Alterth.IV.p.196.238.ff. [3]) *LL.2.6.C.h.t.8,48.* [4]) §286.not.18. [5]) *L.2.pr.D.h.t.1,7.* [6]) *L.8.D.eod.*(„*curatoris* auctoritas" sagt der Grieche Modestinus). *L.5.C.de auct.præst.5,59.* [7]) *Cels.L.7.D.h.t.* „Cum adoptio fit, non est necessaria in eam rem auctoritas eorum, inter quos iura adgnationis consequuntur". [8]) *LL.6.11.D.eod. §7.I.h.t.1,11.* [9]) *§3.I.h.t. LL.15.§§2.3.17.§§1.sqq.D.h.t.* [10]) *§3.I.h.t. LL.18...20.22.D.h.t. L.2.C.h.t. L.13.D.si q.in fraud.patron.38,5. L.2.§1.D.fam.erc.* und *L.8.§15.D.de inoff.* in Erbr.§7.not.6. *L.1.§21.D.de collat.37,6.* cf. Erbr. § cit.u.das.§§109.f. *Pu.562. Ar.607. Majans* Disputt.I.12. [11]) §286.not.13. [12]) *Gai.1,107. §11.I.h.t. LL.2.§2.15.pr.40.pr.D.h.t.* [13]) *§2.I.de adq.per adrog.3,10[11].* vgl.*Bg § 46 c.§ 58 β′.γ′.* unten III.§ 81. Erbr.§17. [14]) *Cic.*Brut.c.48. ad Att.*7,8. Plin.*H.N.*35,2. Liv.*ep.116. *Vell.Pat.2,60. Suet.*Iul.83. Oct.101. Tib.16. Galb.17. *Tac.*Ann.*1,8. Appian.*B.C.*2,143. 3,11.14.94. Dio Cass.40,51.44,35.45,3.46,7. Eutrop.7,1.* vgl.*Cuiac.*Obss.VII.7. *Hofmann* in Fellenb. Ipd.ant.II.p.274.sqq. *Dirksen* Vers.S.73. bes.*Bachofen* in Ausgew.L.des röm.Civilr.n°.VIII.

§. 288. [1]) *L.5.D.h.t.1,7. L.11.C.h.t.8,48.* [2]) *Gai.1,134.* mit *Huschke* Studien S, 204.ff. *L.11.C.h.t.* [3]) *cit.L.11.* [4]) *LL.2.pr.3.4.36.§1.D.h.t. L.2.D.de off.præt.1,14.* [5]) *LL.38.39.D.h.t.* [6]) *L.10.pr.§4.C.h.t.* [7]) *§5.eod. Püttmann* Miscellan.c.9. [[8]) Von Einkindschaft, +unio prolium, +parificatio liberorum, s. *Eichhorn* deutsch.Pr.R. *§ 346. Kraut* Grdr. *§ 213. Beseler* Erbvertr.II.S.150.ff. *Phillips* deutsch.Pr.R. *§§ 149.f. Rühl* v. Einkindschaft in Weiske III. *Rick* de un.prol.Colon.1850. *Tafinger* Einkindsch.Nürnb.1785. *Ringelmann* Einkindsch.Würzb.1825.]

§. 289. s.§§276.282. vgl.*He.*zu§282.cit. *Se.449.483.f. Mü.548.562. Gö.724.f. Pu.431.f. Ro.149. Si.140. Ar.*zu§282.cit. [1]) *Bg § 45.* [2]) *L.11.i.f.D.de lib.et post.28,2. L.10.C.de patr.pot.8,47. L.4.D.de adgnosc.lib.25,3. L.2.C.de inf.expos.8,52.* [*Th.C.5,7. Nov.153.*] Can.9.dist.87. *X.*De infantibus et languidis expositis 5,11. *CCC.132.* [3]) *cit.L.10.C.* und De patribus qui filios distraxerunt: *Th.C.3,3. Cod.4,43. Nov.134.c.7.* cf.*Gai.1,132. Ulp.10,1. Paul.S.R.5,1.§1. Dionys.Hal.2,15.26.sq.* [4]) *Bg § 42.not.3.* [5]) III.§§ 28.ff. [6]) s.§301. [7]) Erbr.§§60.f [8]) s.oben§216. [9]) *Burchardi* gemeinr.Erziehungsr. i.Arch.f.c.Pr.VIII.8. Der Vater übt die Erziehungsrechte; ist aber durch seine Schuld die Ehe geschieden, so werden bei der Mutter, so lange sie nicht wieder heiratet, die Kinder auf Kosten des Vaters, sofern sie dieser zu tragen vermag, erzogen. *L.3.§5.D.de lib.exh.43,30[29]. Cod.*Divortio facto apud quem liberi morari vel educari debeant 5,2. *Nov.117.c.7.* [10] *Dig.* De obsequiis parentibus .. præstandis *37,15.* [11]) De emendatione propinquorum: *Th.C.9,13. Cod.9,15. L.4.C.de patr.pot.* [12]) §272.n°.12. §279.not.3. [13]) §162.not.3.α′. [14]) s.oben§212. [15]) I.§165.not.5. [16]) De in ius vocando: *Dig.2,4. Cod.2,2.* und *Gai.4,183.187. §3.I.de pœna tem.lit.4,16.* [17]) *Ulp.L.34.§1.D.de iure iur.12,2.* „ius iurandum de calumnia neque patrono neque [lies *aeque* patrono *atque*] parentibus remittitur". [*Hal.*'æque patrono et'] *Basilic.*5.c.34. „ὃν οὐκ ὄμνυσι πατὴρ ἢ πάτρων". cf.*L.8.§5.D.qui satisd.2,8. L.16.D.de iure iur. L.7.§§3.4.D.de obseq.par. L.13.*

III. Aufhebung desselben *). (*Abr.II.§ 43.*)

§. 290. A. Natürliche Aufhebung.

Tod[1]. Capitis diminutio[2]. +Emancipatio Germanica[3]. Urtheil[4]. Verjährung oder Usucapion?[5]. Uebereinkunft?[6]. Ἀποκήρυξις?[7].

B. Juristische, oder Aufhebung der väterlichen Gewalt.

§. 291. A. Uebergang derselben auf Andere.

Arrogation eines Hausvaters[1]; plena adoptio[2]. Tod, capitis diminutio oder Verwirkung des mittelbaren Inhabers der potestas[3...5].

§. 292. B. Untergang derselben unter Lebenden.

1) Strafe[1...3]. 2) Würden[4.5]. 3) Emancipatio[6...18]. (v. d. præmium emancipationis s. III. § 31.)

---

§ 14. D. de damno inf. 39,2. s. *Glück* XII. S. 363. ff. [18]) *L. 8. D. de probat. 22,3.* [19]) *L. 7. § 3. D. de iniur. 47,10.* [20]) *L. 1. § 43. D. de vi 43,16.* cf. II. § 229. [21]) *L. 10. D. de obseq. L. 4. D. si a par. 37,12.* cf. *Nov. 134. c. 7.*

*) *Gai. 1,121...37. Ulp. 10. Paul. S. R. 2,25. Inst.* Quibus modis ius potestatis solvitur *1,12. Dig.* De ... emancipationibus et aliis modis quibus potestas solvitur *1,7. Cod.* De emancipationibus liberorum 8,49. (cf. De ingratis liberis: *Th. C. 8,14. Iust. C. 8,50*[49.]) *Nov. 81. Chr. Thomasii* de usu pract. tit. Inst. I. 12. in Diss. acadd. IV. 113. *Glück* II. §§ 156. ff. *He. 104...10. Se. 480...82. Mü. 559...61. Gö. 740...43. Pu. 445. Ro. 162.* f. *Si. 143.* n°. 11. *Ar. 426.* f. *Br. 10. Zimmern* R G. 224. f.

§. 290. [1]) *Pr. § 1. I. h. t. Bg § 45. not. 18.* [2]) *Pr. §§ 1. 3. 5. I. h. t. Bg §* 58. oben I. § 24. n°. 1. [3]) *Böhmer* Exercc. ad Pand. I. 21. *Glück* II. § 161. ff. *Pufendorf* Obs. I. 99. *Hommel* Rhapss. V. obs. 567. *Eichmann* Erklär. des bürg. R. III. S. 431. *Eichhorn* deutsch. Pr. R. *§ 313. Kraut* Vormundsch. II. S. 644. ff. *Se.* Archiv II. 308. III. 268. ff. V. 50. 37. vgl. auch III. § 30. not. 9. [Preuß. Ldr. II. 2. §§ 210. f. 228. f.] [4]) *L. 1. § 4. D. de lib. exh. 43,30.* s. oben § 283. not. 3. [5]) vgl. § 283. not. 9. *L. 1. C. de patr. pot. 8,47.* weist nur zur Prüfung der Thatsache an, ob der angebliche filius *familias* ein solcher sei (*Ant. et Ver.* „Si filium in potestate tua esse dicis, præses provinciæ æstimabit an audire te debeat, cum diu passus sis ut patris familias res eius agi per eos qui testamento matris tutores nominati fuerunt".); und *L. 25. pr. D. h. t. 1,7.* sagt nur, die geschehene Emancipation gelte, weil sie gerichtliche Handlung ist, als gehörig vorgenommen, bis das Gegentheil erwiesen werde, und es verdiene keinen Glauben, wer sich zu eignem Vortheile einer Rechtsunförmlichkeit zeihe. (*Ulp. L. cit.* „Post mortem filiæ suæ quæ ut mater familias quasi iure emancipata vixerat et testamento scriptis heredibus decessit, adversus factum suum, quasi non iure eam nec præsentibus testibus emancipasset, pater movere controversiam prohibetur". cf. *L. 5. § 1. D. de probation. 22,3. c. 23. X. de elect. 1,6. c. 6. X. de renunt. 1,9. c. 7. 11. i. f. X. de probation. 2,19. c. 16. X. de sent. et re iud. 2,27.*) *LL. 3. 4. C. de præscr. XXX. 7,39.* gehen nur auf vermögensrechtliche Klagen und sagen nicht, wie *Thibaut* Bes. *§ 61.* S. 159. meinte, die väterliche Gewalt werde nicht mehr geschützt, wenn der Sohn 30 Jahre als gewaltsfrei gelebt habe. [6]) *L. 3. C. de emanc. 8,49.* vgl. *Bg § 108. not. 5.* [7]) *L. 6. C. de patr. pot. 8,47.* cf. *Val. Max. 5,7,2. 5,8,3. 4. Breuning* de abdicatione. Lps. 1753. *Glück* II. § 160. *Dirksen* Vers. II. 1.

§. 291. [1]) § 287. not. 13. [2]) § 288. not. 6. [3]) § 290. not 1. [4]) § 287. not. 9. [5]) *Nov. 12. c. 1. sqq.* s. folg. § nott. 1...3.

§. 292. [1]) cf. *L. 2. C. de infant. exp. 8,52.* [*Nov. 153. c. 1.*] *C. un. X. eod. 5,11.*] [2]) *L. 12. C. de episc. aud. 1,4. = L. 6. C. de spectac. 11,40.* [3]) *Nov. 12. c. 2.* s. § 291. not. 5. [4]) *Bg §* 58 *v...y.* u. *not. 17.* das. *Abr. cit. §* 43. n°. 2. [5]) *§ 4. I. h. t. 1,12. L. 66. C. de decur. 10,31. L. 5. C. de consul. 12,3. Nov. 81.* (alles byzant. Verfaßungsrecht). vgl. § 290. not. 3. und III. § 30. not. 9. [6]) *Donell.* Comm. II. c. 24. *Scheltinga* de emanc. Franeq. 1730...31. u. i. Fellenb. Ipd. ant. II. 18. *Heimburg* diff. emanc. Rom. et Germ. capp. Ien. 1742. *Va. 257.* [7]) s. § 290. not. 6. [8]) *Paul.*

Dritter Abschnitt. Vormundschaft *).

S.R.2,25.§6. L.5.C.h.t.8,49. Nov.89.c.11. Buchholtz Jur.Abhh.n°.17. [9]) § 3.I.de adopt. 1,11. L.10.pr.C.eod.8,48. L.132.pr.D.deV.O.45,1. cf.not.8. vgl.not.11. Gegen Va.l.c. Se. 481. Si.139.not.63.u.A. s.Pu.445. Ar.427.Anm.3. [10]) Gai.1,132.134.sq. Ulp.10,1. §6.I.h.t. c.Theoph.ad h.l. L.6.C.h.t. s.Bg § 58.not.37. § 48.not.17. Abr.II.§ 43.n°.1.d. [11]) L.5.C. h.t.von 503. [12]) § 288.nott.3.4. [13]) L.6.C.eod.v.531. [14]) L.92.D.de cond.et dem.35,1. Paul.S.R.4,13.§1. In L.114.§ 8.D.de leg.1.30. ist das emancipare nicht Bedingung, der Gewalthaber ist nur rogatus. Hierher gehört auch L.16.§2.D.de cur.fur.27,10. („.. eique ... legasset ..“), die übrigens von einem Zwang des Verschwenders, seine Kinder gemäß seines Vaters Willen zu emancipieren, nichts sagt. Rud.Vorm.I.S.314.ff. Glück XXXIII.S.145.ff. Pu.l.c. [15]) L.5.D.si a par.37,12. [16]) LL.32.pr.33.D.h.t.1,7. [17]) citt.Tit.De ingratis liberis. Val.Val.et Grat.L.un. „Filios et filias ceterosque liberos contumaces qui parentes vel auctoritate convicii vel cuius cumque atrocis iniuriæ dolore pulsassent. leges emancipatione rescissa damno libertatis inmeritæ multari voluerunt“.(a.367.) [18]) § 283.not.8.

*) Gai.1,142...200. Ulp.11.12. Paul.S.R.2.27...30. Fr.Vat.§§123...247. Greg.Cod.6,1. Th.C.3,17.18. Inst.1,13...26. Dig.26.27. Cod.5,28...70. Novv.22.c.40.72.89.c.14.94.118.c.5. 123.c.5.131.c.15.[155.] Goldene Bulle VII. § 4. R.P.O.1548.Tit.31. 1577.Tit.32. C.G.O. 1555.I.Tit.76. Conc.der C.G.O.I.Tit.34.§13. Tit.94.II.§ 2. III.Tit.9.§ 6.Tit.34.§13.Tit.52.§ 6. R.A.v.1570.§§ 83.89. Dep.Absch.1600.§§ 26.95. Wahlcap.Jos.I.Art.47. Eine speciellere Nachweisung, auch particularer Quellen s. bei Rud. Das R.der Vormundsch.III.8°.Berl.1832...34. Bd.1.S.VII...XXII. und üb.die Bearbeitungen das.S.XXII...XXVI. (rec.v. Bethm.-Hollw. im Rh. Mus.für Jpdz.VI.7. Donell. Comm.lib.III. Glück Comm.XIX...XXXII. Kraut Die Vormundsch. nach d. Grunds.d.deutsch.R.III.8°.Gött.1835.1847.1859.—R.P.O 1548. Tit.31. oder R.P.O.1577.Tit.32. „Von der Pupillen und minderjährigen Kindern Tutorn und Vormündern. § 1. Wiewohl in gemeinen beschriebenen Rechten ernstlich disponiert und versehen ist, daß den Pupillen und minderjährigen Kindern von ihren Vormündern mit allem Fleiß und Ernst fürgestanden und derselben Nutz und Wohlfahrt gesucht und gefördert werden solle, so befindt sich doch vielmals, daß in solchen Sachen von den Vormündern betrüglich, versäumlich und nicht mit dem Fleiß, wie sie zu thun schuldig, gehandelt wird, den Pupillen und minderjährigen Kindern zu merklichem Schaden und Nachtheil. Wann aber nun den Obrigkeiten [Landesherschaften] zustehet, in dem gebührlich und billig Einsehens (zu) haben, damit die Pupillen und minderjährigen Kinder unbetrogen und unvernachtheilt bleiben, so wollen Wir allen und jeden Churfürsten, Fürsten, Prälaten, Grafen, Herren, vom Adel und Communen hiemit ernstlich auferlegt und befohlen haben, in ihren Fürstenthümern, Herrschaften, Obrigkeiten und Gebieten dermaßen Versehung zu thun und zu verordnen, daß den Pupillen und minderjährigen Kindern jederzeit, bis sie zu ihren vogtbaren [1548: und mannbaren] Jahren kommen, Vormünder und Vorsteher, da die ihnen von ihren Eltern in Testamenten oder letzten Willen nit verordnet, oder ihre angeborne Freund und Verwandten sich der Vormundschaft aus rechtmäßigen Ursachen nit unterziehen wollen oder dazu tüglich und geschickt wären, gegeben werden. § 2. Daß ein jeglicher Vormünder, er sei gleich in Testaments Weis verordnet, oder durch das Recht oder Richter gegeben, sich der Vormundschaft nicht unterziehen soll, die Verwaltung sei ihme dann zuvor durch die Obrigkeit decerniert und befohlen. § 3. Item, daß er nach befohlener Verwaltung von allen Gütern, liegend und fahrend, Schulden-Briefen und Registern, ein Inventarium aufrichte, und rechtmäßige genugsame Caution und Versicherung thue, auch mit Gelübden und Eiden beladen werde, daß er seinen Pflegkindern und ihren Gütern getreulich und ehrbarlich vorsein, ihre Personen und Güter versehen und verwahren, die Güter nicht in seinen eignen

I. Begriff und Arten der Vormundschaft *). (*Abr. II. § 44.*)

§. 293. A. Bedeutung von tutela und cura im allgemeinen; Obervormundschaft. Die Vormundschaft ist ein Familienrechtsverhältniss [1]. Tutela und cura [2.3] als ius und als officium, munus [4...7]. Obervormundschaft [8...11].

Nutzen lehren oder wenden, noch dieselbigen ohn Vorwißen, Erkanntnuß und Decret der Obrigkeit veräußern, verpfänden oder beschweren, und jährlich nit allein auf Erforderung der Obrigkeit, sondern auch selbst, vermög seines anbefohlenen Amtes, auch geleisteter Pflicht und Eids, gebührlich Rechenschaft anbieten und thun, um sein Verwaltung Rede und Antwort geben, und alles Anderes handeln, das einem getreuen Vormünder eignet und zustehet, alles bei Vermeidung der Straf gemeiner Recht, indem dann alle und jede Obrigkeiten vermög göttlicher und Unserer Kais. Gebote sonders fleißiges Aufsehens zu thun aus tragendem Amt sich schuldig erkennen, und darum aus keines Vormunders Fahrläßigkeit, noch weniger Bervortheilung, bei seinem Pflegkind oder dessen Gütern ungestraft hingehen laßen sollen" [1548: „alles bei Verpflichtung seiner Hab und Güter".]

*) *Gai. 1, 142. 188.... 93. 197. Ulp. 11, 1. 24. sqq. 12. Inst.* De tutelis *1, 13.* De auctoritate tutorum *1, 21.* De curatoribus *1, 23. Dig.* De tutelis *26, 1.* De auctoritate et consensu tutorum et curatorum *26, 8.* De curatoribus furioso et aliis extra minores dandis *27, 10. Cod.* De auctoritate præstanda *5, 59.* De curatore furiosi vel prodigi *5, 70.* — *Donell.* Comm. III. c. 1. 2. 13. 17. 18. *Beyer* de hod. tutor. et curator. differentia. Lps. 1703. u. in Diss. n°. 4. *Seger* hist. de tut. et cur. Lps. 1760. *Gebauer* de Serv. Sulp. defin. tutelæ in Exercc. acad. II. 26. *Brandenburg* Differentiæ iur. Rom. inter pupillos et minores, tutores et curatores. *etc.* Hannov. 1793. *Meyer* über den Untersch. zwischen Tutel und Cur. Ff. 1803. *Löhr* über Tutel und Curatel in s. und Grolm. Mag. III. 1. *Schweppe* Jur. Mag. I. 1. n°. 7. *Gans* Scholien zu Gains n°. 4. *Zœpfl* Vergl. der röm. Tutel u. Cura mit der heut. Vormundsch. Bamb. 1828. — *Rud.* Vorm. *§§ 1...18. He. 111...17. 156.* ff. *Se. 492. 501.* f. *513.* f. *Mü. 576.* f. *591. 607. Gö. 746. 755.* f. *761. 771...75. Pu. 331...33. Ro. 164.* f. *172. 195. Va.* (*261...*) *263. 279. 291...93. Si. 145. 155.* f. *Ar. 439...41. Zimmern* R. G. 232. 236...39.

§. 293. [1]) Mit *Pu.*s (*§§ 331.* f. bes. *332. not. e.*) Ansicht, daß die Vormundschaft kein Familien- sondern ein obligatorisches Verhältniss sei, trifft *Sav.*s (Syst. VIII. S. 340.) Meinung zusammen, „wegen der gemeinr. Ausbildung der Obervormundschaft gehöre die Vormundschaft, ihrem eigentlichen Wesen nach [?], dem öff. R. an, und nur einzelne Folgen derselben fallen dem Gebiete des Privatrechts anheim". s. dagegen auch *Si. 130. not. 2. 144. not. 1. Kuntze* in syst. iur. civ. hod. doctrina de iure tut. num iuri obll. adscribenda sit. Lps. 1851. Jene Ansicht von der systematischen Bedeutung dieser Lehre rechtfertigt sich auch dadurch nicht, daß aus der endenden Vormundschaft ein Quasicontractsverhältniss (III. § 46.) hervorgeht: der richtige Gesichtspunct ist, daß die Tutel und Cura Rechtsverhältnisse der Personen als der Mitglieder einer familia sind; daß diese schon im justinianischen Recht ihre ältere Bedeutung nicht mehr hat, mit unserer ‘Familie’ vollends nicht identisch ist, berechtigt sowenig die Vormundschaft nur um jenes Quasicontractsverhältnisses willen als ein Privat-, übrigens aber als ein öffentliches Rechts-Verhältniss zu bezeichnen, als die väterliche Gewalt und das Eheverhältniss nur um der Vermögensrechte willen im Privatrechte (als Familienrechtsverhältnisse) darzustellen. Die familienrechtliche, zu besonderer Treue und Hingebung verpflichtende Natur der Vormundschaft tritt auch in den Delationsgründen (§§ 301. ff. vgl. *Trummer §§ 98. 107.* a. E.) und deutlich in den strafrechtlichen Bestimmungen über die Rechtswidrigkeiten der Vormünder hervor; vgl. z. B. *L. 6. § 1. C. unde vi 8, 4. L. un. C. si q. eam cuius tutor fuerit, corruperit 9, 10.* R. P. O. Tit. 32. § 3. (S. 223. Z. 13. ff.) [2]) *Bg § 43 e.* [3]) folg. § 294. u. *Bg* Anh. VI. zu *§ 28.* S. *24. f. [4]) *Gai. 1, 192. sq. Ulp. L. 1. pr. D. de leg. tut. 26, 4.* „..Legitimæ tutelæ ... delatæ sunt ... his qui ad legitimam hereditatem admitti possunt, ... ut qui

§. 294. B. Auctoritas tutoris und consensus curatoris.

Der tutor ist auctor des die familia des Pupillen beherrschenden Willens; der curator *consentit* oder repräsentiert [1.2]. Bedeutung des *infantis* tutor [3]. Tutor personæ, non rei datur, zur Vervollständigung des wegen Inpubertät (oder Geschlechts) nicht aus und durch

---

sperarent hanc successionem, iidem tuerentur bona [eig. *familiam*] ne dilapidarentur". [5]) *Cato* ap. *Gell.* N.A. *5,13.* „maiores sanctius habuere defendi pupillos quam clientem non fallere". *Cic.* de off. *1,25.* „tutela ad utilitatem eorum qui commissi sunt, non ad eorum quibus commissa est, gerenda est". [6]) *Inst. de leg. patron. tut. 1,17.* „..plerumque ubi successionis est emolumentum, ibi et *tutelæ onus* esse debet". *L.73.pr.* cf. *L.10.D. de R.I.* [7]) *Pr.I. de excus. 1,25.* „..nam et tutelam vel curam placuit publicum munus esse" [und zwar personale: *LL.1.§4.18.§1.D. de muneribus 50,4. L.6.§15.D. de excus. 27,1.*] *Rud. §1.* vgl. auch [8]) *Bg §130. not. 22. Ulp. L.2.D. de feriis 2,12.* „..ut tutores aut curatores dentur, ut officii admoneantur cessantes, excusationes allegentur, alimenta constituantur, ætates probentur.." s. §§ 300...3. Erbr. §14. [9]) XII tabb. V.7...9. (*Gothofr.* 1.7.8). *Gai. 1,155. Ulp. 12,2. ibiq. citt. ll.* [10]) *Willenberg* de supremo orphanor. tutore. Gedan. 1722. u. in Exercitt. II. 377. *Heinecc.* de suprema princ. magistr. q. tutela. Ff. 1730. auch in Opuscc. syll. n°. 19. *Rud.* Vorm. § 2. *Ar. 462.* s. d. epistula d. Severi in *Mod. L.2.§2.D. qui pet. 26,6.* Omnem me rationem adhibere subveniendis pupillis, cum ad curam publicam pertineat, liquere omnibus volo..". *§ 3.I. de Atil. tut. 1,20. L.10.D. de munerib. 50,4. L.10.D. de conf. tut. 26,3. LL.1.pr.5.§1.D. de adm. tut. 26,7. L.22.C. eod. 5,37. L.7.pr. D. de cur. fur.* in § 294. not. 7. *L.3.§4. de susp. tut. 26,10. L.3.C. eod.* u. s. f. [11]) s. III. § 54. [12]) *Kraut* Vormundsch. *§§ 9.10.*

§. 294. *Titt.* De auctoritate *etc.* supra citt. *Glück* XXX. §§1337. ff. *Rud.* B. II. §§125...27. *He. 115. Se. 501. 513. Mü. 591.* f. *Gö. 761. Pu. 347. Ro. 164.* f. *173.* f. *Va. 279. Si. 145. not. 1. Ar. 451.* f. *Zimmern* R.G. 232. [1]) *Ulp. 11,25.* und rubr. *Dig. 26,8. L.1.§§2.3.D. de adm. tut. 26,7. L.19.D.h.t. 26,8. L.2.C. qui leg. pers. 3,6.* Nur Ungenauigkeit der Compilatoren oder bei dem griechisch schreibenden Modestin (*L.8.D. de adopt. 1,7. L.17.§1.D. de appell. 49,1.*) Unmächtigkeit im lateinischen Ausdruck ist es, wenn von curatoris *auctoritas* in den Quellen die Rede ist. vgl. *Löhr* a.a.O. S. 34. not. 8. Auch die Byzantiner haben keine Specialnamen für tutor und curator, sie nennen jenen vorzugsweise *ἐπίτροπος*, diesen *κουράτωρ*; auctoritas *αὐθεντία*, auctoritatem interponere *αὐθεντεῖν*, wie wir 'Vollwort des Tutors' gebrauchen; consentire, consensus = *συναινεῖν, συναίνεσις.* — *§2.I.h.t. 1,21.* „Tutor autem statim in ipso negotio præsens debet auctor fieri, .. post tempus vero vel per epistulam interposita auctoritas nihil agit". (In *L.1.§5.D. quod falso tut. 27,6.* ratihabiert nicht [wie *Bg § 116. not. 35.* unrichtig sagt] der Tutor die von einem negotiorum gestor interponierte Auctorität, sondern der magistratus die von einem falsus tutor interponierte, welche ipso iure nichts gilt, aber per prætoris tuitionem.) *LL.3.8.9.§5.D.h.t. 26,8.* [2]) *L.5.D. de R.I.* s. *Bg § 38. not. 3. LL.9.90.D. de A. v. O. H. 29,2. L.13.D. de mmiss. 40,1.* s. unten III. §§ 37. ff. [3]) *§§ 9.10.I. de inut. stip. 3,19[20].* „Pupillus omne negotium recte gerit, ita tamen, ut sicubi tutoris auctoritas necessaria sit, adhibeatur tutor, veluti si ipse obligetur: nam alium sibi obligare etiam sine tutoris auctoritate potest. Sed quod diximus de pupillis, utique de his verum est qui iam aliquem intellectum habent: nam infans et qui infanti proximus est, non multum a furioso distant, quia huius ætatis pupilli nullum intellectum habent; sed in proximis infantiæ propter utilitatem eorum benignior iuris interpretatio facta est, ut idem iuris habeant quod pubertati proximi. Sed qui in parentis potestate est inpubes [der also nicht sui iuris ist, eine familia und civile Vermögensrechtsfähigkeit für sich nicht hat], nec auctore quidem patre obligatur". *L.32.pr.§2.D. de A. v. O. P. 41,2. citt. LL.9.90.D. 29,2. L.18.§2.* cf. *§4.*

sich selbst seine familia beherrschenden Pupillarwillens; der curator ist Beihelfer oder Stellvertreter des civilrechtlich aus und durch sich selbst vermögensherrschaftsfähigen Willens: nach ius gentium sind beide munera nicht verschieden[4...10].

C. Welche Personen stehen unter tutela, welche unter cura?

§. 295. A. Römisches Recht.

Wehrlosigkeit[1]. Cura und tutela Gegensätze: Unfähigkeit sponte se defendere[2.3], und die, negotia sua tueri[4]. Muliebris tutela[5...9]. Curæ über Personen[10...15].

---

*C.de iure delib.6,30. L.11.D.h.t.*u.a. s.*Löhr* a.a.O.*§7. Goldschmidt* Verpflichtung der Vormünd. i.Arch.f.civ.Pr.XXXIX.17. [4]) *Marcian.L.14.D.de test.tut.26,2.* „[*Tutor*] ... personæ, non rei vel causæ datur". *§4.I.qui dari tut.1,14.* mit *§2.I.de curat.1,23.* cf. *Sav.* Beruf. S.103.ff. *Löhr* a.a.O. *Rud.* B. I. § 37. [5]) *L.5.C.h.t.5,59. LL.1.8.C. de nupt.5,1. L.6.D.de sponsal.23,1. L.20.D.de R.N.23,2. — Gai.1,189.193.* „..inpuberes .. in tutela esse omnium civitatium iure contingit, quia id naturali rationi conveniens est *etc.*" „Aput peregrinos non similiter ut aput nos in tutela sunt feminæ..". Von der Curatel dagegen sagt *Id.1,97.* „idem aput peregrinas gentes custodiri .. indicavimus". [6]) § 307. [7]) *Iul.L.7.pr.D.de cur.fur.27,10.* „Consilio et opera curatoris tueri (vom Magistrat) debet non solum patrimonium, sed et corpus ac salus furiosi". [8]) *§3.I.h.t.1,21.* „Si inter tutorem pupillumque iudicium agendum sit, quia IPSE TVTOR IN REM SVAM AVCTOR ESSE NON POTEST, non prætorius tutor, ut olim, constituitur, sed curator in locum eius datur, quo interveniente iudicium peragitur. et eo peracto curator esse desinit". *LL.1.pr.5.7.pr.D.h.t. L.1.§13.D.ad SC.Trebell.36,1.* vgl. III.§§ 37.40. *Rud.* Vorm. *§125.* [9]) *Paul.L.19.D.h.t.* „Curatorem etiam impuberi dari posse; sed ad ea quæ sollemnitatem iuris desiderant explicanda tutore auctore opus esse". cf. *Gai.1,184. Ulp.11,24. et ibi citt.ll.* u.not.8. [10]) *Ulp.L.1.§2.D.de adm.tut.* „Sufficit tutoribus ad plenam defensionem, sive ipsi iudicium suscipiant sive pupillus ipsis auctoribus; nec cogendi sunt tutores cavere, ut defensores solent; licentia igitur erit utrum malint suscipere iudicium, an pupillum exhibere, ut ipsis auctoribus iudicium suscipiatur: ita tamen, ut pro his qui fari non possunt vel absint, ipsi tutores iudicium suscipiant, pro his autem qui supra septimum annum ætatis sunt et præsto fuerint, auctoritatem præstent".

§. 295. [1]) *Kraut §§ 3.4.* [2]) *Paul.L.1.D.de tutelis.* „Tutela est, ut Servius definit, vis [*δύναμίς τις Basil.*] ac potestas in capite libero ad tuendum eum qui propter ætatem suam sponte se defendere nequit, iure civili data ac permissa. *§1.* Tutores autem sunt qui eam vim ac potestatem habent, exque re ipsa nomen ceperunt; itaque appellantur tutores quasi tuitores atque defensores..". *Marcell.L.30.D.de adm. et per.26,7.* „Tutoris præcipuum est officium, ne indefensum pupillum relinquat". *Rud.*B.*§4.* u.dazu *Hollw.*im Rh.Mus. VI.S.221.ff. s.*Bg §38.not.7.* [3]) *Gai.1,144.* [4]) *Pr. I.de cur.1,23.* „...eius ætatis sunt, ut sua negotia tueri non possint". u.o. *Rud.* B. *§9.* [5]) *Gai.1,145.194. Ulp.29,2-3.* [6]) *Gai.1,157.171. et ibi citt.ll.* [7]) *Bg §143 f,h.* [8]) *Gai. 1,190. Ulp.11,27.* [9]) Erbr.§14.not.10. [10]) XII tabb.V.9. (*Gothofr.*8.) *Cic.*de inv.*2,50.* Tusc.*3,6.* De rep.*3,33. Auct.*ad Herenn.*1,13. Ulp.12,2. Fest.*v.Nec. cf.*Dig.27,10. Cod.5,70. Rud.*B.*§16.* [11]) *L.1.pr.D.de cur.fur.27,10.* cf.*Paul.S.R.3,4a.§7. Rud.*B.*17.* [12]) *§4.I. de curat.1,23. L.2.D.de cur.fur.27,10.* s.*Rud.*B.*18.* vgl.*Trummer §106.* [13]) *Bg § 38 m.* [14]) *§2.I.de curat.1,23. L.7.§2.D.de minor.4,4. LL.60.61.D.de I.D.23,3. L.28.C.eod.5,12. L.7.C.qui pet.5,31. L.8.D.de adopt.1,7. L.5.i.f.C.de auct.præst.5,59. L.3.C.de his q.ven. 2,45. L.2.C.qui leg.pers.3,6. L.22.C.de adm.tut.5,37. LL.4.5.C.de auct.præst.5,59. L.3. C.de i.i.r.minor.2,22.* vgl. § 303. III. § 37. Erbr. § 87.not.6. [15]) *§2.I.cit. L.13.§2.D.de tut.dat.26,5. L.2.§§1.5.D.qui pet.26,6. L.6.C.eod.5,31. L.36.§1.D.de excus.27,1. L.43.§3. D.de procur.3,3. L.2.§29.D.ad SC.Tertull.38,17. Rud.*B.*14.* — Die deutsche s.g. Geschlechts-

§. 296. B. Gemeines Recht.

„Daß den Pupillen und minderjährigen Kindern jederzeit Vormünder und Vorsteher gegeben werden“ [1]. Besondere Standesvormundschaften [2].

§. 297. Anhang: Curæ bonorum.

Diese Verwaltungen fremdes Vermögens[1] gehören dem Obligationen- u. Erb-Rechte an [2...6].

II. Entstehung der Vormundschaft *). (*Abr.II.§ 45.*)

A. Fähigkeit Vormund zu sein **).

§. 299. A. Relative Unfähigkeit.

1) Politisch-Unfähige [1...4]; 2) eines Vormunds Bedürftige [5...11]; 3) Soldaten [12]; 4) Bischöfe und Mönche [13].

---

vormundschaft gehört nicht hierher. s. darüber *Kraut §§ 61.*ff. und Dess. Grundr. ed. IV. § 216. *Trummer § 108. § 98.*a.E.

§. 296. *Rud.* V. *§ 15. Kraut §* 2.a.A. *§§ 10.12...16. Trummer* altgerman. Personenr. *§ 98.*ff.*106.* (in Vortr. üb. Hamburg. R.G. III. S. 368. ff.) [1]) R.P.O. 1577. XXXII. § 1. oben S. 223. Z. 25. ff. [2]) Hiemit ist jedoch nicht gesagt, daß nun gar kein Unterschied mehr sei zwischen tutor inpuberis und curator minoris. s. *Kraut* II. S. 96. ff. ibiq. citt. [3]) *Cod.* De tutoribus vel curatoribus inlustrium vel clarissimarum personarum *5,33.* [4]) *Kraut* III. Die Lehensvormundschaft und die Regierungsvormundschaft.

§. 297. Litteratur bei *Rud. §§ 19...22.10.11. He.113.140. Se.514. Mü.608. Gö.771. Va.294. Pu.330. Rud.* Grdr. *110. Si.156. Ar.296. Zimmern* R.G. *238. — Hermog. L.1. § 4. D. de munerib. 50,4.* [1]) s. II. § 96. not. 5. a. E. [2]) ex oder sine inquisitione, wonach sich die Satisdationspflicht bestimmt: *L.8. D. de cur. fur. 27,10. L.3. C. de postlim. 8,51.* [3]) *Herm. L.48. D. de adm. tut. 26,7.* „..sola custodia et rerum quæ deteriores futuræ sunt, venditio committitur“, nicht rerum administratio. [4]) *Ulp. L.2. § 3. D. de cur. bon. dando 42,7.* „..Cassius scribit *Neminem invitum cogendum fieri bonorum curatorem..*“. [5]) *L.9. §§ 4.5. D. de reb. auct. 42,5.* [6]) *L.15. pr. D. de ex q. caus. mai. 4,6. L.6. § 1. D. de tutel. 26,1. L.6. § 2. D. ex q. caus. in poss. 42,4. L.1. § 1. D. de muner. 50,4. L.3. C. de postlim. 8,51.* s. oben I. § 16. *Kraut* Vorm. *§§ 62...67. Rud.* V. *§ 20.* [7]) *cit. L.1. § 1. D.* u. *LL.8.9. D. ex q. c. in poss. L.8. § 1. C. de bon. q. lib. 6,61.* s. I. § 38. n°. 2. *Rud.* V. *§ 22.* [8]) Erbr. § 85. *Rud.* V. *§ 10.* [9]) Erbr. § 84. *Rud.* V. *§ 11.* [10]) *Dig.* De curatore bonis dando *42,7*[8]. *LL.5.9. D. de cur. fur.* vgl. oben § 164. *Rud.* V. *§ 21.*

*) *Rud.* Vorm. *§§ 24...104. He.133...48. Se.493...98. Mü.578...85. Gö.747...53. Pu.335...42. Ro.172. Va.264...72. Rud.* Grdr. *397...400. Si.146...48. Ar.442...48. Zimmern* R.G. *239...42.* cf. *Kraut* V. *§§ 18...30. Puchta* sen. Hdb. d. Verf. i. S. d. fr. Ger. *§§* 278. ff.

**) *Th.C.* De tutoribus et curatoribus creandis *3,17.* *Inst.* De curatoribus *1,23.* *Dig.* De tutoribus et curatoribus datis ab his qui ius dandi habent, et qui et in quibus causis specialiter dari possunt *26,5.* *Cod.* Qui dare tutores vel curatores possunt et qui dari non possunt *5,34.* Quando mulier tutelæ officio fungi potest *5,35.* Si contra matris voluntatem tutor datus sit *5,47.* *Rud.* V. *§§ 64...74. He.133.*f. *Se.493. Mü.578. Gö.747. Pu.335...37. Ro.172. Va.270. Si.146. Ar.442.*f.

§. 298. [1]) *Marcian. L.17. § 1. D. de pœn. 48,19.* „..quidam ἀπόλιδες sunt, ut sunt in in opus publicum perpetuo dati et in insulam deportati, ut ea quidem quæ iuris civilis sunt, non habeant; quæ vero iuris gentium sunt, habeant“. *Rud.* Vorm. *§ 64.* [2]) *§ 1. I. qui test. tut. 1,14. L.7. C. qui dare 5,34. Rud.* V. *§§ 36.63.* [3]) *Pr. I. tit. cit.* „Dari autem potest tutor non solum pater familias, sed et filius familias“. *L.7. D. de tut. 26,1. L.15. § 17. D. de excus. 27,1. LL.13. i. f. 14. D. ad SC. Treb. 36,1.* cf. III. § 50. [4]) *L.19. pr. C. de Iudæis 1,9. c.18. X. eod. 5,6.* (cf. *Mod. L.15. § 6. D. de excus. 27,1. Rud.* V. *§ 70.* n°. 11. *Kraut.* V. *§ 11. not. 11.* [5]) *Iustinian. L.5. C. de leg. tut. 5,30.* „..Cui enim ferendum est eundem esse tu-

§. 299. B. Relative Unfähigkeit.

Wen sie betrifft[1…8]; nicht Söhne und Stiefväter[9.10]. Wirkung[11].

B. Delation der Vormundschaft *)

§. 300. A. überhaupt und insbesondere von der vertragsmäßigen Vormundschaft.

Drei Delationsgründe der tutela, zwei der Cura[1.2]. Nach römischem Recht ist Delation durch Vertrag unmöglich[3]. Vertragsmäßige Vormundschaft des deutschen Gewohnheits-Rechts[4].

B. Die einzelnen Delationsgründe nach römischem Recht:

§. 301. 1. Letzter Wille.

s.g. vollständige und unvollständige letztwillige Delation[1…3]. Confirmatio +iuris Romani[4]

---

torem et sub tutela constitui, et iterum eundem esse curatorem et sub cura agere? Hæc certe et nominum et rerum fœda confusio est...". *§13.i.f.I.de excus.1,25.* und *Inst. de fiduc.tut.* unten § 302.not.4. 6) *LL.16.pr.18.D.de tutel.26,1.* 7) *cit.tit.Cod.Quando mulier 5,35. Nov.94.c.2.118.c.5. Emmerich* Vorm.der Mutter od.Großmutter u.s.w. in Ztsch. f.Civ.u.Pr.III.11. 8) *L.10.§7.D.de excus.27,1.* 9) s. not.5. *Paul. L.17.D.de tut.26,1.* „Complura SCta facta sunt, ut in locum furiosi et muti et surdi tutoris alii tutores dentur". 10) *L.1.§§2.3.D.eod. LL.10.i.f.* bis *12.pr.40.pr.D.de excus. L.3.C.qui dare 5,34.* 11) *L.17.§1.D.de test.tut.26,2. L.21.§6.D.de tut.dat.26,5. L.1.§8.D.de susp. tut.26,10.* 12) *Phil.L.4.C.qui dare 5,34.* „Militiæ armatæ muneribus occupatus neque si legitimus sit neque si ex t-to datus sit, nec alio modo, et si voluerit, tutor vel curator fieri potest; sed si errore ductus res administravit, negotiorum gestorum actione convenitur". (a.245.) *Ulp.L.23.§1.D.de excus.* „Si in castris merentes non ab eo tutores dentur qui in castris merebat, excusationem habere respondi". 13) *Nov.123.c.5.* cf.*c.1.*

§. 299. 1) *L.un.C.Si contra matris vol.5,47. L.21.§§2.1.D.de tut.dat.26,5. Rud.B. §71.* 2) *Paul.S.R.2,27.§1. L.3.§12.D.de susp.tut.26,10. L.6.§17.D.de excus.27,1. §§10...12.I.de excus.1,25. Rud.B.§67. Püttmann* Adversar.I.c.1. 3) *L.21.§6.D.de tut.dat.* 4) *Nov.72.pr.* bis *c.4.94.c.1. Rud.B.§69. Ettmüller* de tut.creditore vel deb.Alt.1687. *Walch* de tut.pup.sui ... debitore.Ien.1777. u. in Opuscc.I.p.36.sqq. *Hagemann* Pr.Erörtt.V.30. 5) *Ulp.11,24. §§5.6.I.de curat.1,23. L.3.§2.D.de tutel.26,1. L.9.D.de susp.tut.26,10. L.7. C.de excus.5,62. L.8.C.qui dare 5,34. Cod.* De in litem dando tutore vel curatore 5,44. 6) *L.14.D.de cur.fur.27,10. L.2.C.qui dare. Rud.B.§72. Heinecc.*Opuscc.Syll.n°.24. 7) *L.1.§5.D.de excus.27,1. Breuning* de tutore sponso pupillæ.Lps.1769. *Rud.B.*l.c. 8) *L.17. C.de excus.5,62.* 9) *L.4.D.de cur.fur.27,10. Rud.B.§73.* 10) *L.32.§1.D.de adopt.1,7. L.2. C.de interd.matr.5,6. L.3.C.de contr.iud.tut.5,58. Rud.B.§74.*u.*Kraut* S.249.f. 11) *L.21. §5.D.de tut.dat.26,5. L.3.§12.D.de susp.tut.26,10.* cf.§ 298.not.10. (vgl.Oest.Ges.B.§§191..93.)

*) *de Ludewig* Differentiæ iuris Rom.et Germ. in tutelis *etc.* in Opuscc.miscell.II. lib.n°.3...5. *Trummer* l.c.*§105. He.135...40. Se.196...98. Mü.581...85. Gö.748...51. Pu.* 338.f. *Ro.166...70. Va.264...69. Si.147. Ar.444...46.*

§. 300. 1) *§3.I.de cur.1,23. LL.1.13.D.de cur.fur.27,10. L.7.§6.C.eod.5,70.* 2) *Ulp. 12,1. L.16.D.tit.cit. LL.1.§3.6.11.D.de confirm.tut.26,3. L.7.C.de test.tut.5,28.* 3) vgl. Erbr.§ 3.nott.11.10. — *§9.i.f.I.de excus.1,25. L.15.§1.D.eod.27,1. L.29.D.de test.tutela 26,2. L.18.§1.D.ad L.Corn.de falsis 48,10.* 4) *Stryk* Us.mod.XXVI.1.§14. *Leyser* Meditt.sp. 328. *Daries* De tutela pacticia.Ien.1739. *van Vryhoff* Obss.iur.c.9. *Heinecc.* de tutela pacticia.Lps.1765. *Nettelbladt* in Hall.Beytr.zu d.jur.Gel.Hist.I.1.n°.4. *Trummer* l.c.*§105.* a.E. *Rud.*Vorm.*§45. Kraut §28.*

§. 301. *Gai.1,144...54. Ulp.11,2.14...17. Inst.* Qui dari tutores testamento possunt *1,14.* De testamentaria tutela: *Dig.26,2. Cod.5,28.* De confirmando tutore *vel curatore: Dig.26,3. Cod.5,29. Nov.118.c.5. Rud.B.§§35...44. Kraut §§27.25.* 1) *LL.1...6.D.h.t.26,2. L.1.§1.D.de conf.tut. L.73.§1.D.de R.I.* Vgl. das Recht des pater f. seinem Hauskinde für und Germanici, Tutorium, Curatorium[5]. Nicht testamentaria *cura*[6]. Nicht mütterliches Ernennungsrecht[7].

S. 302. 2. Gesetz.

Eintritt und Grundsatz dieser Delation[1-2]. Zulaßung einer Ascendentin[3]. Parens emancipator[4]. Waisenhausvorsteher[5]. Vormundschaften für verschiedenartige Vermögen desselben Pfleglings[6-7].

S. 303. 3. Obrigkeitliche Ernennung und Erbittung von der Obrigkeit.

Wen und wie die Obrigkeit erneune[1...6]; nach den Reichsgesetzen von Amts wegen[7]. Berechtigung[8...10] und Verpflichtung zur Erbittung eines Vormundes[11].

---

die familia, welche diesem gehören wird, wenn er todt sein wird, einen Erben auf den Fall, daß das sui iuris gewordene Kind intra inpubertatem sterben werde, einen Erben zu ernennen, die Pupillarsubstitution. Erbr. § 60. ²) *cit. § 1. et sqq. LL. eiusd. tit. LL. 1. 2. 4. C. h. t. 5, 28.* u. o. ³) cf. *Buchholtz* de conf. tut. Regiom. 1833. *Rud.* V. l. c. ⁴) *LL. 1. § 2. 6. 8. sqq. D. de conf. tut. Cod. eod. 5, 29.* ⁵) § 2. der R. P. O. S. 223. Z. 40. ff. *Si. 148. not. 7. Kraut* Vorm. I. S. 235. *Trummer § 104.* ⁶) § 300. not. 2. ⁷) Gegen *Rud.* V. *§ 44.* u. A., daß nach gemeinem Recht die Mutter gleiches Recht zur Ernennung eines testamentarischen Vormunds habe, wie der Vater, s. *Kraut* S. 259. ff.

S. 302. *Gai. 1, 155...77. Ulp. 11, 2...13. Inst.* De legitima agnatorum tutela *1, 15.* De leg. patronorum tut. *1, 17.* De leg. parentum tut. *1, 18.* De fiduciaria tut. *1, 19. Dig.* De legitimis tutoribus *26, 4. Cod. 5, 30. Th. C. 3, 17. Nov. 118. c. 5. Rud.* V. *§§ 27...34. Kraut § 26.* ¹) *Ulp. L. 9. § 1. D. de tut. act. 27, 3.* „.. semper legitima tutela testamentariæ cedit". ²) *Scæv. L. L. 73. pr. D. de R. I.* „Quo tutela redit, eo hereditas pervenit, nisi cum feminæ heredes intercedunt". *Inst. de leg. patron. tut. 1, 17. Nov. 118. c. 5.* Daraus *Auth. post L. 2. C. Quando mulier 5, 35.* „Matri et aviæ secundum ordinem tutelam etiam ante agnatos subire permittimus, si inter gesta nuptiis aliis et SCti Velleiani auxilio renuntiaverit, solis testamentariis tutoribus eas præcedentibus, legitimis et dativis postpositis: defuncti namque voluntatem præponi volumus: præter has autem mulieribus interdicimus officium tutelæ subire". *Schræter* de nexu tutelæ et iur. succed. Ien. 1820. ³) *Cod.* Quando mulier tutelæ officio fungi potest *5, 35. cit. Nov. 118.* u. *22. c. 38. 40. 94. c. 1. 2.* [*Nov. 155.*] cf. *L. 6. C. ad SC. Tert. 6, 55. L. 6. C. in q. caus. pign. 8, 15* [*11*]. *Rud.* V. *§ 33. Kraut* S. 246...50. ⁴) *§ 6. i. f. I. q. m. ius pot. solv. 1, 12.* „...et præter ea si inpubes sit filius vel filia vel ceteri [*a parente manu missi*], ipse parens ex manu missione tutelam eius nanciscatur". *Inst. de leg. parent. tut. 1, 18.* „Exemplo patronorum recepta est et alia tutela, quæ et ipsa *legitima* vocatur: nam si quis filium aut filiam, nepotem aut neptem ex filio et deinceps inpuberes emancipaverit, legitimus eorum tutor erit". *Inst. de fiduc. tut. 1, 19.* „Est et alia tutela quæ *fiduciaria* appellatur: nam si parens filium vel filiam, nepotem vel neptem vel deinceps inpuberes manu miserit, *legitimam* nanciscitur eorum tutelam. quo defuncto si liberi virilis sexus extant, *fiduciarii* tutores filiorum suorum vel fratris vel sororis et ceterorum efficiuntur ... Ita tamen hi ad tutelam vocantur, si perfectæ ætatis sint; quod nostra constitutio [*5. C. de leg. tut. 5, 30.*] generaliter in omnibus tutelis et curationibus observari præcepit". *Thibaut* Civ. Abh. S. 299. f. u. die bei *Rud.* V. *§ 31.* Citt. ⁵) *Nov. 131. c. 15.* „*Οἱ δὲ ὀρφανοτρόφοι ἐπιτρόπων καὶ κουρατώρων τάξιν ἐχέτωσαν, κ.τ.λ.* ⁶) *Marcian. L. 21. § 2. D. de exc. 27, 1.* „..nisi in eadem provincia pupillorum patrimonium sit, ... illarum rerum dabunt tutores in provincia præsides eius". *§ 4. eod.* „Habenti ergo tutorem tutor datur, sed aliarum rerum, non earundem datur". cf. *L. un. C. ubi pet. 5, 32. L. 5. C. de auct. præst. 5, 70.* s. III. § 42. not. 1. g. E. § 43. ⁷) *Kraut* S. 252. ff. und Bd. III.

S. 303. *Gai. 1, 185...98. Ulp. 11, 18...24. Inst.* De Atiliano tutore et eo qui ex lege

C. Excusation *).

§. 304. A. Bedeutung und Durchführung.

Der zu dem vormundschaftlichen munus gehörig berufene Fähige muß Vormund werden oder sich rechtsgenüglich excusieren [1…4]. Wegfall des Excusationsrechts [5.6]. Geltendmachung und Wirkung [7…12]. (Potioris nominatio [13]). Erbrechtl. Nachtheile der ausgeschlagenen Curatel [14].

B. Die einzelnen Excusationsgründe, befreiend

§. 305. 1. absolut, von Uebernahme oder Fortführung jeder Vormundschaft.

§. 306. 2. relativ, v. Uebernahme od. Fortführung gewisser Vormundschaften. Die einzelnen Gründe [1…4]. Zusammentreffen mehrerer, einzeln für sich nicht ausreichender [5].

Iulia et Titia dabatur 1,20. u. Th.C.3,17. Inst.1,23. Dig.26,5. ad §§ 298...99.citt. Dig. De curatoribus fur. et aliis extra minores dandis 27,10. cf.Cod.5,70. Qui petant (Th.C.3,18.) tutores vel curatores (Cod.5,31.) et Ubi petantur (Dig.26,6.) tutores vel curatores (Cod. 5,32.) R.P.O.v.1577.l.c. Puchta sen. Hdb.d.Verf.i.S.d.fr.Ger. §§ 278.ff. Rud.B.§§ 46...60. Kraut § 29. 1) L.3.C.qui pet. L.un.C.ubi pet. L.5.C.qui dare 5,34. LL.1.24.D.de tut.dat. 26,5. 2) L.21.§§2.5.6.D.eod. L.7.§1.D.de conf.tut.26,3. 3) § 302.not.6. 4) LL.5.6. D.h.t.26,5. 5) L.2.D.eod. § 2.I.de excus.1,25. cf. § 299.not.5. 6) L.6.§1. cf.§ 4.D.de tutel.26,1. L.77.D.de R.I. Bg § 110.not.7. 7) cit.R.P.O.§1. cf.Gloss.zu L.11.C.de compens.4,31. („Si tutores pupillis officio magistratus urgente nominastis..“) u.Schol.Basilic.24,10.35. 8) citt.titt. Qui petant. 9) L.2.D.h.t.26,6. LL.1.7.C.h.t.5,31. 10) vgl. § 296. 11) LL.1.2.4.D.eod. LL.6.8...11.C.eod. L.2.§§ 23.sqq.D.ad SC.Tert.38,17. L.6. C.eod.6,56. L.10.C.de leg.her.6,58. Nov.Theod.II.tit.IX. Sav.Syst.IV.S.302.not.p. „..Jetzt erbt die Mutter nach gemeinem Recht, so wie jeder andere Ascendent, also ohne jene Beschränkung“. vgl. auch Glück XXX.S.134.

*) Vat.Fgm.§§ 123...247. Paul.S.R.2,27...30. Th.C.3,31. De excusationibus etc.: Inst. 1,25. Dig.27,1. Cod.5,62(...69). Rud.B.§§ 61.75...104. He.143...46. Se.494. Mü.579.f. Gö. 752.f. Pu.340...42. Ro.172. Va.271.f. Rud.Grdr.400. Si.148.n°.11. Ar.447. A.Augustin. in Otto Thes.IV.1559.sqq. Jenichen de exc.tut.et cur.Giss.1755. Hindenburg de excusat. Lips.1838. Glück XXXI. Zimmern R.G. citt. §§ 241.f.

§. 304. 1) Vat.Fr.§ 201. L.17.C.h.t.5,62. Glück l.c.S.190.ff. vgl.§ 308.not.1. 2) L.9. D. de munerib.50,1. L.7.§ 3. D.de susp. tut.26,10. LL.2.3.C.eod.5,43. 3) § 297.not.4. 4) § 298.not.7. 5) LL.15.§1.32...34.D.h.t.27,1. L.2.C.si tutor fals.all.5,63.u.o. 6) L.28. §1.D.tit.cit. LL.28.pr.29.i.f.D.de test.tut.26,2. cf.Erbr. §§ 90.143.u.51.not.15. 7) LL.2. 3.6.11.15.16.18.C.h.t.5,42. L.37.D.eod.27,1. Vat.Fr.§§ 162.sqq. 8) cf.Rud.B.§100.a.E. 9) §16.I.h.t.1,25. LL.13.§1.16.D.h.t. L.154.D.de V.S. Vat.Fr.§156. Rud.B.§101.[wo S.188. irrig die röm. Millie für 1000 Schritte, statt Doppelschritte, milia passuum für milia graduum genommen wird. s. Bg Anh.IX. zu § 77.n°.III.] 10) cit. LL.13.§ 1.38.39.D.eod.u.ö. Rud.B.§103. 11) cit.LL.13.§§3.sqq.u.1.3.C.si tut.v.cur.falsis allegationib.excusatus sit 5,63. 12) Cod.tit.cit. und Dig. Si tutor vel curator ... appellaverit 49,10. Rud.B.§104. 13) Vat.Fr.§§ 157...68.206...20.242. Paul.S.R.2,28...30. cf.Cod. De potioribus ad munera nominandis 10,66[65]. Buchholtz exc.II.ad Vat.Fr. Rud.B.§§ 61.f.97. 14) L.36.§1.D.h.t. L.4. C.de curat.furiosi 5,70. Nov.115.c.3.§12. vgl.Erbr.§§ 79.n°.12. 123.n°.5.

§§. 305. 306. 1) Aufzählung der einzelnen in pr...§15.Inst.h.t.1,25. Dig.h.t.27,1. Cod. 5,62.sqq.u.Vat.Fr.§§ citt. Rud.B.75...95. 2) L.52.C.de episc.1,3. (auch in can.40.Caus. 16.qu.1.) Nov.123.c.5. cf.L.6.§14.D.h.t. s.§ 298.not.13. 3) L.46.§ 2. cf. LL.10.§1.12.§1. 19.21.§§1.sqq.D.h.t. L.11.C.eod. 4) L.9.D.h.t. Glück l.c.S.411. cf.§ 298.not.12. Rud. B.§ 93. 5) Paul.in Fgm.Vat.§ 245. dagegen Sev.et Ant.L.un.C.qui numero tutelarum 5,69. Ulp.L.1.§3.D.de vacat.50,5. L.15.§11.D.h.t. — Pr. bis §15.I.de excus. „Excusantur autem tutores vel curatores variis ex causis, plerumque autem propter liberos, sive in

III. Wirkungen der Vormundschaft.

S. 307. A. Verbindlichkeiten bei ihrer Uebernahme.

Beeidigung[1.2]. **Sicherheitsleistungen**[3...6] **und Erwirkung des Tutorium, Curatorium**[7].

potestate sint sive emancipati: si enim tres liberos superstites Romæ quis habeat vel in Italia quattuor vel in provinciis quinque, a tutela vel cura possunt excusari, exemplo ceterorum munerum: nam et tutelam vel curam placuit publicum munus esse: sed adoptivi liberi non prosunt; in adoptionem autem dati naturali patri prosunt; item nepotes ex filio prosunt, ut in locum patris succedant; ex filia non prosunt. filii autem superstites tantum ad tutelæ vel curæ muneris excusationem prosunt; defuncti non prosunt. sed si in bello amissi sunt, quæsitum est an prosint: et constat eos solos prodesse qui in acie amittuntur; hi enim, quia pro re publica ceciderunt, in perpetuum per gloriam vivere intelleguntur. *§ 1.* Item divus Marcus in Semenstribus rescripsit *eum qui res fisci administrat, a tutela vel cura, quam diu administrat, excusari posse. § 2.* Item qui rei publicæ causa absunt, a tutela et cura excusantur. sed et si fuerunt tutores vel curatores, deinde rei publicæ causa abesse cœperunt, a tutela et cura excusantur. quatenus rei publicæ causa absunt, et interea curator loco eorum datur. qui si reversi fuerint, recipiunt onus tutelæ, nec anni habent vacationem, ut Papinianus libro quinto Responsorum rescripsit: nam hoc spatium habent ad novas tutelas vocati. *§ 3.* Et *qui potestatem aliquam habent, excusare se possunt*, ut divus Marcus rescripsit, sed cœptam tutelam deserere non possunt. *§ 4.* Item propter litem quam cum pupillo vel adulto tutor vel curator habet, excusare se nemo potest, nisi forte de omnibus bonis vel hereditate controversia sit. *§ 5.* Item tria onera tutelæ non affectatæ vel curæ præstant vacationem, quamdiu administrantur, ut tamen plurium pupillorum tutela vel cura eorundem bonorum, veluti fratrum, pro una computetur. *§ 6.* Sed et *propter paupertatem excusationem tribui* tam divi fratres quam per se d. Marcus rescripsit, *si quis imparem se oneri iniuncto possit docere.* [*L.40.§1.D.h.t.*] *§ 7.* Item propter adversam valetudinem, propter quam nec suis quidem negotiis superesse potest, excusatio locum habet. *§ 8.* Similiter *eum qui litteras nesciret, excusandum esse* d. Pius rescripsit, quamvis et inperiti litterarum possunt ad administrationem negotiorum sufficere. *§ 9.* Item si propter inimicitias aliquem testamento tutorem pater dederit, hoc ipsum præstat ei excusationem; sicut per contrarium non excusantur qui se tutelam patri pupillorum administraturos promiserunt. *§ 10. Non esse autem admittendam excusationem eius qui hoc solo utitur, quod ignotus patri pupillorum sit,* divi fratres rescripserunt. *§ 11.* Inimicitiæ quas quis cum patre pupillorum vel adultorum exercuit, si capitales fuerunt, nec reconciliatio intervenit, a tutela vel cura solent excusari. *§ 12.* Item si quis status controversiam a pupillorum patre passus est, excusatur a tutela. *§ 13.* Item maior septuaginta annis a tutela vel cura se potest excusare. Minores autem viginti et quinque annis olim quidem excusabantur; a nostra autem constitutione [5.*C*.5,*30*.] prohibentur ad tutelam vel curam adspirare, adeo ut nec excusationis opus fiat. qua constitutione cavetur, ut nec pupillus ad legitimam tutelam vocetur, nec adultus; cum erat incivile eos qui alieno auxilio in rebus suis administrandis egere noscuntur et sub aliis reguntur, aliorum tutelam vel curam subire. [§ 302.not.4.] *§ 14.* Item et in milite observandum est, ut nec volens ad tutelæ munus admittatur. [§ 298.not.12.] *§ 15.* Item Romæ grammatici, rhetores et medici et qui in patria sua id exercent et intra numerum sunt, a tutela vel cura habent vacationem".

S. 307. *Gai.1,199.sq. Inst.* De satisdatione tutorum et curatorum *1,24.* Titt. De confirmando tutore, ad § 301.citt. *Dig.* Rem pupilli vel adulescentis salvam fore *46,6.*

Repertorium oder Inventarium[8.9]. Behandlung von mobilen Werthsgegenständen[10].

§. 308. B. Verbindlichkeiten nach übernommener Vormundschaft.

Verpflichtung zur Verwaltung[1...4]. Aufenthalt und Erziehung des Pfleglings[3.5]. Rechtsbeistand in Processen desselben[6.7].

Cod. De tutore vel curatore qui satis non dedit *5,42. Nov.72.pr.c.2.8.* cf.III.§§48...50. R.P.O.v.1577.Tit.32.§§2.3. oben S.223.Z.40.ff. *Rud.B.§§105...8.111...13. He.147. Se.499. Mü.586. Gö.754. Pu.343. Ro.176.*f. *Si.148.n°.1. Ar.448. Unterh.*Schuldv.II.*§638. Zimmern* R.G.*§249.* [1]) *Iustinian.L.7.§§5.6.C.de cur.fur.5,70.* „Et si quidem parens curatorem furioso ... dederit, ... ipse qui datus est, ad curationem perveniat, ita tamen ut .. apud urbicariam præfecturam deducatur, in provincia autem apud præsidem eius, præsente etiam tam .. antistite quam tribus primatibus et actis intervenientibus, tactis sacrosanctis evangeliis edicat *omnia se recte et cum utilitate furiosi agere, et neque prætermittere ea quæ utilia furioso esse putaverit, neque admittere quæ inutilia existimaverit.* [AVTHENT. EX NOV.72.c.ult. „Quod nunc generale est circa omnes curatores, ut iurent quidem, non tamen a ratiociniis sint exempti. +Idem est in tutore“.] et inventario cum omni subtilitate publice scripto res suscipiant..“. *L.27.C. de episc.aud.1,4. Nov.72.pr.c.8.* [*155.præf.*] [2]) R.P.O.cit. [3]) *Puchta* sen.Hdb.des Verf. i.G.d.fr.Ger.II.S.356. [4]) *Pr.I.h.t.1,24. LL.17.sqq.D.de test.tut.26,2. L.5.§§1.sqq.D.de leg.tut.26,4. L.36.D.de excus.27,1. L.4.C.h.t.5,42. L.5.C.de auct.præst.5,59. L.7.§5.C.de cur.fur.5,70.*u.ö. [5]) II.§96.not.5. *Puchta* sen. l.c.§294. [6]) *LL.3.5.C.h.t.5,42. L.6.§1. D.de tutel.26,1. L.13.§1.D.de tut.dat.26,5. L.7.§§1.2.D.de cur.fur.27,10. L.4.C.in q.caus. i.i.r.2,40*[*41*]. [7]) §301.not.5. [8]) *Bg§127.not.4. cit.L.7.§5.C.5,70.* u.cit.R.P.O.§3. „Item, daß er ... ein Inventarium aufrichte, ... auch mit Gelübden und Eiden beladen werde“ 2c. (S.223.Z.43.ff.) [9]) *Ulp.L.7.pr.D.de adm.tut.26,7.* „Tutor qui repertorium non fecit, quod volgo *inventarium* appellatur, dolo fecisse videtur, nisi forte aliqua necessaria et iustissima causa allegari possit, cur id factum non sit. si quis igitur dolo inventarium non fecerit, in ea condicione est, ut teneatur in id quod pupilli interest, quod ex iure iurando in litem æstimatur. nihil itaque gerere ante inventarium factum eum oportet, nisi id quod dilationem nec modicam exspectare possit“. *L.13.§1.C.arbitr.tut.5,51.* [10]) *Arc.et Hon.L.24.C.de adm.tut.5,37.* (aus *L.6.Th.C.eod.3,30.*) *Nov.72.c.6. Puchta* sen. l.c.§293. v.d.Inventur. *Rud.B.§113.* s.unten III.§41.

§. 308. De administratione et periculo tutorum *etc.*: *Th.C.3,30. Dig.26,7.* De periculo tutorum et curatorum: *Cod.5,38.* Si tutor vel curator non gesserit: *Cod.5,55. Dig.* Ubi pupillus educari vel morari debeat et de alimentis ei præstandis *27,2. Cod.* Ubi pupilli educari debeant *5,49.* De alimentis pupillo præstandis *5,50. Cod.* Ut causæ post pubertatem adsit tutor *5,48.* — *Puchta* sen.Hdb.d.Verf.i.G.d.freiw.Ger.*§§295.*ff. *Rud. B.§§114...18. He.116.*f. *Mü.593. Gö.755.*f. *Ro.178.*f. *Si.149.* [1]) *Ulp.L.1.pr.D.de adm. tut.* „Gerere atque administrare tutelam, extra ordinem tutor cogi solet“. *L.2.D.de feriis 2,12. L.9.D.de munerib.50,4. L.3.C.de suspect.5,43. Rud.B.§114. Unterh.*Schuldv.*§ 641.* [2]) *L.1.§1.cit.* „Ex quo scit se tutorem datum, si cesset tutor, suo periculo cessat...“ u.titt.ad h.§.init.citt.passim. s.III.§47.a.E. [3]) citt.titt.*Ubi pupillus* etc. *Rud. B.§§115.*ff. *Burchardi* Gemeinr. Erziehungsr. i. Arch.f.c.Pr.VIII.S.164.ff. *Gesterd.* Ausb. VI.2. „Sorge für d.Person u.d.Erzieh.des Mündels“. [4]) *§§9.10.I.de susp.1,26. LL.3.§§14. sq.7.§§2.3.D.eod.26,10.* [5]) *L.6.D.ubi pup.* cf.*L.6.C.de susp.5,43.* [6]) *L.un.C.ut causæ 5,48.* und [7]) *Ulp.L.5.§6.D.h.t.26,7.* „Post completum XXV. annum ætatis si non dum rationes redditæ sunt, nec ad causam instrumenta pertinentia, fidei ac verecundiæ curatorum convenit, ut consilio suo cœptam litem perficiant. si igitur cessent, in

IV. Ende der Vormundschaft *). (*Abr.II.§ 46.*)

§. 309. A. Gänzliche Beendigung.

Die einzelnen Gründe[1...9] ergeben sich aus dem Begriff der Vormundschaft und deren Arten.

§. 310. B. Für den Vormund allein eintretende Beendigung.

1) Tod[1, 2], 2) capitis diminutio des Vormunds[3...7]; 3) Bedingung oder Betagung der

---

his quæ constituta sunt faciendis, magis puto sufficere negotiorum gestorum iudicium, etiamsi actum est, si tamen huius rei actio reddita non est".

*) *Gai.1,194...96. Ulp.11,28. Inst.* Quibus modis tutela finitur *1,22. Nov.Theod.*tit.XI. (17.) ed.Ritter.tit.V. *Cod.* Quando tutores vel curatores esse desinant *5,60.* De suspectis tutoribus et curatoribus: *Inst.1,26. Dig.26,10. Cod.5,43.* De his qui veniam ætatis impetraverunt: *Th.C.2,17. Cod.2,43.*— *Glück* XXX.§§1348...53. *Puchta* sen.Hdb.d.Vers.i.S. d.freiw.Ger.*§§ 302.*ff. *Rud.*V.*§§ 201...6.193...200.* u.Litt.das. *He.149...54. Se.500. Mü.587...89. Gö.764.*f. *Pu.344.*f. *Ro.192...94. Va.288.*f. *Si.154. Ar.449.*f. *Zimmern* R.R.G.*§§ 251.*f. *Inst. tit. cit.1,22.* „Pupilli pupillæque cum puberes esse cœperint, tutela liberantur. pubertatem autem Veteres quidem non solum ex annis, sed etiam ex habitu corporis in masculis æstimari volebant. nostra autem maiestas dignum esse castitate temporum nostrorum bene putavit, quod in feminis et antiquis inpudicum esse visum est, id est inspectionem habitudinis corporis, hoc etiam in masculos extendere; et ideo sancta constitutione promulgata pubertatem in masculis post quartum decimum annum completum ilico initium accipere disposuimus, antiquitatis normam in feminis personis bene positam suo ordine relinquentes, ut post duodecimum annum completum viri potentes esse credantur. [f.*Bg § 38.*n°.2.] *§ 1.* Item finitur tutela si adrogati sunt adhuc inpuberes, vel deportati. item si in servitutem pupillus redigatur, vel ab hostibus fuerit captus. *§ 2.* sed et si usque ad certam condicionem datus sit testamento, æque evenit ut desinat esse tutor existente condicione. *§ 3.* Simili modo finitur tutela morte vel tutorum vel pupillorum. *§ 4.* Sed et capitis diminutione tutoris, veluti si se in adoptionem dederit, legitima tantum tutela perit, ceteræ non pereunt. sed pupilli et pupillæ capitis diminutio, licet minima sit, omnes tutelas tollit. *§ 5.* Præterea qui ad certum tempus testamento dantur tutores, finito eo deponunt tutelam. *§ 6.* Desinunt autem esse tutores qui vel removentur a tutela ob id quod suspecti visi sunt, vel ex iusta causa sese excusant et onus administrandæ tutelæ deponunt...".

§. 309. [1]) *§ 3.I.h.t.1,22. L.4.pr.D.de tut.et rat.27,3.* vgl.oben I.§16. [2]) *§§ 1.4.I.eod. Rud.*V.*§ 206.*n°.11. [3]) *L.5.pr.D.de tutelis. L.61.§ 1.i.f.D.de I.D.23,3. L.3.C.de in lit.dando tut.5,44. Rud.* V.*§ 204.* [4]) *§§ 1.2.I.de Atil.tut. L.12.D.de tutelis. L.11.pr.D.de test.tut. 26,2. L.1.§ 2.D.de leg.tut.26,4. Rud.* V.l.c. [5]) *Gai.1,196. Ulp.11,28. Pr.I.h.t.ibiq.citt. Bg § 38.*n°.2. *Rud.*V.*§ 202.* [6]) *L.1.§ 3.* bis *L.3.pr.D.de minor.4,4. Pr.I.de curat.1,23. Bg § 38.*n°.3. [7]) z.B.*L.1.D.de ventre.. et curatore eius 37,9. L.24.D.de tut.et rat.27,3. L.5.§ 2. D.de Carb.ed.37,10. L.1.C.h.t.5,60. L.25.D.de tut.dat.26,5. L.1.pr.D.de cur.fur.27,10. L.6. C.eod.5,70.* Erbr.§§ 83.ff. *Rud.*V.*§ 203.* [8]) *Bg § 38 n. Rud.*V.*§ cit.*II.S.221...27. [9]) *Ulp. L.3.pr.D.ad SC. Maced.14,6.* „Si quis patrem familias esse credidit.., quia publice pater f. plerisque videbatur, sic agebat, sic contrahebat, sic muneribus fungebatur, cessabit SCtum". f.§190.not.14. *Vinnii* Quæst.sel.I.13. *Weber* Natürl.Vbdlk.*§ 64.*n°.7. *Mü.588.*a.E.

§. 310. [1]) § 309.not.1. [2]) *Gai.L.16.§ 1.D.de tutelis:* „Et sciendum est nullam tutelam hereditario iure ad alium transire, sed ad liberos virilis sexus perfectæ ætatis descendunt legitimæ, ceteræ non descendunt". *L.17.C.de N.G.2,19.* z.B.von den Brüdern A B C ist A, der Kinder hat, Vormund des C; bei seinem Tode beerben ihn seine Kinder, Vormund des C wird nun B. [3]) *§ 4.I.h.t.1,22. LL.14.§ 2.15.D.de tutelis 26,1. LL.7. § 1.8.D.de tut.et rat.27,3. L.4.§ 5.D.rem pup.46,6.* [4]) *§ 4.I.cit.* oben Z.26.ff. Zu *Mod.L.32.*

testamentarischen Vormundschaft[8]. 4) Abdicatio und in iure cessio der muliebris tutela nach altem Recht[9.10]. 5) Heirat der Vormünderin[11]. 6) Unfähigwerden des Vormunds[12]. 7) Suspecti tutoris vel curatoris remotio[13...24].

---

§ 7.D. de adm. et per.26,7. („Tutores duo post venditionem pupillarium rerum factam pecuniam inter se diviserunt, post quam divisionem alter eorum in exilium datus est durante tutela: quærebatur an actore constituto contutor eius partem pupillaris pecuniæ petere ab eo poterit. Modestinus respondit: Si hoc quæritur, an contutore relegato contutor eius tutelæ actionem exercere possit, non posse respondi".) mit *Paul.L.12.pr.D.eod.* („Cum plures tutelam gerunt, nulli eorum in contutorem actio pupilli nomine datur".) u. *LL.1.§ 24.4.D.de tut.et rat.27,3. cf.L.3.C.qui pet.5,31. L.4.C. in quib.cas.tut.5,36. L.4.D.de int.et rel.48,22.* s.*Cuiac.* in lib.VI.Her.Modestini, ed.Fabrot. Opp.postum.III.col.168.sq. *Voorda* Thes.contr.XIX.§ 6. [5]) *Vat.Fr.§ 193.* vgl. III. § 42. *Rud.*B.*§ 64.*n°.II. [6]) *Gai.1,195. Ulp.11,9. § 1.I.h.t. pr.I.qui dari tut.1,14. § 6.I.de k.m. 1,16. Titt.*De legit.tut.*passim.* Zu *L.7.pr.D.de cap.min.4,5.* s. gegen *Mü.587.not.5.*u.A. bes. *Rud.* B.III. S.237.f. *Va.*288. [7]) *Nov.118.c.5. §§ 2.5.I.de k.m.1,16.* [8]) *§ 2. I.h.t.1,22.* (=*Ulp.L.14.§ 5.D.27,1.*) (S.233.Z.14.ff.) *§ 3.I.qui dari test.1,14. § 1.I.de Atil.tut.1,20. Ulp. cit.L.14.§ 3.D.de tutelis 26,1.* „sed et si ad tempus fuerit quis datus, tempore finito tutor esse desinit.." (S.233.Z.29.) *Rud.*B.*§ 204.* [9]) *Ulp.11,17. Cic.*ad Att.*6,1. Rud.* B.I. S.311.f. [10]) *Gai.1,168.sqq. Ulp.*l.c. et *11,6.19,11. Rud.*B.I.S.199.ff. [11]) § 298.nott.7.6. [12]) §§ 298.f. [13]) *citt. titt.* De suspectis tutor.v.curatorib. *Rud.* B.*§§ 193.200.* u.die das. Citt. *Vollenhove* in Oelrichs thes. Diss.I.1.p.189...258. *Hertel* de susp. tut. et curatorib. Magd.1841. [14]) *LL.3.§ 5...11.4.i.f.* bis *8.D.h.t.26,10. Rud.*B.*§ 198.* u.insb.über *L.3.§ 8.D. h.t.* das.n°.III.a.E. [15]) *L.1.§ 2.eod. cf.L.55.§ 1.D.26,7.* zu III.§ 47. (XII tabb.VIII.21. *Gothofr.*VII.16.) [16]) *LL.1.§§ 3.4.4.§ 3.7.§ 3.10.12.eod. L.1.§ 12.ad SC.Turpill.48,16.* [17]) *LL. 1.§§ 5.sqq.3.pr.§ 2.7.pr.9.D.h.t. L.6.C.eod.5,43. §§ 2.4. I. eod.1,26.* [18]) *L.3.§ 2.D.de adm. et per.26,7.* „..dati sunt enim quasi observatores actus eius et custodes, imputabiturque eis quandoque, cur si male eum conversari videbant, suspectum eum non fecerunt. adsidue igitur et rationem ab eo exigere eos oportet et sollicite curare qualiter conversetur; et si pecunia sit quæ deponi possit, curare ut deponatur ad prædiorum comparationem [cf.III.§ 41.]: blandiuntur enim sibi, qui putant honorarios tutores omnino non teneri: tenentur enim secundum ea quæ ostendimus". *LL.5. cf.3.pr.D. h.t. L.1.§ 15.D.de tut.et rat.27,3. L.1.C.de per.tut.5,38. L.2.C.de divid.tut.5,52.* s.III. § 42. [19]) *Ulp.L.3.§ 4.D.h.t.* „.. videndum an et sine accusatione possit suspectus repelli. et magis est, ut repelli debeat si prætori liqueat ex apertissimis rerum argumentis suspectum eum esse. quod favore pupillorum accipiendum est". cf.III.§ 49. [20]) *§ 7. I.h.t. Gord.L.7.C.eod.* „Eum quem ut suspectum tutorem vel curatorem accusas, pendente causa cognitionis abstinere ab administratione rerum tuarum, donec causa finiatur, præses provinciæ iubebit. alius tamen interea in locum eius in administratione rerum ordinandus est". [21]) *§ 6.I.eod.* „Suspectus autem remotus si quidem ob dolum, famosus est; si ob culpam, non æque". *LL.1.i.f.3.i.f.4.D.eod. L.9.C.eod. Bg § 60.not.9.*n°.*6.b.* [22]) *§ 8.I.eod.* „Sed si suspecti cognitio suscepta fuerit, posteaque tutor vel curator decesserit, extinguitur cognitio suspecti". *L.11.D.eod. L.1.C.eod.* [23]) *§ 1.I.h.t. LL.1.§§ 3.4.4.§§ 1...3.10.D.h.t.* [24]) *Mod.LL.17.20.pr.D.de appellationibus 49,1.* „Qui suspectum tutorem facit et qui de non recipienda tutela excusationem agitat, alieno nomine agere intellegendus est". *Ulp.L.1.§ 14.D.quando appell.49,4.* „Si quis suspectum tutorem faciens non optinuerit, appellare eum intra triduum debere Iulianus ... scripsit, profecto quasi pupilli defensorem".

Drittes Buch. Die zusammengesetzten Privatrechte.

Erstes Kapitel. Das Familiengüterrecht.

§. 1*. Systematische Nothwendigkeit der Unterscheidung des Familien-Rechts u. des Familien-Güter-Rechts. Verhältniss des letzteren zum Erbrecht. (*Abr.III.§1.* vgl. *Bg § 29 g,h.*)

Erster Abschnitt. Ehegüterrecht oder das Vermögensrecht unter dem Einfluß der Ehe*).

§. 1. I. Einwirkung der Ehe auf das Vermögen der Gatten im allgemeinen. (*Abr.III.§2.*) Die Extreme, innerhalb welcher die positiven Rechte Einfluß der Ehe auf die Vermögensrechte der Gatten anerkennen[1]. Ehelasten[2]. +Præsumptio Muciana[3,4]. Selbständigkeit beider Vermögen[5...7]; aber mehrfacher Einfluß des ehelichen Verhältnisses auf dieselben[8...12].

---

§. 1*. 1) Gegen den noch längst nicht überwundenen Irrthum in den Institutionen des Gaius und den justinianischen eine systematische Darstellung des römischen Privatrechts selbst, nicht bloß des ius quod ad personas, res et actiones pertinet, und im 1. Buch eine des s.g. Familien- (einschließlich des Familiengüter-) Rechts zu haben, s. *Bg § 24.* u. Anh. 2) *Bg § 29. not.7.* 3) Erbr. §1. 4) *Bg § 42 d,e.* 5) *Bg § 29. not.8.* 6) *Bg § 29.* a.E. *Abr.III.§1.* a.E.

*) *Hasse* Güterrecht der Eheg. und die übrigen not.* vor II. § 272. citt. Schriften über Eherecht, und *Schneidt* de iure coniugum in eorum bona. Wirceb. 1775.

§. 1. *He.IV.31. Se.450. Mü.519. Gö.683. Pu.413. Ro.109...119.131. Va.214. Si. 132.* a.A. *Ar.394.* 1) *Trummer* l.c. *§§ 49.* ff. Dieser sagt *§ 51.* von dem germ. R. hierüber sehr gut „Man gieng in diesen Ordelen unverkennbar von der Voraussetzung aus, daß das Vermögen ehelicher Genoßen ungetrennt sei, aber dem Rechtsbewustsein unserer Vorfahren entfernt, die durch die Ehe zusammen gekommenen Güter, Rechte, Pflichten als ein Ganzes in der Art zu untersuchen, wie weit die Rechte jedes einzelnen Ehegatten daran oder gar an den einzelnen Bestandtheilen dieser Totalität während der Ehe gehen möchten" und hebt dann auch die im Verlaufe der Zeit veränderte Stellung des weiblichen Geschlechts hervor. 2) *Ulp.L.7.pr.D.de I.D.23,3.* „Dotis fructum ad maritum pertinere debere æquitas suggerit: cum enim ipsa onera matrimonii subeat, æquum est eum etiam fructus percipere". cf. *L.5.§12.D.de adgn.et al.lib.25,3.* 3) *Pomp.L.51.D.de don.i.v.et ux.* „Q. Mucius ait Cum in controversiam venit, unde ad mulierem quid pervenerit, et verius et honestius est, quod non demonstratur unde habeat, existimari a viro aut qui in potestate eius esset ad eam pervenisse. Evitandi autem turpis quæstus gratia circa uxorem hoc videtur Q. Mucius probasse". *Alex.L.6.C.eod.5,16.* „... nec est ignotum, quod cum probari non possit, unde uxor matrimonii tempore honeste quæsierit, de mariti bonis eam habuisse veteres iuris auctores merito crediderint". (a.230.p.Chr.) cf. *Plaut.Cas.2,2,25.sqq.* 4) *Eisenhart* de reg. iur. Quod in casu dubio omnia bona mariti esse præsumenda sint, caute adhibenda. Helmst. 1771. (*Löscher*) *Leyser* De præs. Muciana. Vitemb. 1748. u. Medit. ad Pand. spec. 318. *Glück* XXIV. S. 390. f. *Ro.119.* dagegen *Stryk* Opp. VIII. n. 32. c. 2. §§ 11. 12. *Voet* XXIV. 1. § 16. 5) *Scæv.L.16.§3.D.de alim.leg.34,1.* cf. *Ulp.L.32.§24.D.de don.i.v.et ux.24,1.* (Diese röm. vertragsmäßige societas omnium bonorum unter Ehegatten beruht gerade auf der vermögensrechtlichen Selbständigkeit der Ehegatten im Verh. zu einander, im Gegensatz zu der german. Ehegütergemeinschaft.) 6) *Cod.* Ne uxor pro marito vel maritus pro uxore ... conveniatur *4,12.* *Ser.et Ant.L.1.C.ad L. Iul.de vi publ.9,12.* „Ob debitum viri vel munus res uxoris qui pignori capiunt, vim contrahere videntur". (a.206.) 7) *Diocl.et Max.L.6.C.si quis alteri vel sibi sub alterius nomine vel aliena pecunia emerit 4,50.* 8) *Paul.L.56.§1.D.de I.D.* „Ibi dos esse

II. Dotalverhältniss *). (*Abr. III. § 3.*)

§. 2. A. Begriff und Arten der Dos.

Begriff[1.2]. Arten[3]. Erforderniss[4] u. Bedeutung[5.6]. Bestellung; deren Grund u. Wirkung[7..12].

---

debet, ubi onera matrimonii sunt". s. folgg. §§ 2...18. 9) res quas extra dotem mulier habet. unten § 20. 10) unten § 19. 11) unten §§ 21...25. 12) unten §§ 26.27.

*) (*Ulp. 6. Paul. 2,21.B. Fgm. Vat. §§ 94...122. Th. C. 3,13.* De dotibus.) De (I.D.) iure dotium: *Dig. 23,3. Cod. 5,12. Novv. 91.97.c.2...6.100.109. Alteserræ* Comm. in Dig. de I.D. in Recitt. quotid. II. p. 48...103. *Mascov* Electa dotalia. Gott. 1739. in Opuscc. I.7. *Finestres* de I.D. Cervar. 1754. *F. Hotomanni* D. de dotib. in Opp. I. p. 563. sqq. *Geyert* de iurib... circa dotem. Gott. 1785. deutsch in Barths Diss. Saml. I. 13. *Löhr* Bemerkk. z. L. v. der dos, in Ztsch. f. Civ. u. Pr. I. 9. *Tigerström* röm. Dotalrecht. II. 8. Berl. 1831. f. [schlecht.] *Glück* XXIV. a. E. XXV. *Hasse* Güterr. *§§ 58...138. Unterh.* Schuldverh. *(U.) §§ 537...67. Zimmern* R.G. *§§ 166.*ff. *Heimbach* v. Brautgabe in Weiske Rtslex. II. S. 398...464. *He. 32...49. Thibaut* Pand. *333.*ff. *Se. 451...62. Mü. 520...38. Gö. 684...97. Pu. 414..22. Va. 215..21. Si. 132..34.* a. A. *Ar. 395..411.*

§. 2. *He. 32. Se. 451. Mü. 520. Gö. 684. Pu. 414. Ro. 110. Si.* l.c. S. 15. f. *Ar. 395. Meyerfeld* Schenkungen *§ 22.* 1) Res uxoria war ursprünglich das von der in die manus eintretenden Ehefrau, dos das von einer anderen dem Ehemanne eingebrachte Vermögen. *Abr.* l.c. Im just. R. ist der Unterschied natürlich verschwunden. Die deutschen Benennungen Mitgift, Heiratsgut, Brautschatz u. dgl. können der röm. dos nicht genau entsprechen, eben weil diese nicht germanisch ist. Die s.g. Aussteuer, +instructus nuptarum, +apparatus muliebris, gehört je nach der bei der Bestellung ausdrücklich oder stillschweigends bekundeten Absicht zur dos oder nicht. cf. *LL. 7. § 2. 10. pr. D. h. t. Glück* XXIV. S. 334. not. 6. *Thibaut* Pand. *§ 334. Mittermaier* deutsch. Priv. R. *392. Koch* R. d. Fordd. *207.* u. A. *Ro. 110. Si. 132. not. 12.* 2) *Tryph. L. 76. D. h. t.* (=de I.D.) *23,3.* „..nisi matrimonii oneribus serviat, nulla dos est". *L. 56. § 1. eod.* in § 1. not. 8. *Ulp. L. 21. § 1. D. de don. i. v. et ux. 24,1.* „..non est ista donatio, cum pro oneribus matrimonii petantur..". *Diocl. et Max. L. 20. D. h. t. 5,12.* „Pro oneribus matrimonii mariti lucro fructus totius dotis esse, quos ipse cepit...". 3) *Ulp. 6,3.5.* „Dos aut *profecticia* dicitur, id est quam pater mulieris dedit; aut *adventicia*, i.e. ea quæ a quovis alio data est". „..si is qui dedit, ut sibi redderetur stipulatus fuit, ..dos specialiter *recepticia* dicitur". *Ulp. L. 5. D. h, t. 23. Gai. L. 31. § 2. D. de mort. c. don. 39,6.* (*Ro.* in sein. Ztsch. VI. S. 85. ff. meint irrig, „in Deutschland gebe es eine profect. dos nicht mehr; auch die vom Vater bestellte sei adventicia": denn es ist nicht an dem, daß sie „nur eine anticipierte Erbschaft" sei, und auch schon nach just. R. muß die dos conferiert werden. s. Erbr. § 115.) 4) *Iust. L. 20. pr. C. de don. ante nupt. 5,3.* „... dos propter nuptias fit, et sine nuptiis quidem nulla dos intellegitur, sine dote autem nuptiæ possunt celebrari..". *Ulp. L. 21. D. h. t.* „Stipulationem quæ propter causam dotis fiat, constat habere in se condicionem hanc *Si nuptiæ fuerint secutæ*; et ita demum ex ea agi posse, quamvis non sit expressa condicio *Si nuptiæ*, constat..". *Pap. L. 68. D. eod.* „...cum omnis dotis promissio futuri matrimonii tacitam condicionem accipiat..". *Ulp. L. 3. eod.* „Dotis appellatio non refertur ad ea matrimonia quæ consistere non possunt; neque enim dos sine matrimonio esse potest: ubicumque igitur matrimonii nomen [Ehe in der rechtl. Bedeutung] non est, nec dos est". 5) s. § 1. not. 2. *Paul. L. 1. D. eod.* „Dotis causa perpetua est, et cum voto eius qui dat, ita contrahitur, ut semper apud maritum sit". *LL. 10. §§ 1...3. 69. § 9. 77. D. eod.* 6) *Paul. L. 72. pr. D. h. t. Ulp. L. 13. § 10. D. de H. P. 5,3. Paul. L. 47. § 6. D. de pecul. 15,1. L. 4. C. h. t. 5,12.* vgl. *Bg § 106 o,p. Hasse § 109.* u. unten § 5. not. 2. 7) *Ulp. L. 33. D. h. t.* „..si ex necessitate, non ex voluntate dotem promiserat..". s. folg. § 3. 8) *cit. L. 33. h. t.* „.. adquiri autem mulieri accipiemus, ad quam rei commodum respicit". *Ulp. L. 21. pr. D. de don. i. v. 24,1.* „.. non

B. Entstehung der Dos.

A. Entstehungsgründe:

§. 3. 1. Gesetzliche Verpflichtung. (vgl. II. §§ 211...14.)

Gründe und Behandlung im allgemeinen[1...4]. Insbesondere Verpflichtung 1) der väterlichen Ascendenten[5...7]. Redotationspflicht?[8] 2) der mütterlichen Ascendenten[9...11].; der Geschwister?[12.13] 3) der Braut oder Frau?[14.15]; des Verführers[16...19].

---

enim donat [marito] qui necessariis oneribus succurrit". ... „non est ista donatio, cum pro oneribus matrimonii petantur..". cf. *L.un.§13.C.de R.v.A.5,13. Hasse §110.ff. Meyerfeld* l.c. [9]) §§ 7.12.ff. [10]) *Iul. L.19.D.de O. et A.44,7.* „Ex promissione dotis non videtur lucrativa causa esse; sed quodammodo creditor aut emptor intellegitur qui dotem petit...". *Marcian. L.8.§§ 11.13.D.quib.mod.pign.20,6.* „Venditionis .. appellationem generaliter accipere debemus.." „quod si in dotem dederit, vendidisse in hoc casu recte videtur propter onera matrimonii". *Paul.L.9.pr.D.de cond.c.data 13,4.* „Si donaturus mulieri iussu eius sponso numeravi, nec nuptiæ secutæ sunt, mulier condicet. sed si ego contraxi cum sponso et pecuniam in hoc dedi, ut si nuptiæ secutæ essent, mulieri dos adquireretur, si non essent secutæ, mihi redderetur, quasi ob rem datur, et re non secuta ego a sponso condicam". cf. *L.7.§ 3.D.de I.D.* [11]) *cit.L.2.pr.D., Iustin.LL.19.20.C.de don.ante nupt.5,3.* cf. nott.8.10. u.§ 5.not.11. [12]) *Id.L.31.C.h.t.5,12.*

§. 3. *He.33.35. Se.452. Mü.521. Gö.685. Pu.317. Ro.111. Va.216. Si.132.* S.25.ff. *Ar.396. Hasse* Güterr.95.ff. *Koch* R.d.Fordd.*207*.f. *U.547.* [1]) Zahlreiche Anspielungen und Späße bei Plautus (cf. v v. dos, dotata etc.) u.A. [2]) *Bg §130.not.22. Marcian.L.19. D.de R.N.23,2.* „..ex constitutione divor. Severi et Antonini *per proconsules præsidesque prov.* coguntur (die Gewalthaber, welche ihre Töchter ohne gehörigen Grund nicht heiraten laßen wollen) in matrimonium conlocare et dotare..". Unrichtig ist es also, hier von einer *condictio* [! cf. II. § 197.] *ex L. ult.* (7.) *C.de dotis promiss.* [s. not.7.] zu reden. [3]) *Pap.L.69.§4.D.h.t.23,3.* „..dotis enim quantitas pro modo facultatium patris et dignitate mariti constitui potest". cf. *L.3.C.de dot.prom.5,11.* u. *L.5.§8.D.h.t. Sav.* Syst.II. S.119. [4]) s.§ 4.not.3. [5]) s. oben II.§ 211.ff. [6]) *cit.L.19.D. Cels.L.6.D.de coll.bon. 37,6.* [7]) *Iustinian.L.7.C.de dotis promiss.5,11.* „...cautum est omnino paternum esse officium dotem ... pro sua dare progenie...". cf. *Gai.1,178. Ulp.11,20.et ibi citt.ll. Stieglitz* de necessitate patris conditionem filiabus quærendi. Hal.1757. *Hombergk* zu *Vach* de obl. patris ad constituendam dotem. Marb.1770. deutsch in Barths Saml. III. n°. XLI. [8]) Gegen *Thibaut § 336.*a.E. und A. s. *Glück* XXV. S.78.ff. ib. citt. *U.547.*n°.v. *Va.216.*Anm.2. *Si.§ cit.not.47. Ar.403.*Anm.2.3. [9]) *Diocl.et Max.L.14.C.de I.D.5,12.* „Neque mater pro filia dotem dare cogitur, nisi *ex magna et probabili causa* vel *lege specialiter expressa;* neque pater de bonis uxoris suæ invitæ ullam dandi habet facultatem". (a.287.) [10]) *Iustinian.L.19.§1.C.de hæret.1,5.* „..necessitatem imponimus talibus genitoribus [*qui non sunt orthodoxæ religionis*] .. dotes pro filiabus et neptibus dare ... in omni casu secundum vires patrimonii huiusmodi liberalitatibus æstimandis..". [11]) s. I. § 33. [12]) *Paul.L.12.§3.D.de adm.et per.tut.26,7.* „Cum tutor non rebus dumtaxat, sed etiam moribus pupilli præponatur, in primis mercedes præceptoribus ... præstabit, sollemnia munera parentibus cognatisque mittet; sed non dabit dotem sorori alio patre natæ, etiamsi aliter ea nubere non potuit: nam etsi honeste, ex liberalitate tamen fit, quæ servanda arbitrio pupilli est". [13]) II. § 212.not.15. [14]) *Pu.317.*a.E. „eine Pflicht der Frau sich zu dotieren, ist eine Absurdität", „es würde dieß eine gesetzliche Dos, nicht eine gesetzliche Dotationspflicht sein": eine Dos aber entsteht nie ipso iure. s.§ 4. [15]) *Iul. L.32.§2.D.de cond.ind.12,6.* „Mulier si in ea opinione sit, ut credat se pro dote obligatam, quidquid dotis nomine dederit, non repetit: sublata enim falsa opinione

§. 4. 2. Privatwille. Dotis datio, dictio (I. § 100.) und promissio; pacta dotalia. (vgl. oben II. § 273.)

Bestellungsform [1...4]. Pacta dotalia [5...14]. Klagen auf Leistung der geschuldeten dos [3.15...17].

---

relinquitur pietatis causa, ex qua solutum repeti non potest". cf. *L.1.C.de dot.prom.* 5,*11*. [16]) *Iustinian.L.un.§1.C.de raptu virg.9,13.* „..si non nuptæ mulieres alii cuilibet præter raptorem legitime coniungentur, in dotem mulierum liberarum easdem res vel quantas ex his voluerint, procedere; sive maritum nolentes accipere in sua pudicitia manere voluerint, pleno dominio eis sancimus applicari...". cf. *Nov.143*. vgl. gegen *Marezoll* in Grolm. und Löhrs Magaz. IV. 4. *Fuhr* Civil. Versuche, Darmst. 1835. I. 8. [17]) *cap.1.X.de adult.5,16.* (= *Exod.22,16.17.*) „Si seduxerit quis virginem nondum desponsatam dormieritque cum ea, dotabit eam et habebit eam uxorem: si vero pater virginis dare noluerit, reddet pecuniam iuxta modum dotis, quam virgines accipere consueverunt". [18]) *Conc.Trid.XXIV.cap.6.* „..Teneatur præterea raptor mulierem raptam, sive eam uxorem duxerit sive non duxerit, decenter arbitrio iudicis dotare". [19]) *Böhmer I.E.P.5,16.§4.* *Quistorp* Beiträge n°. 47. *Jäger* (*Gmelin*) de fatis et fund. obl. stupratorum ducendi aut dotandi vitiatas. Tub. 1797. deutsch in Barths Saml. III. 36. *Busch* Rechte geschwächter Frauenspersonen. I. Abschn. 3. *Glück* XXVIII. § 1288. ibiq. citt.

§. 4. *He.34. Se.453.f.469. Mü.547.522.f. Gö.702.686. Pu.415. Ro.112.129. Si.l.c.* S. 19 ff. *Ar.397.400.* [1]) *Ulp.4,1.2.* „Dos aut datur, aut dicitur, aut promittitur. Dotem dicere ... (*vide* I. § 100.) ... dare, promittere dotem omnes possunt". (cf. *Id.11,20.*) *Id. L.23.D.de I.D.* „Quia autem in *stipulatione non est necessaria dotis adiectio*, etiam in datione tantundem dicimus". *Ulp.L.21.eod.* beweist, daß zu lesen ist: in *stipulatione dotis non est necessaria adiectio*, nämlich der Bedingung *Si nuptiæ fuerint secutæ.* s. § 2. not. 4. So haben auch die Basiliken (29,1,19.) „Ὥσπερ δὲ ἐν τῇ ἐπερωτήσει οὐκ ἀναγκαίως προστίθεται, οὕτως οὐδὲ ἐν τῇ παραδόσει". *L.7.§3.D.eod.* Die datio ist die reale constitutio ohne voraufgegangene obligatio (wie in *L.7.§1.D.q.met.c.4,2.* „vel dedit aliquid vel se obligavit") vgl. *Bg § 83 h.* [2]) *Cod.* De dotis promissione et nuda pollicitatione 5,*11*. s. I. § 100. *Iustinian.L.25.C.ad S.C.Vell.4,29.* *von der Nahmer* Entscheidd. d. O. A. G. zu Wiesb. II. 10. „Nach gem. R. ist zur Giltigk. einer dotis prom. die Acceptation erford.". [3]) s. unten § 17. [4]) oben § 2. not. 12. [5]) (*Paul.S.R.2,22.*) *Dig.23,4.* De pactis dotalibus. *Cod.* De pactis conventis tam super dote quam super donatione ante nuptias et paraphernis. 5,*14*. *Puchta* sen. Hdb. d. Verf. i. S. d. freiw. Ger. *§§ 184.* ff. — Die ehegüterrechtlichen Vereinbarungen heißen bei uns oft 'Ehestiftungen', die Urkunden darüber 'Ehezärter' (von charta). [6]) I. §§ 64...70. 93. [7]) *LL.7.20.§1.29.pr.D.h.t.23,4.* *LL.6.7.C.de I.D.* [8]) Viele Anwendungen s. *Dig.et Cod.hh.titt.* [9]) (*Th.C.3,15.* De fideiussoribus dotium.) *Cod.* Ne fideiussores vel mandatores dotium dentur 5,*20*. *Iustinian.L.2.C.h.t.* „Generali definitione constitutionem pristinam [*Grat.Val.et Theod.L.1.C.eod.*(a. 381.)] ampliantes sancimus nullam esse satisdationem vel mandatum pro dote exigendum vel a marito vel a patre eius vel ab omnibus qui dotem suscipiunt. Si enim credendum mulier sese suamque dotem patri mariti existimavit, quare fideiussor vel alius intercessor exigitur, ut causa perfidiæ in conubio eorum generetur?" (a. 530.) vgl. II. § 125. not. 10. § 275. not. 11. *Glück* XXVII. S. 231. f. *Si.* III. S. 45. not. 27. *Ar.400.* Anm. [10]) *Paul.L.7.pr. D.de exc.rei iud.44,1.* „...sic mariti fideiussor *post solutum matrimonium datus* in solidum dotis nomine condemnatur". [11]) cf. not. 7. *L.3.C.h.t.et passim eod.* [12]) *Bg § 117. not. 31.* [13]) *Ulp.L.9.§1.D.de I.D.* „Si res alicui tradidero, ut nuptiis secutis dotis efficiantur, et ante nuptias decessero, an secutis nuptiis dotis esse incipiant? Et vereor ne non possint in dominio eius effici cui datæ sunt, quia post mortem incipiat dominium discedere ab eo qui dedit, quia pendet donatio in diem nuptiarum;

§. 5. B. Gegenstände.

Alles das Vermögen Vergrößernde[1...7]. Bestellung an einen Stellvertreter des Mannes[8]. +Beneficium competentiæ gegen Klage auf Leistung der dos[9...11].

§. 6. C. Leistungszeit. (cf. § 16.)

Nicht vor bestehender Ehe[1]. Rechtsmittel bei nicht erfolgender Ehe[2...4]. Gesetzlicher Ablieferungstermin des klassischen[5], des justinianischen Rechts[6].

---

et cum sequitur condicio nuptiarum, iam heredis dominium est, a quo discedere rerum non posse dominium invito eo fatendum est. sed benignius est favore dotium necessitatem imponi heredi consentire ei quod defunctus fecit, aut si distulerit vel abiit, etiam nolente vel absente eo dominium ad maritum ipso iure transferri, ne mulier maneat indotata". [14]) *L.68.i.f.D.de I.D.* z.B.*LL.26.§5.30.D.de pact. dot.23,4. L.22.pr.D.sol. matr.24,3. Nov.134.c.10.* s. unten § 27. [15]) *Th. et Val.L.6.C.de dotis promissione 5,11.* in I.§100. [16]) *Iustinian.L.7.C.eod.* [17]) *L.5.C.eod. L.2.§3.D. de R.C.* (in II. § 190.not.3.) vgl. II. § 188.

§. 5. *He.36. Se.451. Mü.520. Gö.684. Pu.415. Ro.112. Si.§ cit.*S.33.ff. *Ar.398. Gottschalk* disceptt.forens.c.1.p.1...14. *Hasse § 72.* [1]) I.§§ 48.47. III.§ 2. [2]) § 2.not.6. *L.1.§1.D.pro dote 41,9(10). L.4.C.de I.D.5,12.* „Nulla lege prohibitum est universa bona in dotem marito feminam dare". [3]) *LL.1.7.§§2.3.66.78.D.de I.D.23,3. LL.17.18.C.eod. 5,12. L.57.D.sol.matr. Glück* XXV. § 1230. [4]) *L.6.§1.D.de I.D.* cf. usu capio pro dote. *Bg §146.not.35.* [5]) *L.49.pr.D.sol.matr.24,3. L.2.C.de O.et A.4,10.* [6]) *LL.12.§2.41.§2. 43.58.§1.D.de I.D.* [7]) *Ulp.L.5.§5.eod.* „Si pater repudiaverit hereditatem dotis constituendæ causa, forte quod maritus erat substitutus aut qui potuit ab intestato hereditatem vindicare, dotem profecticiam non esse Iulianus ait. sed et si legatum in hoc repudiaverit pater, ut apud generum heredem remaneat dotis constituendæ causa, Iulianus probat non esse profectum id de bonis, quia nihil erogavit de suo pater, sed non adquisivit". *L.14.§3.D.de fundo dot.23,5.* [8]) *Ulp.L.19.D.de I.D.* „Etiam si alii iussu mariti dos detur, nihilo minus maritus de dote obligatur". *L.59.pr.D.eod.* [9]) II. §162.not.3.δ'. [10]) das.not.ε'. [11]) § 2.not.11. *Paul.L.41.pr.D.de re iud.42,1.* „..quid de eo qui pro muliere, cui donare volebat, marito eius dotem promiserit?..".

§. 6. *He.37. Se.453. Mü.524.*a.*C.530. Gö.687. Pu.415. Ro.112. Si.*l.c.S.32. *Ar. 399.* [1]) § 2. nott.2-4. *L.1.§§1.2.D. pro dote 41,9.* cf. *LL.7.§ 3.9.pr.59.§ 2.D.de I.D.23,3.* [2]) II.§193. *LL.7.§1...9.pr.D.de cond.c.d.12,4. L.10.D.de sponsal.23,1. LL.18.19.D.de reb. auct.iud.42,5.* [3]) *LL.21.22.41.§1.* cf.*LL.36.37.48.pr.D.de I.D.* [4]) *L.43.D.eod.* [5]) *Ulp. 6,8.* „Dos si pondere, numero, mensura contineatur, annua, bima, trima die redditur, nisi ut præsens reddatur convenerit. reliquæ dotes statim redduntur". cf.*Schulting* not.ad h.l. *Cic.*ad Att.XI.ep.4.23.25. *Polyb.*Excerpta Peiresc.p.154. [6]) *Iustinian. L.31.§2.C.de I.D.5,12.* „..sancimus, si quis in dotem vel prædia vel certum reditum vel ædes ... promiserit, si ex tempore matrimonii biennium transactum sit, ilico redituum vel pensionum ... quæstum eum præstare, etiamsi non fuerint adhuc res principales traditæ; et si tota dos in auro sit, itidem post biennium usuras præstari; sin autem aliæ res præter immobiles vel aurum fuerint in dotem datæ, ... si quidem æstimatæ fuerint, simili modo post biennium et earum usuras ... currere ... sin autem minime res mobiles fuerint æstimatæ, ea post biennium observari quæ leges post litem contestatam pro omnibus huiusmodi rebus definiunt ... Nec is qui debet, putet sibi licentiam esse reditus vel pensiones vel usuras vel alias accessiones solventi dotis solutionem protelare, sed sive ante biennium sive postea voluerit, dotem pars mariti [d.h. der Ehemann oder dessen Vertreter] petere queat et secundum leges eam exigere".(a.530.)

C. Rechte an der Dos

A. während bestehender Ehe.

1. Rechte des Ehemannes *)

§. 7. a. überhaupt.

Beweise, daß die Dos während der Ehe zu des Mannes Vermögen gehöre [1...5]. Erklärung der Aeußerungen, daß sie der Frau zukomme [6.7].

b. Insbesondere

§. 8. α. an den Mobilien.

An 1) Fungibilien oder venditionis causa æstimatis rebus [1.2], 2) Nichtfungibilien oder taxationis causa æstimatis rebus [3]. Unterschied beider Arten der Werthveranschlagung [4.5]. Accessiones dotis [und partus *ancillarum* dotalium] im Gegensatz der Dotalfrüchte und des partus *animalium* dotalium [6...8]. Evictionsanspruch des Ehemannes gegen den Besteller [9].

---

*) *He.38...41. Se.454...56. Mü.525...29. Gö.688.f. Pu.416.f. Ro.113...16. Va.217.f. Si.133.B. Ar.401.*ff.

§. 7. [1]) „dominium mutatum dotis datione" *Paul. L.47.i.f.D.de pecul.15,1.* „dominium marito adquisitum est" *Ulp.L.13.§2.D.de fundo dot.23,5.* Servituten, die der Mann an dem ihm in dotem gegebenen Fundus gehabt, gehen confusione unter *L.7.eod.* Würde die Dos Eigenthum der Frau, so wäre Bestellung jener durch diese nicht möglich. vgl. auch II. § 22.not.4.c. [2]) *Ulp.L.24.D.rer.am.25,2.* „Ob res amotas vel proprias viri vel etiam dotales tam vindicatio quam condictio viro adversus mulierem competit, et in potestate est qua velit actione uti". *LL.11.20.23.C.de I.D.5,12. L.49.i.f.D.de furt. 47,2.* [3]) *Modest.L.58.D.sol.matr.24,3.* [4]) *Pap.L.61.eod.* „Dotalem servum vir invita uxore manumisit..". *Paul.L.14.§2.D. ad L.Corn. de fals.48,10. LL.1.7.C. de servo pign.dato mmisso 7,8.* [5]) *L.3.§1.D.de Publiciana 6,2. Pro dote Dig.41,9(10). Cod.7,28.* [6]) s. § 8.not.3. [7]) *Ulp.L.33.i.f.D.de I.D.* oben § 2.not.8. *Tryph.L.75.D.eod.* „Quamvis in bonis mariti dos sit, mulieris tamen est..". *Iustinian.L.30.C.eod.* „...cum eædem res (i.e. *dotales*) et ab initio uxoris fuerint et naturaliter in eius permanserint dominio. non enim *quod legum subtilitate transitus earum in patrimonium mariti videatur fieri*, ideo rei veritas deleta vel confusa est..". *L.15.§3.D.qui satisd.2,8. L.3.§5.i.f.D. de minor.4,4. L.9.pr.D.de cond.c.d.* oben § 2.not.10. *L.71.D.de evict.21,2. L.7.pr.D.de fundo dot.23,5. LL.58.61.64.§3.sqq.65.D.sol.matr.24,3. L.4.D.de coll.bon.37,6.* vgl. auch *Hænel* Dissenss.dnor.p.436.sqq. *Donell.*Comm.XIV.cap.4. *Hasse § 69. Gesterd.*Ausb.IV.2.VI.3. *Sav.* Syst.II.S.113.ff. und *Bachofen* Ausgew.Lehren S.110.ff.

§. 8. [1]) *Gai.L.42.D.de I.D.23,3.* „Res in dotem datæ quæ pondere numero mensura constant, mariti periculo sunt, quia in hoc dantur, ut eas maritus ad arbitrium suum distrahat et quandoque soluto matrimonio eiusdem generis et qualitatis alias restituat, vel ipse vel heres eius". *Ulp.L.10.pr.D.eod.* „Plerumque interest viri res non esse æstimatas, idcirco ne periculum rerum ad eum pertineat, maxime si animalia in dotem acceperit, vel vestem, qua mulier utitur; eveniet enim, si æstimata sint, et ea mulier attrivit, ut nihilo minus maritus æstimationem eorum præstet. quotiens igitur non æstimatæ res in dotem dantur, et meliores et deteriores mulieri fiunt". (cf. *§§ 4.5.eod.*) *LL.sqq.eod. L.51.D. sol.matr.24,3. LL.1.5.10.12.21.30.C.de I.D. 5,12.* vgl. oben II. § 146. not.10. [2]) *LL.16.69.§7.75.D.eod. L.1.C.eod.* [3]) *Paul.L.17.pr.D.eod.* „In rebus dotalibus virum præstare oportet tam dolum quam culpam, quia causa sua dotem accipit; sed etiam diligentiam præstabit, quam in suis rebus exhibet". *L.69.§8.D.eod. Ulp.L.24.§5.D.sol.matr.24,3.* [4]) *L.69.§7.D.de I.D. LL.1.5.10.21.C.eod.* [5]) *LL.10.§1.17.§1.67.D.eod. L.2.D.pro dote 41,9.* [6]) *LL.7.10.18.69.i.f.*

§. 9. β'. an den Dotalforderungen.
1) Uebertragung eines schon bestehenden[1.2] oder 2) Begründung eines Forderungsrechts[3]. 3) Mit Dotalgegenständen erworbene Forderungsrechte[4].

§. 20. γ'. an den Dotalgrundstücken.
Zweck und Umfang des Veräußerungsverbotes[1...3]. Giltigkeit der Veräußerung von Anfang an[4...9]; Convalescenz derselben[10...13].

§. 11. 2. Rechte der Ehefrau an der Dos.
Das Alimentenrecht der Frau (II. § 212.a.E.) ist nicht ein Recht an der dos; aber auf diese hat die Frau Exspectanz, weshalb sie auch als Besitzerin eines fundus dotalis gilt[1.2].

---

*et pass.D.de I.D. L.4.D.de pact.dot.23,4. Dig.sol.matr., passim de I.D.*u.ö. [7]) *L.7.§12. D.sol.matr.24,3.* vgl. II. § 14. [8]) not.6. § 2.not.2. cf. § 14. [9]) II. § 168.

§. 9. vgl. *Hoffmann* Wer trägt bei der promissio, delegatio, acceptilatio, cessio dotis das periculum? u.s.w. in dessen u. *Fuhrs* Civ.Abh.n°.III. *Meyerfeld* Verantwortlichk. des Ehemanns in Bez. auf eine ihm verspr.dos od.in dot.gegebene Forderung, im Rh.Mus.f.Jpdz.VII.v. [1]) *LL.12.§2.35.43.§1.58.§1.77.D.de I.D.23,3. L.49.pr.D.sol.matr.24,3.* [2]) *LL.35.36.38.41.§3.53.56.D.de I.D.* [3]) *L.33.* cf.*35.49.i.f.71.D.eod.* s. oben § 5.not.9. [4]) *L.32.D.eod.*

§. 10. *Gai.2,63. Paul.S.R.2,21b.§2. Pr.I.quib.alienare2,8.* De fundo dotali: *Dig.23,5. Cod.5,23. Bauer* de marito fundi dot.domino.Lips.1704.in Respons.I.2. *R.Hommel* de fundo dot.Lps.1786. bes. *Bachofen* Ausgew.Lehren n°.III.S.88...118. [1]) *L.13.pr.§1.D.h.t.* [2]) *Paul.*l.c. „Lege Iulia de adulteriis cavetur, ne dotale prædium maritus invita uxore alienet". *Pr.I.cit.* „Accidit aliquando, ut qui dominus sit, alienare non possit; et contra, qui dominus non sit, alienandæ rei potestatem habeat: nam dotale prædium maritus invita muliere per legem Iuliam prohibetur alienare, quamvis ipsius sit dotis causa ei datum. quod nos legem Iuliam corrigentes [*L.un.§15.C.de rei ux. act.5,13.*] in meliorem statum deduximus: cum enim lex in soli tantum modo rebus locum habebat, quæ Italicæ fuerant, et alienationes inhibebat quæ invita muliere fiebant, hypothecas autem earum rerum etiam volente ea, utrique remedium posuimus, ut et in eas res quæ in provinciali solo positæ sunt, interdicta sit alienatio vel obligatio, et neutrum eorum neque consentientibus mulieribus procedat, ne sexus muliebris fragilitas in perniciem substantiæ earum converteretur". [3]) *Gai.L.4.h.t.* „Lex Iulia quæ de dotali prædio prospexit, ne id marito liceat obligare aut alienare, plenius interpretanda est, ut etiam de sponso idem iuris sit quod de marito". *Paul.L.3.§1.D.eod.* „Totiens autem non potest alienari fundus, quotiens mulieri actio de dote competit aut omni modo competitura est". *Sev. et Anton. L.1.C.h.t.* „...Est autem alienatio omnis actus, per quem dominium transfertur". *LL.1.§1.2.12.pr.D.h.t.* [4]) *LL.1.2.16.D.h.t. L.2.C.h.t. L.49.§1.D.sol.matr.24,3.* cf.*L.78.§4.D.de I.D.23,3. L.13.D.fam.erc.10,2.* [5]) *LL.26.85.D.de I.D.23,3.* [6]) I. § 97.not.8. [7]) Gegen *L.12.§1.D.h.t.* ist *Iustinian.L.un.§15.C.h.t.* [8]) *L.3.§1.D.h.t.* cf.*L.17.eod. LL.29.§1.42.§3.D.sol.matr.24,3.* [9]) s. § 8. u *L.11.D.h.t.* [10]) *Marcian.L.17.D.h.t.* „Fundum dotalem maritus vendidit et tradidit: si in matrimonio mulier decesserit et dos lucro mariti cessit, fundus emptori avelli non potest". *L.42.D.de usurp.41,3.* [11]) *L.13.§4.D.h.t.* [12]) *Voet* ad h.t.§6. *Leyser* spec.311.med.3. *Hellfeld* iurispr.for.§1252. *Mü.527.not.19.c.* [13]) *L.22.C.ad SC.Vell.4,29.* Die *Nov.61.c.1.§3.* bezieht sich selbst in Betreff der Veräußerungen von Dotalsachen auf *L.un.§15.C.de R.U.A.5,13.* s. *Struben* Bedenken V.100.

§. 11. s. die Quellen zu §§ 12.sqq. *Cod.* Si dos constante matrimonio soluta fuerit *Nov.22.c.39.97.c.6.pr. Francke* üb. Rückzahlung der Dos während d. Ehe, nebst Bemerkk. üb. Schenkungen u. Eheg. i. Arch. f. c. Pr. XVII.16. XVIII.1. *Ro.117. Va.218. Si.133.*S.161.f. *Ar.404.* [1]) § 7. *ibiq.cit.L.23.C.de I.D.* „Si prædium uxor tua dotale venum dedit, sponte

Sonderung der Dos von des Mannes Vermögen[3]. Sequestration derselben[4]. Herausgabe der Dos an die Frau während der Ehe[5...7].

B. Rechte an der Dos nach beendigter Ehe*).

1. Wem die Dos zufalle**), wenn die Ehe endigt durch

§. 12. a. Tod der Frau.

Ende der Dos mit der Ehe[1]. Wer jene erhält, wenn sie 1) adventicia[2.3], 2) profecticia[4...6] ist.

§. 13. b. Tod des Mannes oder Scheidung.

Die (nichtrecepticische) Dos fällt der Frau [gemeinsam mit deren Vater] zu[1...3], wenn sie nicht die Scheidung verschuldet hat[4]. Consens des Vaters und der Tochter[5].

---

necne contractum ratum habuerit nihil interest, cum rei tibi [*marito*] quæsitæ dominium auferre nolenti minime potuerit". [2]) *Macer L.15.§ 3.D. qui satis d.2,8.* „Si fundus in dotem datus sit, tam uxor quam maritus propter possessionem eius fundi possessores intelleguntur". s. *Bg §127 f.* [3]) *Ulp.L.24.pr.D.soluto matr.24,3.* „Si constante matrimonio propter inopiam mariti mulier agere volet, unde exactionem dotis initium accipere ponamus? Et constat exinde dotis exactionem competere, ex quo evidentissime apparuerit mariti facultates ad dotis exactionem non sufficere". *Nov. 97.c.6.pr.* „...*δεδώκαμεν ταῖς γυναιξὶν αἵρεσιν καὶ συνεστῶτος τοῦ γάμου εἰ κακῶς τὰ πράγματα* [*i.e. res dotales*] *ὁ ἀνὴρ διοικοίη, λαμβάνειν αὐτὰ καὶ διοικεῖν κατὰ τὸν πρέποντα τρόπον καὶ καθάπερ ἡ ἡμετέρα λέγει διάταξις*" (*i.e. L.29.C.de I.D.5,12.*). [4]) *L.22. §§8.9.D.sol.matr.* [5]) *Honor.et Theod.L.un.C.si dos const.matr.5,19.* „Si constante matrimonio a marito uxori dos sine causa legitima refusa est (quod legibus stare non potest, quia donationis instar perspicitur obtinere), eadem uxore defuncta ab eius heredibus cum fructibus ex die refusæ dotis marito restituatur: ita ut proprietas eiusdem liberis ex eadem susceptis competens alienari contra leges a marito non possit". (a.409.) *Nov.22.c.39.* [6]) *Paul.L.73.§1.D.de I.D.* „Manente matrimonio non perdituræ uxori ob has causas dos reddi potest: ut sese suosque alat, ut fundum idoneum emat, ut in exilium, ut in insulam relegato parenti alimonia præstet, aut ut egentem virum, fratrem sororemve sustineat". *Id.L.20.D.sol.matr.* „..ut æs alienum solvat, .. ut liberis ex alio viro egentibus aut fratribus aut parentibus consuleret, vel ut eos ex hostibus redimeret: quia iusta et honesta causa est, non videtur male accipere..". *L.85.D.de I.D.* [7]) *L.28.D.de pact.dotal.23,4.* s. unten §§ 23.f.

*) Soluto matrimonio dos quemadmodum petatur: *Dig.24,3.* *Cod.5,18.* *Cod.* Ne pro dote mulieris bona quondam mariti addicantur, i.e. in solutum dentur: *5,22.* *X.* De (donatt.int.vir.et ux.et de) dote post divortium restituenda *4,20.* *Hagemann* Pr.Erörtt.VI.77.

**) *He.42. Se.458. Mü.532. Gö.691. Pu.419. Ro.120. Va.220. Rud.371. Si.133.1. Ar.405.*

§. 12. [1]) *Al.Sev.L.1.C.de repud.5,17.* [2]) s.§ 2.not.3. § 4. [3]) *Iust.L.un.§§ 6.13.C. de R.U.A.5,13.* [4]) *Ulp.6,5.* [5]) Citt. ad *Ulp.6,4.* *L.un.§§ 7.14.C.de R.U.A.* *Nov.97.c.5.* [6]) *Ulp.6,4.* [7]) s.§15. *cit.L.un.§5.C.de R.U.A.* [8]) Mit Recht behauptete daher Bulgarus († 1166.) gegen Martinus, wenn die emancipierte Tochter mit Hinterlaßung von Kindern in der Ehe stürbe, so erhielten nicht diese, sondern der Vater die profecticische Dos; und Bulgarus gab, durch Tod seiner Frau in die Lage versetzt, seinem Schwiegervater freiwillig die Dos heraus, obgleich dieser den Martinus consultiert hatte, der die Dos den Kindern zusprach. Anders verfuhr in gleichem Falle des Bulgarus Schüler Albericus, der lieber seine Ansicht auf-, als die Dos herausgeben wollte. vgl. *Hænel* Diss.dnor.p.441.sqq.§269. *Sav.* Gesch. d.r.R.i.M.A.ed.II.Bd.IV.S.83.85.f. die bei *Mü.532.not.6.* Citt. *Bu.u.Bu.* Entscheidd.III.42.

§. 13. [1]) II.§ 290. [2]) *LL.2.sqq.22.§5.31.§2.34.D.h.t.24,3.* *L.un.§14.C.de R.U.A.5,13.* *LL.2.7.C.sol.matr.5,18.* [3]) *Nov.98.c.1.127.c.3.97.c.5.* [4]) *LL.8.§§4.5.11.C.de repud.5,17.* *Nov.22.c.15.98.* vgl. unten § 26. [5]) *L.8.pr.D.de proc.3,3.* *L.2.§1.22.§§5.sqq.D.h.t.* u.not.4.

2. Gegenstände der Restitution.

§. 14. a. Ansprüche.

1) Die Dos selbst[1...5]. 2) Zufällige Ansprüche: a) vor oder nach der Ehe von der Dos gezogene Früchte u.s.w.[6...8]; b) Ersatzpflicht des Mannes wegen verschuldeter Nachtheile und auf ihm lastender Gefahr[9].

---

§. 14. *He.47.f. Se.459. Mü.434.ff. Gö.692.f.697. Pu.421. Ro.121. Va.§ cit. Rud. 373. Si.133.n°.III. Ar.406.f.* [1]) §§ 8...10. [2]) § 5.not.6. [3]) cf. § 9. *LL.44.§1.49.pr.D. sol.matr. L.20.§2.D.de pact.dot.23,4. LL.33.49.56.pr.D.de I.D.* [4]) § 5.not.3. [5]) § 16. not.3. [6]) *L.6.D.h.t. Iul.L.31.§1.D.eod.24,3.* „Si fundum dotalem recepisset mulier non habita ratione fructuum, pro portione anni quo non nupta fuisset, nihilo minus de dote agere potest, quia minorem dotem recepisset [= weil sie nicht eine so große Dos, als ihr zukommt, erhalten]: hoc enim [der Ertrag von dem Jahre nach der Ehe] ad dotis augmentum pertinet; quemadmodum si partum ancillarum [s. § 8.not.6.] non recepisset, aut legata vel hereditates quæ post divortium per servos dotales adquisitæ marito fuissent". *Diocl.et Max.L.20.C.de I.D.5,12.* „Pro oneribus matrimonii mariti lucro fructus totius dotis esse quos ipse cepit, vel si uxori capere donationis causa promisit, eum in quantum locupletior facta est, posse agere manifestissimi iuris est". *LL.4.10.§§1.2.47.69.§9.D.eod.23,3.* [7]) *LL.7.§1.42.D.eod.* [8]) *LL.5...7.D.h.t.24,3. L.un. §9.C.de R.U.A.5,13.* Nicht widersprechend ist die viel temptierte Stelle *Ulp.L.7.§1.D.sol.matr. 24,3.* „Papinianus autem ... divortio facto fructus dividi ait non ex die locationis, sed habita ratione præcedentis temporis, quo mulier in matrimonio fuit; neque enim si vindemiæ tempore fundus in dotem datus sit eumque vir ex kalendis Novembribus primis fruendum locaverit, mensis Ianuarii suprema die facto divortio retinere virum *et vindemiæ fructus, et* eius anni, quo divortium factum est, quartam partem mercedis æquum est; alioquin si coactis vindemiis altera die divortium intercedat, fructus integros retinebit. itaque si fine mensis Ianuarii divortium fiat, et quattuor mensibus matrimonium steterit, *vindemiæ fructus* et quarta portio mercedis instantis anni confundi debebunt, ut ex ea pecunia tertia portio viro relinquatur". Die Worte vindemiæ fructus nehmen Einige (*Zasius, Cuiacius, Hasse*) = $^{12}/_{12}$ des Naturalertrages des ersten Jahrs, und weisen $^{4}/_{12}$ davon und $^{4}/_{12}$ von dem dreimonatlichen Pachtgelde des zweiten Jahrs dem Manne für die 4 Ehemonate zu; Andere (*Schrader* u.s.w.) rechnen die $^{12}/_{12}$ Naturalertrag und die $^{3}/_{12}$ Pachtertrag zusammen und weisen $^{4}/_{15}$ davon dem Manne zu [da doch die Ehe nur $^{4}/_{12}$ Jahr bestanden hat]. *Unterholzner* (Schuldv.II.S.457.) will durch Zusammenrechnung der $^{12}/_{12}$ Naturalertrag mit den $^{3}/_{12}$ Pachtertrag den durchschnittlichen Jahresertrag herausrechnen und davon $^{4}/_{12}$ dem Manne zuweisen [z.B. die $^{12}/_{12}$ = 70, die $^{3}/_{12}$ = 30, also $^{15}/_{12}$ = 100, Durchschnitt für 12 Monate = 80, also erhielte der Mann für 4 Monate $26^{2}/_{3}$.] Nach *Duaren* wäre der Schluß obiger Stelle so zu faßen: „so muß man den betreffenden Theil des Naturalertrags und $^{1}/_{4}$ Pachtgeld (3monatliches) vom folgenden Jahr zusammen rechnen, damit in diesem Betrage dem Manne sein Drittel (der Dotalertrag von 4 Monaten) zu Theil werde". Mit dieser ungezwungensten und dem Zusammenhange der Stelle mit dem voraufgehenden *pr.* und nachfolgenden *§§2.3.*, auch allen übrigen Bestimmungen des römischen Rechts am besten entsprechenden Erklärung stimmen auch am meisten die Basiliken (*28,8.cap.7.§1.*) „Nach der Scheidung werden die Einkünfte (*οἱ καρποί*), sowol die vor als nach der Verpachtung, nach Verhältniss der Dauer der Ehe getheilt: wenn also die Ehe 4 Monate bestanden hat, so bekommt der Mann ein Drittel". *Cyrillus* ad h.l. „Im Oktober hat mir die Frau das Grundstück (in dotem) gegeben: ich zog aus der Weinernte 18 solidi; im November habe ich es für 60 sol. verpachtet; Ende Januars ist die Ehe getrennt worden: nun bekomme ich nicht den Ertrag

§. 15. b. Gegenansprüche.

Die retentiones ex dote des klassischen Rechts[1]. Justinians Aufhebung derselben [2…7]. Ver-

---

der Ernte und der 3 Monate, sondern, den letzteren eingerechnet, den von 4 Monaten". Wenig deutlicher, als die Schlußworte des *§ 1.* selbst erklärt sich *Dorotheus* in dem Schol. zu den Basilic. l. c. „*χρὴ καὶ τῶν τριῶν μηνῶν τούτων τοὺς καρποὺς καὶ τοὺς τῆς τρύγης ἀναμίγνυσθαι, καὶ ἐκ τούτων πάντων τὸ μὲν τρίτον μέρος παρὰ τῷ ἀνδρὶ ἀπομεῖναι, τὸ δὲ δίμοιρον δοθῆναι τῇ γυναικί*". Die Ansichten der Neueren über diese Stelle:

dem Manne geben	Weinlese = 12. Pachtgeld = 12.	Weinlese = 24. Pachtgeld = 12.	Weinlese = 12. Pachtgeld = 24.
Cuiacius α'), *Zasius* β'), *Hasse* γ') u.A. δ')	1/3 12+1/3 3=5	1/3 24+1/3 3=9	1/3 12+1/3 6=6
Duarenus ε') u.A.	1/12 12+1/4 12=4	1/12 24+1/4 12=5	1/12 12+1/4 24=7
Connanus ς')	1/6 12+1/6 12=4	1/6 24+1/6 12=6	1/6 12+1/6 24=6
Schrader ζ')	4/15 (12+3) =4	4/15 (24+3) =7 1/5	4/15 (12+6) =4 4/5

α') ad Pauli R.S.II.22.§1.; ad Papin.Quæst.lib.II.u.Obss.XIV.22. β') *Zasius* Comm.ad h.l. γ') Rhein.Mus.f.Jurispr.Bd.2.S.1.ff. Comm. de variis eor. sententt. qui in expl.L.7. et c. Bonn.1827. *Wening § 48.* *Tigerström* II.S.162.ff. will, Hasses Rechnungsweise beitretend, die Entscheidung Papinians nur als die eines speciellen Falles gelten laßen, die also nicht analoge Anwendung finden könne. Aehnlich *Pu.* Vorll.II.S.266., der, nicht eben unbefangen, meint „Die Meinung des Duaren empfiehlt sich dem oberflächlichen Verstand und einem dürftigen Rechnungssinn am meisten, daher hat sie auch vielen Beifall gefunden. [Als ob es hier nicht auf Verstand und Rechnen ankäme, sondern auf vornehmes Absprechen]… Eine allgemeine Regel soll [in *L.7.cit.*] nicht gegeben werden, der Irrthum beruht darauf, daß man diese darin gesucht hat". δ') z.B. *Kübel* de dot.fructib.Tub.1841. ε') Disputation. anniversar.I.c.60. in Opp. ed.Ffurt.1598. p.1055. u. Commentar. in Tit. D. sol.matr.Opp.p. 261.sqq. Ihm folgen Donell.lib.XIV.c.7.§15. *Gö.693.* *Rud.* Grdr.S.342. *Va.*I.S.331.ed. vi.S.466.ff. *Si.* S.52. ς') Commentar. iur. civ. lib.VIII.cap.10.n°.8. ζ') De divisione fructuum dotis.Helmst.1805. Abweichende Erläuterungsversuche: Alciat. Paradox.III.c.1. u.A. s.bei *Glück* XXVII.§§1276.*e*.u.ff., der *Schraders* Berechnung billigt, was auch *Ro.* l.c. thut. vgl. *Voorda* Diss. ad hanc L.7.§1.D.sol.matr.L.B.1796. *Brinckmann* (i.Arch.f.civ.Pr. XXXVI.n°.xv.) will durch Conjectur helfen, und setzt „Eheabschluß, Dotalbestellung und Weinlese auf 30.Sept.". So bestimmt (nicht 'begründet') *Ar.407.* Anm. die Erklärung Duarens tadelt („daß sie den Worten und der Logik des Verfaßers der Stelle unleidliche Gewalt anthue"), so unbestimmt ist seine eigene Anweisung „nach Verh. der Zeit zwischen dem Manne und dem Rückempfänger der Dos zu theilen, so daß nach Umständen [nach welchen?] jener von den noch während der Ehe gewonnenen Früchten einen Theil herausgeben muß oder von den später erst zu beziehenden einen Theil noch in Anspruch nehmen kann". Auf *Ar.*s Frage „Ist etwa 1/12 von 1 Scheffel Weizen + 3/12 von 1 Scheffel Roggen auch 1/3?" ist die einfache Antwort „Ja, wenn Weizen und Roggen als gleiches Werthes angenommen werden oder nur nach der Quantität in Betracht kommen": 1/2 Maß Waßer und 1/2 Maß Bier machen das Maß eben so voll als 2 halbe Maß Wein, und jene 1/2 Maß sind ebenso viel werth, als diese, wenn Waßer, Bier und Wein gleich viel gelten. [9]) §§8.ff.

§. 15. *Dig.* De impensis in res dotales fact.*25,1.* — *Bg§107h..m.* *He.49.* *Se.462.* *Mü.538.* *Gö.696.* *Pu.421.*a.E. *Ro.123.* *Si.133.*n°.vi. *Ar.408.* *Majansii* Disputt.iur.I.28. *Valett* Abhh. n°.1. „Verwendd.auf die Dos". [1]) *Ulp.6.§§9.10.12.sqq.ibiq.citt.ll.* u.dazu *Mommsen* Adnot. 6…8.in Ulp. ed. meæ iv. Lips.1855.p.188. Pauli Fgm. ap.Boeth. in der cit.Ausg.Ulp.p.173. (Die quintæ bei *Ulp.6,4.* gehören nicht unter die liberorum nomine retentiones. s.§12.) [2]) *Iustinian.L.un.§5.C.de rei uxor.act.5,13.* „…Taceat in ea retentionum [*Ulp.6,9.*] verwahrungs- und Fruchterzielungs-Kosten[8-9]. Der dos wegen übernommene Verbindlichkeiten[10].

§. 16. 3. Zeit und Ort der Restitution. (cf. § 6.)

Restitutionszeit[1] nach klassischem[2], nach justinianischem Recht[3]. Ablieferungsort ist regelmäßig der Wohnort des Ehemannes[4].

---

bositas. quid enim opus est inducere *ob mores retentionem* [*Ulp.6,12.13.*], alio auxilio ex constitutionibus introducto [cf. II. § 279.]? vel ex qua causa *ob res donatas retentio* [*Ulp.6,9.*] introducatur, cum sit donatori facultas per actionem in rem directam vel per utilem vel per condictionem [cf. III. § 25.] suo iure mederi? sed nec *retentio ob res amotas* [III. § 21.] necessaria est, cum pateat omnibus maritis rerum amotarum iudicium. sileat *ob liberos retentio* [*Ulp.6,4.9.10.*], cum ipse naturalis stimulus parentes ad liberorum suorum educationem hortetur, ne varium genus culpæ mariti contra uxores excogitent, ut possint eadem actione contra eas uti, cum et iam imperialibus constitutionibus [II. § 279.] statutum sit, si culpa mulieris dissolutum matrimonium fuerit, quid fieri oporteat. sed nec *ob impensas in res dotis factas retentio* [*Ulp.6,14...17.*] nobis satis videtur idonea: cum enim necessariæ quidem expensæ dotis minuant quantitatem, utiles autem non aliter in rei uxoriæ actione detinebantur, nisi ex voluntate mulieris, non abs re est, si quidem mulieris voluntas intercedat, mandati actionem a nostra auctoritate marito contra uxorem indulgeri, quatenus possit per hanc quod utiliter impensum est adservari, vel si non intercedat mulieris voluntas, utiliter tamen res gesta est, negotiorum gestorum adversus eum sufficere actionem; quod si voluptariæ sint, licet voluntate eius expensæ, deductio operis quod fecit, sine læsione tamen prioris speciei, marito relinquatur, ut sit omnium retentionum expeditus tractatus et ex stipulatu actio merito secundum sui [s. aber § 17. not. 4.] naturam nullam accipiat retentionem". [2]) *cit. §5. C. u. LL. 7. pr. 9. 11. pr. 14. § 2. D. h. t. 23,1.* vgl. I. § 103. [4]) *cit. §5. C. h. t.* cf. *LL. 5. §3. 7. §1. 8. 10. D. h. t. L. 7. i. f. D. sol. matr.* [5]) *LL. 4. 5. pr. §1. D. h. t. §37. I. de act. 4,6. LL. 1. § 1. 2. pr. D. de dote præl. 33,4. L. 41. §1. D. de leg. 11. 31.* [6]) *cit. L. 5. h. t. §2.* [7]) *Paul. L. 56. §3. D. de I. D.* „Quod dicitur *Necessarias impensas ipso iure dotem minuere* non eo pertinet, ut si forte fundus in dote sit, desinat aliqua ex parte dotalis esse, sed nisi impensa reddatur, aut pars fundi aut totus retineatur. sed si tantum in fundum dotalem impensum sit per partes, quanti fundus est, desinere eum dotalem esse Scævola noster dicebat, nisi mulier sponte marito intra annum impensas obtulerit. Si pecunia et fundus in dote sint, et necessariæ impensæ in fundum factæ, Nerva ait dotem pecuniariam minui. quid ergo si mulier impensas marito solverit? utrum crescet dos, an ex integro data videbitur? Cuius rei manifestior iniquitas in fundo est, secundum Scævolæ nostri sententiam: nam si desinit dotalis esse, poterit alienari; rursus quemadmodum poterit fieri dotalis data pecunia? an iam pecunia in dote esse videbitur? et magis est ut ager in causam dotis revertatur, sed interim alienatio fundi inhibeatur". (*Mayer* Interp. *L. 56. § 3. D. de I. D.* Tubing. 1859.) [8]) *L. 15. D. h. t. 25,1.* [9]) *L. 16. D. eod.* [10]) *L. 1. §3. eod. LL. 25. §1. 55. D. sol. matr. 24,3.* [11]) s. II. § 162. not. s. b.

§. 16. *Cod. 5,19.* ad § 11. cit. *He. 43. Se. 157. Mü. 531. Gö. 694. Pu. 120.* a. E. *Si.* l. c. n°. IV. *Ar. 409.* [1]) *L. 29. C. 5,12.* ad § 11. not. 3. cit. [2]) *Ulp. 6,8.* s. § 6. not. 5. [3]) *Iustinian. L. un. §7. C. de rei uxoriæ act. 5,13.* „...Exactio autem dotis celebretur non annua, bima, trima die, sed omnimodo intra annum in rebus mobilibus vel se moventibus vel incorporalibus; ceteris videlicet rebus quæ solo continentur, ilico restituendis, quod commune utriusque fuerat actionis. Sin autem supersederit res mobiles vel se moventes vel incorporales post annale tempus restituere, vel ceteras res statim post dissolutum matrimonium, etiam usuras æstimationis omnium rerum, quæ extra

4. Rechtsmittel wegen Restitution der Dos.

S. 17. a. Von der Klage überhaupt.

Retention[1]. Klage aus Vertrag[2]. Gesetzliche Klage de dote oder rei uxoriæ actio[3], deren Verschmelzung mit der ex stipulatu actio durch Justinian[4], der überdiess die Dotalansprüche der Frau stark begünstigt[5...7]. Verbot der Addiction des Vermögens des Mannes[8].

S. 18. b. Vom Beweise insbesondere. Exceptio cautæ sed non numeratæ dotis. (vgl. II. § 145.)

Positive Beschränkung der Beweiskraft über die Dos ausgestellter Empfangscheine[1...6]; nicht zum Nachtheil der Gläubiger des Ehemannes geltend[7].

III. Einwirkung der Ehe auf die sonstigen Güterrechte.

S. 19. A. Brautgeschenke [und propter nuptias donatio.] (*Abr. II. § 3. n°. 11.*)

1) Brautgeschenke, Begriff[1.2] und Behandlung im Falle nicht erfolgender Ehe[3...5].

---

immobiles sunt, usque ad tertium partem centesimæ ex bona fide introducendas maritus præstet; fructibus videlicet immobilium rerum parti mulieris ex tempore dissoluti matrimonii præstandis, similique modo pensionibus vel vecturis navium sive iumentorum, vel operis servorum, vel quæstu civilium annonarum, et aliis quæ sunt eis similia, parti mulieris restituendis". 4) *Ulp. L. 65. D. de iudiciis 5,1.* „Exigere dotem mulier debet illic, ubi maritus domicilium habuit, non ubi instrumentum dotale conscriptum est ... in cuius [*mariti*] domicilium et ipsa mulier per condicionem matrimonii erat reditura". s. *Bg § 91.*

S. 17. *Cod.* De R.U.A. (= rei uxoriæ actione) in ex stipulatu actionem transfusa et de natura dotibus præstita *5,13.* (Lex. un. v 530.) *§ 29. I. de act. 4,6.* — *He. 44.* f. *Se. 460. Mü. 533. Gö. 695. Pu. 418. Ro. 122.* ff. *Si.* l. c. n°. 11. *Ar. 410.* f. *Scharlach* obss. de dotis privil. Hannov. 1798. *Schenck* R. der dos vor Justinian. Landsh. 1812. *Stemann* de vet. dot. actionum ... diss. Kil. 1826. 1) § 12. nott. 2. 4. 2) *Maximin. L. 6. C. de I. D. 5,12.* 3) *§ 29. I. de act. 4,6. L. un. pr. §§ 2. 4. 6. 14. C. de R. U. A.* 4) *Iustinian. L. cit. pr. §§ 1. 2.* „..Rei uxoriæ itaque actione sublata sancimus omnes dotes per ex stipulatu actionem exigi, sive scripta fuerit stipulatio sive non, ut intellegatur re ipsa stipulatio esse subsecuta ... et in huiusmodi actione damus ex utroque latere hypothecam, sive ex parte mariti pro restitutione dotis, sive ex parte mulieris pro ipsa dote præstanda vel rebus dotalibus evictis ... accommodetur ei [*ex stipulatu actioni*] natura rei uxoriæ et bonæ fidei beneficium..". 5) II. § 156. not. 5. l. c. 6) II. § 96. not. 11. 7) *Id. L. 30. C. de I. D. 5,12.* vgl. oben II. § 22. not. 4. 8) *Cod. Ne pro dote mulieri bona quondam mariti addicantur 5,22.* ad §§ 12. sqq. *cit. L. 6. C. de bonis auctoritate iudicis possidendis 7,72.*

S. 18. *Cod.* De dote cauta non numerata *5,15. Nov. 100.* vgl. II. §§ 145. u. 193. not. 5. Litteratur bei *Glück* XXVII. S. 336. *Gneist* die form. Verträge *§ 5. Schlesinger* zu II. § 145. cit. S. 267. ff. *He. 46. Se. 461. Mü. 537. Gö. 690. Pu. 420. Ro. 122. Si. 133.* n°. 11. *Ar. 410.* 1) *L. 1. C. h. t.* 2) s. II. § 193. 3) *L. 3. C. eod. Nov. 100.* 4) I. § 167. 5) *Nov. 100. c. 2.* 6) II. § 145. not. 14. 7) *Arc. et Hon. L. 9. pr. C. de bonis proscriptorum seu damnatorum 9,49.*

S. 19. *Theod. Cod.* De sponsalibus et ante nuptias donationibus *3,5. Iust. Cod. 5,14.* ad § 4. cit. *Iust. Cod.* De donationibus (ante nuptias vel) propter nuptias (et sponsaliciis) *5,3. Nov. 22. c. 31...33. 61. 97. c. 1. 2. 98. 109. c. 1. 119. c. 1. 127. c. 2. sqq. § 3. I. de donat. 2,7.* (vgl. *Cæs.* de B. G. *6,19.*) — *Witzleben* (præs. Heineccio) Uxor R. per pr. nupt. don. de alimentis secura tantum. Hal. 1740. *Heimbach* v. Brautgeschenke in Weiske II. S. 464...472. Nach *c. 4. X. de donatt. i. vir. et ux. 4,20.* nimmt die Stelle der propter nupt. don. ein das dotalicium oder vidualicium, Errungenschaft u. s. w. vgl. *Ro.* in sein. Ztschr. VI. S. 81. u. die Lehrbb. d. deutsch. P. R. üb. Gegenvermächtniss, Widerlage; *Eckardt* d. Witthum od. Dotalicium u. Vidual. in Ztsch. f. deutsch. R. X. 14. *Kraut* Grdr. *§§ 192.* ff. — *He. 50.* f. *Se. 462 b. Mü. 539. Gö. 671.* n°. 111. *698. Pu.*

[2) Propter nuptias donatio des justinianischen Rechts[6], im Abendlande nicht recipiert.]

§. 20. B. Parapherna sive recepticia bona. (*Abr.II.§4.*)

Vermögen der Ehefrau, auf welches die Ehe an sich keinen Einfluß hat[1...3], außer bei

---

424. *Ro.119.127. Va.222. Si.132.*S.12.ff.not.3. *Ar.413. Donell.*XIV.9.u. Litteratur bei *Glück* XXV.§1242.S.274.not.54. *U.*568.ff. *Zimmern* R.G.I.*§163.* u.die Abhandll.i.Arch.f. civ.Pr.IX.10.XIII.1.XV.20.XVI.1.XXVI.4. 1) *LL.17.20.C.h.t.* 2) *LL.4.6.19.C.eod.* 3) *L.15.C.eod.* 4) *Constantin. L.16.C.eod.* „Si a sponso rebus sponsæ donatis interveniente osculo ante nuptias hunc vel illam mori contigerit, dimidiam partem rerum donatarum ad superstitem pertinere præcipimus, dimidiam ad defuncti vel defunctæ heredes, cuius libet gradus sint, et quocumque iure successerint, ut donatio stare pro parte dimidia et resolvi pro parte dimidia videatur: osculo vero non interveniente, sive sponsus sive sponsa obierit, totam infirmari donationem et donatori sponso vel heredibus eius restitui. Quod si sponsa interveniente vel non interveniente osculo donationis titulo (quod raro accidit) fuerit aliquid sponso largita, et ante nuptias hunc vel illam mori contigerit, omni donatione infirmata ad donatricem sponsam sive eius successores donatarum rerum dominium transferatur".(a.336.) *Gothofr.* ad L.5.Th.C.h.t.5,3. *Glück* XXIV.S.396.ff. *Heimbach* l.c. *Klenze* i.Ztschr.f.g.R.W. VI.S.70.— *Si.135.not.11.* hält die Vorschrift für eine 'singuläre, in nicht mehr zu entdeckenden sittlichen Nationalansichten' gegründete. Mir scheint das osculum, das auch im A.u.N.T. so wie im Abendlande übliche Symbol der Hingebung einer Persönlichkeit (cf. etiam *Tertullian.* de virg.vel.c.11.), auch hier das die aus dem geistlichen Rechte einfließenden publica von den s.g. clandestina sponsalia unterscheidende; dagegen die 'unkünstlichere' Erklärung *Pu.*8 l.c.*not.b.* auch sprachlich die bedenklichste. 5) *L.4.C.de incest.nupt.5,5.* 6) *LL.16.sqq.C.eod. LL.9.10.C.de pact.conv.5,14.* u.*Novv.citt. §3.I.de donatt.2,7.* „Est et aliud genus inter vivos donationum, quod veteribus quidem prudentibus penitus erat incognitum, postea autem a iunioribus divis principibus introductum est, quod *ante nuptias* vocabatur, et tacitam in se condicionem habebat, ut tunc ratum esset, cum matrimonium fuerit insecutum: ideoque *ante nuptias* appellabatur, quod ante matrimonium efficiebatur et numquam post nuptias celebratas talis donatio procedebat. Sed primus quidem divus Iustinus, pater noster, cum augeri dotes et post nuptias fuerat permissum, si quid tale evenerit, etiam ante nuptias donationem augeri et constante matrimonio sua constitutione [*L.19.C.h.t.5,3.*] permisit. sed tamen nomen inconveniens remanebat, cum *ante nuptias* quidem vocabatur, post nuptias autem tale accipiebat incrementum. sed nos plenissimo fini tradere sanctiones cupientes et consequentia nomina rebus esse studentes constituimus [*L.20.C.eod.*], ut tales donationes non augeantur tantum, sed et constante matrimonio initium accipiant; et non *ante nuptias*, sed *propter nuptias* vocentur; et dotibus in hoc exæquentur, ut quemadmodum dotes constante matrimonio non solum augentur, sed etiam fiunt, ita et istæ donationes quæ propter nuptias introductæ sunt, non solum antecedant matrimonium, sed etiam eo contracto augeantur et constituantur".

§. 20. *Cod.* De (pactis conventis ... et) paraphernis *5,14.*— *ab Eyben* Scripta ed.Hert. Arg.1708.fol.p.307.sqq. *Bauer* Responss.I.1. *Gærtner* Iur.Rom.distinctionem inter dotem et paraph.foris Germ.non esse accommodandam.Lps.1790. *Meister* (*Kraut*) de bonis ux.Gött.1769. *Rüter* ü.Paraphernen (Gott.1781.), deutsch in Barths Saml.II.n°.xxvii. *B.* S.68.ff. *U.§573. He.52.*f. *Se.462c. Mü.540. Gö.699. Pu.423. Ro.128. Si.135. Ar.412.* 1) *Cato ap.Gell.17,6.* „Quando mulier dotem marito dabat, tum quæ ex suis bonis retinebat neque ad virum tramittebat, ea *recipere* dicebatur". 2) *Theod. et Val.L.8. C.h.t.5,14.* „Hac lege decernimus, ut vir in his rebus quas extra dotem mulier habet, quas Græci παράφερνα dicunt, nullum uxore prohibente habeat communionem, nec aliquam ei necessitatem imponat". *L.17.C.de don.i.v.et ux.5,16.* [3]) *Ulp.L.9.§3.D.de I.D. 23,3.* „Ceterum si res dentur in ea quæ Græci παράφερνα dicunt, quæque Galli *peculium* [cf.*Cæs.*ad §19.cit.] appellant, videamus an statim efficiuntur mariti; et putem si sic dentur, ut fiant, effici mariti, et cum distractum fuerit matrimonium, non vindicari oportet, sed condici, nec dotis actione peti,.. plane si rerum libellus marito detur, ut Romæ volgo fieri videmus: nam mulier res quas solet in usu habere in domo mariti neque in dotem dat, in libellum solet conferre eumque libellum marito offerre, ut is subscribat, quasi res acceperit, et velut chirographum eius uxor retinet, res quæ libello continentur, in domum eius se intulisse. Hæ igitur res an mariti fiant, videamus; et non puto, non quod non ei traduntur..., sed quia non puto hoc agi inter virum et uxorem, ut dominium ad eum transferatur, sed magis ut certum sit in domum eius inlatas, ne, si quandoque separatio fiat, negetur; et plerumque custodiam earum maritus repromittit, nisi mulieri commissæ sint. Videbimus harum rerum nomine si non reddantur, utrum rerum amotarum, an depositi, an mandati mulier agere possit. et si custodia marito committitur, depositi vel mandati agi poterit; si minus, agetur rerum amotarum, si animo amoventis maritus eas retineat, aut ad exhibendum, si non amovere eas conisus est". *Pap.L.31.§1.D.de donatt.39,5.* [=*Vat. Fr.§254.*] „Species extra dotem a matre filiæ nomine viro traditas, filiæ quæ præsens fuit, donatas, et ab ea viro traditas videri respondi [*Paul. R.S.5,11.§1.*]; nec matrem offensam repetitionem habere vel eas recte vindicare, quod vir cavisset extra dotem usibus puellæ sibi traditas, cum ea significatione non modus donationis declaretur, nec ab usu proprietas separetur [da durch jene Bescheinigung, daß dem Manne die Paraphernal-Sachen zum Gebrauch seiner Ehefrau, der Tochter der Schenkerin, abgeliefert worden seien, keine Beschränkung der Schenkung, noch das ausgedrückt werde, daß nur der Gebrauch, nicht das Eigenthum, der Tochter zugewandt sein solle], sed peculium a dote puellæ distingueretur; iudicem tamen æstimaturum, si mater iure contra filiam offensa eas revocare velit, et verecundiæ maternæ congruam bonique viri arbitrio competentem ferre sententiam". (also die Revocation wegen Undanks ist statthaft, nicht aber so eine repetitio oder vindicatio der über die Tochter ärgerlich gewordenen Mutter, als ob sie das Geschenkte nicht dem Eigenthums-, sondern nur dem Gebrauchs-Rechte nach in der Tochter Vermögen übergeben hätte.) [4]) *Iust.L.11.C.de pact. conv.* „Si mulier marito suo nomina, id est feneraticias cautiones, quæ extra dotem sunt, dederit, ut loco paraphernorum apud maritum maneant, et hoc dotali instrumento fuerit adscriptum, utrumne habeat aliquas ex his actiones maritus, sive directas sive utiles, an penes uxorem omnes remaneant, et in quem eventum dandæ sint marito actiones, quærebatur. Sancimus itaque, si quid tale evenerit, [*a*] actiones quidem omnimodo apud uxorem manere, [*b*] licentiam autem marito dari easdem actiones movere apud competentes iudices, nulla ratihabitione ab eo exigenda [cf. *L.8.ibid. L.21.C.de procurat.2,13.*], [*c*] et usuras quidem eorum circa se et uxorem expendere; pecunias autem sortis quas exegerit, servare mulieri, vel in causas ad quas ipsa voluerit, distribuere. [*d*] et si quidem in dotali instrumento hypothecæ pro his nominatim a marito scriptæ sint, his esse mulierem ad cautelam suam contentam: sin autem minime hoc scriptum inveniatur, ex præsenti nostra lege habeat hypothecam contra res mariti, ex quo pecunias ille exegit: ante enim habeat mulier ipsa facultatem, si voluerit, sive per maritum sive per alias personas easdem movere actiones, et suas pecunias percipere et ipsas cautiones a marito recipere,

C. Einfluß der Ehe auf die obligatorischen Verhältnisse der Gatten. (*Abr.III.§ 5.*)

§. 21. A. Verbot infamierender Klagen. Rerum amotarum actio. (*Abr.cit.§.*n°.3. II. §196.)

Grund der Unzulässigkeit infamierender und auf Privatstrafe wegen eigener Vergehungen gerichteter Klagen gegen einen Ehegatten[1...3]. Rerum amotarum actio wegen in der Ehe von einem Gatten gegen den andern begangener Entwendung[4...8]. Gründe des Wegfallens derselben[9...14]. +Beneficium competentiæ wegen der Ehe[8.15.16].

§. 21*. B. Einfluß auf Schuldverhältnisse der Frau.

Correalschulden der Ehegatten ohne weibliche Intercession[1.2]. Besondere Beweislast des Gläubigers[3].

---

securitate ei competente facienda. [*e*] Dum autem apud maritum remanent eædem actiones, et dolum et diligentiam maritus circa eas præstare debet, qualem et circa suas res habere invenitur, ne ex eius malignitate vel desidia aliqua mulieri accedat iactura. quod si evenerit, ipse eandem de proprio resarcire compelletur". (a.530.)

§. 21. *Dig.*De actione rerum amotarum 25,2. *Cod.*Rerum amotarum 5,21. *Ulp.7.§2. Cuiac.* Opp.IV.p.294. *Giphan* Explann.I.p.454.sqq. *R.d.Manzano* in Meerm.Thes.VII.p. 206.sqq. *Glück* XXVII.§1284. *He.62. Se.398. Mü.546. Gö.701. Pu.426. Ro.129. Va.679.* Anm.2. *Si.132.*S.10.f.not.1. *Ar.415. Tigerstr.§ 62. Bucher* Fordd.*§126. Koch* Fordd.III. S.961. *U.327...30. Zimmern* R.G.I. *§ 165. Hartitzsch §§ 383...86.* [1]) *Diocl. et Max. L.2.C.h.t.* „... constante etenim matrimonio neutri eorum neque pœnalis neque famosa actio competit, sed de damno in factum datur actio". (a.287.) *L.2.D.eod.* „nam in honorem matrimonii turpis actio adversus uxorem negatur". [2]) *Paul.L.3.§1.D. eod.* „Item si servus eius [uxoris] furtum fecerit, furti cum ea agere possumus": die Frau ist dann nicht furti suo nomine damnata, also nicht infamiert. *Bg § 60.not.g.*n°.5. *L.21.§§1.2.D.eod.* [3]) *Paul.L.3.§2.D.h.t.* „Sed et cum uxore furti agere possibile est, si ei cui heredes simus, furtum fecit, vel nobis antequam nuberet: tamen propter reverentiam personarum in utroque casu furtivam tantum condictionem competere, non etiam furti actionem, dicimus". [4]) *Paul.L.28.D.eod.* „Si uxor rem viri ei cui eam vir commodaverat, subripuerit isque conventus sit, habebit furti actionem, quamvis vir habere non possit". [5]) *Iustinian.L.22.§4.C.de furt.6,2.* [6]) *Bg § 46 c.* [7]) oben §15. [8]) *LL.1...3.pr.§ 3.15.pr.17.19.20.D.h.t.* [9]) *Gai.L.26.D.h.t.* „Rerum amotarum actio condictio est". f.II.§196. [10]) *LL.7.1.11.16.21.D.h.t. LL.1...3.C.h.t.* [11]) *cit. L.17.D.h.t.* [12]) *Paul.L.21.pr.D.h.t.* „Si mulier, cum de viri vita desperasset subreptis quibusdam rebus divortisset, si convaluerit vir, utilis rerum amotarum actio ei danda est". [13]) *LL.3.§4.6.§2.D.h.t.* u.oben §13.not.2. [14]) *LL.6.pr.§1.15.§1.17.§1. D.h.t.* [15]) *L.11.§1.* bis *L.14.D.h.t.* [16]) II.§162.nott.3.b.5. *Paul.L.21.§ 6.D.h.t.* „Nec viro nec mulieri prodest in hoc iudicio si facere non possunt: pendet enim id ex furto". [17]) *LL.24.21.§1.D.h.t.* [18]) *Ulp.L.7.D.h.t.* „Mulier habet rer. am. actionem adversus virum, et compensare potest cum actione qua maritus agere vult ob res amotas". [19]) *Pap.L.30.D.eod.* „Cum soluto matrimonio rer. am. iudicium contra mulierem instituitur, redintegrato rursus matrimonio solvitur iudicium". [20]) *L.3.C.eod.* cf.*L.6. §3.D.h.t.* [20]) *Paul.L.3.pr.D.h.t.* „..si post divortium easdem res contrectat, etiam furti tenebitur". *L.6.§6.eod..* f.II.§ 234.D. [21]) *Gai.2,154.* „...ignominia .. accidit ex venditione bonorum ..". *Id.3,78.4,182. Cic.* pro Quinct.*8.9.13.15.17.22.45. L.11.C.ex quib.c.inf.2,12.*

§. 21*. [1]) II.§126. *He.IV.61. Kind* Qu.for.ed.2.III.c.112. *Brokes* Obss.12. *Spangenberg* ü. mit d.Ehemann gemeinschaftl. ausgestellte Schuldverschreib. der Ehefrauen, in Ztschr. f.Civ.u.Pr.II.n°.11. und die dort Citt. [2]) *LL.2.10.C.ad SC.Vell.4,29.* [3]) *Nov.134.c.8. Authent.* Si qua mulier in II.§126.not.14.

C. Schenkungen unter Ehegatten *). (*Abr.III.§ 5.n°.1.*)

§. 22. 1. Grund der Beschränkung.

Reinerhaltung der Ehe von Eigennutz [1]. Diese Schenkungen werden durch Severus [2] wirksame Rechtsgeschäfte. Die Beschränkungen dieser Schenkungen sind iuris publici [3].

2. Umfang der Beschränkung in Beziehung auf die

§. 23. a. Personen.

Begriff dieser Schenkung [1...3]. Nur auf wirkliche Ehen bezüglich [4...6]; Ausnahmen [7...9]. Geschenke an oder von Menschen, die das ius über einen Ehegatten haben oder dessen ius oder mit ihm dem ius eines Dritten unterworfen sind [10.11]. Schenkungen Dritter an einen Ehegatten [12].

---

*) *Ulp.7. Paul.S.R.2,23.* De donationibus inter virum et uxorem: *Dig.24,1. Cod.5,16.* [*Nov.162.c.1.*] *X.4,20.* — *Sc.Gentilis* de don.i.v.et u. Hanov.1604. *Glück* XXV.i.f. XXVI. erste Hälfte u. die XXV.S.422.ff. angef. Litteratur; die Diss. von *König* u. *Trützschler*, deutsch in Barth II.25.26. *Löhr* Arch. f. c.Pr.XVI.9. *Francke* ebendas. XVII.16. *Wächter* Wird ein zwischen Eheg. gemachtes Schenkungsverspr. durch Tod des Schenkers gültig? ebendas.XVI.4. *Zimmern* R.G.I.*§164. Hart. §§ 205...22. Sav.*Syst.IV.*§§ 162...64. Heimbach* sen. v.'Schenkung' in Weiske IX.S.679...97. *He.56...59. Se.465...68. Mü.543...45. Gö.700. Pu.425. Ro.126. Va.225. Si.135. Ar.414.*

§. 22. [1]) *LL.1...3.pr.28.§2.31.§7.D.h.t. Nov.74.c.4.pr.i.f.* [2]) *LL.1...3.pr.D.h.t.* „Moribus apud nos receptum est, ne inter virum et uxorem donationes valerent. hoc autem receptum est, ne mutuato amore invicem spoliarentur, donationibus non temperantes, sed profusa erga se facilitate, nec esset iis studium liberos potius educandi; S.Cæcilius et illam causam adiciebat, quia sæpe futurum esset, ut discuterentur matrimonia, si non donaret is qui posset, atque ea ratione eventurum ut venalicia essent matrimonia. Hæc ratio et oratione imp. nostri Antonini Aug. electa est: nam ita ait *Maiores nostri inter virum et uxorem donationes prohibuerunt, amorem honestum solis animis æstimantes, famæ etiam coniunctorum consulentes, ne concordia pretio conciliari videretur, neve melior in paupertatem incideret, deterior ditior fieret*". *Ulp.L.32.§§2.14.D.eod.* „Ait oratio *Fas esse eum quidem qui donavit pænitere; heredem vero eripere, forsitan adversus voluntatem supremam eius qui donaverit, durum et avarum esse*". *§14.* „*...nullius momenti donationem esse,..* ait.. oratio, *si prior vita decesserit qui donatum accepit*". *Id.L.32.§16.D.eod.* „Oratio non solum virum et uxorem complectitur, sed etiam ceteros qui propter matrimonium donare prohibentur...". s.folg. § 23.not.10. [3]) s.I. § 97. cf.*c.8.X.h.t.4,20. Ziegler* Utrum don.i.v.et ux.iuramento accedente sit valida.Lips.1777. dageg.*Böhmer* Exercc.IV.72.§ 29.

§. 23. [1]) *LL.9.§2.10.11.i.f.12.27.32.§27.35.60.§1.64.65.66.D.h.t.* cf.§§ 4.19. [2]) *Bg §106.not.27.* II.§187.not.1. *Nov.162.c.1.* (ungloss.) cf.§ 25.not.5. [3]) *Ulp.L.5.pr.D.h.t.* „Si sponsus sponsæ donaturus tradiderit Titio, ut is sponsæ daret, deinde Titius tradiderit post nuptias secutas, si quidem eum interposuerit maritus, donationem non valere, quæ post contractas nuptias perficiatur; si vero mulier eum interposuerit, iam dudum perfectam donationem, h.e. ante nuptias; atque ideo quamvis contractis nuptiis Titius tradiderit, donationem valere". [4]) *L.3.§1.D.eod. L.7.C.h.t.5,16.* [5]) *L.32.i.f.D.eod. L.4.C.de inc.nupt.5,5.* [6]) *Pap.L.31.pr.D.de donatt.39,5.* „Donationes in concubinam conlatas non posse revocari convenit; nec si matrimonium inter eosdem fuerit contractum, ad irritum recidere quod ante iure valuit ... [s. II. § 274.not.3.]". [7]) *Ant.L.2.C.h.t.* „..licet cessante iure matrimonii donatio perfici potuerit, milites tamen meos a focariis suis hac ratione fictisque adulationibus spoliari nolo". (a.214.) [8]) Erbr.§16.nott.2.3. [9]) *L.26.C.h.t.* [10]) *L.3.§§2.9. L.32.§16.* (im vor.§ not.2.) *LL.38.*

§. 24. b. Gegenstände.

Wirkliche Vermögensvergrößerungen als solche aus Liberalität[1...7]. Ausnahme[8]. Zeitpunct des Aermerwerdens des Schenkers[9], des Reicherwerdens des Beschenkten[10]. Verbindung einer donatio inter virum et uxorem mit einem anderen Rechtsgeschäfte[11].

§. 25. 3. Wirkung der Beschränkung.

Unwirksamkeit der Schenkung[1.2] als durch den Schenker, nicht auch dessen Erben widerruflicher[3]. Insinuation oder testamentarische Bestätigung[4.5]. Schenkungsversprechen[6]. Geltendmachung des Widerrufsrechts[7.8]. Besitz des Beschenkten[9...12]. Früchte- und Zinsen-Bezug[13]. Schenkungen von Forderungsrechten[2].

IV. Allgemeine vermögensrechtliche Wirkungen des Aufhörens der Ehe. (*Abr.III.§6.*)

§. 26. A. Rechte des überlebenden Ehegatten am Vermögen des verstorbenen. Nuptialia lucra. (vgl. unten § 34.)

Wechselnde Verordnungen über die Rechte eines Gatten an dem ihm durch eine bestandene Ehe, aus welcher Kinder vorhanden sind, erworbenen Vermögen.

60.pr.D.h.t. LL.4.5.23.C.h.t. [11]) *L.3.§4.D.eod.* s. unten §§ 30.31. [12]) *LL.3.§9.5.§2. 31.§3.64.D.h.t.* s.I.§69. Ueber *L.44.D.h.t.* (wo so zu interpungieren ist transiit in causam ab eo factæ donationis; ipsius mulieris scientia propius est, ut nullum adquisitioni dominii eius adferat inpedimentum: *etc.*) s.*Sav.*i.Ztsch.f.g.R.W.I.10. = Verm.Schr.III.25.

§. 24. [1]) z.B. *LL.5.§§8.13...16.7.§§1.sqq.9.§1.14.18.21.28.§2.31.§§6.sqq.D.h.t. et passim. Ulp.cit.L.5.§16.* „ubi cumque igitur non deminuit de facultatibus suis qui donavit, vel etiam si deminuat, locupletior tamen non fit qui accepit, donatio valet". [2]) *L.31.§8.eod.* [3]) *L.5.§17.eod.* [4]) *cit.L.5.§12.* [5]) *ibid.§§8...11.* [6]) *LL.7.§§8.9. 8.9.D.h.t. L.22.C.eod.* [7]) *LL.40...42.D.h.t. L.3.C.h.t. Ulp.7,1.* [8]) *Paul.L.14.D.h.t.* „Quod si vir uxori cuius ædes incendio consumptæ sunt, ad refectionem earum pecuniam donaverit, valet donatio in tantum, in quantum ædificii exstructio postulat". [9]) § 23.not.1. [10]) § 25.not.8. [11]) *LL.5.§2.26.pr.31.§3.D.h.t.24,1.* — Von der †præsumptio Muciana s. § 1.not.3.

§. 25. [1]) *Ulp.L.3.§10.D.h.t.* „Sciendum autem est ita interdictum i.v. et u. donationem, ut ipso iure nihil valeat quod actum est". [2]) *ibid.§§1.10.sqq. LL.5.§§1.sqq. 26.pr.39.D.eod. L.38.§1.D.de solutt.46,3. Bg §153.not.31.* [3]) § 22.not.2. *LL.11.§8.32. §§10.sqq.59.D.h.t. et passim. LL.24.25.27.C.eod.* [4]) *Bg §106 q. LL.27.sqq.C.de donatt.8,54.* [5]) *Iustinian.L.25.C.h.t.*, erklärt *Bg §116.not.30.* [6]) *Nov.162.c.1.* ungloss. cf. *L.23.* mit *LL.32.33.D.h.t. L.2.C.de dote cauta 5,15.* Die Convalescenz auch des Schenkungsversprechens vertheidigen mit Recht *Löhr* l.c. u. *Pu.*i.Rh.Mus.f.Jpdz.VI.9. (auch in Dess.Civ. Abhh.ed.Rudorff n°.20.) *Sav.* Syst.IV.S.184.ff. *Buchka* u. *Budde* Entscheidd. Rostock II.39. dagegen ist *Wächter* l.c. vgl.*Mü.544.not.4. Va.225.*Anm.2. *Ar.414.*Anm.3. [7]) *L.12.C.h.t. L.22.D.h.t.* vgl.*L.32.§§4.5.15.eod.* [8]) *Ulp.L.5.i.f.D.h.t.* „...revocatur donum ab eo ab eave cui donatum est, ut si quidem extet res, vindicetur, si consumpta sit, condicatur hactenus, quatenus locupletior quis eorum factus est". *LL.7.pr.§3.28.pr.29. 30.31.§2.33.§1.36.pr.37.48.55.63.D.eod. LL.8.17.C.h.t.* cf. *Bg §153.not.31.* [9]) *L.1.§4. D.de A.v.O.P.41,2. L.1.i.f.D.pro donato 41,6. L.1.§10.D.de vi 43,16. Thibaut* Civ.Abhh.n°. 15. [10]) *L.46.D.h.t.* [11]) *cit.L.1.D.pro donato. L.26.pr.D.h.t.* [12]) *LL.24.25.D. eod. L.3.D.pro donato. Unterh.*Ausf.Verj.I.*§113. Glück* XXVI.S.39.ff. [13]) *LL.7.§3. 15.i.f.* bis *17.D.h.t.24,1. L.45.D.de usuris 22,1.* u. dazu *Bg §151.not.32.*

§. 26. oben §1.a.E. II.§280. *Bg §156 e. Glück* XXIV.S.163.ff. u. das.nott.12.13.Citt. *Marezoll* über lucra nuptialia, i.Ztsch.f.Civ.u.Pr.III.5. *Geiger* pœnæ sec.nupt. u.heut.Anwendb.das.XIX.7. *Majer* Remissionsbefugn.des præmoriens coniux, zur Erkl. *Nov.22.c.2.* in Ztsch.f.Civ.u.Pr.N.F.V.7. *He.63...65. Se.464. Mü.542. Gö.712. Pu.428. Ro.106. Si.137.*A.

S. 27. B. Nachtheile der Scheidung. (cf. II. § 280.)

Auch im justinianischen Rechte noch gilt Scheidungsfreiheit, die Scheidung selbst ist nicht, sondern nur die sie veranlaßenden Rechtswidrigkeiten oder Frivolitäten sind verpönt[1], und die Vortheile der Ehe kommen dem Geschiedenen nicht zu[2...8].

Zweiter Abschnitt. Güterrecht der Eltern und Kinder als solcher oder das Vermögensrecht unter dem Einfluß des Elternverhältnisses.

I. Einfluß der väterlichen Gewalt. (cf. *Bg §§ 42...45.*)

S. 28. A. Beschränkung der Vermögensrechtsfähigkeit des Hauskindes nach Civilrecht. (*Abr. III. § 7.* vgl. oben II. § 282.)

Civil- (nicht auch natural-) rechtliche Vermögensrechtsunfähigkeit des Hauskindes für sich selbst, in dem ganz nationalen Begriffe der römischen familia begründet. Aenderung des nationalen Princips mit der seit dem castrense peculium sich entwickelnden civilrechtlichen Selbständigkeit der Vermögensrechtsfähigkeit der Hauskinder.

Ar. 417. *Zimmern* R.G. *§ 178.* [1]) Erbr. §§ 18.25. [2]) unten § 35. cf. § 27. [3]) Quellen zu §§ 27.34.35. u. bes. *Cod. de secundis nuptiis 5,9.* *Novv. 2.22. c. 20. sqq.* [in *c. 23.* übersetzt die Vulgata falsch *„nam* (statt nec) largitatem aliam *etc.*“, *οὐ φιλοτιμίαν ... ἕξει*], *Novv.* [68.] *98.127.* [vom J. 547.] *cap. 3.* in *Bg § 156. not. 14.* [4]) Gegen die Remissionsbefugniß: *Glück* u. *Majer* ll. citt. [5]) *Nov. 22. c. 26. pr. § 1.* cf. *c. 46. §§ 3.4.* s. Erbr. § 31. a. E. § 79. [6]) *Nov. 22. c. 47. pr.* cum *c. 46. cit.* („..illum solum tamquam ingratum circa fratrem effectum participari hoc lucrum non concedimus, qui mortem voluit [ἐπιβουλεύσειε] fratri aut criminalem inducere contra eum inscriptionem aut substantiæ ei properaverit iacturam; eius enim portio tam ad reliquos fratres et matrem veniat“, nach *Nov. 127. c. 3.* von 547. nun also auch ad patres et alios ascendentes ad secundas nuptias non venientes.) Diesen Grund des Verlustes des geschwisterlichen Rechts auf die nuptialia lucra des wiederheiratenden parens (*Bg § 156 e.*) darf man also weder zu den relativen Erbunfähigkeits- (Erbr. § 9.), noch zu den allgemeinen Indignitätsgründen (Erbr. § 123.) stellen. *Marezoll* in Ztsch. für Civ. u. Pr. IV. 18. [7]) *L. 11. C. de repud. 5,17.* u. *Nov. cit.*

S. 27. De repudiis (*Th. C. 3,16.* *Nov. Theod.* lib. I. tit. 12.) et iudicio de moribus sublato: *Cod. 5,17.* u. Quellen zu II. § 279. *Nov. 117. c. 8...13. 134. c. 10.11.* *Tit. X.* De donatt. i. v. et ux. et de dote post divortium restituenda *4,20.* — *He. 68...70.* *Se. 463.* *Mü. 541.* *Gö. 708.* *Pu. 427.* *Ro. 106.* *Si. 136.* *Ar. 416.* [1]) II. §§ 279. f. [2]) *Ulp. 6. §§ 10.13.* *L. un. § 5. C. de R. U. A. 5,13.* (zu § 15. not. 2.) u. *Cod. 5,17. cit.* [3]) Erbr. § 18. not. 3. [4]) §§ 13.19. [5]) § 25. [6]) § 4. not. 14., bes. *Nov. 134.* [7]) *L. 49. § 6. D. de leg. III. 32.* *LL. 2. i. f. 3. D. de auro arg. 34,2.* Erbr. § 140. [8]) *L. 11. § 10. D. de don. i. v. et ux. 24,1.*

S. 28. *Bg* l. c. u. oben II. § 282. über Quellen u. Litt. — *Titii* D. de contractib. patris et liberor. in pot. Lps. 1713. u. in Disputt. iurid. n°. 13. vgl. *Schröter* Abhängigk. der alieno iuri subi. in Ztsch. f. Civ. u. Pr. XIV. 6., der sich mit manchen auch der neueren Lehrbücher in dem Irrthume des vät. Eigenthums an der Person des Kindes verfängt, während Andere nicht minder falsch eine s. g. unitas personarum patris et filii familias statuieren — aus Unkenntniß des civilrechtlichen Begriffes familia. — *Dietzel* Das Peculium im röm. u. heut. R., in Lpz. Jahrb. des gem. R. II. 1. III. 3. (verfehlt.) dagegen s. auch *Keller* ebend. III. 5. *He. 75.86.* *Se. 483.* *Mü. 563.564.* *Gö. 724.726...28.* *Pu. 432.433.438.* *Ro. 150.* *Si. 141.* a. A. *142.* *Ar. 429.435.* — Die Neueren, alles Vermögen des Hauskindes, auch die Adventicien mit inbegriffen, peculium nennend, theilen dasselbe in I) militare: *1*) castrense, 2) quasi castrense (§ 30.), II) paganum, non militare, nach Analogie der dos: *1*) profecticium oder concessum (§ 29.), 2) adventicium, *a*) regulare, *b*) irregulare (§§ 31.32.). *Iustinian. L. 37. C. de inoff. test. 3,28.* „...peculii triplex invenitur causa, vel enim *paganum* est peculium, vel

B. Vermögensrechtsverhältniss des Hauskindes zum Gewalthaber.(*Abr.III.§8.*)

§. 29. A. Peculium (+concessum, +profecticium).

Begriff des peculium und Grund der neueren Benennungen [1]. Rechte daran [2]; Gestattung [3], Entziehung und Nichtentziehung [4…7].

§. 30. B. Castrense und quasi castrense (+militare) peculium.

1) Castrense peculium: Sub- und Ob-jecte [1-2]. Beerbung [3-4]; Einziehung [5-6]. Begründung [7].

---

castrense, vel quod medietatem inter inter utrumque obtinet [d.h. im Erwerb wie paganum, im Effect wie castrense], quod *quasi castrense* appellatur..". vgl.*Abr.cit.§*8.a.E.

§. 29. Quellen zu II. § 140. *Lauterbach* Diss. acadd.III.110. *Rau* hist. iur. civ. de peculiis.Lps.1770. *Traug.Thomasii* Progr.de usu peculii practico.Lps.1770. *Hugo* Civ. Mag.V.19.VI.4. *Mü.-Gl.*XXXV.S.190. *Löhr* zur Lehre v. d. Peculien im Arch.f.civ.Pr.X.7. *Marezoll* f.g. profecticium Peculium i. Ztsch. für Civ.u.Pr.N.F.V.4. *Heimbach* 'Peculien' in Weiske VII. *Zimmern* R.G.I.*§186. He.79.80. Se.487. Mü.567. Gö.729. Pu.434. Ro.151. Si.141.*n°.III. *Ar.430.* [1]) *Pomp. L.4.pr.D.h.t.15,1.* „Peculii est non id cuius servus seorsum a domino rationem habuerit, sed quod dominus ipse separaverit suam a servi ratione [Florent. *summa servi rationem*] discernens. nam cum .. peculium totum adimere vel augere vel minuere dominus possit, animadvertendum est, non quid servus, sed quid dominus constituendi .. peculii gratia fecerit. *§2.* ..apparet, non quid servus ignorante domino habuerit, peculii esse, sed quid volente..". *L.38.D.de cond. ind.12,6.* in § 33. not.12. [2]) *L.7.§1.* (in not.4.) *LL.46.48.D.eod. L.7.D. de donatt.39,5.* [3]) not.1. *Paul.L.8.D.h.t.* „Non statim quod dominus voluit ex re sua peculii esse, peculium fecit, sed si tradidit, aut cum apud eum esset, pro tradito habuit: desiderat enim res naturalem dationem. contra autem simul atque noluit peculium servi, desinit peculium esse". *LL.7.40.49.et passim D.eod.* [4]) *citt.LL.8.40.D.h.t. Ulp.L.7.§1. D.eod.* „… ego autem puto non esse opus concedi peculium a domino servum habere, sed non adimi, ut habeat. alia causa est peculii liberæ administrationis: nam hæc specialiter concedenda est". [5]) *L.3.§4.i.f.D.de minor.4,4. L.1.§1.D.qu.de pec. 15,2.* cf.*LL.1.3.C.de bon.proscr.9,49.* vgl.§ 30.nott.5.6. Erbr.§12. *Kämmerer* ü.d.pec.prof. in Bez.auf den Fiscus, in Ztsch.f.Civ.u.Pr.XIV.4. [6]) *Vat.fgm.§260. L.31.§3.D.de donatt. 39,5. L.17.init.C.eod.8,54.* cf. *L.53.D.h.t.* [7]) *Nov.81.c.1.§1.c.2. Marezoll* Arch.f.c.Pr. VIII.S.281.ff. — Von der de peculio actio s. II. § 140.

§. 30. (*Gai.2,112…13. Nov. Val.* tit.11.(Nov.53.) De postulando. tit.34. ed. Ritter.) *Inst.* Quibus non est permissum facere testamentum *2,12*. *Dig.* De castrensi peculio *49,17*. *Cod.* De (episcopis … et) castrensi peculio *1,3*. *Cod.* De castrensi omnium palatinorum peculio *12,(30.) 31*. De castrensi peculio militum et præfectianorum *12,(36.) 37*. *Nov. 123.c.19. Th.C.* De privilegiis eorum qui in sacro palatio militant *6,35*. *Iust.C.eod.12,(28.)29.* — *de Retes* de castr.pec.in Meerm.Thes.VI.p.240…73. *Majans* de pec.c.in Disputt. iur.I.14. *Bauer* De pec.qu.castr.studiosor.Lps.1726. u. in Opuscc.acadd.I.3. *Valckenaer* de pec.quasicastr.vett.ICtis incognito.L.B.1780. [der mit Unrecht die das qu.castr.pec. erwähnenden Digestenstellen für interpoliert erklärt], *Marezoll* i.Ztsch.f.Civ.u.Pr.S.77.ff. *Löhr* a.a.O.(ad § 29.) *Marezoll* l.c.S.116.ff. *Zimmern* R.G.*§§187*.ff. *He.76…78. Se.486. Mü. 565*.f. *Gö.730*.f. *Pu.435. Ro.152.160. Va.234*.f. *Si.141*.n°.II. *Ar.431.* [1]) *Pr.I.quib.non est perm.2,12.* „… qui alieno iuri subiecti sunt, testamenti faciendi ius non habent, adeo quidem ut, quamvis parentes eis permiserint, nihilo magis iure testari possint, exceptis … militibus qui in potestate parentum sunt, quibus de eo quod in castris adquiserint, permissum est ex constitutionibus principum testamentum facere. quod quidem ius initio tantum militantibus datum est, tam ex auctoritate divi Augusti, quam Nervæ, nec non optimi imp.Traiani; postea vero subscriptione divi Hadriani

2) Quasi castrense peculium[8]; verschieden von dem castrense in Betreff des Rechts iure militari darüber zu testieren[10].

C. +Adventicia bona. (s.g. peculium adventicium.) *)

§. 31. 1. Regelmäßige Adventicien. (+peculium adventicium regulare sive ordinarium.)

Die Vermögensrechte des Hauskindes an dem nicht aus dem väterlichen erworbenen Vermögen[1] beginnen mit dessen Recht an den materna bona[2], das dann auch auf die materni generis[3], die lucra nuptialia[4] und die Brautgeschenke[5] ausgedehnt worden ist. Verhältniss des Hausvaters zu solchem Vermögen des Kindes[6.7]. Ende dieses Verhältnisses[8.9]. Rechte des emancipierenden Vaters[10.11].

---

etiam dimissis militia, i.e. veteranis concessum est...". s. Erbr. § 37. not. 1. cf. *L.17.§1. D.h.t. Ulp.L.3.eod.* „utique castrensi peculio ea, quæ [*eo*] comparantur, adnumerari incipiunt". ²) *LL.4.5.15.18.D.h.t.49,17. LL.2.3.C.h.t.12,37. LL.1.2.D.ad SC.Mac.14,6. Pomp.L.10.pr.D.ad SC.Tert.38,17.* „..non ut omnimodo quasi patres familias in ea re [in Bez. auf das Beerbtwerden] sint". ³) *LL.1.2.17.pr.18.pr.D.h.t. Tryph.L.19.§3.eod.* „..postliminii cuiusdam similitudine pater antiquo iure habeat peculium, retroque videatur habuisse rerum dominia". *cit.L.10.pr.D.ad SC.Tert.* u.ö. ⁴) *Nov.118.c.2. Glück* Forts. XXXV. S.192.ff. ⁵) *Arc.et Hon.L.9.C.de bon.proscr.9,49.* mit *Nov.134.c.13.* in Erbr. § 12. not. 12. ⁶) *L.3.C.eod.9,49.* vgl. § 29. not. 5. u. Erbr. § 12. not. 2. ⁷) *Ulp.L.8.D.h.t.* „...veritatem enim spectamus, an vero [*Hal.* vera] castrensis notitia vel affectio fuit, non quod quis finxit". *Macer L.11.D.eod.* „Castrense peculium est quod a parentibus vel cognatis in militia agenti donatum est, vel quod ipse filius f. in militia adquisiit, quod, nisi militaret, adquisiturus non fuisset; nam quod erat et sine militia adquisiturus, id peculium eius castrense non est". ⁸) *§ 6. I. de mil. test. 2,11.* „Sciendum tamen est, quod ad exemplum castrensis peculii tam anteriores leges quam principales constitutiones quibusdam quasi castrensia addiderunt peculia, et quorum quibusdam permissum erat etiam in potestate degentibus testari; quod nostra constitutio [*L.37. C. de inoff. test. 3,28.*] latius extendens permisit omnibus in his tantummodo peculiis testari quidem, sed iure communi...". ⁹) *Codicum titt. citt. L.7.C.de adsessorib.1,51. L.6.C.de castr.pec.12,37. LL.4.14.C.de advoc.div.iudicior.2,7. L.34.C.de episc.1,3. Nov.123.c.19.* vgl. II. § 290. not. 3. § 292. nott. 4. 5. ¹⁰) *pr.I.de mil. t-to 2,11. L.37.pr.C.de inoff.test.* s. Erbr. § 37. not. 13.

*) (*Th.C.8,18.19.* c. Gothofr. comm. *Nov.Th.* tit.14. (Nov.20.) ed. Ritter. tit.7.) *Cod.* De bonis maternis et materni generis 6,(59.)60. De bonis quæ liberis in potestate constitutis ex matrimonio vel alias adquiruntur, et eorum administratione 6,(60.)61. *Novv. 117.c.1.118,c.1.2.* — *S.Gentilis* Opp.II.p.1...44. *Traug.Thomasii* Progr. de iurib. patris circa materna *etc.* Lps.1767. *Marezoll* v.d.s.g. Adventicien, in Ztsch.f.Civ.u.Pr. VII.2.6.9. *Zimmern* R.G.I. *§§ 189.f. He.82...85. Se.488.f. Mü.568.f.564. Gö.732.f. Pu.436.437. Ro.153.f.160. Va.236.f. Si.141.n°.1. Ar.432.ff.*

§. 31. *Lauterbach* Diss.III.140. *Frommann* Disputt.Tub.1682.n°.16. *Geiger* und *Glück* Rechtsfälle n°.37. §§ 32...52. ¹) *Iustiniani L.8.pr.§ 1.C.de bon.quæ lib.* „Cum non solum in maternis rebus, sed etiam de aliis omnibus quæ adquisitionem effugiunt, et maxime post novellam nostri numinis legem [*6.Cod.eod.* von 529.], quæ omnia quæ extrinsecus ad filios f. perveniunt et non ex paterna substantia sunt, non esse adquirenda patribus statuit, nisi tantummodo ad usumfructum, variæ altercationes exortæ sint, ... necesse est utiliter et apertissime omnia dirimere, sancimus itaque *etc.*" (a.531.) ²) *Constantini L.1.C.de bon.mat.* (a.319.) ³) *Arc.et Hon.L.2.C.eod.* (a.395.) ⁴) *Theod.et Val.L.3.C.eod.* (a.430.) ⁵) *Leo L.4.C.eod.* (a.468.) ⁶) *L.6.pr.§2.*

§. 32. 2. Außerordentliche Adventicien. (+peculium adventicium irregulare sive extraordinarium).

Verwaltung der Adventicien, an denen der Hausvater den Nießbrauch nicht hat (nicht = s.g. militare peculium)[1.9]. Entstehung[2...8].

§. 33. C. Obligatorische Verhältnisse des Hauskindes. (*Abr. III. § 9.* cf. *Bg* l.c. oben II. §§ 139...41.190.)

Obligierung des Hauskindes[1...4]; durch Delict[5]. Erwerb der obligationes et actiones

---

L.8.§4.C.de bon.q.lib. s.oben II.§ 71.not.1. vgl.*Bg §165 g...k.* [7]) *cit.L.8.§§2.3.* „..adhibeatur autem etiam filiorum consensus, nisi adhuc in prima ætate sunt constituti vel longe absunt“ *etc.* [8]) *Nov.118.c.1.2.* (wodurch *L.7.§1.C.ad SC.Tert.6,56.* aufgehoben ist.) [9]) *Wening-Ing.* u. *Marezoll* (Ztsch. f.Civ.u.Pr.I.9.) u. *Ar.433.* Anm.4. verneinen, wir mit *Löhr* (Arch.f.c.Pr.X.S.172.f.) *Pu.*Vorll.l.c.u.A. bejahen, daß des Vaters Recht an den Adventicien auf den das Kind plene Adoptierenden übergehe. [10]) *§2.I.per q.pers.nob.adq.2,9. L.3.C.de bon.matern.6,60. L.6.§3.C.de bon.q.lib.6,61.* [11]) s.II. § 71. not.2.

§. 32. *Gribner* de usufr.legitimæ patri non adimendo.Lps.1706. *Lauterbach* Diss. III.109. *Bauer* Opuscc.acadd.I.29. *Thibaut* Versuche II.12. *Buchholtz* Die einz.Fälle der extraord.Adv. i.Ztsch.f.Civ.u.Proc.XIV.11. *Bu.u.Bu.*Entscheidd.Rost.III.56.3. [1]) *L.8.pr.§1. C.de bon.q.lib.* in § 31.not.1. *Nov.117.c.1.§1.* [2]) *cit.Nov.* [3]) *cit.L.8.* [4]) *Nov.118.c.2.* [5]) *Nov.134.c.11.* [6]) *cit.L.6.§2.C.de bon.q.lib.* Nicht von erworbenem adventicischem Vermögen des Hauskindes ist die Rede in *Pap.L.50.D.ad SC.Treb.36,1.* „Imperator Hadrianus, cum Vivius Cerealis filio suo Vivio Simonidi, si in potestate sua esse desisset, hereditatem restituere rogatus esset, ac multa in fraudem fidei commissi [also eines dem Simonides noch nicht erworbenen Vermögens] fieri probaretur, restitui hereditatem filio iussit, ita ne quid in ea pecunia, quamdiu filius eius viveret, iuris haberet: nam quia cautiones non poterant interponi conservata patria potestate [Erbr. § 146. g.E.], damnum condicionis propter fraudem inflixit, post decreti autem auctoritatem in ea hereditate filio *militi* comparari debuit, si res a possessoribus peti vel etiam cum debitoribus agi oporteret; sed paternæ reverentiæ congruum est egenti forte patri officio iudicis ex accessionibus hereditariis emolumentum præstari“. *Löhr* i. Arch.f.civ.Pr.VII.S.268. *Buchholtz* l.c.S.315.f. *Marezoll* l.c. *Va.235.*Anm.u.A. sehen hier ein quasi castrense peculium. Aber daß Simonides über das fragliche Vermögen testieren dürfe, sagt *Pap.* nicht, sondern in den Worten quamdiu ... viveret das Gegentheil. [7]) *Marcian.L.52.pr.D.de A.v.O.H.29,2.* „Cum heres institutus erat filius, et habebat patrem furiosum, in cuius erat potestate, interponere se suam benivolentiam divus Pius rescripsit, ut si filius familias adierit, perinde habeatur, atque si pater familias adisset, permisitque ei et servos hereditatis manu mittere“. *Va.237.*Anm.1.n°.3.d. [8]) oben II. §§ 61.ff. *L.3.§7.i.f.D.de minor.4,4.* „..cum hanc [*militiam*] patri non adquireret, sed ipse haberet“. [9]) cf.not.6. *L.13.§2.C.de sententiam passis 9,51.* vgl. *Buchholtz* l.c.S. 330. [10]) § 28. § 33.not.10.

§. 33. s.*Bg* u.oben II.§§ 282.ff.citt. *Se.490. Mü.570.*ff. *Gö.734.*ff. *Pu.438. Ro.155.*ff. *Si.141.c. Ar.435.*f. *Pfordten* ü.Obll.zwischen den durch vät.Gew.verb.Personen, i.Abhdll.aus d. Pand.-R.Erl.1840.n°.11.S.113.ff.u.die das.Citt. *Büchel* Civ.Erörtt.II.S.91.ff. *Dietzel* ad I. §190.cit. [1]) *LL.44.45.D.de pecul.15,1. Gai.L.39.D.de O.et A.44,7.* „Filius f. ex omnibus causis tamquam pater f. obligatur, et ob id agi cum eo tamquam cum patre familias potest“. *Id.L.141.§2.D.de V.O.45,1.* „..pubes vero qui in potestate est, proinde ac si pater familias obligari solet..“. *L.8.§4.D.de acceptil.46,4. Ulp.L.57.D.de iudic.5,1.* „Tam ex contractibus quam ex delictis in filium familias competit actio; sed mortuo filio post litis contestationem transfertur iudicium in patrem dumtaxat de peculio et quod quæ naturalem præstationem habere intelleguntur und in factum actiones [6…8]. Schenkungen des Vaters an das Hauskind [9.10]. Rechtsgeschäfte des letzteren mit anderen demselben ius unterworfenen Personen [11.12].

---

in rem eius versum est. Certe si quasi procurator alicuins filius familias iudicium acceperit, mortuo eo in eum quem defenderit, transactio vel iudicati [*sic Flor. sed rectius Hal.* iudicii translatio] datur". *Basilic.* VII.5.56. (ed. Heimb. I. p. 281.) „... *εἰ δὲ προκουρατωρίως ἐνήγετο, μεταβαίνει ἡ δίκη καὶ ἀπόφασις πρὸς τὸν διεκδικηθέντα*". vgl. *Bg § 45 i.* 2) oben § 190. 3) II. § 162. not. 2. *b.* § 190. not. 6. u. unten not. 12. 4) II. §§ 140. f. 5) *§ 7. I. de nox. act. 4,8.* „..ipsos filius f. pro suis delictis posse conveniri". s. *Abr. cit. § 9.* n°. 2. Von dem den Hauskindern zukommenden + benef. competentiæ s. II. § 162. not. 3. *b.* *Dietzel* l. c. *§ 3.* 6) *L. 8. D. de k. m. 4,5.* vgl. üb. Alimente u. Dotation II. § 212. III. § 3., über die Klagen wegen Injurie u. vis II. §§ 223. 235. u. üb. den Restitutionsanspruch der Tochter oben § 13. s. *Sav.* Syst. II. S. 96. ff. u. § 67. 7) *L I. 9. 13. D. de O. et A.* cf. *L. 130. D. de V. O.* 8) *L. 19. D. depos. 16,3.* „..filium f. depositi recte agere posse". *Gai. 4, 47. 60.* 9) § 25. nott. 5. ff. 10) *L. 31. § 2. D. de donatt. 39,5. L. 11. C. eod. 8,54. L. 1. § 1. D. pro donato 41,6.* 11) *§ 6. I. de inut. stip. 3,19.* „..inutilis est stipulatio si vel ab eo stipuleris qui tuo iuri subiectus est, vel si is a te stipuletur...". *Cod.* Ne filius pro patre vel pater pro filio ... conveniatur *4,13.* *L. 9. § 3. D. de pecul. 15,1.* *L. 38. §§ 1. 2. D. de condict. indebiti 12,6.* vgl. II. § 139. 12) s. *Bg* Bd. I. Anh. III. S. 5*. n°. 3. *Africani L. 38. pr. D. cit.* „Frater a fratre, cum in eiusdem potestate essent, pecuniam mutuatus, post mortem patris ei solvit. quæsitum est an repetere possit. respondit, ubique quidem pro ea parte, qua ipse patri heres extitisset, repetiturum; pro ea vero, qua frater heres extiterit, ita repetiturum, si non minus ex peculio suo ad fratrem pervenisset: naturalem enim obligationem, quæ fuisset, hoc ipso sublatam videri, quod peculii partem frater sit consecutus, adeo ut si prælegatum filio eidemque debitori id fuisset, deductio huius debiti a fratre ex eo fieret: idque maxime consequens esse ei sententiæ quam Iulianus probaret, si extraneo quid debuisset et ab eo post mortem patris exactum esset, tantum iudicio eum familiæ erciscundæ reciperaturum a coheredibus fuisse, quantum ab his creditor actione de peculio consequi potuisset. igitur et si re integra familiæ erciscundæ agatur, ita peculium dividi æquum esse, ut ad quantitatem eius indemnis a coherede præstetur: porro eum quem adversus extraneum defendi oportet [*Hal.* oporteret], longe magis in eo quod fratri debuisset, indemnem esse præstandum". Ein Bruder A leiht vom anderen B*) 10 und bezahlt sie ihm nach ihres Hausvaters C Tod [irrthümlich] zurück: kann A das Geleistete von B zurückfordern? African respondiert: „Ja, schlechthin den dem Erbtheil des A entsprechenden Theil (½) der geleisteten 10; den anderen, dem Erbtheil**) des B entsprechenden Theil (5) aber nur dann ebenfalls, wenn ebensoviel+) (5) dem B aus seinem ++) Peculium zu Theil geworden ist; indem sich dann (auf diese 5)

---

*) aus dessen Peculium: denn anderes Vermögen, ein Darlehn daraus zu geben, konnte der (nicht auf Geheiß oder aus Vertretung seines Vaters verborgende) Haussohn B nicht haben. **) A und B sind des C alleinige sui heredes, also erhält jeder ½ Nachlaß. +) z. B. B hätte 20 Peculium gehabt, und davon 10 dem A geliehen; dann könnte A die ganzen gezahlten 10 zurückfordern: C hinterließ 80 + 20 Peculium: also A 40 + 10, B 40 + 10: non minus ist nicht 'mindestens ebensoviel', wie auch die Basiliken richtig geben *τοσοῦτον ἀναλαμβάνω, ὅσον ἐκ τοῦ πεκουλίου περιῆλθεν εἰς αὐτόν.* denn wenn B mehr als 5 aus seinem Peculium erhalten hätte, so müste er auch dieses Mehr mit A theilen. ++) des frater B, *suo*, nicht *eius*, des A. Die Basiliken haben *ὅσον ἐκ τοῦ πεκουλίου περιῆλθεν εἰς αὐτόν,* was also auch auf das in Rede stehende, das B-Peculium, woraus das Darlehn gemacht ist, geht. Uebrigens gölte dasselbe von jedem zu des C Nachlaß gehörigen, dem A

II. Rechte der Kinder (*Abr.III.§6.n°.2.*)

[Von Alimentation II. § 212. Dotation III. § 3. — Vom Erbrecht s. folg. Kap.]

§. 34. A. an den lucra nuptialia des überlebenden parens. (s. §§ 26.31.)

Eigenthums- (nicht Erb-) Rechte der Kinder an den lucra nuptialia des überlebenden parens[1...4]. Vindicationsrecht des Veräußerten und Convalescenz der Veräußerung[5].

---

die Naturalschuld des A an B durch Compensation getilgt hatte; so daß auch unbedenklich *), wenn dem A sein Peculium (10) von C prälegiert worden ist, B seinen ererbten Theil seiner ihm zurückbezahlten Forderung von dem an A zurückfallenden [ihm prälegierten, hier als schon unter A und B getheilt angenommenen] Peculium in Abzug bringen dürfte **). Dieses sei auch der Entscheidung Julians am gemäßesten, [welche dahin gieng, daß,] wenn A einem E[xtraneo, nicht mit A unter demselben ius stehenden] 10 geschuldet, und dieser sie nach des C Tod von A eingeklagt habe, A von seinem Miterben B bei der Erbtheilung Erstattung des Betrags zu fordern gehabt habe, welchen der Gläubiger E von dem Miterben des A, dem B, mit der de peculio actio †) hätte herausklagen können. Hieraus ergiebt sich, daß auch vor geschehener Erbtheilung und Abtragung der B-Peculiarschuld das Peculium so zu theilen ist, daß A von B nach Verhältniß der beiderseitigen Rechte und Pflichten daran schadlos zu stellen ist; und weiter, daß A, welcher gegen den E [auf die Hälfte seiner Peculiarschuld von seinem Mitsubiectus,] von B vertheidigt [, auf die 5 ausgelöst] zu werden verlangen darf, um so mehr auf denselben Betrag in dem Falle, daß er ihn seinem mitsubjicierten Bruder B selbst schuldet, schadlos zu halten ist ††). cf. *Basilic.24,6.38.* *Glück* XIII. S. 88. ff. *Mü.* Arch. f. civ. Pr. II. S. 423. ff. *Sav.* Syst. III. S. 339. 464. II. S. 54. not. *h.* *Pfordten* Abhh. S. 172. ff.

§. 34. [1]) vgl. zu §§ 26.35. f. citt. ll. *LL.3.5.6.8.C.de sec.nupt.5,9.* *L.11.C.de repud.5,17.* *Novv.2.c.3. 22.c.23...26.30.34. 98.pr.c.1.127.c.3.* *Hagemann* Prakt. Erörtt. V. 7. [2]) II. § 96. not. 6. [3]) *citt.LL.5.§§1.2.6.§3.C.5,9.* *cit.Nov.22.c.33.* *Nov.2.c.1...4.* [4]) § 35. not. 5. [5]) *Nov 22.capp.24.sqq.* *Nov.2.c.2.* *cf. Zimmern* not.* cit.

---

und B gleich gebührenden Peculium. *) Die Worte adeo ut ... eo fieret, geben auch die Basiliken so: *ἀμέλει ἐὰν ληγατευθῇ μοι τὸ πεκούλιόν μου, ὑπεξαιρεῖται τὸ χρέος.* **) so wie umgekehrt A sein Prälegat, soweit es den B beschwert, an der diesem noch nicht zurückbezahlten Peculiarforderung abziehen dürfte. z. B. C hinterläßt 80+10 A-Peculium +10 B-Peculiarforderung (deren Betrag, habe ihn A oder B, noch im Gesamtnachlaß des C vorhanden vorausgesetzt wird, weil kein Peculiarvermögen existiert, soweit Forderungen des Gewalthabers oder eines Mitsubiectus des Peculieninhabers davon abzuziehen sind: *L.9.§3.D.15,1.cit.*), und prälegiert dem A sein Peculium (10): dieser erhält also als Miterbe 40, ebensoviel B; von seinem Peculium behält A 5 als Miterbe, 5 als Prälegatar [nun hat A 50]; von der B-Peculiarforderung hat A als Miterbe confusione 5 nicht zu bezahlen [oder bei bezahlter Forderung von B zurückzufordern, so daß nun A 55 hat], die anderen 5 der B-Peculiarforderung bringt, wenn diese bezahlt ist, B als den nicht dem A zufallenden Antheil der geleisteten 10 in Abzug, oder fordert sie bei noch nicht erfolgter Solution der B-Peculiarforderung als zu seinem Erbtheil gehörig [A hat also 55, B 45]. Dasselbe Resultat kommt auf anderem juristischem Wege heraus, wenn dem A die B-Peculiarforderung prälegiert ist; aber A bekommt, wenn ihm das gesamte Peculium prälegiert ist, 60, B 40. s. Erbr. § 130. †) E konnte gegen den Haussohn A (abgesehen von Geldborg: II. § 190.) aus irgend welcher obligatio eine Klage haben (s. oben not. 1.); sollte daraus aber E gegen den Mitsubiectus B klagen können, so muste die Forderung des E an A auf Peculium lasten; und das war der Fall, wenn A das geschuldete noch in seinem Vermögen oder mit seinem Bruder B getheilt hatte. ††) bekomme nun A bei der Erbtheilung soviel mehr aus dem Peculium, als dem B von der Peculiarschuld zur Last fällt (*L.20.§1.D.fam.erc.10,2.* „peculium præcipiet"), oder leiste B dem A nach gleicher Theilung des Peculii unter beide Caution wegen seines Lastantheils an der von E gegen A geltend zu machenden Peculiarforderung.

B. im Falle der Wiederverheiratung des überlebenden parens*),

S. 35. A. gegen diesen selbst.

Tendenz der die damna secundarum nuptiarum aufstellenden Constitutionen der christlichen Kaiserzeit gegen die auch die zweiten Ehen begünstigenden Bestimmungen der früheren Legislationen (§ 26). Haftung des wiederheiratenden parens wegen der lucra nuptialia[1...3]; Verwandlung des Eigenthums in Nießbrauch[4.5] und andere Nachtheile der Wiederverheiratung[6], insbesondere die wiederheiratende Frau betreffende[7...11].

S. 36. B. gegen dessen neuen Ehegatten.

Hypothek am stiefväterlichen rc. Vermögen wegen Ansprüchen aus der Vormundschaft der wiederheiratenden Ascendentin[1]. Beschränkung des Rechts, dem neuen Gatten Vermögen zuzuwenden[2...6]. Entsagung auf dieses Recht des Kindes[7].

---

*) De secundis nuptiis: *Th.C.3,8. Cod.5,9. X.4,21.* Si secundo nupserit mulier cui maritus usum fructum reliquit: *Th.C.3,9. Cod.5,10. Cod.* De indicta viduitate *etc. 6,40.* s. oben II. § 280. n°.2. *Novv. 2.22.c.22.sqq. 94.c.2.* [155.] *Sc. Gentilis* Opp. II. p. 135...244. De pœnis secundar. nuptiar. Diss. *Silberradii*. Arg. 1757. *I.S.F. Bœhmeri* Ff. ad V. 1758. *Glück* XXIV. S. 98. f. *Löhr* Arch. f. c. Pr. XVI. S. 31...50. *Marezoll* Ztschr. f. Civ. u. Pr. (III. 5.) V. 23. *Geiger* das. XIX. 7. *Jacobson* in Weiske II. S. 583. ff. *He. 63...66. Se. 464. Mü. 542. Gö. 712.* ff. *Pu. 428. Va. 227. Rud. 378. Si. 137. A. Ar. 417. Zimmern* R.G. I. *§§ 177.* f.

S. 35. [1]) § 26. not. 3. *cit. Nov. 127. c. 3.* „*Ταῦτα δὲ κρατεῖν οὐκ ἐπὶ μητέρων μόνων κελεύομεν, ἀλλὰ καὶ ἐπὶ πατέρων καὶ τῶν ἄλλων ἀνιόντων βουλόμεθα, τῶν εἰς δευτέρους γάμους οὐκ ἐρχομένων*". [2]) II. § 71. not. 4. *L. 6. § 1. C. ad SC. Treb. 6,49. Nov. 22. c. 41.* [3]) II. § 96. not. 7. cf. nott. 6. 8. das. [4]) *L. un. C. si secundo nupserit mulier, cui maritus usum fructum reliquit 5,10. Nov. 22. c. 31. 32.* [5]) *Nov. 22. c. 23.* cf. not. 1. [6]) *Nov. 22. c. 41. 43. 44. Zeno L. 7. § 1. C. ad SC. Treb. 6,49.* „In supra dictis autem casibus f-ssorum servandorum satisdationem cessare iubemus, si non specialiter eandem satisdationem testator exigi disposuerit et cum pater vel mater secundis existimant nuptiis non abstinendum. In his enim duobus casibus, i. e. cum testator specialiter satisdari voluerit, vel cum secundis se pater vel mater matrimoniis iunxerit, necesse est ut eadem satisdatio pro legum ordine præbeatur". vgl. § 27. nott. 3. ff. und II. § 280. not. 4. — Gegen *Marezoll* l. c. s. not. 1. und *Geiger* l. c. [7]) s. II. § 280. n°. 3. [8]) das. n°. 1. [9]) *cit. Nov. 94.* u. unten § 36. [10]) *Nov. 22. c. 38.* „...*ἐπειδὴ πάντων ἡ μήτηρ ἀξιοπιστοτέρα πρὸς τὴν τῶν παίδων ἀναγωγὴν ἐδόκει, δίδωσιν αὐτῇ καὶ τοῦτο ὁ νόμος, εἰ μὴ πρὸς δευτέρους φοιτήσειε γάμους*". vgl. II. § 180. not. 3. [11]) *Constantini et Constantii L. 7. C. de revoc. donatt. 8,56.* „His solis matribus quæ non in secundi matrimonii fœdus nupserint, sed unius tantum matrimonii sunt, revocandarum donationum quas in filios fecerint, ita decernimus facultatem, si eos ingratos circa se esse ostenderint. ... Actionem vero matris ita personalem esse volumus, ut vindicationis tantum habeat effectum, nec in heredem detur nec tribuatur heredi ..." (a. 349.) *Iustiniani Nov. 22. c. 35.* „*Μήτηρ μέντοι δωρησαμένη τι τῷ παιδὶ τῶν οἰκείων, εἴπερ εἰς δευτέρους ἔλθοι γάμους, οὐκ ἂν δύναιτο κατὰ πρόφασιν ἀχαριστίας τὸ δεδομένον ἀνατρέπειν. οὐ γὰρ ἐκ καθαρᾶς δοκεῖ γνώμης τὴν ἀχαριστίαν εἰσάγειν, ἀλλὰ τὸν δεύτερον γάμον ἐννοοῦσα ἐπὶ ταύτην ἐλθεῖν τὴν σκῆψιν προείληπται. πλὴν εἰ μὴ καθαρῶς ὁ παῖς ἢ περὶ τὴν ζωὴν αὐτὴν ἐπιβουλεύων τῇ μητρί, ἢ χεῖρας ἐπιβάλλων ἀσεβεῖς, ἢ περὶ τὴν οὐσίας ὅλης ἀφαίρεσιν πράττων τι κατ' αὐτῆς ἀποδεικνύοιτο*". Und hieraus die Authent. *Quod mater* Cod. l. c.

S. 36. *Hoffer* Diss. de L. 6. C. de sec. nupt. Alt. 1759. *G. L. Bœhmer* Electt. iur. civ. II. 12. *Lenz* Bemerkk. über das Erbr. des 2. Eheg. Tüb. 1781. *Becher* Vindiciæ interp. L. 6. C. de sec. nupt. Ff. 1797. [1]) II. § 96. not. 9. [2]) *Nov. 22. c. 27. 28. LL. 6. 9. C. de sec. nupt. 5,9. Mü.-Gl.* XXXIX. S. 347. ff. [3]) *cit. c. 27. sec. vers. vulg.* „...quod plus est in eo quod relictum aut

Dritter Abschnitt. Vormundschaftliches Güterrecht oder Einfluß der Vormundschaft auf die Vermögensrechte.

§. 37. I. Beschränkung der Handlungsfähigkeit des Bevormundeten in Beziehung auf das Vermögen (familia). (cf. II. §§ 293. f.)

Pupilli infantes[1...3], infantia maiores[4.5]; Minderjährige[6...13]. Neueres Recht[14].

II. Geschäftsführung des Vormunds (*Abr. III. § 10.*)

§. 38. A. im allgemeinen.

(Anfang der Verantwortlichkeit s. II. § 308. III. § 40. a. E. Inventur: II. § 307. a. E.)

Rechtsgeschäfte des Pupillen durch eine dessen ius unterworfene Person abgeschloßen[1.2]; vom Vormund eingegangene und Verschwinden des Unterschiedes der tutorischen und der

---

datum est omnino aut novercæ aut vitrico, ac si neque scriptum neque relictum aut datum vel donatum competat filiis, et inter eos solos ex æquo dividitur ... Hoc autem quod plus est divident ad invicem [*διαιρήσονται πρὸς ἀλλήλους*, divident inter se] grati filii parentibus, non ingrati circa hos approbati ... Palam quoque est quoniam et hic si quis horum moriatur [*πρόδηλον δέ, ὡς κἀνταυθα, εἴ τις τῶν τούτων τελευτήσειεν*, — quod, si quis m.], ad quos quod plus est deducebatur, filiis existentibus [*si liberi supersunt*], defuncti [*parentis*] filii hoc accipient secundum propriam quidem multitudinem [*pro numero suo*], ad [d. i. dem Gegenstande nach] defuncti vero partem". 4) *L. 19. C. de donat. ante nupt. 5, 3. Nov. 22. c. 31.* 5) s. § 26. not. 5. 6) das. not. 4. 7) vgl. not. 3. u. s. I. § 105. *§ 6. I. de her. inst. 2, 14.* "... satis enim constat nullis partibus nominatis eos ex æquis partibus heredes esse ..". Erbr. § 53.

§. 37. Quellen u. Litt. II. §§ 293...96. *He. 405. Se. 501.* f. *Mü. 591.* f. *Gö. 755. 762. Ro. 173.* f. *Va. 279. Si. 145. Ar. 452.* 1) *Bg § 38 b.* 2) *L. 8. pr. D. de A. v. O. H. 29, 2. LL. 1. § 2. 28. D. de usurp. 41, 3. LL. 24. 46. D. de O. et A. 44, 7. Bg § 100 c.* 3) II. § 294. not. 3. 4) *Bg § 38. not. 4.* II. § 294. not. 5. *L. 10. D. de iur. et f. ign. 22, 6. LL. 5. § 1. 9. pr. § 3. D. de auct. tut. 26, 8. § 1. I. q. m. re contr. obl.* (in II. § 192. not. 1.) *L. 11. D. de A. R. D. 41, 1. L. 189. D. de R. I. 50, 17.* u. o. vgl. II. § 195. not. 1. e. 5) *Bg § 38. not. 5. L. 5. § 2. D. ad L. Aq. 9, 2. L. 23. D. de furt. 47, 2. L. 111. pr. D. de R. I.* 6) *Bg § 38 l...n.* oben II. § 295. not. 13. 7) das. not. 14. 8) s. Erbr. § 159. *L. 14. D. de vulg. et pup. 28, 6.* 9) *L. 43. D. de O. et A. L. 101. D. de V. O. 45, 1.* 10) I. § 167. 11) *Ulp. L. 1. § 14. D. ad SC. Treb. 36, 1.* "Curatori tamen adulescentis ab adulescente poterit restitui hereditas, quoniam necessaria non est auctoritas ad restitutionem". cf. *L. 5. D. qui t-ta fac. 28, 1.* 12) II. § 294. not. 8. 13) *Paul. L. 23. i. f. D. de contr. empt. 18, 1.* "Tutor rem pupilli emere non potest. idemque porrigendum est ad similia, i. e. ad curatores et qui negotia aliena gerunt". *L. 46. D. eod. L. 5. C. eod. 4, 38. L. 5. §§ 2. sqq. D. de auct. tut. 26, 8.* u. oben II. § 294. not. 8. vgl. *Pomp. L. 6. D. de auct. tut. 26, 8.* "Tutores quibus administratio decreta non esset, tamquam extraneos recte a pupillo emere placet". *Rud.* Vorm. *§ 149.* 14) z. B. Preuß. Landr. II. 18. §§ 244. ff. Anders Code Nap. 450. vgl. *Kraut* Vorm. II. S. 116.

§. 38. II. §§ 308. 307. (*Th. C. 3, 19.*) *Dig.* De administratione et periculo tutorum qui gesserint vel non *et c. 26, 7. Cod.* De administratione tutorum vel curatorum, et pecunia pupillari feneranda vel deponenda *5, 37.* et Titt. ad II. § 308. citt. *Cod.* De heredibus tutorum vel curatorum *5, 54. Rud.* Vorm. *§§ 120.* ff. *Unterh.* Schuldv. *§§ 629.* ff. *Kraut* Vorm. *§ 52. He. 112. 148. Mü. 590. 594. 592. Gö. 757. 761. Pu. 347.* ff. *Ro. 176.* ff. *Si. 149.* a. A. *Ar. 453.* 1) II. § 139. not. 1. 2) *Ulp. LL. 2...4. pr. D. rem pup. vel adul. salvam fore 46, 6.* "Si pupillus absens sit vel fari non possit, servus ei stipulabitur; si servum non habeat, emendus ei servus est; sed si non sit unde ematur, aut non sit expedita emptio, profecto dicemus servum publicum apud prætorem stipulari debere", "aut dare aliquem prætor debet, cui caveatur", "non quasi ipso iure pupillo adquirat, curatorischen Wirksamkeit[3-4]. Unentgeltlichkeit der Amtsführung[5]. Haftung des Vormunds[6], auch des ἀνεκλόγιστος[7].

B. Insbesondere

§. 39. A. Veräußerung von Mündelgütern.

Freie Verwaltung bis zu den mit der oratio decreto Severi (195. n. Chr.) beginnenden Constitutionen[1...6]. Aber die ohne Decret geschehene Veräußerung ist A) in gewissen Fällen von Anfang an giltig[1.7...9], B) in anderen convalesciert sie[10...12]. Rechtsmittel bei ungil-

---

neque enim adquirit, sed ut utilis actio ex stipulatu pupillo detur". *Rud.* Vorm. *§ 128.* [3]) unten § 46. [4]) II. § 139. not. 7. unten § 45. [5]) *Scæv. L. 58. pr. i. f. D. h. t.* „..lucrum facere ex tutela non debet". *Callistr. L. 33. i. f. D. eod.* „... nisi ab eo qui eum [*tutorem*] dat, certum solatium ei constitutum est". s. unten § 51. [6]) *Call. L. 33. pr. D. h. t. 26, 7.* „A tutoribus et curatoribus .. eadem diligentia exigenda est circa administrationem rerum pupillarium, quam pater familias rebus suis ex bona fide præstare debet". *LL. 10. 27.* [cf. *L. 157. D. de R. I.*] *32. § 6. D. eod. Ulp. L. 1. pr. D. de tut. et rat. 27, 3.* „... præstando dolum, culpam et quantam in rebus suis diligentiam". *L. 7. C. arb. tut. 5, 51. Nov. 72. c. 8.* R. P. O. (S. 223. Z. 25. ff.) „mit allem fleiß vnd ernst fürgestanden..". *Hasse* Culpa *§§ 71.* ff. [7]) *Ulp. L. 5. § 7. D. h. t.* „Iulianus proponit: quidam decedens filiis suis dederat tutores et adiecerat *eosque ἀνεκλογίστους esse volo.* et ait Iulianus, tutores nisi bonam fidem in administratione præstiterint, damnari debere, quamvis testamento comprehensum sit, ut *ἀνεκλόγιστοι* essent ... et est vera ista sententia: nemo enim ius publicum remittere potest huiusmodi cautionibus, nec mutare formam antiquitus constitutam. damnum vero quodcumque ex tutela quis senserit, et legari et per fideicommissum ei relinqui potest". *Bg § 93. not. 4. Crell* de tut. aneclogisto in eius Diss. VI. 48. [8]) *LL. 12. § 1. 13. § 2. D. h. t. L. 1. §§ 2...6. D. de tut. et rat. 27, 3.* cf. § 39. not. 1. [9]) *L. 22. D. h. t.* „Donationes autem ab eo [*tutore*] factæ pupillo non nocent". *L. 16. C. h. t. 5, 37.*

§. 39. (*Th. C. 3, 21.*) *Dig.* De rebus eorum qui sub tutela vel cura sunt, sine decreto non alienandis vel supponendis *27, 9. Cod.* De prædiis et aliis rebus minorum sine decreto non alienandis vel obligandis *5, 71.* Quando decreto [oder nach *Aureliani L. 2. C. h. t.* concessione principali] opus non est *5, 72.* Si quis ignorans rem minoris esse sine decreto comparaverit *5, 73.* Si maior factus alienationem factam sine decreto ratam habuerit *5, 74. Nov. 72. c. 5...7. v. Bülow* Abhh. I. 10. *Rud.* V. *§§ 139...42. ibiq. citt. auctores. U. 631.* ff. *Zimmern* R. G. I. *§ 246. Rud.* R. R. G. I. § 48. *He. 121...23. Se. 505. Mü. 595. Gö. 759. Pu. 351. Ro. 184.* f. *Va. 277. Si. 149.* S. 247. ff. *Ar. 456.* f. bes. *Bachofen* Ausg. Lehren n°. 4. S. 119...170. [1]) *Gai. 2, 64. ibiq. citt. LL. 8. § 1. 12. § 1. D. h. t. 27, 9. LL. 10. i. f. 11. 12. 17. D. de cur. fur. 27, 10.* [2]) *Ulp. L. 1. pr. § 2. D. h. t.* „Imperatoris Severi oratione prohibiti sunt tutores et curatores prædia rustica vel suburbana [*Dirksen* Vers. S. 95. ff.] distrahere. *§ 2.* Et sunt verba eius huiusmodi: PRÆTEREA P. C. INTERDICAM TVTORIBVS ET CVRATORIBVS NE PRÆDIA RVSTICA VEL SVBVRBANA DISTRAHANT, NISI VT ID FIERET PARENTES TESTAMENTO VEL CODICILLIS CAVERINT. QVODSI FORTE ÆS ALIENVM TANTVM ERIT VT EX REBVS CETERIS NON POSSIT EXSOLVI, TVNC PRÆTOR VRBANVS V. CL. ADEATVR QVI PRO SVA RELIGIONE ÆSTIMET QVÆ POSSINT ALIENARI OBLIGARIVE DEBEANT, MANENTE PVPILLO ACTIONE SI POSTEA POTVERIT PROBARI OBREPTVM ESSE PRÆTORI. SI COMMVNIS RES ERIT ET SOCIVS AD DIVISIONEM PROVOCET, AVT SI CREDITOR QVI PIGNORI AGRVM A PARENTE PVPILLI ACCEPERIT IVS EXSEQVATVR, NIHIL NOVANDVM CENSEO". [3]) *LL. 8. 3. § 4. 5. D. h. t. L. 13. C. eod. 5, 71.* [4]) *Constantin. L. 2. C. si adv. vend. 2, (27.) 28. L. 22. C. de adm. tut. 5, 37. L. 4. C. qu. decr. 5, 72.* und [5]) *Iustinian. LL. 25. 27. 28. C. de adm. tut.* cum *Nov. cit.* [6]) R. P. O. § 3. (oben S. 223. Z. 43. ff.) „.. noch dieselbigen ohn Vorwißen, Erkantnuß vnd Decret der Obrigkeit veräußern zc." [7]) z. B. Erbr. § 110. not. 6. [8]) *LL. 3. pr. 5. § 3. 7. § 5. D. h. t.* (*W. Sell* Versuche I. 2.)

tiger Veräußerung[13]. Beweislast in Betreff des obrigkeitlichen Decrets[14-15].

§. 40. B. Annahme von Zahlungen*).

Auch die Veräußerung eines Forderungsrechts durch Zahlungsannahme[1-2] fällt regelmäßig[3], gleich der Uebertragung auf einen Anderen[4], unter die Beschränkung des § 39; auf den Vormund selbst ist es unübertragbar[5-6]. Acceptilationen und Cessionen[7]; Novationen und Delegationen[8]. [Erforderniß eines actor zu gewissen Processen Bevormundeter[9]].

---

[9]) *L.5.§§ 4.6.eod.* [10]) I. § 97.not.7. [11]) *Ulp.L.10.D.h.t.* „Inlicite post SC. pupilli vel adulescentis prædio venum dato, si eo nomine apud iudicem tutelæ vel utilis actionis æstimatio facta est eaque soluta, vindicatio prædii ex æquitate inhibetur". *Diocl. et Max. L.14.C. de R.V.* „Septianæ. Cum a matre domum filii te sciente comparasse proponas, adversus eum dominium vindicantem, si matri non successit, nulla te exceptione tueri potes. quod si venditricis obtinet hereditatem, doli mali exceptione pro qua portione ad eum hereditas pertinet, uti non prohiberis". [11]) *cf.§2.I.quib. al.lic.2,8.* (in § 40.not.2.) *LL.13.7.§§ 5.6.D.h.t. LL.10.14.16.C.h.t.5,71.* [12]) *Cod.5,74.cit.* [13]) *Cod.5,73.cit.* *Binder* de præscr. quinquenn. circa res minorum sine decr. alien. Tub. 1808. *de Weyhe* de temp. præscr. ex alien. rer. quæ minor. sunt. Gott. 1810. *v.Bülow* Abhh. l.c. [14]) *LL.5.§15.10.D.h.t. LL.3.4.8.10.11.16.C.h.t.5,71. Gesterd.* Ausb. III. S.1.ff. „Kann ein Vormund Grundstücke des Mündels über die Dauer der Vormundschaft verpachten?" vgl. auch *Bg § 142.not.30.* n°.1. [15]) *L.13. D. de Public.6,2.* „... lege non prohibente se emisse..". [16]) SI POSTEA POTVERIT PROBARI *etc.* in not 2. *L.5.§15.D.h.t. L.5.C.h.t.5,71.*

*) *Dig.26,7. Cod.5,37.* ad § 38.citt. *Cod.* De usuris pupillaribus *5,56.* (De actore a tutore seu curatore dando *5,61.*) *Nov.72.c.6...8. Mencken* Diss. iur. n.21. *Kind* Qu. for. ed.II.tom.4.qu.50. *Rud.V.§§143.*f. *U.631.i.f.635.637. He.119.*f. *Se.504. Mü.596. Gö.760. 758. Pu.349.*f. *Ro.182. Si.149.*S.239.ff. *Ar.454.*ff.

§. 40. [1]) *Bg §101.not.16.* s.oben II. § 143. [2]) *§ 2.I.quib.al.lic.2,8.* „... statutum est [*L.25.* vgl. *L.27.D.de adm. tut.*] ... ita licere tutori vel curatori debitorem pupillarem solvere, ut prius sententia iudicialis sine omni damno celebrata hoc permittat; quo subsecuto si et iudex pronuntiaverit et debitor solverit, sequitur huiusmodi solutionem plenissima securitas. sin autem aliter quam disposuimus, solutio facta fuerit, pecuniam autem salvam habeat pupillus aut ex ea locupletior sit, et adhuc eandem summam petat, per exceptionem doli mali summoveri poterit: quod si aut male consumpserit aut furto amiserit, nihil proderit debitori d.m. exceptio, sed nihilo minus damnabitur, quia temere sine tutoris auctoritate et non secundum nostram dispositionem solverit. sed ex diverso pupilli vel pupillæ solvere sine tutoris auctoritate non possunt, quia id quod solvunt non fit accipientis, cum scil. nullius rei alienatio eis sine tutoris auctoritate concessa est". *Marcian.L.47.D.de solutt.46,3.* „In pupillo cui sine tutoris auctoritate solutum est, si quæratur quo tempore sit locupletior, tempus quo agitur inspicitur; et ut exceptio doli mali posita ei noceat, tempus quo agitur spectatur. *§ 1.* Plane ... etiam si perierit res ante litem contestatam, interdum quasi locupletior factus intellegitur, i.e. si necessariam sibi rem emit, quam necessario de suo erat empturus: nam hoc ipso, quod non est pauperior factus, locupletior est..". *Hagemann* Pr. Erörtt. V.31. et ibi citt. („Der Schuldner eines Pup. kann an den Vorm. ohne bes. Erlaubn. d. obervorm. Gerichts sicher bezahlen". [schwach.] [3]) *citt.LL.25.27.C.5,37. Nov.72.c.5.* [4]) § 39.nott.2.3.5. *Mü.* Cess. *§ 41.* [5]) s. § 37.not.13. *Rud.* Vorm. *§ 150.* [6]) II. § 121.not.7. [7]) *L.13.§10.D.de acceptil.46,4. L.1.C.eod.8,44. L.11.C.de procur.2,13.* in *Bg §104.not.18.* [8]) *LL.22.57.D.h.t.26,7. LL.20.§1.34,§1.D.de novatt.46,2. L.96.pr.D.de solutt.46,3.* vgl. II. § 124.not.1. [9]) *Diocl.et Max.L.un.C.5,61.* „Si sui iuris constituti filii tui matri successerunt, licet te tutorem eorum esse probe-

S. 41. C. Behandlung der Kapitalien.

Edictsbestimmungen[1]. Aenderungen durch Justinian[2]. Behandlung nach der gemeinrechtlichen Praxis[3]. Unredliche Verwendung[4]. Utilis rei vindicatio[5].

C. Verhältniss des Vormundes zu Mitvormündern*).

S. 42. A. Verschiedenheit des Berufs und danach der Benennung der Vormünder. Tutores gerentes und honorarii und notitiæ c. dati[1-2] im Gegensatz bloßer Berather[3].

---

tur, tamen non per procuratorem, sed actorem decreto constitutum a te res eorum te absente peti convenit". (a.293.) vgl. *Paul.L.24.pr.D.de adm.et per.26,7.* „Decreto prætoris actor constitui periculo tutoris solet quotiens cumque aut diffusa negotia sint, aut dignitas vel ætas aut valetudo tutoris id postulet. si tamen nondum fari pupillus potest, ut procuratorem facere possit, aut absens sit, tunc actor necessario constituendus est". *Rud.* Vorm. *§ 53. Mü.597.*a.E. *Bg § 104 m.*

S. 41. [1]) *L.47.§6.D.de adm.tut.26,7.* cf.II.§ 297.not.3. [2]) s.unten § 46. [3]) *Ulp.L.3.§6.D.ubi pup.27,2.* „Sed si egeni sunt pupilli, de suo eos alere tutor non compellitur, et si forte post decreta alimenta ad egestatem fuerit pupillus perductus, deminui debent quæ decreta sunt, quem ad modum solent augeri, si quid patrimonio accesserit". [4]) cit.§ 297. not.3. III.§ 38.nott.6.sqq. [5]) *L.3.§2.* (in § 42.not.1.) *LL.5.pr.7.§§3.sqq.13.§1.15.49.D.h.t. 26,7. L.24.C.h.t.5,37. L.3.C.de usur.pupill.5,56. Gesterd.*Ausb.III.1.n°.2.Verantw.d.Vorm. für aussteh.Fordd.d.Mündels. [6]) *Nov.72.c.6..8.* [7]) *Glück* XXIV.S.36.ff. vgl.*Pu.349.not.e.* [8]) *cit.LL.7.§§4.sqq.46.§2.54.D.h.t. L.1.C.de usur.pup.5,56. Rud.V.§151.* [9]) II.§22.not.4.a.

*) *Dig.26,7. Cod.5,37.* ad § 28.citt. u. *Cod.* In quibus casibus tutorem vel curatorem habenti tutor vel curator dari potest 5,36. cf.*Dig.26,5. Cod.* Si ex pluribus tutoribus vel curatoribus omnes vel unus agere pro minore vel conveniri possunt 5,40. De in litem dando tutore vel curatore 5,44. De dividenda tutela et pro qua parte quisque conveniatur 5,52. Si tutor vel curator non gesserit 5,55. De auctoritate præstanda 5,59. — *Glück* XXIX.S.173.ff. *Löhr* i.Arch.f.c.Pr.XI.1. *Rud.V.§§109.110.cf.53...55. U.639.f. Sav.*Obll.*§ 24.*n°.1.A. *He.128.ff. Se.507.f.511. Mü.597...99. Gö.763.769. Pu.352. Ro.171.180.f. Va.281...83. Si.151. Ar.458.*

S. 42. [1]) *Ulp.L.3.D.h.t.26,7. §§1.sqq.I.de satis d.tut.1,24. Ulp.L.14.§§1.6.D.de solutt.46,3.* „Sunt quidam tutores qui *honorarii* appellantur, sunt qui *rei notitiæ gratia* dantur, sunt qui *ad hoc* dantur *ut gerant:* et hoc vel pater adicit, ut unus puta gerat, vel voluntate tutorum uni committitur gestus, vel prætor ita decernit. dico igitur cuicumque ex tutoribus fuerat solutum, etsi honorariis, nam et ad hos periculum pertinet, recte solvi, nisi interdicta eis fuerit a prætore administratio...". *§6.* „Ei qui notitiæ gratia datus est an recte solvatur videndum est, quia ad instruendos contutores datur; sed cum tutor sit, nisi prohibitum fuerit ei solvi, puto liberationem contingere". *cit.L.3.D.§1.* „Si parens vel pater qui in potestate habet, destinaverit testamento quis tutorum tutelam gerat, illum debere gerere prætor putavit, meritoque parentis statur voluntati, qui utique recte filio prospexit; tantundem prætor facit et de his quos parens destinavit testamento, ipse autem confirmavit, ut si parens declaravit quem velit tutelam administrare, ille solus administret. *§2.* Ceteri igitur tutores non administrabunt, sed erunt hi quos vulgo *honorarios* appellamus; nec quisquam putet ad hos periculum nullum redundare; constat enim hos quoque excussis prius facultatibus eius qui gesserit, conveniri oportere: dati sunt enim *etc.* oben S. 234. Z. 26.ff. *§3.* Quamvis autem ei potissimum se tutelam commissurum prætor dicat, cui testator delegavit, attamen non nunquam ab hoc recedet, utputa si pater minus penso consilio hoc fecit...". *§8.* „Plane si non consentiant tutores prætori, sed velint omnes gerere, quia fidem

§. 43. B. Theilung der Verwaltung.

Mehrere selbständige Vormundschaften desselben Pfleglings[1], verschieden von Nebenvormundschaften für gewisse Geschäftszweige[2]. Gründe der Verwaltungstheilung[3]. Beiordnung eines Vormunds im Falle eines beträchtlichen Vermögenszuwachses[4]. Vorzug des sicherheitsleistenden Vormunds in Betreff der Verwaltung nach römischem[5], nicht nach gemeinem Recht[6].

§. 44. C. Ungetheiltheit der Verwaltung.

Wirksamkeit und Verantwortlichkeit jedes Vormunds[1...6]. Dem verklagten Mitvormunde

---

non habeant electo, nec patiuntur succedanei esse alieni periculi, dicendum est, prætorem permittere eis omnibus gerere". *§ 9.* f.folg.§.not.2. [2]) *cit.L.14.* u. *L.32.§1. D.de test.tut.26,2. L.1.§§6.7.D.de tut.et rat.27,3. Alex.L.1.C.de per.tut.5,38.* „*Et qui notitiæ causa liberti tutores dantur*, quamvis soli administrandorum negotiorum ... facultatem interdum non accipiant propter tenuitatem sui patrimonii, periculo tamen omnes sunt obligati...". [3]) *LL.5.§8.47.pr.§1.D.h.t.26,7.*

§. 43. [1]) *Ulp.L.15.D.de test.tut.26,2.* „Si tamen tutor detur rei Africanæ vel rei Syriaticæ, utilis datio est..". *L.27.pr.D.de tut.dat.26,5. L.21.§2.D.de excus.27,1.* [2]) *Ulp. LL.3.i.f.4.D.h.t.26,7.* „Item si dividi inter se tutelam velint tutores, audiendi sunt, ut distribuatur inter eos administratio", „vel in partes [nach Geschäftszweigen, cf. *LL. 19.36.38.pr.D.eod.*] vel in regiones [*LL.47.§2.51.D.eod. L.2.C.cit.5,40.*]. et si ita fuerit divisa, unusquisque exceptione summovebitur pro ea parte vel regione quam non administrat". cf. *tot.L.3.cit. Venul.L.51.D.h.t.cit.* „..si inter eos divisa sit tutela regionibus, quod plerumque fit, et alius urbica negotia, alius peregrina administraret, ... licet omnes tutores sint et tutelam gerant, tamen cum quis de ea re quæ extra suam regionem erit, experiri vel ad iudicium vocari cœperit, perinde non committitur stipulatio [*in fideiussorem, qui rem pupilli salvam fore promisit*], atque si ei administratio tutelæ permissa non esset..". *L.14.§1.D.* u. *L.3.§§3.8.D.* in § 42.not.1. *L.5.C.de auct.præst.5,49.* in § 44.not.4. vgl. II.§ 303.not.6. [3]) *Carin.et Numerian.L.2.C.de div.tut.5,52.* „Si divisio administrationis inter tutores sive curatores in eodem loco seu provincia constitutos facta necdum fuerit, licentiam habet adulescens et unum eorum eligere et totum debitum exigere, cessione videlicet ab eo adversus ceteros tutores seu curatores actionum ei competentium facienda. in divisionem autem administratione deducta, sive a præside sive testatoris voluntate, unumquemque pro sua administratione convenire potest, periculum invicem tutoribus seu curatoribus non sustinentibus, nisi per culpam aut dolum suspectum non removerunt, vel tarde suspicionis rationem [*al.*actionem] moverint, cum alter eorum non solvendo effectus sit, vel suspicionis causam agendo sua sponte iura pupilli prodiderunt; nec prodest eis dicentibus eum contutorem suum non administrasse res pupillares. sin vero ipsi inter se res administrationis diviserunt, non prohibetur adulescens unum ex his in solidum convenire, ita ut actiones quas adversus alios habet, ad electum transferat (a.284.)". [4]) *L.14.§1.D.46,3.* u. *L.3.D.26,7.* in § 42.not.1. und Sin vero *etc.* in der not.3. dieses § 43. [5]) *Diocl.et Max.L.3.C.de div.tut.* „Licet tutorum conventione mutuum periculum minime finiatur, tamen eum qui administravit, si solvendo sit, primo loco eiusque successores conveniendos esse non ambigitur". *LL.38.41.D.h.t.26,7.* [6]) *LL.9.§§1.9.39.§8.D.h.t.26,7.* [7]) *§1.I.de satis d.tut.1,24. LL.17.18.D.de test.tut.26,2. L.4.C.de tutore qui satis non dedit 5,42.* [8]) II. § 307.

§. 44. [1]) *Paul.L.24.§1.D.de adm.tut.26,7.* „Si duobus simul tutela gerenda permissa est .., benigne accipiendum est etiam uni agere permissum, quia duo simul agere non possunt" [die auctoritas ist Geltendmachung des die familia des Mündels beherrschenden, den Willen des pater familias ersetzenden Willens]. *L.4.D.de auct.et cons.26,8.*

zustehende Einreden der Ordnung [7], der Theilung [8] und der Klagencession [9].

§. 45. D. Verhältniſs des Vormunds zu dritten Personen.

Uebergang der Klagerechte auf und gegen den gewesenen Pflegling. (II. § 139. III. § 38.)

III. Rechtsmittel aus der Vormundschaft (*Abr. III. §§ 11. 12.*)

A. des gewesenen Mündels gegen

A. den Vormund.

§. 46. 1. Directa tutelæ und negotiorum curationis causa gestorum actio. (cf. II. § 209.)

Quasicontractsverhältniſs nach beendigter Vormundschaft [1], erzeugend 1) iudicium sive arbitrium tutelæ [2...6], 2) negotiorum curationis causa gestorum iudicium [7.8]. Diese Rechtsmittel (und das des folgenden §) gehen nun von selbst bis auf den Anfang der Verantwortlichkeit des Vormunds zurück [9...12].

L. 14. § 5. D. de solutt. 46, 3. L. 5. C. de auct. præst. 5, 59. *Löhr* l. c. § 5. *Glück* XXX. S. 357. ff. *Rud.* Vorm. *§ 161.* 2) *LL. 38. 39. § 11. i. f. 55. pr. § 3. D. de adm. tut. L. 38. § 20. D. de V. O. 45, 1.* 3) not. 1. u. *L. 3. pr. D. de adm. tut. L. 2. § 2. D. de cur. bon. 42, 7.* 4) *Iust. cit. L. 5. C. 5, 49.* „..legitimi autem vel simpliciter dati omnes consentire compellebantur: sancimus, si plures tutores fuerint ordinati, ... unius tutoris auctoritatem pro omnibus tutoribus sufficere, ubi nondum divisa est administratio vel pro regionibus vel pro substantiæ partibus: ibi enim necesse est singulos pro suis partibus vel regionibus auctoritatem pupillo præstare..“. 5) *Iul. L. 7. § 3. D. de cur. fur. 27, 10.* „Quæsitum est an alteri ex curatoribus recte solvatur, vel an unus rem furiosi alienare possit. respondi recte solvi. eum quoque qui ab altero ex curatoribus fundum furiosi legitime mercaretur, usu capturum, quia solutio, venditio, traditio facti magis quam iuris sunt: ideoque sufficit unius ex curatoribus persona, quia intellegitur alter consentire; denique si præsens sit et vetet solvi, vetet venire vel tradi, neque debitor liberabitur, neque emptor usu capiet“. 6) *Ulp. L. 1. § 14. D. de tut. et rat. 27, 3.* „..nec enim ulla societas maleficiorum vel communicatio iusta damni ex maleficio est“. 7) *LL. 38. 39. § 5. 46. § 6. 55. §§ 2. 3. D. de adm. tut. L. 6. C. arb. tut. L. 3. C. de div. tut.* (in § 43. not. 3.) *L. 2. C. de heredib. tut. 5, 54. L. 2. C. si tut. vel cur. 5, 55. Rud.* Vorm. *§ 162.* 8) *cit. L. 1. D. §§ 11. 12.* (Nach beendigter Vormundschaft eingetretene Insolvenz eines Mitvormunds beschwert nicht den anderen, sondern den Pflegling: *L. 1. C. de div. tut. 5, 52. Rud.* Vorm. *§ 163.* 9) *cit. L. 1. §§ 13. 14. 18. L. 25. D. de adm. tut. LL. 20. i. f. 21. D. de tut. et rat. L. 76. D. de solutt. 46, 3. LL. 1. 2. C. de contrar. iud. tut. 5, 58. L. 6. i. f. C. arbitr. tut. L. 3. C. de div. tut.* (in § 43. not. 3.) *Rud.* V. *§. 164.*

§. 46. *Dig.* De tutelæ et rationibus distrahendis et utili curationis causa actione 27, 3. *Cod.* Arbitrium tutelæ 5, 51. *Cod.* De in litem iurando 5, 53. — *Glück* XXXII. §§ 1361. ff. *Rud.* Vorm. *§§ 154.* ff. *U. 642. 644. He. 124. Se. 509. Mü. 600. Gö. 767.* f. *Pu. 353. Ro. 186.* f. *Va. 284. Si. 150.* n°. 1. *Ar. 459.* 1) *§ 2. I. de obl. q. qu. ex c. 4, 5. LL. 1. i. f. 4. pr. 9. D. h. t. 27, 3.* 2) *Ulp. L. 1. pr. D. h. t.* „In omnibus quæ fecit tutor, cum facere non deberet, item in his quæ non fecit, rationem reddet hoc iudicio, præstando dolum, culpam et quantam in rebus suis diligentiam“. *§§ 3. 16. eod.* s. auch § 38. not. 6. *LL. 7. 9. C. h. t. 5, 51.* 3) I. § 84. *LL. 4. pr. 8. D. de in lit. iur. 12, 3. L. 7. D. de adm. et per. 26, 7. Cod. 5, 53. cit. Rud.* Vorm. *§ 174.* 4) *L. 46. § 5. D. de adm. et per. 26, 7.* 5) II. § 156. not. 5. 1. *d.* 6) II. § 96. not. 5. *Rud.* Vorm. *§ 176.* 7) *L. 20. pr. D. h. t. 27, 3. L. 1. § 3. D. de contr. tut. 27, 4.* 8) *LL. 29. 3. pr. § 6. D. de N. G. 3, 5. L. 19. § 2. D. de test. tut. 26, 2. L. 24. D. h. t. = Paul. S. R. 2, 30 a. Rud.* Vorm. *§ 155.* a. E. *L. 1. § 6. D. de eo qui pro tut. 27, 5.* 9) *LL. 1. i. f. 2. pr. D. h. t. 27, 3.* (in § 47. nott.) *LL. 5. § 3. 39. § 11. D. de adm. tut. 26, 7. L. 37. § 1. D. de exc. tut. 27, 1. L. 4. §§ 3. 7. D. rem pup. 46, 6.* 10) *Gai. 1, 190. sq. § 3. I. de Atil. tut. 1, 20. Suet.* Claud. 23. *Vat. Fr. § 156. L. 1. § 1. D. de adm. et per.* 11) II. § 308. not. 2. 12) *LL. 5. §§ 1. 10. 39. § 11. 38. § 2. D. de adm. et per. L. 37. D. de excus. 27, 1. L. 4.*

§. 47. **2. Rationibus distrahendis actio.**

Bedeutung dieser Klage und ihr Verhältniss zur directa tutelæ actio und den Rechtsmitteln wegen furtum. Heutige Anwendbarkeit?

---

§§ 3-7. D. rem pupilli 46,6. L. 1. C. de test. tut. 5,28. Diocl. et Max. L. 11. C. h. t. 5,51. „Tutor post puberem ætatem puellæ si in administratione conexa perseveraverit, tutelæ actione totius temporis rationem præstare cogitur. sin autem post finitam administrationem in iisdem rebus minime se inmiscuerit, temporis quod insequitur periculum ad eum non pertinet". *Rud.* Vorm. *§ 156.*

§. 47. *Paul. S. R.* Ad orationem divi Severi *2,30.* R.P.O. § 3. S.223.Z.43.ff. oben. die zum vorigen § Citt. und *Bijnkershoek* Obss. VI.8. *Voorda* Elector. c.16. *Rijgerbos* Obss. c.4.5. *Thibaut* Civ. Abhh. S.196.ff. (*Glück* XXXII. § 1365. XXXIII. S.207. und *Rud.* Vorm. *§§ 154-170.*ff. behaupten gegen die verbreitetere Ansicht die heutige Anwendbarkeit dieser römischen Pönalklage.) *Sav.* Syst. V. S.58.f. *He. 125. Si. 150. not. 1.* a.E. *U. 643.* — Rationes *distrahere* ist, wie controversiam *distrahere* u. dgl. so viel als decidere, entscheiden was, wenn die Rechnungen richtig, sorgfältig und redlich geführt wären, denselben zufolge der gewesene Vormund zu leisten hätte. Auch die Form *de* rationibus distrahendis actio kommt vor und ist, wenn auch minder gut, doch nicht unlateinisch. (vgl. über den Begriff das 'pro fure damnum decidere'.) [1]) *Ulp. L. 1. §§ 19. sqq. D. h. t. 27,3.* „Rationibus distrahendis actione [„quæ proponitur ex L. XII t. (VIII.21. *G.* VII.16.) adversus tutorem in duplum". *Tryph. L. 55. § 1. D. de adm. tut.*] non solum hi tenentur tutores qui legitimi fuerunt, sed omnes qui iure tutores sunt et gerunt tutelam. *§ 20.* Considerandum est in hac actione, utrum pretium rei tantum duplicetur, an etiam quod pupilli intersit. et magis esse arbitror in hac actione quod interest non venire, sed rei tantum æstimationem. *§ 21.* In tutela ex una obligatione duas esse actiones constat; et ideo sive tutelæ fuerit actum, rationibus distrahendis agi non potest; sive contra, tutelæ actio quod ad speciem istam perempta est. *§ 22.* Hunc tamen tutorem qui intercepit pecuniam pupillarem, et furti teneri Papinianus ait. qui etsi furti teneatur, hac actione conventus furti actione liberatur: nec enim eadem est obligatio furti ac tutelæ, ut quis dicat plures esse actiones eiusdem facti; sed plures obligationes, nam et tutelæ et furti obligatur. *§ 23.* Hanc actionem [*rat. distr.*] sciendum est perpetuam esse, et heredi similibusque personis dari ex eo quod vivo pupillo captum est; sed in heredem ceterosque successores non dabitur, quia pœnalis est. *§ 24.* Hæc actio tunc competit, cum et tutelæ actio est, h. e. finita demum tutela". *Paul. L. 2. eod.* „Actione de rationibus distrahendis nemo tenetur nisi qui in tutela gerenda rem ex bonis pupilli abstulerit. *§ 1.* quod si furandi animo fecit, etiam furti tenetur. utraque autem actione obligatur, et altera alteram non tollet. sed et condictio ex furtiva causa competit, per quam si consecutus fuerit pupillus quod fuerit ablatum, tollitur hoc iudicium, quia nihil absit pupillo. *§ 2.* Hæc actio licet in duplum sit, in simplo rei persecutionem continet, non tota dupli pœna est". *Tryph. L. 55. § 1. D. de admin. 26,7.* „Sed si ipsi tutores rem pupilli furati sunt, videamus an ea actione quæ proponitur ex lege XII tabb. adversus tutorem in duplum, singuli in solidum teneantur. Et quamvis unus duplum præstiterit, nihilominus etiam alii teneantur; nam in aliis furibus eiusdem rei pluribus non est propterea ceteris pœnæ deprecatio [*Hal.* dempta actio, *Vulg.* dempta exactio], quod ab uno iam exacta est; sed tutores propter admissam administrationem non tam invito domino contrectare eam videntur, quam perfide agere. nemo denique dicet unum tutorem et duplum hac actione præstare, et quasi specie condictionis aut ipsam rem aut eius æstimationem".

B. Klagen des gewesenen Mündels gegen Rechtsnachfolger oder subsidiarisch Verpflichtete*):

§. 48. 1. Erben und Bürgen.

a) Haftung der Successoren des Vormunds, jenachdem sie in das vormundschaftliche iudicium oder nur in die vormundschaftliche obligatio eingetreten sind [1...5]. *b)* Klagen gegen Fidejussoren [6...8], Affirmatoren und Mandatoren [9], Nominatoren und Postulatoren [10]. Verpflichtung einer sicherheitleistenden Ascendentin [11].

§. 49. 2. Obrigkeit (subsidiaria actio).

Subjecte, Voraussetzung und Wirkung dieser gemeinrechtlich noch erweiterten utilis oder in factum actio [1...6], die auch einem Mitvormunde zustehen kann [5], aber subsidiar ist [7]. Amtshandlungen eines Collegen [8].

---

*) *He.161...65. Se.510. Mü.601. Gö.768.*n°.11. *Pu.354.357. Ro.188.*ff.*196. Si.150.* S.264.ff. *Ar.459.460.462. Rud.* Vorm. *§§ 165...68.187...92.*

§. 48. *Dig.* De fide iussoribus et nominatoribus et heredibus tutorum et curatorum *27,7. Rud.* l.c. *a) Cod.* De heredibus tutorum vel curatorum *5,54.* [1]) s.I.§153. [2]) *Paul.L.8.§1.D.h.t.27,7.* „..tale iudicium in heredem tutoris transferri oportere, quale defunctus suscepit..“. *LL.12.49.D.de O.et A.44,7. L.1.C.h.t.5,54. L.38.§6.D.de adm.tut. 26,7. L.4.C.de in lit.iur.5,53.* [3]) *LL.1.4.8. et passim D.h.t. LL.1.2.4.5.C.de in lit.iur. 5,53. cit.L.39.§6.D.26,7. L.4.D.de mag.conv.27,8. Diocl.et Max.L.17.C.de N.G.2,19.* „Curatoris etiam successores negotiorum gestorum utili conventos actione tam dolum quam latam culpam præstare debere, nec ad eos officium administrationis transire, ideoque nullam alienandi eos res adultæ potestatem habere convenit“. Ueber *L.1.C. h.t.5,54.* s. *Hasse* Culpa *§ 75. Rud.*Vorm.*§165.*B. [4]) *cit.L.17.C.2,19. L.1.C.si quis ignor. 5,73.* [5]) *LL.1.4.8.D.h.t.27,7.* (vgl. *L.40.D.pro soc.17,2.*) *L.60.D.de adm.et per.26,7. L.27. D.de appell.et relat.49,1. L.un.§1.D.si pend.appell.49,13. Rud.* Vorm. l.c. *Glück* XXXII. §1375. — *b) Inst.* De satisdatione tutorum et curatorum *1,24. Cod.* De fide iussoribus tutorum vel curatorum *5,57. Dig.* Rem pupilli vel adulescentis salvam fore *46,6. Cod.* Si mater indemnitatem promisit *5,46. Voorda* Theses contr.dec.27.§7. *Rud.* Vorm. *§§ 186.187.* [6]) II.§125. III.§44. [7]) *LL.3.4.i.f.5...7.D.h.t.27,7. Paul.L.1.D.rem pup.* „Cum pupillo *rem salvam fore* satis datum sit, agi ex ea tunc potest, cum et tutelæ potest“. *LL.4.§§1.sqq.9...12.eod.* u. *Cod.5,57.* [8]) *L.24.C.de fideiuss.8,41. L.6.C.fam.erc. 3,36.* [9]) *L.4.i.f.D.h.t.* „.. eadem causa videtur adfirmatorum, qui scilicet cum idoneos esse tutores adfirmaverint, fide iussorum vicem sustinent“. *L.13.pr.D.de minor. 4,4. L.1.§§3.8.D.de mag.conv.27,8.* [10]) *L.2.D.h.t.* vgl. *Cod.* De periculo nominatorum *11,33.* u. den folg. Titel Quo quisque ordine conveniatur. [11]) *Cod.5,46. L.6.§§1.2.C.ad SC.Vell.4,29.* s. II. § 125. nott.17.ff.

§. 49. De magistratibus conveniendis: *Dig.27,8. Cod.5,73. §§2.4.Inst.1,24.cit. Gebauer* Exercitt.acad.I.8. *Reitz* exc.13.ad Theophil.p.1199.sqq. *Kind* Qu.for.ed.II.tom. 3.qu.22. *Thibaut* Log.Ausl.*§ 35. Rud.* Vorm.*§§188.*ff. *Mommsen* Stadtr.v.Salpensa u.Malaca.S.438.not.137. *Unterh.*Verj.ed.Schirmer.*§ 268.* [1]) *Rud.*Vorm.*§189.*n°.11. [2]) *Ulp. L.4.D.h.t.* „Non similiter tenentur heredes magistratuum, ut ipsi tenentur; nam nec heres tutoris neglegentiæ nomine tenetur: nam magistratus quidem in omne periculum succedit; heres ipsius dolo proximæ culpæ succedaneus est“. *Id.L.6.eod. L.2.C.h.t.* [3]) *cit.§2.Inst.* „Sciendum autem est non solum tutores vel curatores pupillis vel adultis ceterisque personis ex administratione rerum teneri, sed etiam in eos qui satisdationem accipiunt, subsidiariam actionem esse, quæ ultimum eis præsidium possit adferre. Subsidiaria autem actio in eos datur qui aut omnino a tutoribus vel curatoribus satisdari non curaverunt aut non idonee passi sunt ca-

§. 50. 3. den Vater des Vormunds.

Haftung des Haussohnes[1] und dessen Vaters theils aus seiner Mitwirkung zur Uebernahme der Vormundschaft[2], theils aus besonderer Uebernahme der Gefahr[3], die in bloßer Zulaßung jener Uebernahme nicht liegt[4]. [Haftung für den als Decurio mit Vormundschaftsverpflichtung beladenen Sohn[5].]

B. Klagen des Vormundes gegen

§. 51. A. den gewesenen Mündel: contraria tutelæ und negotiorum curationis causa gestorum actio.

Activ- und passiv-vererbliche Quasicontractsklagen gegen den gewesenen Pflegling auf das

---

veri. quæ quidem tam ex prudentium responsis, quam ex constitutionibus imperialibus etiam in heredes eorum extenditur". *Ulp.L.1.§6.D.h.t.* „Magistratibus imputatur etiam si omnino tutor vel curator datus non sit; sed ita demum tenentur, si moniti non dederint. [s. dagegen R.P.O.cit.§3.S.223.Z.43.ff.] ideo damnum quod inpuberes vel adulescentes medio tempore passi sunt, ad eos magistratus pertinere non ambigitur, qui munere mandato non paruerunt". [4]) *ibid.§13.* „Probatio autem non pupillo incumbit, ut doceat fideiussores solvendo non fuisse cum acciperentur, sed magistratibus, ut doceant eos solvendo fuisse". [5]) *Id.et Iul.LL.2.3.eod.* „Proponebatur duos tutores a magistratibus municipalibus datos, cautione non exacta, quorum alterum inopem decessisse, alterum in solidum conventum satis pupillo fecisse, et quærebatur an tutor iste adversus magistratum municipalem habere possit aliquam actionem, cum sciret a contutore suo satis non esse exactum. dicebam' Cum a tutore satis pupillo factum sit, neque pupillum ad magistratus redire posse, neque tutorem, cum numquam tutor adversus magistratus habeat actionem: senatus enim consultum pupillo subvenit, præsertim cum sit quod tutori imputetur quod satis a contutore non exegit vel suspectum non fecit, si scit, ut proponitur, magistratibus eum non cavisse". *L.3.* „Quod si tutor ab hac parte culpa vacet, non erit iniquum adversus magistratus actionem ei dari". [6]) cit. R.P.O. „alles bei Vermeidung der Straf gemeiner Recht". [7]) *LL.1.3.5.C.h.t. Rud.*Vorm.*§191.* [8]) Von der Verhaftung wegen collegialischer Geschäftsführg s. II. §209. nott.8.ff.

§. 50. *Cuiac.ad L.1.C.4,26.* in Recitt.Opp.IX.p.306.sq. *Rud.*Vorm.*§167.* [1]) II. §162.not.2.*b.* §190.not.6. III. §33.not.3. [2]) *L.11.D.de tut.et rat.27,3.* und oben II. §140. [3]) *Ulp.L.7.D.de tutelis 26,1.* „Si filius familias tutor a prætore datus sit, si quidem pater tutelam adgnovit, in solidum debet teneri; si non adgnovit, dumtaxat de peculio. adgnovisse autem videtur, sive gessit, sive gerenti filio consensit, sive omnino attigit tutelam. unde cum quidam filio scripsisset, ut diligenter tutelam gereret, *cum scias* inquit *periculum ad nos pertinere*, dixi hunc quoque videri adgnovisse. plane si solum monuit filium, non videtur agnita". [4]) *Marcell.L.21.D.de adm.tut. 26,7.* „L. Titius C. Seium filium familias testamento filio suo tutorem dedit; C. Seius sciente et consentiente patre tutelam administravit. quæro an defuncto C. Seio actio tutelæ adversus patrem eius, et in quantum competat. Marcellus respondit, secundum ea quæ proposita essent, actione de peculio et de in rem verso patrem teneri; nec multum videri in hoc casu facere patris scientiam et consensum ad obligandum cum in solidum, nisi forte contutore vel alio quo volente eum facere suspectum intercessit et quasi in se periculum recepit". [5]) *L.1.i.f.D.de magistrat. conv.27,8. L.2.pr.D.de ad municipalem 50,1. L.1.C.quod cum eo 4,26.*

§. 51. *Dig.* De contraria tutelæ et utili actione *27,4.* *Cod.* De contrario iudicio tutelæ *5,58.* — *Mencken* de salario tut. et cur.Lips.1694. u.in Diss.iurid.n°.11. *Glück* XXXII.§1371. *Rud.*Vorm.*§§183...85.* *V.648.* *He.126.* *Se.509.* *Mü.600.* *Gö.770.* *Pu.353.*

dem gewesenen Vormund ex fide bona aus oder wegen geführter Vormundschaft zukommende, etwa auch Honorar. Absolutorium oder decharge.

§. B. Mitvormünder. (vgl. §§ 42...44.)

Deren Verpflichtungen s. §§ 42...44. 48. *b*. Sie sind ohne Delict Correalschuldner und haben daher auch die beneficia divisionis und cedendarum actionum. s. § 48. *b*. u. I. §§ 123. 125.

IV. Verhältniss von Nichtvormündern, welche als Vormünder handeln* (*Abr. III. § 12.*), zu

§. 52. A. dem Mündel.

Ein Nichtvormund als bloßer negotiorum gestor¹ oder gleich einem Vormund dem Pflegling verbindlich². Seine Mitwirkung hat aber nicht die Kraft wirklich vormundschaft-

---

a. E. *Ro. 188. Va. 284. Si. 150.* n°. II. *Ar. 459.* — *§ 2. I. de obll. q. qu. ex contr. 3,27.* „..tutor cum pupillo habet contrariam tutelæ si vel impenderit aliquid in rem pupilli vel pro eo fuerit obligatus aut rem suam creditoribus eius obligaverit". *Ulp. L. 1. pr... §§ 3. 4. sqq. D. h. t.* „...Quamquam enim sine tutoris auctoritate pupilli non obligentur, nec in rem suam tutor obligare pupillum possit, attamen receptum est, ut tutori suo pupillus sine tutoris auctoritate civiliter obligetur, ex administratione scilicet; etenim provocandi fuerant tutores, ut promptius de suo aliquid pro pupillis impendant, dum sciunt se recepturos id quod impenderint. *§ 1.* Hæc actio non solum tutori, verum etiam ei qui pro tutore negotia gessit, competere debet. *§ 2.* Sed etsi curator sit vel pupilli vel adulescentis vel furiosi vel prodigi, dicendum est etiam his contrarium dandum [iudicium *add. Vulg.*]. idem in curatore quoque ventris probandum est; quæ sententia Sabini fuit existimantis ceteris quoque curatoribus ex iisdem causis dandum contrarium iudicium. *§ 3.* Finito autem officio hanc actionem competere dicimus tutori; ceterum quamdiu durat, nondum competit. sed si pro tutore negotia gessit vel etiam curam administravit, locus erit iudicio etiam statim, quia hoc casu in ipsum quoque statim actio competit. *§ 4.* Præterea si tutelæ iudicio quis convenietur, reputare potest id quod in rem pupilli impendit. sic erit arbitrii eius, utrum compensare an petere velit sumptus. quid ergo si iudex compensationis eius rationem non habuit? an contrario iudicio experiri possit? et utique potest; sed si reprobata est hæc reputatio et adquievit, non debet iudex contrario iudicio id sarcire. *§ 5.* An in hoc iudicio non tantum quæ pro pupillo vel in rem eius impensa sunt veniant, verum etiam ea quoque quæ debebantur alias tutori, utputa a patre pupilli si quid debitum fuit, quæritur. et magis puto, cum integra sit actio tutori, non esse in contrarium iudicium deducendum. *§ 6.* Quid tamen si ideo exspectavit, quia tutor erat et ideo non exegit? videamus an contrario iudicio tutelæ indemnitatem consequatur. quod magis probandum est: nam sicuti quodcumque aliud gessit pro utilitate pupilli, id contrario iudicio consequetur, ita etiam id quod sibi debetur, consequi debet, vel eius securitatem. *§ 7.* Ergo etsi ex causa quæ tempore finitur, obligatio aliqua [s. I. § 161.] fuit, tutelæ contrarium iudicium esse ei opinor. *§ 8.* Hanc actionem dandam placet, etsi tutelæ iudicio non agatur..". *Id. L. 3. § 1. eod.* „...nemo dixit in hoc agere quem contrario posse, ut tutelæ iudicio liberetur, sed tantum de his quæ ei propter tutelam absunt. consequitur autem pecuniam si quam de suo consumpsit, etiam cum usuris..". Honorar oder Salarium s. § 38. not. 5. *L. 33. § 3. D. de adm. et per. 26,7.* cf. *L. 56. § 3. D. mandati 17,1. L. 1. D. de e. o. cogn. 50,13.*

*) *Rud.* Vorm. *§§ 157. 160.* II. D. *U. 649. He. 131.* f. *Se. 512. Mü. 605. Gö. 776. Pu. 355. Ro. 191. Va. 290. Si. 157. Ar. 461. Rud.* Vorm. *§§ 157. 172.* B. *124.*

§. 52. *Dig.* De eo qui pro tutore prove curatore negotia gessit *27,5.* *Cod.* De eo qui pro tutore negotia gessit *5,45.* *Voorda* Theses contr. dec. 26. §§ 5...9. *Neustetel* u. *Zimmern* i. Arch. f. c. Pr. I. 18. 19. ¹) *LL. 4. 6. D. de N. G. 3,5. L. 1. D. h. t.* in folg. not. oben II.

licher[1...5]. Des Pfleglings Klage gegen den Nichtvormund ist stäts zulässig[6].

§. 53. B. dritten Personen. (I. § 168. c. II. §§ 139. 209. 240. III. § 45.)

Wirkung des falso tutore auctore abgeschloßenen Rechtsgeschäfts[1...3]. Einjährige pönale in

---

§ 206. [3]) *LL.1.i.f.3...5.eod.* *Ulp.L.1.pr.eod.* „Protutelæ actionem necessario prætor proposuit: nam quia plerumque incertum est utrum quis tutor, an vero quasi tutor pro tutore administraverit tutelam, idcirco in utrumque casum actionem scripsit, ut, sive tutor est, sive non sit qui gessit, actione tamen teneretur. solent enim magni errores intercedere, ut discerni facile non possit, utrum quis tutor fuerit et sic gesserit, an vero non fuerit, pro tutore tamen munere functus sit. *§ 1.* Pro tutore autem negotia gerit qui munere tutoris fungitur in re impuberis, sive se putet tutorem, sive scit non esse, fingit tamen esse“. *Pomp.cit.L.4.* „Qui pro tutore negotia gerit, eandem fidem et diligentiam præstat, quam tutor præstaret“. Nicht widersprechend ist *Paul.L.53.§3.D.de furt.47,2.* „Qui alienis negotiis gerendis se optulit, actionem furti non habet, licet culpa eius res perierit; sed actione negotiorum gestorum ita damnandus est, si dominus actione ei cedat. Eadem sunt in eo qui pro tutore negotia gerit, vel in eo tutore qui diligentiam præstare debeat, vel uti qui ex pluribus tutoribus testamento datis oblata satis datione solus administrationem suscepit“. dieser Tutor oder Protutor hatte nämlich das Gestohlene nicht domini voluntate: *Id.L.85.eod.* „Is cuius interest non subripi, furti actionem habet, si et rem tenuit domini voluntate, vel etiam pro tutore negotia gerit; item tutor vel curator ob rem sua culpa subreptam non habet furti actionem“; wird er aber wegen der ihm gestohlenen Sachen condemniert, so kann er Cession der furti actio gegen den fur vom dominus fordern. vgl. *Rud.cit.§172.n.ibiq.citt.* [3]) *L.2.D.h.t.* („..non enim eadem huius, quæ tutoris, est rerum pupilli administratio“.) [4]) *Ulp.L.8.pr.D.de reb.eor.27,9.* „Qui neque tutores sunt ipso iure, neque curatores, sed pro tutore negotia gerunt vel pro curatore, eos non posse distrahere res pupillorum vel adulescentium, nulla dubitatio est“. *L.4.§24.D.de doli m.et m.exc.44,4.* [5]) *Paul.L.28.D.de solutt.46,3.* „Debitores solvendo ei qui pro tutore negotia gerit, liberantur, si pecunia in rem pupilli pervenit“. *Scæv.L.88.D.eod.* „Filiæ intestato patri heredis negotia mater gessit et res vendendas per argentarios dedit, idque ipsum codice conscriptum est: argentarii universum redactum venditionis solverunt, et post solutionem novem fere annis, quidquid agendum erat, nomine pupillæ mater egit, eamque marito nuptum collocavit et res ei tradidit. quæsitum est an puella cum argentariis aliquam actionem habet, quando non ipsa stipulata sit pretium rerum quæ in venditione datæ sunt, sed mater. respondit, si de eo quæreretur an iure ea solutione argentarii liberati essent, responderi iure liberatos. Claudius: subest enim illa ex iuris dictione pendens quæstio, an pretia rerum quæ sciebant esse pupillæ, bona fide solvisse videantur matri quæ ius administrationis non habebat; ideoque si hoc sciebant, non liberantur, scilicet si mater solvendo non sit“. *cf.* § 40.not.2. [6]) *Ulp.L.1.§3.D.h.t.* „Cum eo qui pro tutore negotia gessit, etiam ante pubertatem agi posse nulla dubitatio est“. *Id.L.1.§3.D.de contr.tut.* zu § 51.

§. 53. *Dig.* Quod falso tutore auctore gestum esse dicatur *27,6.* *Keller* Lit.Cont. S.573...78. *Rud.*Vorm.*§124.* *Sav.*Syst.III.S.385.425.VII.S.198. [1]) *Paul.L.221.D.de V.S.* „..falsum tutorem eum vere dici, qui tutor non est..“ „sive se putet tutorem sive scit non esse“ in § 52.not.2. [2]) *Cels.L.2.D.de eo q.pro tut.* „..non enim eadem huius, quæ tutoris, est rerum pupilli administratio“. [3]) *Gai.L.10.D.h.t.* „Si falso tutore actum sit, et interea dies actionis exierit, aut res usucapta sit, omnia incommoda perinde sustinere debet ac si illo tempore vero tutore auctore egisset“.

factum actio gegen den falsus tutor und analog gegen die ihn absichtlich Zuziehenden [9...12].

S. 54. Anhang: Recapitulation der obervormundschaftlichen Thätigkeit. (II. § 293.)

---

[4]) Eadem sunt in eo *et c.* § 52. S. 269. Z. 15. [5]) I. § 151. nott. 12. ff. [6]) *Rubr. et L. 1. § 6. D. h. t.* „QVOD FALSO TVTORE AVCTORE GESTVM ESSE DICATVR, SI ID ACTOR IGNORAVIT, DABO IN INTEGRVM RESTITVTIONEM". *LL. 2...6. eod.* cit. I. § 168. c. [7]) *L. 1. § 2. D. h. t.* [8]) *cit. L. 1. § 5. D.* [9]) *Ulp. L. 7. pr. D. eod.* „Novissime ait IN EVM QVI CVM TVTOR NON ESSET, DOLO MALO AVCTOR FACTVS ESSE DICETVR, IVDICIVM DABO, VT QVANTI EA RES ERIT, TANTAM PECVNIAM CONDEMNETVR". *Id. L. 11. pr. §§ 1. 2. D. eod.* „Falsus tutor qui in contrahendo auctor minori XII vel XIV annis fuerit, tenebitur in factum actione propter dolum malum, cuiuscumque condicionis fuerit, vel sui iuris vel alieni. *§ 1.* Qui dolo malo auctoritatem adcommodavit, tenebitur hoc edicto. *§ 2.* Sed et si quis filiæ familias auctor factus sit ad contrahendum, tenetur; idemque iuris est si ancillæ quis tutore auctore credidisset: nam omnibus istis modis propter tutorem decipitur is qui contraxit...". vgl. tot. tit. cit. *Rud.* l. c. I. B. u. Citt. zu II. § 240. [10]) *Ulp. L. 9. D. eod.* „Huius actionis exemplo Pomponius .... scribit dandam actionem adversus eum qui dolo malo adhibuit, ut alias auctoraretur inscius". [11]) *§ 1.* „Has in factum actiones heredibus quidem competere ceterisque successoribus, in eos vero non reddi Labeo scribit, nec in ipsum post annum, quoniam et factum puniunt et in dolum concipiuntur; et adversus eas personas quæ alieno iuri subiectæ sunt, noxales erunt". [12]) *Ulp. L. 7. § 4.* u. *Paul. L. 8. D. h. t.* „Si plures sunt qui auctores fuerunt, perceptione ab uno facta et ceteri liberantur, non electione". „et ideo si nihil aut non totum servatum sit, in reliquos non denegandum in id quod deest, Sabinus scribit".

S. 54. (*Rud.* Vorm. *§ 2.* vgl. oben II. § 293. III. § 49. *He. 155...62. Se. 492. Mü. 476.* a. E. *Gö. 476.* n°. III. *Pu. 536.* f. *Ro. 195. Si. 153. Ar. 462.*)

I. Anstellung der Vormünder:
  1) datio (II. §§ 303. 308.) und römische confirmatio. (§ 301.)
  2) Prüfung und Entscheidung der Tüchtigkeit des Vormunds. (§§ 304. ff.)
  3) Beseitigung des Unfähigen. (§§ 298. f.)
  4) Satisdation, Beeidigung und Inventur. (§ 307.)
  5) Ertheilung des Tutorium und Curatorium; +confirmatio Germanica. (§§ 301. 307.)

II. Geschäftsführung der Vormünder:
  1) Bestimmung über Aufenthalt, Erziehung und Alimentation des Pfleglings. (§ 308.)
  2) Bewirkung der Verwaltungsübernahme. (II. §§ 308. III. § 46.)
  3) Bestimmung der Administration und Theilung der Verwaltung unter Mitvormündern. (III. § 43.)
  4) Ertheilung des Decrets zu Veräußerungen. (§§ 39. ff.)
  5) Annahme und Justification der Vormundschaftsrechnungen. (§ 46.)
  6) Zubilligung eines Honorars und
  7) Ertheilung des Absolutorium. (§ 51.)

III. Beendigung der Vormundschaft:
  1) Untersuchung und Entscheidung über eine angetretene Vormundschaft. (II. §§ 204. ff.)
  2) Entfernung des unfähigen Vormunds (s. n°. I. 3.) und
  3) Untersuchung und Entscheidung über den verdächtigen Vormund. (II. § 310.)
  4) Entscheidung in Betreff der Klagen aus der Vormundschaft. (III. §§ 46. ff.)
  5) Absolutorium. (s. n°. II. 7.)

Zweites Kapitel. Das Erbrecht.

Einleitung.

Quellen: *Gai.2,97...3,87. Ulp.titt.20....29.* cf.*15...18. Fgm.de iure fisci. Paul.S.R.libri 3.4. Collat.tit.16. Gregor.Cod.2,1(17).6.3,1.4. Hermog.Cod.titt.11.12. Theod.Cod.2,19...22.24.4,1...6.21.5,1...4. Inst.2,10...3,11(12). Dig.5.10,2.28...38. Iust.Cod.3,28...31.4,16.sq.39.6. Novellæ1.5.12.18.22.39.48.53.74.76.84.*(87.)*89.92.97.*(*101.*)*107.115.117...19.123.127.131.* (*158.*) [*159.*] (*164.*) — *Decret.Grat.* part.II. causa 12. *Gregor.Decretall.3,25...27., in VI°. 3,11., Clementin.3,6.* — Deutsche Reichsgesetze in Gerstlachers Handbuch der teutsch. R.G. X.S.1936...42.2475...2549.

Litteratur. Wichtiger, als die meisten besonderen Darstellungen des Erbrechts allein, sind die gelegentlich anzuführenden Monographien, die Commentarien zu den angeführten Quellen, insbesondere von *Cuiacius, Finestres y Monsalvo, Glück, Mühlenbruch, Fein* u.A., die systematischen Darstellungen von *Donellus* in seinen Comment.iur.civ.VI...IX.cap.4., und die das Erbrecht regelmäßig im letzten (meist 3ten) Theile enthaltenden Pandektencompendien in s.g. system.Ordnung (*v.Vangerow* (*Va.*) stellt das Erbrecht vor „das Recht der Forderungen"). — *Contius* De hereditatibus et bon. poss.Spir.1614.Par.1616. *F.de Barry* De successionib. testati ac int.II.voll.fol.Ff.1619. zuletzt Lugd.1671. *I.Vasquius* De successionib.et ultimis voluntatib.Ff.1677.fol. *Harpprecht* Tractatus acad.de successionib. II.voll.Ulm.1698. *Lobethan* Vollst. Abh. der Lehre v.d.Erbfolge, Halle 1776. *Just.Claproth* v.Testam.Codicillen, Vermächtn.Götting.1782. *Rösler* Decisiones de iure hereditario.Coburg.1783. *Madihn* Principia iur.R.de successionib.s.de iure hereditar.ed.II.Ff.ad V.s.a. *Ludolff* Syst. Entw. der Lehre v. d. Intest.Erbf.u.röm.u.heut.R. Halle 1794. *v.Dalwigk* Vers. einer philos.jur.Darst.des Erbr.III.Thle.Wiesb.1820.ff. *Zimmern* Grdr. d. gem.Erbr. Hdlbg. 1823. (mit beigefügten Abhh.) *Ed.Gans* Das Erbr. in weltgeschichtlicher Entwickelung.Bd.II. (I. betrifft das vorrömische, III. u. IV. betreffen das Erbr. des Mittelalters) Berl.1825.ff. und dazu *P(uchtas)* Rec.in Schuncks Jahrb.der jur.Liter.Bd.I.Erl.1826.S.1.ff. *v.Hartizsch* das Erbr. nach röm.u.heut.R.Lpz.1827. *Rosshirt* Einl.in d.Erbr.u.Darst.des Intest.Erbr.Landsh. 1831. Dess. Das testamentar. Erbr. bei den Römern und in der Anwend. auf unsere Zeit.II. Hdlb.1840. Dess. Die Lehre von den Vermächtnissen nach R.R.II.Hdlb.1835. *Hunger* Das röm.Erbr.Erl.1834. *M.S.Mayer* Die Lehre v.d.Erbr.nach d.heut.röm.R.1.Thl.Berl.1840.(die Universal-Succ.). — Grundriße sind seit dem von *Heise* über das gem.Civilr. auch das Erbrecht besonders betreffende manche erschienen, die als nur für die Zuhörer der Verfaßer bestimmt hier ungenannt bleiben. Schon hier aber sind viele erbrechtliche Artikel in Weiskes Rechtslexicon, großentheils von *Arndts*, lobend zu erwähnen.

---

§. (55) 1. I. Allgemeine Bedeutung und Stellung des Erbrechts im Rechtssystem. Nothwendigkeit des Erbrechts als Entfaltung der Begriffe Familie und Vermögen [1,2]. Ver-

---

§. 1. *Pu.446. Ar.464. Br.150.*ff. — [1]) *§2.I.de her.qual.2,19.* „..quia domestici heredes sunt et vivo quoque patre quodam modo domini existimantur..". *Ulp.L.195.§2.D.de V.S.*„..patre familias mortuo singuli singulas familias habent..". *Paul.L.7.pr.D.de bon.damn.48,20.* „Cum ratio naturalis quasi lex quædam tacita liberis parentum hereditatem addiceret, velut ad debitam successionem eos vocando, propter quod et iure civili suorum heredum nomen iis inditum est..". cf.*Id.L.10.D.pro soc.17,2. L.11.D.de lib.et post.28,2.* „..post mortem patris non hereditatem percipere videntur, sed magis liberam bonorum administrationem consequuntur. hac ex causa, licet non sint heredes instituti, domini sunt..". (*Plaut.Trin.2.2,48.* „..quod tuum st, meum st, omne meum autem tuum st".) *Ulp.L.1.§12.D.de succ.ed.38,9.* „Largius tempus parentibus lihältniß des Intestat- und des testamentarischen Erb-Rechts[3]. Das Vermögen Verstorbener ist rechtlich nicht herrenlos[4...6]. Möglichkeit und Nothwendigkeit der Verschiedenheit der positiven Erbrechte[7]. Das Erbrecht ist das Güterrecht der sich auflösenden Familie, nicht bloß Universalerwerb[8].

II. Erbrecht und Erbfolge.

§. (56) 2. A. Begriff und Arten des Erbrechts und der Erbfolge überhaupt. (*Abr. III. § 15.*) Directe und indirecte Succession in die Privatrechte, das Vermögen verstorbener, nicht auch lebender physischer Personen[1.2]. Familia, hereditas, pecunia, bona, als universitas[3...7].

---

berisque petendæ B.P-ionis tribuitur, .. qui pæne ad propria bona veniunt". cf. *Cic.* in Verr. II. 1, *44. § 113.* „Quibuscum vivi bona nostra partimur, iis prætor adimere, nobis mortuis, bona fortunasque poterit?" [2]) *Bg § 42 a...e.* [3]) *Bg § 29. not. 8.* vgl. *Trendelenburg* Naturr. Lpz. 1860. § 142. [4]) *Paul. L. 6. § 6. D. rer. am. 25, 2.* „... quia rei hereditariæ nondum possessæ non fit furtum..". *Id. L. 6. D. exp. her. 47, 19.* „..rei hereditariæ furtum non fit, sicut nec eius quæ sine domino est..". s. II. § 234. oben S. 191. a. E. cf. *LL. 68. sqq. D. de furt. 47, 2.* s. auch *Jhering* Abhh. S. 158. ff. *v. Scheurl* Beitr. z. Bearb. des R. R. Erl. 1852. n°. 1. „Die Erbsch. vor, in u. nach ihrem Ueberg. an d. Erben". *Köppen* de nat. her. nondum aditæ. Ber. 1850. Dess. Die Erbschaft. Berl. 1856. (ein Recht ohne Subject.) *Br.* l. c. [5]) *Gai. 2, 52...58. 3, 201. Bg § 146 t.* ff. [6]) oben I. §§ 34. ff. 38. *Ulp. L. 1. § 15. D. si is qui test. 47, 4.* „..idcirco autem hereditati furtum non fieri, quia p-ionem hereditas non habet, quæ facti est et animi. sed nec heredis est p-io, ante quam possideat". *Bg § 123. not. 8.* [7]) Das deutsche Erbrecht kennt ursprünglich keine Testamente (*Tac.* Germ. 20.), das römische keine pacticia hereditas (s. § 3. a. E.) u. s. w. — Erbfolge nach altem Civil-, nach prätorischem und nach dem Rechte der den alten Begriff der familia allmählich auch dem Buchstaben des Gesetzes nach aufhebenden Constitutionen der Kaiser: cf. *Abr. III. § 15. med.* [8]) *Bg § 29. III. B. § 42 e.* [9]) *Gai. 2, 97. sqq. 191. 246. § 6. I. per q. pers. nob. adq. 2, 9. pr. I. de legat. 2, 20. pr. I. de fid. her. 2, 23.* cf. *Bg § 28.* S. *26. f. nott. 12. f. und *Bg § 141 d.*

§. 2. *He. V. 1. 2. Se. 515. f. 564. Mü. 609. ff. 616. Gö. 778. Pu. 446. f. Ro. 512. ff. Si. 158. Ar. 464. f. Br. 150. ff. Sav.* Syst. *375. v. Scheurl* l. c. [1]) *Abr. III. § 1. Bg §§ 41. 42 a...e. 77 i, k.* cf. *Pu. 34. Br.* l. c. [2]) *Gai. 3, 78...84.* „Bona veneunt .. vivorum..." „Sunt autem etiam alterius generis successiones, quæ neque lege XII tabularum neque prætoris edicto, sed eo iure quod consensu receptum est, introductæ sunt: ecce enim cum pater f. se in adoptionem dedit, mulierve in manum convenit, omnes eorum res ... patri adoptivo coemptionatorive adquiruntur...". cf. *Inst. de adq. per adrog. 3, 10.* und *De success. subl. quæ fieb. per bon. vend. et ex SC. Claud. 3, 12.* s. unten § 7. *Bg § 141 d. Hasse* i. Arch. f. c. Pr. V. S. 49. ff. *Si. § cit.* [3]) *Bg § 42 e. Gai. 2, 104.* „..mancipat alicui ... familiam suam ... FAMILIA PECVNIAQVE TVA *etc.*". *Ulp. 11, 14.* „VTI LEGASSIT SVPER [„FAMILIA",] PECVNIA TVTELAVE SVÆ REI, ITA IVS ESTO". *Id. L. 195. D. de V. S.* „*Familiæ* adpellatio ... et in res ... deducitur ... ut puta in lege XII tabb. [V. 2.] his verbis ADGNATVS PROXIMVS FAMILIAM HABETO". *L. 14. § 7.* bis *L. 16. pr. D. ad SC. Trebell. 36, 1.* „..qui *hereditatem* rogatur restituere, is demum compellitur restituere. sed et si quis *bona* rogatus sit, vel *familiam* vel *pecuniam* rogetur, vel *universam rem*" „vel *omnia sua*", „cogi poterit. hoc idem et si *patrimonium* fuerit rogatus, et si *facultates*, et si *quidquid habeo*, et si *censum meum*, et si *fortunas meas*, et si *peculium meum*: .. de successione enim sua et hic rogavit". *Cic.* Top. 6, 29. „Hereditas est pecunia, quæ morte alicuius ad quempiam pervenit iure, nec ea aut legata testamento nec possessione retenta". [4]) *Gai. 3, 14.* „..aliud in ipsarum [feminarum] *hereditatibus* capiendis placuit, aliud in ceterorum *bonis* ab his capiendis ...". *Ulp. L. 3. pr. § 1. D. de B. P. 37, 1.* „*Bona* autem hic ita accipienda sunt universitatis cuiusque successionem, qua succeditur in ius demortui,

Hereditas als eigene Person[8…10], als in Andere übergehende Vermögenseinheit[11.12]. Hereditas im subjectiven Sinne[13]. Universal- und Singular-Succession[14.15]; directe, indirecte: heres oder bonorum possessor und Vermächtnißnehmer[16.17]. Mortis causa capio und donatio insbesondere[18]. Eintheilung des Nachlaßes nach dem Duodecimalsystem[19].

---

suscipiturque eius rei commodum et incommodum.." „..etsi nihil corporale est in hereditate, attamen recte eius bonorum possessionem agnitam Labeo ait". *Sachsensp.* I.6.§1. „Mit svelkeme gude de man bestirft, dat het allet *erve*". [5]) Arbiter dividendæ *hereditatis: Scæv.LL.11.14.D.de distr.pign.20,5. Pap.L.78.pr.D.de her.inst.28,5.* f.§110.not.3. §3.not.8. [6]) *Afr.L.208.D.deV.S.* „*Bonorum* appellatio sicut *hereditatis* universitatem quandam ac ius successionis, et non singulas res demonstrat". *cit. Bg § 141d.* [7]) *L.3.§1.D.de B.P.* in not.4. *Pap. L.50.pr.D.de H.P.5,3.* „Hereditas etiam sine ullo corpore iuris intellectum habet". [8]) *Pomp.L.119.D.deV.S.* „*Hereditatis* appellatio sine dubio continet etiam damnosam hereditatem: iuris enim nomen est, sic uti *bonorum possessio*". *L.3.pr.§1.D.de B.P.37,1.* in not.4. vgl.§§ 8.105. [9]) z.B. *§2.I.de her.inst.* „...non dum enim adita hereditas personæ vicem sustinet non heredis futuri, sed defuncti..". *Bg § 62.not.5. Mü.615. Pu.*l.c. u.oben I.§ 38. gegen *Sav.*Syst.*§102. Br.156.* [10]) Von confusio mehrerer Vermögen zu reden ist dieselbe Begriffsconfusion, wie die von confusio mehrerer Personen zu reden: einzelne Vermögensrechte, dingliche und obligatorische, können confusione untergehen (§ 96.nott.7.8.), das Erbgut geht aber nicht in dem Erben unter, sondern auf ihn über. *Iav.L.22.D.de usurp.41,3.* „*Heres* et *hereditas* tam etsi duas appellationes recipiunt, unius personæ tamen vice funguntur". Eben so wenig stützt den absurden Satz von der Personeneiheit des Erben und des Erblaßers *Nov. 47.præf.*: „καίτοι γε τοῖς ἡμετέροις δ ο κ ε ῖ νόμοις, ἕν π ω ς [*quodam modo, quasi*] εἶναι πρόσωπον τὸ τοῦ κληρονόμου καὶ τὸ τοῦ εἰς αὐτὸν παραπέμποντος τὸν κλῆρον.." d.h. der Erbe ist der Beherrscher der Vermögensgesamtheit des Verstorbenen, wie es vorhin dieser war, wie *Martialis 6,63.v.3.4.* sagt: „Tu .. hunc tabulis heredem .. supremis Scribis, et esse tuo vis .. loco". vgl.unten § 96.nott.5.6. [11]) *Pomp.L.37.D.de adq.her.29,2.* „Heres in omne ius mortui, non tantum singularum rerum dominium succedit, cum et ea quæ in nominibus sint, ad heredem transeant". cf. *L.49.D.deV.S.* „..in bonis nostris computari ... non solum quæ dominii nostri sunt ... etiam si quid est in actionibus, petitionibus, persecutionibus..". *Paul.L.62.D.de A.R.D.41,1.* „Quædam quæ non possunt sola alienari, per universitatem transeunt, ut fundus dotalis, ad heredem, et res cuius aliquis commercium non habet: nam etsi legari ei non possit, tamen heres institutus dominus eius efficitur". *Marcian.L.9.D.de re mil.49,16. Jhering* „Lehre von der hered.iacens" Lpz.1844. cf.*Pu.447.* f.§1.not.4. [12]) I.§153. [13]) *Gai.L.24.D. deV.S.* (=*Iul.L.62.D.de R.I.*) „Nihil est aliud hereditas, quam successio in universum ius quod defunctus habuit". *cit.L.3.§1.D.de B.P. Ulp.L.59.D.de R.I.* [14]) cf.*Bg §§100. 67.not.10.§141d.* [15]) *Iustinian.L.13.C.de her.inst.6,24.* „Quotiens certi quidem ex certa re scripti sunt heredes vel certis rebus pro sua institutione contenti esse iussi sunt (quos legatariorum loco haberi certum est), alii vero ex certa parte vel sine parte (qui pro veterum legum tenore ad certam unciarum institutionem referuntur), eos tantummodo omnibus hereditariis actionibus uti vel conveniri decernimus, qui ex certa parte vel sine parte scripti fuerint, nec aliquam deminutionem earundem actionum occassione heredum certa re scriptorum fieri".(a.529.) unten § 53.not.6. *J.Volkman* de her.e re certa scr.Lps.1827. *C.Neuner* Heredis institutio ex re certa.Giess.1853. [16]) f.§6.not.1. [17]) f.§161.u.§§128.146.ff. u. *§§3.sqq.I.de fid.her.2,23. Nov.1.c.1.§1.* [18]) *Bg §109.*u.unten §§154.f. [19]) *§5.I.de her.inst.2,14.* „Hereditas plerumque dividitur in duodecim uncias ($^{12}/_{12}$), quæ Assis appellatione continentur: habent autem et hæ partes

B. Arten der römischen Erbfolge,

A. der directen.

§. (57) 3. 1. Hereditas.

Hereditas und heres; Delation und Adquisition [1.2]. Delationsgründe nach römischem Recht: Testament oder Gesetz [3...9], nicht, wie nach deutschem Recht, Vertrag; Grund dieser Verschiedenheit [10...15]. Usu capio [16.17]. Zeit der Delation [18].

---

propria nomina ab uncia ($^1/_{12}$) usque ad assem ($1={}^{12}/_{12}$), ut puta hæc: sextans ($^2/_{12}={}^1/_6$), quadrans ($^3/_{12}={}^1/_4$), triens ($^4/_{12}={}^1/_3$), quincunx ($^5/_{12}$), semis ($^6/_{12}={}^1/_2$), septunx ($^7/_{12}$), bes ($^8/_{12}={}^2/_3$), dodrans ($^9/_{12}={}^3/_4$), dextans ($^{10}/_{12}={}^5/_6$), deunx ($^{11}/_{12}$), as ($=1$)..". *Ulp.L.13.§1.* („sollemnis assis distributio".) *L.50.§2.D.de her.inst.28,5.* vgl. *Bg § 75.not.16.* und zu *Bg § 77.* Anhang *§ c.*

§. 3. *He.3.*ff. *Se.516b.517.375.med. Mü.614.617.*f. *Gö.779.*f. *Pu.449.*f. *Ro.516.*f. *Va.397. Si.159. Ar.466.*ff. *Br.152.*ff.*176.189. Arndts* v. Erbschaft i. Weiske IV. [1]) *Ter.Clem. L.161.D.deV.S.* „Delata hereditas intellegitur, quam quis possit adeundo consequi". *Florent.L.49.§1.D.de her.inst.28,5.* „..ius heredis eo vel maxime tempore inspiciendum est, quo adquirit hereditatem..". *Bg § 98 f.* [2]) *Bg § 45 o. Gai.L.14.D.de suis et leg. 38,16.* „In suis heredibus aditio non est necessaria, quia statim ipso iure heredes existunt". cf. *Gai.2,156.sqq. Ulp.22,14.sqq. Collat.16,2. Pr.§§1.sq.I.de hered.qual.2,19.* u. §1.not.1. § 87. u.*Bg §145.not.6.* [3]) *Gai.2,99.* „..quarum [*hereditatium*] duplex condicio est: nam vel ex testamento, vel ab intestato ad nos pertinent". cf.*L.1.D.de H.P.5,3. Diocl.et Max.L.5.C.de pact.conv.tam sup.dote 5,14.* „Hereditas extraneis testamento datur..". [4]) *Ulp.L.130.D.deV.S.* „Lege obvenire hereditatem non improprie quis dixerit et eam quæ ex testamento defertur, quia lege XII tabularum testamentariæ hereditates confirmatæ sunt". vgl. *Ulp.19,17.11,3.* s. § 2.not.3. unten §§ 26.32.106. *Mü.-Gl.* XXXVIII. S. 260. [5]) *Ulp.L.39.D.de adq.her.29,2.* „Quam diu potest ex testamento adiri hereditas, ab intestato non defertur". *Diocl.et Max.L.8.C.comm.de succ.6,59(58).* „..testamentariæ successionis spe durante intestato bona defuncti non recte vindicentur". [6]) *Pomp.L.7.D.de R.I.* „Ius nostrum non patitur eundem in paganis [Nichtsoldaten] et testato et intestato decessisse, earumque rerum naturaliter inter se pugna est". [*Cic.* de inv.II.21.§ 63. „nec umquam factum est ut eiusdem pecuniæ alius testamento, alius lege heres esset".] vgl. die bei *Mü.618.not.3.* citt. neueren Schriften. [7]) *Ulp.L.6.D.de test. militis 29,1.* „..miles pro parte testatus potest decedere, pro parte intestatus". cf.*§5. I.de her.inst.2,14. LL.37.56.D.eod. L.19.§2.D.de castr.pec.49,17.* Das Soldatentestament soll nicht ad diligentiam legum revocari et observantiam: *L.1.D.de mil.test.* — „diligens observatio in ordinandis testamentis [und zwar nicht bloß der Form, sondern auch dem Inhalte nach] militibus propter nimiam inperitiam constitutionibus principum remissa est". *Gai.2,109.* = *pr.I.de mil.test.2,11.* vgl. § 26.not.6. [8]) *Tit.* u. bes. *L.19.med. Pap.L.15. §2.D.de inoff.t-to.5,2.* „Filius qui inofficiosi actione adversus duos heredes expertus diversas sententias iudicum tulit, et unum vicit, ab altero superatus est, et debitores convenire et ipse a creditoribus conveniri potest, et corpora vindicare et hereditatem dividere: verum enim est familiæ erciscundæ iudicium competere, quia *credimus* eum legitimum heredem pro parte esse factum; et ideo pars hereditatis in testamento remansit. nec absurdum videtur pro parte intestatum *videri*". *Ulp.L. 24.D.eod.* „Circa inofficiosi querelam evenire plerumque adsolet, ut in una atque eadem causa diversæ sententiæ proferantur. quid enim si fratre agente heredes scripti diversi iuris fuerunt? quod si fuerit, pro parte testatus, pro parte intestatus decessisse *videtur*". s. § 76.not.8. [9]) *Ulp.L.16.D.de legatis præst.B.P.pet.37,5.* vgl. § 5.n°.3. [10]) *Diocl.et Max.L.4.C.de inut.stipul.8,39* „Ex eo instrumento nullam vos habere actio-

S. (58) 4. 2. Bonorum possessio (B.P.). (*Abr.III.§§ 25...28.*)
Grund ihrer Entwickelung[1...3]. B.P. confirmandi, emendandi, impugnandi iuris civilis

---

nem, in quo contra bonos mores de successione futura interposita fuit stipulatio, manifestum est, cum omnia quæ contra bonos mores vel in pactum vel in stipulationem deducuntur, nullius momenti sint". *Iul.L.61.D.deV.O.45,1. Pap.L.29.§ 2.D. de donat.39,5. Id.L.16.D.de suis 38,16.* „..privatorum enim cautionem legum auctoritate censeri". *LL.15.30.C.de pact.2,3. L.5.C.de pact.conv.5,14. L.3.C.de collationib.6,20. L.13.C.6,23.* in § 26.not.1. vgl. § 6.not.15. § 124.not.8. Entgegen ist auch nicht *Iust.* in *cit.L. 30.C.de pactis*, der einen über den Nachlaß eines Dritten von Zweien abgeschloßenen Vertrag („*Si ille mortuus fuerit* und *Si ad hereditatem vocentur hi qui huiusmodi pactionem fecerunt*") nur in dem Falle als wirksam zuläßt, „si ipse forte, de cuius hereditate pactum est, voluntatem suam eis adcommodaverit et in ea usque ad extremum vitæ suæ spatium perseveraverit". cf.§ 124.not.8. *Sav.* Syst.IV.S.141.f. In *Ulp. L.2.§2.D.de her.v.act.vend.18,4.* handelt es sich nur darum, was zu dem verkauften Nachlaß eines schon Verstorbenen gehöre. Irrig suchen Manche die Unzuläßigkeit des Vertrags als Delationsgrundes der Erbfolge in policeilichen Rücksichten; irrig auch *Beseler* Erbvertr. II.§ 4. [12]) *Call.L.37.D.de lib.c.40,12.* „Conventio privata neque servum quemquam, neque libertum alicuius facere potest". *Ulp.L.52.§9.D.pro soc.17,2.* „..ideo nec libertatem de supremis iudiciis constringere quis poterit..". vgl. auch II. § 300.a.E. und die Stellen in *Bg § 68.not.8. § 83.not.4.* u. bes. *§ 89.not.7.* [12]) *Bonif.VIII.c.2.inVI°.de pact.1,18.* „Quamvis pactum patri factum a filia, dum nuptui tradebatur, ut dote contenta nullum ad bona paterna regressum haberet, improbet lex civilis [s.not.10.]: si tamen iuramento non vi nec dolo præstito firmatum fuerit ab eadem, omnino servari debebit, cum non vergat in æternæ salutis dispendium, nec redundet in alterius detrimentum". vgl.I.§ 97. [13]) z.B. *Eichhorn* deutsch.Priv.R.*§§ 340.ff. Kraut* Grdr.*§§174.*ff. *Philipps* d.Pr.R. *§§ 166.171. Gerber* d.Pr.R. *§ 256. Buddeus* v.Erbvertrag in Weiske IV. *Trummer* Hamb.Erbr.II.S.191.ff. und dagegen *Beseler* deutsch.Privatr.II.*§157. Hartmann* Lehre von den Erbverträgen u. v.d.gemeinsch.Testamenten. Braunschw.1860. s. auch unten §§ 57.a.E.68. und *Br.189.* [14]) *Diocl. et Max.Victoriano militi. L.19.C.de pact.2,3.* „Licet inter privatos [= Nichtsoldaten] huiusmodi scriptum, quo comprehenditur *ut is qui supervixerit, alterius rebus potiatur,* ne donationis quidem mortis causa gestæ efficaciter speciem ostendat, tamen, cum voluntas militum, quæ super ultimo vitæ spiritu deque familiaris rei decreto quoquo modo contemplatione mortis in scripturam deducitur, vim postremi iudicii [= die Kraft eines ordentlichen Testaments] optineat, proponasque te ac fratrem tuum ad discrimen prælii pergentes ad communem mortis fortunam invicem esse pactos *ut ad eum qui superstes fuisset, res eius cui casus finem vitæ attulisset, pertinerent,* existente condicione intellegitur ex fratris tui iudicio ... etiam rerum eius compendium ad te delatum esse". s.unten § 37. [15]) *Ulp. L.1.§3.D.si a par.quis mm.sit 37,12.* „Si parens vel accepit pecuniam ut emanciparet, vel postea vivus in eum filius quantum satis est contulit, ne iudicia eius inquietet, exceptione doli repelletur [*parens*]". vgl.III. § 31.not.10. [16]) *Gai.2,54.* s. *Bg §146 t.* vgl.*Leist* B.P.*§§ 4.*ff. *v.Scheurl* Beitr.n°.2. [17]) *Bg §146 s,t.* [18]) *§ 6.I.de leg.adgn.succ. 3,2.* „Proximus autem [adgnatus], si quidem nullo t-to facto quisquam decesserit, per hoc tempus requiritur quo mortuus est is cuius de hereditate quæritur. quod si facto t-to quisquam decesserit, per hoc tempus requiritur, quo certum esse cœperit nullum ex t-to heredem extiturum: tunc enim proprie quisque intestatus decessisse intellegitur...". cf.*§1.eod. LL.1.§8.2.§§5.6.D.de suis et leg.38,16.* s.not.5. unten § 90.nott.3.1.

S. 4. *Gai.3,25...38.2;119...137.147.sq. Ulp.28. Inst.3,9(10). Dig.37.38.* [cum *Cuiacii* gratia data[4...7]; +necessaria, +utilis[8]; cum re, sine re[9]; decretalis[10-14], edictalis[11...13]. Verhältniss der B.P. zu des Erblaßers Willen[15-16]: 1) contra tabulas [c.t.][17...21], 2) se-

---

Recitati.] *Cod.6.3...7.9...20.55(54)...62(61)*.[cum *Donelli* Comment.]. *Hugo* de B.P.Hal.1788. *Koch* B.P.Litt.Test.u.s.w.Giess.1799. *Gmelin* de conv.et diff.inter heredit.et b.p.Gott.1808. *v.Löhr* i.sein.u.Grolm.Magaz.III.8. *Dernburg* Beitr.z.Gesch.d.röm.Test.Bonn 1821.S.184.ff. *Francke* Notherbenr. *§§ 9.ff.* *Fabricius* Histor. Forsch. im Geb. des röm.Priv.R.Heft 1.Berl. 1837.(rec.v. *Huschke* in den Krit. Jahrb. f. deutsche R.W.1839.S.1.ff.) *Leist* Die B.P.Bd.1. Gött.1844.(rec. v.*Buchholtz* in dems.Krit.Jahrb.1846.S.769.ff.) 2r Bd. ibid.1848. *Rosshirt* in s.Ztsch.III.1.S.45.ff. *Hingst* Comm.de B.P.Amst.1858. *Janssonius* de origine B.P. Groning.1859. vgl. auch *Niebuhr* Röm. Gesch.Bd.II. edit.II. S.146.ff. „Vom gem. Feld u. dessen Nutzung", bes.S.173.f. dazu *Bg §123.not.30.—He.9...13. Se.518. Mü.620...23. Gö.784.979. ...95. Pu.451. Ro.520.f.624. Va.398...403. Si.193.not. Ar.466.ff. Br.170.* [1]) *§2.I.h.t.* = *Gai.3,32.* „Quos autem prætor solus vocat ad hereditatem, *heredes* quidem ipso iure [nach Civilrecht] non fiunt: nam prætor heredem facere non potest...". *Ulp.28,12.* in not.2. u.unten § 97.not.2. [2]) *§2.I.h.t.* *Gai.*l.c. „..sed eis si quidem prætor det B.P-em, loco heredum constituuntur". *Ulp.§12.cit.* *LL.1...3.§2.D.de B.P.37,1.* *Ulp.28,12.* „Ili quibus ex successorio edicto B.P. datur, heredes quidem non sunt, sed heredis loco constituuntur beneficio prætoris. ideoque seu ipsi agant, seu cum his agatur, ficticiis actionibus opus est, in quibus heredes esse finguntur". [3]) *Gai.4,16.17.* „Si in rem agebatur, mobilia quidem et moventia quæ modo in ius adferri adducive possent, in iure vindicabantur..". „Si qua res talis erat, ut non sine incommodo posset in ius adferri vel adduci, velut si ... de hereditate controversia erat, pars aliqua inde sumebatur et in ius adferebatur, et in eam partem perinde atque in totam rem præsentem fiebat vindicatio...". vgl. die Ausdrücke dominium hereditatis, hereditatis vindicatio u.dgl. cf. § 97. *Bg §133.not.3. §135.not.19.* [4]) s.nott.22.23. [5]) s.not.23. [6]) s.nott.17...21.23. [7]) *pr.§3.I.h.t.* „Ius B.P-ionis introductum est a prætore emendandi veteris iuris gratia; nec solum in intestatorum hereditatibus vetus ius ... prætor emendavit.., sed in eorum quoque qui t-to facto decesserint... Aliquando tamen neque emendandi neque impugnandi veteris iuris, sed magis confirmandi gratia pollicetur B.P-em..". [8]) „Quos prætor solus vocat ad hereditatem", in not.1., im Gegensatz der civilrechtlich Berufenen [in not.28.], ad quos „remota quoque B.P-ione hereditas pertinet iure civili". *Gai.3,34.* *Collat.16,3.§5.* vgl.folg.§ 5. *Koch* B.P.S.220.ff. [9]) *Ulp.28,13.* „B.P. aut *cum re* datur, aut *sine re;* cum re, si is qui accepit, cum effectu bona retineat; sine re, cum alius iure civili evincere hereditatem possit; vel uti si suus heres intestati sit, B.P. sine re est, quoniam suus heres evincere hereditatem iure legitimo possit". *Gai.2,147 ...49.3,35...38.* („si vero ab iis avocari hereditas potest, habebunt B.P-ionem sine re".) s.folg.§ 5. [10]) *Ulp.L.3.§8.D.de B.P.* „Si causa cognita B.P. detur, non alibi dabitur quam pro tribunali..". *L.1.§7.D.de succ.ed.38,9.* *L.2.§§1.2.D.quis ordo 38,15.* [11]) *Ulp. L.1.pr.D.de successorio ed.38,9.* „Successorium edictum idcirco propositum est, ne bona hereditaria vacua sine domino diutius iacerent... e re igitur prætor putavit præstituere tempus his quibus B.P-em detulit, et dare inter eos successionem...". *tit.u.bs.§§4.i.f...7.I.de B.P.3,9.—Segers* de succ.ed.Lps.1768. [12]) *L.5.§3.D.de leg.præst. 37,5.* *L.3.i.f.D.de Carb.ed.37,10.* [13]) unten §§ 83...85. [14]) z.B. *L.84.D.de A.v.O.H.29,2.* *LL.4.i.f.5.14.§1.D.de B.P.c.t.38,4.* *L.4.D.de coniung.c.em.37,8.* *L.12.D.de Carb.ed. 37,10.* *L.6.D.si tabb.test.38,6.* *L.1.§1.D.ad SC.Tert.38,17.* [15]) *Ulp.28,1.* „B.P. datur aut contra tabulas testamenti, aut secundum tabulas, aut intestati". *Paul.L.6.§1.D.de B.P.* „B.P-ionis beneficium multiplex est: nam quædam B.P-ones competunt contra voluntatem, quædam secundum voluntatem defunctorum, nec non ab intestato hacundum tabulas [s.t.][22], 3) intestati B.P.[23...25]. Successio ordinum et graduum[26.27]. Die B.P. der Civilberechtigten[28]. Delationsgrund der B.P. und Zeit ihrer Nachsuchung[29...31].

---

bentibus ius legitimum, vel non habentibus propter capitis deminutionem... Legum quoque tuendarum causa dat B.P-ionem". 16) vgl. *Huschke* i. Rh. Mus. f. Jpdz. VI. S. 317. ff. 17) *§ 3. I. h. t. Ulp. 28, 2...4.* „*Contra tabb. B.P.* datur liberis emancipatis t-to præteritis ..., liberis tam naturalibus quam adoptivis ... Emancipatis ..., si parati sunt cavere fratribus suis qui in potestate manserunt, bona quæ moriente patre habuerint se collaturos". [s. § 114.] De B.P. contra tabb.: *Dig. 37, 4. Cod. 6, 12.* u. *13.* cf. *Dig. 37, 6. 8. 12.* s. Citt. in not.* vor § 69. *Bluntschli* S. 60...117. *Francke* Notherbenr. *§§ 10...14. Mü.-Gl.* XXXVII. S. 3. ff. *Uhrig* üb. die Wirk. der B.P. c. t. Würzb. 1844. *Leist* B.P. II. (1848.) §§ 69. ff. 18) *LL. 6. i. f. ... 8. pr. D. de inoff. test. 5, 2. L. 2. C. eod. 3, 28.* s. unten § 76. *Mü.-Gl.* XXXV. S. 155. ff. 19) §§ 52. 62. 71. 20) cit. § 71. unten. 21) *Ulp. L. 3. § 11. D. h. t.* „plane si alius committat edictum, et ipse [qui ex liberis heres scriptus est] ad c.t. B.P-em admittetur". 22) *Gai. 2, 120. sq. 147. sq. 3, 37. Ulp. 28, 5. 6.* „*Secundum tabulas B.P.* datur scriptis heredibus, scilicet si eorum quibus c.t. competit, nemo sit aut petere nollent; etiamsi iure civili non valeat t-tum ..." [*Quintil.* Inst. or. *5, 14, 15.*] *L. 12. pr. D. de iniusto 28, 3. §§ 3. sqq. I. h. t. 3, 9.* De B.P. sec. tabb.: *Dig. 37, 11. Cod. 6, 11. Leist* Historia B.P. s. t. Gött. 1841. 23) *Mod. L. 1. pr. D. quis ordo 38, 15.* „Intestati hi gradus vocantur: primum sui heredes [? *liberi*], secundo legitimi, tertio proximi cognati, deinde vir et uxor". *Dig. 38, 6.* Si tabulæ t-ti nullæ extabunt, [*7. Cod. 6, 14.*] Unde *liberi.*; *Dig. 38, 7 (8). Cod. 6, 15.* Unde *legitimi. Inst. 3, 2.* De legitima agnatorum successione.; *Dig. 38, 8 (9). Cod. 6, 15.* Unde *cognati. Inst. 3, 5.* De successione cognatorum.; *Dig. 38, 11 (12). Cod. 6, 18.* Unde *vir et uxor.* 24) *Ulp. 28, 7.* „*Intestati* datur B.P. per septem gradus: 1° gradu liberis, 2° legitimis heredibus [s. not. 25.], 3° proximis cognatis, 4° familiæ patroni, 5° patrono patronæ, item liberis parentibusve patroni patronæve [dieser 5te Grad fällt nach just. R. hinweg], 6° viro, uxori, 7° cognatis m-missoris ..". *§ 4. I. de B.P. Leist* B.P. II. 1. §§ 63. ff. 25) *§ 3. I. de B.P.* „..tertio decem personis, quas extraneo m-missori præferebat (prætor): sunt autem x personæ hæ: (1) pater, (2) mater, (3) avus, (4) avia, tam paterni quam materni, item (5) filius, (6) filia, (7) nepos, (8) neptis, tam ex filio quam ex filia, (9) frater, (10) soror, sive consanguinei sive uterini". cf. *L. 1. C. de sec. nupt. 5, 9.* 26) *Ulp. L. 1. §§ 10. 11. D. de succ. ed. 38, 9.* „Quibus ex edicto B.P. dari potest si quis eorum aut dari sibi noluerit aut in diebus statutis non admiserit, tunc ceteris B.P. perinde competit acsi prior ex eo numero non fuerit. Sed videndum est an inter ceteros ipse quoque qui exclusus est admittatur: utputa filius est in potestate, delata est ei B.P. ex prima parte unde liberis defertur; exclusus est tempore aut repudiatione; ceteris defertur: sed ipse sibi succedat ex hac successoria parte? Et magis est ut succedat, ut Unde legitimi possit petere, et post hos suo ordine ex illa parte unde proximi cognati vocantur. et hoc iure utimur, ut admittatur; poterit igitur ex sequenti parte succedere ipse sibi. Item hoc dici poterit et in secundum tabulas B.P-ione, ut si secundum tabulas non petierit B.P-ionem is qui potuit et ab intestato succedere, ipse sibi succedat". *Iul. L. 4. § 1. D. quis ordo 38, 15.* „Filius non solum si tamquam filius, sed et si tamquam cognatus ad B.P-em vocatur, annuum spatium habet; sicuti pater [si] filium m-misisset, quamvis ut m-missor B.P-em accipiat, tamen ... annuum spatium habet". 27) *L. 1. §§ 5. sqq. D. unde cognati 38, 8. § 10. eod.* „Gradatim autem admittuntur cognati ad B.P-ionem, ut qui sunt primo gradu, omnes simul admittantur". *§ 7. I. de leg. adgn. succ. 3, 2.* s. unten § 14. not. 17. § 19. nott. 2...4. 28) *§ 7. I. h. t.* „Novissime .. promittitur edicto his etiam B.P., quibus ut detur, lege vel SCo vel constitutione comprehensum est, quam ... quasi ultimum et extraordinarium auxilium, pro ut res exigit,

S. (59) 5. 3. Verhältniss der hereditas und der B.P. zu einander. (*Abr.III.§ 25.a.E.*) 1) Eine beider allein[1.2]; 2) beide von demselben Successor erworben[3.4]; heres und bonorum possessor (oder mehrere einer oder der anderen Art) in Bezug auf denselben Nachlaß neben einander[5...9].

S. (60) 6. B. Arten der indirecten Erbfolge. (cf. *Abr.III.§ 31.*) Vermächtniss (legatum, fidei commissum) in sub- und ob-jectivem Sinne[1]. Personen: 1) Anordner, is qui legatum sive f-ssum relinquit (Testator, +Codicillant)[2]; 2) Vermächtnissnehmer, Honorierter[3], is cui legatum sive f-ssum relinquitur[4...7]; 3) Belasteter, Onerierter, is a quo legatum sive f-ssum relinquitur[8.9]. Gegenstand des Vermächtnisses[10]. Das Aeußere der Anordnung[11.1.12]. Delationsgründe[13...15]. Anfall und Erwerb[16].

---

adcommodavit his qui ... ex novo iure vel ex t-to vel ab intestato veniunt". *L.un. D.ut ex LL.SCtis B.P.detur 38,14.* so *L.2.§ 9.D.ad SC.Tert.38,17.* *§§ 1.2.I.de succ.libert.3,7(8).* cf. *L.6.§ 1.i.f.D.de B.P.* (in not.15.) *L.12.§ 1.D.de B.P.37,1.* 29) s. unten §§ 90.91. 30) *Ulp.28,10.11.* „B.P. datur parentibus et liberis intra annum ex quo petere potuerunt, ceteris intra centum dies [cf. *Iul.* in not.26]. Qui omnes intra id tempus si non petierint B.P-em, sequens gradus admittitur, per inde atque si superiores non essent; idque per septem gradus fit". *§§ 9.10.* [al. §§ 4.sqq.] *I.de B.P.3,9.* *L.1.§§ 8.sqq.D.de succ.ed.38,9.* *LL.2-4.C.qui admitti 6,9.* *Leist* B.P. §§ 112.f. 157.ff. 31) *Ulp. L.1.§ 6.D.de succ.ed.38,9.* unten § 90.not.5. § 91. 32) *Ulp.L.1.§ 7.D.eod.*

S. 5. *He.14. Mü.621. Pu.451.* Inst.*316. Va.399. Ar.467.*f. *Leist* B.P. §§ 85.ff. 1) § 4. not.8. *Paul.L.91.D.de R.I.* „Quotiens duplici iure defertur alicui hereditas, repudiato novo iure, quod ante defertur supererit vetus". *L.2.§ 21.D.ad SC.Tert.38,17.* *Diocl.et Max.L.13.C.de iure delib.6,30.* „Suum heredem omissa B.P-ione paternam successionem optinere potuisse certi iuris est". *L.1.C.de suis et leg.6,51.* cf. *L.15.§§ 1.2.D.de leg.præst.37,5.* 2) § 4.not.2. 3) not.1.u. *L.12.C.de iure del.6,30.* u.unten § 97. 4) *Gai. 2,149-3,34.* s.unten § 103. 5) § 4.nott.9.22. bes. *Gai.2,120.ibiq.citt.ll.* 6) § 4.not.7. 7) z.B. *Gai.2,149.ibiq.citt.ll.* 8) § 4.not.8. 9) *Gai.2.120.c.ll.ibi citt.* *Leist* B.P. § 111. *Bachofen* Ausgew. Lehren S.292.ff.

S. 6. vgl.ü.Quellen und Litter.zum II.Abschn.§§ 126.ff.— *He.2.6. Se.603. Mü.616.618.* a.E.*727. Gö.783. Pu.452. Ro.676.*f. *Va.519. Si.161. Ar.541.*f. *Br.207.209.* *Rossh.* Vermächtn.I.S.92.ff. 1) *Ulp.24,1.* „*Legatum* est quod legis modo, i.e. imperative testamento relinquitur. nam ea quæ precativo modo relinquuntur, *fidei commissa* vocantur". *§ 1.I.h.t.2,20.* „Legatum est donatio quædam a defuncto relicta". *§ 2.* „Sed olim quidem erant legatorum genera quattuor: per vindicationem, per damnationem, sinendi modo, per præceptionem ... nostra autem constitutio [*L.1.C.comm.de leg.6,43.*] .. disposuit, ut omnibus legatis una sit natura, et quibuscumque verbis aliquid derelictum sit, liceat legatariis id persequi ...". *§ 3.* „..cum antiquitatem invenimus legata quidem stricte concludentem, fidei commissis autem .. pinguiorem naturam indulgentem, necessarium esse duximus omnia legata f-ssis exæquare, ut nulla sit inter ea differentia, sed quod deest legatis, hoc repleatur ex natura f-ssorum, et si quid amplius est in legatis, per hoc crescat f-ssi natura..". 2) *Ulp.25,4.* „F-ssum relinquere possunt qui t-tum facere possunt, licet non fecerint: nam intestatus quis moriturus f-ssum relinquere potest". cf. *§ 10.I.de fid.her.2,23.* s.unten § 127. 3) *Call.L.15.pr.D.ad L.Corn.de fals.48,10.* „dictante testatore legato honoratur". *Inscr.* ap. Orell. 4402. „quos testamento honoravi". 4) *§ 24.I.de leg.2,20.* „Legari autem illis solis potest, cum quibus t-ti factio est". s.§ 128.not.1. 5) §§ 29.128. 6) § 130. 7) §§ 144.f. 8) *Ulp.24,20.* „A legatario legari non potest". 9) *§ 11.I.de fid.her.* „Eum quoque cui aliquid restituitur, potest rogare ut id rursus alii totum aut pro parte vel etiam

C. Erfordernisse der Erbfolge.

§. (61) **7.** A. Ein Todesfall.

Erbfolge erfordert Tod oder Verschollenheit des Erblaßers[1,2]; andere Universalerwerbungen sind nicht Erbfolge[3...5]; auch nicht das Recht auf die quarta divi Pii[6]. In iure cessio legitimæ hereditatis nach klassischem Recht[7...11]. Wegfallende römische Beschränkungen[12,13]. Vermögen des freiwillig in ein Kloster Eintretenden[14].

§. (62) 8. B. Eine Hinterlaßenschaft.

Zum Nachlaß gehörige nicht an die Leiblichkeit des Subjects gebundene Vermögens-Rechte und Lasten 1) an Körperlichem[1...4], oder 2) obligationes et actiones[3]; aber auch 3) durch

---

aliud aliquid restituat". cf.*L.9.C.de f-ssis 6,42.* s. §129. 10) *§ 4.I.de leg.* „Non solum autem testatoris vel heredis res, sed et aliena legari potest..". *§ 21.eod.* „Tam autem corporales res quam incorporales legari possunt...". *Gai.2,193.sqq. Inst.2,20.23.24.* s. unten §§137.f. 11) s.§ 34.not.6. 12) *§ 34.I.de leg.* „..per nostram constitutionem [cf. *LL.24.25.C. de test. 6,23.*] et hoc vitium emendavimus, ut liceat et ante heredis institutionem et inter medias heredum institutiones legatum relinquere..". 13) *§1.I. eod.* in not.1. cf.*L.30.D.de leg.II.31. L.116.pr.D.de leg.I.30.* s.unten §§132.ff. 14) §§124.f. 15) § 3.nott.10...13. unten §155. 16) *Ulp.L.213.pr.D.deV.S. Bg §§114.90.not.7.* unten §142. *Ulp.L.7.pr.D.quando dies legator.cedat.36,2.* „Heredis aditio [*i.e.usque dum h.adeat*] moram legati quidem petitioni facit [*i.e.nondum peti potest*], cessioni diei non facit [*i.e.vel ante aditam hereditatem legatarius ius suum in heredes suos transfert*]".cf.*L.21.pr.D.eod.*

§. 7. cf.§§ 28.27. *Mü.612.* (zum Theil unrichtig). *Si.159.*S.316.f. *Ar.469. Br.192.* 1) „successio .. in universum ius quod defunctus habuit". § 2.nott.13.7.11. *Pomp.L.1.D. de H.v.A.V.18,1.* „..hereditas eius qui vivit ... in rerum natura non *est*". *Cic.*top.*6,29.* s. unten § 90.not.3. *L.27.D.de A.v.O.H.29,2. Pauli apost. ep. ad Hebr.* XI.17. „Testamentum enim in mortuis confirmatum est, alioquin nondum valet dum vivit qui testatus est". 2) I.§16. *Si.160.not.2.* 3) unten §11.not.14. vgl.I.§ 41.a.E. 4) § 2.not.2. 5) s.§§10...12. 6) *Ulp.L.2.§1.D.fam.erc.10,2.* „Si quarta ad aliquem ex constitutione divi Pii adrogatum deferatur, quia hic neque heres neque bonorum possessor fit, utile erit fam. erc. iudicium necessarium". *Id.L.8.§15.D.de inoff.t-to 5,2.* „..quartam ei quasi æs alienum concedendam". cf.II.§ 287.not.10. §§109.f. *Arndts* in Weiske VIII.S.161.f. 7) *Gai. 2,35.* „..si is ad quem ab intestato legitimo iure pertinet hereditas, in iure eam alii ante aditionem cedat, i.e. ante quam heres extiterit, perinde fit heres, ac si ipse per legem ad hereditatem vocatus esset [„pleno iure heres fit" *Gai.3,85.*]; post obligationem [=*post quam aditione hereditatis sese obligavit*] vero si cesserit, nihilo minus ipse heres permanet...". cf. *etiam Ulp.19,12.sqq.* s. *Scheurl* Beitr. § 3.not.16.cit. unrichtig *Mü.612.not.6.* vgl.*Ar.512.not.1. Br.195.*n°.1. *Mü.-Gl.*XLIII.S.144. Für die Veräußerung der Delation auch nach just.R.zieht *Rud.*zu *Pu.503.not.c** an *L.4.§28.D.44,4. L.1.C.7,75.*, in welchen beiden Stellen aber nicht von veräußertem ius adeundi legitimam hereditatem die Rede ist. 8) s.unten §14. 9) *Bg § 57.* 10) § 3.not.5. 11) §14.a.E. 12) *Bg § 33. § 47d,e.* 13) *Novv.12.c.2.3.117.c.13.127.c.4.134.c.10.11.* *Wächter* i. Arch.f.c.Pr.XVII.S. 434.ff. 14) *Novv.5.c.5.123.c.38.* vgl. *c.2.X.de testam.3,26.* Preuß.Landr.II.11.§§1199...1205. Oesterreich.Gesetzb. § 573.

§. 8. *Mü.610.*f. *Ro.517. Si.159. Pu.507. Ar.464. Br.153.* 1) § 2.nott.3.sqq.11. u.die folg.not.4. 2) § 2.not.11. 3) Reinpersönliche Vermögensrechte: Personalservituten, actiones quæ naturalem præstationem habent und quæ vindictam spirant, quæ morte finiuntur, personis datæ inmunitates und persönliche Privilegien. cf.I.§153.b. II.§§ 74.160. u.*L.1.§1.D.de iure imm.50,6.* u.I.§73. 4) *Ulp.L.18.§2.D.de H.P.5,3.* „..placuit universas res hereditarias in hoc iudicium [*hereditatis petitionem*] venire, sive iura sive corfür oder gegen die liegende Erbschaft selbst[5], die auch der Usucapion fähig ist[6], begründete; nicht aber alles mit Nachlaßvermögen Erworbene[7]. Civilrechtliche Vermögensfähigkeit des Erblaßers für sich, und allmähliche Modificationen dieses Erfordernisses[8…11].

§. (63) 9. C. Ein Erbfolger.

Das Rechtssubject muß, um Erbfolger zu sein, 1) successions- oder erbfolge-fähig sein (was auch der incapax und der indignus sein kann), der testamentarische Erbfolger muß s.g. passive Testamentifaction haben[1…4]. Unfähigkeitsgründe a) physischer[5…12], b) juristischer Per-

---

pora sint". *Paul.L.19.pr.eod.* „et non tantum hereditaria corpora, sed et quæ non sunt hereditaria, quorum tamen periculum ad heredem pertinet, ut res pignori datæ defuncto vel commodatæ depositæve...". s.§§2.97.100. *Ulp.L.6.D.de oper.libertor. 38,1.* „Fabriles operæ ceteræque quæ quasi in pecuniæ præstatione consistunt, ad heredem transeunt; officiales vero non transeunt". *cf.L.20.§2.D.de A.v.O.H.29.2. Mod. L.196.D.de R.I.* „Privilegia ... quædam ad heredem transmittuntur, quæ causæ sunt; quæ personæ sunt, ad heredem non transeunt". [5]) *Ulp. L.178.§1.D.de V.S.* „Hereditas iuris nomen est, quod et accessionem et decessionem in se recipit. hereditas autem vel maxime fructibus augetur". *Si.159.not.16.* [6]) §1.not.5. u.II.§38.not.9. *Bg §123.not.8.§125.not.11.§147g,i.§148g. Sav.* Besitz S.376.f. [7]) Gegen die viel zu allgemeine Regel „*+In universitatibus pretium in locum rei, et et res in locum pretii succedit*" siehe *Ulp.L.20.§1.D.de H.P.5,3.* „Sed non omnia quæ ex hereditaria pecunia comparata sunt, in hereditatis petitionem veniunt..". *Id. L.20.§12.D.eod.* „.. si quis sciens ad se hereditatem non pertinere distraxit, sine dubio non pretia rerum, sed res ipsæ veniunt in petitionem hereditatis, et fructus earum..". Jene Regel, welche Hadrian *L.22.D.de H.P.* so faßt „potest existimari in locum hereditariæ rei venditæ pretium eius successione et quodammodo ipsum hereditarium factum", drückt nur die Bestimmung des +SC.Iuventianum (*L.20.§6.D.eod.* s.unten §101.) aus, daß mit der hereditatis petitio der mit dem Bewußtsein, das Recht eines Successionsberechtigten oder des Fiscus durch seinen Besitz des Nachlaßes oder dazu gehöriger Sachen zu verletzen [vgl. *Bg §146y.* unten §98.] Besitzende auch auf alle Vortheile, die er aus dem ehemaligen Besitze gezogen, belangt werden könne: er wird hiezu wie aus einer in Folge seines Besitzes oder durch seine Verwaltung entstandenen Schuld condemniert (personalis præstatio: vgl. §101). *LL.25.§18.28.D.eod.* Wenn nun gleich *Ulp.L.20.§10.eod.* sagt „non solum autem in hereditate utimur SCo, sed et in peculio castrensi vel alia universitate", so rechtfertigt sich damit nicht jene Regel als allgemeine, sondern es bestimmt sich dadurch nur die Restitutionspflicht eines mala fide Besitzenden. Ganz anderer und singulärer Natur sind die Fälle der utilis rei vindicatio wovon II.§22.not.4. [8]) *Bg §§33d.35i.36a. 44c.45g...i.46c.48g.* [9]) III.§30. [10]) III.§§26.31.32.34.35. [11]) *Nov.118.* s.unt.§15.

§. 9. s.§§14...18.27.29...31.82.ff.122.ff. *He.7. Se.519. Mü.619. Gö.792.788. Pu.448. Ro.544...46. Va.404. Si.159.*S.317.f.*§160. Ar.471. Br.192. Mü.-Gl.*XXXIX.S.158...195. 242.ff. [1]) *Bg §47β'.* [2]) §§29...31. *Ulp.22,1.* „Heredes institui possunt qui t-ti factionem cum t-tore habent". *Id.eod.§2.* „..peregrinus, cum quo t-ti factio non est". [3]) *Ulp.titt.13...18.et ibi citt.ll.* vgl. *Abr.III.§37.*g.E. *Rud.* R.R.G.§27. [4]) §§122...125. [5]) *L.6.§2.D.de her.inst.28,5.* „Solemus dicere *Media tempora non nocere,* ut puta civis Romanus heres scriptus vivo t-tore factus peregrinus, mox ad civitatem Rom. pervenit, media tempora non nocent". *cf.LL.49.§1.50.pr.59.§4.eod. L.1.§4.D.ad SC.Tert. 38,17. Gai.2,284.sq. Authent.Frider.* Omnes peregrini *Cod. comm.de success.6,59.* s.§8. not.8.§27.not.14. und oben I.§17. *Mü.-Gl.*l.c.S.242. [6]) *§8.I.de her.q.ab int.3,1. Ulp.L.1. §8.D.de suis et legit.* „.. dicendum erit suos posse succedere si modo mortis t-toris tempore vel in rebus humanis vel saltem concepti fuerint; idque et Iuliano et Marſonen[12.13]; 2) Erbanſprüche haben (§§3...6.14...18.26.ff.); 3) den Nachlaß erwerben[14.15](§§82.ff.)

---

cello placuit". *LL.6...8.pr.D.eod.* (*Iul.et Cels.*) „..qui post mortem avi sui concipitur, is neque legitimam hereditatem eius tamquam suus heres, neque B.P-em tamquam cognatus accipere potest, quia lex XII tabularum eum vocat ad hereditatem qui moriente eo, de cuius bonis quæritur, in rerum natura fuit", „vel vivo eo conceptus est, quia conceptus quodammodo in rerum natura esse existimatur". „Item prætor edicto suo proximitatis nomine B.P-em pollicetur his qui defuncto mortis tempore cognati fuerint: nam quod in consuetudine nepotes *cognati* appellantur etiam eorum, post quorum mortem concepti sunt, non proprie, sed per abusionem vel potius ἀναφορικῶς accidit". cf. *Ulp.L.6.pr.D.de iniusto 28,3.* *Griesinger* Geſch.der Suität S.293. *Glück* Int.E.F.*§ 253.n°.3.* *Rossh.*J.E.F.S.301. *Löbenstern* i.Ztſch.f.Civ.u. Pr.XI.S.215. ſ.unten §§15.not.13. 29.not.7. *Mü.619.not.2.632.not.11. Va.411. Si.162.not.6.* 6*) *Paul. L.47.D. de bonis libertor.38,2.* „..respondit Nepotem etiam post mortem avi conceptum, superstitem liberto B.P-em contra tabulas *liberti aviti* petere posse et ad hereditatem legitimam, item B.P-em *avi* petendam pertinere". 7) *L.3.C.de apostat. 1,7. Tit.* beſ.*LL.4.5.22.C.de hæret.1,5. Nov.115.c.3.§14. Authent. Frider.* hinter *L.3.C.de hæret.* „Credentes præterea receptatores, defensores et fautores hæreticorum damnamus, firmiter statuentes, ut si postquam quilibet talium fuerit excommunicatione notatus, satis facere contempserit intra annum, ex tunc ipso iure sit infamis, nec ad publica officia seu consilia vel ad eligendum aliquos adhibeatur, neque ad testimonium admittatur. sit etiam intestabilis, ut nec testandi liberam habeat facultatem, nec ad hereditatis successionem accedat; nullus præterea ei super quocumque negotio, sed ipse aliis respondere cogatur. quodsi forte iudex extiterit, eius sententia nullam obtineat firmitatem, nec causæ aliquæ ad eius sententiam proferantur; si vero fuerit advocatus, eius patrocinium nulla tenus admittatur; si tabellio, instrumenta per ipsum confecta nullius penitus momenti censeantur". Weſtph.Fr.Art. 5.§37.7.§§1.ff. *Mü.-Gl.* XXXIX.S.246. ſ.§28.not.2.§31.not.1. 8) *L.5.§§1.3.C.ad L. Iul.mai.9,8.* (in § 28.not.6.) *Mü.-Gl.*l.c.S.245.ſ. 9) *Marcian.L.17.pr.D.de pœn.48,19. Id. L.3.pr.D.de his quæ pro non scr.34,8.* „Si in metallum damnato quid extra causam alimentorum relictum fuerit, pro non scripto est, nec ad fiscum pertinet: nam pœnæ servus est, non Cæsaris. et ita divus Pius rescripsit". *L.13.D.de B.P.37,1. L.29.§5. D.de lib.et post.28,5. L.1.§4.D.ad SC.Tert.38,17. L.1.C.de her.inst.6,24. Mü.-Gl.* l.c.S. 243.ſ. vgl.I.§§17.22.24. 10) II.§280.nott.6.7. unten §30.not.1. 11) II.§303.a.E. 12) III. §26.not.6. 13) *Diocl.et Max.L.8.C.de her.inst.6,24.* „Collegium si nullo speciali privilegio subnixum sit, hereditatem capere non posse dubium non est". (a.290.) *Ulp.* 22,5. ſ.unten § 30. not.12. *Bg § 63.* 14) *Constantin. L.1.C.de ss. eccl.1,2.* „Habeat unusquisque licentiam sanctissimo catholico venerabilique concilio decedens bonorum quod optaverit relinquere..". *LL.13.22.23.eod. Nov.131.c.9. Iustinian. L.49.pr.C.de episc.1,3.* „..sancimus eius modi et talem institutionem [*pro redemptione captivorum, pauperibus, captivis, venerabili certa domo*] pietatis intuitu valere et non esse respuendam". *Leo L.12.C.de her.inst.* „Hereditatis vel legati seu f-ssi aut donationis titulis domus aut annonæ civiles aut quælibet ædificia vel mancipia ad eius inclitæ urbis vel alterius cuiuslibet civitatis pervenire possunt". (a.469.) cf. *L.1.§1.D.de libertis univ.38,3.* Ueber den Mangel der paſſiven T-tifaction der antiocheniſchen Judengemeinde laut des Reſcr.v.213. in *L.1.C.de Iud.1,9.* ſ.*Mü.-Gl.*l.c.S.252.ff.ibiq.citt. *Rudorff* R.R.G.I.S.116. SC.Apronianum (123.n.Chr.) u.*Ulp.24,28.ibiq.citt.* üb.die Fähigk.der Städte zu Vermächtniſserwerb. 15) §§3...6.14...18.26.ff.127.ff.156. 16) §§82.ff.142.ff.157. 17) not.5. *Florent.* (*lib.X.Institt.*) *L.49.§1.D.de her.inst.28,5.* auch in *§4.I.de her.qual.2,19. Mü.-Gl.*l.c.S.120.ff.

III. Erblose Güter. (*Abr. III. § 24.*) *)

S. (64) 10. A. im allgemeinen.

Erblosigkeit i.e.S. und Confiscation[1]. Vermögen der erloschenen juristischen Person und dieselbe als Erbfolger[2...4]. Natur des Rechts gewisser juristischer Personen und des Fiscus auf Vacantien und des Rechts des Fiscus auf confiscierte Vermögen[5...21].

B. Insbesondere

S. (65) 11. A. Vacantia bona.

Beim Nichtvorhandensein eines directen Erblaßers[1...3] treten ein 1) Kirchen 2c.[4.5], 2) Hee-

---

*) Quellen s. zu §§ 10.11. — *Gothofr. comm. ad Th.C.10,14.* — *Majer* Succ. des Fiscus. Ulm. 1784. *Glück* Intestaterbf. *§§ 204.f.* *Blume* i. Rh. Mus. f. Jpdz. IV. 6. *Buchholtz* Jur. Abhh. n°.4. *Elvers* Prakt. Arbeiten n°.2. *Schneider* Anw. R. S. 146. ff. *C. A. Schmidt* de succ. fisci in bona vac. Ien. 1836. *Schröter* z. L. v. d. bona vac. in Ztsch. f. Civ. u. Pr. X. 3. u. Rec. in Richters Krit. Jahrb. 1837. S. 309. ff. *Rummel* Verh. d. Fisc. zu d. bona vac. Dorp. 1840. *Trummer* Hamburg. R. auf erbl. Erbsch. in Vorträge ü. Hamb. R. G. 1849. III. 1. *Heimbach* 'Erbloses Gut' in Weiske III. u. A. in §§ 11. 12. Citt. — *He. V. 15. 39. f.* *Se. 563.* *Gö. 932.* *Mü. 612. 638.* *Ro. 538.* *Rud. VI. 8.* *Si. 165.* B. F. *Pu. 563.* ff. Inst. *327.* *Va. 564.* *Ar. 608.* f. *Br. 225.*

S. 10. [1]) unten §§ 122...125. [2]) § 7. not. 3. [3]) *Ulp. 22, 5. 6. et ibi citt. ll.* vgl. oben § 9. nott. 13. 14. unten § 30. [4]) s. §§ 2. 3. 8. u. § 11. nott. 14. 15. [5]) *Hon. Th. et Const. L. 4. C. de bon. vac. 10, 10.* „Vacantia mortuorum bona tunc ad fiscum iubemus transferri, si nullum ex qualibet sanguinis linea vel iuris titulo legitimum reliquerit intestatus heredem". cf. *Ulp. 28, 7.* [6]) Gegen *Elvers* u. *Blume ll. citt.* s. *Schmidt, Va., Si. ll. citt.* u. A. [7]) cf. *LL. 3. 5. C. tit. cit.* *Blume* l. c. S. 212. n°. 1. Anders *Sav.* Syst. *§ 377.* a. E. vgl. *Pu.* in § 11. not. 14. cit. s. unten not. 18. und vgl. *Bg § 146 t.* [8]) *Iul. L. 96. § 1. D. de leg. 1. 30.* „Quotiens lege Iulia bona vacantia ad fiscum pertinent, et legata et f-ssa præstantur, quæ præstare cogeretur heres a quo relicta erant". *L. 114. § 2. D. de leg. 1.* (in folg. not. 12.) cf. *L. 2. § 1. D. de alim. leg. 34, 1.* *L. 1. § 2. D. de iure fisci 49, 14.* [9]) *Pap. L. 16. § 2. D. de indignis 34, 9.* „..cum suo onere fiscum succedere". *cit. L. 2. § 1. D. 34, 1.* *L. 6. § 3. D. ad SC. Treb. 36, 1.* u. not. 3. [10]) *L. 1. C. de quadr. præscr. 7, 37.* „Notum est a fisco quæstionem post quadriennium [continuum] super bonis vacantibus inchoandum non esse...". *Pap. L. 10. § 1. D. div. temp. præscr. 44, 3.* *Call. L. 1. § 2. D. de I. F. 49, 14.* *Ulp. L. 6. § 7. D. siq. om. c. 29, 4.* [11]) *Iav. L. 11. D. eod.* „Non possunt ulla bona ad fiscum pertinere, nisi quæ creditoribus superfutura sunt...". cf. *LL. 1. § 1. 17. eod.* u. *Bg § 65.* a. E. u. not. 10. das. — *L. 31. pr. D. sol. matr. 24, 3.* *L. 1. C. de fideiuss. 8, 41.* *L. 5. C. de bon. proscr. 9, 49.* [12]) *Marcian. L. 114. § 2. D. de leg. 1.* „Qui intestato decedit, et scit bona sua ad fiscum perventura vacantia, fidei fisci committere potest". [13]) cf. not. 8. *Va. 564.* Anm. III. [14]) *Paul. L. 41. de I. F.* „Eum qui bona vacantia a fisco comparavit, debere actionem quæ contra defunctum competebat, excipere". *L. 13. § 9. D. de H. P. 5, 3.* cf. *LL. 1. 2. C. de her. vend. 4, 39.* *Arndts* Rechtsverh. dess. der vom Fisc. eine Erbsch. gekauft, in Ztsch. f. Civ. u. Pr. XIX. 1. unten § 97. not. 4. vgl. § 161. [15]) *L. 54. pr. D. de H. P. 5, 3.* [16]) *Anton. L. 2. C. ad L. Iul. de vi 9, 12.* „..nam *successio* pro oneribus portionis suæ respondet". *L. 2. § 1. D. de fundo dot. 23, 5.* cf. *§ 5. I. de her. q. ab int. 3, 1.* „..fiscus ei succedit". *LL 1. 3. C. de her. decur. 6, 62.* „*hereditatem* oder *successionem* eius non ad fiscum, sed ad corpus naviculariorum deferri, oder ad ceteros cohortales pertinere iubemus". [17]) Tit. *Inst.* de successionib. sublatis quæ fiebant per bonor. vendit. et ex SC. Claud. *3, 12 (13).* [18]) *Ulp. L. 20. § 7. D. de H. P. 5, 3.* „SC. locum habebit .. et si vacantia bona fisco vindicentur vel si ex alia quacumque causa bona ad eum pervenerunt". cf. *L. 54. pr. D. eod.* [19]) *Glück* Intestaterbf. *§ 208.* [20]) *Blume* l. c. S. 213. [21]) *Bg § 58 β'.* s. oben I. §§ 17. 22. 24. n°. 3.

S. 11. De bonis vacantibus et de incorporatione: *Th. C. 10, 8. 9.* *Iust. C. 10, 10.* Si liberalitatis imperialis (*Th. C.* Si petitionis) socius sine herede decesserit: *Th. C. 10, 14.*

resabtheilungen[6], [3) Decurionen etc.[7...9]], 4) der liberalitatis imperialis socius[10], 5) der fiscus rei sitæ[11...13]. Vermögen einer aufhörenden juristischen Person[14.15]. [Bonorum addictio libertatium conservandarum causa[16].]

§. (66) 12. B. Confiscierte Güter.

Bedeutung der Confiscation[1...5]. Welches Vermögen wird confisciert?[6...11]. Justinians Milderung[12]. Restitution des Verbrechers[13].

Iust.C.10,14. De bonis decurionum: *Th.C.5,2.* De bonis clericorum et monachorum: *Nov.Th.*II.tit.22. u. die ungloss. *Nov.Iustin.101.* *Th.C.5,3.* De bonis militum: *Th.C.5,4.* De hereditatibus decurionum, naviculariorum, cohortalium, militum et fabricensium: *Iust.C.6,62.* Quando et quibus quarta pars debetur ex bonis decurionum: *Cod.10,34.* De quadriennii præscriptione: *Cod.7,37.* cf. *Titt.* u. die *Fgmm. de iure fisci.* 1) §§18.25. 2) §123. n°.1. 3) *Pap. L.2.D.de succ.ed.38,9.* „.. abstinendi facultatem .. prior cognatus acceperat: igitur fisco vacantia bona recte deferri placuit". cf. *L.57.pr.D. de evict.21,2.* 4) *L.20.C.de ep.et cler.1,3.* *Novv.5.c.5.131.c.13.* cf. *115.c.3.§§ 13.sq.* 5) *Glück* Int.Erbf. *§ 204.* 6) *Ulp.L.6.§ 7.i.f.D.de iniusto 28,3.* *L.4.§ 17.D.de fid.lib.40,5.* *L.2.C.de hered. decur.6,62.* *Glück* l.c. 7) *L.4.C.eod.6,62.* 8) *LL.1.3.5.C.eod.* u. *cit.L.2.C.6,62.* 9) *cit. tit.Cod.10,31.* 10) *citt.titt.Th.C.10,14. et Iust.Cod.10,14.* *Bg § 142.not.27.* u. oben II. § 22. a.E. 11) *Ulp.28,7.* *Diocl. et Max. L.1.C. de bon. vac.* „Scire debet ... intestatorum res qui sine legitimo [andere können intestati nicht haben] herede decesserint, fisci nostri rationibus vindicandas..". §10. 12) *Call.L.1.§2.D.de iure fisci 49,14.* „..vacantium bonorum nuntiationem quadriennio finiri, idque tempus ex die quo certum esse cœperit neque heredem neque B.P-orem extare, computari oportere". *L.1.C.de quadr. præscr.7,37.* 13) II. § 35.not.1. *L.18.D.de usurp.41,3.* 14) *L.5.C.de pagan.1,11.* *Pu.* Civ. Abhh. ed. Rudorff n°.35. s. oben § 7.not.3. §10.nott.2...4. 15) *L.3.pr.D.de colleg.47,22.* *Bg § 63.not.6.* 16) *Inst.* De eo cui libertatis c. bona addicuntur.*3,11(12).* „..ex constitutione d. Marci .. si ii qui libertatem acceperunt in t-to, ex quo non aditur hereditas, velint bona sibi addici libertatium conservandarum causa, audiuntur...". *LL.2...4.30. §§ 9.sqq.D.de fid.libert.40,5.* *LL.6.15.C.de testamentaria m-missione 7,2.* cf. *Gö.782.*

§. 12. *Fgm. de iure fisci § 19.* Ne sine iussu principis ceteris iudicibus liceat confiscare: *Th.C.9,41.* *Iust.C.9,48.* *Novella Maioriani* De bonis caducis sive proscriptorum: (*Nov. Postth.* IV.tit.5. im Ius civ. anteiust. p.1376.sqq., ed. Hænel. p.304.sqq.) De bonis (proscriptorum seu) damnatorum: *Dig.48,20.* *Th.C.9,42.* *Iust.C.9,49.* De bonis eorum qui (*Dig.* ante sententiam vel) mortem sibi consciverunt (vel accusatorem corruperunt): *Dig.48,21(22).* *Cod.9,50.* De interdictis et relegatis et deportatis: *Dig.48,22(23).* De sententiam passis et restitutis (et liberis eorum): *Dig.48, 23(24).* *Th.C.9,43.* *Iust.C.9,51.* *Novv.22.c.8.* und *134.c.18.* *CCC.* Art.(135. und) 218. und hiezu *Böhmer* im Neuen Arch. des Crim.R. 1836. S.524.ff. — *Matthæus* de crim. ad Dig.48,18. cap.2. *N.Antonius* de exilio in Meerman. Thes. III.p.87.sqq. *C.F.Walch* Opuscc. I.1.11. *Brückner* de confiscatione bonor. Ien.1775. *Tittmann* Hdb. des peinl. R. I. *§ 77.* *Marezoll* Bürg. Ehre. S.39.ff. *Blume* l.c. *Sav.* Syst. II. S.71.166.f. *Luden* v. Confiscation in Weiske II. u. *Heimbach* v. Fiscus, das. IV. S.316.ff. 1) *Bg § 65 a.* 2) *Gai.L.8.§§ 1.2.D.qui test.fac. 28,1.* „Si cui aqua et igni interdictum sit, ... bona quæ tunc habuit cum condemnaretur publicabuntur, aut si non videantur lucrosa, creditoribus concedentur. In insulam deportati in eadem causa sunt". cf. *LL.9.13.§2.eod.* *L.6.§6.sqq.D.de iniusto 28,3.* *Mod.sent.* in Ulpian, 1855. p.180.sq. vgl. *Rud.* i. Ztsch. f. g. R.W. XV. S.245. 3) *Paul.L.7.§5. D.de bonis damn.* [ungloss.] „Post condemnationem adquisita, si is cuius bona publicata sunt, relegatus sit, ad heredes eius pertinent ... nam relegatus in insulam t-ti factionem habet, sicut reliqua iura. quod si deportatus sit, quia civitatem amisit,

Erster Abschnitt. Directe Succession.

Erster Unterabschnitt. Delation.

Erster Titel. Intestaterbfolge *).

§. (67) 13. Uebersicht.

Die beiden Delationsgründe aller directen Erbfolge nach römischem Recht; die Intestaterbfolge als das Grundinstitut (§ 1). Wer ist dazu berufen?[1] (§§ 14...18.) (Nicht hierher gehörige Erwerbsfälle[2...5].) Wie treten die Berufenen ein?[6] (§§ 19...25.) s. g. ordentliche und außerordentliche Intestaterbfolge nach der Delationsordnung (§ 25)[7.8].

I. Delationsgründe.

A. Verwandtschaft.

§. (68) 14. A. Aelteres Recht. (*Abr.III.§ 23. cf.§ 30.*)

Das alte Intestaterbrecht gründet sich auf die Begriffe familia (patronatus) und gens[1];

---

heredem habere non potest, et adquisita fiscus accipit". cf.*L.22.§5.D.mandati 17,1. LL.7.§3.14.§1.D.de interd.et releg. LL.2.4.C.de bonis proscr.* [4]) s.I. §§17.24.n°.1. [5]) *CCC*.218. [6]) §10.not.11. [7]) *Modestin.L.20.D.de accus.48,2.* „Ex iudiciorum publicorum admissis non alias transeunt adversus heredes pœnæ bonorum ademptionis, quam si lis contestata et condemnatio fuerit secuta, excepto repetundarum et maiestatis iudicio, quæ etiam mortuis reis, cum quibus nihil actum est, adhuc exerceri placuit, ut bona eorum fisco vindicentur...". [8]) *LL.15.31.§4.D.de donationib. 39,5. LL.41.sq.D.de solutionib.46,3. L.45.pr. cf.L.26.D.de iure fisci 49,14.* [9]) *Ulp.L. 7.D.de mort.c.donatt.39,6.* „Si aliquis mortis causa donaverit et pœna fuerit capitis affectus, removetur donatio ut imperfecta, quamvis ceteræ donationes sine suspicione pœnæ factæ valeant". [10]) *Ulp.L.2.§1.D.de fundo dot.23,5.* „..si ad fiscum pervenerit, .. venditio fundi [dotalis] impeditur, quamvis fiscus semper idoneus successor sit et solvendo". cf.*LL.5.pr.10.D.de bonis damn. L.9.pr.C.de bonis proscr.* [11]) s.III. § 29.not.5. § 30.nott.5.6. [12]) *Nov.134.*[*Authentic.*127.] *c.13.* „sancimus eos qui in criminibus accusantur, in quibus leges mortem aut proscriptionem definiunt, si convincantur aut condemnentur, eorum substantias non fieri lucrum iudicibus aut eorum officiis, sed neque secundum veteres leges fisco eas applicari, sed si quidem habeant descendentes, eos habere substantiam, exceptis per tale peccatum ipsis allatis [außer was ihnen durch das Verbrechen selbst zugekommen ist]; si vero non habeant descendentes, sed ascendentes usque ad tertium gradum, eos habere. si vero mulieres habent qui condemnati sunt, omnibus modis iubemus istas et dotem et nuptialem donationem accipere; si vero et sine dote talibus personis coniunctæ fuerunt, a legibus definitam partem de tota substantia condemnati eam accipere, sive filios habeant sive non; si vero neminem prædictorum habeat qui deliquit, tunc fisco sociari eius substantiam. in maiestatis vero crimine condemnatis veteres leges servari iubemus". (a.556.) [13]) *LL.3.5.12.C.de sententiam passis 9,51.*

*) s. Litteratur oben vor § 1. *Val.Forster* de hereditatib.q.ab int.def.libri IX.Ff.1615. *Ranchin* de succ. ab int. in Meerm.Thes.III. *Rotgers* in Apodict. demonstr.I.1. L.B.1727. *Io.Bapt.Ferrarius* de succ.ab int.Neap.1736.fol. *Koch* succ. ab int.civ.in suas classes n. m.redacta.ed.8.Giess.1798. *Glück* Intestaterbfolge.ed.II.Erl.1822. *Büchel* Civ.Erörtt.II.2. *Arndts* v.Intestaterbf.(röm.) i.WeiskeV. vgl. *Witte* Preuß.Int.Erbr.a.d.gem.R.entw.Lpz.1838.

§. 13. vgl.ob.§ 2. *Mü.625. Si.165.v. Ar.473. Br.175.190.192.* [1]) §§14...18. [2]) z.B. *Donell.*Comm.X.c.1.2. *Schrader* Civ.Abh.I.4. *Ro.537.* u.*Rosshirt* Einl.S.176.ff.324.f. *Mü. 637.* [3]) wie II.§ 71.not.2. [4]) §§10...12. [5]) unt.§123.n°.5. [6]) §§19...25. [7]) §§19...23. [8]) § 25.

§. 14. *Gai.3,1...38...76. Ulp.26. Paul.S.R.4,8...11. Collat.16. Th.C.5,1.4,2. Inst.3,* berufen sind 1) sui, suæ, einschließlich der postumi, æ, 2) agnati, æ, nicht ohne Einschränkung, 3) gentiles[1...4]. Erweiterungen der in linea recta stattfindenden Intestaterbfolge über die Gränzen der alten intestati *hereditas* durch die intestati *B.P.*[5.6], die SCta Tertullianum und Orphitianum[7.8], das Erbrecht an den Adventicien[9], und das allmählich allgemein gewährte ius liberorum[10]. Erweiterungen des Intestaterbrechts der Seitenverwandten[11...16] und Einführung der successio graduum[17].

1...6. Dig.38,16.17. Cod.6,55...60(54...59). Dig.37,8.38,6(7)...11(12). Cod.6,14...16.18.56...59. u.die im folgenden citt.Novellen. *Gregorii IX. Decretal.3,27. inVI°.3,11. Clem.3,6.—He.17. Mü.626...30. Gö.910...14. Pu.*Inst.III.*§§ 304.f. Ro.523.534. Va.406...10. Ar.474. Arndts* in Weiske l.c. *Hugo*s ob.cit.Diss. *de Lassberg* Ius sui heredis *et* c.Ien.1821. *Rosshirt* Einl. S.82.ff. *Mayer* Erbr.*§§* 54.ff.u.die bei *Glück* Int.Erbf.ed.II.§ 7.u.S.XVI.angeführte Litterat. *Mü.-Gl.*XXXVI.§1421h. [1]) *Bg §§ 42.57.* [2]) *Bg § 50 d,e.* [3]) *Bg § 50 a...c.* [4]) *Gai. 3,14.et ibi citt.ll.* bes.*Paul.S.R.4,8,22.* cf.*Bg § 52.not.11.* [5]) *Gai.3,1...17.(partim ex Collat.)* „Intestatorum hereditates lege XII tabularum primum ad *suos heredes* pertinent". *§ 9.* „Si nullus sit suorum heredum, tunc hereditas pertinet ex eadem lege XII tabb. ad *adgnatos*". *§ 17.* „Si nullus adgnatus sit, eadem lex XII tabb. *gentiles* ad hereditatem vocat..". *Gai.3,40.* „..ita demum lex XII tabb. ad hereditatem liberti vocabat patronum, si intestatus mortuus esset libertus nullo suo herede relicto..". [6]) § 4. nott23.24. [7]) *Inst.3,3.4. Dig.38,17(18). Cod.4,56.57.(55.56.)*: Ad SC. Tertullianum et Orphitianum. *§§1.2.I.de SC.Tertull.* „Et primus quidem divus Claudius matri ad solatium liberorum amissorum legitimam eorum detulit hereditatem. postea autem SCo Tertulliano, quod divi Hadriani temporibus [*a.p.Chr.*158.] factum est, plenissime de tristi successione matri, non etiam aviæ, deferenda cautum est, ut mater ingenua trium liberorum ius habens, libertina quattuor, ad bona filiorum filiarumve admittatur intestatorum mortuorum, licet in potestate parentis sit, ut scil. cum alieno iuri subiecta est, iussu eius adeat cuius iuri subiecta est". *Pr.§1.I.de SC.Orph.* „Per contrarium autem, ut liberi ad bona matrum intestatarum admittantur, SCo Orphitiano [*a.p.Chr.*178.] effectum est... et data est tam filio quam filiæ legitima hereditas, etiamsi alieno iuri subiecti sunt; et præferuntur et consanguineis et adgnatis defunctæ matris. Sed cum ex hoc SCo nepotes ad aviæ successionem legitimo iure non vocabantur, postea hoc constitutionibus principalibus emendatum est, ut ad similitudinem filiorum filiarumque et nepotes et neptes vocentur". [8]) *§§2.3.eod.* „Sciendum est autem huius modi successiones quæ a Tertulliano et Orphitiano deferuntur, capitis deminutione non perimi. ... Novissime sciendum est etiam illos liberos qui vulgo quæsiti sunt, ad matris hereditatem ex hoc SCo admitti". cf. *Bg § 51 c.* [9]) § 8. not.10. [10]) De iure liberorum: *Th.C.8,17. Iust.C.8,59.* (*Hon.et Th.L.1.* Nemo post hac a nobis ius liberorum petat, quod simul hac lege omnibus concedimus". (a.410.) *Iustinian. L.2.* „Illam iniuriam quæ contra matrem defuncti vel defunctæ præteritis fiebat temporibus, pro iustitiæ ratione amputavimus et legitima iura quæ ex Tertulliano SCo ei præstantur, omni modo eam habere sancimus, licet tres liberos ingenua vel libertina quattuor minime pepercerit". (a.528.) Jene Constitution giebt Ehefrauen, diese Müttern das ius liberorum und damit solidi capacitatem. s.*Gothofr.*ad Th.C.l.c. *Zimmern* R.R.*§175.a.*E. *Rud.*Vorm.*§ 6.* vgl.II.§ 275.not.9. [11]) *§1.I.de succ.cognator.3,5. Iustinian.LL.13.15.§1.C.de legit.her.6,58. Anast.L.4.C.de leg.tutela 5,30. Theoph.§12.de gradu cogn.3,6.* [12]) *cit.L.15.§ 2.* „..nec fratrem vel sororem uterinos concedimus in cognationis loco relinqui: cum enim tam proximo gradu sunt, merito eos sine ulla differentia tamquam si consanguinei fuerant, cum legitimis fratribus et sororibus vocandos esse sancimus, ut secundo gradu constituti et legitima successione digni

B. Neueres Recht. (*Abr. III. § 30.*)

1. Leibliche Verwandtschaft:

S. (69) 15. a. eheliche.

Die Novellen 118. und 127.[1], welche allen älteren Gesetzen über Verwandten-Intestat-Erbfolge derogieren[2], berufen, nur die Cognation berücksichtigend[3], von dem alten Civilrecht[4] und dem Edict[5] abweichend, Descendenten, Ascendenten, Seitenverwandte[6...12]. Kinder aus putativer Ehe[13...16]; Brautkinder[17...19]; legitimierte Kinder[20].

S. (70) 16. b. außereheliche.

Spurii im Verhältniss zu den mütterlichen Ascendenten und cognatische Descendenten[1].

---

reperti aliis omnibus qui sunt ulterioris gradus, licet legitimi sint, præcellant..". (a.534.) [17]) *Löhr* Mag. IV. 9. *Mü. 630.* zu *not. 9.* [18]) *Nov. 84. c. 1. §§ 1. 2.* (a.539.), wo Justinian bestimmt, die *ἑκατέρωθεν κεκοσμημένους κρείττους εἶναι τῶν ἢ μόνον ὁμοπατρίων ἢ μόνον ὁμομητρίων*, die vollbürtigen Geschwister sollten den bloß durch den Vater (+consanguineis) und den bloß durch die Mutter (+uterinis) verwandten vorgehen. [19]) *L. 14. § 1. C. tit. cit.* [a.531.] [20]) *§ 4. I. de leg. adgn. succ. 3, 2.* „Hoc etiam addendum nostræ constitutioni [*L. 14. C. cit.*] existimavimus, ut transferatur unus tantum modo gradus a iure cognationis in legitimam successionem, ut non solum fratris filius et filia ... ad successionem patrui sui vocentur, sed etiam germanæ consanguineæ vel sororis uterinæ filius et filia soli, et non deinceps personæ una cum his ad iura avunculi sui perveniant, et mortuo eo qui patruus quidem est fratris sui filiis, avunculus autem sororis suæ soboli, simili modo ab utroque latere veniant, scil. ubi frater et soror superstites non sunt: his etenim personis præcedentibus et successionem admittentibus ceteri gradus remanent penitus semoti, videlicet hereditate non in stirpes sed in capita dividenda". *Theoph. ad h. l.* [21]) § 6. not. 27. *L. 4. C. de bon. libert. 6, 4.* f. § 19. not. 4.

S. 15. [1]) *Nov. 118.* (*Authentici 113.*) *præf.* u. *capp. 1...4.* (data VII. kal. Aug. anni 543.) *Nov. 127.* (*Authentici 120.*) *præf.* u. *cap. 1.* (data V. kal. Sept. a. 547.) (c. *Cuiacii* expositionib.) gehören ganz hierher. f. S. 89. ff. vgl. *Biener* Gesch. d. Novellen S. 523. f. *Ortloff* Vers. e. Uebersetz. der Nov. 118. u. 127. Cob. 1816. *Büchel* Civ. Erörtt. II. 2. *de Geer* disp. hist. Nov. 118. Tr. ad Rh. 1841. f. auch *Fr. Balduini* Iustinianus. Bas. 1560. Hal. 1728. *Rittershusii* Ius Iustinian. Arg. 1629. *Rotgers* Comm. ad succ. legit. sec. Nov. 118. in Apodict. demonstratt. ad ill. ius Rom. L. B. 1727. *He. 18. ff.* *Se. 555.* *Mü. 631.* *Gö. 915. ff.* *Pu. 453.* *Ro. 525.* *Si. 162.* n°. I. *Ar. 474.* *Br. 190.* *Glück* J. E. F. *§§ 11. ff. 108. ff.* *Rosshirt* Einleit. S. 280. *Mayer* Erbrecht. *§§ 73. ff.* [2]) *Nov. 118. pr.* (Seite 289. Z. 11. ff.) f. not. 6. § 23. a. E. [3]) vgl. I. § 22. [4]) § 14. not. 5. [5]) § 4. not. 23. [6]) *Nov.* not. 2. *cit.* (Seite 289. Z. 17. ff.) [7]) *cit. Nov. c. 4.* [8]) *Gai. 3, 7. 8.* [9]) *Nov. 118. c. 1.* [10]) *ibid. c. 3. pr.* *Nov. 127. pr. c. 1.* [11]) *Nov. 118. c. 2.* [12])

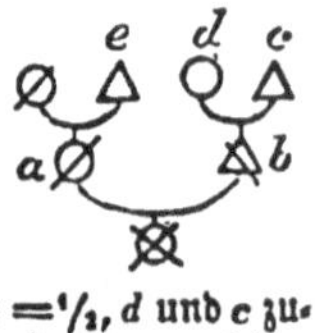

c = ½, d und c zusammen = ½.

[13]) § 9. nott. 5. f. [14]) *capp. 2. 8. 15. X. qui filii sint legitimi 4, 17.* cf. oben II. § 281. n°. 1. [15]) *Rossh.* l. c. S. 318. f. u. A. [16]) *Koch*, *Glück* (J. E. F. S. 625., aber aus falschem Grunde). [17]) *Glück* XXIII. S. 91. XXVIII. S. 163. *Eichhorn* Kirchenr. II. S. 438. *Thibaut* Pand. *§ 309.* *Uihlein* i. Arch. f. c. Pr. XIII. 6. u. die Citt. bei *Mayer* l. c. not. 6. ...8. zu § 81. *Pfeiffer* Prakt. Ausf. VIII. 7. *Zimmerm.* i. Arch. f. civ. Pr. XXXVIII. 9. *Bu. u. Bu.* Entscheidd. II. 43. „Uneheliche, insb. auch die f. g. Braut-Kinder haben kein Intestaterbr. am Vermögen des unehel. Vaters..". [18]) *c. 30. X. de sponsalib. 4, 1.* *Trident.* XXIV. 1. *Eichh.* Kirchenr. II. S. 309. ff. [19]) Unricht. *Uihlein* l. c. vgl. II. § 273. [20]) II. § 285. nott. 5. 10...13.

S. 16. *Th. C. 4, 6.* *Iust. C. 5, 27.*: De naturalibus liberis. *Novv. 18. 74. 89.* — *He. 19...21. 30. f.* *Se. 555.* *Mü. 631.* a. E. n°. 3. *Gö. 908. 913.* a. E. *930.* *Pu. 455.* *Ro. 524.* *Va. 413.* *Si. 162.* n°. III. *165.* *Ar. 476. 482.* *Br.* l. c. *Reinhardt* Verm. Auff. n°. 6. *Mayer* das J. E. R. der liberi naturales. Tüb. 1838. [1]) f. § 14. not. 8. *§ 4. I. de grad. cogn. 3, 6.* [2]) *Arc. et Hon. L. 2.* *Iu-*

Concubinen- (nicht 'natürliche') Kinder[1...7]; Kinder aus einer Ehe zur linken Hand[8.9]; aus incestuosen Verbindungen[10...12]. [Spurius inlustris matris filius[13].]

§. (71) 17. 2. Durch juristische Handlung begründete Verwandtschaft.

Abrogierte und +plene Adoptierte[1...5]. +Minus plene Adoptierte und von einer Frau Abrogierte[6.7]. Quarta divi Pii[7]. Particularrechtliche fingierte eheliche Verwandtschaft von Brautkindern, deren Mutter die Rechte einer Ehefrau zuerkannt worden sind[8].

§. (72) 18. B. Ehe.

A) Nach dem prätorischen Edict[1...3]; B) nach Justinians Novellen[4...7].

---

stinian.L.8.C.t.c.5,27. s.III.§ 23. u. vgl. unten § 31.nott.4.5. [3]) Id.*Nov.18.c.5. Nov.89.c.12. §§ 4.5.c.13.* [4]) *Nov.89.c.13.* (a.539.) *Glück* J.E.F. *§131.* [5]) R.P.O.v.1548.Tit.25. v. 1577.Tit.26. [6]) *Mayer, Va., Br. ll.citt.* [7]) *Glück* J.E.F. *§ 130.* u.die das.*not.27.*Citt. *Rossh.*Einl.S.207.ff.u.bes.*Mayer* l.c. [8]) s.oben II.§ 281.n°.IV. [9]) Preuß.Ldr.II.2.§§ 559.ff. *Witte* Preuß.Erbr.S.20. [10]) incesta vetitaque coniugia; conplexus nefarii, incesti, damnati; odibiles, exosæ prohibitæque nuptiæ, nefariæ atque incestæ nuptiæ u.dgl. [11]) *Arc.et Hon.L.6.C.de inc.nupt.5,5. Iustiniani Nov.12.c.3.1.74.c.6.89.c.15.pr.* cf.*Gai.1,61.* [12]) *Anckelmann* de succ.ab int.*et c.*Gott.1764. *Heise* de succ.necessariis.ib.1802.§§ 29.sqq. *v.Bülow* Abhh.I.8. *Spangenberg* i.Arch.f.civ.Pr.XII.22. *Glück* J.E.F. *§§ 133...35.* cf.*§136. Mü.-Gl.*XXXV.S.159.ff. *Rossh.*S.211.ff. *Seuffert* Arch.VI.223.VII.202. *Va.*l.c. *Pu.not.h. Br.*l.c.S.804.f. [[13]) Die saubere Bestimmung Justinians *L.5.C.ad SC.Orfit.6,57.*, daß der spurius einer inlustris mater neben legitimen Geschwistern durchaus keinen Anspruch an den mütterlichen Nachlaß habe, („..cum in mulieribus ingenuis et inlustribus, quibus castitatis observatio præcipuum debitum est, nominari spurios iniuriosum satisque acerbum et nostris temporibus indignum esse iudicemus..“!) ist bei uns samt dem Illustrissimat der späteren Kaiserzeit (*Bg § 59.not.2.*) unanwendbar.]

§. 17. *He.22. Mü.631.633.*n°.1.2. *Gü.918.922. Pu.454. Ro.524. Va.412. Si.162.* n°.II. *Ar.475. Br.*l.c. *Lehr* in Hagemann u.Günthers Arch.V.9. *Thibaut* civ.Abh.S.115.ff. 302.ff. *v.Löhr* Magaz.III.11.IV.S.134. *Glück* J.E.F.*§§158.*ff. *Rossh.*Einl.S.158.ff. *Mü.-Gl.* XXXV.S.173.ff. [1]) *L.10.C. de adopt.8,58. § 2. I.eod.1,11. § 4. I.de her.q.ab int.3,1.* s.II.§§ 286...89. [2]) *Ulp.L.1.§ 1.D.unde cognati 38,8.* „Cognationem facit etiam adoptio, etenim quibus fiet adgnatus hic qui adoptatus est, iisdem etiam cognatus fiet: nam ubicumque de cognatis agitur, ibi sic accipiemus, ut etiam adoptione cognati facti contineantur. evenit igitur ut is qui in adoptionem datus est, tam in familia naturalis patris iura cognationis retineat, quam in familia adoptiva nanciscatur; sed eorum tantum cognationem in adoptiva familia nanciscetur, quibus fit adgnatus; in naturali autem omnium retinebit“. [3]) „...et non patris naturalis successionem molestare concedatur ... et is ei solus pater intellegatur, quem lex [= legitimus adoptionis modus] fecit et natura non dereliquit [näml. der adoptierende Ascendent]“. cit. *L.10.C.pr.* Dagegen Andere, und so wieder *Va.*l.c. auch jetzt noch „is qui in [+*plenam*] adoptionem datus est, tam in familia naturalis patris iura cognationis [und daher Int. Erb-R. in der Classe *unde cognati* und, von einem väterlichen Ascendenten adoptiert, sogar in der *unde liberi*] retinet, quam in familia adoptiva nanciscitur“, wie es *Ulp.*l.c. ausdrückt. s.dagegen *Mü.*ll.citt. cf.§ 21.not.3. § 23.not.3. [4]) *L.8.pr.* cf.*L.6.D.de in ius voc.2,4.* [5]) *Ulp.L.1.§ 12.D. de ventre in b.p.mitt.37,9.* „Si filius in adoptionem datus decesserit prægnante uxore, tunc deinde adoptator defunctus fuerit, mittetur venter in p-ionem avi adoptivi. sed an etiam in eius, qui in adoptionem dederat filium, mittetur, videamus. et si hic nepos postumus heres ab avo naturali institutus sit, mittetur in p-ionem...“. [6]) not.1. u.unten § 72. [7]) § 7.not.6. [8]) Preuß.Ldr.II.2.§ 595. cf.ob.§15.not.17.

§. 18. A) *Tit.*Unde vir et uxor in § 4.not.23. B) *Nov.53.c.6.*(a.537.) *117.c.5.*(a.542.)

II. Delationsordnung, (*Abr.III.§ 30.cit.*)

A. regelmäßige: *)

A. Reihenfolge

§. (73) 19. 1. im allgemeinen.

1) Nach altem Civilrecht ohne successio graduum der Agnaten [1]. 2) Nach dem Edict mit successio graduum bei der B.P. *a*) secundum tabulas [2] und *b*) der intestati der Cognaten [3], 3) nach Justinian auch der legitimi [4]; nach den Novellen 118.127. gilt also successio [7]ordinum [5] und graduum [6].

---

cf.oben II.§ 71.not.3. — *He.23.29.31. Se.562. Mü.637. Gö.991.*a.E.*931. Pu.456. Va.488. Ro.535.*f. *Si.165.*a.c. *Ar.480.*f. *Br.189.*a.E. *Glück* J.E.F.*§§101.117...26. Rossh.*Einl.S. 167.ff. 186.ff. *Mayer* Erbr.*§§ 62.71. Reinhardt* Verm. Auff. n°.2. [1]) oben § 4. not.23. [2]) *§ 5.I.de succ.cogn.3,5. Ulp.L.1.§ 3.D.unde cogn.38.8(9).* „Hæc autem B.P. ... cognatorum gradus sex complectitur et ex septimo duas personas, sobrino et sobrina natum et natam". aber *Nov.118.c.3.§1.* „..omnes deinceps a latere cognatos ad hereditatem vocamus secundum unius cuiusque gradus prærogativam..". [3]) *Ulp.L.un.§1. D.h.t.38,11.* „..sed si divortium quidem secutum sit, .. hæc successio locum non habet..". cf. II. § 280. III. § 27. [4]) *Novv. citt.* cf.II.§ 279.a.E. u. III.§12. *Arndts* in Weiske VII.S. 160.f.126. [5]) *Bg* Anh.XI.zu *§ 77.§ q.* [6]) s §13.not.3.II.§ 71.not.2. [7]) mit den citt. *Novv.* vgl. *LL.9.11.§1.C.de repud.5,17. Nov.22.c.15.sqq.30. Hagemann* Prakt.Erörtt.VI.88. *Hagemeister* iura coniug.sec.Nov.117. haud esse reciproca. Gryph.1801. *Löhr* Mag.III. 10. Arch.f.c.Pr.XXII.1. *Zimmern* Grdr.S.59.ff. *Francke* Notherbenr. *§ 38.*

*) *He.13.24...32.37. Se.556...563. Mü.631...636.* cf.*625.627. Gö.917...929. Pu.457.*ff. *Ro.525.534. Va.414.420. Si.163.*f. *Ar.477.*f. *Br.190. Glück* J.E.F.*§§102.*ff.*145.*ff. *Mayer* Erbr.*§§ 76.*ff. *Rossh.*J.E.R.S.2.Hauptst.

§. 19. *Gai.3,12.sq. Ulp.26,5.* De successorio edicto: *Dig.38,9(10). Cod.6,16.* Quis ordo in possessionibus servetur: *Dig.38,15(16).* s.oben §§ 3.ff.14. [1]) *Gai.3,7...17.* s.oben §§ 3.14. [2]) *Ulp.L.2.§ 4.D.de B.P.s.t.37,11.* „Defertur B.P.s.t. primo gradu scriptis heredibus; mox, illis non petentibus, sequentibus non solum substitutis, verum substituti quoque substitutis; et per seriem substitutos admittimus..". [3]) *Unde cognati: Dig.38,8(9). Cod.6,15. Ulp.L.1.§ 10.D.h.t.* „Gradatim autem admittuntur cognati ad B. P-em, ut qui sunt primo gradu, omnes simul admittantur". *LL.1.2.C.de succ.ed.6,16.* [4]) *§ 7.I.de leg.adgn.succ.3,2.* „.. nostra constitutione [*L.4.C.de bon.libert.6,4.restit.ex Basilic.*] sanximus successionem in adgnatorum hereditatibus non esse eis denegandam, cum satis absurdum erat, quod cognatis a prætore apertum est, hoc adgnatis esse reclusum: maxime quidem cum in onere tutelarum et primo gradu deficiente sequens succedit..". *L.15.§3.C.de legit.her.6,58.*(a.534.) cf.*Gai.3,28.* s.§14.not.17. [5]) *Koch* not.* vor §13.cit. Die 3 Verwandtenklassen der Nov.118. (cf.127.) sind in ff. Denkversen (deren die cursiv gedruckten, bei *Koch* p.47. nicht vorkommenden, die Vertheilungsart des Intestatnachlaßes bezeichnen) in die jetzt üblichen 4 Klassen oder ordines gebracht:

1. Descendens omnis succedit in ordine primo.
2. Ascendens propior, germanus, filius eius.
3. Tunc latere ex uno frater, quoque filius eius.
[*Hi cuncti* (nicht *iuncti*) *in stirpes succedunt; in capita autem*
Iuncti ascendentes, fratrum proles quoque sola,
(*Cognatusque heres quem continet ultima classis.*)]
4. Denique proximior reliquorum quisque superstes.

[6]) Gegen *Pu.458.not.e.* („Unrichtig ist, daß in allen Klassen die successio graduum eintrete..".) s.außer den von ihm selbst citt. *Büchel* u.*Va.* auch *Arndts* in Weiske V.S.694. und

2. Die vier Klassen der drei Ordnungen der Novellen 118. 127.*).

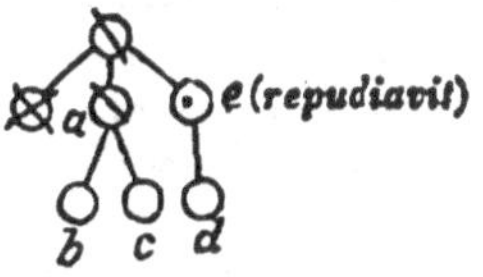

Helmolt Abhh. I. S. 2. ff. *Br. § 191.* S. 608. ff. — Erben sind hier eigentlich *e* auf 1/2, *b* und *c* jeder auf 1/4. Da aber *e* die Erbschaft ausgeschlagen hat, so erben nun *b* und *c* allein, nicht neben ihnen der dem Erblaßer gleich nah verwandte *d*. Das Recht des Stammes *e* adcresciert dem Stamme *a* (dem *b* und *c*). — vgl. *§ 9. I. de B. P. 3. 9. L. 9. D. de suis 38, 16. LL. 3. i. f. A. 5. D. de B. P. 37, 1.* Gegen die widersprechende Meinung von *Francke*, *Mayer* u. A. s. die bei *Glück* J. E. E. S. 575. Angeführten und *Mü. 632. not. 8. Gö. cit. § 929. Va. cit. § 420. Pu.* l. c. u. A.

*) *Nov. 118. (Authentici 113.) De heredibus ab intestato venientibus et agnatorum iure sublato.* IVSTINIANVS AVG. PETRO PF. P. *Præfatio.* Plurimas et diversas leges veteribus temporibus prolatas invenientes, per quas non iuste differentia ab intestato successionis inter cognatos ex masculis et feminis introducta est, necessarium esse perspeximus omnes simul ab intestato cognationum successiones per præsentem legem clara compendiosaque divisione disponere: itaque prioribus legibus pro hac causa positis vacantibus, de cetero ea sola servari quæ nunc constituimus. Quia igitur omnis generis ab intestato successio tribus cognoscitur gradibus, hoc est ascendentium, descendentium, et ex latere, quæ in agnatos cognatosque dividitur, primam esse disponimus descendentium successionem. *Cap. 1.* Si quis igitur descendentium fuerit ei qui intestatus moritur, cuiuslibet naturæ aut gradus, sive ex masculorum genere sive ex feminarum descendens, et sive suæ potestatis, sive sub potestate sit, omnibus ascendentibus et ex latere cognatis præponatur. licet enim defunctus sub alterius potestate fuerit, tamen eius filii, cuiuslibet sexus sint aut gradus, etiam ipsis parentibus præponi præcipimus, quorum sub potestate fuit qui defunctus est, in illis videlicet rebus quæ secundum alias nostras leges patribus non adquiruntur: nam in usu harum rerum, qui debet adquiri aut servari [quantum enim ad illarum rerum usumfructum, qui illis adquiri vel servari debet, *Homb.* zu *Vach*], nostras de his omnibus leges parentibus custodimus: sic tamen, ut si quem horum descendentium filios relinquentem mori contigerit, illius filios aut filias aut alios descendentes in proprii parentis locum succedere, sive sub potestate defuncti sive suæ potestatis inveniantur, tantam de hereditate morientis accipientes partem, quanticumque [quotcumque] sint, quantam eorum parens, si viveret, habuisset: quam successionem in stirpes vocavit antiquitas. In hoc enim ordine gradum quæri nolumus, sed cum filiis et filiabus ex præmortuo filio aut filia nepotes vocari sancimus, nulla introducenda differentia, sive masculi sive feminæ sint, et seu ex masculorum seu feminarum prole descendant, sive suæ potestatis sive sub potestate sint constituti. Et hæc quidem de successionibus descendentium disposuimus ... *Cap. 2.* Si igitur defunctus descendentes quidem non derelinquat heredes, pater autem aut mater aut alii parentes ei supersint, omnibus ex latere cognatis hos præponi sancimus, exceptis solis fratribus ex utroque parente coniunctis defuncto, sicut per subsequentia declarabitur. si autem plurimi ascendentium vivunt, hos præponi iubemus qui proximi gradu reperiuntur, masculos et feminas, sive paterni sive materni sint. si autem eundem habeant gradum, ex æquo inter eos hereditas dividatur, ut medietatem quidem accipiant omnes a patre ascendentes, quanticumque [quotcumque] fuerint, medietatem vero reliquam a matre ascendentes, quantoscumque [quotcumque] eos inveniri contigerit. si vero cum ascendentibus inveniantur fratres aut sorores ex utrisque parentibus coniuncti defuncto, cum proximis gradu ascendentibus vocabuntur, si et pater aut mater fuerunt, divi-

denda inter eos quippe hereditate secundum personarum numerum, ut et ascendentium et fratrum singuli æqualem habeant portionem, nullum usum [χρῆσιν, usum fr.] ex filiorum aut filiarum portione in hoc casu valente patre sibi penitus vindicare; quoniam pro hac usus portione hereditatis ius et secundum proprietatem per præsentem dedimus legem; differentia nulla servanda inter personas istas, sive feminæ sive masculi fuerint qui ad hereditatem vocantur, et sive per masculi sive per feminæ personam copulantur, et sive suæ potestatis sive sub potestate fuerit is cui succedunt.... *Cap.3.* Si igitur defunctus neque descendentes neque ascendentes reliquerit, primos ad hereditatem vocamus fratres et sorores ex eodem patre et ex eadem matre natos, quos etiam cum patribus ad hereditatem vocavimus. his autem non existentibus in secundo ordine illos fratres ad hereditatem vocamus qui ex uno parente coniuncti sunt defuncto, sive per patrem solum sive per matrem. si autem defuncto fratres fuerint et alterius fratris aut sororis præmortuorum filii, vocabuntur ad hereditatem isti cum de patre et matre thiis [cum thiis paternis et maternis], masculis et feminis, et quanti cumque [quot cumque] fuerint, tantam ex hereditate percipient portionem, quantam eorum parens futurus erat accipere, si superstes esset. Unde consequens est, ut si forte præmortuus frater, cuius filii vivunt, per utrumque parentem nunc defunctæ personæ iungebatur, superstites autem fratres per patrem solum forsan aut matrem ei iungebantur, præponantur istius filii propriis thiis, licet tertio sint gradu, sive a patre sive a matre sint thii, et sive masculi sive feminæ, sicut eorum parens præponebatur, si viveret. e diverso siquidem superstes frater et ex utroque parente coniungitur defuncto, præmortuus autem per unum parentem iungebatur, huius filios ab hereditate excludimus, sicut ipse, si viveret, ab hereditate excludebatur. Huiusmodi vero privilegium in hoc ordine cognationis solis præbemus fratrum masculorum et feminarum filiis aut filiabus, ut in suorum parentum iura succedant: nulli enim alii omnino personæ ex hoc ordine venienti hoc ius largimur. sed et ipsis fratrum filiis tunc hoc beneficium conferimus, quando cum propriis vocantur thiis masculis et feminis, sive paterni sive materni sint; si autem cum fratribus defuncti etiam ascendentes (sicut iam diximus) ad hereditatem vocantur, nullo modo ad successionem ab intestato fratris aut sororis filios vocari permittimus, neque si ex utroque parente eorum pater aut mater defuncto iungebatur. Quando quidem igitur fratris et sororis filiis tale privilegium dederimus, ut in propriorum parentum succedentes locum soli in tertio constituti gradu cum his qui in secundo gradu sunt, ad hereditatem vocentur, illud palam est, quia [quod] thiis defuncti masculis et feminis, sive a patre sive a matre, præponuntur, si etiam illi tertium similiter cognationis obtineant gradum. §1. Si vero neque fratres neque filios fratrum, sicut diximus, defunctus reliquerit, omnes deinceps a latere cognatos ad hereditatem vocamus secundum uniuscuiusque gradus prærogativam, ut viciniores gradu ipsi reliquis præponantur; si autem plurimi eiusdem gradus inveniantur, secundum personarum numerum inter eos hereditas dividatur, quod *in capita* nostræ leges appellant. *Cap.4.* Nullam vero esse volumus differentiam in quacumque successione aut hereditate inter eos qui ad hereditatem vocantur, masculos ac feminas, quos ad hereditatem communiter definivimus vocari, sive per masculi sive per feminæ personam defuncto iungebantur, sed in omnibus successionibus agnatorum cognatorumque differentiam vacare præcipimus, sive per femineam personam sive per emancipationem sive per alium quemlibet modum prioribus legibus tractabatur, et omnes sine qualibet huiusmodi differentia secundum proprium cognationis gradum ad

§. (74) 20. a. Descendenten aller Grade ohne Unterschied des Geschlechts und agnatischer oder bloß cognatischer Verbindung mit dem Erblaßer; mit Repräsentationsrecht[1]. Verzicht[2,3]. Mehrfache Verwandtschaft[4].

§. (75) 21. b. Ascendenten, vollbürtige Geschwister und verstorbener solcher Kinder erstes Grades.

1) Ascendenten der Gradesnähe nach[1]. +Minus plene adoptans und ex incestis nuptiis parens[2]; der gewesene Adoptivvater[3]; der Emancipator eines Impubes[4]. Reciprocität

---

cognatorum successionem ab intestato venire præcipimus. *Cap.5.* Ex his autem quæ de hereditate diximus et disposuimus, et quæ de tutela sunt, manifesta consistunt... [s. II. § 302.] ... *Dat.VII.kal.Aug.imp.DN.Iustin.PP.Aug.a.XVII.p.cons.Bas.v.c.a.II.* [543.]

Nov.127.(Authentici 120.) præf.c.1. Ut fratris filii succedant ad imitationem fratrum et ascendentibus extantibus... IVSTINIANVS AVG. BASSO PP. P. *Præfatio.* Nostras leges emendare nos non piget, ubique utilitatem subiectis invenire volentes. meminimus igitur scripsisse legem [*Nov.118.*], per quam iussimus, ut si quis moriatur relinquens fratres et filios alterius præmortui fratris, ad similitudinem fratrum et præmortui fratris filii ad hereditatem vocentur, paternum adingredientes gradum, et illius ferentes portionem. si vero moriens relinquat ascendentium aliquos, et fratres ex utrisque parentibus coniunctos sibi, et filios ex præmortuo fratre, fratres quidem iussimus per ipsam legem cum parentibus vocari, fratris vero filios exclusimus. *Cap.1.* Hoc itaque iuste corrigentes sancimus, ut si quis moriens relinquat ascendentium aliquem et fratres qui possunt cum parentibus vocari, et alterius fratris præmortui filios, cum ascendentibus et fratribus vocentur etiam præmortui fratris filii, et tantam accipiant portionem quantam futurus erat eorum pater accipere, si vixisset. Hoc vero sancimus de illis fratris filiis, quorum pater ex utroque parente iungebatur defuncto, et absolute dicimus [et ut brevi dicamus], quem eis dedimus ordinem, quando cum solis vocantur fratribus, eundem eos habere iubemus et quando cum fratribus vocantur ascendentium aliqui ad hereditatem. ... *Dat.kal. Septemb.CP. imp. DN.Iustiniani PP.Aug. anno XXI. post cons. Basilii v.c. anno VI.* [547.]

§. 20. [1]) *Nov.118.c.1.* s.oben §§ 16.17. („Das Repräsentationsrecht besteht überall nur darin, 1) daß die Nähe des Grades nicht entscheidet, 2) daß in stirpes succediert wird“. *Pu.* Vorll.*§ 457.*) s.§ 21.not.6. [2]) s.§ 3.not.5. [3]) s.§§ 90.not.2.u.oben I.§ 105.not.5. *Nov.cit.* „..si quem horum descendentium filios relinquentem mori contigerit, illius filios aut filias aut alios descendentes in proprii parentis loco succedere..“. [4]) *Bg § 53.* z.B.

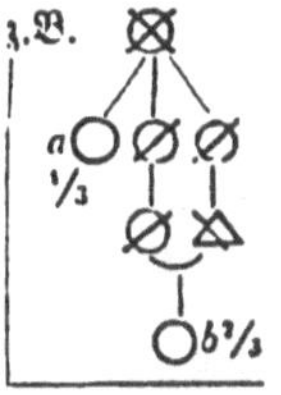

§. 21. *Nov.118.c.2.127.præf.c.1.* Nennen wir die Ascendenten AA, die vollbürtigen Geschwister BS, verstorbener vollbürtiger Geschwister Söhne und Töchter bs, so ergeben sich folgende 6 Combinationen:

1) AA α) allein, β) neben BS, γ) neben BS bs, δ) neben bs.
2) BS α) allein, β) neben AA (=1.β), γ) neb.AA bs (=1.γ), δ) neben bs.
3) bs α) allein, β) nebenAA(=1.δ), γ) neb.AA BS(=1.γ), δ) neb.BS(=2.δ).

Ueber den Fall 1.γ (od.3.β) s.gegen *Nov.118.c.3.pr.i.f.* die *Nov.127.*, welche man auch consequent auf den Fall 1.δ (od.3.β) bezieht. vgl.*Helmolt* Abhh.I.S.12. dageg.*Seuffert* Arch.V.300.

[1])

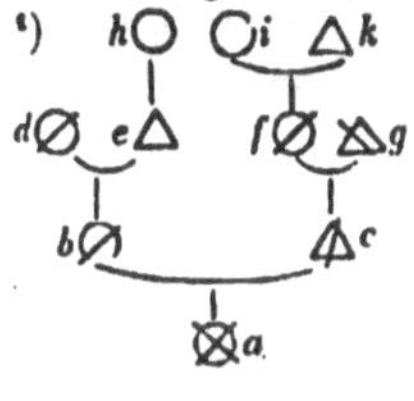

Die e schließt alle Urgroßeltern des *a* aus.

[2]) § 16.nott.10.sqq. § 17.nott.1.2. [3]) *L.10.C.de adopt. 8,48.* „..quia per emancipationem eius familia exemptus est..“. *§ 2. ibid. Ulp.L.2.§ 15.D. ad SC.Tert. 38,17.* „..verius est autem, cum pater esse desierit, a matre eum excludi, sed nec ad B.P.c.t. eum admitti..“. *Mod.L.3.eod.* „Patrem adoptivum matri non obesse plerique probant“. *Löhr* Magaz.IV.S.115.ff.

der ab- und der de-scendentischen Erbfolge? [5...7]. 2) Ascendenten neben vollbürtigen Geschwistern [8], vorverstorbener solcher Kindern des ersten Grades, oder beiden [9]. Theilung: § 24.

S. (76) 22. c. Halbbürtige Geschwister und solcher vorverstorbener Kinder ersten Grades.

Ex uno tantum latere coniuncti fratres sororesve [per patrem tantum coniuncti = +consanguinei; per matrem tantum coniuncti = +uterini [1]] und Söhne und Töchter solcher vorverstorbener Geschwister [2]. Zwei Kinder derselben beiden Eltern, wovon eins spurius, das andere ehelich ist, sind nur uterine Geschwister [3].

S. (77) 23. d. Die übrigen Seitenverwandten (und e) intestati B.P. des überlebenden Ehegatten).

Der Gradesnähe nach, ohne Unterschied voll- und halb-bürtiger, ein- oder mehrfacher Verwandtschaft [1]. Der +minus plene adoptatus [2]. Das Recht des überlebenden Ehegatten aus dem Edicte Unde vir et uxor ist auch nach justinianischem Recht nicht intestati *hereditas* (§18.A).

S. (78) 24. B. Vertheilung des Intestatnachlaßes

in capita, nach Virilportionen, unter Gleichberechtigte [1]. Theil des nasciturus [2]. Zusammenberufung mehrerer Intestaterben auf Einen Theil [3...5]. Mehrfache Theile des mehr-

---

Glück J.C.F. *§166.* s.§17.not.3. [4]) *§3.I.de adopt.1,11.* u.oben § 7.not.6. [5]) z.B. *Glück* J.C.F. *§165.* [6]) § 20.not.1. Daher wäre in dem voranstehenden Schema not.1., wenn der *a* als Urgroßvater stürbe, die Enkelin *e* auf 1/2, die Urenkel *i k* jeder auf 1/4 Erbe. [7]) cit. §17.nott.1.2. [8]) *Nov.118.c.2.* [9]) *Nov.127.pr.c.1.* mit *Nov.118.c.3.*

S. 22. [1]) *By § 52 f.* [2]) *Ulp.L.4.D.unde cogn.38,8.* „Si spurius intestato decesserit, iure consanguinitatis aut adgnationis hereditas eius ad nullum pertinet, quia consanguinitatis, item adgnationis iura a patre oriuntur. proximitatis autem nomine mater eius aut frater eadem matre natus B.P. ionem eius ex edicto petere potest". Aber mit *Mü.635.* zu sagen, auch von einem gemeinsamen Elternpar abstammende Geschwister gelten als Halbgeschwister, sofern sie nur einem der Eltern succedieren, ist Verwirrung: Descendenten erben nicht als Geschwister und halbbürtige Kinder giebt es nicht. vgl.auch *Koch §§ 83.sqq.* *Glück* J.C.F. *§167.*n°.1.a.E. *Rosshirt* J.C.R.S.330.ff. [3]) *Nov.118.c.3.*

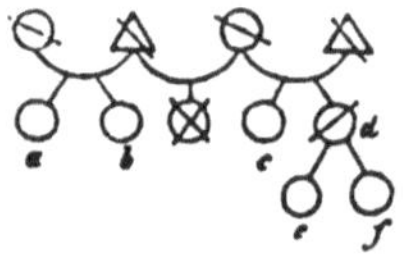

Erben *a b c* und (als filii prædefuncti parentis *d*) *e f*. Wäre *e* todt und ein Sohn von ihm am Leben, so erbten bloß *a b c f*. Wäre *c* Erblaßer, *c* und *f* todt, dagegen von ihm noch uterine Geschwister vorhanden, so erbten diese und der X nach Köpfen. Die uterini fratres des X, die unter sich germani *a* und *b*, sind nämlich mit dem *c* gar nicht verschwistert.

S. 23. [1]) *Nov.118.c.3.§1.c.4.* [2]) §17.not.3. *Ulp.L.1.§1.D.unde cognati 38,8.* *Gai.3,31.* = *§3.I.de succ.cogn.3,5.* „Liberi quoque qui in adoptiva familia sunt, ad naturalium parentum hereditatem hoc eodem gradu vocantur". [3]) §15.not.2. [4]) §18.D.

S. 24. Novellæ ad §15.cit. u.Citt.not.* vor §19. [1]) *Nov.118.c.3.i.f.* *Gai.3,16.* *Ulp.26,4.* „Adgnatorum hereditates dividuntur in capita: ... quotquot sunt ... personæ, tot fiunt portiones, ut singuli singulas capiant". *Ulp.L.2.§2.D.de suis 38,16.* „hereditas proximo adgnato ... defertur, et si plures sunt eiusdem gradus, omnibus, in capita scilicet; ut puta duos fratres habui, .. unus ex his unum filium, alius duos reliquit: hereditas mea in tres partes dividetur". cf.*Glück* J.C.F. *§ 34.* *Buchholtz* Jur.Abhh.S.394.ff. [2]) I.§14.not.2. vgl.Erbr.§ 9.not.6. [3]) *§6.I.de her.quæ ab int.3,1.* „..Et quia placuit nepotes neptesve, item pronepotes proneptesve in parentis sui locum succedere, conveniens esse visum est, non in capita sed in stirpes hereditatem dividi, ut filius partem dimidiam hereditatis habeat, et ex altero filio duo pluresve nepotes alteram dimidiam.." *Diocl.et Max. L.2.C.de suis 6,55.* „Nepotes ex diversis filiis varii numeri avo succefach Verwandten bei Theilung nach Stämmen oder Linien[6.7]. Wann Ascendenten und Geschwisterkinder nach Köpfen erben[8...10]; wann halbbürtige Geschwister oder Kinder solcher[11].

dentes ab intestato non pro virilibus portionibus, sed ex stirpibus succedunt". *Glück* Intestaterbfolge § 35.

5) s. Schema in § 15. not. 12 *Nov. 118. c. 2.* „... dimidiam partem omnes paterni ascendentes accipiant, reliquam dimidiam ascendentes materni ...". *Glück* l. c. § 36.

4) *a* $\frac{1}{2}$, *b* und *c* $\frac{1}{2}$. Erbten diese drei nicht, so bekämen nach Azo's Auslegung des justin. Rechts $\frac{1}{2}$, *e* und *f* zusammen $\frac{1}{2}$, nun aber (nach not. 8.) *d e f* je $\frac{1}{3}$.

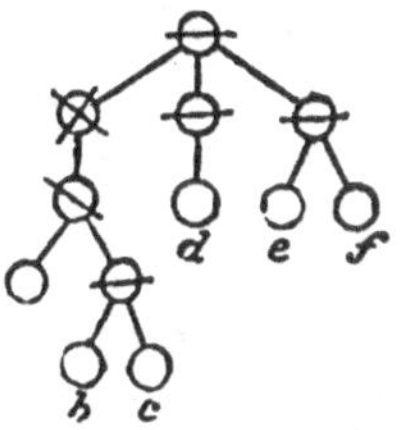

6) A) 4 Stämme *a, b, c, d*: *a* $\frac{1}{4}$ *e* $\frac{1}{4}$, $\frac{1}{4}$ durch *b*, $\frac{1}{4}$ durch *c*. *f, g, h* das $\frac{1}{4}$ der *d*, also jeder $\frac{1}{12}$.

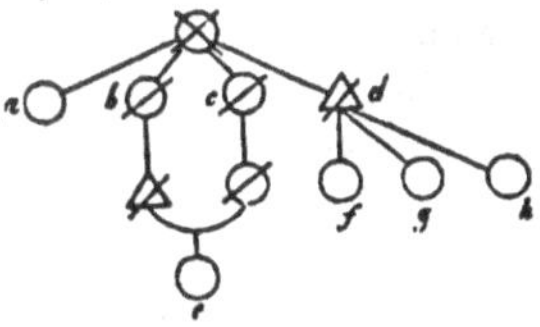

B) 2 Stämme od. Lin. *AB*. *a* von der Linie *A* $\frac{1}{2}$ und von der Linie *B* $\frac{1}{8}$, also $\frac{5}{8}$. *b, c, d* jeder $\frac{1}{8}$.

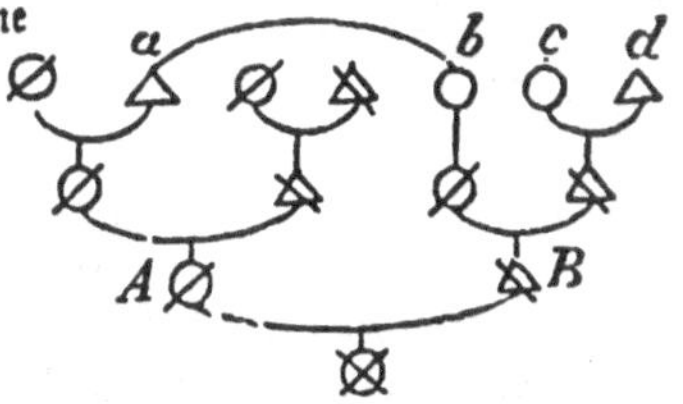

7) *Ulp. L. 1. § 7. D. si tabb. t-ti null. 38, 6.* „Si quis filium suum emancipatum in locum nepotis adoptavit et emancipavit, cum haberet et nepotem ex eo, quaesitum est apud Marcellum an adoptio rescissa impediat nepotem? sed cum soleat emancipato patri iungi nepos, quis non dicat, etsi adoptatus sit et quasi filius, nihilo minus filio suo eum non obstare, quia quasi filius adoptivus est in potestate, non quasi naturalis?" cf. *Iul. L. 13. § 3. D. de B. P. c. t. 37, 4. L. 23. pr. D. de lib. et post. 28, 2. Mayer § 69. Br. § 190.* g. E. 8) *Nov. 127. praef. c. 1.* gegen *Nov. 118. c. 3.*

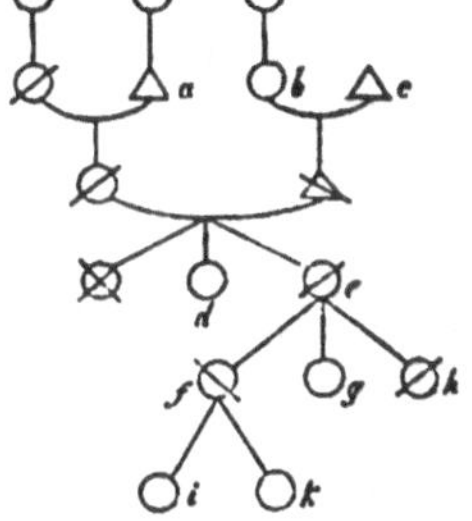

Des X Nachlaß theilt sich in die 5 Theile *a b c d e*; des letzteren Theil erhalten *g h* je zu $\frac{1}{2}$ oder jeder $\frac{1}{10}$ des Ganzen. Die 3 Urgroßväter des X werden durch dessen Großeltern ausgeschloßen. *i* und *k*, die beiden Söhne des vor X verstorbenen Brudersohns *f*, gehören in die 4te Klasse.

9) Speier. R. A. v. 1529. § 31. „..Wan einer vntestirt abstirbt, vnd nach im kein bruder oder schwester, sonder seiner brüder oder schwester khinder in vngleicher zale verläßt, daß alsdan dieselbige seins bruders oder schwester khinder in die heubter [wie Azo, Jasius u. A.], vnd nit in die stemm [wie Accursius, Bartolus, Baldus u. A.] erben, Vnd dem verstorben irer vatter- oder mutter bruder oder schwester dermassen Succediren vnd zugelassen werden sollen...". (cf. *Gai. 3, 16. Forster* de hered. VIII. 5. *Glück* l. c. §§ 175. 191. *Rossh.* Einl. S. 353. ff.

10)

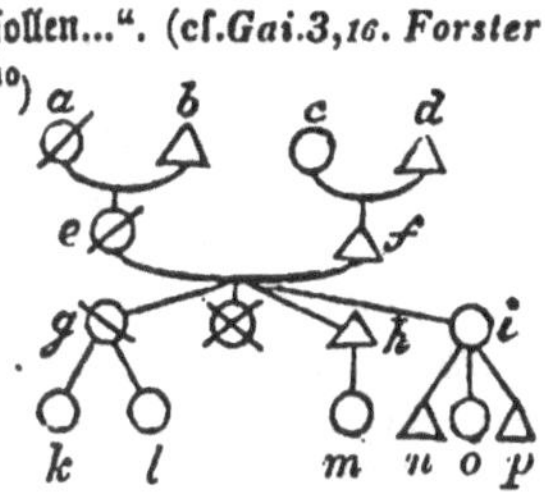

1) Hier erhalten die Mutter und jeder der 3 Geschwisterstämme des X je $\frac{1}{4}$: also *f* $\frac{1}{4}$, *k* und *l* jeder $\frac{1}{8}$, *h* und *i* jeder $\frac{1}{4}$.
2) Wäre die *f* todt, so theilte sich die Erbschaft in 6 Theile: *b c d h i* und *g*, durch den also *k* und *l* jeder $\frac{1}{12}$ erhielte.
3) Wären alle Ascendenten des X todt: 3 Theile: *k* und *l* (durch *g*) jeder $\frac{1}{6}$, *h* $\frac{1}{3}$, *i* $\frac{1}{3}$.
4) Succedirten nur des X Geschwisterkinder, so erhielte jeder einen Kopftheil, $\frac{1}{6}$ (nicht *m* $\frac{1}{3}$, *n o p* jeder $\frac{1}{9}$, *k* u. *l* jeder $\frac{1}{6}$).
5) Succedirten nur die Großelten *b c d*, so erhielte *b* $\frac{1}{2}$, *c* und *d* jeder $\frac{1}{4}$. vgl. *Glück* l. c. S. 665.

Bestimmung des zu Theilenden und der Art der Vertheilung nach der Zeit der Delation[12]. Fälle der Berücksichtigung, woher das zu theilende Vermögen komme[13]; german. Recht[14].

S. (79) 25. B. Außerordentliche Delationsordnung

A) der Concubinenkinder und ihrer Mutter[1]; B) der undotierten dürftigen Wittwe[2]. [Nicht hierhergehörig das väterliche Nießbrauchsrecht[3] und das Successionsrecht gewisser juristischer Personen[4]].

Zweiter Titel. Delation durch Testament*).

S. (80) 26. I. Begriff und Arten des Testaments.

Civilrechtliche Verfügung über die eigene nachzulaßende familia[1.2]. Erbeinsetzung[3], nicht

---

[11])
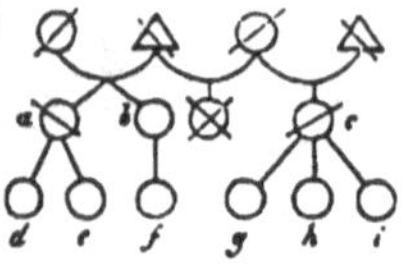

Hier erhalten *d e* ⅓ (jed. ⅙), *b* ⅓, *g h i* ⅓ (jeder ⅑.) Wäre auch *b* todt, so erhielte jedes der halbbürtigen Geschwisterkind. ⅙. vgl. *Glück* l.c. §§ 190. f.

[12]) Nicht entgegen sind *L.5.§2.D.si tabb. test.38,6. L.2.C.ad SC.Orphit.6,57.* und *L.2.§8.D.ad SC.Tert.38,17.* (wie *Mayer* R.d.Anwachs. Tüb. 1835. S. 247. ff. *Witte* in Weiske I. S. 278. meinen. s. *Glück* Opuscc. fasc. IV. p. 151. sq. J.C.F. *§ 186.* *Büchel* Streitfr. S. 250. ff. *Mü.-Gl.* XLIII. *§§ 292.* ff. *Se. 561. Va. 421. Helmolt* l.c. S. 83. ff. und oben § 19. not. 6. [13]) oben III. §§ 26. 34. f. [14]) *Kraut* Grdr. *§§ 239.* ff. 298. ff.

S. 25. [1]) § 16. nott. 2...7. u. Citt. zu § 16. [2]) § 18. nott. 4. ff. u. Citt. zu § 18. [3]) oben § 13. [4]) oben § 11.

*) *Gai. 2,101...90. Ulp. 20...23. Paul. S.R. 3,4 a. 4 b. Th.C. 4,4. Nov. Val. III.* De testamentis (Postth. II. tit. 21., im Ius civ. anteiust. p. 1320. sqq., ed. Hænel. tit. XX. p. 189. sqq.) *Inst. 2,10...18. Dig. 28. 29. Cod. 6,21...26. 39.* De testamentis *etc.*: *X. 3,26. in VI°. 3,11. Clem. 3,6.* Notariats-Ordnung Maximilians I. aufgerichtet zu Köln 1512. Tit. 2., dazu *Stark* Cöln. R.A.v. 1512. mit hist. u. jur. Einl. Ff. 1799. — Testamentsurkunden unter den ravennatischen, bei *Marini* papiri diplom., *Haub.-Spangenberg* Monumenta legalia, *Zell* delectus inscrr. Romm., *Bruns* fontes iur. R. p. 92. sqq. s. bes. das t-tum Dasumii v. *Rud.* i. Ztsch. f. g. R.W. XII. 10. *Bruns* l.c. Eine Choix de testam. anciens et modernes, remarquables *etc.* hat *G. Peignot* Par. 1829. in II. 8°. herausgegeben. *I. D. Durantis* de arte testandi et cautel. ult. vol. Lugd. 1556. *Cuiac., Duaren., Voet* u. A. comm. ad titt. Dig. et Cod. citt. *Donell.* comm. VI. c. 4...28. *Vasquius* de succ. et ult. voll. Ff. 1677. *Petr. Gudelini* de testam. comm. in Opp. Antv. 1685. fol. p. 566...601. *Dauth* de t-tis tr. methodic. ed. II. Lps. 1611. fol. *S. Stryk* De cautelis t-tor. ed. IV. Lips. 1726. *Westphal* Theorie des röm. R.v.T-ten ꝛc. Lpz. 1790. *Heineccius* de orig. t-ti fact. in Opuscc. n. XXVII. *Trekell* de orig. atq. progr. t-ti factionis *etc.* c. præf. Gebaueri. Lips. 1739. u. dazu Dess. Kleine Schriften ges. v. Haubold 1817. S. 101. ff. *Bolley* Aufsätze ü. T-te. Stuttg. 1808. *Punge* Anl. z. Abfaß. letztw. Verf. Lemgo 1810. *Koch* test. Erbr. Ff. 1813. *Schrader* in Hugos Civ. Mag. V. 7. *Dernburg* Beytr. z. Gesch. der röm. T-te. Bonn 1821. *Gans* Erbr. II. S. 37. ff. *Mü.-Gl.* XXXIII. S. 311. bis Bd. XLIII. *Rossh.* das test. Erbr. oben S. 271. Z. 28. cit. *Puchta* sen. Handb. des Verf. i. S. d. freiw. Gerichtsb. *§§ 196.* ff. *Leist* B.P. *§§ 26.* ff. *Bachofen* Ausg. Lehren n°. IX. „Geschichte u. letzte Gestalt des Mancipationst-ts“. *Heimbach* sen. ‘Testament’ in Weiske X. 713...1046.

S. 26. *Ulp. 20. Paul. S.R. 3,4 a. Th.C.* de t-tis et codicillis *4,4. Inst.* de t-tis ordinandis *2,10. Dig.* Qui t-ta facere possunt et quem ad modum fiant *28,1. Cod.* De t-tis et quem ad modum t-ta ordinentur *6,23.* und citt. titt. *X. in VI°.* et *Clem.* — *He. 41. Se. 521. Mü. 639. Gö. 784. Pu. 461. Ro. 541. 547. Si. 166. Ar. 483. Br. 178. Glück* XXXIII. S. 311. bis XXXV. S. 75. *Rossh.* Test. Erbr. *§§ 1.* ff. *75.* [1]) *Mod. L. 1. D. h. t. 28,1.* „Testamentum est voluntatis nostræ iusta sententia de eo quod quis post mortem suam [nämlich *de familia pecuniaque sua* cf. *Gai. 2,104.*] fieri velit“. *Diocl. et Max. L. 13. C. de t-tis 6,23.* „Tebloße Exheredation[4]. Zweifel, ob testamentum oder Codicill[5]. Das militare testamentum[6]. Von den Arten nach der Form der Errichtung: §§ 33...46.

II. Subjecte, Form und Inhalt des Testaments. (*Abr.III.§16.*)

A. Die Personen.

§. (81) 27. A. Gemeinsame Erfordernisse aller zur Testamentserrichtung wesentlicher Subjecte.

Drei Seiten der testamenti factio (Testamentsrechtssubjectivität) im Gegensatz zur Intestabilität, beide absolut oder nur relativ und nur nach ihren einzelnen oder nach allen drei Seiten gefaßt[1...13]. Auf das commercium bezügliche Erfordernisse des römischen, nicht

---

standi causa de pecunia sua legibus certis facultas, non iuris dictionis mulare formam vel iuri publico derogare cuiquam permissum est". vgl. § 3. not.10. *Ulp.20,1.* „*Testamentum* est *mentis* nostræ iusta con*testatio*, in id sollempniter facta, ut post mortem nostram valeat". s. § 3.not.4. *Pr.I.h.t.2,10.* „*Testamentum* ex eo appellatur, quod *testatio mentis* sit". cf.*Gell.N.A.6.(7.)12. Lactant.div.Inst.4,20. Isidor.*Orig.V.24.§2. Das Wort testamentum ist von der Form des Rechtsgeschäfts, den Zeugen, entlehnt und sprachlich unrichtig ziehen die Römer das Substantiv mens in die Etymologie: *testamen*tum ist bloß Verlängerung des Substantivs testamen (bei Tertull. carm. adv. Marc.III.99.), wie manche Nomina auf amen (oder imen) von Deponentien der 1.(u.4.)Conjug., von testari. Uebrigens ist testamentum wohl kein altlateinisches Wort, sondern erst mit der Form des Testierens per mancipationem (s.§ 32.) aufgekommen, wenngleich das Zeitwort testari für heredem facere, legare (z.B. *Ulp.11,14.*), intestatus u. dgl., früher gebraucht wurde.

[2]) *Ulp.20,10.12.13.ibiq.citt.ll.* [3]) *Marcell.L.3.D.de his quæ in t-to del.28,4.* „..Non potest ullum t-tum valere quod heredem non habet". *§ 34.I.de leg.2,20.* „..t-ta vim ex institutione heredum accipiunt, et ob id veluti caput atque fundamentum intellegitur totius t-ti heredis institutio...". *§ 2.I.de fid.her.2,23.* „..inutile est t-tum, in quo nemo heres instituitur..". *§ 2.I.de codic.2,25.* (*L.76.D.ad SC.Trebell.36,1.*) „Codicillis hereditas neque dari neque adimi potest..". *Mod.L.1.§3.D.de vulg.subst.28,6.* in § 60.not.2. *L.20. D. de iure codicill.29,7. LL.2.7.C. de codic.6,36.* [4]) *Gai. L.17.§ 2.D. de t-to mil.29,1.* „....cum in paganorum t-to sola hereditas exheredatione adimi non possit". s. § 52. [5]) *Ulp.L.1.D.de iure eod.* „Sæpissime rescriptum et constitutum est Eum qui t-tum facere opinatus est, nec voluit quasi codicillos id valere, videri nec codicillos fecisse..". *L.13.§1.eod.* s.unten § 136. *Bg §119q.* [6]) § 3.not.7. §§ 28.not.10.29.nott.4.6.35.not.5.37.52. nott.7.8. 54. 55. 58.ff. 66...68. 69.a.E. 77.not.2. 105.a.E. 117.not.1. 119.not.2. 151.not.13. 157. not.4. *Heimbach* 'Testament' in Weiske X.S.797...815.

§. 27. *He.50. Se.524. Mü.640. Gö.786.*f. *Pu.462. Ro.543.*ff.*603.*f. *Va.444. Si.167. Ar.484. Br.177.* [1]) *Pap.L.3.D.h.t.28,1.* „T-ti factio non privati sed publici iuris est". *L.13.C.h.t.* in vor.not.1. vgl.*Bg §93.not.4. Dirksen* Manuale v.*T-ti factio §§ 2.3.* [2]) § 9.nott. 13.14.§ 30.nott.11.ff. [3]) Fähigkeit, *a*) ein Test. zu machen: § 28. (*Cic.*ad div.*7,21.*„negare .. Servium, tabulas t-ti esse eas quas instituisset is qui *factionem testamenti* non habuerit. hoc idem Ofilium dicere..". *Mod.L.19.D.h.t.28,1.* „nullæ sunt tabulæ t-ti quas is fecit qui t-ti faciendi facultatem non habuerit". *Pap.L.10.§1.D.de captiv.49,15.* „ne inpuberem quidem factionem t-ti habuisse..". *b*) honoriert zu werden: s.§ 9.not.2. §§ 29.ff. c) Testamentszeuge zu sein: § 33. und *Ulp.20,2.* „... testes cum quibus t-ti factio est...". cf.*ibid.§8.* u. *§6.I.h.t.2,10.* „Testes adhiberi possunt ii cum quibus t-ti factio est, sed neque ... ii quos leges iubent inprobos intestabilesque esse". [4]) *Ulp.L.18.i.f.D.h.t.* „..intestabilis sit: ergo nec t-tum facere poterit, nec ad t-tum adhiberi". *L.26.eod.* u.die folg.not.1. cf.*L.3.C.de apostat.1,7.* u.bes.*Gell.7*(6).7. [5]) *Bg § 33 c.not.10.* [6]) *Gai. 1,23.25.2,104. Ulp.20,14.22,1...3.* s.oben § 9.not.5. [7]) s.§§28...31. [8]) *§ 4.I.de her.qual.2,19.*

unseres gemeinen Civilrechts [11...15]. Die drei Seiten der t-ti factio in dreierlei Person [17].

B. Besondere Erfordernisse des Testaments, betreffend

§. (82) 28. 1. den Testator (testamenti factio activa).

Jetzt wegfallende nach römischem und kanonischem Recht geltende Intestabilität wegen gewisser Verbrechen und Capitalstrafen [1...8]. Beschränkung der Hauskinder [9.10]. Erfordernisse, die aus der Bedeutung des Testaments als einer Willenserklärung über die eigene familia sich ergeben [11...15]. Incertitudo de statu [16...19].

---

*Ulp.*20,6. (= *L.17.D.de testib.*22,5.) u. 10. [9]) *Ulp.20,7.ibiq.citt.* [10]) § 9.not.8. [11]) §§ 44. 45. [12]) *Paul.L.21.D.de test. tutela* 26,2. „T-to tutores hi dari possunt, cum quibus t-ti factio est". *Gai.*1,23. s. oben II. § 294. [13]) § 9.nott.3.4. [14]) *§5.I.quib.non est perm.* 2,12. *LL.8.11.D.h.t.*28,1. *LL.31.sq.D.de I.F.*49,14. [15]) *LL.8.9.13.§2.D.h.t.*28,1. *L.6.§6. D.de iniusto* 28,3. *Nov.22.c.8.* [16]) *Glück* XXXIV. S.65.ff. *Wächter* im Arch. f. civ. Pr. XVII. 14. S.423.ff. *Budde* Rechtlosigkeit rc. *§§10.14.* und oben § 9.not.9. [17]) s. § 33.nott.10.ff.

§. 28. *Gai.*2,112.sq. *Ulp.*20,10.sqq. cf. 2.8. *Paul.S.R.* et *Dig.* ad § 26.citt. *Inst.* Quibus non est permissum facere t-tum 2,12. *Cod.* Qui t-ta facere possunt vel non 6,22. s. oben § 9. *He.*42. *Se.*522. *Mü.*641. *Gö.*789.ff. *Pu.*463. *Va.*428. *Si.*167.n°.1. *Ar.*484. *Br.*177. n°1. *Hartsink* de activa t-ti factione L.B.1743. *Zimmern* Grbr. S.49.ff. *Glück* XXXIII. f. passim und *Wächter* zu § 27.not.16.cit. *Rossh.* Test. Erbr. S.240.f. [1]) *Arc.Char.L.21.pr. D.de testib.*22,5. „Ob carmen famosum damnatus intestabilis sit". *L.18.§1.D.h.t.*28,1. *L.5.§§9.sq.D.de iniur.*47,10. aber s. *CCC.*110. *Wächter* l.c. S.437.f. *Ar.* in Weiske III. S. 916. [2]) *L.4.§5.(L.15.rest.) C.de hæret.*1,5. *L.3.pr.C.de apost.*1,7. oben § 9.not.7. *Wächter* S.438.ff. [3]) *Gregor.X.cap.2.§1.inVI°.de usuris* 5,5. „T-ta manifestorum usurariorum aliter facta [i.e. nisi de usuris satis fecerint vel de satis faciendo præstent idoneam cautionem] non valeant, sed sint irrita ipso iure". [4]) R.P.O.1577.17.§§1...8. 19.§2.20.§6. s. *Wächter* S.421. [5]) § 27.not.9. [6]) *Arc. et Hon. L.5.pr.§1.D.ad L.Iul. mai.*9,8. „..maiestatis reus gladio feriatur, bonis eius omnibus fisco nostro addictis. [cf. oben § 12.] Filii vero eius ... a materna vel avita, omnium etiam proximorum hereditate ac successione habeantur alieni, t-tis extraneorum nihil capiant, sint perpetuo egentes...". [7]) § 9.not.8. § 27.not.10. *Wächter* S.432.ff. [8]) *Nov.12.c.1.2. L.6. C.de inc.nupt.*5,5. *Wächter* S.434.ff. [9]) *Ulp.20,10.ibiq.citt. Gai.L.6.pr.D.h.t.* „Qui in potestate parentis est, t-ti faciendi ius non habet, adeo ut quamvis pater ei permittat, nihilo magis tamen iure testari possit". *§6.I.de mil.t-to* 2,11. „...nostra constitutio [*L.37.C.de inoff.t-to* 3,28.] permisit omnibus in his tantum modo peculiis [*castrensibus et quasi castrensibus*] testari quidem, sed iure communi..". cf. *pr. I.h.t.*2,12. *L.16.pr.D.eod. LL.3.§1.11.sq.C.qui test.*6,22. *L.26.§1.D.de t-to mil.*29,1. vgl. III. §§ 29.ff. [10]) *Bonif.VIII.c.4. in VI°.de sepult.*3,12., worin *Pu.*463. ein Recht des Haussohns, mit Einwilligung des Vaters mortis c. zu schenken, *Ar.*484.*not.*2. das, „zu frommen Zwecken mit Einwilligung des Vaters auch über die bona adventicia letztwillig zu verfügen", sieht. Keines von beidem sagt die Stelle: sie bezieht sich auf die Seelgeräte und gehört zu den kanonistischen Verfügungen über Begräbniss und Seelenheil. vgl. §§ 41.46.48. [11]) *LL.2. 16.§1.17.D.h.t. LL.3.9.C.h.t.* vgl. *L.27.pr.D.de condic.inst.*28,7. [12]) *§2.I.h.t.*2,12. *L.18. pr.D.h.t.* [13]) *§§1.2.I.h.t. LL.3.5.9.10. Cod.* u. *LL.2.sq.10 17.18.pr.D.h.t. Ulp.*20,13.*ibiq. citt.* Notar.Ordn. l.c. § 4. „Es gehört zu einem jeden Testament, daß der oder die so Test. machen, mit verständlichen Worten reden oder aber schreiben können; dann welcher deren keines könnte, der wird darinnen einem Todten gleich geachtet, und mag [i.e. kann] kein Test. machen". s. das. § 5.a.E, [14]) *Ulp.L.1.§1.D. de tut. et rat.*27,3. „..t-ti factio pupillis concessa non est..". *§1.I.h.t. L.5.D.h.t.* u.a. bei *Ulp.*20,12.*citt.* [15]) *Gai.*2,118. *Ulp.*20,15. *et ibi citt.ll.* [16]) *Ulp.*20,11. „Qui de statu suo incertus est, ... t-tum facere non potest".

2. den oder die Erben (testamenti factio †cum testatore oder †passiva) *):

§. (83) 29. a. Allgemeine Erfordernisse.

Successionsfähigkeit (§ 9.); commercium? [1]. Nichtidentität der Erben und des Zeugen [2]. Erbfolgefähigkeit zur Zeit der Testamentserrichtung [3...8]; nachher eintretende [9.10]. Arten der Unfähigkeit.

b. Mangel und Beschränkungen der passiven Testamentifaction.

§. (84) 30. α'. Absoluter Mangel derselben

trifft nicht mehr eine existente Person: gemeinrechtlich antiquierte Bestimmungen [1...3]. In-

---

LL.14.15. cum *L.12.i.f.D.h.t. L.2.§3.D.unde legit.38,7. L.1.pr.D.de legat.III.32.* (in §127. not.3.) *L.11.§§1.2.D.de t-to mil.29,1. L.9.D.de iure codicill.29,7.* s. auch *L.31.D.de lib.et post.28,2. L.32.§1.D.de her.inst.28,5. L.15.D.de suis 38,16.* vgl. *Buchholtz* Jurist.Abh.S. 397.f. [17]) Stellen in § 62.not.1. *L.19.D.h.t. cit.L.1.pr.D.de leg.III.* „..nec testari potest qui an liceat sibi testari dubitat". s.§ 29.not.5.ff. §§127.f. [18]) *Bg §116.not.31.*a.E. unten § 62. [19]) So sagt irrig *Mü.641.* „Das Dasein der t-ti factio genügt an sich noch nicht, man darf dieselbe auch nicht bezweifeln". Nur kann der sich für unfähig dazu Haltende nicht testieren, ohne sich in Widerspruch mit seinem Dafürhalten oder mit der Rechtsbestimmung zu setzen. vgl. *Bg §147a.* Unrichtig ist auch *Pu.462.* zu e „..davon überzeugt war".

*) *Gai.2,185...90. Ulp.22. Th.C.* de naturalibus filiis et matribus eorum *4,7.* De heredibus instituendis: *Inst.2,14. Dig.28,5. Cod.6,21.* De liberis et postumis heredibus instituendis vel exheredandis: *Dig.28,2.* cf.*Cod.6,29. Novv.22.c.22.27.28.89.c.12. He.43...45. S.533. Mü.642.*f. *Gö.792.*f.*800. Pu.471.448. Ro.544...46. Va.429. Si.167.*n°.II. *Ar.492. Br.177.*n°.III. *Rossh.* Test. Erbr. S.243.ff. *Arndts* 'Erbeinsetzung' in Weiske III.

§. 29. [1]) *§4.I.de her.qual.* „... et filius f. et servus alienus t-ti factionem habere dicuntur: .. ex t-to vel sibi vel aliis adquirere possunt". *Gai.*et*Ulp.ll.citt. Pr.§1.sqq. I.h.t.2,14. LL.3.31.et passim D.h.t.28,5. LL.3.5.6.C.de necessar.serv.her.inst.6,27. Mü.-Gl.*XXXIX.§1437a. [2]) § 27.not.17. [3]) § 28.not.17. [4]) § 26.a.E. [5]) *Ulp.L.4.D.de his q.pro non scr.34,8.* „Si eo tempore quo alicui legatum adscribebatur, in rebus humanis non erat, pro non scripto hoc habebitur. sed et si in hostium potestate erat, quo t-tum fiebat, neque ab hostibus rediit, pro non scripto erit..". cf.*L.5.eod.*u.tit. *Cod.*De his qui sibi adscribunt in t-to *9,23.* s.§128. [6]) *Ulp.L.13.§2.D.de t-to militis 29,1.* „..generaliter in omnibus id poterit dici, quos miles scribit heredes, ut institutio incipiat vires habere, si mortis tempore talis inveniatur, ut a milite institui poterit". *L.5.C.eod.6,21.* Nicht von Erbfolgeunfähigkeit, sondern von capacitas reden *Mod. L.62.pr.D.h.t.* „In tempus capiendæ hereditatis institui heredem posse, benevolentiæ est, veluti LVCIVS TITIVS CVM CAPERE POTVERIT, HERES ESTO. Idem et in legato". u. *Ulp.*(lib.8.ad LL.Iul.et P.P.) *L.51.pr.D.de leg.II.* s.unten §128.nott.3.ff. Gegen *Mü.643.*n°.3. *Mayer* Erbrecht I. S.45. vgl. *Mü.-Gl.* XXXIX. S.145.ff. 419.ff. *Ar.* in Weiske III. S.910.f. [7]) *Tryph. L.28.§3.D.de liberis 28,2.* „Si quis eo tempore quo nondum eius uxor esse posset, t-tor natum ex ea scripsit heredem, an postea contracto licito matrimonio natus heres ex t-to esse possit quæritur ... nemo certe dubitabit .. heredem esse posse..". *Mü.-Gl.*l.c.S.418.ff. s.oben § 9.not.6. [8]) § 9.nott.3.4. [9]) *Marcian.L.3.§2.D.de his quæ pro n.scr.34,8.* „..si servo alieno quid legatum fuerit et postea a testatore redemptus sit, legatum extinguitur: nam *quæ in eam causam pervenerunt, a qua incipere non poterant, pro non scriptis habentur*". [10]) *§4.I.de her.qual.2,19.* u.a. in § 9. nott.5.17. vgl. *Bg §119b,g,h.*

§. 30. [1]) *L.3.C.de apost.* „..t-ti non habeant factionem, nulli in hereditate succedant, a nemine scribantur heredes..". § 9. not.7. [2]) *L.1.C.de sec.nupt.5,9.* „..omnium præterea hereditatum, legatorum, f-ssorum suprema voluntate relictorum, certæ personæ[4]: *a*) Postumen[4...7]; *b*) erst durch ein Künftiges bestimmbar werdende (nicht 'ungenügend bezeichnete') Individuen[8...10]; *c*) juristische Personen[11...17].

---

mortis c. donationum sit expers.." s. §9.not.10. u. II.§280.nott.6.7. [2*]) s.§9.not.8. §28. nott.6.7. [3]) §9. nott.5.9. [4]) *Bg* §62.*not.1.* Der restit. Tit. *Cod.*De incertis personis 6,*18.* [5]) §27.*I.de legat.2,20. pr.I. de B.P.3,9. LL.4.sqq. et passim D.de lib. et postum.* 28,2. *LL.3.sqq.D.de iniusto* 28,3. *L.3.D.de B.P.s.t.37,11. Mü.-Gl.*XXXIX.S.362.ff. *Abr. III.§18.*1.1.a. „Die Postumi des Testators können sein 1) nach dessen Tod als sui geborene, welche *a*) auch seine sui gewesen wären, wenn sie zur Zeit der Testamentserrichtung geboren gewesen wären; *b*) zu dieser Zeit wegen des damals noch lebenden, dann aber vor dem Testator gestorbenen Vermittlers der Verwandtschaft mit diesem dessen sui noch nicht gewesen sein würden, die s.g. postumi Aquiliani, wie sie wegen der Einsetzungsformel in der zu den VII cruces ICtorum oder leges damnatæ gehörigen *L.Gallus* [nämlich C.Aquilius, d.i.*L.29.pr.D.de liber.et postum.*28,2.] von den Neueren genannt werden; 2) Die *a*) schon bei Lebzeiten des Testators, aber nach errichtetem Testament geborenen sui und *b*) die bei der Testamentserrichtung zwar schon Geborenen, aber erst später sui Werdenden, nennen die Neueren postumi Velleiani, weil deren Einsetzung nach der Lex Iunia Velleia die Ruption des Testaments beseitigte (*cit.L.29.§§11...13.*); dagegen *c*) die nach errichtetem Testament bei des Testators Leben geborenen Nichtsui, die dann erst sui werden, welche die Neueren postumi Iuliani oder Salviani nennen, weil sie Salvius Julianus als den s.g.Velleianis gleich achtete. (*cit. L.29.§15.*) vgl. *Gö.856. Heumann* i.Ztsch.f.Civ.u.Pr.XIX. 10. *Leist* B.P.II. *§§99.*ff. [6]) *§28. I. de leg.2,20.* „Postumus alienus heres institui et antea poterat et nunc potest, nisi in utero eius sit quæ iure nostro uxor esse non potest". [7]) *Paul.L.9.§§1.3.4.D.de lib.et post.* („ipso iure non valet, quod turpis sit institutio".) *Mü.-Gl.*XXXIX.S.393.ff. [8]) „*qui primus ad funus meum venerit*", „*quicumque filio meo filiam suam in matrimonium conlocaverit*", „*qui post t-tum scriptum primi consules designati essent*". *Gai.2,238. Ulp.22,4.24,18.ibiq.citt.ll. §25.I.de leg.2,20.* „..sub certa vero demonstratione, i.e. ex certis personis incertæ personæ recte legabatur, veluti *Ex cognatis meis qui nunc sunt si quis filiam meam uxorem duxerit, ei" etc.* [9]) *§27.I.eod. L.1.C.h.t.6,18.* [10]) *Mod.L.62.§1.D.h.t.28,5.* „Quotiens non adparet quis heres institutus sit, institutio non valet...". *Ulp.L.9.§9.eod.* „Heres institui nisi ut certe demonstretur, nemo potest". cf.*LL.4.10.pr.27.D.de reb.dub.34,5.* unten §50.not.12. [11]) *Ulp.22,5.* „..quoniam incertum corpus est..". *Bg* §62.*not.1.cit. Mü.-Gl.*l.c.S.423.ff. *Sav.* Syst.*§93.* [12]) §9.nott.13.14. [13]) *Iustinian. L.un.C.de incertis pers.6,18.* citiert in *§27.I.de leg.2,20.* und restituiert aus [14]) *Photii Nomocan.2,1.* (*Voell.et Iustell.bibl.iur.can.p.889.*), ubi legimus L.unicam tit.48.libri VI.Codicis dicere „*ὅτι ἔῤῥωται τὸ καταλιμπανόμενον θεμιτῷ συστήματι ἢ σωματείῳ, οἷον συγκλητικοῖς ἢ βουλῇ ἢ τάξει ἄρχοντος ἢ ἰατροῖς ἢ διδασκάλοις ἢ συνηγόροις ἢ στρατιώταις ἢ ἱερεῦσιν ἢ ἑτέρῳ τινι· καὶ μερίζονται κατὰ πρόσωπον ἐξ ἴσου οἱ ἐν τῷ καιρῷ τῆς τελευτῆς ἐν τῷ καταλόγῳ εὑρισκόμενοι, εἰ μὴ ῥητὸν ποσὸν ὁ διαθέμενος ἑκάστῳ ὁρίσῃ...*". [15]) *L.46(45). C. de episc. et cler.1,3. restituta.* cf.*Witte* LL. restitutæ p.109. *Biener* Revision des Just.Cod.S.109. [16]) s.die in not.* vor I.§37.Citt. Wenn z.B. *Ar.492.* sagt „Jur. Personen können eingesetzt werden, sofern sie als erbfähig anerkannt sind, und milde Stiftungen können durch Erbeinsetzung auch erst geschaffen werden", so widerspricht eigentlich die erste richtige Hälfte des Satzes der letzten, welche selbst der Bedeutung der milden Stiftung als der jur. Persönlichkeit widerspricht, insofern nun deren Existenz von dem Privatwillen abhängig erklärt wird. s.*Bg* §63 *a.* §66 *b...d.* Daß nach kan.R. das t-tum ad pias causas keine Sollennitäten der Errichtung erfordert (§41.), ist als gemeinrechtlich nicht anzuerkennen: die tres aut duo legitimi testes werden in der Praxis als Errich-

§. (85) 31. β'. Relative und beschränkte Fähigkeit Testamentserbe zu sein. Nicht hierher gehörige Bestimmungen[1...3]. 1) Concubinenkinder und deren Mutter nach justinianischem[4], nicht nach klassischem Recht[5]. 2) Der Gatte einer wiederholt heiratenden Person[6]. 3) Der, dessen Einsetzung turpis wäre[7.8]. 4) Der Ehemann der das s.g. Trauerjahr Verletzenden[9].

B. Errichtung, Eröffnung und Ausführung des Testaments. (*Abr. III. §17.*) *)

A. Errichtung des Testaments. (*Abr. III. §17.*)

§. (86) 32. 1. Aelteres Recht.

Alte Formen[1...3]. Mancipationstestament[4]. Besiegelung[5.6]. Das prätorische Testament, nicht eine neue eigene Form neben dem civilen[7]. Entwickelung der neueren Formen[8].

---

tungs- nicht als bloße Beweis-Zeugen erfordert. vgl. §§ 41. 46. [17]) *LL. 19. 24. 28. 49. C. de episc. et cler. 1, 3. Nov. 131. c. 11. Mü.-Gl.* l. c. S. 443. ff.

§. 31. [1]) §§ 123. f. [2]) z. B. III. § 26. not. 6. II. § 303. not. 11. [3]) § 27. not. 17. [4]) *Nov. 89. c. 12.* cf. *LL. 2. 8. C. de nat. lib. 5, 27.* u. das. *Authenticæ Nunc soli* u. *Licet patri.* (vgl. oben § 16.) *Mü.-Gl.* XXXIX. 323. ff. [5]) *Paul. L. 27. D. de lib. et post. 28, 2.* „Postumum ex qua libet vidua natum sibi filium heredem instituere potest". u. *L. 45. pr. D. de vulg. subst. 28, 6.* [6]) III. § 36. nott. 2. ff. [7]) § 30. nott. 6. 7. [8]) *§ 8. I. q. m. t-ta inf. 2, 17. Paul. L. 91. D. h. t. 28, 5.* „Imperatorem litis c. heredem institui invidiosum est: nec calumniæ facultatem ex principali maiestate capi oportet". *Mü.-Gl.* l. c. 300. ff. ibiq. citt. [9]) § 30. not. 2. [10]) *L. 72. D. de her. inst. 28, 5. Iav. L. 42. D. de leg. II.* „Cum ei qui partem capiebat, legatum esset, ut alii restitueret, placuit solidum capere posse". *Paul. L. 28. D. de leg. III.* „Si fidei meæ committatur, *ut quod mihi relictum fuerit supra quod capere possum, alii restituam,* posse me id capere constat".

) s. die not. vor § 26. citt. Quellen u. die zu §§ 26. ff. angeführte Litteratur. *Mayer* Erbr. *§§ 9...14. 44...48. Rossh.* Test. Erbr. *§§ 75.* ff. *Heimbach* in Weiske X. S. 713. f. Citt. *He. 49...52. 56...60. 98...102. Se. 523...32 b. 552...53. Mü. 659...65. 695...97. 656. 657. Si. 168...70. 177. 181. Gö. 828...33. 893...905. 822. 827. Pu. 464...70. 481...84. Ro. 547. 600...615. Va. 443...48. 461...66. 439. 441. Ar. 485...90. 504. Br. 178.* f.

§. 32. *He. 49. Mü. 659. Gö. 828. Pu.* Inst. *306. Ro. 600...3. Br. 178. Heimb.* l. c. S. 752. ff. [1]) § 3. not. 4. [2]) *Gai. 2, 101...4. ibiq. citt. Ulp. 20, 2.* „T-torum genera fuerunt tria, unum quod *calatis comitiis,* alterum quod *in procinctu,* tertium quod *per æs et libram* appellatum est". [3]) *Paul. Diac.* ex Festo: *Classici testes* dicebantur qui signandis t-tis adhibebantur". [4]) *Gai. 2, 104. Ulp. 20, 9.* „In t-to quod per æs et libram fit, duæ res aguntur, familiæ mancipatio et nuncupatio t-ti: nuncupatur t-tum in hunc modum: tabulas t-ti testator tenens ita dicit HÆC VT IN HIS TABVLIS CERISVE SCRIPTA SVNT, ITA DO ITA LEGO ITA TESTOR ITAQVE VOS QVIRITES TESTIMONIVM PERHIBETOTE. quæ nuncupatio et *testatio* dicitur". cf. § 26. not. 4. [5]) *Cic.* in Verr. I. 45. cf. 44. s. auch pro Mil. 18. § 48. pro Cluent. 13. 14. *Suet.* Oct. 17. 101. Tib. 23. *Marcian. L. 14. D. de reb. dub. 34, 5. Ulp. L. 23. D. h. t. 28, 1.* vgl. *Paul. S. R. 5, 25. § 5.* mit *Suet.* Ner. 17. u. 4. Sicher sind *§§ 2. sq. I. h. t. 2, 10.* und Theophilus hiezu historisch ungenau. Die Meinungen der Neueren über das civilrechtliche Erforderniß der Besiegelung des Testaments sind getheilt: *Trekell.* l. c. p. 178. (u. danach *Gö.*), *Dernburg* l. c. S. 213. ff., *Fabricius* B. P. S. 121. ff. dazu *Huschke* in den Krit. Jahrb. 1839. S. 22. f. *Mayer* Erbr. S. 134. ff. cf. S. 132. f. *Sav. § 34. not. 6. cit. Leist* B. P. Bd. I. S. 155. ff. II. 1. S. 265. ff. u. bes. *Bachofen* Ausgew. Lehren S. 265. ff. [6]) *Gai. 2. 103.* „..olim familiæ emptor .. heredis locum optinebat ... nunc vero alius heres t-to instituitur, alius dicis gratia propter veteris iuris imitationem familiæ emptor adhibetur". [7]) wie *Sav.* Ztsch. f. g. R. W. I. S. 78. ff. (1815.) [jetzt auch in Verm. Schrr. I. 7.] u. nach ihm *Mü. 699.* zu *not. 11.*

2. Neueres Recht.

a. Privattestamente.

α'. Regelmäßige Formen.

S. (87) 33. a. Gemeinsame Erfordernisse, insbesondere Testamentszeugen.

Das holographe Testament[1] ist im justinianischen Recht nicht aufgenommen. Wesentlich ist nach diesem zum regelmäßigen Privattestament Zuziehung von 7 Sollennitätszeugen[2], welche sich von der Identität des Testierenden und dessen, über dessen familia testiert wird, bei ihrer Mitwirkung zur Errichtung des Testaments müßen überzeugen können[3...6]; daher auch Blinde nicht ganz zeugnisunfähig sind[7]. Aus der Mitwirkung zu einer Willenserklärung über die familia des Testators sich ergebende Erfordernisse der Zeugen[8...14]. +Quæstio Domitiana und +responsio Iuventii Celsi[15...18]. +Unitas actus[19...21]. Anfang und Ende des Testier-Acts[22.23].

---

u. nun wieder *Heimb.* l.c. S.755.ff. annehmen. s. *Bachofen* Ausg. Lehren S.285.ff. 8) § 4.nott. 17.ff. § 5.nott. 5...7. 9) §§ 33...46.

S. 33. *He.49. Se.534.f. Mü.660. Gö.830.f. Pu.464.f. Ro.600...4. Va.444. Si. 169. Ar.486. Br.177.n°.11. Marezoll* i. Ztsch. f. Civ. u. Pr. IV.4. *Bachofen* Ausg. Lehren S. 276.ff. *Fein-Glück* XLIV. *§ 513. Heimb.* l.c. S.758.ff. 1) *Valentinian. III. Nov.* ad § 26. ff. cit. *cap.2. § 1.* „... decernimus, ut quisquis per holographam scripturam supremum maluerit ordinare iudicium, habeat liberam facultatem..“ (a.446.) [cf. Code Nap.970.] s. § 34.not.4. 2) *LL.21.§2.22.§1.20.§§8.10.23.D.h.t.28,1. §§2.3.I.eod.2,10. LL.1.12.21.23. pr.C.eod.6,23. L.8.§ 3.C.de codic.6,36.* Not.Ordn. l.c. § 2. „.. daß zu Aufrichtung aller und jeder jetzt erzählten Test-ten aufs mindst 7 Zeugen nöthig sind, zu denen der Notarius auch gezählt wird“. *§§ 3.7.ibid.* 3) z.B. *Mü.§ cit.* zu *not.12.* u. die dort Citt. bes. *Hagemann* Kleine jur. Auff. II.6. 4) *Diocl. et Max. L.9.C. de testam.6,23.* „Si ... testes non in conspectu testatoris testimoniorum officio functi sunt, nullo iure testamentum valet“. [*Basil.35,2.c.8.* „Ἐὰν οἱ μάρτυρες μὴ ἐπ' ὄψεσι τοῦ διατιθεμένου σφραγίσωσι τὴν διαθήκην, ἄχρηστός ἐστιν..“] Coram testibus, præsentibus VII testibus, testes sub præsentia testatoris, adhibitis VII testibus, t-tor sub obtutu testium, testes sub obtutibus t-toris, ut t-tor præsentes videat subscriptores u. dgl. *Nov.Theod.11.tit.16.§2.* „..dum tamen testibus præsentibus t-tor suum esse t-tum dixerit, quod offertur“. s. *Marez.* l.c. S.55.f. *Bachofen* l.c. *Heimb.* l.c. S.760. 5) cf. *L.8.i.f.C.qui t-ta 6,22.* 6) *Ulp.L.22. §6.D.h.t.* „Posse et nocte signari t-tum, nulla dubitatio est“. 7) *Mü., Pu., Ar.* u. A., auch wieder *Fein-Gl.* S.452.ff., wohingegen sie *Heimb.* nur beim schriftl. Test. für unfähig erklärt. 8) *§§ 6.7.I.h.t.2,10. LL.18.pr.20.§§ 4.6.7.D.eod.28,1. L.15.§ 1.D. de testib.22,5.* Nach der Not.O. § 6. sind auch Hermaphroditen unfähig. s. aber *Bg § 37.* cf. §§ 27.28.nott.11.ff. 9) *LL.26.18.§1.* cf. *L.20.§ 5.D.h.t.* [Die *Nov.90.* handelt auch in *præf.* von Beweiszeugen, was *Pu.* u. A. übersehen.] 10) *Gai.2,105.sq. Ulp.20,5...6. § 8.I.h.t. et alii ibi citt. ll.* und 11) *§ 10.I.eod.* „Sed neque heres scriptus neque is qui in potestate eius est, neque pater eius qui habet eum in potestate, neque fratres qui in eiusdem patris potestate sunt, testes adhiberi possunt: quia totum hoc negotium quod agitur t-ti ordinandi gratia, creditur hodie inter heredem et testatorem agi..“. *cit.L.20.pr.D.eod.* Not.O. cit. § 6. 12) *Ulp.L.20.§2.D.h.t.28,1.* „..quæri potest an pater eius qui de castrensi peculio potest testari, adhiberi ab eo ad t-tum testis possit. et Marcellus scribit ... posse, et frater ergo poterit“. 13) So sagt ausdrücklich *Ulp.L.2.§ 2.D.fam.erc.10,2.* „das nachgelaßene peculium filii f. militis *hereditatem* effectam per constitutiones“. 14) Gegen not.12. sagen *Gai.2,206.* und *§ 9.I.h.t.2,10.* „...nec pater eius recte testis adhibetur, nec is qui in potestate patris sit“. 15) *Cels.L.27.D.h.t.* „Dom. Labeo Celso s.s. Quæro an testium numero habendus sit is qui cum rogatus est ad t-tum scriben-

b. Besondere Erfordernisse

S. (88) 34. 1. des schriftlichen Testaments.

1) Person des Schreibenden[1...5]. 2) Material, Sprache, Form der Buchstabenschrift[6]. 3) Kenntniſs der Zeugen vom Inhalte des Testaments?[7.8] 4) Sollennisation durch Zeugen und Testator[9...12]. Datierung?[13...16].

---

dum, idem quoque cum tabulas scripsisset, signavit". „IVBENTIVS CELSVS LABEONI S.S. Aut non intellego quid sit de quo me consuleris, aut valide stulta est consultatio tua: plus enim quam ridiculum est dubitare, an aliquis iure testis adhibitus sit, quoniam idem et tabulas t-ti scripserit". [Diese Correspondenz ist den Neueren Veranlaßung geworden, eine alberne Frage quæstio Domitiana zu nennen; sie berechtigt aber mehr, eine grobe Antwort responsum Iuventium oder Celsinum zu nennen.] Not.D. in not.2. [16]) *Kämmerer* Beiträge 1817. S. 221. [17]) SC. Libonianum s. § 50. [18]) Not.D. oben not.2., anders Justinus unten § 38. [19]) *Ulp. L.21.§ 3.D.h.t.* „Uno contextu actus testari oportet: est autem *uno contextu* nullum actum alienum t-to intermiscere; quod si aliquid pertinens ad t-tum faciat, t-tum non vitiatur". *L.21.§2.C.eod.* Not.D. §§ 7.9. „Desselben Tages und Zeit u.s.w." Die Meinung, daß deshalb ein die Mitternacht überschreitender Testamentsact ungiltig sei, ist — zu erwähnen. [20]) § 32. nott. 1...3. [21]) *L.28. pr.C.h.t.6,23.* Not.D. § 7. *Marez.* l.c. *§ 4. Bachofen* l.c. S. 314. f. [22]) *Th. et Val. L.21.§ 2. C.h.t.6,23.* „..licet alio tempore dictatum scriptumve proferatur t-tum, sufficiet .. testes omnes .. simul, nec diversis temporibus subscribere signareque t-tum. Finem autem t-ti subscriptiones et signacula testium esse decernimus; non subscriptum autem a testibus ac non signatum t-tum pro infecto haberi convenit". cf. *LL.20.§ 8.22.§ 5.30. D.h.t.* Not.D. § 10. vgl. *Sav. § 34. not. 9. cit. Bachofen* l.c. S. 279. ff. 292. ff. *Puchta* Gew.R. II. S. 72. f. Ueber den Zeitpunct der Perfection des t-ti s. *Mü.-Gl.* XXXVIII. S. 402. [23]) Not.D. II. § 5. „Fürter so ist auch in einem jeden Testament, ob es gleich nuncupativum als ohne Schrift gemacht wäre, nöthig, daß alle Handlung, so zu solches Testaments Auffrichtung ergangen vnd auffgeschrieben wären, vor dem Testirer vnd denen Zeugen, ehe dann sie voneinander scheiden vorgelesen werden". *Böhmer* Exercitt. ad Pand. T. IV. 75.

S. 34. Not.D. l.c. § 7. — *He.51. Se.525 a. Mü.661. Gö.832. Pu.464. Ro.605. Va.445. Si.169. Ar.485. Br.* l.c. *Böhmer* Electa iur. civ. I. 3. *Hübner* Disputt. iur. civ. Ien. 1806. c. 4. *Marez.* in Grolm. und Löhrs Mag. IV. S. 166. *Rossh.* Test. Erbr. S. 82. *Heimb.* l.c. S. 779. ff. [1]) *L.21. pr.C.h.t.6,23.* Gegen *L.29.C.eod.* (a. 531.) *§ 4.I.eod.* verordnet *Nov.119.c.9.* „Quoniam vero ante hac legem tulimus, ut testatores vel sua manu vel per testes nomina heredum t-tis inscribant, cognovimus autem per subtilitatem illam multa t-ta subversa esse, ... sancimus ut etiam sic t-tum firmum sit, sive quis ipse sive per aliam personam nomen heredis scripserit, modo testator reliquam legitimam sollennitatem in t-to observet". (a. 544.) *Bachofen* l.c. S. 315. f. [2]) *L.9.§§ 3.6.D.de her. inst. 28,5. L.3.§ 5.D.ad SC.Treb.36,1. LL.15.§ 6.22.§ 10.24.D.ad L.Corn. de fals.48,10.* s. unten § 50. [3]) § 33. not. 15. [4]) *L.28.§ 1.C.eod.* „..sancimus, si quis sua manu totum t-tum vel codicillum conscripserit, et hoc specialiter in scriptura reposuerit, quod hæc sua manu confecit, sufficiat ei totius t-ti scriptura, et non alia subscriptio requiratur ... sed sequantur huiusmodi scripturam et litteræ testium et omnis quæ exspectatur observatio..". cf. *L.21. pr.C.eod.* Not.D. l.c. cf. § 33. not. 1. *Glück* XXXIV. S. 416. *Bachofen* l.c. S. 315. [5]) *Hagemann* u. *Günther* II. 4. [6]) *§ 12.I.h.t.2,10.* „Nihil interest, t-tum an in tabulis an in chartis membranisve vel in alia materia fiat". cf. *L.6.§ 2. D.de B.P.37,1. L.21.§ 4.C.h.t.6,23.* „ut etiam Græce liceat omnibus testari". cf. *tot.h.L. et LL.12.15.eod.* Not.D. §§ 1.4.7. [7]) *L.21. pr.C.de test.6,23.* „.. t-tum .. nec ideo infirmari, quod testes nesciant quæ in eo scripta sunt t-to ..". *Ulp.L.20.§ 9.D.h.t.* „Non

§. (89) 35. ii. des mündlichen Testaments.

Vollständige Willenserklärung des Testators in einer den 7 Zeugen verständlichen Weise und Sprache[1]. Abfragung des Willens?[2]. Erklärung durch Zeichen?[3...6]. Schriftliche Verzeichnung des mündlich Erklärten[7.8].

β'. Ausnahmeformen der Privattestamente.

§. (90) 36. Ueberſicht.

Abweichungen vom regelmäßigen Privat-Testament theils in Betreff der Errichtungsform durch Vermehrung (§ 38.), Verminderung (§§ 37. 39...42.) oder Aenderung der Förmlichkeit (§ 43.), theils in Betreff des Inhalts (§§ 49. ff.).

Veränderte Förmlichkeiten wegen

a. des Testators.

§. (91) 37. i. Testamentum militis.

Vollständige Beliebigkeit der Form der Errichtung[1] und Aenderung[2]. Personen, denen

---

tamen intellegentiam sermonis exigimus [i.e. *in testibus*] ..". *Id. L. 21. pr. eod.* "... sufficit sollemnem numerum [*testium*] exaudire". vgl. § 33. nott. 19. 2. 5. [8]) § 33. nott. 2. 5. [9]) § 5. *I. h. t.* *LL. 22. §§ 2. sqq. 30. D. h. t.* Not. O. §§ 7. 10. cf. *Paul. S. R. 5, 25. § 6.* *Sav.* Gesch. d. R. R. i. M. A. II. *§ 67*. ed. 2. · *Spangenb.* i. Arch. f. c. Pr. V. 5. Comm. de modo conficiendi instrum. ap. Rom. in seiner Ausg. v. Haubold Tabb. negotior. solenn. Lips. 1822. *Puchta* Gew. R. II. S. 72. f. *Glück* XXXIV. § 1415 b. vgl. *Löhr* i. Arch. f. c. Pr. VI. 16. *Guyet* Civ. Abhh. n°. 3. [10]) *L. 23.* cf. *L. 21. § 1. D. h. t.* [11]) *§ 3. I. h. t.* u. oben not. 4. [12]) *W. Sell* Versuche I. S. 218. ff. [13]) f. § 47. not. 8. cf. *Sueton* Oct. c. ult. [14]) *Fgm. Modestini* "Cum in t-to dies et consules adiecti non sunt, non nocet quominus valeat t-tum". f. *Ulp.* ed. Böcking. Lips. 1855. p. 179. [15]) § 39. [16]) *Nov. 47.* (a. 537.) vgl. auch *L. 4. C. de div. rescr. 1, 23.* Chrysostomus und Libanius bei *Glück* XXXIV. S. 471. vgl. *Heimb.* l. c. S. 790. So auch die Not. O. § 3. "... daß in Auffrichtung der offnen [publica] Instrumenten ... die Jahrzahl vnsers Heyls, römisch Zinßzahl, Indictio genandt, der Name des obersten Fürsten [nomen ac annus principis], darnach Monat, Tag, Stund vnd Mahlstatt, vnd an welchem Ort derselben ... gesetzt werden".

§. 35. *He. 52. Se. 525 b. Mü. 662. Gö. 833. Ro. 606. Si. 169. 1. b. Pu., Ar., Br. ll. citt. Mü.-Gl.* XXXV. S. 1. ff. *Rossh.* Test. Erbr. *§ 83. Bachofen* l. c. S. 303. ff. *Heimbach* l. c. S. 791. ff. *Bu. u. Bu.* Entscheidd. III. 55. [1]) *§ 11. I. h. t. 2, 10.* "... Si quis .. sine scriptis voluerit ordinare iure civili t-tum, septem testibus adhibitis et sua voluntate coram eis nuncupata fiat hoc perfectissimum t-tum iure civili firmumque constitutum". *Ulp. L. 21. pr. D. h. t. 28, 1.* "Heredes palam, ita ut exaudiri possint, nuncupandi sunt. licebit ergo testanti vel nuncupare heredes vel scribere; sed si nuncupat, palam debet, .. ut exaudiri possit ... a testibus, et si plures fuerint testes adhibiti, sufficit sollemnem numerum exaudire". *LL. 21. § 2. 26. 29. C. h. t. 6, 23.* Not. O. l. c. § 8. [2]) §§ 49. ff. [3]) *LL. 7. 6. § 1. D. h. t. L. 10. C. h. t. 6, 22.* [5]) *L. 4. D. de t-to mil. 29, 1.* [6]) *Hagemann* Pract. Erörtt. V. 32. "Jemanden, der ... nicht articuliert reden und ... nicht schreiben konnte, wird die facultas testandi verwilligt". [7]) *Nettelbladt* de t-to nuncup. in script. redacto Hal. 1753. *Si.* l. c. not. 17. 18. vgl. *Glück* XXXV. § 1418. [8]) Not. O. § 5. in § 33. not. 23.

§. 36. vgl. *Heimbach* sen. in Weiskes Rechtslexicon X. (1856.) S. 751. f.

§. 37. *Gai. 2, 109...11. Ulp. 23, 10. Inst.* de militari t-to *2, 11. Dig.* De t-to militis *29, 1. Cod. eod. tit. 6, 21. Dig.* de B. P. ex t-to militis *37, 13.* De veteranorum et militum successione *38, 12 (13).* Not. O. l. c. § 2. in not. 10. — *He. 122...25. Se. 527. Mü. 695.* n°. 1. 8. *Gö. 895...97. 899. 900. Pu. 466. Ro. 620.* ff. *Si. 170. A. 177. Ar. 487. 1. Br. 178. 2. a. Donell.* comm. ad Cod. tit. cit. *Hænel* de t-to mil. Lips. 1815. f. *Mü.-Gl.* XLII. S. 119. ff. *Rossh.* Test. Erbr. *§§ 91*. ff. *Heimb.* l. c. (in Weiske X.) S. 797. ff. [1]) *pr. I. 2, 12.* in III. § 30. not. 1. *Ulp. L. 1. pr. D. h. t.* "Militibus liberam t-ti factionem primus quidem divus Iulius Cæsar concessit: sed ea dieses Privilegium zusteht[3...13]. so genannte Testamente während Nothstandes?[14].

§. (92) 38. II. Testamentum cæci et analphabeti.

Zuziehung eines octavus subscriptor und besonders genaue Willenserklärung des testierenden Blinden[1...3]. T-t des Schreibensunkundigen[4]. Ist der octavus subscriptor ein testis?[2.5].

---

concessio temporalis erat: postea vero primus divus Titus dedit; post hoc Domitianus; postea divus Nerva plenissimam indulgentiam in milites contulit, eamque et Traianus secutus est, et exinde mandatis inseri cœpit caput tale „..*simplicitati eorum* [commilitonum] *consulendum existimavi, ut quoquo modo testati fuissent, rata esset eorum voluntas. faciant igitur t-ta quo modo volent, faciant quo modo poterint, sufficiatque ad bonorum suorum divisionem faciendam nuda voluntas testatoris*". *LL.3.35.36.pr.40.pr.D.eod. L.15.C.eod. Pr.§1.I.eod. et passim.* 1) *Id.L.15.§1.D.eod.* „Sicut hereditatem miles nuda voluntate dare potest, ita et adimere potest ... si mutatæ voluntatis eum pænituisse probabitur, renovatum intellegitur..". s. auch not.3. § 3. not.14. 2) *§§1.3.I.h.t. LL.15.17.C.h.t.* „in expeditione degentes", „in expeditionibus occupati". 4) *Anast.L.16.C.h.t.* „Scriniarios vel apparitores ... et si nomina eorum matriculis militaribus referri videantur, nullatenus in ultimis a se conficiendis voluntatibus iuris militaris habere facultatem decernimus" (a.496.) 5) § 35.not.5. 6) § 28. not.16. 7) *Ulp.L.42.D.h.t.* „Ex eo tempore quis iure militari incipit posse testari, ex quo in numeros relatus est, ante non...". *Id.L.un.§2.D.de B.P.ex t.mil.* „Si quis militum ex alio numero translatus sit in alium, quamvis et hinc sit exemptus et illo nondum pervenerit, tamen poterit iure militari testari: est enim miles, quamvis in numeris non sit". 8) *§4.I.h.t. LL.15.§1.20.§1.25.D.eod.* 9) *Macer L.26.pr. D.h.t.* „T-ta eorum qui ignominiæ c. missi sunt, statim desinunt militari iure valere; quod anni spatium t-tis eorum qui honestam vel causariam missionem meruerunt, tribuerunt". cf. *König* Quam diu valeat t-tum mil. Hal. 1780. 10) Not.O.II.§2. „.. in Testamenten, so .. von Rittern, die zu Feld, und doch nicht am Streit wären, da wird solche Anzahl (7) der Zeugen nachgelaßen bis auf zweene; Aber die Ritter, die in Uebung des Streits sind, mögen ihr Testament machen ohn alle Sollennität oder Form, vnd wie sie wollen; aber die Ritter, so nicht in solcher Uebung vnd Streit, noch auch zu Feld liegen, sollen ihre Testament nach gemeinen Rechten machen". 11) *Ulp. L.44.D.h.t.* „Rescripta principum ostendunt omnes omnino qui eius sunt gradus, ut iure militari testari non possint, si in hostico [i.e. *loco vel agro hostili*] deprehendantur, ut illic decedant, [*Basilic.* ἐὰν ἐν τῷ πολέμῳ καταληφθέντες ἀποθάνωσι] quo modo velint et quo modo possint testari, sive præses sit provinciæ sive quis alius qui iure militari testari non potest". *L.1.pr.D.de B.P.ex t-to mil.* cf. *Harpprecht* t-tum pagani in hostico cond. (in Diss.acad.I.48.sq.) *Bijnkershoek* Obss.IV.20. 12) *Ulp.L.1.§1.eod.37,13.* „Item navarchos et trierarchos classium iure militari posse testari nulla dubitatio est. In classibus omnes remiges et nautæ milites sunt. item vigiles...". 13) *Pr.§6.I.h.t. 2,11.* „..nostra constitutio [*L.37.C.de inoff.t-to 3,28.*(a.532.) cf. *L.12.C.qui t-ta fac.6,22.*] .. permiserit omnibus in huiusmodi peculiis [castr.u.quasicastr. III § 30.] testari quidem, sed iure communi..". 14) *Mü.-Gl.* l.c. S.285.ff. vgl. § 35.nott.3...6.

§. 38. *He.132. Se.526.525. Mü.663. Gö.894. Pu.466. Ro.607. Va.466.445.* Anm.2. *Si.170.D. Ar.487.* n°.2.3. *Br.178.f.g. Marezoll* in Grolm.u.Löhrs Mag.IV.S.169.ff. *Glück* XXXIV.S.26.ff.u.die das.not.45.Citt. *Rossh.* Test.Erbr.*§83. Heimbach* in Weiske X.S.832. ...37. 1) *Iustini. L.8.C.qui t-ta 6,22.* (a.521.) u. fast ebenso Not.O. l.c. §9. cf. §§ 7.11.ibid. 2) Von einem octavus *testis* sprechen ausdrücklich *§2.cit.L.8.C.* u. Not.O. §9.u.§7. 3) Not.O. §7. u. *W.Sell* Vers.I.S.222...25. 4) *Th.et Val.L.21.pr.C.de testam.6,23.* „..Quod si litteras testator ignoret, vel subscribere nequeat, octavo subscriptore pro eo adhibito, eadem

b. des Inhalts des Testaments.

S. (93) 39. I. Testamentum+ parentum inter liberos.

Bloße Erbeinsetzung der intestaterbberechtigten Descendenten. Anordnung von Vermächtnissen zu Gunsten auch anderer Personen. Sonstige testamentarische Erklärungen erfordern die regelmäßige Form. Mündliche testamenta parentis inter liberos[1]. s.g. divisio sive dispositio parentum inter liberos[2].

S. (94) 40. II. +Testamentum posterius inperfectum. (§ 68.)

Entkräftung eines perfecten Testaments durch ein neues formfehlerhaftes, worin bloß Intestaterben eingesetzt sind, und Geltung des letzteren als Intestatverfügung.

S. (95) 41. III. Testamentum+ ad pias causas.

Begünstigungen des ad pias causas relictum im römischen Recht[1,2]. Principielle Abweichung des kanonischen Rechts: kanonistisches formfreies Testament ad pias causas, als mündliches vor 3 oder 2 Zeugen erweislich[3,4]. Giltigkeit der kanonistischen Bestimmung[5,6]?

[*quæ de ceteris t-tis per scripturam confectis disposita sunt*] servari decernimus..". (a.439.) *Iustinian. L.28.§1.C.eod.* (a.530.) Not.O.l.c.§7. [5]) *Konopak* Inst.*§344.* und daraus *Va.445.*l.c. dagegen *Pu.466.not.g.*

S. 39. *He.126...28. Se.531. Mü.696. Gö.902. Pu.468. Ro.610. Va.464. Si.170.x. Ar.489. Br.178.c. Mü.-Gl.*XLII.§§1482.f.ibiq.citt. und *v.Bülow* Abhh.I.6.II.14. *Fritz* Lehre v.d.Test.d.Elt. Gieß.1822. *Müller* de test.par.int.lib. Lips.1826. *Rosshirt* Test.Erbr.*§87. Bachofen* Ausg.Lehr.S.312.ff. *Heimbach* l.c.S.857...63. [1]) Familiæ erciscundæ: *Th.C. 2,24. Iust.C.3,36. Nov.107.* (a.541.) cf.*L.21.§3.C.de t-tis 6,23.* Not.O.l.c.§2. „Aber in Testamenten so Vater vnd Mutter zwischen ihren Kindern machen, in dem Fall, da kein ander ihr Testament zuvor gemacht abgethan würde, oder von Rittern die zu Feld vnd doch nicht im Streit wären, da wird solche Anzahl der Zeugen [näml.7] nachgelaßen bis auf zween Zeugen". [2]) *Nov.18.c.7.* (a.536.) *107.c.3. Pfeiffer* Pract. Ausf. IV.7. „Merkmale einer Theilung der Eltern unter ihren Kindern". *Heimbach* l.c.S.863...68. *Fein-Gl.*XLV.S.72.ff.

S. 40. *He.111. Se.548. Mü.697.*n°.3. *Gö.869. Pu.484.* zu *not.i. Va.460.*n°.11. *Si. 179.not.38. Stryk* de succ. ab int.Diss.IX.c.4.§§31.sqq. *Pufendorf* Obss.I.137.sq. *Schott* Opuscc.Lps.1770.n°.2. ad orat.Pertinacis de t-to post. imperfecto, in *§7.I.q.m.test.infirm. Marez.* in Grolm.u.Löhrs Mag.IV.S.173.n°.4. *Fabricius* B.P.S.127.ff. *Mü.-Gl.*XXXVIII. S.364.ff. *Pfotenhauer* t-tum post.imp. in Ztsch.f.Civ.u.Proc.XVI.1. *Rossh.*Test.Erbr.*§88. Leist* B.P.*§110. Bachofen* Ausg.Lehren S.311. *Heimbach* in Weiske X.S.952.ff. *Fein-Gl.* XLV.§1514.a. [1]) *Ulp.L.2.D.de iniusto 28,3.* „Tunc autem prius t-tum rumpitur, cum posterius rite perfectum est, nisi forte posterius vel iure militari factum vel in eo scriptus est qui ab intestato venire potest: tunc enim et posteriore non perfecto superius rumpitur". [2]) *Th.et Val.L.21.§3.C.de t-tis 6,23.* „..[si] in secunda voluntate testator eos scribere instituit, qui ab intestato ad eius hereditatem vocantur, .. licet inperfecta videatur scriptura posterior, infirmato priore t-to secundam eius voluntatem non quasi t-tum, sed quasi voluntatem ultimam intestati valere sancimus, in qua voluntate quinque testium iuratorum depositiones sufficiunt; quo non facto valebit primum t-tum, licet in eo scripti videantur extranei". (a.439.) s.§ 68. zu not.10.

S. 41. *He.129. Se.530. Mü.697.*n°.4. *Gö.904. Pu.468.a.E. Ro.615. Si.170.y. Ar. 489.*n°.2. *Br.178.b. Pufendorf* Obss.I.172. *Stockhausen* de potest. princ. circa ult.vol. ad causas pias. Bonn.1779. *Pfeiffer* Prakt.Ausf.II.10. *Mü.-Gl.*XLII.§1479. *Schulte* i.Ztsch.f. Civ.u.Proc.N.F.VIII.6. u. daraus *Heimbach* in Weiske X.S.368...89. [1]) cf.§30.i.f. *Nov. 131.c.11.12.* [2]) *§19.I.de act.4,6. L.46.§7.C.de episc.1,3.* [3]) *Greg.XI.c.4.X.de t-tis 3,26.* „..Cognovimus [*morientem*] nudis verbis ... scutellam argenteam cuidam monasterio reliquisse. in quibus voluntatem eius per omnia volumus adimpleri". [4]) *Alex.III.*

c. besonderer Umstände bei der Errichtung.

§. (96) 42. I. Testamentum ruri conditum.

Erlaß des Unterschreibens durch die 7 Zeugen, die aber über den Inhalt des Testaments eidliche Aussagung machen sollen[1]. Gilt die Verordnung bloß für Testamente eines Bauern oder eines jeden auf dem Lande Testierenden?[2,3]. Wem liegt der Beweis, daß der Testator die regelmäßige Form nicht habe beobachten können, ob?

§. (97) 43. II. Testamentum pestis tempore conditum.

Erlaß simultaner Zuziehung aller Zeugen.

---

c.11.eod. „.. mandamus, quatenus cum aliqua causa talis [*super ecclesiæ relictis*] ad vestrum fuerit examen deducta, eam non secundum leges [das römische Recht], sed secundum decretorum statuta tractetis, tribus aut duobus legitimis testibus requisitis, quoniam scriptum est [*Deuteron.19,15. Matth.8,16.*] *In ore duorum vel trium testium stat omne verbum*". vgl.auch tot.tit. u.bes. *c.6.X.eod.* „Si heredes iussa testatoris non adimpleverint, *ab episcopo* loci illius omnis res quæ eis relicta est, canonice interdicatur, .. ut vota defuncti adimpleantur". cf.*Böhmer* I.E.P.ad hæc capp. [5]) *Schulte* l.c.S.226. [6]) Rot.O.(1512.) v.T-ten §§ 1.12. bestätigt „die keyserlichen Rechte und Gesetze".

§. 42. *He.131. Se.528. Mü.697.*n°.2. *Gö.903. Pu.467. Ro.613. Si.170.*c. *Ar.488.* n°.2. *Br.178.d. Stryk* de t-to rusticor. Hal.1674. *Marez.*i.Arch.f.civ.Pr.IX.15. *Emminghaus* das.XIX.9. *Fritz* i.Ztsch.f.Civ.u.Pr.V.2. *Mü.-Gl.* XLII. § 1484. *Rosshirt* Test. Erbr. *§ 90. Heimbach* in Weiske X.S.825...32. [1]) *Iustinian. L.31.C.de t-tis 6,23.* „..homines rustici et quibus non est litterarum peritia quomodo possunt tantam legum subtilitatem custodire in ultimis suis voluntatibus? ideoque .. necessarium duximus per hanc legem eorum simplicitati subvenire.... In illis vero locis, in quibus raro inveniuntur homines litterati, per præsentem legem rusticanis concedimus antiquam eorum consuetudinem legis vicem obtinere, ita tamen, ut ubi scientes litteras inventi fuerint, VII testes, quos ad testimonium convocari necesse est, adhibeantur, ut unusquisque pro sua persona subscribat; ubi autem non inveniuntur litterati, VII testes etiam sine scriptura testimonium adhibentes admitti. sin autem in illo loco minime inventi fuerint VII testes, usque ad V modis omnibus testes adhiberi iubemus, minus autem nullo modo concedimus. si vero unus aut duo vel plures fuerint litterati, liceat eis pro ignorantibus litteras, præsentibus tamen, subscriptionem suam interponere; sic tamen, ut ipsi testes cognoscant testatoris voluntatem, et hoc post mortem testatoris iurati deponant..". (a.534.) [2]) Rot.O.II.§ 2. „..auf dem Gau, wo Bauersleuthe Testament machten, und mehr Zeugen nicht zu bekommen wären, aufs minst fünff Zeugen..". [3]) cf.*Nov.73.c.9.* „..*ἐν χωρίοις, ἔνθα πολλὰ τὰ τῆς ἀπλότητός ἐστι καὶ οὐδὲ γραφόντων ἢ μαρτυρούντων πολλῶν εὐπορία, τὰ μέχρι νῦν παρ' αὐτοῖς κρατοῦντα καὶ νῦν ἔστω βέβαια. τοῦτο γάρ καὶ ἐπ' αὐτῶν τῶν διαθηκῶν, ἐφ' αἷς μάλιστα σπεύδομεν, ἤδη παρ' ἡμῶν νενομοθέτηται...*". *Basilicor.35,2.c.25.* (ed.Heimb.III. p.548.sq.) „*ἐν δὲ τοῖς τόποις, ἐν οἷς σπανίως ἔμπειροι γραμμάτων ἄνδρες εὑρίσκονται, τὴν τοῦ τόπου συνήθειαν ἀντὶ νόμων δεχόμεθα. ἀλλ' εἰ μέν ἐστιν ἐκείνοις τοῖς τόποις εὐπορία μαρτύρων γράμματα ἐπισταμένων, ὑπογραφέτωσαν*" *κ.τ.λ.*

§. 43. *He.130. Se.529. Mü.697.*n°.1. *Gö.901. Pu.467. Ro.614. Va.444.*n°.II.1.(irrig). *Si.170.*B. *Ar.488.*n°.1. *Br.178.*n°.1.*e.* *Cuiac.* Obss.XXVI.10. *Iac.Gothofredi* Diss.de test. temp.pest.cond.in Opuscc.p.627.sqq. *Köchy* Civ. Erörtt.I.3. *Marez.* i.Ztsch.f.Civ.u.Pr.IV. 4.§ 5. *Rossh.*Test.Erbr.l.c. *Bachofen* Ausg.Lehr.S.277. *Ackermann* i.Arch.f.c.Pr.XXXII.2. *Hæck* ad L.8.C.6,23.Lps.1852. *Heimbach* in Weiske X.S.815...25. [1]) *Diocl.et Max.L.8. C.de testamentis 6,23.* „Casus maioris ac novi contingentis ratione adversus timorem contagionis, quæ testes deterret, licet aliquid de iure laxatum est, non ta-

b. Oeffentliche Testamente.

S. (98) 44. α'. Testamentum iudiciale.

Gerichtliche Protokollierung od. Einregistrierung des T-ts[1]. Zuläßigkeit eines Stellvertreters?[2].

S. (99) 45. β'. Testamentum principi oblatum.

Entstehung der Form[1] durch Ueberreichung des Testaments an den Landesherrn[2].

S. (100) 46. γ'. Testamentum coram parocho et duobus testibus factum? Gemeinrechtlich nicht geltende Form.

S. (101) 47. B. Eröffnung des Testaments.

Eröffnung und Recitation des Testaments[1...7]. Einsehung und Abschrift der letztwilligen

---

men prorsus reliqua testamentorum sollemnitas perempta est: testes enim huiusmodi morbo oppressos [d.h. wegen solcher ansteckenden Krankh. in Besorgniß versetzt; Andere wollen ohne ausreichende Gründe und den Sinn des Gesetzes entstellend oppressis, A. oppresso] eo tempore iungi ac sociari remissum est; non etiam conveniendi numeri eorum [= die Zahl von 7 zuzuziehen] observatio sublata est". (a.290.) [3]) *Basilic.35,2.c.8.* (*ed. Fabrot.*IV.p.774.cap.7. *ed.Heimb.*III.p.545.) „*Δεδίοτες οἱ μάρτυρες πλησιάσαι τῷ διατιθεμένῳ διὰ τὸ μὴ τῆς νόσου μεταλαβεῖν, συγχωρείσθωσαν κεχωρισμένως ἐξ αὐτοῦ σφραγίσαι τὴν διαθήκην*". [4]) *Viviani* Casus ad *L.8.C.cit.* „Si t-tum VII testibus præsentibus commode inchoasti, et nondum completo unum testium invasit morbus caducus [cf.*L.28.pr.C.h.t.6,23.*], et eo postea restituto rediit, et coram eo vel alio eius loco supposito testator profiteatur, an non obstante illo intervallo valeat minus t-tum quæritur. Respondeo quod non..".

S. 44. *LL.18.19.C.h.t.6,23.* (a.397. und 413.) (ad § seq.) *Nov.Valent.* de t-tis *cap.1.* (a.446.) S.294.Z.22.cit. *He.56.58. Se.532. Mü.664. Gö.829. Pu.469. Ro.608. Va.447. Si.168. Ar.490. Br.178.n°.11. Lauterbach* Diss.acadd.III.133. *Conradi* de t-to publ.q. fit ap.acta.Helmst.1741. *Sav.*Gesch.d.r.R.i.M.A.I.S.107.ed.2. *Spangenberg* i.Arch.f.civ.Pr. V.S.159.ff. u. in *Hagemann* Prakt.Erörtt.X.9. *Glück* XXXIV.S.154.ff. *Puchta* sen. Hdb.i. S.d.freiw.Gerichtsb. *§§ 205...8. Rossh.* i.f.Ztsch.I.S.36.ff. u.Test.Erbr. *§ 84. Heimbach* l.c. S.735.ff. *Bu.*u.*Bu.* Entscheidd.III.52.53. [1]) f. die citt. Constitt. u. § 45.not.2. [2]) Gegen *Stryk* de t-to iudici vel principi per procur.obl. f. *Conradi* l.c. *§ 18. Guyet* i.Arch.f.civ. Pr.XIII.14. *Glück* l.c. S.188.ff. u. *Mü.-Gl.*XXXVIII.S.303.ff.

S. 45. *He.57. Se. Mü. Gö. Pu. Ro. Va. Si. Ar. Br.* f. zu § 44. citt. *Walch* de t-to princ.obl.Opuscc.I.1.exerc.7. *Glück* XXXIV.S.165.ff. cf. ad § 44.citt. *Heimbach* l.c. S. 738.ff. [1]) f. *Gothofr.* Comm.ad L.6.Th.C.de inoff.test.*2,19.* [2]) *Hon. et Th. L.19.C.h.t. 6,23.* „Omnium t-torum sollemnitatem superare videatur quod insertum mera fide precibus inter tot nobiles probatasque personas etiam conscientiam principis tenet: sicut ergo securus erit qui actis cuiuscumque iudicis aut municipum, aut auribus privatorum [beim mündl.Test-t] mentis suæ postremum publicavit iudicium, ita nec de eius umquam tractabitur successione, qui nobis mediis et toto iure quod in nostris est scriniis constitutum, teste succedit... Omnibus etenim præstandum esse censemus, ut libero arbitrio, cui testandi facultas suppetit, successorem suum oblatis precibus possit declarare; et stabile sciat esse quod fecerit...". (a.413.) vgl. § 52.not.9.

S. 46. cf. § 41. *He.59. Se.§ cit. Mü. Gö.* ad § 44.cit. *Pu.470. Ro.608.i.f. Si.168. not.1.* u. die bei *Glück* XXXIV.§ 1408a.Citt. [1]) *Alex.III.c.10.X.de t-tis 3,26.* „..et t-ta quæ parochiani coram presbytero suo et tribus vel duabus aliis personis idoneis in extrema fecerint voluntate, firma decernimus permanere, sub interminatione anathematis prohibentes, ne quis huiusmodi audeat rescindere t-ta". [2]) *c.11.X.* in § 41. not.2. [3]) § 41.not.4.

S. 47. *Paul.S.R.* de vicesima *4,6.* T-ta quemadmodum (*Cod.* Quemadmod. t-ta)

Verfügung[8]. Beweisung des Inhalts eines untergegangenen schriftlichen oder durch Testamentszeugen seinem Inhalt nach nicht mehr darzuthuenden Testaments[9...11]. Mehrere Exemplarien[10-11]. Auslöschungen u.dgl.[12]. Interdictum de tabulis exhibendis[13].

§.(102) 48. C. Vollstreckung des Testaments.

Umfang, Gründe und Art der Verpflichtung. Fähigkeit des Executors. Umfang der Geschäfte. Beendigung.

---

aperiantur, inspiciantur et describantur: *Dig.29,3. Cod.6,32.*— De SC.Silaniano *etc.*: *Dig.29,5.* De his quibus ut indignis ... et ad SC.Silanian.: *Cod.6,35.* — De tabulis exhibendis: s.oben II.§216. — *He.98.*ff. u. *III.267. Se.552. Mü.656.655. Gö.822.*f. *Pu.482. 398. Ro.633. Si.181. Ar.504. Mayer* Erbr.*§45. Heimbach* in Weiske X.S.1008.ff. *Bachofen* „Die Erbschaftssteuer, ihre Geschichte ꝛc." in Ausg. Lehren n⁰.x. *Donell.*Comm. ad Cod. VI.32. *Heinecc.*ad L.Iul. et P.P.III.2. §2. *Sav.* Erklär.einer Urk.des 6.Jahrh. (in dess. Vermischt.Schriften n⁰.27.) u. Gesch.d.r.R.i.M.A.ed.II.I.§27. *Spangenberg* i.Arch.f.c.Pr.V.n⁰.5. S.161.ff. *Mü.-Gl.*XI.III.§§1505.f. *Puchta* sen.l.c.*§§211.*ff. [1]) *L.2.§4.D.h.t.* [2]) *Paul. 4,6.§3.* „T-tum lex [*Iulia*] statim post mortem testatoris aperiri voluit ... et ideo ... a præsentibus intra triduum vel V dies aperiendæ sunt tabulæ; ab absentibus quoque intra eos dies, cum supervenerint..". Widerrechtliche Eröffnung eines Testaments begründete prätorische Geldstrafklage. s.II.§250. [3]) *L.7.D.h.t.* [4]) „Wir verstehen unter Publication der Test. die Eröffnung und Verlesung nach dem Tode. Bei den Römern heißt publicatio die ursprüngliche Erklärung des letzten Willens, den der Testator dem Gerichte eröffnet; die Handlung nach dem Tode heißt recitare. [cf.*Suet.*Aug.c.101.] Doch ist auch hier der Sprachgebrauch der Constitt. nicht immer streng. *L.6.D.h.t.29,3. Paul.4,6.§§1.2.*" *Sav.cit.§27.* In *L.18.C.de t-tis 6,23.* „apud officium censuale *publicari*" u.so ö. [5]) *Paul. citt.§§1.2.* u.*cit.L.18.C.6,23.* [6]) Die Bestimmung des *SC.Silan.* fällt nun von selbst hinweg: *Ulp.L.1.pr.D.29,5.* „Cum aliter nulla domus tuta esse possit, nisi periculo capitis sui custodiam dominis tam ab domesticis quam ab extraneis præstare servi cogantur, ideo SCa introducta sunt de publica quæstione a familia necatorum habenda". [7]) *Hertii* Opuscc. II.3. p.152.sqq. *Westphal* von Vorlesung u. Eröffn. d.Test. Lpz.1790.u.A. [8]) *Diocl. et Max. L.3. C.h.t.6,32.* „Eius quod ad causam novissimi patris vestri iudicii pertinet, de calumnia tibi iuranti præter partem quam aperiri defunctus vetuit vel ad ignominiam alicuius pertinere dicitur, inspiciendi ac describendi, præter diem et consulem, rector provinciæ facultatem fieri iubebit". cf.*LL.2.§6.8.D.h.t.29,3.* vgl. *L.9.§8.D.28,5.* in §50.not.10. *L.48.§1.eod.* [9]) *L.10.§2.D.eod. Diocl.et Max.L.11.C.de t-tis.* „Non idcirco minus iure factum t-tum suas obtinet vires, quod post mortem t-toris subtractum probatur". *Dig.* De his quæ in t-to delentur *etc.28,4. Glück* Opuscc. I.1. u.Comm.VII.§563. [10]) *Ulp.L.1.§§6.7.D.de B.P.s.t.37,11.* „Sed et si in duobus codicibus simul signatis alios atque alios heredes scripserit, et utrumque extet, ex utroque quasi ex uno competit B.P-io, quia pro unis tabulis habendum est, et supremum utrumque accipiemus. Sed si unum fecerit testator quasi testamentum, aliud quasi exemplum, si quidem id extat quod voluit esse testamentum, B.P-io petetur; si vero id quod exemplum erat, B.P-io peti non poterit..". cf. *L.10.pr.D.h.t.29,3. L.47.D.de leg.II.31. L.4.D.de his q. in t-to del.* (s. unten zu §66.) [11]) *Ulp. L.1.§5.D.de B.P.s.t.* „Si quis in duobus exemplaribus fecerit t-tum et aliud extet, aliud non extet, tabulæ extare videntur petique potest B.P-io". [12]) *Tit.* u.bes. *L.2.D.de his q. in t-to del.* vgl. unten §§66...68. *Cropp* in seinen u. Heises Jur.Abhh.I.7. [13]) s. das Edict und die übrigen Quellen oben II.§216. vgl. *L.2.§8.D.t-ta q.ad modum aperiantur.*

§. 48. *He.101.*f. *Se.553. Mü.657. Gö.827. Pu.482. Ro.631.*f. *Si.182. Ar.*l.c. *Mayer* Erbr.*§46. Heimbach* l.c.S.1011...47. (bes.nach *Beseler* l.c.) *Lauterbach* Diss.acadd.II.79.

C. Inhalt des Testaments. (*Abr.III.§18.*)

A. Wille des Testators im allgemeinen.

§. (103) **49.** 1. Beschaffenheit des Willens an sich.

Richtiges Bewußtsein, freie, ernstliche und erkennbare Willensbestimmung: Irrthum [1…7], Dolus [8…10.1], Zwang [11…16].

Leyser Meditt.V.spec.374. Diss. de executorib.ult.vol. von *Zoller* Lps.1763. *Meyer* L.B. 1808. *Rossh.*i.f.Ztschr.I.S.217.ff. *Beseler* v.Test.-tsvollziehern in Ztsch.f.deutsch.R.Tüb.1844. IX.S.144...428. *Scholtz* III.Ueb.Test.Vollzieher.Altenb.1844. *Bu.*u.*Bu.*Entscheidd.III.n.56,4. u.oben II.§ 204.not.3. *Mü.-Gl.*XLIII.S.390.ff. [1]) II.§ 202. [2]) *Beseler* u.*Heimb.*II.citt. [3]) *Ulp.L.14.§2.D.de relig.11,7.* „Si cui funeris sui curam t-tor mandaverit et ille accepta pecunia funus non duxerit, de dolo actionem dandam Mela scripsit; credo tamen et extra ordinem eum a prætore compellendum funus ducere". [4]) *Id.L.12. §1.D.eod.* „Funus .. eum facere oportet quem t-tor elegit; sed si non ille fecit, nullam esse huius rei pœnam, nisi aliquid pro hoc emolumentum ei relictum est; tunc enim, si non paruerit voluntati defuncti, ab hoc repellitur..". cf.*L.14.§14.eod. LL. 12.i.f.13.D.mandati 17,1. L.8.D.de alim.leg.34,1. L.28.§§1.sqq.C.de episc.1,3.* s. unten § 124. [5]) *Pomp.L.7.i.f.D.de ann.leg.* „Et in omnibus, ubi auctoritas sola t-toris est, neque omni modo observanda est, sed interventu iudicis hæc omnia debent, si non ad turpem causam feruntur, ad effectum perduci". *L.3.D.de alim.leg.* [6]) § 56. [7]) *cit.L.12.§4.D.h.t.* in not.5. *LL.8.9.pr.D.de al.leg. LL.96.§3.107.pr.D.de leg.1.30. cit.* § 56. [8]) *LL.28.49.C.de episcopis. Nov.131.c.11.* s. oben § 30.a.C. [9]) *Greg.IX.c.19. X.de t-tis 3,26.* „.. executores ultimæ voluntatis ... post mandatum susceptum per diœcesanum cogi debent testatoris ultimam explere voluntatem". [10]) *Heimbach* S.1034. [11]) § 3.nott.12.ff. [12]) *Heimb.* S.1032.ff.

S. 49. cf.*Bg §§ 84...88.* oben I.§§ 66...69.85. u.dort citt.Quellen. *He.62...64. Se.534. Mü.644. Gö.794.*ff. *Pu.472. Ro.569.*ff. *Va.431.*f. *Si.171.c. Ar.491. Br.180. Glück* XXXIII. §1465. *Mü.-Gl.*XLIII.§§1507.et ibi citt. *Rossh.*Test.Erbr.*§§ 48.*ff. *Heimbach* in Weiske X. S.908.ff. Ders.v.Rechtsgeschäft in Weiske IX. *Sav.*Syst.III.Beil.VIII. *Windscheid* Vorauss. S.47.ff. [1]) *Bg § 87 d,e.* [2]) *L.5.C.de t-tis 6,23. L.7.C.de her.inst.6,24.* („irritum sit"). *L.9.C.de t-to mil.6,21.* („minime volente t-to"). *L.10.eod.* („exheredationis notam nequaquam infligit".) [3]) *L.1.i.f.D.de Carb.ed.37,10.* (omniaque perinde habenda atque si heres scriptus non fuisset"). [4]) §123.not.5. Anders erklärt die Confiscation *Sav.* l.c.§ XVII.not.e. [5]) *Afr.L.14.§2.D.de lib.et post.28,2.* „Si quis ita scripserit *Ille quem scio ex me natum non esse, exheres esto,* hanc exheredationem ita nullius momenti esse ait, si probetur ex eo natus...". *Ulp.L.15.eod.* „Idem est et si ita dixerit *Ille illius filius exheres esto*, patrem ei adulterum per errorem adsignans". [6]) *Ulp. L.27.i.f.D.de inoff.t-to 5,2.* „De t-to matris, quæ existimans perisse filium, alium heredem instituit, de inofficioso queri potest". *L.28.eod.* „..nam cum inofficiosum t-tum arguitur, nihil ex eo t-to valet". *Paul.L.92.D.de her.inst.28,5.* „Pactumeius Magnam filiam Magni ex asse heredem instituerat eique patrem eius substituerat. Magno occiso et rumore perlato quasi filia quoque eius mortua, mutavit t-tum Noviumque heredem instituit hac præfatione *Quia heredes, quos volui habere mihi, continere non potui, Novius heres esto.* Magna supplicavit imperatores nostros; et cognitione suscepta, licet modus institutione contineretur [s.§ 56.not.3.], quia [al.*qui*] falsus non solet obesse, tamen ex voluntate testantis putavit imperator ei subveniendum; igitur pronuntiavit *Hereditatem ad Magnam pertinere, sed legata ex posteriore t-to eam præstare debere, proinde atque si in posterioribus tabulis ipsa fuisset heres scripta*". *L.4.C.de her.inst.6,24.* („auferendam ei successionem"). cf.not.2. *L.25.D.de lib.*

§. (104) 50. 2. **Willensausdruck.**

Der testamentarische muß sein 1) des Testators eigener Wille nach *a*) der inneren Bestimmung[1...5] und *b*) der Erklärungsform (Lex Cornelia de fulsis und SC.Libonianum)[6]; 2) vollständig[7-8] und 3) deutlich ausgedrückt[9...12]. Testamentum +mysticum, +implici-

---

et post. („apud iudicem agi oportere"). 7) *§31.I.de leg.2,20. Cod.* De falsa causa adiecta legato vel f-sso *6,44. LL.17.§2.72.§6.D.de condic.et dem.35,1. Bg §117k. Sav.*l.c. § XVII. n°.4. 8) *Bg §105 i...m.* oben I. § 67. 9) *Bg § 87g.* 10) *Bg § 119 a...c. § 83 d. §105 m. § 93.not.4.* 11) *Bg § 86 c.* 12) Si quis aliquem testari prohibuerit vel coegerit: *Dig.29,6. Cod.6,34. Bg § 86 g.* und *§ 105.not.23.* oben I. § 67.not.4. 13) I. § 169. 14) *Diocl. et Max. L.2.C.h.t.6,34.* „Eos qui ne t-tum ordinaretur, impedimento fuisse monstrantur, velut indignas personas a successionis compendio removeri celeberrimi iuris est". *LL.1.2.D.eod.29,6. L.19.D.de his q.ut indign.34,9. Nov.115.c.3.§ 9. Bg § 86.not.13.* 15) § 79.B.n°.9. C.n°.4. 16) *cit.Nov.115.* „..sive qui damnum ex prohibitione t-ti sustinuerunt, secundum reliquas leges hac de re latas eiusmodi negotia decidantur". cf. *L.1.C.h.t.6,34.*

§. 50. *Dig.* De lege Cornelia de falsis et de SCo Liboniano *48,10. Cod.* De his qui sibi adscribunt in t-to *9,23.* cf. *Dig.* De his quæ pro non scriptis habentur *34,8. He.60.61.81.82. Se.535. Mü.645...47.666.nott.8.9. Gö.801.*ff. *Pu.citt.472.*f. *Ro.584. Va. 432.*f. *Si.171.A. Ar.*l.c. *Br.179.*n°.1.*180. Averani* Interpp.II.22. *Harpprecht* de t-to rat. voluntatis imperfecto in Diss. acadd. I.44. *Glück* Opuscc.I.2. u. Comm.XXXIII. § 1406. *Schrader* In wief. kann man letztw. Verf. der Bestimm. Anderer überlaßen? in s. Abhh. aus d. Civ.R.1808.n°.3. *Neustetel* i. Arch. f. civ. Pr. III.7. *Beck* de L.Cornel. et SC.Libon. Ien.1727. *Mascov* De his q. sibi adscr. Lips.1731. *Marckart* de his qui sibi adscribunt in Exerco. acad. Harderov. 1751. n°.3. *Daniels* de SC.Libon. Bonn.1791. *Sav.* Syst. III. S.384. *Bachofen* Ausg. Lehren S.273.f.294. 1) *Gai.L.32.pr.D.de her.inst.28,5.* „Illa institutio *Quos Titius voluerit* ideo vitiosa est, quod alieno arbitrio permissa est: nam satis constanter Veteres decreverunt t-torum iura ipsa per se firma esse oportere, non ex alieno arbitrio pendere". *Ulp.22,4.* „..certum consilium debet esse testantis". *Mod.L. 52.D.de cond.et dem.35.1.* „..non .. poterit .. utiliter legari *Si Mevius voluerit, Titio x do:* nam in alienam voluntatem conferri legatum non potest..". dagegen gilt „*Titio x do lego, si Mevius capitolium adscenderit*". *Ulp.L.43.§2.D.de leg.1.30.* „Legatum in aliena voluntate poni potest, in heredis non potest". 2) *Pomp.L.68.D.de her.inst.* und *LL. 52.pr.1.pr.3.D.de leg.II.31.* 3) *Ulp.L.75.pr.D.de leg.I.* („*Si æstimaverit heres, si conprobaverit, si iustum putaverit*".) *L.1.§1.D.de leg.II. L.11.§7.D.de leg.III.* cf.cit.L.52. und 4) *Ulp.L.7.§1.D.de reb.dub.34,5.* „..nec enim in arbitrio eius qui rogatus est, positum est *an omnino velit restituere,* sed *cui potius restituat:* plurimum enim interest utrum in potestate eius quem t-tor obligari cogitat, faciat *si velit dare,* an post necessitatem dandi solius distribuendi liberum arbitrium concedat". cf.*L.46.D. de fid.lib.40,5.* vgl.*Sav.*Syst.III.S.133. *Pu.§ 472.not.l.* 5) *Innoc.III.c.13.X.de t-tis 3,26.* „..qui extremam voluntatem in alterius dispositionem committit, non videtur decedere intestatus". s. § 48.not.2. *Heimbach ibi cit.* S.908.f.1033.f. 6) *cit. Dig.48,10.* bes. *L.16.pr.§§1.2.* mit *LL.1.§8.14.eod.* u. alle 6 Constitt. des cit. Tit. *Cod.9,23.* 7) *Paul.L.29. pr.D.qui test.28,1.* „Ex ea scriptura quæ ad t-tum faciendum parabatur, si nullo iure t-tum perfectum esset, nec ea quæ f-ssorum verba habent, peti posse". *Ulp.L.11. §1.D.de leg.III.32. Mü.-Gl.* XXXVIII. S.402.ff. 8) *Ulp.L.2.D.de her.inst.28,5.* „Potest autem interesse utrum ita quis scribat *Ex his partibus quas adscripsi,* an *adscripsero;* ut superiori modo dicas, nullis adscriptis partibus nullam esse institutionem..". cf.*L.9.§5.eod. L.77.§33.D.de leg.II.31. L.8.C.de institt.v.subst.6,25. Mü.-Gl.* l.c.

tam[13.14]. Erklärungen, bestimmtere Ausführungen und dgl. zum Testament[14].

§. (105) 51. 3. Auslegung des Willens. (cf.I.§116. *Bg § 117.* unten § 137.)

1) Allgemeine Auslegungsregeln zu Gunsten des Testaments und der Absicht des Testators[1.2]; auch zu Gunsten des Honorierten?[3...9]. Der favor [libertatis,] alimentorum,

---

S.422.ff. [9]) *Ulp. L.9. § 9.D.de her.inst.* „Heres institui, nisi ut certe demonstretur, nemo potest". *Alf.Var.L.2.D.de his q.pro non scr.34,8.* „Quæ in t-to scripta essent neque intellegerentur quid significarent, ea perinde esse acsi scripta non essent; reliqua autem per se ipsa valent". z.B.*Paul.L.4.D.de reb.dub.34,5.* [10]) *Paul.L.58. D.de her. inst.* „Nemo dubitat recte ita heredem institui posse *Hic mihi heres esto,* cum sit coram qui ostenditur". *Ulp.L.9.§8.D.eod.* „Si quis nomen heredis quidem non dixerit, sed indubitabili signo eum demonstraverit, quod pæne nihil a nomine distat, non tamen eo quod contumeliæ causa solet addi, valet institutio". *Pomp.L.54.D.de leg.1.* „Turpia legata quæ denotandi magis legatarii scribuntur, odio scribentis pro non scriptis habentur". cf.*Marcian.L.48.§1.eod.* „Illa institutio valet *Filius meus impurissimus male de me meritus heres esto..*". vgl. § 47.not.8. *Averani* Interpp.V.13. *Mü.-Gl.*XL.S.196.f. [11]) *cit. L.48.§ 3.D.* „Si in patre vel patria vel alia simili adsumptione falsum scriptum est, dum de eo qui demonstratus sit constet, institutio valet". *Bg § 117.not.16.*· *Mü.*l.c. [12]) „Quæ ita scripta sunt ut intellegi non possint, perinde sunt acsi scripta non essent" und „Ubi pugnantia inter se ... iuberentur, neutrum ratum est". not.9. oben § 30.not.10· *Bg § 62.not.1.*a.E. *Bg § 117.nott.6.7.* [13]) *Pap. L.77.D.de her.inst.* „Asse toto non distributo ita scriptum est *Quem heredem codicillis fecero, heres esto:* Titium codicillis heredem instituit: eius quidem institutio valet, ideo quod licet codicillis dari hereditas non possit, tamen hæc ex t-to data videtur; sed hoc tantum ex hereditate habebit, quantum ex asse residuum mansit". *Ulp. L.36.eod.* „Si quis ita scripserit heredem *Ex qua parte codicillis Titium heredem scripsero, heres esto,* etiamsi pars in codicillis non fuerit adscripta, erit tamen heres quasi sine parte institutus". *L.18.D.de usu leg.33,2.* cf.*L.11.i.f.D.de B.P.s.t.37,11.* und § 57.not.4. *Leyser* Meditt.sp.351.med.9. *Mü.-Gl.* XL. § 1443. *Rossh.* Test. Erbr. *§ 53. Bu.* u. *Bu.* Entscheidd. Rost.I.32. „dispositiones mysticæ oder implicitæ". [14]) *L.21.pr. D.qui test.28,1.* Not.D.II.§ 8. s.oben § 35. *Glück* XXXV.§1417a. [15]) *Ulp.L.21.§1.D.qui test.* „..Quod quis obscurius in t-to vel nuncupat vel scribit, an post sollemnia explanare possit quæritur: .. et puto posse...". cf. *Cels.L.25.D.de reb.dub.* „.. t-toris voluntas, si quibusdam argumentis adparebit de quo dixit, adimplenda est".

§. 51. *Dig.30...34.* bes. De rebus dubiis *34,5.*(c.*Cuiacii* Recitt.) *Cod.* De (V.S.=) verborum et rerum significatione *6,38.* (c.*Donelli* comm.) u.die Titt. de condicion.*Dig. 35,1.28,7.Cod.6,46. He.65. Se.520.541. Mü.658. Gö.824...26. Br.211.*ff. *Mantica* de coniect. ult.vol.Ff.1680.fol. *Chiflet* in Otton.Thes.V.p.838.sqq. bes. *Averani* Interpp.iur.libri V. *passim. Hübner* ad tit. *Dig.*de reb.dub.Lps.1802. vgl.unten § 111. [1]) *Bg § 117.nott.8.*ff. *Paul.L.12.D.de R.I.* „In t-tis plenius voluntates testantium interpretamur". *Ulp.L.12. §2.D.de usu 7,8.* „..neque enim tam stricte interpretandæ sunt voluntates defunctorum". vgl.§ 48.not.5.§ 50.nott.10.ff.u.o. [2]) cf.*Bg § 117g.* Daher auch „Verbum VOLO, licet desit, tamen quia additum perfectum sensum facit, pro adiecto habendum est". *Gordian.L.10.C.de f-ssis 6,42.* [3]) Unrichtig *Mü.658.*zu *not.5.* *Gö.825.*zu *not.1.* [4]) *Bg § 117f.* [5]) *Gai.2,193. 196.sqq. 202. 210.sqq. 220.sqq. Ulp.24.* [6]) *Lab. L.29.§1.D.de leg.III.* „Cum ita legatum esset *Ut Titia ... tantandem partem habeat quantulam unus heres,* si non æquales partes essent heredum, Q.Mucius et Gallus putabant maximam partem legatam esse, quia in maiore minor quoque inesset; Servius, Ofilius, minimam, quia, cum heres dare damnatus esset, in potestate eius esset, quam partem daret: Labeo dotis, legatorum *etc*.[10]. 2) Speciellere Regeln in Betreff der Bestimmung von Zeiten[10...13], Bedingungen und Belastungen oder Honorierung[14...22].

B. Die einzelnen Anordnungen des Testators.

§. (106) 52. 1. Erbeseinsetzung und Enterbung. (*Abr.III.§18.n°.I.*)

Wesentlich ist Erbeinsetzung[1], wofür nicht mehr die Beschränkungen des älteren Rechts[2...5],

---

hoc probat, idque verum est". cf.*LL.39.§6.14.i.f.D.de leg.I. L.15.D.de annuis leg.33,1. L.17.D.de R.I.*in not.9. cf.*Bg §117n.* 7) *§22.I.de legat.* „Si generaliter servus *vel* alia res legetur, electio legatarii est, nisi aliud testator dixerit" ähnlich *LL.20.34.§14.* cf.*L.110. D.de leg.I. LL.19.43.§3.D.de leg.II.* 8) *L.12.§1.D.quando dies 36,2.* „..in omnibus quæ in annos singulos relinquuntur, hoc probaverunt, ut initio cuiusque anni huius legati dies cederet". 9) II.§136.not.10. *Ulp.L.17.D.de R.I.* „Cum tempus in t-to adicitur, credendum est *pro herede* adiectum, nisi alia mens fuerit t-toris, sicuti in stipulationibus *promissoris gratia* tempus adicitur". *L.15.D.de ann.leg.* (unrichtig *Mü.* l.c.not.5.) 10) *Bg §117p.* 11) *L.41.§4.D.de leg.III. L.7.D.de auro arg.34,2.* („præsens tempus semper intellegeretur, si aliud conprehensum non esset".) *L.19.D. de reb. dub. Averani* l.c.IV.27. 12) *cit.L.41.§4. Scæv.L.41.§15.D.de fideic.lib.40,5.* „..anni VIII in quos libertas erat dilata,... computandi sunt a die t-ti facti, nisi aliud voluisse testatorem probaretur". 13) *L.5.C.quando dies 6,53. L.49.D.de leg.I. LL.48.sq.D.de cond.et dem.35,1.* oben I.§127. 14) *L.76.D.eod. L.51.§1.D.de leg.II.* 15) *Ulp.L.17.§4. D.ad SC.Trebell.36,1.* „..quod ad naturales liberos attinet, voluntatis quæstio videbitur esse, de quibus liberis t-tor senserit. sed hoc ex dignitate et ex voluntate et ex condicione eius qui fidei commisit, accipiendum erit". cf.*L.11.D.de iure delib. 28,8. L.88.D.de leg.II.* 16) vgl.§30.not.7. 17) *LL.11.§10.63.D.de leg.III. LL.102.108. D.de cond.et dem.35,1. L.30.C.de fideic.6,42.* vgl.§59.not.11. *Averani* l.c.V.2. 18) *L.6. C.eod.* cf.*L.57.D.de leg.I.* unten §137.a.E. *Bachofen* Pfdr. n°.IV.§§14.ff. 19) *Iustinian. L.4.pr.§1.C.de V.S.6,38.* „Cum quidam ... scripsisset ILLE AVT ILLE MIHI HERES ESTO vel ILLI AVT ILLI DO LEGO vel DARI VOLO .... dubitabatur utrumne inutilis sit huius modi institutio et legatum et f-ssum .., an occupantis melior condicio sit, an ambo in huiusmodi lucrum vocentur, et an secundum aliquem ordinem admittantur, an uterque omni modo ...: melius itaque nobis visum est ... coniunctionem AVT pro ET accipi, ut videatur copulativo modo esse prolata, et magis sit παραδιάζευξις [*vitiosa disiunctio*], ut et primam personam inducat et secundam non repellat ... sed hæc quidem sancimus, cum in *personas* huiusmodi proferatur scriptura". 20) *cit.L.4. C.§2.* „Sin autem una quidem est persona, *res* autem ita derelictæ ILLAM AVT ILLAM REM ILLI DO LEGO vel PER F-SSVM RELINQVO, tunc secundum veteres regulas et antiquas definitiones vetustatis iura maneant incorrupta ... Quod et in contractibus locum habere sancimus". *Cels.L.16.D.de leg.II.* in §128*.not.3. vgl.vorige not.7. 21) *Iustinian.L.6.C.de inst.vel subst.6,25.* cf.*§11.I.de her.inst.2,14. L.27.§2.D.eod.28,5. LL.5. 17.D.de cond.inst.28,7.* 22) *Iustinian.L.11.C.de impub.et al.substit.6,26.*

§. 52. *Gai.2,185...90. Ulp.21. Paul.S.R.3,4b. Valentiniani III.Nov.*S.294.Z.21.cit. *Inst.2,14. Dig.28,5. Cod.6,24.:* De heredibus instituendis (*Cod.* et quæ personæ heredes instituí non poss.) — *van de Poll* de exh.et præteritione. ed.II. Ultrai.1712. *He.46.66.41. Se.532b. Mü.666.665. Gö.834.f.905. Pu.473.480.f. Ro.569.ff.611.f. Va.449.448. Si.172.* n°.I.*178. Ar.493.*f.*500. Br.181.179.*n°.3. *Mayer* Erbr.*§19. Valett* Abhh.n°.4. „Exheredatio ab omnib.gradib.". *Arndts* v.Erbeinsetzung u.Enterbung in Weiske III. *Rossh.* Test.Erbr.*§§* 52.ff. *Bu.u.Bu.* Entscheidd.III.54. cf.*Quintil.* Inst.or.V.10,74. „Quem quis heredem suum esse voluit, carum habuit, habet, habebit". 1) §26.not.3.§70.not.1. 2) cf.*Gai.2, 116.sq. Ulp.21. ibiq.citt.* mit *L.15.C.de t-tis 6,23.*(a.339.) 3) *L.21.§4.C.eod.*(a.439.)

wohl aber das Erforderniss dispositiver Erklärung[6] gilt. Exheredatio eines in einem früheren Testament Eingesetzten[7]. Testamentum †mutuum oder †reciprocum und †correspectivum[8-9].

§. (107) 53. 2. Vertheilung der Erbschaft.

Diese bestimmt sich bei dem testamentum pagani durch seine Bedeutung als Verfügung über eine Vermögenseinheit unter Anwendung der Auslegungsregeln auf die im Testament gegebenen Größenbestimmungen.

---

[4]) *Gai.2,229. Ulp.24,15.ibiq.citt. cf.§34.I.de legatis 2,20.* [5]) oben § 34.not.1. [6]) Die Neueren sagen Positi in condicione non sunt in dispositione: s. *Ulp. L.19.D.h.t.28,5.* „.. SI MIHI SEIVS HERES NON ERIT, quem non instituerat, SEMPRONIVS HERES ESTO..". *Pomp. L.16.§1.D.de vulg.subst.28,6. Mü.-Gl.*XL.S.234.ff.ibiq.citt. *Va.§ 449.*Anm.1. bestreitet die Allgemeingiltigkeit jenes Satzes. [7]) *Gai.L.17.§ 2.D.de t-to militis 29,1.* „Si eodem t-to miles eundem heredem, deinde exheredem scripserit, adempta videtur hereditas, cum in paganorum t-to sola hereditas exheredatione adimi non possit". s.§ 70.not.3. [8]) § 3.not.14. [9]) *Valentin.III. Nov.cit.§3.* „Leonius et Iucunda, uxor eius, tanta vicissim caritate certarunt, ut .. propter incertum sortis humanæ superstitem coniugem precarentur heredem ... præterea .. in unius chartæ volumine supremum votis paribus condidere iudicium, septem testium subscriptionibus roboratum. cui nos æternam tribui firmitatem legis huius definitione censemus, quoniam nec captatorium dici potest, cum duorum fuerit similis affectus, et simplex religio t-ta condentium, cunctisque iam liceat quoquo modo et quibus cumque verbis ultimum dictare iudicium". vgl. § 45. not.2. [10]) *Hasse* Rh.Mus.f.Jpdz.III.S.239.ff.490.ff. *Glück* XXXV.S. 50.ff.ibiq.citt. *Mü.* ibid.XXXVIII.S.214.ff. *Heimbach* in Weiske X.S.889...907. *Deiters* de dispositionib.hereditariis simultaneis.Bonn.1837. *Beseler* Erbvertr.II.*§§13.*f. *Buchka* i.Ztsch.f.deutsch.R.XII.n°.VI.S.210...20. *Strippelmann* Entscheidd.d.O.A.G. zu Cassel.VI.3. (1851.) „Rechtliche Bedeutung und Wirkung correspectiver Testamente". bes. *Hartmann* (§ 3. not.13.cit.) S.87...179. [11]) § 54.nott.7.f. [12]) § 3.nott.12.ff.

§. 53. s.oben § 2.not.19. unten §§119.111. *He.67. Se.541. Mü.667. Gö.836...38. Pu. 474. Ro.588. Va.449.*Anm.3. *Si.172.*n°.II. *Ar.494. Br.181.*n°.1. *Zimmern* Grdr.S.55.ff. *Mayer* Erbr. *§§* 25.ff. *Schrader* civ.Abhh.n°.4. *Schweikart* Ausleg. der L.23.C.de legat. in Ztsch.f.Civ.u.Pr.IX.11. *Löhr* das.XIX.3. *Neuner* Die her.inst.ex re certa.Giess.1853. *Mü.-Gl.* XL. § 1439. [1]) oben §§ 2.3.8.26. Daher gelten die aus der Einheit des Nachlaßes folgenden Bestimmungen über die Vertheilung bei dem Soldatennachlaß nicht: *LL.6.17. 37.D.de test.mil.29,1.* [2]) *§ 5.I.de her.inst.2,14.* „..et si unum tantum quis ex semisse v. gr. heredem scripserit, totum as in semisse erit; neque enim idem ex parte testatus, ex parte intestatus decedere potest, nisi sit miles...". *Ulp.L.1.§4.D.eod.28,5.* „Si ex fundo fuisset aliquis solus institutus, valet institutio detracta fundi mentione". *cf.L.74.eod.* „..atque si sine ea re.." (d.h. so als wäre die Ausnahme nicht hinzugefügt.) *LL.27.pr.33.eod. Pap.L.41.D.de vulg.subst.28,6.* „..nam et qui certæ rei heres instituitur, coherede non dato, bonorum omnium hereditatem optinet". s. auch oben § 2.not.14. [3]) *§ 6.I.h.t.* in III.§ 36.not.7. *Ulp.L.9.§12.D.eod.* „Heredes iuris successores sunt et si plures instituantur, dividi inter eos a t-tore ius oportet; quod si non fiat, omnes æqualiter heredes sunt". [4]) *Paul.L.142.D.de V.S.* „Triplici modo coniunctio intellegitur; aut enim *re per se* coniunctio contigit, aut *re et verbis*, aut *verbis tantum*. nec dubium est quin coniuncti sint, quos et nominum et rei conplexus iungit, veluti T. ET M. EX PARTE DIMIDIA HEREDES SVNTO, vel T. CVM M. EX PARTE DIMIDIA HEREDES SVNTO. videamus autem ne, etiam si hos articulos detrahas *et que cum*, interdum tamen coniunctos accipi oporteat, veluti L. TITIVS, P. MÆVIVS EX PARTE DI-

3. Neben-Anordnungen *). (*Abr.III.§18.n°.11.*)

a. Eigentliche Nebenbestimmungen.

§. (108) 54. α. Condiciones.

Zufügung von Resolutivbedingungen oder dies widerspricht der heredis institutio als der Einsetzung eines directen Successors in die familia des Testierenden [1], ist daher auch nur im Soldatentestament statthaft [2]. Condicio in præteritum sive præsens tempus

---

MIDIA HEREDES SVNTO, vel ita P.M.L.T. HEREDES SVNTO, S. EX PARTE DIMIDIA HERES ESTO, ut *T.* et *M.* veniant in partem dimidiam et *re et verbis* coniuncti videantur. L. T. EX PARTE DIMIDIA HERES ESTO; SEIVS EX PARTE QVA LVCIVM TITVM HEREDEM INSTITVI, HERES ESTO; SEMPRONIVS EX PARTE DIMIDIA HERES ESTO: Iulianus [cf.*L.15.pr.D.h.t.28,5.*] dubitari posse, tres semisses facti sint an Titius in eumdem semissem cum Seio institutus sit; sed eo quod Sempronius quoque ex parte dimidia scriptus est, veri similius esse, in eumdem semissem duos coactos et coniunctim heredes scriptos esse". *cit.§6.I.i.f.* u.untrn §119.nott.3.ff. [5]) *LL.35.pr.§1.78.pr.D.h.t.28,5.* [6]) § 2.not.15. vgl. *Mü.-Gl.* XXXVI. S.352.f. XL. S.169...78. [7]) *§§7.8.I.h.t.2,14. LL.13.§§2.sqq.17.18.78. 87.et passim D.h.t.* [8]) *Iustinian.L.23.C.de legat.6,37.* cf.*Schweikart l.c.* *Mü.-Gl.*XL.S. 122.ff. [9]) *Ulp.L.9.§§10.11.D.h.t.* „Si quis ita dixerit VTER EX FRATRIBVS MEIS TITIO ET MEVIO SEIAM VXOREM DVXERIT, EX DODRANTE [3/4], VTER NON DVXERIT, EX QVADRANTE [1/4] HERES ESTO: hic recte factam institutionem esse certum est; sed quis ex qua parte, incertum. Plane erit similis si ita institutio facta fuerit VTER EX SVPRA SCRIPTIS FRATRIBVS MEIS SEIAM VXOREM DVXERIT, HERES ESTO; sed et hanc puto valere institutionem quasi sub condicione factam". *Paul.L.81.pr.D.eod.* „Clemens patronus t-to caverat, ut si sibi filius natus fuisset, heres esset; si duo filii, ex æquis partibus heredes essent; si duæ filiæ, similiter; si filius et filia, filio duas partes [2/3], filiæ tertiam [1/3] dederat: duobus filiis et filia natis quærebatur quem ad modum in proposita specie partes faciemus, cum filii debeant pares esse vel etiam singuli duplo plus quam soror accipere; quinque igitur partes fieri oportet, ut ex his binas [2 X 2] masculi, unam femina accipiat". cf.*cit.LL.9.§§2.sqq. LL.23.24.D.de cond. inst.28,7. L.2.§6.D.de B.P.s.t.37,11. L.17.§1.D.de legat.1.30.*

*) vgl. *Bg §§110...15.* oben I. §§107...12. *Paul.S.R.3,4b.§§1.2. §§9.11.I.de her.inst. 2,14. Dig.* De condicionibus institutionum *28,7. Cod.* De institutionibus et substitutionibus et restitutionibus sub condicione factis *6,25. Dig.* De condicionibus et demonstrationibus et modis eorum quæ in t-to scribuntur *35,1. Cod.* De condicionibus insertis tam legatis quam f-ssis et libertatibus *6,46. Dig.* De his quæ pœnæ causa relinquuntur *34,6. Cod.* De his quæ pœnæ nomine in t-to vel codicillis scribuntur vel relinquuntur *6,41.* cf. *Gai.2,235.sq.243.288. Ulp.24,17. Cod.* De indicta viduitate et de lege Iulia Miscella tollenda *6,40. Nov.22.c.43.44.* u. citt. ad § 56. — *He.72...80. Se. 536...40. Mü.648...54. Gö.805...21. Pu.475. Ro.575...83. Va.434...36. Si.173.211. Ar. 495. Br.185.181.n°.3.4. Mayer* Erbr. *§§ 20...24. Rossh.* Test.Erbr.I.*§§* 55.ff. Vermächtn.I. S.352...412. *Mü.-Gl.*XLI.S.45...276.ibiq.citt. *Sav.*Syst.*§§116.*ff. *Pfeiffer* Prakt.Ausf.I.4. „Unterschied des modus und der conditio insond. bei Legaten".

§. 54. cf.*Bg §158g.*ff. [1]) *§9.I.de her.inst.2,14.* „Heres et pure et sub condicione [d.h. *suspensiva*] institui potest; ex certo tempore aut ad certum tempus non potest..". *Pap.L.34.D.eod.28,5.* „Hereditas ex die vel ad diem non recte datur; sed vitio temporis sublato manet institutio". *Bg §110.not.8.* Daher auch „sine dubio heres manebit qui semel extitit". *Ulp.L.7.§10.D.de minor.4,4. Iul.L.13.§§1.2.D.de lib.et post.28,2.* („Regula est iuris civilis *Hereditatem adimi non posse*".) *Gai.L.88.D.de her.inst.28,5.* „..non potest adiectus efficere, ut qui semel heres extitit, desinat heres esse". Die conlata und tacita[3]; die SI VOLET oder SI VOLVERIT[4]; physisch oder sittlich und rechtlich unzuläßige[5]; turpis[6]; captatoria[7·8]; pœnæ nomine gesetzte[9]. Unabsichtlich aufgestellte oder weggelaßene[10]. Dieselbe Verfügung als bedingte und als unbedingte, oder als so und anders bedingte[11]. Erfüllung der Bedingungen [[12]][13]. Prätorische Cautionen[14] und

---

Neueren sagen „Semel heres semper heres". [2]) *Ulp.L.15.§4.D.de t-to militis 29,1.* „Miles et ad tempus heredem facere potest et alium post tempus, vel ex condicione vel in condicionem". *L.41.pr.D.eod.* cf. § 58.nott.2.3. § 55.nott.4.5. § 60.not.18. [3]) *Bg §§ 111.112 h.* [4]) *Herm.L.12.D.de cond.inst.28,7.* „Verba hæc P. M. SI VOLET *heres esto*, in necessario condicionem faciunt, ut, si nolit, heres non existat: nam in voluntaria heredis persona frustra adduntur, cum, etsi non fuerint addita, invitus non efficitur heres". *Gai.L.65.§1.D.de leg.1.30.* „*Illi* SI VOLET *Stichum do* condicionale est legatum, et non aliter ad heredem transit, quam si legatarius voluerit; quamvis alias quod sine adiectione *si volet* legatum sit, ad heredem legatarii transmittitur: aliud est enim iuris si quid tacito continetur, aliud si verbis exprimatur". *Id.L.69.D.de cond.et dem.35,1.* [5]) *§10.I.de her.inst.2,14.* „Inpossibilis condicio in institutionibus et legatis nec non in fidei commissis et libertatibus pro non scripta habetur". cf.*L.1.D.h.t.28,7. Paul.L.9.eod.* „Condiciones quæ contra bonos mores inseruntur, remittendæ sunt...". *L.14.eod.* s.*Bg §111.not.12.§112.not.8.* vgl. oben § 50.not.10. § 47.not.8. aber auch unten § 70.not.9. [6]) *Bg § 111.not.11.* [7]) *Pap.L.70.D.de her.inst. 28,5.* „Captatorias institutiones non eas senatus inprobavit, quæ mutuis affectionibus iudicia provocaverunt, sed quarum condicio confertur ad secretum alienæ voluntatis". cf.*LL.29.71-81.§1.eod. L.64.D.de leg.1.30. L.1.D.de his q.pro non scr.34,8.* [8]) *Mü. 649.* zu *not.9.* u. Comm.XL.S.221.ff.n°.2.ibiq.citt. [9]) *§ 36.I.de leg.2,20.* „...generaliter ea quæ relinquuntur, licet pœnæ nomine fuerint relicta vel adempta vel in alios translata, nihil distare a ceteris legatis constituimus [*L.un.C.h.t.6,41.*] vel in dando vel in adimendo vel in transferendo, exceptis his videlicet quæ inpossibilia sunt aut vel legibus interdicta aut alias probrosa...". s. Titt. De his q.pœn.c. in vorstehender not.* citt. [10]) *Ulp.L.9.§5.sq.D.de her.inst.* „..Marcellus tractat in eo qui condicionem destinans inserere non addidit: nam et hunc pro non instituto putat. sed si condicionem addidit dum nollet, detracta ea heredem futurum, nec nuncupatum videri quod contra voluntatem scriptum est..". „Idem tractat et si testamentarius [Test-tsschreiber] contra voluntatem testatoris condicionem detraxit vel mutavit, heredem non futurum, sed pro non instituto habendum". *Iustinian.L.8.C.de institt.6,25.* „Si t-tum ita scriptum inveniatur *Ille heres esto secundum condiciones infra scriptas*, si quidem nihil est adiectum, neque alia condicio in t-to posita est, supervacuam esse condicionum pollicitationem sancimus et t-tum puram habere institutionem...". vgl. *Sarwey* im Arch. f.civ.Pr.XXIX.5.12. [11]) *Pomp.L.27.§§1.2.D.de her.inst.* „..si te heredem instituero et deinde eumdem te sub condicione instituam, nihil valere sequentem institutionem, quia satis plena prior fuisset. Sed si plures institutiones ex eadem parte sub diversis condicionibus fuerint factæ, utra prior condicio extiterit, id faciet quod supra diximus, si pure et sub condicione instituatur". *Id.L.67.D.eod.* „Si ita scriptum fuerit *T. si in capitolium ascenderit, heres esto, T. heres esto*, secunda scriptura potior erit: plenior est enim quam prior". *LL.87...90.D.de cond.et dem.* „..traditum est *in legatis* [et f-ssis] *novissimam*, *in libertatibus levissimam condicionem spectandam esse..*". *Bg §117.not.34.* [12]) *Iustinian.L.53.§2.C.de episc.et cler.1,3.* unglоss. [13]) *LL.2.10.pr.11.§1.29.36.pr.D.de cond.et dem.35,1.* s. *Bg § 212.a.E. Windscheid* Die Wirk.der erfüllt.Beding.Bas.1851. [14]) vgl. *Bg § 127.n°.III. LL.2.§1.5.pr.6.10.12.D.de B.P.s.t.37,11. Ulp.L.12.D.qui satisd.2,8.* „Inter omnes convenit heredem sub condi-

Muciana cautio bei Einsetzungen sub condicione non faciendi[15-16], auch von dem sub condicione viduitatis eingesetzten[17] und dem unter irgend welcher condicio non faciendi im Soldatentestament eingesetzten Universalerben, außerdem aber von keinem Universalerben den Intestaterben zu leisten[18...20].

§. (109) 55. *β'*. Dies.

Unzuläßigkeit jeder sub die heredis institutio[1...3], außer im Testament des Soldaten[4.5]; bei Vermächtnisanordnungen aber sind Zeitbestimmungen allgemein zuläßig[6]; dies incertus an et quando veniat wirkt als Bedingung[7]. Wirkung der Einsetzung eines Vermächtnisnehmers[8] und der eines Erben[9] auf seinen Todestag.

---

cione pendente condicione possidentem hereditatem substituto cavere debere de hereditate, et si defecerit condicio, adeuntem hereditatem substitutum et petere hereditatem posse, et si optinuerit, committi stipulationem; et plerumque ipse prætor et ante condicionem existentem et ante diem petitionis venientem ex causa iubere solet stipulationem interponi". *L.23.D.de her.inst.28,5.* *L.8.D.de stip.præt.46,5.*

[15]) *Ulp.L.7.D.de cond.et dem.* „Mucianæ cautionis utilitas [„Q.Mucius Scævola hoc præsanciverat" *Nov.22.c.43.*] consistit in condicionibus quæ in non faciendo sunt conceptæ, utputa *Si in capitolium non ascenderit, Si Stichum non m-miserit* et in similibus ... Nec solum in legatis placuit, verum in hereditatibus quoque idem remedium admissum est. Unde si uxor maritum suum, cui dotem promiserat, ita heredem scripserit ex parte SI DOTEM QVAM EI PROMISI, NEQVE PETIERIT NEQVE EXEGERIT, denuntiare eum posse coheredi paratum se accepto facere dotem vel cavere, et ita adire posse hereditatem; sed si ex asse sit institutus maritus sub ea condicione, quoniam non est cui caveat, non impediri eum quo minus adeat hereditatem; nam iure ipso videtur inpleta condicio eo quod non est quem possit de dote convenire ipse adeundo hereditatem". *Gai.L.18.eod.* „Is cui sub condicione non faciendi aliquid relictum est, ei scilicet cavere debet Muciana cautione, ad quem iure civili deficiente condicione hoc legatum eave hereditas pertinere potest". cf.*L.4.§1.* (in not.19.) *LL.7.67.72.§2.73.79.§2.101.§3.106.D.de cond.et dem.* *L.76.§7.D.de leg.II.31.* *L.65.§1.D.ad SC.Treb.36,1.* *Balduinus* de iur.pdentia Muciana Hal.1729.p.208.sqq. *Majans.*Disputt.iur.II.40. *Schwope* (præs.*Conradi*) de caut.Muc.Lps.1761. *Zimmern* De Muc. caut.Hdlb.1818. *Rossh.* Verm.I.S.381.ff.u. bes.über *L.4.§1.D.de cond.inst.* in not.19. *van de Water* Obss.Tr.Bat.1713.I.c.4. *Arndts* Beiträge S.184.ff. u.in Weiske III.S.930.ff. dagegen (auch unrichtig) *Va.436.*Anm.III. [16]) s.auch not.15. u. *LL.12.13.D.qui satis d.* *L.8.D. de stip.præt.46,5.* [17]) oben II.§ 96.n°.6. u.not.14.das. [18]) § 3.nott.5.18. [19]) *Ulp.L.4. §1.D.de cond.inst.* „Iulianus scribit Eum qui ita heres institutus est, *si servum hereditarium non alienaverit*, caventem coheredi inplere condicionem; ceterum si solus heres scriptus sit, sub inpossibili condicione heredem institutum videri. quæ sententia vera est". s.*L.7.§1.D.de cond.et dem.* in not.14. cf. *Scæv.L.38.§4.D.de leg.III.32.* *Pomp.L.7.D.de ann.leg.33,1.* [20]) *Bg §158.not.27.* (Eine Ausführung dieser Erklärung sollte sein *Vering* comm.ad L.4.§1.D.cit. Hdlb.1856. *Ar.495.*a.E. „kann diesen neuen [?] Erklärungsversuch nicht befriedigend finden".)

§. 55. *Bg §114.* oben I.§111.ibiq.citt. *He.79.* *Se.539.* *Mü.652.* *Gö.805.* *Pu.§cit.* *Ro.585.* *Si.173.n°.1.211.n°.1.* *Br.181.n°.4.* *Mayer* Erbr.§ 23. *Majans.* Disputt.I.33. *Averani* Interpp.II.16.n°.1...12. *Sav.*Syst.*§127.* [1]) *Martial.*in § 2.not.10.a.E. [2]) § 3.nott.5.18. [3]) § 54.not.1. [4]) § 54.not.2. [5]) § 3.not.7. [6]) *Iust.L.26.C.de legatis 6,37.* „... legata et f-ssa quæ ad tempus relicta sunt .. confirmari: post conpletum videlicet tempus ad heredem iisdem legatis vel f-ssis remeantibus necessitatem habente legatario vel f-ssario cautionem in personam heredis exponere, ut ei post transactum tempus

§. (110) **56.** γ'. Modus.

Wirkung des Modus bei Vermächtnißanordnungen [1]. Erbeinsetzung sub modo? [2...4]. Rechtsmittel zur Erzwingung vom Testator einem Honorierten aufgelegter Belastungen [5.6].

§. (111) **57.** Anhang: Clausulæ.

Unter den besonderen Formen der Willenserklärung (nicht Nebenbestimmungen) [1] sind in letztwilligen Verfügungen die wichtigeren die s.g. clausulæ confirmatoria [2], codicillaris [3], reservatoria [4], privatoria (§121). derogatoria sive cassatoria [5...7]. Bedeutung und nach

---

non culpa eius deterior facta restituatur". (a.532.) vgl. § 54.nott.14.ff. [7]) *Bg § 114 f.* [8]) *Pap. L.79.pr.D. de cond. et dem.35,1.* „*Heres meus, cum morietur Titius, centum ei dato*, purum legatum est, quia non condicione, sed mora suspenditur: non potest enim condicio non existere". *Ulp.L.4.§1.D.quando dies 36,1.* „..certum est legatum ad heredem transmitti". cf. *L.104.§6.D.de leg.1.30.* [9]) *§9.I.de her.inst.* (§ 54.not.1.) *Diocl. et Max.L.9.C.eod.6,24.* „Extraneum, *cum moreretur*, heredem scribi placuit".

§. 56. *Dig.cit.tit.35,1. Cod.* De his quæ sub modo legata vel f-ssa relinquuntur *6,45.* u.*cit.tit.Cod.8,55(54).* cf.*Nov.1.c.1.4. Bg §115.* oben I.§112. *He.79. Se.540. Mü. 653. Gö.805. Ro.586. Si.173.*n°.III. *211.*n°.III. *Mayer* Erbr. § 24. *Majans.* Disputt.II.41. *Hübner* Disputt.c.10. *Sav.*Syst.*§§128.*f. [1]) *Ant.L.1.C.h.t.6,45.* „In legatis quidem et f-ssis etiam modus adscriptus pro condicione observatur. sed si per te non stat, quo minus voluntati t-toris pareas, quo minus id quod tibi relictum est, obtineas, non oberit". *L.2.eod.* [2]) § 54.not.2. [3]) § 54.not.1. *Bg § 115 b.* In *Paul.L.92.D.de her. inst.* (in § 49. not.6.) „... licet *modus* institutione contineretur" ist modus nichts als „Angabe des Grundes, des Motivs" der Einsetzung. cf. *Bg §115. not.1.* [4]) z.B. *Pomp. L.6.pr.D.de cond.et dem.* „Multa t-to non committitur ab herede vel legatario vel eo qui ex ultima voluntate aliquid lucratur, qui alicuius arbitratu monumentum facere iussus sit, si is cuius arbitrium est, non vivat vel adesse non possit aut rei arbitrari nolit". [5]) z.B.*Ulp.L.8.§6.D.de cond.inst.28,7. Pomp.L.7.D.de ann.leg.*u.a.in *Bg §115. not.10.* vgl.§124.n°.9.10. [6]) *Nov.1.cit.* dazu *Bg § 115.not.10. Löhr* i.Arch.f.c.Pr.V.S.391.f.

§. 57. [1]) *Bg §110.*zu *not.4.*f. *§116.not.20**. oben I.§114. cf.*Mü.654. Ro.587. Br.185.* a.E. [2]) z.B.*Cels.L.18.D.de iure codic.29,7.* „..Verba *Si quid tabulis aliove quo genere ad hoc testamentum pertinens reliquero, ita valere volo*, etiam ea quæ ante t-tum scripta sunt, comprehendere". [3]) *Paul.L.29.D.qui t-ta fac.28,1.* „..*Hoc testamentum volo esse ratum quacumque ratione poterit..*". *Pap.L.41.§3.D.de vulg.et pup.subst.28,6.* „..ea scriptura quam t-tum esse voluit, codicillos non faciet, nisi hoc expressum est...". vgl. §136.not.1. *Bg cit. not.20**. *Bijnkershoek* Quæst.iur.priv.III.c.4.5. [4]) *Ulp. L.10.pr.D. de cond. inst.28,7.* „Institutio talis *Si codicillis Seium heredem scripsero, heres esto*, non est inutilis in quovis herede instituto, præter filium: est enim condicionalis institutio; nec videtur hereditas codicillis data, quod interdictum est, verum condicionalis est hæc institutio, quæ t-to data esset. Proinde et si ita scripserit *Cuius nomen codicillis scripsero, ille mihi heres esto*, pari ratione dicendum erit institutionem valere nullo iure impediente". s. § 50.not.13. [5]) *Herm. L.22.pr. D.de leg.III.32.* „Si quis in principio t-ti adscripserit *Cui bis legavero, semel dari volo*, postea eodem t-to vel codicillis sciens sæpe eidem legaverit, suprema voluntas potior habetur: nemo enim eam sibi potest legem dicere, ut a priore ei recedere non liceat. Sed hoc ita locum habet, si specialiter dixerit *prioris voluntatis sibi pœnituisse et voluisse, ut legatarius plura legata accipiat*". cf. die cit. *not.20**. *Cuiac.* Obss.XIV.7. *Bijnkershoek* Quæst. iur.III.c.6. *Mü.-Gl.* XXXVIII.S.169.ff. *Si.179. not.21.* [6]) z.B.*Marcian.L.6.§2.D.de iure codic.* „Licet in confirmatione codicillorum pater f. adiecerit *Ut non alias valere velit quam sua manu signatos et subscriptos*, röm., wie auch nach gem.R. Zuläßigkeit einer Schenkung auch des zukünftigen Vermögens[8].

b. Substitutionen[*]).

§. (112) 58. α'. Begriff und Arten.

Einsetzungen unter der Bedingung, daß ein Voreingesetzter 1) nicht erwürbe, substitutio in primum casum oder vulgaris[1], oder 2) nicht behalten sollte, substitutio in secundum casum, allgemein nur im Soldatentestament zuläßig[2], in einem sonstigen außer den Fällen der §§ 60.61. nur als fidei commissaria substitutio[3].

---

tamen valent facti ab eo codicilli, licet neque ab eo signati neque manu eius scripti fuerint: nam ea quæ postea geruntur, prioribus derogant". [7]) § 3.not.11. [8]) Gegen *Sav.* Syst.IV.S.142.ff. s. *Bg § 106.not.23.* [Testieren kann freilich nicht wer nibil suum habere kann (mit welchem aber nicht der Vermögensrechtsfähige, welcher nur zufällig jetzt kein suum hat, zu verwechseln ist) und nach r.R. kann man sich nicht durch Vertrag unfähig machen zu testieren (§ 3.nott.10.ff.); aber der sein ganzes, auch zukünftiges Vermögen Verschenkende macht sich nicht unfähig aliquid suum habere, sondern obligiert sich nur es nicht sibi zu behalten: die Schenkung auch des ganzen und zukünftigen Vermögens wirkt nie universale, sondern stäts nur Singular-Succession. *Bg § 106.o,p. § 141 d.*]

[*]) *Gai.2,174...84. Ulp.22,33.34.23,7...9. Paul.S.R.3,4 b.§§ 4.sqq. Inst.2,15.16. Dig.28,6.* [c. *Cuiacii* Recitt.] *Cod.6,26.25.* [c. *Donelli* Comm.] *Goveani* Opp. (Roterod.1766.fol.) p. 83...166. *de Gast* in Meerm.Thes.VI.p.745.sqq. *Duareni* Opp. p.372.sqq. *Scip.Gentilis* Opp.VII. p.333.sqq. *Papillonius* in Otton. Thes.IV. p.670.sqq. *Chiflet* ibid.V.p.677.sqq. *Finestres* Prælectt. Cervar.1752. p.165.sqq. *Ramos del Manzano* in Meerm. Thes.VII.p. 321.sqq. *Turcq* de iure subst. L.B.1744. *Francke* de orig. ... subst. Ien.1829. *Weningingenh.* i.Ztsch.f.Civ.u.Pr.III.S.115.ff.153.ff. *Huschke* u. *Arndts* ibid.XII.S.375.ff.XIII.S. 298.ff. u. XV.S.237.ff.XIX.S.355. *Löhr* u. *Zimmern* im Arch.f.civ.Pr.IX.S.99.ff. S.357.ff. *Mü.-Gl.* XL. S.248. bis XLI.S.44. *Rosshirt* Test.Erbr. *§§ 61.*ff. *Arndts* v. Substitution in Weiske X. S.654...74.

§. 58. *He.83.cf.95.97. Se.542.*ff. *Mü.668. Gö.839. Pu.476. Ro.590.599.* [1]) *Mod. L.1.pr.D.h.t.28,6.* „Heredes aut *instituti* dicuntur aut *substituti:* instituti, primo gradu; substituti, secundo vel tertio". *Pr.I.de vulg.subst.2,15.* „Potest autem quis in t-to suo plures gradus heredum facere, ut puta *Si ille heres non erit, ille heres esto*, et deinceps in quantum velit t-tor, substituere potest..". *Iustinian.L.un.§ 7.i.f.C.de caduc.toll.6,51.* „..cum certi iuris sit et in institutionibus et in legatis et f-ssis et mortis causa donationibus posse substitui". s. § 128*. [2]) *Ulp.L.5.D.de t-to milit.29,1.* „Milites etiam his qui heredes extiterunt, possunt substituere in his dumtaxat quæ sunt ex t-to eorum consecuti". *Alex.L.6.C.eod.6,21.* „..iuris .. ratio manifesta est *licere militibus proprio privilegio etiam heredibus extraneis, posteaquam heredes extiterint, mortuis substituere..*". *L.8.C.h.t.6,26.* in not.3. *Pap.L.15.D.h.t.* s. § 54.not.2. § 55. nott.4.5. cf. *Duaren.* Disputt. ann.II.7. *Bauer* de subst. milit. Lps.1728. (in Opuscc. acad.I.5.) [3]) *Diocl. et Max. Patronæ: L.8.C.h.t.6,26.* „Precibus tuis manifestius exprimere debueras, maritus quondam tuus miles defunctus, quem t-to facto heredem communem filium vestrum instituisse proponis et secundum heredem scripsisse, utrumne in primum casum an in secundum filio suo quem habuit in potestate mortis tempore, si intra XIIII. suæ ætatis annum aut postea decesserit, substituerit: nam non est incerti iuris, quod siquidem in patris militis positus potestate primo tantum casu habuit substitutum et patri heres extitit, eo defuncto ad te omni modo eius pertineat successio; si vero substitutio in secundum casum vel expressa vel compendio non usque ad certam ætatem facta reperiatur, si quidem intra pubertatem decesserit, eos habeat heredes quos pater ei constituit et adierint hereditatem;

β'. Die einzelnen Substitutionen.

§. (113) 59. a. Vulgaris substitutio.

Substitution für den Fall, daß der Voreingesetzte nicht erwerben wolle (in casum +nolentiæ) oder nicht könne (in casum +impotentiæ) oder für beide Fälle zugleich [1]; auch die Zahl und die Art der Substitutionen ist von des Anordners Willen abhängig [2]. Erfordernisse und Wirkung der Vulgarsubstitution [3...5]. Erlöschungsgründe [6...11].

---

si vero post pubertatem, tunc eius te successionem obtinente veluti ex causa f-ssi bona quæ cum moreretur, patris eius fuerint, a te peti possunt". *L.15.D.h.t.28,6. L.76.D.ad SC.Trebell.36,1. § ult. I. de pup. subst.2,16.* „Extraneo vero vel filio puberi heredi instituto ita substituere nemo potest, ut *si heres extiterit et intra aliquod tempus decesserit*, alius ei sit heres; sed hoc solum permissum est, ut eum per f-ssum t-tor obliget alii hereditatem eius vel totam vel pro parte restituere..". *L.64.D.de leg.II.31.* cf. *Cuiac.* Consult.34.46.53. vgl. unten § 128.

§. 59. *Gai.2,174...178. Ulp.22,33.34. Paul.*l.c. *Inst.* De vulgari substitutione 2,15. *Dig.* De vulgari et pupillari substitutionibus 28,6. *Löhr* im Arch.f.civ.Pr.XXII.S.315.ff. *Thibaut* das.V.S.345. *Warnkönig* Ztsch.f.Civ.u.Pr.XVIII.S.287.ff. *G.A.Frank* de orig.et nat.r.ac p.subst.len.1828. *He.84...86. Se.542. Mü.669...71. Gö.840...43. Pu.477. Ro.591. ...95. Va.451. Si.174. Ar.496. Br.182. Mayer* Erbr.§§ 34...36. *Mü.-Gl.*l.c.§§1445...49.

[1]) *Alex. L.3. C. de her. inst.6,24.* [2]) *§ 1.I.h.t.2,15.* „Et plures in unius locum possunt substitui, vel unus in plurium, vel singuli singulis, vel invicem ipsi qui heredes instituti sunt". *L.23.D.de her.inst.28,5.* u.*L.41.§§1.4.D.h.t.28,6.* („*eosque omnes invicem substituo*") *L.64.D. de leg.II.31.* („mutuæ factæ substitutionis".) Diese *reciproca substitutio* (cf.*Mod.L.4.§1.D.h.t.*) heißt in *cap.1. in VI°.de t-tis 3,11.* „*obliqua*". „..substitutio directa intelligatur potius quam obliqua..". u. aus dem 'substituto vel expressa vel *compendio facta*' der *L.8.C.h.t.* (in § 58.not.3.) haben die Neueren substitutio *breviloqua* gemacht. cf.*Reuter* de subst.reciproca.Hal.1750. (in Exercitt.acad.n°.7.) *Sutorius* de s.r. Hal.1750. [3]) *Nov.1.c.1.§ 3.* „Si vero institutio et substitutionem habeat, certum est primum ad substitutum, si velit, pervenire res relictas .. quodsi ille nolit, tunc ad coheredes et legatarios .. et heredes ab intestato et extraneos et fiscum...". *L.2.§8. D.de B.P.s.t.37,11.* [4]) *Iustinian. L.10.C.h.t.6,26.* „Cum quidam duobus inpuberibus filiis suis heredibus institutis adiecit *Si uterque inpubes decesserit, illum sibi heredem esse*, dubitabatur apud antiquos legum auctores utrumne tunc voluerit substitutum admitti, cum uterque filius eius in prima ætate decesserit, an alterutro decedente ilico substitutum in eius partem succedere. et placuit Sabino substitutionem tunc locum habere, cum uterque decesserit; cogitasse enim patrem primo filio decedente fratrem suum in eius portionem succedere. nos eiusdem Sabini veriorem sententiam existimantes non aliter substitutionem admittendam esse censemus, nisi uterque eorum in prima ætate decesserit". (n.531.) *Pap.L.42.D.h.t.28,6.* [5]) *§ 2. I.h.t.* „Etsi ex disparibus partibus heredes scriptos invicem substituerit et nullam mentionem in substitutione habuerit partium, eas videtur partes in substitutione dedisse, quas in institutione expressit. et ita d. Pius rescripsit [*L.1.C.h.t.*]". *LL.5.23. sq.41.§1.D.h.t.* [6]) *Diocl.et Max.L.5.C.h.t.* „Post aditam hereditatem directæ substitutiones non inpuberibus filiis factæ exspirare solent". (a.290.) *§4.I.h.t.* cf.*LL.40.sq. D.de her.inst.28,5.* unten §§ 94.f. [7]) § 54.not.1. u.*L.44.D.de re iud.42,1.* [8]) *§ 3.I.h.t.* „Sed si instituto heredi et coheredi suo substituto dato alius substitutus fuerit, divi Severus et Antoninus *sine distinctione*, rescripserunt, *ad utramque partem substitutum admitti*". *LL.27.41.pr.D.eod.* [9]) *Ulp.L.21.D.h.t.* „..non enim videtur in hunc casum substitutus". *L.23.eod.* [10]) *Pomp.L.27.pr.D.de her.inst.28,5.* „Si te solum ex

§. (114) 60. b. Pupillaris substitutio.

Zwiefache Verfügung desselben Testators, über seine und seines unmündigen Hauskindes familia[1…3]. Folgerungen daraus in Betreff des pater adrogator[4], der Testamentifaction

---

parte dimidia pure, ex altera sub condicione heredem instituero et substituero tibi, non existente condicione substitutum ex ea parte heredem fore Celsus ait". *Gai. L.73.D.eod.* „Sub condicione herede instituto si substituimus, nisi eandem condicionem repetamus, pure eum heredem substituere intellegimur". [11]) *Iustinian. L.un.§§4.9.C.de caduc.toll.6,51.* vgl. § 51. not. 17. [12]) *Paul.L.45.§1.D.h.t.* „respondit, si omnes instituti heredes omnibus invicem substituti essent, eius portionem, qui quibusdam defunctis portionem suam repudiavit, ad eum solum qui eo tempore supervixit, ex substitutione pertinere".

§. 60. *Gai.2,179...84. Ulp.23,7...9. Paul.*l.c. *Inst.* De pupillari substitutione *2,16. Dig.tit.cit.28,6. Cod.* De inpuberum et aliis substitutionibus *6,26. He.87...90.97. Se. 543. Mü.672...75. Gö.844...48. Pu.478. Ro.596. Va.452...55. Si.175. Ar.497.*f. *Br.183. Mayer* Erbr. *§§ 37...40. Papillonius* l.c. *Schadee* in Oelrichs Thes.nov.II.2.n°.8. *Madihn* Vicissitudines subst.imp.in Exercitt.acadd.n°.9. *Heisler* de pup.subst.heredes legitimos exclud.in Exercc.acadd.Hal.1776.n°.1. *Schweitzer* pro subst.vulg.Ien.1814. *Zimmern* in s.u.Neustetels röm.rechtl.Unterss.I.S.83.ff. u.dageg. *Thibaut* i.Arch.f.c.Pr.V.S.345.ff. *Löhr* daselbst IX.S.112.ff.XXII.13. *Fuchs* das.XXXVIII.13. *Warnkönig* i.Ztsch.f.Civ.u.Pr.XVIII.10. *Mü.-Gl.*l.c.§§1447.1450...55. *Schmidt* Leistung v.Vermächtn.bei der Pup.subst. in Ztsch.f.Civ. u.Pr.N.F.VIII.14. *Pernice* üb.subst.tacita in Lpz.Jahrb.des gem.R.I.7. [1]) *Gai.2,179.sqq. Pr.§2.I.h.t.2,16.* „Liberis suis inpuberis quos in potestate quis habet, non solum ita .. substituere potest, .. ut *si heredes ei non extiterint, alius ei sit heres*, sed eo amplius, ut *et si heredes ei extiterint et adhuc inpuberes mortui fuerint, sit eis aliquis heres:* .. nam moribus institutum est, ut cum eius ætatis sunt in qua ipsi sibi t-tum facere non possunt, parentes eis faciant". [cf.*Ulp.L.2.pr.D.h.t.28,6.*] *§2.* „Igitur in pupillari substitutione .. duo quodammodo sunt t-ta, alterum patris, alterum filii, tamquam si ipse filius sibi heredem instituisset; aut certe unum est t-tum duarum causarum, i.e. duarum hereditatium". *§4.eod.* „..constat enim unum esse t-tum, licet duæ sint hereditates, usque adeo, ut quos quis sibi facit necessarios, eosdem etiam filio faciat, et postumum suum filio inpuberi possit quis substituere". *Id.L.20.eod.* „Patris et filii t-tum pro uno habetur ... Si pater sibi per scripturam, filio per nuncupationem, vel contra, fecerit t-tum, valebit". cf. *L.16.§1.eod. Bonif.VIII. c.1.VI°.de t-tis 3,11.* „...nam t-tum huiusmodi pupillare paternum vel paterni pars potius est censendum". *Primæ* und *secundæ tabulæ:* cf.e.gr. *L.11.§5.D.ad L.Falc.35,2. LL.10.§4.43.§3.D.h.t.28,6.etc.* [2]) *§5.I.h.t. Mod.L.1.§3.D.h.t.* „Substituere liberis pater non potest, nisi si heredem sibi instituerit: nam sine heredis institutione nihil in t-to scriptum valet". *Ulp.L.2.§1.eod.* „Quisquis autem inpuberi t-tum facit, sibi quoque debet facere; ceterum soli filio non poterit, nisi forte miles sit. adeo autem nisi sibi quoque fecerit, non valet, ut nisi adita quoque patris hereditas sit, pupillare t-tum evanescat..." s. not. 22. *§4.eod.* „Prius autem sibi quis debet heredem scribere, deinde filio substituere, et non convertere ordinem scripturæ ... ceterum si ante filio, deinde sibi t-tum faciat, non valere...". [3]) II. § 301. [4]) *Ulp.L.10. §6.D.h.t.* „In adrogato quoque inpubere dicimus ad substitutum eius ab adrogatore datum non debere pertinere ea quæ haberet si adrogatus non esset, sed ea sola quæ ipse ei dedit adrogator, nisi forte distinguimus, ut quartam quidem quam omni modo ex rescripto divi Pii debuit ei relinquere, substitutus habere non possit, superfluum habeat. Scævola tamen ... putat vel hoc adrogatori permittendum. quæ des Pupillarsubstituten[5], der Einsetzung von Notherben des Pupillen[6], der Einsetzung der väterlichen sui heredes als solcher des Kindes[7], der dem Pupillarnachlaße vom Vater aufzulegenden Vermächtnisse[8-9]. Die Einsetzung des Kindes in des Vaters Testament als simplex (vulgaris oder pupillaris) gilt regelmäßig auch als duplex, vulgare und pupillare zugleich[10]; ist aber dem A der B, diesem C pupillariter substituiert, so ist es nicht auch der C dem A[11]. Die simplex gilt jedoch nicht als duplex, wenn der Testator es

---

sententia habet rationem. ego etiam amplius puto et si quid beneficio adrogatoris adquisiit, et hæc substitutum posse habere, utputa adrogatoris amicus vel cognatus ei aliquid reliquit". (*Mü.-Gl.* l.c. S.409.ff.) *Id.L.22.§1.D.de adoptionib.1,7.*

[5]) *Mod. L.1.§2.D.h.t.* „Substituere liberis tam heredibus institutis quam exheredatis possumus, et tam eum quem heredem nobis instituimus, quam alterum". *LL.6.10.§5.D. eod.*

[6]) *Ulp.L.8.§5.D.de inoff.t-to 5,2.* „Sed nec inpuberis filii mater inoff-um t-tum dicit, quia pater ei hoc fecit; .. nec patris frater, quia filii t-tum est [*L.6.D.h.t.* sagt „quasi a pupillo capiat"]; ergo nec frater inpuberis, si patris non dixit. sed si in patris obtentum est, nec hoc valebit, nisi si pro parte patris [*t-tum*] rescissum est; tunc enim pupillare valet". vgl. *Zimmern* u. *Thibaut ll.citt.* *Francke* Notherb. S.456.ff. dagegen *Fuhr* i. s. u. Hoffmanns Civ. Versuchen S.89.ff. *Mü.-Gl.* XL. S.391.ff.

[7]) *L.2.§4. D.h.t.* not.1. *Ulp.L.10.§1.D.eod.* „Quos possum heredes mihi facere necessarios, possum et filio...". cf. *L.18.pr.D.de reb.dub.34,5.*

[8]) *Pap.L.41.§3.D.h.t.* „...nec f-sso propriæ facultates filii tenebuntur; et ideo si pater filium exheredaverit et ei nihil reliquerit, nullum f-ssum erit: alioquin si legata vel f-ssa filius acceperit, intra modum eorum f-ssum hereditatis a filio datum citra Falcidiæ rationem debebitur". *Paul.L.126.pr.D.de leg.1.30.* *Tryph.L.41.§3.D.de t-to mil.29,1.* *Iustinian.L.24.C.de legatis 6,37.* vgl. §129.not.5.

[9]) *Pap.L.11.§8.D.ad L.Falc.35,2.* „Si quis exheredato filio substituit heredem institutum et ab eo tabulis quoque secundis legaverit, necessario ratio confundetur [im Gegensatz zu der legatorum ratio separanda in *§7.eod.*], cum ideo legata valere dixerit Iulianus a substituto relicta, quod idem patri heres extiterit". *Iul.L.87.§7.eod.* „..est .. rationi congruens, ne plus iuris circa personam substituti t-tor habeat, quam habuerat in eo cui eum substituebat". *L.41.§3.D.h.t.* *Mü.-Gl.* l.c. S.395.ff.405.

[10]) *Gai.2,179.sq.* *Mod.L.1.§1.D.h.t.* [das gesperrt gedruckte hat nur Hal.] „Heredis substitutio [*Hal.* institutio] aut duplex est aut simplex: ***simplex***, veluti *Lucius Titius heres esto. si mihi Lucius Titius heres non erit, tunc* Gaius *Seius heres mihi* [*mihi* omis. Hal.] *esto.* duplex, veluti *Titius mihi hæres esto. Si heres non erit, sive erit et intra pubertatem decesserit, tunc Gaius Seius heres mihi* [*mihi* omis. Hal.] *esto*". *Id. L.4.pr.§1.eod.* „Iam hoc iure utimur, .. ut cum pater inpuberi filio in alterum casum substituisset, in utrumque casum substituisse intellegatur, sive filius heres non extiterit, sive extiterit et inpubes decesserit. *§1.* Quod ius ad tertium quoque genus substitutionis tractum esse videtur: nam si pater duos filios inpuberes heredes instituat eosque invicem substituat, in utrumque casum reciprocam substitutionem factam videri divus Pius constituit". *Fuchs* Substit. tacita. i. Arch. f. civ. Pr. XXXVIII.13. *Mü.-Gl.* §1447. wo auch von der causa Curiana (*Cic.* de orat. I.39.57. II.6.32. Brut.39.52. de inv. II.42. Top.10. pro Cæc.18.27. *Quintilian.* Inst.or. *7,6.*) s. auch *Pättmann* Probabil. II.c.14.

[11]) *Scæv.L.47.D.h.t.* „Qui habet filium et filiam inpuberes, instituto filio herede filiam exheredavit, et *si filius intra pubertatem decessisset*, filiam eidem substituit, sed filiæ, *si antequam nuberet* [= viri potens facta esset] *decessisset*, uxorem suam ... substituit. Quæro, cum filia inpubes prior decesserit, deinde frater eius inpubes, an filii hereditas ad uxorem ... testatoris iure substitutionis pertineat? Respondi, secundum ea quæ proponerentur, non

nicht wollte[12] oder wegen mangelnder Befugniss zur Pupillarsubstitution nicht wirksam wollen konnte[13]; noch auch beim testamentum militis[14]. Eintritt der Wirksamkeit und Eröffnung der pupillares tabulae[15-16]. Erlöschungsgründe der Pupillarsubstitution[17...25].

§. (115) 61. c. †Quasi pupillaris (†exemplaris, †Iustinianea) substitutio.

Testament des Vaters für seinen stummen mündigen Sohn zufolge kaiserliches Rescripts[1]. Allgemeinere Verordnung Justinians[2]. Jetzige gemeinrechtliche Gestaltung dieses Elternrechts, verstandeslosen Descendenten für deren Vermögen Erben aus *a*) deren Kindern oder *b*) Geschwistern zu ernennen.

---

pertinere". [12]) *Alex.L.4.C.h.t.* „..si modo non contrariam defuncti voluntatem extitisse probetur". [13]) *L.4.D.cit.§2.* „..Incongruens enim videbatur, ut in altero duplex esset substitutio, in altero sola vulgaris...". *L.45.pr.D.h.t. LL.2.4.C.eod.* [14]) *L.8.C.h.t.* zu § 58.not.3. cf. *L.6.C.de t-to militis 6,21.* [15]) *LL.21.38.§1.43.§1.D.h.t.* [16]) *Ulp. L.8.D.t-ta q. aper 29,3.* „Pupillares tabulas etiam si non fuerit superscriptum *ne aperirentur*, attamen si seorsum eas signatas testator reliquerit, praetor eas aperiri nisi causa cognita non patietur". [17]) *§8.I.h.t.* „Masculo igitur ad XIIII annos substitui potest, feminae usque ad XII annos, et si hoc tempus excesserint, substitutio evanescit". *Pap. L.7.D.h.t.* „Verbis civilibus [d.h. als Erbeseinsetzung] substitutionem post quartum decimum annum aetatis frustra fieri convenit. sed qui non" (u.s.w. in not.23.) *Pomp. L.14.D.eod.* „In pupillari substitutione licet longius tempus comprehensum sit, tamen finietur substitutio pubertate". [18]) *LL.15. cf.28.41.§4.D.h.t. cit. L.8.C.h.t.* u. § 54.not.2. [19]) *Pap.L.41.§2.D.h.t.* „Cum filiae vel nepoti qui locum filii tenuit aut post t-tum coepit tenere, parens substituit, si quis ex his mortis quoque tempore non fuit in familia, substitutio pupillaris fit irrita". [20]) *LL.28.29. D.h.t. LL.10.11.22.pr.D.de captiv.49,15. L.1.C. de postlim.8,51. Mü.-Gl.* XL. S.447.ff. oben I.§15. [21]) *Marcian.L.18.pr.D.de reb.dub.34,5.* „Sed et in illo quaeritur, si pariter pupillus et qui ei substitutus erat frater necessarius, decesserit, an frater fratri existat heres an contra; vel si duo invicem necessarii substituti sunt, et una perierint, an heredes extitisse videantur, vel alter alteri, h.e. si invicem hereditatem rogati fuerint restituere. In quibus casibus si pariter decesserint, nec adpareat quis ante spiritum emisit, non videtur alter alteri supervixisse". cf.*L.59.D.de adq.her. 29,2.* s.I.§15.not.7. [22]) *§5.I.h.t.2,16.* „..si patris t-tum non valeat, nec filii quidem valebit". *L.2.§1.* (in not.2.) *LL.10.§4.16.§1.22.34.i.f.35.i.f.D.h.t. L.8.§5.D.de inoff.t-to 5,2.* dagegen *Nov.115.c.3.i.f.1.* s.unten § 80. *Mü.-Gl.*XXXVII.S.256.ff. XL.S.248.f. [23]) *Ulp.L.10.§3. D.h.t.* „...si pater me heredem scripserit ex parte, et filium ex parte, et ego patris hereditatem repudiavero, .. neque filii hereditatem habere possum". — u. so hinwieder auch „qui non admittitur ut substitutus, ut adiectus heres quandoque non erit, ne fiat contra voluntatem, si filius non habeat totum interim quod ei pater t-to dedit". *L.7.D.h.t.* not.17.cit. [24]) *LL.2.§§1.2.16.§1.i.f.et passim D.h.t.* [25]) *LL.17.§1.18...20. 22.§1.D.de adopt.1,7. §3.I.eod.1,11. L.10.§6.D.h.t.28,6.*

§. 61. *He.91...94. Se.545. Mü.676. Gö.849. Pu.479. Ro.597. Va.456. Si.176. Ar.499. Br.184. Rossh.*Test.Erbr.*§74. Mayer* Erbr.*§§41...43. Donell.*comm.ad cit.L.9.C. *Papillonius* not.* vor § 58.cit. *Madihn* l.c. *Toullieu* Collectan.Groning.1737.n°.14. *Madihn* vicissitudines subst.exemplaris.Hal.1775. *Unterh.* i.Arch.f.civ.Pr.II.8. *Zimmern* das. II.28. *Löhr* das.V.3.IX.7. *Thibaut* das.V.S.337.ff.X.10. *Haimberger* das.XII.18. *Puchta* Gew.R.II.S.68...71. *Mü.-Gl.* XL.f. §§ 1456.f. *Francke* Notherbr.S.463.ff. *Düffer* ad c.9. C.6,26.Hal.1848. *Hüffer* de subst. q. pup. Vratisl.1853. [1]) *Paul. L.43.pr. D.h.t.28,6.* [2]) *§1.I.de pup. subst.2,16. Iustiniani L.9.C.h.t.6,26.* (a.528.) „Humanitatis intuitu parentibus indulgemus, ut si filium, nepotem vel pronepotem cuiuscumque sexus ha-

III. Wegfallen des Testaments. (*Abr.III.§19.*)

§. (116) 62. A. Arten.

Gänzliche oder theilweise, unmittelbare oder mittelbare, uranfängliche oder hinterher eintretende Ungiltigkeit eines Testaments oder einer Testamentsverfügung. In der Bedeutung des testamenti als specieller lex über diese einzelne familia gegründete Rechtssätze [1.2], welche für das Testament als Grund zu ertheilender B.P. nicht gelten [3]. Nullität [4] und Rescissibilität [5]. Einwirkung des Privatwillens auf dieselbe [6].

B. Gründe.

A. Nothwendige Aufhebung wegen

§. (117) 63. 1. des Erblaßers.

Das testamentum wird 1) irritum durch Verlust des commercium des Testators [1], nicht durch sonstigen Verlust der testamenti factio [2]. B.P-io aus einem irritum testamentum [3];

---

beant, [*a*] nec alia proles descendentium eis sit, iste tamen filius vel filia, nepos vel neptis, pronepos vel proneptis, mente captus vel mente capta perpetuo sit, vel si duo vel plures isti fuerint, nullus vero eorum sapiat, liceat iisdem parentibus, legitima portione ei vel eis relicta, quos voluerint his substituere, ut occasione huiusmodi substitutionis ad exemplum pupillaris querela nulla contra t-tum eorum oriatur: ita tamen, ut si postea resipuerint, talis substitutio cesset. Vel si filia aut alii descendentes ex huiusmodi mente capta persona sapientes sint, non liceat parenti qui vel quæ testatur, alios quam ex eo descendentes, unum vel certos vel omnes, substituere. [*b*] Sin vero etiam liberi testatori vel testatrici sint sapientes, ex his vero personis quæ mente captæ sunt, nullus descendat, ad fratres eorum, unum vel certos vel omnes, eandem fieri substitutionem oportet".

§. 62. *Gai.2,138...51. Ulp.23,1...6. Inst.*Quibus modis t-ta infirmantur 2,17. *Cod.* De caducis tollendis *6,51.* u. die bis § 68. u. zu §§ 80.f.122...24.128. citt. Quellen. *He.103.*f. *Se.546. Mü.773.777.*ff. *Gö.687. Pu.438. Ro.626. Va.457. Si.179.*f. *Ar.501.*ff. *Br.186.*f. *Manz* de t-to valido v. inv.Ulm.1726. *Mayer* Erbr.*§30. Rossh.*Test.Erbr.*§§103.*ff. *Leist* B.P.§§106.ff. „Fälle der civilrechtl. ungiltigen, vom Prätor aufrecht erhalt. Test." *Heimbach* in Weiske X.S.922.ff. [1]) *Paul.L.29.D.de R.I.1,17.* „Quod initio vitiosum est, non potest tractu temporis convalescere". *Iav.L.201.eod.* „Omnia quæ ex t-to proficiscuntur, ita statum eventus capiunt, si initium quoque sine vitio ceperint". *Lic.Ruf.L.210.eod.* „Quæ ab initio inutilis fuit institutio, ex post facto convalescere non potest". *§1.I.quib.non est perm.2,12. L.un.§§2.sqq.C.tit.cit.6,51.* vgl. § 28.a.E. Von der Catoniana regula § 128. [2]) § 28.nott.17.18. § 29.nott.5.ff. u.folg. § 63.nott.1.2. [3]) cit. § 63.nott.3.7. § 68.not.6. § 71.nott.3.ff. [4]) Nullität wegen Mangels *a*) der t-ti factio des Verfügenden (§ 28.) oder gehöriger Bestimmung des Willens (§ 49.) oder dessen rechtsgenügenden Ausdruckes (§ 50.), *b*) des wesentlichen Inhalts (§§ 52.29...31.69.ff.), *c*) wesentlicher Förmlichkeiten (§§ 33...46). [5]) Rescissibilität wegen Beschaffenheit des Willens (§ 49.nott.6.ff.) oder verletztes Notherbenrechts (§§ 69.ff.) [6]) *Ulp.L.29.§2.D.de inoff.t.5,2.* „Quamvis instituta inofficiosi t-ti accusatione res transactione decisa sit, tamen t-tum in suo iure manet. et ideo .. legata usque quo Falcidia permittit, suam habent potestatem". *Scæv. LL.3.pr.14.D.de transact.2,15. Mü.-Gl.* § 1427. *Francke* Anerkennung ungilt. letztw. Dispos.im Arch.f.c.Pr.XIX.7. *Si.180. Va.457.* s.unten § 77.not.9.

§. 63. *Dig.* De iniusto, rumpto, irrito facto t-to 28.*3.* u. die zu § 71. unter A. citt. Quellen. *He.105.111. Se.547. Mü.780.782. Gö.871.867. Pu.483. Ro.627. Va.458. Si.179.not.6. Ar.503.*n°.1. *Br.187.*n°.1.3. *Mayer* Erbr. *§§ 32a.91. Mü.-Gl.* XXXIX. §§ 1433. 1432. *Heimbach* in Weiske X. S.970.ff. [1]) *Gai.2,145. Ulp.23,4.5. § 4.I.h.t.2,17.* „.. t-ta iure facta infirmantur. .. cum is qui fecerit t-tum, capite deminutus sit..". *L.6.§ 5.*

gemeinrechtliche Unanwendbarkeit dieses Grundes[4,5]; 2) nullum, wenn ein bei der Testamentserrichtung schon existenter Notherbe (§ 69.) präteriert ist[6]; B.P-io aus einem durch einen vor des Testators Tod wieder ausgefallenen suus heres rumpierten Testament[6,7]. Wirkung solcher Präterition nach justinianischem Recht[8].

§. (118) 64. 2. des Erben.

Das testamentum wird destitutum, desertum, auch irritum, die Vermächtnisanordnung erlischt, extinguitur, wenn von dem oder allen Eingesetzten nicht erworben wird[1...4]. Dolose Destitution[5].

§. (119) 65. 3. Unerfindlichkeit der testamentarischen Verfügung.

Unerkennbarkeit der ganzen Verfügung oder aller wesentlichen Bestandtheile[1,2].

D.h.t.28,3. vgl. oben § 27. [2]) *§§ 1.3.I.quib.non est perm.2,12.* „..sed si quis post t-tum factum ... mutus aut surdus esse cœperit, ratum nihilo minus permanet t-tum". *Gai. L.6.§1. Ulp.L.18.pr.D.qui t-ta fac.28,1.* „..quod tamen interdictione vetustius habuerit t-tum, hoc valebit..". *L.20.D.eod. Ulp.L.1.§ 9.D.de B.P.s.t.37,11.* „... sed ante factum eorum t-tum valet". [3]) *Gai.2,147. §6.I.h.t.* „non tamen per omnia inutilia sunt ea t-ta ..: nam si VII testium signis signata sunt, potest scriptus heres secc. tabb. t-ti B.P-em adgnoscere, si modo defunctus et civis R. et suæ potestatis mortis tempore fuerit ...". *Ulp. L.12.pr.D.h.t. LL.1.§ 8.11.§ 2.D.de B.P.s.t.37,11.* [4]) s. oben I. §§ 22.17. vgl. *Leist* l.c.II.1.S.271.ff. [5]) *L.6.§§ 4.sqq.D.h.t.* s. oben §§ 27.28. [6]) *Pap.L.1.D.h.t.* „T-tum .. dicitur .. nullius esse momenti, cum filius qui fuit in patris potestate, præteritus est..". *Ulp. L.8.pr.eod.* „..sui heredis adgnatione solet rumpi". *Gai.3,138.sqq. Ulp.23,2.3. §1.I.h.t.* „Rumpitur autem t-tum, cum in eodem statu manente testatore ipsius t-ti ius [*vis*] vitiatur. si quis enim post factum t-tum adoptaverit sibi filium, .. t-tum eius rumpitur quasi adgnatione postumi..". *§§1.2.I.de exh.lib.2,13. Iustinian. L.4.C.de postum.her.6,29.* [7]) *Ulp.LL.3.§3.12.D.h.t.* „Postumus præteritus vivo t-tore natus decessit: .. si signatum fuerit t-tum, B.P-em s.t. accipere heres scriptus potest remque optinebit ... idcircoque legatarii et f-ssarii habebunt ea quæ sibi relicta sunt securi. Idem et circa iniustum et irritum t-tum erit dicendum, si B.P. data fuerit ei qui rem ab intestato auferre possit". vgl. *Leist* l.c.S.272.ff. [8]) *§5.I.de exh.lib.2,13. L.4.C.de lib.præteritis 6,28.* (a.531.) u. dazu *Nov.115.c.3.i.f.* cf. § 70.nott.1.10. §§ 79.81.

§. 64. cf. *Dig.29,4. Cod.6,39.* ad § 90.citt. *He.110. Se.551. Mü.781. Gö.872. Pu.§ cit. Ro.628. Va.459. Si.179.*n°.11.4. *Ar.503.*n°.2. *Br.187.*n°.2. *Mayer § 34. Mü.-Gl.*XXXIX. § 1433 a. ibiq.citt. *Lauterbach* et *Zepernick*. *Heimbach* l.c. S.977.ff. [1]) *§7.I.de her.q. ab.int.3,1.* „..aliquem sine t-to decessisse ... accidit et destituto t-to..". *§2.I.quib.mod. t-ta infirm.2,17.* „Posteriore quoque t-to quod iure perfectum est, superius rumpitur, nec interest an extiterit aliquis heres ex eo, an non extiterit: hoc enim solum spectatur an aliquo casu existere potuerit: ideoque si quis aut noluerit heres esse, aut vivo t-tore aut post mortem eius ante quam hereditatem adiret decesserit, aut condicione sub qua heres institutus est defectus sit, in his casibus paterfamilias intestatus moritur: nam et prius t-tum non valet, ruptum a posteriore, et posterius æque nullas vires habet, cum ex eo nemo heres extiterit". [2]) oben §§ 29...31. *L.3.§§1.2.D.de his q.pro non scr.34,8.* [3]) unten § 90. [4]) *§ 2.Inst.* in not.1. Die *Nov.1.c.3.* ändert nichts an den Wirkungen der Destitution eines Testaments. s. gegen *Zepernick* und *Lõhr* (Arch.f.civ.Pr.V.15.) die Ausführungen von *Francke* Beitr.178.ff. *Mü.-Gl.* l.c. *Va.* l.c. [5]) § 90. not.8.

§. 65. vgl. § 66. *Dig.* De his quæ in t-to delentur, inducuntur vel inscribuntur 28,4. *He.111. Se.549. Mü.783.*a.E. *Gö.870. Pu.484.not.e. Ro.629.*n°.1. *Si.179.*n°.5.a. *Ar.502.*Anm.1. *Mü.-Gl.*XXXIX. §§ 1434.f. *Heimbach* in Weiske X.S.965.ff. [1]) *Ulp.L.1.*

B. Willkürliche Aufhebung des Testaments:

§. (120) 66. 1. Vernichtung des Testaments, totale oder partiale.

Absichtliche Vernichtung des ganzen Testaments oder aller Originalien desselben durch den Testator (§ 65.not.1.) tilgt dessen Geltung ganz [1], nicht aber nothwendig die Vernichtung aller Erbeseinsetzungen auch die Geltung der Nebenanordnungen [2]. Bloße Tilgung letzterer [3].

D.h.t. „Quæ in t-to legi possunt, ea inconsulto deleta et inducta nibilominus valent; consulto, non valent: .. *legi* autem sic accipiendum, non *intellegi*, sed *oculis perspici quæ sunt scripta;* ceterum si extrinsecus intelleguntur, non videbuntur legi posse... *§ 1.* Quod igitur incaute factum est, pro non facto est, si legi potuit... *§ 2.* Sed si legi non possunt quæ inconsulto deleta sunt, dicendum est non deberi: sed hoc ita demum, si ante consummationem t-ti factum est. *§ 3.* Sed consulto quidem deleta exceptione petentes repelluntur, inconsulto vero, non repelluntur, sive legi possunt sive non possunt: quoniam si totum t-tum extet, constat valere omnia quæ in eo scripta sunt. et si quidem illud concīdit testator, denegabuntur actiones; si vero alius invito testatore, non denegabuntur". cf. *LL.sqq. L.20.D.de iniusto 28,3. LL.12.30.C.de t-tis 6,23. L.1.§§7.10.11,D.de B.P.s.t.37,11: L.1.§8.D.si tab.t-ti* in folg.not.1. vgl. § 47. [2]) § 35. vgl. *L.40.D.ad L.Aq.9,2. L.3.§5.D.de Carb.ed.37,10.* u. über Aufnahme des Beweises zu ewigem Gedächtnisse die Civilprocessschriftsteller. *Bg* Grdr.d.Civilpr. *§ 99.*n°.2.

§. 66. s. *Dig.tit.cit. He.109. Se.549.580. Mü.783.*n°.II. *Gö.§ cit. Pu.448.*n°.1. *Ro. 629.*n°.II.III. *Va.460. Si.* l.c. S.478.ff. *Ar.502.*n°.1. *Br.187.*n°.4. *Mayer §§ 33.β. Mü.-Glück* l.c. [1]) *Ulp.L.1.§7.D.de B.P.s.t.37,11.* „Sed si unum t-tor fecerit quasi *t-tum*, aliud quasi *exemplum*, si quidem id extat quod voluit esse t-tum, B.P. petetur, si vero id quod exemplum erat, B.P. peti non poterit". *Pap. L.4.D.h.t.28,4.* „Pluribus tabulis eodem exemplo scriptis unius t-ti voluntatem eodem tempore dominus [der Testator] sollenniter conplevit: si quasdam tabulas in publico depositas abstulit atque delevit quæ iure gesta sunt, præsertim cum ex ceteris tabulis quas non abstulit, res gesta declaretur, non constituentur irrita. Paulus notat: Sed si, ut intestatus moreretur, incidit tabulas, et hoc approbaverint hi qui ab intestato venire desiderant, scriptis avocabitur hereditas". [2]) *Ulp.L.2.D.eod.* „..legata ab eo nominatim relicta debebuntur, si voluntas ea fuit testantis, ut tantum heredis institutio inprobetur .... quod si putaverit totum t-tum delendum ob unius malum meritum, omnibus [heredibus] denegantur actiones. sed an legatariis actio denegari debeat quæstio est: in ambiguo tamen interpretandum erit et legata deberi et coheredum institutionem non esse infirmandam". *Marcell.L.3.eod.* „Proxime in cognitione principis, cum quidam heredum nomina induxisset, et bona eius ut caduca a fisco vindicarentur, diu de legatis dubitatum est, et maxime de his legatis quæ adscripta erant his quorum institutio fuerat inducta: plerique etiam legatarios excludendos existimabant; quod sane sequendum aiebam, si omnem scripturam t-ti cancellasset: non nullos opinari, id iure ipso perimi quod inductum sit, cetera omnia valitura. Quid ergo? non et illud interdum credi potest, eum qui heredum nomina induxerat, satis se consecuturum putasse, ut intestati exitum faceret? sed in re dubia benigniorem interpretationem sequi non minus iustius est quam tutius. SENTENTIA IMPERATORIS ANTONINI AVGVSTI, PVDENTE ET POLIONE CONSVLIBVS [a.p.Chr.166.]. *Cum Valerius Nepos mutata voluntate et inciderit t-tum suum et heredum nomina induxerit, hereditas eius secundum divi patris mei constitutionem ad eos qui scripti fuerint, pertinere non videtur.* Et advocatis [advocatus *Hal.*] fisci dixit *Vos habetis iudices vestros.* Vivius Zeno dixit, *Rogo, domine imperator, audias me patienter: de legatis quid statues?* Antoninus Cæsar dixit *Videtur tibi voluisse t-tum valere qui nomina he-*

Einfache Zurücknahme des s.g. testamentum iudiciale ist nicht Aufhebung seiner Geltung[4].

§. (121) 67. 2. Widerruf des Testaments.

Einfacher Widerruf, auch der unter Beobachtung der Testamentserrichtungsförmlichkeiten, hebt kein Testament auf; wol aber der gerichtlich oder vor 3 Zeugen erklärte, wenn zudem 10 Jahre seit der Errichtung verflossen sind.

§. (122) 68. 3. Errichtung eines neuen Testaments.

Der Testierfähige kann stäts seinen letzten Willen ändern[1.2]. Zwei Testamente über Eine familia als eines geltend[3]. Rumpierung eines Testaments durch ein neueres[4.5], aber B.P-io aus jenem, wenn dieses wieder weggefallen ist[6]. Besondere Berücksichtigung und

---

redum induxit? Cornelius Priscianus advocatus Zenonis dixit *Nomina heredum tantum induxit.* Calpurnius Longinus advocatus fisci dixit *Non potest ullum t-tum valere quod heredem non habet.* Priscianus dixit, *Manu misit quosdam et legata dedit.* Antoninus Cæsar remotis omnibus cum deliberasset et admitti rursus eosdem iussisset, dixit *Causa præsens admittere videtur humaniorem interpretationem, ut ea dumtaxat existimemus Nepotem irrita esse voluisse quæ induxit.* Nomen servi quem liberum esse iusserat, induxit; Antoninus rescripsit *liberum eum nihilo minus fore:* quod videlicet favore constituit libertatis". *Ulp.L.1.§8.D.si tabb.t-ti null.38,6.* „Si heres institutus non habeat voluntatem, vel quia incisæ sunt tabulæ, vel quia cancellatæ, vel quia alia ratione voluntatem t-tor mutavit voluitque intestato decedere, dicendum est ab intestato rem habituros eos qui B.P-em acceperunt". vgl. §123.not.1. [3]) *Id.L.1.§4.D.h.t.* „Si quis codicillos in t-to confirmavit et codicillis aliquid adscripsit, mox delevit, ita ut adpareat [d.h. *legi possit*], an debeatur? et Pomponius scribit Codicillos deletos non valere". [4]) *Glück* XXXIV.S.218.ff. *Mü.-Gl.* XXXVIII.S.261.ff.302.ff. *Va.460.*n°.III.a.E.

§. 67. *He.106.*f. *Se.550.* *Mü.783.not.15.* *Gö.870.*n°.II. *Pu.484.*n°.2. *Ro.627.* *Va.460.*n°.I.III. *Si.*l.c.S.477. *Ar. Br. ll.citt.* *Mayer §33.γ.* *Greve* de mutatione et revocatione t-ti.Gott.1789. *Mü.-Gl.*XXXIX.S.267.ff.—*Iustiniani L.27.C.de t-tis 6,23.* „Sancimus si quis legitimo modo condidit t-tum et post eius confectionem decennium profluxerit, si quidem nulla innovatio vel contraria voluntas testatoris adparuerit, hoc esse firmum [hiedurch ist *L.6.Th.C.eod.4,4.* von 418. abgeschafft.].. Sin autem in medio tempore contraria testatoris voluntas ostenditur, si quidem perfectissima est secundi t-ti confectio, ipso iure prius tollitur t-tum; sin autem testator tantum dixerit *non voluisse prius stare t-tum*, vel aliis verbis utendo contrariam aperuerit voluntatem, et hoc vel per testes idoneos non minus tribus vel inter acta manifestaverit, et decennium fuerit emensum, tunc irritum est t-tum tam ex contraria voluntate quam ex cursu temporali..". (a.530.)

§. 68. *He.111.106.* *Se.548.* *Mü.783.*n°.1. *Gö.869.* *Pu.484.*n°.3. *Ro.627.* *Va.460.*n°.II. *Si.*l.c.S.482.ff. *Ar.501.* *Br.*l.c.n°.4.c. *Mayer §33.α.* *Mü.-Gl.* XXXVIII.§§1428.ff. bes.§1430. *Heimbuch* in Weiske X.S.948.ff. [1]) „nemo enim eam sibi potest legem dicere, ut a priore ei recedere non liceat". s.§57.not.5. u. vgl. §3.nott.10.11. u. §7.not.1. [2]) *Ulp.L.4.D.de adim.leg.39,4.* „ambulatoria enim est voluntas defuncti usque ad vitæ supremum exitum". [3]) *L.10.pr.et L.47.D.* zu §47.not.10. *Ulp.L.1.§6.D.de B.P.s.t.37,11.* „Sed et si in duobus codicibus simul signatis alios atque alios heredes scripserit, et utrumque [*t-tum*] extet, ex utroque quasi ex uno competit B.P., quia pro unis tabulis habendum est, et supremum utrumque accipiemus". [4]) *L.2.D.h.t.* in §40.not.1. *§7.I.h.t.2,17.* „..ne alias tabulæ priores iure factæ irritæ fiant, nisi sequentes iure ordinatæ et perfectæ fuerint: nam imperfectum t-tum sine dubio nullum est". *L.11.D.de iniusto 28,3.* *L.36.§4.D.de t-to mil.29,1.* *L.12.§1.D.de B.P.c.t.37,4.* *Mü.-G*

Auslegung des Willens des aufs neue Testierenden [7...9]. +T-tum posterius inperfectum [10]. Gleichzeitige oder solche Test-te, von denen das Zeitverhältniss der Errichtung nicht erhellt [11].

Dritter Titel. Erbfolge gegen des Testators Willen, s.g. Notherbfolge *).

§. (123) 69. Einleitung. (*Abr.III.§18.n°.1.2.*)

Notherben wegen Präterition, wegen Ausschließung vom Pflichttheil [1...3]. *A.* Die zu Erben einzusetzenden Personen sind im ältesten Recht nicht gesetzlich bestimmt [4]; Wirkungen der Präterition activer Mitglieder der familia des Testators [5] und der Pflichttheilsrechtsverletzung [6] nach dem Civilrecht der Republik. *B.* Contra tabb.B.P-io der emancipierten Kinder und *C.* der Kinder derselben [7]. *D.* Justinianisches Notherbenrecht [8]. Naturale, nicht civile Natur des Soldatentestaments [9].

XXXVIII.§1430. [5]) *§2.I.* zu §64. *L.16.D.de iniusto 28,3.* [6]) *Pap.L.11.§2.D.de B.P. s.t.* „...si sui iuris effectus [*qui t-to facto adrogandum se præbuerat*] codicillis aut aliis litteris *eodem t-to se mori velle* declararerit, voluntas quæ defecerat, redisse intellegetur, non secus ac si quis aliud t-tum fecisset, ac supremas tabulas incidisset, ut priores supremas relinqueret...“. [7]) *L.92.D.28,5.* in §49.not.6. vgl. §139. not.4. [8]) §2.not.15. §53.not.6. [9]) *§3.I.h.t.2,17.* „..Impp.Severus et Antoninus Cocceio Campano. T-tum secundo loco factum, licet in eo certarum rerum heres scriptus sit, iure valere perinde ac si rerum mentio facta non esset; sed teneri heredem scriptum, ut contentus rebus sibi datis, aut suppleta quarta ex lege Falcidia, hereditatem restituat his qui in priore t-to scripti fuerant, propter inserta verba secundo t-to, quibus *ut valeret prius t-tum* expressum est, dubitari non oportet. [10]) §40. [11]) oben not.3. und §51.

*) Quellen s. zu den ff.§§. Litteratur: *de Retes* in Meerm.Thes.VI. *Finestres y Monsalvo* Prælectiones Cervarienses.1752.1759. *Sartorius* de B.P.c.t. Lps.1775. *Stein* von pflichtwidr.Testamenten. Erl.1798. *Heise* de successionib. necessariis. Gott.1802. *Færster* de B.P. liberor. præteritor. Vrat.1823. *Valett* Das ... Notherbenrecht.Gött.1826. *Gessner* de iure succ.c.test.ex Nov.115.Basil.1828. *Bluntschli* Erbf. gegen den letzten Willen. Bonn 1829. *Francke* Das R.der Notherben und Pflichttheilsberechtigten.Gött.1831. *Glück* VI.f.§§ 543...61. u. *Mü.* Forts.XXXV. § 1420. bis XXXVIII.§1425.*f.* *Arndts* ‘Enterbung’ u. ‘Pflichttheils- und Notherbenrecht’ in Weiske III.VIII. s. sonstige Litteraturangabe bei *Francke* S.7... 11. *Mayer* Erbr. *§§ 84...112.* *Rossh.* Test. Erbr. I. Kap.1.2. u. oben §4. vgl. *Gärtner* Das Notherbenrecht ... im allg. Ldr., in *Simon* u. *Strampff* Ztsch. f.preuß.R.II.20. [Die Stellung dieser Lehre in die von der Delation der Erbfolge ist die systematisch richtige, nicht ein Einschieben, wie es *Ar.* nennt, welcher sie nach dem Vorgang Anderer hinter die Lehre von den Vermächtnissen hinausschiebt. Schon das Edict erkannte dieses. Die Succession in die familia eines Verstorbenen bestimmt die allgemeine lex (Intestaterbfolge), es hätte denn eine specielle lex darüber verfügt (testamentar.Erbfolge), welche aber im Widerspruche mit den absoluten Bestimmungen der allgemeinen lex nicht gilt (s.g. Notherbfolge).]

§. 69. *A*) *Gai.2,115.sq.123...44.* *Ulp.22,14,23.* *Paul.S.R.3,4b.§§8...10.* *Inst.* De exheredatione liberorum 2,*13.* *Dig.* De liberis et postumis heredibus instituendis vel exheredandis 28,*2.* *Cod.* De liberis præteritis vel exheredatis 6,*2.* De postumis heredibus instituendis vel exheredandis 6,*29.* s. die zu § 62.citt.Quellen. *B*) *a*) *Gai.2,125.sq. 135.129.151.* *Ulp.22,23.28.* — De B.P.c.t.: *Dig.37,4.* *Cod.6,12.* — *Dig.* De legatis præstandis c.t. B.P.petita 37,*5.* *b*) *Dig.37,12.* zu § 71.not.10. *C*) *Dig.* De coniungendis cum emancipato liberis eius 37,*8.* und vgl.die Quellen zu §§ 76...78. *D*) Besonders *Nov.115.* (dat.kal.Febr. a.542.) cf.*Novv.18.c.1.22.c.27.28.48.53.c.6.89.c.12.* — *He.133.* *Se.651.* *Mü.677.f.* *Gö.850.ff.* *Pu.185.* *Ro.548.* *Va.467.* *Si.195.* *Ar.591.* *Br.173.f.* *Heimbach* iun. in Ztsch. f. Civ.u.Pr.

I. Justinianisches Recht vor der Novelle 115.

A. Recht auf Erbeinsetzung oder Enterbung.

§. (124) 70. A. Erfordernisse.

Sui müßen ausdrücklich instituiert oder exherediert werden[1]; im Zweifel ist für die Einsetzung zu entscheiden[2·3]. Wie sind Bedingungen zuläßig, und welche?[4...9]. Einsetzung oder

---

XIII.S.358...69. [1]) §70.not.1. s.überh.§§70.f.75.79.f. [2]) *§3.I.de inoff.t.2,18.* „..quartam legitimæ partis..“. *Ulp.L.8.§8.D.eod.5,2.* „..*quarta debitæ portionis* sufficit ad excludendam querelam..“. *Valerian.et Gallien.L.2.C.de inoff.don.3,29.* „..congruit, ut tibi *quartam partem debitæ ab intestato portionis* præstet incolumem..“. (a.257.) Oft auch schlechthin debita portio, debita pars. z.B. *L.44.D.38,2.* *Nov.18.præf.* „...τὸ καταλιμπανόμενον, ὃ ἤδη καὶ χρέος [debitum] καλοῦσι, μόνον τριούγκιον ὥρισαν..“. Häufig geradezu quarta. s.§73.not.1. Erst Justinian gebraucht, aber nicht als Kunstausdruck „legitimæ portioni, id est quartæ parti scilicet ab intestato successionis“. *L.31.C.de inoff.t.3,28.* (a.528.) [3]) §72. [4]) *Pomp.L.120.D.de V.S.* „Verbis legis XII tabb. VTI LEGASSIT [SVPER FAMILIA, PECVNIA TVTELAVE s. *Ulp.11,14.*] SVÆ REI, ITA IVS ESTO latissima potestas tributa videtur et heredis instituendi et legata et libertates dandi, tutelas quoque constituendi; sed id interpretatione coangustatum est vel legum vel auctoritate iure constituentium“. [es war initio durch die Errichtungsform der testamenta hinlänglich coangustatum. §32.] *L.4.C.de lib.præt.6,28.* [5]) *Pr.§§1.5.I.de exh.lib.2,13.* „..ut omni modo valeat t-tum,.. qui filium in potestate habet, curare debet, ut eum heredem instituat vel exheredem nominatim faciat: alioquin si eum silentio præterierit, inutiliter testabitur, adeo quidem ut, etsi vivo patre filius mortuus sit, nemo heres ex eo t-to existere possit, quia scil. ab initio non constiterit t-tum. sed non ita de filiabus vel aliis per virilem sexum descendentibus liberis utriusque sexus fuerat antiquitati observatum; sed si non fuerant heredes scripti scriptæve vel exheredati exheredatæve, t-tum quidem non infirmabatur, ius autem adcrescendi eis ad certam portionem præstabatur: sed nec nominatim eas personas exheredare parentibus necesse erat, sed licebat et inter ceteros hoc facere. *§1.* ...masculos vero postumos .. placuit non aliter recte exheredari nisi nominatim exheredentur... *§5.*..nostra vero constitutio [*L.4.C.de lib.præt.6,28.*] ... simplex ac simile ius et in filiis et in filiabus et in ceteris descendentium per virilem sexum personis, non solum natis sed etiam postumis, introduxit, ut omnes, sive sui sive emancipati sunt, aut heredes instituantur aut nominatim exheredentur...“. s. §§70.f.75.79. [6]) §§72.ff.76.ff. [7]) §4.nott.17...21. [8]) §§79...81. [9]) *§6.I.eod.* „Sed si in expeditione occupatus miles t-tum faciat, et liberos suos iam natos vel postumos nominatim non exheredaverit, sed silentio præterierit, non ignorans an habeat liberos, silentium eius pro exheredatione nominatim facta valere constitutionibus principum cautum est“. cf. *LL.7.33.§2.36.§2.D.de t-to mil.29,1.* *LL.9.10.C.eod.6,21.*

§. 70. not.A. zu §69. *He.135...37.141.* *Se.658.*ff. *Mü.679.680.* *Gö.831...57.* *Pu.486.*f. *Ro.549.*f.*553.*ff. *Va.469.*f. *Si.195.*ff. *Ar.592.598.* *Br.173.* *Fein* de her. suo sub cond. inst. Gött.1777. *Buchholtz* de eod. arg. Regiom.1838. *Francke* Kap.1. *Mü.-Glück* XXXVI.S.300.ff. [1]) *§2.I.de exh.lib.2,13.* „..[postumum] sicut ipsum filium vel heredem instituere vel nominatim exheredare debet t-tor, ne non iure faciat t-tum..“. [2]) *Paul.L.19.D.de lib.et post.28,2.* „..aliamque causam esse institutionis, quæ benigne acciperetur; exheredationes autem non essent adiuvandæ“. cf. *Alex.L.4.C.de institt.6,25.* „Si pater filium quem in potestate habebat, sub condicione quæ in ipsius potestate non erat, heredem scripsit, nec in defectum eius exheredavit, iure testatus non videtur. Cum autem trans mare et longe te agentem sub hac condicione he-

Enterbung der Postumi[10]. Form der Enterbung[11-12]. (Enterbung nach justin. Recht § 79.)

§. (125) 71. B. Wirkungen der Verletzung des Rechts auf Einsetzung oder Enterbung.

Das Testament ist civilrechtlich nicht existent[1], nicht durch eine s.g. querela nullitatis erst zu vernichten[2]. Prätorisches Recht[3] auf secundum[4-5] oder contra tabb. B.P.[6-7]; gänzliche Intestatbeerbung bei Präterition des suus heres[8]. Das Test-t einer Ascendentin kann

---

redem scriptum esse dicas, *Si in patriam .. regressus fuisses*, nec exheredatum te alleges, *si in eum locum non redisses*, manifestum est multis casibus non voluntariis sed fortuitis evenire potuisse, ut eam implere non posses, et ideo adire hereditatem non prohiberis". vgl. *Mü.-Gl.* l.c. S. 283. ff. 3) *Ter.Cl.L.21.D.eod.* „Si filium nominatim exheredavero et eum postea heredem instituero, heres erit". vgl. oben § 52. not. 7. *Mü.-Gl.* l.c. S. 394. 4) *LL.3.§1.13.§2.29.§10.D.de liberis et post.28,2. Herm. L.18.pr.D.de B.P.c.t.37,4.* „..certo enim iudicio liberi a parentium successione removendi sunt". 5) not. 1. *§2.I.de codic.2,25. L.2.C.eod.6,36.* u.ö. § 26. not. 3. 6) § 54. not. 4. 7) *LL.4...7.D.de her.inst.28,5. Marcian. L.86.pr.D.eod.* „Iam dubitari non potest suos quoque heredes sub hac condicione institui posse, *ut, si voluissent, heredes essent*, si heredes non essent, alium quem visum erit, eis substituere; negatumque hoc casu necesse esse sub contraria condicione filium exheredare: primum quia tunc tantum id exigeretur, cum in potestate eius non esset an heres patri existeret, exspectantis extrinsecus positæ condicionis eventum; deinde quod etsi quacumque posita condicione deberet filius sub contraria condicione exheredari, in proposito ne possibilis quidem reperiri posset; certe si verbis exprimeretur, inepta fieret: huic enim condicioni SI VOLET, HERES ESTO, quæ alia verba contraria concipi possunt quam hæc SI NOLET HERES ESSE, EXHERES ESTO? quod quam sit ridiculum, nulli non patet". *L.28.D.de cond.inst.28,7.* (*Mü.-Gl.* l.c. S. 373. ff.) *L.83.D.de cond.et dem.35,1. L.4.C.cit.* vgl. § 54. not. 4. 8) *L.86.pr.D.de her. inst.28,5.* in not. 7. *L.4.C.* in not. 2. vgl. *Mü.-Gl.* l.c. S. 414. ff. 9) *Pap.L.15.D.de cond.inst.* „Filius qui fuit in potestate, sub condicione scriptus heres, quam senatus aut princeps inprobant, t-tum infirmet patris acsi condicio non esset in eius potestate [s. not. 7.]: nam quæ ... contra bonos mores fiunt, nec facere nos posse credendum est". vgl. § 54. not. 5. 10) oben § 30. nott. 4. ff. 11) *cf.* ll. citt. u. *L.19.D.* in not. 2. *L.18.§§1.sqq.D.de B.P.c.t.* 12) *LL.14.§2. 15.D.de lib.et post.* oben § 49. not. 5. z.B. *Ulp.L.3.§5.D.de iniust.28,3.* „Nominatim .. exheredatus postumus videtur sive ita dixerit [t-tator] *Quicumque mihi nasceretur*, sive ita *ex Seia*, sive ita *venter exheres esto*. sed et si dixerit *Postumus exheres esto*, natus vel post mortem vel vivo t-tore non rumpet".

§. 71. Quellen s. § 69. *He. Se. ll. cc. Mü.681.f. Gö.858.ff. Pu. Ro. Va. Si. ll. citt. Ar.599.f. Mü.-Gl.XXXVII.§1421.i.* ibiq. citt. 1) *Pr.I.de exh.lib.* in § 69. not. 5. *Gai.2,123. Ulp.22. Pap.L.1.D.de iniusto 28,3.* „T-tum .. dicitur .. nullius esse momenti, cum filius qui fuit in patris potestate, præteritus est..". *L.17.eod. Paul.L.7.D.de lib.et post.28,2.* „Si filius qui in potestate est, præteritus sit, et vivo patre decedat, t-tum non valet, nec superius rumpetur. et eo iure utimur". 2) *Bg §119c. Sav.* Syst. IV. S. 539. ff. 3) vgl. § 63. not. 7. § 68. nott. 6. 11. 4) *Ulp.L.12.pr.D.eod.* „Postumus præteritus vivo t-tore natus decessit: licet iuris scrupulositate nimiaque suptilitate t-tum ruptum videatur, attamen, si signatum fuerit t-tum, B.P. accipere heres scriptus potest remque optinebit..". 5) *Gai.2,123.* „... diversæ scholæ auctores .. existimant non statim ab initio inutiliter fieri t-tum filio præterito". 6) *LL.8.pr.10.§5.D.de B.P.c.t.37,4.* 7) *Dig. de legatis præstandis c.t.B.P. petita 37,5.passim.* 8) not. 1. *Paul.L.15.pr.D.tit. cit.* „Is qui in potestate est, præteritus legata non debebit præstare, etsi c.t.B.P-ionem petierit, quia et non petita B.P-ione intestati hereditatem optineret ... cum et sine jenes Notherbrecht nicht verletzen[9]. C.t.B.P. des parens m-missor[10]. Collation bei der c.t. B.P. des Emancipierten neben seinen in des Testators Gewalt gebliebenen Kindern[11].

B. Recht auf den Pflichttheil *).

§. (126) 72. A. Begriff des Pflichttheils und berechtigte Subjecte.

Auf die +portio legitima (§ 69.not.2.), Vermögensbruchtheil, wegen dessen Nichtzuwendung an gewisse nicht rechtsgiltig davon ausgeschloßene Personen das Testament als inofficios rescindiert werden kann[1], haben Anspruch, außer den Notherben wegen Präterition, alle Descendenten[2...6] und Ascendenten[7] je nach ihrem Intestaterbfolgerecht, Geschwister anders[8...10]. Verhältniß des Pflichttheilsrechts der verschiedenen Berechtigten[11]. Accrescenzrecht[12]. (Vom Anspruch der armen undotierten Wittwe s. §§ 18.25.)

---

hac [B.P-ione] hereditatem habiturus sit suo iure...". [9]) *Paul. L.4.§ 2.D.de B.P. c.t.37,4.* „Ad t-ta feminarum edictum c.t.B.P-ionis non pertinet, quia suos heredes non habent". *Phil.L.15.C.de inoff.t-to 3,28.* „Filiam præteritam a matre ad successionem eius citra inofficiosi querelam adspirare non posse explorati iuris est". *Mü.-Gl.* XXXVII. S.52.ff. [10]) *Dig. Si a parente quis m-missus sit 37,12. L.4.* [restituta] *C.de bonis libertor.et iure patronatus 6,4.* [11]) Quellen zu § 69. unter C.

*) De inofficioso testamento: *Paul.S.R.4,5. Greg. Cod.2,3. Th. C.2,19. Inst.2,18. Dig.5,2. Cod.3,28. Plin.* epp.5,1. 6,33. *Val.Max.7,7.8.* — *Cucchi* de legitima. adiect.aliq. præst.IC. qui de ead.mat. scriptitarunt. Neostad.1600. *Finestres y Monsalvo* c. ad tit.de inoff. testamento. Cervar.1752.

§. 72. *He.136. Se.652. Mü.683.*f. *Gö.875. Pu.488. Ro.559.*f. *Va.474. Si.196. Ar.593. Br.202.*f. *Mayer § 84.*f. *Rossh.*Test.Erbr.*§§15.*ff. vgl.ob.§§15.ff. [1]) *Marcian.L.2.D.h.t.* (*de inoff.t-t-to 5,2.* (cf.*pr.I.h.t.2,18.*) „Hoc colore (de) inoff-o t-to agitur, quasi non sanæ mentis fuerunt, ut t-tum ordinarent. et hoc dicitur non quasi vere furiosus vel demens testatus sit, sed recte quidem fecit t-tum, sed non ex officio pietatis: nam si vere furiosus esset vel demens, nullum est t-tum". cf.*LL.5.* („..ut videatur ille quasi non sanæ mentis fuisse, cum t-tum inique ordinaret".) *13.* („..quasi a demente".) *19.* („..quasi furiosæ".) *D.eod. Paul.L.17.§1.D.eod.* „Cum contra t-tum ut inoff-um iudicatur, t-ti factionem habuisse defunctus non creditur..". *L.36.D.de leg.III.* [2]) §§ 70.69. u. *§1.I.h.t.* „Non tantum autem liberis permissum est parentum t-tum inofficiosum accusare, verum etiam parentibus liberorum. soror autem et frater turpibus personis scriptis heredibus ex sacris constitutionibus [cf. *Constantini L.27.C.h.t.3,28.* in not.8.] prælati sunt: .. ultra fratres igitur aut sorores cognati nullo modo aut agere possunt aut agentes vincere". *Ulp.L.1.D.h.t.* [3]) § 17.not.1. Daß auch der leibliche Vater und dessen in Adoption gegebener Sohn während der Dauer letzterer gegenseitig pflichttheilsberechtigt seien, beweist nicht *Marcian. L.30.D.h.t.* „Adversus t-tum filii in adoptionem dati pater naturalis recte de inoff-o t-to agere potest". s. *Pu. 488.not.b.* [4]) s.oben § 7.not.7. *L.8.§15.D.h.t.* [5]) *L.5.C.de adopt.8,48. §10.I.eod.1,11.* cf.*L.29.§3.D.h.h. Mü.-Gl.*XXXV.S.183.ff.ibiq.citt. [6]) *L.8.§8.D.h.t. Nov.18.c.1. Mü.-Gl.* l.c.S.402. u. das. not.26.citt. [7]) *§1.I.h.t. LL.15.pr.16.pr.17.pr.23.§2.D.eod. Nov.1. præf.§2.* s. auch *Mü.-Gl.* l.c. S.221.ff. [8]) not.2. u. *cit. L.27.C.h.t.* „Fratres vel sorores uterini ab inofficiosi actione contra t-tum fratris vel sororis penitus arceantur; consanguinei autem, durante agnatione vel non, contra t-tum fratris sui vel sororis de inoff-o quæstionem movere possunt, si scripti heredes infamiæ vel turpitudinis vel levis notæ macula adspergantur...". vgl. gegen *Marezoll* u.A. *Mü.-Gl.* l.c. S.94.ff. [9]) Daß Ascendenten das, freilich stäts Einsetzung einer so eben bezeichneten turpis persona voraussetzende, Pflichttheilsrecht auch der vollbürtigen Geschwister gänzlich ausschlößen, behaupten *Glück* VII. S.11.12.ibiq.citt. *Bluntschli* S.153. *Pu.* l.c. zu *not.g.*

§. (127) 73. B. Betrag und Berechnung des Pflichttheils.

Bis ins justinianische Recht 1/4 des Nachlaßes für sämtliche Berechtigte[1], nach Nov.18. 1/3 oder 1/2 der Intestatportion des Notherben[2,3]; berechnet nach dem Vermögen des Erblaßers zu dessen Todeszeit[4], unter Einrechnung nicht sämtlicher conferenda (§115.) in den Pflichttheil[5], welcher vor Abzug der falcidischen oder trebellianischen Quart zu erfüllen ist[6].

---

dagegen s. *Francke* S.203.ff. *Thibaut* Pand. *§961.not.z.* *Mü.-Gl.* l.c. S.232. *Va.* zu *§474.* a.E. u.A. [10]) s. oben §§21.22. *Mü.-Gl.* l.c. §1421*a*. [11]) *Paul.L.31.D.h.t.* „Si is qui admittitur ad accusationem, nolit aut non possit accusare, an sequens admittatur videndum est. et placuit posse, ut fiat successioni locus“. cf. *L.14.eod.* *Mü.-Gl.* l.c. S.475.ff. [12]) §118.not.1. *Paul.L.23.§2.D.h.t.* in §77.not.12.

§. 73. *Nov.18.c.1.*(a.536.) *He.138.*f. *Se.653.* *Mü.687.* *Gö.876.* *Pu.489.* *Ro.561.* *Va.475.* *Si.*l.c. *Ar.593.* *Br.202.* *Mayer §88.* Otton.Thes.V.p.721.sqq. *Westenberg* Opp.I.2. *Möller* Lehre v. Pflichttheil. Amberg 1801.1806. *Cralle* de portione legit. Bonn.1820. *Mü.-Gl.* XXXV. §§1421*b*.1421*c*. *Riedel* i. Ztsch. f. Civ. u. Pr. N.F. IX.8. *Zumpt* Das Centumviralgericht. Berl. 1838. [1]) *§7.*(cf. *§§3.6.*) *I.de inoff.2,18.* „Quod autem de quarta diximus, ita intellegendum est, ut sive unus fuerit sive plures quibus agere de inoff-o t-to permittitur, una quarta eis dare possit, ut pro rata distribuatur eis“. z.B. *Ulp.L.8.§8.D.eod.* 5,2. „..si sint ex 2 filiis nepotes, ex uno plures, tres puta, ex uno unus, unicum sescuncia [1/8, denn er vertritt seinen Vater, der und dessen Bruder, des unicus Oheim, 1/4 erhalten sollte], unum ex illis semuncia [1/24 = 1/3 des 1/8] querela excludit“. *L.31.C.eod.3,28.* (a.528.) *Iustinian.L.20.C.de collationib.6,20.* (a.529.) unten not.5. u. §69.not.2. [2]) *Nov.18.c.1.* „...si quis unius aut duorum aut trium aut quattuor liberorum pater materve est, non quadrantem [τριούγκιον, 1/4] solum eis relinquat, sed tertiam substantiæ suæ partem, i.e. uncias quattuor [*trientem*, 1/3]; .. quod si plures quam quattuor liberos habeat, dimidiam totius substantiæ suæ eis relinquat partem, ut semis [ἑξαούγκιον 1/2 = 6/12] omnino debeatur, interque omnes æqualiter, sive triens forte sive semis sit, dividatur..“. Ueber die Berechnung s. *Riedel* l.c. Mittelalterliche Denkverse:

Quattuor aut infra natis dant iura trientem (1/3),
Semissem (1/2) vero natis dant quinque vel ultra.
Theilen sich Vier in das Recht, auch weniger, trägt es ein Drittel;
Aber ein Halbes beträgt's, sind der Berechtigten mehr.

[3])

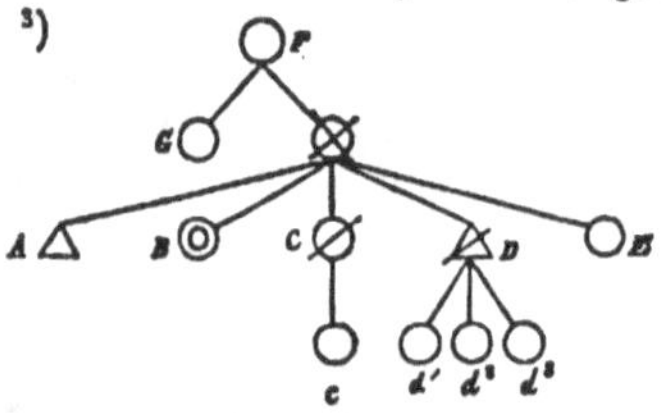

Intestaterben und Pflichttheilsberechtigte sind hier an sich die 5 Stämme *ABCDE*, durch welche des Erblaßers Vater *F* und Bruder *G* ausgeschloßen werden: jeder dieser 5 Stämme erhielte also ab intestato 1/5 des Nachlaßes des ×, sonach als Pflichttheil die Hälfte davon = 1/10; nun ist aber *B* giltig enterbt; da er jedoch ab intestato geerbt haben würde, so wird er bei der Feststellung, ob die ganze Pflichttheilssumme 1/3 oder 1/2 des Nachlaßes betrage, mitgezählt, also der *B numerum* facit *ad augendam* legitimam (bei den 5 Intestaterbberechtigten beträgt der Pflichttheil nun die Hälfte des Nachlaßes); da jedoch des *B* Pflichttheil nicht den anderen 4 pflichttheilsberechtigten Stämmen *ACDE* zukommt, deren jeder vielmehr nur die Hälfte eines Fünftels = 1/10 erhält, also *AcE* jeder 1/10, $d^1d^2d^3$ zusammen 1/10, jeder 1/30, so wird *B* zur Verminderung der Pflichttheilsportion der anderen 4 Stämme mitgerechnet, *partem* facit *ad minuendam* legitimam. [4]) *Antonin.L.6.C.h.t.3,28.* „..si quartam bonorum partem mortis tempore t-tor reliquit, inspicitur“. vgl. *Nov.48.c.1.* [5]) *§6.I.eod.* in folg.not.1. *LL.8.§6.25.pr.29.30.§2.35.§§2.3.36.pr.C.eod.3,28.* u. *cit.* *L.20.pr.C.de collat.6,20.* „.. Hæc

§. (128) 74. C. Form der Zuwendung des Pflichttheils.

Diese kann directe oder indirecte, inter vivos oder mortis causa sein[1], nur muß sie aus des Erblaßers Vermögen und ohne die Portion verkürzende Nebenbestimmungen gemacht sein[2]. +Cautela Socini[3].

C. Rechtsmittel wegen Verletzung des Rechts auf

§. (129) 75. A. Einsetzung oder Enterbung.

Erbfolge gegen das Testament[1]; Einsetzung aber nicht auf den ganzen Pflichttheil wirkt nur noch Ergänzungsklage[2]; deren Natur[2...6]. Nachtheil gerichtlicher Verurtheilung zu Leistung des Pflichttheils an die nur auf diesen eingesetzten Mitdescendenten[7].

---

autem regula *Ut omnia quæ portioni quartæ computantur, etiam ab intestato conferantur*, minime e contrario tenebit, ut possit quis dicere etiam illa quæ conferuntur, omnimodo in quartam partem his computari qui ad inofficiosi querelam vocantur: ea enim tantum modo ex his quæ conferuntur, memoratæ portioni computabuntur, pro quibus specialiter legibus, ut hoc fieret, expressum est..". *§ 1.* s. in Erbr. § 115. not. 3. [6]) § 150. not. 3.

§. 74. *He. 140. Se. 654. Mü. 688. n°. 1...3 Gö. 877. Pu. 489. a. A. Ro. 559. Va. 476. Si.* l. c. *Ar. 594.* f. *Br.* l. c. *Mayer § cit. Mü.-Gl.* l. c. § 1421 *d.* [1]) *§ 6. I. h. t. 2, 18.* „Igitur quartam [jetzt 1/3 oder 1/2] quis debet habere, ut de inoff-o t-to agere non possit, sive iure hereditario, sive iure legati vel fidei commissi, vel si mortis causa ei quarta donata fuerit, vel inter vivos in his tantummodo casibus quorum nostra constitutio [*L. 35. § 2. cf. Zeno L. 29. C. eod. 3, 28.*] mentionem facit, vel aliis modis qui constitutionibus continentur". *L. 8. § 6. D. eod. 5, 2. Nov. 18. c. 1.* cf. *115. c. 3...5.* Daß der Pflichttheilsberechtigte auch certis rebus contentus esse iuberi könne (*Nov. 115. c. 5.*), s. *Mü.-Gl.* l. c. S. 328. ff. gegen *Glück* VII. S. 106. ff. u. A. [2]) *Iustinian. L. 32. C. h. t.* „..ipsa condicio vel delatio vel alia dispositio moram vel quod cumque onus introducens tollatur et ita res procedat, quasi nihil eorum t-to additum esset". *L. 36. pr. § 1. C. eod.* [3]) *L. 35. § 2. C. eod.* vgl. not. 2. § 106. not. 11. *Paul. L. 44. pr. D. de bon. libert. 38, 2.* „ut undique .. suum ius habeat imminutum". cf. *Nov. 117. c. 1. § 1.* Daß die s. g. cautela Socini längst vor dem Sieneser Mariano Socini († 1556.) in Anwendung gekommen, zeigt nach A. *Glück* VII. S. 86. vgl. *Meyer* de caut. Soc. et quando sit inutilis. Viteb. 1741. *Runde* de usu longævo cautelæ .. Socini ante ipsum Soc. Cass. 1776. *Koch* üb. die Socinische Cautel. Gieß. 1786. *Francke* Notherbr. S. 247. ff. ibiq. citt. *Mü.-Gl.* l. c. S. 333. ff. *Arndts* in Weiske VIII. S. 13. f. *Buchka* und *Budde* Entscheidd. III. n. 56, 2.

§. 75. § 71. *He. 133. 135. 147. 152. 155. Se. 658. Mü. 681. 688.* n°. 4. 5. *Gö. 874. 879. 886. Pu. 485. 489.* a. C. *Ro. 562. Va. 471. 483. Si. 198. 200. Ar. 596. Br. 203. Glück* VII. S. 147. ff. *Francke § 25. Mü.-Gl.* XXXVI. § 2441 *f.* [1]) s. § 71. nott. 1. 6. ff. [2]) Ergänzungsklage, actio +ad supplendam legitimam, +suppletoria oder +expletoria, +*condictio ex L. 30. C. de inoff-o t-to. 3, 28.* (*Iustiniani*) „..sive adiciatur in t-to de adimplenda legitima portione, sive non, firmum quidem sit t-tum, liceat vero his personis quæ t-tum quasi inoff-um vel alio modo subvertendum queri poterant, id quod minus portione legitima sibi relictum est, ad implendam eam sine ullo gravamine vel mora exigere [*L. 36. pr. C. eod.* „..cautum est Si pater minorem debita portione filio suo reliquisset, omnimodo, etsi non adiciatur *viri boni arbitratu repleri filio*, attamen ipso iure inesse hanc repletionem.."] ... Et hæc quidem de his personis statuimus, quarum mentionem testantes fecerint et aliquam eis quantitatem in hereditate vel legato vel f-sso, licet minorem legitima portione, reliquerint. *§ 1.* Sin vero vel præterierint aliquam eorum personam, .. vel exheredatione vel alia eorum mentione facta nihil eis penitus reliquerint, tunc vetera iura locum habere sancimus..". (a. 528.) *L. 35. § 2.*

B. (Rechtsmittel wegen Verletzung des Rechts auf) den Pflichttheil.

1. Querela inofficiosi testamenti.

S. (130) 76. a. Natur und Wirkung.

Das wegen gänzlicher Ausschließung vom Pflichttheil dem auf diesen Berechtigten gegen den, der die Erbschaft angetreten oder sie an Erben statt hat, zustehende Rechtsmittel [1...3] hat gegen Besitzende die Natur einer H.P. oder B.P. ex causa inofficiosi testamenti [4], etwa unter vorausgehender B.P. litis ordinandæ gratia [5]; und seitens des besitzenden verklagten Verletzten die einer Einrede [6]. Wirkung ist Rescission des Testaments für alle [7] oder nur für einen oder einzelne mehrerer Intestaterben [8].

S. (131) 77. b. Unzuläßigkeit der Querel.

Subsidiarität [1]. Unstatthaftigkeit gegen testamentum militis [2], gegen das über castrense

---

C.eod. cf.*L.4.Th.C.eod.2,19.* *Paul.S.R.4,5.§7.* u.die bei *Mü.-Gl.* l.c. Angeführten. *Arndts* in Weiske VII. S.138.f. [3]) *Nov.115.c.5.pr.* „..ab heredibus expleatur". [4]) *L.34.i.f.C.h.t.3,28.* cf.*L.35.§2.eod.* [5]) s. *Glück* l.c. S.147.ff. *Francke* S.335.ff. [6]) s. §124.n°.8. [7]) *Iustinian.L.33.pr.C.eod.* „..non tantum in id quod t-tor voluit eum restituere, condemnetur, sed etiam aliam tertiam partem quantitatis quæ fuerat in t-to derelicta, modis omnibus reddere cogatur, ut avaritia eius legitimis ictibus feriatur..". *Marezoll* in Ztschr.f.Civ.u.Proc.III.20.

S. 76. Quellen zu §§ 72.ff. *He.147.*ff. *Se.663.* *Mü.685.* *Gö.879.*ff. *Pu.490.* *Ro.562.*f. *721.* *Va.478.*ff. *Si.195.not.1.199.nott.1.9.* *Ar.596.*ff. *Br.203.*n°.3. *Rossh.*Test.Erbr.*§§17.*ff. *Mayer* Erbr.*§§* 85.ff. *Louardi* de vera orig. querelæ inoff. test. ex L.Glicia. Dresd.1762. *Melort* de querela inoff.t.ad L.19.D.eod.L.B.1816. *Klenze* quer.inoff.Berol.1820. *Fabricius* B.P.S.148.ff. *Mü.-Gl.*XXXV.S.342.ff. *Sav.* Syst.II. S.127.ff. *Gneist* Form.Verträge S.73...76. [1]) §72.not.1. [2]) s.I.§150. oben S.48.Z.43. I.§151.not.11. I.§153.not.7.δ.a. [3]) s.bes.*LL.3...5.D.h.t.5,2.* [4]) *Tryph.L.20.D.de B.P.c.t.37,4.* „ad hereditatis petitionem admittendus est ex causa inoff-i querelæ..". *LL.8.§8.20.D.h.t.5,2.* *L.34.C.h.t.3,28.* *Ulp.L.29.i.f.D.h.t.* „In ea provincia de inoff-o t-to agi oportet, in qua scripti heredes domicilium habent". *Gneist* l.c. [5]) *Ulp.L.8.pr.D.h.t.5,2.* „..si filius post agnitam litis ordinandæ gratia B.P-ionem decesserit, finitam esse inoff-i querelam, quæ non patri sed nomine dabatur filii". *LL.6.i.f.7.eod.* *Sev.et Ant.L.2.C.eod.3,28.* „Quamvis de inoff-o t-to acturum te B.P-ionem accepisse proponas, tamen scriptis heredibus auferri p-ionem incivile est". s.§4.not.18. *Bluntschli* S.184.ff. *Francke* S.315.ff. *Fabricius* S.151.ff. [6]) *Ulp.L.8.§13.D.h.t.* „..in modum contradictionis querelam inducet, quemadmodum ageret, si non possideret sed peteret". *L.156.§1.D.de R.I.* „Cui damus actiones, eidem et exceptionem competere multo magis quis dixerit". *Francke* S.314. [7]) *cit.L.8.§16.* „Si ex causa de inoff-o cognoverit iudex et pronuntiaverit contra t-tum, nec fuerit provocatum, ipso iure [von selbst, ohne Weiteres] rescissum est, et suus heres erit secundum quem [der zu Gunsten dessen] iudicatum est, et B.P-or, si hoc se contendit [wenn er die B.P. in Anspruch nimmt], et libertates ipso iure non valent, nec legata debentur...". *LL.21.§2.28.eod.* *L.22.C.eod.* *Francke* *§23.* *Mü.-Gl.*S.362.ff. [8]) §3.not.8. cf.*LL.16.pr.17.pr.19.23.et passim D.h.t.* *L.29.pr.D.de exc.rei iud.44,2.* (*Pu.* l.c. „Durch den Umstand, daß der Kläger nur pro parte Intestaterbe ist, wird die Querel nicht eine theilweise in ihrer Wirkung auf das Testament, sondern nur in ihrer Wirkung für den Kläger". Er nennt es mit Recht eine irrige Meinung [*Va.479.*u.A.], „daß der theilweise Intestaterbe auch nur theilweise das Testament rescindiere".)

S. 77. *He.145.*f.*150.* *Se.655.657.* *Mü.686.694.* *Gö.878.866.* *Pu.cit.490.* *Ro.562.567.* *Va.481.487.* *Si.197.*S.635.ff. *Ar.603.* [1]) *§2.I.h.t.2,18.* „..si nullo alio iure ad bona defuncti venire possunt: nam qui alio iure veniunt ad totam hereditatem vel oder quasi castrense peculium[3], gegen Pupillarsubstitution[4]. Exheredatio bona mente facta[5-6]. Entsagung[7...9]; Tod des Berechtigten[10]; Ablauf von 5 Jahren[11]. Entsagung eines oder einzelner unter mehreren Berechtigten[12...14].

§. (182) 78. 2. Querela inofficiosae donationis und dotis.

Inofficiositätsquerelen wegen den Pflichttheil verkürzender Schenkung unter Lebenden[1] oder

---

partem eius, de inoff-o agere non possunt". *LL.2.8.§11.D.eod.5,2. L.4.C.de lib.praeterit.6,28.* cf. § 72.not.1. § 76.not.2. oben I. § 155.not.2. *Schneider* S.440.ff. *Mü.-Gl.* l.c. S. 358.ff. ³) *L.8.§§ 4.3.D.h.t.5,2. LL.9.24.C.eod.3,28.* ³) *LL.cit.* u. *L.37.C.eod. L.27. § 2.D.eod.* cf. *Nov.115.c.3.4. Nov.123.c.19. Francke § 35. Mü.-Gl.* XXXV. S.216.ff. ⁴) *Ulp. cit. L.8. § 5.* (in § 60.not.6.) *Francke § 36.* ⁵) *Glück* VII. S.255.ff. *Zimmern* i. Arch. f. civ. Pr. VIII. S.153.ff. *Mü.-Gl.* XXXVII. § 1425 *e. Francke cit. § 34. Arndts* in Weiske III. S.901. *Bu.* u. *Bu.* Entscheidd. III. 57. ⁶) *Ulp.L.18.D.de lib.et post.28,2.* „Multi non notae causa exheredant filios, nec ut eis obsint, sed ut eis consulant, utputa inpuberibus, eisque f-ssam hereditatem dant". *Id.L.12.§ 2.D.de bonis libertor.38,2.* „Si quis non mala mente parentis exheredatus sit, sed alia ex causa, exheredatio ipsi non nocet; ut puta pone furoris causa exheredatum eum, vel ideo quia inpubes erat, heredemque institutum rogatum ei restituere hereditatem". *Tryph.L.16.§ 2.D.de cur.fur.27,10.* „Potuit tamen pater et alias providere nepotibus suis [*ex filio prodigo*], si eos iussisset heredes esse, et exheredasset filium eique quod sufficeret alimentorum nomine ab eis certum legasset, addita causa necessitateque iudicii sui..". *L.16.D.de B.P.c.t.37,4. L.25.C.de inoff.t-to 3,28.* ⁷) cf. § 3.nott.10.ff. § 90. *L.35.§ 1.C.h.t.3,28. Paul.S.R.4,5.§ 8.* ⁸) *L.8.C. de transact.2,4.* ⁹) *LL.8.§ 10.10.§ 1.12.17.pr.19.23.§ 1.29.§ 2.31.§ 4.32.pr.D.h.t. 5,2.* oben § 62.not.6. ¹⁰) I. § 151.not.11. I. § 153.not.7.γ'.a. ¹¹) *LL.34.36.§ 2.C.h.t.3,28.* oben I. § 157.not.**. S.57.Z.48. *LL.34.i.f.* („..nisi ... vel repudiavit querelam vel quinquennio tacuit, scilicet post aditam hereditatem".) cf. *LL.8.i.f.9.D.eod. Unterh.* Ausf. Verjähr. *§§ 169.159.* n°.4. *Francke § 24. Mü.-Gl.* l.c. S.459.ff. ¹²) *Paul.L.23.§ 2.D.eod.* „Si duo sint filii exheredati et ambo de inoff-o t-to egerunt, et unus postea constituit non agere, pars eius alteri adcrescit. idemque erit et si tempore exclusus sit". *L.17.pr.D.eod. Francke § 21.* ¹³) *Pap.L.16.pr.D.eod.* „Filio qui de inoff-o matris t-to contra fratrem institutum de parte ante egit et optinuit, filia quae non egit aut non optinuit, in hereditate legitima fratri non concurrit". *Francke* S.275.ff. ¹⁴) *L.8.§ 8.D.eod.* (in § 73.not.3.) *L.19.eod. Mü.-Gl.* l.c. S.293.ff.

§. 78. *Vat.Fr.§§ 270.sq.280.282.293.* De inofficiosis donationibus: *Th.C.2,20. Iust. Cod.3,29. Nov.92.* (*Authentic.91.*) (a.539.) De inofficiosis dotibus: *Th.C.2,21. Iust.C.3,30. He.153.f. Se.664. Mü.689. Gö.541. Pu.491. Ro.565. Va.482. Si.200.* n°.11. *Ar.597. Br. 203.* n°.2. *Rossh.* Test. Erbr. *§ 23. Mayer* Erbr. *§§ 108.* ff. *Donell.* Comm. XIX. c. 11. *Lauterbach* Diss. II. 73. *Böhmer* de quer. inoff. don. fratrum. Gott. 1751. (in Elect. I.) *Walch* Opuscc. I. 1. n°.12. *Rau* de quer. inoff. don. Lips. 1775. *v. Ende* Jur. Ausführr. Hann. 1816. n°.3. „Ist eine pflichtw. Schenk. überh. od. nur in Abs. des Pflichtth. ungültig?" *Krits* Abh. n°.5. *Hille* de immod. donat. querela. Marb. 1828. *Francke §§ 42...45. Mü.-Gl.* XXXVI. § 1421 *g. Müller* üb. don. inoff. in *Simon* u. *Strampff* Ztsch. d. preuß. R. Bd. I. 1. 1830. n°.7.8. cf. Hft. 2. n°.1. *Breidenbach* i. Arch. f. c. Pr. XXVII. 14. XXVIII. 2. *Arndts* in Weiske VIII. S.163.ff. ¹) *Nov.92. c.1.pr.§ 1.* (ex *Authent.* l.c.) „..volumus, ut si quis donationem immensam in aliquem aut aliquos filiorum fecerit, necessarium habeat in distributione hereditatis tantam uni cuique filiorum servare ex lege partem, quanta fuit prius quam donationem pater in filium aut filios quos ea honoravit, faceret. Sic enim nihil ulterius in donationibus querebuntur qui habent quidem in omni substantia patris quod legitimum est, in tantum autem aucta quantitate, quantum habuit substantia ante quam dona-

Dosbestellung[2], auch Geschwistern, denen eine turpis persona vorgezogen ist, zuständig[3]. Voraussetzungen[4...6]. Berechnung der Verkürzung[7]. Subjecte[8·9]. Gründe des Wegfallens[10].

II. Das Recht der Novelle 115. capp.3...5.

§.(183) 79. A. Enterbungsgründe.

Beweis der thatsächlichen Begründetheit eines Enterbungsgrundes liegt den eingesetzten Erben ob (A). Die (analoge Anwendung nicht ausschließenden) Gründe der Enterbung der

---

tionibus exhauriretur, non valentibus filiis qui donationibus honorati sunt dicere contentos se quidem esse immensis his donationibus, videri autem abstinere paterna hereditate; sed neque cogendis quidem, si contenti sunt donationibus, suscipere hereditatem, necessitatem autem habentibus omnibus modis complere fratribus quod hinc differt, secundum quam scripsimus mensuram, ut non minus illi habeant quod ex legibus eis debetur propter factam in donationibus immensitatem ... *§ 1.* Hæc itaque dicimus de filiis gratis existentibus eis [*parentibus*], non de ingratis et quibus pater iustam et legitimam ingratitudinem iufert. nam si hoc ita se habere apparuerit, et approbentur ingratitudinis causæ, sint ea quæ lege de ingratis posita sunt [s.jetzt *Nov.115.*] rata, nihil hac nostra legislatione minuenda". (a.539.) cf. *LL.1. 8.pr.C.h.t.3,29.* [2]) *Constantii L.un.C.de inoff.dotib.3,30.* „Cum omnia bona a matre tua in dotem dicantur exhausta, leges legibus concordare promptum est, ut ad exemplum inofficiosi t–ti adversus dotem immodicam exercendæ actionis copia tribuatur, et filiis conquerentibus emolumenta debita conferantur". (a.358.) [3]) *Constantii et Iuliani L.9.C.h.t.* „Non convenit dubitari quod immodicarum donationum *omnis* [Andere omnibus, mit *Schilling* nomine zu lesen] querela ad similitudinem inoff–i t–ti legibus fuerit introducta, et sic in hoc actionis utriusque vel una causa vel similis æstimanda, vel idem et temporibus et moribus". (a.361.) cf. *LL.1.8.C.eod. Paul.L.87.§ 3.D.de leg.II.* „*Imp.Alexander Aug.Claudiano Iuliano Pf.U.* Si liquet tibi, Iuliane carissime, aviam intervertendæ inofficiosi querelæ patrimonium suum donationibus in nepotem factis exinanisse, ratio deposcit, id quod donatum est, pro dimidia parte revocari". vgl.auch gegen *Gö. Pu. Va. ll.cc. Mü.-Gl.*l.c.S.74.ff. [4]) *Böhmer l.c. Francke* S.305. *Mü.* l.c. gegen *Pu.*l.c.*not.c.* [5]) *Bg § 88 g.* [6]) *Marcian.L.2. D.si a par.q.mm.37,12.* „quia iniquum est ingenuis hominibus non esse liberam rerum suarum alienationem". [7]) not.1. u. *L.7.C.h.t.* [8]) *cit.Nov.pr. LL.2.5.7.C.h.t.* Auch nicht entgegen ist *cit.L.78.§ 3.D.* vgl.*Francke* S.521.ff. *Mü.-Gl.*l.c.S.97.ff. gegen *Zimmern* röm.rechtl.Unterss. S.58.ff.u.A. [9]) *Diocl. et Max.L.5.C.h.t.3,29.* „.. id quod ad submovendam inoff–i t–ti querelam non ingratis liberis relinqui necesse est, ex factis donationibus detractum, ut filii ... debitum bonorum subsidium consequantur, ad patrimonium tuum revertetur". *Francke* S.517.ff. *Mü.-Gl.* S.56.ff. *Va.* l.c. n°.11. gegen *Donell.* l.c. § 21. *Gö.* l.c. n°11.1.u.A. [10]) § 77. u. die vorstehenden Noten dieses §.

§. 79. *He.142...45. Se.556. Mü.690.*f. *Gö.861.*f.*864. Pu.192. Ro.557. Va.484. Si.197. Ar.601. Br.174. Mayer § 103. Rossh.*Test.Erbr.*§ 35. Bluntschli §§ 23.24. Francke § 32. Glück* VII.§ 551. *Mü.-Gl.* XXXVII. §§ 1423...25. *Arndts* v. 'Enterbung' in Weiskes Rechtslexicon. [1]) A) *Nov.115.* (*Authent.111.*) *c.3.pr.c.4.§ 9.* „Aliud quoque capitulum præsenti legi addendum esse perspeximus. Sancimus .. non licere penitus patri vel matri, avo vel aviæ, proavo vel proaviæ suum filium vel filiam vel ceteros liberos præterire aut exheredes in suo facere t–to, nec si per quamlibet donationem vel legatum vel f–ssum vel alium quemcumque modum eis dederint legibus debitam portionem [τὴν ἐκ τῶν νόμων αὐτοῖς ὀφειλομένην μοῖραν], nisi forsan probabuntur ingrati et ipsas nominatim ingratitudinis causas parentes suo inseruerint t–to. Sed quia causas ex quibus ingrati liberi debebant iudicari, in diversis legibus disper-

Descendenten (B), der Ascendenten (C), und die Verlustgründe des geschwisterlichen Rechts auf die nuptialia lucra [2]. Exheredatio bona mente facta [3]. Wirkung der Nichtbefolgung der Enterbungsvorschriften (D). Ergänzungsklage wegen bloßer Pflichttheilsverkürzung (E).

sas et non aperte declaratas invenimus, quarum aliquæ nec dignæ nobis ad ingratitudinem visæ sunt, aliquæ vero cum essent dignæ, prætermissæ sunt, ideo necessarium esse perspeximus eas nominatim præsenti lege comprehendere, ut præter ipsas nulli liceat ex alia lege ingratitudinis causas opponere, nisi quæ huius constitutionis serie continentur". *cap.4.pr.* „Iustum autem perspeximus et e contrario de liberorum t-tis hæc eadem cum aliqua distinctione disponere. sancimus itaque non licere liberis parentes suos præterire aut quolibet modo rebus propriis, in quibus habent testandi licentiam, eos omnino alienare [*παντελῶς ἀλλοτρίους ποιεῖσθαι*], nisi causas quas enumerabimus, in suis t-tis specialiter nominaverint". *§ 9.ibid.* in folg. not.D. B) *eiusd.cap.3.§§1...14.*: *1.* Thätliche Mißhandlung; 2. sonstige schwere Beleidigung; 3. Criminalanklage gegen die Eltern, mit Ausnahme der wegen Hochverrates; [*4.* Gewerbsgemeinschaft *μετὰ φαρμακῶν ὡς φαρμακός*]; 5. Lebensnachstellung; *6.* Geschlechtsumgang mit der Frau [oder concubina] des Vaters; *7.* durch Denuntiation den Eltern bewirkter schwerer Schaden; *8.* Weigerung des Sohns, die Bürgschaft, wodurch Eltern aus dem Gefängnisse befreit werden konnten, zu leisten; *9.* Versuch, die Eltern am Testieren zu hindern: [*10.* Ergreifung des Gewerbes *κυνηγῶν ἢ μίμων* oder Beharren bei demselben wider Willen der nicht selbst diesem Gewerbe lebenden Eltern;] *11.* Liederlicher Lebenswandel der Tochter oder Enkelin, welcher der Ascendent unter gehöriger Dotierung zur Verheiratung Gelegenheit geboten hatte; ist aber die Descendentin über 25 Jahre alt und ihr solche Gelegenheit nicht geboten, so ist jene Liederlichkeit oder eine unanständige Verheiratung [mit einem Freien] nicht Enterbungsgrund; *12.* Vernachläßigung entweder des verstandeslos gewesenen Ascendenten während solches Zustandes, oder *13.* des in feindlicher Gefangenschaft gewesenen. [*14.* Irrgläubigkeit eines Kindes orthodoxer Eltern.] (Die in [ ] eingeschloßenen Bestimmungen fallen jetzt hinweg.) C) *eiusd.Nov.c.4.§§1...8.* *1.* Anklage oder Denuntiation wegen eines todesstrafwürdigen Verbrechens mit Ausnahme des Hochverrats; 2. Lebensnachstellung; 3. Geschlechtsumgang des Vaters mit der Frau [oder concubina] des Sohns; *4.* Versuch, das Kind am Testieren zu hindern; 5. Lebensnachstellung eines der Eltern gegen den andern. *6.*u.*7.*[u.8.] wie B.n°.12.13.14. D) *cit.Nov.c.4.§9.* (ex *Auth.*l.c.) „Si tales igitur causas vel certas aut unam ex his liberi t-tis inscripserint, et scripti ab eis heredes aut omnes aut certas aut unam ex his approbaverint, t-tum in sua firmitate manere [*τὴν διαθήκην ἐν τῇ ἰδίᾳ ἰσχύϊ διαμένειν*] præcipimus. si autem hæc non fuerint observata, nullam vim huiusmodi t-tum, quantum ad institutionem heredum, habere sancimus; sed rescisso t-to [*μηδεμίαν δύναμιν τὴν τοιαύτην διαθήκην, τόγε εἰς τὴν ἔνστασιν τῶν κληρονόμων, ἔχειν θεσπίζομεν, ἀλλὰ ἀνατρεπομένης τῆς διαθήκης*] eis qui ab intestato ad hereditatem defuncti vocantur, res eius dari disponimus; legatis videlicet sive fideicommissis et libertatibus et tutorum dationibus seu aliis capitibus, sicut superius dictum est, suam obtinentibus firmitatem. Si quid autem aut pro legatis sive fideicommissis aut libertatibus et tutorum dationibus aut quibuslibet aliis capitulis in aliis legibus fuerit huic constitutioni contrarium, hoc nullo modo volumus obtinere". E) *cit.Nov.c.5.* „... ceterum si qui heredes fuerint nominati, etiam si certis rebus iussi fuerint esse contenti, in hoc t-tum quidem nullatenus solvi præcipimus [*τὴν μὲν διαθήκην μὴ ἀνατρέπεσθαι προστάττομεν*]; quidquid autem minus ei legitima portione [*ἐκ τῶν νόμων μοίρας*] relictum est, hoc secundum alias nostras leges (§ 75.not.2.) ab heredibus adimpleri..".

[2]) III. § 26.not.c. [3]) § 77. nott.5.6.

B. Verhältniss der Novelle 115. zum früheren Recht *).

§. (134) 80. A. Die Ansichten der Neueren im allgemeinen.

Ist die Novelle 115. nur Modification oder derogierende Neugestaltung des älteren Notherbrechts, aus welchem nur das geschwisterliche Pflichttheilsrecht und die exheredatio bona mente facta übrig geblieben ist? Ist die Ungiltigkeit bloße Rescission oder Nullität der Erbeinsetzungen ex ipsa lege? Tritt letztere auch bei formrichtiger, aber in Betreff des Thatsächlichen nicht erwiesener Enterbung ein?

§. (135) 81. B. Ergebniss als gemeines Recht.

Verletzung 1) des Pflichttheilsrechts der De- und A-scendenten durch *a*) directe, aber nur theilweise Zuwendung, oder *b*) Nichtinstitution oder nur indirecte Zuwendung ohne gehörige Enterbung; 2) des Notherbrechts der Geschwister.

Zweiter Unterabschnitt. Adquisition.

Erste Abtheilung. Arten und Erfordernisse des Nachlaßerwerbes. (*Abr. III. § 20.*)

§. (136) 82. Uebersicht.

Verhältniss der Adquisition zur Delation. (§§ 83...95.) I) Definitiver Erwerb A) nach Civilrecht 1) ipso iure (§ 87.), 2) durch Willensäußerungen a) des Delaten (§§ 88...92.) b) Anderer (§§ 94. f.); B) nach prätorischem Recht [1]. Erforderniſſe [2, 3] und Hinderniſſe des Nachlaßerwerbs ([4...6] und § 54.). II) Interimistischer Nachlaßerwerb. (§§ 83...86.)

Erster Titel. Vorläufiger Nachlaßerwerb, missiones in bona **).

§. (137) 83. I. Dem furiosus gestattete.

Dem furiosus kann ein Nachlaß nur ipso iure oder durch iuri suo subiecti [1], interimistisch

---

*) *He.* 155...58. *Se.* 659...63. *Mü.* 692. f. *Gö.* 863. 865. 887. *Pu.* 493. f. *Ro.* 558. *Va.* 485. f. *Si.* 195. *not.* 1. 197. ff. *Ar.* 598. a. E. *Br.* 174. *Rossh.* Test. Erbr. §§ 25. ff. *Mayer* Erbr. §§ 100... 105. *Koch* B.P. S. 133. ff. 428. ff. *Glück* VII. S. 335. ff. *Bluntschli* S. 234. ff. *Francke* §§ 27. 31. *Gessner* de iure succ. contra t-tum ex Nov. 115. Bas. 1828. *Mü.-Gl.* XXXVII. §§ 1425 *b*. ff. *Arndts* in Weiske VIII. S. 106. ff.

§. 82. vgl. oben §§ 3...5. 7...9. *Gesterd.* Ausbeute VI. 1. n°. 7. üb. Erwerb v. Erbschaften u. Vermächtn. *Mü.* 698. *Gö.* 946. *Br.* 197. [1]) § 4. not. 30. [2]) §§ 9. 14. ff. 29. ff. [3]) § 3. not. 1. [4]) *Ulp. L. 30. § 1. D. de A. v. O. H. 29, 2.* „..proximus a filio postumo heres dum mulier prægnas est aut putatur esse, adire hereditatem non potest; sed si scit non esse prægnatem, potest..". cf. tot. *L.* cit. et *L. 84. D. eod.* *L. 1. D. unde cogn. 38, 8.* u. § 24. not. 2. [5]) § 54. nott. 14. sqq. [6]) § 47. nott. 6. 2.

**) Quellen und Litteratur s. I. § 163. *Bg* § 132. n°. 1. bes. *Dig.* Quibus ex causis in possessionem eatur *42, 4.* De rebus auctoritate iudicis possīdendis [= von den ... in Besitz zu nehmenden Sachen] seu vendundis *42, 5.* *Cod. eod. tit. 7, 72.* (s. unten § 107.) *Dig.* Ne vis fiat ei qui in poss. missus erit *43, 4.* — *Pu.* 520. *Ro.* 671. *Si.* 193. 194. *Ar.* 535...39. *Br.* 204. *Zimmern* Grdr.. S. 74. ff. *Heimbach* v. Bonor. possessio (in bona missio) in Weiske II. S 295. ff. *Leist* B.P. § 170. *Rud.* Vormundsch. §§ 119. 203. *Keller* röm. Proc. § 78. c.

§. 83. *Dig.* De B.P. furioso, infanti, muto, surdo, cæco competente *37, 3.* *Cod.* De curatore furiosi vel prodigi *5, 70.* *He.* 202. *Se.* 567. *Mü.* 700. n°. 3. *Gö.* 954. *Pu.* l. c. *Ro.* 671. *Va.* 511. *Si.* 194. c. *Ar.* 538. *Br.* 204. a. E. *Becmann* D. de adq. her. dementi del. Gott. 1772. *Böhmer* Rechtsfälle II. 131. qu. 3. *Rotermund* de succ. fur. del. Gott. 1825. *Mayer* Erbr. § 118. *not.* 13. *Löhr* i. Mag. III. S. 59. ff. *Wächter* in der Tübing. krit. Ztschr. II. S. 177. *Fabricius* B.P. S. 165. ff. *Leist* B.P. § 166. *Bachofen* Pfdr. I. n°. XIII. §§ 41...70. [1]) *§ 3. I. de her. q. ab int. 3, 1.* *Marcell. L. 63. D. de A. v. O. H. 29, 2.* „Furiosus adquirere sibi commodum hereditatis ex t-to non potest, nisi si necessarius patri aut domino heres existat;

aber für ihn durch seinen Curator der Nachlaßbesitz erworben werden[1...5]. Von Verschollenen[6].

§. (138) 84. II. B.P. ex Carboniano edicto.

Einweisung des Unmündigen, welchem der zur directen Succession erforderliche status bestritten wird, nach Civilrecht[1], nach dem Carbonianum edictum[2...9], allein oder neben dem Gegner[10.11]. Wirkung derselben[12...15].

§. (139) 85. III. Missio in bona ventris nomine.

Vorläufige Einweisung der mit einem in den Nachlaß berufenen Descendenten[1...4] oder

---

per alium autem adquiri ei potest, veluti per servum vel eum quem in potestate habet". cf.*L.5.§1.eod.* *L.2.§2.C.h.t.5,70.* s.unten §88.n°.3. [2]) bes.*Iustinian.L.7.§§3.sqq.* C.u.*Pap.L.1.D.h.t.* *L.51.pr.D.de H.P.5,3.* *L.11.D.de auct.et cons.tut.26,8.* *L.12.pr.D.de B.P.37,1.* *L.2.§§11.13.D.ad SC.Tertull.38,17.* [5]) *Iust.cit.L.7.C.h.t.§8.* „Sin autem in furore diem suum finierit vel ad suam sanitatem perveniens eam repudiaverit, si quidem successio est, ad eos referatur, volentes tamen, i.e. substitutum vel ab intestato heredes vel ad nostrum ærarium, eo scil. observando ut hi veniant ad successionem qui mortis tempore furiosi propinquiores existant ei ad cuius bona vocabuntur, si non in medio esset furiosus, omni satisdatione vel cautione ... radicitus excisa, legatis autem et f-ssis ceterisque adquisitionibus furioso adquirendis et substantiæ eius adgregandis". [4]) Gegen *Va.*B.P.fur.nom. im Arch.f.civ.Pr.XXX.1. s. *Fritz* in Ztsch. f.Civ.u.Pr.N.F.IV.5. u. *Löhr* das.IV.7. *Seuffert* Arch.VII.69. [5]) *Pap.L.1.D.h.t.* „.. substitutus cautionem præstare cogitur omnibus his quibus bona restitui debent, si forte institutus in eodem furore decesserit, aut compos mentis factus ante mortem obierit quam hereditatem adgnosceret..". [6]) Von d.Nachlaß Verschollener s.I.§16.nott.7.ff.

§. 84. De Carboniano edicto: *Paul.S.R.3,1.* *Th.C.4,3.* *Dig.37,10.* *Cod.6,17.* — *He.203.*f. *Se.569.* *Mü.622.not.2.* *Gö.953.* *Pu. Ro.ll.cc.* *Va.512.* *Si.194.*B. *Ar.537.* *Br.204.* n°.2.a. *Mayer* Erbr.*§§137.*f. *Cuiac.*Recitt.ad Dig.tit.cit. *Donell.*comm.ad Cod.6,17. *Færster* B.P.p.202.ff. *Löhr* in s. Mag.II.S.451.ff. *Fabricius* B.P.S.168.ff. *Rud.* in Ztsch.f.g.R. W.IX.S.42...49. *Huschke* in Richters krit. Jahrb.1839.S.28.ff. *Leist* B.P.*§80.* *Altmann* de B.P.ex Carb.ed.Vratisl.1855. [1]) *L.3.§§1.2.5.7.D.h.t.* *Codd.hh.titt.* [2]) *Ulp.L.1.pr.D.h.t.* „Si cui controversia fiet, an inter liberos sit, et inpubes sit, causa cognita perinde p-io datur, ac si nulla de ea re controversia esset, et iudicium in tempus pubertatis causa cognita differtur". *Id.cit.L.3.§2.* „..si quidem de parentis bonis simul et de statu controversia fiat, hoc edictum locum habet; sin vero tantum status, differtur quæstio in tempus pubertatis, sed non ex Carboniano, sed ex constitutionibus". *L.6.§3.D.eod.* [3]) *Ulp.cit.L.3.§9.* „Parvi refert utrum petitor sit inpubes an possessor qui status controversiam patitur: nam sive possideat sive petat, in tempus pubertatis differtur". *L.1.§§4.sqq.D.eod.* [4]) *LL.1.§§9.sqq.6.§2.D.eod.* [5]) *L.3.cit.§3.* [6]) *ibid.§4.* [7]) *ibid.§§5.sqq.* [8]) *LL.3.pr.§15.15.* (in not.14.) *1.i.f.et passim D.h.t.* [9]) *LL.3.§§14...16.4.D.eod.* *L.7.§1.D.de ventre in p.mitt.37,9.* *Bijnkershoek* Obss. I.17. [10]) *LL.1.§1.6.§6.15.D.h.t.* cf.*Ulp.L.1.§4.D.si tabb.t-ti nullæ 38,6.* [11]) *LL.5.7.§§5.8.D.eod.* *L.1.C.h.t.* *Paul.S.R.tit.cit.* [12]) *L.6.§8.D.eod.* [13]) *cit.LL.5.§3.6.§5.D.eod.* [14]) *Herm.L.15.D.h.t.* „Hæc B.P-io si satis datum sit, non tantum ad p-ionem adipiscendam, sed ad res etiam persequendas et debitum exigendum et collationem bonorum et dotis et omnium quæ conferri diximus, prodest".

§. 85. *Dig.* De ventre in p-ionem mittendo et curatore eius *37,9.* Si ventris nomine muliere in p-ione missa eadem p-io dolo malo ad alium translata esse dicatur *25,5.* Si mulier ventris nomine in possessione calumniæ causa esse dicetur *25,6.* cf. De ventre inspiciendo custodiendoque partu *25,4.* — *He.205.* *Se.570.* *Mü.518.nott.14.16.*f.*622.not.8.* *Gö.955.* *Pu. Ro.§§ citt.* *Va.511.* *Si.194.*A. *Ar.536.* *Br.204.*

Nichtdescendenten[5] Schwangeren. Bösliches Ansuchen od. Benützen dieser Immission[6...8]. Bestreitung des status d. nasciturus[9]; Verheimlichung d. Schwangerschaft[10]. Causae cognitio[5...11].

§. (140) 86. IV. †Remedium ex L. ult. C. de edicto divi Hadriani tollendo.

Hadrians Edict[1]. Einweisung des in einem äußerlich fehlerfrei erscheinenden Testament Eingesetzten auf Vorzeigung jenes[2]. Verhandlung auf erhobene Contradiction[3.4.7]. Statt der alten einjährigen Nachsuchungsfrist[5] setzt Justinian die regelmäßigen Usucapions- und Klagenverjährungs-Fristen[6]. Heutige Natur dieser Einweisung[7.8].

---

n°.1.b. *Mayer* Erbr. *§138.* *Förster* l.c. p.242.sqq. *Glück* XXVII.§§1239.f. *Leist* B.P.*§79.* *Dernburg* Pfdr.*§ 51*.n°.3. 4) *LL.1.§§17...26.5.D.h.t.37,9.* 5) *L.1.§§1-17.eod.* 3) *Ulp. L.1.pr.D.h.t.* „Sicuti liberorum eorum qui iam in rebus humanis sunt, curam prætor habuit, ita etiam eos qui nondum nati sunt, propter spem nascendi non neglexit: nam et hac parte edicti eos tuitus est, dum ventrem mittit in possessionem vice contra tabb. B.P-ionis". *§§2.sqq.16.sqq.eiusd. et LL.5.sqq.10.D.eod.* 4) *LL.1.§§ 19.sq.28.3...5.9.D.eod.* *L.un.§7.D.si mulier 25,6.* 5) *L.6.D.eod.* 7) *LL.15.16.D.de his qui not.inf.3,2.* „Notatur quæ per calumniam ventris nomine in possessionem missa est, dum se adseverat prægnantem", „cum prægnas non esset, vel ex alio concepisset". cf.*LL.17...19.D.eod.* *L.1.§14.D.h.t.* 7) *L.un.D.si mulier 25,6.* 8) *Dig.25,5. cit.* 9) *LL.1.§§14.15.7.§1.D.h.t.* *L.1.§1.D.si mulier 25,6.* *L.3.§3.D.ne vis fiat ei 43,4.* 10) *Ulp.L.1.§15.D.de insp.ventre 25,4.* „Quod autem prætor ait causa cognita se p-ionem non daturum vel actiones denegaturum, eo pertinet, ut si per rusticitatem aliquid fuerit omissum ex his quæ prætor servari voluit, non obsit partui. quale est enim si quid ex his quæ leniter observanda prætor edixit, non sit factum, partui denegari bonorum possessionem? Sed mos regionis inspiciendus est et secundum eum et observari ventrem et partum et infantem oportet". cf.*passim eod.* 11) vgl.*L.7.D.h.t.*

§. 86. *Paul.S.R.3,5.§§14...18.* *Cod.* De edicto divi Hadriani tollendo et quem ad modum scriptus heres in p-ionem mittatur 6,33. cf. *L.un.Cod.* Ubi de her.agatur et ubi scripti heredes in p-ionem mitti postulare debeant 3,20.—*He.201.* *Se.583.*n°.2. *Mü. 717.*a.E. *Gö.952.* *Pu.*l.c. *Ro.671.* *Va.510.* *Si.193.not.2.* *Ar.535.* *Br.165.* S.708.ff. *204.* n°.1.a. *Mayer* Erbr.*§135.* *Cuiac.*ad L.3.C.h.t. *Giphan.*Explan.Cod.II.p.110.sqq. *Mascov.* Opuscc.I.5. *Sprekelsen* de rem.ex L.ult.C.de ed.d.Hadr.Gott.1749. *Runde* Beyträge II.3. *Sav.* i.Ztsch.f.g.R.W.VI.S.233.f., in Verm.Schrr.II.S.246.f. *Löhr* Ztschr. f. Civ.u.Pr.VI.9. *Bayer* Summar.Proc.ed.VI.§70. *Sintenis* Selecta capp.ex iure civ.Giess.1840.c.1. *Rossh.* Test.Erbr.*§134.* *Arndts* in Weiske VIII.S.149. *Leist* B.P.*§§138...41.162.190.*ff.u.bes.*Bachofen* Pfdr.I.13.§69. und Ausg.Lehren n°.x. *Bu.*u.*Bu.* Entscheidd.III.56. 1) *Paul.S.R.* l.c. *LL.1.2.C.h.t.6,33.* 2) *Iustinian.L.3.C.h.t.6,33.* (a.531.) „..sancimus, ut si quis ex asse vel ex parte institutus competenti iudici t-tum ostenderit non cancellatum, neque abolitum, neque ex quacumque suæ formæ parte vitiatum, sed quod in prima figura sine omni vituperatione appareat, et depositionibus testium legitimi numeri vallatum sit, mittatur quidem in p-ionem earum rerum quæ t-toris mortis tempore fuerunt...". 3) *Ibid.* „Sin autem aliquis contradictor extiterit, tunc in iudicio competente causæ in p-ionem missionis et subsecutæ contradictionis ventilentur, et ei p-io adquiratur qui potiora ex legitimis modis iura ostenderit...". cf.*Paul.cit.§14.* *L.2.C.h.t.* u.vgl. *Sav.*l.c. 4) *Valerian.et Gallien.L.un.C.3,20.cit.* „Illic ubi res hereditarias esse proponis, heredes in p-ionem rerum hereditariarum mitti postulandum est. ubi autem domicilium habet qui convenitur, vel si ubi res hereditariæ sitæ sunt, degit, hereditatis erit controversia terminanda". (a.261.) s.§ 96.not.11. 5) *Paul. §16.cit.* „Hoc post annum impetrare non poterit". 6) *L.3.C.cit.* „...nullum ei temporis obstaculum obiciatur, nisi tantum temporis effluxerit, quod possit vel pos-

Zweiter Titel. Definitiver Erwerb oder Ablehnung des Nachlasses. (*Abr. III. §§ 20. 21.*)

§. (141) 87. I. Nothwendiger, ipso iure eintretender, Erwerb; Recht der Lossagung von der Succession, ius abstinendi sese ab hereditate, Abstentionsrecht. Sui, suæ [1.2] erwerben, wenn sie nicht unter einer lediglich von ihrem Willen abhängigen Bedingung eingesetzt sind [3], die hereditas, nicht die B. P. [4], auch ohne ihr Wißen und Wollen, haben aber Abstentionsrecht [5...7]. Wirkungen des Gebrauchs dieses Rechts [8...11].

---

sessori plenissime securitatem super dominio præstare, vel ipsi qui missus est, omnem intentionem excludere..". [7]) II. § 226. [8]) *Azo ad L. 3. C. h. t.* „..omnia quæ fuerunt tempore mortis t-toris, veniant, si peti possunt iure hereditario ... possit succedere: in his enim casibus mittitur in p-ionem earum legum". *legitimo modo*: „quia .. falso allegabat iustum t-tum. non intellige quod diceret se successisse defuncto, sed earum scilicet executionis ..". *Bartolus § 5.* ad eand. L. (in Secunda sup. Cod. fol. 40. b. ed. Lugd. 1552.) et ad L. 1. C. quor. bon.

§. 87. *Gai. 2, 152...162. Ulp. 22, 21. Inst.* De heredum qualitate et differentia *2, 19. Dig.* De A. v. O. H. (= de adquirenda vel omittenda hereditate) *29, 2. Cod.* De iure deliberandi et de adeunda vel adquirenda hereditate *6, 30.* De repudianda vel abstinenda hereditate *6, 31. — Dig.* De suis et legitimis heredibus *38, 16 (17). Cod.* De suis et legitimis liberis *etc. 6, 55. — Dig.* Quis ordo in possessionibus servetur *38, 15. Cod.* Qui admitti ad B. P. possunt et intra quod tempus *6, 9. Greg. Cod.* Si certum petatur *3, 6 (13).* Arbitrium tutelæ *6, 1 (18). Cod.* Si minor ab hereditate se abstineat 2, *39.* Si ut omissam hereditatem vel B. P. vel quid aliud adquirat (näml. in int. restitutio petatur) 2, *40.* u. die Quellen zu den ff. §§. — *He. 166. 264.* f. *Se. 565. 595. Mü. 701. 776. Gö. 933.* n°. *31. 975.* A. *Pu. 500.* f. *Ro. 634. Va. 497. Si. 183.* n°. *1. 202.* n°. *2. Ar. 511. Br. 198. Mayer* Erbr. *§ 118.* a. A. *Mü.-Gl.* XLII. §§ 1487. ff. *Rossh.* Test. Erbr. *§ 145.* [1]) § 3. not. 2. *Bg § 44 d...h.* [2]) *Ulp. L. 1. § 8. D. tit. cit.* u. *L. 6. §§ 5. 6. D. h. t. 29, 2. Löhr* i. Arch. f. c. Pr. II. S. 198. ff. *Mü.-Gl.* XXXVI. S. 142. ff. [3]) s. § 54. not. 4. [4]) Man muß „admittentis eam iudicium intra statuta tempora ostendisse". *§§ 8...10. I. de B. P. 3, 9.* s. oben § 4. not. 29. unten § 91. not. 9. [5]) *Ulp. L. 11. D. h. t.* „Inpuberibus liberis omni modo abstinendi potestas fit, puberibus autem ita, si se non inmiscuerint". *L. 57. D. eod, LL. 1. 2. C. h. t. 6, 31. Witte* v. Beneficium abstinendi in Weiske I. S. 856...71. [6]) *Diocl. et Max. L. 3. C. de i. i. r. minorum 2, 22.* „Si curatorem habens minor xxv annis post pupillarem ætatem res vendidisti, hunc contractum servari non oportet, cum non absimilis ei habeatur minor curatorem habens [*i. e. ei*] cui a prætore curatore dato bonis interdictum est ..". cf. citt. titt. *Cod. 2, 39. 40.* u. oben II. § 295. not. 14. III. § 37. [7]) Dieses folgt aus nott. 1. 4. vgl. *Mü.-Gl.* XLII. § 1490. et ibi citt. [8]) *L. 1. C. de repud. B. P. 6, 19.* [9]) *L. 8. § 6. C. de bonis q. lib. 6, 61.* [10]) *Iustinian. L. 6. C. de repud. her. 6, 31.* „Si quis suus recusaverit paternam hereditatem, deinde maluerit eam adire, ... sancimus, si quidem res iam venditæ sint, ut nullus aditus ei ad hereditatem reservetur, quod et antiquitas observabat. sin autem res alienatæ non sint, si quidem maior annis constitutus est et tempora restitutionis nulla ei supersunt, intra trium annorum ... spatium huiusmodi ei detur licentia. sin autem vel minor est vel in utili tempore constitutus, tunc post completum quadriennium ... aliud triennium ei indulgeri, intra quod potest rebus in suo statu manentibus adire hereditatem et suam abdicationem revocare. quo tempore transacto nullus aditus penitus ad paternam hereditatem ei reservetur, nisi forte eo adhuc in minore ætate constituto res venditæ sint; tunc et enim per in int. rest. non denegatur ei adire hereditatem et res recuperare et creditoribus paternis satis facere". (a. 532.) [11]) *Paul. L. 12. pr. D. de interr. in iure f. 11, 1.* „..hunc qui abstinuit, prætor [denn vgl. *L. 30. § 10. D. de fid. libert. 40, 5.*] non habet heredis

II. Freiwilliger Erwerb

A. durch den Delaten selbst. (*Abr.III.§ 20.*)

§. (142) **88.** A. Fähigkeit des Erwerbers.

Hereditatis adquisitio ist auch obligatio[1]; daher Erwerb der 1) Hauskinder[2...4], 2) pupilli infantes[5], 3) furiosi[6] und gerichtlich für Verschwender Erklärter[7], 4) anderer Bevormundeter[8], 5) juristischer Personen[9].

§. (143) **89.** B. Willensbestimmung.

Pure Erklärung, daß man die Delation wirksam sein laßen wolle[1] oder nicht[2]: es ist also Delation und Kunde von derselben erforderlich[3...7]. Erzwungener Wille und dessen

---

loco". *L.9.D.de dot.coll.37,7. LL.20.§4.87.§1.D.de A.v.O.H.29,2. L.89.D.de leg.1. Diocl. et Max. L.6.C.de leg.her.6,58.* „Defunctis suis extantibus heredibus, et abstinentibus vel repudiantibus heredibus frater iure consanguinitatis succedere potest". [12]) *Ulp. L.42.pr.D.h.t.29,2.* gegen *Iav. L.28.D. de reb. auct. iud. poss. 42,5. Mü. - Gl.* XL. S.419.ff. *Huschke* in Ztsch.f.Civ.u.Pr.R.F. VII.S.98.ff. *Va.454.*Anm.11. *Pu.*Vorll.*§ 478.* [13]) *Pap. L.17.D. de iniusto 28,3.* „..licet suptilitas iuris refragari videtur, attamen voluntas t-toris ex bono et æquo tuebitur". *LL.41.42.pr.D.de A.v.O.H. LL.2.§ 6.12.D.de vulg. subst.28,6. L.32.D.de m-miss.t-to 40,4. cit.L.30.§10.D.de fid.lib.* „..non est sine herede qui suum heredem habet, licet abstinentem se". *LL.87...89.D.de leg.1.30.* [14]) *Ulp.L.1. i.f.D.ut in poss.leg.serv.c.36,4. cit. L.12.i.f.D.de vulg.subst.* vgl. *Francke* Beitr. S.145.ff.

§. 88. s. §§ 82.87.u.Quellen zum vorigen §. *He.159. Se.567. Mü.700. Gö.934. Pu. 496.497.*a.E. *Ro.640. Si.183.*S.508.ff. *Ar.506.508. Mayer* Erbr.*§§118.115. Mü.-Gl.*XLII. §1492. *Rossh.*Test.Erbr.*§148. Leist* B.P.*§§165.*ff. [1]) *Gai.2,35.36.*u.ö. *Paul.L.17.D.de duob.reis 45,2.* „..hereditas eos [heredes] obligat..". *L.9.C.de iure del.6,30.* „..hereditati necdum sunt obligati..". cf. *Abr. II. § 22.* [2]) *LL.4.18.C.de iure delib.6,30. L.8.C.de bonis quæ liberis 6,61.* [3]) *LL.6.pr.§1.8.§1.D.de A.v.O.H.29,2.* [4]) I.§167. Zu *cit.L.8. pr.§1.C.6,21.* s.*Marez.*i.Arch.f.c.Pr.VIII.S.262.ff. Ztsch.f.Civ.u.Pr.VIII.S.100.ff. [5]) *L.18. C.cit.L.5.eod. LL.9.§ 3.11.D.de auct.tut.26,8. LL.8.9.D.de A.v.O.H. L.7.C. qui adm. ad B.P.6,9.* [*Nov.158.*unglosss.] *Sav.*Syst.III.S.46.ff. [6]) *L.9.D.cit.* cf.*L.63.eod.*u.§83.not.2. [7]) *L.5.§1.D.eod.29,2.* [8]) *L.9.§3.D.cit. L.9.D.de A.v.O.H. LL.5.18.C.citt.* [9]) *L.1.§2. D.de off.proc.Cæs.1,19.* cf.*L.3.§ 4.D.de B.P.37,1. Mü.-Gl.* l.c. S.405.

§. 89. *He.166. Se.566. Mü.699. Gö.*l.c. *Pu.497. Si.183.*S.514.f. *Ar.507. Br.199. Mü.-Gl.*XLII.§1492. [1]) *Pap.L.77.D.de R.I.* „Actus legitimi qui *non* recipiunt diem vel condicionem, vel uti ... hereditatis aditio, .. in totum vitiantur per temporis [eines Termins] vel condicionis adiectionem..". z.B.*L.51.§2.D.h.t.29,2.* [2]) *Ulp.L.13.D.h.t. 29,2.* „Is ... cui ... hereditas delata est, repudiatione hereditatem amittit..". *L.17.eod.* „..sicut adeundo adquirit, ita et repudiando amittit hereditatem..". *Paul. L.18.eod.* „Is potest repudiare qui et adquirere potest". *§ 7.I.de her.qual.2,19.* „sic ut autem nuda voluntate" *etc. Arc.et Hon.L.16.C.de iure delib.* „Nec emere nec donatum adsequi nec damnosam [aber auch *nec lucrativam*] quisquam hereditatem adire compellitur". [3]) cf. cit. *LL.13.pr.§1.15...17.pr.19.22.23.30.32.34.39.46.51.pr.69.70.§1.74.pr.§1.75.sqq.D. eod. Iul.L.21.D.de cond. et dem.35,1.* „Multum interest, condicio facti an iuris esset: nam huius modi condiciones *Si navis ex Asia venerit, Si T consul factus erit*, quamvis impletæ essent, impedient heredem circa adeundam hereditatem, quam diu ignoret eas impletas esse. quæ vero ex iure venient, in his nihil amplius exigendum, quam ut impletæ sint...". [4]) *Ulp.L.21.§ 3.D.h.t.* „Si quis partem, ex qua institutus est, ignoravit, Iulianus scribit, nihil ei nocere, quo minus pro herede gereret; quod et Cassius probat si condicionem, sub qua heres institutus est, non ignorat, si tamen extitit condicio, sub qua substitutus est. Quid tamen si ignorat condicionem

Wirkung[8-9]. Antretung eines Theils des Deferierten[10-11]. Antretung oder Ausschlagung eines Indignus[12].

C. Willenserklärung.

§.(144) 90. 1. Ablehnung.

Die Bekundung des Willens, die Delation nicht wirksam sein zu laßen[1-2], ist an keine bestimmte Form gebunden[3]. Beziehung der Ablehnung auf die verschiedenen Delations-

---

extitisse? puto posse adire hereditatem, quemadmodum si ignoret, an coheredis, cui substitutus est, repudiatione portio ei delata sit". vgl.über diese Stelle die bei *Schulting-Smallenb.*V.p.130.sq.citt. *Mü.-Gl.*l.c.S.422.ff. *Gothofredus* (in Ottos Thes.III.p.812. sqq.) sieht sie als Entscheidung vier verschiedener Fälle an; dagegen *Pu.* l.c. „aber die Stelle entscheidet nicht verschiedene Fälle, sondern führt nur ... den an den Eingang gestellten Satz weiter aus". Das partem bezeichnet hier nicht den vom Testator angegebenen Bruchtheil, den, was *Pu.* übersieht, der Antretende kennen muß (not.5.), sondern den Antheil, den Betrag der Zuwendung, welcher im Resultat durch den Antritt erworben wird (z.B. zufolge des Schicksals der gestellten Bedingungen, der Zahl der zur Welt kommenden miteingesetzten postumi, zufolge Adcrescenz, u.dgl. not.6.) ⁵) *Marcell.L.75.D.eod.* „Ex semisse *T* heres scriptus est, quadrantis *bonorum possessionem per errorem petiit*; quæro an nihil actum sit, an vero perinde omnia servanda sint, ac si quadrans nominatus non sit: respondit magis nihil actum esse, quemadmodum cum ex semisse scriptus heres ex quadrante *per errorem adiit hereditatem*". *Ulp. L.10.D.eod.* (in not.10.) redet von einem ex asse heres, der es weiß, daß er auf den ganzen Nachlaß berufen sei. ⁶) *L.5. §1.D.si pars her.5,4.* (QVOTCVMQVE MIHI NATI ERVNT ET LVCIVS TITIVS PRO VIRILIBVS PORTIONIBVS HEREDES MIHI SVNTO.) *L.80.§2.D.h.t.29,2.* ⁷) Unrichtig gefaßt ist die neuere Regel: 'Quantitatis ignorantia non nocet aditioni, sed qualitatis nocet'. Der Antretende muß die Quantität des zu erwerbenden Rechts (nicht die des Objects des Rechts) wißen. ⁸) *L.21.§§5.6.D.q.met.c.4,2.* s. *Bg §85.not.1. Pap.L.85.D.h.t.* „Si metus causa adeat aliquis hereditatem, fiet ut, quia invitus heres existat, detur abstinendi facultas". s.I.§169.not.4.*β'*. ⁹) *Fur.Anth.L.ult.D.de dolo m.4,3.* „Is qui decepit aliquem, ut hereditatem non idoneam adiret, de dolo tenebitur, nisi fortasse ipse creditor erat et solus erat; tunc enim sufficit contra eum doli mali exceptio". ¹⁰) *Paul. L.1.D.h.t.* „Qui totam hereditatem adquirere potest, is pro parte eam scindendo adire non potest". *Ulp.L.10.eod.* „Si ex asse heres destinaverit partem habere hereditatis, videtur in assem pro herede gessisse". *LL.35.36.80.pr.§1.D.eod. Iustinian.L.20.C.de iure del.6,30.* „.. placuit enim nobis, sive in institutione sive in pupillari substitutione, ut vel omnia admittantur vel omnia repudientur...". vgl.§94.nott.11.10. Zu *L.76. §1.D.h.t.29,2.* wo ursprünglich statt omiseris *aditionem* gestanden haben wird 'om. *cretionem*' s.*Leist* obss.ad fr.76.§1.D.29,2.Ien.1843. *Ar.517.*Anm.3. ¹¹) I.§55.nott.14.15. ¹²) unt.§122.

§. 90. *Dig.29,2. Cod.6,31.* ad §87.citt. u.*Cod.* De repudianda B.P.*6,19.* *Dig.*Si quis omissa causa t-ti ab intestato vel alio modo possideat hereditatem *29,4.* *Cod.*Si omissa sit causa t-ti *6,39.* — *He.261...63.118...19. Se.595. Mü.775.*cf.*774.706.781. Gö.974.1027. Pu.499. Ro.649. Si.201.*S.666.ff. *Ar.508. Br.194. Mayer* Erbr. *§120. Mü.-Gl.*XLIII.§ 1494.f.1504. ¹) *Paul.L.28.pr.D.de V.S.* „..Qui occasione adquirendi non utitur, non intellegitur alienare, veluti qui hereditatem omittit...". Repudiare, recusare ist die positive Erklärung des Nichtwollens, des nolle ad se pertinere; omittere ist die gleichwirksame Nichterklärung des gewollten Nichterwerbs oder nicht gewollten Erwerbs. ²) §89. nott.2.ff. *Paul. L.95.D.h.t.29,2.* „Recusari hereditas non tantum verbis, sed etiam re potest, et alio quovis iudicio voluntatis". *Ulp. L.13.pr.eod.* „Is qui heres institutus est vel is cui legitima hereditas delata est, repudiatione hereditatem amittit. hoc ita gründe[4]. Nichterbittung der B.P.[5] ist nicht auch Ausschlagung der hereditas oder umgekehrt[6], noch auch Ausschlagung aus einem Delationsgrunde eine solche aus einem neuen[7]. Prätorische Hilfe gegen dolose Desertion eines Testaments oder sonstige Umgehung von Belastungen mittels Ausschlagung[8].

2. Annahme. (*Abr.cit.§ 21.*)

S. (145) 91. a. Formen.

Wegfall der cretio[1]. Hereditatis aditio oder pro herede gestio[2]. Erwerb der vertragsmäßigen Erbschaft[3]. Stellvertretung[4...7]. Einwirkung der B.P.[8...11].

---

verum est, si in ea causa erat hereditas, ut et adiri posset..". [3]) *Herm. L.94. D.h.t.* „Qui superstitis bona repudiat, post mortem eius adire hereditatem, item B. P-ionem petere non prohibetur". *LL.19.13.pr.§2.D.eod.* oben I. § 105. Erbr. § 3.not.18. § 7.not.1. [4]) *Ulp. L.17.§1.D.eod.* „Heres institutus idemque legitimus si quasi institutus repudiaverit, quasi legitimus non amittit hereditatem. sed si quasi legitimus repudiaverit, si quidem scit se heredem institutum, credendus est utrumque repudiasse; si ignorat, ad neutrum ei repudiatio nocebit, neque ad t-tariam, quoniam hanc non repudiavit, neque ad legitimam, quoniam nondum ei fuerat delata". *LL. 70.pr.77.eod.* vgl.not.7. [5]) § 4.nott.30.31. § 91.not.9. [6]) *Ulp.L.2.§21.D.ad SC.Tert.38,17.* „Sed si mater repudiaverit B.P-em, de adeunda autem hereditate deliberet,.. nondum verum est non adisse matrem". s. oben § 5. [7]) *Paul. L.91.D.de R.I.* „Quotiens duplici iure defertur alicui hereditas, repudiato novo iure quod ante defertur, supererit vetus". [8]) *Dig.29,4. Cod.6,39.citt. Ulp.L.1.pr.D.29,4.* „Prætor voluntates defunctorum tuetur, et eorum calliditati occurrit qui omissa causa t-ti ab intestato hereditatem partemve eius possident, ad hoc ut eos circumveniant, quibus quid ex iudicio defuncti deberi potuit, si non ab intestato possideretur hereditas, et in eos actionem pollicetur". vgl. § 139.n°.5. *Mü.-Gl.* cit. § 1504.

S. 91. Ueber den Erwerb der hereditas s. zu § 82., über den der B.P. s. zu § 4. citt. Quellen. — *He.161.*f. *Se.566. Mü.702. Gö.934.*n°.7. *Pu.497.501. Ro.634.639.*ff. *Si.183. nott.15.28. Va.498. Ar.510. Br.199. Mayer* Erbr. *§118.*a.E. *Leist* B.P.II.2.*§§135.*ff.*157.* [1]) *Gai.2,164...74.3,36.87. Ulp.22,25...34.ibiq.citt.* besonders *Th.C.4,1.8,18.* — *Arc.Hon.et Th. L.17.C.de iure delib.6,30.* „Cretionum scropulosam sollennitatem hac lege penitus amputari decernimus". (a.407.) cf. *Abr.III.§21. Pu.*Inst.*§312.* [2]) *§7.I.h.t.2,19.* „..heres... potest aut pro herede gerendo vel etiam nuda voluntate suscipiendæ hereditatis heres fieri..". cf. *LL.20...22.24.40.88.D.h.t.29,2. L.65.§3.D.ad SC.Treb.36,1. L.6. C.h.t.6,30.*u.ö. [3]) *Beseler* Erbvertr.II.S.271.ff.ibiq.citt. vgl. oben § 3.not.13. [4]) *Paul. L.90.pr.D.h.t.29,2.* „Per curatorem [*Hal.* richtig Per procuratorem] hereditatem adquiri non posse". cf. *L.54.pr.D.de A.R.D.41.1. L.77.D.de R.I. Leist* l.c.*§§168.*f. sucht die Stellvertretung zu behaupten. (Ueber die Antretung Handlungsunfähiger s. § 88. [5]) *L.53.D. de A.R.D. Inst.2,9.*u.*Cod.4,27.:* Per quas pers.nob.adq. *Inst.* Per quas pers.nob.obl.adq. *3,28(29). Gai.2,86.sqq. Ulp.19,19.* [6]) I. § 22. [7]) so z.B. *Stryk* Us.mod.Pand XXIX.2.§7. [8]) *Ulp.L.3.§7.D.de B.P.* „Adquirere quis B.P-em potest vel per semet ipsum, vel per alium...". *LL.15.16.eod.* cf. *L.86.pr.D.de A.v.O.H.29,2.* [9]) *cit.L.3.D.§8.* „Si causa cognita B.P. detur, non alibi dabitur quam pro tribunali, quia neque decretum de plano interponi, neque causa cognita B.P. alibi quam pro tribunali dari potest". *LL.5. 14.§1.D.de B.P.c.t.37,4. L.4.D.de coni.c.emanc.37,8. L.18.§4.C.de iure del.6,30.* oben § 4. nott.29.ff. *Leist* l.c.II.1.S.310.ff. — *L.9.C.qui admitti ad B.P.6,9. §10.I.de B.P.3,9. L.7.§3. C.de cur. fur.5,70.* [10]) *L.23.pr.D.de her.inst.28,5. L.3.§13.D.de B.P.c.t. L.42.§2.D.de bon.lib.37,2. L.9.C.cit.* [11]) oben § 4.not.30. [12]) *Ulp.cit.L.3.§7.D.de B.P.* „..si me non mandante B.P. mihi petita sit, tunc competit cum ratum habuero id quod actum est.

§.(146) 92. b. Deliberationsrecht.

Nach Wegfall des SC. Silanianum [1] kann nun der Erbe sofort nach der Delation antreten [2], und ist an eine besondere Frist gebunden nur wenn der Testator [3] oder der Magistrat auf Antrag [4,5] eine solche gesetzt hat; Justinian [6,7] beschränkt nicht das Antrittsrecht des berufenen Erben auf 1 Jahr, er bestimmt [8] die Bedeutung einer erbetenen Delationsfrist insbesondere auch im Verhältniss zur Errichtung eines Inventars [9]. Rechte des Deliberanten [10].

§.(147) 93. c. Deliberationsfristen?

Nicht solche, sondern eine Transmission hat Justinian [6] eingeführt. Die prätorischen Fristen

---

denique si ante decessero quam ratum habeam, nulla dubitatio est quin non competet mihi B.P., quia neque ego ratum habui, neque heres meus ratum habere potest, cum ad eum non transeat ius B.P-ionis". *Paul. L.16.eod.* „Quotiens is cui B.P. ab altero postulata est, furere cœpit, magis probatum, ratum eum videri habuisse: rati enim habitio ad confirmationem prioris postulati pertinet". Diese Stelle ist zu restringieren durch folgende desselben *Paul.L.48.D.de A.v.O.H.* „Si quis alicui mandaverit *Ut, si æstimaverit, peteret sibi B.P-ionem*, et postquam ille petiit, furere cœperit, nihilominus adquisita est ei B.P-io. quodsi antequam ille petat, is qui mandavit petendam furere cœperit, dicendum est non statim ei adquisitam B.P-ionem: igitur B.P-ionis petitio ratihabitione debet confirmari". cf. *L.28.D.eod. Mæc. L.66. pr.D.ad SC.Treb.36,1.* „...ratihabitio subsequi potest exemplo B.P-ionis..".

§§. 92. 93. *Dig.* De iure deliberandi *28,8.* *Cod.6,30.* ad § 87. cit. *Dig.* De successorio edicto *38,9.* Quis ordo in possessionib. servetur *38,15(16).* *Cod.6,9.* ad § 87. cit. *He.163...165. Se.568. Mü.703.621.*n°.3. cf.*704. Gö.935. Pu.498. Ro.635.*ff. *Va.499.*f. *Si.184.185.*S.524.ff. *Ar.509. Br.193. Mayer* Erbr.S.344...54. *Rossh.*Test.Erbr.*§§150...53.* *Koch* de herede deliberante. Giess.1783. *Schöman* Hdb. d.Civilr.II.12. *Buchholtz* Ztsch.f.Civ.u.Pr.X.S.388.ff. *Grosch* de iur.delib.orig.Vratisl.1839. *Va.*i.Arch.f.c.Pr.XXII.7.(1839.) u. dazu die Recenss. von *Puchta*, *Arndts* in den krit.Jahrb.f.d.R.W.IV.S.7...29. *Zachariæ* das.X.S.840. *Sintenis* capp.sel.ex iure civ.Giess.1840.c.3. *Dollmann* Blätter für Rechtsanw.1841.9. *Mü.-Gl.*XLI.§§1466.f. *de Wedemeyer* de iure del.Gött.1844. *Witte* v.Beneficium deliberandi in Weiske I. *Leist* B.P. *§§112.*ff. [1]) § 47.not.6. [2]) *Iustinian. L.un. §1.C.de cad.toll.6,51.* „..omnes habere licentiam a morte t-toris adire hereditatem...". [3]) *Paul.L.72.D.de A.v.O.H.* „Si quis heres ita scriptus fuerit, *ut intra certum tempus adeat hereditatem, et si non ita adierit, alius ei substituatur,* prior autem heres antequam adiret, decesserit, nemo dubitat quin substitutus ultimum diem aditionis expectare non soleat". u. die die cretio betreffenden Citate zu § 91. Mit Versäumung der Cretionsfrist hörte der Delat auf zur hereditas, wie mit Versäumung der Fristen des successs. Edict der durch dieses zur B.P. Berufene, zu dieser berufen zu sein, er war temporis fine submotus (*Gai.2,164.*), aber ohne weiteres Präjudiz, wie solches den die Delationsfrist Versäumenden trifft. *L.20.§14.C.h.t.6,30.* [4]) *Ulp. L.1.§1.*(u.*L.3.*) *D.h.t.28,8.* „Ait prætor SI TEMPVS AD DELIBERANDVM PETET, DABO", hauptsächlich „petentibus creditoribus, sed et heredi instituto" (*L.5.pr.eod.*) oder „cui ab intestato legitima delata est successio". (*LL.9.10.C.h.t.6.30.* cf.*LL.5.6.pr.D.de interr.in iure 11,1.*) Auch „substituto" (*L.69.D.de A.v.O.H.*)? Nein. s.*Bruns* in Lpz.Jahrb.I.S.120. *Br.*l.c. Von Vermächtnissnehmern ist in den Quellen als Petenten gar nicht die Rede. Ein besonderes Edict nach *Ulp.L.7.pr.D.h.t.* „SI PVPILLI PVPILLÆ NOMINE POSTVLABITVR TEMPVS AD DELIBERANDVM, AN EXPEDIAT EVM HEREDITATEM RETINERE, ET HOC DATVM SIT, SI IVSTA CAVSA ESSE VIDEBITVR, BONA INTEREA DEMINVI, NISI SI CAVSA COGNITA BONI VIRI ARBITRATV, VETABO". [5]) *L.36.§2.C.de inoff.t-to 3,28.* [6]) *Iustinian. L.19.C.h.t.* „Cum zur Nachsuchung der B.P.[11] gelten gemeinrechtlich nicht. Gesetzliche Erbschaftsantretungsfristen sind particularrechtlich[12]. In der Annahme der hereditas liegt nach justinianischem Recht von selbst auch die der B.P.[13].

B. Erwerb nach des Delaten Tod, hereditatis transmissio *).

§. (148) 94. A. Begriff der Transmission.

Die bloße delatio hereditatis ist noch keine Vergrößerung des Vermögens und geht also auch nicht mit diesem auf die Erben des Delaten über[1.2]. Vermächtniß[3]. [In iure cessio legitimæ hereditatis[4.5].] Cession einer noch unangetretenen Erbschaft[6]. s.g. transmissio ex capite suitatis[7.8]. Erwerb des bedingt mit dem des unbedingt Zugewiesenen[9.10], des einen Theils der Zuweisung mit dem des anderen[11]. Wirkung der Transmission[12].

---

antiquioribus legibus et præcipue in Quæstionibus Iulii Pauli invenimus filios familias paternam hereditatem deliberantes posse et in suam posteritatem [hanc] transmittere, et aliis quibusdam adiectis quæ in huius modi personis præcipua sunt, eam deliberationem et in omnes successores, sive cognatos sive extraneos, duximus esse protelandam. ideoque sancimus Si quis vel ex t-to vel ab intestato vocatus deliberationem meruerit, vel hoc quidem non fecerit, non tamen successioni renuntiaverit, ut ex hac causa deliberare videatur, sed nec aliquid gesserit quod aditionem vel pro herede gestionem inducit, prædictum arbitrium in successionem suam transmittat; ita tamen et unius anni spatio eadem transmissio fuerit conclusa; et si quidem is qui sciens hereditatem sibi esse vel ab intestato vel ex t-to delatam, deliberatione minime petita intra annale tempus decesserit, hoc ius ad suam successionem intra annale tempus extendat. Si enim ipse postquam t-tum fuerit insinuatum vel ab intestato vel aliter ei cognitum sit heredem eum vocatum fuisse, annali tempore translapso nihil fecerit ex quo vel adeundam vel renuntiandam hereditatem manifestaverit, is cum successione sua ab huiusmodi beneficio excludatur. sin autem instante annali tempore decesserit, reliquum tempus pro adeunda hereditate suis successoribus sine aliqua dubietate relinquat, quo completo nec heredibus eius alius regressus in hereditatem habendam servabitur". (a.529.) [7]) § 95. n°.4. [8]) *L.22.C.eod.* (a.531.) vgl. §108. [9]) § 151.not.3. [10]) *LL.5...7.9.D.h.t. Ulp. L.28.D.de A.v.O.H.29,2.* „..prætorem aditum facultatem facere debere heredi rationes defuncti ab eo petere, penes quem depositæ sunt, deliberanti de adeunda hereditate". [11]) oben § 4.not.30. [12]) Preuß.Landr.I.9. §§ 384.f. *Code Nap.789.* cf.2262. *Gustermann* Oesterr.Priv.R.Praxis, Wien 1822.I.§452. [13]) *Leist* B.P. *§§ 157.*ff.

*) *Cod.6,30.* ad § 87.cit. *Cod.* De his qui ante apertas tabulas hereditatem transmittunt *6,52.* (Nov.158. ungloss.) *Duaren.*Comm.ad Dig.XXIX.2.cap.5. *Lauterbach* Diss. ac.II.88. *Berger* Diss.select.1707. n°.17. *Finestres* ad tit. D.de lib.et post.Cervar.1740.p. 396.sqq. *Thibaut* Verss.I.13. *Bucher* de iure transmiss.Marb.1805. *Marezoll* in Ztsch.f.Civ. u.Pr.II.3. *Löbenstern* das.IX.S.198.ff. *Steppes* die Transmission. Münch.1831. *Buchholtz* jur.Abhh.S.27.ff. *Mayer* Erbr.*§§113...15.* *Rossh.* Test.Erbr. *§§157...59.* *Mü.-Gl.*XLIII.§ 1496. *Heimb.*sen. in Weiske XI.S.511...35. *He.267...72.* *Se.574.567.* *Mü.705.* *Gö.941...45.* *Pu.502...4.* *Ro.645...8.* *Va.491.* *Si.204.* *Ar.512...16.* *Br.195.* *Keller* Grdr.S.293.ff.

§. 94. [1]) *L.13.pr.D.29,2.* in § 90.not.2. oben § 3.not.1. [2]) *Iustinian. L.un.§1.C.de cad.toll.6,51.* „..Hereditatem et enim, nisi fuerit adita, transmitti nec Veteres concedebant, nec nos patimur...". *L.7.C.de iure del.6,30.* *L.4.C.qui adm.ad B.P.6,9.* cf. *§ 2.I. quib.mod.t-ta inf.2,17.* vgl.I.§153. [3]) §142.unten. [4]) § 7.not.4. [5]) § 50.not.1. [6]) § 3. nott.10.sqq. [7]) § 87. [8]) *Paul.L.7.§1.D.de A.v.O.H.29,2.* „Si filius prius quam sciret se necessarium extitisse patri heredem, decesserit relicto filio necessario, permittendum est nepoti abstinere se avi hereditate, quia et patri eius idem tribueretur".

§. (149) 95. B. Arten der Transmission.

Transmissio *a)* +ex capite in integrum restitutionis[1...8], *b)* +ex capite infantiæ oder +ex iure patris[9], die keine wahre transmissio ist, wie auch nicht der vom Hauskinde nicht gemachte Nachlaßerwerb durch den Vater[10], *c)* +Theodosiana[11.12], *d)* +Iustinianea[13].— Uebergang der querela inofficiosi (nicht der Delation) auf die Descendenten des Notherben[14].

L.1.§8.D.de coll.bon.37,6. L.3.C.de iure del.6,30. cf.*L.6.C.de leg.her.* in § 87.not.11. *Mü.-Gl.*l.c.S.148.f. [9]) § 117. [10]) *L.26.§1.D.de cond.et dem.35,1. Gai.L.53.pr.D.de A.v.O.H.* „Qui ex duabus partibus heres institutus fuerit, ex alia sub condicione, et ex pura institutione adierit et decesserit, posteaque [nicht postea quam] condicio extiterit, ea quoque pars ad heredem eius pertinet". cf.*L.59.§6.D.de her.inst.28,5. Buchh.*l.c. S.35.ff. *Mü.-Gl.*XLIII.S.150...57. *Mayer* l.c.S.40. *Fuchs* i.Arch.f.civ.Pr.XXX.10. *Ar.517.* Anm.2. *Va.498.not.7.* [11]) *Ulp.L.2.D.de A.v.O.H,* „*Sed* et si quis ex pluribus partibus in eiusdem hereditate institutus sit, non potest quasdam partes repudiare, quasdam adgnoscere". § 89.not.10. § 2. [12]) § 59.not.6.

§. 95. *a) Voorda* Interpp.II.c.20.sq. *Merenda* Controvv.IV.c.12. *Averani* Interpp. IV.4. *Buchh.*l.c. S.34.ff. *Marez.*l.c.S.62...82. *Steppes* l.c.S.59. *Mü.-Gl.*l.c.S.157.ff. *Heimb.*l.c.S.512...19. [1]) *Ulp.L.6.D.de i.i.r.4,1.* in I. § 165.not.2. [2]) *L.84.D.de A.v.O.H.29,2. LL.4.§3.5.D.de B.P.c.t.37,4.* [3]) *L.12.D.de Carb.ed.37,10.* [4]) *LL.6.§1.42.§3.D.de bon. lib.38,2.* [5]) *LL.3.§§29...4.D.ad SC.Silan.29,5.* [6]) *L.30.D.de A.v.O.H.29,2. L.1.C.de rest.mil.2,51.* [7]) *Pap.L.86.pr.D.de A.v.O.H.* „Pomponius Avitus cum in Cilicia procuraret, heres institutus ante vita decesserat quam heredem se institutum cognosceret: quia B.P-em, quam procurator eius petierat, heredes Aviti ratam habere non potuerant, ex persona defuncti restitutionem in integrum implorabant, quæ stricto iure non competit, quia intra diem aditionis Avitus obisset: divum tamen Pium contra constituisse Mæcianus ... refert in eo qui legationis causa Romæ erat, et filium qui matris delatam possessionem absens amiserat, sine respectu eius distinctionis restitutionem locum habere. quod et hic humanitatis gratia obtinendum est". [8]) *Paul.L.24.§2.D.de minor.4,4.* „Scævola noster aiebat, si quis iuvenili levitate ductus omiserit vel repudiaverit hereditatem vel B.P-em, si quidem omnia in integro sint, omni modo audiendus est, si vero iam distracta hereditate et negotiis finitis ad paratam pecuniam laboribus substituti veniat, repellendus est; multoque parcius ex hac causa heredem minoris restituendum esse". *b) Gö.*l.c. *Harpprecht* Diss.ac.IV.1.n°.47. *Koch* B.P.p.95.sq. *Marez.*l.c.S.59...62. *Buchh.*l.c.S.69.ff. *Mü.-Gl.*l.c.S.199.ff. *Heimb.*l.c.S.519.f. [9]) *Th.et Val.L.18.pr.§1.C.de iure delib.6,30.* (a.426.) „...sed si hoc parens neglexerit [nämlich den dem in seiner väterlichen Gewalt stehenden Infans deferierten Nachlaß zu erwerben] et in memorata ætate [VII *annorum*] infans decesserit, tunc parentem quidem superstitem omnia ex quacumque successione ad eundem infantem devoluta *iure patrio quasi iam infanti quæsita* capere". cf. not.6. [10]) *Iustiniani L.8.pr.§§1.2.D.de bonis quæ liberis 6,61.*(a.531.) *Heimbach* l.c.*not.36.* *c) Mü.-Gl.*l.c.S.204.ff. *Niemeyer* de transm.Th.Hal.1812. *Va.*i.Arch.f.civ.Pr.XXV.14. *Huschke* f.g. transmissio Theod. in Ztsch.f.Civ.u.Pr.N.F.IX.2. *Marez.*l.c.S.61. *Heimb.*l.c. S.520...28. [11]) *Iustinian.L.un.§§1.5.C.de caduc.toll.6,51.* (a.534.) vgl. oben § 47. [12]) *Th. et Val.cit.L.un. C. de his qui ante apertas tabulas hereditatem transmittunt 6,52.* (a.450.) u.*cit.§5.L.un.C.de caducis toll.6,51.* *d) Glück* Opuscc.IV.p.198.sq. *Va.* i.Arch.f.civ.Pr. XXIV.5. *Mü.-Gl.*l.c.S.218.ff. *Heimb.*l.c.S.528...532. *Wieding* Die Transmission Justinians. Lpz.1859. [13]) *Iustiniani L.19.C.de iure deliberandi* (a.529.) cf. *L.22.eod.* (in § 108), *cit. §5. L.un. C.de caducis tollendis* [*Nov.158.*] und oben § 92. [14]) § 77.not.10. *Mü.-Gl.*l.c. S.225.ff. *Heimbach* l.c. S.532.

Zweite Abtheilung. Wirkungen des Nachlaßerwerbs. (*Abr.III.§22.*)

§.(150) 96. Bedeutung des Erwerbs im allgemeinen. (§§1...3.8.)

Die Vermögenseinheit, befaßend auch die einzelnen, nicht an des Verstorbenen Individualität gebundenen Rechte[1...3], nimmt der heres als die seinige in Anspruch[4]. Irrige Vorstellungen von einer Personeneinheit des Erblaßers mit dem Erben[5], so wie von einer confusio beider Vermögen[6...11].

---

§. 96. *He.167.f. Se.567. Mü.706. Gö.936.f. Pu.705. Ro.515.642. Si.190.a.A. Ar.521. Br.156. Mayer* Erbr.*§121. Mü.-Gl.*XLIII.S.1.ff. [1]) §2.not.11. *Ulp.L.7.i.f.D.de exc.rei iud.44,2.* „..cum hereditatem peto, et corpora et actiones omnes quæ in hereditate sunt, videntur in petitionem deduci..". *Flor.L.54.D.de A.v.O.H.29,2.* „Heres quandoque adeundo hereditatem iam tunc a morte successisse defuncto intellegitur". *Paul.L.138.pr.D.de R.I.* „Omnis hereditas, quamvis postea adeatur, tamen cum tempore mortis continuatur". *Cels.L.193.eod.* „Omnia fere iura heredum perinde habentur, ac si continuo sub tempus mortis heredes extitissent". [2]) §2.not.4.6.7.11. §8.not.4. [3]) *Bg§42.not.6.* u.oben §8.not.4. „officiales non transeunt", „quæ personæ sunt, ad heredem non transeunt". [4]) hereditas *petitur*, *vindicatur;* successionis iura vindicare, successionem vindicare, her. petitio in rem est u.vgl. *Bg§133a,d. cf.Sav.*Syst.V.S.18., der die H.P.das.S.32.u.VI.S.107.als petitoria formula für das Erbrecht bezeichnet. [5]) §2.not.10. [6]) z.B. *Mü., Wening-Ing.* u.viele A. vgl. schon *Rubeus de Buxeto* tr. de confusione et distinctione iurium defuncti et heredis. Parm.1697.fol. s. auch dagegen oben cit.§2.not.10. [7]) II.§§74.85.109.n°.2. *Ulp.L.2.§19. D.de her.v.act.vend.18,4.* „Et si servitutes amisit heres institutus, adita hereditate ex vendito poterit experiri adversus emptorem, ut servitutes ei restituantur". [8]) II.§159. *cit. L.2.§18.* „Cum quis debitori suo heres extitit, confusione creditor esse desinit; sed si vendidit hereditatem, æquissimum videtur emptorem hereditatis vicem heredis obtinere, et idcirco teneri venditori hereditatis, sive, cum moritur testator, debuit, quamvis post mortem debere desiit adita a venditore hereditate, sive quid in diem debeatur, sive sub condicione et postea condicio extitisset; ita tamen si eius debiti adversus heredem actio esse poterat, ne forte etiam ex his causis, ex quibus cum herede actio non est, cum emptore agatur". s. oben §2.not.11. [9]) unten §162. *L.9.D.comm.præd.8,4. L.73.§1.* (*et passim*) *D.ad SC.Treb.36,1.* [10]) §§87.94.not.8. §95. nott.1...8. §107. [11]) *Ulp. L.19.pr. D.de iudic.5,1.* „Heres absens ibi defendendus est, ubi defunctus debuit, et conveniendus si ibi inveniatur, nulloque suo proprio privilegio excusatur". *Iav.L.34.eod.* „Si is qui Romæ iudicium acceperat decessit, heres eius, quamvis domicilium trans mare habet, Romæ tamen defendi debet: quia succedit in eius locum, a quo heres relictus est". *Cod.* Ubi de hereditate agatur vel ubi heredes scripti in p-em mitti postulare debeant *3,20.* (a.261.) in §86.not.4. Diss. de foro hered. v. *Koch* Giss.1771. *Schwabe* ib.1784. *Glück* §510.b.n°.3. *Pfeiffer* Prakt.Ausff.I. 20. *Hollweg* Versuche S.30.ff. *Mü.* i.Arch.f.civ.Pr.XIX.S.381.ff. [12]) „sed nec heredis est p-io antequam possideat". oben §1.not.5. [13]) §3.not.4. §26.not.1. §§106.146.

[14]) *Pr.I.de sing.reb.2,24.* „..observandum est ne plus quisquam rogetur alicui restituere, quam ipso ex t-to ceperit: nam quod amplius est, inutiliter relinquitur..". *Ulp.L.1.§17.i.f.D.ad SC.Trebell.* „...ne damnum f-ssarius sentiat ultra quam ad eum ex hereditate quid pervenit: neminem enim oportere plus legati nomine præstare quam ad eum ex hereditate pervenit, quamvis Falcidia cesset, ut rescripto divi Pii continetur". *Iul.L.94.i.f. D.de leg.1.30.* „..Is enim demum pecuniam ex causa f-ssi præstare cogendus est qui aliquid eiusdem generis vel similis ex t-to consequitur". *L.9.C.de f-ssis 6,42.* vgl. §105.a.E.

Erster Titel. Rechtsverhältnisse des Erben an sich, Nichterben gegenüber.

I. Rechte des Erben.

A. Hereditatis petitio *). (*Abr.III.§ 42.*)

§. (151) 97. A. Begriff und Arten.

Diese Vindication der Nachlaßgesamtheit[1] als directa oder civilis und als utilis oder possessoria[2], auch utiliter als fidei commissaria[3] und dem vom Fiscus den Nachlaß Kaufenden zustehende[4]; sonstige Erbschaftskäufer haben sie, als wäre sie ihnen cediert[5.6]. H.P. +partiaria[7]. Die Unterscheidung einer H.P. +simplex und +qualificata berührt das Wesen des Rechtsmittels nicht[8...10].

---

*) *Gai.4,17.54.35.* cf.*144.* *Paul.S.R.1,13 b.* *Greg.Cod.3,1.* *Th.C.2,22.* *Consultatio 6.* *Dig.* De hereditatis petitione (H.P.) *5,3.* *Cod.* De petitione hereditatis *3,31.* *Dig.* Si pars hereditatis petatur *5,4.* De possessoria H.P.*5,5.* De fidei commissaria H.P.*5,6.* — De hereditate vel actione vendita: *Dig.18,4.* *Cod.4,39.* — *He.191...97.* *Se.576...86.* *Mü.712...16.* *Gö.947...51.* *Pu.515...17.* *Ro.661.*ff.*643.* *Va.505...8.* *Si.190...92.* *Ar.531...34.* *Br.159...65.* — *Mayer §§ 130...33.* *Glück* VII. S.491. bis VIII. S.25. *Fabricius* i. Rh. Mus.f. Jpdz.IV.S.165.ff. *Buchholtz* Abhdll.n°.1. *Arndts* Beiträge n°.1. u. Art. Hereditatis petitio in Weiske V. *Sav.*Syst.VI.S.347.ff. *Rossh.*Test.Erbr.*§§ 116...27.* *Zimmermann* i.Arch.f.civ. Pr.XXIX.6.15. *Leist* B.P.I.*§§ 49.*f.*119.*ff. *Dernburg* Verhältniß der hereditatis petitio zu den erbschaftlichen Singularklagen. Hdlb.1852.

§. 97. [1]) § 96.not.4. *Ar.*Beitr.*§§ 1...4.* *Dernb.*l.c.S.13ff. [2]) *Gai.4,34.* „..is qui ex edicto B.P-em petiit, ficto se herede agit: .. non habet directas actiones et neque id quod defuncti fuit, potest intendere *suum esse* [cf.*Gai.4,17.*], neque id quod defuncto debebatur, potest intendere *dare sibi oportere:* itaque ficto se herede intendit vel uti hoc modo IVDEX ESTO. SI AVLVS AGERIVS, id est ipse actor, LVCIO TITIO HERES ESSET, TVM SI FVNDVM DE QVO AGITVR EX IVRE QVIRITIVM EIVS ESSE OPORTERET“. *Ulp.L.1.D.de poss.H.P.5,5.* „Ordinarium fuit post civiles actiones heredibus propositas rationem habere prætorem etiam eorum quos ipse *vel ut* heredes facit, h.e. eorum quibus B.P. data est“. (cf.§ 4.nott.1.2.3.) *Gai.L.2.eod.* „Per quam H.P. tantundem consequitur B.P-or, quantum superioribus civilibus actionibus [durch die *directa H.P.* und die *partis H.P.*] consequi potest“. cf. *L.3.§ 13.D.de Carb.ed.37,10.* *Ar.*Beitr. S.50.ff. [3]) *LL.1.2.D.de fid.H.P.5,6.* „..quisquis suscepit restitutam hereditatem ex SCo [*Trebelliano* s. § 161.], ex quo actiones transeunt, fidei commissaria H.P-tione uti poterit“; „quæ actio eadem recipit, quæ H.P. civilis“. [4]) *Iul.L.54.pr.D.h.t.5,3.* „Ei qui .. a fisco mercatus fuerit, non est iniquum dari actionem, per quam universa bona persequatur, quemadmodum ei cui ex Trebelliano SCo hereditas restituta est, P.H. datur“. cf.*L.13.§ 9.eod.* *Sev.et Ant.* *L.1.C.de her.vend.* „Aes alienum hereditate nomine fisci vendita ad onus emptoris bonorum pertinere, nec fiscum creditoribus hereditariis respondere, certum et absolutum est“. *L.2.C.de quadr.præscr.7,37.* *Ar.*Beitr.S.59.f.u.oben § 10.nott.14.8. [5]) *L.13.§§ 4.sqq.D.de H.P.5,3.* *L.16.pr.D.de pact.2,14.* „..rescriptum est a divo Pio *Utiles actiones emptori hereditatis dandas..*“. *L.2.§ 18.D.de her.vel act.vend.* in § 96. not.8. cf.*LL.13.16.20.sq.24.25.eod.* *LL.2.4...6.9.C.eod.4,39.* *Ar.*Beitr.*§ 5.* *Si.§ 206.* *Keller* Grdr. S.325.ff. „Uebertrag.der erworb.Erbsch.“ [6]) *Iustinian. cit. L.9.C.4,39.* „Certi .. iuris est ad similitudinem eius qui personalem redemerit actionem et utiliter eam movere suo nomine conceditur, et eum qui in rem actionem comparaverit, eadem uti posse facultate: cum enim actionis nomen generale sit, .. nihil est tale quod differentiam in huiusmodi utilibus actionibus possit introducere“. s. oben II. § 120.not.3. [7]) *Dig.5,4.cit.* [8]) §§ 98.100. [9]) § 99.not.1. [10]) s.z.B. *Glück* VII.S.360.489.

B. Subjecte der H.P.

§. (152) 98. 1. Grund ihrer Parteistellung.

Kläger. (§ 97.) Beklagter ist der die Erbenqualität jenes thatsächlich Verletzende[1], nicht aber ein nur mit einer hereditaria actio zu Belangender[2...13]. Bei der Condemnation kommt es auf die Zeit des Urtheils an[14]. Klage gegen den Erben des ihr ausgesetzten Erblaßers[15].

---

§. 98. [1]) II. § 46. not. 1. [2]) *Ulp. et Gai. LL. 9...11. pr. D. h. t.* „Regulariter definiendum est eum demum teneri petitione hereditatis, qui vel ius pro herede vel pro possessore possidet, vel rem hereditariam“, licet minimam. itaque qui ex asse vel ex parte heres est, intendit quidem hereditatem suam esse totam vel pro parte, sed hoc solum ei officio iudicis restituitur quod adversarius possidet, aut totam si ex asse sit heres, aut pro parte ex qua heres est“. „*Pro herede* possidet qui putat se heredem esse. sed an et is qui scit se heredem non esse, pro herede possideat quæritur. et Arrianus .. putat teneri: quo iure nos uti Proculus scribit. sed enim et bonorum possessor pro herede videtur possidere“. [3]) *LL. 11. § 1...13. pr. eod.* „*Pro possessore* vero possidet prædo“, „qui interrogatus *Cur possideat*, responsurus sit *Quia possideo*, nec contendet se heredem vel [= wenn auch nur] per mendacium“, „nec ullam causam p-ionis possit dicere: et ideo fur et raptor petitione hereditatis tenentur. omnibus etiam titulus hic *pro possessore* hæret et quasi iniunctus est..“. cf. *L. 20. § 11. D. eod. Bg § 123. not. 33. § 146 q. ibiq. citt. ll.* [4]) *L. 19. pr. § 2. D. eod.* [5]) *LL. 20. § 3. 25. §§ 11. 20...22. D. eod.* [6]) *LL. 13. §§ 2. 13...15. 25. §§ 2. sqq. 45. 57. D. h. t. L. 27. § 3. D. de R. V. 6, 1. Bg § 123 γ'.* oben I. § 136. [7]) *cit. L. 13. § 15.* „...a debitore hereditario quasi a iuris possessore ... posse hereditatem peti constat“. *LL. sqq. LL. 18. § 2. 19. 20.* u. ö. *D. h. t.* s. § 8. not. 7. *Ulp. L. 42. D. h. t.* „Si debitor hereditarius non ideo nolit solvere, quod se dicat heredem, sed ideo quod neget aut dubitet an hereditas pertineat ad eum qui petit hereditatem, non tenetur H. P-tione“. d. h. der Erbschaftsschuldner läugnet nicht seine Zahlungspflicht, will aber vor entschiedener H. P. an den, welcher diese gegen einen Dritten angestellt hat, noch nicht leisten. vgl. *Leist* B. P. I. [8]) *cit. L. 42. D. h. t. LL. 2. 7. C. h. t. 3, 31. Diocl. et Max. L. 1. C. in quib. c. cessat l. t. præscr. 7, 34.* „.. ab his qui nec pro herede nec pro possessore, sed pro empto vel donato seu alio titulo res quæ ex hereditate sunt vel fuerunt possident, successio vindicari non potest..“. [9]) *LL. 13. § 15...14. sqq. D. h. t.* [10]) not. 4. cf. § 103. not. 7. [11]) *L. 13. § 8. D. h. t.* „..nemo enim prædo est qui pretium numeravit, sed ut emptor universitatis utili tenetur, näml. qui sciens alienam emit hereditatem“. [12]) *L. 13. cit. § 1.* „.. nam si a furioso emero sciens, pro possessore possideo. item in titulo *pro donato* quæritur, an quis pro possessore possideat, ut puta uxor vel maritus. et placet nobis Iuliani sententia, pro possessore possidere eum, et ideo P-tione H. tenebitur..“ [13]) *L. 13. pr. cit.* (in not. 3). *L. 16. § 4. D. eod. L. 14. § 2. D. quod met. c. 4, 2.* [14]) *Ulp. L. 1. § 3. D. si pars her. pet. 5, 4.* „Si ego ex parte me dicam heredem, coheres autem meus possideat hereditatem cum extraneo, cum non plus coheres haberet sua parte, utrum a solo extraneo, an vero et a coherede deberem petere hereditatem quæritur. et Pegasus fertur existimasse, a solo extraneo me petere debere, cumque restituturum quidquid possidet: et fortassis hoc officio iudicis debeat fieri; ceterum ratio facit, ut a duobus petam hereditatem, hoc est et a coherede meo, et ille quoque dirigat actionem adversus exterum possessorem: sed Pegasi sententia utilior est“. [15]) s. I. § 154. not. 9 γ'. cf. II. § 45. nott. 6. sqq. II. § 48. cf. *LL. 27. § 1. 42. 52. 55. D. de R. V. 6, 1. Sav.* Syst. VI. S. 75. f. [16]) *Ulp. L. 13. § 3. D. h. t.* „.. ab herede peti hereditatem posse etiam si ignoret pro herede vel pro possessore defunctum possedisse. Idem esse libro VII. ait, etiam si putavit heres eas res ex hac hereditate esse quæ sibi delata est“.

§.(153) 99. 2. Ihr Verhältniss während des Verfahrens.

Ein Verfahren über den Bestand des Testaments ist für die H.P. präjudiciell[1]. Auf geleistete Caution ist der Beklagte einstweilen domini loco[2]; ohne jene hat der Kläger das interdictum QVAM HEREDITATEM und nun hat er zu cavieren[3]; Stellung des Klägers gegen einen verklagten Impubes[4]. Recht zur Anstellung erbschaftlicher Klagen[5] und zu Veräußerungen von Nachlaßgegenständen[6]. Klagerecht des Vermächtnisnehmers gegen den Nachlaßvindicanten[7]; das der Erbschaftsgläubiger[8].

§.(154) 100. 3. Beweis bei der H.P.

Der Nachlaßvindicant hat zu beweisen 1) die Existenz einer Nachlaßenschaft[1], 2) die Passivlegitimation des Beklagten zur Sache[2...4] und 3) seine eigene Activlegitimation[5...7]. Si pars hereditatis petatur[8...10]. Würderungseid[11]. Gegenbehauptungen und Beweislast des Beklagten[12...14]. Gegenansprüche des Beklagten s. § 101.

---

§. 99. *Ar.* Beitr. *§ 3.* [1]) *LL.5.sqq.D.h.t.5,3.* „..sustinetur H.P-tionis iudicium, donec falsi causa agatur". vgl. den folg. §100. [2]) *Call.L.15.§2.D.de quæstionib.48,18.* „..cum possessor hereditatis qui petitori satis dedit, interim domini loco habeatur". [3]) *Ulp.Inst.§6.* „(*tam*) adipiscendæ quam reciperandæ possessionis, qualia sunt interdicta QVEM FVNDVM et QVAM HEREDITATEM: nam si fundum vel hereditatem ab aliquo petam, nec lis defendatur, cogitur ad me transferre possessionem, sive numquam possedi, sive antea possedi, deinde amisi possessionem". *cit.L.5.pr.D.h.t.* cf. *Abr.III.§47.*a.E. oben II.§229.n°.1. *Paul.S.R.1,11.§1.* „Quotiens hereditas petitur, satis datio iure desideratur, et si satis non detur, in petitorem hereditas transfertur; si petitor satis dare noluerit, penes possessorem possessio remanet: in pari enim causa potior est possessor". [4]) *Paul.L.6.§6.D.de Carb.ed.* „Post pubertatem ... qui ex Carboniano missus est in p-ionem ... rei partes .. sustinere debere, maxime si cavit; sed et si non caveat, p-io transfertur adversario satis offerente perinde atque si nunc primum ab eo peteretur hereditas". s. *Rud.* i.Ztsch.f.g.R.W.IX.S.37.ff. vgl. oben § 84. [5]) *Pap. L.49.D.h.t.* „Si b.f.p-or hereditatis velit cum debitoribus hereditariis aut qui res hereditarias occupaverint consistere, audietur; utique si periculum erit ne inter moras actiones intercidant; petitor autem hereditatis citra metum exceptionis in rem agere poterit: quid enim si possessor hereditatis negligat? quid si nihil iuris habere se sciat?" *L.25.§18.D.fam.erc.10,2.* Von dem Erbschaftsschuldner gegenüber dem im Erbschaftsstreit mit einem Dritten Befangenen s. *Ulp.L.42.D.h.t.* in not.7. des vor.§. [6]) *L.5.pr. Paul.L.53.D.eod.* „Non solum ad æs alienum hereditarium exsolvendum necessaria alienatio possessori est, sed et si impensæ necessariæ in rem hereditariam factæ sunt a possessore, vel si mora perituræ deterioresve futuræ erant". [7]) *L.17.D. L.12.pr.C.h.t. L.48.§1. D. de leg.1.30. L.9. C.de legat.6,37. LL.3. §§6...10.4.§1.5.D. si cui plus quam per L.Falc.35,3. L.49.D.de N.G.3,5. Dernburg* l.c. S.107.ff. [8]) *cit.L.12.C.pr...§2.cf.LL.5.i.f.7.D.h.t.5,3.cit.L.4.§1.D.35,3.L.35.D.de I.F.49,14.*

§. 100. vgl. oben §§7...9.47.65.98. *Glück* VII.S.493.ff. *Ar.* in Weiske V.S.217.ff. [1]) hereditas eius qui vivit, in rerum natura non est. s. oben §7. [2]) §98. [3]) II.§47. not.6. I.§57.not.9. [4]) *L.un.Th.7.C.4,21.* in §103.not.6. cf. *LL.13.pr.16.§4.D.h.t.5,3. L.14. §2.D.quod met.c.4,2. Fabricius* S.271.ff. *Ar.*Beitr. S.38.ff. [5]) oben §§9.19.65. [6]) §§ 92.f. [7]) vgl. oben §§3.13.ff.29.ff.52.69.ff. [8]) tit. *Dig.5,4.passim.* bes. *Iul.L.7.* „..cum ad officium iudicis .. pertineat, .. ut partem hereditatis pro indiviso restitui mihi iubeat". *Pap.L.12.eod.* [9]) *Gai.L.2.D.eod.* „Si ex pluribus, ad quos eadem hereditas pertinet, quidam adierint, quidam adhuc deliberent, eos qui adierint, si petant hereditatem, non maiorem partem petere debere quam habituri essent ceteris adeuntibus; nec eis proderit, si ceteri non adierint: non adeuntibus autem ceteris, poterunt

§. (155) 101. C. Gegenstände der H.P. (§ 98.)

Was der Beklagte aus dem Nachlaß inne hat oder dem Rechte gemäß inne haben sollte, cum omni causa, nach Verhältniß des klägerischen Erbantheiles.

§. (156) 102. D. Actionenrechtliche Bedeutung der H.P.

Die H.P. macht Justinian aus einer arbitraria zu einer b.f. actio [1]. Sie ist in rem und zugleich auf Personalprästationen gerichtet [2] und insofern mixta [3].

---

tunc partes eorum petere, si modo ad eos pertinerent". [10]) I. § 14. not. 2. [11]) *Ulp. L. 1. § 5. D. si pars her. p.* „Interdum prætor incertæ partis hereditatis petitionem indulget, idoneis causis intervenientibus, ut puta est defuncti fratris filius, sunt et uxores defunctorum fratrum prægnantes, quam partem fratris filius hereditatis vindicet, incertum est, quia quot edantur fratrum defuncti filii incertum est: æquissimum igitur est incertæ partis vindicationem ei concedi. Non audenter itaque dicitur, *ubicumque merito quis incertus est quam partem vindicet, debere ei incertæ partis vindicationem concedi*". f. II. § 44. not. 5. [12]) *LL. 20. i. f. 25. §§ 8...10. D. h. t. 5, 3.* vgl. *L. 68. D. de R. V. 6, 1.* I. § 84. [13]) *L. 57. D. h. t.* [14]) *LL. 20. §§ 11. sqq. 21. sqq.* u. ö. *D. h. t.* [15]) *L. 7. C. h. t. 3, 31. L. 30. C. de præscr. 30 ann. 7, 39. L. 3. i. f. C. de ed. d. Hadr. 6, 3. Unterh.* Verj. II. *§§ 164. 167. Buchholtz* l. c. S. 23. ff. vgl. oben § 93. § 77. not. 11.

§. 101. [1]) § 100. nott. 8...10. § 97. not. 7. § 98. not. 14. [2]) § 98. nott. 1. sqq. vgl. *Ulp. L. 25. § 12. D. h. t. 5, 3.* „Si quis re sua lautius usus sit contemplatione delatæ sibi hereditatis, Marcellus .. putat nihil eum ex hereditate deducturum si eam non attingat". cf. *§§ 11. 13. sqq. eod.* [3]) § 99. nott. 5. sqq. § 98. not. 7. *L. 25. §§ 2. sqq. D. h. t. 5, 3.* [4]) I. § 151. not. 15. *Bg § 147 q. LL. 20. § 11. 25. § 7. 31. § 3. 40. pr. D. h. t.* [5]) *cit. L. 31. §§ 4. 5. D. 5, 3.* cf. *L. 1. § 1. C. h. t. L. 15. D. de usur. 22, 1. L. 62. pr. D. de R. V. 6, 1.* [6]) *L. 31. pr. D. h. t. L. 5. C. eod. 3, 31. LL. 17. 20. § 18. 43. 44. D. eod. L. 40. i. f. D. de N. G. 3, 5. LL. 2...5. D. de cond. ind. 12, 6. Munke* de actionib... petitori hereditatis ... competentibus. Hdlb. 1833. [7]) *cit. L. 31. §§ 1. 2. D. L. 4. C. h. t.* [8]) *LL. 31. § 3. 38. 39. D. h. t. L. 33. i. f. D. de cond. ind. 12, 6.* [9]) I. § 103. [10]) *L. 50. § 1. D. h. t. L. 12. § 1. C. h. t. L. 49. i. f. D. de N. G. 3, 5.* cf. *LL. 14. § 11. 32. D. de relig. 11, 7.* [11]) *LL. 20. § 20. 40. § 3. D. h. t.* [12]) *LL. 36. i. f. 37. D. h. t.* [13]) *SC. Iuventianum* (a. post Chr. 129.) *ap. Ulp. L. 20. § 6. D. h. t. 5, 7.* „...CVM ANTE QVAM PARTES CADVCÆ EX BONIS RVSTICI FISCO PETERENTVR, HI QVI SE HEREDES ESSE EXISTIMANT, HEREDITATEM DISTRAXERINT, PLACERE REDACTÆ EX PRETIO RERVM VENDITARVM PECVNIÆ VSVRAS NON ESSE EXIGENDAS, IDEMQVE IN SIMILIBVS CAVSIS SERVANDVM. ITEM PLACERE A QVIBVS HEREDITAS PETITA FVISSET, SI ADVERSVS EOS IVDICATVM ESSET, PRETIA QVÆ AD EOS RERVM EX HEREDITATE VENDITARVM PERVENISSENT [*Sav.* Syst. I. S. 232. f. *L. 22. D. h. t.*], ETSI EÆ ANTE PETITAM HEREDITATEM DEPERISSENT DEMINVTÆVE FVISSENT [ESSENT *§ 17. eod.*], RESTITVERE DEBERE. [cf. § 8. not. 7.] ITEM EOS QVI BONA INVASISSENT, CVM SCIRENT AD SE NON PERTINERE, ETIAMSI ANTE LITEM CONTESTATAM FECERINT QVOMINVS POSSIDERENT, PERINDE CONDEMNANDOS QVASI POSSIDERENT: EOS AVTEM QVI IVSTAS CAVSAS HABVISSENT QVARE BONA AD SE PERTINERE EXISTIMASSENT, VSQVE EO DVMTAXAT QVO LOCVPLETIORES EX EA RE FACTI ESSENT. PETITAM AVTEM FISCO HEREDITATEM EX EO TEMPORE EXISTIMANDVM ESSE, QVO PRIMVM SCIERIT QVISQVE EAM A SE PETI, ID EST CVM PRIMVM AVT DENVNTIATVM ESSET EI AVT LITTERIS VEL EDICTO EVOCATVS ESSET, CENSVERVNT". Ein großer Theil der Stellen der hergehörigen Quellentitel kann als Commentar dieses SC. bezeichnet werden. vgl. auch *Sav.* Syst. *§§ 266. 271.* n°. 2. *Arndts* Beitr. S. 60. ff. u. in Weiske V. S. 221. ff.

§. 102. vgl. § 97. [1]) *§§ 28. 31. I. de act. 4, 6. L. 12. § 3. C. h. t. 3, 31.* „.. ipsa H.P. omni modo b.f. iudiciis connumeretur". cf. *L. 68. D. de R. V. 6, 1. Hollweg* Civilproc. I. S. 329. ff. *Ar.* Beitr. *§ 6. Sav.* Syst. V. S. 478. f. 18. 26. 31. *Keller* röm. Civilpr. § 88. g. E. [2]) *Ulp. L. 25. § 18. D. h. t. 5, 3.* „P.H. etsi in rem actio sit, habet tamen præstationes quasdam perso-

B. Interdicta. (*cf.Abr.III.§47.*)

§. (157) 103. A. QVORVM BONORVM.

Erforderniſſe und Wirkung dieſes reſtitutoriſchen interdictum adipiscendæ p-ionis[1...3]; deſſen proviſoriſche (?) und ſummariſche Natur[4...7]. Auffaßung der Gloſſatoren[8].

---

nales, utputa eorum quæ a debitoribus sunt exacta, item pretiorum". [5]) *cit.L.7. C.h.t.3,31.* „..mixtæ personalis actionis ratio..".

§. 103. *Gai.4,144.* cf. §§ sqq. *3,34. § 3.I.de interdictis 4,15.* Quorum bonorum: *Th.C.4,21. Dig.43,2. Cod.8,2. L.2.§3.D.de interd.43,1.* — *He.200. Se.*583.n°.1. *Mü.717. Gö. 988. Pu.519. Ro.669. Va.509. Si.193.not.2. Ar.535. Br.164a. Mayer* Erbr.*§134. Sav.* Ztſch.f.g.R.W.V.1.VI.3. od.Verm.Schrr.II.17. (dazu *Pu.* in Schunds Jahrbb.IX.S.1.ff.) *Thibaut* Arch.f.civ.Pr.X.23. *Löhr* daſ.XII.6. *Francke* Notherbenr.S.97.ff. *Fabricius* i. Rhein. Muſ. f.Jpdz.IV. S.204.ff. u. dazu *Arndts* Beitr. S.88.ff.108.ff.39.ff. u. in Weiske V. S.615.ff. *Rossh.*Teſt.Erbr.II.*§§128...32. Bayer* Theorie d.ſummar.Proc. ed.VI. *§ 71. Leist* B.P. I. *§§ 48...61.* II. *§§ 142...8.156.190.*ff. [1]) *Ulp. L.1.D.h.t.* „Ait prætor QVORVM BONORVM EX EDICTO MEO [successorio. ſ.§ 4.not.11.] ILLI POSSESSIO DATA EST, QVOD DE HIS BONIS PRO HEREDE VEL PRO POSSESSORE POSSIDES POSSIDERESVE SI NIHIL VSV CAPTVM ESSET, QVOD QVIDEM D. M. FECISTI VTI DESINERES POSSIDERE, ID ILLI RESTITVAS. Hoc interdictum restitutorium est et ad universitatem bonorum, non ad singulas res pertinet, .. et est apiscendæ possessionis universorum bonorum". [2]) *Paul. L.2.eod.* „Interdicto Q.B. debitores hereditarii non tenentur, sed tantum corporum possessores". *L.3.C. h.t.* „..in petitorem corpora transferantur..". [3]) *Gai.* l.c. *cit. § 3.Inst.* „Adipiscendæ p-ionis c. interdictum accommodatur B.P-ori quod appellatur QVORVM BONORVM; eiusque vis et potestas hæc est, ut quod ex his bonis quisque, quorum p-io alicui data est, pro herede aut pro p-ore possideat, id ei cui B.P-io data est, restituere debeat ... Ideo autem adipiscendæ p-ionis vocatur interdictum, quia ei tantum utile est qui nunc primum conatur adipisci rei p-ionem. itaque si quis adeptus p-ionem amiserit eam, hoc interdictum ei inutile est". *L.2.§3.D.de interd.43,1.* [4]) *Gai.3,34.* „item ab intestato heredes suos et agnatos ad B.P-em vocat [*prætor*]: quibus casibus beneficium eius in eo solo videtur aliquam utilitatem habere, quod is qui ita B.P-em petit, interdicto Q.B. uti possit..". cf. *Sev. et Ant.L.1.i.f.C.h.t.* „..si te ... ad hereditatem vel B.P-em admissum probaveris". (a.197.) Manche erklären gewiß nicht beifallswürdig dieſes vel mit *Cuiac.* Recitt.ad h.L. als = id est. Dem ſich für einen präterierten Sohn des Verſtorbenen Ausgebenden giebt der Prätor nicht ſofort die von jenem agnoſcierte B.P., ſondern nur wenn er ſich als zur hereditas berechtigt oder als zu den liberi gehörig ausweiſt. [5]) *Val.Val. et Grat.L.22.Th.C.de appell.11,36.* „In interdicto Q.B. cessat licentia provocandi, ne quod beneficio celeritatis inventum est, subdatur iniuriis tarditatis". (a.374.) [6]) *Paul.L.14.§3.D.de exc.rei iud.44,2.* „Si quis interdicto egerit de p-ione, postea in rem agens non repellitur per exceptionem, quoniam in interdicto *possessio*, in actione *proprietas* vertitur". [7]) *Arc. et Hon. L.un.Th.C.* (=L.3.Iust.C.) *h.t.* „*Quid iam planius quam ut heredibus traderentur quæ in ultimum usque diem defuncti possessio vindicasset, etiam si quod possit tribui de proprietate luctamen? § 1.* Constat *autem* virum *ab intestatæ uxoris bonis* (a bonis intest.ux.) superstitibus consanguineis esse extraneum, cum prudentium omnium responsa, *tum* (et) lex ipsa naturæ successores eos faciat. *§ 2. Insuper etiam mansura perpetua sanctione* (Ergo) iubemus, ut omnibus frustrationibus amputatis per interdictum QVORVM BONORVM in petitorem corpora transferantur, secundaria actione proprietatis non exclusa". (a.395.) [Das Curſive hat nur der theod. Codex; das geſperrt ge-

S. (158) 104. B. QVOD oder QVORVM LEGATORVM.

Restitutorisch adipiscendæ possessionis des von einem Vermächtnißnehmer eigenmächtig aus dem Nachlaß Entnommenen [1] oder auf das Interesse [2]; auch gegen den fingierten Besitzer [3] und Successoren des Besitzergreifers [4] gerichtet. Satisdation des Impetranten oder Inmission des Impetraten [5]. Ausdehnung auf Personalservitut [6].

II. Verpflichtungen der Erben.

A. Regelmäßige.

S. (159) 105. A. Nachlaßschulden.

Deducenda und deducta ex hereditate; ipso iure sich machende Theilung der Nach-

---

druckte haben beide Codices.] [8]) *Azo* [† nach a.1220.] ad cit. *L.1.C.h.t. §1.* „dic ergo quod primo intentetur iudicium possessorium, post petitorium ... vel dic quod interdicto Q.B. summatim cognoscitur, utrum aliquis sit heres bonorum poss. et ita quodam modo agitur hered.pet.“ *§5.* „sed in interdicto Q.B. necessarium est quod porrigatur libellus, et necesse habeat probare se filium et ad hereditatem vel B.P-em admissum ... nonne sufficiebat constitutio d.Adriani [*i.e. L.3.C.cit.*]? sed illud [*interd.Q.B.*] quando ex testamento petitur hereditas non cancellato, non vitiato. hoc autem deficiente, quia non semper habetur, agitur interdicto Q.B. pro adipiscenda possessione, vel si vult hereditatis petitione. salubrius tamen consilium est agere interdicto, ut D. de rei vendic. [*L.24.D.6,1.*]“. *Bartolus* [† 1359.] *§6.* ad *L.1.C.h.t.* „cum ista causa sit modici præiudicii, quia venit retractanda in petitorio, merito admittitur summaria cognitio et semiplena probatio“. *§7.ibid.* „directum [interdictum] datur heredi de iure prætorio [d.h. *b.p-ori*], utile datur heredi de iure civili“. *§10.* „in hoc interdicto fit summaria cognitio“. (wie Azo.)

S. 104. *Dig.* Quod legatorum *43,3.* *Cod.* Quorum legatorum *8,3.* (c. *Donelli* comm.) *He.229. Se.620.a.E. Mü.757.760.not.4. Gö.1053. Pu.544. Si.214.not.16. Ar.561. Cuiac.* Obss.X.20. *Zimmern* i.Arch.f.civ.Pr.VIII.S.157.f. *Se.* Erörtt.I.S.48. *Rossh.* Vermächtn.I.S.519. *Schmidt* v.Ilmenau Abhh.S.28.f. gegen *Unterh.* Schuldv.II.S.131. *Leist* B.P.I.S.368.ff. *Heimbach* in Weiske V.S.604...7. *Sav.* Syst IV.S.246.V.S.26. [1]) *Ulp.L.1.pr... §2.D.h.t.43,3.* „Hoc interdictum .. est .. apiscendæ p-ionis, et continet hanc causam *Ut quod quis legatorum nomine non ex voluntate heredis occupavit, id restituat heredi*“. *§§3...6.8...15.ibid. Diocl.et Max.L.un.C.h.t.* „Heredi scripto satis idonee lege Falcidia, si exhausta legatis successio probetur, per quartæ retentionem prospectum est. unde si legatarius vel f-ssarius non consentiente patre tuo, quem adseveras testatori successisse et B.P-ionem accepisse, relicta sibi legata vel f-ssa detinuit, secundum sententiam interdicti quod adversus legatarios scriptis heredibus propositum est, oblata satisdatione quam præstari oportet, in p-ionem te constituit, ita ut retentione competenti utaris, experiri potes“. Die *L.5.C.de legat.6,37.* (o.214.) geht auf ein subtraxisse de hereditate, näml. adquisita. [2]) *Paul.L.2.§2.D.h.t.* „Ex hoc interdicto qui non restituit, in id quod interest debet condemnari“. cf. *cit.L.1.§2.eod.* [3]) *cit. L.1.§7.* „Quod ait prætor AVT DOLO DESIIT POSSIDERE sic accipere debemus *desiit facultatem habere restituendi*“. [4]) *Ulp.L.1.§§10.13.D.h.t.* „Legatorum nomine non tantum ipsum possidere dicemus, cui legatum est, verum heredem quoque eius ceterosque successores“. „Illud tenendum, sive a te sive ab eo in cuius locum successisti, possideri aliquid cœptum est, interdicto huic locum fore. *In locum successisse* accipimus, sive per universitatem sive in rem his sit successum“. [5]) *LL.1.§§9. 15.sqq.2.D.h.t. cit.L.un.C.h.t.* s.unten §146. [6]) *L.1.§8.D.h.t.* cf. *Vat.Fr.§91.* u.ob.II.§ 229.

S. 105. *Cod.* Si unus ex pluribus heredibus creditoris vel debitoris partem suam debiti solverit vel acceperit *8,32(31).* De luitione pignoris *8,31(30).* s.oben I.§ 55.

laßschulden [1]; Behandlung untheilbarer [2.3]. Haftung des Erben ohne Rücksicht auf den Betrag des Nachlaßes [4...6], nicht auch den miles betreffend [7.8]. Ausnahmen [9...13].

§. (160) 106. B. Vom Erblaßer aufgelegte Lasten.

Der heres ist dem Honorierten quasi ex contractu [1] zur Ausführung der giltigen letztwilligen Anordnungen verpflichtet [2]; so auch andere erwerbende Honorierte [3], nicht aber auch derer,

---

II.§§109.92.119. Erbr.*§§8.96. He.167*.f. *Se.571. Mü.706*.f. *Gö.936.959. Pu.908*.a.A. *Ro.630. Si.185*.a.A. *Ar.521*.f.u.in Weiske IV.S.21.f. *Keller* Grdr.S.301.f. *Mayer* Erbr.*§§ 121*.f. 1) s.oben II.citt.§§. *Cod.Si unus ex plur.* „Manifesti et indubitati iuris est defuncto creditore multis relictis heredibus actionem quidem personalem inter eos lege XII t.[V.9. *Gothofr.V.9.*] dividi, pignus vero in solidum cuique teneri". (a.257.) *L.2. eod.* „Actio quidem personalis inter heredes pro singulis portionibus quæsita scinditur..". *LL.25.§§1.9...15.48.D.fam.erc.10,2. Gord.L.6.C.eod.3,36.* „Ea quæ in nominibus sunt, non recipiunt divisionem, cum ipso iure in portiones hereditarias ex lege XII tabb. [*l.c.*] divisa sint". cf.*L.4.eod. L.5.§3.D.de.V.O.45,1. L.3.D.de alimentis leg.34,1. Iul.L.56.§1.D.deV.O.* „..sive enim solus heres extiterit, in solidum tenebitur; sive pro parte, eodem modo quo ceteri coheredes eius obligabitur. et quamvis convenisse videatur, ne ab alio herede quam a Titio peteretur, tamen inutile pactum conventum coheredibus eius erit". 2) *Ulp.L.2.§5. Gai.L.3.D.fam.erc.* „..nec tamen scilicet haec attributio illud efficit, ut quis solus totum debeat vel totum alicui solum debeatur, sed ut, sive agendum sit, partim suo partim procuratorio nomine agat, sive cum eo agatur, partim suo partim procuratorio nomine conveniatur..". cf.*Crell* de divis.nomin.in iudicio fam.erc.Vit.1743. auch in Diss.et Progr.VII.62. 3) *LL.2.§§1.sqq. 85.D.deV.O. Tit.Cod.8,31.* in not.1. *L.78.§2.D.de contr.empt.18,1.* s.I.§55.not.18. 4) *Ulp. L.8.pr.D.de A.v.O.H.29,2.* „..hereditas autem quin obliget nos æri alieno, etiam si non non sit solvendo, plus quam manifestum est..". *L.33.D.sol.matr.24,3. L.10.C.de iure delib.6,30. L.2.i.f.D.de stip.præt.46,5.* cf.*L.31.pr.D.de reb.auct.iud.poss.42,5. L.7.§5.D. pro empt.41,4.* 5) §2.not.10.§96.not.6.ff. 6) §§1.3.8. 7) *L.22.pr.§15.C.de iure del. 6,30.* „..ut milites, etsi propter simplicitatem præsentis legis subtilitatem non observaverint, in tantum tamen teneantur, quantum in hereditate invenerint..". *LL.5. 7.12.C.de t-to mil.6,21.* 8) §26.not.6. 9) *Ulp.L.4.pr.D.de d.m.exc.44,4.* „Apud Celsum quæritur, si cum Titio mandassent creditores hereditarii, ut adiret hereditatem, unus non mandasset decipiendi eius causa, mandaturus alioquin, si non foret hic aditurus, deinde agat, an exceptione repellatur. et ait Celsus, doli eum exceptione repellendum". *Iul.L.32.D.mandati 17,1.* „..volgo animadvertere licet mandatu creditorum hereditates suspectas adiri, quos mandati iudicio teneri procul dubio est". s.II.§.203. 10) II.§§151.f.164. 11) §107. 12) §108. 13) Gegen *Mü.*§709.not.5. s.*Ar.*§525.Anm.

§. 106. *Nov.1.c.1.4.130.c.12.* s.oben §§56.70. — *He.174*.f. *Se.614*.ff. (*Mü.730*.ff.) *Gö. 940.960. Pu.510. Ro.*l.c. *S.187. Ar.525. Holtius* in Hugo Civil.Magaz.VI.n°.17. *Rosshirt* Verm.I.S.501.ff. *Mayer§122. Zimmern* Grdr.S.64.ff. 1) §5.*I.de obl.q.qu.ex contr.3,27.* „Heres quoque legatorum nomine non proprie ex contractu obligatus intellegitur: neque enim cum herede neque cum defuncto ullum negotium legatarius gessisse proprie dici potest: et tamen, quia ex maleficio non est obligatus heres, quasi ex contractu debere intellegitur". *L.5.§2.D.de O.et A.44,7. LL.3.i.f.4.D.quib.ex c.in poss. eatur 42,4. Nov.1.c.1.pr.* cf.*Abr.II.§32.* 2) §103.not.4.§146. 3) *Ulp.L.1.§6.de leg. III.* in §129.not.1. *L.1.C.comm.de legat.6,43.* „..cum non aliter valeat, nisi aliquid lucri adferat ei a quo derelictum est...". Die Ausgleichung des Werthes der Zuwendung und ihrer Vortheile (Zuwachs, Früchte, Zinsen) mit dem der Last (Werth des zu Leistenden samt dem, was er als Bedingung seiner Honorierung aus seinem Vermögen aufzuwenden die der Erblaßer als Rechtsverbindlichkeit nicht auflegen konnte[4…6] oder nicht wollte[7…9]. Willensausdruck[10]. Anerkenntniss einer an sich nicht verpflichtenden Anordnung[11]. Ueberlastung[12].

B. Ausnahme-Vorkehrungen.

S. (161) 107. A. Separationsrecht.

Wer kann Abschichtung des Nachlaßes und des Vermögens fordern?[1.2] gegen wen?[3] wie wird sie erkannt?[4] wie wirkt sie?[5–7] Gründe ihrer Unzuläßigkeit[8…11]. [Separation

---

hat) („quantitas cum quantitate conferatur") unterliegt der regelmäßigen Schätzung: der Belastete braucht beides nicht auf sich zu nehmen, muß aber mit jener auch diese übernehmen, und daher si pecunia accepta rogatus sit rem propriam, quamquam maioris pretii est, restituere, non est audiendus legatarius legato percepto si velit computare: non enim æquitas hoc probare patitur si quod legatorum nomine perceperit, legatarius offerat. *Pap.L.70.§ 1.D.de leg.1.*cf.+cautel.Socini § 74.not.3.f.auch not.12. [4]) vgl.*Bg § 89.* [5]) *L.14.§6.D.de religios.11,7. Marcian.L.113.§5.D.de leg.1.30.* „Ineptas voluntates defunctorum circa sepulturam, veluti vestes aut siqua alia supervacua ut in funus impendantur, non valere Papinianus .. scribit". *L.27.pr.D.de cond.inst.28,7.*

[6]) *Marcian.L.112.§3.D.de legatis 1.30.* „Si quis scripserit t-to fieri quod contra ius est vel bonos mores, non valet". [7]) *Bg § 158.*not.29. [8]) *Bg § 158.*not.30. [9]) *Ulp.L.11.§2.D.de leg.111.* „Si quis ita scripserit ILLVM TIBI COMMENDO, .. f-sum non deberi ..". [10]) cf.*Ulp.24,1.25,1.*ibiq.citt. *§.2.I.de legat.2,20.* „.. quibuscumque verbis aliquid derelictum sit, liceat legatariis id persequi ...". *Iustinian.L.2.C.comm.de leg.* „Omne verbum significans t-toris legitimum sensum legare vel fidei committere volentis utile atque validum est, sive directis verbis, quale est IVBEO forte, sive precariis utatur t-tor, quale est ROGO, VOLO, MANDO, sive iuramentum interposuerit [wenn er den Onerierten beschworen hat]..". [11]) *L.30.§ 17.D.de fid.libert.40,5. L.16.§1.C.de t-tis 6,23.* „.. si sua sponte adgnoverit, implendi .. necessitatem habeat". *L.2.C.de fideic.6,42.* cf.§ 47.not.3. [12]) *§ 1.D.de sing.reb.per f.rel.2,22.* „.. Hoc solum observandum est, ne plus quisquam rogetur alicui restituere quam ipse ex t-to ceperit: nam quod amplius est, inutiliter relinquitur ..". *Pap.L.11.§5.D.ad L.Falc.35,2.* „.. ex nullo t-to praestatur ultra vires patrimonii ..". z.B.*L.114.§§3.7.D.de legat.1.* *LL.70.§1.77.§31.D.de leg.11. L.6.§1.D.de leg.111.* in § 129. not.1. *LL.1.§17.17.pr.§1.D.ad SC.Trebell.36,1. Scaev. L.23.i.f.D.q.in fraud.creditor.42,8.* „legata vero, si solvendo hereditas non esset, non deberi". *L.12.C.de t-tis mil.6,21. Diocl.et Max. L.15.C.de legatis.* „Si universæ facultates, quas pater vester reliquit, debito fiscali aut privato absumuntur, nihil ex his quæ t-to eius adscripta sunt, valere potest. quodsi deducto debito in relictis bonis superfluum est, libertates impediri iuris ratio non permittit; quinetiam legata et f-ssa salva lege Falcidia præstanda sunt". *Hasse* im Rh.Mus.f.Jpdz. III.S.501.ff. vgl.§§ 108. 129.149.ff.

S. 107. *Dig.*De separationibus *42,6(7). Cod.*De bonis auctoritate iudicis possidendis seu venum dandis et de separationibus bonorum *7,72.—He.172.*f. *Se.573. Mü.707. 709. Gö.939. Pu.509. Ro.644. Si.186. Ar.524. Br.157. Keller* Grdr.S.307.ff. *Mayer §123. Lauterbach* Diss.acadd.*3,126. Fricke* de debitoris demortui creditorib. hyp. ad separ.benef.admittendis.Helmst.1783. *Fritz* i.Arch.f.civ.Pr.XII.12. *Heimbach* v.Beneficium separationis in Weiske I.S.917...25. *Bu.u.Bv.*Entschdd.Rostock.II.47. Vgl.d.Lehrbb.über den Concursprocess. [1]) *LL.1.§§1.8.4...7.D.h.t.* [Mit cit.*L.7.* cf.*LL.1.§10.2.C.eod.*] *LL.1.2.7.C.h.t.* [2]) *L.1.§§2.4.sqq.D.h.t. L.1.C.h.t.* [3]) *L.1.§§3.4.8.D.h.t.* [4]) *L.1.pr.§14.D.h.t.* [5]) *LL.6.pr.4.§1.D.h.t. L.17.D.de mortis c.don.39,6. L.22.§5.i.f.C.de iure delib.6,30.* Daß die creditores hereditarii gegen den Beneficiarerben von selbst Separatistenrecht hätten (*Mü.-Gl.* XLI.S.378.f.), ist grundlos. [6]) *Ulp.L.1.§17. Pap.L.3.D.h.t.* dagegen *Paul.*

des von einem cum libertate zum Erben eingesetzten Sclaven gemachten Erwerbs [12].]

§. (162) 108. B. Beneficium inventarii.

Durch dieses kann sich der (Beneficiar-) Erbe gegenüber den Ansprüchen an den Nachlaß so stellen, als habe er nur diesen zu vertreten. Wirkung der Inventarisierung Vermächtnisnehmern gegenüber. Zeit und Art der Inventur.

L.5.eod. „..quodsi proprii [*creditores eius qui heres factus est*] ad solidum pervenerunt, id quod supererit tribuendum hereditariis quidam putant; mihi autem id non videtur: cum enim separationem petierunt, recesserunt a persona heredis, et bona [den Nachlaß] secuti sunt, et quasi defuncti bona vendiderunt, quæ augmenta non possunt recipere..“ ebenso *Ar.*l.c.zu not.*d*. [7]) §17.cit. [8]) *L.1.§13.D.eod.* [9]) *LL.1.§§10.sq.16.7.D.h.t. L.2.C.h.t.* [10]) *L.2.D.eod.* vgl.II.§245. [11]) *L.1.§12.D.eod.* [[12]) *Ulp. L.1.§18.D.eod.* „Ita sciendum est necessarium heredem servum cum libertate institutum impetrare posse separationem, scilicet ut, si non attigerit bona patroni, in ea causa sit, ut ei quidquid postea adquisierit, separetur, sed et si quid ei a testatore debetur“. Eine solche Forderung konnte nach dem Tode des Erblaßers, des patronus orcinus, von dem durch jenen frei gewordenen necessarius heres durch Cession oder Erbung erworben worden sein.]

§. 108. *He.169..71. Sc.572. Mü.708. Gö.938. Pu.508. Va.514. Ro.638. Si.185. Ar.523. Br.158. Mayer §122. Rossh.*Test.Erbr.§154. *Zimmern* Grdr.S.68.ff. — *Merendæ* Controvv.*23.c.10...17. Hert.*Opusc.V.2.P.3. *Cocceii* Exercitt.I.61. *Pufendorf* Obs.II.100. *Buchh.* i.Ztschr.f.Civ.u.Pr.X.10. *Mü.-Gl.* XLI.§§1468...71. f. auch *Sav.* Syst.III.S.382.f. 406.f. *Bu.u.Bu.*Entschdd.II.46. — *Iustiniani* (*ad Senatum*) *L.22.Cod. de iure delib. 6,30.* „Scimus iam duas esse promulgatas a nostra clementia constitutiones, unam quidem de his qui deliberandum pro hereditate sibi delata existimaverunt, aliam autem de improvisis debitis et incerto exitu per diversas species eis imposito. sed etiam veterem constitutionem non ignoramus, quam divus Gordianus ad Platonem scripsit de militibus, qui per ignorantiam hereditatem adierunt, quatenus pro his tantum modo rebus conveniantur, quas in hereditate defuncti invenerint, ipsorum autem bona a creditoribus hereditariis non inquietentur; cuius sensus ad unam præfatarum constitutionum a nobis redactus est: arma etenim magis quam iura scire milites sacratissimus legislator existimavit. Ex omnibus itaque istis unam legem colligere nobis apparuit esse humanum, et non solum milites adiuvare huius modi beneficio, sed etiam ad omnes hoc extendere, non tantum si improvisum emerserit debitum, sed etiam si onerosam quis inveniat esse quam adierit hereditatem: ita enim nec satis necessarium deliberationis erit auxilium, nisi hominibus formidolosis qui et ea timent quæ nulla digna sunt suspicione. §1. Cum igitur hereditas ad quemdam sive ex t-to sive ab intestato fuerit delata, sive ex asse sive ex parte, si quidem recta via adire maluerit hereditatem, et spe certissima hoc fecerit, vel sese immiscuerit, ut non postea eam repudiet, nullo indiget inventario, cum omnibus creditoribus suppositus est, utpote hereditate ei ex sua voluntate infixa. similique modo si non titubante animo respuendam vel abstinendam esse crediderit hereditatem, ei apertissime intra trium mensium spatium, ex quo ei cognitum fuerit scriptum se esse vel vocatum heredem, renuntiet, nullo nec inventario faciendo nec alio circuitu exspectando, et sit alienus huius modi hereditate, sive onerosa sive lucrosa sit. §2. Sin autem dubius est utrumne admittenda sit nec ne defuncti hereditas, non putet sibi esse necessariam deliberationem, sed adeat hereditatem vel sese immisceat, omni tamen modo inventarium ab ipso conficiatur, ut intra triginta dies, post apertas tabulas vel postquam nota fuerit ei apertura tabularum vel delatam sibi ab intestato hereditatem cognoverit, numerandos exordium capiat inventarium super his rebus quas defunctus mortis tempore habebat. et hoc inventarium intra alios sexaginta dies modis omnibus impleatur sub præsentia tabulariorum ceterorumque qui ad huiusmodi confectionem necessarii sunt; subscriptionem tamen supponere heredem necesse est, significantem et quantitatem rerum et quod nulla malignitate circa eas ab eo facta vel facienda res apud eum remanent, vel si ignarus sit litterarum vel scribere præpediatur, speciali tabulario ad hoc solum adhibendo, ut pro eo litteras supponat, venerabili signo antea manu heredis præposito, testibus videlicet adsumendis qui heredem cognoscant, et iubente eo tabularium pro se subscribere, interfuerint. § 3. Sin autem locis, in quibus res hereditariæ vel maxima pars earum posita est, heredes abesse contigerit, tunc eis unius anni spatium a morte testatoris numerandum damus ad huiusmodi inventarii consummationem; sufficit enim præfatum tempus, etsi longissimis spatiis distant; tamen placuit dare eis facultatem inventarii conscribendi vel per se vel per instructos procuratores in locis, ubi res positae sunt, mittendos. § 4. Et si præfatam observationem inventarii faciendi solidaverint, et hereditatem sine periculo habeant, et legis Falcidiæ adversus legatarios utantur beneficio, ut in tantum hereditariis creditoribus teneantur, in quantum res substantiæ ad eos devolutæ valeant; et eis satis faciant, qui primi veniant creditores, et, si nihil reliquum est, posteriores venientes repellantur, et nihil ex sua substantia penitus heredes amittant, ne, dum lucrum facere sperant, in damnum incidant; sed et si legatarii interea venerint, eis satisfaciant ex hereditate defuncti, vel ex ipsis rebus vel ex earum forsitan venditione. § 5. Sin vero creditores, qui et post emensum patrimonium necdum completi sunt, superveniant, neque ipsum heredem inquietare concedantur, neque eos qui ab eo comparaverunt res quarum pretia in legata vel fideicommissa vel alios creditores processerunt; licentia creditoribus non deneganda adversus legatarios venire, et vel hypothecis vel indebiti condictione uti, et hæc quæ acceperint recuperare, cum satis absurdum est creditoribus quidem ius suum persequentibus legitimum auxilium denegari, legatariis vero qui pro lucro certant suas partes legem adcommodare. § 6. Sin vero heredes res hereditarias creditoribus hereditariis pro debito dederint in solutum vel per dationem pecuniarum satis eis fecerint, liceat aliis creditoribus, qui ex anterioribus veniunt hypothecis, adversus eos venire et a posterioribus creditoribus secundum leges eas abstrahere, vel per hypothecariam actionem vel per condictionem ex lege, nisi voluerint debitum eis offerre. § 7. Contra ipsum tamen heredem, secundum quod sæpius dictum est, qui quantitatem rerum hereditariarum expendit, nulla actio extendatur. § 8. Sed nec adversus emptores rerum hereditariarum, quas ipse pro solvendis debitis vel legatis vendidit, venire alii concedatur, cum satis anterioribus creditoribus a nobis provisum est, vel ad posteriores creditores vel ad legatarios pervenientibus et suum ius persequentibus. § 9. In computatione autem patrimonii damus licentiam ei excipere et retinere quidquid in funus expendit, vel in testamenti insinuationem, vel in inventarii confectionem, vel in alias necessarias causas hereditatis adprobaverit sese persolvisse. sin vero et ipse aliquas contra defunctum habebat actiones, non hæ confundantur, sed similem aliis creditoribus per omnia habeat fortunam, temporum tamen prærogativa inter creditores servanda. § 10. Licentia danda creditoribus seu legatariis vel fideicommissariis, si maiorem putaverint esse substantiam a defuncto derelictam, quam heres in inventario scripsit, quibus voluerint legitimis modis quod superfluum est adprobare, vel per tormenta forsitan servorum hereditariorum, secundum anteriorem nostram legem, quæ de quæstione servorum loquitur, vel per sacramentum illius, si aliæ probationes defecerint, ut undique veritate exquisita neque lucrum neque damnum aliquod heres ex huiusmodi sentiat hereditate; illo videlicet observando ut, si ex hereditate aliquid heredes subripuerint vel celaverint vel amovendum curaverint, postquam fuerint convicti, in duplum hoc restituere vel hereditatis quantitati computare compellantur. § 11. Donec tamen inventarium conscribitur, vel si res præsto sint, intra tres menses, vel si abfuerint, intra annale spatium secundum anteriorem distinctionem, nulla erit licentia neque creditoribus neque legatariis vel fideicommissariis eos inquietare vel ad iudicium vocare vel res hereditarias quasi ex hypothecarum auctoritate vindicare, sed sit hoc spatium ipso iure pro deliberatione heredibus concessum, nullo scilicet ex hoc intervallo creditoribus hereditariis circa temporalem præscriptionem præiudicio generando. § 12. Sin vero postquam adierint vel sese inmiscuerint, præsentes vel absentes inventarium facere distulerint, et datum iam a nobis tempus ad inventarii confectionem effluxerit, tunc ex eo ipso quod inventarium secundum formam præsentis constitutionis non fecerunt, et heredes esse omnimodo intelligantur et debitis hereditariis in solidum teneantur, nec legis nostræ beneficio perfruantur, quam contemnendam esse censuerunt. § 13. Et hæc quidem de his sancimus qui deliberationem nullam petendam curaverint, quam putamus quidem penitus post hanc legem esse supervacuam et debere ei derogari; cum enim liceat et adire hereditatem et sine damno ab ea discedere ex præsentis legis auctoritate, quis locus deliberationi relinquitur? Sed quia quidam vel vana formidine vel callida machinatione pro deliberando nobis supplicandum necessarium esse existimant, quatenus eis liceat annale tempus tergiversari et hereditatem inspicere et alias contra eam machinationes excogitare et eandem deliberationem flebilibus assertionibus repetita prece sæpius accipere, ne quis nos putaverit antiquitatis penitus esse contemptores, indulgemus quidem eis petere deliberationem, vel a nobis vel a nostris iudicibus, non tamen amplius ab imperiali quidem culmine uno anno, a nostris vero iudicibus novem mensibus, ut neque ex imperiali largitate aliud tempus eis indulgeatur, sed etsi fuerit datum, pro nihilo habeatur: semel enim et non saepius eam peti concedimus. § 14. Sin autem hoc aliquis fecerit et inventarium conscripserit (necesse est enim omnimodo deliberantem inventarium cum omni subtilitate facere), non liceat ei post tempus præstitutum, si non recusaverit hereditatem, sed adire maluerit, nostræ legis uti beneficio, sed in solidum secundum antiqua iura omnibus creditoribus teneatur. cum enim gemini tramites inventi sunt, unus quidem ex anterioribus, qui deliberationem dedit, alter autem rudis et novus a nostro numine repertus, per quem et adeuntes sine damno conservantur, electionem ei damus vel nostram constitutionem eligere et beneficium eius sentire, vel, si eam aspernandam existimaverit et ad deliberationis auxilium convolaverit, eius effectum habere; et si non intra datum tempus recusaverit hereditatem, omnibus in solidum debitis hereditariis teneatur, et non secundum modum patrimonii, sed etsi exiguus sit census hereditatis, tamen quasi heredem eum in totum obligari, et sibi imputet qui pro novo beneficio vetus elegerit gravamen. Et ideo et in ipsam deliberationis dationem et divinum rescriptum super hoc promulgandum hoc adiici volumus, ut sciant omnes, quod omnimodo post petitam deliberationem si adierint vel pro herede gesserint vel non recusaverint hereditatem, omnibus in solidum hereditariis oneribus teneantur. si quis autem temerario proposito deliberationem quidem petierit, inventarium autem minime conscripserit, et vel adierit hereditatem vel minime eam repudiaverit,

Zweiter Titel. Rechtsverhältnisse der Miterben

§. (163) 109. I. während bestehender Gemeinschaft. Verwaltung.

Coheredes und die eorum loco sunt[1] stehen in communio[2], einem Quasicontractsverhältnisse[3], haben daher gegeneinander[4.5] die Erbtheilungsklage[6] auf Theilung der res[7...11]

---

non solum creditoribus in solidum teneatur, sed etiam legis Falcidiæ beneficio minime utatur. quod si post deliberandum recusaverit inventario minime conscripto, tunc res hereditatis creditoribus vel his qui ad hereditatem vocantur, legibus reddere compelletur, quantitate earum sacramento res accipientium manifestanda, cum taxatione tamen a iudice statuenda. § 15. Notissimum autem est, ex hac constitutione, quæ omnes casus continet, nostris constitutionibus iam pro eisdem capitulis promulgatis esse derogatum, quarum altera et Gordianæ constitutionis sensus continebatur: cum enim ampliore tractatu habito melior exitus inventus est, et tribus constitutionibus in unum congregatis unus apparet et in milites et in alios omnes iuris probabilis articulus; qua propter ex anterioribus inquietari nostro subiectos imperio non patimur, scilicet ut milites, etsi propter simplicitatem præsentis legis subtilitem non observaverint, in tantum tamen teneantur, quantum in hereditate invenerint. quam, patres conscripti, in huiusmodi casibus in posterum obtinere sancimus". (a.531.) *Nov.1.c.2.*(a.535.) cf.*Nov.18.c.1.* s. auch unten § 111.a.E.

§. 109. *He.176. Se.585.581. Mü.718.f.722.725. Gö.959.992. Pu.518. Ro.650. Ar.526.f. Br.154.f. Keller* Grdr.S.303.ff. [1]) *L.1.§1...L.2.§.2. LL.24.§1.40.D.fam.erc.10,2. L.5.C.eod.3,36.* s. oben § 97.u.§ 7.not.6. [2]) II.§ 185.u.not.* daselbst. [3]) *§ 4. I.de obl.q. qu.ex contr.3,27.(28.) Paul.L.25.§16.D.h.t.* „...cum coherede non contrahimus, sed incidimus in eum... Eadem sunt, si duobus res legata sit, nam et hos coniunxit ad societatem non consensus, sed res". s. II.§ 142. [4]) *Paul.L.25.§2.D.fam.erc.* „Quantum vero ad accipiendum fam. erc. iudicium, nihil interest, possideat quis hereditatem nec ne". *Gai.L.1.§1.eod.* „Quæ quidem actio nihilominus ei quoque ipso iure competit, qui suam partem non possidet, sed si is qui possidet neget eum sibi coheredem esse, potest eum excludere per hanc exceptionem, SI IN EA RE, QVA DE AGITVR, PRÆIVDICIVM HEREDITATI NON FIAT. quod si possideat eam partem, licet negetur esse coheres, non nocet talis exceptio: quo fit, ut eo casu ipse iudex apud quem hoc iudicium agitur, cognoscat, an coheres sit; nisi enim coheres sit, neque adiudicare quidquam ei oportet, neque adversarius ei condemnandus est". *Dernburg* l.c.§ 6. [5]) *L.1.§1.cit.L.36.D.eod.L.1.§2.D.si pars her.pet.5,4. Scæv.L.37.D.fam.erc.* „Qui familiæ erciscundæ iudicio agit, non confitetur adversarium sibi esse coheredem". Die Basiliken dagegen geben *ὁ κινῶν τὸ τῆς διαιρέσεως δικαστήριον ὁμολογεῖ τὸν ἀντίδικον αὐτοῦ συγκληρονόμον εἶναι.* Das in manchen Hdschrr. u. Ausgg. ausgelaßene *non* und somit *L.37.cit.* faßen nach *Arntsen* specimen Obs.Leov.1761.c.3. Manche mit *Glück* XI.S. 12.f. frageweise, = nonne, schließen die *L.37.* mit einem Fragezeichen, so daß Scävola in der Anstellung der *f. e.* actio ein positives u. definitives Eingeständniß des dem Beklagten zustehenden Miterbenrechts behauptete, was irrig wäre: „non omnino fatetur actor (sagt *Cuiac.*Obss.IX.36.) adversarium coheredem esse, quin sit ei integrum adversus eumdem agere petitione hereditatis". vgl. *L.36.D.* („..non est iudicium fam. erc., nisi inter coheredes acceptum..") u.§ 113.not.9.§ 110.not.3. Mit den Basiliken u. A. das non wegzulaßen oder es gar sprachwidrig in mox oder modo zu verwandeln, oder in Frageform von Scävola geschraubt etwas zugleich richtiges und unrichtiges sagen zu laßen, fehlt es an allen kritisch zureichenden Gründen. Daher erklärt *Faber* (Ration. ad Pand. ad h.l.) und mit ihm *Va.*l.c. das non confitetur = er setzt voraus, räumt aber nicht ein, so daß er nach erkanntem Irrthum (vor rechtskräftigem Urtheil) einem Geständigen gleich gebun-

und auf die Personalprästationen[12]. Unstatthaftigkeit der Unauflöslichkeit der communio[11]. Verwaltung des Nachlaßes[14.15].

II. Auflösung der communio.

A. Familiæ erciscundæ actio sive iudicium*. (cf. *Abr.III.§42*.a.E.)

§. (164) 110. A. Begriff und Subjecte.

Das fam. erc. iudicium[1] macht die familia zur hereditas[2], es ist mit Hinsicht auf die zur Repräsentation jener berufenen coheredes ein hereditatis dividundæ iudicium[3]. Die Subjecte sind also die heredes und die horum loco sunt[4.5]. Erforderniß des decreti de alienando, wenn ein Bevormundeter klagen, nicht auch wenn er Beklagter sein soll[6...8].

---

den wäre. *Pu*.l.c. u.A. verstehen die Stelle „von dem Falle der Abweichung in Folge der Einrede SI PRÆIVDICIVM HEREDITATI NON FIAT“. Der einfache Sinn ist: in der Provocation der Theilung liegt nicht Eingeständniß des Miterbenrechts des Beklagten; dieser braucht zwar auch als Nichtbesitzender, so lange ihn der Kläger als Miterben gelten läßt, diesem gegenüber sein Miterbenrecht nicht zu beweisen, kann aber auch, vor rechtskräftigem Urtheil mit der H.P. belangt, sein Miterbrecht nicht damit darthun, daß sich der Kläger mit ihm in das fam. erc. iudicium eingelaßen habe. s. nun auch *Br*.II.S.713. [6]) *Ulp.L.22.§4.D.eod.* „Fam. erc. iudicium [s.§110.not.1.] ex duobus constat, i.e. rebus atque præstationibus quæ sunt personales actiones“. *§20.I.de action.4,6.* „Quædam actiones mixtam causam obtinere videntur, tam in rem quam in personam, qualis est fam. erc., quæ competit coheredibus de dividenda hereditate...“. unten §112.not.7. §111. [7]) *LL.4.§§1.2.30.i.f.D.fam.erc. L.4.C.de relig.3,44.* [8]) *LL.4.§3...8.pr.D.fam.erc. L.6.D. de fide instrument.22,4. L.5.C.comm.utr.iud.3,38.* [9]) *L.25.§§9.sqq.D.fam.erc.* [10]) §105. not.1. [11]) *L.32.D. LL.10.21.C.eod.* [12]) §112.nott.7.ff. [13]) II.§181.not.11.§185.not.3. cf.*L.43.[44.]D.fam.erc.* [14]) *L.25.§§17.18.D.eod.* vgl.§99.not.5. [15]) *cit.L.25.§16.* „..talem igitur diligentiam præstare debet, qualem in suis rebus..“. *Hasse* Culpa §70.

*) Familiæ erciscundæ: *Lex Rubria c.23. Paul.S.R.1,18. Greg.Cod.3,4.(6.?) Th.C. 2,24. Dig.10,2.(c.Cuiac.Recitt.) Cod.3,36.*u.*Cod.*Communia utriusque iudicii tam fam.erc. quam communi dividundo. cf.oben II.§185.— *He.198.f.176...78. Se.590...92. Mü.722...26. Gö.963...66. Pu.511. Ro.672...75.651. Va.514. Si.188. Ar.527. Br.108.*u.*166...68. Donell.*ad h.t. *Westphal* Verm.u.Erbtheilungskl.Lpz.1793.S.398.ff.(schlecht). *Glück* Comment. XI.S.1...118. vgl.*Francke* oben I. §153.not.*b* cit.u.*Koch* Uebergang der Fordd.R.1837.§§ 2...7. *Rossh.* Test.Erbr.II.§§135...38. *Heimbach* ‘Erbschaftstheilung’ in Weiske III. *Zimmermann* i.Arch.f.civ.Pr.XXXIV.9.

§. 110. [1]) *Gai.L.1.pr.D.h.t.10,2.* „Hæc actio proficiscitur a lege XII tabularum [V.10. *Gothofr.V.6.* cf. *Fest.*v.Erctum. *Serv.*ad Aen.8,642.]. namque coheredibus volentibus a communione discedere, necessarium videbatur aliquam actionem constitui, qua inter eos res hereditariæ distribuerentur“. Das Wort erciscere oder herciscere (in der L. Rubr. ‘erciscunda’, auch in der Florent. meistens ercisc. ohne *h*) ist etymologisch noch nicht gehörig aufgeklärt. cf.*Vossii* Etymologicon.Amst.1695.fol. v.Heres, *Forcellini* h.v., *Huschke* i.Rh.Mus.VI.S.280. *Paul. Diac.* ex Festo p.82.ed.Müller. „*Erctum citum*[que] fit inter consortes, ut in libris legum Romanarum legitur. *erctum* a coercendo dictum, unde et *erciscundæ* et *ercisci. citum* autem est vocatum a ciendo“. cf.*Cic.*orat.*1,56. Gell.*N.A.*1,9. Donat.*ap.Serv.in Verg.Aen.*8,642.* Ueber familia s. *Bg §42.* not.6. [2]) §2.nott.3.9.13. [3]) §2.not.5. *Ulp.L.2.pr.D.h.t.* „Per fam.erc.actionem dividitur hereditas... Et generaliter eorum dumtaxat dividi hereditas potest, quorum peti potest hereditas“. *§20.I.de act.* „de dividenda hereditate“. [4]) §109.nott.1.4. [5]) *LL.31.44.pr.D.h.t.* [6]) *Diocl.et Max.L.17.C.de præd.minor.5,71.* „Inter omnes minores nec commune prædium sine decreto præsidis sententia SCti [in *L.1.§2.D.de reb.eor.27,9.*]

Quarta divi Pii[9]. Theilung mehrerer hereditates in einem und demselben Verfahren[10].

§. (165) 111. B. Objecte der Auseinandersetzung.

Res hereditariæ und personales præstationes[1]; vom Erblaßer aufgelegte Lasten[2 3]; Untheilbares[4]; alternative[5], copulative[6] Belastung. Wegfall eines Belasteten[7...9].

§. (166) 112. C. Die Erbtheilung selbst.

Constitution[1] und Abschätzung[2] der Masse. Außergerichtliche[3] oder gerichtliche[4] in dem

---

distrahi patitur: nam ad divisionis causam provocante maiore socio [ebenso *coherede*] eius alienationem et sine decreto fieri iam pridem obtinuit". *cf. LL.3.§§2.3.7. pr.D.de reb.eor.* in not.8. oben III.§39.not.11. *Rud.* Vorm. II.S.411.f. [7]) *Paul.L.38.D.h.t. 10,2.* [8]) *Ulp.cit.L.7.pr.D.* „Si pupillorum sint communia prædia, qui diversos tutores habent, videamus an alienatio locum habere possit. et cum provocatio necessaria sit, puto alienationem impediri: neuter enim poterit provocare, sed ambo provocationem expectare. item si eosdem tutores habeant, multo magis quis impeditam alienationem dicet". [9]) § 7.not.6: §109.not.1. [10]) *Paul.L.25.§§3.5.D.h.t.* „De pluribus hereditatibus quæ *inter eosdem* ex diversis causis communes sint, unum familiæ erciscundæ iudicium sumi potest". „Item si plures hereditates inter nos communes sunt, possumus de una familiæ erciscundæ iudicium experiri". Daß dem § 3. nicht der §4.cod. widerspreche „Si inter me et te Titiana hereditas communis sit, inter me autem et te et Titium Seiana, posse unum iudicium accipi inter tres Pomponius scribit", ist deutlich genug, aber doch oft verkannt worden: Titius ist unser coheres und Mittheilhaber der Seiana hereditas, nur von der Titiana kommt ihm nichts zu. Andere wollen statt tres lesen nos; aber auch die Basiliken 42,3.25. haben *μεταξὺ τῶν τριῶν ἓν διαιρέσεως δικαστήριον.*

§. 111. vgl. §§ 53.119. [1]) § 109.nott.6...12. *LL.2.sqq.D.h.t.* [2]) *LL.54.§3.124. D.de leg.I.30. LL.33.pr.44.pr.D.de leg.II.31. L.98.D.de leg.III.32. Iustinian.L.un.§8.C. de cad.toll.6,51. Nerat.L.124.D.cit.* „Si heredes nominatim enumerati dare quid damnati sunt, propius est ut viriles partes debeant, quia personarum enumeratio hunc effectum habet, ut exæquentur in legato præstando, qui, si nominati non essent, hereditarias partes debituri essent". *Pomp.L.54.§3.cit.* „Si pars heredum nominata sit in legando, viriles partes heredes debent; si vero omnes, hereditarias". [3]) Gegen die in *L.un.c.cit.* bestätigte Entscheidung in not.2. scheint zu sein die bei *Paul.L.17.D. de duobus reis 42,2.* „Sive a certis personis heredum nominatim legatum esset, sive ab omnibus excepto aliquo, Atilicinus, Sabinus, Cassius pro hereditariis partibus totum eos legatum debituros aiunt, quia hereditas eos obligat. idem est, cum omnes heredes nominantur". *Gerstlacher* (Rechtsverh. zwischen mehreren mit e. Legat belast. Erben u. dem Legatar. 1853.) findet eine Correalobligation in dieser *L.17.*, während *Dabis* in Ztsch. f.Civ.u.Pr.N.F.I.9. in den Worten pro hered. partib. nicht die Verpflichtung pro virilibus partibus, sondern nur die Correalobligation verneint erklärt. *Rud.* zu *Pu.*§524. *Br.*II.S.914.f. erklären diese *L.17.* als von einem Vindications-, die anderen Stellen von Damnations-Legat handelnd. [4]) *L.11.§§23.sq.D.de leg.III. L.80.§1.D.ad L.Falc.35,2.*f.§105.not.3. [5]) *Pomp. L.8.§1.D.de leg.I.* „Lucius Titius heres meus *aut* Mevius heres meus X Seio dato". *Paul.L.25.pr.D.de leg.III.* „*Ille aut ille heres Seio C dato:* potest Seius ab utro velit, petere". [6]) *L.9.pr.D.de duob.reis 45,2.* „Titius *et* Mevius Sempronio X dato". vgl. § 51.nott.19.20. [7]) *LL.49.§4.61.§1.77.§15.D.de leg.II. L.un.§§3.4.C.de cad.toll.* Zu *L.29. §2.D.de leg.II.* vgl. *Ulp.18.c.Schultingi* notis. [8]) *L.un.C.cit.§§9.11. L.1.§9.D.de leg.III. L.75.pr.D.ad SC.Treb.36,1.* [9]) § 49.not.6.§68.not.7. vgl.§139.not.4.

§. 112. [1]) oben §§8.101.105.ff. [2]) *Paul.L.25.§20.D.h.t.10,2.* „Iudex fam. erc. nihil debet indivisum relinquere". *Iul.L.52.§3.D.eod.* „Cum fam. erc... agatur, unib.f.[5] mixtum[6] und duplex[7] iudicium familiæ erciscundæ. Normen des Theilungsrichters[8]; Behandlung von Nachlaß-Forderungen[9] und Schulden[10]. Feststellung der Personalprästationen unter allen Theilungsberechtigten[11]. Verjährbarkeit[12].

§. (167) 113. C. Wirkung.

Die Adjudication (II.§28.) wirkt unter den Parteien wie Kauf, nicht aber die Aestimation zum Zweck der Theilung[1…3]. Ungiltigkeit der Theilung[4 5]; Anfechtbarkeit[6]. Wiederholung des Theilungsprocesses[7…10].

---

versæ res æstimari debent, non singularum rerum partes". *cf.L.34.D.eod.* in §113. not.2. vgl.auch not.9. 3) *Paul.L.36.D.h.t.* „.. si sine iudice diviserint res ..". *Pap.L.57.D.eod.* „Arbitro quoque accepto ..". *L.23.D.h.t.* 4) §96.not.11. 5) *§28.I.de act.4,6. L.9.C.h.t.3,36. Diocl.et Max.L.3.C.comm.utr.iud.3,38.* „Maioribus etiam per fraudem vel dolum vel perperam sine iudicio factis divisionibus solet subveniri, quia in bonæ fidei iudiciis quod inæqualiter factum esse constiterit, in melius reformabitur. (a.293.)" 6) *§20.I.de act.L.22.§4.D.* zu §109.not.6. §111. 7) *Iul.L.10.D.fin.reg.10,1.* „Iudicium ... fam. erc. .. tale est, ut in eo singulæ personæ duplex ius habeant, agentis et eius quo cum agitur". *LL.2.§3.27. Paul.L.44.§4.D.h.t.* „Qui fam.erc.et comm.div.et fin.reg. agunt, et actores sunt et rei ..". 8) *§4.I.de off.iud.4,17.* „Si familiæ erciscundæ actum sit, singulas res singulis heredibus adiudicare debet [*iudex*], et si in alterius persona prægravare videatur adiudicatio, debet hunc invicem coheredi certa pecunia, sicut iam dictum est [*§20.I.de action.*], condemnare. eo quoque nomine coheredi quisque suo condemnandus est, quod solus fructus hereditarii fundi perceperit, aut rem hereditariam corruperit aut consumpserit. quæ quidem similiter inter plures quoque quam duos coheredes subsequuntur". *LL.1.pr.2.pr.3.i.f.16.pr...§2.22.§§2.sq.25.§6.44.47.52.§2.55.sq.D.h.t. LL.3.14.18.§1.19.C.eod.* item *Comm.div. Bg§143,i,k. Puchta* sen.Hdb.desVerf. i.S.d.freiw.Gerichtsb. §§247.ff. 9) *L.2.§5...L.4.pr.D.h.t.* vgl.II.§120. 10) *LL.3.i.f.20.§§3.5.D.h.t. L.69.§2.D.de leg.1.30.* oben II.§§124.148. 11) *Paul.L.27.D.h.t.* „In hoc iudicio condemnationes et absolutiones in omnium persona faciendæ sunt; et ideo si in alicuius persona omissa sit damnatio, in ceterorum quoque persona quod fecit iudex, non valebit, quia non potest ex uno iudicio res iudicata in partem valere, in partem non valere". s.§113.not.9. *Cuiac.* Obss.XXIII.1. *Zimmerm.* l.c. 12) s.ob.S.59.Z.17.ff.u.I.§161.nott.3.ff.

§. 113. 1) *Ant.L.1.C.comm.utr.iud.3,38.* „Divisionem prædiorum vicem emptionis optinere placuit". s.oben II.§23. 2) *Pap.L.34.D.h.t.10,2.* „Servos inter coheredes tempore divisionis æstimatos non emendi sed dividendi animo pretiis adscriptos videri placuit...". vgl.§112.not.2. 3) *Bg§153.not.12.* u.oben II.§168. *Weber* de pecunia hereditaria *etc.* Gött.1816. *Spangenberg* Collocation der Erbgelder im Concurse, in Ztsch.f.Civ.u.Pr.VI.S.241.ff. 4) *Diocl.et Max.L.6.C.comm.utr.iud.* „Si cum patruo vestro hac condicione divisionem fecistis, ut *se nullum dolum malum adhibuisse* iuraret, nec fidem placitis adhibuit, quo minus res indivisas requiratis, eorum placitum quæ in divisionem venerunt, nihil vobis nocere potest. (a.264.)" 5) *L.7.C.quando provocare 7,64. cf.L.15.§1.D.de iudic.5,1.* 6) *L.36.D.h.t. L.3.C.comm.utr.iud.* in §112.not.5. *L.22.C.h.t.* 7) *Ulp.L.20.§4.D.h.t.* „Fam. erc. iudicium amplius quam semel agi non potest, nisi causa cognita. quodsi quædam res indivisæ relictæ sunt, communi dividundo de his agi potest". 8) *L.18.§1.C.h.t.3,36. L.3.C.de N.G.2,19.* cf. *LL.25.§15.49.D.h.t. L.78.§2.D.de contr.empt.18,1.* 9) *Ulp.L.20.§4.D.h.t.* „Dubitandum autem non est, quin fam. erc. iudicium et inter pauciores heredes ex pluribus accipi possit". *Paul.L.44.§2.D.h.t.* „Si coheredes absente uno coherede rem vendiderunt et in ea re dolo malo fecerunt quo plus ad eos perveniret, vel fam.erc. iudicio præstabunt ei qui abfuit, vel H.P-tione". *L.17.C.h.t.* cf.§112.not.11. 10) §109.not.5.

B. Collation*.

§. (168) 114. A. Begriff und Subjecte.

Edict über Einwerfung des Vermögens Emancipierter in den mit Nichtemancipierten c.t. zu theilenden Nachlaß[1] zur Ausgleichung der Rechte beider[2.3]. Einfluß der sich entwickelnden selbständigen Vermögensrechtsfähigkeit der Hauskinder[4.5]. Collation auch bei eintretender intestati B.B.[6], und die der dos[7], auch wenn die sui die B.P. annahmen[8]. Zur Collation verpflichtet und auf sie berechtigt sind nun alle einen gemeinschaftlichen Ascendenten ab intestato beerbenden Descendenten oder die ihn so beerben würden, wenn sie nicht testamentarische Erben wären, und die in das Erbrecht solcher als deren Repräsentanten eintreten[9...11].

---

*) *Ulp.*28,4.(oben § 4.not.A.) und in der Moss.et Romm.LL.Collatio *16,7.§ 2.* *Paul.S.R.* *5,9.§ 4.* *Fragm.*de iure fisci *§ 10.* *Th.C.* Unde liberi *4,2.* *Dig.*De collatione *27,6.* De dotis collatione *27,7.*(c.*Cuiac.*Recitt.) De coniungendis cum emancipato liberis eius *37,8.* *Cod.* De collationibus *6,20.* *Novv.18.c.6.97.c.6.* — *He.179...85.* *Se.587...89.* *Mü.719...21.* *Gö.967 ...70.* *Pu.512...14.* *Ro.652.*f. *Va.515.*f. *Si.189.* *Ar.528...30.* *Br.169...72.* *Keller* Grdr.S. 313.ff. *Mayer 124...28.* — *Vinnius* de collationib. hinter Partitt.iur.civ.Roter.1664.p.1049. sqq. *Bausch* de subsidio parentum collationi obnoxio. Gott.1773. *Pfitzer* Coll. der Desc. Stuttg.1807. (dazu Hdlb.Jahrb.1808. Abth.2. S.105.ff.) *Unterholzner* Diss. de collationib. Alt.1809. *Reinhardt* v. d. Einwerfung. Stuttg.1818. *Petersen* de collationib. Hafn.1825. bes.*Fein* R.der Collation.Hdlb.1842.(dazu *Pfordten* krit.Jahrb.VIII.S.865.ff.) *Arndts* v.'Einwerfung' in Weiske III.S.809...48. *Færster* B.P.p.354...73. *Francke* Civ.Abhandll.n°.4.(dazu *Zimmern* in Schunds Jahrb.VI. S.41.ff.) *Dabelow* im Arch. f. Civ. Pr.II.6. *Thibaut* das.V. S.330...32. *Guyet* das.XXI.5. *Rossh.*Einl.S.414.ff.Test. Erbr.§§ 161.f. *Schmidt*,Ad., Das Princip der prät. Collation, in Lpz.Jahrb. des gem.R.IV.2.[nicht 'Fiction der Suität', sondern „1) der Emancipierte soll nicht beßer gestellt sein als der suus; 2) die Collation hat den Charakter einer Vergütung für die von dem Emancipierten durch die B.P. dem suus zugefügte iniuria (d.h. Verkürzung des civilen Erbrechts durch das prätorische). s.folgg.nott.3.8.] Von Collation der Dos: *Lauterbach* Diss.acad.II.77. *Kämmerer* Beiträge n°.7.

S. 114. [1]) *Ulp.L.1.pr.D.h.t.37,6.* „Hic titulus manifestam habet æquitatem: cum enim prætor ad B.P-ionem c.t.emancipatos admittat participesque faciat cum his, qui sunt in potestate, bonorum paternorum, consequens esse credit, ut sua quoque bona in medium conferant, qui adpetant paterna". cf.*§§ 1.8.ibid.*u.*Ulp.*in § 4.not.17. *Iul.L.3.pr.D. eod.*„.. si non caverit [*de collatione emancipatus*], ita observabitur, ut tota hereditas apud eum qui in potestate fuerit, remaneat". [2]) *Bg § 44.*oben III.1.§ 28. [3]) *Ulp.L.1.§ 13.D.de coniung.c.emanc.37,8.*„Emancipatus filius si quidem nepotes in avi potestate non habeat, fratribus suis conferet; sed si sint nepotes, voluit eum prætor filiis suis, qui sunt in potestate, solis [nicht auch fratribus suis] conferre: merito, quia veniendo ad B.P-ionem illis solis iniuriam facit". *L.10.D.h.t.*in not.8. [4]) III.1.§§ 29.ff. [5]) *Iustinian.L.21.C.h.t.* „.. ut enim castrense peculium in commune conferre in hereditate dividenda et ex prisci iuris auctoritate minime cogebantur, ita et alias res quæ minime parentibus adquiruntur, proprias liberis manere censemus". [6]) *L.6.D.si tabb.t-ti null.38,6.* *L.1.i.f. D.de coni.c.em.lib.37,8.* s.*Abr.II.§ 26.n°.3.a.* [7]) *Tit.D.37,7.cit.* *L.4.C.h.t.6,20.* cf.*LL.4.6. D.h.t.37,6.* [8]) *Scæv.L.10.D.h.t.* „Si filius in potestate heres institutus adeat et emancipato petente B.P-ionem c.t. ipse non petat [sed ei (ex rescripto d.Pii) *hereditas* tribuatur: *Ulp.L.5.§ 6.D.37,5.*], nec conferendum est ei; et ita edictum se habet: sed magis sentio, ut quemadmodum pro parte hereditatem retinet iure eo, quod B.P-ionem petere posset, ita et conferri ei debeat; utique cum iniuriam per B.P-ionem patiatur". *L.1.pr.D.de dot.coll.* cf.*L.20.§ 1.D.de B.P.c.t.37,2.* [9]) *L.12.D.h.t.37,6.* *L.25. C.fam.erc.3,36.* „Ex causa donationis vel aliunde tibi quæsita, si avi successionem

§. (169) 115. B. Objecte der Einwerfung.

Nach älterem Recht was dem Nachlaße durch den Erwerb des Collationspflichtigen nicht zugekommen[1], nach neuerem was ihm durch Liberalität des Erblaßers oder Dotation abgeht[2]. Collation des Geschenkten[3.4]. Collationsanordnungen des Erblaßers[5]. Der Collation ist nur das im Activvermögen des Pflichtigen Vorhandene oder diesem gleich zu Behandelndes unterworfen[6]. Früchte und Zinsen?[7]

§. (170). 116. C. Ausführung der Collation

re oder cautione[1...3]. Verweigerte Collation oder Unvermögen zu Leistung der Caution[4.5]. Auch auf die conferenda geht die familiæ erciscundæ actio[6]. Rechtsmittel gegen Bürgen 2c., wegen Zinsen, Impensen 2c.[7]. Werthveranschlagung nach der Todeszeit des Erblaßers[8].

---

respueris, conferre fratribus conpelli non potes". (a.295.) [10]) *LL.17.sqq.C.h.t. Nov. cit. L.39.§1.D.fam.erc.10,2.* s.not.3. [11]) cf.*Paul.L.2.pr.i.f.D.h.t.* „sive hereditatem a patre sive legatum acceperit, hoc conferre debebit".

§. 115. [1]) *Dig.37,6.7.citt.* Gö.§ 967.n°.1. [2]) § 114. *LL.17.i.f.20.pr.C.h.t.* (in § 73. not.5.) *Nov.18.c.6. Francke* l.c.S.202.ff. *Fein* S.250.ff. [3]) *Alex.L.1.C.h.t. Iustinian. L.20.C.eod. Nov.18.c.6. § 1.eiusd.L.* „Ad hæc cum ante nuptias donatio vel dos a patre data vel matre vel aliis parentibus pro filio vel filia, nepote vel nepte ceterisque descendentibus, conferatur si unus quidem vel una liberorum ante nuptias tantum modo donationem vel dotem, non etiam simplicem donationem accepit vel acceperit, alter vero vel altera neque dotem neque donationem ante nuptias a parente suo suscepit vel susceperit, sed simplicem tantummodo donationem, ne ex eo iniustum aliquid oriatur, ea quidem persona quæ .. vel dotem suscepit, conferre eam cogenda, illa vero quæ simplicem tantummodo donationem meruit, ad collationem eius minime coarctanda: si quid huiusmodi accidit vel acciderit, iubemus, ad similitudinem eius qui .. dotem conferre cogitur, etiam illam personam quæ nulla dote .. data solam simplicem donationem a parentibus suis accepit, conferre eam, nec recusare collationem eo quod simplex donatio non aliter confertur, nisi huiusmodi legem donator tempore donationis suæ indulgentiæ imposuerit". (a.529.) [4]) *Diocl.et Max. Antistiæ: L.13.C.eod.* „Si donatione tibi post mortem patris fundum quæsisti, soror tua portionem eius vindicare non potest: nam si is filiæ f. constitutæ tibi a patre donatus est, cum sorore patri communi succedens eum præcipuum habere contra iura postulas". *Francke* l.c.S.233.ff. [5]) §§ 69.ff.105.ff. [6]) *Ulp.L.1.§ 23.D.h.t.* „Confertur ... quod eius esse desiit dolo malo ..". *Paul.L.2.§ 2.D.h.t.* „... plerique putant ea quæ sine dolo et culpa perierint, ad collationis onus non pertinere: .. prætor viri boni arbitratu iubet conferri bona; vir autem bonus non sit arbitraturus conferendum id quod nec habet nec dolo nec culpa desiit habere". *§ 1.eod. Ulp.L.1.§ 6.D. de dot.coll.* „.. si iam factum divortium est et maritus non sit solvendo, non debebit integra dos imputari mulieri, sed id quod ad mulierem potest pervenire, h.e. quod facere maritus potest". *Gord.L.6.C.h.t.* „Ea demum ... conferri consueverunt quæ in bonis eorum fuerunt eo tempore quo pater fati munus explevit, exceptis videlicet quæ ab ipsis aliis debentur". *Nov.97.c.6.* [7]) *L.5.§ 1.D.h.t.* cf.*L.2.§ 2.cit.*u.*§ 9.eod. L.5. § 1.D.de dot.coll. Fein* S.321.ff.

§. 116. [1]) § 115.not.6. [2]) *Ulp.L.1.§ 11.D.h.t.* „..Aut enim re aut cautione facienda collatio est..". cf.*§ 9.ibid.* „..Caveri autem per satis dationem oportere Pomponius ait ... et reis et pignoribus recte caveri de collatione ..". [3]) *Nov.97.c.6.pr.* „.. conferre dotem aut certe reputare pro se datam..". cf.*L.1.§§ 11.12.D.h.t. L.5.C.eod.* [4]) *L.1.cit. §§ 9...13.* „... denegandas actiones ... aut curator constituatur rem ei salvam facturus: haberi enim debet ratio eius qui non per contumaciam collationem non implet".

C. Ius adcrescendi, Anwachsungsrecht*. (cf. §§ 144. f.)

§. (171) 117. A. Begriff und Wirkung.

Aus der Einheit des Nachlaßes folgende, also für die militärische Testamentserbschaft nicht geltende[1], Anwachsung der Erbtheile aneinander[2...5. 8...10]. In integrum restitutio eines Miterben gegen seine Antretung[6]; Abstinenz eines Suus[7]. Inmixtion[8].

LL.2.§§8.9.D.eod. LL.14.5.C.h.t.6,20. 5) *LL.5.§§1...3.3.§5.D.h.t. L.5.C.eod. L.1.§§7.8. D.de dot.coll.* 6) *Ulp.L.1.pr.D.de dot.coll.* „..d.Pius .. rescripsit etiam ea quae non petierit B.P-ionem, ad collationem dotis per arbitrum fam.erc.posse conpelli". *L.8.i.f.C.h.t.3,20. L.5.§§1.3.D.eod.* 7) *Ulp.L.1.§5.D.de dot.coll.* „Cum dos confertur, impensarum necessariarum fit detractio, ceterarum non". *L.5.§1.eod.* cf. § 115. not. 6. 8) *L.6.C.h.t.* in § 115. not. 6.

*) *Ulp.17.18. Novella Maioriani* De bonis caducis *tit.5.* (a. 458.) *Cod.* De caducis tollendis *6,51(50).* Quando non petentium partes petentibus adcrescant *6,10.* Cf. *Dig.* De B.P. *37,1.* — *He.186...88. Se.593. Mü.786...89. Gö.791.* f. *Pu.505.* cf. *506. Ro.654.* ff. *Va.494...96. Si.203. Ar.517.* f. *Br.196. Mayer 129. Rossh.* Test. Erbr. *§§ 163...65.* — *Duarén.* de iure accr. in Opp. p. 1075. sqq. *Scip. Gentilis* in Opp. I. p. 175. sqq. n. ö. *Finestres* Prælectt. Cervar. 1750. p. 413. sqq. *Papillonius* in Otto Thes. IV. p. 766. *Ramos del Manzano* in Meerm. Thes. VII. p. 280. sqq. *Lyklama a Nyeholt* Tr. aurei de i. accr. Len. 1639. *Bach* Opuscc. n°. 8. *Heister* de i. accr. Hal. 1759. *Westphal* de i. accr. Hal. 1761. *Huidekoper* de i. accr. Trai. 1819. *Schiman* Hdb. des Civilr. II. 1. *Klüpfel* Auch das Anw. R. geht auf den Käufer einer Erbsch. über, Arch. f. civ. Pr. III. 11. *Fuchs* das. XXXIX. 10. *Thibaut* Vorzugsrechte bei d. Anw. R. der Miterben, das. VII. 21. *Rossberger* de iure accr. Lips. 1827. in Barths Diss. Saml. V. *Rud.* üb. d. cadacor. vindicatio in Ztsch. f. g. R. W. VI. 6. cf. dess. R. R. G. I. S. 68. f. *Baumeister* das Anwachs. R. Tüb. 1835. *Schneider* Anw. R. Berl. 1837. (rec. v. Huschke in Richters Krit. Jahrbb. 1838. IV. S. 307. ff.) *Witte* Art. 'Anwachsungsr.' in Weiske I. S. 270...325. *Schmidt* v. Ilmenau Civ. Abhh. I. 3. *v. Helmolt* Accresc. R. Giess. 1855. *Puchta* in nott. 2. 4. zu § 117. cit. *Mü.-Gl.* XLIII. § 1498.

§. 117. 1) oben §§ 2. f. 119. not. 2. 2) §§ 58. ff. 3) §§ 94. f. 4) §§ 122. ff. 5) *Marcian. L.9.D.de suis et leg.38,16.* „Si ex pluribus legitimis heredibus quidam omiserint adire hereditatem, ... reliquis qui adierint, adcrescit illorum portio et, licet decesserint antequam adcresceret [etiam si iam defuncti sunt in § 119. not. 3.], hoc ius ad heredes eorum pertinet. Alia causa est instituti heredis et coheredis substituti; huic enim vivo defertur ex substitutione hereditas, non etiam, si decesserit, heredem eius sequitur". *L.2.§8.D.de B.P.s.t.37,11. Ulp.L.1.§9.D.ad SC.Tertull.38,17.* „*Si nemo filiorum eorumve quibus simul legitima hereditas defertur volet ad se eam hereditatem pertinere, ius antiquum esto.* Hoc ideo dicitur, ut quamdiu vel unus filius vult legitimam hereditatem ad se pertinere, ius vetus locum non habeat. itaque si ex duobus alter adierit, alter repudiaverit hereditatem, ei portio adcrescet, et si forte sit filius et patronus, repudiante filio patrono defertur". *L.un.§.10.* (in § 119. not. 3.) *§13.C.de cad.toll.6,51. L.un.C.quando non pet.6,10. LL.31.53.§1.D.de A.v.O.H.29,2.* cf. § 94. not. 10. *Pu.* de adcresc. portione eius qui .. ab her. se abstinuit (1842.) in Dess. Civ. Abhh. ed. Rudorff n°. 31. 6) *Macer L.61.D.de A.v.O.H.* „Si minor annis postquam ex parte heres extitit, in int. restitutus est, ... eius partis onus coheres suscipere non cogatur, sed B.P. creditoribus detur". *L.55.D.eod.* 7) *LL.55.sq.eod. Pu.* Accr. b. einem abstin. Suus, in Civ. Abhh. ed. Rudorff. n°. 30. 8) *Ulp.L.38.D.eod.* „Si duo sint necessarii heredes, quorum alter se abstinuit, alter, postea quam prior abstinuit, inmiscuit se, dicendum est hunc non posse recusare, quo minus tota onera hereditaria subeat; qui enim scit aut scire potuit illo abstinente se oneribus fore inplicitum, ea condicione adire videtur". *L.61.D.eod. Schmidt* v. Ilm. Civ. Abhh. I. S. 63. ff. 9) *L.81. D.eod.* u. § 94. not. 10. 10) § 100. not. 10.

B. Anwendung des Adcrescenzrechts auf

§. (172) 118. 1. Intestaterben.

Der Miterbe erhält die erledigte Portion, als wäre der ausfallende als Erbe nicht in Betracht gekommen; Anwendungen [1...4]. [Ebenso der zur contra tabulas bonorum possessio neben dem scriptus heres berechtigte Patron [5].]

§. (173) 119. 2. Testamentserben.

Hier wirkt das Anwachsungs-Recht, weil die gesetzliche Erbfolge die testamentarische ausschließt [1], also bei Erben des Miles nur als Substitution [2]. Wie hat es unter den Miterben je nach der unterschiedlichen Conjunction derselben miteinander statt? [3...10].

---

§. 118. [1]) *Gai.L.12.pr.D.de B.P.c.t.37,4.* „Si duobus filiis et ex altero filio duobus nepotibus B.P-io competat et alter ex nepotibus non petat, tam fratri quam nepotibus id prodest: namque tunc duo semisses fiunt, ex quibus alterum filius, alterum nepotes consequuntur". *L.1.§ 12.D.de coni.c.emanc.37,8. L.5.§ 2.D.si tabb. t-ti 38,6.* oben § 72.not.12. [2]) oben § 19.a.E. [3]) § 18. [4]) § 16. [5]) *Paul.L.6.pr.D.de B.P. 37,1.* „Sed cum patrono quidem contra tabulas certæ partis B.P-ionem prætor polliceatur, scripto autem heredi secundum tabulas alterius partis, convenit non esse ius adcrescendi: igitur non petente scripto secundum tabulas alterius quoque partis nominatim patrono p-ionem pollicetur, cum ceteri quibus adcrescendi ius est, semel debent adgnoscere B.P-ionem".

§. 119. *Dig.* De heredibus instituendis *28,5.* [1]) § 3.nott.5.ff. [2]) *Paul.L.37.D. de t-to mil.29,1.* „Si duobus a milite liberto scriptis heredibus alter omiserit hereditatem, pro ea parte intestatus videbitur defunctus decessisse, quia miles et pro parte testari potest, et competit patrono ab intestato B.P-io, nisi si hæc voluntas defuncti probata fuerit, ut omittente altero ad alterum vellet totam redire hereditatem": *L.3.C.eod.6,21.* [3]) *Iustinian.L.un.§ 10.C.de cad.toll.* „..non enim tantum coniunctivo modo quædam relinquuntur, sed etiam disiunctivo. In his itaque si quidem coheredes sunt omnes coniunctim vel omnes disiunctim vel instituti vel substituti, hoc quod fuerit quoquo modo vacuatum, si in parte hereditatis vel partibus consistat, aliis coheredibus cum suo gravamine pro hereditaria parte, etiam si iam defuncti sunt, adquiratur, et hoc nolentibus ipso iure adcrescat si suas portiones iam adgnoverint...sin vero quidam ex heredibus institutis vel substitutis permixti sunt, et alii coniunctim, alii disiunctim nuncupati, tunc, si quidem ex coniunctis aliquis deficiat, hoc omnimodo ad solos coniunctos cum suo veniat onere, i.e. pro parte hereditatis quæ ad eos pervenit. sin autem ex his qui disiunctim scripti sunt, aliquis evanescat, hoc non ad solos disiunctos, sed ad omnes tam coniunctos quam disiunctos similiter cum suo onere pro portione hereditatis perveniat. Hoc ita tam varie, quia coniuncti quidem propter unitatem sermonis quasi in unum corpus redacti sunt et partem coniunctorum sibi heredum quasi suam præoccupant; disiuncti vero ab ipso testatoris sermone apertissime sunt discreti, et suum quidem habent, alienum autem non soli adpetunt, sed cum omnibus coheredibus suis accipiunt..". (*§11.eod.*unten § 144.not.3.) *Ulp.L.34.pr.D.de leg.1.* „..si coniuncti disiunctive commixti sunt, coniuncti unius personæ potestate funguntur". *LL.13.§§ 3.4.15.pr.17.§ 4.59.§§2.3. Iav.L.63.D.de her.inst.28,5.* „Heredes sine partibus utrum coniunctim an separatim scribantur, hoc interest, quod si quis ex coniunctis decessit, hoc non ad omnes, sed ad reliquos qui coniuncti erant, pertinet; sin autem ex separatis, ad omnes qui t-to eodem scripti sunt heredes, portio eius pertinet". *LL.80.89.D.de leg.111.*(in § 144. not.2.) *L.5.§ 2.D.si tabb. t-ti 38,6. L.142.D.de V.S.* zu § 53.not.4. [4]) *Cels.L.59.§ 3.D.cit.* „Cum quis ex institutis qui non cum aliquo coniunctim institutus sit, heres non

Dritte Abtheilung. Aufhebung des Nachlaßerwerbes.

S. (174) 120. I. Freiwillige Aufhebung.

Sui können nur abstinieren[1]; nicht wer sonst direct Successor geworden, dieser Eigenschaft entsagen[2]. In int. rest. gegen die Antretung[3...5], und des Minderjährigen auch wieder gegen solche Restitution[6]. (Von der i.i.r. des Suus gegen die Abstention § 87. zu not. 8.; von den Wirkungen der Abstinenz u. i.i.r. § 87. a.E.; von Cession § 94.; vom Erbschaftsverkauf § 97.)

---

est, pars eius omnibus pro portionibus hereditariis adcrescit, neque refert primo loco quis institutus an alicui substitutus heres sit". nott. 3. 7. [5]) *Ulp. L. 17. § 1. D. de her. inst.* „Labeo .. tractat, *si duos ex undecim* (11/12), *duos* [getrennt: s. *L. 63.* in not. 8.] *sine parte scripsit* [also zusammen 1/12], mox unus ex his qui sine parte fuerunt, repudiaverit, utrum omnibus semuncia [1/24], an ad solum sine parte scriptum pertineat: et variat: sed Servius omnibus adcrescere ait; quam sententiam veriorem puto: nam quantum ad ius adcrescendi, non sunt coniuncti qui sine parte instituuntur". *L. 63. eod.* in not. 8. [6]) z. B. *A* heres esto, *B* ex semisse heres esto, *C* quoque heredem meum esse volo; anders: *A* heres esto, *B* dumtaxat semissem habeto, *C* ut *A* heres esto. s. not. 3. u. cf. *L. 83. D. de A. v. O. H. 29, 2.* [7]) *Pomp. L. 66. D. eod.* „.. *T. heres esto, C. et M. æquis ex partibus heredes sunto* [cf. *L. 59. § 2. eod.*]: quamvis ET syllaba coniunctionem faciat, si quis tamen ex his decedat, non alteri soli pars adcrescit, sed et omnibus coheredibus pro hereditariis portionibus, quia non tam coniunxisse, sed celerius dixisse videtur". *Id. L. 53. D. de V. S.* „Sæpe ita comparatum est ut coniuncta pro disiunctis accipiantur et disiuncta pro coniunctis, interdum soluta pro separatis ...". vgl. auch § 51. nott. 19...21. [8]) *Cels. L. 59. § 2. cit.* „*T. heres esto, S. et M. heredes sunto*: verum est .. duos semisses esse, quorum alter coniunctim duobus datur". cf. nott. 6. 3. *Marcell. L. 53. D. de her. inst. 28, 5.* „Lucius Titius Seio et Sempronio ex semissibus heredibus institutis, et ceteris exheredatis invicem heredem substituit, deinde legata et libertates dedit, postea ita subiecit *Cornelius et Salustius et Varo æquis partibus heredes sunto, quos invicem substituo.* quæro quantum vel priores duo ex semissibus instituti, vel posteriores habere debeant. Marcellus respondit in obscuro esse Cornelium et Salustium et Varonem primo an secundo vel tertio gradu heredes instituere voluerit, sed secundum scripturam t-ti, quæ proponeretur, alterum assem datum eis videri". [9]) *Ulp. L. 1. § 4. D. de her. inst.* „Si *ex fundo* fuisset aliquis solus institutus, valet institutio detracta fundi mentione". *Pap. L. 41. § 8. D. de vulg. subst. 28, 6.* „Non videri cum vitio factam substitutionem his verbis placuit *Ille filius meus si .. intra pubertatis annos decesserit, tum in locum partemve eius T. heres esto* ... nam et qui certæ rei heres instituitur coherede non dato, bonorum omnium hereditatem optinet". *L. 13. C. de her. inst.* in § 2. not. 15. [10]) cit. *L. un. pr. C. de caduc. toll. L. 89. D. de leg. III.* (in § 144. not. 2.) u. *L. 53. D. de A. v. O. H. 29, 2.* (in § 94. not. 10.) s. *Abr. II. § 20.* zu nott. 6. ff. cit. *L. 142. D. de V. S.* vgl. *Rud.* l. c.

S. 120. cf. §§ 54. 87. 90. 94. 97. ibiq. citt. *He. 266. Se. 593. Mü. 776. Gö. 975.* cf. 956. ff. *Pu. 506.* cf. 521. *Ro. 649. Si. 202. Ar. 519. Mü.-Gl.* XLIII. § 1494. f. n°. III. [1]) oben §§ 90. 87. 54. [2]) *Diocl. et Max. L. 4. C. de repud. her. 6, 31.* „.. maior XXV annis .. successionem .. quæsitam renuntiando nihil agit, sed ius quod habuit retinet ...". [3]) *Ulp. L. 7. § 5. D. de minorib. 4, 4. Iustinian. L. 8. § 5. C. de bonis q. lib. 6, 61. Ant. L. un. § 2. C. de reputationib. 2, 48.* „Sed et cum minor adiit hereditatem et restituitur, mox quidquid ex hereditate ad eum pervenit, debet præstare; verum et si quid dolo eius factum est, hoc eum præstare convenit". cf. § 87. [4]) *Iust. L. 22. pr. § 15. C. de iure delib. 6, 30.* [5]) § 89. not. 8. [6]) cit. *L. 7. D. § 9.* „Restitutus autem cum se hereditati misceat vel eam adeat quam repudiavit, rursus restitui potest, ut se abstineat..". cit. *L. 8. C. § 6.*

II. Unfreiwillige Aufhebung:

§. (175) 121. A. Gründe überhaupt.

1) Nichtigkeit wegen verletztes Notherbrechts Präterierter ꝛc. oder Rescission wegen verletztes Pflichttheilsrechts[1]. 2) Auffindung eines Testaments[2]. 3) Clausula +privatoria[3...7].

B. Indignität*:

§. (176) 122. A. Begriff und Wirkungen.

Wie der Erblaßer durch Inofficiosität seine Verfügung über die familia rescissibel machen kann[1], so kann auch der Successor des Erwerbes derselben unwürdig ihrer verlustig werden[2]. Voraussetzungen[3...6] und Wirkungen der Indignität in Betreff der Ablehnung[7...9]

---

§. 121. [1]) oben § 81. [2]) oben §§ 3.67.f. [3]) *He.275. Se.596. Mü.707. Gö.975. Pu.495.*a.E. *Si.173.not.3. Si.*l.c. *Averani* Interpp.II.c.29. *Kind* Quæst.for.edit.2.I.cap.62. *Geiger* u.*Glück* Rechtsfälle III.36. [4]) s.oben § 57.a.E. § 56.u.§ 54.nott.5.ff. *Bijnkershoek* Quæst.iur.III.c.6.7. [5]) *Scæv.L.78.§§2.3.D.ad SC.Trebellian.36,1.* [6]) §124.not.3. [7]) § 54. [8]) § 70.not.7. [9]) § 156.cf.oben § 54.

*) *Fgm.*de iure fisci. *Titt.*De iure fisci: *Paul.S.R.5,12. Th.C.10,1. Dig.49,14. Cod.10,1. Th.C.*De his qui se deferunt *10,11. Cod.* De delatoribus *10,11. Paul.S.R.* Ad SC.Silanian. *3,5. Dig.*De SC.Silan. et Claudiano *et c.29,5.* u. Si quis aliquem testari prohibuerit vel coegerit: *Dig.29,6. Cod.6,34.*u.bes.*Dig.*De his quæ ut indignis auferuntur *34,9. Cod.*De his quibus ut indignis hereditates auferuntur et ad SC.Silanian.*6,35.*(c.*Cuiac.*Recitt.) *Nov.115.c.3.§§12.sq.cf.cap.4.§7.* —*He.276...80. Se.597.625. Mü.791. Gö.976...78.1057.*f. *Pu.558...61.563. Ro.546. Va.565. Rud.VI.§92. Si.203. Ar.520.n°.4. Br.206.*cf.*205.225. Keller* Grdr.S.390...418. „Indignität und ereptoria". *Mayer 140...44.*ff. *Zimmern* Grdr.S.78...90. *Rossh.*Vermächtn.I.S.425.ff.442.ff. *Cuiac.*Recitt.ad *Dig.34,9. Cod.6,35. Lyncker* De bonis ercpticiis. Ien.1702. *Heimbach* v.Ereptitia in Weiske IV. — *L.un.§12.C. de cad.toll.6,51.* „Quæ autem antiquis legibus dicta sunt de his quæ ut indignis auferuntur, et nos simili modo intacta servamus, sive in nostrum fiscum sive in alias personas perveniant". *Stryk* U.M.ad h.t. *Leyser* Med.sp.398.

§. 122. [1]) § 72. [2]) *Paul.L.21.D.h.t.34,9.* „..omnes enim heredes vel eos qui loco heredis sunt, officiose agere ... convenit". Daher ist auch die Klage, daß das Test. inofficiös sei, selbst eine Inofficiosität des Honorierten. §124.n°.3. *Alex.L.4.C.h.t.6,35.* „..testatrix voluntatem suam non mereri unum ex heredibus declaraverat..". Das Princip der Indignität hat auch nicht erkannt *Mü.-Gl.*XXXIX.S.171. [3]) *Mod.L.8.D.h.t.* „Indigno herede pronuntiato adempta hereditate confusas actiones restitui non oportet". *Pap.L.17.eod.*in not.12. *Id.L.18.§1.eod.* „.. Si quid tamen ob aditam hereditatem actionibus aut servitutibus confusis amiserit, auxilio restitutionis non merebitur". *Ulp.L.29.§1.D. de iure fisci.* „Eum qui falsum t-tum dixit, posse adire hereditatem constat, sed denegatis ei actionibus fisco locus erit, et obligationes, quas adeundo confudit, ei non restituuntur". *L.9.C.h.t.6,35.* „Licet enim hereditatem eorum qui clandestinis insidiis perimuntur, hi qui iure vocantur, adire non vetantur, tamen, si interitum non fuerint ulti, successionem obtinere non possunt". [4]) iure vocantur, adire possunt, successionem optinere non possunt; suæ partis perdunt persecutionem; eripitur od. aufertur od. adimitur indigno hereditas s. legatum; denegatur ei petitio, persecutio; denegantur ei actiones; effectus successionis ei aufertur; retinere non potest; non manet aput eum quod adquisivit; in eius partem alius succedit; sentit iacturam, privatur iis quæ relicta sunt, *etc.* [5]) *Pap.L.23.§1.D.h.t.34,9.* „..Si vivo testatore decesserit [*indignus*] .., non fisco hoc vindicatur, sed apud eum a quo relictum est, remanet". [5*]) Zu Gunsten des Fiscus tritt die Indignität ein in den Fällen §123. n°.1.2.3.4.(5.)§ 124.n°.1.2.3.4.5.6.7.(9.) [6]) §§ 9.29.ff. [7]) § 89.not.2. [8]) „statim fisco defer-

und der Adquisition sowol der Indignität zu einer Erbfolgeart, als der zu beiden[10..12].

B. Die einzelnen Indignitätsgründe, betreffend

§. (177) 123. 1. zu directer Succession Berechtigte.

1) Erklärung des Testators[1...3], [2) Nichtverfolgung der Ermordung des Erblaßers[4]], 3) Erkenntniss, daß ein als Kind Eingesetzter untergeschoben sei[5], 5) Veruntreuungen[3-7], 5) Nichtverpflegung eines verstandeslosen Erblaßers[8], 6) Nichtloskaufung aus der Gefangenschaft[9]. (Nicht hergehörig ist der Verlust des geschwisterlichen Anspruchs auf die nuptialia lucra der wiederheiratenden parens[10].)

---

tur" in §124.not.2. [9]) *Marcian.L.15.pr.D.de SC.Silan.* „Si sequens gradus ultus fuerit necem t-toris, an [a] priore hereditas ad illum transferatur? et ait Papinianus non esse hoc, nam pœna illius huius præmium esse non debet". *L.4.C.cit.* „..eius portio, non iura ad alium translato, fisco vindicata est". [10]) §§123...125. *LL.4.5.§14.15.18.§2.D.h.t.L.8.C.h.t.* [11]) not.3. *L.60.§1.D.de cond.et dem.35,1. L.3.§5.D.ad SC.Treb.36.1.* s.§§10.12. *Schröter* Ztsch.f.Civ.u.Pr.X.S.121.ff. *Ulp.L.43.D.de I.F.* „..fiscum in rem habere actiones ex tacito f-sso". cf.*L.83.D.de A.r.O.H.29,2. Ulp.25,17.*ibiq.citt.s.auch nott.10.u.12. [12]) *L.46.D.de H.P.5,3. Pap.L.17.D.h.t.* „Heredem qui sciens defuncti vindictam insuper habuit, fructus omnes [*Id.L.18.pr.eod.*„eos quoque fructus quos ante litem motam percepit"s.*L.1.C.h.t.*]restituere cogendum existimavi, nec probe desideraturum actionem confusam [durch sein Erbewerden] restitui; [s.§123.not.4.] deceptum autem ignoratione facti.. nec inprobe confusam actionem reddi postulaturum". *L.21.§1.D.ad SC.Silan.29,5.*

§. 123. [1]) *Pap.L.12.D.h.t.* „Cum quidam scripsisset heredes quos instituere non poterat, quamvis institutio non valeret, neque superius t-tum ruptum esset, heredibus tamen ut indignis, qui non habuerunt supremam voluntatem, abstulit iam pridem senatus hereditatem...Verum ab eo legata relicta salva manserunt. De præceptionibus eidem datis voluntatis erit quæstio, et legatum ei non denegabitur, nisi hoc evidenter t-torem voluisse adpareat". *L.16.§2.* cf.*L.18.§2.D.eod. L.3.D.de his quæ in t-to del.* in §66.not.2.*L.4.C.h.t.6,35.*vgl.§55. [2]) *Ulp.L.9.pr.D.h.t.* „Si inimicitiæ capitales intervenerunt inter legatarium et t-torem, et verisimile esse cœperit t-torem noluisse legatum sive f-ssum præstari ei cui adscriptum relictum est, magis est ut legatum ab eo peti non possit. §1. Sed et si palam et aperte t-tori maledixerit et infaustas voces adversus eum iactaverit, idem erit dicendum". (*§2.*in§124.not.2.) *LL.3.i.f.4.13.16.D.de adim.vel transf.leg.34,4.* s.unten §140.§125.not.2. [3]) *Pap.L.22.D.eod.* „Ex parte heres institutus etiam legatum acceperat; eum t-tor inimicitiis gravissimis persecutus cum t-tum aliud facere instituisset neque perficere potuisset, præteriit: hereditariæ quidem actiones ei non denegabuntur, sed legatum si petat, exceptione doli mali submovebitur".
[4]) *LL.17.20.21.D.h.t. LL.1.3.6.7.9..12.C.h.t.6,35. LL.3.§29.5.§2.8.§1.9.*(in§122.not.3.) *15.27.D.ad SC.Silan.29,5.* *Gœtze* Diss. de confisc. hered. ob inultam mortem. Lips.1699.
[5]) *Herm.L.46.pr.D.de I.F.49,14.* „Aufertur ei quasi indigno successio qui cum heres institutus esset ut filius, post mortem eius qui pater dicebatur, suppositus declaratus est". *L.4.C.de her.inst.6,24.*s.§49.nott.3.4.u.vgl.*L.16.pr.D.h.t.*in§124.not.3. [6]) *Marcell.L.6.D.h.t.* „Rescriptum est.. *Heredem rei quam amovisset, quartam non retinere,* et ideo si is qui 400 habebat, universa 400 legavit, et heres 100 subtraxit, trecentorum quartam retinebit, 75 scilicet, et 225 dabit legatariis; ex 100 quæ subripuit, legatariis quidem dabit 75, reliqua, i.e.25, ad fiscum venient". [7]) *Paul.L.48.D.ad SC.Treb.36,1.* „respondit Si certa portio hereditatis alicui relicta proponitur et is res hereditarias quasdam furatus sit, in his rebus quas subtraxit, denegari ei petitionem oportere". *L.5.C.de legatis 6,37.* [8]) *Nov.115.c.3.§12.* s.II.§304.not.14. [9]) *Nov.115.c.3.§13.c.4.§7.* ([10]) Ueber *Nov.22.c.47.pr.*s.oben III.§26.not.6. Erbr.§9.not.12.)

§. (178) 124. 2. Directe und indirecte Successoren.

1) Vergehungen gegen das Leben des Erblaßers[1], 2) Anfechtung seiner Rechtsfähigkeit[2] oder 3) des letzten Willens[3-4], 4) Dolus oder Zwang in Betreff des Testierens[5], 5) verbotene Geschlechtsgemeinschaft mit dem Testator[6], 6) Fidei commissum tacitum[7], 7) Vertrag über die Erbschaft eines Lebenden ohne dessen Einwilligung[8], 8) Ablehnung angeordneter Pflege[9-10].cf.[11]. 9) Besondere Wirkung der Nichterfüllung gemachter Auflagen[12]. 10) Versäumniss aufgetragenes Begräbnisses des Testators[13].

§. (179) 125. 3. Vermächtnisnehmer.

1) Verheimlichung des T-ts[1], 2) Capitalfeindschaft mit dem Testator ꝛc.[2], 3) Veruntreuung[3].

---

§. 124. [1]) *Marcian.L.3.D.h.t.34,9.* „Indignum esse divus Pius illum decrevit.. qui manifestissime comprobatus est id egisse, ut per neglegentiam et culpam suam mulier, a qua heres institutus erat, moreretur". *L.7.§4.D.de bon.damn.48,20. L.9.i.f.D.de I.F. L.10. C.h.t.* vgl.§ 31.a.E.u.§ 123.not.4. [cf.*Quintil.*Inst.or.V.10,107.] [2]) *Ulp.L.9.§ 2.D.h.t.* „Si ... status eius [*t-toris*] controversiam movit, denegatur eius quod t-to accepit persecutio, ex qua specie statim fisco defertur". [3]) *LL.5.§§1.3.5.sqq.7.15.22.eod. L.8.C.eod.6,35. L.13.§ 9.D.de I.F. L.29.§ 1.D.eod.* in § 122.not.3. *L.6.C.ad L.Corn.de fals.9,22. L.8.§14. cf.L.22.§§2.3.D.de inoff.t-to 5,2. Pap.L.16.pr.D.h.t.* „Cum tabulis secundis pater inpuberi filio fratris filios coheredibus datis substituisset, ac substituti fratris filii post mortem pueri matrem eius partus subiecti ream postulassent, ut hereditatem patrui legitimam obtinerent, victis auferendam esse partem hereditatis ex causa substitutionis, respondi, quia ex t-to sententiam secundum se dictam non haberent". cf.§123. not.5. [4]) *L.2.pr.D.h.t. L.22.D.de vulg.subst.28,6. L.18.§1.D.de B.P.c.t.37,4. L.5.§§ 2...4. D.de leg.pr.c.t.B.P.pet.37,5.* [5]) § 49.not.14. [6]) *LL.2.§1.sq.13.14.D.h.t. L.4.C.de inc. nupt.5,5. Mü.-Gl.*XXXIX.S.277.ff. [6*]) *L.41.§1.D.de t-to mil.29,1.* cf.*L.2.§4.D.ad SC. Tert.38,17. L.23.C.de nupt.5,4.* vgl.II.§ 272.not.5. *Mü.-Gl.*XXXIX.S.264.ff. [6**]) §.72. not.8. [7]) *LL.10.11.18.§2.23.D.h.t. L.3.§4.D.de I.F. L.17.§2.D.de usuris 22,1. L.59.§1. D.ad L.Falc.35,2.* citt.titt.*Th.et Iust.Codd.10,11. Gai.*cit.*L.10.pr.* „In fraudem iuris fidem adcommodat qui vel id quod relinquitur vel aliud tacite promittit restituturum se personæ quæ legibus [Iulia et Papia Poppæa] ex t-to capere prohibetur, sive chirographum eo nomine dederit, sive nuda pollicitatione repromiserit". [8]) *L.2.§ 3.D. h.t. LL.29.§ 2.30.D.de donatt.39,5.* s.§ 3.not.10. [9]) *L.5.§ 2.D.h.t. L.1.§ 3.D.ubi pupillus 27,2. LL.32.36.pr.D.de excus.tut.27,1.* [10]) *L.28.pr.D.de test.tut.26,2.* [11]) *L.10.C.de legit.hered.6,58.* oben II.§ 302.not.11. [12]) *L.un.§ 4.i.f.C.de cad.toll.6,51. L.32.C.de fideic. 6,42. Nov.1.c.1.* s.§ 56.not.6.et ibi cit.*Bg § 115.not.10.* [13]) oben § 48.not.4.

§. 125. Cf.§123.n°.1.2.4. §124.n°.8. et tot.§124. *Ar.557.*Anm. [1]) *Iustinian.L.25. C.de legatis 6,37.* „Si legatarius vel f-ssarius celaverit t-tum et postea hoc in lucem emerserit, an posset legatum sibi relictum is qui celaverit, ex eo t-to vindicare, dubitabatur. Quod omni modo inhibendum esse censemus, ut non accipiat fructum suæ calliditatis qui voluit heredem hereditate sua defraudare; sed huius modi legatum illi quidem auferatur, maneat autem quasi pro non scripto apud heredem, ut qui nocendum esse existimavit, ipse suam sentiat iacturam, quemadmodum si legatarius cui propter tutelam gerendam aliquid relictum sit, non subierit tutelam, si quidem legatum aufertur, pupillo autem adsignatur, cui ille utilis esse noluit". Der letzte Fall (cf.§124.n°.8.) bezieht sich auch auf die directe Succession, nicht aber die Indignität wegen Verheimlichung des Testaments; gegen den dieser schuldigen heres gehen die Bestimmungen Si quis omissa causa t-ti ab intestato vel alio modo possideat hereditatem; s.oben § 90. [2]) *Marcian.L.1.D.h.t.* „..quasi indignum carere legato.. libertum,.. cum patronum suum post mortem eius quasi inlicitæ mercis negotiatorem

Zweiter Abschnitt. Indirecte Succession*.

§. (180) 126. Uebersicht. (*Abr.III.§ 31.*)

Von den Arten der Succession und der Vermächtnisse, und der Gleichstellung der legata und der fidei commissa: §§ 2.6. I) Vermächtnisse überhaupt und insbesondere singulare: §§127...53. II) Mortis causa capiones: §§ 154.155. III) Universalfideicommisse: §§ 156...62.

Erster Unterabschnitt. Indirecte Succession im allg. und insb. Singularvermächtnisse.

Erste Abtheilung. Gründe der indirecten Succession.

Erster Titel. Anordnung des Vermächtnisses. (*Abr.III.§ 32.*)

I. Subjecte.

A. überhaupt.

§. (181) 127. A. Anordner.

Erforderniss der testamenti factio [1.2]. Convalescierende Anordnung [3...8].

---

detulerat, quamvis et præmium meruit". *Ulp.L.9.pr.§1.D.eod.* in §123.not.2. *Scæv.L.31.§2.D.de alim.leg.34,4.* „Seia t-to suo legavit auri pondo quinque; Titius accusavit eam quod patrem suum mandasset interficiendum; Seia post institutam accusationem codicillos confecit, nec ademit Titio privigno legatum, et ante finem accusationis decessit: acta causa pronuntiatum est patrem Titii scelere Seiæ non interceptum: quæro, cum codicillis legatum quod t-to Titio dederat, non ademerit, an ab heredibus Seiæ Titio debeatur: respondit secundum ea quæ proponerentur non deberi". [a]) §123.n°.4.nott.6.7.

*) *Gai.2,190...289. Ulp.24.25. Paul.S.R.3,6...4,3.13. Inst.2,20...25. Dig.30...36. Cod.6,36...54.* — *Donell.*Comment.lib.VIII. *Westphal* v.Vermächtnissen.Lpz.1790.2 Bde. *Rosshirt* Lehre v.d.Vermächtnissen oben S.271.Z.29.cit. *Löhr* in s.Mag.IV.6. *Marezoll* in Ztsch.f.Civ. u.Pr.IX.4.9. *Arndts* v.'Legat' in Weiskes RechtslexiconVI. *O.M.S.Mayer* Die Lehre von den Legaten und Fideicommissen.Tüb.1854.(1.Abth.)

§. 126. s.§§1...9.—*Gai.*et*Ulp.*ll.citt. *§§2.3.I.h.t.2,20.* in §6.nott.1. *Iustinian.LL.1.2. C.communia de leg.et f-ssis 6,43.*(a.529.531.) Die *L.1.D.de legatis I.* „Per omnia exæquata sunt legata fidei commissis" kann wol so, aber nur in einem Zusammenhange, der ihr eigen andern Sinn gab, als die Stelle nun so für sich dastehend hat, *Ulpianus libro LXVII.ad edictum* geschrieben haben: dieses 67.Buch handelte von den interdicta QVORVM BONORVM und QVOD LEGATORVM, in Beziehung auf welche der Fideicommissar dem Legatar gleich stand. cf. *Hommel* Palingenes.III.p.318...20.—*He.2. Se.598. Mü.727. Gö.996...98. Ro.676.*f. *Va.519. Si.207. Ar.541. Br.207. Löhr* und *Marezoll* ll.citt.

§. 127. s.die zu § 135.citt.Quellen u.oben §§ 27.ff.6. *He.42. Se.604. Mü.732. Gö.1007. Pu.522. Ro.692. Va.520. Si.207.*S.701. *Ar.542. Br.209.* [1]) *Ulp.25,4.cf.26,1. Marcian. L.6.§ 3.D.de iure codic.29,7.* „Codicillos is demum facere potest qui et t-tum facere potest". *L.8.§2.eod. LL.2.114.pr.D.de legat.I.* cf.passim *eod.tit.* u.oben §§ 27.ff. [2]) § 128. [3]) *Ulp.L.1.pr.§ 1.D.de leg.III.* „Si incertus quis sit [*de statu suo*],.. non posse fidei committere certum est. Sed si filius f. vel servus f-ssum reliquerit, non valet. Si tamen m-missi decessisse proponantur, constanter dicemus f-ssum relictum videri *quasi nunc datum* cum mors ei contingit, videlicet *si duraverit voluntas post m-missionem.* Hæc utique nemo credet in t-tis nos esse probaturos (quia nihil in t-to valet, quotiens ipsum t-tum non valet), sed si alias f-ssum reliquerit". [4]) *L.1.cit.§ 6.* „Si quis plane in insulam deportatus codicillos ibi fecerit et indulgentia imperatoris restitutus iisdem codicillis durantibus decesserit, potest defendi f-ssum valere, *si modo in eadem voluntate duravit*". cf.*§§2...4.eod. Ulp,L.7.pr.D.de leg.III.32.* [5]) *Rossh.* Verm. I.S.237.not.1. bes. *Fein-Gl.*XLIV.S.41.ff. *Sav.*Syst.IV.S.557.f. *Va.*l.c.gegen *Mü.* l.c.u.A. [6]) §§ 132.ff. [7]) oben I.§ 115. [8]) § 135.not.1.

B. Honorierter*.

§. (182) 128. 1. Erfordernisse. Catoniana regula.

Erforderniss der s.g. passiven t-ti factio[1] außer beim Alimentenvermächtniss[2]. Das einem Unfähigen angeordnete ist non datum[3-4]; wenn ihm auch nur bei der Testamentserrichtung ein Ungiltigkeitsgrund entgegensteht, bleibt es nach der Catoniana regula ungiltig[5]; ein nachher eingetretener, beim Anfalle des Vermächtnisses wieder gehobener, schadet nicht[6]. Anwendung auch auf die Objecte[7-8]. Nicht die Fähigkeit des Sub- oder Ob-jects betreffende Bedingungen der Anordnung hindert die Catonische Regel nicht[9-11], so wie sie sich auch

*) *Dig.* De regula Catoniana *34,7*. — *He.43.103. Se.546. Mü.734.778. Gö.1009.1006. Pu.525.522. Ro.662.a.S.700.717. Va.522.540. Si.209.1.n°.2.212.11.n°1. Ar.544.550. Br. 204.n°.3.213.n°.2.223.* — *Balduin.*in Heinecc.Ius Att.et Rom.I.p.418.sqq. *Voorda* Elect.*17*. Interpp.II.22. *Averani* Interpp.IV.21. *Majans.*Disputt.II.p.144.sqq. *Schöman* Hdb.d.Civ. R.II.8. *Löhr* Magaz.III.7. *Harnier* de reg.Cat.Hdlb.1820. *Schröter* Obs. iur. civ.n°.6. *Rossh.*Vermächtn.I.S.247.ff.413.ff.u.Arch.f.Civ.Pr.X.14. *Müller* das.XIV.13. *Guyet* Abhh. n°.5. *Ar.*i.Rh.Mus.f.Jpdz.V.9. cf.*Mü.-Gl.*XXXIX.S.158.ff. [Die regula Catoniana schreibt dem älteren Cato (sapiens) zu *Sanio* zur Gesch.der röm.R.Wst.Kgsb.1858.S.29.]

§. 128. [1]) *§ 21.I.de legat.* oben § 6.not.4. *Iav.L.7.D.pro legato 41.8.* „... ex iure t-ti proficiscitur". s.oben §§ 29.ff. [2]) s.II.§ 212.not.5. [3]) § 29.not.9.u.folgg.nott.5.7.8. [4]) § 62. nott.1.2. [5]) *Dig.* De regula Catoniana *34,7.*: *L.1.(Cels.)* „Catoniana regula sic definit *Quod, si t-ti facti tempore decessisset testator, inutile foret, id legatum, quandocumque decesserit, non valere.* Quæ definitio in quibusdam falsa est. § 1. Quid enim si quis ita legaverit *'Si post kalendas mortuus fuero, Titio dato'*? an cavillamur? nam hoc modo, si statim mortuus fuerit, non esse datum legatum verius est, quam inutiliter datum. § 2. Item si tibi legatus est fundus qui scribendi t-ti tempore tuus est, *si eum vivo t-tore alienaveris*, legatum tibi debetur, quod non deberetur, si t-tor statim decessisset". *L.2.(Paul.)* „Sed et si sic legaverit *'Si filia mea Titio nupta erit'*, sufficere visum est, si mortis tempore nupta inveniatur, licet t-ti facti tempore fuerit inpubes". *L.3.(Pap.)* „Catoniana regula non pertinet ad hereditates, neque ad ea legata, quorum dies non mortis tempore, sed post aditam cedit hereditatem". *L.4.(Ulp.)* „Placet Catonis regulam ad condicionales institutiones non pertinere". *L.5.(Id.)* „Regula Cat. ad novas leges [*i.e. Iuliam et P.P.*] non pertinet". [6]) *Cels. L.59.§ 4.D. de her. inst.28,5.* „Si heres institutus scribendi t-ti tempore civis R. fuit, deinde ei aqua et igni interdictum est [*Bg § 58.not.21.*], heres fit, si intra illud tempus quo t-tor decessit, redierit, aut si sub condicione heres institutus est, quo tempore condicio existit. Idem et in legatis et in B.P-ionibus". [7]) *§ 4.I.de leg.2,20.* „..sed si talis sit res, cuius commercium non est, nec æstimatio eius debetur, veluti si campum Martium vel basilicas vel templa vel quæ publico usui destinata sunt, legaverit: nam nullius momenti tale legatum est...". s.§ 137.nott.2.3. *L.39.§ 9.D.de leg.1. 30.* cf.*L.83.§ 5.D.de V.O.45,1.* [8]) *L.1.§ 2.D.h.t.*in not.5. *Ulp.L.41.§ 2.D.de leg.1.* „Tractari tamen poterit, si quando marmora vel columnæ fuerint separatæ ab ædibus, an legatum convalescat. Et si quidem ab initio non constitit legatum, ex post facto non convalescet; quemadmodum nec res mea legata mihi, si post t-tum factum fuerit alienata, quia vires ab initio legatum non habuit. sed si sub condicione legetur, poterit legatum valere, si existentis condicionis tempore mea non sit, vel ædibus iuncta non sit: secundum eos, qui et emi rem meam sub condicione, et promitti mihi stipulanti, et legari aiunt. Purum igitur legatum Catoniana regula inpediet, condicionale non, quia ad condicionalia Catoniana non pertinet". cf.*§ 10.I.de legatis* in § 137.nott.2.3. [9]) *LL.1.§ 1.2.D.h.t.* in not.5. [10]) § 242. [11]) *Gai.2,244.sq. Ulp.24,23.24.*

nicht auf die novas legas, d.h. auf die I.L. Iulia et Papia Poppæa[14]. Giltigkeit der regula Catoniana im justinianischen Recht[15.16].

§. (183) 128*. 2. Mehrheit der Honorierten.

1) Gleichzeitige[1...6], 2) successive Belastung[7.8].

§. (184) 129. C. Onerierter.

Grund der Berechtigung zur Belastung[1.2] und daraus sich ergebende Bestimmungen wer Onerierter sein könne[3...12]. Belastung Mehrerer, gleichzeitige[13] oder successive[14].

„Ei qui in potestate...est scripti heredis, sub condicione legari potest, ut requiratur, quo tempore dies legati cedit, in potestate heredis non sit. Ei cuius in potestate...est heres scriptus, legari [non setzt irrig die vatican. Hdschr. zu] potest". *§32.I de legat. L.17.i.f.D.quando dies leg.36,2. L.91.pr.D.de leg.I.30.* [12]) *Paul.L.25.D.eod.* „A filio herede etiam puro patri legari potest; nec interest, an die cedente legati in patris potestate sit..". *L.3.D.h.t.* in not.5. [13]) §88.not.1. [14]) *L.5.D.h.t.* in not.5. s.oben §29.not.6. [15]) s.gegen *Schöman, Löhr, Guyet* u.A.: *Harnier* l.c.*§§11*.ff. *Müller §§12*ff. *Arndts* l.c.*§6*. *Rossh., Mü., Gö., Pu., Va.* ll.citt.u.A. [16]) oben §§29.30.

§. 128*. [1]) *LL.49.§§4.sqq.69.§2.D.de leg.I. L.11.§20.D.de leg.III.* „Plerumque evenit multorum interesse id quod relinquitur, verum t-torem uni voluisse honorem habitum. et est hæc sententia Marcelli verissima". *§22.eod. L.8.i.f.D.de usuf.ear.rerum 7,5.* [2]) *L.11.cit.§21.* „Sic evenit ut interdum, si pluribus t-tor honorem habere voluit, et de pluribus sensit, quamvis unum legatum sit, tamen ad persecutionem eius plures admittantur: utputa si decem fuerunt eiusdem rei stipulandi, et heres vel f-ssarius rogatus est ut eis solveret; hic enim, si omnium interest et de omnibus sensit t-tor, f-ssum relictum omnes petere poterunt. sed utrum in partem agent, an in solidum, videamus. et credo, prout cuiusque interest consequentur: unus igitur qui occupat, agendo totum consequitur, ita ut caveat defensum iri adversus ceteros f-ssarios eum qui solvit, sive socii sunt, sive non". *L.49.§5.D.de leg.I. L.3.§3...L.4.D.de lib.leg. 34,3.* [3]) *Cels.L.16.D.de leg.II.* „Si Titio aut Seio *utri heres vellet*, legatum relictum est, heres alteri dando ab utroque liberatur; si neutri dat, uterque perinde petere potest, atque si ipsi soli legatum foret: nam ut stipulando duo rei constitui possunt, ita et t-to potest id fieri". *LL.24.25.D.de legat.II. L.7.§1.D.de reb.dubiis 34,5.* [4]) §51.not.19. [5]) *L.23.§1.C.de legatis 6,37.* s.§53.not.8. [6]) *Ulp.L.3.§3.D.de adim.leg. 34,4.* „Sed et cum quis ita legasset HERES MEVS TITIO DATO. SI NON DEDERIT, SEMPRONIO DATO, ita demum Sempronio debetur, si dies eius in persona Titii non cessisset". cf.*Scæv.L.30.§4.eod.* [7]) §58.not.1. §59.nott.2.sqq. [8]) §58.not.3. §131.

§. 129. s.§§106...11. — *He.47*.f. *Se.604. Mü.733. Gö.1008. Pu.524. Va.521. Si.209. n°.1. Ar.542*.f. *Br.209.n°.2.* cf.*213.n°.1.215. Rossh.* l.c.S.237.ff.§7. [1]) *Ulp.L.1.§6.D.de leg.III.* „Sciendum est autem eorum fidei committi posse, ad quos aliquid perventurum est morte eius, vel dum eis datur vel dum eis non adimitur". *Paul.L.6.§1.eod.* „..qui fortuito, non iudicio t-toris consequitur hereditatem vel legatum, non debet onerari; nec recipiendum esse, ut cui nihil dederis, eum rogando obliges". *L.3. §§1.sqq.D.eod. L.9.C.de f-ssis 6,42.* u.o. [2]) §106.nott.12.3. cf.§§105...108. Daher auch „Ex filio præterito, licet suus heres erit, f-ssum relinqui non potest". *L.2.D.eod. L.31.C. de f-ssis 6,42.* (Dazu *Fein-Glück* XLV.S.325.ff.) vgl.*L.103.pr.§1.D.de leg.III. L.87.§7.D.ad L.Falc.35,2.* [3]) *§1.I.de legat.2,20. cit.L.1.D.§§7.sqq.* [4]) §§58.ff. [5]) *Iul.et Ulp.LL.92. §2...94.D.de leg.I.* „Sicuti conceditur unicuique ab eo ad quem legitima eius hereditas vel B.P. perventura est, f-ssum dare, ita et ab eo, ad quem inpuberis filii legitima hereditas vel B.P. perventura est, f-ssa recte dabuntur". „Quod f-ssum hactenus, quatenus inpubes decedat, valebit: ceterum si pubes factus decesserit, eva-

Wie ist Identität des Onerierten und des Honorierten statthaft?[15...17]

A. Insbesondere bei

S. (185) 130. A. Prælegata.

Das Vorvermächtniss[1] oneriert auch den Honorierten[2]. Der Prälegatar als Collegatar[3]

---

nescit f-ssum". „Plane si filium inpuberem exheredaverit, fidei commissum legitimus heres præstare cogendus non erit, nisi idem et patri heres fuerit". vgl. § 60.nott.8.9. 6) *Marcian.L.114.§2.D.de leg.I.* in §10.not.12. cf.das.nott.8.9.15. 7) §§156-161. 8) *pr.I.de sing.reb.per f-ssum rel.2,24.* „Potest autem quis ... et vel ipsum heredem rogare ut alicui restituat, vel legatarium, quamvis a legatario legari non possit". vgl.§126. 9) § 155. not.36. 10) *L.96.§4.D.de leg.I. cf.L.91.D.ad L.Falc.35,2.* (in § 152.not.10.) cf.§§ 152.not.14. 154.nott.1.5.160.not.8.162.not.12. 11) *Ulp.L.5.§1.D.de leg.III.* „Si quis non ab herede vel legatario, sed ab heredis vel legatarii herede f-ssum reliquerit, hoc valere benignum est". *L.6.pr.eod.* 12) *Pap.L.11.D.de leg.I.* 13) §111. 14) §131. 15) III. § 33. cf. *§1.I.de legat.* „Legatum .. est donatio quædam a defuncto relicta, ab herede præstanda". 16) *L.116.§1.D.de leg.I.* in § 130.not.4. 17) §130.

S. 130. *Gai.2,216...23. Ulp.24,2.6.11. §2.I.de legat.2,20.* cf.*Buchholtz* S.62.ff. — *He.70. Se.605. Mü.735. Gö.835.1009.1018. Pu.526. Ro.693.*ff. *Va.523. Si.210. Ar.544. Br.213.*S.910.ff. *Nieto* in Meerm.Thes.VII.p.645.sqq. *Hertii* Opusc.I.3.p.207.sqq. *Chesius* in Heineccii Ipd. Att. et Rom.II. coll.335.sqq. 636.sqq. 859.sqq. *Voorda* Interpp.II. c.4.5. *Pfeiffer* de prælegatis, Marb.1798. (schlecht benutzt in *Nettelbladt* v, Präleg. Rost.1802.) *v.d. Pfordten* de præleg. Erl.1832. *Rossh.* Verm.I.S.250.ff. u. in seiner Ztsch.V.S.268...74. *v. Buchholtz* Lehre v.d. Prälegaten. Jena 1850.(weitschweifig.) 1) *Prælegatum, prælegatio, præceptio* (z.B. *LL.25.31.pr.§1.D.de adim.leg.34,4. L.75.§1.D.de leg.II. L.2.pr.D.de instr.leg.* u.o.), *præceptionis compendium* (*L.16.C.de fideic.6,42.*) cf.*Buchh.* Kapp.1.2. Von dem †prælegatum improprium s.anomalum s.das.S.144.ff. 2) *Gai.L.67,§1.D.de leg.I.* „Si ex pluribus heredibus ex disparibus partibus institutis duobus [nämlich unter mehr als 2 Erben sind nur 2 Prälegatare] eadem res legata sit, heredes non pro hereditaria portione, sed pro virili id legatum habere debent", cf.*L.34.§12.eod.* in not.3. *Pap.L,75.§1.D.de leg.II.* „Pro parte heres institutus, cui præceptiones erant relictæ, post diem legatorum cedentem ante aditam hereditatem vita decessit: partem hereditatis ad coheredes substitutos pertinere placuit, præceptionum autem portiones quæ pro parte coheredum constiterunt [so weit sie nicht den verstorbenen Miterben, der seinen Erbtheil nicht erworben hat, belasten], ad heredes eius transmitti". *L.32.D.de leg.III. L.2.pr.D.de instructo leg.33,7. Ulp.L.1.§6.D.quod legator.* „Qui vero ex causa præceptionis [zur Erbschaft gehöriges besitzt], utique tenetur hoc interdicto [QVOD LEGATOR. s.§103.]; sed pro ea scil. parte quam iure legati habet, non etiam pro ea quam quasi heres habet..". *L.1.C.si cert.pet.4,2.* 3) *Ulp.L.34.§11.D.de leg.I.* „Si duobus sit legata, quorum alter heres institutus sit, a semet ipsum ei legatum inutiliter videtur; ideoque quod ei a se legatum est, ad collegatarium pertinebit". Daher *§12.ibid.* „wenn A auf 1/12, B auf 11/12 zu Erben und als Legatare auf einen fundus eingesetzt sind, so erhalte A 11/12, B 1/12 des fundus": es fällt jedem als Collegatar das was von dem coheres inutiliter legiert ist, zu. vgl.§160.not.8. *L.18.eod.* in not.4. *Flor.L.116.§1.D.de leg.I.* „Heredi a semet ipso legatum dari non potest, a te [mit *Schilling* zu lesen at a] coherede potest. itaque si fundus legatus sit ei qui ex parte dimidia heres institutus est, et duobus extraneis, ad heredem cui legatus est, sexta pars fundi pertinet: quia a se vindicare non potest, a coherede vero semissario duobus extraneis concurrentibus non amplius tertia parte; extranei autem et ab ipso herede cui legatum est, semissem, et ab alio herede trientem [1/3] vindicabunt". d.h. „A und B seien meine Erben, also jeder zur und als bloßer Vermächtnißnehmer[4]. Das familiæ erciscundæ iudicium geht auch auf die Prälegate[5]. Die Bedingung der Erbeinsetzung auch auf das Prälegat bezogen[6].

S. (186) 131. B. Successiven Vermächtnissen. (*Bg § 158,h,i.*)

Sehr ausgebildet im deutschen[1], wenig im römischen Recht[2...4]. Bestimmung der Berechtigten und ihrer Theile. Wirkung der Cession[5], der Veräußerung des Fideicommisses[6.7] Verbot des Abzugs der 1/4 Falcidia[8]. Dauer der Veräußerungsbeschränkung[9]. Cautionspflicht des Vermächtnißnehmers[10].

II. Form der Anordnung der Vermächtnisse:

S. (187) 132. A. Aeußere Form im allgemeinen.

Ursprüngliche Bedeutung der legata und der fidei commissa[1.2]. Mit der civilen Wir-

---

1/2; dem A, C und D legiere ich mein Grundstück"; also erhält A davon nur 1/6: denn er kann von seinem Miterben zur Hälfte, dem B, nur dessen Lastantheil, die Hälfte des ihm, dem A, prälegierten Drittels des fundus vindicieren, von sich selbst nichts: C und D aber vindicieren als Collegatare zu je 1/3 des fundus diese von B, einen triens (1/3) des Erbantheils des A am fundus, d.h. der Hälfte desselben, also 1/6 des ganzen fundus, weil dieses als dem Collegatar A, dem heres semissarius selbst, ungiltig legiert, den Collegatarien C und D adcresciert. vgl. *Va.* Anwachs.R. bei Prälegaten, im Arch. f. civ. Pr. XXXV.8. (1852.) [4]) *Ulp. et Iul. LL.17. i.f. 18. D. de leg. I.* „Si uni ex heredibus fuerit legatum, hoc deberi ei officio iudicis fam. erc. manifestum est. sed et si abstinuerit se hereditate, consequi eum hoc legatum posse constat"; „et quidem totum legatum petere potest, quamvis a semet ipso inutiliter ei legatum fuisset". *LL.87.88.91. § 2. eod. L.34. § 1. D. de leg. II. LL. 7. pr. 12. C. de legatis 6,37. L.18. § 2. D. de his q. ut ind. 34,9.* s. § 124. not. 7. [5]) *Gai. 2,219.* ibiq. citt. ll. *L.17. § 2. D. de leg. I.* in not. 4. u. oben § 111. [6]) s. § 51. not. 17. *L.18. § 1. D. de cond. institutionum 28,7. L.77. pr. D. de cond. et demonstr. 35,1. L.17. § 3. D. de d. m. et metus exc. 44,4.*

S. 131. *Nov. 159. (Authentic. 126.)*, daß die Restitutionen auf einen (resp. 4ten) Grad beschränkt sein sollen, (v. 545. nach Athanas. in Heimbach. *Ἄνεκδ.*) ist zwar glossiert, aber Accursius annotiert „Literam non lego". s. über diese Nov. *Cuiacii* Exposit., *Westphal* I. § 356. *Marezoll* i. Löhrs Mag. IV. S. 203. *Pfeiffer* Prakt. Ausff. III. 2. — *He. 95.* f. *Se. 605. Mü. 736. Pu. 527. Ro. 681. Va. 524. Si. 209. Ar. 549. Br. 213.* S. 918. ff. *Retes* in Meerm. Thes. VII. p. 625. sqq. *Kephalides* de alienat. fideic. fam. Erl. 1793., deutsch in Barths Diss. Saml. n°. 53. *Krætzig* de orig. et hist. fideic. fam. Vratisl. 1843. [1]) Von den deutschen Familienf-ssen und Stammgütern s. bei *Kraut* d. Pr. R. §§ 296. ff. Citt. u. *v. Salza* in Weiske IV. S. 237...55. [2]) §§ 60. 61. [3]) § 128*. n°. 2. [4]) Daher auch bei solchen testamentarischen Veräußerungsverboten, die nicht zugleich gesetzliche sind, die Formel HVIC MONVMENTO DOLVS MALVS ABESTO ET IVRIS CONSVLTVS u. ä. *Bg § 158.* not. 26. 29. [5]) *LL. 32. § 1. 67. pr. § 7. 69. 77. § 27. 78. § 3. D. de leg. II. 31.* cf. *L. 5. pr. C. de verb. et rer. sign. 6,38. L. 114. §§ 15...18. D. de leg. I. Nov. 159.* cit. [6]) *Ulp. L. 120. § 1. D. de leg. I.* „Omnibus, quibus f-ssum relictum est, ad distractionem consentientibus, nullam f-ssi petitionem superfuturam". *Gordian. L. 11. C. de f-ssis* „...contractus auctoritas nequaquam convelli potest". [7]) *L. 77. § 27.* cit. [8]) *Nov. 119. (Authentici 114.) c. 11.* (a. 544.) „Si quando .. aliquis t-tum faciat et aliquam rem immobilem suæ familiæ aut alteri cuicumque personæ nomine legati reliquerit, et specialiter dixerit, nullo tempore hanc rem alienari, sed aut apud heredes aut apud successores illius cui relicta est, permanere, in hoc legato iubemus Falcidiam legem locum penitus non habere, quoniam alienationem eius testator ipse prohibuit..". [9]) cit. *Nov. 159.* u. die Citt. a. Anf., bes. *Marezoll.* [10]) *Pap. L. 69. § 3. D. de leg. II.* „..sed ita proximus quisque admittendus est, si paratus sit cavere 'se familiæ domum restituturum'..".

S. 132. *Se. 608. Mü. 728. 730.* cf. *Gö. 996...99. Ro. 696.* ff. *Si. 208. Ar. 545. Br. 210. Rossh.* Verm. I. S. 287...314. *Bachofen* Ausg. Lehren S. 316. ff. *Fein-Glück* XLIV. XLV. [1]) VTI kung letzterer beginnen die Bestimmungen über die Codicille[3]. Bestimmte Formulierung des Willensausdrucks ist nicht erforderlich[4.5]; auch dessen Verhältniss zum Testament ein vom Willen des Anordners abhängiges[6]; aber die Errichtung eines Codicills erfordert regelmäßig gewisse Sollemnitäten[7.8].

S. (188) 133. B. Willenserklärung.

Allgemeine Erfordernisse[1...4]. Zuläßigkeit der Nebenbestimmungen und der pœnæ causa relicta[5...7]. Unverschuldete Unausführbarkeit einer Anordnung[8] und als gewollt anzunehmende Voraussetzungen[9.10]. Anforderungen an den Honorierten, welche nicht als modus gelten[11.12]. Wirksamkeit[13.14] und Conversion des modus[15].

LEGASSIT etc. in § 2.not.3.u.cap.1.legis Falcidiæ QVI CIVES ROMANI SVNT, QVI EORVM TESTAMENTVM FACERE VOLET, VT EAM PECVNIAM EASQVE RES QVIBVSQVE DARE LEGARE VOLET, IVS POTESTASQVE ESTO..“ in § 149.not.1. [2]) *Gai.2,299.sqq.268.sqq.281. Ulp.24,1.25,1. ibiq.citt.* [3]) *pr.I.de codicillis 2,25.* „Ante Augusti tempora constat codicillorum ius non fuisse, sed primus Lucius Lentulus (ex cuius persona etiam f-ssa cœperunt) codicillos introduxit. nam cum decederet in Africa, scripsit codicillos t-to confirmatos, quibus ab Augusto petiit per f-ssum, ut faceret aliquid. et cum divus Augustus voluntatem eius implesset, deinceps reliqui eius auctoritatem secuti f-ssa præstabant, et filia Lentuli legata, quæ iure non debebat, solvit. Dicitur autem Augustus convocasse prudentes, inter quos Trebatium quoque, cuius tunc auctoritas maxima erat, et quæsisse an posset hoc recipi, nec absonans a iuris ratione codicillorum usus esset, et Trebatium suasisse Augusto, quod diceret utilissimum et necessarium hoc civibus esse propter magnas et longas peregrinationes, quæ apud veteres fuissent, ubi si quis t-tum facere non posset, tamen codicillos posset. Post quæ tempora cum et Labeo codicillos fecisset, iam nemini dubium erat quin codicilli iure optimo admitterentur“. *§ 3.I.de leg.2,20.* s. § 135. [4]) *Constantius L.21.C.de legatis 6,37.* „In legatis vel f-ssis necessaria non sit verborum observantia, ita ut nihil prorsus intersit, quis talem voluntatem verborum casus exceperit, aut quis loquendi usus effuderit“. (a.339.) [5]) cit.*L.21.C., Paul.L.21.pr.D.de leg.III. Diocl.et Max.L.22.C.de f-ssis 6,42.* „Et in epistula vel libello vel sine scriptura, immo etiam nutu f-ssum relinqui posse adhibitis testibus nulla dubitatio est“. [6]) vgl.unten § 135. *Paul.L.8. pr.D.de iure codic.29,7.* „Conficiuntur codicilli IIII modis, aut enim in futurum confirmantur, aut in præteritum, aut per f-ssum t-to facto, aut sine t-to“. *§ 1.I.de codic.* s.*Böhmer* Elector.I.8, *Fein-Gl.*XLIV.S.18.ff. [7]) § 135. [8]) § 134.

S. 133. vgl.Quellen zu §§ 54...57.u.*Cod.*Communia de legatis et f-ssis *6,43.* De falsa causa adiecta legato v.f-sso *6,44.*u.zu § 56.cit.tit.*6,45.*—*He.69.*cf.*72...82. Se.609.*f. *Mü.730.* cf.*648.*ff. *Gö.1002.*f. *Pu.533. Ro.700.703. Si.211. Ar.548. Br.211. Rossh.*Verm.I.S.314.ff. s.überh.§§ 54...57. [1]) § 50.not.1. [2]) ibid.not.6. [3]) § 49. [4]) § 50.n°.2.3. [5]) *Dig.34,6. Cod.6,41. Gai.et Ulp.ad* §§ 54...57.citt. [6]) § 54.not.4. [7]) ibid.not.9. [8]) *LL.6.pr.27.pr. D.de cond.et dem.35,1.* [9]) *Pap.L.102.D.eod.* „Cum avus filium ac nepôtem ex altero filio heredes instituisset, a nepote petiit, ut *si intra annum trigesimum moreretur, hereditatem patruo suo restitueret:* nepos liberis relictis intra ætatem supra scriptam vita decessit; fidei commissi condicionem coniectura pietatis respondi defecisse, quod minus scriptum quam dictum fuerat inveniretur“. [indem der Testator nur nicht alles, was er hatte sagen wollen, durch die Testamentsworte ausgedrückt habe]. vgl. *L.16.C.de f-ssis 6,42.* [10]) *Ant.L.3.C.de f-ssis.* „Cum secundum voluntatem defunctæ Chrysidem puellam ab heredibus m-missam eamque prius quam ei restitueretur hereditas, intestatam vita functam proponas, ad m-missores eius successio pertinet. qui si adierint eius hereditatem, confusis actionibus f-sso sunt liberati“. [11]) s. § 106.nott.4...9.

C. Die einzelnen Formen der Vermächtnißanordnung.

§. (189) 134. A. Das dem Belasteten direct aufgelegte Vermächtniß, unrichtig von Neueren gewöhnlich fidei commissum onerato praesenti iniunctum genannt. Erforderniße dieser Anordnungsweise[1-2] und Unterschied von der allgemeinen Codicillarform und dem s.g. Oralfideicommiße[3].

§. (190) 135. B. Codicillus.

Erforderniße der Testamentsform, aber nur 5 Zeugen und nicht Besiegelung des schriftlichen[1]; beim holographen auch nicht Unterschrift des Verfügenden[2]. Vermächtnißnehner

---

[12]) *L.17.pr.D.de leg.II.* cf.*L.88.§1.eod.*s.oben §56. [13]) *L.21.§3.D.de annuis leg.33,1.* *L.17.D.de usu leg.33,2.* [14]) §56.not.6. [15]) *L.16.D.de usu leg.*„Modestinus respondit Cum t-tor spectaculum edi voluerit in civitate, sed tale quod ibi celebrare non licet, iniquum esse hanc quantitatem quam in spectaculum defunctus destinaverit, lucro heredum cedere: igitur adhibitis heredibus et primoribus civitatis dispiciendum est in quam rem converti debeat f-ssum, ut memoria t-toris alio et licito genere celebretur".

§. 134. *He.55.* *Se.608.* *Mü.730.*nott.6...8. *Gö.1001.*a.E. *Pu.533.* *Va.528.* *Si.208.*n°.11. *Ar.545.* *Br.210.*a.E.(die meisten unrichtig). — *Harpprecht* Diss.acadd.II.51. *Mencken* Opuscc.n°.20. *Böhmer* Exercc.ad Pand.V.78.cap.2.§§8.sqq. *Süptitz* über Beweis eines ... mündl. aufgel. Fideic.Bschw.1804. *v.Bülow* Abhdll.II.10. *Löhr* Arch. f.civ.Pr.II.S.188.n°.8. *Rossh.*Verm.I.S.66.ff. *Watermeyer* Oralfideic.Brem.1838. [1]) *§12.I.de fid.her.2,23.*„..constitutionem [*32.C.de f-ssis 6,42.* anno 531.] fecimus, per quam disposuimus, si t-tor fidei heredis sui commisit, ut vel hereditatem vel speciale f-ssum restituat, et neque ex scriptura neque ex V testium numero, qui in f-ssis legitimus esse noscitur, res possit manifestari, sed vel pauciores quam V vel nemo penitus testis intervenerit, tunc sive pater heredis sive alius quicumque sit qui fidem elegerit heredis et ab eo aliquid restitui voluerit, si heres perfidia tentus adimplere recusat negando rem ita esse subsecutam, si f-ssarius ius iurandum ei detulerit, cum prius ipse de calumnia iuraverit, necesse eum habere vel ius iurandum subire, 'quod nihil tale a t-tore audivit [= daß ihm nicht solches vom Erblaßer direct aufgelegt worden sei]', vel recusantem ad f-ssi, vel universitatis vel specialis, solutionem coarctari, ne depereat ultima voluntas t-toris fidei heredis commissa. eadem observari censuimus et si a legatario vel f-ssario aliquid similiter relictum sit. quodsi is a quo relictum dicitur, confiteatur quidem aliquid a se relictum esse, sed ad legis subtilitatem decurrat, omni modo cogendus est solvere". cf.*Theophil.*ad h.§. [2]) cit.*L.32.C.*„..sancimus, si sine scriptura et praesentia testium [d.h.ohne ein gewöhnliches Codicill] f-sso derelicto f-ssarius elegerit heredis iuramentum, vel forsitan legatarii vel f-ssarii.., f-ssarium ...vel sacramentum subire et omni inquietudine sese relaxare vel, si recusandum existimaverit sacramentum, aut certam partem vel quantitatem manifestare f-ssario derelictam noluerit, si forsitan maiorem f-ssarius expetat, et eum ad satisfactionem compelli, cum ipse sibi iudex et testis invenitur, eius religio et fides a fidei commissario electa est, nullis testibus nullisque aliis adventiciis probationibus requisitis...". [3]) s.§132.not.5.

§. 135. *Gai.2,270.273.* *Th.C.*De t-tis et codicillis *4,4.* *Inst.*De codicillis *2,25.* *Dig.* De iure codicillorum *29,7.* *Cod.*De codicillis *6,36.* — *He.53.*cf.*41.* *Se.509...601.* *Mü.729.* *Gö.909...1004.* *Pu.533.* *Ro.617.* *Va.526.* *Si.208.* *Ar.*l.c. *Br.210.*n°.2. *Dunius* de iure codicill. Rom.1752. *Löhr* Arch.f.civ.Pr.II.14. *Rossh.*Verm.I.S.1.ff. *Danz* de externa codicillor. forma. Lips.1835.u. in Ztsch.f.Civ.u.Pr.IX.8. *Witte* v. Codicill in Weiske II. S.670...81. *Fein-Glück* XLIV.(p.1.2.citt.)XLV.u.A. zu §132.citt. [1]) *Theod.L.8.§3.C.h.t.6,36.* „In omni autem ultima voluntate, excepto testamento, quinque testes vel rogati können Zeugen sein[3]. Testamento confirmati codicilli[4], non confirmati[5]; ad t-tum facti[6]; Intestatcodicille[7]. Mehrere Codicille[8].

§. (191) 136. C. Codicillarclausel. (*Bg §119.q.*)

Bedingende Erklärung eines letzten Willens für Codicill[1]; Wirkung[2]. Natur dieser nicht zu

---

vel qui fortuitu venerint, in uno eodemque tempore debent adhiberi, sive in scriptis sive sine scriptis voluntas conficiatur, testibus videlicet, quando in scriptura voluntas componitur, subnotationem suam accommodantibus". (a.424.) u. hiezu *L.7.§2.Th.C.h.t.* bei Hänel p.*368.sq. u. *Fein-Gl.*XLIV.S.393.ff. cf.*Böhmer* Exercc. ad Pand.V.78, *Danz* l.c. *Marcian.L.6.§3.D.h.t.* in §127.not.1. *§1.eod.*„Codicillos et plures quis facere potest, et ipsius manu neque scribi neque signari necesse est". [2]) §34.not.4. Auf die Form der Urkunde, nicht auf die ihrer Errichtung gehen *§3.I.h.t.2,25.*„nullam sollennitatem ordinationis desiderant" u. *Marcian.L.6.§2.D.h.t.29,7.* „.. valent.. codicilli, licet neque.. signati, neque manu eius scripti fuerint..". s.§132.*Fein-Gl.*l.c.S.403.ff. [3]) *§11.I.de t-tis ord.2,10. L.20.pr.D.qui t-ta 28,1. L.22.C.de t-tis 6,23* [4]) vgl.§50.not.13. Auch widersprechen sich *Pap.L.5.D.h.t.* und *§1.I.h.t.* nicht. s.auch not.8.§139.zu not.9. *Plin.ep.2,16.*„..codicillos Acilliani qui me ex parte instituit heredem, pro non scriptis habendos, quia non sint confirmati t-to. quod ius ne mihi quidem ignotum est, cum sit iis etiam notum qui nihil aliud sciunt..". s.*Fein-Gl.*XLIV.S.19. [5]) *§10.I.de fid.her.2,23.* cf.*Gai.2,270. Ulp.25,8. L.43.D.de mm.test.40,4. L.3.pr.D.de test.tut.26,2. L.1.§1.D.de conf.tut.26,3. L.10.D.h.t. LL.2.7.C.h.t.* [6]) *Iul.L.3.§2.D.h.t.*„..Si ex t-to hereditas adita non fuisset, f-ssum ex huiusmodi codicillis nullius momenti erit". *Paul.L.16.eod.* „..t-to autem facto ius sequentur eius". *L.1.D.h.t. L.2.C.si om.sit c.t-ti 6,39. L.14.C.C.de f-ssis 6,42.* [7]) *L.2.§4. Iul.L.3.pr.D.h.t.* „Siquis cum t-tum nullum habebat, codicillis f-ssa hoc modo dedit QVISQVIS MIHI HERES ERIT BONORVMVE POSSESSOR, EIVS FIDEI COMMITTO, f-ssa præstari debent, quia pater familias, qui t-ti factionem habet et codicillos faceret, per inde haberi debet, acsi omnes heredes esse iussisset [so richtig *Schilling* statt eius essent], ad quos legitima eius hereditas vel B.P. perventura esset". *LL.8.pr...§2.13.§1.16.D.eod. L.77.D.*in §50.not.13., *L.77.§23.D.leg.II 31. L.4.C.h.t.* [8]) *Diocl.et Max.L.3.C.h.t.*„Cum proponatis pupillorum vestrorum matrem diversis temporibus ac dissonis voluntatibus duos codicillos ordinasse, in dubium non venit, id quod priori codicillo inscripserat, per eum in quem postea secreta voluntatis suæ contulerat, si a prioris tenore discrepat et contrariam voluntatem continet, revocatum esse" (a.290.). vgl.*§3.Inst.*und *L.6.§1.D.h.t.*in not.1.*L.12.§3.D.de leg.I.*u.a.

§. 136. *He.116.*f. *Se.602. Mü.785.cf.730. Gö.1005. Pu.533. Ro.684.721. Va.527. Si.*l.c. *Ar.546. Br.188.* — *Chiflet* in Otton.Thes.V. p.817.sqq. *Stryk* Diss.I.18. *Hellfeld* Opusc.n°.18. *Tauchert* de cl.cod.Hal.1822. *Seuffert* Cod.Clausel.Würzb.1828. *Mü.*Stäbel. Beerb.S.277.ff. u.Commentar XXXV.S.365.ff. *Sickel* de vi cl.cod.in t-to nullo.Lps.1829. *Degener* i.Ztsch.f.Civ.u.Pr.XVIII.S.403.ff. *Rossh.*Verm.I.S.45.ff. *Fein-Gl.*XLV.S.14.ff. *Mayer* §§23.ff. *Weiske* Rechtslex.VI.S.293.ff.X.S.989.ff. [1]) §57.not.3. *Paul.L.29.§1.D.qui t-ta 28,1.*„..ταύτην τὴν διαθήκην βούλομαι εἶναι κυρίαν ἐπὶ πάσης ἐξουσίας..". *Scæv.L.88.§17.D.de leg.II.*„..*hoc meum t-tum scripsi sine ullo iuris perito, rationem animi mei potius secutus, quam nimiam et miseram diligentiam; et si minus aliquid legitime minusve perite fecero, pro iure legitimo haberi debet hominis sani voluntas..*". *Pap.L.77.§23.D.eod.*„..nam enixae voluntatis preces ad omnem successionis speciem porrectæ videbantur". Ravennat.Test. (auch i.Arch.f.c.Pr.V.S.165.u.in *Bruns* fontes iur.R. p.96.i.f.) *Bg §119.*not.35. [2]) s.§135.not.7. Daher bezeichnen die Quellen ein mit der Codic.-Clausel versehenes Test. als f-ssorum verba habens: s.*Bg cit.*not.35.u.oben §50.not.7.; scriptura quam codicillorum instar habere voluit: *L.13.D.h.t.29,7.*u.vgl.

subintelligierenden Clausel [2-4]. Recht des in einem mit der Codicillarclausel versehenen Testamente zum Erben Eingesetzten [5].

III. Gegenstände des Vermächtnisses.

§. (192) 137. A. im allgemeinen.

Jedes Vermögensobject [1]. Erforderniss des commercium [2...4]. Dem Anordner nicht gehöriges u.s.w. [5...12]. Was wird mit der vermachten Sache erworben? [13...15].

---

[3]) s.§§ 26.not.5.50.not.7. Die Ausnahme zu Gunsten der Freiheit (*L.38.C.de fid.lib.40,5.*) ist bei uns unanwendbar. Die *L.3.D.de t-to mil.29,1.* aber macht keine Ausnahme: s.oben §37. Von dem +t-tum posterius inperfectum s.§40. [4]) vgl.§§ 28.ff.49.ff.65...68.69.ff. Gerade hierauf beziehen sich die meisten der angeff.Schriften, so wie andere, über deren einige *Va.* l.c.Anm.2. [5]) *LL.5.10.D.de codicill.*u.§135.not.8. [6]) *Theod.L.8.pr.*bis *§2.C.h.t.6,36.* (a.424.) *L.7.Ch.C.h.t.4,4.* c. *Gothofredi* comm. *Thibaut* Civ.Abh. S.154. *Fein-Gl.*XLV. S.279.ff. [7]) Gegen *Buchholtz* Jur.Abhh. *Fein-Gl.*S.296. u.A. halten wir mit *Si.§208.* not.13.u.A. auch hier die Unterscheidung der Agnaten und Cognaten für unpraktisch. s.§15.

§. 137. De legatis et fidei commissis: *Gai.2,191...233.260...67. Ulp.24.25. Paul.S.R. 3,6.4,1. Inst.2,20.24. Dig.30...32. Cod.6,37.42.43.* vgl.oben §106.— *He.68. Se.607. Mü.731. Gö.1010. Pu.528. Ro.691.702.722.*ff.732. *Va.525. Si.217. Ar.547. Br.208.212.*ff. — *Donell.*ad *L.34.D.de V.O.*(Opp.XI.p.727.sqq.), ad *L.40.D.de leg.I.*(Opp.p.538.) *Coccenii* Exercitt.II.p.477.sqq. *Brancku* Obss.I.p.197.sqq. *Westphal* I.Kap.5. *Rossh.*Verm.I.S.224.ff. 329.ff.II.S.1. [1]) *Gai.2,201...3. Ulp.24,8.9.* mit *Gai.2,197.*a.E.*210.* cf.*Bg §67.* [2]) *Paul. L.49.§2.D.de leg.II.* „Labeo refert, agrum cuius commercium non habes, legari tibi posse Trebatium respondisse. quod merito Priscus Fulcinius falsum esse aiebat. (§3. Sed Proculus [ait] si quis heredem suum eum fundum, cuius commercium is heres non habeat, dare iusserat ei qui eius commercium habeat, putat heredem obligatum esse, quod et verius est, vel in ipsam rem, si hæc in bonis t-toris fuerit, vel, si non est, in eius æstimationem“.) s.*Glück* ad h.l.Erl.1817. *Rossh.*Verm.l.c. [3]) *Ulp.L.39.§§8...10.D. de leg.I.* „Si vero Salustianos hortos qui sunt Augusti, vel fundum Albanum qui principalibus usibus deservit, legaverit quis, furiosi est talia legata t-to adscribere. item campum Martium aut forum Rom. vel ædem sacram legari non posse constat. sed et ea prædia Cæsaris quæ in formam patrimonii redacta sub procuratore patrimonii sunt, si legentur, nec æstimatio eorum debet præstari, quoniam commercium eorum nisi iussu principis non sit, cum distrahi non soleant“. s.§128.not.7. [4]) *LL.40. 114.§5.D.eod. L.11.§16.D.de leg.III.* [5]) *LL.35.39.§7.71.§3.D.de leg.I. L.30.i.f.D.de leg.III. §4.I.h.t.2,20. Gai.2,202. Ulp.24,8. Paul.3,6.§10.* [6]) *§10.I.de legat.* „Sed si rem legatarii quis ei legaverit, inutile est legatum, quia quod proprium est ipsius, amplius eius fieri non potest, et licet alienaverit eam, non debetur nec ipsa res nec æstimatio eius“. s.§128.nott.7.8. [7]) *LL.39.§1.112.§3.D.de leg.I. L.89.§5.D.de leg.II. L.24.D.de leg.III. L.6.§2.D.de auro leg.34,2.* [8]) *§7.I.de leg.2,20. L.24.pr.D.de leg.I. L.17.* cf.*L.15.D.de leg.III. L.1.§3.D.de cond.et dem.35,1.* [9]) *§4.I.de leg.2,20. Pap. L.67.§8.D.de leg.II.* „..sunt enim magis in legandis *suis* rebus quam in *alienis comparandis et onerandis heredibus* faciliores voluntates..“. [10]) *L.5.§§1.2.D.de leg.I.* [11]) §51. not.18.u.*§5.I.de legat.* cf.*L.21.D.de probationib.22,3.* [12]) *§4.I.de leg. LL.67.§8.77.§8. D.de leg.II. L.10.C.de legat.6,37. L.72.D.ad SC.Treb.36,1.* (unten §160.not.9.) *LL.4.sqq. D.pro legato 41,8. L.36.pr.§1.D.de usufr.leg.33,2.* [13]) *L.16.pr.D.de usu 7,8. L.18.D.de servitut.8,1. LL.24.§2.116.§4.D.de leg.I. L.39.D.de leg.II. LL.16.31.44.86.91.§§3...6.D. de leg.III. L.2.§1.D.de instructo leg.33,7. L.14.D.de supell.leg.33,10.* s.*Bg §81,c.* u.vgl. unten §147. [14]) *L.45.§§1.2. L.69.§3.D.de leg.I. Nov.112.c.1.* [15]) *LL.26.66.§6.76.§2. D.de leg.II.* s.§51. zu not.18.

S. (193) 138. B. Besondere Gegenstände.

Von den Singularvermächtnissen besonderer Gegenstände ist im System bei denjenigen Rechtsbestimmungen zu handeln, von welchen für jene Abweichungen gelten.

Zweiter Titel. Wegfall der Vermächtnisse. (*Abr.III.§ 34.a.E.*)

S. (194) 139. I. Wegfall der sie anordnenden letztwilligen Verfügung.

A. Ungiltigkeit des Testaments wirkt auch Ungiltigkeit der Vermächtnisse[1]: Ausnahmen[2…8].

B. Erlöschung der Codicille[9…12].

II. Aufhebung des Vermächtnisses allein.

S. (195) 140. A. freiwillige.

Ademptio und translatio, Inhalt, Form und Wirkungen[1…11]. Zuwendung verschie-

---

S. 138. §§ 111.128.129.142.146.f.152.a.E.154.156. *Gai.*citt.2,190...289. *Ulp.*24,25...27. *Paul.S.R.*3,1.4,1. *Dig.*De annuis legatis et f-ssis 33,1. De usu et usu fructu et reditu et habitatione et operis per legatum vel f-ssum datis 33,2.(*Vat.Fragm.*§§41...93.) De servitute legata 33,3. De dote prælegata 33,4.(cf.*LL.3...5.C. de falsa causa 6,44.*) De optione vel electione legata 33,5. De tritico, vino vel oleo legato 33,6. De instructo vel instrumento legato 33,7. (cf. *Bg § 81.*) De peculio legato 33,8. De penu legata 33,9. De supellectile legata 33,10. De alimentis vel cibariis legatis 34,1.. De auro, argento, mundo, ornamentis, unguentis, veste vel vestimentis et statuis legatis 34,2. De liberatione legata 34,3. *Cod.* De verbor. et rer. signif. 6,38. cf.§ 51.142.f. bes. *Bg § 67.*not.11. — *He.*233...50. *Se.*631...38. *Mü.*741...53. *Gö.*1011...21. *Pu.*529...32. *Ro.*726.ff. *Va.*548...55. *Si.*218. *Ar.*568...79. *Br.*§§ citt. *Westphal* v. d. einzeln.Vermächtn.Lpz. 1793. *Rossh.*Verm.Bd.II. *Arndts* in Weiske VI.S.324.ff.

S. 139. Quellen zu § 90.citt. *He.*112.f. *Se.*625.f. cf.*Mü.*773.ff. *Gö.*1003.1022. *Pu.*534.f. *Ro.*716. *Va.*539. *Si.*212. *Ar.*552.f. *Br.*222. *Westphal* I.Kap.16. *Rossh.*Verm.I.S.412.ff.
[1]) *Paul.L.181.D.de R.I.* „Si nemo subiit hereditatem, omnis vis t-ti solvitur". *Pomp.L.9.D.de t-tar.tut.* „Si nemo hereditatem adierit, nihil valet ex his quæ t-to scripta sunt..". § 135.not.6.u.§§ 62...68. [2]) § 136. [3]) § 66.not.2. [4]) § 49.not.6. *Paul.L.28.D. de inoff.t-to 5,2.* „Cum mater militem filium falso audisset decessisse et t-to heredes alios instituisset, d. Hadrianus decrevit hereditatem ad filium pertinere, ita ut libertates et legata præstentur..". §§ 111.a.E. [5]) § 79.not.*D.* § 80. [6]) *Dig.29,4. Cod.* 6,39. zu § 90.citt.u.das.not.3. [7]) *Paul.L.5.D.de his q.pro non scr.34,8.* „Quod quis sibi adscripserit, si alii restituere a t-tore iussus est, cum onere f-ssum id apud heredem remanet, quam vis pro non scripto esset. Idem est et in t-to militis". *L.26.§ 6.C.de fid.lib.* cf.§ 136.not.3. [8]) § 10.not.8. [9]) § 135.not.8. [10]) das.not.4. [11]) §§.28.ff.128. not.3. [12]) II.§ 212.not.5. Erbr.§ 128.not.2. [13]) § 135.not.6.

S. 140. *Ulp.*24,29. *Inst.* De ademptione vel translatione legatorum 2,21. *Dig.* De adimendis vel transferendis legatis vel f-ssis 24,4. — *He.*106.108...9. *Se.*627. *Mü.*784. *Gö.*1003...25. *Pu.*537. *Ro.*719. *Va.*541. *Si.*l.c. *Ar.*551. *Br.*222.n°.5. — *Cuiacii* Consult.55. *Rossh.*Verm.I.S.429.ff. 'Zurücknahme eines Legats' in *Strippelmann* Neue Saml.v.Entsch.d. O.A.G.zu Cassel.VI.3.n°.4. [1]) *Pr.I.h.t.* „Ademptio legatorum sive eodem t-to sive codicillis firma est, sive contrariis verbis fiat ademptio, vel uti si quod ita quis legaverit DO LEGO, ita adimatur NON DO, NON LEGO, sive non contrariis i.e. aliis quibus cumque verbis". *Ulp.*l.c. u. *LL.1.2.3.§ 5...4.10...24.D.h.t.34,4.* [2]) *Paul. L.6.pr.D.h.t.* „*Translatio legati* fit quattuor modis: aut enim *a persona in personam* transfertur; aut *ab eo qui dare iussus est*, transfertur, ut alius det; aut cum *res pro re* datur, ut pro fundo X aurei; aut *quod pure datum est* transfertur *sub condicione*". [3]) *L.20.D.h.t. L.34.pr.D.de leg.I.* [4]) *LL.7.sqq.D.h.t. L.18.D.de leg.III.* [5]) *Pap.L.24.pr.D.h.t.* „Legatum sub condicione datum cum transfertur, sub eadem condicione transferri dener Summen in verschiedenen letztwilligen Verfügungen an denselben Honorierten[12].

S. (196) 141. B. Nothwendige Aufhebung.

Extinctio legati s.f-ssi durch Ausfall des 1) Honorierten[1...4], 2) Onerierten[5.6], 3) Objects[7..9].

Zweite Abtheilung. Erwerb des Vermächtnisses.

S. (197) 142. I. Zeit des Erwerbs.

1. Nach dem Anfall des Vermächtnisses (dies cedit s.cessit)[1] ist dieses auf die Erben des zu jener Zeit lebenden und erbfähigen Honorierten transmissibel[2.3]; also regelmäßig vom

---

videtur, si non condicio priori personæ cohæreat..". *L.13.pr.D.de alim.leg.34,1.* [6]) *Ulp.L.3.§7.D.h.t.*„Si duobus Titiis separatim [cf.cit.*L.34.pr.D.de leg.I.*] legaverit, et uni ademerit, nec adpareat cui ademptum sit, utrique [neutri Viele; neutique?] legatum debebitur; quemadmodum et in dando si non adpareat cui datum sit, dicemus neutri legatum". *Flor.L.14.§1.D.eod.*„Quibus ex causis datio legati inutilis est, ex iisdem causis etiam ademptio inefficax habetur, vel uti si viam pro parte [s.*Bg§15.* not.*15.*] adimas, aut pro parte liberum [*fundum*] esse vetes". [Das Legat einer halben via wäre non datum: so ist inutilis die ademptio der Hälfte einer legierten via.] Ueber das Verhältn. der cit.*L.3.§7.* zu der nicht zu ändernden *Ulp.L.10.pr.D.de reb.dub.34,5.* („Si fuerit legatum relictum *ex cognatis meis qui primus Capitolium adscenderit*, si simul duo venisse dicantur, nec adparet quis prior venerit, an impedietur legatum? vel *ei qui monumentum fecerit*, et plures fecerint, vel *ei qui maximus natu est*, et duo pares ætate sint? sed et si legatum *Sempronio amico* fuerit relictum, et duo sint æqua caritate coniuncti? sed et si *duobus hominibus eiusdem nominis* fuerit legatum, puta Semproniis, mox Sempronio ademptum sit, nec adpareat cui ademptum sit, utrum datio in utriusque persona infringitur, an ademptio nulla est, quæri potest. item si *ex pluribus servis eiusdem nominis uni vel quibusdam* libertas relicta est. Et verius est in his omnibus etiam legata et libertates impediri, ademptionem autem in utrumque valere".) s.*Bijnkershoek* Obss.II.15. *Gö.* in Ztsch. f.g. R.W. I.6. II.10. *Gans* Arch.f.civ.Pr.I.33. *Herrestorff* das.n°.34. *Klüpfel* das.II.7. *Hepp* das.IX.S. 377.ff. *Huschke* Ztsch.f.Civ.u.Pr.N.F.IV.S.288.ff. *Rossh.*l.c. *Va.*l.c. *Ar.*l.c.Anm.2. *Br.*S. 961. [7]) cit.*L.14.pr.D.h.t.*„ademptio autem quo *minus*, non quo *magis* legatum debeatur, intervenit". [8]) *LL.5...8.D.h.t.* s.§135.not.8. [9]) *LL.3.§11.13.15.18.19.23...25. 28.30.§2.31.§3.32.§1.D.h.t. §§12.17.21.I.de leg.2,20. L.2.D.de his q.in t-to del.28,4. LL.24. §4.65.§2.D.de leg.I. LL.11.§§12.sq.88.§2.D.de leg.III. L.9.pr.D.de his q.ut ind.34,9. L.28.§1.D.de cond.et dem.35,1. L.3.C.de leg.6,37.* u.überhaupt „si quis quid ex t-to contra voluntatem petat, exceptione doli mali repelli solere" *Ulp.L.4.§10.D.de D.M.exc. 44,4. Sav.*Syst.III.S.380.f. [10]) *LL.3.§11.22.31.§2.D.h.t.* [11]) *L.49.§6.D.de leg.III. LL.2. i.f.3.D.de auro arg.34,2.* [12]) s.§50.f. vgl.*Schrader* i.Arch.f.civ.Pr.XXXIII.1.

S. 141. *He.110.112.*ff. *Se.626.628.*f. *Gö.1026...28.1055. Pu.538.536. Ro.720. Va. 542...45. Si.*l.c. *Ar.522.*f. *Br.222.*n°.*23.*f. *Rossh.*Verm.S.446,ff. [1]) s.§§29...31. [2]) s.§128.nott.1.2. [3]) §133. [4]) §143. [5]) §111.nott.7...9. [6]) *L.103.§3.D.de leg.III. L.19. D.de iure codic.29,7. L.11.§2.D.ad L.Falc.35,2.* [7]) II.§158. vgl.*LL.34.§8.82.83.108.§4. D.de leg.I. LL.66.§1...3.73.D.de leg.II. L.102.§2.D.de leg.III. L.12.§18.D.de captiv.49,15.* u.a. [8]) *§16.I.de leg.2,20. LL.22.§2.49.§5.88.D.de leg.III. L.6.§1.D.de auro arg.34,2.* [9]) *LL.22.24.§4.65.§2.*citt. *L.39.D.de leg.II. L.79.§2.D.de leg.III.* vgl.II.§.77.nott.7.8.

S. 142. *Dig.*Quando dies legatorum vel f-ssorum cedat *36,2. Cod.*Quando dies legati v.f-ssi cedit *6,53.(52.) Dig.*Quando dies usus fructus legati cedat *7,3.* s.auch zu §144.citt.ll.—*He.206.*ff. *Se.611. Mü.737. Gö.1044...46. Pu.539.541. Ro.704.*f. *Si.213. Ar. 554. Br.221.*n°.*1. Averani* Interpp.IV.5. *Rossh.*Verm.I.S.461.ff. [1]) s.§6.not.16. [2]) *Ulp. L.5.pr.D.h.t.36,2.*„Si post diem legati cedentem legatarius decesserit, ad heredem

Tod des Erblaßers an[4]; Eigenthum des Vermachten wird erst mit der Erbschaftsantretung erworben[5]. Ausnahmen von dem regelmäßigen Anfall bei Vermächtnissen, die nicht auf die Erben übergehen[6], bei bedingten und betagten[7...11], nicht aber wenn nur der Onerierte oder der Substitut bedingt berechtigt ist[12]. Vermächtnifs terminlicher Leistungen oder terminliches Nießbrauchs[13]. Alternatives Vermächtnifs[14]. 2. Fälligkeit oder Erwerbszeit des vermachten Gegenstandes oder Rechtes (dies vēnit, peti potest) nach oder zugleich mit dem Anfall des Vermächtnisses[5.15.16].; auch beim Pfandrechte nicht anomal[17].

§. (198) 143. II. Willenserklärung des Honorierten.

Erwerb und Ausschlagung[1...5], Deliberation[6...8].

---

suum transfert legatum". s.§6.a.E. §94. [3]) *LL.5.§7.14.§3.22.pr.D.eod. L.7.pr.D.de leg.III. §32.I.de legat.2,20.* [4]) *L.5.cit.§1.*„Itaque si purum legatum est, ex die mortis dies eius cedit...". *L.7.pr.eod.* zu § 6.not.16. *cf.§§1.2.ibid. L.19.§3.eod. L.un.§§1.5.C. de cad.toll.6,51.* [5]) *Gai.L.69.pr.D.de leg.I.*„Servo legato legari posse receptum est, quod adita hereditate statim servus adquiritur legatario, deinde sequetur legatum". *L.26.D.de usu leg.33,2. Iav.L.38.D.de leg.II.*„Quod servus legatus ante aditam hereditatem adquisivit, hereditati adquirit". *cf.L.7.§5.D.de dolo m.4,3. LL.13.§3.15.pr.D. ad L.Aq.9,2.* vgl.*Gai.2,193.*ff. [6]) *LL.2.3.5.§1.9.16.§2.D.h.t. L.un.§6.D.de cad.toll. Ulp. L.un.§2.D.qu.dies usus f.leg.cedat 7,3.*„Dies autem usus fructus, item usus, [vel habitationis: *cit.L.2.*] non prius cedet, quam hereditas adeatur; tunc enim constituitur usus fructus cum quis iam frui potest.."; „nam cum ad heredem non transferatur [die Personal-Servitut], frustra est si ante [*aditam hereditatem*] quis diem eius cedere dixerit": *cit.L.3.*; *L.16.D.de optione leg.33,5.* [7]) *Ulp.L.5.§2.D.h.t.*„..si sub condicione sit legatum relictum, non prius dies legati cedit, quam condicio fuerit impleta, ne quidem si ea sit condicio quæ in potestate sit legatarii". *Paul.L.21.pr.D.eod.*„Si dies adposita legato non est, præsens debetur aut confestim ad eum pertinet cui datum est; adiecta, quamvis longa, si certa sit, dies quidem legati statim cedit, sed ante diem peti non potest. at si incerta, ..nisi tempus condiciove obtigit, neque res pertinere neque dies legati cedere potest". [8]) *L.4.pr.D.h.t.* u.zu§54.not.4. [9]) s.§55. zu not.8. *LL.5.§1.22.pr.26.§1.D.h.t. LL.3.5.C.h.t.6,53. L.46.D.ad SC.Treb.36,1. L.un.§7. C.de cad.toll.* [10]) *LL.11.§5.41.§13.D.de leg.III.* [11]) *Paul.L.6.pr.§1.D.h.t.*„Quod pure datum est, si sub condicione adimatur, quasi sub condicione legatum habetur. at si extrinsecus suspendatur legatum, non ex ipso t-to,....magis..mora quam condicio legato iniecta videtur". *L.10.pr.D.de adim.leg.34,4.* [12]) *LL.21.§1.7.§3.D.h.t.* [13]) *L.un. pr. D. quando dies usus f.7,3. LL.10.12.pr.§§1.3.20.D.h.t. LL.4.5.8.11.22.D.de ann. leg. 33,1. LL.11.13.D.de usu leg.33,2. L.1.§3.D.de usu fr.adcr.7,2.* („..usus fr. cottidie constituitur et legatur, non, ut proprietas, eo solo tempore, quo vindicatur..") *LL.1. §3.28.D.quib.mod.usus f.am.7,4.* s.§155.not.25. [14]) *Ulp.L.14.pr.D.h.t.* „Si *usus fructus aut X, utrum legatarius voluerit*, sint legata, utrumque spectandum, et mortem t-toris et aditionem hereditatis: mortem propter X, aditionem propter usum fructum: quamvis enim electio sit legatarii, tamen nondum electioni locus esse potest, cum proponatur aut nondum testatorem decessisse, aut eo mortuo hereditas nondum adita". *LL.16.pr.25.pr.D.h.t.* vgl.*L.34.§14.D.de leg.I. L.23.D.de leg.II.* [15]) *L.21.pr.D.h.t.* (in not.7.) *L.5.C.h.t. Mod.L.32.pr.D.de leg.II.*„Omnia quæ testamentis sine die vel condicione adscribuntur, ex die aditæ hereditatis præstentur". [16]) not.5. §137.nott.5.ff. §147. [17]) I.§93.not.1. s.auch *Pu.*Vorll.§541.gegen *Glück* XVIII.S.188.f.u.A.

§. 143. *He.209. Se.612. Mü.740. Gö.1043.1056. Pu.540. Si.213.n°.III. Ar.555. Br. 213.221.n°.2.* — *Donell.* Comm.VIII.c.19. *Averani* Interpp.II.16. n°.20.sqq. [1]) § 142. nott.1.ff. *Pap.L.80.D.de leg.II.*„Legatum ita dominium rei legatarii facit, ut hereditas

III. Ius adcrescendi inter conlegatarios.

S. (199) 144. A. überhaupt.

Auslegung des der Einheit des Nachlaßes sich bewusten Willens des Erblaßers. Historische Zusammenhänge. Daß dem Onerierten das dem Honorierten Zugedachte im Fall des Nichterwerbs durch diesen nicht verbleibe, kann geschehen mittels Substitution (§ 128.a.E.) oder Transmission (§ 142.) oder durch Berechtigung mehrerer Legatarien zugleich auf dasselbe Ganze, wo dann concursu partes fiunt, aber auch ein Nichtdecrescieren stattfinden kann[1]. Wo dagegen legatarii *semper* partes habent, kann dem dem einen zugewiesenen Theile der eines andern Mitlegatars anwachsen[2]. Daraus folgende Bestimmungen für die verschiedenen Arten der Verbindung oder Disjunction der mit einem Vermächtnisse Bedachten[3-8].

---

heredis res singulas. quod eo pertinet, ut, si pure res relicta sit et legatarius non repudiavit defuncti voluntatem, recta via dominium quod hereditatis fuit, ad legatarium transeat, numquam factum heredis". *L.77.§3.D.eod.* *L.6.C.quando d.leg.6,52.* *L.44.§1.D.de leg.I.* [2]) *Pomp.L.38.pr.D.de leg.I.* „Legatarius pro parte adquirere, pro parte repudiare legatum non potest; heredes eius possunt, ut alter eorum partem suam adquirat, alter repudiet". *§1.eod.* *LL.4.45.§1.D.de leg.II.* *Gai.L.*58.*eod.* „Si cui res legata fuerit, et omnino aliqua ex parte voluerit suam esse, totam adquirit". *L.59.D.eod.* cf.*L.19.§2.D.de donatt.39,5.* [3]) cit.*L.38.pr.*(in not.2.) *LL.2.6.58.D.de leg.II.* [4]) cit. *L.38.pr.* [5]) *Ulp.L.34.§14.D.de leg.I.* „Si ita Titio legetur *Fundum S. vel usum fructum eius sibi habeto*, duo esse legata, et arbitrio eius esse an velit usum fructum vindicare". *LL.5.23.D.de leg.II.* *L.10.D.de usu leg.33,2.* *L.25.pr.D.quando dies leg.36,2.* [6]) *Marcian.L.15.D.de reb.dub.34,5.* „Quædam sunt, in quibus res dubia est, sed ex post facto retro ducitur et adparet quid actum est: ut ecce si res legata fuerit et deliberante legatario eam rem heres alii tradiderit: nam si quidem voluerit legatarius habere legatum, traditio nulla est; si vero repudiaverit, valet. Tantundem est et si pecuniam hereditariam legatam crediderit heres: nam si quidem non repudiaverit legatarius, alienam pecuniam credidit; si vero repudiaverit, suam pecuniam credidisse videtur. quid ergo si consumpta fuerit pecunia? utique idem erit ex eventu dicendum". *L.31.D.de t-to mil.29,1.* cf.§ 92.nott.3.4. [7]) *L.38.§1.D.de leg.I.* in not.2. *L.86.§2.eod.* *L.15.*cit. [8]) *Iul.L.101.pr.D.de leg.I.* „Si servo meo Stichus legatus fuerit t-to, idque legatum repudiavero, deinde prolatis codicillis adparuerit mihi quoque eundem Stichum legatum esse, nihilo minus eundem vindicare possum". *Ter.Clem.L.59.D.de leg.II.*

S. 144. *Gai.2,199-205.sqq.215-223.281.* *Ulp.24,12.13.* *Cod.* De caducis tollendis *6,51.* cf.oben § 117...19.– *He.215...17.* *Se.621.* *Mü.790.* *Gö.1051.* *Pu.542.* *Ro.658.*f. *Va.547.* *Si.213.n°.IV.* *Ar.556.* *Br.221.*a.E. *Rossh.*Verm.I.S.589.ff. und die zu §§ 117.ff.citt.Schriften. [1]) *Cels.L.80.D.de leg III.* „..*coniunctim legari*, hoc est..tota legata singulis data esse, *partes* autem *concursu fieri*". cf.*L.3.pr.D.de usufr.adr.* (in § 145.not.4.) [2]) *Paul.L.89.D.de leg.III.* „*Re coniuncti* videntur, non etiam verbis, cum duobus separatim eadem res legatur; item *verbis*, non etiam re, TITIO ET SEIO FVNDVM ÆQVIS PARTIBVS DO LEGO, quoniam *semper partes habent legatarii*..". s.nott.4.6.8. [3]) *Iustinian.L.un.*(*§ 10.* (oben in § 119.not.8.) *§11.C.h.t.6,51.* „Ubi autem legatarii vel f-ssarii duo forte vel plures sunt, quibus aliquid relictum sit, si quidem hoc *coniunctim* relinquatur et omnes veniant ad legatum, pro sua portione quisque hoc habeat. Sin vero pars quædam ex his deficiat, sancimus eam omnibus, si habere maluerint, pro virili portione cum omni suo onere adcrescere; vel si omnes noluerint, tunc apud eos remanere, a quibus derelictum est; cum vero quidam voluerint, quidam noluerint, volentibus solummodo id totum accedere. Sin autem *disiunctim* fuerit relictum, si quidem

§. (200) 145. B. insbesondere in Beziehung auf den Nießbrauch.

Legierte Proprietät[1.2]. Zuwendung der Proprietät an einen, des Nießbrauchs an einen andern Collegatar[3]. Zuwendung des Nießbrauchs an Miterben, der Proprietät an Lega-

---

omnes hoc accipere et potuerint et maluerint, suam quisque partem pro virili portione accipiat et non sibi blandiantur ut unus quidem rem, alii autem singuli solidam eius rei æstimationem accipere desiderent, cum huiusmodi legatariorum avaritiam antiquitas varia mente suscepit, in uno tantummodo genere legati eam accipiens [cf.*Gai.2,205. Ulp.25,13.* „Si per damnationem eadem res duobus legata sit.... disiunctim, singulis solidum debetur".], in aliis respuendam esse existimans, nos autem omnimodo repellimus, unam omnibus naturam legatis et f-ssis imponentes... Hoc autem ita fieri sancimus, nisi t-tor apertissime et expressim disposuerit, ut uni quidem res solida, aliis autem æstimatio rei singulis in solidum præstetur. Sin vero non omnes legatarii, quibus separatim res relicta sit, in eius adquisitionem concurrant, sed unus forte eam accipiat, hæc solida eius sit, quia sermo t-toris omnibus prima facie solidum adsignare videtur, aliis supervenientibus partes a priore abstrahentibus, ut ex aliorum quidem concursu prioris legatum minuatur. Sin vero nemo aliis veniat vel venire potuerit, tunc non vacuatur pars quæ deficit, nec alii adcrescit, ut eius qui primus accepit, legatum augeri videatur, sed apud ipsum qui habet, solida res maneat nullius concursu deminuta: et ideo si onus fuerit in persona eius apud quem remanet legatum, adscriptum, hoc omnimodo impleat, ut voluntati t-toris pareatur; sin autem ad deficientis personam onus fuerit conlatum, hoc non sentiat is qui non alienum sed suum legatum imminutum habet: sed et varietatis non in occulto sit ratio, cum ideo videatur testator disiunctim hæc reliquisse, ut unusquisque suum onus, non alienum adgnoscat; nam si contrarium volebat, nulla erat difficultas coniunctim ea disponere". cf.*§8.I.de leg.2,20.* [4]) *LL.16. pr. 34.§9. 84.§8.D.de leg.I. L.7.D.de leg.II. L.38.§2.D.de leg.III.* [5]) cit.*L.89.* in not.2. cf.*Pomp.L.16.§2.D.de leg.I.* „Si TITIO ET POSTVMIS legatum sit, non nato postumo totum Titius vindicabit; sed etsi t-tor TITIO ET POSTVMIS VIRILES PARTES DARI voluisset vel etiam id expressit, totum legatum Titio debetur non nato postumo [d.h. si postumus natus non est]". *Paul.L.15.§1.D.eod.* „Si quis unam summam filiabus legaverit, ut etiam de postuma sentiret, si ea non est nata, superstiti solidum debebitur". vgl.u.A. *Heisler* l.c.§11. *Rud.*i.Ztschr.f.g.R.W.VI.S.416. *Francke* Beitr.S.114.f. *Mayer* S.179.ff. *Rossh.*Verm.I.S.60.ff. *Ar.*l.c.not.5.. [6]) *Iul.L.84.§12.D.de leg.I.* „Quibus ita legatum fuerit TITIO ET MEVIO SINGVLOS SERVOS DO LEGO, constat eos non concursuros in eundem servum, sicuti non concurrunt cum ita legatur TITIO SERVVM DO LEGO, MEVIO ALTERVM SERVVM DO LEGO". s.oben §119.not.6. §53.not.4. vgl.auch *LL.1.pr. 11.D.de usuf.adcr.7,2. Mü.*l.c.u.§789.not.7. [7]) *Iav.L.41.pr.D.de leg.II.* „MEVIO FVNDI PARTEM DIMIDIAM, SEIO PARTEM DIMIDIAM LEGO; EVNDEM FVNDVM TITIO LEGO. si Seius decesserit, pars eius utrique adcrescit, quia, cum separatim et partes fundi et totus legatus sit, necesse est ut ea pars quæ cessat, pro portione legati cuique eorum quibus fundus separatim legatus est, adcrescat". [8]) *LL.15.§1.16.§2.* in not.5.

§. 145. *Fragm.Vatic.§§75...88. Paul.S.R.3,6.§26. Dig.* de usu fructu adcrescendo *7,2.* cf.*Dig.7,3.* zu §42. u.*33,2.* zu §138.citt.— *He.233.*f. *Se.*§cit. *Mü.790.*a.E. *Gö.1051.*n°.4. *Pu.542.*not.b. *Ro.660. Va.554. Si.*l.c. *Ar.577.*Anm.1. *Suerin* in Otton.Thes.IV.p.101.sqq. *Lelièvre* de usufr.adcrescendo.Lovan.1827. *Heimsoeth* de usuf.adcr.Colon.1831. *Schneider* Anw.R.bei Legaten §8. *Witte* in Weiske I.S.321.ff. *Rossh.*Verm.I.S.616.ff. *Glück* IX. §637a.ibiq.not.2.citt. [1]) *Iustiniani decisio: L.14.C.de usufr.3,33.* „...sancimus... talem usum fr. una cum herede finiri, et illo moriente vel aliis legitimis modis eum illo tarien giebt jenen nicht Adcrescenzrecht, wie es eintritt, wo der Nießbrauch nur concursu divisus est[4], selbst in Betreff eines schon erworben gewesenen Nießbrauchs[5] und zu Gunsten gewesener Collegatarien am Nießbrauch[6]. Die Willenserklärung des Anordners kann jedoch ein solches concursu dividi des Nießbrauchs ausschließen[7].

S. IV. Indignität. s. §§124.ff.

Dritte Abtheilung. Rechtsverhältnisse aus Vermächtnissen. (*Abr.III.§33.*)

I. Rechte des Honorierten (cf.II.§210.)

S. (201) 146. A. als Quasicontracts-Gläubigers.

Diese Quasicontractsforderung[1], der des Nachlaßgläubigers nachstehend[2], ist theils durch Klagen, die durch den Gegenstand bestimmt sind[3-4], theils durch die eigene Legatsklage[5-6], oder die hypothecaria actio[7] geschützt. Cautio legatorum servandorum c.[8-9]; Wirkung der

amittente exspirare...". [2]) *L.26.pr.D.de usu leg.33,2.* [3]) *Mod.L.19.D.eod.* „Si alii fundum, alii usum fr. eiusdem fundi t-tor legaverit, si eo proposito fecit, ut alter nudam proprietatem haberet, errore labitur: nam detracto usu fructu proprietatem eum legare oportet eo modo *Titio fundum detracto usu fructu lego* vel *Seio eiusdem fundi usum fructum heres dato;* quod nisi fecerit, usus fructus inter eos communicabitur, quod interdum plus valet scriptura quam peractum sit". *L.9.D.de usu fructu adcr.7,2.* [4]) *Ulp.et Afr.LL.1.§4.2.3.pr.D.eod.* „.. Si duobus heredibus institutis deducto usu fr. proprietas legetur, ius adcrescendi heredes non habere: nam videri usum fructum constitutum, non per concursum divisum"; „ideoque amissa pars usus fr. ad legatarium eundemque proprietarium redibit". „idem Neratius putat cessare ius adcrescendi... congr uit ratio Celsi dicentis Totiens ius adcrescendi esse, quotiens in duobus qui in solidum habuerunt, concursu divisus est". s.§144.not.1. [5]) *Ulp.L.1.cit.§3.* „...cum primum itaque non inveniet alter eum qui sibi concurrat, solus utetur in totum; nec refert coniunctim an separatim relinquatur". [6]) *Paul.L.14.§1.D.de exc.rei iud.44,1.* „..usus fructus non portioni, sed homini adcrescit". *Ulp.L.10.D.h.t.7,2.* „..usus fructus enim personæ adcrescit, et si fuerit amissus". [7]) *LL.11.12.D.eod. L.3.§2.D.quib.mod.ususf.amitt.7,4.*

S. 146. *Gai.2,278.sq. Ulp.24,27.25,12. Paul.S.R.4,1.§§14.sq.17.sq. Dig.* Ut legatorum seu f-ssorum servandorum causa caveatur *36,3.* Ut in possessione legator. vel f-ssorum causa esse liceat *36,4. Cod.* Ut in possessionem legator.v.f-ssor.c.mittatur et quando satis dari debeat *6,54(53).* Ubi f-ssum peti oporteat *3,17.*— *He.174.*f.*210...14.230. Se.613.618. Mü.738.*f. vgl.*754.756. Gö.940.1047.1050.1049. Pu.543. Ro.714.*f.*589. Si.214. Ar.558.*f. *Br.220. Keller* Grdr.S.330.ff. „Klagen aus Legaten". *Rosshirt* Vermächtn.I.S.500.ff. A) Von der Klage des Vermächtnisnehmers: *Voorda* Interpp.III.c.19. *Ramos del Manzano* in Meerm.Thes.VII.p.295.sqq. *Westphal* Kap.15.§§1072.ff. *Holtius* u. *Rosshirt* oben II.§210.not.1.citt. *Schilling* Bemerkt.(1829.)S.241.ff. *Marez.* i.Ztsch.f.civ.u.Pr.IX.S.271.ff. *Rossh.*l.c. B) Von der Caution u. Immission: *Westphal* Verm.Kap.15.Abth.6.7. *Marez.*l.c. S.125.ff.305.ff. *Rossh.*l.c.S.509.ff. *Dernburg* Pfdr.§51. [1]) s.§106.nott.1...3. [2]) §107.not.5. [3]) *L.80.D.de leg.1.* in §143.not.1. [4]) *L.18.C.de legat.6,37.* [5]) *L.69.§5.* cf.*L.108.§12.D.de leg.1. L.75.D.ad L.Falcid.35,2.* [6]) s.§106.not.2. *Schill., Holtius, Marez.* u.*Rossh.* not.A.citt. [7]) *L.1.C.comm.de legat.6,43. §2.I.eod.2,20.* „..liceat legatariis [et f-ssariis] id [quod quibus cumque verbis derelictum est] persequi, non solum per actiones personales, sed etiam per in rem et per hypothecariam..". II.§95.not.5. [8]) *Dig.et Cod.* titt.citt.passim. *LL.47.§2.sq.69.§5.cit.D.de leg.1. L.24.C.de fideic.6,42.* [9]) *L.1.pr.D.de prætor.stip.46,5. LL.1.pr.§1.6.pr.* et passim *D.h.t.36,3.* cf.*L.6.cit.§1.* (rebus publicis remitti solere satis dationem fidei commissorum ... repromissio plane exigenda est..."). *L.7.eod.* „Filio vel servo..sub condicione a patre..herede instituto legatum est,.."

Nichtleistung[10 11]; Subjecte der Caution[12...17]. Ort der Leistung des Vermächtnisses[18]

S. (202) 147. B. Gegenstände dieser Quasicontracts-Forderung.

1) Der Vermächtnisgegenstand selbst oder dessen Werth[1...6], 2) Accessionen[7.8], 3) Erzeugnisse[9]. — Muciana cautio[10].

II. Rechte des Onerierten

S. (203) 148. A. im allgemeinen.

Befreiung von den das Vermächtniss betreffenden Lasten und Wiederherstellung durch die Confusion dem Onerierten erloschener Rechte[1]; Erstattung nützlicher Impensen[2], nicht der

---

melius est, .. ut cautioni tantum cum hypotbeca suarum rerum committantur". [10]) *Dig.* *36,4.* *Cod.6,54.* u. unter *B* Citt. [11]) *Ulp.L.5.§16.D.h.t.36,1.* „Imperator Antoninus Aug. rescripsit [daher *missio+Antoniniana*] Certis ex causis etiam in propria bona heredis legatarios et f-ssarios esse mittendos, si post VI menses, quam aditi pro tribunali fuerunt hi quorum de ea re notio est, in satis factione cessatum est, inde fructus percepturos, quoad voluntati defunctorum satis fiat..". *§§ sqq.eiusd.L.5.* *Dernburg* l. c. [12]) *LL.1.§ 9.sq.14.§1.D.ut legator.36,3.* *L.3.pr.§1.D.ut in poss.36,4.* [13]) *Marcian.L.12.* *D.h.t.* „Licet '*Ut non petatur cautio*' condicio t-to scripta fuerit, non videtur condicio, et ideo licet desideraverit quis caveri sibi, non videtur condicione defectus, quia post quam remitti talem cautionem iure publico [„voluntatis defunctorum tuendæ gratia *L.2.C.h.t.*] placuit, nec onus cautionis sequitur, ne quidem condicio intellegitur". *LL.2.*(„..Quocumque enim iudicio voluntatis cautio legati vel f-ssi remitti potest".) *4.7.C.h.t.6,53(54).* *L.77.§3.i.f.D.de cond.et dem.35,1.* [14]) *L.46.D.de pact.2,14.* [15]) *L.1.* *§§ 9.10.D.h.t.* [16]) *L.1.§2.D.ut in poss.* cf. *L.1.§11.D.h.t.* [17]) *Ulp.L.1.§18. D.h.t.* „...nec solet fiscus satis dare". *Paul.L.7.eod.36,3.* „Filio vel servo sub condicione a patre dominove herede instituto legatum est. huius legati satis petere non possunt..". *L.6.§1.C.ad SC.Treb.6,49.* (s. dazu *Bu.u.Bu.* Entscheidd.III.S.282.f.) *L.50.D.eod.36,1.* [in III. §32.not.6.] *Bg.§127.*not.33.u.oben III.§31.not.6. [18]) *Sev. et Ant. L.un.Cod.3,17.*cit. „Fideicommissum ibi petendum esse, ubi hereditas relicta est, dubitari non oportet".(a.205.) cf.*LL.38.50.sqq.D.de iudic.5,1.* *L.47.pr.§1.D.de leg.1.30.* *L.66.§§3.4.D.ad SC.Trebell.*

S. 147. *Gai.2,280.* mit *Paul.S.R.3,8.§4.* *Ulp.L.39.§1.D.de leg.1.* u. *Cod.* De usuris et fructibus legatorum seu f-ssorum *6,47.* (c. *Cuiacii* Recitt.) *He.210.*f. *Se.614.*ff. *Mü.755.* *Gö.1048.* *Si.*l.c. *Ar.*l.c. *Br.212.220.* *Donell.* Comm.VIII. c.19. *Majans.* Disputt.II.21.23. *Westphal* Kap.15.Sect.1.ff. *Thibaut* i.Arch.f.civ.Pr.IX.6. [1]) *L.71.§§3.4.D.de leg.1.* *L.11.* *§16.sq.D.de leg.111.* vgl.§§137.ff. [2]) *LL.84.i.f.sq.108.§12.*(in II.§ 210.not.1.) cf. *L.47.§§2.sqq.* *D.de leg.1.* *L.22.§3.D.ad SC.Trebell.* *L.1.C.comm.de leg.6,43.* [3]) *Iul.L.86.§2.D. de leg.1.* „Cum servus legatur, et ipsius servi status et omnium quæ personam eius attingunt, in suspenso est: nam si legatarius reppulerit a se legatum, numquam eius fuisse videbitur; si non reppulerit, ex die aditæ hereditatis eius intellegitur..". [4]) II. §136.not.2 γ'c. [5]) *§§19.26.I.de act.4,6.* *L.46.§§4.7.C.de ep.et cler.1,3.* *Nov.131.c.12.* s.§151. zu not.8.u.oben I.§87.not.9. [6]) *Cod.6,47.*cit.u. *D.de usuris 22,1.*passim. *L.47.D.de leg.1.* *L.14.D.ad L.Aquil.9,2.* *L.24.pr.i.f.D.de usu leg.33,2.* Zu *L.89.§1.D.ad L.Falc.35,2.*(„..generaliter rescripserunt .. usuras præstiturum eum qui frustrationis causa beneficium legis Falcidiæ imploravit",) u. *L.3.pr.D.de usuris* s. *Thibaut* l.c. [7]) §137.not.11. *LL.34.* *pr.52.§7.sqq.D.de leg.111.* *L.39.i.f.D.de usur.22,1.* [8]) *Bg §128.not.10.§160,p.* [9]) s.not.6. *LL.3.§3.42.D.de usuris 22,1.* *L.86.§2.i.f.D.de leg.1.* *L.43.§2.D.de leg.11.* *L.21.§2.i.f.D.de annuis legatis 33,1.* [10]) §54.not.14.sqq.

S. 148. *Dig.* Si cui plus quam per legem Falcidiam licuerit, legatum esse dicetur *35,3.* cf.§§104.129.153. *He.218.* *Se.620.* *Mü.757.* *Gö.1052.1054.*cf.*1029.* *Pu.544.* *Ar.561.* *Br.220.*a.E. *Westphal* Kap.15.§§1095.ff. *Rossh.* Verm.I.S.518.ff. [1]) *LL.70.116.*

Verwahrungs- und Ablieferungs-Kosten[3]. Oeffentliche Abgaben[4.5]. Interdictum QVOD LEGATORVM[6]. Caution wegen künftiger Zurückleistung[7...9].

B. Quarta Falcidia*.

A. Berechtigung zu derselben.

§. (204) 149. 1. Wem kommt sie zu?

Die Lex Falcidia[1] kommt directen Successoren und deren Successoren zu Gute[2.3]; Vermächtnisnehmern zu verhältnißmäßiger Verminderung ihrer Belastung[4]; Universalfideicommissarien nur ausnahmsweise[5]. Recht mehrerer Erben auf die Quart ihrer Erb-

---

§4.D.de leg.I. L.18.D.de servitutib.8,1. [2]) *Ulp.L.39.pr.Dig.de leg.I.* „..ut eam rem requirat et præstet,...sumptum an in hanc rem facere deberet...quærit, putatque sumptum præstandum..“. *LL.58...61.eod.* [3]) *L.39.pr.*cit. *L.108.pr.eod. L.8.pr.D.de leg.II.* [4]) *Ulp.L.39.cit.§5.* „Heres cogitur legati prædii solvere vectigal præteritum vel tributum vel solarium vel cloacarium vel pro aquæ forma“. [5]) *Pap.L.5.§1.D.de censib. 50,15.* „Qui non habita ratione tributorum ex causa f-ssi prædia restituunt, actionem ...habent, quam legato quoque soluto habere voluit [divus Pius]“. *Cuiac.*Obss.XIX.5. [6]) §104. [7]) §146.nott.8...11. [8]) *LL.1.pr.§§8.sqq.3.§§1.6.sqq.4.pr.5.8.9.D.si cui plus 35,3. LL.1.§12.31.D.ad L.Falc.35,2. Bachofen* Pfdr.I. n°.XIII.§§16...40. [9]) *LL.1.pr.3.§§4.5.6.7.D.si cui plus 35,3. L.21.§4.D.de annuis legatis 33,1.*

*) *Gai.2,224...27. Ulp.24,32.* Ad legem Falcidiam: *Paul.S.R.3,8. Dig.35,2. Cod.6,50 (49).* (c.*Donelli* comm.) *Novv.1.c.2.u.c.1.§§1.2.* De lege Falcidia: *Inst.2,22.*u.s.*Dig.35,3.*zu §148.cit. cf.*Orelli* Inscrr.n°.3116.— *He.219...28. Se.621a...24. Mü.758...61. Gö.1030...42. Pu.545...51. Ro.706...13. Va.534...38. Si.215. Ar.562...67. Br.216.*ff.— *Goveani* Opp.p.223.sqq. *de Carvalho* de legit. Falc. et Trebellianica. Genev.1746.fol. *Voorda* ad L.F. 1730. *Oteyza y Olano* in Meerm.Thes.I.p.533.sqq. *Husmanni* Paradoxa ad L.F. in Otton. Thes.IV.p.1673.sqq. *Westphal* Kap.15.Sect.3.Abschn.3. *Rossh.*Verm.I.S.520.ff.589. *Arndts* in Weiske VI.S.311...322. *Sav.*Syst.IV.S.269.ff. *Rud.*R.R.G.I.§25.

§. 149. *Cuiac.*Obss.IV.34...37.XV.14.15.XXV.22.23.u.Opp.IV.p.760.sqq.VI.p.465.sqq. *de Bernstorff* de ratione L.Falc.*et c.*Gott.1754. *Rossh.*Verm.I.S.531.ff. *Stemann* in Elvers Themis N.F.I.10. *Mü.-Gl.*XL.S.397...403. *v.d.Pfordten* Abhandl.n°.1. „Ueb.d....qu.Falc. wenn dieselbe Person mehrere Portionen ders. Erbschaft erhält“. ibiq.p.2...4.citt. *Hoffmann* i. d.sellischen Jahrb.I.9. *Sigmund* Berechn.d.Q.F., wenn eine Person mehrere Erbth. erhält.Münch.1846. [1]) *Gai.2,224...227.*ibiq.citt.ll. *Paul.lib.sing.ad L.Falc.L.1.pr.D.h.t. 35,2.* „Lex Falcidia [a.u.714.] lata est, quæ primo capite liberam legandi facultatem dedit usque ad dodrantem [3/4] his verbis: QVI CIVES ROMANI SVNT, QVI EORVM POST HANC LEGEM ROGATAM TESTAMENTVM FACERE VOLET, VT EAM PECVNIAM EASQVE RES QVIBVSQVE DARE LEGARE VOLET, IVS POTESTASQVE ESTO, VT HAC LEGE SEQVENTI LICEBIT. Secundo capite modum legatorum constituit his verbis: QVI CVMQVE CIVIS ROM. POST HANC LEGEM ROGATAM TESTAMENTVM FACIET, IS QVANTAM CVIQVE CIVI ROM. PECVNIAM IVRE PVBLICO DARE LEGARE VOLET, IVS POTESTASQVE ESTO, DVM ITA DETVR LEGATVM, NE MINVS QVAM PARTEM QVARTAM HEREDITATIS EO TESTAMENTO HEREDES CAPIANT. EIS QVIBVS QVID ITA DATVM LEGATVMVE ERIT, EAM PECVNIAM SINE FRAVDE SVA CAPERE LICETO. ISQVE HERES QVI EAM PECVNIAM DARE IVSSVS DAMNATVS ERIT, EAM PECVNIAM DEBETO DARE QVAM DAMNATVS EST“. (Auf f-ssa dehnte das 2.Cap. aus das SC. Pegasianum [§156.], auf Intestatvermächtnisse divus Pius [*L.18.pr.D.h.t.*], auf andere mort.c.capiones die Praxis [not.2.]). [2]) *Gai.2,254.*ibiq.citt.ll. *LL.2.3.18.pr.D. LL.5.12.18.C.h.t. L.5.C. ad SC.Treb.6,49. L.32.§1.D.de don.i.v.et ux.24,1. L.2.C.de don.c.mort.8,57. L.77.§1.D. de leg.II. Plin.*ep.5,1. [3]) *LL.1.§§1.2.18.pr.47.§1.D. L.10.C.h.t.*u.o. [4]) *Mæcian.L.32.§4.D.h.t.* „..exemplo heredis legatarius ad f-ssa præstanda obligabitur, nec quia ex sua portion [6], besonders in Accrescenzfällen [7.8] und beim Eintritt von Substituten [9—11].

§. (205) 150. 2. Verhältniß der falcidischen Quart zum Pflichttheil.

Gegen das römische Recht [1.2] verstattet das kanonische [3] Abzug der Quart von dem nach erfülltem Pflichttheil übrig bleibenden Nachlaße.

---

sua persona legatarius inducere legem F. non possit [s.cit.*L.47.§1.*], idcirco quod passus esset, non imputaturum; nisi forte t-tor ita fidei eius commisisset, ut totum quidquid ex t-to cepisset, restitueret". *L.23.§1.D.eod. L.77.§1.D.de leg.II. L.21.§1.D. de ann.leg.33,1. L.1.§19.D.ad SC.Trebell.36,1.* [5]) *LL.22.§5.55.§2.63.§11.D.ad SC.Treb. §7.I.de fid.her.2,23.* [6]) *§1.I.h.t.2,22.*„..in singulis heredibus ratio legis F. ponenda est". *L.77.D.h.t.* [7]) *Paul.L.1.§13.D.eod.*„Id quod ex substitutione coheredis ad coheredem pervenit, proficit legatariis (is enim similis est heres [Huschke fere] ex parte pure, ex parte sub condicione heredi instituto); sed ea quæ ab eo legata sunt, si omiserit hereditatem, non augebuntur, scil. si ab eo nominatim data sunt, non QVISQVIS MIHI HERES ERIT". *Va.*535.Anm.III. *Ar.564.*Anm.2. cf.*Ulp.L.61.i.f.D.de leg.II.*; aber s.auch *L.78.* in folg.not. *Pfordten* §§4.5. [8]) *Gai.L.78.D.h.t.* „Quod si alterutro eorum deficiente alter heres solus extiterit, utrum perinde ratio legis F. habenda sit, ac si statim ab initio is solus heres institutus esset, an singularum portionum separatim causæ spectandæ sunt? Et placet, si eius pars legatis exhausta sit qui heres extiterit, adiuvari legatarios per deficientem partem; quia ea non est legatis onerata, quia et legata quæ apud heredem remanent, efficiunt ut ceteris legatariis aut nihil aut minus detrahatur; si vero defecta pars fuerit exhausta, perinde in ea ponendam rationem legis F. atque si ad eum ipsum pertineret, a quo defecta fieret". *cf.L.21.eod.* Die Neueren drücken dieses so aus: Non gravata portione adcrescente portioni gravatæ, non deducitur quarta; sed gravata portione adcrescente portioni non gravatæ deducitur quarta. *Cuiac.*Obss.XV.14.15. *Pfordten* l.c.S.10.ff. *Va.535.*Anm.V. [z.B. A sei Erbe auf 10 und gebe dem Legatar C 9, B sei auch auf 10 Erbe und bezahle ein Legat von 7: hier kann A dem C 1½ in Abzug bringen; wenn ihm aber die 7 des B adcrescieren, so kann er dem C nur 1 abziehen. Sollte A von seinen 10 an C 9, B von seinen 10 an D 8 als Legat geben, so erhält auch bei adcrescierenden Erbtheilen C und D jeder nur 7½.] [9]) cit.*L.1.§13.*u.*L.87.§4.D.eod. L.1.§1.D.si cui plus 35,3.* cf.*L.14. §2.D.h.t.* in not.12. [10]) *LL.87.§4.11.§§6.7.D.eod.* s.*Cuiac.*Obss.IV.34.sqq.citt. *Mü.-Gl.* XL.S.398.not. *Rossh.*I.S.353.ff. *Pfordten* §8., gegen diesen *Va.*§535.Anm.V.3. [11]) *L.87. cit.§5.*„..quia semper substitutus rationem legis F. ex quantitate bonorum, quæ pater reliquerit, ponet". [12]) *Pap.L.14.§2.D.eod.*„Duobus inpuberibus substitutum utrique heredem existentem in alterius hereditate Falcidia non uti convenit, si de bonis alterius inpuberis quartam partem hereditatis patris quæ ad filios pervenerit, retineat". vgl.not.9. *Pfordten* §§6..9. *Va.*535.Anm.VI.a.E.—s.überh.*Pernice* de ratione legis F. in duplic.t-tis.Hal.1855. *Gordan* de eod.arg.Bonn.1856. *Va.535. Ar.565.*

§. 150. *Cuiac.* Obss.VIII.3. *Harpprecht* Diss.acadd.II.58. *Contii* Disputt. cap.3. *Bauer* Opuscc.acadd.I.p.199.sq. *Pufendorf* Obss.II.82. [1]) *Paul.S.R.4,5.§5.*„Filius ex asse heres institutus inofficiosum dicere non potest, nec interest exhausta nec ne sit hereditas, cum apud eum quarta aut legis F. aut SCi Pegasiani beneficio sit remansura". *L.8.§9.D. de inoff.t-to 5,2. L.6.pr.C.ad SC.Treb.6,49. L.10.C.ad L.Falc. LL.86.91.D.eod. L.24.C. fam.erc.3,36.*(in §162.not.11.) *Nov.1.c.1.§1. Cuiac.* in Papin.Resp.ad L.78.D.de inst. *Schacher* de L.24.C.fam.herc.Lps.1770. *Lindelof* i.Arch.f.civ.Pr.IV.30. vgl.§.162.a.E. [2]) § 73. not.5. [3]) *Innoc.III.cap.16.*(Raynutius), *Gregor.IV.c.18.*(Raynaldus) *X.de t-tis 3,26.*„..tertiam partem debitam iure naturæ [s.ob.§73.], in qua gravari nequivit, nec non quartam Trebellianicam, quam quilibet extraneus restitutione gravatus deducere potuisset...".

S. (206) 151. 3. Wegfall des Rechts auf die Falcidia wegen A) des Erben [1...7], B) des Objects [8...11], C) Vorschrift des Erblaßers [12] und D) beim Soldatentestament [13].

S. (207) 152. B. Berechnung der Quart.

Bemeßung nach der Todeszeit [1] und nach dem gemeinen Werth der Gegenstände [2] und des der mortis c. capiones [3]. Vom Betrage Abzuziehendes [4...9]; in ihn Einzurechnendes [10...20].

S. 151. *Merendæ* Controvv.II.33. IV.14.15. *Altamiranus* in Meerm.Thes.II. p.472. sqq. [1]) *LL.46.71.16.D.h.t. LL.1.9.19.C.eod.* s.§ 153.not.8. [2]) *Pap. L.15.§1.D.eod.* „Frater cum heredem sororem scriberet, alium ab ea cui donatum volebat, stipulari curavit, ne Falcidia uteretur, et ut certam pecuniam, si contra fecisset, præstaret, privatorum cautione legibus non esse refragandum constitit, et ideo sororem iure publico retentionem habituram, et actionem ex stipulatu denegandam". [3]) *L.22.§§4.14.C.de iure delib.6,30. Nov.1.c.2.* s.oben § 92. [4]) *L.1.§18.D.h.t.* [5]) § 154. not.6. [6]) *LL.59.24.pr.68.§1.D.eod. L.6.D.de his q.ut indign.34,9.* vgl.§ 123.n°.4. [7]) §149. not.5. §157.not.5. §160.not.4. [8]) s.§147.not.5. *L.19.§§2.4.6.7.C.de episc.1,3. Nov.131.c.12.* u.daraus *Auth.*Similiter *C.h.t.*„Similiter Falcidia cessat in his quæ ad pias causas relicta sunt". *Marezoll* i.Ztsch.f.Civ.u.Pr.V.6.§§1.2.u.S.106. [9]) *L.15.C.h.t.* [10]) *L.87.§1.D.de leg.II.* [11]) (*LL.23.sqq.D.h.t.*) *LL.57.81.§§1.2.D.eod. L.28.§1.D.de leg.I.* [12]) *Nov.1.c.2.* *§2. Auth.* Sed cum testator nach *L.7.C.h.t. Nov.119.c.11.* cf.*LL.27.88.pr.§2.56.§5.D.* *h.t. Alex.ab Alexandro* Genial.dier.II.23. *Marezoll* in Grolm. u. Löhrs Mag.IV.S.354.f. *Rossh.*I.S.584. *Heimbach* i.Ztsch.f.civ.u.Pr.XIII.S.269.ff. [13]) *Alex.L.7.C.h.t.*„In t-to... militis ius legis Falcidiæ cessat...". *L.12.C.de t-to mil.6,21. LL.17.92.sq.96.D.h.t.*

S. 152. *Cuiac.*Obss.VIII.4. *Konopak* Berechnung der Falc.Rost.1811. *Fritz* in Löhrs Mag.IV.16. *Va.*i.Arch.f.civ.Pr.XXXVI. u.XXXVII. [1]) *§2.I.h.t.2,22. Gai.L.73.pr.D.h.t.* *35,2.*„In quantitate patrimonii exquirenda visum est mortis tempus spectari...". *Marcell.L.56.pr.D.eod.*„...mortis tempus in ratione legis Falc. ineunda placuit observari..". *LL.9.30.pr.eod.* [2]) *LL.3.pr.42.62.§1.63.pr.D.h.t.*(„..secundum rei veritatem æstimanda erunt, h.e.secundum præsens pretium". „...non ex affectu, nec utilitate singulorum, sed communiter..".) [3]) *§2.I.*cit. *LL.1.§17.30.pr.43.56.§1.72.73.pr.§§1.5.D.h.t.* [4]) *§3.* *I.*cit. *LL.39.54.* cf.*L.81.§§1.2.D.h.t. L.6.pr.C.h.t.6,50.* [5]) *§3.I.*cit. cf.*L.22.§9.C.de iure del.6,30.* vgl.II.§156.not.5.II.*a.* Erbr-§§ 48.a.E.§108. [6]) §150.not.3. [7]) § 73.a.E. *L.87.* *§4.D.de leg.II. L.36.§1.D.de inoff.test.3,28.* [8]) *LL.34...37.39.D.h.t.* [9]) *L.80.§1.D.h.t.* [10]) *Gai.L.74.D.h.t.*„Quod autem dicitur, si ex iudicio defuncti quartam habeat heres, solida præstanda esse legata, ita accipere debemus, si hereditario iure habeat: itaque quod quis legatorum nomine a coherede accepit, in quadrantem ei non imputatur". *Marcian.L.91.D.eod.*„In quartam hereditatis quam per legem F, heres habere debet, imputantur res quas iure hereditario capit, non quas iure legati vel f-ssi vel implendæ condicionis causa accipit: nam hæc in quartam non imputantur. sed in f-ssaria hereditate restituenda sive legatum vel f-ssum datum sit heredis sive præcipere vel deducere vel retinere iussus est, in quartam id ei imputatur: pro ea vero parte quam accepit a coherede extra quartam, i.e. quod a coherede accipitur. sed etsi accepta pecunia hereditatem restituere rogatus sit, id quod accipit, in quartam ei imputatur, ut d. Pius constituit. sed et quod implendæ condicionis causa f-ssum heredi datur, in eadem causa esse admittendum sciendum est; si quid vero implendæ condicionis causa heres accipiat a legatariis, in Falcidiæ computationem non prodesse: et ideo si 100 prædium legaverit defunctus, si 50 heredi legatarius dederit, 100 legatis computationem fieri, et 50 extra hereditatem haberi, ne in quartam ei imputentur". vgl.§162.not.12. *Vallius* ad h.L.91.in Otton.Thes.

Berechnung legierter Alimente u. a. terminlicher Leistungen[21], immerwährender Renten[22].

§. (208) 153. C. Schutzmittel des Rechts auf das falcidische Viertel.

Schmälerung des Anspruchs durch die Vermächtnissanordnung[1-2]. Der Berechtigte kann seinen Anspruch exceptionsweise[3-4], durch das interdictum QVOD LEGATORVM[5], Vindication[6] oder Personalklagen[7] geltend machen. Condictionsrecht nur wegen des aus factischem Irrthum geschehenen Nichtabzugs der Quart[8].

Zweiter Unterabschnitt. Mortis causa (m.c.) capiones. (*Abr.III.§ 36.*)

§. (209) 154. I. Mortis causa capio überhaupt. (*Bg § 109,b.*)

Weitere[1] und engere[2] Bedeutung. Subjecte[3]. Verschiedenheit der mortis causa capio-

---

l.p.439.sq. *Neuner* Instit.ex re certa S.93.ff. *Buchholtz* Präleg.S.436.ff. *Va.536.*Anm.III. *Pu.*Vorll.*§546. Iacoby* ü.*L.91.*cit.i.Ztsch.f.civ.u.Pr.N.F.XVI.2. [11]) *L.56.§5.D.h.t.35,2.* [12]) *LL.22.pr.30.§8.* vgl.*LL.74.75.D.h.t.* oben §130. [13]) §162.not.11. [14]) *LL.30.§7.76.pr.93.21.pr.40.§1.D.h.t.* vgl.§129.not.10. [15]) *L.3.pr.D.h.t.* [16]) *LL.11.pr.50.52.D.h.t. Bertram* de reb.singul.titulo relictis in ¼ F. imputandis.Hdlb.1834. [17]) *LL.1.§17.56.§§1.2.63.§1.92.D.h.t.* [18]) *LL.1.§10.21.pr.47.pr.55.62.pr.66.pr.73.§§1...4.D.h.t. L.15.D. de ann.leg.33,1.* s.II.§144. [19]) *LL.9.pr.73.§1.*cit. *L.88.§3.D.h.t.* [20]) *L.5.C.ad SC.Treb. 6,49.* [21]) *Macer L.68.pr.D.h.t.* s.I.§16.not.2. *Konopak* u.*Fritz* ll.citt. [22]) *Paul.L.3.§2.D.h.t.* „...si rei p. in annos singulos legatum sit, cum de L.Falcidia quæratur, Marcellus putat tantum videri legatum, quantum sufficiat sorti ad usuras trientes [4%] eius summæ quæ legata est, colligendas“.

§. 153. *Dig.35,3.* zu § 148. cit. [1]) *Iustinian. L.18.C.h.t.6,50.* vgl. § 151. not.12. [2]) §151.not.42. [3]) §148.cit. *Dig.35,3. LL.14.§1.80.§1.93.15.pr.D.h.t.35,2.* hiezu *Cuiac.* in Resp.Pap. [4]) *LL.1.§12.31.D.h.t.* cit.*tit.Dig.35,3.* [5]) § 104. [6]) *Scæv.L.26.pr.D.h.t.* „...respondit posse heredem consequi ut ei restituatur, ac si malit posse vindicare partem in ea linea [margaritarum] quæ propter legis Falc. rationem deberet remanere“. [7]) *L.1.§11.D.eod. L.77.§2.D.de leg.II. L.23.D.de dolo m.4,3.* [8]) *Gord.L.9.C.h.t.* „Error facti quartæ ex causa f-ssi non retentæ repetitionem non impedit; is autem qui sciens se posse retinere, universum restituit, condictionem non habet; quin etiam si ius ignoraverit, cessat repetitio“. *L.9.D.de iur.et f.ign.22,6.* cf.*L.2.C.de f-ssis 6,42. L.7.D.de condictione indebiti 4,5.* vgl.I.§68. *Bg §97.not.5.*

§. 154. *Dig.29,6.*ad seq.§ cit. cf.*Bg §109. Se.650. Mü.768. Gö.783. Pu.*525.a.E. *Ro. 618.*a.A. *Si.207.*a.E. *Keller* Grdr.S.343...361.ff.„Mort.c.donatio, capio“. *Læffler* de m. c. capionib.Lps.1751. *Rossh.*Verm.I.S.74.ff. *Meyerfeld* Schenkungen § 8. *Heimbach* v.Mort. c.capio in Weiske VII. [1]) *Ulp.L.8.D.h.t.*„Qui pretio accepto hereditatem prætermisit,.. (oder ut vel adeat hereditatem vel non adeat,.. ut legatum omittat: *Gai.L.31.§2.eod.*) mortis c.capere videtur: nam quidquid propter alicuius mortem obvenit, m.c.capitur... nam et quod a statu libero [*Bg §47.*not.63.] condicionis implendæ causa capitur, vel a legatario, m.c.accipitur; et quod pater dedit propter mortem filii vel cognati [folg.§ not.2.], m.c.capi Iulianus scripsit“. *Gai.*l.c.„...sed et dos quam quis in mortem mulieris a marito stipulatur, capitur sane m.c.“ *Ulp. L.12.eod.* „Si mulier ventris nomine per calumniam, ut in p-ionem mitti desideret, pecuniam acceperit [s.§85.], m.c.eam capere Iulianus sæpius scribit“. *Marcell.L.38.D.eod.* „...est earum rerum differentia: nam“ u.s.w. s.*Bg §109.not.1.* [2]) *Gai.L.31.pr.eod.*(in *Bg* l.c.*not.3.*) „...quia proprio nomine hæ species (Erbfolge u.Vermächtnisse) appellantur, ideo ab hac definitione (dem Begriff d. *mortis causa capio*) separantur“. z.B.*Id.L.76.D.ad L.Falc.35,2.* [3]) *Iav.L.55.D.de cond.et dem.35,1.* „Mevius cui fundus legatus est *si Callimacho,* cum quo t-ti factionem non habebat, 200 *dedisset,* condicioni parere debet et 200 dare, ut ad eum legatus fundus pertineat, licet nummos non faciat accipientis. ...neque nes im engeren Sinne von Vermächtnissen und Erwerbungen aus dem Nachlaße[5…7].

S. (210) 155. II. Mortis causa donatio. (*Bg § 109,b…k.*)

Begriff derselben und ihr wesentlich inwohnende Bedingungen[1…5]. Gegenstände[6·7]. Subjecte[8…10]. Perfection[11·12]. Errichtungsformen[13…16]. Wirkungen[17…22]. Verschiedenheiten vom Vermächtnisse[23…26]; Gleichstellungen beider[27…42].

---

enim illud quod ad talem [eine erbunfähige] personam perventurum est, t-ti nomine, sed m.c.capitur". 4) *Paul.L.9.D.h.t.*„Omnibus m. c. capere permittitur, qui scil. et legata *capere* possunt." s.*Bg § 109.nott.13.14.* u.folg.§ zu not.23. 5) *Ulp.L.8.D,siq.om.c.t-ti 29,4.*„Si quis sub condicione dandorum … heres institutus omissa causa t-ti ab intestato possideat hereditatem, videndum est an huic in cuius persona condicio conlata est, subveniri debeat. et magis est ne subveniatur: neque enim legatarius est". 6) *Ulp.L.44.D.ad L.Falc.*„Falcidia intervenire non potest si statu liber de alieno dedit, non de bonis defuncti, vel alias est homo liber qui condicionem implevit". 7) *L.5.§17.D.de his q.ut indignis 34,9.* s.§124.n°.3. cf.*LL.27.42.§1.D.h.t.*

S. 155. *Vat.Fragm.§§249.sqq.* De mortis causa donationibus *Paul.S.R.3,7.* (cf. *2,23.§§1.6.*) et capionibus *Dig.39,6. Cod.* De donationibus causa mortis *6,57(56). §1.I.de donationib.2,7. Nov.22.c.44.§9.* (*Nov.89.*ungloss.)— *He.54.71.219. Se.647…49. Mü.769…72. Gö.543. Pu.552. Ro.618.*f. *Va.561…63. Si.216. Ar.589.*f. Litteratur s.*Bg § 109.not.**. *Hermann* de mort.c.donationum coniecturis ex mortis mentione capiendis.Lps.1792. *Cramer* Dispunctt.c.10. *Schirach* i.Arch.f.civ.Pr.II.31. *Reinhardt* Verm.Auss.n°.25. *Müller* Schenk. auf Todesfall.Giess.1827. *Rossh.*Verm.I.S.80.ff. *Meyerfeld* ad §154.cit. *Wiederhold* in Ztsch.f.Civ. u.Pr.XV.4. *Fester* de m.c.don. Hdlb.1841. *Sav.*Syst.IV.§§170…174. 1) *Bg § 109.not.7. §1.I.de donat.2,7.*„Mortis c. donatio est quæ propter mortis fit suspicionem, cum quis ita donat, ut si quid humanitus ei contigisset, haberet is qui accepit; sin autem supervixisset is qui donavit, reciperet, vel si eum donationis pænituisset, aut prior decesserit is cui donatum sit. Hæ mortis c. donationes ad exemplum legatorum redactæ sunt per omnia [gleich nachher steht richtig per omnia FERE] :… a nobis constitutum est, ut per omnia fere legatis connumeretur et sic procedat quemadmodum nostra constitutio [*4.C.h.t.8,57.*] eam formavit. Et in summa mortis c. donatio est cum magis se quis velit habere quam eum cui donat, magisque eum cui donat quam heredem suum". 2) *L.18.pr.D.h.t.39,6. L.2.C.eod.8,57.* 3) *Bg* l.c.*nott.8.9.* 4) *LL.27.42.i.f.D.h.t.*„..eum qui absolute donaret, non tam mortis c. quam morientem donare". cf. *L.3.D. de donationib.39,5.* vgl.*Bg* l.c.*not.1.* 5) *LL.13.§1. 35.§4.D.h.t.* (cf. *Nov.89.*) vgl.*Bg* l.c.*not.10.* 6) *Bg* l.c.*not.6.* 7) s.oben §94. *Bg § 106.not.23.* 8) *Bg § 109.nott.11.*f. Der richtigen Ansicht *Hasses* u.*Schröters* folgen auch *Gö.*III.S.461.ff. *Sav.*Syst.IV.S.259. *Fester* §§20.f. *Va.*§532.Anm.3. dagegen *Mü.*§770. 9) *Bg* l.c.*not.13.* 10) z.B. *Mü.770.* zu not.8. vgl.oben §9. 11) *Bg* l.c.*not.18.* 12) *Bg* l.c.*not.10.* 13) *Bg* l.c.*not.16.* 14) das.*not.17.* vgl.über *L.4.C.h.t.6,58. Va.*§563. 15) vgl. z.B.*Schröter* S.133.ff. *Rossh.*I.S.82. 16) *Bg* l.c.*not.18.* 17) das.*not.8.* vgl.auch *LL.2…6.D.h.t.* 18) s.nott.1.4.5. u. *§1.Inst.*cit.*L.4.C.h.t.*cit. 18a) s.*Bg* l.c.*not.8.* 19) *L.29.D.h.t.* 20) *LL.18.§1.24.30.35.§3.37.§1.39.D.eod.* 21) *L.13.pr.D.eod.* 22) s.*Bg* cit.*not.8.*a.E. 23) s.nott.8.ff. vgl.§142.nott.4.ff. 24) *L.5.§17.D.de his q.ut ind.34,9. Bg* l.c.*not.20.* 25) cit.*not.20.* (*L.5.§17.D.tit.cit.34,9.* vgl.§142.not.13. 26) *Ulp.L.1.§5.D.quod legator.43,3.*„Si quis ex m.c.donatione possideat, utique cessabit interdictum, quia portio legis Falcidiæ apud heredem ipso iure remanet, et si corporaliter res in solidum translatæ sunt". vgl.oben §104. 27) *Bg* l.c.*not.11.* 28) das.*not.13.* 29) *Cic.de LL.2,19.* s. *Sav.*Ztsch.f.g.R.W.II.S.366. 30) *Gai.2,225,sq. 4,23.*„… legatorum nomine mortisve c.prohibet capere..". 31) *Bg* l.c.*not.6.* vgl.oben §149. 32) *Bg* l.c.*not.22.* 33) *Nov.22.*l.c. 34) *Bg* l.c.*not.21. L.1.§1.D.siq.in fraud.patroni 38,5.* 35) *Bg* l.c.*not.6.*

Dritter Unterabschnitt. Universalfideicommisse*. (*Abr.III.§35.*)

§. (211) 156. I. Begriff und Errichtung.

Gegenstand ein Nachlaß oder Bruchtheil desselben[1.2]. *Legatum* partitionis[3]; *fidei commissa* dieser Art[4]; Verbindung der SCta Pegasianum und Trebellianum im justinianischen Recht[5...9]. Subjecte[10...12]. Umfang[13-14]; fidei commissum †eius quod superfatu-

---

vgl. oben §§106.f. [36]) *L.77.§1.D.de leg.II. L.3.pr.D.de leg.III. L.11.i.f.D.de dote præleg.* 33,4. *L.1.C.h.t.8,57. L.un.§8.C.de caduc.6,51. L.9.C.de f-ssis 6,42.* [37]) *Ulp.L.1.§2.D. usufr.quem ad m.cav.7,9.*„..et si ex m.c.donatione usus fructus constituatur, exemplo legatorum debebit hæc cautio præstari". s.oben II.§62. [38]) *L.8.§3.D.de cond.inst.28,7.* vgl.oben I.§110. *Bg §112,i.* [39]) *L.8.§1.D.de transact.2,15.* s.*Bg §106.not.49.* ob.I.§96. [40]) *Bg §109.not.12.* Ueber Confiscation des ganzen Vermögens nach gem. R. s.*CCC.*218.u. oben §12. [41]) *L.15.D.h.t.* vgl.*Bg* l.c.*not.11.*a.E. [42]) s.oben III.§§30.ff.

*) *Gai.2,246...259. Ulp.24,25.25,11.14...16. Paul.S.R.* De SC.Trebell.*4,2.* De SC.Pegasiano *4,3. Inst.* De fidei commissariis hereditatibus *2,23.* Ad SC.Trebellianum: *Dig.36,1. Cod.6,49(48).* cf.*Dig.* De fidei commissaria hereditatis petitione *5,6.* (cf.§97.) *Cod.* De f-ssis *6,42.* (c.*Donelli* comm.) *He.251...60. Se.639...46. Mü.762...67. Gö.1059...72. Pu.553...57. Ro.678.ff.683. Va.556...59. Si.219.f. Ar.580...88. Br.224.*— *Peregrini* de f-ssis præsertim universalibus.ed.13.Norimb.1725.fol. *Chiflet* in Otton.Thes.V.p.769.sqq. *Westphal* Vermächtn.II. Kap.18. *Haase* de vera vi...f-ssi universalis.Lps.1805. *Mayer* L.v.d.Legaten. *Heimbach* 'Fideicommissum' in Weiske IV.S.286...95. *Rossh.* Vermächtn.I.S.120.ff. II.S.28.ff.u. in s.Ztsch.VI.S.216.ff. *Rud.*R.R.G.I.S.114.ff.

§. 156. *He.251.259.f. Se.639.f. Mü.762. Gö.1059.f.172.a.E. Pu.553.556.a.E. Ro.678..80.682.f. Va.556. Si.219. Ar.580.f. Br.*l.c. [1]) *§§20.18.I.de leg.2,20. Dig.* De peculio legato *33,8.* [2]) *Gai.2,250. Ulp.25,11. §2.I.h.t.2,23.* [3]) *Gai.2,254. Ulp.24,25.25,15. §5.I.h.t. LL.26.§2.27.D.de leg.I. L.8.§5.D.de leg.II.* [4]) *Gai.2,252.*„..quæ stipulationes inter venditorem hereditatis et emptorem interponi solent, eædem interponebantur inter heredem et eum cui restituebatur hereditas..". [5]) *Ulp. L.1.§§1.2.D.h.t.36,1.* „Factum est enim SC.temporibus Neronis VIII. kal.Sept.Annæo Seneca et Trebellio Maximo coss. [*a.post Chr.62.*], cuius verba hæc sunt CVM ESSET ÆQVISSIMVM IN OMNIBVS FIDEI COMMISSARIIS HEREDITATIBVS, SI QVA DE HIS BONIS IVDICIA PENDERENT, EX HIS EOS SVBIRE IN QVOS IVS FRVCTVSQVE TRANSFERETVR POTIVS QVAM CVIQVE PERICVLOSAM ESSE FIDEM SVAM, PLACET ET ACTIONES QVÆ IN HEREDES HEREDIBVSQVE DARI SOLENT, EAS NEQVE IN EOS NEQVE HIS DARI QVI FIDEI SVÆ COMMISSVM, SICVTI ROGATI ESSENT, RESTITVISSENT; SED HIS ET IN EOS QVIBVS EX TESTAMENTO FIDEI COMMISSVM RESTITVTVM FVISSET, QVO MAGIS IN RELIQVVM CONFIRMENTVR SVPREMÆ DEFVNCTORVM VOLVNTATES". *Gai.2,253.255.258. Ulp.25,14. Paul.S.R.* De SC.Trebell.*4,2. §§6...9.I.de fid.her.2,23. Cod.h.t.6,49. LL.19.§1.78.pr.D.h.t.* [6]) *Gai.2,254.*„..Pegaso et Pusione [*coss., Vespasiani Aug.temporibus: §5.I.eod.*] senatus censuit *Ut ei qui rogatus esset hereditatem restituere, perinde liceret quartam partem retinere, atque e lege Falcidia in legatis retinendis* [*retinere* Inst.] *conceditur..*". ibid.*§§256...59.286. Ulp.25,14.15. Paul.S.R.* De SC.Pegasiano *4,3. §§5...7.I.cit.tit.* [7]) *Gai.2,286.*ibiq.citt.ll. [8]) *Gai.2,254.sqq.*citt. *§§5.6.Inst.*citt. [9]) *L.2.§4.C.de vet.iure enucl.1,17. §7.I.h.t.*„..placuit exploso SCo Pegasiano ...omnem auctoritatem Trebelliano SCo præstare, ut ex eo f-ssariæ hereditates restituantur, sive habeat heres...quartam sive plus sive minus sive penitus nihil, ut tunc...liceat ei vel quartam vel quod deest,..retinere vel repetere solutum quasi ex Trebelliano SCo, pro rata portione actionibus tam in heredem quam in f-ssarium competentibus...". [10]) *§§9.10.I.eod. LL.1.§§5...7.22.§5.D.h.t. L.29.C.de f-ssis 6,42.* [11]) *§11.I.h.t.*„Eum quoque cui aliquid restituitur, potest rogare ut id rursum rum erit[15]. Untersagung der Veräußerung[16]. Auflage, daß der Erbe seinen Nachlaß[17], daß er einen ihm zufallenden Nachlaß eines Dritten[18] jemanden zuwende. Anordnungsformen[19].

- **S. (212) 157. II. Erwerbung.**

Im allg. wie bei dem Singularfideicommiss[1], aber der Fiduciar kann zum Antritt gezwungen werden[2], wie auch bei dem Singularf-ss des Nachlaßes eines Dritten[3] und der mit Restitution einer Sachengesamtheit beschwerte Erbe des Soldaten[4]. Der gezwungen antretende Erbe hat Anspruch auf Schadloshaltung[2], aber nicht die Rechte eines freiwillig antretenden[5]; übrigens wirken die letztwilligen Anordnungen wie bei freiwilligem Antritt[6];

---

alii aut totum aut partem vel etiam aliquid aliud restituunt". *L.1.§8.*(in §161.not.11.) *L.55.§2.D.eod.* [12]) §128*.not.8. [13]) nott.2.11. [14]) *§§8.10.11.I.*citt. *L.1.§§16.sqq.* et passim *Dig.h.t.* [15]) *Nov.108.c.1.*(a.541.) *LL.54.57.pr.58.§§7.8.70.§3.71.72.75.§1.D.h.t.* u.5. *Reichardt* de f-sso eius quod superfuturum erit.Ien.1785. *Böhmer* Rechtsfälle II.129. *Rossh.*Verm.I.S.154.ff. s.auch unten §158.not.8. [16]) *Marcian.L.114.§14.D.de leg.1.*„...qui t-to vetant quid alienari...si liberis aut...aliis quibusdam personis consulentes eius modi voluntatem significarent, eam servandam esse; sed hæc neque creditoribus neque fisco fraudi esse, nam si heredis propter testatoris creditores bona [si propter hæredis creditores testatoris bona Haloander] venierunt, fortunam communem f-ssarii quoque sequuntur". [17]) *Ulp.L.17.pr.D.h.t.*„..Senatus censuit *rogari quidem quem* VT ALIQVEM HEREDEM FACIAT *non posse, verum videri per hoc rogasse* VT HEREDITATEM SVAM EI RESTITVAT, i.e. quidquid ex hereditate sua consecutus est, ut ei restitueret". *Paul.L.74.pr.D.eod.* [18]) *LL.16.§6.* (in §157. not.3.) *17.* bis *§3.27.§8.sqq.74.§1.D.eod. L.114.§6.sqq.D.de leg.1. L.70.§2.D.de leg.11. Oleyza y Olano* in Meerm. Thes.I.p.566.sq. *Pufendorf* Obss.II.80. *Heise* de aliena her.restituenda.Gott.1816. *Hasse* in Rh.Mus.III.S.500.ff. *Rossh.*Verm.I.S.141. [19]) §§132...136.

S. 157. *LL.* citt.u. *Paul.S.R.* repudianda hereditate *4,4.*— *He.252. Se.639.*a.E. *Mü.764. Gö.1066. Pu.554. Ro.685.686.*a.E. *Va.558. Si.220.*n°.*IV. Ar.582.587. Br.*l.c. [1]) oben §§142...148. [2]) *Gai.2,258.*„Sed si recuset scriptus heres adire hereditatem ob id quod dicat eam sibi suspectam esse quasi damnosam, cavetur Pegasiano SCo, ut desiderante eo cui restituere rogatus est iussu prætoris adeat et restituat, perindeque ei et in eum qui receperit, actiones dentur, ac iuris est ex SCo Trebelliano: quo casu nullis stipulationibus opus est, quia simul et huic qui restituit securitas datur, et actiones hereditariæ ei et in eum transferuntur qui receperit hereditatem". *Ulp.25,16. Paul.*l.c. *LL.4.14.§1.16.§§4.sqq. 55.§2. 63.§11.1.§9.D.h.t.36,1. L.17.D.si q.om. c.t-ti 29,4.* cf.*Nov.1.c.1.* [3]) *Ulp.L.16.§6.D.h.t.*„..si quis non hereditatis suæ partem.. rogavit heredem suum restituere, sed hereditatem Seiæ quæ ad eum pervenerat, vel totam vel partem eius, heresque institutus suspectam dicat, cum placeat... ex Trebelliano transire actiones, dici poterit, si suspecta dicatur hereditas, cogendum heredem institutum adire et restituere hereditatem, totamque hereditatem ad eum cui restituitur, pertinere". cf.*LL.17.§1. 27.§§9.10.eod.* [4]) *Ulp.L.16.§6.eod.*„...quamvis placeat, cum quis hereditatem bonaque quæ sibi ab aliquo obvenerunt vel quæ in aliqua regione habet, restituere rogat, ex Trebelliano non transeant actiones, tamen contra responderi in militis t-to ait [Mæcianus]: nam sicuti concessum est, inquit, militibus circa institutionem separare species bonorum, ita et si per f-ssum ab institutis heredibus id fecerit, admitteretur Trebellianum SC.". [5]) *LL.4.14.§3. 27.§§2.*(„..nullum commodum ex t-to consequetur, quod habiturus non esset, si heres institutus non fuisset, aut non adiisset..") *14. LL.28.§1.43.55.§3.D.h.t.* s.§151. not.7. [6]) *§6.i.f.§7.i.f.I.h.t.2,23. Herm.L.14.§3.D.h.t.*„...quæcumque sint in t-to, perinde valere ac si sua sponte heres hereditatem adisset". *L.7.§1.C.eod.6,49.* cf.*LL..7.*

die Lasten treffen den Fideicommissar, oder, wenn nun an einen solchen nicht zu restituieren ist, die Nachlaßgläubiger [7]. Ius deliberandi des Fiduciars [8]. [Zwang des bedingt belasteten Universalerben zu Gunsten der Freiheit anzutreten [9].] Tod des Fiduciars vor dem des Erblaßers oder vor Erklärung der Delation u.s.w. [10]. Bedingungen der Einsetzung [11].

III. Rechtsverhältnisse aus dem Universalfideicommiss.

S. (213) 158. A. Behandlung des Nachlaßes bis zur Restitution.

Der Erwerb macht den Fiduciar zum Erben [1], restitutionspflichtig, aber er bleibt sonst als Erbe berechtigt und verpflichtet [2,3]; Veräußerungen aus dem Nachlaß sind ihm gesetzlich verboten [4], sofern sie nicht mit des Testators [5] oder des F-ssars Willen [6] oder notwendiger Weise geschehen [7]. Soll er bei seinem Tode restituieren, so ist es wie beim f-ssum +eius quod superfuturum erit [8]. Haftung des Fiduciars wegen Culpa [9].

B. Die Restitution.

S. (214) 159. A. Art, Zeit, Ort und Wirkung.

Die Restitution ist ein formfreies Rechtsgeschäft [1], wozu der Minderjährige nicht des Consenses des Curators, aber der pupillus infantia maior der tutoris auctoritas bedarf [2];

---

i.f.9.§3.10.sq.14.§5.27.§15.44.pr.63.§7.sqq.D.h.t. [7]) not.6. *Ulp.L.1.§6.D.de separationib.42,6.* „Sed si quis suspectam hereditatem dicens compulsus fuerit adire et restituere hereditatem, deinde non sit cui restituat, ex quibus causis solet hoc evenire, et ipsi quidem desideranti succurri sibi adversus creditores hereditarios subveniemus: hoc et divus Pius rescripsit, ut per inde testatoris bona venirent, atque si adita hereditas non fuisset. Creditoribus quoque huius modi heredis desiderantibus hoc idem præstandum puto, licet ipse non desideravit, ut quasi separatio quædam præstetur". [8]) *Ulp.L.9.§1.D.h.t.* „..si quis petierit ad deliberationem tempus et impetraverit, deinde post tempus deliberationis adierit et restituerit hereditatem, non videtur coactus hoc fecisse; nec enim suspectam coactus adit, sed sponte post deliberationem". cf.*L.71.D.eod.* vgl.§ 161.not.9. u. oben § 92. [[9]) *LL.11.§2...13.pr.D.eod.*] [10]) *LL.13.i.f.14.D.de t-to mil.29,1. L.7.§1.C.h.t.6,49.* vgl.§ 159.not.4. [11]) *LL.7.31.§2.63.§§7...10.D.h.t.36,1.*

S. 158. *He.255. Se.641.644. Mü.763.n°.1. Gö.1067.1072. Pu.555. Ro.688...90. Si.219. Ar.583.*f. *Br.*l.c. [1]) *LL.58.pr.§1.80.i.f.D.h.t.36,1.* [2]) *LL.27.§7.36.73.pr.D.eod. L.104.D.de solutionib.46,3.* [3]) *LL.18.pr.§2.27.§1.D.h.t. L.83.pr.D.de leg.III. Bg§145.not.43.§158.c.* [4]) *L.3.§§3.4.C.comm.de leg.6,43. Nov.39.c.1. Auth.* Res quæ subiacent nach *§3.*cit. vgl.gegen *Löhr* Magaz.IV.1.S.96.ff.: *Zimmern* i.Arch.f.civ.Pr.VIII.7.n°.2. *Rossh.* Verm.I.S.202.ff. [5]) §156.not.15. [6]) *L.120.§1.D.de leg.I. L.11.C.de f-ssis 6,42.* [7]) *L.114.§14.D.de leg.I. LL.70.i.f...73.D.de leg.II. L.38.pr.D.de leg.III.* [8]) *Nov.et Auth.*in not.4. citt. *LL.17.pr.22.§4.D.h.t.* cf.not.5. *Marezoll* in *Löhrs* Mag.IV.11.n°.10. *Hagemann* Prakt. Erörtt.V.50. „ü.die dem fiduc.Erben auferl. Restitution dessen was zur Zeit seines Todes übrig sein wird". vgl.§156.not.15. [9]) *L.22.§3.* [wo statt usu adquisitæ mit *Schilling* usu adtritæ zu lesen ist] *L.58.§6.D.h.t. L.77.§18.D.de leg.II.31. Hasse* Culpa S.272.ff.(ed.1838.S.207.ff.)

S. 159. s.die Quellen zu § 142. *He.264. S.642. Mü.765.*med. *Gö.1068. Pu.555. Ro.686. Si.119.n°.11. Ar.583.585. Br.*l.c. [1]) *L.11.§2. Ulp.L.37.pr.D.h.t.36.1.* „Restituta hereditas videtur aut re ipsa, si forte passus est heres possideri res hereditarias, vel totas vel aliquas earum, hac mente ut vellet restituere et ille suscipere, non si ex alia causa putavit te possidere. sed et si postea ratum habuit, idem erit dicendum. sed et si verbo dixit se restituere, vel per epistulam vel per nuntium restituat, audietur. sed et si voluntate tua alii restituerit, in te transibunt actiones. item si alius iussu meo restituit vel ratum habuit restitutionem, transisse actiones videntur". *LL.40.§2.41.66.§1.D.eod.36,1. L.59.§1.D.de I.D.23,3.* [2]) *Ulp.L.1.§14.* (in III.§ 37.

eine fiduciarische universitas restituiert auf oder durch verfassungsmäßigen Beschluß[3]. Die unthunlich werdende Restitution wird fingiert[4]. Zeit der Restitution ist die der Fälligkeit des Fideicommisses[5]. Ort der Restitution ist der aditæ hereditatis[6]. Wirkung: Uebergang der Erbschaftsklagen auf und gegen den Fideicommissar[7] und Wiedererstehung der Rechte und Pflichten des Fiduciars dem Nachlaß gegenüber[9]. Cession vom Fiduciar zur Sicherung von Nachlaßforderungen erst erworbener Pfandrechte, aber von selbst sich machender Uebergang von ihm erworbener Bürgschaftsrechte[10...12].

§. (215) 160. B. Gegenstände der Restitution.

Der f-ssarische Nachlaß oder Bruchtheil desselben mit seinen Früchten und Zinsen[1]. Der Fideicommissar braucht sich nicht durch Anerbieten des Werthes abfinden zu laßen[2]. Nicht zu restituieren braucht der Fiduciar was er condicionis inplendæ causa[3] oder nicht aus der Erbschaft oder nicht als Erbe erhält[4], oder was ihm der Erblaßer nicht entziehen durfte[5.6] oder wollte[7...9]. Recht des Fiduciars auf ihm Adcrescierendes[10]), die Begräbnißrechte[11] [und libertorum operas[12]].

---

not.11.) *L.37.§§1.2.D.h.t.* „Pupillus autem ipse debet restituere tutore auctore, non tutor sine pupillo, nisi infans est, quia nec mandare actiones tutor pupilli sui potest. ne se quidem auctore pupillum [nämlich tutori suo, wie das folgende u. *L.1.§13. D.h.t.* zeigen] restituere potuisse hereditatem, d. Severus in persona Arrii Honorati pupilli decrevit, qui Arrio Antonino patruo et tutori suo restituerat. § 2. Sed et si pupillo sit restituenda, non posse pupillo sine tutoris auctoritate restitui constat“. cf.*LL.35.38.39.65.§3.D.eod.* [3]) oben I.§ 43.not.4. cf.*LL.26.27.pr.D.h.t.* [4]) *Iustinian. L.7.§1.C.h.t.6,49.* „...Sancimus.. ut sive per contumaciam abfuerit is cui restitutio imposita est, sive morte præventus nullo relicto successore fuerit, sive a primo fideicommissario in secundum translatio celebrari iussa est, ipso iure utiles actiones transferantur“. vgl.§157.not.10. [5]) oben § 142. *Gai.L.10.D.h.t.* „Sed et si ante diem vel ante condicionem restituta sit hereditas, non transferuntur actiones, quia non ita restituitur hereditas, ut testator rogavit: plane postea quam extiterit condicio vel dies venerit, si ratam habeat restitutionem hereditatis, benignius est intellegi tunc translatas videri actiones“. [6]) *Paul.L.66.§§3.4.D.h.t.* „..oportet itaque ibi f-ssarium conveniri, ubi vel domicilium habet vel maior pars restitutæ hereditatis habetur“. [7]) §156.not.5. *L.37.pr.D.h.t.* in voriger not.1. *L.63.pr.D.eod.* [8]) *LL.59.pr.73.§1.D.eod.* „Cum ex Trebelliano SCo restituitur hereditas, servitutes quas mutuo prædia heredis et testatoris habent, nihilo minus valent“. [9]) *L.58.pr.D.eod.* [10]) § 61.not.4. [11]) vgl. II.§ 112.nott.3.19. [12]) II.§ 125.bes.not.14. [13]) II.§ 108.not.6.

§. 160. *Hc.253. Se.641.646. Mü.765.* a.A. *cf.767. Gö.1067. Pu.556. Ro.687. Si.220.* a.A. *Cuiac.*Obss.IV.39.XII.10.12. *Gordon* in Otton.Thes.II.p.825.sqq. *Voorda* Interpp. III.1. *Merendæ* Controvv.IV.c.43...45. [1]) *LL.22.§2. 44.§1.D.h.t.* u.§158.not.3. [2]) *L.3. §§2.3.C.comm.de legatis 6,43.* [3]) *Paul.L.44.§§4.sqq.D.de cond.et dem.35,1.* „Cum hereditas ex Trebelliano SCto restituta est, heredi dandum est ut impleatur condicio, nec hoc restituendum ex causa f-ssi...“. cf.*L.91.D.ad L.Falc.* in § 152.not.10. vgl. §152.not.14. [4]) *LL.22.§4. 59.§1. 62.72.* (in not.9.) *D.h.t.* [5]) §§ 72.ff. u. *Pap.L.77.§12.D.de leg.II.* „..dos prælegata retinebitur, quoniam reddi potius videtur quam dari“. *L.37.pr.D.de leg.III.* [6]) *Pap.L.55.pr.§3.D.h.t.* „..generatim ita respondendum est Non summoveri heredem neque liberari ex his causis quæ non pertinent ad restitutionem...“. [7]) *Ulp.L.18. §3.D.h.t. L.96.D.de leg.III.* [8]) cit.*L.18.§3.* „..id solum non debere eum restituere quod a coherede accepit; ceterum quod a semet ipso ei relictum est, in f-ssum cadit...“. s.§ 130.nott.2.3. [9]) *Pomp.L.72.D.h.t.* „..Heres præcepto fundo rogatus erat hereditatem restituere; fundus alienus erat: Aristo aiebat videndum utrum omni

C. Rechte der Universalfideicommiss-Subjecte*:

§. (216) 161. 1. des Universalfideicommissars.

Nach dem SC. Trebellianum[1] und dessen Fortbildung ist der Universalfideicommissar praktisch Erbe und hat die f-ssaria H.P.[2], so wie für seinen Antheil die hereditarias actiones[3]; für den Nachlaß vor der Restitution begründete accessorische Klagerechte cediert der Fiduciar, sofern sie nicht durch die Restitution von selbst mitübergehen[4]. Die Erbenqualität des Fiduciars geht aber auch gegen ihn; s. g. exceptio restitutæ hereditatis[5]. Die Quarta Falcidia ist an sich vom Universalfideicommiss und den Vermächtnissen abzuziehen[7. 8]. Deliberationsrecht[9]. Nachtheil der Nichtinventarisierung[10]. Der Universalf-ssar weiter restituierend[11]; zurück an den Fiduciar[12].

§. (217) 162. 2. des Fiduciars.

Er ist Erbe, aber das Quasi-Erbrecht des Fideicommissars steht ihm entgegen[1]. Hat der Fiduciar mehr als er muste, herausgegeben, so bleibt er auf diesen Betrag Erbe, nicht aber, wenn er eine ihm bestimmte Summe oder Species mitrestituiert[2]. Recht auf Schad-

---

modo penes heredem fundum esse voluit testator, an ita demum si ipsius est; sed sibi superius placere, ideoque æstimatio eius retinenda est". vgl. § 157. not. 11. [10]) *§ 3. I. h. t. 2, 23.* „Restituta hereditate is qui restituit, nihilominus heres permanet...". *L. 43. D. h. t.* cf. *L. 83. D. de A. v. O. H. 29, 2.* *Marezoll* Anspr. des f-ssarischen Erben auf die dem Fiduciar adcrescierende Erbportion in Ztsch. f. civ. u. Pr. VI. 10. *Rossh.* in s. Ztsch. VI. S. 224. ff. *Br.* II. S. 829. [11]) *L. 42. § 1. D. h. t.* [12]) *L. 55. pr. D. h. t.* Von dem fidei commissum eius quod ex hereditate superfuturum erit s. § 158. not. 8. § 156. not. 15.

*) s. die Citt. vor. § 156. *He. 256...58. Se. 645. 643. Mü. 763. n°. 11. 766.* f. *Gö. 1066...71. Pu. 557. Ro. 685.* ff. *Va. 559. Si. 220. Ar. 584.* ff. *Br.* l. c. *Rossh.* in sein. Ztsch. VI. S. 216. ff.

§. 161. [1]) § 156. not. 5. [2]) *Dig. 5, 6.* bes. § 97. not. 3. [3]) *LL. 27. § 7. 36. 73. pr. D. h. t. 36, 1. L. 3. § 2. D. de fid. H. P. 5, 6.* [4]) *LL. 36. 59. pr. 73. pr. 66. § 2.* („...hæ enim actiones transeunt, quæ ex bonis defuncti pendent".) *L. 78. § 15. D. h. t. L. 22. D. de pec. const. 13, 5. L. 8. § 1. D. q. m. pign. solv. 20, 6. L. 21. pr. D. de fideiuss. 46, 1. L. 38. § 5. D. de solutionib. 46, 3.* s. § 159. nott. 10...13. I. § 153. *Mü.* Cess. S. 419. ff. [5]) *L. 27. § 7.* cit. *L. 1. C. h. t. Philipp. L. 2. C. eod.* „Ad eum cui ex Trebelliano SCo pars hereditatis restituitur, successionis onera seu legatorum præstationem pro competenti portione spectare indubitati iuris est". (a. 245.) *§ 7. I. h. t. 2, 23.* in § 156. not. 9. cf. *LL. 1. § 19. 15. § 1. D. ut legator. c. caveatur 36, 3.* [6]) *Donell.* ad L. 2. C. h. t. u. Comm. iur. civ. VII. c. 28. *Böhmer* Elector. I. 7. *Fachinæi* Controvv. V. c. 8. *Rossh.* I. S. 179. ff. 217. ff. u. in sein. Ztsch. IV. S. 124. ff. *Stemann* in Elvers Neu. Themis. I. S. 278. ff. *Mü. 763. not. 15. Va.* l. c. [7]) *Neuner* Inst. ex re c. S. 117. ff. [8]) *LL. 1. §§ 17. 20. 21. 2. 3. pr. § 2. D. h. t.* vgl. § 149. nott. 4. 5. [9]) *§ 9. I. h. t.* „..secum deliberare debet is cui restituitur hereditas, an expediat sibi restitui..". cf. *§ 5. I. de her. qual. 2, 19.* vgl. § 157. not. 8. § 92. [10]) *Ulp. L. 4. D. h. t.* „Quia poterat fieri ut heres institutus nolit adire hereditatem veritus ne damno adficeretur, prospectum est ut si f-ssarius diceret suo periculo adire et restitui sibi velle, cogatur heres institutus a prætore adire et restituere hereditatem. quod si fuerit factum, transeunt actiones ex Trebelliano, nec quartæ commodo heres in restitutione utetur". vgl. § 108. [11]) *Ulp. L. 1. § 8. D. h. t.* „..is cui ex causa f-ssi restituta est hereditas ex Trebelliano SCo, ipse quoque restituendo ex eodem SCo transfert actiones..". cf. § 156. not. 11. [12]) vgl. not. 5. u. §§ 158. 160. not. 10.

§. 162. [1]) § 160. not. 10. § 161. [2]) *§ 9. I. h. t. 2, 23.* „Si quis una aliqua re deducta sive præcepta quæ quartam continet, veluti fundo vel alia re, rogatus sit restituere hereditatem, simili modo ex Trebelliano SCo restitutio fiet, perinde ac si quarta parte retenta rogatus esset reliquam hereditatem restituere. sed illud interest, quod altero casu, i. e. cum deducta sive præcepta aliqua re vel pecunia restituitur hereloshaltung[3...6], wegen Eviction[7]. Dem Restitutionspflichtigen werden in seine trebellianische [eigentlich pegasianische, mitunter sogar s.g. falcidische[8]] Quart[9] auch regelmäßig eingerechnet ihm zugewandte bestimmte Sachen oder Summen[10], d.h. seinen Erbantheil erschwerende Prälegate[11], vom Fideicommissar condicionis implendæ causa Erhaltenes[12].

---

ditas, in solidum ex eo SCo actiones transferuntur, et res quæ remanet apud heredem, sine ullo onere hereditario apud eum remanet quasi ex legato ei adquisita; altero vero casu, i.e. cum quarta parte retenta rogatus est heres restituere hereditatem, et restituit, scinduntur actiones, et pro dodrante quidem transferuntur ad f-ssarium, pro quadrante remanent apud heredem. quinetiam licet una re aliqua deducta aut præcepta restituere aliquis hereditatem rogatus est, qua maxima pars hereditatis contineatur, æque in solidum transferuntur actiones, et secum deliberare debet is cui restituitur hereditas, an expediat sibi restitui. Eadem scilicet interveniunt etsi duabus pluribusve deductis præceptisve rebus restituere hereditatem rogatus sit. sed et si certa summa deducta præceptave quæ quartam vel etiam maximam partem hereditatis continet, rogatus sit aliquis hereditatem restituere, idem iuris est. Quæ autem diximus de eo qui ex asse heres institutus est, eadem transferimus et ad eum qui ex parte heres scriptus est". *LL.1.§§16.sqq. 30.§3.D.h.t.36,1.* [3]) *Ulp.L.11.pr.D.h.t.* "..ei damnum vel lucrum a f-ssario sarciatur..". [4]) *LL.7.19.§2.22.§3.* ("..ipse si quem sumptum fecit in res hereditarias, detrahet".) *58.§2.D.h.t.* [5]) *LL.36.59.pr.69.§5.78.§15.80.D.h.t. L.1.C.h.t. L.40.§1.D.de cond. indeb.12,6. LL.58...60.D.de leg.1.* cf.§157.not.2. [6]) *L.73.§1.D.h.t.* in §159.not.8. [7]) *Mæc.L.69.D.h.t.* "De evictione ...cavere heres, cum restituit hereditatem, non debet; quin immo in contrarium caveri heredi oportet, si quid ex his evictum esset, quæ ab ipso herede venissent [i.e. *vendita essent*]". vgl.§160.not.9. [8]) *§7.I.h.t. LL.1.§19.22.§5.43.§3,55.§2.63.§§11.12.D.h.t.* vgl.den s.g.Brachylog.II.29. *De retentione Falcidiæ ex SCo Trebelliano* (p.69.sq.ex edit.Böcking.Berol.1829.) [9]) oben §§149...52. [10]) *LL.1.§§16.sq. 58.§3.D.h.t.* u. *L.77.pr.D.de leg.II.* (dazu *Va.*§536.Anm.II.1.) *L.18.§3.D.h.t.* in §160.not.8. *L.24.C.fam.erc.* in der folg.not.11. cf. §150.not.1. [11]) *LL.86.93.D.ad L.Falcid.35,2. Diocl.et Max. L.24.C.fam.erc.3,36.* "Filium quem habentem fundum portionem hereditatis fratribus et quibusdam aliis sub condicione verbis precariis restituere sanxit testator, post eius [condicionis] eventum hereditaria parte prædii in quartæ ratione retenta, compensato præterea quod a coheredibus vice mutua percepit, et si quid deest in supplementum deducto, quod a ceteris in eo fundo solvitur supra quartam habens reddere compellitur". cf.auctt. ad §150. nott.1.citt. *Va.*l.c.Anm.II.2. *Buchholtz* Präleg. Kap.19. vgl.*LL.17.§2.18.91.§2.D.de leg.1.* u.cit.*L.18.§3.D.h.t.* [12]) *L.91.D.ad L.Falc.* in §152.not.10. (*Va.*l.c.Anm.III.) cf. ibid.nott.sqq. *L.30.§7.eod.* in §160.not.3. *Cuiac.*Obss. VIII.4. *Voorda* und *Merenda* zu §160.citt. *Bachii* Opuscc.n°.12.

Nachträge und Verbeßerungen.

Seite	Zeile	
1.	42.	Mit Schärfe und Geist, aber einseitig (das Moment des Allgemeinen im Rechtswillen und die natürliche, die nationale Seite des positiven Rechts, daher auch das s.g. Gewohnheitsrecht nicht nach Gebühr würdigend) betrachtet *Lens* (Recht des Besitzes. Berl. 1860.) das römische Privatrecht, die Principien, nicht deren wißenschaftliche Darstellung durch die röm. Juristen, als das allein wahre, also allein wißenschaftliche (durch das röm. Volk der Menschheit geoffenbarte) Privatrecht.
5.	21.	Eine Auswahl der vorjustinianischen Quellen ist *Bruns* Fontes iur. Rom. antiqui, in usum prælectionum. Tubing. 1860.
11.	30.	adde: *Keller* Grdr. S. 16. „Puberes und impuberes".
12.	23.	„ *Heimbach* v. 'Wohnort' in Weiske IV.
15.	23.	„ *Keller* Grdr. S. 10. „Ehre und Unehre, Ignominia, Infamia".
16.	34.	„ *Keller* Grdr. S. 22. „Wesen und Arten der juristischen Personen".
—	37.	„ *Demelius* über fing. Persönlichk. in Gerber u. Jhering Jahrbb. IV. 2.
19.	29.	„ *Keller* Grdr. S. 24. ff. „Res corporales, incorporales".
—	41.	„ *Hofmann* Beitr. z. Lehre v. d. Eintheil. der Sachen. Darmst. 1831.
22.	40.	„ *Keller* Grdr. S. 79. ff. „Zinsen".
24.	36.	„ *Schliemann* Die Lehre vom Zwange. Rostock 1861.
27.	45.	„ *Schaaff* ü. d. rückw. Kraft neuer Gsze. in Abhh. aus d. Pandektenr. Hdlb. 1860.
28.	23.	„ Bei der Frage nach der gemeinrechtlichen Geltung der Auslegungsvorschriften im Corp. iur. übersieht man, daß jene überhaupt nicht Willensäußerungsnormen, Rechtsgesetze, sondern logische und sprachliche Regeln sind.
32.	34.	„ *Jhering* Culpa in contrahendo in s. u. Gerbers Jahrb. IV. 1.
—	40.	„ *Heimbach* v. 'Rechtsgeschäft' in Weiske IX.
33.	20.	„ *Keller* Grdr. S. 130. ff. „Schenkung. Neueres Recht."
—	25.	„ a. E. der not. 7.: vgl. II. § 187. not. 5.
34.	14.	„ „ „ „ „ 3.: *Delrio* repetitio L. Transigere [18.] C. de Transact. Lugd. 1589. 8°.
—		„ „ „ „ „ 5.: *Schulting* de transact. sup. controv. quæ ex ult. volunt. proficiscuntur. Franeq. 1708. 4°.
—	43.	„ „ „ „ „ 11.: s. III. § 39. Erb-R. § 3. not. 12.
37.	8.	lies: iuris[1.3], necessaria[4], in præsens s. præteritum conlata[5], præpostera[6]
—	38.	adde: *Keller* Grdr. S. 372. ff. „Perplexe Bedingung".
—	43.	„ a. E. der not. 2.: *Keller* Grdr. S. 375. ff. „Condicio iuris iurandi".

Seite	Zeile		
39.	14.	adde:	a. E. der not.5.: *Stübel* de contractu perfecto rerum facie mutata rescindendo. Lps.1837. 4°.
40.	25.	„	*Reibenstein* de confessione civili. Helmst.1744. 4°.
41.	26.	„	Artikel 'Zeit' in Weiskes Rechtslexicon XV.
42.	40.	„	*Lenz* Das Recht des Besitzes und seine Grundlagen. Berl.1860.
44.	45.	„	*Meissner* de ficto possessore in foro hodierno. Lps.1842. 4°.
46.	10.	„	*Ranft* de iure retentionis. Lps.1817. 4°.
52.	45.	„	nach *eod.3,28.*: (Erb-R. § 77.)
53.	20.	„	*Endemann* Das Prinzip der Rechtskraft. Hdlb.1860. 8°.
54.	25.	lies:	*LL.4.16.pr.34.§1.36.§4.41.*
56.	48.	„	Wort
57.	48.	„	(*LL.34.36.§2.C.de inoff.test.3,28.*)
62.	35.	adde:	*Thermann* de iure prætorio. Lps.1843. 4°. cap.II.
70.	41.	„	vor not.1.: *Keller* Grdr. S.35.ff. „Arten des Eigenthums".
72.	24.	„	zu not.1.: *Keller* Grdr.S.45.f. „Die Erwerbsarten des Eigenthums überh.".
73.	17.	„	*Keller* Grdr. S.50.ff. „Accessio".
76.	39.	„	*Wenck* de traditione inter possessionis et proprieta'is transferendæ modum fluctuante. Lps.1809. 4°.
78.	47.	„	zu not.15.: *Keller* Grdr. S.248. „Pro herede usucapio".
81.	19.	„	*Heusler* de prohibita rei litigiosæ alienatione. Bas.1830. 4°.
83.	13.	„	a. E. der not.2.: vgl.auch Erb-R.§ 98.
86.	11.	„	*Vollsack* de onere probandi in actione negat. Lps.1829. 4°.
89.	21.	„	*Kori* An servitutes partitionem, causam non perpetuam, et voluptatem admittant. Lps.1805. 4°.
—	45.	„	*Keller* Grdr. S.59.ff. „Usus".
90.	32.	„	*Arndts* Fruchtnießung an Kleidern, in Haimerl Vierteljahrsschr.V.4.
93.	17.	„	*Keller* Grdr. S.61.ff.'Entstehung der Servituten'.
98.	10.	„	*Keller* Grdr. S.65.ff.'Verhältn. zwischen actio confessoria u. negatoria'.
101.	35.	„	zu not.4.: *Merkel* ü. Quinquagesima u. Lehnware. Lpz.1847.
103.	47.	„	„ „ 10.: *Emmerich* Besitz.d.Superficiars, i.Ztsch.f.Civ.u.Pr.N.F.XVII.1.1.
104.	29.	„	*Keller* Grdr. S.68.ff. „Natur und Bestimmung des Pfandrechts".
107.	13.	lies:	*Huschke*
—	30.	adde:	zu not.9.: *Va.*§384. *Kees* Comm.ad L.8.D.in q.c.pign. Lps.1811. 4°.
109.	35.	„	f.Erb-R.§146.not.7.
118.	29.	„	*Keller* Grdr. S.73.ff. (Formel der Serviana actio.)
119.	39.	„	vor not.1.: *Keller* Grdr.S.70.ff.„Entst.der hypotheca,Interd.Salvian.etc.".
121.	35.	lies:	§115.
123.	16.	adde:	*Keller* Grdr. S.77.ff. „Gegenstand u. Inhalt der Obligationen überhaupt.".
—	37.	„	*Stintzing* ü.Correalobl.in Krit.Vierteljahrsschr.I.18. *Fritz* in Ztsch.f.Civ.u.u. Pr. N.F.XVII.6.
—	39.	„	*Keller* Grdr. S.164.ff. „Adstipulator".
128.	7.	„	*C.E.Thibaut* de fideiussore ob creditoris in exigendo negligentiamm liberato. Hdlb.1829. 4°.
129.	40.	„	*Keller* Grdr. S.87.ff.„Nexum". S.93.ff. „Stipulatio". S.102.ff.„Litteralcontract".
130.	32.	„	vor not.1.: *Keller* Grdr. S.116.ff. „Innominat-Contracte".
131.	41.	„	*Keller* Grdr. S.120.ff. „Pacta adiecta".
132.	35.	„	*Brücker* de iuris protimeseos et iur. retractus diversa nat. Ien.1824.4°.

Seite	Zeile		
133.	41.	adde:	zu not.5.: *Held* ad L.15.D.de transact. Lps.1828.4°.
137.	17.	„	„ „ 10.: vgl.Erb-R.§51.not.9.
—	32.	„	*Busch* zu §127.not.5.cit.
138.	42.	„	*Keller* Grdr. S.163.ff. „Actiones adiectitiæ“.
140.	35.	„	vor not.1.: Erb-R.§152.not.18.
141.	17.	„	*Petzold* zur L. v. Interusurium, in Tauchnitz Ztschr.XIX.7.
144.	12.	„	*Keller* Grdr. S.123.ff. „Compromissum“.
—	31.	„	*Keller* Grdr. S.171.ff. „Acceptilatio“.
146.	26.	„	vor *Ar.*: *§13.I.de legatis 2,20.*
147.	28.	„	a.E.: §207. §214.
152.	24.	„	zu not.26.: *Merkel* ‘Subhastation’ in Weiske X.S.600...654.
153.	20.	„	*Thiele* ad L.31.D.de eviction. Lps.1825.
160.	28.	„	nach not.3.: Erb-R. §109.not.13.
163.	45.	„	zu not.5.: *Schildener* de diff.int.donat.simpl.et remun.spuriis.Lps.1798.
165.	44.	„	*Keller* Grdr. S.111.ff. „SC. Macedonianum“.
170.	18.	„	*Keller* Grdr. S.114.ff. „Commodatum“.
180.	38.	„	zu not.1.: *Keller* Grdr. S.290.(Formel des Interd.de tabulis exhibendis.)
—	41.	„	„ „ 3.: *Keller* Grdr. S.208.f. (Formel des Interd de liberis exhib.)
183.	44.	lies:	Deciss.
184.	8.	adde:	*Keller* Grdr. S.141.ff. „Iniuriæ“.
	37.	„	*Seitz* Unterss. über die heut. Schmerzengeldklage. Erl.1860. 8°.
186. zw. Z. 6.u.7.		setze:	§. Interdictum de liberis ducendis. s.oben §216.
—	36.	adde:	*Keller* Grdr. S.39.ff. „Interdictum uti possidetis“.
187.	39.	„	*Keller* Grdr. S.42.ff. „Interdicta de vi“.
188.	27.	„	Erb-R.§99.not.2.
191.	26.	„	*Keller* Grdr. S.134.ff. „Furtum“.
192.	26.	„	*Keller* Grdr. S.156.ff. „Actio quod metus causa“.
194.	22.	„	*Keller* Grdr. S.151.ff. „Actio de servo corrupto“.
195.	47.	„	*Keller* Grdr. S.162. (Klage gegen die publicani.)
200.	1.	lies:	§. 253. C. Stellionatus.
202.	29.	adde:	*Keller* Grdr. S.154.ff. „Nautæ, caupones, stabularii“.
204.	36.	„	*Engelhardt* de O.N.N. Lps.1821. 4°.
213.	9.	„	*Keller* Grdr. 174.ff. „Voraussetzungen und Hindernisse der Ehe“.
215.	14.	„	vor ‘vgl.’: *L.32.§13.D.de don.i.v.et ux.24,1.*
218.	30.	„	*Keller* Grdr. S.197.ff. „Inhalt der väterlichen Gewalt“.
221.	24.	„	*Keller* Grdr. S.201.ff. „Adoptio im engeren Sinne“.
222.	48.	„	*Keller* Grdr. S.204.ff. „Emancipatio“.
226.	9.	„	zu not.3.: *Tretter* Verbindlichkeit der Pupillen aus ihren ohne Tutor abgeschloßenen Verträgen. 1860.
227.	40.	„	*Keller* Grdr. S.232.ff. „Unfähigkeit zur Tutel, Excusation u. dgl.“.
229.	20.	„	*van Teutem* de tut. legitima iur.R.et hod. Tr. ad Rh. 1820.
230.	26.	„	*Keller* Grdr. zu S.227.Z.40.cit.
232.	7.	„	*Keller* Grdr. S.241. „Satisdation der Vormünder“.
239.	47.	„	*Gottschalck* de dotis tam promissæ quam ex l.præst.usuris.Dresd.1834.
242.	34.	„	*Keller* Grdr. S.181.ff. „Die Vermögensverhältnisse bei Aufhebung der Ehe“.
246.	23.	„	*Keller* Grdr. S.185.ff. „Die Klagen bei Aufhebung der Ehe“.
—	44.	„	*G.Koch* de donatt. propter nupt. Lps.1818. 4°.
252.	42.	„	*Keller* zu S.218.Z.30.cit.

Seite	Zeile		
271.	31.	adde:	*Beckhaus* Erbrecht 1. Th. Jena 1860. (Plagiat aus einem Collegienhefte nach der vorigen Ausgabe dieses Grundrißes.)
273.	22.	lies:	Personeneinheit
278.	20.	adde:	*Gmelin* de convenientiis et diff. int. hereditatem et B.P. Gotting. 1808.
282.	16.	„	*Keller* Grdr. S. 275. ff. „Erblosigkeit".
288.	23.	„	*Keller* Grdr. S 273. ff. „Das neuere Kaiserrecht der Intestaterbfolge".
299.	30.	„	*Keller* Grdr. S. 254. ff. „Die 3 alten Formen der Testamente".
307.	10.	„	*Keller* Grdr. S. 287. ff. „Die Eröffnung des Testaments".
308.	26.	„	*Keller* Grdr. S. 361. ff. 379. ff. „Ungiltigk. d. Inhalts letztw. Verordnn. u. s. w."
309.	42.	„	zu not. 6.: *Keller* Grdr. S. 361...368. ff. „De his q. pro non scriptis hab."
314.	22.	„	„ „ 7.: *Keller* Grdr. S. 370. ff. „Captatorische und perpl. Verfügungen".
—	28.	„	„ „ 9.: *Keller* Grdr. S. 368. ff. „Pœnæ nomine relicta".
317.	26.	„	*Keller* Grdr. S. 263...273. „Substitution".
383.	Columnenüberschrift, setze: 1. Unterabschnitt.		

Bonn, Druck von Carl Georgi.

Nachträge und Verbesserungen.

Seite Zeile

XIX. adde: *Keller* = Pandekten.Vorless.herausg.v.Friedberg.Leipz.1861.

1. 33. Vgl.auch *O.Franklin* Beiträge z.Gesch.der Reception des r.R. Hannov.1863.

5. 21. adde: Die röm.leges etc.bis zu Cäsars Tod am besten in Inscriptiones Latt. antiquiss.ed.*Th.Mommsen.* Berol.1863.fol.

— 27. „ *v.Scheurl* Gewohnh.R.in der Kirche, in Dove's Ztschr.f.Kirchenr.1863.

10. 20. „ *v.Bülow* Abhandll.I.n°.12.

— 26. corr.: cf.*LL.1.G.D.de divort.24,2.L.12.§3.L.14.*

— 32. zu not.2.adde: Erb-R.§ 152.a.E.

11. 33. zu not.4.adde: *Keller* l.c.S.20.

12. 42. adde: *L.Bar* Das internationale Privat- u.Straf-R. Hannov.1862.

14. 40. zu not.12.adde: *Busch* Klage auf Anerk.der unehel.Vatersch.im Arch.f.c.Pr.XLVI. n°.10.(1863.)

23. 22. zu not.13.adde: *v.Bülow* Abhdll.II.n°.8.

25. 37. adde: *Reatz* Lehre vom Erfüllungsort. Gieß.1862.

30. 29. zu not.1.adde: *Bähr* Die s.g.Verträge zu Gunsten Dritter, in Gerber u.Ihering Jahrbb.VI.1.n°.III.

33. 13. zu not.9.adde: *Setzer* ü.Verabred.der Schrift,in Abhh.aus dem Civilr.Brem.1860.

— 22. zu not.4.adde: Von remunerator.Schenk.s.*v.Bülow* Abhh.II.n°.9.

34. 45. zu not.11.adde: s.III.§39.Erb-R.§3.not.12.

42. 31. adde: *Krueger* De tempor.comput.Romanor. Berol.1861.

48. 19. „ *von Bethmann-Hollweg* Der Civilpr. des gem. R. Bd. I. Der röm. Civilpr. I. Legis Actiones. Bonn 1864.

61. 45. adde: *Maxen* ü.Beweislast, Einreden u.Exceptt.Götting.1861.

64. 10. „ *Hartter* In int. rest. geg. richt.Entscheidd. in Ztschr. f. Civ. u. Proc. XXI.1. n°.V.(1863.)

65. 9. nach minor.adde: vgl.*v.Bülow* Abhh.I.n°.13.

67. 28. adde: *Henr. Szuman* de in int.rest.ex cl.gen. Berol.1846.

72. 22. „ *Bekker* in Jahrbb.des gem.deutsch.R.V.n°.10.(1861.) *Werenberg* u.*Jhering* in dess.u.Gerb.Jahrbb.VI.1.n°.I.II.

— 24. zu not.1.adde: *Keller* Grdr.S.45.ff. 'Die Erwerbsarten d.Eigth.überh.'

73. 18. adde: *Janke* Fruchtrecht des redl.Besitzers u.Pfdgläub.Erlang.1862.

79. 41. lies: *Denzinger*

— 42. adde: *Karlowa* de accessionibus possessionum. Gott.1858.4°.

82. 36. zu not.8.adde: Gegen *Kori* u.dessen u.*v.Langenns* Erörtt.I.n°.12.und *Bayer* ord. Civilproc.8.Ausg.§163.siehe: K.S.Jurist. Aufsätze I.über Zuläßigkeit einer actio in rem non expressa causa. Goslar 1862.

88. 29. adde: *Keller* Grdr.S.56.ff. 'Wesen u.Arten der Servituten'.

89. 16. „ *Cohnfeldt* Die s.g.irregulären Servitt. Lpz.1862.

90. 29. „ *de Gyselaar* de impensar.ab usufr.factar.repet. Amst.1813.

— 43. „ *Keller* Grdr.S.59 ff.'Usus'.*Bechmann* Inh.u.Umf.des usus.Nürnb.1861.

98. 31. adde: *v.Bülow* Abhh.II.n°.4.

Seite Zeile
103. 40. lies: [8]) *Gai.* L.19.pr.D. und Zeile 42. statt '*Id*'. lies: *Ulp.*
— 47. adde: *Baron* Die Gesammtrechtsverhältnisse im R.R. Marb.u.Lpz.1864.
104. 25. lies: *Dernburg* Das Pfandrecht. 2 Bde. Lpz. 1860. 1864. *Stölzel* zur L. vom Faustpf. im Arch.f.civ.Pr.XLV.n°.11.16.
— 30. „ [1]) *Gai.* L.19 pr.D.de damno inf.
105. 40. adde: *Sohm* Lehre vom subpignus. Rost.1864.
106. 17. „ *Christiansen* si comm. res pignori data sit. Kil.1841.
— 22. zu not.11.adde: L.15.D.qui pot.20,4.
109. 36. adde: *v.Bülow* Abhh.I.n.1. Generalhyp. in Bez. auf d. dritten Besitzer.
113. 15. „ *Sohm* zu S.105.Z.14.cit.
121. 28. lies: II.(statt I.)
122. 36. adde: *Schwanert* die Naturalobll. des R.R. Gött.1861.
123. 19. „ *Ubbelohde* d. Lehre v.d. untheilbaren Obll. Hannov.1862.
— 37. „ *Samhaber* Correalobl. Erlang. 1861. *Baron* Ges. R. V. §§ 15...36. *Keller* Grdr. S.164.ff. 'Adstipulator'.
127. 45. zu not.14.adde: *v.Bülow* Abhh.II.n°.2c.
129. 17. zu not.13.adde: *v.Bülow* Abhh.II.n°.5.
130. 21. adde: *Busch* Gültigk. von Verträgen zu Gunsten Dritter. Hdlb.1860.
133. 47. adde: *Bruns* Das constitutum debiti, in Ztschr. f. Rechtsgesch. Weimar 1861. S.28...130.
140. 29. „ *Busch* i.Arch.f.civ.Pr.XXXI.1. *Rudloff* daselbst XLV.2.n°.VII.
143. 18. a.E. adde: viel beßer ist *Römer* Die bedingte Novation. Tüb.1863.
— 45. adde: *Regelsberger* rechtl. Natur des Abrechnungsgeschäfts, im Arch. f. civ. Pr. XLVII.n°.VIII.(1864.)
146. 26. lies: f.tot.tit.cit.u.§ 13.I.de legat.2,20. *v.Bülow* Abhh.II.n°.13. *Ar.*576.n°.2.
147. 26. „ Begräbnisses (privilegium funerarium), und nach
— 46. vor *Bg.* adde: *Cic.* de off.I.10. § 32. „Nec promissa igitur servanda sunt ea quæ sint eis quibus promiseris inutilia".
148. 10. adde: *Marcell.L.95.D.de V.O.* „...si et ibi insulam fieri interest eius".
149. 48. vor d) adde: *Reuter* in Ztschr.f.civ.Pr.XXI.1.n°.I.(1863.)
151. 17. adde: Allg. deutsches Handelsgsb.§§ 337...359.
152. 9. zu not.8.adde: *Fitting* Kauf auf Probe ꝛc. in Arch.f.civ.Pr.XLVI.n°.XI.(1863.)
— 24. adde: *v.Bülow* Abhh.II.n°.11.
153. 29.sq. lies: *L.*62.§1. *L.*74.§2. mit *L.*29.§2. *D.h.t.L.L.*8.9.21.23. *C.eod.L.*85.§ 5. *D.de V.O.* 45,1. *L.*49.*pr.D.de iudic.*5,1. [10]) cf. *Glück* XX. S.401.ff. *Fuchs* Litisdenuntiation. Marb.1855.
154. 28. zu not.3.adde: cf. *Cic.* de off.III.12. § 51. „...venditorem qua tenus iure civili constitutum sit dicere vitia oportere, cetera sine insidiis agere, et quoniam vendat, velle quam optime vendere".
165. 19. zu not.3.adde: *Römer* zu S.143.Z.18.cit.S.10.ff.
— 38. zu not.5.adde: *Römer* l.c.S.8.f.
174. 15. adde: *Platzmann* esse neg. gestionem, etsi non habuerit neg. gestor intentionem utiliter gerendi. Lps.1821.4°.
178. 14. lies: *7.D.h.t. v.Bülow* Abhh.II.n°.15.
— 25. „ zusammentrifft".cf.*v.Bülow* Abhh.II.n°.7. *Si.*
190. 11. adde: *Busch* im Arch.f.civ.Pr.XLV.n°.V.(1862.)
202. 22. vor not.1.adde: *Hasse* Culpa. Kap.12. *Burchardi* Verantwortlichk. des Schuldners für seine Gehülfen bei Erfüll. der Obl. Kiel. 1861.

Seite Zeile

212. 43. adde: *Rofsbach* Die röm. Ehe. Stuttg.1853. (Das Juristische schwach). *Marquardt* Röm. Alterth.V. S.28.ff. Lpz.1864.

213. 16. „ *Iustinian.L.28.C.h.t.*5,4. „..firmum maneat matrimonium et uxor marito concrescat..“

— 32. „ *Nederburgh* de prohib. nuptiis inter eum qui offic. in prov. adm. et mul. prov. L.B.1809.

214. 44. „ *Iustinian. L. 26. C.h.t.* 5,4. „..ex adfectu omnes introducuntur nuptiæ..“. *Id.L.11.§1.C.de repud.*5,17. „..non enim dotibus, sed adfectu matrimonia contrahuntur..“.

216. 25. „ *Marquardt* zu S.212.Z.43.cit.S.67.ff.

219. 13. „ *Rive* Außerehel. Verwandtsch. in Ztschr. f. Rechtsgesch. III. S. 228...237. (Weim. 1863.)

— 41. „ *Schönberg* de adopt. ap. Rom. Berol.1860.

221. 23. „ *Marquardt* Röm.Alterth.V.S.26.not.115.

235. 37. „ *Tenge* præsumptio Muciana, im Arch.f.civ.Pr.XLV.n°.13.(1862.)

236. 11. „ *Bechmann* Das Röm. Dotalrecht. Erlang.1863.

238. 13. zu not.17.adde: (cf.Edict.Theodor.c.59. LL.Visigotth.IV.2. c.15.)

— 34. zu not.5.adde: s. die röm. Benennungen bei *Marquardt* Röm. Alterth.V.S.46. not. 24.

242. 46. vor not.1.adde: *Baron* Ges.R.V.§ 37.

253. 32. lies: *Nov.Val.*tit.II.c.2.§ 4. De postulando.

262. 27. adde: *Baron* Ges.R.V.§ 39.

271. 31. „ *Vering* Erbrecht. Hdlb.1861. *Tewes* Syst.des Erbrechts.2Thle. Lpz.1863.f. *F.Lassalle* Das [verkannte] Wesen des Röm.u.Germ.Erbrechts. Lpz.1861. *Northoff* Erörtt. aus dem röm. Erbr., in Gerber u. Jhering Jahrbb.VI. n°.IV.(1862.) u.Forts.in Ztschr.f.Civ.u.Pr.XXI.1.n°.IV.(1863.)

272. 17. „ *Northoff* in Ztschr.f.Civ.u.Proc.1863.n°.XIII.

286. 47.f. „ *v.Bülow* Abhh.I.n°.8. u. *Rive* zu II. § 285.cit.S.210...228.

287. 28. lies: de adopt. 8,48.

311. 7. vor ‘cf.’ adde: *Ulp.L.76.D.de legat.III.*32.

315. 31. adde: *Stübel* de cautione Muciana. Lps.1824.4°.

319. 21. „ *Wilckens* de pup. subst. quædam. Berol. 1861. *Baron* Ges. R. V. §§ 42...44.

326. 28. „ *Adolf Schmidt* Das formelle R. der Notherben. Lpz.1862.(trefflich).

329. 39. lies: cf.*L.29.§3.D.h.t.*

336. 24. adde: *v.Bülow* Abhh.I.n°.9.

— 26. „ *Schmidt* Notherbr. S.154.ff.

338. 30. „ *v.Bülow* Abhh.II.n°.17.

364. 25. „ *Baron* Ges.R.V.§§ 40.41.

377. 18. zu not.4.adde: *Windmüller* Unzuläßigk. der Erbeseinsetz. in bestät. Codic., im Arch.f.civ.Pr.XLV.n°.XV.(1862.)

390. 20. adde: *v.Bülow* Abhh.II.n°.16.

Druck von Carl Georgi in Bonn.

1864.

FSC
www.fsc.org
MIX
Papier | Fördert
gute Waldnutzung
FSC® C083411

Kolibri 360 GmbH
Ferdinand-Jühlke-Straße 7
99095 Erfurt, Deutschland
produktsicherheit@kolibri360.de